Handbuch Armut und soziale Ausgrenzung

Ernst-Ulrich Huster · Jürgen Boeckh
Hildegard Mogge-Grotjahn
(Hrsg.)

Handbuch Armut und soziale Ausgrenzung

3., aktualisierte und erweiterte Auflage

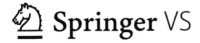
Springer VS

Herausgeber
Ernst-Ulrich Huster
Bochum, Deutschland

Hildegard Mogge-Grotjahn
Bochum, Deutschland

Jürgen Boeckh
Wolfenbüttel, Deutschland

ISBN 978-3-658-19076-7   ISBN 978-3-658-19077-4   (eBook)
https://doi.org/10.1007/978-3-658-19077-4

Die Deutsche Nationalbibliothek verzeichnet diese Publikation in der Deutschen Nationalbibliografie; detaillierte bibliografische Daten sind im Internet über http://dnb.d-nb.de abrufbar.

Springer VS
© Springer Fachmedien Wiesbaden GmbH 2008, 2012, 2018

Gedruckt auf säurefreiem und chlorfrei gebleichtem Papier

Springer VS ist Teil von Springer Nature
Die eingetragene Gesellschaft ist Springer Fachmedien Wiesbaden GmbH
Die Anschrift der Gesellschaft ist: Abraham-Lincoln-Str. 46, 65189 Wiesbaden, Germany

Inhalt

III Geschichte der Armut und sozialen Ausgrenzung

IV Gesellschaftliche Prozesse und individuelle Lebenslage: Erscheinungsformen und Ergebnisse von Armut und sozialer Ausgrenzung

V Strategien zur Überwindung von Armut und sozialer Ausgrenzung: Individuell, sozial und politisch

Vorwort

Festzustellen, dass der soziale Fortschritt eine Schnecke sei, ist weder neu noch originell – die in unserem Handbuch behandelten Themen bleiben also auch im Jahr 2017 und darüber hinaus aktuell. Mit dem Erscheinen der dritten Auflage wird zugleich deutlich, dass immer noch ein erheblicher Erklärungs- und Handlungsbedarf besteht: Was ist Armut und wie entsteht sie, wie ordnet sie sich in gesellschaftliche Entwicklungs- und Verteilungsprozesse ein, gibt es Möglichkeiten zu ihrer Überwindung? Armut wird wahrgenommen, sie wird analysiert und politische Institutionen suchen mehr oder weniger intensiv nach Wegen, sie einzugrenzen und ggf. auch zu beseitigen. Doch Armut als Teil, Ergebnis und Perspektive gesellschaftlicher, nationaler und internationaler Verteilungsprozesse findet immer neue Formen der Ausprägung – aber auch der Relativierung.

Die massiven Migrationsbewegungen seit 2015 insbesondere nach Europa und hier auch nach Deutschland verweisen mehr denn je auf Fragen der Weltwirtschaftsordnung, der Verflochtenheit des europäischen Sozialraums mit anderen geografischen Gebieten, die von sozialen und politischen Konflikten geprägt sind – unter Beteiligung auch von jeweiligen Großmachtinteressen. *Relative Armut* in den Metropolen erfährt angesichts massiver *absoluter Armut* insbesondere in Teilen Asiens und Afrikas eine doppelte Relativierung – neben der im europäischen Land selbst auch bezogen auf die Armutssituation in weiten Teilen dieser Kontinente. Diese und die oftmals anzutreffenden brutalen Unterdrückungen und Bedrohungen menschlicher Freiheit und menschlichen Lebens lassen den lebensgefährlichen Weg in die wohlhabenderen Teile dieser Welt als einzig mögliche Alternative erscheinen.

Doch hier stoßen sie auf relative Ungleichheitsverhältnisse, die ihrerseits zu neuen Formen sozialer Aus- und Abgrenzung führen: Wenn in einer Gesellschaft wie etwa der deutschen über die soziale Armutspopulation hinaus auch weitere beachtliche Teile der Bevölkerung nur noch in geringem Umfang am allgemeinen Wohlstandszuwachs teil haben, dann wächst die Gefahr, hinzukommende Schutzsuchende und vorhandene Bezieherinnen und Bezieher von öffentlich finanzierten Sozialleistungen als Ursache dafür zu verorten, dass sie ‚abgehängt' worden sind. Dieses Verlagern von Verteilungsergebnissen auf soziale Gruppen im unteren Segment der Gesellschaft hat Tradition und findet derzeit auch in anderen europäischen Ländern und in den USA statt. Armut ist einerseits sozial und geografisch entgrenzt, zugleich politisch national und international zum Kampfgebiet geworden. Es entstehen neue Mauern – und keineswegs bloß virtuell, sondern real!

Armut und soziale Ausgrenzung werden seit langem in Deutschland und auch länderübergreifend in und für Europa analytisch hinterfragt. Doch verschieben sich immer wieder die Schwerpunkte – mal stärker analytisch beschreibend, mal stärker auf einzelne Aspekte fokussiert, mal stärker national, europäisch oder weltweit ausgerichtet. Die breite Rezeption der beiden ersten Auflagen dieses Handbuches hat gezeigt, dass in der Wissenschaft und in der Praxis ein erheblicher Bedarf besteht, diese Forschungsansätze zu bündeln und nach Möglichkeit stärker aufeinander zu beziehen. Dem versuchen die vorliegenden Beiträge Rechnung zu tragen, auch wenn sie jeweils bestimmte Facetten im Fokus haben. Der Band zielt zugleich auf unterschiedliche Handlungsebenen – die Makro-, die Meso- und die Mikroebene sowie deren Wechselwirkungen. Dieses erfordert den Diskurs quer zu den beteiligten Wissenschaften und deren empirischen sowie theoretischen Herangehensweisen. Dass dieses möglich wurde, verdanken die Herausgeberin und die Herausgeber dem Zusammenspiel zahlreicher Wissenschaftlerinnen und Wissenschaftler. Ihnen sei dafür an dieser Stelle herzlich gedankt.

Auch diese dritte Auflage will den wissenschaftlichen und den praktisch-politischen Diskurs beleben. Wir freuen uns auf einen offenen und konstruktiven Dialog mit unseren Leserinnen und Lesern.

Bochum, im September 2017

Ernst-Ulrich Huster
Jürgen Boeckh
Hildegard Mogge-Grotjahn

I
Einleitung

Armut und soziale Ausgrenzung: Ein multidisziplinäres Forschungsfeld

Ernst-Ulrich Huster, Jürgen Boeckh und Hildegard Mogge-Grotjahn

> *"Every person aspires to a good life. But what does 'a good or a better life' mean? The second edition of How's Life? provides an update on the most important aspects that shape people's lives and well-being: income, jobs, housing, health, work-life balance, education, social connections, civic engagement and governance, environment, personal security and subjective well-being."*
>
> (OECD 2013)

> *„Und weil der Mensch ein Mensch ist, drum braucht er was zu essen, bitte sehr! Es macht ihn ein Geschwätz nicht satt, das schafft kein Essen her."*
>
> (Brecht, *Einheitslied*, Band 3, S. 290)

1   Armut und soziale Ausgrenzung: Wahrnehmen und Handeln

Armut ist ganz offensichtlich eine die verschiedensten gesellschaftlichen Formationen überdauernde – quasi *zeitlose* – Tatsache. Armut gehört zur Menschheitsgeschichte als Teil der Gestaltung von Lebensbedingungen, nicht aber zum Menschen im Sinne einer anthropologischen Konstante bzw. Gesetzesmäßigkeit. Und so ist Armut nicht nur die „schlimmste Art der Unfreiheit" (A. *Stolypin*, russ. Premierminister 1906–1911), sondern bringt immer auch soziale Akteure hervor, die versuchen, diese Verletzung von Menschenrecht zu überwinden. Es waren und sind individuelle und kollektive Akteure, die private wie öffentliche Ressourcen, Strategien und Perspektiven zur Armutsbekämpfung mobilisieren bzw. entwickeln wollen – vom kleinen Wirkungskreis des Einzelnen bis hin zu weltweiten Interventionen internationaler und supranationaler Institutionen.

Auch wenn *Armut* und *soziale Ausgrenzung* umgangssprachlich oft synonym gebraucht werden, sind sie begriffsgeschichtlich und inhaltlich nicht gleich zu setzen: *Armut* ist der ältere Begriff. Er hat in allen philosophischen und religiösen Traditionen, Theorien und deren Geschichte einen wesentlichen Stellenwert und ist in moderne Gesellschaftsanalysen, politisches Handlungswissen und öffentliche Diskurse eingegangen. Der Begriff *soziale Ausgrenzung* ist neueren Datums. Er ist in Deutschland und anderen Mitgliedstaaten über

3

die Aktivitäten der Europäischen Union im Rahmen ihrer Armutspolitik verbreitet und letztlich zum Standard geworden. Inzwischen ist er als feststehender Terminus in alle Sprachen der Mitgliedstaaten der EU eingeführt.

In das heutige Verständnis von Armut und sozialer Ausgrenzung sind unterschiedliche Theorietraditionen aufgenommen worden – so das im angelsächsischen Sprachraum verbreitete Verständnis von *underclass* und das im französischsprachigen Raum verbreitete Verständnis von *exclusion*. Sie alle beziehen sich auf historisch jeweils neu akzentuierte soziale Probleme, die neben der Dimension der materiellen Not auch die der gesamten sozialen Position der Betroffenen umfasst. Unterschiede im Erkenntnisinteresse bestanden und bestehen darin, ob eher die dauerhafte soziale Lage der durch Armut Ausgegrenzten, eher die Prozesse und Mechanismen der Ausgrenzung oder eher ihre Akteure hervorgehoben werden.

Ein *enges Verständnis von Armut* bezeichnet dabei in erster Linie die besonderen Merkmale und Folgen von durch materielle Unterversorgung gekennzeichneten Lebenslagen. Es ist ein eher statischer, defizitorientiert deskriptiver Begriff, mit dem entsprechende soziale Realitäten gefasst und beschrieben werden („Armut ist, wenn …").

Ein weiterentwickeltes, *komplexeres Armutsverständnis* erfasst dazu den Prozess der Entstehung benachteiligender Lebenslagen und ist deshalb weitgehend synonym mit dem Begriff der sozialen Ausgrenzung. Diese Perspektive ist also deutlich dynamischer bzw. prozesshafter ausgelegt und nimmt die Folgen von Armutslagen im Sinne von *sozialer Mobilität* in den Blick („Soziale Ausgrenzung hat zur Folge, dass …"). Zugleich ist der Begriff stärker ressourcenorientiert und weitet den Blick über die materielle Lage hinaus auf andere Dimensionen, die zu gesellschaftlicher Ausschließung führen oder zu ihrer Milderung beitragen können. (Stichworte: Armutskreisläufe; Lebenslagen; multiple Deprivation). Damit weist er auch auf die beteiligten Akteure hin: diejenigen, die ausgegrenzt werden, aber auch diejenigen, die soziale Ausgrenzung bewirken bzw. von ihr sogar profitieren. Während der Terminus *Armut* somit vor allem *normativ* aufgeladen ist (vgl. *Richard Hauser* in diesem Band), ist *soziale Ausgrenzung* deutlicher *politisch* akzentuiert, ebenso wie der Gegenbegriff der sozialen Eingrenzung. Aber auch der Ausgrenzungsbegriff bezieht die beharrenden Momente und die gesamte Lebenslage in die Analyse mit ein. Ohne ein Verständnis von Armut keine Analyse von sozialer Ausgrenzung und umgekehrt, so könnte man zusammenfassend das Verhältnis der beiden Begriffe beschreiben.

Mehr und mehr etabliert sich das Begriffspaar der *Exklusion* (anstelle des Ausgrenzungsbegriffs) und *Inklusion* (anstelle des Integrationsbegriffs). Hinter diesen begrifflichen Verschiebungen steht der zunehmende theoretische und praktisch-politische Konsens darüber, dass soziale Zugehörigkeit ein dynamisches Geschehen und nicht ein einmalig entstandener und dann festgeschriebener Zustand ist, und dass Zugehörigkeit in einer Vielfalt von Dimensionen ausgeprägt werden kann. Über die ‚klassischen' Risikofaktoren von Exklusion wie Armut, Migration, mangelnde Bildung sowie Gesundheit hinaus werden die sozialen Effekte von Behinderung, Lebensformen und -stilen, sexuellen Identitäten und religiösen sowie kulturellen Orientierungen in die Analyse einbezogen. Die Folgen von gesellschaftlichen Zuschreibungsprozessen und Statuszuweisungen treten somit zu Tage.

Besonders deutlich wird dieser Denkansatz an der Kategorie *Behinderung*. Spätestens seit der Ratifizierung der UN-Behindertenrechtskonvention (BRK) durch die Bundesrepublik Deutschland ist klar geworden, dass die Ausgrenzungs- und Integrations- bzw. die Exklusions- und Inklusions-Debatten seit vielen Jahren in zwei sowohl wissenschaftlich als auch politisch und rechtlich weitgehend voneinander getrennten Kontexten geführt wurden und werden. Der BRK – seit 2009 auch geltendes Recht in Deutschland – liegt ein Paradigmenwechsel zu Grunde. Behinderung wird nicht länger als sozialrechtliche Kategorie mit einem vorrangig medizinischen Verständnis verstanden, sondern in einen menschenrechtlichen Diskurs gerückt. Im Mittelpunkt der Betrachtung stehen die gesellschaftlichen Bedingungen und Prozesse, durch die Menschen mit Behinderungen gesellschaftlich exkludiert werden. Insofern bedeutet dieser Ansatz eine radikale Abkehr von einer an Bedürftigkeit orientierten Fürsorge- und Wohlfahrtspolitik und die Hinwendung zu einem Politikverständnis, das behinderte Menschen als Träger unveräußerlicher Bürgerrechte versteht und ihnen a priori originäre Teilhaberechte zugesteht. Damit muss nicht länger das Individuum seinen Anspruch auf Inklusion (und die dazugehörigen materiellen Hilfen sowie Dienst- und Infrastrukturleistungen) legitimieren und einfordern, vielmehr muss dieser Teilhabeanspruch integraler Bestandteil von Gesellschafts- und Sozialpolitik sein, und jede Art von Erschwernis oder gar des Verwehrens von Teilhabe gerät unter Legitimationsdruck.[1] Der Beitrag von *Eckhard Rohrmann* greift die Entwicklungen seit der Verabschiedung der UN-BRK explizit auf und fokussiert die Lebenslagen von Menschen mit Behinderungen in Deutschland. Aber auch in anderen Beiträgen werden die Konvergenzen beider Inklusions-Diskurse deutlich erkennbar.

Der Ansatz der BRK bietet produktive Ansätze für ein umfassendes Verständnis von sozialer Inklusion als Menschenrecht. Zu deren Weiterentwicklung wäre es wünschenswert, die sozialwissenschaftlichen Diskurse und Theorietraditionen zu Inklusion und Exklusion einerseits, die heil- und sonderpädagogischen, medizinischen und menschenrechtlichen sowie behinderungspolitischen Diskurse und Traditionen andererseits systematischer als bislang aufeinander zu beziehen. Eine solche gemeinsame Weiterentwicklung der Theoriebildung ist unmittelbar anschlussfähig an das Verständnis von Sozialer Arbeit als Menschenrechtsprofession (*Silvia Staub-Bernasconi*). Dabei gewinnen beide Diskurse: Inklusion bzw. soziale Inklusion werden nicht länger an einem defizitären Ausgangspunkt festgemacht (Behinderung bzw. Armut), sondern von dem nicht hinterfragbaren Fundament der unverletzlichen Menschenwürde und dem Recht auf Entfaltung der je individuellen, wenngleich sozial gebundenen Persönlichkeit aus geführt. Das vorliegende Handbuch benennt diese Herausforderungen an verschiedenen Stellen, bleibt aber dennoch seinem zentralen Thema Armut und soziale Ausgrenzung verpflichtet. In den Beiträgen des Handbuchs werden die unterschiedlichen Begriffs- und Theorietraditionen von Armut und sozialer Ausgrenzung aufgegriffen und versucht, trotz ihres immer noch weitgehend synonymen Gebrauchs die Spannung der unterschiedlichen Theorietraditionen und Ak-

---

1 Vgl. https://www.aktion-mensch.de/themen-informieren-und-diskutieren/was-ist-inklusion/un-konvention.html. Zugegriffen: 22.6.2017.

zentuierungen für die Auseinandersetzung mit den Ursachen, Strukturen, Prozessen und Akteuren von Armut und sozialer Ausgrenzung fruchtbar zu machen.

Geschichte und Gegenwart von Armut und sozialer Ausgrenzung, ihre Wahrnehmung und Deutung und die eingeschlagenen Wege, sie zu bekämpfen, unterliegen Zeitströmungen und Konjunkturen. Diese spiegeln sich, mitunter widersprüchlich, in theologischen und sozialethischen Schriften, in der Belletristik wie in anderen Ausdrucksformen der Kunst, in der Wirtschafts- und Sozialgeschichte, in den Sozial- und den Humanwissenschaften sowie selbstverständlich in der politischen Analyse staatlichen Handelns von der Kommune bis hin zu supranationalen Institutionen wider.

Seit Beginn der 1970er Jahre hat sich die Wahrnehmung von Armut und Ausgrenzung in Deutschland deutlich verstetigt und verfestigt. Dieses ist einmal die Folge einer realen Zunahme von Armut und sozialer Ausgrenzung etwa in den Ländern der Europäischen Union, aber auch in den Ländern der so genannten Dritten Welt. Zum anderen sind Verteilungsfragen stärker als in der Vergangenheit enttabuisiert, und die Frage, wie die vorhandenen materiellen Ressourcen und Chancen einer Gesellschaft verteilt werden (sollen), wird (wieder) deutlich wahrnehmbarer gestellt. Zahlreiche Wissenschaftlerinnen und Wissenschaftler haben nachgewiesen, dass massiv ungleiche Verteilungsstrukturen ein Wachstumshemmnis im Bereich der Wirtschaft darstellen können. Gerade weil das Marktgeschehen stärker denn je zur bestimmenden innergesellschaftlichen und zwischenstaatlichen Vermittlungsform zwischen Wirtschaftsbürgern und Wirtschaftssystem wird, entstehen kritische Anfragen, warum die „invisible hand" (*Adam Smith*) nicht nur nicht den in Aussicht gestellten „Wohlstand für alle" (*Ludwig Erhard*), sondern vielmehr große soziale Ungleichheiten mit der Folge von Armut und sozialer Ausgrenzung hervorruft. Damit stellen die realen Verteilungsergebnisse gerade das infrage, was das freie Spiel der (Markt-)Kräfte zu schützen vorgibt, nämlich die (leistungs-)gerechte Teilhabe aller am Reichtum. Dagegen richtet sich solidarischer Protest, national und darüber hinaus. Neuerdings versuchen auch (wieder) verstärkt rechtspopulistische bzw. -extremistische Bündnisse, diese Stimmungen politisch zu bündeln.

Forschung und Politikberatung an Hochschulen für angewandte Wissenschaften haben sich in ganz besonderer Weise dieses Themas angenommen, geht es doch in deren Studium und Lehre vor allem um soziale Gruppen, die stärker als andere von Armut und sozialer Ausgrenzung betroffen sind. Die Hochschulen sind damit insbesondere dort gefragt und gefordert, wo es um Änderungswissen für die soziale Praxis geht. Die dabei gewonnenen Methoden und Theorien beziehen sich auf komplexe Ursachen- und Wirkungszusammenhänge, so dass keineswegs bloß juristische, sozialwissenschaftliche und/oder sozialpädagogische Zugangsweisen und Handlungskonzepte ausreichen, sondern ein umfassendes Set an erklärenden Theorien herangezogen werden muss, um einen Beitrag zur Veränderung leisten zu können. Neben der transdisziplinären Forschung ist auch eine enge Verknüpfung zwischen den unterschiedlichen Akteuren der einzelnen Handlungsebenen erforderlich, wie sie im Mehrebenen-Sozialstaat ausgeprägt sind. Dabei unterliegt das gesamte Arbeitsfeld mit zunehmender Professionalisierung auch einer steten Ausdifferenzierung.

Das vorliegende Handbuch fasst diese breite Rezeption in ihrer Vielfalt zusammen und bleibt gleichwohl ausschnitthaft. Dabei stehen ein Großteil der Autorinnen und Autoren exemplarisch für die Entwicklung und Ausprägung der unterschiedlichen Zweige der Forschung zu Armut und sozialer Ausgrenzung in Deutschland. Das Handbuch bündelt, setzt in Beziehung, es sucht nach Neuorientierung, wohl wissend, dass dieses Wissen selbst weiteren Veränderungen unterliegen wird. Aber als Handbuch will es zusammenführen, was häufig in Forschung und Praxis unverbunden neben einander steht. Es will Strukturen deutlich machen und Perspektiven eröffnen.

Die Beiträge der letzten Auflage wurden grundlegend aktualisiert und z. T. erheblich verändert. Beiträge wurden neu aufgenommen, um Lücken zu schließen und inhaltliche Erweiterungen möglich zu machen. Einige Beiträge wurden aus unterschiedlichen Gründen nicht weiter überarbeitet und aus der 3. Auflage herausgenommen. Sie sind aber in der Fassung der 2. Auflage jederzeit noch über SpringerLink online abrufbar.

2 Theorien der Armut und sozialen Ausgrenzung

Armut hängt von sozialen und politischen Rahmenbedingungen ab, die gesellschaftlich und politisch gestaltet werden. Diese Gestaltungsansprüche bzw. -versuche bedienen bzw. legitimieren sich durch die Definition von gesellschaftlichen und politischen Zielvorstellungen, sie ordnen sich Theorien zu, die versuchen, Einzelphänomene wie das der Armut gesamtgesellschaftlich einzuordnen. Die wissenschaftlichen Disziplinen führen zum ersten einen *internen Diskurs*, jedem einzelnen Zugang liegt eine Gesamtvorstellung von Armut, implizit oder explizit, zugrunde. Zum zweiten suchen die Einzelwissenschaften nach Bezügen zu den *Diskursen* und Theorien von Armut *in anderen Disziplinen*.

Auf die Frage, ob es *eine* Theorie der Armut gibt, oder viele Theorien zur Armut, oder ob Armut als intervenierende Variable in allen Theorien, die etwas mit sozialer Ungleichheit in Geschichte und Gegenwart zu tun haben, aufzufassen ist, gibt es keine allgemein geteilte Antwort. Wohl aber gibt es erhebliche Anstrengungen, die interdisziplinäre Armutsforschung zu einer multidisziplinären Armuts-Theorie weiter zu entwickeln. Armut ist ein soziales Phänomen, das zugleich an Einzelnen aufscheint. Folglich kann sie nur dann theoretisch angemessen erfasst werden, wenn sowohl ihre strukturellen als auch die subjektiven Dimensionen berücksichtigt werden. Dabei sind zugleich die unterschiedlichen Kommunikationsebenen und Vermittlungsformen mit einzubeziehen. Die Einordnung von Armut und sozialer Ausgrenzung in diese komplexen, multidimensionalen Bezüge ist Anliegen und Anspruch der hier vorgelegten Beiträge.

In einem neu in diese 3. Auflage aufgenommenen Beitrag analysieren *Norman Best, Ernst-Ulrich Huster* und *Jürgen Boeckh* den Diskurs über Armut in Wissenschaft, Politik und Gesellschaft. Armutsforschung ist ein zirkulärer Prozess. Hier werden sozioökonomische Verteilungsstrukturen, ihre Ergebnisse, die daraus im geschichtlichen Verlauf gezogenen politischen und sozialen Schlussfolgerungen sowie deren Be-*Wert*-ung analysiert.

Dieses mündet in eine Analyse der Ressourcen- bzw. Machtzugänge einer Gesellschaft. Armutsforschung ist eng an bestehende, gewünschte bzw. verworfene Wert- und Normvorstellungen und deren soziale Interessenträger gebunden. Es werden unterschiedliche Zugänge zur Armutsproblematik darauf hin untersucht, welches Verständnis von Armut sie aufweisen, welche Methoden sie anwenden, ob sie sich eines Indikatorensets bedienen und ob sie sich bestimmten Traditionslinien zuordnen lassen. Dabei werden Entwicklungen ebenso deutlich wie Querverbindungen. In jedem Falle gibt es eine beachtliche Vielfalt von Ansätzen zur Bestimmung von Armut bzw. Prozessen sozialer Ausgrenzung. Die Autoren gehen vom Diskurs in Deutschland aus und erweitern ihn in Richtung Europa und darüber hinaus in die Welt.

Nach *Hildegard Mogge-Grotjahn* führt der soziologische Blick auf Armut als eine Erscheinungsform gesellschaftlicher Ausgrenzung zu einem der Hauptthemen soziologischer Theoriebildung: der Analyse der Ursachen sozialer Ungleichheiten und ihrer Folgen für die Einzelnen wie für Gesellschaften insgesamt. Damit verbunden sind normative Fragen der gesellschaftlichen Bewertung von Ungleichheit, Armut und Ausgrenzung. Der Beitrag geht auf ausgewählte klassische und moderne soziologische Konzepte sozialer Ungleichheit ein und diskutiert die Tauglichkeit von Begriffen wie *Klasse, Schicht, Lebenslage* oder *Milieu* für das Verständnis heutiger Armutslagen und Ausgrenzungsprozesse. Aktuelle Forschung und Theoriebildung beschäftigen sich mit neuen Formen der *Prekarisierung* und der Tendenz, soziale Ungleichheit (erneut) zu individualisieren. Das interdisziplinäre Konzept der *Intersektionalität* stellt einen theoretischen Rahmen zur Verfügung, der es erleichtert, die wechselseitigen Verschränkungen von Diskriminierungs- und Ungleichheits-Dimensionen zu analysieren. Die Beschäftigung mit gesellschaftlicher Ein- und Ausgrenzung, ihren Ursachen und Folgen führt zu der Frage, welche gesellschaftlichen Strukturen als *gerecht* und *legitim* erscheinen.

Die ökonomische Theorie diskutiert, so *Dieter Eißel*, den Zusammenhang zwischen Ungleichheit oder Armut einerseits und wirtschaftlichem Wachstum sowie Wohlstand andererseits. Wichtige Theoretiker in diesem Zusammenhang sind insbesondere: *Adam Smith, John Stuart Mill, Milton Friedman, Friedrich August von Hayek, John Maynard Keynes, John Rawls* und *Amartya Sen*. Es lassen sich im Prinzip zwei konträre Positionen ausmachen: Leistungsbereitschaft und Leistungsfähigkeit werden durch Ungleichheit bedroht und führen zu einer geringeren Wohlstandsentwicklung, so eine These. Der Antrieb zur Erzielung von allgemeinem Wohlstand wird auf Ungleichheit zurückgeführt, so die Gegenthese. Die Armen würden sich mit Blick auf den nachahmenswerten Lebensstandard der Reichen anstrengen, die Reichen investieren gewinnbringend in Arbeitsplätze und schaffen Voraussetzungen für das (unbeabsichtigte) Wohlergehen der Ärmeren. Die politischen Handlungsaufforderungen sind von daher konträr: Eine Position unterstellt, aus stärkeren öffentlichen Interventionen erwachse eine größere private wie öffentliche Kaufkraft. Der Gegenposition geht es jedoch generell um den Rückzug des Staates aus der Wirtschaft und die maximale Freisetzung von Marktkräften.

Der Sozialstaat zielt, so *Ernst-Ulrich Huster*, auf Kompromisse in einer Gesellschaft, die durch gegensätzliche soziale Interessen geprägt ist. Die sozialstaatliche Kompromissstruktur fordert als Grundprinzipen des sozialen Zusammenlebens unterschiedliche Werthaltungen ein: *Eigenverantwortung* – das Erbe des bürgerlichen Liberalismus, *Solidarität* – das Erbe der Arbeiterbewegung und *Subsidiarität* – das Erbe christlicher Ethik. Sozialstaatlichkeit stellt immer eine Verbindung unterschiedlicher Wertvorstellungen dar, dessen Binnengewichtung allerdings interessebedingt zwischen den drei Grundprinzipien differiert. Sozialstaatlichkeit zielt zunächst auf die Teilhabe an der Erwerbsarbeit. Zugleich geht es um die Beteiligung am gesellschaftlichen Wohlstandszuwachs, über Löhne und zunehmend über soziale Leistungen einschließlich sozialer Dienste. Der Sozialstaat hat Akteure, Befürworter und Gegner. Dabei geht es um Verteilung. Zugleich wird der sozialstaatliche Kompromiss immer wieder in Frage gestellt. Und schließlich wird stets von Neuem versucht, diesen Integrationsansatz auf die sich verändernden Bedingungen etwa in Europa oder weltweit zu beziehen. Mit dem Konzept von der *sozialen Inklusion* wird dieser Widerstreit neu formuliert, nicht aber neu entdeckt.

Johannes D. Schütte beschreibt Inklusion durch die Modi der gesellschaftlichen Zugehörigkeit – *Interdependenz* und *Partizipation*. Soziale Inklusion ist, wie ihr Gegenpart soziale Exklusion, sowohl als Zielbestimmung bzw. Ergebnis als auch als Prozess zu verstehen. Welche Mechanismen für die Exklusionsprozesse im Bildungs- und auch im Gesundheitsbereich in den Fokus gerückt werden, hängt von der theoretischen Herangehensweise ab. Ausgehend vom Menschenbild eines autonom handelnden Individuums (*homo oeconomicus*) kommt man zu anderen Ergebnissen, als wenn man die gesellschaftlichen Einflüsse auf das Handeln der Menschen (*homo sociologicus*) in den Vordergrund der Betrachtung stellt. Diese unterschiedlichen Herangehensweisen beschreiben einerseits die Schwierigkeiten bei der Definition des Inklusionskonzeptes, auf der anderen Seite verdeutlicht die Darstellung auch das Potential, welches gerade in dieser Offenheit liegt. *Soziale Inklusion* ist bestimmt durch unterschiedliche, teils gegensätzliche Interessen, vermittelt aber auch zwischen ihnen, sie kann nicht auf die Grundannahme individueller Handlungsoptionen verzichten, wie sie umgekehrt nicht von der sozialen Gebundenheit des Handelns absehen kann.

Aus individueller Sicht ist es ein schweres Los, in Armut leben zu müssen. Aus der Sicht eines Sozialstaates stellt das Vorhandensein von Armen unter der Wohnbevölkerung die Verfehlung eines wichtigen sozialpolitischen Ziels dar. Diese beiden Perspektiven sind nach *Richard Hauser* auch maßgeblich für den sozialstatistischen Diskurs. Soll einzelnen armen Menschen mit sozialstaatlichen Maßnahmen geholfen werden, so ist die Voraussetzung hierfür, dass sie identifiziert werden können. Für den Sozialstaat als Akteur, der das Ziel der Armutsbekämpfung bzw. Armutsvermeidung verfolgt, genügt eine Statistik, die lediglich die Zahl, den Bevölkerungsanteil, die durchschnittliche ‚Schwere' der Armutslage von anonym bleibenden Menschen, die Dauer von Armutslagen und das Ausmaß der Aufstiege aus, und der Abstiege in Armutslagen aufzeigt. Der Zweck von Armutsgrenzen ist es, eine Unterscheidung zwischen Armen und Nicht-Armen treffen zu können. Sie liegen daher explizit oder implizit allen Überlegungen über Armut zugrunde. Dabei stellen die beiden genannten Perspektiven unterschiedliche Anforderungen an die Ausgestaltung. Die deskriptive Klassifizierung von Personen als arm oder nicht arm ist eine Voraussetzung für weitergehende Ursachenanalysen.

Internationale Vergleiche zum Thema Armut spielen eine immer größere Rolle. Sie dienen sowohl dem wissenschaftlichen Erkenntnisgewinn als auch dem Soll-Ist-Vergleich im politischen Raum. Dies gilt in weltweitem Maßstab, aber insbesondere für Vergleiche innerhalb der Europäischen Union. So wurde im Rahmen des Lissabon-Prozesses der Europäischen Union die Bekämpfung von Armut zu einem zentralen Ziel erkoren und für den Bereich Soziale Eingliederung eine regelmäßige empirische Armutsberichterstattung implementiert. Der Beitrag von *Wolfgang Strengmann-Kuhn* und *Richard Hauser* beginnt mit grundsätzlichen methodischen Überlegungen zur international vergleichenden Armutsforschung, also zu den Grundlagen von Vergleichbarkeit. Es folgt dann eine ausführlichere Beschreibung der Armutsberichterstattung in der Europäischen Union als ein wichtiges Anwendungsbeispiel von international vergleichender Armutsforschung. Der Beitrag ist dabei auf entwickelte Länder und auf die quantitative Armutsforschung ausgerichtet, die repräsentative Ergebnisse für die Bevölkerungen verschiedener Länder anstrebt.

Ausgehend von der modernisierungstheoretischen Annahme von Lipset und Bendix stellt *Christian Steuerwald* den historischen Verlauf der Mobilität seit dem ausgehenden Spätmittelalter in Deutschland dar. Sein Beitrag startet nach einer Einleitung mit einer grundbegrifflichen Aufklärung und einer Übersicht über Mobilitätstheorien und schließt mit einer Zusammenfassung. Als wesentliche Einflussgrößen der Mobilität werden zum einen der gesellschaftliche Strukturwandel (Wandel von einer Agrar-, über eine Industrie- bis hin zu einer Dienstleistungsgesellschaft) herausgestellt, zum anderen demographische Prozesse beschrieben, die bis in das 20. Jahrhundert hinein die Mobilitätsverläufe stark beeinflussen. In Folge des gesellschaftlichen Strukturwandels werden ab dem 19. Jahrhundert Bildung und Qualifikation immer wichtiger für die Platzierung und Positionierung. Seit den 1970er Jahren ist schließlich ein leichter Rückgang des Mobilitätsanstiegs vor allem in den oberen und unteren Statusgruppen zu beobachten, der zu einer Verfestigung und Vererbung von Reichtums- als auch von Armutslagen führt.

Das moderne Recht der Existenzsicherung geht, so die Ausführungen von *Knut Hinrichs*, auf das Recht der Armut zurück und hat seine Quellen damit im Polizeirecht. Während der Arme früher grundsätzlich aus der bürgerlichen Gesellschaft ausgeschlossen war, indem ihm seine Eigenschaft als Rechtsperson abgesprochen wurde, wird er im demokratischen Rechtsstaat durch das Recht grundsätzlich eingeschlossen und zwar durch das verfassungsrechtliche Institut der Menschenwürde (Art. 1 Abs. 1 GG), das zusammen mit dem Sozialstaatsprinzip (Art. 20 Abs. 1 GG) den Schutz des *soziokulturellen Existenzminimums* verbürgt. Das deutsche Recht widmet sich im SGB II und im SGB XII diesem Fürsorgerecht, das sich mit seinen *Strukturprinzipien* deutlich vom übrigen Recht abgrenzt. Ein Blick in die einschlägigen Regelungen zeigt, dass das Recht die Armut selbst nicht beseitigt, sondern einhegt und als Referenzsystem erhebliche Bedeutung für den modernen ‚sozialen Interventionsstaat' erlangt hat.

In den Traditionen der monotheistischen Religionen stellt Armut ein zentrales Thema dar. Neben der von allen Religionen betonten, grundlegenden Aufgabe der Überwindung jeder Form der skandalösen Armut, die wesentlich mit sozialer Ausgrenzung verbunden ist, thematisieren insbesondere Teile des Christentums und des Islams auch die Perspektive freiwillig gewählter Formen des individuellen Verzichts. *Traugott Jähnichen* rekonstruiert zunächst in biblischer Perspektive die Armutsdiskurse in der Geschichte des Judentums und des Christentums und ergänzt sie durch wesentliche Aspekte des islamischen Verständnisses von Armut. Der Schutz und die Unterstützung der Armen, insbesondere als Verpflichtung der reicheren Bevölkerungsgruppen, stehen zunächst im Mittelpunkt der religiösen Traditionen. Seit dem 19. Jahrhundert wird in Europa im Horizont der Auseinandersetzungen um die *soziale Frage* darüber hinaus von den Kirchen auch nach ökonomischen Ursachen von Reichtum und Armut sowie entsprechenden sozialpolitischen Folgerungen gefragt. In einer Vielzahl von Stellungnahmen haben die Kirchen seither soziale Reformvorschläge entwickelt – so u. a. im „Gemeinsamen Wort der Kirchen: Für eine Zukunft in Solidarität und Gerechtigkeit".

Armut ist Gegenstand nicht nur ethischer, sondern auch ästhetischer Bewertung. Ein Armut präsentierendes Kunstwerk beschreibt *Rainer Homann* als künstlerisch gestaltete, sinnlich erfahrbare Objektivierung von Vorstellungen über das faktische Phänomen Armut. Dessen Rezeption findet gemeinhin im Rahmen der Kategorien des Ge- bzw. Missfallens statt. Im Kunstwerk schlagen sich Ansichten der Kunstschaffenden über die Armut nieder, die als sinnliche Erscheinungen mehr dem Gefühl und weniger der Urteilskraft des Rezipienten anheimgestellt sind. Dass sich dessen gefühltes Gefallen wiederum nicht urteilslos auf das Kunstwerk bezieht, sondern im Kunstwerk existente Urteile als die seinen wieder- oder auch anerkennt, zeigt die Darstellung von Struktur und Inhalt eben dieser Urteile. Dabei zieht Homann Beispiele aus verschiedenen Kunstformen heran, aber es geht nicht um eine stringente ‚Kunstgeschichte der Armutsdarstellungen‘, sondern darum, einige Grundzüge der künstlerischen Beschäftigung mit Armut aufzuzeigen.

Über die Art und Weise, wie wir die Bilder des jeweils anderen konstruieren, bilden sich soziale Machtverhältnisse der Über- und Unterordnung aus. Die dahinter stehenden Mechanismen beschreibt *Thomas Kunz* in seinem Beitrag. In der Kopplung der Themen Flucht/Migration und Armut verdichten sich zwei Diskurse zu Ungleichheit in Gestalt spezifischer Fremdheitsbilder. Sie knüpft zudem an die Restauration ethnisch-völkischer Homogenitätsphantasien an. Armut und deren Ursachen erscheinen vorrangig als Migrationsphänomene, die Deutschland in seiner Identität bedrohen würden. Globale und historische Hintergründe asymmetrischer Weltwirtschaftsbeziehungen als Armutsursachen werden dabei ausgeblendet. Die Szenarien im Migrationsdiskurs legen zudem nahe, dass die Situation des Teils der Wohnbevölkerung in Deutschland, der von Armut betroffen bzw. bedroht ist, durch Zuwanderung begründet sei bzw. verschärft würde. Aus den würdigen und unwürdigen Armen werden national als zugehörig bzw. als nichtzugehörig erachtete Arme. Die Unterscheidung zwischen berechtigt und unberechtigt erscheinender sozialer Teilhabe erfolgt damit entlang der Differenzlinie nationaler Zugehörigkeit. Verteilungskonflikte werden von einer sozialen zu einer nationalen Frage.

Armut und soziale Ausgrenzung sind – so können diese Beiträge zusammengefasst werden – konstitutive Elemente der jeweiligen Gesellschaft und charakterisieren deren Entwicklung, die in Abhängigkeit von den jeweils verfolgten Interessen höchst unterschiedlich bewertet werden. Im hierarchischen Denken stehen die von Armut betroffenen Personengruppen an der untersten Stufe im gesellschaftlichen Gefüge, bleiben aber in Beziehung zu den jeweils anderen Teilen von Gesellschaft. In dieser Hinsicht gibt es eine Theorie der Armut. Integration und/oder Ausgrenzung bilden Maßstäbe zur Bewertung der Qualität der Vergesellschaftung des Einzelnen und sozialer Gruppen, deren Bewertung hat Rückwirkungen auf Strukturen und Prozesse sozialer Integration und/oder Ausgrenzung. Armutsforschung kann versuchen, soziale Abstufungen – national und im internationalen Vergleich – zu objektivieren, macht aber diese Bewertung damit nicht überflüssig, fordert sie vielmehr heraus. Damit aber entfaltet sich diese Theorie der Armut in Facetten von Theorien der Armut innerhalb der einzelnen Bewertungssysteme. Freiwillig auferlegte Armut steht dazu nicht im Gegensatz, sie unterstreicht dieses vielmehr eindrucksvoll. Erscheinungsformen, Veränderungen und Umgangsformen werden innerhalb der einzelnen theoretischen Systeme unterschiedlich, zeitlich versetzt, prospektiv aber auch rückwärtsgewandt wahrgenommen und bewertet. Gerade aber dieses bewirkt, dass eine Theorie der Armut auf deren Ausdifferenzierung in Theorien der Armut nicht verzichten kann und darf.

3   Geschichte der Armut und sozialen Ausgrenzung

Armut und der Umgang mit ihr sind feste Bestandteile der Geschichte Europas. Eng mit der Entwicklung des Christentums verwoben, oszilliert das Armutsverständnis zwischen der Zuwendung zum Nächsten und der Erziehung des Verarmten zu gesellschaftlich erwünschtem Verhalten. Das Armutsverständnis korreliert mit gesellschaftlichen Entwicklungen. Mit den großen Umstrukturierungen in der Neuzeit verlagert sich ein Teil der Armutsbewältigung auf die politische Ebene. Die Bekämpfung von Armut ist zunächst und vor allem Sache der obrigkeitlich handelnden „Polizey", die zugleich versorgt und diszipliniert. Dadurch sollen gesellschaftlich und politisch für notwendig gehaltene Formen des Wirtschaftens abgesichert werden, doch brechen sich diese Zielvorstellungen geschichtlich immer auch an Gegenbewegungen, die aus dem christlich-abendländischen Kulturkreis heraus ethisch die persönliche und soziale Integrität des Armen einklagen.

Dabei ist dem Herausgeber-Team bewusst, dass Armut auch in anderen Kulturkreisen, die für Europa relevant sind, eine Geschichte, eine Tradition hat. Nicht nur die jüdische und islamische Tradition, die im Beitrag von *Traugott Jähnichen* Erwähnung finden, sind Bestandteil fast aller europäischen Gesellschaften geworden. Auch Hinduismus, Buddhismus, Taoismus und Konfuzianismus wirken inzwischen weit über ihre Herkunftsländer hinaus. Wahrnehmung von und Umgang mit Armut ist an feste Wertestrukturen gebunden, die religiöser Natur sein können, aber auch ganz andere Begründungszusammenhänge für sich geltend machen (z. B. Liberalismus, Marxismus, Konservativismus – vgl. den Beitrag von *Dieter Eißel* in diesem Band). Diese vielfältigen Gesichtspunkte aufzufächern, würde allerdings den Rahmen dieses Handbuches sprengen. Wünschenswert wäre gleichwohl eine am Thema Armut und sozialer Ausgrenzung orientierte Wertediskussion in unterschiedlichen religiösen und säkularen Zusammenhängen.

Der abendländisch-christliche Kulturkreis steht im Mittelpunkt des Beitrags von *Gerhard K. Schäfer*. Abgesehen davon, wie der biblischen Überlieferung in der Praxis entsprochen wurde, gab es innerhalb der kulturellen Einheit des Abendlandes eine breite Skala sozialer Einstellungen im Blick auf die Armut. Bis ca. 1100 dominierte ein in der Feudalordnung verankertes Verständnis von Armut im Sinne der Abhängigkeit der Armen von den *potentes* (Mächtigen) (*alte Armut*). Mit dem Wiedererstehen der Stadtkultur und dem Vordringen der Geldwirtschaft in Mittel- und Westeuropa seit dem 11. Jahrhundert entstand die *neue Armut* der Lohnarbeiter. Zugleich radikalisierten die Armutsbewegungen die Orientierung am armen Leben Jesu. Nach der Schwarzen Pest (1348) setzte eine zunehmende Marginalisierung und Demütigung der *unwürdigen* Armen ein. Die Unterstützung der wirklich Bedürftigen als *würdige* Arme war im Abendland unbestritten; die unwürdigen hingegen wurden seit dem späten Mittelalter immer stärker kriminalisiert und einer repressiven Sozialdisziplinierung unterworfen, bis um 1800 die gesellschaftliche Nützlichkeit der Armen entdeckt wurde. Dem breiten Spektrum von sozialen Haltungen entsprach eine große Bandbreite von Bewältigungsstrategien der Armen – von der Selbsthilfe über Migration, Kriminalität und Vagabundentum bis hin zu Revolten.

Die kommunale Armenfürsorge ist dem zentralen Sozialstaat geschichtlich und systematisch vorgelagert, zugleich tritt sie immer wieder dort in den Vordergrund, wo zentrale Sicherungssysteme in ihrer Leistungsfähigkeit eingeschränkt sind, so *Ernst-Ulrich Huster*. Die *Fürsorge* soll einerseits das bestehende System abhängiger Erwerbsarbeit teils mehr erzieherisch, teils unter Sanktionsandrohung mehr disziplinierend als vorherrschenden Rahmen der Subsistenzsicherung stabilisieren. Andererseits steht sie seit ihren Anfängen immer unter dem Gebot der Bewahrung von Menschenwürde (*Armenpolitik*). Parallel zur Entwicklung und institutionellen Ausfächerung der *Arbeiterpolitik* kommt es auch zu einer arbeitsteiligen Ausdifferenzierung der die Armenfürsorge zunehmend ersetzenden sozialen Dienste. Dieses geschieht auch durch freie Träger. Die Armenfürsorge ist ein Schrittmacher der Sozialgesetzgebung, indem sie neue soziale Risiken sichtbar macht. Einsetzend in den 1970er Jahren wird versucht, die häufig getrennt arbeitenden sozialen Dienste wieder stärker zu vernetzen. Auf der anderen Seite werden Teile der sozialen Dienste privat angeboten, es kommt zu einem neugestalteten Sozialmarkt. Dadurch werden die Zugänge zu sozialen Dienstleistungen (auch) abhängig von der Finanzkraft des Nachfragers.

Artikel 1 des Grundgesetzes erhebt die Sicherung der Menschenwürde und damit die Teilhabe des Einzelnen an der Gesellschaft zum obersten Ziel staatlicher Politik. Wieweit auch immer die soziale Wirklichkeit von diesem obersten Staatsziel entfernt sein mag, als Ergebnis einer über 2000-jährigen Entwicklung haben sich über das christliche Liebesgebot, die Proklamation der Grund- und Freiheitsrechte, die Forderung nach sozialen Grundrechten Handlungsimperative ergeben, die ein Mindestmaß an sozialer Inklusion festschreiben. Die Fürsorge für die Armen differenziert sich nach unterschiedlichen Kriterien aus und sie professionalisiert sich. An die Stelle obrigkeitsstaatlicher Repression ist der Gedanke der sozialen Teilhabe getreten, wenngleich erstere immer wieder auch aufscheint. Der geschichtliche Rekurs weist auf die Gegenwart: Armut entsteht immer wieder als Folge wirtschaftlicher, sozialer und politischer Interessen, sie prägt sich verschieden aus, sie wird in unterschiedlichen Formen sichtbar. Aber Armut und soziale Ausgrenzung sind Teil gesellschaftlicher Systeme in ihrer geschichtlichen Entwicklung: Sie zeigen Krisen an und erfordern Lösungen. Versuche, diese Krisen unsichtbar zu machen bzw. gewaltsam zu lösen, waren zumindest in der hier betrachteten Zeitspanne nie von längerfristiger Dauer.

4   Gesellschaftliche Prozesse und individuelle Lebenslage: Erscheinungsformen und Ergebnisse von Armut und sozialer Ausgrenzung

Das Vorhandensein von Armut und sozialer Ausgrenzung steht im Widerspruch zum gängigen öffentlichen Selbstbild von Deutschland als einer durchlässigen, soziale Mobilität ermöglichenden Wohlstandsgesellschaft. Tatsächlich entsteht in Deutschland ein enormes Maß an (materiellem) Reichtum. Vermittelt über die (sozialversicherungspflichtige) Erwerbsarbeit, die sozialen Sicherungssysteme sowie die sozialen Dienst- und Sachleistungen leistungen partizipiert ein Großteil der Bevölkerung nach wie vor an der gesellschaftlichen Umverteilung. Gleichzeitig ist aber auch festzustellen, dass sich die sozialen Ausgrenzungsrisiken in den letzten Jahren und Jahrzehnten nicht etwa aufgelöst, sondern in der Tendenz eher zugenommen haben. Durch den sozialen Wandel bedingt, treten zudem neue Problemlagen und Ausgrenzungstatbestände in das öffentliche Bewusstsein. Sozioökonomische und gesellschaftliche Prozesse stehen so in unmittelbaren Zusammenhang mit den individuellen Teilhabe- und Verwirklichungschancen. Soziale Ausgrenzung kann dabei aber immer nur in einem relativen Verhältnis zu den jeweiligen Bedingungen einer Gesellschaft definiert und verstanden werden. Armsein in einer Wohlstandsgesellschaft hat andere Erscheinungsformen, Ursachenkomplexe und individuelle Folgen als in sogenannten Entwicklungsländern. Der Lebenslagenansatz (*Otto Neurath/ Gerhard Weißer/ Ingeborg Nahnsen*) hilft, die Zusammenhänge zwischen gesellschaftlich verursachter und individuell erlebter Armut analytisch wie empirisch herzustellen. Er definiert neben dem Zugang zu materiellen Ressourcen weitere Felder, in denen sich soziale Ausgrenzung manifestiert und selbst wieder zum Ausgrenzungsrisiko wird (*verfestigte Armut/vererbte Armut*). Hierzu zählen vor allem die Bereiche Erwerbsarbeit, Einkommen, Bildung sowie Digitalisierung und (neue) Medien, Gesundheit, Wohnen bzw. sozialräumliche Differenzierung, die dann wiederum oftmals mit den Dimensionen Gender, Migration, Familie, Alter und Behinderung verbunden sind.

Einkommen ist ein zentraler Faktor für gesellschaftliche Teilhabe. *Jürgen Boeckh* stellt die Risiken dar, die Armut und soziale Ausgrenzung bewirken können: Niedriglöhne, geschlechtsspezifische Lohndiskriminierung, sozial ungleich wirkende Steuerentlastungen sowie die über das Äquivalenzprinzip streng an das Erwerbsarbeitskommen gebundenen hierarchisch gestuften sozialen Transferleistungen. Es ist nun Aufgabe der Politik, den in Artikel 1 des Grundgesetzes verankerten Auftrag, die Würde des Menschen zu achten, in einer tragfähigen Mindestsicherung zu verwirklichen und Armut entgegenzutreten. Doch sind die Mindestsicherungsleistungen nur bedingt armutsfest. Die staatliche Mindestsicherungspolitik differenziert zwischen unterschiedlichen Personengruppen je nach Nähe bzw. Ferne vom Erwerbsarbeitsmarkt und damit nach den Möglichkeiten einer Wiedereingliederung. Strittig bleiben die Balance zwischen Fördern und Fordern sowie die daran gekoppelte Verpflichtung, (fast) jede Arbeit anzunehmen als auch die Höhe der Geldleistungen (Stichwort: *Armutsfalle*). Auf diese Implikationen versuchen unterschiedliche Konzepte eines Grundeinkommens zu antworten – mit allerdings zum Teil völlig unterschiedlichen normativen Grundannahmen und weitgehend unklaren Verteilungsfolgen (*Gießkannenprinzip*).

Gerhard Bäcker und *Jennifer Neubauer* beschreiben Arbeitslosigkeit als Armutsrisiko. Die durch Arbeitslosigkeit bedingten Armutslagen bedrohen die soziale Kohäsion, stellen das Wirtschafts- und Sozialsystem in Frage und gefährden die politische und soziale Legitimation eines Sozialstaats. Armutsvermeidung und Armutsbekämpfung sind sowohl aus ethischer als auch aus polit-ökonomischer Sicht zentrale Aufgaben der Sozialpolitik und begründen die kollektiv finanzierten Systeme sozialer Sicherung bei Arbeitslosigkeit. Die hohe Betroffenheit von relativer Einkommensarmut in Arbeitslosenhaushalten zeigt nicht nur, dass die Unterstützungssysteme bei Arbeitslosigkeit nur unzureichend vor Armut schützen – sondern anscheinend auch in immer geringerem Maße. Der enge Zusammenhang von Arbeitslosigkeit und Armut verweist zugleich auf die zentrale Bedeutung der Instrumente der aktiven Arbeitsmarktpolitik sowie der in diesem Rahmen erbrachten sozialen Dienstleistungen. Entscheidend für die Vermeidung und Bekämpfung von Armut ist dabei, inwieweit, in welchem Umfang und wie schnell eine (dauerhafte) Arbeitsmarktintegration der Betroffenen in werthaltige Beschäftigung gelingt. Die Bilanz der Arbeitsförderung fällt für die verschiedenen Instrumente hierbei jedoch sehr unterschiedlich aus.

Insbesondere die Frage nach der Qualität der Arbeit nimmt *Lutz C. Kaiser* in seinem Beitrag auf. So besticht Deutschland im Vergleich zur Beschäftigungssituation in den meisten anderen Mitgliedsstaaten der Europäischen Union derzeit mit Erfolgsmeldungen. Allerdings gilt es zu hinterfragen, ob und inwiefern sich der Arbeitsmarkt nachhaltig im Sinne *guter Arbeit* (*Franz Müntefering*) und damit zukunfts- und vor allem armutsfest entwickelt. Der Beitrag betrachtet hierzu in erster Linie Einkommensaspekte, geht aber auch auf soziale Ungleichheit in der Verteilung von Beschäftigung und Einkommen ein. Kennziffern, wie die Quote der relativen Einkommensarmut oder die Arbeitslosenquote werden allgemein oft mit Bezügen zur sozialen Ungleichheit dargestellt. Selten finden sich jedoch Debatten, welche in die entgegengesetzte Richtung argumentieren und soziale Ungleichheit als Mitursache für eine suboptimale Performanz einer Volkswirtschaft ansehen, so beispielsweise in Bezug auf das Wirtschaftswachstum oder mit Blick auf die Lebenszufriedenheit einer Gesellschaft. Auch diese Perspektive will der Beitrag ansprechen, um die Nachhaltigkeit von Beschäftigungsmustern auch jenseits von sozialer Gerechtigkeit bewerten zu können.

Den Zusammenhang von ungleichen materiellen Ressourcen und den sie verursachenden sowie auf sie folgenden Bildungsmängeln diskutiert *Carola Kuhlmann*. Zunächst definiert sie, was unter Bildung verstanden werden kann und begründet, warum Bildung in wachsendem Maße auch für den materiellen Erfolg im Leben verantwortlich gemacht werden muss. Mit Bezug auf die Theorie Bourdieus wird Bildung daraufhin als *kulturelles Kapital* interpretiert, welches durch die Übernahme eines spezifischen *Habitus* im Herkunftsmilieu weiter gegeben wird. Sodann werden psychologische Theorien über die genetisch bedingte Intelligenzentwicklung vorgestellt und mit Bezug auf die neuere Gehirnforschung verworfen. Anschließend werden Aufbau und Ergebnisse der PISA-Studie referiert und Entwicklungstendenzen des deutschen Schulsystems beschrieben und kritisiert. Besonders die Tatsache, dass es anderen Ländern durchaus gelingt, auch Kindern aus bildungsfernen Milieus zu Schulerfolgen zu verhelfen, beweist, dass in Deutschland noch dringender Handlungsbedarf in dieser Richtung besteht. Am Ende wirft Carola Kuhlmann daher einen Blick auf bildungspolitische und pädagogische Konzepte, die eine Inklusion benachteiligter Kinder in das Bildungswesen und die Gesellschaft im Allgemeinen befördern können.

Medien stellen relevante Faktoren bei der Persönlichkeitsbildung, der kulturellen und politischen Teilhabe und in Hinblick auf die Ausbildungs- und Erwerbsfähigkeit dar. *Tanja Witting* verweist darauf, dass in Zeiten wachsender Mobilität, mannigfaltiger Entgrenzungen und umfassender Digitalisierung den digitalen Medien eine zentrale Bedeutung für die gesellschaftliche Informationsverteilung, die Kommunikations- und Unterhaltungsmöglichkeiten zukommt. Sie geht auf Zugangs-, Nutzungs- und Beteiligungsmöglichkeiten unterschiedlicher Gesellschaftsmitglieder ein und fragt danach, ob mediale Potentiale von allen gleichermaßen genutzt werden können. Sofern dies nicht der Fall ist, gehen mit digitalen Medien neuartige exkludierende Wirkungen auf bestimmte Bevölkerungsgruppen einher. Da das Internet in zahlreichen gesellschaftlichen, wirtschaftlichen und politischen Zusammenhängen eine zentrale Rolle spielt, werden diejenigen, die keinen oder nur einen begrenzten Zugang zum Internet haben, tendenziell marginalisiert. Digitale Ungleichheiten können darüber hinaus in unterschiedlichen Nutzungspraxen und Wirkungsweisen digitaler Medien begründet sein.

Chronische soziale Benachteiligung bzw. Armut gehen laut *Fritz Haverkamp* bei Erwachsenen mit reduzierter Gesundheit und geringerer Bildung und bei betroffenen Kindern zusätzlich mit einer geringeren neurokognitiven Entwicklung einher. Es besteht wissenschaftlich Einigkeit darüber, dass dieser Zusammenhang über die gesamte Lebensspanne geht und alle demographischen Gruppen betrifft. Neuere wissenschaftliche Ansätze differenzieren zusätzlich nach Geschlecht, Familienstatus, Ethnizität und Migration, sozialer Integration, regionalen Bezügen, Verstädterung und kultureller Teilhabe. Zunehmend wird auch eine größere Bedeutung der subjektiven Bewertung der sozialen und gesundheitlichen Situation eingeräumt. Die Vulnerabilität von Gesundheit ist kein *natürlicher* oder a priori festgelegter Zustand. Sie entsteht im Kontext von sozialer Ungleichheit, die das Alltagsleben sozial benachteiligter Gruppen kennzeichnet. Armut und soziale Exklusion beeinträchtigen die Selbstverwirklichung durch den Mangel an Anerkennung und Akzeptanz, dem Gefühl von Machtlosigkeit, ökonomischer Einschränkungen und verminderter Lebenserfahrungen und -erwartungen. Soziale Inklusion wird dagegen als sehr wichtig u. a. für die materielle und psychosoziale Selbsthilfe und Selbstverwirklichung angesehen.

Die als Segregation bezeichnete sozialräumliche Konzentration bestimmter sozialer Gruppen in einem Stadtgebiet analysiert *Monika Alisch*. Sie betrachtet Segregation als Ergebnis der Wechselwirkungen zwischen der wachsenden sozialen Ungleichheit in der Wohnbevölkerung nach Klassen/Schichten, Geschlecht, Ethnie, Alter und sozialem Milieu, der Ungleichheit der städtischen Teilgebiete nach Merkmalen der Wohnungen, der Infrastruktur und Erreichbarkeit sowie den Zuweisungsprozessen sozialer Gruppen zu Wohnungsmarktsegmenten. Soziale und ethnische Segregation werden häufig zusammen problematisiert bzw. immer wieder werden soziale Probleme ethnisch konnotiert. Segregation wird überwiegend negativ bewertet, vor allem in Blick auf nachteilige Effekte für den Sozialisationsprozess der in diesen Wohnquartieren Lebenden sowie deren Teilhabechancen im Schulsystem und am Arbeitsmarkt. Für die Stadtgesellschaft werden mit Begriffen wie *Parallelgesellschaften* Abschottungen von Zugewanderten befürchtet. Gleichzeitig werden aber auch positive Effekte vermutet, da gerade für Zugewanderte die Integration durch die Nähe von Personen aus dem gleichen Herkunftsland erleichtert werde. Politisch wurde und wird vorwiegend auf die empirisch nicht systematisch belegten negativen Effekte reagiert.

Bildungswege und Zugänge zu Erwerbsarbeit und Einkommen sind geschlechtstypisch ausgeprägt. Dies zeigt *Hildegard Mogge-Grotjahn* für den horizontal und vertikal geschlechtstypisch segmentierten Arbeitsmarkt. Armutslagen sind ferner gekoppelt an Lebensformen (Alleinerziehende, Familien mit mehreren Kindern, Alleinlebende) und an Besonderheiten der alten bzw. neuen Bundesländer. Immer noch wirken sich die in den jeweiligen Gesellschaften der DDR bzw. der BRD vor der Wiedervereinigung impliziten Geschlechterordnungen und Geschlechterverhältnisse auf die Lebenslagen und Armutsrisiken von Frauen und Männern in Ost- und Westdeutschland aus. Die Förderung und Ermöglichung des Erwerbs eigenständigen Einkommens und daraus abgeleiteter Altersversorgung ist nicht allein durch sozialpolitische Rahmenbedingungen zu erreichen, sondern stellt auch eine Anfrage an die Lebensentwürfe und Biografieverläufe von Frauen und Männern dar. Somit führt die Analyse der strukturellen und der subjektgebundenen Ursachen *weiblicher* Armutsrisiken zu grundlegenden Anfragen an die in den ökonomischen und politischen Strukturen inkorporierten Muster und Leitbilder des Verhältnisses von bezahlter und nicht bezahlter Arbeit und an den Stellenwert *sorgender* Tätigkeiten in unserer Gesellschaft.

In Deutschland sind Migrationsbewegungen seit Jahrhunderten soziale Realität. Sie haben in der zweiten Hälfte des 20. Jahrhunderts und aktuell durch die hohen Flüchtlingszahlen seit 2015 eine erhebliche Dynamik gewonnen. Insgesamt beträgt der Anteil der *Personen mit Migrationshintergrund* an der Gesamtbevölkerung rund 21 Prozent. Monokausale Ansätze zur Beschreibung von Migrationsbewegungen greifen in der Regel zu kurz, so *Jürgen Boeckh*. Der Grad der Akzeptanz von Migrantinnen und Migranten korrespondiert nicht nur mit der wirtschaftlichen Situation im Aufnahmeland, sondern auch mit den Gründen für die Migrationsbewegungen, dem kulturellen Hintergrund des Herkunftslandes und der tatsächlichen bzw. unterstellten Integrationsbereitschaft der Zugewanderten. Bis heute gelingt es Bund und Ländern kaum, das in der Regel höhere soziale Ausgrenzungsrisiko von Migrantinnen und Migranten wirkungsvoll zu bekämpfen. Unterschiedliche Diskriminierungstatbestände (z. B. im Aufenthaltsrecht, am Arbeits- und Wohnungsmarkt) aber auch nicht angepasste individuelle Ressourcen der Migrantinnen und Migranten (z. B. Sprachdefizite, geringes (Aus-)Bildungsniveau, etc.) tragen nach wie vor dazu bei, dass diese Bevölkerungsgruppe ein überproportionales Armuts- und soziales Ausgrenzungsrisiko trägt.

Armut lässt sich allein auf Individuen bezogen nicht angemessen betrachten, da Haushalts- und Familienkontexte für von Armut betroffene oder bedrohte Menschen eine wesentliche Rolle mit Blick auf Armutsrisiken und deren Ursachen sowie für Schutzfaktoren, Ressourcen und Selbsthilfepotentiale spielen. *Benjamin Benz* und *Katharina Heinrich* betrachten deshalb Armut im Familienkontext und arbeiten den engen Zusammenhang von gesellschaftlichen Ursachen, Risiken, Schutz- und Hilfsmaßnahmen heraus, die etwa den Zugang von jungen Eltern zu und ihren Verweis auf Erwerbsarbeit prägen, über das Kindergeld Unterhaltskosten von Kindern zumindest teilweise vom Familienbudget auf öffentliche Kassen verlagern oder über Bildungs- und Beratungsangebote Familien in Armutslagen stärken. Die Verbreitung von Armut hat in Deutschland seit vielen Jahren nicht nur allgemein zugenommen, Kinder, Jugendliche, junge Erwachsene, Familien allein Erziehender, kinderreiche Familien und Familien mit Migrationsgeschichte sind von Armut und ihrer Zunahme überdurchschnittlich betroffen. Dies wirft Fragen sowohl in Blick auf die Familienstrukturen auf, als auch solche zur Angemessenheit gesellschaftlicher Schutz- und Unterstützungssysteme gegen Armut im Familienkontext.

Die Teilhabechancen und Ausgrenzungsrisiken unterschiedlicher sozialer Gruppen äterer Menschen sind in der Gesellschaft ungleich verteilt. Nach *Susanne Kümpers* und *Monika Alisch* markiert Armut im Alter, gemessen am sozio-ökonomischen Status, eine Lebenslage mit gravierenden Einschränkungen für ein selbst bestimmtes Leben. Armut im Alter ist besonders gravierend, da in der Regel unumkehrbar. Darüber hinaus bestimmt der enge Zusammenhang zwischen dem sozio-ökonomischen Status und dem Gesundheitszustand sowie dem Zugang zu gesundheitlicher, medizinischer und pflegerischer Versorgung mit zunehmendem Alter wesentlich die individuellen Verwirklichungschancen und somit die Möglichkeiten sozialer Teilhabe. Es bestehen Wechselwirkungen zwischen (vertikalen) Besser- bzw. Schlechterstellungen innerhalb einer Gesellschaftsordnung, die mit dem Begriff der sozialen Ungleichheit erfasst und mit Hilfe des Schichtindexes (Einkommen, Bildungsabschluss, berufliche Position) gemessen wird, und anderen (horizontalen) sozialen Merkmalen (Geschlecht, ethnische Zugehörigkeit, Behinderung, sexuelle Orientierung) sowie den Bedingungen des Sozialraums. Dieses Zusammenspiel ist für Teilhabechancen wie Ausgrenzungsrisiken im Alter von hoher Bedeutung.

Der Beitrag von *Eckhard Rohrmann* gibt nach einer kurzen Einführung in die grundsätzliche Bedeutung der UN-BRK einen Überblick über die Entwicklung des Behindertenverständnisses in nationalen und internationalen Behindertenpolitiken. Er untersucht die Lebenslagen und Lebensbedingungen Behinderter in Deutschland, wobei insbesondere die Wohn- und Lebenssituation der Betroffenen einschließlich der sozialpolitischen und betreuungsrechtlichen Rahmenbedingungen, die diese prägen, in den Blick genommen werden sollen. Deutlich wird: Behinderung ist kein naturgegebener Zustand, sondern in erster Linie gesellschaftliche Zuschreibung – mit weit reichenden sozialen Folgen. Es fehlt an einer ausreichenden Zahl behindertengerechter Arbeitsplätze, Wohnungen oder öffentlicher Infrastruktureinrichtungen. Seit dem Jahr 2009 hat die UN-Behindertenrechtskonvention verbindliche Geltung in Deutschland erlangt, woraus sich umfassende Konsequenzen für die Inklusion von Menschen mit Behinderungen ableiten lassen; doch die Umsetzung der Konvention steht noch in den Anfängen.

Armut und soziale Ausgrenzung zeigen sich in unterschiedlichen Dimensionen, die einander bedingen, die gleichwohl jede für sich auch einen eigenständigen Stellenwert haben. Hinzu treten intervenierende Variablen, die bestehende Ausgrenzungstatbestände teils verstärken, teils abmildern. Im Gegensatz zu ersten Analysen von Verarmungsprozessen etwa in Deutschland, die sich vor allem auf materielle Not konzentrierten, geben Analysen zur Lebenslage komplexere Einblicke in diese Ausgrenzungsprozesse, die allerdings zugleich die Anforderungen an Inklusionsprozesse schwieriger gestalten, teilweise sogar intergenerative Ansätze erfordern. Wissen, auch und gerade empirisches Wissen über diese komplexen Zusammenhänge ist wichtig, der Hinweis auf ‚Forschungslücken‘ verkommt jedoch nicht selten zum Alibi für einen reduktionistischen Interventionsansatz bis hin zum Unterlassen des schon jetzt Möglichen. Diese Einzelstudien machen deutlich, dass es wichtiger denn je ist, bei der Analyse von Armutslagen und der Entwicklung von Konzepten zu ihrer Überwindung interdisziplinäres Kontextwissen einzubeziehen und in die Praxis umzusetzen.

5   Strategien zur Überwindung von Armut und sozialer Ausgrenzung: Individuell, sozial und politisch

Theorie und Empirie der Armut sowie die Geschichte ihrer Erscheinungsformen bilden den Hintergrund, vor dem soziale Akteure sich mit Armutslagen auseinandersetzen und handeln bzw. nicht handeln. Dieser Hintergrund wird in unterschiedlicher Weise bei den verschiedenen Akteuren relevant. Er geht ein in die Selbstdeutungen und Bewältigungsstrategien von Menschen, die von Armut und sozialer Ausgrenzung betroffen sind; in die individuellen und kollektiv geteilten Definitionen dessen, was denn eigentlich ‚das Problem‘ ist; in die Zielvorstellungen, an denen das jeweilige Handeln ausgerichtet wird. Unterschiedliche Armutstheorien und die jeweils akzeptierten Indikatoren führen zu verschiedenen politischen Interventionen auf nationaler und internationaler Ebene, zu neuen Mixturen staatlichen und bürgerschaftlichen Handelns sowie zu abweichenden Konzepten und Methoden sozialer Dienstleistungen. Mediale Inszenierungen von Armut beeinflussen ihre Wahrnehmung in der Öffentlichkeit wie bei den Betroffenen selbst. Die Entwicklung geeigneter Unterstützungs- und Veränderungsstrategien muss berücksichtigen, dass Armut viele Gesichter hat: alte und junge, behinderte und nichtbehinderte, kranke und gesunde, vorübergehend oder langfristig arme Menschen – sie alle erleben und bewältigen Armut in unterschiedlicher Weise. Es bedarf also des (selbst-)reflexiven Veränderungs- und Handlungswissen auf ganz unterschiedlichen Ebenen.

In der Erforschung prekärer Lebenslagen und Krisen und ihrer psychischen Bewältigung sind Fragen der Entwicklungs-, Sozial- und der Klinischen Psychologie berührt. Der psychischen Verarbeitung von belastenden Lebensereignissen widmet sich insbesondere die Stress- und Copingforschung. *Hans-Jürgen Balz* geht auf unterschiedliche theoretische Zugänge für die Erklärung der Unterschiede im Erleben und Verhalten von betroffenen Personen ein: Ansätze, die den Fokus auf Aspekte der individuellen Situationseinschätzung richten, stehen Ansätzen gegenüber, die den Einfluss der vorhandenen Ressourcen für die psychische Entwicklung betonen. Die Resilienzforschung untersucht, wie Menschen (insbesondere Kinder und Jugendliche) trotz prekärer Lebensumstände eine gesunde Entwicklung nehmen (können). Aus den bei diesen Personen gefundenen persönlichen Merkmalen und sozialen Umfeldfaktoren lassen sich Hinweise für die Gestaltung von Präventions- und Interventionsprogrammen ableiten. Da die Existenz einer tragfähigen Beziehung zu einem Erwachsenen sich als zentraler Schutzfaktor erwiesen hat, kommt der pädagogischen Beziehung (z. B. in Jugendhilfeeinrichtungen, Kindertagesstätten und Schulen) und der Stärkung des sozialen Netzwerkes der Kinder und Jugendlichen in prekären Lebenslagen eine besondere Bedeutung zu.

Michael Wendler stellt aus motologischer Sicht Bewegungshandeln als Verwirklichungsmöglichkeit der kindlichen Persönlichkeit heraus. Handeln schließt immer die körperliche Bewegung mit ein. Die Orientierung am eigenen Körper ist die Basis jeder Orientierung in Raum und Zeit (Sozialraum, Zahlenraum, Schriftraum), zugleich ist der Körper Spiegel psychischen Erlebens. Das Selbstkonzept wird dabei zum Schlüsselbegriff. Bewegung und Körperlichkeit stellen ein geeignetes Medium dar, um die eigene Individualität herzustellen. Als personale Ressource begünstigen z. B. ein hoher Selbstwert, eine Kontrollüberzeugung und Optimismus einen konstruktiven Umgang mit Belastungen und Konflikten, so dass negative Auswirkungen auf die Entwicklung ausbleiben können. Für die Identitätsbildung in der Jugendphase gilt dieses in besonderem Maße. Gerade für Jugendliche wird der Körper zu einer verlässlichen Kapitalressource: Körperinszenierungen werden dazu genutzt, soziale Anerkennung und Achtung bei Gleichaltrigen oder Erwachsenen zu erlangen. Der Bildungshintergrund der Eltern, die reale Lebenslage und die konkreten Lebensbedingungen haben noch immer einen stark modifizierenden Einfluss darauf, welche Chancen der (Bewegungs-)Entwicklung und (Bewegungs-)Bildung Kindern in ihrer Umwelt zur Verfügung stehen.

Seit in den 1990er Jahren der Begriff der *Infantilisierung der Armut* geprägt worden ist, lässt sich eine Verstetigung des Phänomens Kinderarmut konstatieren. Armut bei Kindern und Jugendlichen ist geprägt von gesellschaftlichen und institutionellen Rahmenbedingungen, von den Verteilungsstrukturen innerhalb der Familien sowie den individuellen Potenzialen der Eltern. *Gerda Holz* stellt ein *kindgerechtes Armutsverständnis* vor und verweist auf die stetige Zunahme von empirischen Analysen bis hin zur Entwicklung kindbezogener Präventionsansätze. Diese Erkenntnislage ermöglicht vielfältige und vor allem zielgerichtete Ansätze zur politischen und pädagogischen Gegensteuerung. Dazu existiert in Deutschland ein ausdifferenziertes System aus Geld-, Sach- und Dienstleistungen für (arme) Familien und Kinder. Allerdings müssten das System der materiellen Grundsicherung/-versorgung sowie die Instrumente einer kind- bzw. familienbezogenen Armutsprävention besser miteinander verknüpft und aufeinander abgestimmt werden. Es geht sowohl um den Ausbau der sozialen Infrastruktur für Kinder und Jugendliche als auch um die Qualitätsentwicklung verbunden mit einer Neuausrichtung der Kinder-, Jugend- und Familienhilfe.

Die Kommunen tragen, so *Monika Burmester*, im deutschen Sicherungssystem traditionell große Verantwortung bei der Bewältigung von Armut. Seit 2005 sind die Kreise und kreisfreien Städte in die Leistungsgewährung für die nach SGB II anspruchsberechtigten Personen eingebunden. Mit der Einwanderungswelle im Jahr 2015 insbesondere durch Flüchtlinge sind neue Herausforderungen für die Kommunen entstanden. Die örtliche Ebene hat zwar Gestaltungsmöglichkeiten in Bezug auf das Angebot an sozialer und anderer Infrastruktur, stößt aber an Grenzen durch die bundesgesetzlichen Vorgaben sowie die (nicht) vorhandenen Finanzmittel. Dies führt zu einer regionalen Heterogenität in den Bedingungen, denen sich von Armut Betroffene gegenüber sehen. Die Ökonomisierung des Wohlfahrtsarrangements tangiert sowohl den Umgang mit der armen Bevölkerung als auch die Beziehung zu freien Trägern, die in vielen Bereichen als Dienstleister auftreten. Sie wirkt sich zudem auf das Selbstverständnis der öffentlichen Verwaltung und auf die Erfolgskriterien aus, die an das eigene Handeln angelegt werden. Eng damit verbunden sind die Abkehr vom Dienstleistungs- und die Orientierung am Konzept des aktivierenden Staates, der durch dezentrale, ambulante und i. d. R. sozialräumliche Versorgungsstrukturen realisiert werden soll.

Die ab den 1980er Jahren steigende Arbeitslosigkeit führte zu einer *Kommunalisierung der Arbeitsmarktpolitik*, so *Kay Bourcarde*. Im Rahmen des damaligen BSHG wurden auf lokaler Ebene zahlreiche Ansätze der Beschäftigungsförderung entwickelt. Mit den Hartz I-IV-Reformen haben diese Strukturen eine Neuausrichtung zu Lasten der kommunalen Steuerungsmöglichkeiten erfahren. Die Wirkungsmessung der Bundesagentur für Arbeit führt tendenziell zu einer Konzentration der Hilfen auf Personen, die dem Arbeitsmarkt ohnehin näher stehen (*creaming the poor*). Dies führt zu Benachteiligungen insbesondere bei Langzeitarbeitslosen und Menschen mit mehrfachen Beschäftigungshindernissen. Parallel dazu ist die Bedeutung von öffentlich geförderter Beschäftigung massiv zurückgegangen. Im Ergebnis kam es vielfach zu einem Verlust an lokalem Steuerungs- und Erfahrungswissen, mit Ausnahme der *Optionskommunen*, die sogar in größerem Umfang als zuvor Umsetzungsverantwortung bei der Integration von Langzeitarbeitslosen tragen. Der Beitrag kommt zu dem Ergebnis, dass die deutsche Arbeitsmarktpolitik heute auch im

Zusammenspiel der drei Ebenen Bund, Länder und Kommunen über keine ausreichenden (integrierten) Konzepte verfügt, um dem Phänomen einer sich verfestigenden Langzeit-arbeitslosigkeit wirkungsvoll und flächendeckend zu begegnen.

Die Kompetenzen für Beschlüsse über armuts- und verteilungswirksame Sozialpoli-tik liegen in der Europäischen Union ausschließlich bei den Mitgliedstaaten bzw. deren Regionen und Kommunen. Doch auch auf europäischer Ebene, so *Benjamin Benz*, gibt es Ansätze einer Politik gegen Armut und soziale Ausgrenzung. Die Schaffung eines gemeinsamen Binnenmarktes, die Währungspolitik und die damit zusammenhängende Koordinierung der Wirtschafts- und Haushaltspolitik bei gleichzeitiger Beibehaltung der nationalen fiskal- und sozialpolitischen Kompetenzen haben einen wachsenden Einfluss auf die Verteilungsstrukturen und Armutspolitiken in den Mitgliedstaaten. Parallel aber gab und gibt es Bestrebungen, die EU auch auf dem Gebiet der Armutspolitik einzubinden. Dabei hat die EU mit Widerständen zu kämpfen. Gleichwohl gewinnt sie an Bedeutung, einmal durch Verbreitung von Informationen (Vergleich armutsrelevanter Parameter zwischen den EU-Mitgliedstaaten), zum anderen durch die Erarbeitung von Zielvereinba-rungen auf der Grundlage gemeinsamer Wertorientierungen, vor dem sich *die* Brüsseler Politik in diesem Feld bewegt und ohne den sie in ihren Eigenheiten der Wahl der Mittel und Wege ihrer Politik nicht verständlich wird.

Zahlreiche Akteure sind an der Bearbeitung von Armut und sozialer Ausgrenzung beteiligt. Deren Interessen müssen im politischen Prozess artikuliert werden. *Germo Zimmermann* und *Jürgen Boeckh* arbeiten in ihrem Beitrag heraus, dass die Vertretung schwacher sozialer Interessen im politischen Prozess auf Stellvertretung angewiesen ist. Dabei stehen die Wohlfahrtsverbände als klassische Träger dieser Interessensvertretung selbst vor bzw. mitten in tiefgreifenden Veränderungsprozessen, die zumindest in Teilbe-reichen sozialanwaltschaftliches Handeln erschweren, wenn nicht gar unmöglich machen. Hinzu kommt, dass nicht zuletzt durch die Aktivitäten der EU – trotz aller Schwächen im Detail – Akteure außerhalb der Freien Wohlfahrtspflege aufgewertet und zunehmend in den politischen Prozess eingebunden werden. Damit erhalten auch Strukturen zusätzlichen Aufwind, die sich im Zuge der Diskussion um die Förderung des Bürgerschaftlichen En-gagements verstärkt herausgebildet haben. Zivilgesellschaftliche (auch rechtspopulistische bzw. rechtsextreme) Aktivitäten füllen zum einen die Lücken, die die freie Wohlfahrts-pflege hinterlässt, zum anderen sind sie sozialer Indikator für Defizite in der Gestaltung des sozialen bzw. politischen Raumes im weitesten Sinne.

Bürgerschaftliches Engagement (BE) und Soziale Arbeit haben eine gemeinsame Ge-schichte. *Ralf Vandamme* ordnet die (professionelle) Engagementförderung einem größeren theoretischen Rahmen zu und weist damit auf ihre zentrale Bedeutung bei der Herstellung von sozialer Teilhabe hin. Soziale Arbeit ist immer wieder durch bürgerschaftliche Initia-tiven weiterentwickelt und oft erst nachträglich professionalisiert worden. Gleichzeitig gibt es eine reflexartige Abwehr der Sozialen Arbeit gegenüber dem BE, begründet in der Befürchtung, dass dieses fachliche Standards unterspülen, die ohnehin schon geringe Entlohnung unterbieten und/oder die Übernahme staatlicher Verantwortung für eine Problemlösung verhindern würde, da sich ja schon die Bürgerinnen und Bürger selbst um eine Lösung bekümmerten. Das Verhältnis von Sozialer Arbeit und Engagement ist spannungsreich, aber unauflösbar; in nahezu allen Handlungsfeldern Sozialer Arbeit sind Freiwillige engagiert. Sie sind heute selbstverständlicher Teil des Welfare-Mix, den Soziale Arbeit steuern muss. Aber es gibt Grenzen des freiwilligen Engagements – etwa im Bereich der materiellen Ausstattung oder bei der Überwindung bürokratischer bzw. sozialrechtlicher Benachteiligungen.

Obwohl die gesellschaftliche Spaltung zunehmend auf der politischen Agenda erscheint, erfährt der Armutsdiskurs in der Öffentlichkeit eine doppelte Marginalisierung. *Richard Stang* führt dies zum einen darauf zurück, dass das Thema bei den meisten Medien nur eine untergeordnete Rolle spielt, obwohl sich zunehmend Polit-Talkshows hiermit beschäftigen. Dabei zeigt sich eher ein Trend zur Stigmatisierung als zum Empowerment, und nur selten wird eine reflektierende Perspektive eingenommen. Zum anderen sind sozial Benachteiligte sowohl aus finanziellen als auch teilweise aus Kompetenzgründen kaum in der Lage, die Medien produktiv für ihre Interessen zu nutzen. Gerade neueste Informations- und Kommunikationstechnologien sind für sozial Benachteiligte aus finanziellen Gründen kaum erschwinglich, so dass oft nur rein rezeptiv zu nutzende Medien wie das Fernsehen in deren Medienausstattung zu finden sind. Medien wie z. B. das Internet werden vor allem von jüngeren, berufstätigen und gut gebildeten Menschen (in einem emanzipativ-politischen Sinn) genutzt. Dadurch verbreitert sich die Wissenskluft immer weiter. Diesem Trend entgegenzuwirken, wäre eine wichtige Voraussetzung dafür, die Fähigkeit zur Selbstbestimmung und Autonomie der sozial benachteiligten Gruppen zu fördern.

Soziale Praxis als verändernde Praxis, die innerhalb sich verändernder sozialer Verhältnisse operiert, bedarf einer Systematisierung ihres Verständnisses von ‚Veränderung'. Dieses Verständnis entfaltet *Thomas Eppenstein* im Spannungsverhältnis von Handlungsoptionen, die sich entweder auf die Strukturen von sozialer Ausgrenzung und benachteiligender Lebenslagen oder auf die Personen, die von Armut betroffen sind, fokussieren. Gegenwärtige Armutsphänomene sind bereits als Resultate vorangegangener Änderungspraktiken zu sehen; eine lineare Übernahme intervenierender Strategien aus der Vergangenheit für die Bewältigung gegenwärtiger Armutslagen erscheint somit nicht angemessen. Auch ist der Maßstab ‚Veränderung' allein noch kein ‚Gütesiegel', sondern bedarf der analytischen Bestimmung dessen, welche Veränderungen mit welchen Zielvorstellungen und Begründungen von wem gegenüber wem einzufordern sind. Da Wissen um Veränderung und Wissensformen zur Veränderung in sozialen Berufen der Moderne leitend sind, stellen sich Fragen zu ihrer jeweiligen Justierung und normativen Ausrichtung. Eppenstein untersucht Optionen und unterscheidbare Ebenen für eine interdisziplinäre und menschenrechtlich orientierte Konzeptentwicklung zur Überwindung von Armut in Korrelationen zu Gesundheitsrisiken und Bildungsproblemen.

Die Vielzahl der Akteure, die unterschiedlichen Interventionsstrategien und Organisationsformen, die vielschichtigen Handlungs- und Bewältigungsmuster zeigen, dass eine interdisziplinäre und multidimensionale Theorie von Armut und sozialer Ausgrenzung ebenso notwendig ist wie multiprofessionelle Hilfeangebote und politische Intervention. Präventive und kurative

Strategien zur Vermeidung bzw. Bewältigung von Armut und Armutsfolgen sind nötig. Soziale, ökonomische und politische Strukturen müssen auf ihren ursächlichen Zusammenhang mit Armutsrisiken hin analysiert werden, staatliches wie zivilgesellschaftliches Handeln ist daran zu messen, ob und wie es zur Überwindung von Armut und Ausgrenzung beiträgt.

Das vorliegende Handbuch fasst relevante Ergebnisse der Armutsforschung zusammen, aktualisiert sie und verbindet nicht nur sozialstaatliche und sozialpädagogische Fragestellungen, sondern darüber hinaus auch die (Ideen)Geschichte und das breite Feld der Geisteswissenschaften. Deutlich werden Strukturen der Armut und der sozialen Ausgrenzung, aber auch geschichtliche Prozesse in ihrer Interdependenz. Doch das, was geschichtlich geworden ist, kann auch geschichtlich verändert werden. Die Gegenwart ist die Geschichte von morgen, wie die Gegenwart die Zukunft der Geschichte gewesen ist. Es bleibt der Widerspruch, Armut als stetes Phänomen in Geschichte und Gegenwart anzutreffen und sie zugleich als etwas zu begreifen, das es zu überwinden gilt. Armut oszilliert zwischen subjektiven und objektiven Faktoren. Strategien zu ihrer Rechtfertigung und zu deren Überwindung implizieren ein qualitatives Gesellschaftsverständnis, das in Raum und Zeit interessebedingt, zugleich an die überhistorische Gültigkeit von Grund- und Menschenrechten gebunden ist. Armut und soziale Ausgrenzung haben nicht nur verschiedene, sondern vor allem konkrete Gesichter. Armut wird sozial bewirkt und wirkt sozial. Armutsverständnis und Armutspolitik korrelieren auf der Werte- und der Handlungsebene. Ein Handbuch kann Strukturen von Armut und sozialer Ausgrenzung, Prozesse ihrer Entstehung und Optionen für deren Bearbeitung analytisch entfalten: Die Praxis ersetzen aber kann dieses Handbuch nicht, vielleicht jedoch zu einer veränderten und verändernden Praxis inspirieren und überzeugen.

II
Theorien der Armut und sozialen Ausgrenzung

Armutsforschung:
Entwicklungen, Ansätze und Erkenntnisgewinne

Norman Best, Jürgen Boeckh und Ernst-Ulrich Huster

Zusammenfassung

Armutsforschung ist ein zirkulärer Prozess. Hier werden sozioökonomische Verteilungsstrukturen, ihre Ergebnisse, die daraus im geschichtlichen Verlauf gezogenen politischen
und sozialen Schlussfolgerungen sowie deren Be-*Wert*-ung analysiert. Dieses mündet dann
in eine Analyse der Ressourcen- bzw. Machtzugänge einer Gesellschaft. Armutsforschung
ist eng an bestehende, gewünschte bzw. verworfene Wert- und Normvorstellungen und
deren soziale Interessenträger gebunden. Im Nachfolgenden werden unterschiedliche
Zugänge zur Armutsproblematik daraufhin untersucht, welches Verständnis von Armut
sie aufweisen, welche Methoden sie anwenden, ob sie sich eines Indikatorensets bedienen
und ob sie sich bestimmten Traditionslinien zuordnen lassen. Dabei werden Entwicklungen
ebenso deutlich wie Querverbindungen. In jedem Falle gibt es eine beachtliche Vielfalt
von Ansätzen zur Bestimmung von Armut bzw. Prozessen sozialer Ausgrenzung. Die
nachfolgende Darstellung geht vom Diskurs in Deutschland aus und weitet ihn dann nach
Europa und darüber hinaus auf die Welt aus.

Schlagworte

Armutsforschung; Armutsindikatoren; Methoden der Armutsforschung; Verteilungsebenen
und -strukturen; Well-being

1   Armutsforschung: Spagat zwischen Tautologie und Erkenntnisgewinn?

Karl Georg Zinn sieht in „Überfluß und Mangel – das Paradoxon kapitalistischen Wohlstands" (2006, S. 122). Diese schon bei *G.W.F. Hegel* festgestellte Widersprüchlichkeit eines
Gesellschaftssystems, das für sich die Wohlstandsproduktion als Ziel setzt (Hegel 1970,

Rechtsphilosophie, § 245), hat in der deutschen, darüber hinaus in der europäischen und weltweit geführten wissenschaftlichen Diskussion zu einer Vielzahl von armutstheoretischen Ansätzen geführt, die sich teils ergänzen, aber teils auch ausschließen. Es geht um die Frage, wie Wissenschaft Armut definiert und wie sie ihre Entstehung erklärt, zugleich darum, welche Schritte zu ihrer Überwindung notwendig bzw. möglich sind. Armut erweist sich auf den Ebenen des Beschreibens, Erklärens und Verstehens zunächst einmal als ein moralisches, in jedem Fall als ein normatives Konstrukt, das aber immer auch praktische Konsequenzen für Gesellschaft und Staat nach sich zieht. Es geht zum einen darum, materielle wie immaterielle Verteilungsergebnisse bzw. Teilhabemöglichkeiten zu legitimieren oder in Frage zu stellen, zum anderen darum, ob es Verteilungskompromisse in einer Gesellschaft gibt oder nicht. Dieses schließt in der Politik- bzw. den Sozialwissenschaft enimmer auch die Frage mit ein, wessen Interessen dabei in besonderer Weise berücksichtigt oder (bewusst) ausgeschlossen werden.

Armut hat ganz offensichtlich einen Doppelcharakter, sie stellt ein individuelles und ein soziales Problem dar. Wäre sie bloß ein individuelles Problem, dann bedürfte es einzelfallbezogener Überlegungen, wie dieses zu überwinden ist. Wäre es ein rein soziales bzw. ökonomisches Problem, könnte es über (sozial-)politische Reformen bis hin zu einem Systemwechsel überwunden werden.

Aus politikwissenschaftlicher Perspektive geht es darum, die Personengruppen zu identifizieren, die ein Interesse daran haben, bestimmte Mängellagen als Armut zu beschreiben bzw. genau dieses zu verhindern suchen. Gibt es Normen, die für eine Überwindung von Lebensbedingen herangezogen werden können bzw. müssen? Gibt es Grenzsetzungen für eine soziale Spaltung? Es geht darum, Wege zu finden, Menschen zu einem *politisch* definierten Grad von Teilhabe zu führen. Dafür müssen Ausgrenzungsmechanismen und starke bzw. schwache Gruppen bekannt sein und analysiert werden. Geht es um die Beschreibung einer Ist-Situation, um die Formulierung von Zielen oder geht es um die Analyse von Prozessen der sozialen Ausgrenzung bzw. sozialen Inklusion?

Gerhard Willke schreibt, dass armutstheoretische Ansätze nichts erklären würden und „tautologisch" seien (2011, S. 174). Richtig ist, dass schon mit der Frage nach Armut bzw. Reichtum festgelegt ist, dass es diese gibt, geben muss. Doch was wäre gewonnen, wenn man diese Kategorien nicht verwendet bzw. anwendet? Wer könnte ein Interesse daran haben? Armutstheorien haben folglich einen sozialen Bezug. Denn es geht in der Armutsforschung nicht primär darum, Armut nur als Fakt zu beschreiben. Hierzu hat sich Hegel in der Tat mit seiner Feststellung, dass Armut und Reichtum die beiden Seiten einer Medaille seien, abschließend geäußert. Und wenn Armutsforschung nicht mehr Erkenntnis liefern würde als eine Einstufung des Einzelnen oder einer sozialen Gruppe in einer am gesellschaftlichen Durchschnitt gemessenen Armutsrisikoquote – mit welchem Prozentsatz auch immer –, dann wäre sie in der Tat tautologisch zu nennen. Doch in einem sozialen Rechtsstaat mit verfassungsrechtlichem Sozialstaatspostulat geht es um mehr als empirische Kennziffern. Grundlegend für die modernen Sozialstaaten – unabhängig, ob sie sich dem liberalen, konservativen oder sozialdemokratischen Typus oder Mischformen zuordnen lassen (vgl. Esping-Andersen 1990) – gilt es als staatliches Ziel, soziale Benachteiligungen zu verhindern oder abzumildern. Armutsforschung erklärt deshalb auch weniger, warum in einem Wirtschaftssystem Armut als solche entsteht, sie hat vielmehr die sozialen, politischen, ökologischen und ökonomischen Prozesse im Blick, die dazu führen, dass Einzelne oder Gruppen innerhalb einer Gesellschaft vom Wohlstandsversprechen ausgeschlossen oder zumindest in ihren Teilhabemöglichkeiten beschränkt werden. Armutsforschung erklärt nicht Armut *per se*, ihr Mehrwert liegt in der Erkenntnis darüber, wo Armut bzw. allgemeiner formuliert, der Zugang zu gesellschaftlichen, ökonomischen und/oder ökologischen Ressourcen und Machtpositionen prozesshaft wirkt und somit *soziale Mobilität* (selektiv) ermöglicht, einschränkt oder gar (bewusst) verhindert.

In der Armutsforschung geht es also um die wissenschaftlich gestützte Analyse sozioökonomischer Prozesse, die im politischen Prozess greifbar und somit der demokratisch organisierten Interessensverarbeitung zugänglich gemacht werden. Zwei Beispiele mögen diesen Zusammenhang illustrieren:

Als *Heiner Geißler*, damals Sozialminister in Rheinland-Pfalz, im Jahr 1976 mit seiner Streitschrift *Die Neue soziale Frage* an die Öffentlichkeit trat, traf er den Nerv der damals regierenden sozialliberalen Koalition, die mit ihrer *Politik der inneren Reformen* gerade versuchte und z. T. auch erfolgreich erreicht hatte, dass der Sozialstaat nicht nur ausgebaut, sondern auch soziale Risiken erfasst wurden, die bislang außerhalb des Sozialstaates gelegen hatten. Geißlers Aussage, in Deutschland lebten 6 Millionen Menschen in Armut, war quantitativ zwar nicht haltbar, gleichwohl machte er kenntlich, dass hinter der Fassade einer prosperierenden Wirtschaft soziale Gruppen existieren können, deren soziokulturelle Teilhabe an der Gesellschaft – relativ – stark eingeschränkt ist.

Auf die Bänke der Opposition verbannt, gab die SPD 1984 den Vorwurf sozialpolitischen Fehlverhaltens an die neue christlich-liberale Regierung zurück: Diese schaffe eine *neue Armut* (Balsen et al. 1984). Richtig daran war, dass mit dem Regierungswechsel 1982 zunächst scharfe Schnitte, insbesondere in der Arbeitslosenversicherung und beim Bundesausbildungsförderungsgesetz, vorgenommen wurden, sodass das Armutspotential zweifelsfrei anstieg. Falsch aber war, dass die Kürzungen bei der Arbeitsmarktpolitik und bei den Renten erst unter der neuen Regierung einsetzten, sie griffen vielmehr schon am Ende der sozialliberalen Koalition, wenngleich sie nun noch stärker ausfielen. Falsch vor allem aber war, dass der Zusammenhang zwischen Armut und Arbeitslosigkeit – geschichtlich betrachtet – neu sei. Neu war auch nicht, dass Kürzungen in der Arbeitslosenversicherung immer mehr Menschen in die soziale Mindestsicherung trieben.

Zwei Beispiele – mehr nicht, aber auch nicht weniger. Sie machen deutlich: Armut und Reichtum, soziale Polarisierung, soziale Ausgrenzung und soziale Teilhabe – dieses sind historisch gewordene, von sozialen Interessen getragene Begrifflichkeiten. Zugleich werden diese Begriffe auch im wissenschaftlichen Diskurs geprägt, verändert, in den öffentlichen Diskurs eingebracht. Es gibt kaum einen Diskurs, der derart wertbesetzt und kontrovers ist, wie der über Armut und Reichtum. Der Diskurs über Armut findet nicht nur innerhalb einzelner Bereiche statt, also etwa innerhalb der Wissenschaft, in der Politik oder innerhalb einzelner sozialer Gruppen, sondern auch zwischen diesen Bereichen und im europäischen

Kontext sowie im Rahmen der Weltwirtschaftsordnung. Einerseits entstehen Kontexte, andererseits werden gerade diese negiert.

Was aber macht diesen Diskurs so kontrovers? Fragen der Verteilung materieller oder immaterieller Werte verbinden sich mit Fragen nach *Gerechtigkeit* – dieses setzt auf Vergleiche, auf Relativierungen oder auf Zuspitzungen. Zugleich zielt dieser Diskurs darauf, wieviel soziale Ungleichheit ein Gemeinwesen, Europa oder die Weltordnung vertragen, und wieviel Ungleichheit sie möglicherweise sogar benötigen? Diese kontroverse Diskussion ist dann und solange unschädlich, wie die jeweiligen Implikationen einzelner Positionierungen offengelegt werden und nachvollziehbar sind. Und schließlich bedürfen sie jeweils der empirischen Verankerung. Dabei können unterschiedliche Parameter herangezogen werden, die selbst wieder der Überprüfung unterliegen. Ist also letztlich alles relativ, was zu Armut zu sagen ist? Relativ sind Bewertungen, doch können und müssen diese sozialen Interessen zugeordnet werden. Relativität benötigt Parameter, und diese müssen nachvollziehbar sein. Armutsforschung ist damit ein zirkulärer Prozess der Analyse sozioökonomischer Verteilungsstrukturen, ihrer Ergebnisse, der daraus im geschichtlichen Verlauf gezogenen politischen und sozialen Schlussfolgerungen sowie deren Be-*Wert*-ung, was dann wiederum in eine Analyse der daraus resultierenden Verteilungsstrukturen und Ressourcen- bzw. Machtzugänge einer Gesellschaft mündet. Tautologisch ist das nicht, eher hermeneutisch bzw. analytisch an soziale Interessen bzw. Wert- und Normvorstellungen gebunden.

Im Nachfolgenden werden unterschiedliche Zugänge zur Armutsproblematik darauf hin untersucht,

- welches Verständnis von Armut sie aufweisen,
- welche Methoden sie anwenden,
- ob sie sich einer Reihe bzw. Gruppen von Indikatoren bedienen und
- ob sie sich bestimmten Traditionslinien zuordnen lassen.

Dabei werden Entwicklungen ebenso deutlich wie Querverbindungen. In jedem Falle gibt es eine beachtliche Vielfalt von Ansätzen und Zugängen zur Bestimmung von Armut bzw. Prozessen sozialer Ausgrenzung. Die nachfolgende Darstellung geht vom Diskurs in Deutschland aus und weitet ihn dann nach Europa und darüber hinaus auf die Welt aus.

2   Was ist Armut? – Entwicklung der Armutsforschung: Prägung des Verständnisses von Armut

Armutsforschung setzt an, wo sich soziale bzw. materielle Differenzierungen beobachten lassen. In einer Gesellschaft, in der alle Mitglieder gleich viel oder gleich wenig besitzen, macht sie keinen Sinn. Dabei spielt allerdings der Grad der Differenzierung eine zentrale Rolle. Der Zustand *absoluter Armut*, also das Leben an der Grenze menschlicher Existenz, ist weniger zu erforschen als vielmehr zu skandalisieren, wird hierdurch doch das Recht auf Leben in Frage gestellt. Absolute Armut betrifft – historisch bzw. anthropologisch betrachtet – lange Phasen der menschlichen Entwicklung, aber, wie Zahlen internationaler Organisationen zeigen, auch heute noch große Teile der Welt. Auch Deutschland kannte diese Phasen, sei es im Kontext der Industrialisierung in der 1. Hälfte des 19. Jahrhunderts, in der Zeit nach dem I. Weltkrieg, in der Weltwirtschaftskrise nach 1929 und dann nach dem II. Weltkrieg.

Insofern könnten alle historischen Beschreibungen von Not und Elend als Indikator für soziale Differenzierung und damit als Vorläufer der modernen Armutsforschung verstanden werden. Das macht erkenntnistheoretisch jedoch wenig Sinn, denn das Recht auf Leben ist *vor*wissenschaftlich; es ist normativ gesetzt, nämlich als nicht hinterfragbares Menschenrecht. Etwas ganz anderes ist es, die Ursachen dafür zu erkunden, warum immer wieder Menschen in eine ihre Existenz gefährdende Lage geraten oder gebracht werden. Armutsforschung kann folglich erst dort ansetzen, wo die Differenzierung in Gesellschaften so weit fortgeschritten ist, dass es nicht mehr bloß um Haben bzw. Nicht-Haben geht, sondern um soziale Abstufungen auch oberhalb der existenzgefährdenden Schwelle absoluter Armut. Dieses ist von gesellschaftlichen Rahmenbedingungen – der Wirtschaft, den Verteilungsprozessen und ihren Ergebnissen – ebenso abhängig wie von politischen Wertsetzungen. Was also kann den Beginn von Armutsforschung markieren?

2.1   Nationale Entwicklung in Deutschland

2.1.1   Die Anfänge: *Gerd Iben* und *Heinz Strang*

Das Bewusstsein für eine wachsende soziale Differenzierung hat sich in Deutschland nach dem II. Weltkrieg erst langsam entwickelt. Optimismus prägte im sogenannten Wirtschaftswunder die gesellschaftliche Wahrnehmung. Durch sozialpolitische Gesetze (z. B. die Rentenreform von 1957 und die Neuordnung der Kriegsopferversorgung 1963) wurde dieser Wohlstandszuwachs auch auf große Teile der Bezieherinnen und Bezieher von Sozialleistungen übertragen. Die Zahl der Fürsorgempfänger und vor allem der Fürsorgeempfängerinnen ging drastisch zurück.

Am allgemeinen Wohlstandszuwachs in (West-)Deutschland hatten große Teile der Bevölkerung teil, aber nicht alle. Aus der Nachkriegszeit gab es noch zahlreiche Notunterkünfte für Flüchtlinge und Heimatvertriebene. In dem Maße, wie die ehemaligen Bewohnerinnen und Bewohner in bessere Räumlichkeiten umziehen konnten, verblieb ein Teil dieser Notbehausungen für kommunale Obdachlosenasyle: Familien, die Fürsorgeleistungen bezogen und keinen anderen Wohnraum fanden, wurden dort eingewiesen. Die Bewohnerschaft war in hohem Maße stigmatisiert, was häufig auch Ausdruck in ironisch-despektierlichen Bezeichnungen für diese Asyle fand.

Deutschland prosperierte, aber es gab Armut. In einer 1971 veröffentlichten Studie untersuchte der Sozialpädagoge *Gerd Iben* mit einem Team „Randgruppen der Gesellschaft", bzw. „Sozialstatus und Erziehungsverhalten obdachloser Familien", wie es in deren Untertitel hieß. In fünf Untersuchungsreihen wurden mit Hilfe *qualitativer Interviews* einerseits

Erwachsene bzw. Schülerinnen und Schüler aus bürgerlichen Milieus und andererseits Personen befragt, die teils noch in Obdachlosensiedlungen lebten oder aber den Ausstieg gefunden hatten. Dabei wurden die konkreten Lebenssituationen betroffener Obdachloser, deren Bewertung aus bürgerlicher Sicht und schließlich Bildungserwartungen und -ergebnisse untersucht. Im Fokus standen insbesondere das konkrete Verhältnis zwischen Vorurteilen gegenüber jenen Randgruppen und deren Fähigkeit zur Anpassung und damit verbundene soziale Aufstiegsmöglichkeiten. Kriterium für die soziale Randständigkeit war die *sozialräumliche Segregation* des Wohnsitzes von der Dorfgemeinschaft bzw. im Stadtteil. Diesem als *Not* beschriebenen Zustand gelte es, so befand das Forscherteam, unter Bezug auf den normativen Grundsatz eines sozialen Rechtsstaates entgegenzutreten. Die Untersuchungen verstanden sich als Beitrag zur Auflösung dieser separierten Wohnformen. Zugleich sollten den dort nachwachsenden Generationen bessere Bildungschancen eingeräumt werden (Iben 1971).

Eine erste größere, systematische Untersuchung zu „Erscheinungsformen der Sozialhilfebedürftigkeit, Beitrag zur Geschichte, Theorie und empirischen Analyse" nahm *Heinz Strang* vor (1970). Auswahlkriterium seiner Analyse war die *Abhängigkeit von kommunalen Fürsorgeleistungen* sowie deren Bezugsdauer, was er an Hand von *Sozialhilfeakten* der Stadt Kiel identifizierte. Darüber hinaus ließ er von Mitarbeitern der Kieler Sozialfürsorge eine Vielzahl von *qualitativen Interviews* mit einzelnen Sozialhilfeempfängern und den Haushaltsvorständen von Bedarfsgemeinschaften führen. Dabei untersuchte er v. a. das Phänomen der intergenerativen Weitergabe von Sozialtransferbezügen. Im Rahmen seiner Arbeit prägte er dafür später den Begriff „Sozialhilfe-Clan" (Strang 1987, S. 724 und 1985). Es gelang ihm, unterschiedliche Typen des Sozialhilfebezugs zu identifizieren und gleichzeitig die subjektiven Auswirkungen auf Persönlichkeit und Verhalten Betroffener – auch und gerade im Kontext der Interaktion mit der sozialen Umwelt – nachzuzeichnen. Gleichzeitig konnte so nachvollziehbar gemacht werden, welche Faktoren bzw. persönlichen Dispositionen dazu führen, dass Menschen (und deren Nachkommen) die Reintegration in ein Beschäftigungsverhältnis verwehrt blieb. Damit wurde Heinz Strang zum Vorreiter der späteren *dynamischen Armutsforschung*, wenngleich er seine Perspektive noch auf den bloßen Sozialhilfebezug fokussierte.

Der Armutsbegriff bei Iben und Strang beinhaltete das Ausgegrenzt-Sein von den regulären Austauschbeziehungen in der Wohlstandsgesellschaft – sei es sozialräumlich „Am Rande der Stadt", so der Titel einer später erschienenen Schrift (Projektgruppe Margaretenhütte 1985), sei es einkommensmäßig. Innerhalb der soziologischen Schichtungstheorien wurde Armut der untersten Schicht gleichsam ,untergeordnet'.

2.1.2 Der Einstieg in eine Sozialberichterstattung: Sozialindikatorenforschung (*SPES*)

Andere wissenschaftliche Kreise drängten parallel zu diesen ersten Untersuchungen von Armutserscheinungen darauf, umfangreiche *Sozialindikatoren* zu entwickeln, mittels derer eine Wohlfahrtsmessung in Form gesellschaftlicher Dauerbeobachtung ermöglicht werden sollte. Ein sozialwissenschaftliches Forscherteam an der Universität Frankfurt a. M. entwickelte hierzu in der ersten Hälfte der 1970er Jahre ein umfangreiches System von Sozialindikatoren (Zapf 1977). Dieses Konzept bezog sich auf das von *Otis D. Duncan* entwickelte Konzept des Social Reporting sowie weitere nationale und internationale Vorbilder und sollte eine langfristige Sozialberichterstattung in Deutschland einleiten. Als Indikatoren wurden gewählt: Bevölkerung, Sozialer Wandel und Mobilität, Arbeitsmarkt und Beschäftigungsbedingungen, Einkommen und Einkommensverteilung, Einkommensverwendung und Versorgung, Verkehr, Wohnung, Gesundheit, Bildung sowie Partizipation. Diese Indikatoren wurden in Sub-Indikatoren mit insgesamt 200 einzelnen Sozialindikatoren ausdifferenziert. Als Quellen dienten offizielle statistische Daten und empirische Befragungen. Der erste große Sozialreport über „Lebensbedingungen in der Bundesrepublik. Sozialer Wandel und Wohlfahrtsentwicklung" wurde durch zahlreiche Einzeldarstellungen ergänzt, zuvor schon war ein „Soziologischer Almanach" veröffentlicht worden (Ballerstedt et al. 1975 und 1979). Insgesamt handelte es sich um ein eigenständig entwickeltes Set an Indikatoren, die neben der objektiven Lebenslage auch deren subjektive Bewertung erfasste. Gleichsam als Nebenprodukt wurde untersucht, welche sozialen und politischen Zielsetzungen nicht erreicht wurden, welche Ungleichheiten bestehen und welche Bevölkerungsgruppen besonders benachteiligt waren. Zur Typisierung dienten drei eigenständig entwickelte Indikatoren: „absolute" Armut (Einkommen unterhalb der Sozialhilferegelsätze), strenge „relative" Armut (40 Prozent des durchschnittlichen Nettoeinkommens der privaten Haushalte) und milde „relative" Armut (60 Prozent des durchschnittlichen Nettoeinkommens der privaten Haushalte). Die Studie wies zudem auf der Grundlage einer integrierten Microdatenfiles-Analyse Armutsquoten aus, die nach unterschiedlichen sozialen Merkmalen aufgefächert wurden: nach Haushaltsgröße, beruflicher Stellung, Alter und Familientypen (Zapf 1977, S. 354ff.).

Eine Studie von *Frank Klanberg* aus dem Jahr 1978 untersuchte ausführlich *Konzepte, Definitionen und Messverfahren* im Kontext von Armut (sowie ihrer unterschiedlichen Dimensionen) und setzte diese gleichzeitig in Verbindung mit dem vorherrschenden sozial- und wirtschaftswissenschaftlichen Diskurs. Der eigentliche Schwerpunkt seiner Arbeit lag vor allem in der Untersuchung von *Ungleichheits- und Armutsmaßen* und den mit ihnen verbundenen methodischen Problemen. Dabei analysierte er einerseits normative Maße (den Armutsindex nach A. Sen, den Gini-Koeffizienten, das Ungleichheitsmaß nach P. Atkinson sowie den Variationskoeffizienten) und statistische Messverfahren. Erkenntnisleitend war für ihn die Frage, inwieweit die unterschiedlichen Ansätze dazu geeignet seien, die tatsächliche Existenz von Armut in einer Gesellschaft valide abzubilden. Er identifizierte dabei drei zentrale Probleme:

- die Festlegung geeigneter Standards,
- die Ermittlung der finanziellen Lage einer Bevölkerungseinheit und
- die Verfügbarkeit einer Datengrundlage von höchstmöglichem Zuverlässigkeitsgrad (1978, S. 194f.).

Auf dieser Analyse aufbauend, bezog er abschließend die Ergebnisse anderer Veröffentlichungen in die Diskussion mit ein, um zu überprüfen, welche Möglichkeiten sich für eine Abschätzung des tatsächlichen Armutspotenzials in Deutschland ergäben. Er schloss mit der methodischen Frage, „wie der große Abstand zwischen Datenerhebung, der in der Bundesrepublik zur Zeit auf dem Gebiet der Benutzung von Mikrodaten besteht, verkürzt werden kann?" (a. a. O., S. 203)

Insgesamt stellt das SPES-Indikatorenset den Einstieg in eine langfristig angelegte Sozialberichterstattung bzw. ein dauerhaftes Sozialmonitoring in Deutschland dar. Dabei haben einzelne Autoren sich in besonderer Weise dem Thema Armut zugewandt. Durch diesen wissenschaftlichen Ansatz wurde auch der Aufbau neuer, langfristig angelegter Instrumente der Datenerhebung beeinflusst. Daneben wurde über diese Forschergruppe und deren Mitglieder der Zugang zur internationalen Armutsforschung eröffnet.

2.1.3 Der Selbstschutz: Kommunale Berichterstattung als Sozialhilfe- und Arbeitslosenberichte

Der Sozialbericht der Bundesregierung aus dem Jahr 1973 bezeichnete den Arbeitskräftemangel als das größte sozialpolitische Problem auch der nächsten Jahre (Bundesregierung 1973). Dies erwies sich als grobe Fehleinschätzung: Schon ein Jahr später zeichnete sich eine Arbeitslosigkeit ab, die sich deutlich als überzyklisch erwies und langfristig anstieg, erst auf eine Million, dann auf zwei Millionen Betroffene. Der bislang dominierende sekundäre, industriell-gewerbliche Sektor verlor stark an Gewicht, der tertiäre Dienstleistungssektor weitete sich enorm aus. Die Qualifikationsanforderungen gingen jedoch weit auseinander, einmal zwischen den Hochqualifizierten in den wirtschaftlichen Kernbereichen und den Niedrigqualifizierten in Teilen des Dienstleistungssektors. Der Arbeitsmarkt wurde zudem durch gering qualifizierte Arbeitskräfte, vor allem aus Südeuropa, ethnisch untermauert. Herkunft wurde zu einem wichtigen Merkmal (beruflicher) Integration. Und schließlich zeigte sich Massenarbeitslosigkeit mit einem zunehmenden Segment von Langzeitarbeitslosen. Die Folgen waren einmal eine schärfere Selektion beim Zugang zu den qualifizierten Stellen, daneben eine Abqualifizierung von beruflichen Kenntnissen mangels Nachfrage und schließlich der Einstieg in die Deregulierung von Arbeitsbedingungen, die immer prekärer wurden, und zwar bezogen auf Einkommen, Standards, soziale Absicherung und arbeitsrechtlichen Schutz. Armut trotz Erwerbsarbeit (working poor – poor working) wurde Gegenstand der politischen und wissenschaftlichen Kontroverse (Strengmann-Kuhn 2003).

Die Folgen dieses wirtschaftlichen Strukturwandels seit Mitte der 1970er Jahre zeigten sich in wachsenden Arbeitslosenzahlen, zugleich in der Zunahme von Lohnersatzleistungen im Rahmen des Arbeitsförderungsgesetzes (Arbeitslosengeld und Arbeitslosenhilfe) und des Bundessozialhilfegesetzes. Ende der 1970er Jahre wurden erste Kürzungen bei den Leistungen nach dem Arbeitsförderungsgesetz vorgenommen, so dass die Sozialhilfe immer mehr zum Ausfallbürgen bei Arbeitslosigkeit wurde. Um die Ursachen und (lokalen) Folgen dieser Entwicklungen zu objektivieren, begannen einzelne Kommunen mit der Erstellung erster Armutsberichte.

Im Wesentlichen war es eine Berichterstattung über die Entwicklung der lokalen Arbeitslosigkeit und der Leistungen im Rahmen des Arbeitsförderungsgesetzes, dann aber vor allem der Sozialhilfe. Der Begriff *Armut* wurde nicht näher spezifiziert sondern synonym gesetzt mit dem Wegfall der Möglichkeit, ein eigenes Erwerbseinkommen zu erzielen, und der daraus folgenden Inanspruchnahme von Lohnersatzleistungen bzw. der Sozialhilfe. Ein besonderes Augenmerk wurde auf die Entwicklung der Langzeitarbeitslosigkeit gelegt, bedeutete diese doch fast immer den Übergang in die Sozialhilfe. Als Datenquelle fungierte die amtliche Statistik, die allerdings nur mit einer gewissen zeitlichen Verzögerung genutzt werden konnte. Deshalb finden sich in den Berichtsystemen mitunter auch ergänzende eigene Berechnungen der Kommunen.

In diese kommunalen Armutsberichte wurden *zivilgesellschaftliche Akteure* eingebunden. Mit dem Auf- bzw. Ausbau von sozialplanerischen Stellen in den Kommunen wurden die Berichte immer spezifischer und weitere Dimensionen wie *Wohnen* (Wohngeldbezug), *Gesundheit* (Ausgaben der Kommunen für Hilfen bei Krankheit) und *Bildung* (Inanspruchnahme von Unterstützungsleistungen der Kommunen im Rahmen der Jugendhilfe) konnten mit aufgenommen werden. Auch die Verschuldungsproblematik wurde aufgegriffen (Indikator: Inanspruchnahme von Schuldnerberatungsstellen). Außerdem kam es zu ersten Untersuchungen über die *soziogeografische Verteilung* der Armutspopulation im kommunalen Raum. Es ging also nicht mehr nur um die Obdachlosenasyle, sondern vielmehr darum, dass in bestimmten Wohnquartieren soziale Risiken kumulierten, was an sich schon ein Kriterium für Ausgrenzung darstellte.

Insbesondere durch die freien Träger der Wohlfahrtspflege kamen die *Versorgungsstrukturen* auf kommunaler Ebene für Menschen in Armut ins Blickfeld. So wurde die Verwaltungspraxis kritisch auf mögliche *Zielerreichungsdefizite* hin untersucht. Insgesamt wurde in einzelnen Berichten – auch wenn der Begriff nicht verwandt wurde – die *Lebenslage von Betroffenen* zumindest an Einzelbeispielen vorgestellt (vgl. erste Auswertungen dieser Berichte bei Hanesch 1986 und Huster 1986).

Die Periode der ersten kommunalen Armutsberichte ist durch das Nutzbarmachen amtlicher Statistiken und einer zunehmenden Ausdifferenzierung der Betrachtung einzelner Problemlagen gekennzeichnet. Interessant ist, dass neben kommunalen Stellen auch die Zivilgesellschaft beteiligt wurde. Dieses war – zusammen mit dem Gebot im SGB VIII Kinder und Jugendhilfe, eine Fachplanung zu etablieren – zugleich die Initialzündung für die Ausweitung kommunaler Stellen für Sozialplanung, die immer ausdifferenziertere Berichte vorlegten. Neben die materiellen Versorgungstatbestände traten weitere Aspekte in den Blickwinkel, so etwa Chancen und Risiken bei der allgemeinen sozialen und politischen Teilhabe. Die kommunale Armutsberichterstattung durchläuft von ihren Anfängen bis in die Gegenwart zahlreiche Stufen der Ausdifferenzierung und Professionalisierung bei der Datengrundlage, der Indikatorenbildung, beim analytischem Zugang und schließlich bei der Einbeziehung externer Akteure – sei es aus der freien Wohlfahrtspflege, sei es aus der Wissenschaft.

2.1.4   Die Infragestellung: Dunkelziffer bei der Inanspruchnahme von Leistungen der Mindestsicherung (*Helmut Hartmann, Richard Hauser, Irene Becker*)

Rekurrierten die ersten Studien zur Armutsproblematik vor allem auf den Leistungsbezug von Sozialhilfe, kam eine Untersuchung von *Helmut Hartmann* zu dem Ergebnis, dass nur etwa die Hälfte der Leistungsberechtigten tatsächlich auch den Weg zum Sozialamt geht: Unwissenheit, Scham sowie die Angst, Familienangehörige könnten im Rahmen der Familiensubsidiarität in Regress genommen werden, oder die Sorge, vorhandenes Vermögen bzw. (Wohn-)Eigentum müssten aufgebraucht werden, wurden als Gründe für die Nicht-Inanspruchnahme gesetzlicher Leistungen herausgestellt (1981). Hartmann untersuchte auf Basis der Volkswirtschaftlichen Gesamtrechnung sowie der vorhandenen Daten zur Einkommensverteilung den Status der unteren Einkommensbezieherinnen und -bezieher und setzte diese in Bezug zur Höhe der Sozialhilfe als Mindestsicherungsleistung. In der Fachdiskussion wurden die Fragen erörtert: War das Sozialhilfeniveau zu hoch angesetzt, denn offensichtlich konnte man auch mit geringeren finanziellen Mitteln sein Leben gestalten? Oder waren die Informations- und Gewährungsmodalitäten unzureichend, so dass berechtigte Ansprüche direkt oder indirekt abgewehrt wurden? Dieses machte nicht nur die Schwierigkeit deutlich, objektive Armutsgrenzen festzulegen. Die Problematik der Dunkelziffer war Ausgangspunkt für eine offene politische Debatte über die Höhe der Armutsgrenzen.

Dabei wehrte sich insbesondere die Politik, die Höhe der Sozialhilfesätze als Armutsgrenze anzuerkennen: Da die Leistungen der Sozialhilfe nach § 1 BSHG Absatz 2 ein Leben garantieren sollten, das „der Würde des Menschen" entspreche, sei mit dem Bezug von Sozialhilfeleistungen Armut *bekämpft*, so die amtliche Verlautbarung (vgl. Hauser und Hübinger 1993, S. 73). Die Armutsgrenze müsse also unterhalb der Sozialhilfeschwelle liegen. Gleichwohl blieb als systematisches Problem: Wie ist es möglich, dass bestehende Leistungsansprüche von dafür Berechtigten nicht eingelöst werden? Liegen hier Barrieren vor, die beseitigt werden können, sollen oder müssen? Diese Fragen sind bis heute Gegenstand der Kontroverse. Neuere Untersuchungen – von *Richard Hauser* und *Irene Becker* etwa – bestätigen weiterhin Dunkelziffern, allerdings ausdifferenziert zwischen einzelnen Leistungssystemen und sozialen Gruppen (Becker und Hauser 2005).

Der hier verwendete Armutsbegriff fokussiert auf die Ressource Einkommen und zwar von Transfereinkommen aus der Mindestsicherung. Die Lücke zwischen Anspruch und tatsächlicher Inanspruchnahme von Leistungen der Mindestsicherung wird aus makroökonomischen Daten im Modell errechnet. Damit wurde herausgearbeitet, dass Teilhabe bzw. Nichtteilhabe am allgemeinen Wohlstand(-szuwachs) ein Verteilungsproblem darstellt, ohne allerdings aufzuzeigen, woran genau die Inanspruchnahme von Mindestsicherungsleistungen scheitert – an subjektiven oder an objektiven Faktoren oder an einer Mischung von beidem. In jedem Fall erfährt der Armutsbegriff eine wesentliche Erweiterung – innerhalb der relativen Armutsgrenzen werden Abstufungen durch die Betroffenen selbst bzw. durch die Gewährungspraxis oder durch beides gesetzt.

2.1.5   Wissenschaftliche Berichterstattung im Lichte des Lebenslagenansatzes: Ausdifferenzierung, Verstetigung und Europäisierung

Im Übergang zu den 1980er Jahren setzte verstärkt eine Debatte über Armut ein, in die sich neben Teilen der Sozialwissenschaften vor allem Gewerkschaften, Kirchen und Betroffeneninitiativen einbrachten. Im Auftrag der Europäischen Kommission untersuchte ein Forscherteam um *Richard Hauser* „Armut, Niedrigeinkommen und Unterversorgung in der Bundesrepublik Deutschland" (1981). Diese Untersuchung stand in der Frankfurter Tradition der Sozialindikatorenforschung. Hinzu kamen weitere wissenschaftliche Expertisen, teilweise von der Europäischen Union angestoßen und finanziert.

Besondere Bedeutung erlangte die *Arbeitsgruppe Armut und Unterversorgung*, in der Wissenschaftlerinnen und Wissenschaftler mit in den Armutsverwaltungen Tätigen regelmäßig zusammentrafen und sogenannte fachpolitische Stellungnahmen erarbeiteten. Dabei ging es zum einen um die *empirische Entwicklung von Ausgrenzungstatbeständen*, sodann um einzelne Problembereiche und schließlich auch um die *Bearbeitung von Armutslebenslagen durch die Sozialverwaltungen*. Insgesamt wurden Kriterien für Armut diskutiert – Daten der Inanspruchnahme von Mindestsicherungsleistungen, zur Arbeitslosigkeit, zur Betroffenheit von bestimmten Mangelerscheinungen bei Bildung, Ausbildung, Gesundheit, Wohnen etc. Weitere Kriterien wurden gefordert und erste Überlegungen zur relativen Absetzung armer Haushalte von Durchschnittshaushalten kamen auf. Diese fachpolitischen Stellungnahmen fanden auch öffentliche Resonanz und wurden in der überregionalen Presse (meist in der *Frankfurter Rundschau*) veröffentlicht.

Dabei trat an die Stelle des bloßen Ressourcenansatzes immer mehr das Konzept der *Lebenslage* in den Mittelpunkt. Dieser zunächst von *Otto Neurath* in der Weimarer Republik und dann von *Gerhard Weisser* in der Nachkriegszeit geprägte Begriff will den Spielraum fassen, „den einem Menschen (einer Gruppe von Menschen) die äußeren Umstände nachhaltig für die Befriedigung der Interessen bieten, die den Sinn seines Lebens bestimmen." (Weisser 1956, S. 986) *Ingeborg Nahnsen* hat dieses im weiteren Verlauf präzisiert und sowohl objektive wie subjektive, materielle wie immaterielle Aspekte der Lebensverhältnisse in die Betrachtung einbezogen. Die genannten Spielräume beziehen sich auf zahlreiche Bereiche: Versorgung und Einkommen, Kontakte und Kooperationen, Lernen und Erfahren, Muße und Regeneration sowie Disposition und Partizipation. Für *Wolfgang Glatzer* und *Werner Hübinger* ist dieses Lebenslagenkonzept sowohl für die Sozialstrukturanalyse der Gesamtgesellschaft als auch zur Diagnose der Lebenssituation einzelner Personen bzw. Personengruppen geeignet. Allerdings sehen sie Schwierigkeiten bei der gesellschaftspolitischen Einbettung, der empirischen Operationalisierung, einer angemessenen Datengrundlage und den daraus zu ziehenden praktischen Schlussfolgerungen (1990, S. 34ff.).

Unter Bezug auf diesen gesellschaftspolitischen Ansatz erstellten Vertreterinnen und Vertreter der Arbeitsgruppe *Armut und Unterversorgung*, unter Einbindung weiterer Autorinnen und Autoren, einen ersten zusammenfassenden *Armutsbericht*. Im Regelfall wurde auf vorhandene Daten und Analysen zurückgegriffen, zugleich wurden aber Zusammenhänge zwischen einzelnen Lebensbereichen aufgezeigt. Nach theoretischen Einführungen zum Lebenslagekonzept wurden die zentralen Bereiche Einkommen und Vermögen, Erwerbsarbeit, Bildung, Wohnen, Gesundheit und Pflegebedürftigkeit analytisch vorgestellt. Zugleich wurde die Geschlechtsspezifik von unterschiedlichen Lebenslagen untersucht. Schließlich wurden Handlungsansätze verfolgt – in den sozialen Sicherungssystemen, in der Sozialverwaltung, durch Selbstorganisation wie insgesamt in der Sozialpolitik (Döring et al. 1990). Erklärtes Ziel der Gruppe war es, die Bundesregierung zu veranlassen, einen nationalen Armutsbericht zu erstellen.

Andere Wissenschaftlerinnen und Wissenschaftler wandten sich ebenfalls der Armutsproblematik zu. An der Universität Bremen bildete sich eine Arbeitsgruppe, die an den Ansatz von *Heinz Strang* und an vergleichbare Forschungen etwa in den USA anknüpfte und die Dauer von Armutslebenslagen untersuchte. Daran wurden auch Wissenschaftlerinnen und Wissenschaftler anderer Hochschulen beteiligt. Über das Studium von Sozialhilfeakten konnte der jeweilige Bezug von Sozialhilfe zeitlich verfolgt werden. Armut wurde nicht länger als ein statistischer Zustand begriffen, sondern in ihrem lebensgeschichtlichen, dynamischen Verlauf verfolgt. Die *dynamische Armutsforschung* erweiterte somit die Kenntnisse über Armut um das Wissen über eine deutliche Binnendifferenzierung, was die zeitliche Belastung durch Armut anbelangt, sodann auch im Zusammenhang mit einer möglichen intergenerativen Weitergabe von Sozialhilfeabhängigkeit (Leibfried et al. 1995).

Da seitens der damaligen Bundesregierung eine entsprechende Sozialberichterstattung unterblieb, vielmehr sogar versucht wurde, die Veröffentlichung von empirischen Angaben etwa zur steigenden Kinderarmut erst verspätet der Öffentlichkeit zugänglich zu machen (Bericht über die Lebenssituation von Kindern 1998), waren es dann Wissenschaftlerinnen und Wissenschaftler um *Walter Hanesch,* die, in Kooperation mit dem Deutschen Gewerkschaftsbund und dem Paritätischen Wohlfahrtsverband, in diese Lücke stießen und einen ersten *nationalen Armutsbericht* erstellten (Hanesch et al. 1994). Mit dem neu implementierten *Sozioökonomischen Panel* beim Deutschen Institut für Wirtschaftsforschung in Berlin gelang es, aktuellere Daten zur Verteilungswirkung in Deutschland zu gewinnen. Zugleich wurden die Kriterien für relative Armut angewendet. Ein zweiter Bericht folgte im Jahr 2000 (Hanesch et al. 2000).

Über die Bestimmung von Armut in Relation zum Einkommen von Durchschnittshaushalten (*Ressourcenansatz*) setzte eine breite wissenschaftliche Fachdiskussion ein, die auf die Entwicklung eines *multidimensionalen Ressourcenansatzes* abzielte. In Köln, Bielefeld, Mannheim, Frankfurt, Berlin und anderenorts arbeiteten Teams an unterschiedlichen Aspekten von Armut. So untersuchten Wissenschaftler wie *Hartmut Häußermann* und *Walter Siebel* die sozialräumlichen Auswirkungen von Verteilungsprozessen (Häußermann et al. 2009). *Alfred Oppolzer* (1986), und *Andreas Mielk* (2000) wandten sich empirischen Fragen der Benachteiligung sozialer Gruppen im Gesundheitswesen zu. Inzwischen betreibt das *Robert-Koch-Institut* offiziell für die Bundesregierung eine *Gesundheitsberichterstattung* (RKI Gesundheitsmonitoring). Die *Bildungsberichterstattung* beschrieb schon soziale Selektionsmechanismen im Bildungswesen, bevor dann internationale Vergleichsstudien die soziale Segregation im deutschen Bildungssystem auf die tagesaktuelle Agenda hoben (vgl. Studien PISA und IGLU).

Im Wesentlichen brachten diese Berichte wichtige Detailkenntnisse, aber auch methodische Hinweise, was eine Armuts- und Reichtumsberichterstattung umfassen sollte. Insgesamt leistete die Wissenschaft einen erheblichen Beitrag bei der theoretischen Fundierung von Armutsstudien. Neben dem immer wieder gehandhabten *Lebenslageansatz* traten neue hinzu. Zugleich wurde die Armutsforschung immer stärker internationalisiert. Über die Aktivitäten der Europäischen Kommission hinaus kam es – teils von ihr gefördert, teils selbständig organisiert – zu Forschungsverbünden. Diese Internationalisierung führte zu einem Abgleich nicht nur unterschiedlicher theoretischer Zugänge, sondern auch zu einer Erweiterung des Indikatoren-Sets, weil in den einzelnen Ländern unterschiedliche Standards gepflegt wurden. Diese wurden nun teilweise in die deutsche Armutsforschung eingefügt. Das betraf bspw. die Relation der Einkommenspositionen im obersten Zehntel oder Quintil im Verhältnis zu dem untersten Zehntel bzw. Quintil. Neue Indices wurden angewendet, etwa der sogenannte *Theil-Index*, der die unteren Einkommensgruppen besser erfasste u. a. m.

Insgesamt wurde die Wissenschaft zum Trendsetter in der Armutsdiskussion. Es gelang ihr, teils in Kooperation mit politischen Institutionen (Kommunen, Regionen), gesellschaftlichen Institutionen (Gewerkschaften, Wohlfahrtsverbänden) und mit Selbsthilfeeinrichtungen, das Thema Armut auf die politische Agenda zu setzen und es auch durchgehend dort zu halten. Insbesondere politische Abwehrstrategien – Daten seien zu alt, nicht differenziert genug etc. – führten dazu, dass die wissenschaftlichen Methoden immer stärker ausdifferenziert wurden und die Datenerfassung immer zeitnaher erfolgte. Vor allem die immer stärker einsetzende elektronische Datenverarbeitung leistete hierzu einen wichtigen Beitrag, wie etwa das am Deutschen Institut für Wirtschaftsforschung in Berlin seit 1983 auf- und ausgebaute Sozioökonomische Panel (SOEP).

2.1.6   Wohlfahrtsverbandliche Wahrnehmung: Die Caritas-Studie

Dass Armut zunächst vor allem im Mangel an selbst erwirtschafteten Mitteln zum Lebensunterhalt begründet ist, zugleich aber auch Zielerreichungsdefizite aufgrund unerwünschter Effekte in den Mindestsicherungssystemen bestehen und dass deshalb neben Geldleistungen auch der Einsatz sozialer Dienste zur Beratung, Betreuung und Begleitung in der Armutsbekämpfung nötig sind, hatte sich in den bisher bearbeiteten Ansätzen der Armutsforschung bereits herausgestellt. Der Untersuchung der *Caritas* – durchgeführt von *Richard Hauser* und *Werner Hübinger* – kommt in der weiteren Folge ein besonderes Gewicht zu (1993), da diese den Ressourcenbegriff der relativen Armut mit (ausgewählten) Elementen des Lebenslagebegriffs verbindet, um dann mit den sozialen Diensten der Caritas auch die Handlungsebene einzubeziehen. Die Studie bot zunächst eine Zusammenschau der bisherigen Armutsforschung, um dann auf die Bearbeitung von Armutslebenslagen durch den Caritasverband und seine Dienststellen überzugehen. Im Fokus standen dabei ausgewählte Problemgruppen: Alleinerziehende, Arbeitslose, alte und betreute Menschen in Sozialstationen. Stichprobenartig wurden Einrichtungen bzw. dort in der Beratung tätige Personen sowie Klienten per Fragebogen nach ihrem Armutsverständnis, dem Klientel, den Angebots- und Nachfragestrukturen und deren Wirksamkeit befragt. Diese Studie stellte auch insofern ein Novum dar, als sie die Wirkung und Wirksamkeit sozialer Dienste bei der Gestaltung bzw. bei der Überwindung von Armut zu überprüfen suchte.

Komplementär zu dieser Wirksamkeitsstudie können Untersuchungen der *Nationalen Armutskonferenz* (NAK) angesehen werden, die gleichsam aus Sicht der Klienten die Arbeitsweise von Armutsverwaltungen bzw. ihnen zugeordneten sozialen Diensten zum Gegenstand haben. Der *Paritätische Wohlfahrtsverband* (DPWV) hat zahlreiche Studien zur Armutsentwicklung in Deutschland vorgelegt, u. a. auch kartografische Umsetzungen von regionaler Armutsbetroffenheit (Paritätischer o.J.).

In den wohlfahrtsverbandlichen Studien bzw. der Nationalen Armutskonferenz kommt neben den auch hier anzutreffenden sozialstatistischen Aufarbeitungen im Rahmen des Ressourcenansatzes ein neues wichtiges Element hinzu – die Betroffenenperspektive und die Sicht sozialer Dienste bzw. deren Mitarbeiter und Mitarbeiterinnen. Zugleich werden Wertfragen aufgeworfen, die sich aus dem Selbstverständnis des Verbandes bzw. der Betroffenen ergeben. Damit tritt insbesondere das advokatorische Element im Umgang mit Armut stark in den Vordergrund.

2.1.7   Der Spezialfall: Kinderarmut als Teil der Sozialberichterstattung von AWO/ISS

Armutsberichte haben sich immer auch besonderen Problemgruppen zugewandt. Entscheidend wurde dann aber die Erkenntnis, dass Armut Kinder nicht nur in besonderer Weise quantitativ betrifft, sondern deren Perspektiven auch qualitativ negativ beeinflussen kann. Richard Hauser konstatierte eine „Infantilisierung von Armut" (1997), damit beide Aspekte gleichermaßen zum Ausdruck bringend.

Es war dann erneut ein Wohlfahrtsverband – der *Bundesverband der Arbeiterwohlfahrt* (AWO) –, der beim Institut für Sozialarbeit und Sozialpädagogik e. V. (ISS) unter Leitung von *Gerda Holz* eine Langfriststudie über Kinder in Armut in Auftrag gab. Orientiert am Familieneinkommen bzw. der daran gekoppelten Armutsrisikoschwelle – damals 50 Prozent des arithmetischen Mittels – formulierte diese Studie einen *kinderspezifischen Armutsbegriff* mit dem erfasst wird, welche Ressourcen bzw. Benachteiligungen im familiären Kontext tatsächlich bei einem Kind ankommen. Damit kam es zu einer Differenzierung zwischen Familien- und Kinderarmut, zugleich wurde die innerfamiliäre – gleichsam dritte – *Verteilungsebene* wichtig. Die Studie setzte empirisch bei Kindern in Kindertagesstätten der AWO an. Da diese Gruppe sich einer direkten Befragung entzieht, wurden Sekundärbefragungen bei den Eltern und bei den Erzieherinnen bzw. Erziehern vorgenommen. Entscheidend aber war: Diese einmal im Vorschulalter zusammengestellte Gruppe von Kindern wurde auf ihrem Lebensweg weiter begleitet und befragt, sodass erstmalig eine Längsschnittstudie vom 3. bis zum 15. Lebensjahr entstehen konnte (Hock et al. 2000; Laubstein et al. 2012).

Die Studie griff zunächst auf den *Lebenslageansatz* zurück, übernahm aber dann im weiteren Verlauf den *Kapitalansatz* von *Pierre Bourdieu*. Dessen Ausdifferenzierung in ökonomisches, soziales und kulturelles Kapital und deren Einbindung in gesamtgesellschaftliche Verteilungsprozesse (Bourdieu 1992) wurde aufgegriffen, um nicht nur die materielle Ausstattung der Kinder, sondern auch deren soziale und Bildungskapitalien zu untersuchen. Zugleich wurden verschiedene Cluster gebildet, denen unterschiedliche Grade an Verarmung zugeordnet wurden. Darüber hinaus wurden Fallstudien erstellt, um Wege aus der Armut zu verfolgen. Daneben haben auch andere Autorinnen und Autoren das Problem Kinderarmut ins Zentrum ihrer Forschung gestellt (u. a. Butterwegge 2000; Zander 2010).

Diese Studien machen deutlich, dass auch anwendungsorientierte Forschung Grundlagenforschung beinhaltet. Zugleich wurden Binnendifferenzierungen innerhalb der Armutspopulation sichtbar gemacht, die auch für die Armutsprävention bzw. die Entwicklung von Präventionsketten wichtig geworden sind. Insbesondere die Resilienzforschung und die Betrachtung von Coping-Strategien bekamen ein neues Gewicht: Armut kann überwunden, die intergenerative Weitergabe kann verhindert werden, wenn entsprechende multidisziplinäre und integrative Ansätze verfolgt werden.

2.1.8   Amtliche nationale Berichterstattung: Armuts- und Reichtumsberichte der Bundesregierung (2001–2017)

Die rot-grüne Bundesregierung setzte nach ihrem Regierungsantritt ab 1998 um, was sie als vormalige Oppositionsparteien von der CDU-FDP-Regierung gefordert hatten, und erstellte einen ersten *nationalen Armuts- und Reichtumsbericht*. Dazu beauftragte sie Wissenschaftlerinnen und Wissenschaftler mit Forschungsaufträgen, den Bericht allerdings erstellte die Regierung selbst. Die wissenschaftlichen Expertisen wurden parallel zum Bericht veröffentlicht. Es konnte eine breite Diskussion ansetzen, weil seitens der Expertisen auch Fragen aufgegriffen wurden, die im Bericht selbst eher randständig blieben. Es folgten weitere Berichte: 2005 der 2. Bericht, 2008 der 3. Bericht, 2013 der 4. Bericht und 2017 der 5. Bericht. Die Berichte gaben bzw. geben einen allgemeinen Überblick über Prozesse der Armuts- und Reichtumsentwicklung, daneben setzen sie jeweils besondere (thematische) Schwerpunkte.

Gemeinsam ist allen Berichten eine umfangreiche *sozialstatistische Analyse*, zugleich werden im Auftrag des Bundes von einzelnen Forschungseinrichtungen erhobene Primärdaten eingepflegt. Auch Daten des *Europäischen Statistischen Amtes* werden verwendet. Dennoch differieren die einzelnen Berichte teils von ihrem theoretischen Ansatz her, teils in der Gliederung. War der 1. Bericht noch stark dem *Lebenslageansatz* verpflichtet, sucht der 2. Bericht Anschluss an den *Capability-Ansatz* von *Armatya Sen* (2005). Auch die Binnenstruktur ist jeweils neu gefasst, teils an Problemgruppen orientiert, teils lebensaltersmäßig abgestuft. Und schließlich werden jeweils inhaltliche Schwerpunkte dadurch gesetzt, dass verschiedene Themenbereiche gesondert analytisch vorgestellt werden. In jedem Falle stellt die jeweilige Bundesregierung ihre Pläne vor, wie sie Armut zu überwinden gedenkt. Der Berichtsteil zum Reichtum wird ebenfalls sehr unterschiedlich bearbeitet. Da diese Berichte unter (von der Parteienzusammensetzung her) unterschiedlichen Regierungskonstellationen verfasst wurden, kam es auch analytisch zu einigen Besonderheiten – insbesondere was Fragen der Bewertung von Verteilungsstrukturen und deren Ergebnisse betrifft. Dieses wurde und wird von sozialen bzw. politischen Interessengruppen und der *scientific community* kritisch begleitet, so u. a. aktuell durch *Christoph Butterwegge* (2017).

Insgesamt hat sich die Armuts- und Reichtumsberichterstattung in Deutschland verstetigt. Zugleich zeigt sich die Janusköpfigkeit dieser Berichte: Zum einen stellen sie umfassende Details und Entwicklungen dar, zum anderen aber bestimmt letztlich die Position der jeweiligen (Koalitions-)Regierung auf Bundesebene Auswahl und letztlich auch Bewertung der Inhalte. Die Schnittstelle zwischen wissenschaftlicher Indikatorenbildung und politischer Indienstnahme ist offensichtlich – das schmälert ihre Bedeutung nicht, relativiert sie aber.

2.1.9   Sozialberichterstattung in der Region: Die Bundesländer

Nachdem die Bundesregierung im Jahr 2001 den ersten Armuts- und Reichtumsbericht präsentierte, verstärkten auch einige Bundesländer ihre Bemühungen, eigene, regionale Berichterstattungen in Auftrag zu geben. Dabei hatte das Land *Nordrhein-Westfalen* (NRW) eine Vorreiterrolle, da dort bereits seit 1992 zunächst prekäre Lebenslagen einzelner sozialer Gruppen analytisch vorgestellt wurden und bereits 1998 ein erster Gesamtbericht veröffentlicht worden war. Insgesamt muss bei Betrachtung der Ländersozialberichte betont werden, dass auf Grund der Vielzahl eingebundener Akteure und der politischen Handlungsebenen, sich Inhalte und Form der Sozialberichterstattung sehr stark unterscheiden. Im Kern kam es zu folgenden Ausprägungen innerhalb der Berichte – zeitlich aufeinanderfolgend, aber auch parallel zueinander:

- Rein quantitative Berichterstattung über Arbeitslosigkeit und Sozialhilfebezug
- Analyse der vorhandenen materiellen Ressource Einkommen
- Ausweitung des Ressourcenansatzes durch genauere Analysen von Einkommen und Vermögen einerseits, Niedrigeinkommen und Schulden andererseits
- Verknüpfung von Armut und Reichtum
- Versuche, den Ressourcenansatz durch Einbeziehung der Dimensionen Wohnen, Gesundheit und Bildung, aber auch soziale und politische Teilhabe mit dem Lebenslageansatz zu verknüpfen
- Überprüfung der Versorgungsstrukturen auf kommunaler Ebene für Menschen in Armut, Erfassen der Verwaltungspraxis
- Politik und Armut: Politikfolgenabschätzung

- Einbeziehen der Freien Träger der Wohlfahrtspflege, die mit Unterversorgungstatbeständen befasst sind
- Untersuchung der Wahrnehmungs- und Bearbeitungsformen innerhalb der Freien Wohlfahrtspflege
- Analytischer Zugang zu einzelnen Problemgruppen
- Zuspitzung des besonderen Schwerpunktes Kinderarmut
- Periodisierung von Sozialberichten
- Verknüpfung von Sozialberichterstattung und Entfaltung konkreter Handlungsansätze
- Blick auf die europäische Armutslandschaft und die Armutsentwicklung in anderen Mitgliedstaaten der EU
- Übernahme von Ansätzen der internationalen Armutsforschung

Grundsätzlich lässt sich zwischen sehr ausführlichen, multidimensionalen und rein quantitativen Landessozialberichten unterscheiden. Einige Länder – hier kann vor allem Nordrhein-Westfalen als Beispiel genannt werden – streben eine regelmäßige und ausführliche Berichterstattung an und sind gleichsam daran interessiert, über die Einrichtung öffentlicher Datenbanken u. a. m. einen breiten Diskurs in diesem Kontext zu unterstützen. Dazu gehört insbesondere die Einbeziehung zivilgesellschaftlicher Akteure und der Träger der freien Wohlfahrtspflege sowie die Ableitung konkreter politischer Handlungsempfehlungen. Diesem eher ausführlichen bzw. umfassenden Ansatz der Berichterstattung stehen andere Ansätze gegenüber, die sich mehr oder weniger nur auf die jeweils aktuelle und statistische Abbildung des Status Quo beschränken und rein quantitativ berichten, ohne Einbeziehung anderer Akteure oder Rückschlüsse für die politische Praxis. Schließlich gibt es auch Länder, die gänzlich auf eine eigene Sozialberichterstattung verzichten.

Der jeweilige Zugang bzw. Ansatz der Sozialberichterstattung bringt das spezifische Interesse des Auftraggebers bzw. des Adressaten zum Ausdruck. Dieses belegt: Es gibt nicht die ‚eine' Sozialberichterstattung, sondern es gibt viele Ansätze und Formen der sozialen Bestandsaufnahme – für die Politik, für die Zivilgesellschaft und für die Betroffenen selbst.

2.1.10 Armutsforschung und Armutsbegriffe: Ein Zwischenfazit

Die Armutsforschung hat sich inzwischen fest in Deutschland etabliert. Dieses hat mindestens fünf Gründe:

1. Zum ersten schnellten mit Herstellung der deutschen Einheit die Arbeitslosenzahlen enorm nach oben, Armut als Massenphänomen war als Folge von Arbeitslosigkeit nunmehr unübersehbar.
2. Zum zweiten war es die Europäische Union, die im Übergang zu den 1980er Jahren begann, Fragen von Armut und sozialer Ausgrenzung zu untersuchen und Strategien dagegen zu erörtern. Zu erwähnen sind insbesondere die 3 Armutsprogramme.

3. Zum dritten stellte sich verschärft die Frage nach den Auswirkungen sozialer Segregation auf die nachwachsende Generation – also auf die Kinder. Der Blick auf die Kinderarmut führte zur Frage nach der intergenerativen *sozialen Vererbung* von Armut – nun nicht nur bei *Sozialhilfeclans*, sondern weit darüber hinaus (Schütte 2013). Das Thema Kinderarmut steht seitdem in Politik und Wissenschaft auf der Agenda. Zugleich gelangte die Frage, wie man Kinderarmut präventiv verhindern bzw. überwinden könne, ins Blickfeld: Neue Forschungsfelder im Bereich Resilienz, bei Coping-Strategien und insgesamt mit Blick auf eine Reform der außerfamiliären Dienste taten sich auf (vgl. Hessisches Ministerium für Soziales und Integration 2017).

4. Parallel zur Erhebung von Basisdaten zur Kinderarmut wurde viertens das qualitative und quantitative Instrumentarium weiter entwickelt, so dass nunmehr eine erhebliche Datenfülle zur Verfügung steht. Dabei geht es nicht nur um Daten zur materiellen Lage, sondern auch um Daten der gesamten Lebenslage einschließlich der sozialen und politischen Partizipation. Dieses betrifft zunächst regelmäßige sozialstatistische Erhebungen: die amtliche Statistik des Bundes und der Länder (u. a. Mikrozensus und EVS). Daneben werden mit dem Sozioökonomischen Panel (SOEP) langfristig zahlreiche Aspekte der Lebenslage von einzelnen Personen und Haushalten erfragt. Und schließlich gibt es inzwischen für fast alle zentralen Lebensbereiche eine entsprechende kontinuierliche Berichterstattung, die seitens der Bundesregierung selbst, meist aber durch spezielle Forschungseinrichtungen betrieben wird. Exemplarisch seien angeführt: Gesundheitsberichterstattung: RKI; Bildungsberichterstattung: Bundesbildungsberichte, Berufsausbildungsberichte; Wohnungslosenmonitoring durch die Bundesarbeitsgemeinschaft (BAG) Wohnungslosenhilfe in Bielefeld und der Freiwilligensurvey.

5. Und schließlich ergibt sich fünftens aus den Folgen von Europäisierung und Globalisierung als Nebeneffekt ein intensiver Blick auf die Folgen der Weltwirtschaftsordnung mit ihren (neuen) Produktionsketten, der Umwidmung agrarischer Strukturen weltweit und dem Derivatehandels für Millionen von Menschen in den Ländern der sog. Dritten Welt. Armut und die Folgen militärischer Konflikte in und um die Herkunftsländer in Asien und Afrika setzen Migrationsbewegungen in Gang, die die bisherigen Grenzen zwischen wohlhabendem Norden und armutsgefährdetem Süden fließend werden ließen.

Erinnert man die ersten Armutsberichte und das jeweilige Beklagen mangelnder Daten, so ist dieses Defizit nunmehr beseitigt. Dabei leisten die genannten Datenquellen Informationen ganz im Sinne der Intention des SPES-Ansatzes, nämlich als umfassende Sozialberichterstattung. Der Armutsdiskurs stellt jeweils ein Unterthema dar. Allerdings bietet beispielsweise das Statistische Bundesamt direkt Daten zur Sozialberichterstattung.[1]

---

1   https://www.destatis.de/DE/ZahlenFakten/GesellschaftStaat/Soziales/Sozialberichterstattung/
    Sozialberichterstattung.html. Zugegriffen: 31.05.2017.

2.2   Armutsberichterstattung der Europäischen Union

2.2.1   Multidimensionalität von Armut: Die Arbeit der Observatorien

Armut war und ist national, europa- und weltweit ein Massenphänomen. Von daher war und ist es naheliegend, sich mit dem Armutsverständnis auch außerhalb der jeweiligen nationalen Armutsdiskussion zu beschäftigen. In den 1970er Jahren setzte, nicht zuletzt angestoßen durch den damaligen Bundeskanzler *Willy Brandt*, eine Diskussion ein, wie denn die Europäische Gemeinschaft stärker im Bewusstsein der Bürgerinnen und Bürger als eine soziale Institution begriffen werden könne. Es entstand ein erstes *Sozialpolitisches Programm* (Benz 2004). Keineswegs ein Aperçu ist die politische Kontroverse um die Nomenklatur für die europäische Armutspolitik. Der Begriff Armut (poverty, pauvreté) wurde insbesondere von den Regierungen Deutschlands und des Vereinigten Königreichs mit dem Hinweis abgelehnt, dass es in ihren Ländern keine Armut gäbe. Daraufhin soll der damalige französische Präsident bei einem Treffen der Regierungschefs vorgeschlagen haben, doch den französischen Ausdruck *exclusion sociale* zu nehmen (soziale Ausgrenzung, social exclusion). Diese ausschließlich politisch motivierte Änderung der Begrifflichkeit hat dann allerdings eine Reihe von Wissenschaftlerinnen und Wissenschaftlern motiviert, grundlegende begriffliche Unterschiede zwischen Armut und sozialer Ausgrenzung herauszuarbeiten.

Unter dem Kommissionspräsidenten *Jacques Delors* schließlich wurden erste Initiativen ergriffen, Armut in Europa sichtbar zu machen und Schritte zu deren Überwindung einzuleiten. Dem dienten insgesamt drei Armutsprogramme von 1979 bis 1993. In ihrem Kontext wurden sogenannte Beobachtungsstellen nationaler Politik zur Bekämpfung sozialer Ausgrenzung (*Observatory on National Policies to Combat Social Exclusion*) eingesetzt. Aus jedem Mitgliedsland war je ein Vertreter bzw. eine Vertreterin durch die Europäische Kommission berufen worden. Pro Jahr wurden mehrere Berichte durch die nationalen Experten bzw. Expertinnen erstellt, die dann von der bzw. dem Vorsitzenden einmal im Jahr in einem sogenannten Synthesis-Report zusammengefasst wurden. Dabei wurden vor allem fünf Dimensionen näher beleuchtet: *Arbeit, Einkommen, Bildung, Gesundheit* und *Wohnen*. Daneben wurden auch Spezialreports zu Einzelfragen angefordert. Besonders hervorzuheben ist dabei der Report zur *Spatial Exclusion*, der sozialräumlichen Verteilung der Armutspopulation in Kommunen, Regionen und auf nationaler Ebene.

Das dabei verwendete Datenmaterial war in seiner Struktur und Aussagekraft keineswegs einheitlich, gesamteuropäische Daten gab es noch nicht. Folglich boten die nationalen Berichte einen eher *patchwork-artigen Überblick*. Doch durch deren – teilweise – Publikation, vor allem durch die Verbreitung der Synthesis-Reports, wurde auch für die nationale Armutsberichterstattung eine supranationale, also eine gesamteuropäische Sicht ermöglicht (vergl. Huster 1996). Dieses wurde ergänzt durch wissenschaftliche Aufträge der Kommission an einzelne Wissenschaftlerinnen und Wissenschaftler oder an Teams, die sich z. T. dann aus Vertretern und Vertreterinnen mehrerer Mitgliedsstaaten zusammensetzten. *Bei diesem ersten Ansatz auf EU-Ebene wiederholte sich gleichsam die Vorgehensweise der ersten lokalen Armutsberichte: Es wurde an empirischen Daten zusammengetragen, was auf nationaler Ebene etc. vorhanden war. Auch wurden nichtamtliche Informationsquellen genutzt, so die Berichte der sozialen Agenturen (in Deutschland Wohlfahrtsverbände, in anderen Ländern andere Einrichtungen), Informationen aus den Medien und auch offizielle Verlautbarungen kommunaler, regionaler oder zentraler Regierungsstellen. Entscheidend aber war, dass Armut nicht nur als Fehlen materieller Ressourcen begriffen, sondern an Defiziten in verschiedenen Dimensionen der Lebenslage festgemacht wurde. Dieses hatte auch Auswirkungen auf die nationale Armutsberichterstattung.*

2.2.2 Förderung des sozialen Zusammenhalts: Lissabon-Strategie

Stellten die drei Armutsprogramme der Europäischen Gemeinschaft in den 1980er und 1990er Jahren eher Vorläufer dar, setzte mit der *Lissabon-Strategie* ein neues langfristig angelegtes Sozialmonitoring der Europäischen Union ein, das die nationalen Zielsetzungen, deren politische Umsetzung und Ergebnisse beobachten und miteinander vergleichen sollte. Damit gewann die Sozialberichterstattung durch die Europäische Kommission auch in Deutschland ein größeres Gewicht.

Der soziale Zusammenhalt (*social cohesion*) in den Mitgliedsstaaten der Europäischen Union sollte in der nachfolgenden Dekade, so der Gipfel in Lissabon im Jahr 2000, gestärkt, zugleich sollten Armut und soziale Ausgrenzung reduziert werden. Zwar wurde es der Kommission nicht erlaubt, etwa über rechtliche Vorschriften die Mitgliedstaaten zu konkreten Schritten zu veranlassen, wohl aber sollten die Mitgliedstaaten im Rahmen einer *Offenen Methode der Koordination* (OMK) in eine Art *Benchmarking-Verfahren* eintreten, um gegenseitig voneinander zu lernen (*mutual learning*) und das soziale Miteinander in der Europäischen Union zu verbessern. Zugrunde gelegt wurden gemeinsame Zielvereinbarungen, über deren Erreichen oder Nicht-Erreichen jeweils mit Hilfe der sogenannten *Laeken-Indikatoren* regelmäßig berichtet werden sollte (Social Protection Committee Indicators Sub-Group 2001, S. 3f.):

Laeken-Indikatoren: *Primary Indicators*

1. Low income rate after transfers with low-income threshold set at 60 per cent of median income (with breakdowns by gender, age, most frequent activity status, household type and tenure status; as illustrative examples, the values for typical households);
2. Distribution of income (income quintile ratio)
3. Persistence of low income
4. Median low income gap
5. Regional cohesion
6. Long term unemployment rate
7. People living in jobless households
8. Early school leavers not in further education or training
9. Life expectancy at birth
10. Self perceived health status

Laeken-Indikatoren: *Secondary Indicators*

1. Dispersion around the 60 per cent median low income threshold
2. Low income rate anchored at a point in time
3. Low income rate before transfers
4. Distribution of income (Gini coefficient)
5. Persistence of low income (based on 50 per cent of median income)
6. Long term unemployment share
7. Very long term unemployment rate
8. Persons with low educational attainment

Darüber hinaus ist es den nationalen Regierungen gestattet worden, in ihren Aktionsplänen für soziale Eingliederung weitere „*tertiäre Indikatoren*" zu besonderen Aspekten aufzunehmen.

Zusammenfassende Berichte machten deutlich, wo die einzelnen Länder stehen. Als wichtigste Ergebnisse dieser Berichterstattung sind festzuhalten:

- Einbringen neuer Konzepte in die Armutsberichterstattung: Multidimensionalität bei der Beschreibung von Armut, sozialräumliche Verteilung von Armut, soziale Ausgrenzung und Eingliederung als Prozess etc.
- Betrachtung besonderer Zielgruppen: Betrachtung der Gruppen, die am weitesten entfernt sind vom Arbeitsmarkt – Menschen in besonders großer Armut, Menschen mit Schwierigkeiten beim Zugang zu sozialen Diensten, Kinderarmut etc.
- Benchmarking zwischen den einzelnen Mitgliedstaaten der Europäischen Union, allerdings ohne *blaming and shaming*.
- Entwicklung eines eigenständigen, aber gemeinsamen Indikatorensystems seitens des Statistisches Amtes der Europäischen Union: EU-SILC (= Survey on Income and Living Conditions).

Insgesamt war dies eine Dekade intensiver Sozialberichterstattung in und zwischen den Mitgliedstaaten der Europäischen Union. Ausgehend von einer eher punktuellen Betrachtung nationaler Entwicklungen wurden zunehmend systematisch entwickelte Indikatoren mit dem Ziel eingesetzt, Fortschritte, Stagnation oder gar Rückschritte bei der Festigung des sozialen Zusammenhalts innerhalb der Europäischen Union und ihren Mitgliedsstaaten zu bewerten. Zugleich ging es darum, die Folgen von nationaler und europäischer Politik abzuschätzen, um daraus Politikempfehlungen abzuleiten.

2.2.3 Europa 2020: Perspektivischer Rückschritt?

Um auf die immer noch deutlich spürbaren Folgen der Wirtschafts- und Finanzkrise von 2008 zu reagieren und an ihren einstigen Plänen von einem sozial und wirtschaftlich starken Europa weiter festzuhalten, präsentierte die EU-Kommission im Jahr 2010 eine neuangelegte Wachstumsstrategie, deren vorrangige Ziele in einer weiteren Erhöhung der allgemeinen Erwerbstätigenquote auf 75 Prozent sowie eine Reduktion der Zahl armutsgefährdeten Personen um 20 Millionen bestehen. Darüber hinaus soll die Quote der Schulabbrecherinnen und -abbrecher auf unter 10 Prozent fallen sowie die Anzahl der Hochschulabsolventinnen und -absolventen auf mindestens 40 Prozent gesteigert werden (EU-Kommission 2010, S. 5). Ähnliches kannte man schon aus den Inhalten der nicht unumstrittenen Europäischen Beschäftigungsstrategie (EBS), die nun in die *Europa 2020-Strategie* mündet.

Dieser neue Konsens lässt offen, wie die im Kern beschäftigungszentrierte Strategie sozialverträglich und nachhaltig implementiert werden kann. Denn im Grunde führt *Europa 2020* die bislang verfolgte wettbewerbs- und binnenmarktorientierte Integrationspolitik fort. Gerade aber hinsichtlich der v. a. in den südeuropäischen Ländern herrschenden Massenarbeitslosigkeit scheint ein beschäftigungszentrierter Umbau der Sozialstaaten zugunsten eines schlankeren Staats und dem Abbau von Steuern und Abgaben nicht zielführend. Sozialtransfers gemäß des workfare-Ansatzes mehr oder weniger unter die verpflichtende Bedingung der unbedingten Arbeitsaufnahme zu stellen, geht ebenso fehl, weil die erwirtschafteten Ressourcen innerhalb der EU sehr unterschiedlich verteilt sind.

Insgesamt zeigt sich hier in besonders krasser Weise die Instrumentalisierung von Sozialanalysen bzw. sozialen Strategien zur Überwindung von sozialer Ausgrenzung und Armut durch Politik. Zugleich negiert sie ein Europäisches Sozialmodell, das wegen nationaler Kompetenzen noch immer für nicht umsetzbar gehalten wird und vollzieht somit eigentlich einen politischen Rückschritt.

2.3   Internationale Armutsberichterstattung

Parallel zu seinen Bemühungen um ein soziales Europa setzte sich der Vorsitzende der Sozialistischen Internationalen, *Willy Brandt*, schon in den 1970er Jahren für die Einrichtung einer *Nord-Süd-Kommission* ein, die die Schieflage der Weltwirtschaftsordnung und das soziale Gefälle zwischen dem prosperierenden Norden und dem in seiner Entwicklung beeinträchtigten Süden zum Inhalt hatte. Diese Kommission erstellte Berichte, die auch die Armutsentwicklung in weiten Teilen der Welt aufgriffen. Dieses war eine Initialzündung zur intensiveren Beschäftigung mit Verteilungsungleichgewichten in der Welt. Denn deutlich wurden und werden die Interdependenzen zwischen dem Wohlstand der Metropolen und den Armutslagen in den sogenannten Ländern der Dritten Welt.

Seit den 1980er Jahren dominierten bei den internationalen Wirtschafts-Organisationen wie *Weltbank*, *Internationaler Währungsfonds*, *OECD* u. a. m. letztlich wirtschaftsliberale Vorstellungen. Es waren hier eher *Sozialkonferenzen der UN*, die eine Reduzierung der absoluten Armut in der Welt als Ziel setzten und Erfolge im Rahmen des *Weltentwicklungsberichts* dokumentierten. Doch die Finanzprobleme in Schwellen- und Entwicklungsländern, Bürgerkriege um die Verteilung der – geringen – materiellen Ressourcen in diesen Ländern, als Folge massiver Fluchtbewegungen hin in die Metropolen und schließlich soziale und politische Destabilisierungen in diesen Ländern haben nunmehr dazu geführt, dass auch aus diesen Einrichtungen zunehmend kritische Berichte über die sozialen Ausgliederungsprozesse in zahlreichen Ländern auf der Erde publiziert werden. Eine führende Rolle nimmt hierbei neben den Weltentwicklungsberichten der Weltbank die OECD ein. Damit kommt die *absolute Armut* in der Welt wieder verstärkt in den Blick und zugleich rücken die Auswirkungen der davon induzierten Wanderungsbewegungen auf die Metropolen selbst und dortige Verteilungsprozesse in das öffentliche Bewusstsein.

2.3.1   Weltbank: Bericht über die menschliche Entwicklung

Seit 1977 veröffentlicht die Weltbank jährlich einen Bericht zur Entwicklung der Menschheit, den sie zugleich mit einem *Human Development Index* versieht (http://www.worldbank. org /en/publication/wdr2016). Für diesen Koeffizienten werden unterschiedliche Entwicklungsindikatoren (bspw. das Pro-Kopf-Einkommen in Relation zum BIP, das Bildungsniveau und die Lebenserwartung) zusammengefasst und miteinander verrechnet. Letztlich kann durch diese Berechnung eine Rangliste erstellt werden, die einen Überblick über die sozioökonomische Ungleichheit innerhalb eines Landes geben kann. Dabei liegt der ermittelte Wert zwischen 1 (sehr hoher Grad an menschlicher Entwicklung) und 0 (sehr niedriger Grad menschlicher Entwicklung).

Der Human Development Index erlaubt somit eindeutige Rückschlüsse auf besonders problematische Regionen und damit gleichzeitig auf mögliche zukünftige Entwicklungen wie Flucht und politische Konflikte, die es seitens der internationalen Gemeinschaft zu verhindern gilt.

2.3.2   Die Milenniums-Ziele der United Nations (UN)

Im Jahr 2000 wurden im Rahmen des *Millennium-Gipfels* der Vereinten Nationen (UN) acht Entwicklungsziele beschlossen, deren vorrangiges Anliegen die Reduktion von extremer Armut und damit einhergehenden multiplen Deprivationslagen und Folgen ist:

1. Beseitigung extremer Armut und Hunger
2. Verwirklichung der allgemeinen Grundschulbildung
3. Gleichstellung der Geschlechter und die Ermächtigung von Frauen
4. Senkung der Kindersterblichkeit
5. Verbesserung der Gesundheit von Müttern
6. Bekämpfung von HIV/Aids, Malaria und anderer Krankheiten
7. Sicherung der ökologischen Nachhaltigkeit
8. Aufbau einer weltweiten Entwicklungspartnerschaft

Im ersten Schritt sollten die genannten Teilziele bis 2015 erfüllt werden. Trotz einiger Teilerfolge, wie z. B. die Halbierung der Zahl von extremem Hunger betroffener Menschen[2] oder der Kindersterblichkeit unter fünf Jahren, sehen sich die UN vor dem Hintergrund anhaltender humanitärer Krisen und starker Migrationsbewegungen weiterhin mit massiven Problemen im Kontext von Armut konfrontiert. Deshalb wurden die Millenniumsziele im Rahmen der in Rio de Janeiro ausgerichteten Rio+20-Konferenz zur nachhaltigen Entwicklung um die sogenannten nachhaltigen Entwicklungsziele (*Sustainable Development Goals*) ergänzt. Auch wenn bislang noch keine konkreten Maßnahmen formuliert worden sind, sollen die nachhaltigen Entwicklungsziele bis zum Jahr 2030 zu einem gänzlichen Rückgang von Armut und Hunger führen. Dazu wurden diesmal neben den Entwicklungs- auch die Industrie- und Schwellenländer in die Zielsetzung integriert, da es aufgrund wirtschaftlicher Entwicklungen und den angesprochenen Migrationsbewegungen auch dort zunehmend zu Verteilungskonflikten kommt (Vereinte Nationen 2015).

Die Zielsetzung der UNO orientiert sich vor allem an der Überwindung der absoluten Armut. Dieses wird zum einen materiell an der insgesamt sehr niedrigen Quote von 1,90 Dollar pro Tag festgemacht, zugleich werden unabdingbare Voraussetzungen des Überlebens im Bereich Gesundheit und Bildung eingeklagt. Dieses wird insgesamt in grobe Konturen einer neuen Weltwirtschaftsordnung eingepasst. Dominierend allerdings ist der sehr defensive Charakter in Bezug auf Eingriffe in das bestehende System des Welthandels, zumindest wird aber das Bestreben deutlich, das Überleben von Millionen Menschen sichern zu wollen.

2.3.3 Der Well-being-Index der Organisation for Economic Co-operation and Development (OECD)

Davon setzt sich strukturell die Sichtweise der OECD ab. Sie wurde 1961 gegründet und ist die Nachfolgerin der OEEC, die 1947 im Rahmen des Marshall-Plans gegründet worden war. An die Stelle wirtschaftlicher Fragen im Kontext dieses Wiederaufbauprogramms in der Nachkriegszeit ist die OECD nunmehr eine Clearingstelle von inzwischen 35 Mitgliedstaaten in wirtschaftspolitischen Fragen. Die OECD vertritt also nur ausgewählte Wirtschaftsnationen, darunter neben den Ländern der Europäischen Union auch die USA, Australien, Mexiko, die Türkei, Israel u. a. m. Ziel der Organisation ist es, bei ihren Mitgliedern eine optimale Wirtschaftsentwicklung und Beschäftigung sowie einen höheren Lebensstandard zu erreichen, zugleich aber auch zur Entwicklung der Weltwirtschaft beizutragen. Außerdem ist die Organisation darauf festgelegt, einen Beitrag zu leisten, dass sich auch die Wirtschaft von Nicht-Mitgliedern gut entwickelt. Der Welthandel solle ausgeweitet werden, allerdings auf multilateraler Grundlage und ohne Diskriminierungen. Dem dienen zahlreiche Analysen und Erfahrungsberichte.

---

2   Kriterium ist eine absolute Armutsgrenze von 1,90 Dollar pro Tag.

Interessant ist nun, dass diese von kapitalistisch organisierten Staaten getragene Organisation ein besonderes Gewicht auf Verteilungsanalysen legt und dabei den Zusammenhang zwischen Verteilungsstrukturen in den nationalen Volkswirtschaften und dem Wirtschaftswachstum nicht nur herausarbeitet, sondern zugleich breit publiziert. Dazu werden einzelne Länder analysiert und auch bewertet. Kriterium ist dabei einmal das Verteilungsmaß des Gini-Koeffizienten, dessen Entwicklung im Längsschnitt betrachtet wird. Zum anderen werden die innergesellschaftlichen Verteilungsstrukturen, insbesondere die Lohnentwicklung und die umverteilende Funktion des Steuer- und Sozialleistungssystems untersucht. Dieses wird dann auf die reale wirtschaftliche Entwicklung bezogen, um daraus Schlüsse zu ziehen, um wieviel das Wirtschaftswachstum günstiger verlaufen würde, wenn eine sozial ausgleichende Verteilung erreicht werden könnte.

Dabei belässt es die OECD nicht bei dieser analytischen Erfassung von negativen Wachstumsverläufen als Folge ungerechter, Armut erzeugender Verteilungsvorgänge, sondern sie fragt auch danach, was zum Wohlergehen, zu einer angemessenen Lebensqualität gehört. Dazu hat sie einen sogenannten *Well-being-Index* entwickelt:

"Every person aspires to a good life. But what does 'a good or a better life' mean? The second edition of *How's Life?* provides an update on the most important aspects that shape people's lives and well-being: income, jobs, housing, health, work-life balance, education, social connections, civic engagement and governance, environment, personal security and subjective well-being. It paints a comprehensive picture of well-being in OECD countries and other major economies, by looking at people's material living conditions and quality of life across the population. Through a wide range of comparable well-being indicators, the report shows that countries perform differently in the various dimensions of well-being. For instance, low-income countries in the OECD area tend to do very well in subjective well-being and work-life balance, while their level of material well-being is much lower than that of other OECD countries. The report responds to the needs of citizens for better information on well-being and the needs of policy makers to give a more accurate picture of societal progress." (http://www.oecd-ilibrary.org/economics/how-s-life-2013_9789264201392-en, Zugegriffen: 20.5.2017)

Damit wird die Verteilungsanalyse praktisch, indem sie konkrete Kriterien für ein Wohlergehen benennt, diese empirisch zu verankern sucht und deren Entwicklung verfolgt. Soziale Verteilungsfragen und deren Niederschlag in Armut bzw. Reichtum sowie mit all ihren Übergangsstufen sind folglich politisch-ökonomisch. Dies meint: In ihnen spiegeln sich sowohl die wirtschaftliche Entwicklung wie deren Bedeutung für das individuelle und das soziale Zusammenleben wider. Zugleich werden wirtschaftliche Akteure und die Politik auf sozialethische Grundsätze des Well-beeings hingewiesen, ohne diese allerdings zu deren Einhaltung zwingen zu können.

2.3.4   Zivilgesellschaftliche Akteure: Wirtschaftswachstum für die Menschen

Schließlich sind es immer auch zivilgesellschaftliche Akteure, die sich auf internationaler Ebene zu Wort melden und verteilungspolitische Analysen anstellen bzw. Hinweise darauf geben, wie Armut als Massenphänomen eingegrenzt bzw. überwunden werden kann. Hier finden sich beispielsweise bekannte Ökonomen wieder wie der Nobelpreisträger für Ökonomie *Armatya Sen*, der englische Ökonom *Anthony Atkins* und neuerdings der französische Ökonom *Thomas Piketty*. Daneben melden sich Sozialphilosophinnen und -philosophen bzw. Sozialethikerinnen und -ethiker zu Wort, in prominenter Weise *Martha Nussbaum*, aber auch in früheren Zeiten Vertreterinnen und Vertreter der sogenannten *Befreiungstheologie* in Lateinamerika. Zugleich werden konkrete Projekte entwickelt und in der Praxis umgesetzt, so etwa das Konzept der Mikrokredite von *Muhammad Junus* (2010). Sie vertreten – bei allen Differenzierungen – letztlich die Vorstellung, dass Armut die Entwicklung von Menschen beeinträchtigt, ja im Gegensatz zu den Grund- und Menschenrechten steht. Dabei kommt dem Begriff der Freiheit ein besonderes Gewicht zu.

Darüber hinaus gibt es weltweit zahlreiche caritative Organisationen, die sich der Bekämpfung von Armut, vor allem von absoluter Armut verschrieben haben. Armut beschädigt in deren Sicht die Würde des Menschen, sei es, dass dieses christlich oder auf der Grundlage anderer Glaubensrichtungen, sei es, dass dies von den Grund- und Menschenrechten her begründet wird. Dabei differenzieren diese meist zivilgesellschaftlichen Organisationen zwischen Katastrophenhilfen und mittelfristig oder auch langfristig angelegten Projekten. Den großen Wohlfahrtsverbänden in Deutschland kommt hier ein besonderes Gewicht zu. Diese Organisationen finanzieren sich meist aus privaten Spenden und stehen komplementär zu offiziellen staatlichen bzw. suprastaatlichen Hilfeformen.

Auf internationaler Ebene wiederholt sich so, was bereits auf nationaler Ebene beobachtet werden kann: Das persönliche Engagement Einzelner – sei es von Wissenschaftlerinnen und Wissenschaftlern, sei es von Privatpersonen bzw. von zivilgesellschaftlichen Organisationen – definiert von sich heraus Armut als einen Zustand, der den persönlichen und öffentlichen Einsatz notwendig macht. Private Initiativen gehen oftmals voran, um staatliche Stellen auf Notwendigkeiten hinzuweisen. Wissenschaft leistet einen aufklärerischen Beitrag, indem sie über das Aufzeigen von Unterversorgungstatbeständen zugleich den Kontext zur allgemeinen wirtschaftlichen Entwicklung analytisch aufbereitet, damit in der Alternative zum Status quo zugleich einen Beitrag zur Überwindung von Armut aufzeigend.

**3   Daten als Ressourcen für Politik – Von der Skandalisierung
        zur Operationalisierung bei der Armutsüberwindung:
        Welchen Beitrag kann die Armutsforschung dazu leisten –
        oder: Soll sie das überhaupt?**

Stellte die erste umfassende Darstellung der *Gruppe Armut und Unterversorgung* aus dem
Jahr 1990 bereits fest, man habe genügend Informationen, um eine bessere Armutspolitik
betreiben zu können, so trifft dieses heute erst recht zu. An die Stelle von eher punktuellen
empirischen Daten – aus qualitativen Interviews, aus Sozialhilfeakten, aus lokalen Sozial-
statistiken – sind nunmehr umfassende Informationen institutionalisierter Berichterstattungen getreten. Armut wird darin einmal als Mangel an materiellen Ressourcen begriffen
– zunächst auf die Dimension Einkommen und Vermögen fokussierend. Im weiteren
Verlauf kommen immaterielle Ressourcen wie Bildung, Gesundheit, Wohngelegenheiten
etc. hinzu. Armut wird somit an Defiziten bei multidimensionalen Ressourcen festgemacht
– also am Zusammenspiel defizitärer Ausstattungen bei verschiedenen Dimensionen des
Lebens. Armut stellt schließlich als komplexer Zusammenhang eine Lebenslage dar, die
Entfaltungs- und Teilhabechancen so stark begrenzt, dass die Betroffenen nicht in einem
Maße am gesellschaftlichen Leben teilhaben können, wie dieses eigentlich möglich wäre.
Die Armutsforschung ist aber nicht allein defizitorientiert. Denn insbesondere mit der
Resilienzforschung, aber auch mit Wirksamkeitsstudien zu sozialen Diensten sowie der
Stärkung des Präventionsgedankens in der Armutsbekämpfung treten zunehmend auch
die Ressourcen in den Blick, über die Menschen in Armut und sozialer Ausgrenzung häu-
fig auch verfügen. Und schließlich werden Armutserscheinungen vergleichend zwischen
Stadtteilen, Regionen und Ländern innerhalb der Europäischen Union soziografisch
eingeordnet und bewertet. Dieses wird dann auch über den Rahmen der Europäischen
Union hinaus im Verhältnis zwischen den Metropolen und Ländern der sogenannten
Dritten Welt ausgeweitet, wodurch zugleich die Zusammenhänge zwischen Armut und
Wohlstand national und weltweit in den Blick geraten. Monokausalität ist in jedem Falle
ausgeschlossen.
    Die Beschäftigung mit Armut basiert geschichtlich und aktuell auf unterschiedlichen
Motivationen bzw. Intentionen. Betrachtet man Armut unter einer ökonomischen bzw.
volkswirtschaftlichen Perspektive, kann soziale Ungleichheit sowohl als Anreiz zur Ak-
tivierung von mehr Eigeninitiative bei den Betroffenen angesehen werden als auch als
Aufforderung an externe Hilfestellung – privat oder öffentlich. Daneben steht als ein drittes
Motiv schlicht das Interesse am Wissen bzw. an einer Bestandsaufnahme der tatsächlichen
Verteilungsprozesse und ihrer Ergebnisse, ohne dass daraus politische Konsequenzen
gezogen werden *müssen*, wohl aber gezogen werden *können*. In jedem Falle stellt das
Wissen über Armut eine Ressource für Gesellschaft und Staat dar, die unterschiedliche
Optionen zulässt.
    Dabei ist das Verständnis von Armut sowohl wertneutral als auch wertbesetzt. Wertneu-
tral ist es, weil es unterschiedliche Optionen zulässt. Wertbesetzt ist es, weil es sozial eine
Differenz zum Ausdruck bringt, die in sich einen sozialen Konflikt beinhaltet. Betrachtet

man rückblickend die Herausbildung des Armutsverständnisses seit der Studie von *Gerd Iben*, so hat sich der strikte Handlungsauftrag an Politik, aus einem spezifischen Sozial-staatsverständnis heraus einem sozialen Skandal abzuhelfen, inzwischen deutlich ausdiffe-renziert. Der analytische Zugang zu einem ressourcenzentrierten Ansatz steht immer unter dem Verdacht, die Komplexität der Lebenszusammenhänge zu vernachlässigen. So liege es beispielsweise eben nicht bloß an einem Mangel an materiellen Ressourcen, wenn Menschen nicht aus ihrer Armutslage herauskämen, vielmehr bedürfe es einer ausdifferenzierteren Sichtweise. Deshalb hat sich das Armutsverständnis über den Ressourcenansatz hinaus deutlich erweitert, ohne dass allerdings politische Strategien klarer ablesbar wären. Denn eines gilt: Je stärker sich ein Armutsverständnis auf wenige Aspekte beschränkt, umso einfacher sind Interventionsstrategien, je komplexer die Zusammenhänge für Entstehen und Verbreitung von Armut angesetzt werden, umso schwieriger gestalten sich Strategien zu deren Überwindung.

Deshalb hat sich schon sehr früh – etwa bei *Heinz Strang* – eine Clusterung von Armuts-lebenslagen herausgebildet. Armut wird danach unterschieden, wie sie bei Einzelnen oder bei sozialen Gruppen in Erscheinung tritt, so dass je nach Cluster unterschiedliche Strategien greifen können bzw. angewendet werden müssen. Dem trägt die neuere Armutsforschung insofern Rechnung, als dass das derzeitige Wissen eine derartige Zuteilung zulässt und damit einfache Zuordnungskriterien wie Arbeitslosigkeit, Sozialhilfebezug etc. überwunden wurden. Zugleich wird deutlich, dass es eines Zusammenspiels zwischen verschiedenen Maßnahmen auf der Makro-, der Meso- und der Mikroebene bedarf, damit eines Mix aus finanziellen Hilfen, direkten Sachleistungen und sozialen Diensten (Schütte 2013).

Doch damit entstehen neue Steuerungsprobleme, sind doch diese Interventionen im Regelfall auf unterschiedliche politische Ebenen im gestuften Sozialstaat verteilt – inzwi-schen bis hin zur Europäischen Union. Damit sind einerseits ideale Strategien und Konzepte ebenso denkbar wie Asymmetrien und Ungleichzeitigkeiten. Dieses spiegelt sich in den Armutskonzepten und Armutsberichten von Anfang an wider. Dort, wo es eine Vielzahl von Akteuren gibt – öffentlich-rechtliche Gebietskörperschaften, freie Wohlfahrtspflege und andere Teile der Zivilgesellschaft –, variiert der Fokus des Armutsverständnis je nach Interessenlage. Die *Offene Methode der Koordination* auf der Ebene der Europäischen Union ist insofern ebenso konsequent wie in ihrer Wirkung begrenzt. Das Zusammenspiel der Akteure ist eben nicht voluntaristisch herstellbar, auch wenn es für armutsvermeidende oder gar armutsüberwindende Strategien unabdingbar ist.

Dieses betrifft noch stärker den Zusammenhang nationaler bzw. europäischer Armuts-politiken im Verhältnis zu den Ländern und Regionen außerhalb Europas. Denn der Weg von der absoluten zur relativen Armut ist oftmals schlicht die einzige Alternative zum Verhungern im Herkunftsland. Umgekehrt sind gerade in diesen Ländern die Handlungs-ebenen und deren Akteure stark von regionalen bzw. sozial differenzierten Interessen abhängig, die politische Strategien etwa internationaler Organisationen stark behindern oder gar unmöglich machen (können), abgesehen davon, dass auch diese internationalen Einrichtungen wieder Interessen verfolgen oder von solchen potenter Geldgeber und deren Wirtschaftsinteressen abhängig sind.

Bleibt als Fazit: Armut ist und bleibt einerseits ein Skandalon, das nach politischen und zivilgesellschaftlichen Interventionen verlangt. Armut steht andererseits immer im Bezug zu nationalen und internationalen Interessen. Armut fragt nicht nur danach, wer unter ihr leidet, sondern immer auch nach dem *cui bono*, also wem sie nützt. Damit ist das Armutsverständnis gesellschaftspolitisch relevant und geht deutlich über die bloße Datenzusammenstellung hinaus. Hier greifen dann wirtschaftliche, soziologische und politologische Theorieansätze, denen die in den empirischen Daten sichtbar werdenden Auffassungen von Armut zugeordnet werden müssen. Erst aus ihnen ergeben sich dann Handlungsimperative – oder eben auch nicht.

Literatur

Atkinson, Anthony B., B. Cantillon, E. Marlier und B. Nolan. 2002. *Social Indicators: The EU and Social Inclusion.* Oxford: Oxford University Press.

Ballerstedt, Eike, W. Glatzer und K.-U. Mayer. 1975. *Soziologischer Almanach.* Frankfurt a. M., New York: Campus.

Ballerstedt, Eike, W. Glatzer und K.-U. Mayer. 1979. *Soziologischer Almanach. Handbuch gesellschaftlicher Daten und Indikatoren. Sozialpolitisches Entscheidungs- und Indikatorensystem.* Frankfurt a. M., New York: Campus.

Balsen, Werner, H. Nakielski, K. Rössel und R. Winkel. 1984. *Die neue Armut. Ausgrenzung von Arbeitslosen aus der Arbeitslosenunterstützung.* Köln: Bund Verlag.

Becker, Irene und R. Hauser. 2005. *Dunkelziffer der Armut. Ausmaß und Ursachen der Nicht-Inanspruchnahme zustehender Sozialhilfeleistungen.* Berlin: Edition Sigma.

Benz, Benjamin. 2004. *Nationale Mindestsicherungssysteme und europäische Integration. Von der Wahrnehmung der Armut und sozialen Ausgrenzung zur Offenen Methode der Koordination.* Wiesbaden: VS Verlag für Sozialwissenschaften.

Boeckh, Jürgen, E.-U. Huster, B. Benz und J. D. Schütte. 2017. *Sozialpolitik in Deutschland. Eine systematische Einführung,* 4. Aufl. Wiesbaden: Springer VS.

Bourdieu, Pierre. 1992. *Die verborgenen Mechanismen der Macht.* Unveränderter Nachdruck der 1. Aufl. von 1992. Hamburg: VSA-Verlag.

Butterwegge, Christoph, Hrsg. 2000. *Kinderarmut in Deutschland. Ursachen, Erscheinungsformen und Gegenmaßnahmen.* 2. Aufl. Frankfurt a. M.,New York: Campus.

Butterwegge, Christoph. 2017. *Armut.* 2. Aufl. Köln: PapyRossa.

Deutscher Bundestag. 1998. *Bericht über die Lebenssituation von Kindern und die Leistungen der Kinderhilfen in Deutschland, Zehnter Kinder- und Jugendbericht, mit der Stellungnahme der Bundesregierung* Drucksache 13/11368 vom 25.08.1998. http://www.bmfsfj.de/doku/Publikationen/kjb/data/down load/10_Jugendbericht_gesamt.pdf. Zugegriffen: 20.05.2017.

Deutscher Bundestag. 2001. *Lebenslagen in Deutschland. Der erste Armuts- und Reichtumsbericht.* Unterrichtung durch die Bundesregierung. Drucksache 14/5990 vom 08.05.2001.

Deutscher Bundestag. 2005. *Lebenslagen in Deutschland. Der zweite Armuts- und Reichtumsbericht der Bundesregierung.* Drucksache 15/5015 vom 03.03.2005.

Deutscher Bundestag. 2008. *Lebenslagen in Deutschland. Der dritte Armuts- und Reichtumsbericht der Bundesregierung.* Drucksache 16/9915 vom 30.06.2008.

Deutscher Bundestag. 2013. *Lebenslagen in Deutschland. Der vierte Armuts- und Reichtumsbericht der Bundesregierung*. Drucksache 17/12650.

Deutscher Bundestag. 2017. *Lebenslagen in Deutschland. Der fünfte Armuts- und Reichtumsbericht der Bundesregierung*. Drucksache 18/11980.

Esping-Andersen, Gøsta. 1990. *The Three Worlds of Welfare Capitalism*. Cambridge: Polity Press.

Geißler, Heiner. 1976. *Die Neue Soziale Frage*, Freiburg im Breisgau: Herder.

Glatzer, Wolfgang und W. Hübinger. 1990. Lebenslagen und Armut. In *Armut im Wohlstand*, Hrsg. D. Döring, W. Hanesch und E.-U. Huster, 31-55. Frankfurt a. M.: Suhrkamp.

Hanesch, Walter. 1986. *Dezentrale Armutsberichterstattung durch Armutsberichte der Kommunen*. In *Blätter der Wohlfahrtspflege*, 133. Jg. H. 11, 264-267.

Hanesch, Walter, W. Adamy, R. Martens, D. Rentzsch, U. Schneider, U. Schubert und M. Weißkirchen mit einem Beitrag von P. Krause. 1994. *Armut in Deutschland. Armutsbericht des Deutschen Gewerkschaftsbundes und des Paritätischen Wohlfahrtsverbandes*. Reinbek bei Hamburg: rororo.

Hanesch, Walter, P. Krause, G. Bäcker, M. Maschke und B. Otto. 2000. *Armut und Ungleichheit in Deutschland. Der neue Armutsbericht der Hans Böckler Stiftung, des DGB und des Paritätischen Wohlfahrtsverbands*. Reinbek bei Hamburg: rororo.

Hartmann, Helmut. 1981. Sozialhilfebedürftigkeit und "Dunkelziffer der Armut". In *Schriftenreihe des Bundesministers für Jugend, Familie und Gesundheit*, Bd. 98. Stuttgart: Kohlhammer.

Hauser, Richard und W. Hübinger. 1993. *Arme unter uns. Teil 1: Ergebnisse und Konsequenzen der Caritas-Untersuchung*. Freiburg im Breisgau: Lambertus.

Hauser, Richard. 1997. Vergleichende Analyse der Einkommensverteilung und der Einkommensarmut in den alten und neuen Bundesländern 1990 bis 1995. In *Einkommensverteilung und Armut. Deutschland auf dem Weg zur Vierfünftel-Gesellschaft?*, Hrsg. I. Becker und R. Hauser, 63-82. Frankfurt a. M., New York: Campus.

Häußermann, Hartmut, M. Kronauer und W. Siebel, Hrsg. 2009. *An den Rändern der Städte*, 3. Aufl. Frankfurt a. M.: Suhrkamp.

Hegel, Georg Wilhelm Friedrich. 1970. *Werke*. Frankfurt a. M.: Suhrkamp.

Hessisches Ministerium für Soziales und Integration. 2017. *Zweiter Hessischer Sozialbericht*. Wiesbaden.

Hock, Beate, G. Holz, R. Simmedinger und W. Wüstendörfer. 2000. *Gute Kindheit. Schlechte Kindheit? Armut und Zukunftschancen von Kindern und Jugendlichen in Deutschland*, Frankfurt a. M.: ISS Eigenverlag.

Huster, Ernst-Ulrich. 1986. Armutsberichterstattung als Teil der sozialen Arbeit – Beispiele aus der freien Wohlfahrtspflege und den Gewerkschaften. In *Blätter der Wohlfahrtspflege*, 133. Jg. Heft 11: 270-273.

Huster, Ernst-Ulrich. 1996. *Armut in Europa*. Opladen: Leske und Budrich.

Iben, Gerd unter Mitarbeit von G. Anders u. a. 1971. *Randgruppen der Gesellschaft. Untersuchungen über Sozialstatus und Erziehungsverhalten obdachloser Familien*. München: Juventa.

Junus, Muhammad. 2010. *Social Business. Von der Vision zur Tat*. München: Hanser.

Klanberg, Frank. 1978. *Armut und ökonomische Ungleichheit in der Bundesrepublik Deutschland*. Frankfurt a. M., New York: Campus.

Laubstein, Claudia, G. Holz, J. Dittmann und E. Stahmer. 2012. *Von alleine wächst sich nichts aus … Lebenslagen von (armen) Kindern und Jugendlichen und gesellschaftliches Handeln bis zum Ende der Sekundarstufe I. Abschlussbericht der 4. Phase der Landzeitstudie im Auftrag des Bundesverbandes der Arbeiterwohlfahrt*. Frankfurt a. M.: ISS Eigenverlag.

Leibfried, Stephan, L. Leisering, P. Buhr, M. Ludwig, E. Mädje, T. Olk, W. Voges und M. Zwick. 1995. *Zeit der Armut. Lebensläufe im Sozialstaat*. Frankfurt a. M.: Suhrkamp.

Mielk, Andreas. 2000. *Soziale Ungleichheit und Gesundheit: empirische Ergebnisse, Erklärungsansätze, Interventionsmöglichkeiten*. Bern: Hans Huber.

Nußbaum, Martha. 1999. *Gerechtigkeit oder Das gute Leben. Gender Studies.* Frankfurt a. M.: Suhrkamp.

OECD. http://www.oecd-ilibrary.org/economics/how-s-life-2013_9789264201392-en

Oppolzer, Alfred. 1986. *Wenn Du arm bist, mußt Du früher sterben. Soziale Unterschiede in Gesundheit und Sterblichkeit.* Hamburg: VSA-Verlag.

Paritätischer Wohlfahrtsverband. o.J. *Armutsberichte.* http://www.der-paritaetische.de/schwerpunkte/armutsbericht/download- armutsbericht/. Zugegriffen: 20.05.2017.

Piketty, Thomas. 2014. *Das Kapital im 21. Jahrhundert.* München: C.H. Beck.

PISA. http://www.oecd.org/berlin/themen/pisa-studie/. Zugegriffen: 20.05.2017.

Projektgruppe Margaretenhütte. 1985. *Die Siedlung am Rande der Stadt: Margaretenhütte Gießen.* Gießen: Eigenverlag.

Richard Hauser, H. Cremer-Schäfer und U. Nouverné. 1981. *Armut, Niedrigeinkommen und Unterversorgung in der Bundesrepublik Deutschland. Bestandsaufnahme und sozialpolitische Perspektiven,* Frankfurt a. M., New York: Campus.

Robert-Koch-Institut: http://www.rki.de/DE/Content/Gesundheitsmonitoring/Gesundheitsberichterstatt ung/gbe_node .html.

Sen, Amartya. 2005. Ökonomie für den Menschen. Wege zu Gerechtigkeit und Solidarität in der Marktwirtschaft, 3. Aufl. München: dtv.

Social Protection Committee Indicators Sub-Group. 2001. *Report on Indicators in the field of poverty and social exclusion,* October 2001 http://www.bristol.ac.uk/poverty/downloads/keyofficial documents/ EU%20social%20exclusion%20indicators.pdf. Zugegriffen: 20.05.2017.

Soziökonomisches Panel (SOEP). http://www.diw.de/de/diw_02.c.221178.de/ueber_uns.html. Zugegriffen: 20.05.2017.

Statistisches Bundesamt. https://www.destatis.de/DE/ZahlenFakten/GesellschaftStaat/Soziales/ Sozialberichterstattung/Sozialberichterstattung.html. Zugegriffen: 20.05.2017.

Strang, Heinz. 1970. *Erscheinungsformen der Sozialhilfebedürftigkeit. Beitrag zur Geschichte, Theorie und empirischen Analyse der Armut.* Stuttgart: Enke.

Strang, Heinz. 1985. *Sozialhilfebedürftigkeit. Struktur – Ursachen – Wirkung, unter besonderer Berücksichtigung der Effektivität der Sozialhilfe.* Forschungsbericht. Hildesheim: Hochschule, Institut für Sozialpädagogik.

Strang, Heinz. 1987. *Effektivitätsprobleme der Sozialhilfe.* Zeitschrift für Sozialreform, Jg. 33, H. 11/12: 719-726.

Strengmann-Kuhn, Wolfgang. 2003. *Armut trotz Erwerbstätigkeit. Analysen und sozialpolitische Konsequenzen.* Frankfurt a. M., New York: Campus.

Vereinte Nationen. 2015. *Milleniums-Entwicklungsziele.* http://www.un.org/depts/german/millennium/ MDG%20Report%202 015%20German.pdf. Zugegriffen: 20.05.2017

Weisser, Gerhard. 1956. Wirtschaft. In *Handbuch der Soziologie,* Hrsg. W. Ziegenfuss, 970-1097. Stuttgart: Enke.

Weltbank. http://www.worldbank.org/en/publication/wdr2016.

Wilke, Gerhard. 2011. *Armut – was ist das? Eine Grundsatzanalyse.* Hamburg: Murmann Verlag GmbH.

Zander, Margherita, Hrsg. 2010. *Kinderarmut. Einführendes Handbuch für Forschung und soziale Praxis,* 2. Aufl. Wiesbaden: VS Verlag für Sozialwissenschaften.

Zapf, Wolfgang, Hrsg. 1977. *Lebensbedingungen in der Bundesrepublik. Sozialer Wandel und Wohlfahrtsentwicklung.* SPES – Sozialpolitisches Entscheidungs- und Indikatorensystem. Frankfurt a. M., New York: Campus.

Zinn, Karl Georg. 2006. *Wie Reichtum Armut schafft. Verschwendung, Arbeitslosigkeit und Mangel.* Köln: PapyRossa Verlags GmbH.

Gesellschaftliche Ein- und Ausgrenzung
Der soziologische Diskurs

Hildegard Mogge-Grotjahn

Zusammenfassung

Der soziologische Blick auf Armut als eine Erscheinungsform gesellschaftlicher Ausgrenzung führt zu einem der Hauptthemen soziologischer Theoriebildung: der Analyse der Ursachen sozialer Ungleichheiten und ihrer Folgen für die Einzelnen wie für Gesellschaften insgesamt. Damit verbunden sind normative Fragen der gesellschaftlichen Bewertung von Ungleichheit, Armut und Ausgrenzung. Nicht zuletzt führt die Ungleichheitsforschung zur Beschäftigung mit den Zusammenhängen zwischen strukturellen, kulturellen und subjektbezogenen Merkmalen und Prozessen, durch die soziale Ungleichheiten reproduziert werden oder auch überwunden werden können. Die empirische Erforschung sozialer Ungleichheit bezieht sich auf die Erfassung einzelner Ungleichheitsdimensionen (z. B. Bildungs-Ungleichheit, gesundheitliche Ungleichheit, materielle Ungleichheit) und/oder das messbare Ungleichheitsgefüge ganzer Gesellschaften (z. B. das Schichtungsgefüge, die Einkommensverteilung). Theorien sozialer Ungleichheit fragen nach den Voraussetzungen und Bedingungen, die zu unterschiedlichen Ungleichheitsgefügen führen. Der Beitrag geht auf ausgewählte klassische und moderne soziologische Konzepte sozialer Ungleichheit ein und diskutiert die Tauglichkeit von Begriffen wie *Klasse, Schicht, Lebenslage* oder *Milieu* für das Verständnis heutiger Armutslagen und Ausgrenzungsprozesse. Aktuelle Forschung und Theoriebildung beschäftigen sich mit neuen Formen der *Prekarisierung* und der Tendenz, soziale Ungleichheit (erneut) zu individualisieren. Das interdisziplinäre Konzept der *Intersektionalität* stellt einen theoretischen Rahmen zur Verfügung, der es erleichtert, die wechselseitigen Verschränkungen von Diskriminierungs- und Ungleichheits-Dimensionen zu analysieren. Und die aktuellen Auseinandersetzungen um die inhaltliche Bedeutung und politische Umsetzung von *Inklusion* fordert zu einer Überwindung enger disziplinärer Grenzen sowie politischer und professioneller *Ressort-Grenzen* auf. Die Beschäftigung mit gesellschaftlicher Ein- und Ausgrenzung, ihren Ursachen und Folgen führt zu der Frage, welche gesellschaftlichen Strukturen als *gerecht* und *legitim* erscheinen.

Schlagworte

Soziale Ungleichheit; Mehrdimensionale Gesellschaftsmodelle; Strukturalismus und
Kulturalismus; Habitus; Intersektionalität

1   Einleitung

Soziologische Kontroversen über *soziale Ungleichheit* bzw. *Armut und soziale Ausgrenzung*
hatten und haben gerade in Zeiten sozialer Umbrüche und Verwerfungen Konjunktur.
So ist es nicht verwunderlich, dass soziale Ungleichheit „zu den zentralen Topoi der Soziologie (gehört), die im Gefolge der Umwälzungen des 19. Jahrhunderts (…) zu einem
grundlegenden *gesellschaftlichen* Thema geworden sind." (Nassehi 2011, S. 165 – Hervorh.
im Original). Historischer Ausgangspunkt für die Analyse heutiger Ungleichheiten und
Armutslagen ist somit der Niedergang feudaler Sicherungssysteme, der Übergang zu indus-
triell-privatwirtschaftlichen Produktionsverhältnissen und die Entwicklung der national
unterschiedlich ausgeprägten westeuropäischen Sozialstaaten. Die Rekonstruktion der
konflikthaften Herausbildung wohlfahrtsstaatlicher Strukturen führt zu der Frage, „wie
und warum Menschen dazu (kamen, d. Verf.), kollektive, landesweite, verbindliche Arrangements gegen Risiken und Defizite zu schaffen, die sie einzeln zu bedrohen und individuelle
Lösungen zu erfordern schienen." (de Swaan 1993, S. 12). Eine der Voraussetzungen für die
Bereitschaft zu solchen Arrangements sieht Kronauer in der Entstehung eines qualitativ
neuartigen *„sozialen Bewusstseins"*, also der „Anerkennung der wechselseitigen Abhängigkeit der Mitglieder einer (im nationalen Rahmen organisierten) Gesellschaft sowie (…)
Bereitschaft zu kollektiven Vorsorgemaßnahmen" (Kronauer 2002, S. 227). In den aktuellen
Diskursen zur sog. „Prekarisierungsgesellschaft" (Machart 2013) wird die Frage gestellt,
ob dieses Bewusstsein und die tradierten kollektiven Sicherungen noch tragfähig sind.

Die *klassischen* Themen der Ungleichheitsforschung sind immer noch aktuell. Zu fragen
ist nach wie vor

- nach dem Verhältnis der ökonomischen zu den sozialen, politischen und kulturellen
  Dimensionen der Ungleichheit;
- nach dem Konfliktpotenzial sozialer Ungleichheit bzw. dem Integrationspotenzial von
  Gesellschaften, in denen sich vertikale und horizontale Ungleichheitsdimensionen
  miteinander verschränken;
- nach den Folgen ungleicher Lebenslagen für die Lebensgestaltung und Handlungschancen der Gesellschaftsmitglieder;
- nach den politischen und ideologischen Deutungs- und Legitimationsmustern von
  Armut und Ungleichheit.

Hinzu kommen moderne Themen und Fragen:

- Wie verändert sich aktuell die Organisation von *Arbeit* (Erwerbsarbeit und Sorge-Arbeit) insgesamt?
- Welche wohlfahrtsstaatlichen Rahmenbedingungen können die erneute Individualisierung sozialer Probleme auffangen?
- Wie verbinden sich die verschiedenen Modi gesellschaftlicher Ein- und Ausgrenzung (Erwerbsarbeit, Staatsbürgerschaft, Familie, soziale Netzwerke etc.) und wie kann der Wegfall der einen durch die Stärkung der anderen kompensiert werden?
- In welchem Zusammenhang stehen Geschlechterverhältnisse und -ordnungen mit den Prozessen der Individualisierung, Flexibilisierung und Prekarisierung?
- Lässt sich eine Krise der sozialen Reproduktion moderner Gesellschaften insgesamt beobachten?

(vgl. Völker und Amacker 2015). Einige dieser Fragen werden in anderen Beiträgen des vorliegenden Bandes ausführlicher behandelt.

2 Theorien sozialer Ungleichheit

Die empirische Erforschung von Armut und Mechanismen gesellschaftlicher Ein- und Ausgrenzung kann sich auf die Verteilung materieller und immaterieller Ressourcen in einer Bevölkerung oder auf die Ungleichheit zwischen bestimmten Bevölkerungsgruppen beziehen, wie z. B. zwischen Staatsangehörigen und Nicht-Staatsangehörigen oder zwischen Frauen und Männern. Theorien der sozialen Ungleichheit thematisieren die sozialen Strukturen von Gesellschaften insgesamt und fragen nach den Voraussetzungen und Bedingungen, die zu unterschiedlichen Ungleichheitsgefügen führen. Zu unterscheiden sind Modelle von sozialen Klassen und Schichten einerseits, Modelle sozialer Lagen und sozialer Milieus andererseits (vgl. Geißler 2006, S. 93ff.). Während diese Unterscheidungen innerhalb der Theorien sozialer Ungleichheit teils kontrovers diskutiert, teils aufeinander bezogen werden, ist die Frage nach dem systematischen Stellenwert von sozialer Ungleichheit – als funktional notwendig und politisch (in Maßen) wünschenswert, als Antrieb zu gesellschaftlichen Veränderungen und Movens sozialer Bewegungen – äußerst umstritten.

Letztlich führt die Beschäftigung mit sozialer Ungleichheit, gesellschaftlicher Ein- und Ausgrenzung immer zu normativen Fragen: Welche Erscheinungsformen und Folgen und welche Ausmaße sozialer Ungleichheit erscheinen vor dem Hintergrund geteilter sozialer Werte und Vorstellungen von einem *guten* und *gerechten* Leben als legitim?

2.1   Konzept sozialer Klassen bei Karl Marx

Das von *Henri de Saint-Simon* (1760–1825) in die philosophische und frühe soziologische
Debatte eingeführte *Konzept der sozialen Klassen* wurde u. a. von *Karl Marx* (1818–1883)
wieder aufgegriffen. Marx war der erste, der in einer geschichtsphilosophisch begrün-
deten Perspektive ein explizit *klassentheoretisches Gesellschaftskonzept* formulierte. Die
heutige Debatte um eine *neue Unterklasse* bzw. ein *abgehängtes Prekariat* weckt bewusst
Assoziationen an die Marx'sche Terminologie, um den sozialen Sprengstoff zunehmender
Armut zu thematisieren. Die Marx'sche Frage nach den kollektiven Akteuren und ihren
Organisationen wird dabei allerdings selten gestellt.

Marx begriff die Geschichte als eine Geschichte von Klassenkämpfen, deren verschiedene
Stufen sich durch unterschiedliche Ausprägungen von Produktivkräften und Produktionsverhältnissen und deren jeweilige Konstellationen kennzeichnen lassen. Eine Klasse
bestimmt sich durch ihr Verhältnis zu den Produktionsmitteln; Privateigentum oder
Nichtbesitz an Produktionsmitteln sind die Ursache sozialer Ungleichheit. Die (europäische) Gesellschaft des 19. Jahrhunderts bringt die *Bourgeoisie* und das *Proletariat* als die
zwei bestimmenden und antagonistischen Klassen sowie verschiedene „Zwischenklassen"
wie Grundbesitzer oder Bauern hervor, deren Bedeutung aber hinter dem Antagonismus
von Lohnarbeit und Kapital zurücktritt. Die Vormachtstellung der jeweils „herrschenden
Klasse" beschränkt sich keineswegs auf den ökonomischen Bereich, sondern erstreckt sich
auch auf Politik, Kultur, Recht und Religion, kurz: den von Marx so genannten „Überbau".
Das Bewusstsein und die Handlungsorientierung der Menschen hängen in erster Linie
von ihrer ökonomischen Basis ab.

Die Klasse des Proletariats in der Frühphase der Industrialisierung lebte nicht nur
auf einem materiell niedrigen Niveau, unter riskanten Arbeits- und allgemeinen Lebensbedingungen, ihr wurden auch höhere Bildung und der Zugang zu anderen kulturellen
Werten weitgehend vorenthalten. Noch stärker von Armut und Ausgrenzung betroffen
waren diejenigen, die als industrielle Reservearmee, Alte oder nicht mehr Arbeitsfähige
nicht zum eigentlichen Proletariat gehörten (Lumpenproletariat und Pauperismus). Marx
stellte, gemeinsam mit *Friedrich Engels* (1820–1895), im Kommunistischen Manifest von
1848 einen engen Zusammenhang zwischen Klassenlage, Armut und (revolutionärer)
Gesellschaftsveränderung her:

> „Alle bisherige Gesellschaft beruhte (…) auf dem Gegensatz unterdrückender und unter-
> drückter Klassen. Um aber eine Klasse unterdrücken zu können, müssen ihr Bedingungen
> gesichert sein, innerhalb derer sie wenigstens ihre knechtische Existenz fristen kann. (…) Der
> moderne Arbeiter dagegen (…) sinkt immer tiefer unter die Bedingungen seiner eigenen Klasse
> herab. Der Arbeiter wird zum Pauper, und der Pauperismus entwickelt sich noch schneller
> als Bevölkerung und Reichtum. Es tritt hiermit offen hervor, dass die Bourgeoisie unfähig
> ist (…) zu herrschen, weil sie unfähig ist, ihrem Sklaven die Existenz selbst innerhalb seiner
> Sklaverei zu sichern, weil sie gezwungen ist, ihn in eine Lage herabsinken zu lassen, wo sie
> ihn ernähren muss, statt von ihm ernährt zu werden (…)." (MEW 1974, S. 36f.)

Sofern sich die nicht-besitzenden Lohnarbeiter ihrer Interessenlage bewusst sind, werden sie, wie die jeweils unterdrückten Klassen anderer Epochen auch, zu den „entscheidenden Akteuren im gesellschaftlichen Kräftespiel." Das Proletariat wird zum „historischen Subjekt", damit zum Träger sozialer Veränderungen: Die unmittelbaren Produzenten – die arbeitende Klasse – kommt in den Besitz der Produktionsmittel. Dadurch wird die Aufteilung in Besitz und Nichtbesitz von Produktionsmitteln aufgehoben. (Kreckel 1990, S. 55, vgl. auch Burzan 2005, S. 17).

2.2 Das mehrdimensionale Gesellschaftsmodell: Max Weber und Theodor Geiger

Max Weber (1864–1920) gab die Marx'sche Beschränkung auf jeweils zwei relevante Klassen und die ausschließliche Orientierung der Klassendefinition am ökonomischen Bereich zugunsten eines *mehrdimensionalen Gesellschaftsmodells* auf, das er in Hinblick auf die Gesellschaft des deutschen Kaiserreichs (bis 1914) ausdifferenzierte. Er unterschied, ähnlich wie Marx, zunächst zwischen „Besitzklassen" und „Erwerbsklassen", d. h. solchen Personengruppen, die ihre Existenz entweder durch Besitz oder durch Erwerbsarbeit sichern können und müssen. Das reale Ungleichheitsgefüge seiner Zeit sah Weber hierdurch aber nicht ausreichend abgebildet; er differenzierte schließlich zwischen vier „sozialen Klassen":

1. Besitzende und durch Besitz Privilegierte;
2. besitzlose Intelligenz und „Fachgeschultheit";
3. Kleinbürgertum sowie
4. Arbeiterschaft (vgl. Weber 1980, S. 179).

Zwischen diesen sozialen Klassen, deren Gemeinsamkeit in erster Linie durch ihren „Stand" definiert wird und sich in einer jeweils charakteristischen „Lebensführung" ausdrückt, kann individuell oder über Generationen hinweg gewechselt werden. Anders als Marx berücksichtigt Weber somit subjektive Komponenten sowohl für die Erklärung der Sozialstruktur als auch für die Erklärung ihrer Folgen für Bewusstsein und Handlungsorientierungen der Subjekte. Soziale Ungleichheit, Armut (und Reichtum) wurden von Weber im Zusammenhang der Entwicklung des Kapitalismus in der Perspektive einer funktionalen, wechselseitigen Verschränkung von Religion, Wirtschaft und Gesellschaft thematisiert.

Webers Analyse charakterisiert die Besonderheiten der modernen westlichen Gesellschaften als fortschreitende Rationalisierung, die aus der Verbindung von Kapitalismus und Protestantismus entstanden ist. Die von ihm so bezeichnete *„soziale Rationalisierung"* bringt als entscheidenden Handlungs- und Organisationstypus die Zweckrationalität in Gestalt bürokratischer Organisationen hervor. Staatliches Handeln erzeugt somit eine spezifische Vergesellschaftungsform, die sich nicht aus der Schichtzugehörigkeit ableiten lässt, sondern eine eigenständige Qualität aufweist. Die Einzelnen sind demnach vor allem durch Bürokratie in die Gesellschaft inkludiert. – Dieser Gedanke war schon bei *Georg*

Simmel (1858–1918) angelegt, der darauf verwiesen hatte, dass die Armen durch ihre Abhängigkeit von Hilfeleistungen kaum an den für die moderne Gesellschaft charakteristischen vermehrten Handlungsspielräumen und Wahlmöglichkeiten teilhaben können (vgl. Simmel 1923). Hierauf wird in Kap. 4.2 nochmals eingegangen.

Theodor Geiger (1891–1952) führte die Analyse der sozialen Schichtung von Gesellschaften weiter, nahm aber den Aspekt der Bürokratisierung und ihrer Bedeutung für die Vergesellschaftung des Subjektes nicht wieder auf. Für ihn war die soziale Schicht die allgemeinste Kategorie der Kennzeichnung von Sozialstrukturen. Streng erfahrungswissenschaftlich orientiert, entwickelte er auf der Basis der Volkszählung von 1925 ein Fünf-Schichten-Modell der deutschen Gesellschaft, in dem er „Kapitalisten", „alten Mittelstand", „neuen Mittelstand", „Proletaroide" und „Proletariat" unterschied und quantifizierte. Anders als Marx betrachtete er Stände, Kasten oder Klassen als historische Sonderfälle von Schichtung. Schichten wiederum waren für Geiger vor allem durch den *Status* gekennzeichnet, den die ihr zugehörigen Personen miteinander teilen und durch den sie sich von Angehörigen anderer Schichten unterscheiden.

> „Jede Schicht besteht aus vielen Personen (Familien), die irgendein erkennbares Merkmal gemeinsam haben und als Träger dieses Merkmals einen gewissen Status in der Gesellschaft und im Verhältnis zu anderen Schichten einnehmen. Der Begriff des Status umfasst Lebensstandard, Chancen und Risiken, Glücksmöglichkeiten, aber auch Privilegien und Diskriminationen, Rang und öffentliches Ansehen." (Geiger 1955, S. 186)

Die „Lagemerkmale" der sozialen Schichten verknüpfte Geiger mit den für ihre Angehörigen jeweils charakteristischen „Mentalitäten", die durch gemeinsame „geistig-seelische Dispositionen" und gleichartige Lebenserfahrungen verbunden sind. Bedeutsam war für ihn die Erkenntnis, dass die ökonomische und die kulturelle Schichtung einer Gesellschaft weit auseinander klaffen können, womit er sich in kritische Distanz zum Marx'schen Verständnis von Basis und Überbau begab (vgl. Geiger 1955/1932). Ferner belegte Geiger empirisch die Prozesse sozialer Fluktuation, also des Wechsels von Personen zwischen sozialen Schichten, und kam somit zu einer weitaus dynamischeren Konzeption sozialer Ungleichheit als Marx und Weber. Der Tatbestand sozialer Auf- und Abstiegsprozesse ist ein wesentlicher Ausgangspunkt für die heutige Erforschung von sozialer Mobilität und sozialen Wandels wie auch für die dynamische Armutsforschung, in der Lebens- bzw. Armutslagen nicht als ausschließlich ökonomisch determiniert und/oder lebenslang festgeschrieben gelten. Und der von Geiger herausgearbeitete Zusammenhang von strukturellen Bedingungen mit Werte-Orientierungen und Lebensstilen wird in der heutigen Milieuforschung wieder aktuell (vgl. hierzu Burzan 2005, S. 26ff.).

Nach dem Zweiten Weltkrieg knüpfte Geiger an seine früheren Analysen wieder an und veröffentlichte die Streitschrift „Die Klassengesellschaft im Schmelztiegel" (Geiger 1949). Damit eröffnete er eine politische und soziologische Debatte über die *wirklichen* Strukturen des Ungleichheitsgefüges in Deutschland, die bis heute nicht abgeschlossen ist.

2.3   Das Paradigma der Sozialen Differenzierung und Systemtheorien

In der westdeutschen Nachkriegssoziologie[1] wurden u. a. von Ralf Dahrendorf (1965) und Karl Martin Bolte, Dieter Kappe und Friedhelm Neidhardt (1967) zunehmend komplexe Modelle vorgelegt, in denen das soziale Ungleichheitsgefüge der westdeutschen Gesellschaft kategorial und empirisch abgebildet wurden. Die einzelnen Modelle unterscheiden sich zum einen nach der Anzahl der berücksichtigten Merkmale, durch die die sozialen Lagen von Bevölkerungsgruppen bestimmt werden sollten, zum zweiten in der Definition von Schichtungsgrenzen und zum dritten darin, wie weit zusätzlich zu vertikalen Schichtungskriterien auch horizontale Dimensionen der Ungleichheit, z. B. ethnische Zugehörigkeiten oder Werteorientierungen, berücksichtigt werden. Gemeinsam dagegen ist den entsprechenden Modellen die Abkehr von klassentheoretischen Konzepten[2] und das Festhalten am Paradigma der Differenzierung moderner Gesellschaften durch soziale Ungleichheit. Diesen Gedanken hat Dahrendorf in den 1990ern in einer Analyse der Modernisierung sozialer Konflikte weiter entwickelt. Prinzipiell betrachtet er Ungleichheit und soziale Differenzierung als funktionalen Anreiz für gesellschaftliche Entwicklung. Zugleich warnt er davor, dass auf die konfliktträchtige Klassengesellschaft des 19. und die offene Schichtungsgesellschaft des mittleren 20. Jahrhunderts nun eine Gesellschaft folgen könne, deren umfassenden „Angeboten“ keine für alle Gesellschaftsmitglieder hinlänglich einzulösenden „Anrechte“ gegenüberstünden. Mögliche neue soziale Konflikte erwachsen Dahrendorf zufolge u. a. aus (zu großen) Einkommensunterschieden, Mobilitäts- und Teilhabebeschränkungen (Dahrendorf 1992).

Auch strukturfunktionale Systemtheorien, als deren Klassiker *Talcott Parsons* (1902–1979) gilt, gehen von der zunehmenden Ausdifferenzierung in funktionale Subsysteme (z. B. Wirtschaft, Recht, Politik, Bildung, Religion u. a. m.) als Merkmal moderner Gesellschaften aus. Entscheidend ist die Frage, was die einzelnen Subsysteme für den Fortbestand der Gesellschaft insgesamt austragen. Damit beispielsweise das ökonomische Subsystem seine

---

1   Auf die Sozialstrukturen und das Ungleichheitsgefüge der DDR und die Entwicklung der ostdeutschen Soziologie kann hier nicht eingegangen werden (vgl. zum ersten exemplarisch Schäfgen 2000; zum zweiten Meyer 1995). Auch europäische und außereuropäische Theorietraditionen können kaum Beachtung finden.

2   Ende der 1960er bzw. Anfang der 1970er Jahre versuchten *neomarxistische Soziologen*, (z. B. Tjaden/Tjaden-Steinhauer 1973; Leisewitz 1977; Veröffentlichungen des Instituts für Marxistische Studien und Forschung – IMSF) nachzuweisen, dass die Marx'sche Gesellschaftsanalyse, wenn auch in modernisierter Variante, weiterhin Gültigkeit beanspruchen könne. Ausgangspunkt war weiterhin die herausragende Bedeutung der Produktionsverhältnisse für die Sozialstruktur und der ebenfalls fortbestehende Interessensgegensatz zwischen Lohnabhängigen und Unternehmern als Movens gesellschaftlicher Veränderung. Die Stellung im System der Erwerbsarbeit galt weiterhin als entscheidende Bestimmungsgröße für die Lebensbedingungen und auch für das Bewusstsein der abhängig Beschäftigten (zusammenfassend: Koch 1994). Auch wenn der Einfluss neomarxistischer Gesellschaftsanalyse beschränkt war, verdankt ihnen die Ungleichheitsforschung eine deutlichere Berücksichtigung der an Erwerbsarbeit und materielle Faktoren gekoppelten sozialen Diskriminierungen.

Funktion der Herstellung und Verteilung von Gütern erfüllen kann, ist es auf die (Erwerbs-) Leistung von Gesellschaftsmitgliedern angewiesen. Soziale Ungleichheit erscheint in dieser Perspektive als unabdingbar für den Fortbestand von Gesellschaften, da nur durch die Möglichkeit, höhere soziale Positionen zu erreichen, Leistungsanreize für diejenigen Bevölkerungsgruppen gegeben sind, die sich nicht an der Spitze der Statuspyramide befinden. Parsons' Auffassung, der zu Folge Gesellschaften eine Art Belohnungssystem dafür ausprägen müssen, dass bestimmte Leistungen von Personen und Personengruppen erbracht werden (vgl. Parsons 1973), findet sich in vielen aktuellen politischen Diskursen als Argument wieder. In der strukturfunktionalen Perspektive werden soziale Schichtung und Ungleichheit durch ihre funktionale Bedeutung für den Fortbestand des Gesellschaftssystems legitimiert.

Auch der Systemtheoretiker *Niklas Luhmann* (1927–1998) knüpfte an die Analyse der Ausdifferenzierung sozialer Systeme in modernen Gesellschaften an. Dabei ging er aber nicht von der Funktionalität der jeweiligen Subsysteme für die Gesellschaft insgesamt aus, sondern betonte die Eigenlogik der gesellschaftlichen Teilsysteme. Grundlage dieser Auffassung war die Übertragung der biologischen Theorie der *„autopoietischen Systeme"* des chilenischen Neurobiologen Humberto Maturana auf das Verständnis menschlicher Gesellschaften, der zufolge alle Systeme auf Selbsterhaltung ausgerichtet sind und interne Zugehörigkeits-Logiken ausprägen.

Soziale Ungleichheit, Armut und Ausgrenzung erscheinen in dieser Sicht vor allem bei Luhmann in erster Linie als theoretische Herausforderung, denn im Konzept der autopoietischen sozialen Systeme gibt es keinen logischen Ort für Mechanismen der Ausgrenzung, die sich auf der Ebene einer empirisch gegebenen Gesellschaft vollziehen. Luhmann geht es also weniger um historisch konkrete Schichtungsgefüge und/oder die Analyse existierender sozialer Ungleichheiten sowie deren normativen Bewertungen, sondern vielmehr um die theoretische Bestimmung der logischen Voraussetzungen, unter denen Ausgrenzungsmechanismen entstehen können bzw. die Subsysteme ihre Funktionen erfüllen oder nicht erfüllen (vgl. Luhmann 1997). Folgerichtig kommt Luhmann zu der Auffassung, dass es keine radikale soziale Ausgrenzung bzw. Exklusion von Personen in der modernen Gesellschaft geben könne. Denn zum einen seien alle Personen in verschiedene Teilsysteme inkludiert, und die Exklusion aus einem der Systeme (beispielsweise dem ökonomischen) zwangsläufig zur Inklusion in ein anderes (beispielsweise dem sozialpolitischen) führe. Zum anderen könne und solle es aber auch gar nicht darum gehen, als „ganze Person" in das „ganze System" inkludiert zu sein – denn gerade die immer nur partielle Inklusion sei gleichbedeutend mit einem Zuwachs an Freiheit für die Einzelnen (vgl. Luhmann 1995). Inklusion bzw. Exklusion erscheinen also als binnengesteuerte Mechanismen abstrakter (Sub-)Systeme. Damit werden soziale, normen- und machtgetragene Ausgrenzungsprozesse negiert, mit der Folge, dass der jeweilige gesellschaftliche Status quo – theoretisch – jeder Notwendigkeit einer interessegeleiteten Veränderung entzogen wird.

3   Lebenslagen und Milieus

3.1   Gemeinsamkeiten und Unterschiede von Schichtungs- und Lebenslagen-Konzepten

Die oben vorgestellten Schichtungstheorien beruhen auf einigen gemeinsamen Grundannahmen, die seit den 1980er Jahren zunehmend infrage gestellt worden sind. Sie alle unterstellen – erstens – den Normalfall der Status-Konsistenz. Demzufolge weist eine Person in allen Dimensionen sozialer Ungleichheit jeweils gleich hohe bzw. gleich niedrige Ausprägungen auf – wer also einen hohen Bildungsabschluss hat, übt einen angesehenen Beruf aus und verdient gut. Empirisch beobachtbar sind aber schon seit Jahrzehnten zunehmende Status-Inkonsistenzen, also uneinheitliche Ausprägungen der verschiedenen Statusdimensionen. Sie hängen mit Veränderungen im System der Erwerbsarbeit, mit der seit den 1960er Jahren stattgefundenen Bildungsexpansion und mit veränderten Biografieverläufen zusammen. Höhere Bildungsabschlüsse eröffnen nicht mehr ohne weiteres den Weg zu adäquaten beruflichen Positionen, und einmal eingenommene berufliche Positionen bleiben nicht selbstverständlich erhalten. Sie können durch biografische Ereignisse (z. B. Elternschaft, Scheidung), durch das Erreichen bestimmter Lebensphasen (z. B. Ruhestand, Vorruhestand) und vor allem durch die Verwerfungen am Arbeitsmarkt immer wieder gefährdet werden. Im Ergebnis kann eine Erwerbsbiografie nicht mehr als kontinuierlicher Verlauf unterstellt werden.

Herkömmliche Schichtungstheorien gehen – zweitens – nicht von der Stellung des einzelnen in der Berufs- und Einkommenshierarchie aus, sondern, wenn auch meistens unausgesprochen, von der Existenz der *Normalfamilie*. Der Status nichterwerbstätiger Haushaltsmitglieder wird vom Status des erwerbstätigen Haushaltsvorstandes abgeleitet. Dabei wird häufig unterstellt, dass dieser männlich ist und im Vergleich zur Ehefrau über das höhere Ausbildungsniveau und Einkommen verfügt. Als kleinste Einheit sozialer Schichtung erscheint dann nicht das Individuum, sondern die Familie. Doch auch diese Annahme entspricht zunehmend weniger der Lebenswirklichkeit großer Teile der Bevölkerung, und auch die arbeitsmarkt- und sozialpolitischen Rahmungen von Lebensformen modifizieren schon lange das klassische Ernährermodell.

Drittens unterstellen die meisten Schichtmodelle, dass der einmal erworbene Status ebenso dauerhaft ist wie die damit verbundene soziale Schichtzugehörigkeit. Wo es zu Auf- oder Abstiegsprozessen (*sozialer Mobilität*) kommt, wird angenommen, dass diese Prozesse sich kontinuierlich und in gleich bleibender Richtung abspielen. In der gegenwärtigen Gesellschaft sind Wechsel des sozialen Status', wie bereits erwähnt, aber häufig an bestimmte Lebensphasen und Lebensereignisse geknüpft und können deshalb die Richtung wechseln. Wichtig für das soziale Prestige, für das Selbstwertgefühl und für die weiteren biografischen Chancen eines Individuums ist deshalb nicht nur der zu einem bestimmten Zeitpunkt bestehende *soziale Status*, sondern auch seine Ursache. So macht es für das Selbstbild und die Handlungsstrategien der von Armut Betroffenen einen entscheidenden Unterschied aus, ob es sich um *vorübergehende Armut* (etwa nach Abschluss eines Studiums oder auch nach einer Scheidung) handelt oder um *dauerhafte Armut* (zum Beispiel eines beruflich nicht qualifizierten Langzeit-Arbeitslosen) (vgl. Kutzner 2016).

Zu dieser Diskussion – und der weitgehenden Ablösung der Schichtenmodelle durch *Lebenslagen- und Milieukonzepte* – resümierte *Stefan Hradil* bereits zu Beginn der 1990er Jahre, dass zwar die Berufshierarchie nach wie vor den Kern des sozialen Schichtungsgefüges darstellt, zunehmend aber auch außerberufliche und außerökonomische Determinanten beachtet werden müssen (vgl. Hradil 1992).

Dieser Auffassung kommt das Konzept der „Lebenslage" wesentlich näher als die verschiedenen Klassen- und Schichtungsmodelle. Zwar wurde der Begriff *Lebenslage* schon in den 1950er Jahren von *Gerhard Weisser* (1898–1989) in die wissenschaftliche Diskussion eingeführt und lässt sich zurückverfolgen bis zu den marxistischen wie bürgerlichen Klassikern (vgl. Glatzer und Hübinger 1990, S. 34ff.), aber erst in den 1980er Jahren erfuhr er eine gewisse Konjunktur. Neben klassischen vertikalen Schichtungskriterien – Bildung, Beruf, Einkommen – werden horizontale Kriterien – z. B. Alter, Geschlecht, Gesundheit, u. a. m. – berücksichtigt. Der Begriff der *sozialen Lage* bzw. *Lebenslage* ermöglicht es ferner, auch Status-Inkonsistenzen und individuelle Biografieverläufe zu berücksichtigen. Entscheidender Unterschied zu Klassen- und Schichtungstheorien ist aber vor allem das mit dem Lebenslagen-Konzept verbundene Erkenntnisinteresse: Nicht das soziale Ungleichheitsgefüges in einer Gesellschaft insgesamt steht im Mittelpunkt der Analyse, sondern die *Spielräume* bzw. *Handlungs-Gesamtchancen* von Menschen in ihren jeweiligen Lebenslagen. So wird ein umfassender Blick auf die *Lebenslage Armut* eröffnet: Ihre materiellen wie immateriellen Dimensionen werden in die Analyse ebenso einbezogen wie die rechtlichen Bedingungen, die zu ihrer Verfestigung oder Überwindung beitragen, z. B. das Asylbewerberleistungsgesetz, die Hartz-IV-Gesetze etc.). Ebenso kommen die subjektiven Voraussetzungen und Chancen für die Bewältigung prekärer Lebenslagen in den Blick (z. B. soziale Netzwerke, Resilienz).

Als Lebenslage bzw. soziale Lage kann somit eine zwar längerfristig andauernde, aber nicht festgeschriebene Lebenssituation von Personen oder Gruppen gekennzeichnet werden, die sowohl sozialstrukturelle als auch subjektive Dimensionen umfasst (vgl. Mogge-Grotjahn 2011, S. 164). Die Übergänge zu *Milieu- und Lebensstilmodellen* sind fließend. In ihnen kommen vor allem kultursoziologische Dimensionen zum Tragen. Allerdings bleibt weitgehend offen, wie sich die sozialstrukturellen Ungleichheitsmerkmale mit den kulturellen Mustern, z. B. Werte-Orientierungen, Freizeit- und Konsum-Präferenzen, Lebensstilen oder Mustern der Lebensführung verbinden – eine Fragestellung, die gerade für die Exklusions-Forschung von zentraler Bedeutung ist. Die sog. *Lebensstilforschung* hat seit den 1980er Jahren viele empirische Erkenntnisse über die Wechselwirkungen von materiellen und kulturellen, sozialen und persönlichen Ressourcen für die Ausgestaltung des Alltags und die persönliche Identität geliefert (vgl. Alleweldt u. a. 2016).

2.4 Überwindung des Gegensatzes von Strukturalismus und Kulturalismus: Pierre Bourdieus Klassentheorie

Eine Verbindung der Lebensstil- und Milieuforschung mit ökonomisch basierten Ungleichheitstheorien findet sich bei *Pierre Bourdieu* (1930–2002). Anders als Karl Marx ging Bourdieu davon aus, dass es neben dem ökonomischen Kapital auch weitere Kapitalsorten gibt, nämlich soziales, kulturelles und symbolisches Kapital (vgl. Bourdieu 1992, S. 52ff.). Während ökonomisches Kapital aus Besitz, Vermögen, Einkommen und Eigentumsrechten besteht, umfasst das soziale Kapital alle Ressourcen, die auf der Zugehörigkeit zu bestimmten Gruppen bzw. zu dauerhaften sozialen Netzen beruhen. Kulturelles Kapital wiederum kann in Form des Besitzes von kulturellen Gütern objektiviert oder in Form von Bildungsabschlüssen institutionalisiert oder in Form von dauerhaften Handlungsdispositionen inkorporiert sein. Das symbolische Kapital schließlich besteht in den Chancen, soziale Anerkennung und Prestige zu gewinnen und die Verfügung über die anderen Kapitalsorten als legitim darzustellen; insofern ist es eine Voraussetzung für deren Wirksamkeit. Bourdieu zeichnet detailliert nach, dass und wie die verschiedenen Kapitalsorten ineinander transformiert werden können. Dabei bezieht er eine zeitliche Dimension mit ein, sodass erkennbar wird, ob Personen oder Gruppen sich zu einem bestimmten Zeitpunkt eher auf einer absteigenden oder einer aufsteigenden sozialen Laufbahn befinden.

Die Kapitalsorten werden in verschiedenen Feldern der Gesellschaft wirksam, die sich historisch immer weiter ausdifferenziert haben. Hierin ist eine gewisse Anschlussfähigkeit an die Theorie der funktionalen Differenzierung moderner Gesellschaften erkennbar. In der Kombination von „Feld- und Kapital"-Analysen entsteht Bourdieus Modell von Klassen und Klassenfraktionen. Die Klassenlagen wiederum bestimmen den Habitus der Individuen, der sich in ähnlichen Arbeitserfahrungen, Konsumgewohnheiten, Lebensperspektiven und -stilen, letztlich in den „feinen Unterschieden" (vgl. Bourdieu 1982) manifestiert und zur Perpetuierung der sozialen Ungleichheit führt.

Mit dem Habitus-Begriff greift Bourdieu auf *Norbert Elias* (1897–1990) zurück. Dieser hatte für die Geschichte der westeuropäischen Gesellschaft die Wechselwirkungen zwischen *Soziogenese* und *Psychogenese* nachgezeichnet und heraus gearbeitet, dass in „zivilisierten" Gesellschaften der Persönlichkeitstypus des rational kontrollierten, auf Autonomie bedachten Individuums entsteht (Elias 1976). Diese Auffassung ist anschlussfähig an Max Webers Analyse der „neuen Hörigkeit" im bürokratischen Gehäuse (Weber 1980, S. 232).

Bourdieu dagegen ging es in erster Linie um die Verknüpfung der ökonomischen Klassenposition von Menschen mit ihren inkorporierten Verhaltensweisen, kulturellen und politischen Präferenzen. Insofern ist der Habitus nach Bourdieu weniger ein allgemeines Persönlichkeitsmuster als vielmehr *das* Mittel zur sozialen Distinktion innerhalb von Gesellschaften und damit zur Aufrechterhaltung von Herrschaftsbeziehungen. Die Bourdieu'sche Theorie eröffnet so einen Ausweg aus der immer wieder geführten Kontroverse darum, ob für die Aufrechterhaltung und Verfestigung sozialer Ungleichheiten in erster Linie strukturelle und ökonomische oder aber kulturelle und persönlichkeitsgebundene Faktoren ursächlich sind. Bourdieu eröffnet den Zugang zu einem Verständnis von Armut als komplexer Lebenslage, in der die verschiedenen Kapitalarten unterschiedlich kombiniert sein und sich im Lebensverlauf Kumulations- oder auch Kompensationseffekte ergeben können. Armut als Lebenslage ist zum einen durch Mangel vor allem an ökonomischem Kapital gekennzeichnet, zum anderen aber auch durch einen Mangel an kulturellem und symbolischem Kapital, der wiederum mit dem Habitus korrespondiert. Vorhandenes soziales Kapital kann zur Überwindung der Armutslage beitragen, fehlendes soziales Kapital dagegen die Armut weiter verfestigen.

3   Intersektionalität, Prekariat und Exklusion

3.1   Das Konzept der Intersektionalität

Auch wenn das Konzept der Intersektionalität nicht explizit an die klassischen mehrdimensionalen Modelle von sozialer Schichtung und Ungleichheit anknüpft, weist es doch eine deutliche Verwandtschaft mit ihnen auf. Der Begriff der Intersektionalität wurde in den 1960er Jahren von US-amerikanischen schwarzen Feministinnen als Kritik an den bürgerlichen, weißen, westeuropäischen und überwiegend heterosexuellen, in der Zweiten Frauenbewegung engagierten Frauen entwickelt. Ihnen wurde vorgeworfen, dass sie ausschließlich ihre eigenen Diskriminierungserfahrungen in den Mittelpunkt feministischer Analysen stellten, ohne die spezifischen Diskriminierungen von Frauen unterschiedlicher Hautfarbe, Frauen mit Behinderungen, aber auch von lesbischen Frauen und Frauen in Armutslagen zu berücksichtigen (vgl. Mogge-Grotjahn 2016). Zunächst fragte also die Intersektionalitätsforschung danach, in welchem Verhältnis und welchen Wechselbeziehungen die soziale Kategorie Geschlecht mit anderen Kategorien steht. Die Analyse öffnete sich dann aber für die Vielschichtigkeit und Gleichzeitigkeit unterschiedlicher Diskriminierungs-Dimensionen und Exklusions-Mechanismen. Über die Geschlechtszugehörigkeit hinaus wurden auch andere Strukturkategorien – also Kategorien, die sich auf zentrale gesellschaftliche Funktionsbereiche beziehen – für die „Auseinandersetzung mit Macht- und Herrschaftsverhältnissen nutzbar" gemacht (Windisch 2014, S. 45). In den Mittelpunkt des Interesses rückte die Frage, wie Positionen im Ungleichheitsgefüge, die auf dem Zugang zu Kapital, Erwerbsarbeit, Bildung, (sozial-)staatlichen Leistungen und Macht beruhen, mit der sozialen Herkunft und persönlichen Merkmalen der Einzelnen verknüpft sind.

Mit dieser Frage kommt Bourdieu's Konzept des Habitus wieder in den Blick. Denn Menschen, die sich in ähnlichen sozialen Positionen befinden und ähnliche persönliche Merkmale aufweisen, also den gleichen sozialen Feldern angehören, bilden einen gemeinsamen Habitus aus, der sich in Sprachstilen, Identitätskonzepten, Lebensentwürfen, ästhetischen Präferenzen, Verhaltensstandards und Körperpraktiken ausdrückt. Auf diese Weise verkörpern sie ihre soziale Position und bringen das vorhandene Ungleichheitsgefüge immer wieder unbewusst hervor. In Analogie zum Begriff des *Doing Gender*, der darauf verweist, dass Geschlecht nicht als ein feststehendes Merkmal, sondern als eine immer wieder durch die Subjekte aktiv hervorgebrachte soziale Wirklichkeit zu verstehen ist, kann man diese Prozesse als *Doing Inequality* bezeichnen (vgl. Mogge-Grotjahn 2015, S. 143f.).

In intersektionalen Analysen geht es also nicht um das Addieren von Benachteiligungen oder Privilegierungen, sondern der Fokus wird „auf das *gleichzeitige* Zusammenwirken von sozialen Kategorien bzw. sozialen Ungleichheiten gelegt. Es geht demnach nicht allein um die Berücksichtigung mehrerer sozialer Kategorien, sondern ebenfalls um die Analyse ihrer *Wechselwirkungen*" (Walgenbach 2014, S. 54f. – Hervorh. im Original). Beispielsweise ist eine ‚deutsche Frau mit Behinderung' privilegierter als eine ‚Frau türkischer Herkunft mit Behinderung', obwohl beide die Diskriminierungsmerkmale *weiblich* und *behindert* teilen und beide ein erhöhtes Armutsrisiko tragen.

3.2 Prekariat und Exklusion

Seit der zweiten Hälfte der 1980er Jahre hat eine Deregulierung von Beschäftigungsverhältnissen stattgefunden, in deren Folge atypische, also vom lange Zeit als Normalarbeitsverhältnis betrachteten unbefristeten Vollzeittätigkeiten abweichende Arbeitsverträge deutlich zugenommen haben. Durch das Zusammenspiel von aktivierender Arbeitsmarktpolitik und weit reichenden Reformen des Leistungsrechts und der Sozialgesetzgebung, vor allem der Neuregelung der Grundsicherungsleistungen im Jahr 2005, werden zunehmend viele Erwerbstätige mit Niedriglohn, flexibilisierten Arbeitsverhältnissen und wiederkehrenden Armutsrisiken konfrontiert. Hinzu kommt die in Deutschland besonders ausgeprägte Problematik der mangelnden Vereinbarkeit von Erwerbstätigkeit mit sorgenden Tätigkeiten wie Kindererziehung oder häuslicher Pflege.

Die Bilanz der arbeitsmarkt- und sozialpolitischen Veränderungsprozesse ist durchaus zweischneidig: Einerseits sind Erwerbstätigkeit und sozialversicherungspflichtige Beschäftigung seit Jahren deutlich angestiegen, andererseits bedeuten sie für eine Vielzahl von Beschäftigten verschlechterte Arbeitsbedingungen durch Niedriglohn, Befristung und Leiharbeit, und die Lage der Langzeitarbeitslosen hat sich verhärtet (vgl. Bauer et al 2015, S. 11ff.). Prekäre Beschäftigung, Erwerbslosigkeit und Armut sind somit in ehedem weitgehend geschützte Segmente der Erwerbsbevölkerung vorgedrungen und nicht nur an Qualifikationsmerkmale, sondern auch an bestimmte biografische Phasen, Lebensformen und subjektive Merkmale gebunden. Bauer et al. (2015, S. 10) formulieren pointiert, dass sich zwar die allgemeine Arbeitsmarktsituation verbessert habe, der „Preis für die Erfolge" aber überwiegend „am Rande der Erwerbsgesellschaft" bezahlt werde.

Mit den Diskussionen über die Prekarisierung von Lebenslagen ist eine gewisse Konfliktorientierung in den soziologischen wie auch den öffentlich-politischen Diskurs zurückgekehrt. Es begann eine neuerliche Auseinandersetzung darüber, unter welchen Voraussetzungen das „*soziale Bewusstsein*" Bestand haben kann, und ob die Integrationskraft der Gesellschaft möglicherweise überschätzt werde (vgl. Burzan et al 2015; Huster 2016). In der Frage der sozialen Ausgrenzung bzw. Exklusion bündelt sich

„das Bewusstsein einer tiefgreifenden gesellschaftlichen Änderung (...). Im Begriff der Exklusion finden sich die Ängste beträchtlicher Teile der Bevölkerung wieder, die sich in ihrer eigenen sozialen Position gefährdet sehen. Der Exklusionsbegriff eignet sich aber auch zur Benennung und Sortierung der wachsenden Probleme, mit denen die sozialstaatlichen Bürokratien konfrontiert und durch die sie zunehmend überfordert sind. Vor allem aber gibt er der Politik eine bestimmte Richtung vor: die ‚Eingliederung‘ (...) von ‚Problemgruppen‘." (Kronauer 2002, S. 9ff.)

In der Exklusionsdebatte wird auch auf den Underclass-Begriff zurückgegriffen. Dieser impliziert deutlicher als der Exklusionsbegriff die Vorstellung eines gesellschaftlichen Außen und bezieht sehr stark die räumliche Dimension, also die Problematik der Segregation von Wohngebieten und ganzen Regionen, in die Analyse mit ein (zur Geschichte und aktuellen Bedeutung des Underclass-Begriffs vgl. Kronauer 2002, S. 52ff.). Anders als noch in den 1960er Jahren wird mit Underclass eine Verhaltenszuschreibung verbunden, d. h. die Nutzlosen reproduzieren sich immer wieder selbst, was dann den radikalen Abbau von sozialen Unterstützungsleistungen legitimiert. Während Bourdieu's Habitus-Begriff ein analytischer Begriff ist, schwingen im Underclass- und auch im Prekariats-Begriff deutliche moralische Bewertungen mit. In einer solchermaßen verengten Verhaltens- oder Kultur-Perspektive entschwinden die ökonomischen und strukturellen Verursachungsmechanismen sozialer Ungleichheit aus dem Blick. Zugleich wird suggeriert, es gäbe Personen oder Gruppen, die gewissermaßen außerhalb der Gesellschaft stünden.

Hier lohnt sich nochmals ein Rückgriff auf Georg Simmel, der auf die unauflösbare Verbindung aller Individuen mit, besser: zu ihrer jeweiligen Gesellschaft hingewiesen und dies gerade am Beispiel ihrer „Außenseiter", der „Fremden" und „Armen", verdeutlicht hat:

„(...), dass die ganze, materiell veranlasste Besonderheit des unterstützten Armen, die einerseits sein individuelles Befinden zum äußeren Zielpunkt der Hilfsaktion macht, andererseits ihn den Gesamtabsichten des Staates als ein rechtloses Objekt und zu formenden Stoff gegenüberstellt – dass diese durchaus nicht seine gliedmäßige Zugehörigkeit zu der Staatseinheit verhindert (...) oder richtiger: mit ihnen ordnet er sich organisch in den Zusammenhang des Ganzen ein, gehört als Armer zu der historischen Wirklichkeit der Gesellschaft, die in ihm und über ihm lebt (...). So ist der Arme zwar gewissermaßen außerhalb der Gruppe gestellt, aber dieses Außerhalb ist nur eine besondere Art der Wechselwirkung mit ihr (...)." (Simmel 1923, S. 352f.)

Mit seiner Bestimmung der Gleichzeitigkeit des „Drinnen und Draußen" nahm Simmel die heutige Problematik des sozialen Ausschlusses vorweg. Denn heute wie zu Simmels Zeiten bedeutet „Draußen" bzw. „Exklusion" zwar den Ausschluss von materiellen, sozialen und kulturellen Teilhabechancen, aber durchaus nicht den Ausschluss oder auch nur das Sich-Verabschieden-Können aus der Gesellschaft. Gerade die Personengruppen, die auf Unterstützung bei der Bewältigung ihrer prekären Lebenslage angewiesen sind, können sich den bürokratisierten Abläufen und rechtlichen Regelungen des Wohlfahrtsstaates nicht entziehen. Hier gibt es zwar eine abstrakte Anschlussfähigkeit an Luhmanns

Systemtheorie, doch betrachtet Luhmann die unentrinnbare Teil-Inklusion von Personen keineswegs kritisch.

4   Ausblick: Inklusion und Menschenrechte

Zu den normativen Grundlagen moderner Gesellschaft gehört zwar nicht die Abschaffung sozialer Ungleichheiten, wohl aber die Maxime der Chancengleichheit: Grundsätzlich sollen alle Menschen den gleichen Zugang zu Bildung, Einkommen, Teilhabe und Einfluss haben. Darüber, welches Ausmaß an subjektiv nicht realisierten oder aber strukturell verweigerten Chancen gesellschaftlich als wünschenswert, legitim oder aber kritikwürdig betrachtet werden soll, gibt es erhebliche Kontroversen zwischen den Akteuren in Politik und Zivilgesellschaft. Die im Zusammenhang von Prekarisierung und neuen Armutslagen, von Migration und (Flüchtlings-)Zuwanderung aktualisierten Diskurse über soziale Inklusion sowie die auf die UN-Behindertenrechtskonvention fokussierte Inklusions-Debatte hat die Aufmerksamkeit für soziale (Un-)Gerechtigkeit und für die Frage nach der Integrationskraft moderner Gesellschaften neu geschärft.

Personengruppen, die bestimmte ungleichheitsrelevante Merkmale aufweisen – beispielsweise über wenig Bildung verfügen, einen Migrationshintergrund haben, auf verschiedenste Weise behindert oder beeinträchtigt sind – sind in der Regel in mehr als einer Hinsicht von Exklusion bedroht. Sie verfügen einerseits über schwächere materielle Ressourcen, andererseits über weniger Teilhabe- und Partizipationsmöglichkeiten. Ihr sozialer Ausschluss zeigt sich sowohl im Sinne eines *Unten und Nicht-Habens*, als auch im Sinne eines *Draußen und Nicht-Dazugehörens*.

Eine gemeinsame normative Grundlage und ein gemeinsamer Begründungszusammenhang für politische Handlungsstrategien ergeben sich für die unterschiedlichen Inklusions-Diskurse und die vom Konzept der Intersektionalität inspirierten empirischen und theoretischen Forschungsbeiträge aus dem Rekurs auf die Menschenrechte. Die Menschenrechtsperspektive fordert dazu heraus, eine inhaltliche und qualitative Bestimmung dessen zu versuchen, was denn ein menschenwürdiges und somit gutes Leben sei. Erst aus einer solchen Bestimmung heraus kann es eine sinnvolle Inklusions-Strategie geben. Denn die reine Forderung nach Inklusion in bestehende Gesellschaften vergibt das gesellschaftskritische Potenzial, das Movens der vielen sozialen Bewegungen, die erst zu einer intersektional orientierten Theorie und Politik geführt haben, und läuft Gefahr, den jeweiligen gesellschaftlichen Status Quo zu rechtfertigen oder zumindest zu akzeptieren.

Literatur

Alleweldt, Erika, A. Röcke und J. Steinbicker, Hrsg. 2016. *Lebensführung heute. Klasse, Bildung, Individualität*. Weinheim und Basel: Beltz Juventa.

Bauer, Frank, F. Erhard und K. Sammet. 2016. Einleitung: Lebenslagen am Rande der Erwerbsgesellschaft. In *Lebenslagen am Rande der Erwerbsgesellschaft*, Hrsg. K. Sammet, F. Bauer und F. Erhard, 9-24. Weinheim und Basel: Beltz Juventa.

Berger, Peter und St. Hradil, Hrsg. 1990. *Lebenslagen, Lebensläufe, Lebensstile. Soziale Welt Sonderband 7*. Göttingen: Schwartz & Co.

Bolte, Karl Martin, Hrsg. 1967. *Deutsche Gesellschaft im Wandel*. Opladen: C.W. Leske.

Bolte, Karl Martin, F. Neidhardt und D. Kappe. 1967. Soziale Schichtung in der Bundesrepublik Deutschland. In *Deutsche Gesellschaft im Wandel*, Hrsg. K. M. Bolte, 233-351. Opladen: C.W. Leske.

Bourdieu, Pierre. 1982. *Die feinen Unterschiede. Kritik der gesellschaftlichen Urteilskraft*. Frankfurt a. M.: Suhrkamp.

Bourdieu, Pierre. 1992. *Die verborgenen Mechanismen der Macht. Schriften zur Politik und Kultur*. Hamburg: VSA.

Bremer, Helmut und A. Lange-Vester, Andrea, Hrsg. 2006. *Soziale Milieus und Wandel der Sozialstruktur*. Wiesbaden: VS Verlag für Sozialwissenschaften.

Burzan, Nicole. 2005. *Soziale Ungleichheit. Eine Einführung in die zentralen Theorien. Hagener Studientexte zur Soziologie*, 2. Aufl. Wiesbaden: VS Verlag für Sozialwissenschaften.

Burzan, Nicole, S. Kohrs und I. Küsters. 2015. *Die Mitte der Gesellschaft: Sicherer als erwartet?* Weinheim und Basel: Beltz Juventa.

Dahrendorf, Ralf. 1965. *Gesellschaft und Demokratie in Deutschland*. München: Piper.

Dahrendorf, Ralf. 1992. *Der moderne soziale Konflikt. Essay zur Politik der Freiheit*. Stuttgart: Reclam.

Döring, Diether, W. Hanesch und E.-U. Huster, Hrsg. 1990. *Armut und Wohlstand*. Frankfurt a. M.: Suhrkamp.

Elias, Norbert. 1976. *Über den Prozess der Zivilisation*. 2 Bände. Frankfurt a. M.: Suhrkamp.

Geiger, Theodor. 1949. *Die Klassengesellschaft im Schmelztiegel*. Köln, Hagen: Verlag Gustav Kiepenheuer.

Geiger, Theodor. 1955. Theorie der sozialen Schichtung. In *Arbeiten zur Soziologie*, Hrsg. von Paul Trappe, 186-205, Erstausgabe 1932. Stuttgart: Enke. Neuwied, Berlin: Luchterhand.

Geißler, Rainer. 2006. *Die Sozialstruktur Deutschlands, Zur gesellschaftlichen Entwicklung mit einer Bilanz zur Vereinigung*. 4. Aufl. Wiesbaden: VS Verlag für Sozialwissenschaften.

Glatzer, Wolfgang und W. Hübinger. 1990. Lebenslagen und Armut. In *Armut im Wohlstand*, Hrsg. D. Döring, W. Hanesch und E.-U. Huster, 31-55. Frankfurt a. M.: Suhrkamp

Hradil, Stefan, Hrsg. 1992. *Zwischen Bewusstsein und Sein*. Opladen: Leske+Budrich.

Hradil, Stefan. 1992. Alte Begriffe und neue Strukturen. Die Milieu-, Subkultur- und Lebensstilforschung der 80er Jahre. In *Zwischen Bewusstsein und Sein*, Hrsg. S. Hradil, 15-55. Opladen: Leske+Budrich.

Hradil, Stefan. 2010. Der deutsche Armutsdiskurs. *Aus Politik und Zeitgeschichte*, Heft 51-52/2010: 3-8.

Huster, Ernst-Ulrich. 2016. *Soziale Kälte. Rückkehr zum Wolfsrudel?* Stuttgart: Alfred Kröner Verlag.

Kreckel, Reinhard. 1990. Klassenbegriff und Ungleichheitsforschung. In *Lebenslagen, Lebensläufe, Lebensstile. Soziale Welt Sonderband 7*, Hrsg. P. Berger und St. Hradil, 51-79. Göttingen: Schwartz & Co.

Kronauer, Martin. 1998. Soziale Ungleichheit und funktionale Differenzierung. Wiederaufnahme einer Diskussion. *SOFI-Mitteilungen* Nr. 26/1998: 117-126.

Kronauer, Martin. 2002. *Exklusion. Die Gefährdung des Sozialen im hoch entwickelten Kapitalismus*, 2. akt. und erw. Aufl. 2010. Frankfurt a. M.: Campus

Kutzner, Stefan. 2016. Habitus und Armutsbewältigung. Subjekttheoretische Überlegungen auf der Basis dreier Fallstudien. In *Lebenslagen am Rande der Erwerbsgesellschaft*, Hrsg. K. Sammet, F. Bauer und F. Erhard, 110 -129. Weinheim und Basel: Beltz Juventa.

Luhmann, Niklas. 1995. Inklusion und Exklusion. *Soziologische Aufklärung* 6: 237-264. Opladen: Westdeutscher Verlag.

Machart, Oliver, Hrsg. 2013. *Facetten der Prekarisierungsgesellschaft. Prekäre Verhältnisse. Sozialwissenschaftliche Perspektiven auf die Prekarisierung von Arbeit und Leben*. Bielefeld: transcript.

Marx, Karl und F. Engels. 1848. Manifest der Kommunistischen Partei. In *Ausgewählte Schriften, Bd. 1*, Hrsg. K. Marx und F. Engels, 17-57. Berlin 1974: Dietz-Verlag.

Marx, Karl. 1853. Der achtzehnte Brumaire des Louis Bonaparte. In *Ausgewählte Schriften, Bd. 1*, Hrsg. K. Marx und F. Engels, 222-316. Berlin 1974: Dietz Verlag.

Mogge-Grotjahn, Hildegard. 2011. *Soziologie, Eine Einführung für soziale Berufe*, 4. Aufl. Freiburg: Lambertus.

Mogge-Grotjahn, Hildegard. 2015. Körper, Sexualität und Gender. In *Der Körper als Ressource in der Sozialen Arbeit. Grundlegungen zur Selbstwirksamkeitserfahrung und Persönlichkeitsbildung*, Hrsg. M. Wendler und E.-U. Huster, 141-156. Wiesbaden: Springer VS.

Mogge-Grotjahn, Hildegard. 2016. Intersektionalität: theoretische Perspektiven und konzeptionelle Schlussfolgerungen. In *Menschenrecht Inklusion. 10 Jahre UN.-Behindertenrechtskonvention. Bestandsaufnahme und Perspektiven zur Umsetzung in sozialen Diensten und diakonischen Handlungsfeldern*, Hrsg. T. Degener, K. Eberl, S. Graumann, O. Maas und G. K. Schäfer, 140-156. Neukirchen: Vandenhoek und Ruprecht.

Nassehi, Armin. 2011. *Soziologie. Zehn einführende Vorlesungen*, 2. Aufl. Wiesbaden: VS Verlag für Sozialwissenschaften.

Parsons, Talcott. 1973. *Beiträge zur soziologischen Theorie*. 3. Aufl. Darmstadt, Neuwied: Luchterhand.

Sammet, Kornelia, F. Bauer und F. Erhard, Hrsg. 2016. *Lebenslagen am Rande der Erwerbsgesellschaft*. Weinheim und Basel: Beltz Juventa.

Schimank, Uwe. 2007. Ökologische Gefährdungen, Anspruchsinflationen und Exklusionsverkettungen – Niklas Luhmanns Beobachtung der Folgeprobleme funktionaler Differenzierung. In *Soziologische Gegenwartsdiagnosen I. Eine Bestandsaufnahme*, 2. Aufl., Hrsg. U. Schimank und U. Volkmann, 125-142. Wiesbaden: VS Verlag für Sozialwissenschaften.

Schimank, Uwe und U. Volkmann, Hrsg. 2007. *Soziologische Gegenwartsdiagnosen I. Eine Bestandsaufnahme*, 2. Aufl. Wiesbaden: VS Verlag für Sozialwissenschaften.

Schwinn, Thomas. 1998. Soziale Ungleichheit und funktionale Differenzierung. Wiederaufnahme einer Diskussion. *Zeitschrift für Soziologie*, Jg. 27, Heft 1, Februar 1998: 3-17.

Simmel, Georg. 1923. *Soziologie. Untersuchungen über die Formen der Vergesellschaftung, Erstausgabe Leipzig 1908*, 3. Aufl. Berlin: Duncker & Humblot.

de Swaan, Abram. 1993. *Der sorgende Staat. Wohlfahrt, Gesundheit und Bildung in Europa und den USA der Neuzeitt*. Frankfurt a. M., New York: Campus.

Vester, Michael, P. v. Oertzen, H. Geiling, Th. Hermann und D. Müller. 1993. *Soziale Milieus im gesellschaftlichen Strukturwandel. Zwischen Integration und Ausgrenzung*, (vollständig überarb. Aufl. 2001, Frankfurt a. M.: Suhrkamp). Köln.

Voelker, Susanne und M. Amacker- 2015. Prekarisierungen. Arbeit, Sorge und Politik. Einleitung. In *Prekarisierungen. Arbeit, Sorge und Politik*, Hrsg. S. Voelkler und M. Amacker, 7-25. Weinheim, Basel: Beltz Juventa.

Walgenbach, Katharina. 2014. *Heterogenität – Intersektionalität – Diversity in der Erziehungswissenschaft*. 2. Aufl. Opladen, Toronto: Barbara Budrich.

Weber, Max. 1980. *Wirtschaft und Gesellschaft. Grundriss der verstehenden Soziologie*, (erstmals 1922), 5. revidierte Aufl. Tübingen: J.C.B. Mohr.

Weber, Max. 1980. *Gesammelte Politische Schriften, erstmals 1921*. Tübingen: J.C.B. Mohr.

Ungleichheit und Armut als Movens von Wachstum und Wohlstand?

Dieter Eißel

Zusammenfassung

Die ökonomische Theorie diskutiert den Zusammenhang zwischen Ungleichheit oder Armut einerseits und wirtschaftlichem Wachstum sowie Wohlstand andererseits. Wichtige Theoretiker in diesem Zusammenhang sind insbesondere: Adam Smith, John Stuart Mill, Milton Friedman, Friedrich August von Hayek, John Maynard Keynes, John Rawls, Amartya Sen.

Es lassen sich im Prinzip zwei konträre Positionen ausmachen: Leistungsbereitschaft und Leistungsfähigkeit werden durch Ungleichheit bedroht und führen zu einer geringeren Wohlstandsentwicklung, wenn infolge von Ungleichheit das Funktionieren des Wirtschaftssystems durch Störung des sozialen Friedens gefährdet ist, so die eine These. Der Antrieb zur Erzielung von allgemeinem Wohlstand wird auf Ungleichheit zurückgeführt, so die Gegenthese. Die Armen würden sich mit Blick auf den nachahmenswerten Lebensstandard der Reichen anstrengen und so zur allgemeinen Wohlstandsentwicklung der Gesellschaft beitragen; die Reichen investieren gewinnbringend in Arbeitsplätze und schaffen Voraussetzungen für das (unbeabsichtigte) Wohlergehen der Ärmeren.

Die politischen Handlungsaufforderungen sind von daher konträr: Zum einen erwächst aus der Notwendigkeit, die benachteiligten Bevölkerungsgruppen zu befähigen, ihre Lage selbst überwinden zu können, der Bedarf nach stärkerer öffentlicher Intervention. Zusätzlich kann eine wachsende Ungleichheit dazu führen, dass den Armen Kaufkraft fehlt, während die Reichen ihre Sparsummen erhöhen, was zu einer sinkenden Nachfrage und Beeinträchtigung des Wirtschaftswachstums führt. Der Gegenposition geht es jedoch generell um den Rückzug des Staates aus der Wirtschaft und die maximale Freisetzung von Marktkräften bzw. um den Verzicht auf die soziale Korrektur des Marktgeschehens.

Schlagworte

Ungleichheit; Wirtschaftswachstum; Armut; Leistungsbereitschaft; Theoriegeschichte

1   Verteilungsungleichgewichte: Bedrohung sozialer und ökonomischer Entwicklungen

1.1   Ungleichheit als Hemmnis von Leistungsbereitschaft und -fähigkeit

Bedenken gegen eine zu große Ungleichheit kommen bereits bei *Platon* (427–347 v. Chr.) zum Ausdruck, der im „Der Staat" sagt: Ein Töpfer, der reich geworden ist, wird faul und nachlässig und ein schlechterer Töpfer werden. Allerdings trifft diese Verschlechterung der Arbeit auch bei Armen zu, wenn sie nicht genügend Mittel haben, die notwendigen Geräte anzuschaffen (Platon 1998, 1396). Eine zu große Kluft zwischen Armut und Reichtum ist folglich jeweils Anlass für Unzufriedenheit und schlechte Arbeit. Im Sinne Platons kann daher eine „maßvolle" Verteilung gesellschaftlichen Reichtums sowohl auf Seiten der Reichen als auch auf Seiten der Armen ökonomische Anstrengungen und Vorteile für Alle fördern.

Wirtschaftstätigkeit wird bei Platon folglich im Zusammenhang mit einer ökonomischen Motivation gesehen. Diese Äußerungen sind insofern aktuell, als in der Entwicklung zu einer Shareholder-Gesellschaft die Gefahr gesehen wird, dass durch das reduzierte Verständnis der Arbeitskräfte als Kostenfaktor und durch die Absicht, Druck auf die Löhne zu Gunsten der Profite auszuüben, Nachteile für die Produktqualität und die Produktivität entstehen können. Dass eine wachsende Kluft zwischen Arm und Reich sowie eine Absenkung des Lohnniveaus eine verschlechterte Leistungsbereitschaft bzw. -möglichkeit bewirken können, wird allerdings in der Literatur kaum thematisiert. Es ist jedoch offensichtlich, dass Zusammenhänge zwischen der Leistungsbereitschaft der Arbeiter und den als angemessen empfundenen Arbeitsbedingungen und der Entlohnung bestehen. Die Bedingungen der auf diese Weise produktivitätserhöhenden *corporate identity* und des Arbeits- und Produktstolzes werden jedoch durch den Druck auf den Lohn und die permanente Androhung von Entlassung ausgehöhlt. Die erzwungene Bereitschaft, jegliche Tätigkeit zu jedem Lohn und zu jeder Arbeitsbedingung anzunehmen, wird dennoch in den workfare-Modellen als ein entscheidendes Instrument betrachtet, um aus der Armutsfalle durch eigene Anstrengung herauszukommen. Einschnitte in das Einkommen stellen von daher in diesem Konzept das Druckmittel dar, um Arbeit aufzunehmen, die geeignet sein soll, den eigenen Lebensunterhalt zu sichern und nicht auf Unterstützung des Sozialstaates angewiesen zu sein. Die Armen würden nur durch materiellen Druck zu angemessener Wirtschaftstätigkeit getrieben und die Reichen engagieren sich für wirtschaftliches Wachstum und allgemeinen Wohlstand nur dann, wenn sie über ausreichende Gewinnaussichten verfügen.

Ungleichheit wird so regelmäßig als hinzunehmendes Resultat einer marktwirtschaftlichen Wirtschaftsordnung gerechtfertigt. Als tiefere Begründung wird dabei auf die englischen Klassiker der Ökonomie verwiesen, deren ordnungspolitischen Ideen im Kern auf den Faktoren: Privateigentum als Ordnungsfaktor, Zutrauen zum Wettbewerb, Skepsis gegenüber Staatsintervention und Herrschaft des Gesetzes beruhten. Das dahinter stehende Menschenbild ist auch gegenwärtig noch dominierend in der Ökonomie (u. a. Starbatty

2016, Sinn 2016). So werden auch gegenwärtig weitgehende staatliche Eingriffe in die Einkommensverteilung als im Prinzip die Freiheit bedrohend von vielen Ökonomen abgelehnt.

Ultraliberale Positionen wie die von Friedman, stellen jegliche staatliche Intervention in „freie Marktprozesse" als illegitime Verletzung der Freiheit dar. Auch wenn diese extreme Position von einer Minderheit vertreten wird, so wird doch die Forderung nach einem notwendigen Maß an sozialem Ausgleich stets mit der Forderung nach einem Mindestmaß an Freiheit verbunden. Diese Freiheit wird jedoch an das Privateigentum gebunden und untersteht dem staatlichen Schutz. Damit wird allerdings, wie der englische Philosoph G.A. Cohen bemerkt, zugleich die Unfreiheit der Nicht-Eigentümer zementiert. Die Verteidiger des Kapitalismus sehen in der Ungleichheit einen notwendigen Preis für die Freiheit, den er garantiert. „Libertarian capitalism sacrifices liberty to capitalism, a truth its advocates are able to deny only because they are prepared to abuse the language of freedom."(Cohen 1995, S. 37) Eine Umverteilungspolitik würde daher nicht die Freiheit in einer Gesellschaft gefährden, sondern gerade die Freiheit der Nichteigentümer sicherstellen können. Der Verweis auf den Wert der Freiheit darf sich von daher nicht gegen eine Umverteilungspolitik richten.

1.2   Ungleichheit als Wachstumshemmnis

Neben diesen beiden Hauptlinien der Argumentation bringt vor allem *John Maynard Keynes* (1883–1946) – Begründer der nachfrageorientierten Wirtschaftspolitik – eine zusätzliche Sichtweise ins Spiel, indem er angesichts einer großen Schieflage der Verteilung Nachteile für eine nachfrageinduzierte Wirtschaftsentwicklung sieht. Eine zu große Verteilungslücke führe dazu, so die These, dass die Reichen ihr Einkommen im wachsenden Umfang sparen und damit nicht für investive Zwecke ausgeben, während die Armen kein ausreichendes Einkommen und damit fehlende Kaufkraft haben. In einem solchen Fall werde die Gesamtnachfrage nach Investitions- und Konsumgütern sinken und damit auch das Wachstum eingeschränkt. Keynes hatte daher Bedenken gegen eine wachsende Ungleichheit in der Gesellschaft, obwohl er nicht Befürworter einer nivellierenden Gleichheit ist. Solange aber „Übersparen" der Reichen mit einer mangelnden Kaufkraft der Massen einhergeht, gerät der Kapitalismus in eine Krise (Keynes 1936, S. 83). So richtig es nach seiner Auffassung ist, Leute zum Sparen zu ermahnen, um Häuser zu bauen, Straßen anzulegen o. ä., stellt er doch fest:

> „Ein Land wird nicht durch die reine negative Handlung einer Person, nicht alles Einkommen für den laufenden Verbrauch auszugeben, bereichert. Bereichert wird es durch die positive Tat des Gebrauchs dieser Ersparnisse zur Vermehrung der Kapitalausrüstung des Landes: Nicht der Knauser wird reich, sondern wer sein Geld für fruchtbare Anlagen verwendet." (Keynes 1985, S. 121)

Angesichts relativ sinkender Nachfrage und schlechter Zukunftserwartungen würden die Unternehmer jedoch nicht bereit sein zu investieren. Auch wenn die vergrößerte Sparsumme als Kredit zu sehr niedrigen Zinsen angeboten wird, wird dies keine wesentliche Änderung hervorrufen. Die Stabilitätsannahme der Neoklassik (*Jean Baptiste Say*, 1767–1832), die auf dem unterstellten Mechanismus des Ausgleichs von Angebot und Nachfrage über einen flexiblen Preismechanismus beruht, ist – so Keynes – blind für die Realität. Ein Ausweg aus der Krise kann daher aus seiner Sicht nur gelingen, wenn drastische Schritte unternommen werden, „durch eine Neuverteilung der Einkommen oder sonstige Maßnahmen den Hang zum Verbrauch anzuregen (…)" (Keynes 1936, S. 272) um damit die Aussicht auf ertragreiche Investitionen zu beleben.

Schon zuvor hat *Jean Charles Léonard Simonde de Sismondi* (1773–1842) ähnlich argumentiert. Er bestreitet keineswegs das Recht der Reichen oder der Eigentümer, ein Einkommen aus Eigentum zu erzielen. Er stellt jedoch eine moralische Regel auf, die es für das Gemeinwesen zu beachten gilt:

> „Der Arme erwirbt durch seine Arbeit und durch seine Achtung für das Eigentum anderer ein Anrecht auf eine Wohnung und auf reinliche und gesunde Kleidung, auf eine ausreichende Nahrung, die genügend mannigfaltig ist, um seine Kräfte und seine Gesundheit zu erhalten, usw. Erst wenn all dieses dem Armen aus der Frucht seiner Arbeit gesichert ist, beginnt das Recht des Reichen. Nur das Überflüssige, nachdem das Leben Aller sichergestellt ist, bildet das Einkommen des Reichen." (Sismondi , Ètudes sur l'Èconomie politique, Bd. I, S. 273, nach Gide und Rist 1921, S. 202 Anm. 1)

In den Augen Sismondis ist die Nationalökonomie daher eine moralische Wissenschaft, in dieser Hinsicht versteht er sich als Schüler von Adam Smith. Er erkennt auch die theoretischen Grundzüge der Lehre von Adam Smith an, kommt jedoch in den praktischen Schlussfolgerungen oft zu entgegengesetzten Positionen. Die Klassiker sahen in der Vermehrung der Produktion die Grundbedingung des Wohlstands und Fortschritts: Sismondi hält dagegen die Verteilungsfrage für zentral. Nach ihm verdienen Reichtum und Wohlstand diesen Namen nur, wenn sie in einem befriedigenden Verhältnis verteilt sind.

Sismondi wendet sich gegen einseitige Reichtumsverteilung aber nicht nur aus moralischen, sondern auch aus ökonomischen Gründen – ähnlich wie später Keynes. Wirtschaftliche Krisen sind ihm zufolge hauptsächlich dadurch bedingt, dass ein zu groß gewordener Markt die Produzenten dazu verführt, sich mehr von der Größe ihrer Kapitalien leiten zu lassen, als von den Bedürfnissen des Marktes. Vor allem aber sieht er in der schlechten Verteilung der Einkommen Gründe für eine Krise. Wenn die Nachfrage und die Bedürfnisse nicht so schnell wachsen wie das Angebot, treten gravierende strukturelle Probleme auf. Branchen und Arbeitsplätze gehen verloren, ohne dass die Betroffenen sofort eine andere Einnahmequelle finden. Unter solchen Bedingungen sind die Arbeiter bereit, noch mehr bei gleichem oder geringerem Lohn zu arbeiten, was die Krisenhaftigkeit noch erhöht (Sismondi 1979, S. 119). Auch die Jagd nach Gewinnen würde die Unternehmer dazu bringen, nicht nur an Dingen, sondern auch an Menschen zu sparen. Wenn die Arbeiter, wie Sismondi annimmt, nur auf ihr Existenzminimum beschränkt sind und auf der anderen Seite nur die Einkünfte der Besitzenden steigen, dann ergibt sich daraus ein Mangel an Harmonie in der Nachfrage nach den Erzeugnissen.

„Sein verschwenderischer Luxus gibt der Industrie einen viel geringeren Ansporn, als der ehrliche Wohlstand von hundert Haushaltungen, die er ersetzt hat." (Sismondi ach Gide und Rist 1921; S. 208, Anm. 2)

Ungleichheit kann aus dieser Sicht folglich zwei Nachteile für vermehrtes Wachstum bewirken: Bei einer zu großen Schieflage gefährdet sie die Voraussetzung für höheren allgemeinen Wohlstand und möglicherweise auch den sozialen Frieden als generelle Bedingung für die Akzeptanz des marktwirtschaftlichen Systems und damit auch dessen Effizienz.

2 Liberale Wirtschaftstheorie und sozialer Ausgleich

2.1 Armut als Problem des Frühkapitalismus (Adam Smith, John Stuart Mill)

Die Tradition der Befürwortung minimaler staatlicher Eingriffe zur Korrektur des Marktgeschehens geht weitgehend auf *Adam Smith* (1723–1790) zurück, der die Staatsaufgabe im Kern auf die Garantie des Privateigentums (inklusive der Garantie der Vertragsfreiheit) durch Justiz und Polizei im Inneren und Militär im Äußeren beschränken will. Darüber hinaus gehende staatliche Aktivitäten sind nur insoweit erforderlich, wenn Privatleute nicht für eine ausreichende Infrastruktur (Bildung und Verkehrswege) sorgen, die als Produktionsvoraussetzung erforderlich ist. Die Wohlstandsdynamik geht ihm zufolge von den Kapitalbesitzern aus:

„Da nun jedermann nach Kräften sucht, sein Kapital (…) und Erwerbstätigkeit selbst so zu leiten, dass ihr Erzeugnis den größten Wert erhält, so arbeitet auch jeder notwendig dahin, das jährliche Einkommen der Gesellschaft so groß zu machen, als er kann. Allerdings strebt er in der Regel nicht danach, das allgemeine Wohl zu fördern, und weiß auch nicht, um wie viel er es fördert. (…) Indem er diese Erwerbstätigkeit so leitet, dass ihr Produkt den größten Wert erhalte, verfolgt er lediglich seinen eigenen Gewinn und wird in diesen wie in vielen Fällen von einer unsichtbaren Hand geleitet, einen Zweck zu fördern, den er in keiner Weise beabsichtigt hatte." (Smith 1923, IV. Buch, S. 235)

Smith ist jedoch kein ausdrücklicher Befürworter von Ungleichheit, sondern bedauert den erbärmlichen Zustand der von Armut geplagten Arbeiter. Für ihn ist evident: Wer von Arbeit leben muss, unterliegt dem Armutsrisiko. Smith hat hierzu zahlreiche Beispiele angeführt, die zeigen, wie elend es den Arbeitern im Kapitalismus geht. Allerdings sieht er (nur) im Wachstum der Volkswirtschaft, vorangetrieben durch das Profitmotiv, eine Chance auch für die Arbeiter, ihre Lage zu verbessern. Weil unter den Bedingungen des Wachstums die Nachfrage nach Arbeitskräften steigt und ein eintretender Mangel an Arbeitskräften zu Konkurrenz unter den Arbeitgebern führt, werden sie

„die natürliche Verabredung der Arbeitgeber, den Lohn nicht zu erhöhen, durchbrechen."
(Smith 1923, I. Buch, S. 88) „Die Nachfrage nach jenen, die vom Lohne leben, wächst also
notwendig mit dem Wachsen des Einkommens und Kapitals in jedem Lande und kann unmöglich ohne dies wachsen. (…) Nicht die jeweilige Größe des nationalen Wohlstands, sondern
sein unausgesetztes Wachstum bringt ein Steigen des Arbeitslohns hervor." (Smith 1923, I.
Buch, S. 89) Nach seinen Beobachtungen ist es offensichtlich, „dass die Lage der arbeitenden
Armen, des größten Teils der Bevölkerung, zur Zeit des Fortschritts, wenn die Gesellschaft
weiterem Erwerbe zueilt, eher als wenn sie ihr volles Maß an Reichtum bereits erworben hat,
am glücklichsten und behäbigsten zu sein scheint. Zur Zeit des Stillstands ist sie kümmerlich
und zu der des Rückgangs erbärmlich." (Smith 1923, I. Buch, S. 105) Allerdings können nach
Smith auch in der glücklichen Wachstumsphase gegenläufige Tendenzen entstehen, welche
die Verbesserung der sozialen Lage der Arbeiter wieder gefährden: „Dieselbe Ursache jedoch,
die den Arbeitslohn erhöht, die Zunahme des Kapitals, hat die Tendenz, die produktiven Arbeitskräfte zu vermehren und zu bewirken, dass eine geringere Quantität Arbeit eine größere
Quantität von Erzeugnissen liefere." (Smith 1923, I. Buch, S. 113)

Das bedeutet, dass die technische Entwicklung zur relativen Einsparung von Arbeitskräften
führt und es nur eine Frage des Verhältnisses von Wirtschaftswachstum und Nachfragestei-
gerung einerseits und der Produktivitätssteigerung andererseits ist, die darüber entscheidet,
ob Arbeitslosigkeit und damit Druck auf die Löhne durch wachsende Konkurrenz unter
den Arbeitern entsteht.

Aus der ausführlichen Beschreibung des sozialen Elends und der Ungleichheit der Arbeiter
in Großbritannien zu Ende des 18. Jahrhunderts zog Smith jedoch keine Konsequenzen
hinsichtlich einer notwendigen Umverteilung von Macht und Einkommen durch den Staat,
sondern vertraute wohl eher auf die Effizienz eines liberalisierten Marktes für eine allgemeinen Wohlstandsmehrung, an der am Ende auch die Arbeiter (= Armen) profitieren würden.
Im Unterschied zu den gegenwärtig vorherrschenden neoliberalen Theoretikern (Friedrich
August von Hayek, Milton Friedman) bleiben bei ihm ungleiche Verhältnisse jedoch für
eine Kritik zugänglich. Auch hinsichtlich der Finanzierung der notwendigen staatlichen
Eingriffe unterscheidet er sich von deren marktradikalen Position, indem er fordert:

„Die Untertanen jeden Staates müssen zur Unterstützung der Staatsgewalt so genau als
möglich nach Verhältnis ihres Vermögens beitragen, d. h. nach Verhältnis der Einkünfte, die
ein jeder unter dem Schutz des Staates genießt." Das bedeutet, dass die Reichen also mehr
Steuern entrichten sollen als die Armen (Smith 1923, V. Buch, S. 853).

Dies gilt für seinen liberalen Nachfolger *John Stuart Mill* (1806–1873) nicht in dem Maße. So
war für ihn die von Smith geforderte stärkere Besteuerung der Reichen eine Bestrafung der
Tüchtigen. Er hat für die sich entwickelnde marktwirtschaftlich-kapitalistische Gesellschaft
die Interessen des Besitzbürgertums im Hinblick auf Umverteilungs- und Steuerfragen am
nachhaltigsten auf den Begriff gebracht. Indem Mill Reichtum als Belohnung für Mühe
und den produktiven Einsatz darstellt, begründet er damit auch einen schonenden Umgang durch den Steuerstaat. Zwar plädiert er für ein steuerfreies Existenzminimum, aber:

„Die großen Einkommen nach einem höheren Satz zu besteuern als die geringen, heißt nichts anderes, als die Erwerbstätigkeit und Sparsamkeit besteuern, und den Fleißigen mit einer Strafe belegen, weil er mehr gearbeitet und gespart hat als andere." (Mill 1982, S. 84) „Weder Gerechtigkeitsvorstellungen noch staatliche Vorgaben dürfen dazu führen, die Individualität starker Persönlichkeiten und deren Originalität zu unterdrücken", denn „ das Genie kann nur frei atmen in einer Atmosphäre von Freiheit." (Mill 1974, S. 83 u. 89)

Von dessen freier Entfaltung hängt aber nicht nur die Entwicklung des geistigen Lebens ab, sondern auch die allgemeine Entfaltung der Wohlfahrt. Mill sah wie andere Liberale auch in dem freien Wettbewerb eine unabdingbare Voraussetzung, um nützliche gesellschaftliche Energien freizusetzen. Die Abschottung vor Konkurrenz würde dagegen die Faulheit und geistige Trägheit fördern. Von daher waren auch für ihn, wie schon für seine Vorläufer, Eigeninitiative und Eigenverantwortung ganz groß geschrieben.

„Wenn man sich klar ist, dass die freie Entwicklung der Persönlichkeit eine der Hauptbedingungen der Wohlfahrt ist, dass sie nicht nur auf einer Stufe steht mit dem, was man mit den Ausdrücken Zivilisation, Ausbildung, Erziehung, Kultur bezeichnet, sondern in sich ein notwendiger Teil davon und Bedingung all dessen ist: dann bestünde keine Gefahr, dass man die Freiheit unterschätzt." (Mill 1974, S. 78f.)

Logische Schlussfolgerung: Die Armen sind wegen mangelnden Fleißes und fehlender ‚starker Persönlichkeit' an ihrer Lage selbst schuld. Dennoch erwachsen dem Staat aus der Schieflage der Verteilung wichtige Aufgaben, die zur Integration der Gesellschaft beitragen. Dies gilt nach Mill besonders für die Betreuung der Armen. Obwohl er im Prinzip gegen ein öffentliches Bildungsmonopol ist, fordert er den Staat dennoch nachdrücklich auf, die Bildung aller Klassen voranzutreiben und vor allen Dingen für eine solide Grundbildung durch einen Elementarunterricht zu sorgen. Für ihn war klar, dass nur aufgeklärte Bürger den Fortschritt einer Gesellschaft mitgestalten können. Eine bessere Bildung würde es auch den unteren Klassen erlauben, eigenverantwortlich zu handeln. Wie für *Jeremy Bentham* (1748–1832) ist für ihn das Prinzip des größten Glücks der größten Zahl neben dem Nützlichkeitsprinzip entscheidend. In den Augen dieser utilitaristischen Moralphilosophie hat jeder den gleichen Anspruch auf Glück. Das Gebot der Gerechtigkeit besagt:

„Alle Menschen haben ein *Recht* auf gleiche Behandlung, außer dann, wenn ein anerkanntes Gemeinschaftsinteresse das Gegenteil erfordert. Daher wird jede soziale Ungleichheit, deren Nutzen für die Gesellschaft nicht mehr einsichtig ist, nicht nur zu einer Unzuträglichkeit, sondern zu einer Ungerechtigkeit und nimmt eine so tyrannische Erscheinungsform an, dass manche sich wundern, wie man sie jemals hat dulden können." (Mill 1976, S. 109)

Allerdings sollten die Grenzen, die der Gleichheit gesetzt sind, möglichst eng gezogen werden. Mill warnte daher gleichzeitig die Arbeiter, zu viel vom Staat zu fordern. Andererseits verschloss er seine Augen nicht vor drohenden Gefahren ungleicher Verteilung, die letztlich systemgefährdenden Charakter einnehmen können. John Stuart Mill ging folglich, ähnlich wie Sismondi, von dem Problem einer sich spaltenden Gesellschaft aus. Es

galt für ihn, die Vorteile des freien Marktes und der Entwicklungsdynamik gegen gesellschaftliche Gefährdungen abzusichern. Dazu bedarf es eines Mindestmaßes an materieller
Partizipation auch der Benachteiligten am allgemeinen Wohlstand.

2.2   Sicherung des sozialen Friedens (Jean Jacques Rousseau)

Jean Jacques Rousseau (1712–1778) geht in der Lösung des Problems gesellschaftlicher
Spaltung und der damit verbundenen Gefährdung des sozialen Friedens weiter. Für ihn
stellen einseitiger Reichtum und gesellschaftliche Ungleichheit nicht nur eine Gefährdung
des Friedens, sondern auch der Freiheit dar. Rousseaus Botschaft des contrat social und
auch die daran anknüpfenden Losungen der französischen Revolution sehen die Freiheit
durch eine Schieflage der Verteilung des gesellschaftlichen Reichtums bedroht.

> „(…) was nun die Gleichheit anlangt, so ist unter diesem Worte nicht zu verstehen, dass
> alle eine durchaus gleich große Kraft und einen genau ebenso großen Reichtum besitzen,
> sondern dass die Gewalt jede Gewalttätigkeit ausschließt und sich nur kraft der Gesetze und
> der Stellung im Staate äußern darf, dass ferner kein Staatsbürger so reich sein darf, um sich
> einen andern kaufen zu können, noch so arm, um sich verkaufen zu müssen. Dies setzt auf
> Seiten der Großen Mäßigung des Vermögens und des Ansehens, und auf Seiten der Kleinen
> Mäßigung des Geizes und der Habsucht voraus." (Rousseau 1977a, II. Buch, S. 56)

Prinzipiell hat Rousseau das Privateigentum als Anfang aller Fehlentwicklung gegeißelt,
doch rechnet er mit den gegebenen Verhältnissen und sieht letztlich – ganz in der liberalen
Tradition Lockes – die Freiheit auch durch staatliche Eingriffe in das Privateigentumsrecht
gefährdet. Aus diesen Gründen plädiert Rousseau für eine Umverteilung und Wohlstands-
beteiligung der Armen. Es gilt, extreme Ungleichheiten zu vermeiden und eine Annäherung
an einen état médiocre anzustreben.

Das Ziel ist eine breite besitzende Mittelschicht oder – um es mit den Worten *Helmut
Schelskys* und in der Botschaft Ludwig Erhards zweihundert Jahre später zu formulieren
– eine „nivellierte Mittelstandsgesellschaft", in der die Armut besiegt ist. Rousseau weiß
jedoch, dass es sehr schwer ist,

> „besonders die Armen gegen die Tyrannei der Reichen zu beschützen. Das größte Übel ist
> bereits geschehen, wenn man Arme verteidigen und Reiche zurückhalten muss." (Rousseau:
> 1977b, S. 32) „Eine der wichtigsten Aufgaben der Regierung besteht also darin, diese äußerste
> Ungleichheit der Besitztümer zu verhindern, und zwar nicht dadurch, dass man die Reichtü-
> mer ihren Besitzern wegnimmt, sondern dass man alle der Mittel beraubt, sie anzuhäufen."
> (Rousseau 1977b, S. 32f.)

In seinem Entwurf für die Verfassung Korsikas hat Rousseau dies genauer dargestellt. Hier
finden sich erste Hinweise auf die Notwendigkeit der Umverteilung ohne Eingriff in das
Eigentumsrecht. Es ist dies vor allem eine Frage der Besteuerung und der Schaffung von
gleichen Startchancen. Damit steht neben der Schaffung von gleichen Bildungschancen für

alle als wichtigste Voraussetzung für die Vermeidung von Armut und Unfreiheit die Frage nach dem angemessenen staatlichen Umverteilungssystem im Zentrum der Diskussion. Es geht im Kern um eine stärkere steuerliche Belastung der Reichen.

2.3   „Wohlstand für Alle" – das Konzept der Sozialen Marktwirtschaft

Alfred Müller-Armack (1901–1978), der die Konzeption der sozialen Marktwirtschaft entscheidend prägte, hielt ganz in der klassischen Tradition die Marktwirtschaft wegen ihrer größeren „wirtschaftlichen Ergiebigkeit" an sich schon für einen sozialpolitischen Gewinn. Er sah aber einen notwendigen Handlungsbedarf bei wachsender Ungleichheit. „Ohne Zweifel führt die marktwirtschaftliche Einkommensbildung zu Einkommensverschiedenheiten, die uns sozial unerwünscht erscheinen." (Müller-Armack 1947, S. 109) Er schlug daher vor, „einen direkten Einkommensausgleich zwischen hohen und niedrigen Einkommen durch eine unmittelbare Einkommensumleitung vorzunehmen." (Müller-Armack 1947, S. 109) Es geht in diesem Konzept nicht um eine ökonomische Begründung für Umverteilung, sondern um die Frage nach sozialer Gerechtigkeit als Basis und Gradmesser der Akzeptanz eines sozialen Kapitalismus oder einer sozialen Marktwirtschaft durch die Benachteiligten, wie sie von Müller-Armack und Ludwig Erhard formuliert wurde. Deren Konzeption geht zwar auch von der „unübertroffenen Effizienz" des Marktes aus, weil aber die dabei entstehende soziale Ungleichheit gesellschaftlich unerwünscht ist, sollen durch Umverteilung von oben nach unten Marktrisiken minimiert und zugleich der soziale Frieden gesichert werden. Es geht darum, die potentiell systemkritisch eingestellten Arbeiter mit dem Marktwirtschaftssystem zu versöhnen. Eine systemkritische Programmatik war in dieser Nachkriegszeit bei großen Teilen der Gewerkschaften und der SPD zu finden und hat sicherlich zur Konzeption einer sozialen Marktwirtschaft beigetragen. Selbst der wichtigste Theoretiker der sog. Freiburger Schule, *Walter Eucken* (1891–1950), hatte – trotz seiner ansonsten eher ordnungspolitisch argumentierenden Sichtweise (starker Staat zur Garantie von stabilen Preisen und Wettbewerb durch Monopolkontrolle) – Befürchtungen, dass das marktwirtschaftliche System zu einer Benachteiligung der Armen führen könnte, die durch die progressive Steuergesetzgebung auszugleichen wäre:

> „Die Ungleichheit der Einkommen führt dahin, dass die Produktion von Luxusprodukten bereits erfolgt, wenn dringende Bedürfnisse von Haushalten mit geringem Einkommen noch Befriedigung verlangen." (Eucken 1959, S. 300)

Ungleichheit steht damit im Zusammenhang mit einer möglichen Legitimationskrise des Systems.

Ludwig Erhard (1897–1977) hat als Bundeswirtschaftsminister im Nachkriegsdeutschland weitgehend dazu beigetragen, das Konzept der Sozialen Marktwirtschaft als erfolgreicher Verkünder und Verbreiter durchzusetzen. Er hielt die Freiheit und unübertroffenen Effizienz für die wichtigsten Kennzeichen eines marktwirtschaftlichen Systems. Daher sollte sich der Staat weitgehend auf die Garantie der Wettbewerbsordnung beschränken. Die Freisetzung von wirtschaftlicher Dynamik erfordert daher im Prinzip wie bei Adam Smith eine eingeschränkte Rolle des Staates. In seinem Buch „Wohlstand für alle" verglich Erhard die Rolle des Staates in der Wirtschaft mit der eines Schiedsrichters in einem Fußballspiel, der eben nicht selbst mitspielen darf. Er wollte jedoch „das Ressentiment zwischen Arm und Reich" endgültig überwinden:

> „Wir erleben es aber doch immer wieder, dass der Luxus von heute, morgen schon zum breit-geschichteten Bedarf wird und übermorgen allgemeines Verbrauchsgut ist", sagte er an die Adresse der Arbeitnehmer und Sozialrentner gerichtet, deren Einkommen einen gehobenen Konsum damals nicht zuließ (Erhard 1957, S. 75).

Wie bei Walter Eucken ist bei Erhard der grundlegende Gedanke der funktionierende Wettbewerb. „Das erfolgversprechendste Mittel zur Erreichung und Sicherung jeden Wohl-stands ist der Wettbewerb." (Erhard 1957, S. 7) Der Wettbewerb fördert die Produktivität und das Wachstum am nachhaltigsten und erlaubt einen immer größer werdenden Kuchen zu verteilen. Für Erhard war zwar klar, dass moderne Industriestaaten ihre Wirtschafts-politik durch eine Sozialpolitik ergänzen müssen. Er sah jedoch eine eindeutige Grenze:

> Wenn Sozialpolitik darauf zielt, „dem Menschen schon von der Stunde seiner Geburt an volle Sicherheit gegen alle Widrigkeiten des Lebens zu gewährleisten, (…) dann kann man von solchen Menschen einfach nicht mehr verlangen, dass sie das Maß an Kraft, Leistung, Initiative (…) entfalten, das für das Leben und die Zukunft der Nation schicksalhaft ist." (Erhard 1957, S. 257)

Offensichtlich hält er – ähnlich wie Friedrich August von Hayek – Mangelsituationen (Ar-mut) für eine wichtige Ausgangsbasis für Leistungsbereitschaft. Der Wohlfahrtsstaat neigt seiner Auffassung zufolge dazu, als „Versorgungsstaat" am Ende den „sozialen Untertan" zu erzeugen (Erhard 1957, S. 262).

Auch hier ist die Nähe zur Position von Hayeks offensichtlich, der gleichfalls den So-zialstaat im Zusammenhang mit der Bedrohung von Freiheit sieht. Andererseits ist ein Mindestumfang von Sozialstaat aus Erhards Sicht unabdingbar. Er warnt jedoch vor der Abkoppelung der Sozialleistungen vom Wirtschaftswachstum. Denn nur auf der Basis eines wachsenden Sozialprodukts und einer leistungsfähigen Wirtschaft lasse sich Sozialpolitik finanzieren (Erhard 1957, S. 257). Mit Blick auf die generelle Argumentationslinie ist die Position von Erhard jedoch nicht weit von derjenigen von Hayeks und Friedmans entfernt.

2.4   Akzeptanz des Wirtschaftssystems und Empowerment als Voraussetzung für Wachstum (John Rawls, Amartya Sen)

Sowohl bei John Stuart Mill als auch bei Simonde de Sismondi kann man bereits Ansätze finden, die bei *John Rawls* (1921–2002) im Zentrum stehen. Für ihn ist der Markt als Institution hinsichtlich der Effizienz der Allokation knapper Ressourcen gleichfalls unübertroffen. Die Herstellung akzeptabler gerechter sozialer Zustände wird durch den Markt jedoch nicht von vornherein gesichert. Das Problem liegt darin, dass es in der Gesellschaft ungleiche und damit ungerechte Zugangsbedingungen zum Markt gibt. Daher insistiert Rawls darauf, die Individuen mit gleichen Ausgangschancen auszustatten, das heißt, die Ungleichheit der Startbedingungen zu korrigieren, will man nicht die Systemintegration gefährden. Soziale und ökonomische Ungleichheiten sind für John Rawls nur dann zulässig, wenn auch die Ärmeren dadurch Vorteile erzielen können. „Wer (…) begünstigt ist, (…) der darf sich der Früchte nur so weit erfreuen, wie das auch die Lage der Benachteiligten verbessert." (Rawls 1975, S. 122) Insgesamt geht es ihm darum, die Abhängigkeit der individuellen Lebenschancen von der sozialen Herkunft, der Begabung oder dem Geschlecht durch öffentliche Intervention zu beseitigen. Die gerechte Verteilung der Startchancen trägt dabei nicht nur zur Systemlegitimation bei, sondern kann auch die Leistungsbereitschaft und wirtschaftlichen Kompetenzen (*capabilities*) der Benachteiligten erhöhen.

Die Berücksichtigung einer ethisch und auch ökonomisch begründeten Verpflichtung von Gesellschaft und Staat zur Herstellung von Gerechtigkeit mit Blick auf die Startchancen sind noch stärker bei *Amartya Sen* (*1933) ausgeprägt. Für ihn ist selbstbestimmtes Handeln die Voraussetzung zur Beseitigung von persönlichem Elend. Wirtschaftliche, soziale und politische Teilhabe der Menschen hängt allerdings davon ab, ob sie befähigt sind und werden, sich für ihre eigenen Angelegenheiten auch einsetzen zu können. Die Hilfe bei der Entwicklung der notwendigen Fähigkeiten und damit auch die Beseitigung von sozialen, politischen und wirtschaftlichen Restriktionen, die einem solchen Begriff von positiver Freiheit entgegenstehen, sind daher für Amartya Sen Kernbestandteil seines Gerechtigkeitsbegriffs (Sen 1999; 2000). Er geht damit über die konstitutiven Freiheiten, welche elementare Freiheiten im Geiste des Liberalismus einschließen, hinaus und insistiert auf instrumentellen Freiheiten, die es erst den Menschen erlauben, eigene Lebenspläne zu entwickeln und auch nach eigener Wahl umzusetzen. Gerade mit Blick auf die Gesellschaften der Dritten Welt reicht es für Amartya Sen nicht aus, lediglich eine formelle Garantie von Freiheit im Sinne der westlichen liberalen Tradition zu verwirklichen. Wenn die Armen im Süden die Chance erhalten sollen, einen Ausweg aus ihrer Krise zu finden, kommt es darauf an, die individuellen Fähigkeiten der Menschen zu stärken. Es geht darum, persönliche Würde, Entscheidungsfreiheit und Selbstständigkeit zu sichern und zu erweitern. Die zentralen Begriffe in diesem Zusammenhang sind *Empowerment* und *Capability*. Es geht in erster Linie um Hilfe zur Selbsthilfe, damit die Armen auch tatsächlich die Fähigkeiten entwickeln können, um ihre schlechte wirtschaftliche und soziale Situation (Hunger, Mangelernährung, Krankheiten, geringe Lebenserwartung, geringe Schulbildung und mangelnde Beteiligung) selbst verbessern zu können. Es ist aus dieser Sicht zynisch, in der materiellen Not der Armen eine ausreichende Triebkraft für die Verbesserung der Lebensverhältnisse zu sehen. Es kommt vielmehr darauf an, auch die Fähigkeit zu fördern, auf welche die Armen dabei angewiesen sind.

2.5   Marktradikale Befürwortung von Ungleichheit
(Friedrich August von Hayek, Milton Friedman)

Bei den marktradikalen Theoretikern *Friedrich August von Hayek* (1899–1992) und *Milton Friedman* (1912–2006) finden solche Begriffe und Konzepte von „positiver Freiheit " keine Beachtung. Auch eine sozial-ethisch begründete und an der Sicherung eines (prekären) innergesellschaftlichen Friedens orientierte liberale Sichtweise ist in deren gegenwärtig dominierenden Sichtweisen nicht zu finden, obwohl doch gerade die westdeutsche Erfolgsgeschichte auf dem Modell der *Sozialen Marktwirtschaft* bzw. des *Rheinischen Kapitalismus* beruhen soll.

Im Gegenteil: Freiheit kann ihrer Meinung nach nur durch Ausgrenzung (negative Freiheit) des Staates und Freisetzung von wirtschaftlicher Dynamik gesichert werden. Bereits 1944 warnte Friedrich August von Hayek in seinem Werk „Der Weg zur Knechtschaft" (1971) vor einer Umverteilung des Sozialprodukts im Namen der Gleichheit. Die Position von John Rawls kritisiert er mit dem Argument, dass dessen Konzeption nie zu einer Zivilisation hätte beitragen können. Stattdessen würde in Rawls Vorstellung über die Welt jegliche Differenzierung aufgrund schicksalhaften Zufalls unterbunden und damit die meisten Entdeckungen neuer Möglichkeiten verhindert.

> „In solch einer Welt würden uns jene Signale fehlen, die allein dem einzelnen angeben können, was als Ergebnis von Tausend von Veränderungen in unseren Lebensbedingungen jeder einzelne jetzt tun muss, um den Produktionsstrom (...) wenn möglich zu vergrößern."
> (von Hayek 1996a, S. 79)

Marktradikale wie von Hayek und Friedman haben die Gefährdungen für den gesellschaftlichen Zusammenhalt und die daraus resultierenden Folgen für ungestörtes Wirtschaftswachstum ignoriert bzw. geleugnet. Sie fordern im Namen von Freiheit und Wohlstand für Alle sogar nachdrücklich, die Reichen zu schonen und die Armen nicht zu unterstützen, da auf diese Weise mehr zum Fortschritt und Wirtschaftswachstum beigetragen würde. In einem Interview machte von Hayek deutlich, dass er Ungleichheit eindeutig bejaht:

> „Ungleichheit ist nicht bedauerlich, sondern höchst erfreulich. (...) Diejenigen, die die Reichen attackieren, vergessen, dass die meisten von ihnen im Verlaufe ihres Reichwerdens Arbeitsplätze schufen und so mehr Leuten geholfen haben, als wenn sie ihr Geld den Armen gegeben hätten." (von Hayek 1996b, S. 16f.)

Die Freisetzung des Prinzips der Gewinnmaximierung als individuellen Antrieb zur Reichtumsbildung sollte schon daher Vorrang haben vor einer staatlichen Verpflichtung zur Bedürfnisbefriedigung der Massen. Wenn es den Reichen sichtbar besser geht als den Massen, würde ein „Evolutionsprozess" in Gang gesetzt (von Hayek 1980, S. 232), weil die armen Menschen auch Reichtum erwerben wollen.

Die Gesetze des Marktes bewirken, „dass wir anderen nützen, nicht weil wir das beabsichtigen, sondern weil sie uns in einer Weise handeln lässt, die trotzdem diese Wirkung hat." (von Hayek 1996a, S. 86)

Mögliche Krisen des marktwirtschaftlichen Systems, die Adam Smith durchaus sieht, werden bei von Hayek nicht thematisiert. Ungleichheit wird durchweg positiv bewertet: „Auch die heute Ärmsten verdanken ihr relatives materielles Wohlsein den Folgen vergangener Ungleichheit." (von Hayek 1991, S. 55) Ungleichheit und deren herausragende Funktion für die Wohlstandsmehrung eines Landes hat daher für von Hayek eine so zentrale Bedeutung, dass er jegliche Umverteilung zugunsten der Armen ablehnt. Die Armen werden durch relative Not zur wirtschaftlichen Verbesserung ihres Lebens getrieben und die Reichen müssen als Elite als Anreiz für die Armen ihren Wohlstand vorleben. (von Hayek 1991, S. 58f.)

Größere Gleichheit ist daher für von Hayek nicht nur ein Raub an den Reichen (von Hayek 1971, S. 145), sondern schädigt am Ende auch die Armen. Hinzu kommt, dass die Durchsetzung des Anspruchs auf Gleichheit in den Arbeiten von Hayeks stets auch im Zusammenhang mit dem Verlust von Freiheit gesehen wird. „Während eine Gleichheit der Rechte (…) möglich und eine wesentliche Bedingung individueller Freiheit ist, kann ein Anspruch auf Gleichheit der materiellen Position nur durch eine Regierung mit totalitären Gewalten erfüllt werden." (von Hayek 1980, S. 117) Nur totalitäre Ordnungen würden sich demnach an den Vorstellungen von Gleichheit orientieren.

Die Herstellung sozialer Gerechtigkeit ist für von Hayek sogar im Prinzip unmöglich. In seinem Buch „Anmaßung von Wissen. Neue Freiburger Studien" (1996) äußerte er:

„Mehr als 10 Jahre lang habe ich mich intensiv damit befasst, den Sinn des Begriffs soziale Gerechtigkeit herauszufinden. Der Versuch ist gescheitert; oder besser gesagt, ich bin zu dem Schluss gelangt, dass für eine Gesellschaft freier Menschen dieses Wort überhaupt keinen Sinn hat." (von Hayek 1996a, S. 181) „Lediglich reiche Länder könnten sich soziale Gerechtigkeit als ein Luxus leisten." Von Hayek sieht es aber als „keine Methode, durch die arme Länder jene Anpassung an sich schnell verändernde Umstände erzielen können, von denen Wachstum abhängt." (von Hayek 1969, S. 261)

Die Entwicklung der Gesellschaft ist aus seiner Sicht von nicht vorhersehbaren Ergebnissen individuellen Handelns abhängig und nicht das Ergebnis von Überlegungen zur Gerechtigkeit. Politische Mehrheiten sollten daher nicht die freiwillige Kooperation und die spontane Ordnung des Marktes korrigieren. Insgesamt solle der Staat lediglich Rechtsgleichheit und maximale Vertragsfreiheit garantieren.

Eine Umverteilung durch den Staat zu Gunsten der Ärmeren lehnt auch *Milton Friedman* völlig ab. „Die Einkommensverteilung ist ein weiteres Gebiet, auf dem vom Staat durch eine Reihe von Maßnahmen mehr Schaden angerichtet wurde, als durch Gegenmaßnahmen ausgeglichen werden konnte." (Friedman 1971, S. 227) Das zentrale Credo von Milton Friedman kann man bereits im Einführungskapitel seines Buches „Kapitalismus und Freiheit" (1971) lesen:

> „Der Spielraum der Regierung muss begrenzt sein. Ihre Aufgabe muss es sein, unsere Freiheit zu schützen, (…) für Gesetz und Ordnung zu sorgen, die Einhaltung privater Verträge zu überwachen, für Wettbewerb auf den Märkten zu sorgen." (Friedman 1971, S. 20)

Ohne wirtschaftliche Freiheit, so Milton Friedman, gäbe es keine politische Freiheit. Sie ist deren notwendige Voraussetzung, aber auch Garant des zivilisatorischen Fortschritts:

> „Die Bewahrung der Freiheit ist der entscheidende Grund, um die Staatsgewalt zu beschränken und zu dezentralisieren. (…) Die großen Erfolge der Zivilisation (…) sind nie von zentralen Staatsgewalten ausgegangen." (Friedman 1971, S. 21)

Die durchgängige Botschaft in allen Werken von Friedman ist die These, dass Systeme, die auf den privaten Unternehmergeist und freie Märkte setzen, allen anderen überlegen seien. In ihnen wird nicht nur die „seltene und empfindliche Pflanze" der Freiheit als höchstes Gut gesichert, sondern auch der allgemeine Wohlstand am besten verwirklicht, weil der Staat nicht die Dynamik der individuellen Kräfte beschränkt.

Um die dringend erforderliche ökonomische Stabilität und Wirtschaftswachstum zu erreichen, ist daher seiner Meinung nach eine Rückführung des staatlichen Einflusses unerlässlich. Für Friedman ist die keynesianische Botschaft an den Staat, die endogene Krise des Kapitalismus durch entsprechende antizyklische Politik zu bekämpfen, ein verhängnisvoller Irrweg. Eine Regierung sei in einer freien Marktwirtschaft nur notwendig, um Spielregeln festzulegen und dafür zu sorgen, dass sie eingehalten werden. Wohlfahrtssysteme sind für ihn ein Betrug an allen Menschen, die noch zur Arbeit gehen und ihre Steuer zahlen. Der Progressionstarif der Einkommenssteuer, mit dem Ziel der Einkommensumverteilung, ist für ihn eine Zwangsanwendung und seinem Ideal der persönlichen Freiheit diametral entgegengesetzt. Von daher befürwortet er eine niedrige proportionale Einkommensteuer (Friedman 1971, S. 207).

Mit dieser Botschaft hat *Milton Friedman* erhebliches Gehör bei Regierenden gefunden. Nicht nur die US-Regierung unter *Ronald Reagan* (1981–1989), sondern auch die Regierung *Margaret Thatcher* (1979–1996) in Großbritannien und nicht zuletzt die Diktatur von *Augusto Pinochet* (1973–1990) in Chile nach dem Putsch 1973 gegen die demokratisch gewählte linke Staatsführung unter *Salvatore Allende* (1970–1973) haben seine Theorie als Orientierung für ihre Wirtschaftspraxis benutzt. Letztlich haben auch die Weltbank und der Internationale Währungsfonds (IWF) sich lange Zeit an diesen angebotstheoretischen Zielen orientiert.

3   Kapitalismus und wachsende Ungleichheit

Angesichts fortschreitender Armut insbesondere in den Entwicklungsländern und einer weltweit wachsenden Kluft zwischen Reich und Arm gerieten marktdogmatische Positionen jedoch stärker in die Kritik. Diese Kritik hat insbesondere seit der internationalen

Finanzkrise von 2008 zugenommen. Zum einen wird nun in dem Abbau staatlicher Regulierung, wie sie von marktdogmatischer Seite gefordert wird, eine der Ursachen der Krise gesehen und in der Folge auf eine wieder verstärkte öffentliche Kontrolle des Bankensektors gedrängt. Auch kann nachgewiesen werden, dass eine vermehrte Ungleichheit und einseitige Reichtumsbildung nicht – wie in der Theorie angekündigt – zu einer steigenden Wachstumsdynamik geführt hat.

Thomas Piketty führt in seinem Buch über Verteilungsfragen die wachsende Ungleichheit auf die Formel r > g zurück. Die Formel besagt, dass der Zins im Sinne der durchschnittlichen Kapitalrendite (r) dauerhaft größer als die Wachstumsrate der Wirtschaft (g) ist. Die Folge sei, so Piketty, dass das Vermögen fortwährend schneller zunehme als die Wirtschaftsleistung. Die Ungleichheit ist daher kein zufälliges, sondern ein notwendiges Merkmal des Kapitalismus. Die einseitige Zunahme des Reichtums komme den Armen nicht zugute; der trickle-down funktioniert nicht (Piketty 2014). Ohne entscheidende Reformen des Kapitalismus würde am Ende auch die demokratische Grundordnung gefährdet. Piketty hat daher den Plan einer internationalen Vermögensabgabe von bis zu zwei Prozent auf Kapitalbesitz über fünf Millionen Euro entworfen. Das Geld solle dazu verwendet werden, die Abgaben von Kleinverdienern zu senken. (Piketty in: Süddeutsche Zeitung vom 17.5.2014) Dennoch bestreitet Hans-Werner Sinn, langjähriger Leiter des ifo-Instituts, Pikettys Aussagen und empirischen Nachweise unter Rückgriff auf seine von ihm stets vertretene neoklassische Theorie:

„Der Kapitalismus hat gerade den Ärmsten der Welt viel geholfen. Die Globalisierung und die Entfaltung der Marktkräfte haben die Zahl der Menschen, die weltweit in Armut leben, dramatisch gesenkt. (…) Das kommt dadurch zustande, dass das Kapital – gewinnheischend wie es ist – in die Niedriglohnländer geht, um dort von den günstigen Produktionskosten zu profitieren. Dadurch entstehen Arbeitsplätze, und im Wettbewerb um die Arbeitskräfte steigen die Löhne." (Interview am 16.2.2016: http://finanzmarktwelt.de/liegt-hans-werner-sinn-richtig-oder-falsch-hat-kapitalismus-oder-der-kommunismus-mehr-armut-verursacht-27592. Zugegriffen: 14.09.2016)

Sinn gesteht zwar ein:

„Die Marktwirtschaft erzeugt viel Ungleichheit, wohl wahr. Das ist der notwendige Preis ihrer Effizienz.(…) Man darf die Umverteilung durch den Staat aber nicht zu weit treiben, weil das die Leistungsanreize reduzieren kann. So erzeugen sozialstaatliche Lohnersatzeinkommen Mindestlohnansprüche, die die Zahl der rentablen Geschäftsmodelle und damit die Beschäftigungsmöglichkeiten reduzieren. Eine progressive Besteuerung der Einkommen ruft den Anreiz hervor, weniger zu arbeiten und weniger zu sparen, was den Zuwachs der Arbeitsproduktivität verringert. Eine hohe Erbschaftsteuer verleitet die Erblasser, ihr Vermögen selbst zu verbrauchen, es ins Ausland zu schaffen oder, was im Mittelstand sicherlich zu erwarten wäre, die jeweiligen Unternehmungen aufzugeben. Typischerweise setzen die Unternehmer ihre Lebenskraft ein und opfern ihre Freizeit, um ein Imperium aufzubauen und sich ein Denkmal zu setzen, nicht um einen hohen Konsumstandard zu realisieren. Eine übermäßige Besteuerung zerstört die Anreize und schadet damit den Arbeitnehmern." (Zeit Online, 16.02.2016; http://www.hanswernersinn.de/de/Zeit_ 16022016. Zugegriffen: 14.09.2016)

Dass sich eine wachsende Ungleichheit und relative Verarmung jedoch nachteilig auf die Leistungsbereitschaft und damit auf die Produktivität auswirken kann, gerät nicht ins Blickfeld von Sinn. Auch die Vernachlässigung der Nachfrageseite in der Angebotstheorie ist fragwürdig: Eine Stagnation der Masseneinkommen und ein Staat, dessen Steuerverzicht und wachsende Verschuldung den Spielraum auf der Ausgabenseite immer mehr verengt, lässt angesichts sinkender Gesamtnachfrage Investitionen in Realkapital (und damit in Arbeitsplätze) für die reichen Geldbesitzer ökonomisch als widersinnig erscheinen (Huffschmid 2010). Nicht nur die reichen Rentiers der Weltgesellschaft und die Länder mit hohen Deviseneinnahmen beteiligten sich daher verstärkt im „Kasinokapitalismus" (Strange 1986), sondern auch die Produktionsunternehmen, die ihre steuerlich begünstigten Gewinne angesichts relativ stagnierender Nachfrage nicht wieder in Produktionsanlagen investierten, sondern spekulativ anlegten. Dies ist eine der Ursachen der Finanzkrise von 2008.

Insgesamt treffen die Konzepte und Politikempfehlungen der Marktdogmatiker daher empirisch kaum auf eine Bestätigung ihrer Thesen. Ein Zusammenhang zwischen einem relativ hohen Staatsanteil am Sozialprodukt und Wachstumsschwäche bzw. umgekehrt zwischen einer niedrigen Staatsquote und einer vergleichsweise stärkeren Wachstumsdynamik kann nicht generell nachgewiesen werden. Entgegen den marktdogmatischen Annahmen sind mehr Abgaben an den Staat dem Wachstum sogar förderlich, um öffentliche Investitionen in Bildung und Infrastruktur als notwendige Produktionsvoraussetzungen zu finanzieren.

Problematisch sind neben den ökonomischen auch die sozialen und gesundheitlichen Folgen wachsender Ungleichheit. Richard Wilkinson und Kate Pickett (2010) weisen aufgrund jahrelanger Recherchen und Auswertung von Daten (insbesondere der UNDP, WHO, OECD, PISA, UNICEF, UN, World Value Survey) nach, dass es einen engen Zusammenhang zwischen ungleicher Verteilung der Einkommen und gesundheitlichen und sozialen Problemen gibt. In den USA, in Großbritannien und Portugal ist die Einkommensungleichheit am größten unter den 21 untersuchten Staaten. Hier sind auch die Folgen für den Gesundheitszustand und die sozialen Probleme der Gesellschaft – von wechselseitigem Misstrauen in der Bevölkerung, über vielfältige Gesundheitsprobleme und niedrigerer Lebenserwartung bis hin zur Kriminalität – am höchsten. In den skandinavischen Ländern ist die Gleichheit der Einkommensverteilung dagegen gleicher und auch der allgemeine Gesundheitszustand der Bevölkerung besser und die sozialen Probleme geringer. (Wilkinson und Pickert 2010, S. 136)

Eine höhere Gleichheit der Einkommensverteilung hat auch relativ stärkeren Einfluss auf die Innovationsfähigkeit einer Gesellschaft, etwa wenn man die Patentanmeldungen zum Maßstab nimmt (ebenda, S. 225) „Dass die Verringerung der Ungleichheit zu einer sehr viel besseren Gesellschaft führen kann, haben wir wiederholt deutlich gemacht." (ebenda, S. 223) „Dass die Menschen in den Ländern mit sehr geringer Ungleichheit – wie in Japan oder den skandinavischen Ländern – ein sehr gutes Leben führen können, steht außer Zweifel." (ebenda) Und schlussfolgernd ergänzen sie: „Wir haben in diesem Buch die Zusammenhänge zwischen Ungleichheit und weit verbreiteten sozialen und gesundheitlichen Problemen aufgezeigt. Daran lässt sich noch etwas anderes ablesen: würden die USA die in ihrem Land herrschenden Einkommensunterschiede auf ein Maß reduzieren, wie es in den – was Gleichheit anbelangt – führenden vier Industrieländern Japan, Norwegen, Schweden und Finnland zu konstatieren ist, dann würde der Anteil der Amerikaner, die glauben, anderen vertrauen zu können, um 75 % steigen – begleitet vermutlich von entsprechenden Verbesserungen im Gemeinschaftsleben." (ebenda, S. 299f.)

4   Wachstum und Entwicklung des armen Südens

Die Überwindung der Armut ist vor allem eine Herausforderung für die armen Länder des Südens, obwohl auch in den Industrieländern die Lücke zwischen Arm und Reich wächst. So beklagt der Weltentwicklungsbericht bereits 2004, dass viele notwendige Dienstleistungen für ärmere Menschen kaum erschwinglich sind und daher auch nicht erreicht werden können. Die in der Armutsbekämpfung inzwischen stark engagierte Weltbank fordert daher die Regierungen auf, dafür zu sorgen, dass diese Dienstleistungen als öffentliche Aufgaben besser zu organisieren sind. Im Einzelnen geht es darum, den Armen mehr Mitsprache zu ermöglichen und insbesondere die Versorgung mit ausreichender Bildung, Gesundheit und Ernährung öffentlich zu garantieren.

Das Entwicklungsprogramm der Vereinten Nationen (UNDP) hat zur Bewertung der Entwicklung von Armut und Wohlstand einen Armutsindikator (Human Poverty Index = HPI) und einen Entwicklungsindikator (Human Development Index = HDI) vorgelegt, die im „Bericht zur Entwicklung der Menschheit" des UNDP verwendet werden (UNDP 1997, S. 19–28). Demnach wäre arm, wer nicht über ausreichende materielle Ressourcen (insbesondere Nahrung und gesundes Trinkwasser) verfügt, in einer bedrohlichen Umwelt lebt, eine geringe Lebenserwartung hat, krank ist bzw. keinen Zugang zu einem zufriedenstellenden Gesundheitssystem hat, über ein nicht ausreichendes Maß an Bildung verfügt und an der gesellschaftlichen und öffentlichen Kommunikation nicht partizipiert und daher nicht über die Befähigung (*Empowerment*) verfügt, die menschlichen Fähigkeiten auszuweiten (UNDP 1996, S. 64).

Spätestens seit dem Millenniumgipfel der UN im Jahr 2000 hat die wachsende Kritik an der Politik von Weltbank und IWF im Umgang mit den hoch verschuldeten Ländern dazu geführt, die Bekämpfung der Armut und damit auch die Voraussetzungen für eine verbesserte Wirtschaftsentwicklung und Wohlstand auf die Agenda zu setzen. Die Maßnahmen zur Bekämpfung der Armut in den Ländern des Südens sollen diese dazu befähigen, wieder stärker für die Entwicklung ihrer wirtschafts- und sozialpolitischen Strategien selbst verantwortlich zu sein. Das Schlagwort in diesem Kontext heißt *ownership*, das anstelle der Bevormundung durch den industriellen Norden auf Beteiligung setzt. Hierzu wurden sogenannte *Poverty Reduction Strategies* (PRS) entwickelt, die als Steuerungsinstrumente für mittelfristige Entwicklungswege der ärmsten Länder des Südens insbesondere die Fähigkeit zur Armutsbekämpfung unterstützen sollen. Auch Schuldenerlasse für die ärmsten Länder setzen die erfolgreiche Umsetzung der PRS voraus, die allerdings auch vom IWF bewertet wird (www.worldbank.org/poverty/strategies).

Während so einerseits Strategien zur Reduzierung der Armut und zur Befähigung der armen Bevölkerung vor allem im Süden von der Weltbank initiiert wurden, wird andererseits besonders an der Politik des IWF kritisiert, dass er die neoliberalen Vorstellungen des Washington Konsensus fortsetzt. Nach wie vor werden Strukturanpassungsprogramme für die hoch verschuldeten Länder der Dritten Welt angewendet, die im so genannten Washington Konsensus von 1990 beschlossen wurden. Diese setzen auf Privatisierung, Haushaltskürzungen, Inflationsbekämpfung, Deregulierung und Marktöffnung der betroffenen armen Ländern als alleinigen Ausweg aus der Finanzkrise (Müller 2002, S. 97; Stiglitz 2002). Damit scheint eine neoliberale Vorstellung von makroökonomischer Politik der Armutsbekämpfung weiterhin im Vordergrund zu stehen. Wirtschaftswachstum, das vor allen Dingen durch eine Liberalisierung und Deregulierung im Geiste des Freihandels zustande kommen soll, wird weiterhin als wichtigste Voraussetzung gesehen, um eine wachsende Bevölkerung in den ärmeren Ländern in zunehmendem Maße mit Gütern und Dienstleistungen zu versorgen. Kritiker weisen jedoch darauf hin, dass quantitatives Wachstum allein nicht zur Erreichung der Ziele ausreicht, sondern dass auch über die Qualität von Wachstum und insbesondere über die Verteilungsaspekte gesprochen werden muss. Zudem besteht die Gefahr, dass durch Haushaltskürzungen, die den hochverschuldeten Ländern zur Sanierung ihrer Staatsfinanzen und der Wiedererlangung von Schuldendienstfähigkeit aufgezwungen werden, auch wichtige Infrastrukturmaßnahmen (vor allem Bildung) zum Opfer fallen, was die Wachstumspotentiale einschränkt.

Joseph Stiglitz, ein ehemaliger Mitarbeiter der Weltbank und Nobelpreisträger, kritisiert in seinem Buch „Die Chancen der Globalisierung" (2006), dass im Gegensatz zu den euphorischen Versprechungen der Freihandelstheoretiker die entsprechende Deregulierung und Marktöffnung in der Globalisierung nicht zu mehr Wohlstand für alle geführt hat. Nur wenigen Entwicklungsländern ist es überhaupt gelungen, allen voran China und einigen Ländern in Ostasien, die Globalisierung zu nutzen. Was aus seiner Sicht aber vor allem notwendig ist, sind faire Bedingungen im Welthandel: Der Norden, insbesondere die USA und EU müssen sich endlich von einer Subventionspolitik zu Lasten des Südens verabschieden und einen fairen Handel verwirklichen. Insgesamt erfordert die Bekämpfung von Armut andere Wege als die marktradikale und Freihandelstheorie beschreiben. Sie sollte sich eher an den Vorstellungen von Amartya Sen orientieren, wenn sie erfolgreich sein will. Ausgangspunkt sollten dabei die Sichtweise und Sorgen der Armen selbst sein, wie sie etwa im UNDP-Report (2003) beschrieben werden:

"Poor people care about what happens to their income levels. Poor people care about whether their children get into school. Poor people care about whether their daughters are discriminated against in terms of access to education. Poor people care enormously about pandemics and about infectious diseases such as HIV/AIDS, which are devastating communities in Africa. And poor people care a lot about their environment, and whether they have access to clean water and sanitation." (Brown, Vorwort zum UNDP-Report 2003)

Diese Sichtweise und damit die Position von *Amartya Sen* hat sich im Human Development Report von 2010 (HDR 2010) endgültig durchgesetzt. Ergebnisse bleiben abzuwarten. Amartya Sen schreibt zu Recht: „Zwanzig Jahre nach der Veröffentlichung des ersten Berichts über die menschliche Entwicklung gibt es mit Blick auf das Erreichte viel zu feiern. Aber wir müssen auch wachsam bleiben und nach Wegen suchen, um seit langem bestehende Widrigkeiten besser einzuschätzen und neue Gefahren, die das Wohlergehen und die Freiheit der Menschen bedrohen, zu erkennen und auf sie zu reagieren." (http://hdr.undp.org/en/reports/global/ hdr2010/ chapters/de. Zugegriffen: 14.09.2016)

Literatur

Brown, Mark M. 2003. *Foreword.* In *Human Development Report 2003,* Hrsg. United Nation Development Programme, v-vi. Oxford, New York: Oxford University Press.

Cohen, Gerald, A. 1995. *Self-Ownership, Freedom, and Equality.* Cambridge: University Press.

Diehl, Karl und P. Mombert, Hrsg. 1982. *Grundsätze der Besteuerung.* Frankfurt a. M., Berlin, Wien: Ullstein.

Diehl, Karl und P. Mombert, Hrsg. 1979. *Wirtschaftskrisen.* Frankfurt a. M., Berlin, Wien: Ullstein.

Erhard, Ludwig. 1957. *Wohlstand für alle,* Neuausgabe 1997. München: Econ.

Eucken, Walter. 1959. *Grundsätze der Wirtschaftspolitik,* 6. Aufl. 1990. Tübingen: Mohr Siebeck.

Friedman, Milton. 1971. *Kapitalismus und Freiheit.* Stuttgart : Seewald.

Gide, Charles und Ch. Rist. 1921. *Geschichte der volkswirtschaftlichen Lehrmeinungen.* Jena: G. Fischer.

Hayek, Friedrich August von. 1969. *Freiburger Studien.* Tübingen: Mohr – Siebeck.

Hayek, Friedrich August von. 1971. *Der Weg zur Knechtschaft,* 2. Aufl. München: Verlag Moderne Industrie.

Hayek, Friedrich August von. 1980. *Recht, Gesetzgebung und Freiheit, 3 Bände.* München: Verlag Moderne Industrie.

Hayek, Friedrich August von. 1991. *Die Verfassung der Freiheit,* 3. Aufl. Tübingen: J.C.B. Mohr.

Hayek, Friedrich August von. 1996a. *Die verhängnisvolle Anmaßung. Irrtümer des Sozialismus.* Tübingen: Mohr-Siebeck.

Hayek, Friedrich August von. 1996b. Ungleichheit ist nötig, Interview. *Wirtschaftswoche* Nr.3: 16-17.

Huffschmid, Jörg. 2010. *Kapitalismuskritik heute,* Hrsg. R. Hickel und A. Troost. Hamburg: VSA Verlag.

Human Development Report. 2003. *Millennium Development Goals: A contract among nations to end human poverty.* Oxford, New York: Oxford University Press. http://hdr.undp.org/en/reports/global/ hdr2010. Zugegriffen: 20. Januar 2017.

Keynes, John Maynard. 1936. *Allgemeine Theorie der Beschäftigung, des Zinses und des Geldes,* 7. Aufl., unveränderter Nachdruck der 1. Aufl. 1994. Berlin: Duncker und Humblot.

Keynes, John Maynard. 1985. Wege zur Wiedererlangung der Prosperität. In *Keynes kommentierte Werksauswahl,* Hrsg. Harald Mattfeldt, 143-151. Hamburg: VSA Verlag.

Knoche, Gabriel, M. Felbermayr und L. Wössmann, Hrsg. 2016. *Hans-Werner Sinn und 25 Jahre deutsche Wirtschaftspolitik.* München: Hanser.

Mill, John Stuart. 1976. *Der Utilitarismus,* 1. Aufl. 1869. Stuttgart: Reclam.

Mill, John Stuart. 1982. Grundsätze der politischen Ökonomie, dt. Übersetzung von A. Soetbeer, Leipzig 1869. In *Grundsätze der Besteuerung 1982,* Hrsg. K. Diehl und P. Mombert, 76-110. Frankfurt a. M., Berlin, Wien: Ullstein.

Müller, Klaus. 2002. *Globalisierung.* Frankfurt a. M.: Campus.

Müller-Armack, Alfred. 1947. *Wirtschaftslenkung und Marktwirtschaft*. Hamburg: Verlag für Wirtschaft und Sozialpolitik.

Piketty, Thomas. 2014. *Das Kapital im 21. Jahrhundert*. München: C. H. Beck.

Platon. 1998. Sämtliche Werke, 1. Aufl. 1940, Bd. 2. In *Digitale Bibliothek, Bd. 2: Philosophie*, Hrsg. Directmedia Publishing1998. Berlin.

Rawls, John. 1975. *Eine Theorie der Gerechtigkeit*. Frankfurt a. M.: Suhrkamp.

Rawls, John. 1993. *Political Liberalism*. New York: Columbia University Press.

Rousseau, Jean Jacques. 1968. *Der Gesellschaftsvertrag oder die Grundsätze des Staatsrechtes*, übersetzt von H. Denhardt, Hrsg. von Heinrich Weinstock. Stuttgart: Reclam.

Rousseau, Jean Jacques. 1977a. *Vom Gesellschaftsvertrag, Nachdruck*. Stuttgart: Reclam.

Rousseau, Jean Jacques. 1977b. Abhandlung über die Politische Ökonomie. In *Politische Schriften*, Hrsg. J. J. Rousseau, 9-57. Paderborn: Schoening.

Sen, Amartya. 2000. Ökonomie für den Menschen. *Wege zu Gerechtigkeit und Solidarität in der Marktwirtschaft*. Übersetzt aus dem Englischen von Chr. Goldmann. München: Deutscher Taschenbuch Verlag.

Sen, Amartya. http://hdr.undp.org/en/reports/global/ hdr2010/ chapters/de. Zugegriffen: 14.09.2016.

Sinn, Hans-Werner. 2016. Interview am 16.2.2016: http://finanzmarktwelt.de/liegt-hans-werner-sinn-richtig-oder-falsch-hat-kapitalismus-oder-der-kommunismus-mehr-armut-verursacht-27592. Zugegriffen: 14.09.2016.

Sinn, Hans-Werner. 2016. Zeit Online, 16.02.2016. http://www.hanswernersinn.de/de/Zeit_16022016. Zugegriffen: 14.09.2016.

Sinn, Hans-Werner. 2016. Belegstellen siehe in G. Felbermayr u. a. (Hrsg.) *Hans-Werner Sinn und 25 Jahre deutsche Wirtschaftspolitik*. München: Hanser.

Simonde de Sismondi und J.-C. Léonard. 1921. Études sur l´economie politique, Bd. 1, 1. Aufl. 1837 und Bd. 2, 1. Aufl. 1838, ausführliche Textpassagen und Kommentare. In *Geschichte der volkswirtschaftlichen Lehrmeinungen,* Hrsg. C. Gide und Ch. Rist, 185-216. Jena: G. Fischer.

Simonde de Sismondi und Jean-Charles-Léonard. 1979. Studien zur politischen Ökonomie, 1. Aufl. 1837, abgedruckt. In *Wirtschaftskrisen*, Hrsg. K. Diehl und P. Mombert, 8-121. Frankfurt a. M., Berlin, Wien: Ullstein.

Smith, Adam. 1923. *Reichtum der Nationen*, Jena. Nachdruck 1973. Gießen: Verlag Andreas Achenbach.

Starbatty, Joachim. 2016. *Die englischen Klassiker der Nationalökonomie* (mit Nachbetrachtung von Heinz Rieter). Stuttgart: W. Kohlhammer Verlag.

Stiglitz, Joseph. 2002. *Die Schatten der Globalisierung*. Berlin: Siedler Verlag.

Strange, Susan. 1986. *Casino Capitalism*. Oxford 1986. Reprint. Manchester 1997: Manchester University Press.

UNDP. 1996. *Bericht über die menschliche Entwicklung 1996*. Bonn: Deutsche Gesellschaft für die Vereinten Nationen.

UNDP. 1997. *Bericht über die menschliche Entwicklung 1997*. Bonn: Deutsche Gesellschaft für die Vereinten Nationen.

Weltbank. 2004. *Weltentwicklungsbericht 2004*. Washington: World Bank.

Wilkinson, Richard und K. Pickett. 2010. *The Spirit Level. Why Equality is Better for Everyone*. London, New York: Bloomsbury Press.

Soziale Teilhabe als sozialstaatliches Ziel
Der sozialpolitische Diskurs

Ernst-Ulrich Huster

Zusammenfassung

Der Sozialstaat zielt auf Kompromisse in einer Gesellschaft, die durch gegensätzliche soziale Interessen geprägt ist. Im historischen Ausgangspunkt in der 2. Hälfte des 19. Jahrhunderts betraf dieses die widerstreitenden Interessen von Lohnarbeit und Kapital. Diese Gegensätzlichkeit besteht fort, auch wenn sich die Binnenstruktur der Gesellschaft weiter ausdifferenziert hat. Die historisch ausgeprägte sozialstaatliche Kompromiss-struktur fordert als Grundprinzipen des sozialen Zusammenlebens unterschiedliche Werthaltungen ein: *Eigenverantwortung* – das Erbe des bürgerlichen Liberalismus, *Solidarität* – das Erbe der Arbeiterbewegung und *Subsidiarität* – das Erbe christlicher Ethik. Sozialstaatlichkeit stellt folglich immer eine Verbindung unterschiedlicher Wert-vorstellungen dar, dessen Binnengewichtung allerdings interessebedingt zwischen den drei Grundprinzipien von Sozialstaatlichkeit differiert. Eigenverantwortung, Solidarität und Subsidiarität sind geschichtlich betrachtet von unterschiedlichen sozialen Trägern entwickelt und durchgesetzt worden und bilden zusammen die tragenden Prinzipien der sich in der 2. Hälfte des 19. Jahrhundert herausbildenden Sozialstaatlichkeit in Deutschland.

Sozialstaatlichkeit zielt zunächst auf die Teilhabe an der Erwerbsarbeit als Grundlage von der Wahrnehmung von Eigenverantwortung. Zugleich geht es um die Beteiligung am gesellschaftlichen Wohlstandszuwachs, über Löhne und zunehmend über soziale Leistungen einschließlich sozialer Dienste. Sozialstaatlichkeit ist eine besondere Aus-prägung des neuzeitlichen Staates. Der Staat, damit auch der Sozialstaat, muss sich stets von neuem vor seinen Bürgerinnen und Bürgern legitimieren: Gelingt ihm der soziale Kompromiss, geht dieser einseitig zu Lasten eines Teils der Gesellschaft oder stellt er gar die Grundlagen sozialstaatlicher Umverteilung, nämlich die ökonomische Wertschöpfung, in Frage? Der Sozialstaat hat Akteure, Befürworter und Gegner. Dabei geht es um Verteilung. Hier widerstreiten zahlreiche Konzepte zwischen einer umfas-senden sozialen Integration, einer partiellen Teilhabe, einer fürsorglichen Absicherung von Mindeststandards oder gar einer nur noch residualen Unterstützungsleistung. Zugleich wird der sozialstaatliche Kompromiss immer wieder in Frage gestellt. Und schließlich gibt es stets neue Versuche, diesen Integrationsansatz auf die sich verändernden Bedingungen etwa in Europa oder weltweit zu beziehen. Nachdem lange Zeit im wirtschaftspolitischen Diskurs radikale wirtschaftsliberale Konzepte vorherrschten, mehren sich nunmehr national und weltweit Stimmen, die eine gerechtere Teilhabe aller am Wohlstand auch mit dem Ziel verfolgen, dadurch langfristig die Grundlagen von Wirtschaftswachstum zu sichern.

Mit dem Konzept von der sozialen Inklusion wird dieser Widerstreit neu formuliert, nicht aber neu entdeckt. Auch dieser Entwurf sucht nach einem sozialen Kompromiss, nun aber in einem umfassenderen Maße als bei vorherigen Konzepten: Es werden soziale Teilhabe und individuelle Potentiale eng miteinander verknüpft, ohne allerdings dafür nachprüfbare Parameter vorzugeben. Die Vorstellung von sozialer Inklusion präzisiert den Sozialstaats-Diskurs von der Handlungs- und Akteursebene aus betrachtet, zugleich unterliegt sie dem Dilemma jedes umfassenden gesellschaftspolitischen Konzepts: Es ist weniger operationalisierbar und seine Ergebnisse sind weniger messbar. Damit unterliegt es in besonderem Maße der Gefahr eines nicht lösbaren Legitimationsproblems.

Schlagworte

Sozialstaat; Grundprinzipien des Sozialstaates; soziale Inklusion; soziale Exklusion; Verteilung

1 Die Herausbildung und Entmischung von Strukturelementen des Staates als Sozialstaat im 19. Jahrhundert

1.1 Frühbürgerliche Gesellschaftstheorie

Die frühbürgerliche Gesellschaftstheorien – *Thomas Hobbes* (1588–1679), *John Locke* (1632–1704), *Jean-Jacques Rousseau* (1712–1778), in Deutschland später *Immanuel Kant* (1724–1804), *Wilhelm von Humboldt* (1767–1835) und *Georg Wilhelm Friedrich Hegel* (1770–1831) – entwarfen Konstrukte, wie der als Naturzustand beschriebene „Krieg aller gegen alle" (Thomas Hobbes) in der frühbürgerlichen Warenverkehrsgesellschaft in einen geordneten Zustand zu überführen sei. Dem dienten vertragsrechtliche Entwürfe, die durch rechtliche Rahmensetzung und das staatliche Gewaltmonopol den privaten Kommerz zwischen freien, gleichen Rechtssubjekten absichern sollten. Freiheit und Vernunft wurden die bestimmenden Elemente im gesellschaftlichen Zusammenleben. Dabei war es diesen Theoretikern – in unterschiedlicher Weise zwar – klar, dass die Interessenidentität in der Gesellschaft nur dann gegeben sei, wenn die Eigentumsunterschiede zwischen den Bürgern nicht zu stark ausfallen würden. Für *John Locke* beispielsweise galt zunächst das als Eigentum, was sich der Mensch zum eigenen Gebrauch und mit eigener Arbeit aus der

Natur aneignet. Und da es von allem in der Natur genug gebe, könne es darüber auch nicht zum Streit kommen. Erst mit der Einführung des Geldes sei die Möglichkeit geschaffen, mehr Eigentum zu besitzen als für den Bedarf nötig. Gerade dieses wird dann die Ursache für die von Locke konstatierte Labilität des Naturzustandes. Umgekehrt schützt der Gesellschaftsvertrag die vorgegebene unterschiedliche Vermögensverteilung vor staatlicher Intervention (vgl. Locke 1967).

Jean Jacques Rousseau formulierte in seinem „Contrat Social" von 1762 die große Anti-These zur feudalen, auf Standesprivilegien basierenden Gesellschaft des Ancien Regime und damit das Fanal der Französischen Revolution: „Der Mensch wird frei geboren, und überall ist er in Ketten." (Rousseau 1968, S. 30) Rousseau forderte vom Bürger die Wahrnehmung von *Eigenverantwortung,* zugleich dass der gesellschaftliche Rang des Einzelnen von dessen Leistung, nicht aber von seiner Geburt her bestimmt wird. Rousseau sah die Gefahr, dass eben diese Freiheit durch eine zu starke Konzentration des Reichtums in Frage gestellt werden könnte. Niemand dürfe so reich sein, „um sich einen andern kaufen zu können, noch so arm, um sich verkaufen zu müssen." (ebenda, S. 87) Er forderte daher eine egalisierende Vermögensaufteilung im Rahmen einer (klein-)bürgerlichen Gesellschaft (*état médiocre*) – allerdings ohne staatliche Eingriffe in den Bestand.

Angesichts der ökonomischen Rückständigkeit in Deutschland dachte etwa der Staatsreformer *Wilhelm von Humboldt* nicht über mögliche Folgen zu starker Eigentumskonzentration nach, hatte er es doch mit einem Staat zu tun, dessen agrarische Grundlagen weitgehend die Wirtschaft dominierten und dessen merkantilistische sowie staatsbürokratische Maßnahmen letztlich den kapitalistischen Take off in Deutschland eher behinderten. Er forderte deshalb einen Staat, der „sich aller Sorgfalt für den positiven Wohlstand der Bürger (enthalte, d. Verf.) und (…) kein Schritt weiter (gehe, d. Verf.), als zu ihrer Sicherstellung gegen sich selbst und gegen auswärtige Feinde notwendig ist; zu keinem andern Endzwecke beschränke er ihre Freiheit." (Humboldt 1967, S. 52) Humboldt beteiligte sich aktiv an der Durchsetzung der Gewerbefreiheit in Preußen. Seine Vorstellungen von einem Staat kamen dem Konstrukt des *Nachtwächterstaates* sehr nahe, der für Ruhe sorgen soll, damit alle ihren Eigeninteressen nachgehen können.

Nur wenige Jahre später erkannte allerdings *Georg Wilhelm Friedrich Hegel*, ein gründlicher Kenner der ökonomischen Klassiker wie *Adam Smith* (1723–1790) und *David Ricardo* (1772–1823), in seiner „Rechtsphilosophie":

„Durch die *Verallgemeinerung* des Zusammenhangs der Menschen durch ihre Bedürfnisse, und der Weisen, die Mittel für diese zu bereiten und herbeizubringen, vermehrt sich die *Anhäufung der Reichtümer*, denn aus dieser gedoppelten Allgemeinheit wird der größte Gewinn gezogen – auf der einen Seite, wie auf der anderen Seite die *Vereinzelung* und *Beschränktheit* der besonderen Arbeit und damit die *Abhängigkeit* und Not der an diese Arbeit gebundenen Klasse, womit die Unfähigkeit der Empfindung und des Genusses der weiteren Freiheiten und besonders der geistigen Vorteile der bürgerlichen Gesellschaft zusammenhängt." Zugleich resümierte Hegel: „Es kommt hierin zum Vorschein, daß bei dem Übermaße des Reichtums die bürgerliche Gesellschaft *nicht reich genug* ist, d.h. an dem ihr eigentümlichen Vermögen nicht genug besitzt, dem Übermaße der Armut und der Erzeugung des Pöbels zu steuern."

Hegel erkannte eine für die bürgerliche Gesellschaft gefährliche Dynamik: „Durch diese ihre Dialektik wird die bürgerliche Gesellschaft über sich hinausgetrieben, zunächst diese bestimmte Gesellschaft, um außer ihr in anderen Völkern, die ihr an den Mitteln, woran sie Überfluß hat, oder überhaupt an Kunstfleiß u.s.f. nachstehen, Konsumenten und damit die nötigen Subsistenzmittel zu suchen." (Hegel 1970, Rechtsphilosophie, Band 7, § 243, S. 389, § 245 und § 246, S. 391, Hervorhebungen im Original)

Hegel sah die Sprengkraft privatkapitalistischer Expansion – nach innen in einer sich verfestigenden sozialen Polarisierung, nach außen in Form kolonialer und später imperialer Politik der großen Industrienationen –, ohne aber selbst schon innerstaatliche bzw. innergesellschaftliche Alternativen aufzuzeigen.

In dieser sich in einem Zeitraum von knapp 200 Jahren entwickelnden frühbürgerlichen Theorie wird der Staat als Instanz der Gesellschaft begriffen, der den Bürgerinnen und Bürgern qua Gewaltmonopol möglichst umfassenden Schutz nach Innen und nach Außen bietet und Spielraum dafür schafft, dass sich die individuellen Kräfte möglichst umfassend entwickeln. Er steht für *Leistungsgerechtigkeit*. Dabei unterstellen diese Theoretiker, dass sich durch die staatliche Sicherung der *Freiheitsrechte* (Rechtsstaatlichkeit) letztlich eine sozial befriedete Gesellschaft entwickelt. Der Staat hat den Primat gegenüber der Ökonomie und greift dann ein, wenn die – bei Hegel schon sehr detailliert beschriebenen – zentrifugalen Kräfte der Gesellschaft die Gefahr in sich bergen, den gesellschaftlichen Zusammenhalt zu sprengen.

1.2   Theorien und Forderungen der Arbeiterbewegung

Die theoretischen Klassiker der Arbeiterbewegung – *Karl Marx* (1818–1883) und *Friedrich Engels* (1820–1895) – verwarfen die Vorstellung Hegels, die vorhandenen Gegensätze zwischen Staat und Gesellschaft und in der Gesellschaft dialektisch zu vermitteln, dieses meint: auf einer höheren Entwicklungsstufe zu einer neuen Synthese zu bringen, denn dieses sichere nur das Privateigentum des (feudal-aristokratischen) Landstandes und des entstehenden Gewerbestandes: Die „Wirklichkeit der sittlichen Idee" bei Hegel sei nichts anderes „als die Religion des Privateigentums" (MEW 1, S. 307). Ihre Forderung nach „Abschaffung der Klassen" (MEW 20, S. 99) schloss die Abschaffung des Privateigentums an Produktionsmitteln ein. Denn eine wie auch immer gleichmäßigere Verteilung der vorhandenen Vermögen im Wesentlichen am Produktivvermögen reiche nicht aus, um das sich in der bürgerlichen Gesellschaft etablierte soziale Herrschaftssystem einer Klasse über eine andere aufzuheben. Nicht sozialer Ausgleich wurde folglich angestrebt, sondern die Aufhebung des Privateigentums an Produktionsmitteln. An dessen Stelle sollte eine umfassende soziale Selbstverwirklichung und Teilhabe aller an den gesellschaftlichen Produktions- und Verteilungsprozessen entsprechend der Maxime treten: „Jeder nach seinen Fähigkeiten, jedem nach seinen Bedürfnissen!" (MEW 19, S. 21)

De facto hat sich insbesondere in Deutschland eine Arbeiterbewegung herausgebildet, die zwar den Revolutionsbegriff der marxistischen Theorie aufrecht erhielt, de facto aber stärker auf Reformen der bestehenden politischen und sozialen Verhältnisse zielte. Schon *Ferdinand Lassalle* (1825–1864) formulierte Vorstellungen von einem sozial integrierend wirkenden Staat. Er strebte ein Bündnis mit dem Bismarck'schen Obrigkeitsstaat an, von dem er staatliche Kredite für „Produktivgenossenschaften" erhoffte, um so die Arbeiter vom „ehernen Lohngesetz" zu befreien und ihnen einen „gerechten" Lohn zu sichern (vgl. Lassalle 1970, S. 55ff.). Parallel dazu organisierten Arbeiter in den 1850er und 1860er Jahren freiwillige Hilfskassen als *Solidarverbund* insbesondere für den Krankheitsfall. Die in ihnen entwickelten Strukturen und das Prinzip *solidarischer Gerechtigkeit* fanden später Eingang in die staatlich normierte Sozialversicherung.

1.3   Katholische Soziallehre

Nicht zuletzt in Abwehr zu einer so bezeichneten „wühlerische(n) Partei", nämlich den Sozialisten (Ziff. 1), wollte die Katholische Kirche unter *Papst Leo XIII* (1810–1903) mit der Sozialenzyklika „Rerum novarum" aus dem Jahr 1891 zweierlei in Einklang bringen, einmal die Herausbildung eines „Sonderbesitzes" (Ziff. 8) – sprich: Besitz an Produktivvermögen – in der bürgerlichen Gesellschaft, zum anderen die naturrechtliche Bestimmung des Menschen, der als Ebenbild Gottes nicht Objekt eines Menschen sein könne. „So wenig das Kapital ohne die Arbeit, so wenig kann die Arbeit ohne das Kapital bestehen." (Ziff. 15) Folglich sei es Aufgabe des Staates, sowohl den privaten Besitz zu schützen, aber auch die Würde und persönliche Integrität des Arbeiters zu wahren. Deshalb verstoße es gegen „Recht und Billigkeit, wenn der Staat vom Vermögen der Untertanen einen übergroßen Anteil als Steuer entzieht" (Ziff. 35), umgekehrt aber dürfe der Staat nicht tatenlos zusehen, wenn sich in den „niederen Klassen" (Ziff. 35) die Erkenntnis durchsetze, trotz Fleiß und Anstrengung könnten sie ihren eigenen Lebensunterhalt nicht bestreiten. Eingefordert wird „die Pflicht, das Gemeinwohl zu fördern" (Ziff. 26). Dieses bedeutet im Wesentlichen: Sozialbindung des Eigentums, Koalitionsrecht und Recht auf kollektive Arbeitsverweigerung, Verzicht auf einen primitiven Kapitalismus und konsequente Anwendung des Subsidiaritätsprinzips im Verhältnis Staat – Gesellschaft – Bürger. Privateigentum ist demzufolge legitim aber sozial gebunden. Sozialbindung meint einen sinnvollen Einsatz etwa im Produktionsprozess unter Gewährleistung menschenwürdiger Entlohnungs- und Arbeitsbedingungen. Zugleich hat sich jeder in die vorgegebene soziale Hierarchie einzuordnen (lat.: „suum cuique" – „Jedem das Seine.") Der Staat gewährt fürsorglich Hilfeleistungen, darin verwirklicht sich subsidiäre, vorleistungsfreie Gerechtigkeit. Auch wenn der Begriff Subsidiarität in der katholischen Soziallehre entwickelt worden ist, werden dessen Strukturprinzipien – allerdings ohne den naturrechtlichen Hintergrund – auch im Protestantismus propagiert (alle Belegstellen aus Rerum novarum in: Leo XIII 1953).

1.4   Der Kaiserliche Obrigkeitsstaat: Eine Synthese von Feudal- und modernem Sozialstaat

Deutschland war ein Land mit gescheiterten Ansätzen einer bürgerlichen Revolution. *Friedrich Julius Stahl* (1802–1861), ein an der Restitution christlicher Wertvorstellungen orientierter konservativer Rechtsphilosoph, agitierte gegen die bürgerlich-revolutionären Bestrebungen und forderte die Restitution der Obrigkeit von „Gottes- und Rechtswegen". Stahl verurteilte zwar den von ihm als zerstörerisch beschriebenen Prozess der Durchsetzung, bürgerlicher Interessen, nicht aber das Resultat, nämlich „das Recht des Menschen, die Selbstthätigkeit der Nation, die verfassungsmäßige Ordnung, die geistige Macht der öffentlichen Lebenswürdigung" (Stahl 1845, in: Stahl 1963, S. XXXIf.). Gegen den Geist der Aufklärung und der revolutionären Umtriebe gerichtet, forderte Stahl die Autorität eines „sittlichen Reiches", aber gegen die nur restaurativen Kräfte seiner Zeit gewandt, attestierte er den als Liberalismus, Demokrazismus und Socialismus beschriebenen Tendenzen gleichwohl, im Besitze von „Lehren von mächtiger Wahrheit" zu sein: So lehre der Sozialismus „die Verwerflichkeit der unbeschränkten Konkurrenz, die Nothwendigkeit jener die Nahrung und den Besitz schützenden Institutionen", zugleich die „Macht der Association" und schließlich die „nothwendige Verbindung des Socialen und Politischen". Stahl unterstrich die ethische Verantwortung des Staates gegenüber den sozialen Umstrukturierungsprozessen seiner Zeit nicht zuletzt auch im Interesse von Bürgertum, Monarchie und Adel. Denn diese Monarchie sei nicht ohne den Adel denkbar, weder im administrativen, noch im militärischen, noch im sozialen Bereich:

> „Wenn der Socialismus bei uns auf dem Lande abgehalten werden soll, so kann das hauptsächlich nur durch die Grundaristokratie geschehen, daß sie sich für die wirklichen Bedürfnisse hülfreich bewährt, der wirklichen Noth entgegenkommt. (…) Die Aristokratie ist kein Übel, nur das Junkerthum ist ein Übel." (ebenda, S. 140)

Damit hatte Stahl den *politischen* Kompromiss zwischen Feudalaristokratie und Besitzbürgertum im kaiserlichen Obrigkeitsstaat vorformuliert, zugleich die sozialpolitische Orientierung auch im Sinne der unterprivilegierten Massen.

Das im Feudalsystem angelegte Fürsorgedenken, von der bürgerlichen Emanzipationsbewegung im 18. Jahrhundert brüsk zurückgewiesen, erfuhr nun eine Neubestimmung: Der kaiserliche Obrigkeitsstaat festigte mit seiner Hochschutzzollpolitik die Rahmenbedingungen für die nationale Landwirtschaft und die Grundstoffindustrie, die arbeitenden Massen aber sollten ebenfalls materiell geschützt werden, wenngleich eher auf einem Niveau der Armenfürsorge. In diesem Sinne formulierte *Otto von Bismarck* (1815–1898) in der berühmten *Kaiserlichen Botschaft* vom 17. November 1881:

> „Schon im Februar dieses Jahres haben Wir Unsere Überzeugung aussprechen lassen, daß die *Heilung der sozialen Schäden nicht ausschließlich im Wege der Repression* sozialdemokratischer Ausschreitungen, sondern gleichmäßig auf dem der *positiven Förderung* des Wohles der Arbeiter zu suchen sein werde. Wir halten es für Unsere Kaiserliche Pflicht, dem

Reichstage diese Aufgabe von Neuem an's Herz zu legen; und würden Wir mit umso größerer
Befriedigung auf alle Erfolge, mit denen Gott Unsere Regierung sichtlich gesegnet hat, zu-
rückblicken, wenn es Uns gelänge, dereinst das Bewußtsein mitzunehmen, dem Vaterlande
neue und dauernde Bürgschaften seines inneren Friedens und *den Hülfsbedürftigen größere
Sicherheit und Ergiebigkeit des Beistandes*, auf den sie Anspruch haben, zu hinterlassen.
In Unseren darauf gerichteten Bestrebungen sind Wir der Zustimmung aller verbündeten
Regierungen gewiß und vertrauen auf die Unterstützung des Reichstages ohne Unterschied
der Parteistellung. (…) Für diese Fürsorge die rechten Mittel und Wege zu finden, ist eine
schwierige, aber auch eine der höchsten Aufgaben jedes Gemeinwesens, welches auf den
sittlichen Fundamenten des christlichen Volkslebens steht." (zit. n. Blanke u.a. Hrsg. 1975,
S. 77f., Hervorhebungen im Original)

Damit hat sich in Deutschland das Konstrukt eines auf soziale Teilhabe ausgerichteten
Staatsverständnisses durchgesetzt. Die Dynamik kapitalistischen Wirtschaftens wird mit
Elementen fürsorglichen Denkens verbunden, allerdings werden Einflugschneisen auch für
politische Teilhabe gelegt: Allgemeines Wahlrecht (für Männer) und die Selbstverwaltung
in der Sozialversicherung sowie der Kommunen. Feudaladel, Bürgertum und Proletariat
werden Kompromisse auferlegt. Insgesamt wies der Bismarck'sche Ansatz eines Sozialstaates Sozialdemokratie und Gewerkschaften den Weg, die Teilhabe der lohnabhängigen
Bevölkerungsschichten am gesellschaftlichen Wohlstand über institutionalisierte Vertei-
lungskämpfe zwischen Lohnarbeit und Kapital (Tarifverträge, kollektives Arbeitsrecht) und
/ oder über staatliche Umverteilung zu verbessern. Teilhabe, bei Bismarck noch keineswegs
streng zwischen dem feudalen Fürsorgedenken und bürgerlicher Eigenverantwortung einschließlich solidarischem Risikoausgleich getrennt, und sozialer Kompromiss bestimmen
dieses Verständnis von Sozialstaatlichkeit. Allerdings bleiben in diesem Konstrukt die
vorfindlichen Lebenslagen eher erhalten, als dass sie verändert werden. Von daher trägt
das Bismarck'sche Sozialstaatsverständnis zu Recht das Prädikat konservativ.

2   Der Sozialstaat in der Kontroverse:
soziale Interessen – soziale Teilhabe – sozialer Konflikt

Genau dieser soziale Kompromiss über die Teilhabe in der Gesellschaft ist immer auch
temporärer Natur und bedarf der steten Neujustierung. Entgegen der historischen Entwicklungslinie von der bürgerlichen Emanzipationsbewegung zur sich herausbildenden
Arbeiterbewegung sowie von den Antworten der Kirchen und schließlich des Staates auf die
sozialen Umbrüche in der Gesellschaft im 19. Jahrhundert verläuft die weitere Diskussion
z. T. zeitgleich, zum Teil zeitlich versetzt. Für die aktuelle Diskussion sind die nachfolgend
aufgeführten Konzepte relevant, auch wenn sie nicht immer und immer zur selben Zeit im
sozialstaatlichen Diskurs präsent sind. In deren Rezeption und Ablehnung, Modifikation
und Fortentwicklung kommen unterschiedliche, sich einander ergänzende oder gegenseitig
ablehnende soziale Interessen zum Ausdruck, sie provozieren oder sind Ausdruck sozialer

Konflikte. Die entscheidende Frage dabei allerdings ist, wie und inwieweit leisten sie einen Beitrag zur sozialstaatlichen Konsensbildung und damit zur Verallgemeinerung sozialer Teilhabe oder aber wie und inwieweit stellen sie sich dagegen.

2.1   Die Legitimation des Sozialstaates

2.1.1   Der Sozialstaat als Akteur sozialer Integration: das neukantianische Erbe

Beginnend im kaiserlichen Obrigkeitsstaat, verstärkt in der nachfolgenden Weimarer Republik formulieren Theoretiker – im Rekurs auf Kant – politisch-ethische Grundlagen für eine Integration widerstreitender Interessen in Staat und Gesellschaft. Mit Namen wie *Max Weber* (1864–1920), *Eduard Heimann* (1889–1967) *Hermann Heller* (1891–1933) und nach dem 2. Weltkrieg mit *Ralf Dahrendorf* (1929–2009) verbinden sich geschichtlich Positionen, die versuchen, die Notwendigkeit und Gefahren einer stärkeren sozialen Integration in die Wirklichkeit einer kapitalistisch geprägten Gesellschaft zu beschreiben und diesen Prozess zugleich theoretisch zu fassen.

Max Weber, ein Vertreter des *Sozialliberalismus*, beispielsweise griff das bei *John Locke* entwickelte liberale Theorem auf, dass nämlich die in einem Staat Beherrschten den mit der Herrschaft Beauftragten und den zu beachtenden Gesetzen zustimmen müssen:

> „Ein gewisses Minimum an innerer Zustimmung mindestens der sozial gewichtigen Schichten der Beherrschten ist ja Vorbedingung einer jeden, auch der bestorganisierten, Herrschaft." (Weber 1958, S. 327)

In der Phase des klassischen Liberalismus sei dies auch kein Problem gewesen, bezog sich doch hier die Forderung nach sozialer Zustimmung auf die sozial homogene Klasse der Besitzbürger. Im modernen Staat aber gebe es diese soziale Homogenität nicht, folglich könne die zustimmende Haltung der Bürgerinnen und Bürger erst auf dem Wege der sozialen Integration u. a. durch staatliche Politik hergestellt werden. Weber beschrieb damit den Zustand zugespitzter Klassenauseinandersetzungen am Ende des I. Weltkrieges. Er ging von der „Gebundenheit jeder Regierung an die Existenzbedingungen einer auf absehbare Zeit hinaus kapitalistischen Gesellschaft und Wirtschaft" aus (ebenda, S. 353f.). Immer wieder fragte Weber, inwieweit die organisierte Arbeiterbewegung die in ihr wirksamen revolutionären Elemente zurückdrängen könne. Zugleich plädierte er für einen Kompromiss zwischen Kapitalismus und Arbeiterbewegung. Zwar werde man noch lange Zeit mit den privaten Unternehmern leben und auf ihre ökonomische Leistungsfähigkeit zurückgreifen müssen, wohl aber müsse und könne man ihren politischen Wirkungsgrad einschränken:

> „Man muss sie nur an der rechten Stelle verwenden, ihnen zwar die unvermeidlichen Prämien – des Profits – hinhalten, sie aber sich nicht über den Kopf wachsen lassen. *Nur* so ist – heute! – Fortschritt zur Sozialisierung möglich." (Weber 1958, S. 448)

Innerhalb der sozialdemokratischen Arbeiterbewegung stellte sich in den 1920er Jahren nach Konsolidierung der Wirtschaft die Frage, ob die Regierungsbeteiligung, die Mitarbeit an den gesetzgeberischen bzw. sozialpolitischen Prozessen nun ein Abweichen vom für richtig gehaltenen Ziel des Sozialismus sei oder nur ein anderer Weg hin zur Überwindung des Kapitalismus. *Eduard Heimann* gibt in seiner vor Ausbruch der Weltwirtschaftskrise im Jahr 1929 erschienen Schrift „Soziale Theorie des Kapitalismus" eine knappe Antwort:

> „Sozialpolitik ist der institutionelle Niederschlag der sozialen Idee im Kapitalismus. (…) Sozialpolitik ist also der Einbau des Gegenprinzips in den Bau der Kapitalherrschaft und Sachgüterordnung; es ist die Verwirklichung der sozialen Idee im Kapitalismus gegen den Kapitalismus." (Heimann 1929, zit. nach 1980, S. 167)

Sozialpolitik habe eine Doppelstellung, sie sei Fremdkörper und Bestandteil im kapitalistischen System:

> „Sozialpolitik sichert die kapitalistische Produktionsgrundlage vor den von der sozialen Bewegung drohenden Gefahren, indem sie der sozialen Forderung nachgibt; sie baut den Kapitalismus stückweise ab und rettet dadurch seinen jeweils verbleibenden Rest; sie erreicht immer dann und nur dann einen Erfolg, wenn die Erfüllung einer sozialen Teilforderung zur produktionspolitischen Notwendigkeit wird. Dies ist ihr konservativ-revolutionäres Doppelwesen." (ebenda, S. 172)

Der Freiheitsdrang der arbeitenden Menschen sei die Kraftquelle der sozialen Bewegung, dieses bedürfe eines „ins Bewusstsein gehobene(n) Ziel(s)" (Einfügungen der Verf.), damit komme es zur Bindung der sozialen Idee an die soziale Bewegung (ebenda, S. 318 und 181). Das Bürgertum werde dagegen Widerstand leisten, den zu überwinden es der Kampfkraft der Arbeiter bedürfe. Letztlich aber werde „aus dem Kapitalismus die soziale Freiheitsordnung" hervor wachsen, die in dessen eigener Freiheitsgrundlage wurzele (ebenda, S. 321). Das hier vertretene Sozialstaatsmodell verbindet das Interesse des Bürgertums an einer langfristigen Stabilisierung seiner wirtschaftlichen Interessen mit der Interessenlage der Arbeiterschaft. Sozialstaatlichkeit steht damit für Wohlstandsmehrung und Teilhabe möglichst breiter Schichten an politischen sowie sozialen Rechten, damit insgesamt für inneren Frieden.

Hermann Heller kamen am Ende der Weimarer Republik erhebliche Zweifel, ob das Bürgertum noch bereit sei, seinen Beitrag zur Aufrechterhaltung dieses Integrations-Modells, damit zur evolutionären Durchsetzung der *sozialen Idee*, von der Eduard Heimann gesprochen hatte, zu leisten. Angesichts der Gefahr eines zur Macht gelangenden Faschismus forderte er in seiner berühmten Schrift „Rechtsstaat oder Diktatur?" aus dem Jahr 1930:

> „Soll die heutige, vornehmlich vom Bürgertum geschaffene Kultur und Zivilisation erhalten, geschweige denn erneuert werden, so muss unter allen Umständen der erreichte Grad der Berechenbarkeit der gesellschaftlichen Beziehungen nicht nur bewahrt, sondern sogar noch erhöht werden." (Heller 1971, S. 460)

Teile des Bürgertums hätten von Anfang an in der Weimarer Republik den Kompromiss mit der Arbeiterbewegung nur widerwillig hingenommen, bedeutete dieses doch „die Ausdehnung des materiellen Rechtsstaatsgedankens auf die Arbeits- und Güterordnung" (ebenda, S. 451) und damit die Überführung des liberalen in einen sozialen Rechtsstaat. In der Weltwirtschaftskrise seien diese bürgerlichen Kreise nun bereit, den Kompromiss aufzukündigen und die rechtsstaatlichen sowie demokratischen Errungenschaften zugunsten einer Diktatur aufzugeben. In dieser zugespitzten politischen Krise wies Heller dem Proletariat die historische Aufgabe zu, immer wieder die soziale und politische Kraft zur Integration aufzubringen, da das Bürgertum aus sich heraus dazu nicht in der Lage und auch nicht willens sei (vgl. Schluchter 1968, S. 172). Mit der proletarisierten „Massendemokratie des heutigen Großstaates" und dem gesteigerten Klassengegensatz wird, so Heller, gerade die Arbeiterschaft als jener Teil der bürgerlichen Gesellschaft, der nach Marx eigentlich deren Negation darstellt, zum wichtigsten Kristallisationskern und zu einem der „staatsbildenden Faktoren". Ihr komme die Aufgabe der Integration der „ewig antagonistische(n) gesellschaftliche(n) Vielheit zur staatlichen Einheit" zu, um so den Faschismus abzuwenden (Heller 1929, S. 7, 8 und 11; Einfügungen d. Verf.). Der soziale Rechtsstaat wendet sich sowohl gegen den liberalen Rechtsstaat als auch gegen die drohende Gefahr einer faschistischen Diktatur – er verbindet bürgerliche und proletarische Emanzipation zu einem neuen Gestaltungsprinzip der Demokratie.

Diese Ausformulierung der Notwendigkeit eines sozialen Kompromisses zum Zwecke der Verteidigung letztlich auch der Errungenschaften der bürgerlichen Gesellschaft setzte auf Teilhabe an den privatwirtschaftlich von Unternehmern und Arbeitnehmern erwirtschafteten Ressourcen. Nach dem 2. Weltkrieg und im Kontext der enormen wirtschaftlichen Schubkraft der (west-)deutschen Wirtschaft formulierte schließlich *Ralf Dahrendorf* den sozialen Kompromiss und die sozialen Teilhabe aller als eine wesentliche Grundlage des sozialen Zusammenhalts der bürgerlichen Gesellschaft:

> „Deshalb verlangt die Durchsetzung der Bürgerrechte ein gewisses Maß dessen, was gerne Nivellierung genannt wird, nämlich einen verlässlichen ‚Fußboden' und eine schützende ‚Decke' für das Gehäuse sozialer Schichtung. Eine Politik zu diesem Ende ließe sich als liberale Sozialpolitik ohne große Mühe konzipieren. Sie bliebe eine liberale Politik, denn ihr eigentliches Ziel läge darin, den Raum zwischen Decke und Fußboden möglichst breit zu halten, damit die Vielfalt menschlicher Talente und Leistungen im Medium der distributiven Ungleichheit seinen Ausdruck finden kann." (Dahrendorf 1965, S. 96)

Damit wird das Gebot der Integration erneuert, zugleich auf die gesamte Gesellschaft ausgeweitet und nicht, wie bei Hermann Heller, vorrangig als ein Instrument im Abwehrkampf des Proletariats gegen den aufkommenden Faschismus verstanden. Zugleich wird ein quantitatives Spektrum für die soziale Teilhabe bzw. Verteilung aufgezeigt, denn der Abstand zwischen Decke und Fußboden wird nun zum interessebedingten Ort der Auseinandersetzung. Gleichviel: Bürgerrechte sind an eine existenzsichernde Mindestversorgung (Subsidiarität) gebunden, die vor sozialer Ausgrenzung schützen soll, zugleich gibt es Grenzen der Verteilung nach oben, wie schon die frühliberale Theorie formulierte.

Gesellschaft benötigt soziale Differenzierung als Folge der unterschiedlichen Wahrnehmung von Eigenverantwortung, aber auch sozialen Zusammenhalt durch Solidarität. Der soziale Widerstreit bezieht sich auf deren Mischungsverhältnis, Verteilungspolitik in Richtung von mehr Leistungsgerechtigkeit oder von mehr solidarischer Gerechtigkeit ist folglich legitim, und zwar ohne Exklusivitätsanspruch. Aber der Boden selbst muss stabil bleiben (Vorleistungsfreie Gerechtigkeit).

Was *soziale Teilhabe* über Sozialstaatlichkeit quantitativ und qualitativ bedeuten *soll*, ist – so kann aus den hier angeführten Theorien von Weber, Heimann, Heller und Dahrendorf geschlossen werden – normative Setzung. Diese kann sich in Theorietraditionen einordnen, sie kann sich aber auch explizit davon absetzen. Diesen *Wert*-Setzungen ist ein je spezifisches Menschenbild eigen, das letztlich eine Antwort darauf zu geben sucht, wie in der Gesellschaft menschliche *Vernunft* zum Tragen gebracht und *Freiheit* verwirklicht werden kann. Mit dem *Neukantianismus* werden entlang dieser beiden zentralen Kategorien der bürgerlichen Emanzipationsbewegung – *Vernunft* und *Freiheit* – unterschiedliche *Sollens*-Vorstellungen formuliert, an dem sich dann das Sein der Gesellschaft messen lassen müsse. Zugleich greifen diese Konstrukte Überlegungen der sozialistischen Emanzipationsbewegung auf, wonach die Verwirklichung von Vernunft und Freiheit letztlich eines materiellen, sozialen Substrats bedarf. Dabei unterliegen diese neo-kantianischen Konstrukte dem Risiko, ihrerseits kritisch hinterfragt zu werden, nämlich einmal, weil es schlicht eine beachtliche Vielfältigkeit von Sollens-Bestimmungen gibt und nicht eindeutig ist, welcher der Vorrang gebührt, und zum anderen, weil deren wie auch immer schlüssige Begründung keinesfalls schon dazu führt, dass sich die gesellschaftliche Wirklichkeit daran orientiert. Umgekehrt werden diese Begründungen nicht dadurch obsolet, dass sie nicht *hic et nunc* Wirklichkeit werden können.

2.1.2 Der Sozialstaat als Weg zur Demokratisierung der Wirtschaft

Nach der Niederringung des Faschismus in Deutschland kam es zu einer breiten Diskussion darüber, ob der Weimarer Staat nicht daran gescheitert sei, dass es ihm „nicht gelungen war, den Übergang von einer lediglich formalen zu einer sozialen Demokratie praktisch zu vollziehen." (Abendroth 1968, S. 115) Blieben besitzbürgerliche Interessen, nicht zuletzt durch die Entmachtung wirtschaftlicher Kreise durch die Besatzungsmächte, vorerst ohne großen Einfluss, konnten die gestaltenden deutschen politischen Kräfte auf Konzepte und Entwürfe aus der Weimarer Republik zurückgreifen. Dieses bezog sich etwa auf die Überführung von Schlüsselindustrien in Gemeineigentum, auf eine staatliche Wirtschaftsplanung und eine weit gefasste Mitbestimmung der Arbeitnehmer. Insbesondere einige Länderverfassungen, wie die von Hessen und Bremen, haben hierzu weitreichende Grundlagen geschaffen.

Das Grundgesetz selber, verabschiedet 1949, schloss nicht an die entsprechenden konkreten Regelungen der Weimarer Reichsverfassung an, sondern beschränkte sich darauf, in Artikel 20 einen Rechtsgrundsatz zu verankern, wonach die Bundesrepublik Deutschland ein „demokratischer und sozialer Bundestaat" ist. In Artikel 1 des Grundgesetzes ist zugleich der Schutz der Würde des Menschen als oberste Verpflichtung des Staates bestimmt worden. Beide Artikel unterliegen dem Grundsatz der „Unabänderbarkeit" nach Artikel 79. Unmittelbar nach Inkrafttreten des Grundgesetzes setzte nun eine Diskussion ein, ob und inwieweit dadurch die Staatszielbestimmung normiert worden sei (Hartwich 1970). Mit *Ernst Forsthoff* (1902–1974) hat neben anderen ein besonders prominenter Jurist den Versuch unternommen, den Grundsatz der Sozialstaatlichkeit dem der Rechtsstaatlichkeit unterzuordnen und letztlich seine Ausgestaltung der Verwaltung anheimgestellt (Forsthoff 1968). *Wolfgang Abendroth* (1906–1985) dagegen knüpfte an die doppelte Abgrenzung des sozialen Rechtsstaates durch Hermann Heller vom liberalen Rechtsstaat und von der faschistischen Diktatur an.

> „Das entscheidende Moment des Gedankens der Sozialstaatlichkeit im Zusammenhang des Rechtsgrundsatzes des Grundgesetzes besteht also darin, daß der Glaube an die immanente Gerechtigkeit der bestehenden Wirtschafts- und Gesellschaftsordnung aufgehoben ist, und daß deshalb die Wirtschafts- und Gesellschaftsordnung der Gestaltung durch diejenigen Staatsorgane unterworfen wird, in denen sich die *demokratische* Selbstbestimmung des Volkes repräsentiert." (Abendroth 1968, S. 119)

Abendroth sieht in einzelnen Bestimmungen des Grundgesetzes – so in der Freiheitsgarantie des Artikel 2, der Sozialbindung des Eigentums in Artikel 14 und den Regelungen zu einer möglichen Vergesellschaftung von Grund und Boden, Naturschätzen und Produktionsmitteln in Artikel 15 – „Einfallstore" für den demokratischen Staat, „die Umformung der Wirtschafts- und Gesellschaftsordnung ohne die Schranken, die durch die Notwendigkeit von Verfassungsänderungen gebildet würden, in die eigene Hand zu nehmen." Allerdings rechne das Grundgesetz mit einer langen Periode der „Umwandlung der bestehenden Gesellschaft in diejenige der sozialen Demokratie." (ebenda, S. 123f.) Deshalb werde der Rechtsgrundsatz vom sozialen Rechtsstaat „notwendig unmittelbar zum Gegenstand des Kampfes der sozialen Gruppen" in „einer sozial gespaltenen Gesellschaft" (ebenda, S. 131 und 134). Zugleich markiert Abendroth zwei unaufgebbare Bestandteile von Sozialstaatlichkeit: den sozialen Kompromiss und den Minderheitenschutz:

> „Vielmehr macht die Verbindung des Gedankens des sozialen Rechtsstaates mit der Demokratie deutlich, daß dieser Staat jeweils auf eine Kompromißlage zwischen den sozialen Gruppen angelegt ist, die ein für alle tragbares Minimum an gemeinsamen Wertmaßstäben garantiert. Dies Minimum ist mindestens dadurch bestimmt, dass sozialstaatliche Eingriffe auf Grund der gemeinsamen Entscheidung der politischen und sozialen Kräfte im Staat zur Umgestaltung der Wirtschafts- und Sozialordnung dann als notwendig anerkennt werden müssen, wenn das menschenwürdige Dasein einer Gruppe bedroht ist." (ebenda, S. 131)

Abendroth konstatiert, dass das Grundgesetz sich nicht eindeutig für diese – seine – Auslegung des Sozialstaatsgrundsatzes entschieden habe. „Vielmehr steht fest, dass der Rechtsgrundsatz des demokratischen und sozialen Rechtsstaates auf Grund eines Kompromisses in ihrer Tendenz nicht übereinstimmender politischer und gesellschaftlicher Kräfte formuliert worden ist." Mit dieser an Hermann Heller anschließenden Beschreibung des gesellschaftlichen Status quo zum Zeitpunkt der Verabschiedung des Grundgesetzes verbindet Abendroth allerdings die Gewissheit, dass das Grundgesetz grundsätzlich „die künftige Entwicklung zur sozialen Demokratie offenzuhalten" beabsichtigt habe (ebenda, S. 140). Nicht in der neukantianischen Tradition, sondern in der der Arbeiterbewegung stehend, entwirft Wolfgang Abendroth damit eine reformorientierte, evolutionäre Perspektive hin auf eine soziale Demokratie. Sozialer Kompromiss und sozialer Schutz basieren auf Demokratie, Demokratie ist nur durch sie möglich.

2.1.3 Autonome Interessenwahrnehmung gegen „Sozialstaatsillusion"

Die insbesondere von Sozialdemokratie und Gewerkschaften vertretenen Vorstellungen einer evolutionären Verbesserung der Lage der abhängig Beschäftigten und einer allmählichen Demokratisierung der kapitalistischen Wirtschaftsordnung werden im Zusammenhang mit Veränderungen der wirtschaftlichen Rahmenbedingungen in Deutschland ab Mitte der 1960er Jahre zunehmend von kritischen, größtenteils auf Karl Marx und Friedrich Engels zurückgreifenden Theorieansätzen in Frage gestellt. Der Vorstellung vom Staat als einem souveränen Umverteiler des Sozialproduktes setzten etwa *Wolfgang Müller* (* 1934) und *Christel Neusüß* (1937–1988) die Thesen von einer nur „nachträgliche(n) und notdürftige(n) Kontrolle des Staates über die naturwüchsige Gestalt des gesellschaftlichen Produktionsprozesses" entgegen (Einfügungen der Verf.), die noch dazu „notwendig zur Erhaltung der Produktion von Mehrwert" sei. Die Vorstellung von einem soziale Gerechtigkeit herstellenden Sozialstaat sei infolgedessen „Illusion". Denn wenn umverteilt werde, so geschehe dies lediglich innerhalb der Klassen, in jedem Falle aber so, dass die Wachstumsbedingungen des Kapitals nicht in Frage gestellt würden (Müller und Neusüß 1970, S. 57 und 42). Des Weiteren wird dem „Reformismus" in der traditionellen Arbeiterbewegung vorgehalten, er habe das Element der Selbstorganisation denaturiert. „Solidarität" und „Selbsthilfe" – einst Kampfbegriffe gegen den Kapitalismus – seien inzwischen ihres systemkritischen Charakters beraubt und in den „Himmel der Institutionen" von Staat und Sozialversicherung abgeschoben worden (Neusüß 1980, S. 100). Die Objektstellung großer Teile der Bevölkerung gegenüber den Interessen des Kapitals werde dadurch noch verschärft.

Diese Thesen werden im weiteren Verlauf der Diskussion ausdifferenziert. An die Stelle von Sozialversicherungsleistungen solle – so in verschiedenen Konzepten – ein bedingungsloses *Grundeinkommen* treten (vgl. Opielka 2015). Immer wieder wird auf die hohe Abhängigkeit sozialstaatlicher Einrichtungen vom Kapitalverwertungsprozess hingewiesen, doch würden zugleich jene Widersprüche aufgezeigt, die zum Movens eines über Lernprozesse eingeübten „radikalen Reformismus" werden könnten, „als konsequente Durchsetzung von Selbstorganisation und autonomer Interessenwahrnehmung bei der praktischen Veränderung der Arbeits- und Lebensverhältnisse." (Hirsch 1980, S. 165)

Angesichts offensichtlicher Legitimationsdefizite staatlicher Politik im Umgang mit nationalen und internationalen Verteilungsprozessen und Strukturen suchen diese den emanzipatorisch-konfliktorientierten Theorien zuzuordnenden Autoren ihre politischen

Wertvorstellungen denn auch weniger an, sondern vor allem gegen bestehende staatliche und diese in Beschlag nehmende Kräfte aus Besitzbürgertum und international agierenden Wirtschaftsunternehmen zu richten. Auch sich dem Reformlager zuordnende Parteien wie etwa die Sozialdemokratie geraten zunehmend in die Kritik, angesichts wachsender Polarisierung zwischen Armut und Reichtum eher Letzteren zu befördern, statt Ersterer entgegenzutreten. Nach Meinung einiger Theoretiker ist in der Gesellschaft an die Stelle des alten Konflikts von Lohnarbeit und Kapital das Gegenüber zwischen jenen getreten, die an der kapitalistischen Gesellschaft Anteil haben, und jenen, die davon ausgegrenzt werden. Dieses soziale Potential der Marginalisierten bilde den Kern neuer sozialer Bewegungen und nehme politisch-ethische Imperative der bürgerlichen und der proletarischen Emanzipationsbewegung wieder auf, die von ihren ehemaligen Trägern ganz oder weitgehend entwertet worden seien (so etwa die Globalisierungsgegner Attac; vgl. Bourdieu 1998).

Ziel ist also nicht ein Integrationsmodell zwischen gegensätzlichen sozialen Interessen, sondern vor allem eine stärkere solidarische *Selbststeuerung* derjenigen, die innerhalb der bestehenden sozialstaatlichen Integrationsmodelle bislang nur schwach oder gar nicht vertreten waren. Dieses Konstrukt – die Herausbildung von gesellschaftlicher Gegenmacht durch neue soziale Bewegungen – zielt auf den *Primat einer sozialen Politik* gegenüber der privatwirtschaftlich organisierten Wirtschaft, ohne allerdings aufzuzeigen, wie das Grunddilemma jeder strukturell antikapitalistischen Reformpolitik gelöst werden kann: Entweder wird die Grundlage der kapitalistischen Wertschöpfung nicht in Frage gestellt, also verlängert, um die Grundlagen massiver Umverteilungen zu erhalten, oder aber es werden die kapitalistischen Strukturen selbst aufgehoben, mit der ungewissen Perspektive, wie dann Produktion und Verteilung erfolgen werden. Denn um die klassische von *Rosa Luxemburg* (1871–1919) bereits vor hundert Jahren formulierte Alternative „Sozialreform oder Revolution" (Luxemburg 1900/1908, zit. n. 1966, S. 47ff.) kann man sich vielleicht rhetorisch, nicht aber praktisch herum winden. Bleibt die Frage nach der Gestaltungskraft von *Utopien*, um erstarrte Strukturen in Frage zu stellen. Deren Formulierung zumindest zeigt, dass sich Teile der Gesellschaft von etablierten (Nicht-)Verteilungsstrukturen losgesagt und dass diese (un-)soziale Verteilungspolitik folglich an Bindekraft eingebüßt hat. Es wird ein Gesellschaftsbild sichtbar, in dem der einzelne – sozial fundiert – zu einer stärkeren Teilhabe durch Selbstaktivierung seiner *Fähigkeiten* und seiner *Bedürfnisse* befähigt sein soll.

2.2 Inklusion durch Exklusion oder Exklusion durch Inklusion? Soziale Ungleichheit als Movens wirtschaftlichen Wachstums

Schon im Verlauf der sog. Großen Depression in den 1870er und 1880er Jahren verfolgte die sich herausbildende universitäre Wirtschaftswissenschaft Strategien, wie diese Gründerkrise, die zugleich den Übergang vom Frühkapitalismus zum Monopolkapitalismus markiert, überwunden werden könne. Sie formulierte – im Rekurs auf die klassische – eine neoklassische Wirtschaftstheorie, die auf Stärkung der Angebotsstrukturen im Marktgeschehen zielte. Mit Ausbruch der Weltwirtschaftskrise Ende der 1920er Jahre erlebte diese

Schule einen enormen Aufschwung. Im Deutschland des Dritten Reiches, vor allem aber im Exil entfalteten einzelne Wirtschaftstheoretiker Konzepte, wie denn die vom Kriege zerstörte Volkswirtschaft wieder in Gang gesetzt werden könne. *Friedrich August von Hayek* (1899–1992) steht dabei für jene Gruppe, die sich eher für ihre Angebotsreinheit interessierte, als dass sie ernsthaft Schlussfolgerungen aus der demokratiezerstörenden, radikal wirtschaftsliberalen Politik am Ende der Weimarer Republik gezogen hätte.

Wiewohl Deutschland als Bestandteil der Europäischen Gemeinschaft ein führender Repräsentant einer zunehmend europäisierten und globalisierten Wirtschaft geworden ist, sind die zentralen Imperative dieser heute häufig, wenn auch wenig spezifisch, als *neoliberal* bezeichneten Wirtschaftspolitik zunächst außerhalb Deutschlands akademisch und praktisch entwickelt worden. Für sie stehen *Milton Friedman* (1912–2006), und die nach dem Ort seines Wirkens in Chicago benannte Schule. Deutschland erlebte ebenfalls eine Hayek-Renaissance. Zentrales Element dieses seit Mitte der 1970er Jahre zunehmend und parallel zu den sichtbar werdenden Folgen von Europäisierung und Globalisierung popularisierten Konzeptes ist, dass nur noch der Markt über ökonomischen Gewinn und über Lebenschancen zu entscheiden hat und international und national alle Barrieren eines freien Handels beseitigt werden sollen. Auf volkswirtschaftlicher Ebene entspricht dem ein Ökonomie-Verständnis, das die Addition einzelbetrieblicher Logiken darstellt, während Fragen einer gesellschaftlichen Verantwortung zurückstehen müssen. Da nun allerdings mit der Beseitigung, zumindest dem Abbau von Handelshemmnissen im internationalen Maßstab nationale wirtschaftliche Steuerungsinstrumente selbst der großen Wirtschaftsnationen – von den Ländern der sogenannten Dritten Welt ganz zu schweigen – weitgehend verpuffen, wird der Staat auf die Sicherung der inneren und äußeren Ordnung reduziert, zugleich soll er nur noch ‚negatorisch‘ in den Wirtschaftsprozess eingreifen, indem er all das beseitigt, was das Marktgeschehen beeinträchtigen könnte. Es werden Belege dafür angeführt, dass und wie staatliche Politik wettbewerbsverzerrend wirke.

Es sei – so Hayek – ein Irrglaube, ähnlich dem an „Hexen und Gespenster", sich in einer spontan sich bildenden Ordnung, also beim Markt, etwas Bestimmtes unter „sozialer Gerechtigkeit" vorstellen zu können – auf eine derartige Idee könne nur eine „Zwangs-organisation" kommen, wie sie offensichtlich der Sozialstaat darstelle (von Hayek 1981, S. 98; vgl. Niesen 2002). Folglich sei es nicht die Aufgabe des Staates, korrigierend in die Ergebnisse von Marktprozessen einzugreifen. Hayek sieht allerdings durchaus ein „Mindesteinkommen" vor, doch müsse dieses für Bedürftige, die ihren Lebensunterhalt nicht auf dem Markt verdienen könnten, vollständig *außerhalb des Marktes* und im Bereich *privater Fürsorge* angesiedelt sein und keinesfalls für Personen zur Verfügung stehen, die am Markt eine Leistung anbieten, selbst wenn diese dort nicht nachgefragt werde. Er begründet diese Mindestsicherung für offensichtlich nicht mehr Arbeitsfähige als im Interesse jener liegend, „die Schutz gegen Verzweiflungsakte der Bedürftigen verlangen", also der marktstarken Bürgerinnen und Bürger (von Hayek 1991, S. 361).

Zur Logik des von *Robert Nozick* (1938–2002) ausformulierten Konzepts von einem *minimal state* gehört das sozialpolitische Credo, Movens von wirtschaftlichem Erfolg sei die Verstärkung *sozialer Ungleichheit*. Da dieses Credo schlicht unbeweisbare Setzung ist, schließt dieser Ansatz jegliche Korrektur aus. Dass es gerade Marktmechanismen waren, die geschichtlich auf staatliche Interventionen drängten und dass Ungleichgewichte konstitutiv zum Markt gehören, schadet der Logik dieses Staatsverständnisses offensichtlich ebenso wenig wie die Tatsache, dass es letztlich Menschen sind, die die negativen Seiten dieses Prozesses ertragen müssen. Dass Markt hier synonym für Klasseninteresse steht, versucht diese Argumentation nicht einmal zu verbergen: „Besteuerung von Arbeitseinkommen (sei, *der Verf.*) (…) mit Zwangsarbeit gleichzusetzen", denn: „Alles, was aus gerechten Verhältnissen auf gerechte Weise entsteht, ist selbst gerecht." (Nozick o. J. – (1976), S. 159 und 144)

Dieser aggressive *Wirtschaftsliberalismus* entkleidet den Ökonomiebegriff all dessen, was ihn seit den Klassikern *Adam Smith, David Ricardo* etc. zu einem politisch gestaltbaren Prozess gemacht hat. Er ordnet den auf betriebswirtschaftliche Logik reduzierten Ökonomiebegriff der Politik über, macht ihn zur Blaupause gesellschaftlicher Organisation. Zentral steht die *Eigenverantwortung*, also die Beteiligung an der Erwerbsarbeit unter den vorgegebenen Bedingungen des Marktes. *Subsidiarität* dagegen hat nur noch einen randständigen Stellenwert. Ökonomie und Politik verschmelzen fast wieder wie in dem vorbürgerlichen Feudalsystem zu einer – sozial strikt gestuften – Einheit, wobei an die Stelle der Feudalherren die (groß-)wirtschaftlichen Interessenträger treten. *Soziale Ausgrenzung* ergibt sich aus wirtschaftlichen Gesetzmäßigkeiten, denen die Prägekraft naturwissenschaftlicher Gesetze zugesprochen wird. Soziale Exklusion ist also *der* Weg zu sozialer Inklusion. Dieser quasi Gesetzmäßigkeit zuwiderzuhandeln – durch den Staat bzw. von ihm organisierter *Solidarität* etwa in Form sozialer Leistungen und Dienste – wäre geradezu widernatürlich, zumindest aber irrational. Solchermaßen den *Primat der Politik* gegenüber der Ökonomie aufgebend, bleiben Derivate dieser Emanzipationsbewegung, nämlich Individualisierung und Privatheit, nur noch im negativen Sinne wirksam, nämlich dann, wenn es um die *Reprivatisierung* sozialer Folgen dieser neuen Synthese aus Ökonomie und Politik geht.

2.3   Grundlegungen sachrationaler Reformpolitik

Die vorgestellten – gegensätzlichen – Konzeptionen stellen in unterschiedlicher Weise dem Status quo eine normative Alternative gegenüber, bleiben dabei aber jeweils dem Dilemma verhaftet, wie denn dieses Gesamtkonzept zu verwirklichen sei und was daraus folgt, wenn es nur partiell oder gar nicht geschieht. Eine Möglichkeit, auf diese Diskrepanz zu reagieren, stellt der Kritische Rationalismus dar. Er sieht generell von einer gesellschaftspolitischen Zielbestimmung ab und beschränkt sich auf Aussagen über das reformpolitische Procedere. Die vor allem von *Karl R. Popper* (1902–1994) entwickelte und von *Hans Albert* (* 1921) in Deutschland maßgeblich weitergeführte wissenschaftstheoretische Konzeption geht davon aus, dass es letztlich keine absolut gültige, wissenschaftliche Begründung und damit keine absolute Wahrheit und Gewissheit gebe, sondern dass Wissenschaft lediglich die stete kritische Prüfung und eventuell Verbesserung notwendig partiell bleibender Problemlösungen leisten kann.

Dies bedeute, so Hans Albert, „dass es *keine ideale Sozialordnung* geben kann, eine Ordnung, die allen Bedürfnissen in optimaler Weise gerecht wird." Er folgert: „Wer der rationalen Methode in der Politik Geltung verschaffen möchte, (…) wird sich dafür einsetzen, dass unser unvollkommenes, mit Mängeln behaftetes Wissen in bestmöglicher Weise ausgenutzt wird für die Verbesserung der sozialen Zustände, und zwar durch Reformen, die schrittweise Veränderungen herbeiführen." (Albert 1975, S. 121 und 123)

Nicht ein maximalistisches Ziel solle verwirklicht werden, sondern das, was unter den gegebenen Alternativen das Beste ist – dies ist die Zielbestimmung des Kritischen Rationalismus, der damit an die Tradition des angelsächsischen Utilitarismus eines *John Stuart Mills* (1806–1873) und eines *John Rawls* (1921–2002) anknüpft (vgl. Höffe 1979, S. 160ff.) und der auf diesem Weg die bestehende Gesellschaft mit ihren sozialen Konflikten und strukturellen Ungleichheiten generell der Infragestellung entzieht.

Indem der *Kritische Rationalismus* nur noch von einer „*Analyse realisierbarer Alternativen*", von der Lösung schwieriger sozialtechnologischer Probleme spricht, reduziert er die Möglichkeiten staatlicher Politik zur Sicherstellung sozialer Teilhabe auf die sozialen Problemlagen, die veränderbar sind (Albert 1975, S. 125 und 115). Eine darüber hinausgehende Zielbestimmung und Bewertung findet nicht statt. Aus der praktischen Reformpolitik heraus soll über eine Binnenrationalisierung von Wirtschaft und Gesellschaft ein Interessensausgleich herbeigeführt werden. Auch bei Aufrechterhaltung unvereinbarer Grundpositionen könnten aber zumindest Teillösungen über den Staat auf den Gebieten angestrebt werden, bei denen eine Einigung möglich ist. Insoweit und *nur* wenn Konsens herrscht, soll der Anspruch einer das soziale Leben gestaltenden Politik greifen.

2.4 Jenseits von sozialen Interessen und Macht: Inklusion bei Niklas Luhmann

Der Soziologe *Niklas Luhmann* (1927–1998) sucht einen Kontrapunkt zu aller bisherigen politischen Theorie zu setzen, der er unterstellt, ihre Ausdifferenzierung – in welcher Variante auch immer – letztlich auf die Existenz sozialer Interessen zurückzuführen, deren Steuerung einer sich zunehmend selbst überfordernden Politik zugeschrieben wurde bzw. wird. Ergebnis dieser Entwicklung in der Neuzeit sei die „Entwicklung zum Wohlfahrtsstaat":

„Das Volk wird über Volksvertretungen politisch relevant. Mehr und mehr Aspekte des individuellen Lebens und besonders die zahllosen Betroffenheiten durch Folgen der industriellen Entwicklung lassen sich als Themen ins politische Leben einführen. Die Einstellung hierzu wird zum Differenzpunkt für politische Parteien, die sich seit dem Ende des 19. Jahrhunderts organisatorisch festigen. Sie wird in der Form von Grundrechten, Grundwerten, Grundwertprogrammen in den allgemein akzeptierten Kanon politischer Legitimation aufgenommen. Die Willkürproblematik verlagert sich damit auf das Anmelden von Ansprüchen, die um politische Relevanz konkurrieren, und auf das vorsichtige Abschwächen, Ausbalancieren, Aufschieben oder auch Abwehren solcher Ansprüche auf Besserstellung in Sachen ‚Qualität des Lebens'." Die Verbindung demokratischer Partizipation am staatlichen Handeln und das

Anmelden von sozialen Ansprüchen schaffe „eine Art außerparlamentarischer Mitsprache der Arbeiterschaft bei der Zementierung und Verteilung aller Errungenschaften. Der Kapitalismus selbst wird wohlfahrtsstaatlich ‚korrumpiert', nicht zuletzt durch den (negativen) Zusammenhang von Wohlfahrt und Arbeitslosigkeit. Und vor allem entsteht erst jetzt mit der gesicherten Anerkennung des Wohlfahrtsstaates jener rekursive Prozeß, in dem der Wohlfahrtsstaat selbst die Zustände und Probleme erzeugt, auf die er reagiert." (Luhmann 1981, S. 14 und 15)

Luhmann lehnt es ab, die geschichtliche Lage an Idealen oder Utopien – sprich Werten – zu orientieren, im Wesentlichen aber geht es ihm um eine Kritik an der in den 1970er Jahren reaktivierten Marxismus-Rezeption. Der „politisch reaktivierte(.) Marxismus" (ebenda, S. 16) gehe nunmehr sogar so weit, die immer schon geübte Herrschaftskritik von der Politik auch noch auf die Ökonomie zu verlagern. Um diesem Ansinnen die Grundlage zu entziehen, negiert Luhmann hierarchische Über- und Unterordnung in seinem gesellschaftlichen System, er sieht nur funktionale Differenzierungen zwischen den einzelnen Subsystemen als gegeben an, die sich aus deren inneren Sachgesetzlichkeit ergeben. Doch obwohl Luhmann unterstellt, die von ihm als „modern" apostrophierte Gesellschaft sei „ohne Spitze und ohne Zentrum", setzt er mit dem so akzentuierten Gewaltmonopol beim „politischen System", sehr wohl eine zentrale Macht ein, die den Bedarf für „kollektiv-bindende Entscheidungen" sicherstellt (ebenda, S. 121f.). Dabei verliere die bisherige – zu ergänzen: letztlich an sozialen Interessen ausgerichtete – Trennungslinie in der Politik etwa zwischen mehr sozialistisch oder mehr liberal völlig an Bedeutung. An die Stelle dieser Unterscheidung müsse eine andere treten, nämlich die zwischen einem „expansiven" und einem „restriktiven", eine Selbstüberforderung ausschließenden, Politikverständnis (ebenda, S. 155). Luhmann führt als Maxime ein: „An die Stelle des Appells an den guten Willen träte die harte Pädagogik der Kausalität." (Ebenda, S. 156)

Die Umsetzung der Folgen dieser „Kausalität" ist letztlich Sache der politischen Verwaltung (Münch 2010, S. 227). Damit ordnet sich Niklas Luhmanns scheinbar interessenlose Systemtheorie einer stark interessenbesetzten Staatstheorie zu. Die Interessenträger des jeweiligen Status quo erhalten bei Luhmann genau die Mittel bzw. mit der politischen Verwaltung die Akteure, um ihre gesellschaftliche Macht zu erhalten und dagegen gerichtete Ansprüche abzuwehren. Nutznießer dieser Politik ist das kapitalistische „ökonomische Subsystem", das gleichsam aus Sachgesetzlichkeit und deshalb ohne Bedarf an demokratischer Legitimation wirkt – und dafür auch nicht kritisiert werden darf.

Ex- und Inklusion ergibt sich in diesem System „hochkomplexer" Gesellschaften und deren gesteigerter „Kommunikationsleistungen" nicht aus gesellschaftlichen interessebedingten Verteilungsprozessen und -ergebnissen, sondern aus der In- bzw. Exklusion durch die einzelnen Funktionssysteme. Armut und soziale Ausgrenzung werden damit „bis zur Unkenntlichkeit" neutralisiert (Kronauer 2010, S. 133). Dieses alles summiert sich zu einem theoretischen Schutzwall gegen die Notwendigkeit einer Begründung sozialer Kompromisse in Gesellschaft und Staat. Die explizite Normlosigkeit ist also normativ – im Sinne des jeweiligen interessegetragenen Status quo.

3 Neujustierung des sozialen Ausgleichs: Grundprinzipien und Prozesse sozialer Integration

Gesamtkonzepte sozialer Integration sind an ein Gemeinwesen gebunden, dessen Reformkräfte politisch-demokratisch in der Lage sind, entsprechende Konzepte auch umzusetzen, unabhängig davon, ob dieses nun geschieht oder nicht. Doch die Realisierungschancen für derartige umfassende Konzepte gestalten sich angesichts ausdifferenzierter nationaler und internationaler Interessenkonstellationen als immer schwieriger. Deshalb zielen neuere theoretische Grundlegungen weniger auf ein Gesamtkonzept, sondern mehr auf Prinzipien und Prozesse zur Verwirklichung sozialer Integration. Sie setzen am Ausgangspunkt neuzeitlicher Ausdifferenzierung von Staat und Gesellschaft an, nämlich der Selbstvergewisserung der Bürger und Bürgerinnen als Träger von individuellen Grund- und Menschenrechten. Es werden Übergänge von den zunächst negatorischen liberalen Grundrechten zu sozialen Grundrechten angemahnt, also von der Begrenzung staatlichen Handelns hin zu notwendigen sozialpolitischen Interventionen, vermittelt über partizipative, demokratische Strukturen.

3.1 Bürgerrechte – Menschenrechte – Soziale Rechte: Thomas Marshall

Thomas Marshall (1893–1981) begründet die innere Struktur, Abfolge und Neubestimmung von Grundrechten am Beispiel Großbritanniens. Er ordnet dem 18. Jahrhundert die Durchsetzung liberaler/ziviler Grundrechte, dem 19. Jahrhundert die Verankerung politisch-demokratischer Grundrechte und dem 20. Jahrhundert die Festschreibung sozialer Grundrechte zu (Marshall 1992). Für Deutschland zumindest gibt es zwar eine derartige zeitlich klare Abfolge nicht, gleichwohl macht es auch hier Sinn, den Weg von den liberalen, negatorischen Grundrechten über die demokratische Partizipation schließlich zur Formulierung und auch teilweisen Umsetzung sozialer Grundrechte aufzuzeigen. Es ist vor allem das 20. Jahrhundert, in dem diese Rechte zum Durchbruch gekommen sind, wobei im 19. Jahrhundert Grundlegungen dafür geschaffen wurden.

Problematisch allerdings wäre es, aus einer derartigen Abfolge eine geschichtsphilosophische Perspektive abzuleiten. Großbritannien hat im eigenen Land keine Erfahrung mit dem Faschismus gehabt, auch entwickelten sich die einzelnen Rechte dort eher kontinuierlich. In Deutschland gab und gibt es eine breite Erfahrung, dass entsprechende Rechte nur teilweise entwickelt, teilweise gefährdet, teilweise in Frage gestellt und teilweise aufgehoben worden sind. Im faschistischen Deutschland wurden faktisch alle Rechte aufgehoben oder nur Teilen der Bevölkerung zugestanden, in der Deutschen Demokratischen Republik wurden in der Praxis selektiv bestimmte Rechte zugestanden oder verweigert.

Umso wichtiger ist es, dass immer wieder der eigentliche Kern der Grund- und Menschenrechte unterstrichen wird, nämlich *Freiheit* als Grundnorm einer von *Vernunft* getragenen Gesellschaft. Die Forderungen nach Liberté – Egalité – Fraternité waren das

Fanal der bürgerlichen Revolution. Diese zielte auf Teilhabe an politischen Entscheidungsprozessen und den materiellen Ressourcen der Gesellschaft als Bedingung für eine
freiheitliche menschliche Entfaltung. Die Grund- und Freiheitsrechte in ihrer liberalen,
demokratischen und sozialen Konkretisierung stellen deshalb in der westlich geprägten
Gedankenwelt zentrale, unaufgebbare Prinzipien sozialer Integration in einer Gesellschaft
und in neuen supranationalen Gebilden dar (Huster 2016).

Zwischen – wirtschaftlichen, politischen und sozialen – Grundrechten bestehen aber
Spannungen, die sich zwar vermitteln, aber nicht lösen lassen, es sei denn durch Hegemonie
des einen um den Preis des Ruins des anderen Rechts. Dies im Blick habend, bezeichnet
Thomas Marshall die westeuropäischen Nachkriegsordnungen als *Bindestrichgesellschaften*
aus den komplementären Elementen eines gemischtwirtschaftlichen Kapitalismus (Logik:
Anerkennung und Belohnung von Ungleichheit), Demokratie (Logik: bei gleichen staatsbürgerlichen Rechten tun, was die Mehrheit will) und Wohlfahrt (Logik: gleiche Aufmerksamkeit für gleichartige Fälle, oder: tun, was die Minderheit braucht). Diese ‚bitter-süße‘,
kompromisshafte Ordnung aus scheinbar unvereinbaren Elementen sei nicht notwendig
auf Dauer gesichert, aber – solange hinreichend anerkannt – relativ robust.

3.2   Bürgerschaftliches Engagement, Zivilgesellschaft und Partizipation

Mit Beginn der wirtschaftlichen Strukturkrise und dem Voranschreiten europäisierter
bzw. globalisierter Kapitalkonzentration seit Mitte der 1970er Jahre wurde eine Diskussion
darüber entfacht, ob angesichts auseinander driftender moderner Industriegesellschaften
einerseits und der zunehmenden Institutionalisierung von Sozialleistungen bzw. sozialen
Diensten andererseits ein wesentliches Element der bürgerlichen Gesellschaft verloren
gegangen sei, nämlich das persönliche Engagement der Einzelnen. Deshalb haben sich
seit den 1970er Jahren unterschiedliche Formen herausgebildet, wieder stärker im Zusammenwirken mit Gleichbetroffenen und/oder Gleichgesinnten Problemlagen selbst zu
bearbeiten und eigene Interessen gegenüber der Politik zu vertreten. In zahlreichen Studien
kann nachgewiesen werden, dass diese Ansätze einerseits unmittelbar zur Verbesserung
der eigenen Lebenslage beitragen, darüber hinaus sogar geeignet sind, soziale Exklusion
zu überwinden (Zimmermann 2015). Entscheidend ist die Umkehr aus einer passiven
Objektrolle in der Gesellschaft hin zur Gestaltung partizipativer Teilhabe. Nach *Robert D.
Putnam* (* 1941) bildet sich über bürgerschaftliches Engagement „soziales Kapital“ in einer
Gesellschaft, das zugleich neue Formen einer Kultur des Vertrauens schafft. Insofern stellt
bürgerschaftliches Engagement von der Basis her ein wichtiges Instrument zur sozialen
Integration in einer sozial stark ausdifferenzierten Gesellschaft dar (Putnam 2001).

Dieses bürgerschaftliche Engagement wird zugleich Bestandteil des jeweiligen *welfare
mix*: Soziale Dienstleistungen, Sach- wie Geldleistungen sollen ergänzt werden durch
Hilfestellungen über soziales Engagement der Bürgerinnen und Bürger. Die Folgen sind
ambivalent: Einerseits führt dieses Engagement tatsächlich dazu, dass soziale Probleme

wieder mehr in der Breite der Gesellschaft wahrgenommen werden, leistet also einen Beitrag zur Politisierung. Andererseits ist es aber auch geeignet, staatliche Stellen von entsprechenden Pflichtaufgaben zu entlasten, leistet damit einen Beitrag zur Entpolitisierung. In jedem Fall ist bürgerschaftliches Engagement ein Frühwarnsystem für soziale Probleme und geeignet, Menschen aus ihrer Randständigkeit zu befreien. Es bleibt aber unklar, inwieweit sich innerhalb der Zivilgesellschaft neue soziale Bewegungen formieren, die à la longue zu einer politischen bzw. gesellschaftlichen Aufwertung schwacher sozialer Interessen führen könnten. Insbesondere geht es darum, die sozial Ausgegrenzten nicht nur materiell an der Gesellschaft durch Zuweisung teilhaben, sondern sie selbst viel stärker an den Entscheidungsstrukturen partizipieren zu lassen. Teilhabe bzw. Partizipation heißt dann zugleich, Freiheit im Kontext sozialer Bezüge selbstbestimmt mitgestalten zu können, mindestens dazu eine Chance eröffnet zu bekommen.

3.3   Governance

Traditionelle sozialstaatliche Strukturen setzen auf das Repräsentationsprinzip in demokratisch legitimierten Parlamenten und auf administrative Umsetzung von Leistungsgesetzen, ggf. auch unter Heranziehung von sozialverbandlichen Strukturen. Diese hierarchische bzw. staatlich-administrative Vorgehensweise ist zwar verfassungsrechtlich abgesichert, behindert aber das Nutzbarmachen von Synergieeffekten mit nichtstaatlichen Handlungsträgern auf der horizontalen Ebene. Politikwissenschaftlich wird deshalb verstärkt danach gefragt, wie man diese zivilen Synergien mit dem vorhandenen parlamentarisch-demokratischen System besser verzahnen kann.

Dem dienen verschiedene Konzepte des Governance-Ansatzes, die teils beschreibend, teils normativ, teils praktisch ein „Management von Interdependenzen, Netzwerken oder Verhandlungssystemen ohne Rückgriff auf formale Entscheidungsstrukturen" begründen. Dieses wird auch darauf zurückgeführt, dass seit dem Ende des 20. Jahrhunderts die Handlungsspielräume des Nationalstaates in doppelter Weise eingeschränkt worden sind:

„Nach außen ist der Nationalstaat immer weniger fähig, allein Entscheidungen für die Bürger seines Territoriums zu treffen. Vielmehr werden Fragen der Wirtschafts-, Sozial- und Umweltpolitik, die bislang als überwiegend innenpolitische Angelegenheiten galten, nun auch mit anderen Staaten, internationalen Organisationen oder privaten Akteuren auf globaler und europäischer Ebene abgestimmt. (…) Im Inneren scheitern Versuche zielgerichteter staatlicher Einflussnahme gegenüber der Gesellschaft an deren Eigendynamik und Komplexität, aber auch an ihren durch Internationalisierung und Globalisierung gewachsenen Optionen, sich staatlicherseits auferlegten Zwängen zu entziehen. Auch innerhalb des nationalen Territoriums wird die hierarchische Über- bzw. Unterordnung politischer Handlungsebenen zunehmend in Frage gestellt und nach Gestaltungspotentialen dezentraler Steuerungsarrangements gefragt, die von erweiterten Kompetenzen der Bundesländer über regionale Planungs- und Entwicklungsnetzwerke bis hin zu lokalen Formen von public-private partnerships reichen können." (Benz et al. 2007, S. 16)

Im Kern geht es um die Einbindung ziviler Akteure in den Beratungs- und Umsetzungsprozess sozialstaatlicher Handlungen. So wurden bzw. werden beispielsweise sog. Runde
Tische eingerichtet, um alle Akteure bei der Lösung anstehender Probleme einzubeziehen.
Über diese meist lokalen Ansätze hinaus wird propagiert, Akteure unterschiedlicher Art
etwa bei der Lösung von Problemen auf dem Arbeitsmarkt, der Integration von Migrantinnen und Migranten oder etwa auch bei Fragen des Umweltschutzes zusammenzuführen.
Diese Vorgehensweise findet insbesondere dort starke Zustimmung, wo es bislang keine
oder nur unzureichende institutionalisierte Formen der Mitwirkung gibt, insbesondere
im internationalen Bereich. So bieten etwa neue Arbeitsweisen in politischen Netzwerken
auf EU-Ebene zwar zunehmend Raum auch für professionelles Sociallobbying der Wohlfahrtsverbände, die zudem eigene Europabüros etablieren. Aber darüber hinaus soll durch
neue Formen der Beteiligung (new-governance-Ansätze) die Zusammenarbeit mit und
zwischen den Akteuren der Zivilgesellschaft ermöglicht werden. Governance-Ansätze
suchen also – in ihrer Vielfalt und Diversität – nach neuen partizipativen Strategien, um
politische Prozesse transparenter und beteiligungsoffener gestalten zu können. Es geht
um das Nutzbarmachen persönlicher Betroffenheit und der Problemlösungsfähigkeit für
eine Strategie sozialer Inklusion in der Gesellschaft.

4   Entgrenzung des Sozialstaates

Der Raum sozialer Verteilungspolitik war bis in die 1990er Jahre hinein der – wie auch
immer modifizierte – nationale Sozialstaat. Mit Herstellung zunächst der Wirtschaftseinheit
und dann der Währungseinheit, mit den Vertragswerken von Maastricht, Amsterdam,
Nizza und anderen Beschlüssen mehr bis hin zum Lissabon-Vertrag der Europäischen
Union, in Kraft getreten am 1. Dezember 2009, ist dieser Sozialstaat zunehmend sozialräumlich entgrenzt worden. Über die Europäische Union hinaus wirken weitere soziale
und ökonomische Veränderungen innerhalb Europas und weltweit auf die soziale Lage
und die anstehenden Verteilungsprozesse sowie Ergebnisse. Damit stehen Sozialstaatlichkeit und Sozialpolitik mit ihrer Aufgabe, dem ihnen obliegenden Integrationsgebot
unter Bedingungen wirtschaftlicher und politischer Entgrenzung Rechnung zu tragen,
vor neuen Herausforderungen. Das deutsche vertikale und horizontale Mehrebenensystem
wird damit erweitert und zugleich infrage gestellt. Traditionelle nationale Politikansätze
und der darin zum Ausdruck kommende soziale Interessensbezug werden nicht obsolet,
sie bedürfen aber einer Erweiterung in Richtung einer Abstimmung unterschiedlicher
nationaler Interessen und einem sich national herausgebildeten Verständnis, was als sozial
gerecht akzeptiert wird bzw. was als leistungsgerecht, solidarisch und/oder subsidiär in
diesem erweiterten Sozialraum durch wen auf welcher Ebene abgesichert werden kann.

4.1   Der Dritte Weg: Anthony Giddens

Doch wie lässt sich ein derartiger transnationaler Sozialraum gestalten? Dazu bedarf es
wenigstens eines Konsenses zwischen den beteiligten Staaten darüber, welche Grundsätze
dem sozialen Zusammenleben zu Grunde liegen sollten. Darum bemüht sich *Anthony Giddens* (* 1938) im Spannungsfeld zwischen dem Zusammenbruch des sozialistischen Blocks
in Osteuropa, Strukturproblemen der traditionellen Sozialdemokratie und den „neue(n)
(der Verf.) Risiken und Unsicherheiten", die der – so bezeichnete – „Neoliberalismus"
erzeuge. Sein Konzept von einem „Dritten Weg" sucht Antworten auf fünf elementare
Dilemmata der Gegenwart zu geben, nämlich die Globalisierung, die Individualisierung,
die Verschiebung der Bedeutung des Schemas Links und Rechts, Veränderungen politischer Handlungsebenen sowie den ökologischen Notwendigkeiten. Dabei hält Giddens
an der zentralen Bedeutung von sozialer Gerechtigkeit und der Gewährung von sozialem
Ausgleich fest:

> „Eine in hohem Maße ungleiche Gesellschaft schadet sich selbst, wenn sie die Talente und
> Fähigkeiten ihrer Bürger nicht bestmöglich nutzt. Überdies können Ungleichheiten den
> gesellschaftlichen Zusammenhalt gefährden und sozial unerwünschte Konsequenzen haben
> (etwa eine hohe Verbrechensrate)." Das übergreifende Ziel der Politik müsse es sein, „den
> Bürgern dabei zu helfen, sich ihren Weg durch die großen Revolutionen unserer Zeit zu
> bahnen: die *Globalisierung*, die *Veränderung des persönlichen Lebens* und *unsere Beziehung
> zur Natur.*" Da heute „niemand mehr eine Alternative zum Kapitalismus zu bieten" habe,
> plädiert Giddens für das Modell einer neuen gemischten Wirtschaft, die „einen Synergieeffekt
> von öffentlichem und privatem Sektor erzielen (solle, *der Verf.*) (…) indem sie die Dynamik
> des Marktes für das öffentliche Interesse nutzt. Dazu gehören, auf transnationaler wie auf
> nationaler und lokaler Ebene, ein Gleichgewicht zwischen Regulierung und Deregulierung
> und ein Gleichgewicht zwischen dem ökonomischen und dem nicht-ökonomischen Bereich
> der Gesellschaft." (Giddens 1999, S. 55, 80, 57 und 117)

Das Verhältnis zwischen Risiko und Sicherheit müsse verändert werden im Sinne einer „ver-
antwortungsbewusste(n) Übernahme von Risiken" (der Verf.). Die Umverteilung selbst dürfe
nicht von der Tagesordnung genommen werden, doch müsse dabei eine „Umverteilung der
Chancen" in den Vordergrund gerückt werden. Rechte könnten nicht ohne Verpflichtungen
eingeräumt werden, die Gewährung von Arbeitslosenunterstützung müsse beispielsweise
an die Verpflichtung zu aktiver Arbeitssuche gebunden werden (ebenda, S. 118 und 81).

Der von Anthony Giddens angestrebte Sozialstaat begreift sich ausdrücklich als Beitrag zur Inklusion aller Bürgerinnen und Bürger, dabei der – freiwilligen – Exklusion
der Reichen ebenso entgegentretend wie der – unfreiwilligen – der Armen. Für Letztere
fordert er mehr als die traditionelle Hilfe, nämlich „gemeinschaftsorientierte Initiativen"
in Gestalt von Netzwerken gegenseitiger Unterstützung, Selbsthilfe und Schaffung von
sozialem Kapital, kurz: die Unterstützung lokaler Aktivitäten. Auch über die Bekämpfung
von Armut hinaus gelte es, den Sozialstaat in dem Sinne umzubauen, dass an die Stelle
direkter Zahlungen stärker Investitionen in „menschliches Kapital" treten sollten. Statt
reaktive Wohlstandssicherung zu betreiben, gelte es, „positive Wohlfahrt" zu befördern,

die von Begriffen wie Selbstbestimmung, aktive Gesundheitsvorsorge, lebensbegleitende Bildung, Wohlergehen und (Eigen-)Initiative geprägt sei. Der Aufbruch in dieses „globale Zeitalter" sei nur möglich, wenn sich die Nationen und die Demokratie kosmopolitisch ausrichteten, sich die Kultur pluralisiere und sich neue Formen des Governance zwischen den Staaten, in den Staaten und unter Einbeziehung der zunehmenden Zahl nichtstaatlicher Organisationen – also der Zivilgesellschaft – mit zum Teil ebenfalls internationalen Verflechtungen ergäben. Dieses betreffe den Raum der Europäischen Union, gehe aber darüber auch hinaus (ebenda, S. 129 und 149).

4.2   Ökonomie für den Menschen: Amartya Sen und Martha Nußbaum

Um eine Neujustierung sozialpolitischer Prinzipien und Prozesse geht es auch den beiden Theoretikern *Amartya Sen* und *Martha C. Nussbaum* Sie setzen bei dem zentralen Menschenrecht, nämlich dem der Freiheit, und bei der Sicherstellung von Chancengerechtigkeit an und fragen, wie Freiheit in einer sich zunehmend globalisierenden Welt für alle sichergestellt werden kann.

Sinn des menschlichen Zusammenlebens ist nach *Amartya Sen* (*1933), 1998 Nobelpreisträger für Ökonomie, die „Entwicklung als Freiheit":

> „Entwicklung fordert, die Hauptursachen von Unfreiheit zu beseitigen: Armut wie auch Despotismus, fehlende wirtschaftliche Chancen wie auch systematischen Notstand, die Vernachlässigung öffentlicher Einrichtungen wie auch die Intoleranz oder die erstickende Kontrolle seitens autoritärer Staaten." (Sen 2005, S. 13)

Was Menschen positiv erreichen könnten, hängt nach Sen von guter Gesundheit, Schulbildung, der Förderung und Pflege von Initiativen ab. Freier wirtschaftlicher Austausch könne das Wirtschaftswachstum zwar kräftig ankurbeln, doch gebe es durchaus Bereiche, die der staatlichen Kontrolle bedürften. Er begreift Armut nicht vorrangig als ein Defizit an Markteinkommen, wenngleich dieser Umstand große Auswirkungen auf die Lebensführung habe. Armut bezeichne vielmehr einen „Mangel an Verwirklichungschancen" (ebenda, S. 110). Das Beispiel Arbeitslosigkeit zeige, dass die Folgen weit über die unmittelbaren Einkommenseinbußen hinausgingen und psychische Beeinträchtigungen, den Verlust an Arbeitsmotivation und Selbstvertrauen sowie zunehmende Somatisierungen und negative Rückwirkungen auf das Familienleben nach sich zögen: Soziale Ausgrenzung, ethnische Spannungen und eine ungleiche Behandlung der Geschlechter seien die Folge.

In der konkreten Umsetzung setzt hier bspw. das Konzept der Mikro-Kredite eines *Muhammad Yunus* (*1940) an. Durch kleine Geldbeträge soll in den Ländern der sog. Dritten Welt der bzw. die Einzelne in die Lage versetzt werden, sich eine eigene Existenz aufzubauen (etwa mit einer Fladenbäckerei, der Herstellung nützlicher (Klein-)Werkzeuge oder einer Näherei etc.).

Sen stellt die Effizienz des Marktes heraus, sieht aber auch kritische Elemente, die sich aus der Binnenstruktur der Märkte ergäben. Der Markt fände dort seine Begrenzung, wo es um öffentliche Güter gehe. Amartya Sen sieht eine neue Herausforderung, weltweite marktwirtschaftliche Strukturen und nationale wie internationale Politik so miteinander zu verknüpfen, dass dadurch auch die Verwirklichungchancen jedes Einzelnen bzw. jeder Einzelnen verbessert würden. Anders als etwa bei von Hayek oder Friedmann wird der Freiheitsbegriff mit einem ausdifferenzierten Verständnis von Gerechtigkeit verbunden. Sen führt den *Diskurs über Chancengerechtigkeit* auf die globale Weltebene, doch bleibt offen, wie die von ihm selbst beschriebene Voraussetzung, nämlich wettbewerbsfreudige Märkte, angesichts der weltweiten marktbeherrschenden Strukturen einmal innerhalb der großen Wirtschaftszentren, zum anderen aber in den von außen wirtschaftlich dominierten Gebieten etwa der sog. Dritten Welt umgesetzt werden kann und soll.

Hier wird die Sozialphilosophin *Martha C. Nussbaum* (*1947) konkreter, auch wenn sie im Ansatz mit Sen übereinstimmt. Sie wendet sich ausdrücklich gegen ein schwach ausgebautes Wohlfahrtssystem und fordert stattdessen ein fest institutionalisiertes:

> „Das heißt, dass die Politik nicht einfach abwartet und schaut, wer zu den Zukurzge-
> kommenen gehört und nur mit institutioneller Unterstützung zurechtkommt, und diesen
> Menschen dann aus ihrer mißlichen Lage heraushilft. Stattdessen besteht das Ziel darin, ein
> umfassendes Unterstützungssystem zu schaffen, das allen Bürgern ein ganzes Leben lang
> eine gute Lebensführung ermöglicht." Sodann konkretisiert Nußbaum: „Erforderlich sind
> ein umfassendes Gesundheitssystem, gesunde Luft und gesundes Wasser, Sicherheit für Le-
> ben und Besitz und der Schutz der Entscheidungsfreiheit der Bürger in Bezug auf wichtige
> Aspekte ihrer medizinischen Behandlung. Erforderlich sind ausreichende Ernährung und
> eine angemessene Unterkunft, und diese Dinge sind so zu gestalten, daß die Bürger ihre
> Ernährung und ihre Unterkunft nach ihrer eigenen praktischen Vernunft regeln können."
> (Nußbaum 1999, S. 62 und 65)

Unter Bezug auf den frühen Marx wendet sich Nussbaum ausdrücklich gegen menschenun-würdige Arbeitsbedingungen. Zugleich fordert sie, dass Güter und Einrichtungen vor allem für Erziehung und Bildung als Voraussetzung eines für die menschliche Existenz angemessenen Lebens zur Verfügung gestellt werden. Sie strebt eine Synthese zwischen dem Befähigungskonzept von Amartya Sen und der aristotelischen Vorstellung von einem „gelingenden Leben" an. Abstrakt gesprochen will sie die eigenständige, individu-elle Persönlichkeit und die Politik in einem Konzept des Guten zusammenführen. Gutes meint hier das, was die klassische Staatsethik mit dem lateinischen Begriff des *summum bonum* bezeichnet: die oberste Norm, das anzustrebende Staatsziel, denen andere Teilziele nachgeordnet werden.

Auch hier geht es nicht lediglich um die Überwindung von Armut, sondern um ein umfassendes Verständnis von Partizipation, von sozialer Inklusion – und zwar in allen Bereichen des Lebens. Dabei sollen Güter nicht bloß zugeteilt werden, Menschen sollen vielmehr befähigt werden, bestimmte menschliche Tätigkeiten selbst auszuüben. Staatliche

Aufgabe sei es, „den Übergang von einer Fähigkeitsstufe zu einer anderen zu ermöglichen."
(ebenda, S. 87)

4.3   Akkumulation, Verteilungsgerechtigkeit und soziale Integration

Materielle Ressourcen sind eine notwendige, wenngleich keine hinreichende Voraussetzung für Teilhabe und soziale Inklusion. Während gerade wirtschaftsradikale Theoretiker
und Analysten einen Gegensatz zwischen Wirtschaftswachstum bzw. Wertzuwachs auf
der einen und materieller Sicherung breiter Bevölkerungskreise auf der anderen Seite
herausstellen, mehren sich Stimmen aus der Ökonomie, die in der immer ungleicher
werdenden Verteilungslage national und weltweit geradezu Wachstumsbremsen auch
für die privatkapitalistische Ökonomie sehen. So warnt beispielsweise die OECD, eine
internationale Wirtschaftsorganisation der führenden Wirtschaftsnationen, inzwischen
mehrfach vor einer stetig zunehmenden Ungleichverteilung des Wohlstandes auf der Welt.
Ihr Generalsekretär, *Angel Gurría* (* 1950), stellt aus Anlass der Veröffentlichung eines
Arbeitspapieres zur Verteilungslage in ihren Mitgliedsstaaten fest:

> „Unsere Analyse zeigt, dass wir nur auf starkes und dauerhaftes Wachstum zählen können,
> wenn wir der hohen und weiter wachsenden Ungleichheit etwas entgegensetzen. Der Kampf
> gegen Ungleichheit muss in das Zentrum der politischen Debatte rücken. Wachsen und ge-
> deihen werden vor allem jene Länder, die alles daran setzen, dass ihre Bürger von klein auf
> gleiche Chancen haben." (OECD 2014)

Das Weltwirtschaftsforum in Davos kommt gar zu dem Schluss:

> „Viele Volkswirtschaften mit einem hohen Niveau an Umverteilung und hohen Steuersätzen
> sind äußerst wettbewerbsfähig." (zit. n. Sievers 2015)

Aus der Wissenschaft gibt es inzwischen zahlreiche Stimmen, die die Ungleichverteilung
von Wohlstand national und weltweit zur Ursache ökonomischer Krisen erklären. Einer
der führenden Köpfe der Verteilungsforschung in Europa, *Anthony Atkins* (1944–2017),
stellt fest:

> „Die Zunahme der Ungleichheit ist besorgniserregend – auch in Deutschland. Sie berührt
> elementare Fragen der Gerechtigkeit. Außerdem gefährdet die Zunahme der Ungleichheit
> das Wirtschaftswachstum. Man kann es an dem derzeitigen schwachen Wachstum der Welt-
> wirtschaft sehen, das auch eine ihrer Folgen ist. Ein Faktum, das bereits dem Internationalen
> Währungsfonds vor einiger Zeit aufgefallen ist. Und eines ist klar: In Zeiten mit schwachem
> Wirtschaftswachstum wächst auch die Ungleichheit." Seine Forderung: „Wir sollten dafür
> sorgen, dass das Steuersystem wieder progressiver wird. Eine zivilisierte Gesellschaft braucht
> hohe Steuern." (Atkins 2015)

Atkinson sieht eine negative Spirale zwischen Ungleichverteilung, niedrigem Wirtschaftswachstum und weiterer Ungleichverteilung etc.

Thomas Picketty (* 1971) schließlich hat den Zusammenhang von materieller Ungleichverteilung und wirtschaftlicher Entwicklung in prominenter Weise auf die öffentliche Agenda gesetzt: Sein Werk „Das Kapital im 21. Jahrhundert" nimmt mehrfach Bezug auf die Basis der bürgerlichen Gesellschaft, nämlich die Grund- und Menschenrechte, indem er u. a. als Motto Artikel 1 der Erklärung der Menschen- und Bürgerrechte der französischen Nationalversammlung von 1789 voranstellt: „Gesellschaftliche Unterschiede dürfen nur im allgemeinen Nutzen begründet sein." (2014, S. 11) Piketty konstatiert eine „endlose(.) Ungleichheitsspirale" und sucht danach, wie man die „Kontrolle über die gegenwärtige Dynamik" durch neue, modifizierte Verteilungsprozesse zurückgewinnen könne.

> „Die moderne Umverteilung besteht aber nicht oder zumindest nicht explizit darin, Reichtum von den Reichen auf die Armen zu übertragen. Sie besteht darin, öffentliche Leistungen und Lohnersatzleistungen zu finanzieren, die mehr oder weniger für alle gleich sind, insbesondere im Bereich Bildung, der Gesundheit und der Altersversorgung. (…) Die moderne Umverteilung gründet sich auf eine Logik der Rechte und das Prinzip der Gleichheit des Zugangs zu einer Reihe von Gütern, die als fundamental gelten." (Piketty 2014, S. 639)

Dabei sind keineswegs mehr bloß soziale Minderheiten, die der Armutspopulation zuzurechnen sind, von Ausgrenzungsprozessen betroffen. Es zeichnen sich vielmehr trotz beachtlicher Einkommens- und vor allem Vermögenszuwächse im obersten Zehntel der jeweiligen nationalen Bevölkerungen in Europa Verlierer von Europäisierung und Globalisierung ab, die eher den Mittelschichten zuzurechnen sind: Sie erleben, dass sie nicht nur nicht an diesem Wertzuwachs beteiligt sind, sondern dass ihnen auch noch ungerechtfertigter Weise etwas genommen oder vorenthalten wird, um sozial Schwächere zu alimentieren. Traditionelle Solidarstrukturen in der Gesellschaft werden in Frage gestellt, politische Bewegungen, die auf nationale Abschottung setzen, gewinnen an Terrain. In der Summe werden durch die mehrfach diagnostizierten Verteilungsungleichgewichte zentrale wirtschaftliche und demokratische Strukturen in Frage gestellt, die auch die Grundlagen des Sozialstaates unterminieren (vgl. u. a. Grabka und Goebel 2017; Grabka et al. 2016).

Karl Marx hat schon Mitte des 19. Jahrhunderts deutlich herausgearbeitet, dass spekulative Sondergewinne nur in einem gewissen Umfang über dem wirtschaftlichen Ergebnis von Realinvestitionen liegen können, und dieses auch nur eine gewisse Zeit. Ansonsten kommt es zum Platzen dieser spekulativen Blasen. Die von OECD, zahlreichen Forschungseinrichtungen wie dem SOEP, dem Statistischen Bundesamt, und von zahlreichen Wissenschaftlern wie *Richard Hauser* (* 1936), *Marcel Fratzscher* (* 1971), *Dieter Eißel* (* 1941) u. a. m. in Deutschland und weltweit herausgearbeiteten Verteilungsergebnisse aber zeigen, dass immer größere Anteile des nationalen und des internationalen Wertzuwachses nur noch dort anfallen, wo sie selbst wieder zur Grundlage finanzwirtschaftlicher Anlagen werden, während die Einkommen der breiten Massen sinken oder stagnieren, somit die Kaufkraft und die Realinvestition in höherwertige Konsumgüter zurückbleibt. Stellt letzteres ein Nachfrageproblem dar, das letztlich auch zur Wachstumsbremse wird, stellen die enormen

Zugewinne im oberen Einkommenssektor zunehmend eine Bedrohung wirtschaftlicher Kreisläufe deshalb dar, weil die vorhandenen Kapitalmassen nicht mehr real investiert werden können. Dieser Kapitalzugewinn sucht nach Rendite – in diversen Formen von Spekulation, die ihrerseits selbst das angelegte Kapital gefährdet. Und deshalb setzt Piketty exakt dort an, wo derzeit die Ursachen für massive Risiken bis hin zu Destabilisierungen der Wirtschaftsprozesse liegen, nämlich beim faktisch unkontrollierten internationalen Kapitalverkehr: Er fordert die Einführung einer globalen progressiven Kapitalsteuer (Piketty 2014, S. 627).

5   Inklusion durch Inklusion!

Eduard Heimanns Qualifizierung von Sozialpolitik und Sozialstaatlichkeit als „konservativ-revolutionäres Doppelwesen" ist nach wie vor aktuell. Der Sozialstaat ist einerseits von der „Lebenslüge der bürgerlichen Demokratie" (Fritzsche 2000, S. 56) geprägt, mit der formalen Demokratie zugleich den gesamten Anspruch von Demokratie eingelöst und abgegolten zu haben. Andererseits hat *Carlo Schmid* (1896–1979) als Vorsitzender des Grundsatzausschusses im Parlamentarischen Rat im Mai 1949 die Namensgebung „Bundesrepublik Deutschland" u. a. damit begründet, dass in diesem Namen „das demokratische und soziale Pathos der republikanischen Tradition" zum Ausdruck komme und man sich damit den „sozialen Konsequenzen (stelle, der Verf.), die sich aus den Postulaten der Demokratie" ergäben (Parlamentarischer Rat 1948/49, Plenarsitzung 6. Mai 1949, S. 172). Der Sozialstaat ist folglich keinesfalls bloß Sozialstaatsillusion, insofern und solange durch ihn sozialreformerisch ein materieller Beitrag zur Sicherstellung der Lebensbedingungen breitester Bevölkerungskreise geleistet wird. Kontroversen um Sozialpolitik aktualisieren diese Janusköpfigkeit von Sozialstaatlichkeit stets von neuem, sie sind Bestandteil von Sozialpolitik.

Eine ausschließlich normativ argumentierende Konstruktion von Sozialstaatlichkeit im Sinne einer – evolutionären bzw. revolutionären – kontinuierlichen Umgestaltung der bürgerlichen Gesellschaft in eine wie auch immer im Einzelnen definierte sozialistische ist zwar theoretisch legitim, sie verbleibt aber letztlich – auch wenn mehr oder weniger stark in der historischen Tradition der Arbeiterbewegung stehend – ebenfalls dem oben beschriebenen neukantianischen Dilemma verhaftet, ein ethisches Sollen gegenüber dem faktischen Sein zwar formulieren zu können, aber deshalb noch keine sozialen Potentiale zu deren Umsetzung ausweisen zu können. Ihr kann in der sozialen Auseinandersetzung eine Mobilisierungsfunktion zukommen, doch sie muss sich im ideologischen, politischen und sozialen Kräfteparallelogramm stets von neuem ihre eigene soziale Legitimation verschaffen. Gleichwohl gilt auch für sie die Aussage von *Werner Hofmann*: „Und ohne die großen Ideen gibt es kein wirkliches Fortschreiten auch in der praktischen Welt." (Hofmann 1970, S. 275)

Doch bestimmend sind derzeit weniger politische Konzepte und Strategien im Sinne einer weiteren sozialen Fundierung von Demokratie, sondern vielmehr solche, die dieses eher in Frage stellen. Die Mehrebenen-Struktur etwa zwischen der *Europäischen Union*, den nationalen Staaten und deren Binnengliederung hat den *Primat der Politik* zerfasert und wurde funktional für eine stärkere Vorrangstellung der Ökonomie. Die nationalen Sozialstaaten geraten in das Dilemma, einerseits soziale Folgeprobleme des wirtschaftlichen Strukturwandels, von Europäisierung und Globalisierung sozialpolitisch auffangen zu müssen, gleichzeitig fehlen ihnen aber die dafür notwendigen Ressourcen und mitunter Konzepte: Auch wenn es sich heute nicht mehr um eine *negative* in Gestalt eines beispielsweise durch die Weltwirtschaftskrise Ende der 1920er Jahre induzierten Kapitalabflusses handelt, verlieren die Nationalstaaten gleichwohl als Folge einer *positiven Internationalisierung* mit weitgehend flexibilisierten Möglichkeiten des Finanztransfers einen bestimmenden Einfluss auf ihre Finanzwirtschaft. Die nationale Politik gerät – unabhängig von parteipolitischer Ausprägung – zunehmend in mehr oder weniger große Legitimationszwänge, ohne dass sie dem etwas wirksam entgegenhalten könnte. Die Finanzkrisen seit 2007 belegen dieses mehr als augenscheinlich. Jede Nachrichtensendung von Relevanz enthält Hinweise auf einzelne Wirtschaftsparameter – allerdings im Regelfalle so, dass die eigentlichen Ursachen in den zunehmend sich zuspitzenden Verteilungsdisparitäten überhaupt nicht mehr sichtbar werden. Diese weltweiten, strukturell krisenhaften Finanzmärkte sind Folge von *sozialen Ausgrenzungsprozessen* und Ursachen für deren weitere Zuspitzung, national und international.

In der Tagespolitik dominieren – aus unterschiedlichen Gründen – Konzepte, die stärker marktwirtschaftliche Elemente betonen – auch im weltweiten Maßstab. Dabei zeichnen sich neue Synthesen zwischen Markt und Staat ab, in denen die Bearbeitung sozialer Risiken stärker ökonomisiert wird, ein Rückzug staatlicher Steuerung erfolgt und stattdessen rein karitativen Organisationen eine wachsende Bedeutung bekommen. Dieses bedeutet mit Sicherheit nicht die Renaissance der mittelalterlichen kirchlichen und kommunalen Armenfürsorge, aber es stellt sich perspektivisch die Frage nach einer weiteren Aufspaltung des Sozialstaates. Dieser gewährt dann einerseits Freiheit und Chancengleichheit als Privileg sozial Bessergestellter auf einem *exkludierenden „Wohlfahrtsmarkt“*. Andererseits gleicht er als *„Wohltätigkeitsstaat“* für die sozial benachteiligten gesellschaftlichen Gruppen Unfreiheit und den Mangel an Verwirklichungschancen immer weniger aus, geschweige denn, dass er deren Entstehen präventiv verhindert (vgl. Butterwegge 2014). Auf diese Weise werden sie zunehmend von den gesamtgesellschaftlichen Austauschbeziehungen abgekoppelt und auf private Mildtätigkeit verwiesen. Und genau dagegen wehren sich inzwischen auch größer werdende Teile der Mittelschichten.

Unter dem Paradigma wirtschaftsradikaler ‚Sozialstaats‘theorie mündet das Wissen über Prozesse und Ergebnisse sozialer Ausgrenzung derzeit immer weniger in adäquate politische Strategien zur Armutsbekämpfung bzw. einer höheren Verteilungsgerechtigkeit (Butterwegge 2017, S. 79ff.). Der emphatisch von der frühbürgerlichen Emanzipationsbewegungen gegen feudale Standeszuweisungen formulierte Anspruch auf Eigenverantwortung und *Leistungsgerechtigkeit* wird in Gestalt von Privatisierungs- und Deregulierungsforderungen in seiner Bedeutung umgedeutet als Instrument zur Festschreibung des Status sozialer Ausgrenzung bei einem offensichtlich zunehmenden Teil der nationalen wie der Weltgesellschaft. *Solidarität* wird stärker auf einzelne Segmente der Gesellschaft(en) konzentriert. Verbleibt das Prinzip der vorleistungsfreien Gerechtigkeit, das der *Subsidiarität*. Selbst dieses steht unter dem Verdacht, letztlich die Eigeninitiative sozial Ausgegrenzter zu unterminieren. Der verstärkte Anspruch der Ökonomie auf politische Gestaltung der Gesellschaft leistet einer Refeudalisierung gesellschaftlicher Beziehungen Vorschub, in der Statusfestschreibungen wenn schon nicht gott- so doch kapitalgewollt sind (Bourcarde und Schütte 2010).

Doch es gibt dazu immer wieder auch Einsprüche und Gegenbewegungen, die sich mitunter – ganz im Sinne von Eduard Heimann – auch auf die Binnenlogik der politischen Ökonomie des Kapitals und dem Erfordernis an *sozialintegrative Strategien* berufen und berufen können. Gerade wenn man die Durchsetzung des *Primates der Politik* als eine der wichtigsten Errungenschaften des bürgerlichen Emanzipationsprozesses ansieht, muss dieser gegen kurzsichtige radikal-wirtschaftsliberale Kapitalstrategien programmatisch und praktisch aufrecht erhalten werden, getragen von einer breit in der Gesellschaft vertretenen demokratischen und deshalb sozialen Bewegung. Herrmann Heller hat theoretisch, die Geschichte nicht nur in Deutschland hat praktisch gezeigt, was passiert, wenn dieses Bündnis brüchig wird.

Das facettenreiche, von unterschiedlichen Theoretikern, Institutionen und sozialen Bewegungen entwickelte Konzept der *Sozialen Inklusion* umfasst mit seiner mehrdimensionalen Perspektive jenen eingangs am Beispiel der Kaiserlichen Botschaft von 1881 ausgeführten doppelten Integrationsansatz von Sozialstaatlichkeit: nämlich sozialpolitische Bearbeitung von sozialen Risiken und politische Integration in das Gemeinwesen. Der Staatsrechtler *Helmut Ridder* (1919–2007) sprach dem Sozialstaatsgedanken im Grundgesetz die Aufgabe einer „Generalnorm" zu (Ridder 1975); der Begriff „Soziale Inklusion" könnte dieses präzisieren. Schon Ridder sah in dem Sozialstaatsbegriff vor allem eine Prüfnorm für konkrete Politik, ohne dass sich daraus allerdings ganz bestimmte soziale Institute ableiten ließen. In diesem Sinne könnte der Inklusionsbegriff zur Prüfnorm werden, mittels derer Zwischenstufen und Ziele dieses Prozesses im Mainstreaming verfolgt werden.

Wenn schon der Konservative Bismarck mit der Einführung der Sozialversicherung eine soziale *und* eine politische Inklusionsleistung verbunden hatte, dann ist unter den politischen Konstellationen des 21. Jahrhunderts und angesichts der Folgen weitreichender sozialer und politischer Destabilisierungen als Folge nationaler und internationaler Verteilungsungleichgewichte eine europäische Auffangstrategie wichtiger denn je. Auch wenn diese Entwicklung zumindest jetzt und in absehbarer Zeit nicht in einem europäischen Sozialstaat münden wird, könnten aber die derzeit noch eher weicheren Steuerungsinstrumente europäischer Sozialpolitik immer stärker und konsequenter angewendet werden. Ehedem nationale sozialstaatliche Politik würde zumindest mit Blick auf die Etablierung von festen sozialen Mindeststandards von Geld- und sozialen Dienstleistungen, darüber hinaus im Bereich Bildung, Arbeit und Gesundheit auf eine höhere, nämlich europäische Ebene gehoben werden. Und für eben diesen Prozess bietet das Konzept von der *sozialen*

Inklusion sicher einen handhabbaren sozialpolitischen Zugang, der sich dann zunächst einmal vor allem auf die am stärksten sozial Ausgegrenzten richten muss, darüber hinaus aber die Grundlage für eine Neuausrichtung der *sozialen Teilhabe* und des sozialen Zusammenhalts aller (*social cohesion*) werden könnte. Dieses ist möglich, aber keineswegs sicher, schon gar nicht konfliktfrei umzusetzen.

Literatur

Abendroth, Wolfgang. 1968. *Zum Begriff des demokratischen und sozialen Rechtsstaates im Grundgesetz der Bundesrepublik Deutschland.* (ursprünglich: Aus Geschichte und Politik, Festschrift zum 70. Geburtstag von Ludwig Bergstraesser, Düsseldorf 1954, 279-300). In *Rechtsstaatlichkeit und Sozialstaatlichkeit. Aufsätze und Essays* Hrsg. E. Forsthoff, 114-144. Darmstadt: Wissenschaftliche Buchgesellschaft.

Albert, Hans. 1975. *Aufklärung und Steuerung. Gesellschaft, Wissenschaft und Politik in der Perspektive des Kritischen Rationalismus*, 2. Aufl. In *Kritischer Rationalismus und Sozialdemokratie*, Hrsg. G. Lührs, Th. Sarrazin, F. Spreer und M. Tietzel, 103-125. Berlin, Bonn-Bad Godesberg: Verlag J.H.W. Dietz Nachf. GmbH.

Apel, Karl-Otto, D. Böhler, A. Berlich, G. Plumpe, Hrsg. 1999. *Praktische Philosophie/Ethik I. Aktuelle Materialien*, Bd. 1. Frankfurt a. M.: Fischer.

Atkins, Anthony 2015. *Eine zivilisierte Gesellschaft braucht hohe Steuern* – Interview mit Sir Anthony Atkins, geführt von Michael Hesse. *Frankfurter Rundschau* vom 21./22. 11. 2015, 14f.

Benz, Artur, S. Lütz, U. Schimank und G. Simonis. 2007. Einleitung. In *Handbuch Governance. Theoretische Grundlagen und empirische Anwendungsfelder*, Hrsg. A. Benz, S. Lütz, U. Schimank und G. Simonis, 9-25. Wiesbaden: VS Verlag für Sozialwissenschaften.

Benz, Benjamin, J. Boeckh und H. Mogge-Grotjahn, Hrsg. 2010. *Soziale Politik – Soziale Lage – Soziale Arbeit, Festschrift für Ernst-Ulrich Huster.* Wiesbaden: VS Verlag für Sozialwissenschaften.

Blanke, Thomas, R. Erd, U. Mückenberger und U. Stascheit, Hrsg. 1975. *Kollektives Arbeitsrecht. Quellentexte zur Geschichte des Arbeitsrechts in Deutschland, Bd. 1: 1840-1933.* Reinbek bei Hamburg: Rowohlt.

Boeckh, Jürgen, E.-U. Huster, B. Benz und J. D. Schütte. 2016. *Sozialpolitik in Deutschland. Eine systematische Einführung*, 4. Aufl. Wiesbaden: Springer VS.

Bourcarde, Kay und J. D. Schütte. 2010. *Deutschland 2010: Was ist geblieben von der Mittelstandsgesellschaft?*, In *Soziale Politik – Soziale Lage – Soziale Arbeit, Festschrift für Ernst-Ulrich Huster*, Hrsg. B. Benz. J. Boeckh und H. Mogge-Grotjahn, 245-262. Wiesbaden: VS Verlag für Sozialwissenschaften.

Bourdieu, Pierre. 1998. *Gegenfeuer. Wortmeldungen im Dienste des Widerstands gegen die neoliberale Invasion.* Konstanz: Universitätsverlag Konstanz.

Brodocz, André und G. S. Schaal, Hrsg. 2002. *Politische Theorien der Gegenwart I.* Opladen: Leske + Budrich.

Butterwegge, Christoph. 2014. *Krise und Zukunft des Sozialstaates*, 5. Aufl. Wiesbaden: Springer VS.

Butterwegge, Christoph. 2017. *Armut.* 2. Aufl. Köln: PapyRossa.

Dahrendorf, Ralf. 1965. *Gesellschaft und Demokratie.* München: Piper.

Forsthoff, Ernst. 1968. Begriff und Wesen des sozialen Rechtsstaates. (ursprünglich: Veröffentlichungen der Vereinigung der Deutschen Staatsrechtslehrer 12, Berlin 1954. 8-36). In *Rechtsstaatlichkeit und*

Sozialstaatlichkeit. Aufsätze und Essays, Hrsg. E. Forsthoff, 165-200. Darmstadt: Wissenschaftliche Buchgesellschaft.

Forsthoff, Ernst, Hrsg. 1968. *Rechtsstaatlichkeit und Sozialstaatlichkeit. Aufsätze und Essays.* Darmstadt: Wissenschaftliche Buchgesellschaft.

Fritzsche, Klaus. 2000. Sozialismus – Konzeptionen und Perspektiven gesellschaftlicher Egalität. In *Handbuch Politische Theorien und Ideologien,* Bd. 2, 2. Aufl., Hrsg. F. Neumann, 1-74. Opladen: Leske + Budrich.

Giddens, Anthony. 1999. *Der dritte Weg. Die Erneuerung der sozialen Demokratie.* Frankfurt a. M.: Suhrkamp.

Grabka, Markus M., J. Goebel, C. Schröder und J. Schupp. 2016. Schrumpfender Anteil an BezieherInnen mittlerer Einkommen in den USA und Deutschland. *DIW Wochenbericht* Nr. 18: 391-402.

Grabka, Markus M. und J. Goebel. 2017. Realeinkommen sind von 1991 bis 2014 im Durchschnitt gestiegen – erste Anzeichen für wieder zunehmende Einkommensungleichheit. *DIW Wochenbericht* Nr 4: 71-83.

Hartwich, Hans-Hermann. 1970. *Sozialstaatspostulat und gesellschaftlicher status quo.* Köln und Opladen: Westdeutscher Verlag.

Hayek, Friedrich August von. 1991. *Die Verfassung der Freiheit,* 3. Aufl. Tübingen: J.C.B. Mohr.

Hayek, Friedrich August von. 1981. *Die Illusion der sozialen Gerechtigkeit. Recht, Gesetzgebung und Freiheit,* Bd. 2. Landsberg am Lech: Verlag moderne Industrie.

Hegel, Georg Wilhelm Friedrich. 1970. *Werke.* Frankfurt a. M.: Suhrkamp.

Heller, Hermann. 1929. *Europa und der Fascismus.* Berlin, Leipzig: Walter de Gruyter.

Heller, Hermann. 1930. *Rechtsstaat oder Diktatur.* Tübingen: J.C.B. Mohr.

Heller, Hermann. 1971. *Gesammelte Schriften,* 3 Bände. Leiden: A.W.Sijthoff.

Heimann, Eduard. 1980. *Soziale Theorie des Kapitalismus. Theorie der Sozialpolitik.* Frankfurt a. M.: Suhrkamp.

Hirsch, Joachim. 1980. *Der Sicherheitsstaat. Das ‚Modell Deutschland‘ und die neuen sozialen Bewegungen.* Frankfurt a. M.: EVA.

Höffe, Otfried. 1979. *Ethik und Politik. Grundmodelle und -probleme der praktischen Philosophie.* Frankfurt a. M.: Suhrkamp.

Hofmann, Werner. 1970. *Ideengeschichte der sozialen Bewegung des 19. und 20. Jahrhunderts.* Berlin: Walter de Gruyter.

Humboldt, Wilhelm von. 1967. *Ideen zu einem Versuch, die Grenzen der Wirksamkeit des Staats zu bestimmen.* Stuttgart: Reclam.

Huster, Ernst-Ulrich. 1989. *Ethik des Staates. Zur Begründung politischer Herrschaft in Deutschland.* Frankfurt a. M., New York: Campus.

Huster, Ernst-Ulrich. 2016. *Soziale Kälte. Rückkehr zum Wolfsrudel?* Stuttgart: Kröner.

Knonauer, Martin. 2010. *Exklusion. Die Gefährdung des Sozialen im hoch entwickelten Kapitalismus.* 2. Aufl. Frankfurt a. M., New York: Campus.

Kubon-Gilke, Gisela, unter Mitarbeit weiterer Autorinnen und Autoren. 2017. *Gestalten der Sozialpolitik.* Marburg: Metropolis.

Lassalle, Ferdinand. 1970. *Reden und Schriften,* Hrsg. von F. Jenaczek. München: dtv.

Leo XIII, Pius XI. 1953. *Die sozialen Enzykliken, Rerum novarum und Quadrogesimo anno, mit aktueller Einführung von Oswald von Nell-Breunig S.J.* Stuttgart, Düsseldorf: Bundesverband der Katholischen Arbeitnehmerbewegung.

Locke, John. 1967. *Zwei Abhandlungen über die Regierung, Hrsg. und eingeleitet von Walter Euchner.* Frankfurt a. M., Wien: EVA.

Lührs, Georg, Th. Sarrazin, F. Spreer und M. Tietzel, Hrsg. 1975. *Kritischer Rationalismus und Sozialdemokratie.* Berlin, Bonn-Bad Godesberg: Verlag J.H.W. Dietz Nachf. GmbH.

Luhmann, Niklas. 1981. *Politische Theorie und Wohlfahrtsstaat.* München: Olzog.

Luxemburg, Rosa. 1970. *Politische Schriften*. Bd I, 4. Aufl. Frankfurt a. M., Wien: EVA.

Marshall, Thomas H. 1992. *Bürgerrechte und soziale Klassen. Zur Soziologie des Wohlfahrtsstaates*. Frankfurt a. M., New York: Campus.

Marx, Karl und F. Engels. 1956ff. *Marx Engels Werke*, Hrsg. vom Institut für Marxismus-Leninismus beim ZK der SED. Berlin: Dietz Verlag.

Müller, Wolfgang und Chr. Neusüß. 1970. Die Sozialstaatsillusion und der Widerspruch von Lohnarbeit und Kapital. *Sozialistische Politik*. II. Jahrgang, Heft 6/7: 4-67.

Münch, Richard. 2004. *Soziologische Theorie*. Bd. 3: Gesellschaftstheorie. Frankfurt a. M., New York: Campus.

Neumann, Franz, Hrsg. 1998. *Handbuch Politische Theorien und Ideologien*, Bd. 1., 2. Aufl. Opladen: Leske + Budrich.

Neumann, Franz, Hrsg. 2000. *Handbuch Politische Theorien und Ideologien*, Bd. 2, 2. Aufl. Opladen: Leske + Budrich.

Neusüß, Christel. 1980. Der „freie Bürger" gegen den Sozialstaat? Sozialstaatskritik von rechts und von Seiten der Arbeiterbewegung. *Probleme des Klassenkampfes*, Heft Nr. 39: 79-104.

Niesen, Peter. 2002. Die politische Theorie des Libertianismus: Robert Nozick und Friedrich A. von Hayek. In *Politische Theorien der Gegenwart I.*, Hrsg. A. Brodocz und G. S. Schaal, 77-117. Opladen: Leske + Budrich.

Nozick, Robert. 1976. *Anarchie Staat Utopia*. München: Moderne Verlagsgesellschaft.

Nußbaum, Martha. 1999. *Gerechtigkeit oder Das gute Leben. Gender Studies*. Frankfurt a. M.: Suhrkamp.

OECD. 2014. *OECD-Papier*: Einkommensungleichheit beeinträchtigt das Wirtschaftswachstum. https://www.oecd.org/berlin/presse/einkommensungleichheit-beeintraechtigt-wirtschaftswachstum.htm. Zugegriffen 26.01.2017 (Kurzfassung der Studie: *Focus on Inequality and Growth*. http://www.oecd.org/social/Focus-Inequality-and-Growth-2014.pdf. Zugegriffen: 26.01.2017).

Opielka, Michael. 2015. *Das Grundeinkommen als sozialpolitische Innovation. Wie beeinflussen gesellschaftspolitische Konzepte die Zukunft?*. Berlin: IZT – Institut für Zukunftsstudien und Technologiebewertung (IZT-Text, 1-2015).

Parlamentarischer Rat. 1948/49. *Stenographische Berichte über die Plenarsitzungen*. Bonn, Reproduktion der Originalausgabe von 1949. Bonn 1969: Bonner Universitäts-Buchdruckerei Gebr. Scheur GmbH.

Piketty, Thomas. 2014. *Das Kapital im 21. Jahrhundert*. München: C.H. Beck.

Putnam, Robert D. 2001. *Gesellschaft und Gemeinsinn. Sozialkapital im internationalen Vergleich*. Gütersloh: Bertelsmann Stiftung Verlag.

Ridder, Helmut. 1975. *Die soziale Ordnung des Grundgesetzes. Leitfaden zu den Grundrechten einer demokratischen Verfassung*. Opladen: Westdeutscher Verlag.

Rousseau, Jean Jacques. 1968. *Der Gesellschaftsvertrag*. Stuttgart: Reclam.

Schluchter, Wolfgang. 1968. *Entscheidungen für den sozialen Rechtsstaat. Hermann Heller und die staatstheoretische Diskussion in der Weimarer Republik*. Köln, Berlin: Kiepenheuer & Witsch.

Sen, Amartya. 2005. *Ökonomie für den Menschen. Wege zu Gerechtigkeit und Solidarität in der Marktwirtschaft*, 3. Aufl. München: dtv.

Sievers, Markus. 2015. Standortschwäche Ungerechtigkeit. *Frankfurter Rundschau* 8.9.2015: 12f.

Stahl, Friedrich Julius. 1963. *Die Philosophie des Rechts, Bd. 2: Rechts- und Staatslehre auf der Grundlage christlicher Weltanschauung. Zweite Abteilung: Die Staatslehre und die Principien des Staatsrechts*. Darmstadt: Wissenschaftliche Buchgesellschaft.

Stichweh, Rudolf und P. Windolf, Hrsg. 2009. *Inklusion und Exklusion: Analysen zur Sozialstruktur und sozialen Ungleichheit*. Wiesbaden: VS Verlag für Sozialwissenschaften.

Weber, Max. 1958. *Gesammelte politische Schriften*. Tübingen: J.C.B. Mohr.

Zimmermann, Germo. 2015. *Anerkennung und Lebensbewältigung im freiwilligen Engagement. Eine qualitative Studie zur Inklusion benachteiligter Jugendlicher in der Kinder- und Jugendarbeit*. Bad Heilbrunn: Verlag Julius Klinkhardt.

Soziale Inklusion: Utopie, Vision oder konkreter Gestaltungsauftrag?

Johannes D. Schütte

Zusammenfassung

Soziale Inklusion ist, wie sein Gegenstück *soziale Exklusion*, ein vielschichtiger Begriff, dessen Wurzeln in der Underclass-Debatte in Großbritannien und den Vereinigten Staaten sowie in der französischen Armutsforschung liegen. Eine allgemein anerkannte Definition des sich immer weiter verbreitenden und inhaltlich auch verändernden Terminus soziale Inklusion gibt es bis heute nicht. Ausgehend von der Entstehung des Begriffs lässt sich Inklusion grundsätzlich durch die Modi der gesellschaftlichen Zugehörigkeit – *Interdependenz* und *Partizipation* – beschreiben. Soziale Inklusion ist, genau wie ihr Gegenpart soziale Exklusion, sowohl als Zielbestimmung als auch als der Weg zu deren Erreichung zu verstehen. Das Ausmaß sozialer Exklusion in einer Gesellschaft und damit auch sozialer Inklusion ist stets von politischen und damit von normativen Entscheidungen abhängig. Welche Mechanismen für die Exklusionsprozesse im Bildungs- und auch im Gesundheitsbereich in den Fokus gerückt werden, hängt von der theoretischen Herangehensweise ab. Ausgehend vom Menschenbild eines autonom handelnden Individuums (*homo oeconomicus*) kommt man zu anderen Ergebnissen, als wenn man die gesellschaftlichen Einflüsse auf das Handeln der Menschen (*homo sociologicus*) in den Vordergrund der Betrachtung stellt. Diese unterschiedlichen Herangehensweisen beschreiben einerseits die Schwierigkeiten bei der Definition des Inklusionskonzeptes, auf der anderen Seite verdeutlicht die Darstellung auch das Potential, welches gerade in dieser Offenheit liegt. Soziale Inklusion ist bestimmt durch unterschiedliche, teils gegensätzliche Interessen, vermittelt aber auch zwischen ihnen, sie kann nicht auf die Grundannahme individueller Handlungsoptionen verzichten, wie sie umgekehrt nicht von der sozialen Gebundenheit des Handelns absehen kann. Nur so kann Inklusion verschiedenste Handlungsansätze miteinander verbinden und eine Möglichkeit bieten, dem Ziel Inklusion näher zu kommen.

Schlagworte

Inklusion; Exklusion; Bildung; Gesundheit; (intergenerative) Armutskreisläufe

1   Soziale Inklusion und Exklusion – Herkunft und Verwendung der Begriffe

Dem Begriffspaar *Inklusion* und *Exklusion* kommt in verschiedenen Einzelwissenschaften ein je spezifischer Bedeutungszusammenhang zu und es wird in unterschiedlichen Kontexten gebraucht. Darüber hinaus sind beide auch zu interdisziplinären Begriffen geworden, welche fächerübergreifend durch die Kombination verschiedenster Teilaspekte neue Implikationen für die konkrete Praxis besitzen.

Die Definition und damit auch die Operationalisierbarkeit des Begriffes soziale Inklusion sind stets abhängig von dem konkreten sozialen Kontext, und den dort stattfindenden interessegeleiteten Interaktionen zwischen Personen und Personengruppen, in dem von sozialer Exklusion/Inklusion gesprochen wird. Inklusion bzw. Exklusion werden folglich – im Gegensatz zur systemtheoretischen Unterstellung – normativ bestimmt bzw. bewertet. Von sozialer Exklusion kann nach der hier vertretenen Herangehensweise somit nur dann gesprochen werden, wenn Menschen in einem Maße von Gesellschaftsfunktionen ausgeschlossen werden, zu denen sie aus Sicht gängiger Normvorstellungen Zugang haben sollten und aus eigenem Antrieb Zugang haben wollen. Soziale Inklusion ist als Gegenpol zu sozialer Exklusion zu verstehen und wirkt dieser gleichzeitig entgegen.

Die Begriffe soziale Inklusion und Exklusion stammen ursprünglich aus dem englischen und französischen Sprachraum. So findet man in der angloamerikanischen Underclass-Debatte erste Ansätze, und auch in der französischen Armutsforschung wird schon seit langer Zeit von *inclusion sociale* und *exclusion sociale* gesprochen (Stainback et al. 1997). Beide Diskussionen entstanden in einer Zeit, als die Arbeitslosenzahlen und damit die Anzahl der Menschen, die in Armut lebten, in den westlichen Industrienationen plötzlich anstiegen. Besonders überraschend waren diese Ereignisse auch, weil man nach einer langen Zeit des wirtschaftlichen Aufschwungs bereits davon ausgegangen war, dass das Armutsproblem gelöst sei (Kronauer 2010, S. 71).

In Frankreich fand der Begriff *exclusion sociale* vor allem durch eine Veröffentlichung von *Jean Klanfer* anlässlich der UNESCO-Armutskonferenz 1964 Eingang in den öffentlichen Armutsdiskurs (Reißig 2010, S. 20). Im Laufe der folgenden 20 Jahre wurde der Begriff in Frankreich vor allem politisch verwendet und in den meisten Fällen wurde dabei Bezug genommen auf einzelne Gruppen, z. B. Obdachlose. Eine besondere Bedeutung bekam er in den 1980er und 1990er Jahren im Zusammenhang mit der Diskussion um die Zustände in den Pariser Vorstädten (Banlieues). Hier wurde neben der ökonomischen Situation der in den Vorstädten lebenden Migranten auch deren sozialräumliche Ausgrenzung diskutiert (Reißig 2010, S. 21). Die Besonderheit des französischen Diskurses ist – etwa im Gegensatz zur damaligen Armutsdiskussion in Deutschland – der Bezug auf die Dimension der *sozialen Kohäsion*. Diese Vorstellung geht auf den Soziologen *Émile Durkheim* (1858–1917) zurück. Obwohl in der Neuzeit das Bewusstsein der Menschen nicht mehr in der Art aneinander angepasst sei wie es in der archaischen Gesellschaft der Fall war, besteht nach Durkheim stets ein gewisser Konsens im Denken der Individuen innerhalb einer Gesellschaft.

„Die Gesamtheit der gemeinsamen religiösen Überzeugungen und Gefühle im Durchschnitt der Mitglieder einer Gesellschaft bildet ein bestimmtes System, das sein eigenes Leben hat; (...) Es ist dem Wesen nach in der ganzen Ausdehnung der Gesellschaft verbreitet." (Durkheim 1977, S. 121)

Durkheim geht davon aus, dass die soziale Differenzierung und die gesellschaftliche Arbeitsteilung innerhalb der modernen Gesellschaft dazu führen, dass sich die Menschen zwar weniger ähneln, sie sich aber auf Grund ihrer Unterschiede gegenseitig ergänzen und voneinander abhängig sind. Er beschreibt die neue Form der Solidarität innerhalb moderner Industriegesellschaften als „organische Solidarität" oder auch als „Solidarität der Unterschiede" (Durkheim 1977, S. 296). Die soziale Kohäsion ist also bestimmt durch die wechselseitigen Abhängigkeitsbeziehungen (Interdependenzen) innerhalb einer Gesellschaft. Exklusion lässt sich so als „Bruch von Interdependenzbeziehungen" (Kronauer 2010, S. 45) verstehen und wird somit sowohl zu einem Problem für das betroffene Individuum, als auch zu einem gesellschaftlichen Problem der „Erosion des gesellschaftlichen Zusammenhalts" (Kronauer 2010, S. 227).

Die Underclass-Debatte beschäftigte sich mit der Entstehung und der Reproduktion gesellschaftlicher Untergruppen, die von der Teilhabe an den gesellschaftlichen Austauschprozessen weitgehend ausgeschlossen sind. In der Tradition der Bürgerrechte im Sinne *Thomas H. Marshalls* (1893–1981) sind Menschen, die nicht angemessen am gesellschaftlichen Leben partizipieren können, exkludiert (Kronauer 2010, S. 231). Ein zentraler Aspekt ist die marginale ökonomische Position und die soziale Isolation der Betroffenen (Wilson 1987). Der Underclassbegriff fokussiert stärker die ausgegrenzten Bevölkerungsgruppen als den Exklusionsprozess an sich. Dies wird besonders in der amerikanischen Diskussion deutlich, welche sich vor allem auf Afroamerikaner bezog. In diesem Zusammenhang wurde über die Entstehung von Ghettos in den amerikanischen Großstädten diskutiert. Der Begriff Underclass ist allerdings kein eindeutig definierter Begriff, er wurde im Laufe seiner Entstehung unterschiedlich verwendet und erhielt in der politischen Debatte teilweise auch gegensätzliche Bedeutungen. Zum einen zielte das Konzept ursprünglich darauf ab, die gesellschaftlichen Triebfedern der Exklusion zu identifizieren, andererseits wurde es politisch verwendet, um die Ursachen bei den Betroffenen selbst und nicht bei den gesellschaftlichen Entwicklungen zu verorten (Reißig 2010, S. 26f.).

Ausgehend von der Entstehungsgeschichte in Frankreich und im angloamerikanischen Raum lässt sich Inklusion durch die Modi der gesellschaftlichen Zugehörigkeit „*Interdependenz*" und „*Partizipation*" beschreiben. Nach *Martin Kronauer* ist *Interdependenz* die Einbindung in soziale Netze und die gesellschaftliche Arbeitsteilung. Partizipation hingegen meint, die Vermittlung gesellschaftlicher Teilhabe in materieller, kultureller und politisch-institutioneller Hinsicht (Kronauer 2010, S. 147). Nach Kronauer kann Exklusion in modernen Industriegesellschaften nicht den Totalausschluss aus der Gesellschaft bedeuten, da dies in modernen Gesellschaften heute ein Randphänomen darstellt, von dem nur noch selten Menschen betroffen sind (z. B. Menschen, die etwa im Winter erfrieren, weil sie vorhandene Hilfeeinrichtungen nicht nutzen bzw. nicht nutzen können oder

Migranten ohne legalisiertem Aufenthaltsstatus). Um Exklusion und damit auch Inklusion angemessen begreifen zu können, geht Kronauer von einer Ausgrenzung innerhalb der Gesellschaft aus. Diese, in den Worten *Georg Simmels* (1858–1918), Gleichzeitigkeit des „Drinnen" und „Draußen" beschreibt die Exklusion bestimmter Bevölkerungsteile, die nicht mehr oder nur einseitig in die Interdependenzbeziehungen eingebunden sind und nach den herrschenden moralischen Vorstellungen nicht die Möglichkeit haben, angemessen am gesellschaftlichen Leben zu partizipieren, sich aber dennoch nicht aus der Gesellschaft verabschieden können. So sind zum Beispiel Langzeitarbeitslose nicht mehr in die wechselseitigen Interdependenzen eines Arbeitsverhältnisses inkludiert, sondern einseitig abhängig von der Gesellschaft. Arbeitslose erhalten Unterstützung und ihnen stehen – im Gegensatz zu den erwähnten Migranten ohne legalisiertem Status – auch Bürgerrechte zu. Somit sind Langzeitarbeitslose zwar von Exklusion betroffen, aber weiterhin Teil der Gesellschaft, ohne sich deren Anforderungen entziehen zu können: Sie befinden sich sozusagen „Draußen" im „Drinnen" (Kronauer 2010, S. 250ff.).

Über die inhaltliche Bestimmung von Exklusion und Inklusion besteht allerdings ein anhaltender Diskurs, und so kann die vorgestellte Herangehensweise nur als eine unter vielen bewertet werden. Die Annahme, dass Inklusion genau wie sein Gegenpart Exklusion nicht nur auf die ökonomische Betrachtungsweise reduziert werden kann, sondern mehrdimensional verstanden werden muss, verbindet alle heutigen Definitionen. Danach entfalten Exklusionsprozesse in mehreren Dimensionen ihre Wirkung. Auch kann eine Exklusion in einer Dimension eine Exklusion in einer anderen zur Folge haben. Dass ein solches Übergreifen auf andere Dimensionen möglich ist, heißt aber nicht automatisch, dass es notwendigerweise stattfindet, genauso können Exklusionsprozesse in einer Dimension durch die Bedingungen in einer anderen abgeschwächt oder sogar kompensiert werden. Inklusion in einer Dimension kann also auch zu Inklusion in anderen Dimensionen führen (Kronauer 2010, S. 243ff.).

Außerdem ist heute in der Armutsforschung weitgehend unstrittig, dass Exklusion und auch Inklusion Prozesscharakter besitzen. Ein wichtiger Vertreter der Theoriediskussion um soziale Exklusionsprozesse ist *Serge Paugam* (* 1960). Er machte schon früh deutlich, dass Exklusion als Prozess „sozialer Disqualifizierung" verstanden werden muss, welcher zu einem Verlust der gesellschaftlichen Teilhabe führt (Reißig 2010, S. 21).

Damit ist „soziale Exklusion" sowohl als Resultat und auch als Prozess zu verstehen und „soziale Inklusion" als Gegenpart ist zugleich eine Zielbestimmung als auch ein Weg zur Erreichung dieses Ziels (Huster 2011, S. 7). Inklusion und Exklusion als Prozesskategorien begriffen, lenken den Blick auf die verantwortlichen Mechanismen. So ist zu fragen, an welchen Stellen und wie soziale Exklusion stattfindet und auf welche Weise sie abgemildert, verhindert werden kann? Damit ist allerdings noch nichts gesagt über das für notwendig erachtete Ausmaß sozial inklusiver Interventionen. Geht es bei sozialer Inklusion also in erster Linie darum, Zugangschancen zu schaffen, oder geht es auch um die Gewährung konkreter sozialer Hilfezusagen? Ist soziale Inklusion Vision, Utopie oder konkreter Gestaltungsauftrag an Politik, oder auch an zivilgesellschaftliche Akteure?

2 Erklärungsansätze für die Ursachen von sozialer Exklusion im Bildungs- und Gesundheitsbereich

Grundsätzlich stellt sich die Frage, ob menschliches Handeln autonom oder heteronom geleitet, bestimmt oder aber auch verhindert wird. Von daher werden Exklusionsprozesse, wie dagegen gerichtete Inklusionsstrategien, immer im Blick haben müssen, inwieweit gesellschaftliche Rahmenbedingungen (Makro-Ebene), konkrete Handlungsinteraktionen (Meso-Ebene) und persönliche Ausstattungen und Vermögen (Mikro-Ebene) prädominant sind bzw. in welcher Weise sie miteinander interagieren.

Generell zeigt sich bei der Betrachtung der empirischen Wirklichkeit, dass die Chancen, im Bildungsbereich erfolgreich zu sein und ein gesundes Leben führen zu können, für Angehörige unterschiedlicher sozialer Schichten verschieden ausfallen.

So haben beispielsweise Menschen aus unteren Schichten ein größeres Erkrankungsrisiko (Ausnahme: Allergien, Neurodermitis, Burn-out-Syndrom). Bei Menschen mit niedrigem sozioökonomischem Status sind Schlaganfälle, Herzinfarkt, Übergewicht, Rückenschmerzen, Diabetes mellitus und Depression häufiger als bei Menschen aus höheren Schichten (Robert Koch-Institut 2015, S. 41f. und S. 148ff.). Besonders deutlich werden die schichtspezifischen Unterschiede im Gesundheitsbereich, wenn man die Lebenserwartungen betrachtet. Die mittlere Lebenserwartung von Männern aus der höchsten Einkommensgruppe liegt rund 11 Jahre höher als bei Männern aus der niedrigsten Einkommensgruppe und auch bei Frauen (8,4 Jahre) ergibt sich ein sehr ähnliches Bild (ebd. S. 150).

Im Bildungsbereich ist ebenfalls deutlich zu erkennen, dass die Erfolgschancen der Kinder sehr eng mit dem gesellschaftlichen Status verknüpft sind. So stammen nur 9 Prozent der Schülerinnen und Schüler, die ein Gymnasium besuchen, aus Familien, in denen die Eltern maximal einen Hauptschulabschluss besitzen (Statistisches Bundesamt 2016, S. 86).

Menschen haben aufgrund ihres gesellschaftlichen Status also unterschiedliche Chancen, in die Gesellschaft inkludiert zu sein. Hier schließt sich die Frage an, welche Mechanismen im Bildungs- und auch im Gesundheitsbereich wirken, die diese großen Unterschiede hervorrufen.

2.1 Genetik und Begabung – Was ist angeboren und was ist sozial bestimmt?

Die Frage, ob und inwieweit das genetische Material einen Einfluss auf die Chancen hat, in die Gesellschaft inkludiert zu sein, wird schon seit langer Zeit wissenschaftlich kontrovers diskutiert. So berichteten *Richard Hernstein* und *Charles Murray* in ihrem 1994 veröffentlichten Bestseller „The Bell Curve" verschiedene Korrelationen zwischen dem Intelligenzquotienten (IQ) eines Menschen und seinen gesellschaftlichen Erfolgsaussichten. Sie konnten zeigen, dass 6 Prozent der durchschnittlich intelligenten Menschen (IQ = 91–110) in Armut lebten, aber 30 Prozent der Minderbegabten (IQ < 76). Ähnliche Unterschiede stellten sie noch für andere Dimensionen fest, wie zum Beispiel der Wahrscheinlichkeit, einen Schulabschluss zu erreichen, im Sozialhilfebezug zu leben oder arbeitslos zu sein (Herrnstein und Murray 1996, S. 148ff.). Aufgrund dieser Korrelationen stellen Hernstein und Murray die These auf, dass der gesellschaftliche Status eines Menschen von seiner Intelligenz abhängig ist. Da sie zugleich grundsätzlich davon ausgehen, dass die Intelligenzentwicklung maßgeblich durch die Gene beeinflusst ist, leiten sie aus den genannten Korrelationen ebenfalls ab, dass die Gesellschaftsstruktur genetische Ursprünge habe. Aus dieser Sicht besitzen Menschen ihrer genetischen Ausstattung entsprechend gute oder schlechte Chancen, in die Gesellschaft inkludiert zu sein.

Abgesehen von allen offenen methodischen Fragen hinsichtlich der Definition und der Messung von Intelligenz widerspricht eine große Anzahl von Wissenschaftlern den beschriebenen Annahmen von Hernstein und Murray grundlegend. Ihrer Ansicht nach ist es nicht möglich, anhand der beschriebenen Mittelwert-Korrelationen direkte Kausalverbindungen herzustellen. Zum einen, weil die Möglichkeit besteht, dass eine dritte intervenierende Variable beide Variablen beeinflusst, andererseits aber auch, weil ein solcher Schluss die vorhandenen Schnittmengen vollkommen ignoriert.

Aktuelle neurowissenschaftliche Forschungsarbeiten zeigen zwar, dass die genetischen Anlagen, zum Beispiel das Hirnvolumen, das elektrische Aktivitätsniveau der Hirnrinde und die Nervenleitgeschwindigkeit, zu einem gewissen Grad prägen. Die meisten Studien kommen aber zu dem Ergebnis, dass die individuellen Intelligenzunterschiede nicht anhand der genetischen Anlagen erklärt werden können und auch im höheren Alter einem ständigen Veränderungsprozess unterliegen (Deary 2006, S. 690ff.).

Es existieren verschiedene Hinweise dafür, dass der genetische Einfluss und der Umwelteinfluss keine voneinander getrennten Bereiche darstellen, sondern interagieren (Schmidtke 2002, S. 146). Es konnte gezeigt werden, dass gerade bei Menschen mit niedrigerem sozioökonomischem Status die Umwelteinflüsse eine bedeutendere Rolle für die Intelligenzentwicklung spielen. Entscheidend ist also die Aktivierung der Gene durch anregende Lern- und Erfahrungsräume (*Epigenetik*). So haben Kinder aus den höheren Schichten die besten Chancen, ihre genetischen Potentiale auch zu nutzen. Dies zeigt zum Beispiel eine Adoptionsstudie, die feststellt, dass der durchschnittliche IQ von adoptierten Kindern steigt, wenn sie von einer statushöheren Familie adoptiert werden, und sinkt, wenn sie von einer statusniedrigeren Familie adoptiert werden (Capron 1989, S. 552ff.).

Diese Erkenntnisse sind deutliche Hinweise dafür, dass die unterschiedlichen Chancen von Kindern aus verschiedenen Sozialschichten im Bildungswesen erfolgreich zu sein, nicht auf ihre *Begabung* zurückzuführen sind, sondern dass es sich hier vielmehr um eine Ideologie handelt, die es einerseits den oberen Sozialschichten ermöglicht, ihre gesellschaftliche Vormachtstellung als gerechtfertigt anzunehmen. Zum anderen suggeriert die Begabungsideologie den unteren Schichten, dass sie aus ihrer benachteiligten Situation nicht entfliehen können, da sie nicht über die nötigen mentalen Voraussetzungen verfügen. Auf diese Weise wird die gesellschaftliche Machtstruktur legitimiert und als etwas Gegebenes dargestellt.

Bezüglich der Chancen eines Menschen, ein gesundes Leben führen zu können, spielt das Erbgut zwar ebenfalls eine Rolle, wie man z. B. bei der Entstehung bestimmter Krankheiten erkennen kann, aber auch hier ist es nicht möglich, die Unterschiede im Gesundheitszustand allein durch die Gene zu erklären. Dies wurde unter anderem durch die Zwillingsforschung mehrfach belegt. So haben eineiige Zwillinge, die fast exakt die gleichen Gene besitzen, verschiedene Krankheiten und einen unterschiedlichen gesundheitlichen Status, wenn sie in verschiedenen Umwelten aufwachsen. Es ist wohl eher so, dass Gene unser Risiko beeinflussen, Krankheiten zu entwickeln (Lucae et al. 2006, S. 13ff.).

Insgesamt lässt sich feststellen: Menschen haben unterschiedliche genetische Anlagen, diese genetischen Dispositionen haben einen Einfluss auf den Gesundheitszustand und auf die Intelligenzentwicklung, aber dieser Einfluss wird maßgeblich durch Umweltbedingungen aktiviert und moderiert. So reagieren manche Menschen aufgrund ihrer genetischen Anlagen in bestimmten Umweltsituationen ganz anders als die Mehrheit (Gen-Umwelt-Interaktion). Außerdem können die Erbanlagen über ihren Einfluss auf z. B. die Persönlichkeitsmerkmale, die Wahrscheinlichkeit erhöhen, dass ein Mensch bestimmte Umwelterfahrungen macht, was diesen wiederum prägen kann (*Gen-Umwelt-Kovariation*). Es lässt sich konstatieren, dass zwar verschiedenste Wechselwirkungen zwischen den Erbanlagen und der Umwelt eines Menschen bestehen, allerdings lassen sich die gesellschaftlichen Exklusionsprozesse nicht durch genetische Faktoren erklären. Dies rechtfertigt eine vertiefende Auseinandersetzung mit den Umweltfaktoren und ihren Wirkungsweisen.

2.2   Wirkmechanismen sozialer Exklusion

Die heutige Bildungsforschung geht zum größten Teil davon aus, dass die Chancenunterschiede im Bildungsbereich durch zwei maßgebliche Mechanismen aufgeklärt werden können. Zum einen werden die nach sozialem Status verschiedenen Entwicklungsmöglichkeiten der Kinder diskutiert, zum anderen die Selektionsschwellen im deutschen Bildungssystem zur Erklärung herangezogen. In Bezug auf die gesundheitliche Ungleichheit geht die momentane gesundheitssoziologische Forschung davon aus, dass, abgesehen von den biologischen Dispositionen, die nach sozialer Herkunft unterschiedlichen personenbezogenen Ressourcen und Verhaltensweisen im Zusammenspiel mit den institutionellen Gegebenheiten für die schlechteren Chancen unterer Sozialschichten ursächlich sind. Besondere Aufmerksamkeit liegt hier auf den Ernährungs- und Bewegungsgewohnheiten, dem Nikotin- und Alkoholkonsum, der Unterstützung durch soziale Netze und dem Einfluss des Wohn- und Arbeitsumfeldes sowie dem Zugang zu medizinischen Versorgungsleistungen.

Der homo oeconomicus: individuelles Kosten-Nutzen-Kalkül

Aus der Perspektive eines rational handelnden Individuums liegt die Verantwortung für soziale Exklusion bei den einzelnen Individuen, da nach den Rational-Choice-Theorien die Ursachen sozialer Exklusion in erster Linie in den individuellen Kosten/Nutzen-Kalkulationen der Akteure liegen. Diese Kalkulation wird neben den zu erwartenden Kosten und dem wahrscheinlichen Nutzen nur noch durch die subjektiv eingeschätzte Erfolgswahrscheinlichkeit beeinflusst (Lindenberg 1985, S. 100). Ein Ansatz, der mit Hilfe der

Rational-Choice Theorie die Ausgrenzungsprozesse innerhalb des Bildungssystems analysiert, stammt von *Raymond Boudon* (*1934). Seine Theorie führt die soziale Ungleichheit im Bildungssystem auf die schichtspezifischen Bildungsentscheidungen zurück. Er geht davon aus, dass an den verschiedenen Entscheidungspunkten unterschiedliche Effekte auf die Kalkulationsvariablen der Bildungsentscheidung einwirken. So beurteilen Eltern den Nutzen und die Kosten nach ihrer sozialen Stellung unterschiedlich und entscheiden deshalb anders (Boudon 1974, S. 29ff.).

Durch diesen Ansatz wird zum Beispiel erklärbar, warum Eltern aus unteren Schichten ihre Kinder – selbst bei nach Einkommen gestaffelten Beiträgen – später bzw. kürzer in einer Kindertagesstätte betreuen lassen (Drossel et al. 2014, S. 41). Bei dieser Kalkulation können schon niedrige Beiträge dazu führen, dass Eltern aus unteren Schichten sich dafür entscheiden, ihre Kinder länger zu Hause zu betreuen, da auch diese Kosten im Verhältnis zum Gesamteinkommen zu groß erscheinen. Weiter ist die elterliche Entscheidung, ob ihr Kind eine Kindertageseinrichtung besucht, außer von den Kosten noch von anderen Faktoren abhängig. So ist davon auszugehen, dass die Eltern bei dieser Entscheidung ebenfalls den Nutzen berücksichtigen, den sie von einem Besuch einer Kindertagesstätte erwarten. Dieser Nutzen ist dann niedriger, wenn es den Eltern zeitlich möglich ist, sich um ihr Kind zu kümmern, dann aber größer, wenn beide Elternteile arbeiten gehen. Bei arbeitslosen Menschen wäre dieser Nutzen weniger groß. Zum anderen kann vermutet werden, dass Eltern aus gehobenen Sozialschichten eher über verschiedene Förderangebote informiert sind und so den Nutzen des Besuchs von Kindertagesstätten höher einschätzen.

Die Überlegungen Boudons wurden von vielen Autoren weiterentwickelt. Die bekanntesten Ausführungen stammen von *John H. Goldthorpe, Richard Breen, Robert Erikson* und von *Jan O. Jonsson*. Goldthorpe und Breen beziehen sich auf den Übergang von der Schule in den Beruf und berücksichtigen neben den anfallenden Bildungskosten auch eventuell anfallende Opportunitätskosten[1] (Goldthorpe 1998, S. 43ff.). Die Berücksichtigung von Opportunitätskosten ist gerade bei den Übergangsentscheidungen im Bildungsbereich von besonderer Bedeutung. Da im öffentlichen deutschen Schulsystem kein Schulgeld bezahlt werden muss, werden die Bildungskosten maßgeblich durch die Unterhaltskosten bestimmt. Je länger ein Kind also zur Schule geht, desto länger sind die Eltern auch rechtlich verpflichtet, den Unterhalt für ihre Kinder zu bezahlen. Der Großteil der Kostenunterschiede zwischen den verschiedenen Schulformen und Ausbildungsgängen entsteht somit durch die unterschiedliche Länge der schulischen Bildungsgänge und der beruflichen Ausbildung einschließlich eines Studiums.

Im Gegensatz zu Boudon, der die Erfolgswahrscheinlichkeit ausschließlich durch die tatsächliche Leistungsfähigkeit der Kinder definiert sieht, sehen Erikson und Jonsson die Kalkulation durch die elterliche Leistungsbeurteilung bestimmt, welche wiederum abhängig ist von deren gesellschaftlichen Stellung. Dass diese Hypothese zutreffend ist, zeigen

---

1   *Opportunitätskosten* sind die Kosten, die entstehen, wenn durch das Ausführen einer Handlung auf die aus einer alternativen Handlung entstehenden Gewinne verzichtet werden muss. (Hill 2002, S. 47).

die Ergebnisse der IGLU-Studie aus den letzten Jahren. So schätzen Eltern aus der oberen Dienstklasse (EGP-Klasse I) ihre Kinder selbst bei gleichen kognitiven Grundfähigkeiten und Lesekompetenzen viel häufiger als gymnasialfähig ein als Eltern aus der untersten Sozialschicht (EGP-Klasse VII). (Solga 2008, S. 4f.; Stubbe et al. 2012, S. 222).

Außerdem gehen Erikson und Jonsson davon aus, dass sich die Bewertungen im Lebensverlauf eines Menschen verändern und die institutionellen Gegebenheiten ebenfalls die Bildungskalkulation beeinflussen. Institutionen haben sowohl einen Einfluss auf die Bildungskosten als auch auf die Wahrscheinlichkeit des Schulerfolges (Erikson et al. 1996, S. 12ff.). So können die Wahlhandlungen der Eltern durch bestimmte institutionelle Gegebenheiten wie zum Beispiel der Ausbildungsdauer oder Zugangsvoraussetzungen und Übergangsregelungen verändert sein. Auch die regionale Erreichbarkeit der Bildungseinrichtungen spielt hier eine Rolle. Durch regionale Unterschiede der Zugänglichkeit von Bildungseinrichtungen kann die Wahrscheinlichkeit, ob eine Bildungsaspiration realisiert wird, verändert werden. Studien belegen, dass zum Beispiel die Größe des Wohnortes mit der Wahrscheinlichkeit korreliert, eine bestimmte weiterführende Schulform zu besuchen. Menschen aus kleineren Orten haben geringere Chancen, ein Gymnasium zu besuchen als Personen aus großen Städten (Autorengruppe Bildungsberichterstattung 2016, S. 258ff.).

Dem Rational-Choice-Ansatz wird generell entgegen gehalten, dass es nicht möglich sei, gesellschaftliche Phänomene durch die ausschließliche Fokussierung auf die individuelle Ebene zu erklären. Außerdem stellen rationale Handlungsentscheidungen aus Sicht der Kritiker einen empirischen Ausnahmefall dar, welcher nicht generalisierbar ist. So kalkuliert das Individuum kaum zu jeder Zeit seine Entscheidungen, und viele Handlungen beruhen nicht auf einer zukunftsgerichteten, zweckrationalen Kalkulation, sondern werden zum Beispiel durch Gefühle und individuelle biographische Erfahrungen beeinflusst und geschehen somit häufig automatisiert. Außerdem wird am Rational-Choice-Ansatz kritisiert, dass er jedenfalls implizit davon ausgeht, dass alle Menschen Zugang zu den relevanten Informationen über die zukünftigen Kosten/Nutzen einer Entscheidung haben und auch über die kognitiven Fähigkeiten verfügen, diese zu verarbeiten.

Auf die genannten Kritikpunkte antworten die so genannten *weichen* Rational-Choice-Ansätze. Diese gehen davon aus, dass der Entscheidungsprozess auf Grundlage einer stets unsicheren und sich verändernden Informationslage stattfindet. Ein Beispiel für diese Ansätze ist das *Modell der Frameselektion* von *Hartmut Esser* (*1943) (Esser 1991, S. 66). Esser nimmt an, dass ein Mensch nicht in der Lage ist, in jeder Situation eine neue Kalkulation aufzustellen und geht deshalb mit Rückgriff auf die Theorie von *Alfred Schütz* (1899–1959) davon aus, dass jeder Mensch über bestimmte Routinen verfügen muss, die ihm den Entscheidungsprozess erleichtern (Esser 1996, S. 500).

„So schätzt wohl kaum jemand morgens um sechs Uhr Kosten, Nutzen und Eintrittswahrscheinlichkeit von Karies ab, sondern man putzt sich einfach die Zähne oder lässt es eben." (Hill 2002, S. 52)

Um die individuelle Handlungskalkulation und die Einflüsse auf diese zusammenhängend beschreiben zu können, schließt Esser an den Ansatz der subjektiven Interpretation der Realität an. Danach sind menschliche Akteure nicht in der Lage, die Welt so zu sehen, wie sie wirklich ist. Aus diesem Grund sind sie gezwungen, sich fortwährend durch die Auseinandersetzung mit ihrer sozialen Umwelt vereinfachte mentale Repräsentationen, und so eine subjektive Definition der Situation, zu erschaffen (Esser 2001, S. 269). Diese besteht nach Esser aus den äußeren und inneren Bedingungen. Zu den äußeren Bedingungen einer Situation zählt Esser die materiellen Ressourcen, die einem Akteur zur Verfügung stehen und die institutionellen Regeln (Esser 2001, S. 335). Die inneren Dispositionen eines Akteurs bestehen nach Esser aus einem Satz an kognitiven Schemata, den so genannten Frames.

> „‚Frames' (…) sind kollektiv verbreitete und in den Gedächtnissen der Akteure verankerte kulturelle Muster, ‚kollektive Repräsentationen' typischer Situationen." (Esser 2005, S. 10f.)

Ein Frame ist also ein gedankliches Modell der Situation. Verknüpft mit den Frames sind außerdem bestimmte zuvor gelernte Assoziationen. Zu diesen Assoziationen gehören mögliche Reaktionsmuster und auch bestimmte Emotionen. Der Frame befördert also eine Vorselektion bestimmter möglicher Situationsinterpretationen, aber auch eine Auswahl von Handlungsoptionen. Diese Bündel von möglichen Handlungsweisen bezeichnet Esser als Habits:

> „Habits können als ganze Komplexe bzw. Bündel von Handlungen bzw. Handlungssequenzen verstanden werden." (Esser 1991, S. 64f.)

Mit der Aktivierung eines Frames wird die Wahl der Handlungsskripte strukturiert und begrenzt, sodass in einer durch einen Frame gerahmten Situation nur bestimmte, mit der Situation assoziierte Handlungsskripte zur Verfügung stehen (Esser 2001, S. 261). Mit dem Modell der Frameselektion wird erklärbar, warum Menschen, die aus objektiver Sicht ähnliche Chancen haben, diese nicht in gleicher Weise nutzen können.

Eine Inklusionsstrategie müsste nach diesem Ansatz also darauf hinwirken, die Handlungs- und Wahrnehmungsschemata der Menschen zu erweitern. Außerdem müsste über eine Veränderung der strukturellen Gegebenheiten die Gewichtungen der Kosten/Nutzen-Kalkulationen im Bildungs- und Gesundheitsbereich positiv beeinflusst werden.

Der homo sociologicus: Rahmensetzung durch soziale Verteilungsstrukturen

Aus der Perspektive eines durch die Gesellschaft geprägten Menschen liegen die Ursachen und damit auch die Verantwortung für soziale Exklusion bei den gesellschaftlichen Verhältnissen. Diese Auffassung vertrat schon Karl Marx. Er beschrieb die Gesellschaftsstruktur durch den grundlegenden Antagonismus zwischen Kapital und Arbeit, repräsentiert durch die sich „direkt gegenüberstehende(n) Klassen: Bourgeoisie und Proletariat" (Marx und Engels 2005, S. 12). Aus diesem unauflösbaren Widerspruch zwischen beiden Klassen entsteht – auch unter den Bedingungen eines kapitalistischen Warenaustauschs, der auf den Prinzipien von Gleichheit und Freiheit beruht – notwendigerweise ein soziales Herr-schaftsverhältnis und damit soziale Exklusion (vgl. Huster 1989, S. 51).

Zur genaueren Beschreibung der verschiedenen Exklusionsmechanismen bestehen unterschiedlichste theoretische Modelle, eins davon ist der konflikttheoretische Ansatz des französischen Soziologen *Pierre Félix Bourdieu* (1930–2002). Mit diesem Ansatz ist es möglich, die wechselseitigen Einflüsse zwischen den Ungleichheitsdimensionen zu beschreiben. Bourdieu kritisiert in seiner Theorie den rein ökonomischen Kapitalbegriff von Marx als nicht ausreichend und definiert drei Formen von Kapital: das ökonomische, das soziale und das kulturelle Kapital (Bourdieu 1992, S. 53-78).

Das *ökonomische Kapital* umfasst alles, was unmittelbar in Geld ausgedrückt werden kann. Die Verfügung über ökonomisches Kapital hat einen direkten Einfluss auf die Chancen eines Menschen, gesund zu leben, da die Struktureinflüsse des Wohn- und Arbeitsumfeldes, aber auch die Inanspruchnahme von medizinischen Versorgungsleistungen (Praxisgebühr, Medikamentenzuzahlung) in großem Maße von der Verfügung über ökonomisches Kapital abhängig sind. Im Bildungswesen hat das ökonomische Kapital ebenfalls einen bedeutenden Einfluss, hier können beispielsweise die Lebenshaltungskosten während eines Studiums oder auch Studienbeiträge genannt werden. Aufgrund der guten Transformierbarkeit geht Bourdieu außerdem davon aus, dass das ökonomische Kapital eine Vormachtstellung gegenüber den anderen Kapitalformen besitzt (Bourdieu 1987, S. 102ff.). Mit Hilfe von ökonomischem Kapital ist es zum Beispiel möglich, Nachhilfeunterricht zu organisieren, der wiederum dazu beiträgt, dass sich Kinder ganz bestimmte Kulturkapitalien aneignen können (Autorengruppe Bildungsberichterstattung, Hrsg., 2010, S. 83–84). So wird über diesen Mechanismus ökonomisches in kulturelles Kapital transformiert.

Die Größe des *Sozialkapitals* hängt von Umfang und Art des sozialen Netzes, aber auch von dessen Kapitalvolumen ab.

> „Sozialkapital ist die Gesamtheit der aktuellen und potentiellen Ressourcen, die mit dem Besitz eines dauerhaften Netzes von mehr oder weniger institutionalisierten Beziehungen gegenseitigen Kennens oder Anerkennens verbunden sind." (Bourdieu 1992, S. 63)

Mit Hilfe des Sozialkapitals lässt sich darstellen, warum es einen Unterschied macht, ob ein Mensch über Sozialkontakte verfügt, die über Ressourcen und Macht verfügen oder ob eine Person ausschließlich Personen mit einem niedrigen sozioökonomischen Status kennt. So können Schüler beispielsweise bei der Bewältigung von Hausaufgaben von den Kulturkapitalien ihres Umfeldes profitieren. Außerdem hat das Eingebundensein in ein soziales Netzwerk nach Ergebnissen der Public-Health-Forschung einen Einfluss auf das gesundheitliche Wohlbefinden.

Das *kulturelle Kapital* besteht aus drei verschiedenen Formen: dem objektivierten, dem institutionalisierten und dem inkorporierten kulturellen Kapital. *Objektiviertes kultu-relles Kapital* ist beispielsweise ein Buch oder ein Musikinstrument. *Institutionalisiertes Kulturkapital* wird in Bildungsinstitutionen erworben und kann zum Beispiel aus einem Studienabschluss bestehen. Es beschreibt somit eine Art Verdinglichung von Kulturkapital. Welches kulturelle Kapital in den Bildungseinrichtungen verdinglicht werden kann, hängt von den Regeln dieser Institutionen ab, damit können nur bestimmte anerkannte Kompetenzen institutionalisiert werden. Der Institution Schule schreibt Bourdieu in diesem Zusammenhang eine zentrale Bedeutung zu, da sie eine Gatekeeper-Funktion besitzt. Durch die Sanktionierung des kulturellen Kapitals spricht die Schule diesem einen institutionalisierten Wert zu (Bourdieu 1992, S. 54). Hier wird deutlich, dass bereits bei der Festlegung des Lehrplans eine Entscheidung darüber fällt, wie einfach oder schwer es bestimmte Personengruppen haben, einen Bildungsabschluss zu erreichen.

Eine besondere Relevanz in der Theorie Bourdieus besitzt das *inkorporierte*, also das verinnerlichte, kulturelle *Kapital*. Dieses geht von der Elterngeneration auf deren Kinder über, kann allerdings nicht einfach übergeben oder verschenkt werden. Jedes Individuum muss es sich selbst aneignen. Die Vorliebe für ein Musikinstrument, die Verhaltenssicherheit in gesellschaftlichen Umgangsformen oder ein bestimmter Sprachcode können inkorporiertes Kulturkapital darstellen. Die schichtspezifischen Sprachcodes können ein Grund dafür sein, dass Kinder aus unteren Schichten schlechter in der Lage sind nachzuvollziehen, was ein Lehrer ihnen beibringen möchte oder auch welche Therapie ein Arzt vorgesehen hat. Auf diese Weise haben Kinder auf Grund ihres geringeren Kulturkapitals schlechtere Chancen, gesund zu leben oder erfolgreich im Bildungssystem zu sein.

In seiner Theorie befasst sich Bourdieu außerdem mit unterschiedlichen Möglichkeiten der *Kapitaltransformation*. Explizit setzt er sich zum Beispiel mit der Umwandlung inkorporierten kulturellen Kapitals in ökonomisches Kapital auseinander und kommt zu dem Schluss, dass die gesellschaftlichen Machtverhältnisse über die *„feinen Unterschiede"* (Bourdieu 1987, S. 170ff.) des inkorporierten Kulturkapitals festgeschrieben werden. Mit seiner *Habitus-Theorie* ist es ihm anhand dieser Feststellung möglich, intergenerative Vererbungsprozesse darzustellen. Der sogenannte „Habitus" ist nach Bourdieu ein *„System dauerhafter Dispositionen"*, welches nicht angeboren, sondern durch Erfahrungen angeeignet ist (Bourdieu 1976, S. 143).

Der Habitus beeinflusst die Wahrnehmung der Menschen und funktioniert so in zwei Richtungen, zum einen beeinflusst er, wie eine Person eine andere einschätzt, zum anderen hat er Auswirkungen auf das individuelle Handeln der Personen. Durch diesen *Doppelcharakter* des Habitus lässt sich erklären, warum zum Beispiel Lehrer Schüler mit einem *Unterschichts*-Habitus im Schnitt schlechter bewerten als Kinder mit einem Habitus aus höheren Schichten.

Lehrer sind auch durch institutionelle Zwänge, zum Beispiel bei der Übergangsempfehlung zu einer weiterführenden Schule, dazu angehalten, das zukünftige Leistungspotential ihrer Schüler zu beurteilen und das oft schon zu einem sehr frühen Zeitpunkt in der Entwicklung eines Kindes. Da die Prognose der zukünftigen schulischen Leistungsfähigkeit eines Schülers von verschiedensten Faktoren abhängig sein kann, sind die Lehrer in gewisser Weise gezwungen, sämtliche Eindrücke in die Bewertung mit einfließen zu lassen. So bekommt der Habitus einen entscheidenden Einfluss auf die Bildungschancen eines Kindes.

Bourdieu definiert Lebensstile auch als *„systematische Produkte des Habitus, die (...) Systeme gesellschaftlich qualifizierter Merkmale konstituieren."* (Bourdieu 1987, S. 281) Diese klassenspezifischen Lebensstile beeinflussen dann wiederum die Konstitution des Habitus der nachfolgenden Generation. Über den Habitus eignen sich Menschen also unbewusst die inkorporierten Kulturkapitalien ihrer Umgebung an. Durch diesen Kreislauf werden der Habitus und damit das inkorporierte Kulturkapital von der einen Generation auf die nächste *sozial vererbt* (Bourdieu 1992, S. 54).

Bourdieu beschreibt den Habitus als äußerst stabil. Er geht davon aus, dass die Menschen während ihrer Entwicklung die gesellschaftlichen Strukturen verinnerlichen. Der Aneignungsprozess ist nach Bourdieu keine direkte Übertragung der Erfahrung in den Habitus, sondern stellt einen stetigen Verarbeitungs- und auch körperlichen Internalisierungsprozess dar. Die frühkindlichen Erfahrungen sind für Bourdieu von besonderer Relevanz für die Entwicklung des Habitus, da durch diese eine bestimmte Relevanzstruktur vorgeprägt wird, die wiederum die Wahrnehmung der Welt prägt. Man kann sich den „frühen" Habitus wie eine Art Fischernetz vorstellen, in dem nur bestimmte Eindrücke hängen bleiben. In dieser durch sich selbst bestimmten Entwicklung ist ebenfalls die besondere Konstanz des Habitus begründet (Bourdieu 1997, S. 120). Außerdem macht dieser Prozess deutlich, warum die sozialen Vererbungsprozesse so schwer zu durchbrechen sind:

> „Der Habitus ist nicht nur strukturierende, die Praxis wie deren Wahrnehmung organisierende Struktur, sondern auch strukturierte Struktur." (Bourdieu 1987, S. 279)

Bourdieu betont an verschiedenen Stellen immer wieder die enorme Veränderungsresistenz und damit die Konstanz des Habitus'. Diese sieht Bourdieu unter anderem auch darin begründet, dass sich in diesem die gesellschaftlichen Machtverhältnisse widerspiegeln. Er geht allerdings nicht von einer determinierenden Wirkungsweise des Habitus aus, sondern beschreibt Situationen, in denen sich der Habitus verändert bzw. modifiziert wird. Zum einen kann sich der Habitus verändern, wenn sich durch gravierende gesellschaftliche Umbrüche (z. B. Bildungsexpansion), die gesellschaftlichen Felder verändern und es dann massenhaft zu Differenzen zwischen Habitus und Feld kommt. Durch diese Prozesse können Konflikte entstehen, die Teile des Habitus in das Bewusstsein holen und so diese zuvor inkorporierten Kapitalien einer reflexiven Transformation zugänglich werden (Bourdieu 1988, S. 258ff.). Zum anderen betont Bourdieu vor allem in seinen Spätschriften die Möglichkeit über die körperliche Erfassung der Umwelt und deren reflektorische Realisierung eine Modifikation des Habitus herbeizuführen. Wie im frühen Kindesalter geht es dabei um das Begreifen der Umwelt im doppelten Sinne. Eine besondere Bedeutung misst Bourdieu in diesem Zusammenhang dem Einsatz körperlicher Fähigkeiten durch Bewegung und Sport zu, wobei die dabei präferierten Formen selbst die Schicht- bzw. Klassenzugehörigkeit widerspiegeln bzw. darin eingebunden sind. Neben Sport ist eine Habitusmodifikation auch über ästhetische Erziehung möglich, etwa durch Musik, Tanz aber auch bildnerische Betätigung. Über das wiederholte Erleben bestimmter Handlungsweisen kann so eine Veränderung auf einer nicht bewussten/reflexiven Ebene herbeigeführt werden (Bourdieu 1997, S. 179ff.; Huster und Schütte 2015, S. 39ff.).

Mit seinem Ansatz hat Bourdieu eine Verbindung zwischen sozialer Exklusion und Möglichkeiten normgetragener Handlungsoptionen hergestellt. Exklusion geschieht nach diesem Verständnis nicht durch einzelne Einflüsse und Ereignisse, sondern die verschiedenen Benachteiligungen kumulieren im Verlauf eines Lebens. Auf der anderen Seite interagieren die Deprivationsmechanismen ständig mit Schutzfaktoren wie bestimmten Persönlichkeitsmerkmalen oder auch der Unterstützung des sozialen Umfeldes. Anhand der Analyse auf Grundlage des bourdieuschen Ansatzes wird deutlich erkennbar, dass sich die Chancen, in die Gesellschaft inkludiert zu sein, in vielen Bereichen auf den sozio-ökonomischen Status der Eltern zurückführen lassen.

Eine Inklusionsstrategie müsste nach diesem Ansatz also in erster Linie darauf hinwirken, dass die Ungleichheiten in der gesellschaftlichen Kapitalverteilung stärker angeglichen werden, und zwar in Bezug auf alle Kapitalformen. Außerdem müssten die Strukturen in der Art angepasst werden, dass die Deprivationen auf Grund unterschiedlicher Kapitalverfügung möglichst minimiert werden. Außerdem müsste nach diesem Ansatz verstärkt auf Inklusionsansätze gesetzt werden, die die praktisch-körperlichen und musisch-ästhetischen Erfahrungen nutzen, um Veränderungsprozesse anzustoßen.

Nach der Theorie von Bourdieu liegen die Ursachen der sozialen Exklusion in den gesellschaftlichen Verhältnissen und exkludierte Personen sind selber nicht in der Lage, ihrer benachteiligten Situation zu entgehen, sie sind stets abhängig von einer externen Intervention.

3   Das besondere Potential des Inklusionsbegriffs

An der Darstellung der verschiedenen Ansätze zur Beschreibung von Exklusion im Bildungs- und Gesundheitsbereich wurde bereits deutlich, dass die verschiedenen Theorien in der Lage sind, bestimmte Teilbereiche zu beschreiben. Allerdings wird ebenfalls deutlich, dass eine Theoriebildung letztlich von dem zugrundeliegenden Menschenbild abhängig ist: einmal das Menschenbild des *homo sociologicus* und zum anderen das Menschenbild des *homo oeconomicus*. Diese bilden zwei sich gegenüberstehende Positionen der sozialwissenschaftlichen Auseinandersetzung um die Ursachen von sozialer Exklusion.

Der Ansatz des *homo oeconomicus* setzt auf der Ebene des Individuums (Mikro-Ebene) an und blendet so gut wie alle gesellschaftlichen Einflüsse auf das Handeln aus.[2] Das Individuum handelt nach diesem Menschenbild von Natur aus rational und nach egoistischen Maximen, es versucht also den Eigennutzen zu maximieren. Da die Ressourcen generell knapp sind, ist ein solches Handeln notwendig, um die menschlichen Bedürfnisse zu befriedigen. Somit sind nach diesem Ansatz alle gesellschaftlichen Entwicklungen das ungeplante Ergebnis der kalkulierten individuellen Handlungen.

---

2   *Methodologischer Individualismus:* Dies ist ein sozialwissenschaftlicher Ansatz, der versucht, sämtliche soziale Phänomene als Ergebnis individuellen Handelns zu beschreiben.

Der Ansatz des *homo sociologicus* hingegen betrachtet in erster Linie die gesellschaftlichen Einflüsse. Damit sieht dieser Ansatz die gesellschaftliche Situation eines Individuums als etwas an, was nicht aus seinen Handlungen, sondern eher aus den herrschenden Normen und Strukturen der Gesellschaft erklärbar ist. Somit ist klar, warum nach dem Menschenbild des *homo oeconomicus* die Ursachen für eine soziale Ausgrenzung beim Individuum selbst zu suchen sind und nach der Interpretation des *homo sociologicus* die Ursachen in den gesellschaftlichen Strukturen liegen.

Exklusion kann nach dem *homo oeconomicus* also in erster Linie dadurch entgegen gewirkt werden, dass die Menschen in die Lage versetzt werden, die Widerstände, die sie an der gesellschaftlichen Teilhabe hindern, zu überwinden. Inklusion ist nach diesem Ansatz also die Ermöglichung von Partizipation durch Stärkung der Selbsthilfekräfte.

Die Vorstellung des *homo sociologicus* impliziert den Gedanken, dass der Mensch ein durch externe Reize geleitetes Wesen ist. Aus dieser Perspektive müssen die gesellschaftlichen Strukturen geändert werden, um Exklusion entgegen zu treten. Inklusion ist nach diesem Ansatz somit die Schaffung/Erhaltung der gesellschaftlichen Interdependenzen, also des sozialen Zusammenhaltes durch eine Veränderung der gesellschaftlichen Verhältnisse.

Inklusion muss einen breiten Definitionsrahmen besitzen. Dabei müssen diese beiden gegensätzlichen Positionen aufeinander bezogen werden. Denn im Bild des *homo oeconomicus* steckt, ebenso wie im Bild des *homo sociologicus*, ein gesellschaftliches Machtverhältnis: Der rational Handelnde handelt immer in einem sozialen Kontext anderer mit entgegengesetzten individuellen und sozialen Interessen. Der gesellschaftlich vorgeprägt Handelnde hat innerhalb dieser machtbesetzten Strukturen mehr oder weniger große Handlungsspielräume. Das heißt, die soziale Wirklichkeit ist folglich immer von beiden Leitbildern geprägt, weil sie jeweils die Kehrseite des anderen reflektieren: soziale Inklusion kann nicht auf die Grundannahme individueller Handlungsoptionen verzichten, wie sie umgekehrt nicht von der sozialen Gebundenheit individuellen und/oder gruppenmäßigen Handelns absehen kann. Der Ausschluss bestimmter Personen oder Gruppen aus gesellschaftlichen Teilbereichen ist also immer auch ein Ausdruck der gesellschaftlichen Herrschaftsverhältnisse. In kapitalistischen Gesellschaften gibt es unterschiedliche Exklusionsprozesse, die aus sozialen Konfliktlagen resultieren. Dieser Gegensatz begrenzt den Grad an möglicher Inklusion. Auf der anderen Seite sind es aber auch Handlungen individueller und sozialer Art, die hierzu Gegengewichte schaffen und soziale Inklusion bewirken (können). In welchem Umfang Personen, die über den Verkauf ihrer Arbeitskraft ihre Existenz sichern müssen, gefährdet sind, gesellschaftlich exkludiert zu sein, hängt in großem Maße von den sozialstaatlichen Gegebenheiten ab, zu denen im Kern die Verwirklichungschancen in den Bereichen Gesundheit und Bildung zählen.

Hierzu gehören dann theoretische Konzepte und strategische Ansätze, die eine Brücke schlagen zwischen der Stärkung individueller Eigenschaften und Fähigkeiten und einer Öffnung gesellschaftlicher Strukturen und Prozesse. So ist das Ausmaß von sozialer Exklusion in einer Gesellschaft stets eine politische und damit auch eine normative Frage. Daraus folgt, dass auch soziale Inklusion durch verschiedenste Interessen bestimmt ist, aber eben auch durch die Vermittlung zwischen diesen. Die Schwierigkeiten bei dem Versuch,

Inklusion eindeutig zu fassen, stellen auf der einen Seite ein Problem dar, auf der anderen Seite ist gerade diese Offenheit das Potential des Inklusionsbegriffes. Soziale Inklusion als Konzept muss also insofern offen bleiben, wie sie sowohl das Ziel als auch den Weg dorthin einschließt. Inklusion kann so verschiedenste Handlungsansätze miteinander verbinden und über die Messung von Inklusionsindikatoren eine Möglichkeit bieten, dem Ziel Inklusion näher zu kommen.

Literatur

Autorengruppe Bildungsberichterstattung, Hrsg. 2010. *Bildung in Deutschland. Ein indikatorenge-stützter Bericht mit einer Analyse zur Zukunft des Bildungswesens im Kontext der demografischen Entwicklung.* Bielefeld: Bertelsmann Verlag.

Autorengruppe Bildungsberichterstattung, Hrsg. 2016. *Bildung in Deutschland. Ein indikatoren-gestützter Bericht mit einer Analyse zu Bildung und Migration.* Bielefeld: Bertelsmann Verlag.

Bauer, Joachim. 2005. *Das Gedächtnis des Körpers. Wie Beziehungen und Lebensstile unsere Gene steuern. Nachdruck.* Frankfurt a. M.: Eichborn Verlag.

Boudon, Raymond. 1974. *Education, opportunity, and social inequality. Changing prospects in western society.* New York, NY: Wiley & Sons.

Bourdieu, Pierre. 1976. *Entwurf einer Theorie der Praxis auf der ethnologischen Grundlage der kabylischen Gesellschaft,* 1. Aufl. Frankfurt a. M.: Suhrkamp Verlag.

Bourdieu, Pierre. 1987. *Sozialer Sinn: Kritik der theoretischen Vernunft.* Frankfurt a. M.: Suhrkamp Verlag.

Bourdieu, Pierre. 1987. *Die feinen Unterschiede. Kritik der gesellschaftlichen Urteilskraft,* 1. Aufl. Frankfurt a. M.: Suhrkamp Verlag.

Bourdieu, Pierre. 1988. *Homo academicus.* Frankfurt a. M.: Suhrkamp Verlag.

Bourdieu, Pierre. 1992. *Die verborgenen Mechanismen der Macht,* unveränd. Nachdruck der 1. Aufl. von 1992. Hamburg: VSA-Verlag.

Bourdieu, Pierre. 1997. *Méditations pascaliennes. Éléments pour une philosophie négative.* Paris: Éditions du Seuil.

Capron, Christiane und M. Duyme. 1989. Assessment of effects of socio-economic status on IQ in a full cross-fostering study. *Letters to nature* 340, 17. August: 552-554.

Deary, I. J., F. M. Spinath und T. C. Bates. 2006. Genetics of intelligence. *European Journal of Human Genetics,* H. 14: 690-700.

Deutscher Bundestag, Hrsg. 2009. *Gutachten 2009 des Sachverständigenrates zur Begutachtung der Entwicklung im Gesundheitswesen. Koordination und Integration – Gesundheitsversorgung in einer Gesellschaft des längeren Lebens.* (Drucksache des Deutschen Bundestages, 16/13770).

Drossel, Kerstin, R. Strietholt und W. Bos. 2014. *Empirische Bildungsforschung und evidenzbasierte Reform im Bildungswesen.* Münster, New York: Waxmann.

Durkheim, Émile. 1977. *Über die Teilung der sozialen Arbeit,* 1. Aufl. Frankfurt a. M.: Suhrkamp Verlag.

Eggert, Dietrich, Chr. Reichenbach und S. Bode. 2003. *Das Selbstkonzeptinventar (SKI).* Dortmund: Borgman-Verlag.

Erikson, Robert und J. Jonsson. 1996. Introduction. Explaining Class Inequality in Education: The Swedish Test Case. In *Can Education be Equalized? The Swedish Case in Comparative Perspective,* Hrsg. R. Erikson und J. Jonsson, 1-63. Boulder, Oxford: Westview.

Esser, Hartmut. 1991. *Alltagshandeln und Verstehen. Zum Verhältnis von erklärender und verstehender Soziologie am Beispiel von Alfred Schütz und „Rational Choice".* Tübingen: J.C.B. Mohr.

Esser, Hartmut. 1996. *Soziologie. Allgemeine Grundlagen,* 3. Aufl. Frankfurt a.M.: Campus-Verlag.

Esser, Hartmut. 2001. *Soziologie – Spezielle Grundlagen, Bd. 6: Sinn und Kultur. Studienausgabe.* Frankfurt a.M.: Campus-Verlag.

Esser, Hartmut. 2005. *Rationalität und Bindung. Das Modell der frame-Selektion und die Erklärung des normativen Handelns.* Universität Mannheim. (Rationalitätskonzepte, Entscheidungsverhalten und ökonomische Modellierung). https://ub-madoc.bib.uni-mannheim.de/2660/1/dp05_16.pdf, Zugegriffen: 15. Januar 2017.

Gerster, Florian und H. Afheldt. 2008. *Wachstum und Gesundheit. Chancengleichheit, Wettbewerb und Konsumentensouveränität,* 1. Aufl., Hrsg. von der Friedrich-Ebert-Stiftung. Bonn.

Goldthorpe, John. 1998. The quantitative analysis of large-scale data-sets and rational action theory: For a sociological alliance. In *Rational Choice Theory and Large-Scale Data Analysis,* Hrsg. H.-P. Blossfeld und G. Prein S. 31-54. Boulder: Westview Press.

Herrnstein, Richard und C. Murray. 1996. *The bell curve. Intelligence and class structure in american life.* 1. Free Press paperback ed. New York: Simon & Schuster.

Hill, Paul. 2002. *Rational-Choice-Theorie.* Bielefeld: Transcript.

Huster, Ernst-Ulrich. 2011 *Inklusion – Sozialpolitische Perspektiven.* Vortrag, gehalten auf der EFH-Tagung „Dazugehören und eigenständig sein – Chancen und Perspektiven von Inklusionskonzepten" am 16. Mai 2011 in Bochum.

Huster, Ernst-Ulrich. 1989. *Ethik des Staates.* Frankfurt a.M., New York: Campus-Verlag.

Huster, Ernst-Ulrich und J. D. Schütte. 2015. Empirische Befunde und Korrelationen bei Bildungs- und Gesundheitsrisiken. In *Der Körper als Ressource in der Sozialen Arbeit,* Hrsg. M. Wendler und E.-U. Huster, S. 35-49. Wiesbaden: Springer VS.

Karasek, Robert und T. Theorell. 1999. *Healthy work. Stress, productivity, and the reconstruction of working life.* New York: Basic Books.

Kronauer, Martin. 2010. *Exklusion. Die Gefährdung des Sozialen im hoch entwickelten Kapitalismus.* Frankfurt a.M.: Campus-Verlag.

Lehmann, Rainer H., R. Peek, R. Gänsfuß und V. Husfeldt. 2002. *LAU 9. Aspekte der Lernausgangslage und der Lernentwicklung – Klassenstufe 9 –. Ergebnisse einer längsschnittlichen Untersuchung in Hamburg.* Hamburg. http://bildungsserver.hamburg.de/contentblob/2815692/data/pdf-schulleistung stest-lau-9.pdf, Zugegriffen: 12. Februar 2017.

Lindenberg, Siegwart. 1985. An assessment of the new political economy: its potential for the social sciences and for sociology in particular. *Sociological Theory,* Jg. 3, H. 1, S. 99-114.

Lucae, Susanne et al. 2006. P2RX7, a gene coding for a purinergic ligand-gated ion channel, is associated with major depressive disorder. In *Human Molecular Genetics.* https://academic. oup.com/ hmg/article-abstract/15/16/2438/644193/P2RX7-a-gene-coding-for-a-purinergic-ligand-gated?redirectedFrom=fulltext, Zugegriffen: 25. Februar 2017.

Marx, Karl und F. Engels. 2005. *Manifest der Kommunistischen Partei. Hauptwerke der großen Denker.* Paderborn: Voltmedia.

Mielck Andreas. 2011. *Soziale Ungleichheit und Gesundheit: Empirische Belege für die zentrale Rolle der schulischen und beruflichen Bildung.* (Unveröffentlichtes Manuskript).

Power, Chris und D. Kuh. 2006. Life course development of unequal health. In *Social inequalities in health. New evidence and policy implications,* Hrsg. J. Siegrist und M. Marmot, S. 27-53. Oxford: Oxford University Press.

Quitzow, Wilhelm. 1990. *Intelligenz – Erbe oder Umwelt? Wissenschaftliche und politische Kontroversen seit der Jahrhundertwende.* Stuttgart: Metzler Verlag.

Reißig, Birgit. 2010. *Biographien jenseits von Erwerbsarbeit. Prozesse sozialer Exklusion und ihre Bewältigung.* Wiesbaden: VS Verlag für Sozialwissenschaften.

Room, Graham. 1995. Poverty an Social Exclusion. The New European Agenda for Polica and research. In *Beyond the Threshold. The Measurement an Analysis of ocial Exclusion,* Hrsg. G. Room, 1-9. Bristol: Policy Press.

Robert Koch-Institut, Hrsg. 2015. *Gesundheitsberichterstattung des Bundes – Gesundheit in Deutschland.* Berlin: Robert Koch-Institut.

Schmidtke, Jörg. 2002. *Vererbung und Ererbtes – ein humangenetischer Ratgeber. Genetisches Risiko und erbliche Erkrankungen, vorgeburtliche Untersuchungen und Schwangerschaftsvorsorge, Vererbung und Umwelt, Gentests und Gentherapie,* 2., veränd. Aufl. Chemnitz: GUC-Verlag.

Siegrist, Johannes. 1996. *Soziale Krisen und Gesundheit. Eine Theorie der Gesundheitsförderung am Beispiel von Herz-Kreislauf-Risiken im Erwerbsleben, Bd. 5.* Göttingen, Bern, Toronto, Seattle: Hogrefe Verlag für Psychologie .

Sixt, Michaela. 2007. *Die strukturelle und individuelle Dimension bei der Erklärung von regionaler Bildungsungleichheit,* Hrsg. von Deutsches Institut für Wirtschaftsforschung. Berlin. (SOEPpapers on multidisciplinary panel data research).

Solga, Heike. 2008. *Wie das deutsche Schulsystem Bildungsungleichheiten verursacht,* Hrsg. vom Wissenschaftszentrum Berlin für Sozialforschung. Berlin: WZBrief Bildung.

Statistisches Bundesamt. 2016. *Datenreport 2016. Ein Sozialbericht für die Bundesrepublik Deutschland.* Bundeszentrale für politische Bildung/bpb, Bonn. https://www.destatis.de/DE/Publikationen/ Datenreport/Downloads/Datenreport2016.pdf?__blob=publicationFile, Zugegriffen: 23. Februar 2017.

Stainback, Susan und W. Stainback. 1997. *Inclusion. A Guide for Educators.* Baltimore: Paul Brookes

Stubbe, Tobias, W. Bos und B. Euen. 2012. Kapitel VIII. Der Übergang von der Primar- in die Sekundarstufe In *IGLU 2011 Lesekompetenzen von Grundschulkindern in Deutschland im internationalen Vergleich,* Hrsg. W. Bos, I. Tarelli, A. Bremerich-Vos und K. Schwippert, 209-226. Münster: Waxmann

Wendler, Michael und E.-U. Huster, Hrsg. 2015. *Der Körper als Ressource in der Sozialen Arbeit.* Wiesbaden: Springer VS.

Wilson, W. J. 1987. *The Truely Disadvantaged. The Inner City, the Underclass and Public Policy.* Chicago: University of Chicago Press.

Das Maß der Armut: Armutsgrenzen im sozialstaatlichen Kontext

Der sozialstatistische Diskurs

Richard Hauser

Zusammenfassung

Aus individueller Sicht ist es ein schweres Los, in Armut leben zu müssen. Aus der Sicht eines Sozialstaates stellt das Vorhandensein von Armen unter der Wohnbevölkerung die Verfehlung eines wichtigen sozialpolitischen Ziels dar. Diese beiden Perspektiven sind auch maßgeblich für den sozialstatistischen Diskurs; sie müssen aber sorgfältig unterschieden werden. Soll einzelnen armen Menschen mit sozialstaatlichen Maßnahmen geholfen werden, so ist die Voraussetzung hierfür, dass sie identifiziert werden können. Für den Sozialstaat als Akteur, der das Ziel der Armutsbekämpfung bzw. Armutsvermeidung mit allgemeinen Gesetzen oder anderen institutionellen Regelungen und Instrumenten verfolgt, genügt eine Statistik, die lediglich die Zahl, den Bevölkerungsanteil und die durchschnittliche „Schwere" der Armutslage von anonym bleibenden Menschen aufzeigt. Außerdem ist es wichtig, die Dauer von Armutslagen und das Ausmaß der Aufstiege aus und der Abstiege in Armutslagen zu ermitteln. Dem Entstehen, dem Bestehenbleiben und dem Verschwinden von Armut liegen soziale Prozesse zugrunde. Auch hierbei ist zwischen der individuellen Sicht und der gesellschaftlichen Sicht zu unterscheiden. Ein Individuum kann in Armut absinken, es kann in Armut verharren oder es kann aus Armut in eine nicht mehr als arm zu kennzeichnende Lebenslage aufsteigen. Es kann auch in eine arme Familie hineingeboren werden oder aus dem Ausland zuwandern und arm sein oder die Armutslage durch Auswanderung oder durch Tod verlassen. Gesellschaftlich gesehen kann ein bestimmter Bevölkerungsanteil von Armen dauerhaft vorhanden sein, ohne dass dieselben Individuen dauerhaft arm bleiben müssen. Es genügt, dass der Zustrom von Individuen in die Armut etwa dem Abstrom von Individuen aus der Armut entspricht. Damit sollte auch klar sein, dass man nur von armen Menschen sprechen sollte, aber nicht von armen Regionen, armen Ländern, armen Schichten oder armen ethnischen Gruppen; denn diese Bezeichnungen würden nur dann zutreffen, wenn man unterstellen könnte, dass *alle* Individuen in einer Region, in einem Land oder in einer Gruppe als arm angesehen werden müssen. Es gibt in einem hochentwickelten Land vermutlich keine sozialen Prozesse, die zu einer derart geringen Heterogenität führen. Der Zweck von Armutsgrenzen ist es, eine

Unterscheidung zwischen Armen und Nicht-Armen treffen zu können. Sie liegen daher explizit oder implizit allen Überlegungen über Armut in den Artikeln dieses Handbuchs zugrunde. Dabei stellen die beiden genannten Perspektiven unterschiedliche Anforderungen an die Ausgestaltung. Die deskriptive Klassifizierung von Personen als arm oder nicht arm ist eine Voraussetzung für weitergehende Ursachenanalysen. Derartige Ursachenanalysen sind aber nicht Gegenstand dieses Beitrags.

Schlagworte

Armutsbegriffe; Armutsgrenzen; Armutsmessung; Einkommensarmut; Äquivalenzgewichte

1   Armutsgrenzen und Methoden zu ihrer Bestimmung

1.1   Das Werturteilsproblem bei der Bestimmung von Armutsgrenzen und bei der Messung von Armut

Armut kann nicht objektiv nur aufgrund statistisch erhobener Fakten festgestellt werden; denn letztlich stehen hinter jeder Interpretation des Armutsbegriffs und hinter jedem darauf beruhenden Messverfahren Wertüberzeugungen, über deren Richtigkeit im ethischen Sinn nicht allgemein gültig geurteilt werden kann. Aus diesem Grund kann jedes Ergebnis einer empirischen Armutsmessung von einer anderen Wertbasis aus angegriffen werden. Die konzeptionelle Bestimmung von Armut kann auf der Basis eigener Werturteile von Sozialwissenschaftlern oder von in der sozialen Praxis stehenden Personen und Organisationen, auf Basis gesellschaftlicher Konventionen oder durch politische Entscheidungen im demokratischen Prozess erfolgen. Im Diskussionsprozess um die Frage, was unter Armut zu verstehen ist, spielen philosophisch, humanistisch oder religiös begründete ethische Wertvorstellungen eine wichtige Rolle.

Ein weiteres Werturteilsproblem besteht darin, dass unterstellt werden muss, dass die Wohlfahrt (Wohlbefinden, Nutzen) jedes Gesellschaftsmitglieds auf einer allgemeinen Skala messbar ist und dass die Gesellschaftsmitglieder miteinander vergleichbar sind. Andernfalls könnten sie nicht zu den Gruppen der Armen und der Nicht-Armen zusammengefasst werden. Implizit wird also ignoriert, dass ein Mensch eine Präferenz für ein Leben in Armut haben und dies als ein erfülltes Leben betrachten kann, das ihn glücklich macht.

Die konzeptionelle Bestimmung von Armutsgrenzen erfordert eine gründliche Diskussion aller Facetten des Armutsbegriffs, d. h. dessen, was man unter *Armut* in einer Gesellschaft verstehen sollte. Diese Diskussion ist unvermeidlich von den dahinter stehenden Werturteilen geprägt. Konzentriert auf die Frage der Messbarkeit wird in den folgenden Abschnitten ein Überblick über einige Konzepte zur näheren Bestimmung von Armut gegeben. Wichtig sind noch drei zusätzliche Feststellungen: Erstens sollen Armutsgrenzen dazu dienen, das Ausmaß von Armut auf gesellschaftlicher und auf individueller Ebene zu messen. Nicht-Messbares muss also unberücksichtigt bleiben und stellvertretend durch Messbares angenähert werden. Zweitens richtet sich aus sozialpolitischer Sicht der Blick auf jene Facetten von Armut, zu deren Begrenzung oder Beseitigung sozialpolitische Instrumente verfügbar oder zumindest vorstellbar sind; denn es geht um das Ziel einer möglichst armutsfreien Gesellschaft. Drittens kann man ganz allgemein sagen, dass soziale Prozesse und ihre Ergebnisse, also auch Armut, immer mit fließenden Übergängen verbunden sind und zu nur unscharf erfassbaren Bereichen führen. In einer demokratisch organisierten, hochentwickelten und mobilen Gesellschaft gibt es keine trennscharf abgegrenzten Gruppen (mehr). Jede für eine statistische Messung formulierte *Grenze* stellt also eine Vereinfachung dar, die den eng benachbarten Bereichen nicht voll gerecht wird.

Die Messung von Armut erfordert drei Schritte: Zuerst muss eine Armutsgrenze konzeptionell bestimmt werden. Dann kann sie in einem zweiten Schritt mit statistisch erhobenen Fakten quantifiziert werden. Danach ist es in einem dritten Schritt möglich, das Ausmaß von Armut in einer Gesellschaft zu einem bestimmten Zeitpunkt zu ermitteln.

1.2 Die grundlegende Unterscheidung zwischen absoluter und relativer Armut

Grundlegend ist die Unterscheidung zwischen absoluter und relativer Armut. Absolute Armut liegt vor, wenn Menschen das zum Überleben Notwendige an Nahrung, Wasser, Kleidung, Heizung, Obdach und Hilfen gegen leicht heilbare Krankheiten fehlt. Dann droht der frühe Tod durch Verhungern, Verdursten, Erfrieren oder durch Krankheiten. Diese Menschen erreichen nicht einmal das absolute Existenzminimum. Selbst die Grenze absoluter Armut ist aber nicht allgemein gültig festzulegen. Sie hängt davon ab, ob es sich um ein warmes oder ein kaltes, um ein fruchtbares oder ein unfruchtbares, um ein wasserreiches oder ein wasserarmes Land handelt. Auch die mehr oder minder freie Zugänglichkeit von natürlichen Ressourcen, z. B. der Zugang zu Wasser, zu Weiden und zu Wäldern ist relevant. Ebenso spielen kulturelle Tabus darüber, was als Nahrung zulässig ist und welche Heilungsprozesse akzeptabel sind, eine Rolle. Selbst eine absolute Armutsgrenze kann also nur relativ im Hinblick auf die natürliche Umgebung und die Gesellschaft, in der die Menschen leben, bestimmt werden. Handelt es sich überdies um Menschen, die aufgrund von körperlicher oder geistiger Behinderung besonderer Hilfen bedürften, um einen frühen Tod zu vermeiden, dann ist für sie eine absolute Armutsgrenze zusätzlich zu modifizieren.

Absolute Armut kommt zwar in Entwicklungsländern noch massenhaft vor, aber in hoch entwickelten Ländern ist sie selten geworden, wenn auch die zunehmende Zahl Obdachloser, von denen manche in einem harten Winter erfrieren, ein beunruhigendes Symptom darstellt.

Die herrschende öffentliche Meinung und auch die Ziele hochentwickelter Wohlfahrtsstaaten sind aber ehrgeiziger. Es geht nicht nur um die Bekämpfung absoluter Armut,
sondern auch um die Beseitigung relativer Armut, auch wenn deren genauere Bestimmung
umstritten ist. Von *relativer Armut* spricht man, wenn in einem Land der Lebensstandard
und die Lebensbedingungen von Menschen zu weit nach unten vom durchschnittlichen
Lebensstandard und den durchschnittlichen Lebensbedingungen abweichen. Diese Menschen müssen unterhalb des in diesem Land geltenden *soziokulturellen Existenzminimums*
leben. Relative Armut führt in der Regel zu sozialer Ausschließung und zu gesellschaftlicher Marginalisierung, auch wenn dies von dem in einem Land herrschenden Ausmaß
an Toleranz in Bezug auf soziale Unterschiede abhängen mag. Der Rat der Europäischen
Gemeinschaften hat 1984 im Rahmen des zweiten EG-Armutsprogramms eine Definition
der relativen Armut formuliert, die dieses Armutsverständnis ausdrückt. Hiernach gelten
Personen, Familien und Gruppen als arm, „die über so geringe (materielle, kulturelle und
soziale) Mittel verfügen, dass sie von der Lebensweise ausgeschlossen sind, die in dem Mitgliedsstaat, in dem sie leben, als Minimum annehmbar ist." (Bundesministerium für Arbeit
und Sozialordnung 2001, S. 7) Im Vertrag von Maastricht haben sich die Mitgliedsstaaten
der Europäischen Union u. a. das Ziel gesetzt, *gesellschaftliche Ausschließung* von Bürgern
(*social exclusion*) zu bekämpfen und auf *soziale Integration aller* (*social inclusion*) hinzu-
wirken. Das Grundgesetz der Bundesrepublik Deutschland statuiert in Artikel 1, dass die
Würde des Menschen unantastbar ist und dass es Verpflichtung aller staatlichen Gewalt
ist, sie zu achten und zu schützen. Hierauf stützen sich sozialpolitische Maßnahmen zur
Verhinderung eines Lebens in würdeloser Armut, d. h. zur Gewährleistung eines soziokulturellen Existenzminimums für alle Bürger. Ein Grundrecht auf ein soziokulturelles
Existenzminimum für jede Bürgerin und jeden Bürger hat das Bundesverfassungsgericht
in seinem Urteil vom 9. 2. 2010 ausdrücklich bestätigt.[1]

1.3 Armutsbegriffe als Basis für die Bestimmung von Armutsgrenzen und für die Armutsmessung

1.3.1 Ein Armutsbegriff in Anlehnung an Amartya Sen

In der neueren Diskussion wird vor allem das von dem Nobelpreisträger Amartya Sen entwickelte Konzept der Verwirklichungschancen (capabilities) zur Bestimmung von Armut
herangezogen (vgl. Sen 2000).[2] Auch der Zweite bis Fünfte Armuts- und Reichtumsbericht
der Bundesregierung bauen auf diesem Konzept auf (vgl. Bundesministerium für Arbeit
und Soziales 2005, 2008, 2013 und 2017). Die bei Sen auf absolute Armut ausgerichteten

---

1   BVerfG 1 BvL 1/09 vom 9.2.2010.

2   Arndt et al. (2006) versuchen eine Operationalisierung von Sens Vorstellungen, auf die auch
    hier zurückgegriffen wird. Dabei müssen allerdings Vereinfachungen und Abwandlungen
    vorgenommen werden. Wie Leßmann (2007) zeigt, stellt Sen auf eine Definition von absoluter
    Armut und nicht auf eine relative, auf die jeweilige Gesellschaft bezogene Definition ab.

Überlegungen werden jedoch zur Bestimmung von relativer Armut umgedeutet. Relative Armut wird als Mangel an Verwirklichungschancen aufgefasst. Diesen generellen Mangel kann man in Mangelerscheinungen in mehreren Dimensionen auflösen: in einen Mangel an individuellen finanziellen Potenzialen (Einkommen, Vermögen), in einen Mangel an individuellen nicht-finanziellen Potenzialen (Gesundheit, Bildung) sowie in einen Mangel an gesellschaftlich bedingten Chancen (politische Chancen, ökonomische Chancen, soziale Chancen, sozialer Schutz, ökologischer Schutz, rechtlicher und faktischer Schutz gegen Kriminalität sowie Informationsmöglichkeiten) aufgliedern.[3] Dies ist einerseits eine sehr umfassende und andererseits eine noch der näheren Bestimmung bedürftige Definition von relativer Armut; denn mehrere Elemente sind noch zu spezifizieren: Erstens, welche Mindeststandards in den einzelnen der Dimensionen einzuhalten sind. Erst dann kann man feststellen, inwieweit sie von einem Einzelnen oder von einer Gruppe oder von der gesamten Bevölkerung erreicht oder verfehlt werden. Da es um die Bestimmung einer Grenze für relative Armut geht, müssen sich diese Mindeststandards an den mittleren Verhältnissen im jeweiligen Land orientieren, aber deutlich darunter liegen. Zweitens, wie bei einem Einzelnen oder bei einer Gruppe oder bei der gesamten Bevölkerung das Überschreiten der Mindeststandards in einer oder mehrerer Dimensionen gegenüber dem Unterschreiten in anderen Dimensionen abzuwägen ist, um als Ergebnis das Vorliegen von Armut oder von Nicht-Armut konstatieren zu können. Es bedarf also einer Abwägungsregel. Drittens müssen für alle Dimensionen messbare Indikatoren konzeptionell entwickelt werden, deren Werte dann empirisch zu ermitteln sind. Dies ist das Operationalisierungsproblem, das erst teilweise gelöst ist (vgl. Arndt et al. 2006). Viertens geht es aus sozialpolitischer Sicht um eine Beschränkung der Dimensionen auf jene, bei denen grundsätzlich Ziele sinnvoll festgelegt und durch staatliche Aktivitäten – seien es ordnungspolitische Regelungen, seien es administrative Einzelmaßnahmen – Verbesserungen erreicht werden können.

Sens Definition von Armut als Mangel an Verwirklichungschancen basiert letztlich auf einer liberalen, vom Freiheitsgedanken dominierten Staatsauffassung, die von einer hohen Selbstverantwortung des Einzelnen ausgeht. Der Staat sollte die für die Verwirklichung eines Lebens ohne Armut erforderlichen Chancen gewährleisten. Menschen, die diese Chancen nicht nützen, verschwinden aus dem Blickfeld. Allenfalls der Rückgriff auf das tatsächlich zur Verfügung stehende Einkommen und Vermögen, das bereits die Nutzung von Chancen impliziert, zielt auf ein Ergebnis und nicht nur auf eine Chance, d. h. auf eine durch eigenes Verhalten erst zu verwirklichende Möglichkeit. Die zumindest in Deutschland grundgesetzlich statuierte Staatsauffassung weist dem Sozialstaat jedoch auch die Aufgabe zu, selbst für jene, die ihre Chancen nicht voll nutzen, ein soziokulturelles Existenzminimum zu gewährleisten.

---

3 Nach Leßmann (2007), Tab. 8, werden von Sen einerseits weitere Dimensionen einbezogen, die hier nicht genannt sind, andererseits werden einige der hier genannten vernachlässigt.

1.3.2   Ein auf dem Lebenslagenkonzept aufbauender Armutsbegriff

Zur Bestimmung von relativer Armut wird auch der im Vergleich zu Sens Ansatz ältere
Lebenslagenansatz herangezogen, der von Otto Neurath, Kurt Grelling, Gerhard Weisser
und Ingeborg Nahnsen entwickelt wurde (vgl. ausführlich Leßmann 2007). Dabei gibt es
zwei Varianten: Eine Variante (Weisser) stellt auf die verfügbaren Handlungsspielräume
für eigene Aktivitäten ab. Eine andere Variante (Grelling) zielt auf die Beschreibung und
„Messung" der gegenwärtig tatsächlich bestehenden Situation von Menschen (vgl. Leßmann 2007, S. 108). Diese zweite Variante kann die Basis für die nähere Bestimmung von
Armutsgrenzen bilden. Auch hierbei geht es um die verschiedenen Aspekte, die aktuell
für die Wohlfahrt eines Menschen, d. h. für seine Lebenslage, relevant sind. Eine Liste der
relevanten Aspekte oder Dimensionen sieht ähnlich aus wie die entsprechende Liste für
das Konzept der Verwirklichungschancen. Es sind dies: der Ernährungszustand, der Bestand an Kleidung, die Wohnsituation und Wohnumgebung, der Gesundheitszustand, der
Schutz gegen Krankheit (sowohl Vorhandensein von Gesundheitseinrichtungen als auch
Absicherung der Kosten der Inanspruchnahme), das Vorhandensein eines Arbeitsplatzes
mit akzeptablen Arbeitsbedingungen oder einer anderen Verdienstmöglichkeit, der Vermö-
gensbesitz, der Bildungs- und Ausbildungsstand, die verfügbaren Kommunikations- und
Transportmöglichkeiten, die Partizipation an gesellschaftlichen und politischen Prozessen
sowie an kulturellen Aktivitäten, eine Absicherung gegen große soziale Risiken, das Vorhandensein kostenlos oder gegen feste kostendeckende Gebühren zu nutzender öffentlicher
Güter (z. B. Straßen, Kanäle, Wasserversorgung, Abfallentsorgung, Energieversorgung)
sowie des Schutzes gegen Kriminalität und des Rechtsschutzes (Polizei, Gerichte) sowie
weitgehende Freiheit für private Aktivitäten. Einige dieser Dimensionen der Lebenslage
eröffnen auch positive Zukunftsperspektiven, d. h. Verwirklichungschancen, die eine
Verbesserung der gegenwärtigen Lage ermöglichen, falls sie realisiert werden. Auf diesen
zusätzlichen Aspekt kommt es jedoch hierbei nicht an.

Auch bei einer Lebenslagendefinition der relativen Armut bestehen die bereits genannten
Probleme: Das Erfordernis der Festlegung von Mindeststandards in jeder Dimension sowie
einer Abwägungsregel zwischen Unter- und Übererfüllung in verschiedenen Dimensionen
und schließlich die Operationalisierung mit Hilfe von empirisch feststellbaren Indikatoren.
Bei jedem Indikator kann nochmals zwischen der *objektiven* Sicht eines fachmännischen
und neutralen Beobachters und der *subjektiven* Sicht des Betroffenen unterschieden werden.
Beide Sichtweisen können auseinanderfallen, so dass unterschiedliche Werte für denselben Indikator zustande kommen können. Auch für diese Fälle ist eine Abwägungsregel
erforderlich.

Die Entwicklung der durchschnittlichen Lebenslage der Bevölkerung und deren Unterschiede werden im Rahmen der gesellschaftlichen Dauerbeobachtung mit Hilfe von
objektiven und subjektiven sozialen Indikatoren seit langem verfolgt (vgl. Glatzer und Zapf
1984, Glatzer und Hübinger 1990, Noll 1997, Glatzer et al. 2002). Allerdings ist das Augenmerk weniger auf die Identifizierung von Armut, sondern mehr auf Durchschnittsangaben
und auf Verteilungen gerichtet. Eine Fokussierung auf Armut, die die wertende Festlegung

von Mindeststandards und von Abwägungsregeln erfordert, findet nur in Ansätzen statt. Insbesondere die Identifizierung jener Personengruppe, bei der in mehreren Dimensionen die Mindeststandards unterschritten werden, so dass Deprivationslagen kumulieren, muss noch weiterentwickelt werden (vgl. Hauser 1999 sowie Schott-Winterer 1990, Hübinger 1996). Ein großer Fortschritt ist durch die Aufnahme von armutsbezogenen Lebenslagenindikatoren in die jährlich EU-weit durchgeführte Umfrage „European Statistics on Income and Living Conditions (EU-SILC)" erzielt worden. Hier werden seit 2010 neun Lebenslagenindikatoren abgefragt, die bei den Betroffenen auf materielle Entbehrungen hindeuten.[4] Werden drei der neun Fragen mit „ja" beantwortet, so konstatiert man materieller Entbehrung. Sind sogar vier oder mehr dieser Deprivationskriterien erfüllt, so wird auf erhebliche materielle Entbehrung geschlossen (Deckl 2013a). Dies impliziert eine Abwägungsregel bei der alle neun Indikatoren als gleichwertig eingeschätzt werden. Für Deutschland lag 2011 bei 4,9 Prozent der Bevölkerung erhebliche materielle Deprivation vor, und zwar bei Frauen mit 5,2 Prozent etwas stärker als bei Männern mit 4,5 Prozent. In Deutschland war die Deprivation dabei geringer als in der gesamten Europäischen Union mit 9,9 Prozent oder in der Eurozone mit 7.5 Prozent (Deckl 2013a, S. 901). Als weiteres Deprivationskriterium hat die EU als arbeitsmarktbezogenen Indikator den „Anteil der Bevölkerung in Erwerbslosenhaushalten" eingeführt. Dieses Kriterium traf in Deutschland im Jahr 2011 auf 9,8 Prozent der Bevölkerung im Alter bis zu 59 Jahren zu. Auch bei diesem Indikator lag Deutschland günstiger als die EU im Durchschnitt. Um zu einer umfassenden Sicht von Armut und sozialer Ausgrenzung zu gelangen, muss schließlich noch die Einkommenslage hinzugenommen werden, selbst wenn es dabei zu Überschneidungen kommt (siehe Abschnitt 1.3.3.).

Im Gegensatz zu Armutsdefinitionen, die auf Verwirklichungschancen oder auf Handlungsspielräume gerichtet sind, wird bei der hier erläuterten Lebenslagendefinition die tatsächliche aktuelle Lage von Menschen erfasst. Damit besteht eine Grundlage, um sozialpolitische Maßnahmen auf die Bekämpfung von Armut, unabhängig vom Verhalten der Betroffenen, auszurichten und auch Personen einzubeziehen, die ihre Verwirklichungschancen und Handlungsspielräume nicht nutzen.

---

4   Es handelt sich um folgende Indikatoren (zitiert nach Deckl 2013a, S. 900):
   - Finanzielles Problem, die Miete oder Rechnungen für Versorgungsleistungen rechtzeitig zu bezahlen.
   - Finanzielles Problem, die Wohnung angemessen heizen zu können.
   - Finanzielles Problem, unerwartete Ausgaben in Höhe der Armutsrisikogrenze aus eigenen finanziellen Mitteln bestreiten zu können.
   - Finanzielles Problem, jeden zweiten Tag Fleisch, Fisch oder eine gleichwertige vegetarische Mahlzeit einnehmen zu können.
   - Finanzielles Problem, jährlich eine Woche Urlaub woanders als zu Hause zu verbringen.
   - Fehlen eines Personenkraftwagens im Haushalt aus finanziellen Gründen.
   - Fehlen einer Waschmaschine im Haushalt aus finanziellen Gründen.
   - Fehlen eines Farbfernsehgeräts im Haushalt aus finanziellen Gründen.
   - Fehlen eines Telefons im Haushalt aus finanziellen Gründen.

1.3.3   Ein an Einkommen und Vermögen anknüpfender Armutsbegriff

In einer hochentwickelten Volkswirtschaft marktwirtschaftlicher Prägung mit einem ausgebauten System der sozialen Sicherung – wie in der Bundesrepublik Deutschland – wird unterstellt, dass normale Personen[5] mit einem ausreichenden verfügbaren Einkommen ihre Grundbedürfnisse in einem bescheidenen Ausmaß befriedigen und damit ein soziokulturelles Existenzminimum erreichen können, so dass relative Armut vermieden wird. Dies gilt zumindest dann, wenn angemessen gewirtschaftet wird und wenn keine hohe Verschuldung vorliegt, weil dann kein Teil des Einkommens für Zins und Tilgung verwendet werden muss. Besitzt eine Person überdies ein über einen Notpfennig hinausgehendes Nettovermögen, von dem ein Teil verbraucht werden kann, so reicht sogar ein niedrigeres Einkommen für eine begrenzte Zeit aus. Demgegenüber führen ein nicht ausreichendes verfügbares Einkommen oder eine Verschuldung, die zu hohen Zins- und Tilgungsleistungen verpflichtet, zu relativer Armut. Um diese auf Einkommen beschränkte Betrachtungsweise zu kennzeichnen, wird der Begriff der Einkommensarmut verwendet. Dies ist ein so genannter Ressourcenbegriff der Armut im Gegensatz zu einem Lebenslagenbegriff der Armut.

Einkommensarmut liegt bei einer Person mit *normalen* Bedürfnissen vor, wenn ihr verfügbares Einkommen unterhalb einer *Einkommensarmutsgrenze* liegt. Ist diese Einkommensarmutsgrenze festgelegt, so lässt sich mit hinreichender Genauigkeit durch Befragungen oder auf der Basis administrativer Unterlagen statistisch feststellen, wie groß die Gruppe der Einkommensarmen ist. Auch wenn es im Verwaltungsprozess um Einkommenshilfen für einzelne Einkommensarme geht, lässt sich das Einkommensdefizit mit hinreichender Genauigkeit feststellen. Einkommensarmut ist daher aus sozialpolitischer Sicht gut feststellbar und bekämpfbar. Wenn die Grenze der relativen Einkommensarmut genügend weit unterhalb des durchschnittlichen Einkommens festgelegt wird, dann kann ein Sozialstaat durch aufstockende Sozialleistungen Einkommensarmut vollständig beseitigen; denn ihre Beseitigung erfordert nur, dass der Einkommensabstand der untersten Gruppe vom Durchschnitt ein bestimmtes Maß nicht überschreitet, d. h. dass alle Betroffenen durch aufstockende Sozialleistungen zumindest auf die Einkommensarmutsgrenze angehoben werden.[6] Aus der Sicht eines Lebenslagenbegriffs kann aber trotzdem relative Armut in einzelnen Dimensionen vorliegen, falls das verfügbare und gegebenenfalls durch staatliche Transfers aufgestockte Einkommen nicht derart ausgewogen verwendet wird, dass in allen Dimensionen die Mindeststandards erreicht werden; denn die Entscheidungen über die Verwendung des als ausreichend angesehenen Einkommens bleiben dem Einzelnen überlassen. Wer schlecht wirtschaftet, hat dies selbst zu verantworten und zu ertragen.

Die Messung von Einkommensarmut mit Hilfe einer für alle Menschen mit *normalen* Bedürfnissen gültigen Einkommensarmutsgrenze kann Personen mit besonderen,

---

5   Dies bedeutet, dass kein Sonderbedarf, z. B. wie bei einer Behinderung, vorliegt.

6   Eine graphische Darstellung der Einkommensverteilung und der verschiedenen Grenzen bzw. Maßzahlen findet sich in IAW und ZEW 2016, S. 25-26.

generell anerkannten Bedürfnissen, wie beispielsweise Behinderung, Suchtabhängigkeit, Pflegebedürftigkeit u. ä. nicht zutreffend erfassen. Für Personen in derartigen Bedarfslagen sind besondere Grenzen und staatliche Hilfen erforderlich, auf die hier nicht weiter eingegangen werden kann.

Bei der Verwendung von Einkommen als Definitionsbasis für Einkommensarmut muss man mehrere Einkommensbegriffe unterscheiden: Erstens das Markteinkommen der jeweiligen Bezieher, das sich aus Arbeitseinkommen, Vermögenseinkommen und Einkommen aus selbständiger und unternehmerischer Tätigkeit zusammensetzt. Auf dieser Basis kann man eine *fiktive* Markteinkommensarmut ermitteln, die Ansatzpunkte für Eingriffe in die Marktprozesse erkennen lässt. Zweitens das verfügbare Einkommen (oder Nettoeinkommen), das sich aus dem Markteinkommen und den zufließenden Sozialleistungen abzüglich der Sozialversicherungsbeiträge der Arbeitnehmer und der direkten Steuern ergibt. Für differenziertere Analysen können zum Nettoeinkommen auch noch der Mietwert eigengenutzten Wohneigentums – um Eigentümer und Mieter besser vergleichen zu können – hinzugerechnet sowie fiktive Sozialversicherungsbeiträge für nicht versicherungspflichtige Selbständige abgezogen werden (vgl. Canberra Group 2001).

Das Markteinkommen (abzüglich der Sozialversicherungsbeiträge und der direkten Steuern) wird zugrunde gelegt, wenn man fragt, ob ein Individuum bei den herrschenden Lohnsätzen und bei einer Beschäftigung in Vollzeit das soziokulturelle Existenzminimum erreichen kann. Sind die für die betreffende Person gültigen Lohnsätze so niedrig, dass dies nicht möglich ist, spricht man von Armut trotz Erwerbstätigkeit (Strengmann-Kuhn 2003). Die Betroffenen werden als *working poor* bezeichnet. Die Ermittlung des Anteil jener in Vollzeit tätigen Personen, deren Einkommen nicht einmal ausreicht, um für sich selbst die Einkommensarmutsgrenze zu erreichen, hat unter sozialpolitischem Blickwinkel große Bedeutung; denn in einem Sozialstaat sollte es jedem möglich sein, durch eigene Arbeit wenigstens für sich Einkommensarmut zu vermeiden. Dies ist auch die Begründung für den seit 2014 eingeführten gesetzlichen Mindestlohn.

Die bisherigen Ausführungen haben implizit eine individualistische Perspektive eingenommen. Dies ist bei einer auf den Konzepten der Verwirklichungschancen oder der Lebenslage aufbauenden Armutsanalyse vertretbar, wenn auch hierbei der Familien- oder Haushaltszusammenhang keineswegs bedeutungslos ist. Bei der Bestimmung von Einkommensarmut würde eine solche Vorgehensweise aber völlig ignorieren, dass es privatrechtliche Unterhaltsverpflichtungen und faktische Einsparungen beim gemeinsamen Wirtschaften in einem Haushalt gibt. Daher wird der Haushalt (Gruppe zusammenwohnender und aus einem Pool wirtschaftender Personen) oder die so genannte *Bedarfsgemeinschaft* (Kernfamilie mit gegenseitigen Unterhaltsverpflichtungen) herangezogen: Dabei wird das Einkommen und Vermögen aller Mitglieder zusammengefasst und dem Bedarf aller Mitglieder – beschränkt auf das unterstellte soziokulturelle Existenzminimum – gegenübergestellt. Für statistische Erhebungen wird in der Regel – mangels genauerer Informationen – der Haushalt herangezogen. Für die Gewährung von einkommensabhängigen und bedürftigkeitsgeprüften Sozialleistungen (z. B. Arbeitslosengeld II, Sozialhilfe, Grundsicherung im

Alter und bei Erwerbsunfähigkeit) wird aber die Bedarfsgemeinschaft, die nicht immer mit dem Haushalt übereinstimmen muss, zugrunde gelegt.

Da man die Aufteilung des Konsums innerhalb des Haushalts nur schwer erfassen kann, werden vier Annahmen eingeführt: Erstens die Pool-Annahme, d. h. dass das gesamte Einkommen aller Mitglieder in einen Pool fließt, aus dem die Bedürfnisse aller Mitglieder befriedigt werden. Es wird also ausgeschlossen, dass einer der Einkommensbezieher im Haushalt einen Teil seines Einkommens für sich behält. Zweitens die Wohlfahrtsgleich-verteilungsannahme, d. h. dass das in den Pool fließende Einkommen derart verwendet wird, dass alle Haushaltsmitglieder das gleiche Wohlfahrtsniveau erreichen. Drittens die Annahme, dass beim gemeinsamen Wirtschaften im Haushalt Einsparungen auftreten und dass Kinder geringere Bedürfnisse als Erwachsene haben. Dem entspricht eine Bestimmung des Wohlfahrtsniveaus jedes Haushaltsmitglieds als gewichtetes Pro-Kopf-Einkommen, das aus dem Haushaltsnettoeinkommen mit Hilfe einer Äquivalenzskala ermittelt wird. Viertens die Annahme des gleichen ethischen Wertes aller Haushaltsmitglieder; dies bedeutet, dass bei Verteilungsanalysen die Personen und nicht etwa die Haushalte die zu betrachtenden Einheiten sind; andernfalls würden arme Ein-Personen-Haushalte und arme Fünf-Personen-Haushalte jeweils als eine *arme* Einheit gezählt, während es sich doch um sechs arme Menschen handelt.

Verwertbares Haushaltsvermögen sollte in der Weise berücksichtigt werden, dass ein Haushalt, der mit seinem Einkommen die Einkommensarmutsgrenze unterschreitet, so-lange nicht als *arm* klassifiziert wird, solange dieses Vermögen vorhanden ist. Die Grenze für das zu schonende Vermögen muss ebenfalls festgelegt werden. Außerdem sollten auch Verschuldung oder gar Überschuldung berücksichtigt werden, wenn dies auch – sofern sich mit der Feststellung von *Armut* ein Anspruch auf Transferleistungen verbunden ist – problematisch ist; denn wenn Zins- und Tilgungsleistungen das durch eine Transfer-leistung aufzustockende Einkommen mindern, dann zahlt letztlich der Staat die Schulden der Betroffenen zurück.

Das gewichtete Pro-Kopf-Einkommen ergibt sich aus dem Haushaltsnettoeinkommen, dividiert durch die Summe der Äquivalenzgewichte der Haushaltsmitglieder. Es wird als Nettoäquivalenz*einkommen* der Personen bezeichnet. Würde man jedem Haushaltsmitglied ein Gewicht von 1,0 zuordnen, so erhielte man das ungewichtete Pro-Kopf-Einkommen; dies würde die Einsparungen beim gemeinsamen Wirtschaften im Haushalt und die geringeren Bedürfnisse von Kindern vernachlässigen. Würde man nur dem ersten Erwachsenen ein Gewicht von 1,0 und allen weiteren Haushaltsmitgliedern Gewichte von 0,0 zuordnen, so ergäbe sich wieder das Haushaltsnettoeinkommen, das allen Haushaltsmitgliedern als Wohlfahrtsindikator zugeordnet werden müsste. Dies würde bedeuten, dass weitere Haushaltsmitglieder – trotz ihres offensichtlichen Bedarfs – keinen Einfluss auf die Wohl-fahrt der anderen Haushaltsmitglieder hätten. Äquivalenzskalen ordnen daher zwar dem ersten Erwachsenen ein Gewicht von 1,0 zu, weiteren Personen aber geringere Gewichte. Diese weiteren Gewichte lassen sich nicht rein empirisch bestimmen. Sie unterliegen einer wertenden Einschätzung darüber, welches zusätzliche Nettoeinkommen erforderlich ist, um einer zum Haushalt hinzukommenden Person ein gleich hohes Wohlfahrtsniveau wie den bisherigen Haushaltsmitgliedern zu ermöglichen (Hauser 1996).

Die Verwendung einer angemessenen Äquivalenzskala für Armuts- und Verteilungsanalysen, die auf dem Einkommen aufbauen, ist deswegen so wichtig, weil sowohl die Armutsquoten der Gesamtbevölkerung als auch die gruppenspezifischen Armutsquoten davon abhängen. Bei geringen Gewichten für weitere Haushaltsmitglieder zeigt sich eine größere Armutsbetroffenheit von Ein-Personen-Haushalten und eine geringere der Haushalte mit mehreren Kindern, bei höheren Gewichten für weitere Haushaltsmitglieder, insbesondere Kinder, kehrt sich dieses Ergebnis um.

Die Spannweite der als plausibel angesehenen Äquivalenzskalen wird durch die alte und die modifizierte OECD-Skala eingegrenzt. Bei der alten OECD-Skala wird den weiteren Personen im Alter von 14 Jahren und darüber ein Gewicht von 0,7 und jüngeren Kindern ein Gewicht von 0,5 verliehen. Die Europäische Union bevorzugt aber für ihre im Rahmen der Offenen Methode der Koordinierung[7] vorgeschriebenen Berechnungen die modifizierte OECD-Skala, die weiteren Personen im Alter von 14 Jahren und darüber ein Gewicht von 0,5 und jüngeren Kindern ein Gewicht von 0,3 zuordnet.

Bei international vergleichenden Untersuchungen der Einkommensverteilung und der Einkommensarmut der Luxembourg Income Study (LIS-Project)[8] und auch der OECD (2008, 2011, 2015) wird die Summe der Äquivalenzgewichte als Quadratwurzel aus der Haushaltsgröße (HG) bestimmt (vgl. Buhmann et al. 1988), d. h.

$$\text{Summe der Äquivalenzgewichte} = HG^{0,5}$$

Diese Skala führt zu recht geringen Gewichten für weitere Haushaltsmitglieder, und sie unterscheidet auch nicht zwischen Kindern und Erwachsenen.

Eine von einer amerikanischen Wissenschaftlerkommission erarbeitete Äquivalenzskala berücksichtigt sowohl die Anzahl der Erwachsenen (E) als auch den geringeren und überdies mit zunehmender Kinderzahl (K) abnehmenden Einkommensbedarf pro Kind (vgl. Citro und Michael 2006, Recommendation 3.1). Die Formel lautet:

$$\text{Summe der Äquivalenzgewichte} = (E + 0,7K)^{0,7}$$

Diese Skala ergibt sehr ähnliche Äquivalenzgewichte für die Abstufung von Sozialleistungen zwischen Haushalten unterschiedlicher Größe und Kinderzahl, wie sie implizit auch im deutschen System der sozialen Sicherung enthalten sind. Orientiert man sich an den nach Haushaltsgröße differenzierten durchschnittlichen Ausgaben der Sozialhilfe (Regelsätze einschließlich Miete und Heizung der laufenden Hilfe zum Lebensunterhalt

---

7   Vgl. European Commission, Employment, Social Affairs and Equal Opportunities DG (2006).
8   Informationen zum LIS-Projekt und vergleichende Standardauswertungen für etwa 30 Länder erhält man unter http://www.lisproject.org.

vor Einführung des Arbeitslosengeldes II), dann kann man daraus das folgende Gewichtungsschema errechnen:

Ein-Personen-Haushalt	1,00
Gewicht der zweiten Person im Zwei-Personen-Haushalt	0,56
Gewicht des ersten Kindes bei einem Ehepaar mit 1 Kind	0,44
Gewicht des zweiten Kindes bei einem Ehepaar mit 2 Kindern	0,42
Gewicht des dritten Kindes bei einem Ehepaar mit 3 Kindern	0,44

Für Alleinerziehende ergeben sich wegen eines Mehrbedarfszuschlags andere Gewichte
(Bundesregierung 2005, Anhangtabelle II.2). Ganz ähnliche Gewichte ergeben sich auch,
wenn man die haushaltsgrößenspezifische Abstufung des Arbeitslosengeldes II zugrunde legt.

1.4   Methoden zur Festlegung von Mindeststandards und Einkommensarmutsgrenzen

1.4.1   Überblick über die wichtigsten Methoden

Die Festlegung von relativen Mindeststandards und Einkommensarmutsgrenzen kann
entweder autonom von Sozialwissenschaftlern oder anderen Experten (Expertenstandard) oder von demokratisch legitimierten politischen Organen (politischer Standard)
geschehen. Von Sozialwissenschaftlern und Experten vorgeschlagene Standards müssen
in der öffentlichen und politischen Diskussion darum ringen, als maßgeblich für die
gesellschaftliche Analyse und für politische Maßnahmen, wie z. B. Sozialleistungen zur
Erreichung eines soziokulturellen Existenzminimums, anerkannt zu werden. In der Regel
konkurrieren in der öffentlichen Debatte verschiedene Standards um gesellschaftliche und
politische Anerkennung.

Expertenstandards können auf vier verschiedenen Methoden beruhen: Erstens, auf der
Erstellung eines Warenkorbs mit den zur Erreichung eines soziokulturellen Existenzminimums erforderlichen Gütern durch Experten (*Warenkorbmodell*), zweitens, auf einem
an den Ausgaben unterer Einkommensschichten orientierten Modell (*Statistikmodell*),
drittens auf direkten Befragungen zum soziokulturellen Existenzminimum (*Befragungsmodell*) und viertens, auf einer lediglich auf Plausibilitätserwägungen beruhenden Festsetzung einer Armutsgrenze als Bruchteil des mittleren Einkommens in einer Gesellschaft
(*Armutsgrenzenmodell*). Nur wenn das Ergebnis einer dieser von Sozialwissenschaftlern
oder anderen Experten verwendeten Vorgehensweisen von demokratisch legitimierten
politischen Instanzen, zu denen auch das Verfassungsgericht zu zählen ist, anerkannt wird,
verwandelt sich der Expertenstandard in einen politischen Standard.

Bei *politischen Standards* muss man zwei Typen unterscheiden: Einerseits einen *administrativen* Standard, der unmittelbar für die Gewährung von Mindestsicherungsleistungen
ausschlaggebend ist, und andererseits einen *zielorientierten* Standard, der als politische
Zielgröße dient, um die Abweichung der tatsächlichen gesellschaftlichen Situation von

einer sozialpolitisch angestrebten Situation zu messen. Diese beiden Typen von politischen Standards dürfen nicht verwechselt oder vermischt werden.

Das *Warenkorbmodell* beruht auf einem von Expertinnen und Experten festgelegten Warenkorb, der die nach deren Einschätzung zur Erreichung eines soziokulturellen Existenzminimums erforderlichen Gütermengen enthält. Dabei können diese Expertinnen und Experten sowohl Sozialwissenschaftlerinnen und -wissenschaftler als auch in der sozialpolitischen Praxis stehende Personen sein. Dieses Güterbündel wird dann mit herrschenden Preisen bewertet, um den in Geldeinheiten ausgedrückten Mindestbedarf für einen Monat zu erhalten. Bei einer anderen Variante dieses Warenkorbmodells wird lediglich der physiologisch erforderliche Nahrungsbedarf ermittelt und dann mit Hilfe eines frei festgesetzten oder an den Ausgabenstrukturen unterer Einkommensschichten orientierten Multiplikators ein erforderlicher Gesamtbetrag festgelegt. Angesichts der großen Unterschiede bei den Wohnungsmieten kann auch eine Aufspaltung in angemessene Mietausgaben und einen Regelsatz für andere Bedürfnisse vorgenommen werden. Schließlich ist eine regionale Differenzierung nach regionalen Preisniveauunterschieden möglich. Im Zuge des wirtschaftlichen Wachstums und der Preisniveauentwicklung sowie der sich ändernden Präferenzen der Bevölkerungsmehrheit muss der als Basis dienende Warenkorb regelmäßig angepasst werden.

Das *Statistikmodell* erfordert eine große repräsentative Haushaltsstichprobe mit sehr differenzierten Angaben über Haushaltsgröße, Alter der Haushaltsmitglieder, Wohnungsmiete und andere demographische Merkmale sowie über alle Einkommen und Ausgaben, die sehr fein nach einzelnen Kategorien differenziert sein müssen. In Deutschland kann die in fünfjährigem Abstand vom Statistischen Bundesamt bei rund 60.000 Haushalten erhobene Einkommens- und Verbrauchsstichprobe (EVS) für das Statistikmodell verwendet werden. Ein Verfahren, mit dem das zur Erreichung des soziokulturellen Existenzminimums erforderliche Einkommen ermittelt werden soll, erfordert *vier* wertende Entscheidungen, die der Forscher oder die zuständigen politischen Organe treffen müssen:

- Erstens, eine Entscheidung über die Abgrenzung der unteren Bevölkerungsschicht, beispielsweise die unteren 20 Prozent der nach Einkommenshöhe geordneten Einkommensbezieher; dabei müssen die Bezieherinnen und Bezieher von Mindestsicherungsleistungen vorweg ausgegliedert werden, falls das Statistikmodell zur Ermittlung der Höhe von Mindestsicherungsleistungen für einen administrativen politischen Standard genutzt werden soll.
- Zweitens, die Festlegung einer Äquivalenzskala, um die Personen in Haushalten unterschiedlicher Größe und Kinderzahl vergleichen und einreihen zu können.
- Drittens, eine Entscheidung dahingehend, inwieweit die durchschnittlichen Ausgaben dieser unteren Gruppe in den einzelnen Kategorien voll oder nur teilweise berücksichtigt werden sollen. Es gibt auch komplexere statistische Verfahren, bei denen die Mindestausgaben jeder Kategorie simultan geschätzt werden (lineare oder quadratische Ausgabensysteme).

- Viertens, eine Entscheidung über das Verfahren, das zur Anpassung der Höhe des sozi-okulturellen Existenzminimums an Wirtschaftswachstum und Preisniveausteigerungen bei längeren Intervallen zwischen den Erhebungen erforderlich ist. Auf dieser Basis lassen sich dann sowohl die Einkommensarmutsgrenze als auch die Einkommensarmen aus der Statistik ermitteln.

Beim *Befragungsmodell*[9] wird mit Hilfe von repräsentativen Bevölkerungsumfragen eine empirische Basis für die direkte Bestimmung eines soziokulturellen Existenzminimums zu einem bestimmten Zeitpunkt in einem bestimmten Land geschaffen; denn schließlich hängen gesellschaftliche Ausgrenzung oder Integration von Mitmenschen viel stärker von den Sichtweisen der Bevölkerung ab, als von politischen Vorgaben.

Eine erste Methode besteht darin, nach dem Mindesteinkommen zu fragen, das von den Befragten für erforderlich gehalten wird, um in einer Gesellschaft in bescheidener Weise leben zu können. Aus der Kombination von tatsächlich verfügbarem Einkommen und dem für erforderlich gehaltenen Mindesteinkommen lässt sich dann eine Wohlfahrtsfunktion mit Hilfe statistischer Methoden schätzen, die die Basis für die Ermittlung eines durch-schnittlich gültigen verfügbaren Mindesteinkommens – differenziert nach Haushaltsgröße – bildet; damit ergibt sich gleichzeitig eine Äquivalenzskala. Anschließend lässt sich der Anteil der Einkommensarmen ermitteln (vgl. Van Praag 1968).

Eine zweite Methode, die stärker an den Lebenslagen ansetzt, ist der so genannte Town-send-Ansatz (vgl. Townsend 1979). *Peter Townsend* legte aufgrund eigener Einschätzung eine lange Liste von Elementen der Lebenslage fest, die als Prüfkriterien dienen sollten, inwieweit die Befragten dabei ein Minimum realisieren konnten. Gleichzeitig mit den Fragen, ob Minima bei diesen Lebenslagenelementen erreicht werden konnten, wurde auch nach dem verfügbaren Einkommen gefragt. Setzt man das nach Höhe geordnete verfügbare Einkommen in Beziehung zur Anzahl der nicht erreichten Mindeststandards, so erkennt man bei abnehmendem Einkommen einen Punkt, an dem die Anzahl der nicht erfüllten Mindeststandards sprunghaft zunimmt. An dieser Stelle liegt das von Townsend für erforderlich gehaltene durchschnittliche Mindesteinkommen. Bei dieser Methode werden also die vom Forscher subjektiv festgelegten Mindeststandards im Sinne einer Lebenslagendefinition der Armut mit Hilfe einer repräsentativen Bevölkerungsumfrage in ein für erforderlich gehaltenes verfügbares Einkommen übersetzt, das die Basis für die Ermittlung des Anteils der Armen und für eine, das soziokulturelle Existenzminimum garantierende Sozialleistung bilden kann.

Der subjektive Gehalt der Townsend-Methode wird bei einer dritten Methode noch reduziert. Es handelt sich um die Operationalisierung einer Lebenslagendefinition der re-lativen Armut ohne den Umweg über eine am Einkommen anknüpfende Armutsdefinition (vgl. Andreß und Lipsmeier 2001, Andreß et al. 2005). Hierbei werden in der Befragung

---

9   Auch das Statistikmodell beruht auf der Befragung einer repräsentativen Stickprobe von Haus-halten. Wegen des direkt auf Einkommen und Ausgaben gerichteten Befragungsansatzes wurde es gesondert betrachtet.

die vom Forscher definierten Elemente, die er für die Lebenslage der Befragten für maßgeblich hält, in zweifacher Weise abgefragt: Erstens wird erhoben, ob der Befragte dieses
Element besitzt bzw. er sich dessen ‚erfreuen' kann (z. B. eines mehrtätigen Urlaubs etc.).
Zweitens wird gefragt, ob er dieses Element der Lebenslage als Mindeststandard im Sinne
eines soziokulturellen Existenzminimums für jeden Menschen im Land für erforderlich
hält. Wenn ein vom Forscher(team) festgelegter Anteil der Befragten (z. B. 90 Prozent) ein
bestimmtes Element für erforderlich hält, wird dies zum Mindeststandard in der jeweiligen
Lebenslagendimension erklärt. Wenn von der Forscherin/dem Forscher auch noch eine Regel
festgelegt wird, bei wie vielen Dimensionen eine Unterschreitung des Mindeststandards
höchstens zulässig ist, ohne dass das soziokulturelle Existenzminimum gefährdet wird,
dann kann der Anteil der Armen unmittelbar ermittelt werden. Schließlich wäre es im
Prinzip auch möglich, ein derartiges Befragungsverfahren zur Ermittlung der Einschätzung
der Befragten über die Verwirklichungschancen im Sinne Sens weiterzuentwickeln. Die
hier den Forschenden zugeschriebenen Wertentscheidungen, die in der Festlegung der
Elemente und des Mindestniveaus sowie in der Abwägungsregel zum Ausdruck kommen,
könnten auch durch politische Entscheidung im demokratischen Prozess getroffen werden,
so dass die Legitimität einer solchen Definition noch besser gesichert wäre. Infolge von
ökonomischem Wachstum und Preisniveausteigerungen sowie von gesellschaftlichem Wer-
tewandel müssen alle diese Varianten des Befragungsmodells in regelmäßigen Abständen
wiederholt werden, um die mit diesen Entwicklungen einhergehenden Veränderungen des
soziokulturellen Existenzminimums im Zeitablauf zu erfassen.

Beim *Armutsgrenzenmodell* wird eine Einkommensgrenze in Bezug auf das Nettoäquivalenzeinkommen der Personen als Armutsgrenze festgelegt. Sie wird als ein bestimmter
Prozentsatz des mittleren Nettoäquivalenzeinkommens festgesetzt. In den Sozialwissenschaften werden Einkommensarmutsgrenzen von 40 Prozent, 50 Prozent oder 60 Prozent
des mittleren Nettoäquivalenzeinkommens angewendet (vgl. Hauser et al. 1981, Becker
und Hauser 2003). Diese Festlegung geschieht nicht ohne eine Vorstellung davon, was
mit dem entsprechenden Einkommensbetrag gekauft werden kann. Aber dieser Rückgriff
beruht auf Plausibilitätsüberlegungen und nicht auf einer präzisen Ableitung aus einem
bewerteten Warenkorb. Als mittlerer Wert werden dabei entweder der arithmetische
Durchschnitt oder der Median herangezogen.[10] Der arithmetische Durchschnitt als Bezugspunkt basiert auf der gesamten Einkommensskala. Es steigt mit steigendem Einkommen
an, unabhängig davon, welche Einkommensschicht einen Einkommenszuwachs erfährt.
Wird der Median als Bezugspunkt gewählt, so ändert sich die Armutsgrenze nicht, wenn
ein Einkommenszuwachs lediglich den Haushalten oberhalb des Medians zufließt, obwohl

---

10 Das arithmetische Mittel ergibt sich aus der Division der Summe der Nettoäquivalenzeinkom-
    men mit der Bevölkerungszahl. Ordnet man alle Personen nach der Höhe ihrer Nettoäquiva-
    lenzeinkommen, so stellt der Median das Nettoäquivalenzeinkommen jener Person dar, die
    genau in der Mitte der Reihe liegt, also die Bevölkerung in zwei gleich große Hälften teilt. Bei
    linkssteilen Verteilungen, die bei Einkommen und Vermögen typisch sind, liegt der Median
    immer niedriger als das arithmetische Mittel.

dadurch der Abstand der Armen von den Wohlsituierten größer wird. Da die Ermittlung der Einkommen in den untersten und obersten Randbereichen besonders schwierig ist, hat der Median als Bezugspunkt jedoch den Vorteil, dass er von solchen Erfassungsfehlern weitgehend unberührt bleibt, während das arithmetische Mittel davon stärker beeinflusst wird. Der Median ist also der statistisch robustere, das arithmetische Mittel der umfassendere Bezugspunkt. Beide Durchschnitte sind jedoch sehr sensitiv in Bezug auf die Wahl einer Äquivalenzskala. Außerdem ist maßgeblich, wie die Personengruppe abgegrenzt wird, bei der eine gegenseitige Unterhaltspflicht unterstellt wird oder gesetzlich vorgeschrieben ist. Vier Elemente einer solchen Festlegung der Einkommensarmutsgrenze sind also wertend: Die Wahl eines bestimmten Mittelwerts als Bezugspunkt, die Wahl des Prozentsatzes, um den die Einkommensarmutsgrenze unterhalb dieses Mittelwerts liegen soll, die Wahl einer Äquivalenzskala sowie die Abgrenzung der Personengruppe, die für einander einzustehen hat. Trotz der Unterschiede in Bezug auf die Sensitivität von Einkommenssteigerungen kann man bei beiden Bezugspunkten grosso modo sagen, dass sich derartige Armutsgrenzen automatisch an Wirtschaftswachstum und Inflation anpassen.

1.4.2 Zusammenhänge zwischen Expertenstandards und politischen Standards

Die Warenkorbmethode wurde bis Ende der 1980er Jahre in Westdeutschland als administrativer politischer Standard zur Ermittlung der Regelsätze der Sozialhilfe verwendet. Angestrebt wurde dabei ein soziokulturelles Existenzminimum, das auch gerichtlich kontrolliert werden konnte. Angemessene Wohn- und Heizungskosten wurden zusätzlich einbezogen. Einmalige Leistungen dienten zur Deckung unregelmäßig anfallender Bedarfe. Außerdem gab es eine Differenzierung mit Hilfe von Mehrbedarfszuschlägen, aber fast keine regionalen Unterschiede bei den Regelsätzen. Die politischen Entscheidungsträger übernahmen meist die Ergebnisse einer Expertengruppe des Deutschen Vereins für öffentliche und private Fürsorge.

Das Statistikmodell dient seit Anfang der 1990er Jahre als Grundlage für den administrativen politischen Standard, an dem sich die Leistungshöhe der einkommensabhängigen und bedarfsgeprüften Mindestsicherungsleistungen in Deutschland (Arbeitslosengeld II, Hilfe zum Lebensunterhalt im Rahmen der Sozialhilfe, Bedarfsorientierte Grundsicherung im Alter und bei Erwerbsminderung, Kriegsopferfürsorge, Leistungen nach dem Asylbewerberleistungsgesetz) orientieren. Diese Mindestsicherungsleistungen bestehen aus zwei Elementen: Einem Regelsatz für den laufenden Bedarf sowie einen zusätzlichen Betrag für die tatsächlichen Miet- und Heizkosten für eine angemessene Wohnung. Angesichts der beträchtlichen regionalen Mietunterschiede handelt es sich bei dieser Grenze also um ein breites, regional differenziertes Band. Da sich dieser Ansatz auf tatsächliches Ausgabeverhalten stützt, stellt er eine Beziehung zur Lebenslage unterer Einkommensschichten zum Erhebungszeitpunkt in einem bestimmten Land her. Auch die Grundfreibeträge im Rahmen der Einkommensteuer werden aufgrund eines Urteils des Bundesverfassungsgerichts in Anlehnung an die Leistungshöhe der Mindestsicherungsleistungen festgelegt. Das Bundesverfassungsgericht hat in seinem Urteil vom 9.2.2010 das Statistikmodell als

Verfahren akzeptiert, aber verlangt, dass die Ermittlung des soziokulturellen Existenzminimums transparent und nachvollziehbar geschieht. Dies führte zu Korrekturen am Vorgehen und auch zu einer veränderten Formel für die zwischen den Erhebungsintervallen der Einkommens- und Verbrauchsstichprobe erforderliche jährliche Anpassung.

Der administrative politische Standard ist also die Grundlage für die Gewährung von Mindestsicherungsleistungen. Hält man aber aus Expertensicht das Niveau dieses administrativen politischen Standards für zu niedrig, um ein soziokulturelles Existenzminimum zu garantieren, dann muss man alle Bezieher von derartigen Mindestsicherungsleistungen als *arm* bezeichnen.[11] Hält man dagegen das Niveau für ausreichend, dann kann man von *bekämpfter Armut* sprechen. Denn eigentlich sollten in einem Sozialstaat die Möglichkeiten der Einkommenserzielung und die soziale Absicherung bei Einkommensverlust derart gestaltet sein, dass der Bezug von *bedarfsorientierten* Mindestsicherungsleistungen, bei denen das Einkommen aller Mitglieder der Kernfamilie angerechnet wird, nur in Ausnahmefällen erforderlich ist. Selbst wenn ein flächendeckendes Mindestsicherungssystem besteht, kommt es aber vor, dass ein Teil der Berechtigten diese Leistungen nicht in Anspruch nimmt. Man spricht dann von *verdeckter Armut* oder *Dunkelziffer der Armut* (Becker und Hauser 2005, Blos 2006, Bruckmeier et al. 2013).

Auch die einfachere Methode der Festlegung von Einkommensarmutsgrenzen als Prozentsatz eines Mittelwerts der Einkommen kann politisch gebilligt und damit zu einem politischen Standard aufgewertet werden. Die früheren Armutsberichte der Europäischen Union legten – in Anlehnung an sozialwissenschaftliche Studien – eine Armutsgrenze von 50 Prozent des arithmetischen Mittels des Nettoäquivalenzeinkommens in jedem Land, die alte OECD-Äquivalenzskala und den Haushalt als Bedarfsgemeinschaft zugrunde (vgl. Kommission der Europäischen Gemeinschaften 1983 und Commission of the European Communities 1991).[12]

Im Rahmen ihrer *Offenen Methode der Koordinierung*, die u. a. auch zum Vergleich zwischen den Mitgliedsländern mit dem Blick auf *soziale Ausschließung* (*social exclusion*) angewendet wird, hat die Europäische Union eine neue *Armutsrisikogrenze* von 60 Prozent des Medians des Nettoäquivalenzeinkommens in jedem Land eingeführt. Dabei wurden die modifizierte OECD-Äquivalenzskala sowie der Haushalt als Bedarfsgemeinschaft zugrunde gelegt. Vermögensgrenzen wurden nicht zusätzlich festgesetzt. Diese Einkommensarmuts-

---

11 Zur Kritik an der Neubemessung der Regelsätze mit Hilfe des Statistikmodells, die aufgrund des Bundesverfassungsgerichtsurteils vom 9.2.2010 erforderlich wurde, vgl. Becker (2010).

12 Vorschläge, etwa das unterste Zehntel (Dezil) der Bevölkerung oder einen anderen Bruchteil als „arm" zu definieren, fanden keine Zustimmung, da dies kein Indikator für das Ziel einer Armutsbekämpfung und für die Messung des Erfolges einer solchen Politik sein kann; denn wenn nicht völlige Gleichheit der Einkommen herrscht – eine Konstellation die keinerlei politische Unterstützung findet – dann gibt es immer ein unterstes Zehntel. Demgegenüber lässt sich Einkommensarmut, die an einer weit unterhalb des durchschnittlichen Einkommens festgesetzten Armutsgrenze gemessen wird, durch staatliche Transferzahlungen vollständig beseitigen; dies gilt auch bei einer mit steigendem Durchschnittseinkommen steigenden Armutsgrenze. Behauptungen, dass dies nicht möglich sei (vgl. Krämer 2000), sind offensichtlich falsch.

risikogrenze kann als zielorientierter Standard gekennzeichnet werden. Auf ihr baut ein ganzes Bündel von statistischen Indikatoren auf, die auf einer Tagung des Ministerrats in Laeken beschlossen wurden.[13] Diese Beschlüsse beruhten auf wissenschaftlichen Vorarbeiten von Atkinson et al. (2002). Weitere Indikatoren, z. B. Angaben über Arbeitslosigkeit, Bildungsstand, Gesundheitszustand, Wohnsituation, sollen dazu dienen, bei jenen Personen, die einem Risiko der Einkommensarmut unterliegen, zusätzliche Beeinträchtigungen ihrer Lebenslage festzustellen. Dies erfordert eine Auswertung der verfügbaren Statistiken im Hinblick auf die Kumulation von Risikofaktoren bei denselben Individuen. Da bisher nicht in allen Mitgliedsländern derart differenzierte Statistiken vorliegen, wurde eine neue *European Statistcs of Income and Living Conditions* (EU-SILC) eingeführt, die seit 2005 in allen Ländern durchgeführt wird. Ergebnisse für Deutschland finden sich bei Deckl (2013) sowie in Statistisches Bundesamt und WZB (2016, S. 169–177).

Die genannten Grenzen können einerseits als Basis für die Ermittlung des Risikos von Einkommensarmut und andererseits zur Beurteilung des Erfolgs sozialpolitischer Maßnahmen im Hinblick auf die Armutsbekämpfung dienen.

1.5   Armutsmaße

1.5.1   Statische Armutsmaße

Wenn eine Einkommensarmutsgrenze festgelegt ist, interessieren drei weitere Tatbestände: Erstens der Anteil der Armen an der Bevölkerung (Armutsquote oder head-count ratio), zweitens die Schwere der Armutslage, die durch die aggregierte Differenz zwischen den Einkommen der Armen und der Armutsgrenze (Armutslücke) oder durch den durchschnittlichen Abstand zwischen den Einkommen der Armen im Verhältnis zur Armutsgrenze (Armutsgrad)[14] gemessen werden kann, und drittens die Verteilung der Einkommen unter den Armen. Die Armutsquote kann für die Gesamtbevölkerung und für Teilgruppen berechnet werden; sie ergibt die wichtigste Information und wird auch im Folgenden ausschließlich erwähnt. Auch eine regionale Differenzierung in Form eines Armutsatlasses ist möglich[15] Die Armutslücke bzw. der Armutsgrad informieren zum einen über den erforderlichen Mittelaufwand für aufstockende Mindestsicherungsleistungen, der allen Armen ein soziokulturelles Existenzminimum in Höhe der Einkommensarmutsgrenze garantieren würde, und zum anderen über den durchschnittlichen Einkommensrückstand der Armen. Die Verteilung der Einkommen unter den Armen zeigt, ob sich die Abstände zwischen den Einkommen der Armen und der Armutsgrenze stark unterscheiden oder

---

13 Die inzwischen leicht revidierte Version der Laeken-Indikatoren findet sich in European Commission (2006).

14 Bei Ermittlung der Laeken-Indikatoren wird die Differenz zwischen dem Median innerhalb der Armen und der Armutsgrenze im Verhältnis zur Armutsgrenze als Indikator der Armutslücke verwendet.

15 Vgl. Deutscher Paritätischer Wohlfahrtsverband – Gesamtverband 2009.

ob nur geringe Einkommensunterschiede innerhalb der Gruppe der Armen bestehen. Nur mit weiteren Werturteilen ließe sich ein eindimensionales Armutsmaß konstruieren, das diese drei Aspekte gleichzeitig umfasst und implizit eine Abwägung zwischen dem Anteil der Armen, dem Armutsgrad und der Einkommensverteilung unter den Armen enthält. Auf diese Verfeinerung wird hier nicht eingegangen.[16]

1.5.2   Dynamische Armutsmaße

Aus gesamtgesellschaftlicher Sicht interessieren besonders das Absinken in Armut, das Aufsteigen aus Armut und die Dauer von Armutslagen; denn hierin zeigen sich die Unterschiede zwischen der individuellen Betroffenheit von Armut und dem gesellschaftlichen Bestand an Armut.[17] Dementsprechend sollten ermittelt werden:

- der Bevölkerungsanteil, der von einer Periode zur nächsten unter die Einkommensarmutsgrenze absinkt;
- der Bevölkerungsanteil, der von einer Periode zur nächsten über die Einkommensarmutsgrenze aufsteigt, wie weit diese Armutsgrenze überschritten wird und wie lange die Betroffenen oberhalb der Armutsgrenze verbleiben;
- die bisherige Dauer der Armutslage jener Personen, die gegenwärtig arm sind; hierfür können die durchschnittliche Dauer der bisherigen Armutsperioden und deren Verteilung ermittelt werden;
- die durchschnittliche Dauer der Armutslagen jener Personen, die in einer Periode aus der Armutslage aufgestiegen sind (*poverty spells*) sowie die Verteilung dieser Armutsperioden nach ihrer Länge.

Zur Analyse der Verarmungsprozesse und der Wirksamkeit von staatlichen Gegenmaßnahmen können diese dynamischen Armutsmaße auch nach relevanten Gruppen differenziert werden (Jännti und Danziger 2000).

2   Die Entwicklung von Sozialhilfebedürftigkeit und Einkommensarmut in Deutschland – ein Überblick

Der Sicherung eines soziokulturellen Existenzminimums dienten in Deutschland bis 2003 die Sozialhilfe, die Kriegsopferfürsorge, die Ausbildungsförderung im Rahmen

---

16   Ein derartiges Armutsmaß wurde von Foster, Greer, Thorbecke entwickelt. Vgl. für verschiedene statistische Armutsmaße und ihre Eigenschaften Faik 1994, S. 317–331 sowie IAW und ZEW. 2016, S. 25 und Christoph 2015.

17   Grundlegend Leibfried und Leisering (1995). Für eine Analyse der Verweildauer von Arbeitslosengeld II-Beziehern vgl. Graf und Rudolph 2009. Für eine Analyse der Einkommensmobilität vgl. Statistisches Bundesamt et al. (Hrsg.) 2016, S. 178–190.

des Bundesausbildungsförderungsgesetzes und des Arbeitsförderungsgesetzes sowie die Leistungen nach dem Asylbewerberleistungsgesetz. Die größte Bedeutung hatte dabei die laufende Hilfe zum Lebensunterhalt im Rahmen der Sozialhilfe. Im Jahr 2003 wurde eine Bedarfsorientierte Grundsicherung im Alter (ab dem 65. Lebensjahr) und bei dauerhafter Erwerbsminderung (ab dem 18. Lebensjahr) eingeführt, die nunmehr für diesen bisher von der Sozialhilfe versorgten Personenkreis zuständig ist. Im Jahr 2005 wurde das Arbeitslosengeld II für alle erwerbsfähigen Personen geschaffen, auf das sowohl Arbeitslose und deren Familienangehörige (Sozialgeld) als auch Erwerbstätige mit unzureichendem Einkommen einen Anspruch besitzen. Es löste die vorher bestehende am vorhergehenden Einkommen orientierte Arbeitslosenhilfe ab. Auch der neuerdings eingeführte einkommensabhängige Kindergeldzuschlag für Niedrigverdiener muss unter dem Blickwinkel der Mindestsicherung gesehen werden.

Diese Mindestleistungen für verschiedene Gruppen decken im Prinzip die gesamte Bevölkerung in jenen Fällen ab, in denen Personen oder Bedarfsgemeinschaften hilfsbedürftig werden, weil das Markt- *und* das Transfereinkommen aus vorgelagerten Systemen zusammen nicht ausreichen, den existentiellen Bedarf zu befriedigen. Die drei wichtigsten Mindestleistungen (Sozialhilfe, Bedarfsorientierte Grundsicherung im Alter und bei Erwerbsminderung, Arbeitslosengeld II einschließlich Sozialgeld für Familienangehörige) weisen mit geringen Ausnahmen die gleiche Höhe auf. Die Leistungen nach dem Asylbewerberleistungsgesetz liegen etwas darunter. Damit stellt sich die Frage, wie groß die Bevölkerungsanteile sind, die diese Mindestleistungen beziehen und wie sich diese Anteile im Zeitablauf verändert haben.

Aus Tabelle 1 ersieht man, dass seit 2006 insgesamt fast 10 Prozent der Bevölkerung mit zunächst fallender und dann wieder steigender Tendenz Empfänger der verschiedenen einkommensabhängigen Mindestleistungen sind.[18]

Ohne auf Einzelheiten einzugehen kann man feststellen:

- Der Anteil der Arbeitslosengeld II-Empfängerinnen und -empfänger ist zwar hoch, aber er geht zurück.
- Der Anteil der Empfängerinnen und Empfänger von Bedarfsorientierter Grundsicherung im Alter und bei Erwerbsminderung ist zwar noch ziemlich gering, steigt aber kontinuierlich an.
- Der Anteil der nach den Reformen verbleibenden Sozialhilfeempfängerinnen und -empfänger ist zwar sehr gering, steigt aber ebenfalls an.
- Der Anteil der Empfängerinnen und Empfänger von Leistungen nach dem Asylbewerberleistungsgesetz war in den Jahren bis 2013 gering, steigt aber seitdem drastisch an; dieser Anstieg wird sich in den kommenden Jahren noch fortsetzen.

---

18 Für Angaben ab 1973, aufgeteilt nach West- und Ostdeutschland vgl. die 2. Auflage dieses Handbuchs.

Tab. 1 Bevölkerungsanteile der Empfänger wichtiger Mindestsicherungsleistungen in Deutschland seit 2006 (Angaben in Prozent der gesamten Bevölkerung)*

	Arbeitslosengeld II und Sozialgeld für Familienmitglieder	Bedarfsorientierte Grundsicherung im Alter und bei Erwerbsminderung	Sozialhilfe (nur Hilfe zum Lebensunterhalt außerhalb von Einrichtungen)	Leistungen nach dem Asylbewerberleistungsgesetz	Alle Empfänger von Mindestsicherungsleistungen1)
2006	8,6	0,8	0,1	0,2	9,8
2007	8,3	0,9	0,1	0,2	9,5
2008	7,9	0,9	0,1	0,2	9,1
2009	8,0	0,9	0,1	0,2	9,2
2010	7,5	1,0	0,1	0,2	8,8
2011	7,3	1,1	0,1	0,2	8,7
2012	7,2	1,1	0,1	0,2	8,7
2013	7,3	1,2	0,2	0,3	8,9
2014	7,2	1,2	0,2	0,4	9,1
2015	7,1	1,3	0,2	1,2	9,7

* Bis 2010 auf Basis der Bevölkerungsfortschreibung. Ab 2011 auf Basis der Volkszählung.

1) In diesen Gesamtquoten sind auch die nicht gesondert ausgewiesenen Empfängerinnen und Empfänger von Kriegsopferfürsorge enthalten. Differenzen durch Rundungen.

Quelle: Statistische Ämter des Bundes und der Länder und eigene Berechnungen. Download unter www.amtliche-sozialberichterstattung.de. Zugegriffen: 9.2.2017.

Zwei weitere Aspekte verschlechtern dieses Bild noch: Erstens sind die Empfängerinnen und Empfänger von Leistungen nach dem Bundesausbildungsförderungsgesetz (BAföG) und nach dem Ausbildungsförderungsgesetz (AFBG) nicht einbezogen; dies waren 2011 immerhin nahezu 700.000 weitere Personen, d. h. ca. 0,9 Prozent der Bevölkerung.[19] Zweitens fehlen in diesen Zahlen, die Personen, die ihre Ansprüche auf Mindestleistungen aus den verschiedensten Gründen nicht geltend machen (Dunkelziffer oder verdeckte Armut). Auf drei Sozialhilfeempfängerinnen und -empfänger kamen im Jahr 2003 nochmals etwa zwei Personen, für die das gilt (vgl. Becker und Hauser 2005, Blos 2006). Eine neuere Untersuchung von Bruckmeier et al. (2013) zeigt, dass dieses Problem auch durch die Umstellung der Mindestsicherungsleistungen noch nicht gelöst wurde. Es spielt auch für die Berechnung des soziokulturellen Existenzminimums mit Hilfe des Statistikmodells eine Rolle; denn die offiziellen Berechnungen ergaben ein zu geringes Niveau des sozi-

---

19 Die Statistischen Ämter des Bundes und der Länder, aus deren Publikation diese Zahlen stammen, rechnen die Empfänger von Ausbildungsförderungsleistungen nicht zu den Mindestsicherungsleistungen. Da diese Leistungen aber ebenfalls einkommensüberprüft sind und den Bezug anderer Mindestleistungen ausschließen, sollte man sie zu den Mindestsicherungsleistungen zählen. Laut Sozialbericht 2013 erhielten 2011 419.000 Personen Leistungen zur Ausbildungsförderung. Außerdem wurden 2011 166.000 Personen zur beruflichen Weiterbildung gefördert.

okulturellen Existenzminimums, weil die verdeckt Armen nicht vorweg ausgegliedert werden (Becker 2015).

Differenziert man die gesamte Mindestsicherungsquote nach Geschlecht, so zeigt sich, dass im Jahr 2015 die Männer mit 10,1 Prozent stärker von Mindestsicherungsleistungen abhängig waren als die Frauen mit 9,3 Prozent. Unterscheidet man nach West- und Ostdeutschland, so erkennt man, dass im früheren Bundesgebiet (ohne Berlin) die Abhängigkeit von Mindestsicherungsleistungen mit 8,9 Prozent geringer war als in den neuen Bundesländern (einschließlich Berlin) mit 13,0 Prozent. Dieser Unterschied spiegelt sich in gleicher Weise auch bei Männern und Frauen.[20]

Allerdings ist es keineswegs so, dass alle Betroffenen dauerhaft auf der Ebene des soziokulturellen Existenzminimums leben müssen.[21] Es gibt in diesem Bereich nämlich eine beachtliche *Einkommensmobilität*. Wie aber die steigenden Empfängerquoten zeigen, haben mit kleinen konjunkturell bedingten Schwankungen die Abstiege auf das Niveau des soziokulturellen Existenzminimums die Aufstiege deutlich überwogen (Graf und Rudolph 2009).

Aus der Sicht der Politik genügen diese Mindestleistungen, um den Beziehern ein soziokulturelles Existenzminimum zu sichern. Aus der Sicht von Wohlfahrtsverbänden und von vor Ort tätigen Hilfsorganisationen sowie von vielen Sozialwissenschaftlerinnen und Sozialwissenschaftlern sind diese Mindestsicherungsleistungen auch nach der aufgrund des Bundesverfassungsgerichtsurteils erforderlich gewordenen Neuberechnung immer noch zu knapp bemessen, so dass auch deren Bezieherinnen und Bezieher noch zu den Armen zu zählen sind. Auch die von der Europäischen Union festgelegte Armutsrisikogrenze liegt i. d. R. höher als das durchschnittliche Niveau der Mindestsicherungsleistungen.

Das Risiko von Einkommensarmut ist vom Bezug von Mindestsicherungsleistungen zu unterscheiden. Die grundlegende Definition der zur Messung verwendeten Armutsrisikoquote, ist – wie erwähnt – von der Europäischen Union mit Zustimmung aller Mitgliedsländer festgelegt worden. Aus Abbildung 1 erkennt man die Entwicklung des Risikos von Einkommensarmut von 1995 bis 2015 in Gesamtdeutschland.[22] Die Berechnungen beruhen auf vier verschiedenen repräsentativen Erhebungen mit Einkommensangaben. Es handelt sich erstens um die Einkommens- und Verbrauchsstichprobe (EVS), die seit 1962 alle fünf Jahre vom Statistischen Bundesamt erhoben wird. Zweitens um Ergebnisse der European Statistics on Income and Living Conditions (EU-SILC), die seit 2005 im Auftrag der EU jährlich erstellt werden. Drittens ermöglicht der Mikrozensus (MZ) – eine jährliche Stichprobe von einem Prozent der Bevölkerung – die Schätzung von Armutsrisikoquoten. Und viertens dient das seit 1984 erhobenen Sozio-oekonomische Panel (SOEP) – eine jährlich

---

20 Vgl. Statistische Ämter des Bundes und der Länder, Tab. B 1.1. Zugegriffen: 2.2.2017.

21 Seibert, Holger, A. Wurdack, K. Bruckmeier, T. Graf und T. Lietzmann. 2017. *Typische Verlaufsmuster beim Grundsicherungsbezug. Für einige Dauerzustand, für andere nur eine Episode.* Nürnberg.

22 Für Ergebnisse, bezogen auf frühere Jahre, vgl. Tab. 2 in diesem Beitrag in der 2. Auflage dieses Handbuchs.

erhobene repräsentative Wiederholungsbefragung einer Stichprobe von Haushalten und Personen der Wohnsitzbevölkerung – zur Berechnung von Armutsrisikoquoten. Alle Ergebnisse werden – wie von der EU vorgeschrieben – unter Verwendung der modifizierten OECD-Skala und der Armutsrisikogrenze von 60 Prozent des Medians der Nettoäquivalenzeinkommen der Personen ermittelt.

Zwischen diesen Statistiken gibt es kleine Unterschiede in Bezug auf die Abgrenzung des Einkommens, so dass die Ergebnisse in der Höhe leicht differieren; aber die Trends sind ganz eindeutig. Man sieht, dass die Armutsrisikoquote seit der Jahrtausendwende bis 2015 mit Schwankungen immer weiter angestiegen ist. Sie hat nunmehr ein Niveau von 15 Prozent bis 17 Prozent erreicht. Auch für die Jahre vor der Wiedervereinigung lässt sich ein steigender Trend konstatieren.[23] Die Abnahme der Armutsrisikoquote in der zweiten Hälfte der 1990er Jahre beruht darauf, dass alle Einkommen in Ostdeutschland in der ersten Hälfte der 1990er Jahre stark gestiegen sind, so dass die ostdeutsche Quote – gemessen am gesamtdeutschen Median – sank und sich damit auch die gesamtdeutsche Quote reduzierte. Dieser *Aufholeffekt* lief jedoch in der zweiten Hälfte der 90er Jahre aus.

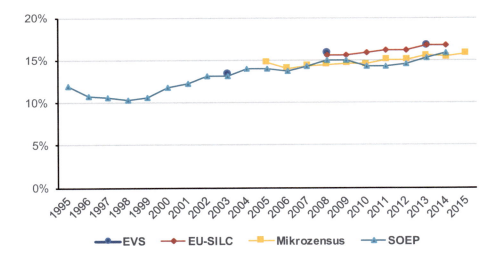

Abb. 1 Armutsrisikoquoten für Gesamtdeutschland von 1995 bis 2015 nach verschiedenen Datenquellen

Quelle: Bundesministerium für Arbeit und Soziales auf Basis der genannten Datenquellen. Download von www.armuts-und-reichtumsbericht.de am 8.2.2017, ergänzt um Angaben auf Basis des SOEP in Grabka und Goebel 2017.

---

23 Vgl. Becker und Hauser 2003, Tab. 7.1.2.

Tab. 1   Armutsrisikoquoten für Altersgruppen und Haushaltstypen in Deutschland 1994, 2004 und 2014 (in Prozent)

Ausgewählte Gruppen	1994	2004	2014
Alle	11,8	13,8	15,8
Altersgruppen			
unter 10 Jahre	17,2	17,6	21,9
10-18 Jahre	15,3	18,7	20,1
18-25 Jahre	17,0	22,7	24,3
25-35 Jahre	11,8	15,5	20,7
35-45 Jahre	9,1	11,5	12,8
45-55 Jahre	6,0	10,1	10,6
55-65 Jahre	9,9	10,7	13,2
65-75 Jahre	10,8	11,0	14,1
75 Jahre und älter	15,7	12,7	13,3
Haushaltstypen			
Alleinstehende unter 35	27,6	33,6	45,6
Alleinstehende 35-59	13,1	16,2	17,6
Alleinstehende über 59	22,0	17,6	19,6
Alleinerziehende 1 Kind	25,1	33,1	32,8
Alleinerziehende 2 und mehr Kinder	45,1	45,6	45,1
Paare ohne Kinder	5,9	7,3	8,6
Paare mit 1 Kind	6,4	8,7	8,9
Paare mit 2 Kindern	7,4	8,8	8,4
Paare mit 3 und mehr Kindern	20,2	19,5	24,2
Sonstige	9,9	10,6	21,7

Quelle: Grabka, Markus und J. Goebel. 2017. Realeinkommen sind von 1991 bis 2014 im Durchschnitt gestiegen – erste Anzeichen für wieder zunehmende Einkommensungleichheit, DIW-Wochenbericht Nr. 4; Datenbasis SOEPv32.

Unterschiede in den Armutsrisikoquoten werden sichtbar, wenn man nach dem eigenen Lebensalter der Betroffenen und nach dem Haushaltstyp, in dem sie leben, differenziert. Tabelle 2 zeigt, dass Kinder, Jugendliche und junge Erwachsene weit überdurchschnittlich vom Risiko einer Einkommensarmut betroffen sind. Dies hat sich in den letzten zwei Dekaden, in denen die gesamte Armutsrisikoquote um ein Drittel angestiegen ist, nicht verändert. Seit den 1980er Jahren zeigte sich auch eine zunehmende Betroffenheit von Kindern und Jugendlichen bei den nach Alter gruppierten Sozialhilfeempfängern. Hieraus wurde auf einen Trend zur Infantilisierung der Armut geschlossen.(vgl. Hauser 1997; Butterwegge und Klundt 2002). Die überdurchschnittliche Betroffenheit von Kindern und Jugendlichen beeinträchtigt deren Startchancen und kann künftig auch große soziale Probleme bereiten.

Wie weiter oben erwähnt wird dieses Ergebnis auch von der verwendeten Äquivalenzskala beeinflusst. Würden in der Äquivalenzskala höhere Gewichte für Kinder verwendet, wie es den Regelungen für Mindestsicherungsleistungen entspräche, so zeigte sich sogar eine noch stärkere Betroffenheit der Kindern und Jugendlichen vom Armutsrisiko.

Unterscheidet man danach, in welchen Haushaltstypen die vom Armutsrisiko betroffenen Personen leben (Tabelle 2, unterer Block), so erkennt man, dass jene Personen, die in Ein-Personen-Haushalten leben, ein überdurchschnittliches Armutsrisiko tragen; dies gilt insbesondere für Personen unter 35 Jahren. Ein Teil dieses Ergebnisses kann dadurch erklärt werden, dass sich viele in diesem Alter noch in Ausbildung befinden. Paare ohne Kinder oder mit nur einem oder zwei Kindern sind unterdurchschnittlich betroffen. Sind dagegen drei und mehr Kinder zu betreuen, so besteht wieder ein überdurchschnittliches Armutsrisiko. Herausragend ist jedoch die Armutsbetroffenheit der Personen in Alleinerziehenden-Haushalten; ein Drittel dieser Personengruppe mit einem Kind unterliegt dem Risiko von Einkommensarmut;. sind zwei oder mehr Kinder zu betreuen, so ist fast die Hälfte dieser Alleinerziehenden vom Armutsrisiko betroffen. Diese Struktur der Armutsbetroffenheit hat sich über zwanzig Jahre kaum geändert.

3   Weiterführende Überlegungen

Die Festlegung einer ziemlich hoch liegenden, auf das Einkommen bezogenen Armutsrisikogrenze erfordert weiterführende Untersuchungen über die Lebenslage der vom Armutsrisiko Betroffenen. Die Datenlage hat sich nunmehr durch die neuen European Statistics on Income and Living Conditions (EU-SILC) soweit verbessert, dass festgestellt werden kann, inwieweit es Überschneidungen zwischen dem Einkommensarmutsrisiko und der durch verschiedene Indikatoren gekennzeichneten materielle Lebenslage und der Gefahr sozialer Ausgrenzung gibt. Damit kann dann auch ermittelt werden, wie Unterversorgungserscheinungen bei einzelnen Personen kumulieren. Das nachfolgende Venn-Diagramm zeigt einige Ergebnisse von EU-SILC für Deutschland für das Jahr 2011 (Deckl 2013). Die Kreise charakterisieren drei Bevölkerungsanteile: Erstens, den Anteil der von einem Einkommensarmutsrisiko betroffenen Personen (16,1 Prozent), zweitens, den Anteil der von erheblicher materieller Entbehrung (Deprivation) betroffenen Personen (4,9 Prozent) und drittens, den Anteil der Personen, die in Erwerbslosenhaushalten leben (7,3 Prozent) – zusammen also 28,3 Prozent der Bevölkerung. Da es Überschneidungen zwischen den drei Kriterien gibt, waren insgesamt aber nur 19,6 Prozent der Bevölkerung, also knapp ein Fünftel, von einem oder mehreren dieser Merkmale betroffen; eine solch ungünstige Lebenslage kann zu sozialer Ausschließung (social exclusion) führen.

Nur von einem einzigen Kriterium waren betroffen:

- Armutsrisiko   9,5 %
- Materielle Deprivation   1,3 %
- Mitglied eines Erwerbslosen-Haushalts   1,9 %

Zwei Kriterien trafen auf folgende Bevölkerungsanteile zu:

- Armutsrisiko und materielle Deprivation   1,6 %
- Armutsrisiko und Mitglied eines Erwerbslosen-Haushalts   3,4 %
- Mitglied eines Erwerbslosen-Haushalts und materielle Deprivation   0,4 %

Alle drei Merkmale kumulierten bei 1,6 % aller Personen (Deckl 2013, Schaubild 7).

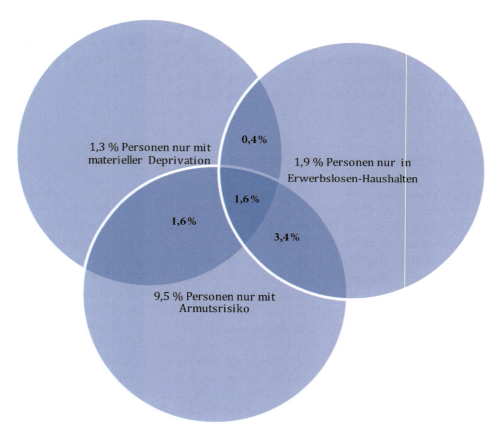

Abb. 2   Venn-Diagramm für die Anteile von Personen mit Armutsrisiko, Personen mit
erheblicher materieller Entbehrung (Deprivation) und Personen in Erwerbslosen-
Haushalten sowie Mehrfachbetroffenheit in Deutschland 2012
Quelle: Deckl (2013); eigene Darstellung (flächenmäßig nicht maßstabsgetreu).

Man kann also zusammenfassend sagen, dass die Einbeziehung weiterer Kriterien zwar
den Blick auf das unterste Segment der Bevölkerung vertieft, dass aber Einkommensarmut

dominiert. Vom Armutsrisiko und gleichzeitig erheblicher materieller Entbehrung ist nur ein kleiner Bevölkerungsteil von 1,6 Prozent betroffen; dies lässt darauf schließen, dass die meisten vom Armutsrisiko Betroffenen mit ihrem Einkommen zurechtkommen. Es gibt aber auch einen kleinen Bevölkerungsanteil von 1,3 Prozent, der nicht vom Armutsrisiko betroffen ist, aber trotzdem unter erheblichen materiellen Entbehrungen leidet. Wie dies zu erklären ist, muss weiter untersucht werden. Die Überschneidung von Armutsrisiko und Mitgliedschaft in einem Erwerbslosen-Haushalt ist naheliegend, sofern die Erwerbslosigkeit nicht durch Sozialleistungen voll aufgefangen wird. Dies dürfte vor allem bei jungen Leuten zutreffen. Besonders problematisch ist jene Personengruppe von 1,6 Prozent, bei der alle drei Kriterien zutreffen. Ihnen sollte die besondere Aufmerksamkeit der Sozialpolitik gelten.

Die Ergänzung des Blicks auf das Einkommensarmutsrisiko durch Indikatoren der materiellen Lage und die Beschäftigungssituation der Betroffenen ist ein weiterer Schritt zu umfassenderer Erforschung der Probleme von Armut und sozialer Ausgrenzung. Transparenz über die gesellschaftliche Lage einzelner Gruppen ist jedenfalls eine notwendige, wenn auch nicht hinreichende Bedingung für eine rationale sozialpolitische Diskussion. Hierzu kann der sozialstatistische Diskurs beitragen.

Literatur

Andreß, Hans-Jürgen und G. Lipsmeier. 2001. *Armut und Lebensstandard,* Hrsg. Bundesministerium für Arbeit und Sozialordnung. Bonn: Eigenverlag.

Andreß, Hans-Jürgen, A. Krüger und B. K. Sedlacek. 2005. *Armut und Lebensstandard. Zur Entwicklung des notwendigen Lebensstandards der Bevölkerung 1996 bis 2003,* Hrsg. Bundesministerium für Gesundheit und Soziale Sicherung. Bonn: Eigenverlag.

Arndt, Christian, S. Dann, R. Kleimann, H. Strotmann und J. Volkert. 2006. *Das Konzept der Verwirklichungschancen (A. Sen) – Empirische Operationalisierung im Rahmen der Armuts- und Reichtumsmessung – Machbarkeitsstudie,* Hrsg. Bundesministerium für Arbeit und Soziales. Bonn: Eigenverlag.

Arndt, Christian und J. Volkert. 2006. Amartya Sens Capability-Approach – Ein neues Konzept der deutschen Armuts- und Reichtumsberichterstattung. *Vierteljahreshefte zur Wirtschaftsforschung* 75/1: 7-29.

Atkinson, Anthony B. und F. Bourguignon, Hrsg. 2000. *Handbook of Income Distribution,* Vol. 1. Amsterdam: North Holland.

Atkinson, Anthony B., B. Cantillon, E. Marlier und B. Nolan. 2002. *Social Indicators: The EU and Social Inclusion.* Oxford: Oxford University Press.

Becker, Irene. 2010. Bedarfsbemessung bei Hartz IV. Zur Ableitung von Regelleistungen auf Basis des „Hartz IV-Urteils" des Bundesverfassungsgerichts. library.fes.de/pdf-files/wiso/07530.pdf.

Becker, Irene. 2015. Regelbedarfsermittlung: Die „verdeckte Armut" drückt das Ergebnis. Wie das Existenzminimum heruntergerechnet wurde. *Soziale Sicherheit* H. 4: 142-148.

Becker, Irene und R. Hauser. 2003. *Anatomie der Einkommensverteilung. Ergebnisse der Einkommens- und Verbrauchsstichproben 1969-1998.* Berlin: Sigma.

Becker, Irene und R. Hauser. 2005. *Dunkelziffer der Armut. Ausmaß und Ursachen der Nicht-Inanspruchnahme zustehender Sozialhilfeleistungen.* Berlin: Sigma.

Becker, Irene und R. Hauser. 2010. *Soziale Gerechtigkeit – ein magisches Viereck. Zieldimensionen, Politikanalysen und empirische Befunde.* Berlin: Sigma.

Blos, Kerstin. 2006. *Haushalte im Umfeld des SGB II. IAB-Forschungsbericht Nr. 19.* Nürnberg.

Bruckmeier, Kerstin, J. Pauser, U. Walwei und J. Wiemers. 2013. *Simulationsrechnungen zum Ausmaß der Nicht-Inanspruchnahme von Leistungen der Grundsicherung. IAB-Forschungsbericht Nr. 5.* Nürnberg.

Buhmann, Brigitte, L. Rainwater, G. Schmaus und T. Smeeding. 1988. Equivalence scales, well-being, inequality and poverty: sensitivity estimates across ten countries using the Luxembourg Income Study database. *Review of Income and Wealth,* Series 33, (2): 1115-42.

Bundesministerium für Arbeit und Soziales. 2005. *Lebenslagen in Deutschland. Der 2. Armuts- und Reichtumsbericht der Bundesregierung.* Bonn: Eigenverlag.

Bundesministerium für Arbeit und Soziales. 2008. *Lebenslagen in Deutschland. Der Dritte Armuts- und Reichtumsbericht der Bundesregierung.* Bonn: Eigenverlag.

Bundesministerium für Arbeit und Soziales. 2013. *Lebenslagen in Deutschland. Der Vierte Armuts- und Reichtumsbericht der Bundesregierung.* Bonn: Eigenverlag.

Bundesministerium für Arbeit und Soziales. 2017. *Lebenslagen in Deutschland. Der Fünfte Armuts- und Reichtumsbericht der Bundesregierung (Entwurf).* Bonn: Eigenverlag. Download aller Berichte unter www.armuts-und-reichtumsbericht.de.

Bundesministerium für Arbeit und Soziales. 2014. *Sozialbericht 2013.* Bonn: Bundesanzeiger.

Butterwegge, Christoph. 2016. *Armut in einem reichen Land: Wie das Problem verharmlost und verdrängt wird,* 4. akt. Aufl. Frankfurt, New York: Campus.

Butterwegge, Christoph, M. Klundt und M. Belke-Zeng. 2008. *Kinderarmut in Ost- und Westdeutschland,* 2. erw. u. akt. Aufl. Wiesbaden: VS Verlag für Sozialwissenschaften.

Christoph, Bernhard. 2015. *Empirische Maße zur Erfassung von Armut und materiellen Lebensbedingungen. Ansätze und Konzepte im Überblick. IAB-Discussion Paper Nr. 25.* Nürnberg.

Citro, Constance F. and R. T. Michael, eds. 2006. *Measuring Poverty: A New Approach.* Washington, D.C.: Wiley.

Cremer, Georg. 2016. *Armut in Deutschland: Wer ist arm? Was läuft schief? Wie können wir handeln?* München: Beck Verlag.

Deckl, Silvia. 2013a. Einkommen, Armut und Lebensbedingungen in Deutschland und in der Europäischen Union. Ergebnisse aus LEBEN IN EUROPA/EU-SILC. *Wirtschaft und Statistik:* 212-227.

Deckl, Sylvia. 2013b. Armut und soziale Ausgrenzung in Deutschland und der Europäischen Union. Ergebnisse aus LEBEN IN EUROPA (EU-SILC) 2012. *Wirtschaft und Statistik:* 893-906.

Deutscher Paritätischer Wohlfahrtsverband Gesamtverband e. V. 2009. *Unter unseren Verhältnissen... Der erste Armutsatlas für Regionen in Deutschland,* 2. korr. Aufl. Berlin: www.armutsatlas.de.

Döring, Diether, W. Hanesch und E.-U. Huster, Hrsg. 1990. *Armut im Wohlstand.* Frankfurt a. M.: Suhrkamp.

European Commission, DG Employment, Social Affairs and Equal Opportunities. 2006. Proposal for a Portfolio of Overarching Indicators and for the Streamlined Social Inclusion, Pensions, and Health Portfolios. Brussels: http://www.amtliche-sozialberichterstattung.de/pdf/indicators_en.pdf. Zugegriffen: 7.03.2017.

Expert Group on Household Income Statistics. The Canberra Group. 2001. Final Report and Recommendations. Ottawa: http://www.lisdatacenter.org/wp-content/uploads/canberra_report.pdf. Zugegriffen: 7.03.3017.

Faik, Jürgen. 1994. *Äquivalenzskalen. Theoretische Erörterung, empirische Ermittlung und verteilungsbezogene Anwendung für die Bundesrepublik Deutschland.* Berlin: Duncker & Humblot.

Faik, Jürgen. 1997. Institutionelle Äquivalenzskalen als Basis von Verteilungsanalysen. In *Einkommensverteilung und Armut. Deutschland auf dem Weg zur Vierfünftel-Gesellschaft?* Hrsg. I. Becker und R. Hauser, 13-42. Frankfurt a. M., New York: Campus.

Glatzer, Wolfgang und W. Hübinger. 1990. Lebenslagen und Armut. In *Armut im Wohlstand*, Hrsg D. Döring, W. Hanesch und E.-U. Huster, 31-55. Frankfurt a. M.: Suhrkamp.

Glatzer, Wolfgang, R. Habich und K.-U. Mayer, Hrsg. 2002. *Sozialer Wandel und gesellschaftliche Dauerbeobachtung.* Opladen: Leske + Budrich.

Glatzer, Wolfgang und W. Zapf, Hrsg. 1984. *Lebensqualität in der Bundesrepublik. Objektive Lebensbedingungen und subjektives Wohlbefinden.* Frankfurt a. M., New York: Campus.

Gordon, David and P. Townsend, Hrsg. 2000. *Breadline Europe: The Measurement of Poverty. Studies in Poverty, Inequality and Social Exclusion.* Bristol: Policy Press.

Grabka, Markus und J. Goebel. 2017. Realeinkommen sind von 1991 bis 2014 im Durchschnitt gestiegen – erste Anzeichen für wieder zunehmende Einkommensungleichheit. *DIW Wochenbericht Nr. 4:* 71-82.

Graf, Tobias und H. Rudolph. 2009. *Viele Bedarfsgemeinschaften bleiben lange bedürftig. IAB-Kurzbericht 5/2009.* Nürnberg.

Groh-Samberg, Olaf. 2009. *Armut, soziale Ausgrenzung und Klassenstruktur. Zur Integration multidimensionaler und längsschnittlicher Perspektiven.* Wiesbaden: VS Verlag für Sozialwissenschaften.

Hanesch, Walter, P. Krause und G. Bäcker. 2000. *Armut und Ungleichheit in Deutschland.* Reinbek bei Hamburg: rororo.

Hauser, Richard. 1996. Zur Messung individueller Wohlfahrt und ihrer Verteilung. In *Wohlfahrtsmessung – Aufgabe der Statistik im gesellschaftlichen Wandel,* Hrsg. Statistisches Bundesamt, 13-38. Stuttgart: Metzler-Poeschel.

Hauser, Richard. 1997. Armut, Armutsgefährdung und Armutsbekämpfung in der Bundesrepublik Deutschland. *Jahrbücher für Nationalökonomie und Statistik,* Bd. 216, H. 4/5, 524-548.

Hauser, Richard. 1999. Tendenzen zur Herausbildung einer Unterklasse? Ein Problemaufriß aus ökonomischer Sicht. In *Deutschland im Wandel. Sozialstrukturelle Analysen,* Hrsg. W. Glatzer und I. Ostner, 133-145. Opladen: Leske + Budrich.

Hauser, Richard und I. Becker. 2005. *Verteilung der Einkommen 1999-2003,* Hrsg. v. Bundesministerium für Gesundheit und Soziale Sicherung. Bonn. Eigenverlag.

Hauser, Richard, H. Cremer-Schäfer und U. Nouvertné. 1981. *Armut, Niedrigeinkommen und Unterversorgung in der Bundesrepublik Deutschland. Bestandaufnahme und sozialpolitische Perspektiven.* Frankfurt a. M., New York: Campus.

Hauser, Richard und W. Hübinger. 1993. *Arme unter uns, Teil 1 und Teil 2, Ergebnisse und Konsequenzen der Caritas Armutsuntersuchung,* Hrsg. vom Deutschen Caritasverband, 2. Aufl. Freiburg: Lambertus Verlag.

Hübinger, Werner. 1996. *Prekärer Wohlstand. Neue Befunde zu Armut und sozialer Ungleichheit.* Freiburg: Lambertus Verlag.

Hübinger, Werner und U. Neumann. 1998. *Menschen im Schatten. Lebenslagen in den neuen Bundesländern,* Hrsg. vom Diakonischen Werk der EKD und dem Deutschen Caritasverband. Freiburg: Lambertus Verlag.

IAW-Institut für Angewandte Wirtschaftsforschung und ZEW-Zentrum für Europäische Wirtschaftsforschung. 2016. *Forschungsprojekt Analyse der Verteilung von Einkommen und Vermögen in Deutschland,* Hrsg. vom Bundesministerium für Arbeit und Soziales. Bonn: Eigenverlag.

Jäntti, Markus und Sh. Danziger. 2000. Income Poverty in Advanced Countries. In *Handbook of Income Distribution,* Vol. 1, Hrsg. A. B. Atkinson und F. Bourguignon, 309-378. Amsterdam: North Holland.

Kommission der Europäischen Gemeinschaften. 1983. *Schlussbericht der Kommission an den Rat über das erste Programm von Modellvorhaben und Modellstudien zur Bekämpfung der Armut.* Brüssel KOM(81) 769 endg./2: Eigenverlag.

Krause, Peter und D. Ritz. 2006. EU-Indikatoren zur sozialen Inklusion in Deutschland. *Vierteljahreshefte zur Wirtschaftsforschung*, Bd. 75/1, 152-173.

Krause, Peter und I. Ostner, Hrsg. 2010. *Leben in Ost- und Westdeutschland. Eine sozialwissenschaftliche Bilanz der deutschen Einheit 1990-2010.* Frankfurt a. M., New York: Campus.

Leibfried, Stephan und W. Voges, Hrsg. 1992. Armut im modernen Wohlfahrtsstaat. *Kölner Zeitschrift für Soziologie und Sozialpsychologie*, Sonderheft 32.

Leibfried, Stephan und L. Leisering. 1995. *Zeit der Armut. Lebensläufe im Sozialstaat.* Frankfurt a. M.: Suhrkamp.

Leßmann, Ortrud. 2006. Lebenslagen und Verwirklichungschancen (capabilities). *Vierteljahreshefte zur Wirtschaftsforschung* 75/1: 30-42.

Leßmann, Ortrud. 2007. *Konzeption und Erfassung von Armut. Vergleich des Lebenslage-Ansatzes mit Sens „Capability"-Ansatz.* Berlin. Duncker & Humblot.

OECD. 2008. *Growing Unequal? Income Distribution and Poverty in OECD Countries.* Paris: OECD Publishing.

OECD. 2011. *Divided We Stand: Why Inequality Keeps Rising.* Paris: OECD Publishing.

OECD. 2015. *In It Together: Why Less Inequality Benefits All.* Paris: OECD Publishing.

Seibert, Holger, A. Wurdack, K. Bruckmeier, T. Graf und T. Lietzmann. 2017. *Typische Verlaufsmuster beim Grundsicherungsbezug. Für einige Dauerzustand, für andere nur eine Episode. IAB-Kurzbericht Nr. 4.* Nürnberg.

Sen, Amartya. 2000. Ökonomie für den Menschen. Wege *zu Gerechtigkeit und Solidarität in der Marktwirtschaft.* München: dtv.

Statistisches Bundesamt, Wissenschaftszentrum Berlin für Sozialforschung und Sozio-oekonomische Panel, Hrsg. 2011. *Datenreport 2016. Ein Sozialbericht für die Bundesrepublik Deutschland.* Bonn: Bundeszentrale für politische Bildung.

Statistische Ämter des Bundes und der Länder. 2016. *Armut und soziale Ausgrenzung 2005-2015.* Wiesbaden. download unter www.amtliche-sozialberichterstattung.de Zugegriffen: 1.2.2017.

Strengmann-Kuhn, Wolfgang. 2003. *Armut trotz Erwerbstätigkeit. Analysen und sozialpolitische Konsequenzen.* Frankfurt a. M., New York: Campus.

Townsend, Peter. 1979. *Poverty in the United Kingdom. A survey of household resources and standards of living.* Berkeley, Los Angeles: University of California Press.

Van Praag, Bernard M. S. 1968. *Individual Welfare Functions and Consumer Behavior: A Theory of Rational Irrationality.* Amsterdam: North-Holland.

Voges, Wolfgang, O. Jürgens, A. Mauer und E. Meyer. 2005. *Methoden und Grundlagen des Lebenslagenansatzes, Hrsg.* vom Bundesministerium für Gesundheit und Soziale Sicherung. Bonn: Eigenverlag.

Volkert, Jürgen, Hrsg. 2005. *Armut und Reichtum an Verwirklichungschancen. Amartya Sens Capability-Konzept als Grundlage der Armuts- und Reichtumsberichterstattung.* Wiesbaden: VS Verlag für Sozialwissenschaften.

International vergleichende Armutsforschung

Wolfgang Strengmann-Kuhn und Richard Hauser

Zusammenfassung

Internationale Vergleiche zum Thema Armut spielen eine immer größere Rolle. Sie dienen sowohl dem wissenschaftlichen Erkenntnisgewinn als auch dem Soll-Ist-Vergleich im politischen Raum. Dies gilt in weltweitem Maßstab, aber insbesondere für Vergleiche innerhalb der Europäischen Union. So wurde im Rahmen des Lissabon-Prozesses der Europäischen Union die Bekämpfung von Armut zu einem zentralen Ziel erkoren und für den Bereich der sozialen Eingliederung eine regelmäßige empirische Armutsberichterstattung implementiert.

Dieser Beitrag beginnt mit grundsätzlichen methodischen Überlegungen zur international vergleichenden Armutsforschung (Abschnitt 1). Einige der in dem Beitrag von Richard Hauser in diesem Band zum Thema Armutsmessung diskutierten Probleme stellen sich dabei in besonderem Maße.

Im Abschnitt 2 wird dann dargestellt, welche Arten von Fragestellungen es gibt, also was eigentlich miteinander verglichen werden soll. Je nachdem, wie diese Frage beantwortet wird, gibt es unterschiedliche methodische Probleme.

In Abschnitt 3 folgt dann eine ausführlichere Beschreibung der Armutsberichterstattung in der Europäischen Union als ein wichtiges Anwendungsbeispiel von international vergleichender Armutsforschung.

Wir beschränken uns dabei auf Untersuchungen, die sich auf entwickelte Länder beziehen und auf quantitative Armutsforschung, die repräsentative Ergebnisse für die Bevölkerung verschiedener Länder anstrebt. Qualitative Armutsforschung, die typischerweise mit kleinen, nicht-repräsentativen Stichproben arbeitet, aber die ausgewählten Fälle viel intensiver untersucht, als es mit repräsentativen Bevölkerungsstichproben möglich ist, wird nicht behandelt. Auch institutionelle Vergleiche werden nur insoweit angesprochen, als es für die Erklärung von Armutsphänomenen erforderlich ist.

Schlagworte

Armut; Armutsforschung; internationaler Vergleich; Armutsmessung; Europäische Union

1   Methodische Überlegungen

1.1   Grundsätzliches

Um Armut in verschiedenen Ländern miteinander vergleichen zu können, muss zunächst geklärt werden, wie Armut gemessen wird. Es gibt einerseits Methoden, die auf dem Einkommen beruhen, und andererseits solche, die auf direkten Lebensstandardindikatoren basieren. Beides dient letztlich dazu, die *Wohlfahrtsposition* einer Person oder Personengruppe im Vergleich zur Gesamtbevölkerung abzuschätzen. Bei internationalen Vergleichen kommt es deshalb vor allem dann zu Problemen, wenn die Indikatoren, insbesondere das verfügbare monetäre Einkommen, einen unterschiedlichen Einfluss auf die Wohlfahrt haben. Dies ist z. B. der Fall, wenn ein Land eher landwirtschaftlich geprägt ist und daher ein großer Teil des Konsums durch Eigenproduktion gedeckt wird. Dadurch spielt das verfügbare monetäre Einkommen – zumindest für den landwirtschaftlich tätigen Teil der Bevölkerung – eine geringere Rolle für die individuelle Wohlfahrt. Ähnliches gilt für eine unterschiedliche Versorgung mit öffentlichen Gütern. In Ländern, in denen z. B. für den Besuch von Schulen und Universitäten Gebühren bezahlt werden müssen, muss das verfügbare monetäre Einkommen entsprechend höher sein. Schließlich kann diese Überlegung auch auf unterschiedliche soziale Sicherungssysteme übertragen werden. So ist mehr verfügbares monetäres Einkommen für eine gleich hohe individuelle Wohlfahrt notwendig, je stärker Kranken- oder Rentenversicherung privatisiert sind.

Entsprechende Überlegungen lassen sich für direkte *Lebensstandardindikatoren* anstellen. So können einzelne Güter in verschiedenen Ländern eine völlig unterschiedliche Bedeutung für die Wohlfahrt besitzen. Man denke z. B. an die Notwendigkeit einer Heizung in kälteren im Vergleich zu tropischen Regionen. Sen (1992) argumentiert deshalb damit, dass nicht bestimmte Güter für die individuelle Wohlfahrt verantwortlich sind, sondern deren Funktionen. So müssen Menschen sich gut ernähren, sich angemessen kleiden und angemessen wohnen können sowie Zugang zur Gesundheitsversorgung, zu Informationen, zu Bildungseinrichtungen etc. haben. Es sollte auch gewährleistet sein, dass Menschen am gesellschaftlichen, kulturellen und politischen Leben teilnehmen können. Wie dies typischerweise gewährleistet ist, kann dabei von den kulturellen, sozialen oder sogar geographisch-klimatischen Bedingungen abhängen.

Die *Vergleichbarkeit von Armutsindikatoren* ist also umso weniger gegeben, je weiter die zu vergleichenden Länder wirtschaftlich, kulturell und räumlich voneinander entfernt sind. Daher macht es z. B. Sinn, zwischen Armut in Entwicklungsländern und Armut in entwickelten Ländern zu unterscheiden. Für Entwicklungsländer hat sich das Maß von ursprünglich einem US-Dollar pro Tag – aktuell liegt dieser bei 1,90 US-Dollar pro Tag (World Bank 2016) – als Einkommensarmutsgrenze zum Standard entwickelt, der u. a. von der Weltbank und von den Vereinten Nationen verwendet wird (vgl. World Bank 1990). Dies ist natürlich ein willkürlich festgelegtes Maß; es dient vor allem dazu, eine grobe Abschätzung des Ausmaßes von extremer Armut zu erhalten. Basierend auf den Überlegungen von Sen (1992) und Nussbaum (2001) ist es darüber hinaus üblich, festzustellen, inwiefern Zugänge zu Wasserversorgung, Gesundheitsversorgung, Bildung usw. bestehen, um ein differenzierteres Bild zu erhalten.

Für entwickelte Länder sind meist Maße relativer Einkommensarmut die Grundlage von internationalen Vergleichen. Dabei ist die Messung von Einkommen für die Vergleichbarkeit zentral (vgl. Canberra Group 2001). Auf der einen Seite steht die Frage, was alles zum Einkommen zu zählen ist, insbesondere, ob auch nicht-monetäre Einkommensbestandteile berücksichtigt werden sollen, so z. B. nicht-monetäre Lohnbestandteile oder der Mietwert eigengenutzten Wohnraums. Vor allem Letzteres ist von Bedeutung, weil die Eigentümerquote international sehr unterschiedlich ist. Hinzugerechnet werden könnten auch noch selbst hergestellte Güter sowie Güter und Nutzungen, die von der öffentlichen Hand kostenlos oder zu geringen Preisen zur Verfügung gestellt werden. Um diese nicht-monetären Einkommenskomponenten zu berücksichtigen, kann deren Wert geschätzt und zu dem Einkommen hinzugerechnet werden. Dadurch können Unterschiede in den auf Befragungen beruhenden Einkommensmessungen zum Teil ausgeglichen werden. Das Risiko dieser Ergänzungen ist, dass der Wert der nicht-monetären Einkommensbestandteile in Einzelfällen kaum verlässlich zu schätzen ist. Ergänzungen mit nicht-monetären Einkommensbestandteilen sollten deshalb nicht zu umfänglich durchgeführt werden, weil dann die Aussagekraft für Armutsanalysen sinken könnte. Grundsätzlich gilt für die Ermittlung von Einkommensarmut in einem Land, dass die Werte öffentlicher Güter und Leistungen, die allen zur Verfügung stehen, nicht hinzugerechnet werden müssen. Wichtig ist aber die Hinzurechnung von Elementen, die lediglich einigen Bevölkerungsgruppen zugutekommen. Im internationalen Vergleich sind im Prinzip aber auch Hinzurechnungen erforderlich, wenn sich die öffentlichen Leistungen stark unterscheiden, selbst wenn sie für die gesamte Bevölkerung eines Landes zur Verfügung stehen.

Auf der anderen Seite ist ebenso wichtig, was alles vom Bruttoeinkommen abgezogen wird, um auf das verfügbare Einkommen zu kommen. Üblicherweise werden Einkommensteuern (direkte Steuern) und Sozialversicherungsabgaben abgezogen. Bei den Sozialversicherungsbeiträgen entsteht dann ein Problem, wenn es in den einzelnen Ländern unterschiedliche Regelungen darüber gibt, welcher Anteil der Bevölkerung von den Sozialversicherungen erfasst wird. Dann stellt sich die Frage, wie mit denjenigen umgegangen wird, die keine Sozialversicherungsbeiträge zahlen müssen. Grundsätzlich müssen für diese Personen hypothetische Beiträge unterstellt werden, weil sich z. B. nicht versicherte Selbständige auch gegen Krankheit und für das Alter vorsorgen müssen. Dabei ergibt sich allerdings ein umgekehrtes Problem wie bei den Hinzurechnungen von Einkommensbestandteilen. Werden potentielle Abgaben in großem Umfang als Abzüge berücksichtigt, könnten Personen als arm klassifiziert werden, die zumindest kurzfristig ein ausreichendes Einkommen haben.

Die Möglichkeit, die Einkommensmessung in verschiedenen Ländern aufeinander so abzustimmen, dass ein vollständig vergleichbares Einkommen für Armutsmessungen entsteht, ist weiterhin dadurch eingeschränkt, dass die dazu verwendbaren Datensätze nicht immer die gleichen Informationen enthalten und/oder diese nicht in der gleichen Weise erfasst sind. Darüber hinaus ist zu berücksichtigen, dass die einzelnen Daten in der Regel in sehr unterschiedlicher Weise erhoben werden, was Auswirkungen auf die

Repräsentativität der Daten und auf mögliche Fehler bei der Messung von einzelnen Variablen haben kann. So ist danach zu unterscheiden, ob es administrative Datensätze oder Befragungsdaten sind, ob es sich um zufällige oder nicht-zufällige Bevölkerungsumfragen handelt, ob die Befragungen durch Interviewer mündlich oder telefonisch, mit Hilfe des Internets oder schriftlich durchgeführt wurden, ob es sich um Haushalts- oder Personenbefragungen handelt, ob Ausländer, Personen in Einrichtungen oder sogar Obdach- und Wohnungslose berücksichtigt werden, wie die Hochrechnung durchgeführt wird usw. Alle diese denkbaren methodischen Unterschiede können zu Verzerrungen bei internationalen Vergleichen führen, die mehr oder weniger gravierend ausfallen können. Ihr Einfluss ist zumindest der Richtung nach abzuschätzen und zu berücksichtigen.

1.2   Armutsmessung im internationalen Vergleich

Neben diesen grundsätzlichen methodischen Problemen ist insbesondere die Frage der Armutsmessung zu klären. Wie in dem Beitrag von Hauser in diesem Band dargelegt, ist es zum Standard geworden, eine Person als arm bzw. als einkommensarm zu bezeichnen, die in einem Haushalt lebt, dessen *Nettoäquivalenzeinkommen* unterhalb eines bestimmten Schwellenwertes liegt, wobei dieser Schwellenwert als Prozentanteil (50 Prozent oder 60 Prozent) des arithmetischen Mittels oder des Medians des Nettoäquivalenzeinkommens des jeweiligen Landes ermittelt wird. Der Vorteil dieser Definition ist, dass diese Methode in allen Ländern anwendbar ist, über die es Daten über verfügbare Haushaltsnettoeinkommen gibt, und die Ergebnisse vergleichbar sind, sofern in jedem Land das gleiche Messverfahren verwendet wird. Allerdings könnte auch gerade diese Einheitlichkeit in Frage gestellt werden. So könnte es ja durchaus sein, dass in unterschiedlichen Ländern unterschiedliche Äquivalenzskalen angemessen sind oder in dem einen Land eine Person von der Bevölkerung oder von der Politik als arm angesehen wird, die über weniger als 60 Prozent des Durchschnittseinkommens verfügt, während dies in einem anderen Land erst unterhalb von 50 Prozent der Fall wäre. Will man diesen Aspekt berücksichtigen, dann müsste man in jedem Land landesspezifische Äquivalenzskalen oder Bevölkerungseinschätzungen mit der gleichen Methode ermitteln. Versuche, die aber bisher nicht ausgereift genug erscheinen, sind die Verwendung von subjektiven oder direkten Armutsindikatoren (vgl. Strengmann-Kuhn 2004).

Ein weiterer Punkt, der an dem oben genannten Armutsmessverfahren hinterfragt werden kann, ist, ob es sinnvoll ist, nationale Durchschnitte als Referenzpunkt zu verwenden. Die Begründung hierfür ist, dass sozialpolitische Regelungen meist auf nationaler Ebene gleichermaßen gelten. Einerseits könnte aber eingewendet werden, dass sich Menschen eher an dem Standard in einer Region orientieren, also an einer Ebene unterhalb des Landesdurchschnitts. Andererseits könnte argumentiert werden, dass in Zeiten der Globalisierung, also des Zusammenwachsens von Nationen, sogar Durchschnitte größerer Einheiten als der Nation verwendet werden sollten, also etwa das Medianeinkommen der Europäischen Union. Je größer und heterogener diese Einheiten sind, umso gravierender sind allerdings die oben genannten Probleme der Vergleichbarkeit der Armutsmessung, so dass schon aus methodischer Sicht einiges dagegen spricht. Inhaltlich ist die Frage schon schwieriger zu beantworten. Auch zur Beantwortung dieser Frage könnten Untersuchungen der subjektiven Einschätzung von Armut und Analysen zu direkten Lebensstandardindikatoren (vgl. Halleröd 1998) hilfreich sein. Allerdings ergeben sich diesbezüglich ähnliche und zum Teil sogar gravierendere Probleme als bei der Messung von Einkommensarmut, so dass die Verwendung dieser Messverfahren nur für sehr ähnliche Länder und nur auf der Basis von vergleichbaren, besser noch: einheitlichen Datensätzen sinnvoll ist. Diese Fragen werden unten an dem konkreten Beispiel der vergleichenden Armutsforschung in der Europäischen Union noch einmal aufgegriffen.

2　　Fragestellungen

Die bisher diskutierten methodischen und konzeptionellen Probleme sind nicht unabhängig davon, welche Fragestellung untersucht wird, und sie können sich dabei mehr oder weniger gravierend auswirken (vgl. Atkinson et al. 2001). Bei der Art der Fragestellung sind mehrere Dimensionen von Bedeutung. Folgende grundsätzlichen Möglichkeiten sind denkbar.

2.1　　Querschnittsvergleiche

Häufig geht es bei der vergleichenden Armutsforschung um Unterschiede zwischen den Ländern auf der Basis von Querschnittsdaten für ein bestimmtes Bezugsjahr. Dazu werden Armutsquoten für die Gesamtbevölkerung, Armutsquoten von Teilpopulationen oder die Zusammensetzung der gesamten Armutsbevölkerung nach Bevölkerungsgruppen berechnet. Häufig wird auch die Armutsbetroffenheit einzelner Bevölkerungsgruppen genauer untersucht, z. B. Kinder (vgl. Vleminckx und Smeeding 2001), die ältere Bevölkerung (vgl. Hauser und Strengmann-Kuhn 2004) usw.

Auch der einkommensmäßige Abstand der Armutsbevölkerung von der gewählten Armutsgrenze, der so genannte *Armutsgrad*, ist wichtig. Ebenso kann man die Gesamtsumme der finanziellen Transfers errechnen, die erforderlich wären, um alle Armen genau auf die Höhe der Armutsgrenze anzuheben (*Armutslücke/poverty gap*). Bei dem Vergleich der Höhe der Armutsquoten, unabhängig davon, ob für die Gesamtbevölkerung oder für Teilgruppen, wirken sich die oben genannten methodischen Probleme besonders stark aus, weil diese sehr empfindlich auf unterschiedliche Messverfahren reagieren. Etwas weniger problematisch ist der Vergleich von Strukturen der Armutspopulation bzw. von Armutsquoten einzelner Gruppen im Vergleich zur Gesamtarmutsquote in dem jeweiligen Land, weil sich die Struktur nicht wesentlich durch eine etwas andere Armutsgrenze ändert. Messfehler, die sich für die Gesamtbevölkerung und für einzelne Bevölkerungsgruppen ähnlich darstellen, gleichen sich aus und spielen dann beim internationalen Vergleich keine Rolle mehr. Allerdings mag es sein, dass es Messfehler gibt, die sich für verschiedene Bevölkerungsgruppen unterschiedlich auswirken, so dass es dann bei dem Vergleich wiederum zu Verzerrungen kommen kann.

2.2 Entwicklungen über den Zeitverlauf (Zeitreihen von Querschnitten)

Eine zweite Art von Fragestellungen bezieht sich darauf, die Entwicklung von Armut über einen bestimmten Zeitraum miteinander zu vergleichen. Entwickelt sich die Armut in den zu vergleichenden Ländern in die gleiche Richtung oder gibt es unterschiedliche Trends? Analoge Fragen kann man für alle anderen Indikatoren stellen (vgl. z. B. Förster und d'Ercole 2005). Für diese Fragestellungen auf Grundlage von Zeitreihen von Querschnitten, gleichen sich viele Messfehler – ähnlich wie bei der Betrachtung der Struktur der Armut – wieder aus, so dass die Vergleichbarkeit von Trends gegenüber reinen Querschnittsvergleichen höher ist. Allerdings ist zu betonen, dass Veränderungen in der Methodik über die Zeit oder die Verwendung von Datensätzen, die in unterschiedlicher Weise erhoben wurden, zu methodischen Strukturbrüchen führen, die die Vergleichbarkeit stark einschränken können.

Ein wichtiger Datensatz für international vergleichende Querschnittsanalysen, der auch Untersuchungen zu Entwicklungen über die Zeit ermöglicht, ist der der *Luxembourg Income Study LIS* (siehe Kasten), der u. a. von der OECD verwendet wurde (vgl. Atkinson et al. 1995, Förster und Pearson 2002, Förster und d'Ercole 2005). Neuerdings vorwendet die OECD eigens aufbereitete Datensätze für umfassende Vergleiche der Einkommensverteilung und der Einkommensarmut in allen Mitgliedsländern (OECD 2008).

Luxembourg Income Study (LIS)

Die Luxembourg Income Study (LIS) sammelt seit 1983 Daten zur Einkommensverteilung. Mittlerweile sind Daten aus 50 Ländern in 6 Kontinenten verfügbar, die einen Zeitraum von über 30 Jahren umfassen. Dabei handelt sich nicht um Daten einer einheitlichen Erhebung. Es werden jeweils Querschnittsdaten aus unterschiedlichen einzelstaatlichen Befragungen oder Untersuchungen herangezogen. Für die meisten Länder sind Daten verfügbar, die im Abstand von etwa fünf Jahren erhoben wurde. Ziel des LIS-Projektes ist, diese Vielzahl von Daten so aufzubereiten, dass eine möglichst große Vergleichbarkeit entsteht, was aufgrund der unterschiedlichen Erfassungsmethoden natürlich nicht vollständig erreichbar ist. So sind bestimmte Bestandteile des Einkommens in unterschiedlicher Weise oder gar nicht erfasst. Dies gilt zum Beispiel für Vermögenseinkommen oder die Berücksichtigung von Sozialabgaben. Auch die Einbeziehung des Einkommens aus der Nutzung von Wohneigentum ist unterschiedlich geregelt. Nahezu sechshundert Arbeitspapiere, die auf LIS-Daten beruhen, können aus dem Internet heruntergeladen werden. Außerdem gibt es standardmäßig Angaben zu Armuts- und Verteilungsindikatoren.

Quelle: http://www.lisdatacenter.org/. Zugegriffen: 12.6.2017

2.3   Längsschnittanalysen (Paneldaten)

Während bei der vorherigen Fragestellung die Informationen über die Individuen zunächst aggregiert und diese Aggregate dann im Zeitverlauf betrachtet werden (makroökonomische Betrachtungsweise), ist das bei individuellen *Längsschnittanalysen* (mikroökonomische Betrachtungsweise) gerade umgekehrt. Zunächst werden die individuellen Verläufe untersucht; diese Ergebnisse werden erst dann nach bestimmten Kriterien aggregiert und für verschiedene Länder verglichen. Dazu sind individuelle Längsschnittdaten, also Paneldaten, erforderlich, bei denen die gleichen Individuen alle Jahre wieder befragt werden. Damit kann z. B. untersucht werden, ob es sich bei der Armut eher um dauerhafte oder um temporäre Armut handelt. Eine Pionierarbeit für die USA stammt von G. Duncan (1984). Neben der Dauer können darüber hinaus natürlich auch differenzierte Muster von Armutsverläufen betrachtet und zu den institutionellen Regelungen in den einzelnen Ländern in Beziehung gesetzt werden (vgl. z. B. Goodin et al. 1999). Internationale Vergleiche auf der Basis von individuellen Paneldaten waren u. a. mit dem von Eurostat erstellten *Europäischen Haushaltspanel ECHP* möglich, das allerdings 2001 eingestellt wurde. Längsschnittanalysen wurden u. a. von Eurostat selbst vorgenommen (vgl. Mejer und Linden 2000). Weitere Beispiele sind Layte et al. (2001), die insbesondere den Zusammenhang zwischen dauerhafter Armut und relativer Deprivation untersucht haben.

Der zentrale Datensatz der Europäischen Union für Armutsanalysen ist die European Union Statistics on Income and Living Conditions (EU-SILC), die auch begrenzte Längsschnittanalysen ermöglicht. Bei der EU-SILC werden zusätzlich zum Einkommen auch verschiedene Lebenslagenindikatoren erfasst. Die zentralen Variablen werden in einheitlicher Weise erhoben; die Art der Datenerhebung ist aber den Mitgliedstaaten freigestellt. Deshalb bestehen auch bei diesem Datensatz Einschränkungen in Bezug auf die Vergleichbarkeit, insbesondere zwischen den Ländern. So verwenden einige Länder administrative Daten *(register countries)*, insbesondere die Skandinavischen Länder, während andere Stichprobenbefragungen durchführen *(survey countries)*. Für die Messung der Veränderungen von Armutsquoten über die Zeit sind diese Probleme aber von geringerer Bedeutung, vorausgesetzt, die Art der Erhebung ändert sich nicht im Zeitverlauf. Ein Vergleich der Entwicklung von Armutsquoten wurde also durch die Einführung der EU-SILC erheblich verbessert.

Die European Union Statistics on Income and Living Conditions (EU SILC)

Die EU-SILC startete im Jahr 2003 in sechs Mitgliedstaaten sowie in Norwegen und wurde 2004 von 12 der damaligen 15 Mitglieder (Ausnahmen waren: Deutschland, Großbritannien und die Niederlande) sowie Estland, Island und Norwegen durchgeführt. Im Jahr 2005 stand der Datensatz erstmals für alle der damaligen 25 Mitgliedsstaaten der Europäischen Union plus Norwegen und Island zur Verfügung. Daten für Bulgarien, Rumänien und die Türkei wurden ab 2006 und für die Schweiz ab 2007 erhoben. Für Kroatien, als jüngstes Mitgliedsland der Europäischen Union, liegen Ergebnisse ab 2010 vor.

Die ersten Ergebnisse auf Basis des Gesamtdatensatzes für 2005 wurden von Eurostat Anfang 2007 veröffentlicht (Europäische Kommission 2007). Grundlage der Armutsquotenberechnung ist jeweils das erfragte Jahreseinkommen im Vorjahr, so dass sich die Armutsrisikoquoten des in 2005 erhobenen Datensatzes auf das Jahr 2004 beziehen. Die Ergebnisse werden jeweils am Ende des Jahres nach der Erhebung veröffentlicht, und der Datensatz soll jeweils im März des Folgejahres der Wissenschaft zur Verfügung gestellt werden.

Quelle: http://ec.europa.eu/eurostat/web/microdata/european-union-statistics-on-income-and-living-conditions. Zugegriffen: 12.6.2017

Die EU-SILC ermöglicht auch die Analyse von begrenzten Längsschnitten. Es ist ein so genanntes rotierendes Panel vorgesehen. Das bedeutet, dass jedes Jahr ein Viertel der Befragten ausscheidet, während drei Viertel wieder befragt werden. Seit dem vierten Befragungsjahr gibt es also für ein Viertel der Befragten Beobachtungen über vier Jahre, für ein weiteres Viertel über drei Perioden usw. Das konkrete Design kann aber zu bisher nicht diskutierten methodischen Problemen führen. So mag es sein, dass sich die gerade neu hinzu genommenen Haushalte und Personen in ihrem Antwortverhalten systematisch von den seit längerem in Panel befindlichen Haushalten unterscheiden. Aus anderen Längsschnittuntersuchungen ist bekannt, dass die Fehler bei einzelnen Angaben in dem ersten Jahr eines Panels besonders hoch sind und sich dann im Zeitverlauf verringern. Welche Auswirkungen eine Überlappung von Panelgenerationen hat, ist weitgehend unklar und bedarf weiterer Untersuchungen. Hinzu kommt, dass es den Ländern offen steht, von diesem Prozedere abzuweichen. So verwenden manche Länder gleich ein richtiges Panel und manche lassen das Panel über einen längeren Zeitraum rotieren. Trotz dieser methodischen Probleme ist der nun verfügbare Datensatz von großem Wert für empirisch vergleichende Armutsanalysen. Die alle zwei Jahre zu erstellenden nationalen Berichte über das Ausmaß von sozialer Ausschließung und der dagegen ergriffenen Maßnahmen legen nunmehr diese Datenquelle zugrunde.

Als weiterer wissenschaftsgetragener Datensatz für den internationalen Vergleich von individuellen Längsschnittdaten ist das *Cross-National Equivalent File* zu nennen, das ursprünglich an der Cornell University erstellt wurde und mittlerweile an der Ohio State University fortgeführt wird (siehe Kasten). Mit diesem Datensatz sind vergleichende Längsschnittanalysen für acht Länder, nämlich die USA, Großbritannien, Canada, Australien, Korea, Russland, Schweiz und Deutschland, möglich. Die Möglichkeiten, die dieser Datensatz bietet, sowie ausgewählte Ergebnisse und Publikationen sind in Burkhauser et al. (2001) zu finden.

Cross-National Equivalent File (CNEF)

Das CNEF wird aktuell an der The Ohio State University, Columbus, Ohio, USA, in Kooperation mit dem Deutschen Institut für Wirtschaftsforschung (DIW Berlin) erstellt. Ähnlich wie beim LIS Projekt werden nationale Datensätze gesammelt und so aufbereitet, dass vergleichende Analysen möglich sind. Im Gegensatz zum LIS handelt es sich hierbei allerdings um Längsschnittdatensätze. Es sind Paneldaten aus den USA (Panel of Income Dynamics, PSID), Großbritannien (British Household Panel Study, BHPS), Canada (Canadian Survey of Labour and Income Dynamics SLID), Australien (Household Income and Labour Dynamics in Australia HILDA), Korea (Korean Labor and Income Panel Study, KLIPS), Russland (The Rusia Longitudinal Monitoring Survey of HSE, RLMS-HSE), Schweiz (SWISS Household Panel, SHP) sowie Deutschland (Sozioökonomisches Panel, SOEP) auf jährlicher Basis enthalten. Die Panels der verschiedenen Länder beginnen zu unterschiedlichen Zeitpunkten: so läuft zum Beispiel die PSID schon seit 1970 und HILDA erst seit 2001. Die Daten des CNEF sind für Forscher und Doktoranden leicht zugänglich.

Quelle: https://cnef.ehe.osu.edu/. Zugegriffen: 12.6.2017

Auch bei dieser Art von Fragestellung können sich die zuvor diskutierten Messfehler gegenseitig aufheben. Voraussetzung dafür ist, dass zu jedem Zeitpunkt die Messfehler in eine ähnliche Richtung wirken. Insbesondere bei Verwendung einer an einem gesamtwirtschaftlichen Durchschnitt orientierten Einkommensarmutsgrenze können aber Schwankungen der Einkommensmessung, die z. B. durch reine Messfehler verursacht sind, bei einem Individuum dazu führen, dass zu einem Zeitpunkt das Einkommen knapp unter und zu einem anderen Zeitpunkt knapp über der Armutsgrenze liegt, obwohl sich an der finanziellen Lage gar nichts geändert hat. Die Dynamik von Armut kann also durch Messfehler überschätzt werden (vgl. Rendtel et al. 1998). Zur Trennung von zufälligen Schwankungen und ‚wahren‘ Einkommensänderungen können Mindestbeträge für das Ausmaß der Änderungen eingeführt werden. Zum Beispiel wird ein Aufstieg über eine relative Einkommensarmutsgrenze nur konstatiert, wenn er mindestens fünf Prozent oder zehn Prozent über die Armutsgrenze hinausgeführt hat (vgl. Duncan et al. 1993).

2.4 Analysen von Wirkungsfaktoren

Neben der Beschreibung von Armut durch Armutsquoten, Zusammensetzung der Armutspopulation, Verläufen von Armut etc. kann und sollte ein internationaler Vergleich auch dazu dienen, die *Wirkungsfaktoren von Armut* zu untersuchen, um sowohl Erkenntnisse über die Ursachen als auch über mögliche Wege aus der Armut zu erhalten. Dies kann sowohl im Rahmen von Querschnittsanalysen als auch von Längsschnittanalysen geschehen. Bei Querschnittsanalysen geht es vor allem um bivariate oder multivariate Analysen des Einflusses von exogen Variablen, entweder auf die Armutsquote bei einer makroökonomischen Fragestellung oder auf die individuelle Einkommensposition bei einer mikroökonomischen Betrachtungsweise. Als exogene Einflussgrößen kommen dabei einerseits konjunkturelle Schwankungen der Arbeitslosigkeitsquote, der Preisniveausteigerung gerungsrate und der Wachstumsrate des Volkseinkommens sowie Veränderungen der Markteinkommensverteilung in Betracht. Andererseits sind die Arbeitsmarktorganisation und die Regelungen des Systems der sozialen Sicherung sowie deren Änderungen, entweder in aggregierter Form als Höhe der Sozialleistungsquote oder in differenzierter Form als Ausgabenanteile für Mindestsicherungsleistungen, von Bedeutung. Liegen für die einzelnen Länder Informationen für mehrere Zeitpunkte vor, wie dies z. B. bei den Daten der Luxembourg Income Study der Fall ist, kann ein *panel of countries* mit aggregierten Daten pro Land erstellt werden, bei dem die Beobachtungseinheiten also nicht die Individuen, sondern die Länder sind; hiermit können insbesondere makroökonomische Einflussfaktoren analysiert werden (vgl. Atkinson und Brandolini 2006).

Auf der individuellen Ebene sind es vor allem der Beschäftigungsstatus, der Ausbildungsstand, der Haushaltstyp, das Geschlecht und das Lebensalter, deren Einfluss genauer analysiert wird. Der Nachteil bei Querschnittsanalysen ist allerdings, dass die Korrelationen nicht ohne weiteres kausal interpretiert werden dürfen und deshalb Schlussfolgerungen auf Wirkungszusammenhänge häufig nicht eindeutig möglich sind. Sind aber individuelle Längsschnittdaten vorhanden, hat das den Vorteil, dass auch Ereignisanalysen durchgeführt und Ursache und Wirkung in ihrer zeitlichen Abfolge untersucht werden können. So können die Folgen bestimmter Ereignisse, z. B. einer Scheidung, der Geburt eines Kindes, das Eintreten von Arbeitslosigkeit oder auch die Effekte einer Arbeitsaufnahme etc. genauer analysiert werden.

Für die Analyse der Auswirkung der sozialen Sicherung für die Armutsvermeidung und deren Unterschiede zwischen den Ländern ist ein Analyseansatz üblich, bei dem Armutsquoten (bzw. Armutsgrad, Armutslücke, Zusammensetzung der Armutspopulation etc.) auf Basis des Markteinkommens vor staatlicher Umverteilung (*pre government income*) und des tatsächlichen verfügbaren Einkommens nach staatlicher Umverteilung (*post government income*) berechnet werden, wobei noch zwischen Steuersystem, Sozialversicherungen und steuerfinanzierten staatlichen Transfers unterschieden werden kann (vgl. Nolan et al. 2000). Somit kann die Wirkung der einzelnen Sicherungssysteme analysiert und international verglichen werden. Dabei ist allerdings zu beachten, dass die Armutsquoten vor staatlicher Umverteilung bzw. ohne Sozialleistungen *nicht* ohne Einschränkung so interpretiert werden dürfen, dass dies die Armutsquoten seien, die es ohne Sozialstaat gäbe, weil sich ohne soziale Sicherung auch die Verteilung der Markteinkommen verändern würde (vgl. Jäntti und Danziger 2000, S. 349ff.). Eine Bestimmung der ‚wahren‘ kontrafaktischen Situation ist also nur mit einem größeren Unsicherheitsspielraum möglich. Nichtsdestotrotz gibt eine solche Analyse einen wichtigen Einblick, wie effektiv Armut in den einzelnen Ländern durch das Steuersystem und durch Sozialleistungen bekämpft wird.

Eine weitere Möglichkeit, den Einfluss auch einzelner sozialpolitischer Maßnahmen zu untersuchen, stellt die Verwendung von *Mikrosimulationsmodellen* dar. Hierbei können sowohl die Auswirkungen von geplanten als auch von durchgeführten Vorhaben abgeschätzt werden. Für europäisch vergleichende Mikrosimulationen wurde das Steuer-Transfer-Modell Euromod entwickelt (vgl. Sutherland 2007), das an der University of Essex am Institute for Socio-Economic Research (ISER) angesiedelt ist. Zusätzlich zu den genannten Möglichkeiten von Mikrosimulationen können damit auch ganze Steuer- und Sozialsysteme oder auch nur Teile davon auf andere Länder übertragen und die Frage analysiert werden, wie hoch die Armutsquote in einem Land wäre, wenn es das soziale Sicherungssystem eines anderen hätte.

2.5   Vergleiche von Wohlfahrtsstaatstypen

Werden viele Länder betrachtet, macht es sowohl bei den deskriptiven Darstellungen als auch bei den Analysen von Einflussfaktoren Sinn, die Länder nach Typen von Wohlfahrtsstaaten zu klassifizieren. Einschlägig ist die Klassifikation von *Gøsta Esping-Andersen* (1990) in sozialdemokratische, konservative und liberale Wohlfahrtsstaaten, die seitdem weiterentwickelt wurde. Insbesondere wurde kritisiert, dass diese Dreiteilung nicht umfassend genug sei, und es noch weitere *Wohlfahrtsstaatstypen* gäbe. Welche das sind, ist natürlich davon abhängig, welche Länder betrachtet werden. Sind das z. B. nur die alten EU-Mitgliedstaaten, wird gefordert, dass die südlichen Mittelmeerländer als zusätzlicher Wohlfahrtsstaatstypus betrachtet werden sollte (vgl. Gallie und Paugam 2000). Bei internationalen Vergleichen, die über den Europäischen Raum hinausgehen, kann argumentiert werden, dass Japan und andere asiatische Staaten einem konfuzianischen Wohlfahrtsstaatstypus zugeordnet werden könnten (vgl. Rieger und Leibfried 1999) oder dass Australien und Neuseeland (vgl. Castles und Mitchell 1993) einen eigenen Wohlfahrtsstaatstypus bilden. Diese Überlegungen machen deutlich, dass für globale Vergleiche die Einteilung in Wohlfahrtsstaatstypen an Grenzen stößt und der wesentliche Vorteil, nämlich die geringe Anzahl von Typen, für die dann jeweils ein Land pars pro toto detaillierter analysiert werden kann, damit verschwindet. Für europäische Vergleiche kann aber eine Einteilung in Typen hilfreich sein, wobei allerdings die schematische Kategorisierung durch empirische Analysen immer kritisch hinterfragt werden muss (vgl. Goodin et al. 1999). Neben der Möglichkeit, jeweils ein Land pro Wohlfahrtsstaatstyp zu untersuchen, ist auch denkbar, alle Länder nach Wohlfahrtsstaatstypus zu kategorisieren. Whelan (2010) unterteilt z. B. 26 Länder auf Basis der EU-SILC in 6 Wohlfahrtstaatstypen (sozialdemokratisch, korporatistisch, liberal, südeuropäisch, post-sozialistisch und post-sozialistisch liberal).

Im Gegensatz zu einer Reduzierung der Anzahl der untersuchten Länder durch Klassifizierung nach Wohlfahrtsstaatstypen steht eine Vorgehensweise, bei der die Anzahl der untersuchten Länder möglichst groß sein sollte, damit anhand einer solchen ‚Länderstichprobe' möglichst aussagekräftige bivariate und multivariate Analysen über den Einfluss makroökonomischer Kenngrößen auf die Armutsquoten durchgeführt werden können. Dieses Vorgehen wird umso erfolgversprechender für je mehr Länder verlässliche und vergleichbare Datengrundlagen zur Verfügung stehen.

3   Armutsberichterstattung in der Europäischen Union

Auf dem Gipfeltreffen der Staats- und Regierungschefs 2000 in Lissabon beschloss der Europäische Rat das Ziel „die Union zum wettbewerbsfähigsten und dynamischsten wissensbasierten Wirtschaftsraum der Welt zu machen – einem Wirtschaftsraum, der fähig ist, dauerhaftes Wirtschaftswachstum mit mehr und besseren Arbeitsplätzen und einem größerem sozialen Zusammenhalt zu erzielen." (Europäischer Rat 2000) Damit wurde sozialpolitischen Zielen ein höherer Stellenwert eingeräumt, als das bis dahin der Fall war. Um diese zu erreichen, wurde die *Offene Methode der Koordinierung (OMK)* eingerichtet, und zwar zunächst für den Politikbereich *soziale Eingliederung*, was wiederum die Bedeutung und Priorität der Bekämpfung von Armut und sozialer Ausgrenzung innerhalb der sozialpolitischen Ziele verdeutlicht. Als Vorläufer kann die noch nicht unter dieser Bezeichnung bekannt gewordene vergleichende Analyse der Arbeitsmärkte der Mitgliedsländer angesehen werden. Mittlerweile wurde die OMK auf die Bereiche Alterssicherung sowie Gesundheit und Pflege ausgedehnt.

In Bezug auf die international vergleichende Armutsforschung ist relevant, dass mit der OMK auch ein regelmäßiges Berichtswesen implementiert wurde, bestehend aus den Berichten zur sozialen Lage in der EU (*Commission social situation reports*) und den Nationalen Aktionsplänen für soziale Eingliederung (*National Action Plans for social inclusion*, NAPincl). Die ersten Berichte wurden 2001 erstellt. Darin sollten die Mitgliedstaaten erstens zu den Zielen der OMK für den Bereich soziale Eingliederung Stellung nehmen und zweitens Vorschläge für gemeinsame Indikatoren machen. Parallel dazu wurde eine Gruppe von drei Wissenschaftlern und einer Wissenschaftlerin von der belgischen EU-Präsidentschaft beauftragt, auch auf Basis dieser Nationalen Aktionspläne, Vorschläge für *Indikatoren* zu entwickeln (vgl. Atkinson et al. 2002). Diese wurden auf einer größeren wissenschaftlichen Konferenz in Antwerpen im September 2001 beraten und waren dann Grundlage für die Sitzung des Europäischen Rates in *Laeken* im Dezember 2001, auf der eine Liste von 10 Hauptindikatoren (*primary indicators*) und 8 ergänzenden Indikatoren (*secondary indicators*) beschlossen wurde, die für alle Länder in gleicher Weise zu ermitteln sind. Darüber hinaus kann jeder Mitgliedsstaat seine Darstellung nationaler Besonderheiten durch eigene Indikatoren ergänzen (*tertiary indicators*).

Bereits Mitte der 1980er Jahre hatte der Europäische Rat eine allgemeine Definition von Armut beschlossen:

> „Verarmte Personen sind Einzelpersonen, Familien und Personengruppen, die über so geringe (materielle, kulturelle und soziale) Mittel verfügen, dass sie von der Lebensweise ausgeschlossen sind, die in dem Mitgliedstaat, in dem sie leben, als Minimum annehmbar sind." (Europäischer Rat 1985)

Damit schließt sich der Rat der *Ressourcendefinition* von Armut an, wonach es auf die Mittel ankommt, über die eine Person verfügt. Gleichzeitig wird betont, dass es dabei nicht nur auf das Einkommen ankommt, sondern dass auch andere Ressourcen einbezogen werden müssen. Es handelt sich also um ein *multidimensionales Ressourcenkonzept* von Armut. Schließlich handelt es sich um eine *relative* Armutsdefinition, wobei der Bezugspunkt der durchschnittliche *Lebensstandard des jeweiligen Mitgliedsstaates* ist.

Eine zentrale Größe für die in Laeken beschlossenen Indikatoren ist eine relative Einkommensarmutsgrenze, die bei 60 Prozent des Medians des Nettoäquivalenzeinkommens des jeweiligen Landes liegt. Zur Berechnung der Äquivalenzeinkommen wird die modifizierte OECD-Skala (vgl. Hagenaars 1995) verwendet. Um zu betonen, dass ein dergestalt abgegrenztes geringes Einkommen noch nicht mit Armut gleichzusetzen ist, und es sich bei sozialer Ausgrenzung um einen dynamischen Prozess handelt, wird diese Einkommensarmutsgrenze von der EU Armutsrisikogrenze genannt. Der wichtigste Indikator für Armut ist die Armutsrisikoquote, also der Anteil der Personen, die über ein Einkommen unterhalb der beschriebenen Armutsrisikogrenze verfügen. Die anderen neun Haupt-Laeken-Indikatoren sind:

1. ein Maß über die Einkommensverteilung, gemessen durch das Verhältnis der durchschnittlichen Nettoäquivalenzeinkommen des obersten zu dem des untersten Einkommensquintils,
2. ein Maß dauerhafter Armut, gemessen durch den Anteil der Personen mit einem Nettoäquivalenzeinkommen unter der Armutsrisikogrenze in zwei der letzten drei Jahre,
3. ein Maß dafür, wie weit das Nettoäquivalenzeinkommen der Armen unter der Armutsrisikogrenze liegt, gemessen als Median des relativen Armutsgrades, also des Median der prozentualen Abstände der Nettoäquivalenzeinkommen der Einkommensarmen zur Armutsrisikogrenze,
4. ein Maß für den regionalen Zusammenhalt, gemessen durch einen Schwankungskoeffizienten der regionalen Beschäftigungsquoten,
5. die Langzeitarbeitslosenquote, gemessen als Anteil der Langzeitarbeitslosen an allen Erwerbspersonen,
6. der Anteil der Personen in Haushalten ohne Erwerbstätige,
7. der Anteil der Schulabbrecher,
8. die Lebenserwartung bei Geburt und
9. die Anteile der Personen im obersten und unteren Einkommensquintil, die ihren Gesundheitszustand als schlecht oder sehr schlecht bezeichnen.

Die zuletzt genannten Indikatoren sollen dabei die *Multidimensionalität von Armut* widerspiegeln. Um differenzierte Einblicke in Armut, Ungleichheit und soziale Ausgrenzung zu erhalten, gibt es zusätzlich *secondary indicators*:

1. Armutsrisikoquoten bei Verwendung von 40 Prozent-, 50 Prozent- und 70 Prozent-Armutsgrenzen,
2. eine Armutsrisikoquote, bei der die Armutsgrenze im Zeitverlauf nur an die Inflationsrate und nicht an der Entwicklung des Medianeinkommens angepasst wird,

3. Armutsrisikoquoten vor allen Sozialtransfers und nur unter Einbeziehung von Alters-
   und Hinterbliebenenrenten,
4. Gini-Koeffizient der Verteilung der Nettoäquivalenzeinkommen,
5. dauerhafte Armut bei einer 50 Prozent-Grenze,
6. Langzeitarbeitslose als Anteil an den Arbeitslosen,
7. Quote der extrem Langzeitarbeitslosen (über 24 Monate) und
8. Anteil der Personen mit niedriger Bildung.

2006 wurde diese Indikatorenliste noch einmal leicht revidiert (European Commission
2006). Auf Basis dieser Indikatoren wurden im Jahr 2003 Nationale Aktionspläne der
alten Mitgliedstaaten (EU 15) sowie ein Jahr später Nationale Aktionspläne der 10 Länder
erstellt, die 2004 neu der EU beigetreten sind. Im Jahr 2006 gab es dann die nächste Runde
von „Berichten über Strategien zu Sozialschutz und sozialer Eingliederung", in die die bis
dahin getrennten Bereiche Alterssicherung und Gesundheit/Pflege integriert wurden.
Es folgten die nationalen Strategieberichte für den Zeitraum von 2008-2010. Neben den
nationalen Aktionsplänen gibt es darüber hinaus auch jeweils noch einen gemeinsamen
Bericht (joint report), der von der Kommission erstellt wird. Seit dem Jahr 2005 bildet die
EU-SILC die Basis für vergleichende Analysen.

Inzwischen wurde die sogenannte Lissabon-Strategie von dem auf zehn Jahre angelegten
Programm *Europa 2020* abgelöst. Angestrebt werden ein intelligentes, nachhaltiges und
inklusives Wachstum (vgl. European Commission 2010). Intelligent steht dabei insbesondere für eine Förderung von Bildung und Forschung, nachhaltig für ökologische Ziele und
inklusiv für soziale Ziele, die durch fünf Hauptziele operationalisiert werden:

1. Die Erhöhung der Beschäftigungsquote der 20 bis 64-Jährigen auf 75 Prozent,
2. die Anhebung der Ausgaben für Forschung, Entwicklung und Innovationen auf drei
   Prozent des BIP,
3. Verringerung der Treibhausgasemissionen, die Erhöhung des Anteils erneuerbarer
   Energien und der Energieeffizienz jeweils um 20 Prozent,
4. Die Verringerung der Schulabbrecherquote auf unter 10 Prozent und die Steigerung des
   Anteils der 30- bis 34jährigen mit abgeschlossener Hochschulbildung auf mindestens
   40 Prozent sowie
5. die Verringerung der Zahl der von Armut und sozialer Ausgrenzung betroffenen
   oder bedrohten Menschen um mindestens 20 Millionen.

Diese Hauptziele des Europa 2020-Programms ähneln denen der Lissabon-Strategie. Mit
Europa 2020 einigten sich die EU Mitgliedstaaten in Bezug auf Armut erstmalig auf konkrete Reduktionsziele. Mit dem Europa 2020-Programm wird auch die Gründung einer
Europäischen Plattform für Bekämpfung der Armut initiiert. Ähnlich wie die weiterhin
angewandte OMK soll die Europäische Plattform für Bekämpfung der Armut die Initiativen
der einzelnen EU-Länder koordinieren und unterstützen.

An den Ergebnissen, die im Rahmen der offenen Methode der Koordinierung ermittelt, und sowohl von Eurostat als auch von der Europäischen Kommission veröffentlicht werden,[1] können Möglichkeiten und Grenzen der international vergleichenden Armutsforschung exemplarisch dargestellt werden. So findet sich in Abbildung 1 eine grafische Darstellung der Armutsrisikoquoten auf Basis der EU-SILC 2014 im europäischen Vergleich, wobei zwischen den vor und nach 2004 der EU beigetretenen Mitgliedstaaten unterschieden wird. Werden die alten Mitgliedstaaten betrachtet, so lassen sich die Länder weitgehend nach der Wohlfahrtsstaatstypologie, wie sie zuerst von Gøsta Esping-Andersen (1990) entwickelt wurde, mit der Erweiterung um einen vierten Wohlfahrtstyp, der die südeuropäischen Länder umfasst, ordnen. Hoch sind die Armutsquoten in diesem zuletzt genannten Typ sowie in den liberalen Wohlfahrtsstaaten, gering ist hingegen die Armutsrisikoquote in den Ländern, die dem sozialdemokratischen Typ zugeordnet werden können (Skandinavien und Niederlande), während die konservativen Wohlfahrtsstaaten in der Mitte liegen. Diese grobe Einteilung zeigt sich auch auf der Basis anderer Datensätze, anderer Zeitpunkte und anderer Methoden, wobei sich sowohl die Reihenfolge der Länder im Einzelnen, als auch die Höhe und die Abstände der Armutsquoten unterschiedlich darstellen können.

Werden die jüngeren Mitgliedstaaten betrachtet, so fällt auf, dass die Spannbreite der Armutsrisikoquoten in den jüngeren Ländern in etwa denen der alten entspricht. Mit Ausnahmen der Ausreißer Tschechische Republik mit einer Armutsquote von nur 9 Prozent auf der einen Seite, Rumänien und Litauen mit 25 Prozent Armutsquote auf der anderen Seite, liegen die Armutsquoten wie bei den älteren EU-Mitgliedsstaaten zwischen 12 und 22 Prozent. Gleichzeitig ist aber das Durchschnitteinkommen in den meisten der neuen Mitgliedstaaten sehr viel geringer. Das scheint insofern nur ein geringes Problem, da sich gemäß der oben zitierten Armutsdefinition die Frage, ob Armut vorliegt oder nicht, an dem Lebensstandard in dem jeweiligen Land orientiert. Eine Studie der *European Foundation for the Improvement of Living and Working Conditions* (Fahey 2007) auf Basis des *European Quality of Life Surveys*, der ebenfalls auf Befragungen in allen EU-Mitgliedstaaten sowie in der Türkei beruht, zeigt aber auf Basis von subjektiven Bewertungen, dass dies für diesen konkreten Fall nicht zutrifft. Die subjektiv empfundene Armut ist größer als die durch relative Einkommensarmut gemessene. Fahey schließt aus ihren Ergebnissen, dass sich die Bewohner in den jüngeren Mitgliedstaaten nicht nur am Lebensstandard im eigenen Land, sondern vermutlich auch am Lebensstandard in den älteren Ländern orientieren.

---

1   http://ec.europa.eu/employment_social/social_inclusion/index_de.htm.

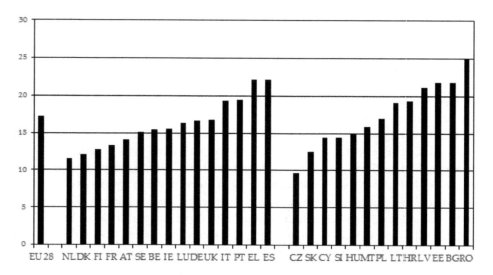

Abb. 1   Armutsrisikoquoten in der Europäischen Union im Jahr 2014
Quelle: eigene Darstellung, Datengrundlage: Eurostat (2017c)

Das grundsätzliche Problem liegt darin, dass mit den oben diskutierten *Armutsrisiko-quoten* die relative Ungleichheit *innerhalb* eines Landes gemessen wird, während die Ungleichheit *zwischen* den Ländern ignoriert wird. Das ist so lange kein Problem, so lange sich die Beurteilung von Armut und sozialer Ausgrenzung tatsächlich nur oder vor allem nach dem üblichen oder durchschnittlichen Lebensstandard in dem eigenen Land richtet. Ähnlich wie bei der deutschen Wiedervereinigung ist auch mit dem Beitritt vor allem der osteuropäischen Länder zur EU allerdings implizit die Erwartung verbunden, dass sich der Lebensstandard in den beigetretenen Gebieten den alten EU-Ländern annähert, wodurch sich die Referenzebene verändert. Eine Möglichkeit, wie mit diesem Problem umgegangen werden kann, ist, *zusätzlich* Armutsrisikoquoten auf Basis eines Europäischen Durchschnitts zu verwenden, um den beiden Dimensionen von Ungleichheit – zwischen den Ländern und innerhalb eines Landes – zu entsprechen und ein differenzierteres Bild zu erlangen. In Bezug auf die alten Mitgliedsstaaten der EU hat sich diese Frage übrigens nicht in dem Maße gestellt, weil diese beiden Dimensionen stark miteinander korreliert waren. So änderte sich die Reihenfolge der Länder kaum, wenn statt eines nationalen ein EU-weiter Durchschnitt verwendet wurde (vgl. De Vos und Zaidi 1998).

Tab. 1 Armut in Europa auf Basis der Kriterien der Europa 2020-Strategie im Jahr 2014

	Alle Kriterien		Einkommensarmut		Materielle Deprivation		Geringe Beschäftigung	
	N (Mio.)	%	N (Mio.)	%	N (Mio.)	%	N (Mio.)	%
EU	121,9	24,4	85,9	17,2	44,4	8,9	41,9	11,2
AT	1,6	19,2	1,2	14,1	0,3	4,0	0,6	9,1
BE	2,3	21,2	1,7	15,5	0,7	5,9	1,2	14,6
BG	2,9	40,1	1,6	21,8	2,4	33,1	0,6	12,1
CY	0,2	27,4	0,1	14,4	0,1	15,3	0,1	9,7
CZ	1,5	14,8	1,0	9,7	0,7	6,7	0,6	7,6
DE	16,5	20,6	13,3	16,7	4,0	5,0	5,8	10,0
DK	1,0	17,9	0,7	12,1	0,2	3,2	0,5	12,2
EE	0,3	26,0	0,3	21,8	0,1	6,2	0,1	7,6
EL	3,9	36,0	2,4	22,1	2,3	21,5	1,4	17,2
ES	13,4	29,2	10,2	22,2	3,2	7,1	6,0	17,1
FI	0,9	17,3	0,7	12,8	0,2	2,8	0,4	10,0
FR	11,5	18,5	8,3	13,3	3,0	4,8	4,5	9,6
HR	1,2	29,3	0,8	19,4	0,6	13,9	0,5	14,7
HU	3,1	31,8	1,5	15,0	2,3	24,0	0,9	12,8
IE	1,3	27,6	0,7	15,6	0,4	8,4	0,8	21,1
IT	17,1	28,3	11,8	19,4	7,0	11,6	5,3	12,1
LT	0,8	27,3	0,6	19,1	0,4	13,6	0,2	8,8
LU	0,1	19,0	0,1	16,4	0,0	1,4	0,0	6,1
LV	0,6	32,7	0,4	21,2	0,4	19,2	0,1	9,6
MT	0,1	23,8	0,1	15,9	0,0	10,2	0,0	9,8
NL	2,8	16,5	1,9	11,6	0,5	3,2	1,3	10,2
PL	9,3	24,7	6,4	17,0	3,9	10,4	2,2	7,3
PT	2,9	27,5	2,0	19,5	1,1	10,6	0,9	12,2
RO	8,0	40,3	5,0	25,1	5,2	25,9	1,1	7,2
SE	1,6	16,9	1,5	15,1	0,1	0,7	0,4	6,4
SI	0,4	20,4	0,3	14,5	0,1	6,6	0,1	8,7
SK	1,0	18,4	0,7	12,6	0,5	9,9	0,3	7,1
UK	15,3	24,1	10,7	16,8	4,7	7,4	5,9	12,3

Quelle: eigene Darstellung, Datengrundlage: Eurostat (2017b)

Unter anderem deswegen wurde die Armutsmessung im Rahmen der EU 2020-Strategie erweitert. So soll nicht nur die relative Armut, sondern ein Maß der materiellen Deprivation als Indikator für absolute Armut zu Grunde gelegt werden. Danach gilt eine Person als arm, wenn sie über 4 aus einer Liste von 9 Items nicht verfügt.[2] Auf Druck insbesondere der deutschen Regierung wurden noch ein drittes Kriterium hinzugefügt, nämlich die Anzahl

---

2   Diese neun Items sind: 1) Schwierigkeiten die Wohnkosten zu zahlen, 2) sich keinen Urlaub von einer Woche im Jahr leisten können, 3) sich nicht alle zwei Tage eine Mahlzeit mit Fleisch, Fisch oder einem vegetarischem Äquivalent leisten können, 4) Schwierigkeit bei unerwarteten

der Personen, die in einem jobless household leben, auch wenn dadurch nicht Armut im eigentlichen Sinne gemessen wird. Insgesamt waren danach 114 Millionen Menschen in der EU im Jahr 2004 auf Basis mindestens eines dieser Kriterien arm. Ziel der EU 2020-Strategie ist es, diese Zahl der von Armut und sozialer Ausgrenzung bedrohten Menschen um mindestens 20 Millionen bis 2020 zu reduzieren. Im Jahr 2014 liegt diese Zahl bei knapp 122 Millionen (siehe Tabelle 2). Statt zu sinken ist sie seit 2009 um über 7 Millionen angestiegen.

Tab. 2   Armut in Europa auf Basis der Kriterien der Europa 2020-Strategie   (Veränderung seit 2009)

	2009		2014		Veränderung	
	N (Mio.)	%	N (Mio.)	%	N (Mio.)	%
EU	114,2	23,3	121,9	24,4	7,7	6,7
AT	1,6	19,1	1,6	19,2	0,0	2,0
BE	2,1	20,2	2,3	21,2	0,2	9,0
BG	3,5	46,2	2,9	40,1	-0,6	-17,1
CY	0,2	23,5	0,2	27,4	0,0	24,5
CZ	1,4	14,0	1,5	14,8	0,1	5,8
DE	16,2	20,0	16,5	20,6	0,3	1,8
DK	1,0	17,6	1,0	17,9	0,0	4,6
EE	0,3	23,4	0,3	26,0	0,0	8,3
EL	3,0	27,6	3,9	36,0	0,9	29,2
ES	11,3	24,7	13,4	29,2	2,1	18,2
FI	0,9	16,9	0,9	17,3	0,0	4,6
FR	11,2	18,5	11,5	18,5	0,3	3,0
HU	2,9	29,6	3,1	31,8	0,2	5,9
IE	1,2	25,7	1,3	27,6	0,1	10,8
IT	14,8	24,9	17,1	28,3	2,3	15,9
LT	0,9	29,6	0,8	27,3	-0,1	-14,7
LU	0,1	17,8	0,1	19,0	0,0	12,9
LV	0,8	37,9	0,6	32,7	-0,2	-20,2
MT	0,1	20,3	0,1	23,8	0,0	20,7
NL	2,5	15,1	2,8	16,5	0,3	10,8
PL	10,5	27,8	9,3	24,7	-1,1	-10,7
PT	2,6	24,9	2,9	27,5	0,2	8,1
RO	8,8	43,0	8,0	40,3	-0,8	-8,6
SE	1,5	15,9	1,6	16,9	0,2	12,1
SI	0,3	17,1	0,4	20,4	0,1	20,9
SK	1,1	19,6	1,0	18,4	-0,1	-9,5 %
UK	13,4	22,0	15,3	24,1	1,9	14,1 %

Quelle: eigene Darstellung, Datengrundlage: Eurostat (2017b)

Ausgaben, kann sich 5) kein Telefon (inkl. Mobiltelefon), 6) kein Fernsehgerät, 7) keine Waschmaschine, 8) kein Auto leisten und 9) Schwierigkeit, die Wohnung ausreichend warm zu halten.

Die Entwicklung in den einzelnen Ländern ist allerdings sehr unterschiedlich (siehe Tabelle 2). Besonders stark ist die Armut in den Krisenstaaten Griechenland, Spanien, Italien, Zypern, Irland und Portugal angestiegen. Allerdings sind auch in UK, den Niederlanden und Schweden die Zahlen in ähnlichem Umfang angewachsen. Eine signifikante Reduzierung der Zahl der Armen ist vor allen in Bulgarien, Rumänien, Polen, der Slowakei, Lettland und Litauen zu beobachten. In den alten Mitgliedstaaten gab es keine Verringerung der Zahl der Armen. Auch in Deutschland ist die Armut nach den genannten Kriterien nicht gesunken, sondern sogar leicht angestiegen.

Die Daten der EU-SILC können zusätzlich dazu verwendet werden, differenzierte Beschreibungen des Armutsrisikos sowie der Zusammensetzung der Armutspopulation vorzunehmen. Neben den deskriptiven Ergebnissen im Rahmen der OMK bietet die EU-SILC die Möglichkeit zu differenzierteren Analysen der Ursachen für die Unterschiede in den Armutsrisikoquoten. Das können mikroanalytische Untersuchungen sein, mit denen das Armutsrisiko der einzelnen Individuen erforscht wird. Dazu können nicht nur die bisher vor allem diskutierten Einkommensvariablen verwendet werden, sondern auch Indikatoren zur Messung des Lebensstandards. In der EU-SILC sind eine Reihe von Variablen enthalten wie sie in der Forschung über *relative Deprivation* benötigt werden. Mit Hilfe der EU-SILC kann insbesondere auch der Zusammenhang zwischen niedrigem Einkommen und diesen Lebensstandardindikatoren untersucht werden.

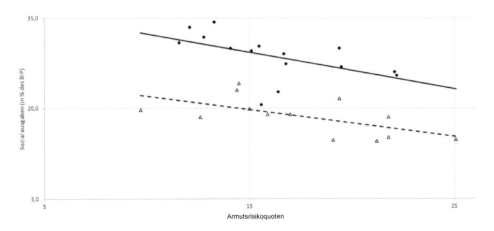

Abb. 2 Armutsrisikoquoten im Vergleich zur Sozialleistungsquote in der Europäischen Union im Jahr 2014

Rauten: alte Mitgliedstaaten, Dreiecke: neue Mitgliedstaaten

Quelle: eigene Darstellung, Datengrundlage: Eurostat (2017a, 2017c)

Neben Mikroanalysen können auch Untersuchungen zu makroökonomischen Einflussfaktoren vorgenommen werden. Im folgenden Beispiel wird der bivariate Zusammenhang
zwischen dem Umfang der Sozialleistungsquote und der Armutsrisikoquote dargestellt
(vgl. auch Atkinson et al. 2005). Hier stehen sich zwei Hypothesen gegenüber: Einerseits
die Hypothese, dass sich der Sozialstaat seine eigene Klientel schafft, weil höhere Sozialausgaben zu höherer Arbeitslosigkeit und diese wiederum zu einem höheren Armutsrisiko
führt, und andererseits die Hypothese, dass durch einen höheren Anteil der Sozialleistungen am Bruttoinlandsprodukt (BIP) die Individuen besser vor Armut geschützt werden
können. In Abbildung 2 sind die Sozialausgabenanteile und die Armutsrisikoquoten in
den Mitgliedsstaaten der Europäischen Union gegeneinander abgetragen. Es ergibt sich ein
recht deutlicher negativer und fast linearer Zusammenhang zwischen den Ausgabenan-
teilen für Soziales und den Armutsrisikoquoten in jedem Land. Interessant ist, dass sich
dieser Zusammenhang für die neuen Länder in ähnlicher Weise darstellt wie für die alten
Länder. Allerdings ist die entsprechende Gerade um einige Prozentpunkte nach unten
verschoben. Dies heißt also, dass ein höherer Sozialausgabenanteil mit einer niedrigeren
Armutsrisikoquote einhergeht; damit wird die zweite Hypothese gestützt. Allerdings ist
darauf hinzuweisen, dass es sich bei der Darstellung in Abbildung 2 lediglich um einen
rein bivariaten Zusammenhang ohne Kontrolle weiterer Einflussfaktoren handelt. Damit
soll nur angedeutet werden, wie die EU-SILC im Rahmen der international vergleichenden
Armutsforschung verwendet werden kann. Für weitergehende Analysen wäre es notwendig,
Methoden, wie sie in Abschnitt 2.4 beschrieben wurden, zu verwenden.

4   Ausblick

Internationale Vergleiche der Einkommens- und Vermögensverteilung in Wohlfahrtsstaaten,
deren Entwicklungstrends sowie deren Ursachen sind ein vielversprechendes Forschungsfeld,
in dem sich bei immer besser werdender Datenversorgung noch große Fortschritte erzielen
lassen werden. International vergleichende Armutsforschung ist lediglich ein Ausschnitt
aus diesem umfassenderen Fragenkomplex. Aus sozialpolitischer Sicht ist dieser Teilbereich
allerdings besonders bedeutsam. Aber auch unter reinen Forschungsgesichtspunkten verspricht Armutsforschung besonders weitreichende Einsichten; denn im untersten Segment
der Bevölkerung – bei den Armen und den von Verarmungsrisiken Betroffenen – zeigen
sich die Auswirkungen aller gesellschaftlichen Prozesse in konzentrierter Form. Dies sind
die demographische Entwicklung, Veränderungen und Unterschiede auf dem Arbeitsmarkt,
die Bemühungen der Eltern zur angemessenen Sozialisation der Kinder, der Einfluss des
Familienrechts und des Erbrechts, die Auswirkungen des staatlichen Bildungssystems,
Umverteilungsprozesse im Haushalt, die Ergebnisse des Wirtschaftssystems und schließlich die mehr oder minder ausgleichenden Effekte des Steuersystems und des Systems der
sozialen Sicherung. Je besser die international vergleichenden Analysen werden, desto
eher scheint es auch möglich, dass die Politik der einzelnen Länder von den in anderen

Ländern herrschenden Regelungen und Maßnahmen lernt und *best practices* übernehmen kann. Historisch gesehen ist die Ausweitung der sozialen Sicherungssysteme, die eines der großen staatlichen Instrumente zu einer gezielten Armutsbekämpfung darstellen, durch derartiges ‚Abschauen' mitbestimmt worden.

Literatur

Andreß, Hans-Jürgen, Hrsg. 1998. *Empirical Poverty Research in a Comparative Perspective.* Aldershot: Ashgate.

Atkinson, Anthony. B. 1998. *Poverty in Europe.* Oxford: Wiley.

Atkinson, Anthony B., T. Smeeding und A. Brandolini. 2001. Producing Time Series Data for Income Distribution: Sources, Methods, Techniques. In *Soziale Sicherung in einer dynamischen Gesellschaft,* Hrsg. I. Becker, N. Ott und G. Rolf, 377-403. Frankfurt a. M., New York: Campus.

Atkinson, Anthony B. und A. Brandolini. 2006. The Panel-of-Countries Approach to Explaining Income Inequality: An Interdisciplinary Research Agenda. In *Mobility and Inequality: Frontiers of Research in Sociology and Economics,* Hrsg. S. L. Morgan, D. B. Grusky und G. S. Fields, 400-448. Stanford: Stanford University Press.

Atkinson, Anthony B. und F. Bourguignon, Hrsg. 2000. *Handbook of Income Distribution,* Aufl. 1. Amsterdam: Elsevier.

Atkinson, Anthony B., L. Rainwater und T. Smeeding. 1995. *Income Distribution in OECD Countries: Evidence from the Luxembourg Income Study.* OECD Social Policy Studies 18. Paris: OECD.

Atkinson, Anthony B., B. Cantillon, E. Marlier und B. Nolan. 2002. *Social Indicators: The EU and Social Inclusion.* Oxford: Oxford University Press.

Atkinson, Anthony B., B. Cantillon, E. Marlier und B. Nolan. 2005. Taking forward the EU Social Inclusion Process. An Independent Report commissioned by the Luxemburg Presidency of the Council of the European Union. http://www.eu2005.lu/en/actualites/documents_travail/2005/06/13socialreport/report.pdf. Zugegriffen: 13.03.2017.

Becker, Irene, N. Ott und G. Rolf, Hrsg. 2001. *Soziale Sicherung in einer dynamischen Gesellschaft.* Frankfurt a. M., New York: Campus.

Bundesministerium für Arbeit und Sozialordnung und Bundesarchiv, Hrsg. 2001. *Geschichte der Sozialpolitik in Deutschland seit 1945. Bd. 1, Grundlagen.* Baden-Baden: Nomos.

Burkhauser, Richard V., B. A. Butrica, M. C. Daly und D. R. Lillard. 2001. The Cross-National Equivalent File: A product of cross-national research. In *Soziale Sicherung in einer dynamischen Gesellschaft,* Hrsg. I. Becker, N. Ott und G. Rolf, 354-376. Frankfurt a. M., New York: Campus.

Canberra Group (Expert Group on Household Income Statistics.) 2001. Final Report and Recommendations. http://www.lisdatacenter.org/wp-content/uploads/canberra_report.pdf. Zugegriffen: 13.03.2017.

Castles, Francis G., Hrsg. 1993. *Families of Nations: Patterns of Public Policy in Western Democracies.* Aldershot: Dartmouth Publishing Co Ltd.

Castles, Francis G. und D. Mitchell. 1993. Worlds of Welfare and Families of Nations. In *Families of Nations: Patterns of Public Policy in Western Democracies,* Hrsg. Francis G. Castles, 93-128. Aldershot: Dartmouth Publishing Co Ltd.

De Vos, Klaas und M. A. Zaidi. 1998. Poverty Measurement in the European Union: Country-Specific of Union-Wide Poverty Lines. *Journal of Income Distribution* 8: 77-92.

Duncan, Greg J. 1984. *Years of Poverty, Years of Plenty. The Changing Economic Fortunes of American Workers and Families*. Michigan: Institute for Social Policy Research.

Duncan, Greg J., B. Gustafsson, R. Hauser, G. Schmauss, H. Messinger, R. Muffels, B. Nolan and J. C. Ray. 1993. Poverty Dynamics in Eight Countries. *Journal of Population Economics* 6: 215-234.

Esping-Andersen, G. 1990. *The three worlds of welfare capitalism*. Cambridge: Princeton University Press.

Europäische Kommission. 2007. *Joint Report on Social Protection and Social Exclusion. Supporting Document. SEC (2007) 329*. Brüssel.

Europäischer Rat. 1985. Beschluss des Rates vom 19. Dezember 1984 über gezielte Maßnahmen zur Bekämpfung der Armut auf Gemeinschaftsebene. In *Amtsblatt der Europäischen Gemeinschaften Nr. L 2/24 vom 3.1.1985*. Brüssel. http://eur-lex.europa.eu/legal-content/DE/TXT/?uri=uriserv:O-J.L_.1985.002.01.0024.01.DEU&toc=OJ:L:1985:002:TOC. Zugegriffen: 12.06.2017

Europäischer Rat. 2000. 23. und 24. März 2000. Lissabon. Schlussfolgerungen des Vorsitzes. http://www.europarl.europa.eu/summits/lis1_de.htm. Zugegriffen: 12.06.2017

European Commission. 2006. *Employment, Social Affairs and Equal Opportunities DG. Proposal for a Portfolio of Overarching Indicators and for the Streamlined Social Inclusion, Pensions, and Health Portfolios, version adopted at 22 May SPC*. Brüssel.

European Commission. 2010. *Europe 2020. A European strategy for smart, sustainable and inclusive growth*. Brüssel.

Eurostat. 2017a. Bevölkerung und soziale Bedingungen: Ausgaben für den Sozialschutz (tps00098). http://ec.europa.eu/eurostat/tgm/table.do?tab=table&init=1&language=de&pcode=tps00098&plugin=1. Zugegriffen: 13.03.2017.

Eurostat. 2017b. Europa2020 Indikatoren: Armut und soziale Ausgrenzung. Datensatz t2020_50, t2020_51, t2020_52 und t2020_53. Zugegriffen: 13.03.2017.

Eurostat. 2017c. Von Armut bedrohte Personen, nach Sozialleistungen (t2020_52). http://ec.europa.eu/ eurostat/tgm/refreshTableAction.do?tab=table&plugin=1&pcode=t2020_52&language=de. Zugegriffen: 13.03.2017.

Fahey, Tony. 2007. The Case for an EU-wide measure of Poverty. *European Sociological Review* 23: 35-47.

Förster, Michael und M. M. d'Ercole. 2005. *Income Distribution and Poverty in OECD Countries in the Second Half of the 1990s*. OECD Social, Employment and Migration Working Papers No. 22. Paris: OECD.

Förster, Michael und M. Pearson. 2002. Income Distribution and Poverty in the OECD Area: Trends and Driving Forces. OECD *Journal: Economic Studies* 34, 2002/1: 7-40..

Gallie, Duncan und S. Paugam, Hrsg. 2000. *Welfare Regimes and the Experience of Unemployment in Europe*. Oxford: Oxford University Press.

Gallie, Duncan und S. Paugam. 2000. The Experience of Unemployment: The Debate. In *Welfare Regimes and the Experience of Unemployment in Europe*, Hrsg. Duncan Gallie und Serge Paugam, 1-22. Oxford: Oxford University Press.

Goodin, Robert E., B. Headey, R. Muffels und H.-J. Dirven. 1999. *The Real Worlds of Welfare Capitalism*. Cambridge: Cambridge University Press.

Gupta, Anil und A. Harding, Hrsg. 2007. *Modelling our Future: population ageing health and aged care*. Amsterdam: Elsevier Science.

Hagenaars, Aldi J. M., K. de Vos, K. und M. A. Zaidi. 1995. *Armutsstatistik Ende der 80er Jahre*. Luxemburg: Eurostat.

Halleröd, Björn. 1998. Poor Swedes, poor Britons: A comparative analysis of relative deprivation. In *Empirical Poverty Research in a Comparative Perspective*, Hrsg. H.-J. Andreß, 283-312. Aldershot: Ashgate.

Hauser, Richard und W. Strengmann-Kuhn. 2004. *Armut der älteren Bevölkerung in den Ländern der Europäischen Union. DRV-Schriften des Verbandes der Rentenversicherungsträger (VDR) 54*. Frankfurt a. M.

Huster, Ernst-Ulrich. 1996. *Armut in Europa*. Opladen: Leske + Budrich Verlag.

Jäntti, Markus und S. Danziger. 2000. Income Poverty in Advanced Countries. In *Handbook of Income Distribution*, Hrsg. Anthony B. Atkinson und François Bourguignon, 309-378, Aufl. 1. Amsterdam: Elsevier.

Jenkins, Stephen und John Micklewright. 2007. *New Directions in the Analysis of Inequality and Poverty*. ISER Working Paper 11.

Kaufmann, Franz-Xaver. 2001. Der deutsche Sozialstaat im internationalen Vergleich. In *Geschichte der Sozialpolitik in Deutschland seit 1945. Grundlagen der Sozialpolitik* Bd.1, Bundesministerium für Arbeit und Sozialordnung und Bundesarchiv, 799-989. Baden-Baden: Nomos.

Layte, Richard, B. Maître, B. Nolan und Chr. Whelan. 2001. Persistent and Consistent Poverty in the 1994 and 1995 Waves of the European Community Household Panel Survey. *Review of Income and Wealth* 47, 427-451.

Mejer, Lene und G. Linden. 2000. Persistent Income Poverty and Social Exclusion in the European Union: *Statistics in Focus. Theme 3: Population and Social Conditions 13/2000*.

Morgan, Stephen L., D. B. Gursky und G. S. Fields, Hrsg. 2006. *Mobility and Inequality: Frontiers of Research from Sociology and Economics*. Stanford: Stanford University Press.

Nolan, Brian, R. Hauser und J.-P. Zoyem. 2000. The Changing Effects of Social Protection on Poverty. In *Welfare Regimes and the Experience of Unemployment in Europe*, Hrsg. G. Duncan und P. Serge, 87-108. Oxford: Oxford University Press.

Nussbaum, Martha C. 2001. *Women and Human Development: The Capabilities Approach*. Cambridge: Cambridge University Press.

OECD. 2008. *Growing Unequal? Income Distribution and Poverty in OECD Countries*. Paris: OECD.

OECD. 2011. *Pensions at a Glance 2011, Retirement-Income Systems in OECD and G20 Countries*. Paris: OECD.

Rendtel, Ulrich, R. Langeheine und R. Berntsen. 1998. The Estimation of Poverty Dynamics Using Different Measurements of Household Income. *Review of Income and Wealth* 44, 81-98.

Rieger, E. und St. Leibfried. 1999. Wohlfahrtsstaat und Sozialpolitik in Ostasien. Der Einfluß von Religion im Kulturvergleich. In *Globalisierung. Ökonomische und soziale Herausforderungen am Ende des zwanzigsten Jahrhunderts*, Hrsg. G. Schmidt und R. Trinczek, 413-502. Baden-Baden: Nomos.

Schmidt, Gert und R. Trinczek, Hrsg. 1999. *Globalisierung. Ökonomische und soziale Herausforderungen am Ende des zwanzigsten Jahrhunderts*. Baden-Baden: Nomos.

Sen, Amartya K. 1992. *Inequality Reexamined*. Oxford: Harvard University Press.

Strengmann-Kuhn, Wolfgang. 2004. *Poverty Measurement with the European Community Household Panel. Paper presented at the ChangeEqual* (the Economic Change, Unequal Life-Chances and Quality of Life research network funded by the DG Research, 5th Framework Programme) meeting May 2004 in Paris.

Sutherland, Holly. 2007. EUROMOD – the tax-benefit microsimulation model for the European Union. In *Modelling our Future: population ageing health and aged care*, Hrsg. A. Gupta und A. Harding, 483-488. Amsterdam: Elsevier Science.

Vleminckx, Koen und T. M. Smeeding, Hrsg. 2001. *Child Well-being, Child Poverty and Child Policy in Modern Nations. What do we know?* Bristol: Policy Press.

Whelan, Christopher T. 2010. Welfare regime and social class variation in poverty and economic vulnerability in Europe: an analysis of EU-SILC. *Journal of European Social Policy* 20, 316-332.

Wolff, Edward. N. 2009. *Poverty and Income Distribution*. Aufl. 2. Chichester/UK: Blackwell Publishing.

World Bank. 1990. *World Development Report 1990: Poverty*. Oxford.

World Bank. 2016. Poverty and Shared Prosperity. Taking on Inequality, https://openknowledge.world bank.org/bitstream/handle/10986/25078/9781464809583.pdf. Zugegriffen: 20.03.2017.

Soziale Mobilität

Christian Steuerwald

Zusammenfassung

Ausgehend von der modernisierungstheoretischen Annahme von Lipset und Bendix stellt der Beitrag den historischen Verlauf der Mobilität seit dem ausgehenden Spätmittelalter in Deutschland dar. Der Beitrag startet nach einer Einleitung mit einer grundbegrifflichen Aufklärung und einer Übersicht über Mobilitätstheorien und schließt mit einer Zusammenfassung. Als wesentliche Einflussgrößen der Mobilität werden gesellschaftliche Strukturwandel herausgestellt wie der Wandel von einer Agrar-, über eine Industrie- bis hin zu einer Dienstleistungsgesellschaft, aber auch etwa demographische Prozesse, die bis in das 20. Jahrhundert hinein die Mobilitätsverläufe stark beeinflussen. In Folge des gesellschaftlichen Strukturwandels werden ab dem 19. Jahrhundert Bildung und Qualifikation immer wichtiger für die Platzierung und Positionierung. Seit den 1970er Jahren ist schließlich ein leichter Rückgang des Mobilitätsanstiegs vor allem in den oberen und unteren Statusgruppen zu beobachten, der zu einer Verfestigung und Vererbung von Reichtumslagen, als auch von Armutslagen führt.

Schlagworte

Mobilität; Strukturwandel; sozialer Aufstieg und Abstieg; Vererbung von Positionen

1   Einleitung

Die Frage nach sozialen Mobilitätsprozessen ist eine klassische Untersuchungsfrage der Soziologie. Schon Karl Marx und Friedrich Engels (1972, 1990) interessierten sich im 19. Jahrhundert für die Bedingungen und Möglichkeiten von sozialen Auf- und Abstiegen. Auch wenn in der ersten Hälfte des 20. Jahrhundert einige empirische Studien und grundlagentheoretische Arbeiten zu Mobilität entstanden sind, etwa von Pitirim Alexandrovich

Sorokin (1926/27, 1927), der sich um begriffliche Präzisierung und theoretische Aufklärung bemühte, setzte ein umfassendes Interesse an sozialen Mobilitätsprozessen erst in der zweiten Hälfte des 20. Jahrhunderts ein. Neben zahlreichen empirischen Studien war es vor allem die sich an den Pattern Variables Parsonsscher Provenienz abarbeitende modernisierungstheoretische These von Seymour Martin Lipset und Reinhard Bendix (1959), die zu verschiedenen empirischen Folgeuntersuchungen und theoretischen Aufarbeitungen führte. Nach Lipset und Bendix (1959) ist Mobilität eine Folge von Modernisierungs- und insbesondere Industrialisierungsprozessen, sodass nicht nur in Industriegesellschaften generell ein hohes Ausmaß an Mobilität zu beobachten ist, sondern auch kaum Unterschiede zwischen den Industriegesellschaften etwa europäischer und nordamerikanischer Provenienz bestehen. Diese modernisierungstheoretische These der Mobilität ist unter anderem deswegen so prominent, weil sie theoretische Anschlüsse bietet, Fragen nach dem Ausmaß von Mobilität auch als Fragen nach Chancengleichheit zu verstehen. Verschiedene Folgeuntersuchungen der vergleichenden Mobilitätsforschung (etwa Breen 2004; Erikson und Goldthorpe 1985; Grusky und Hauser 1984) deuten jedoch daraufhin an, dass die Unterschiede hinsichtlich der Mobilitätsraten zwischen einzelnen industriellen Gesellschaften von Lipset und Bendix unterschätzt wurden. Problematischer für die modernisierungstheoretische These von Lipset und Bendix sind aber weniger die relativierenden Ergebnisse der vergleichenden Mobilitätsforschung, sondern vielmehr neuere Untersuchungen zu historischen Mobilitätsprozessen, die darauf hinweisen, dass die Ständegesellschaften des europäischen Mittelalters und der Frühen Neuzeit nicht als immobile und statische Gesellschaften gesehen werden können (etwa Bosl 1987; Schulze 1988). Dadurch, dass in vormodernen Gesellschaften soziale Auf- und Abstiege unter anderem als Folge hoher Mortalitätsraten durchaus häufig zu beobachten waren, können hohe Mobilitätsraten als Unterscheidungsmerkmal moderner Industriegesellschaften gegenüber vormodernen Ständegesellschaften nur unzureichend verwendet werden.

2   Was ist soziale Mobilität?

Soziale Mobilität meint den Wechsel von einer Ausgangsposition hin zu einer Zielposition in einem gesellschaftlichen Positionssystem. Es geht also um Bewegungen von Personen oder Personengruppen zwischen verschiedenen Positionen innerhalb von Strukturen. Die Formen, Bedingungen und Möglichkeiten sozialer Mobilität sind von den Strukturen und den dazugehörigen Positionen abhängig. Während Mobilität auf die Bewegung innerhalb der Strukturen abstellt, sind Veränderungen dieser Strukturen Folgen sozialen Wandels. Ändern sich die Strukturen und positionalen Zuordnungen, können sich auch die Bedingungen und Möglichkeiten, aber auch das Ausmaß der Mobilität ändern. Zum Teil erzwingen strukturelle Änderungen auch Mobilitätsprozesse, etwa wenn alte Positionen aufgelöst werden oder neue Positionen entstehen. Aufgrund der strukturellen Verursachung werden solche Mobilitätsprozesse als strukturelle Mobilität bezeichnet gegenüber einer Austausch- oder Zirkulationsmobilität, die weitgehend unabhängig von strukturellen Veränderungen des Positionsgefüges ablaufen (Yasuda 1964; vgl. Geiger 1962; Sorokin 1926/27, 1927). Methodisch lässt sich der Unterschied zwischen strukturaler Mobilität und Austauschmobilität schließlich über absolute und relative Mobilitätsraten anzeigen.

Die Mobilitätsforschung interessiert sich in der Regel nicht für alle Positionswechsel, sondern vor allem für den Übergang zwischen sozialstrukturellen Positionen (Goldthorpe 2010). Dies können etwa Berufswechsel sein, Mobilitätsprozesse im Bildungsbereich oder Positionswechsel im Statusgefüge sozialer Ungleichheiten etwa Klassen-, Milieu-, Schicht oder Ständepositionen. Darüber hinaus unterscheidet die Mobilitätsforschung verschiedene Formen der Mobilität. Prominent sind vor allem die Unterscheidungen zwischen horizontaler und vertikaler Mobilität, zwischen intragenerationaler und intergenerationaler Mobilität sowie zwischen individueller und kollektiver Mobilität. Vertikale Mobilität meint den Übergang zwischen hierarchisch angeordneten Positionen, die eine Zuordnung nach höher und tiefer erlauben wie zum Beispiel der Übergang zwischen hierarchisch angeordneten Statusgruppen. Je nach Richtung des Positionswechsels wird dann zwischen Aufstiegs- und Abstiegsmobilität unterschieden. Demgegenüber bezieht sich horizontale Mobilität auf den Wechsel zwischen Positionen, die entweder nicht hierarchisch angeordnet sind, also zwischen nominalskalierten beziehungsweise gleichwertigen Kategorien stattfinden wie etwa ein Wechsel der Religionszugehörigkeit oder der Staatsangehörigkeit, oder in der der Übergang zwischen Positionen verläuft, die auf einer gleichen Hierarchieebene liegen wie etwa ein Arbeitsplatzwechsel oder ein Berufswechsel zwischen statusgleichen Berufen (Geiger 1962; Sorokin 1926/27, 1927). Die Unterscheidung zwischen intragenerationaler und intergenerationaler Mobilität setzt demgegenüber bei den Personen an, die sich zwischen den Positionen bewegen. Unter intragenerationaler Mobilität wird der Positionswechsel einer Person oder einer Personengruppen im Zeitverlauf verstanden. Da der Positionswechsel von ein und derselben Person oder Personengruppe gemeint ist, wird die intragenerationale Mobilität auch als Karrieremobilität bezeichnet. Intergenerationale Mobilität bezieht sich demgegenüber auf Veränderungen in der Generationenfolge, also auf einen Vergleich der Positionen zwischen Eltern und ihren Kindern (Geiger 1962; Weber 1972). Die Unterscheidung zwischen individueller und kollektiver Mobilität macht den Unterschied schließlich an der Frage fest, ob der Positionswechsel von Individuen (individuelle Mobilität) oder von Gruppen (kollektive Mobilität) vollzogen wird (Geiger 1962; Sorokin 1926/27, 1927).

Im Anschluss an diese grundbegrifflichen Gemeinsamkeiten lassen sich in der Mobilitätsforschung verschiedene Theorien ausmachen, die die Fragen, wie es zu Mobilität kommt und welches Ausmaß an Mobilität zu erwarten ist, unterschiedlich beantworten. Kern der sehr unterschiedlichen soziologischen Erklärungen ist das theoretische Argument, dass Mobilitätsprozesse abhängig sind von der Gesellschaft und ihren Strukturen. Ändern sich die Strukturen, ändern sich die Bedingungen für Mobilität. Vor allem tiefgreifende Strukturwandel, wie etwa der Übergang von einer Gesellschaftsform zu einer anderen, führen in der Folge zu einer Veränderung der Mobilität (etwa Blau und Duncan 1967; Marx und Engels 1972; Wright und Singelmann 1982). Programmatisch zeigt sich dies an der modernisierungstheoretischen These von Lipset und Bendix (1959), die von einem erhöhten Ausmaß an Mobilität ausgehen in Folge von Industrialisierungsprozessen und dem daran angeschlossenen Übergang von einer traditionalen zu einer modernen Gesellschaft. Verantwortlich hierfür ist zum einen, dass nach Lipset und Bendix der Einfluss der sozialen Herkunft, der in traditionalen Gesellschaften als hoch angesehenen wird, auf die Platzierung und Positionierung abnimmt. Nach frühen modernisierungstheoretischen Ansätzen werden moderne Gesellschaften nämlich als meritokratische Gesellschaften verstanden, die auf Leistung und Verdienst als Zuweisungskriterium abstellen, sodass die soziale Position, die soziale Zugehörigkeit zu einer sozialen Gruppe primär durch die eigene Leistung und Anstrengung bestimmt wird und weniger durch die Herkunftsfamilie. Dementsprechend nehmen etwa Vererbungen von Positionen, so die These, im Zeitverlauf der Modernisierung und Industrialisierung immer mehr ab und führen damit zu einer erhöhten Chancengleichheit. Gleichzeitig wird Bildung immer wichtiger als Zuweisungskriterium vor allem für berufliche Positionen, sodass die Mobilitätschancen stark von den Bildungschancen abhängen (Blau und Duncan 1967; Bourdieu 1999; vgl. auch schon Marx 1959). Zum anderen geht mit der Industrialisierung ein Wechsel der Berufsstruktur einher, der sich unter anderem an der sektoralen Umschichtung vom Agrarsektor zum industriellen Sektor beobachten lässt, sodass im Agrarbereich immer weniger Berufe und im Industriesektor immer mehr und aufgrund der Umorganisation der Arbeitsteilung auch immer mehr neue Berufe verfügbar sind (Steuerwald 2015). Diese Umstrukturierung erzwingt somit eine strukturelle Mobilität. In Folge eines gleichzeitig beobachtbaren Anstiegs der Qualifikationen, der auf eine Verbesserung der schulischen Bildung und beruflichen Ausbildung zurückzuführen ist, erwarten modernisierungstheoretische Arbeiten, dass das erhöhte Ausmaß an Mobilität vor allem auf soziale Aufstiege zurückzuführen ist.

Im Unterschied zu dieser modernisierungstheoretischen Annahme gehen neomarxistische Klassentheorien (Wright und Singelmann 1982) im Anschluss an die Prognosen von Marx und Engels (1972) hinsichtlich der Abstiegsprozesse des Mittelstands und einer Verarmung der Arbeitergruppen von einer Zunahme der Abstiegsmobilität und einer gleichzeitigen Proletarisierung mittlerer Sozialgruppen aus. Darüber hinaus weisen verschiedene Klassenmodelle (Breen und Jonsson 2005; Erikson und Goldthorpe 1992; Wright und Singelmann 1982), aber auch Arbeiten zu Rekrutierung der Eliten (siehe hierfür schon Dahrendorf 1962) auf die Bedeutung der sozialen Herkunft für vertikale Mobilitätsprozesse hin. Wenn die Mobilitätschancen in modernen Gesellschaften immer noch zu einem gewissen Grad von der sozialen Herkunft abhängig sind, dann ist die modernisierungstheoretische Annahme einer erhöhten Mobilität in Folge einer Umstellung von sozialer Herkunft auf Leistung und Verdienst weiter zu spezifizieren. Im Anschluss an Modelle der Statuszuweisung (Blau und Duncan 1967), die neben dem Beruf des Vaters die Bedeutung von Bildung herausstellen, können vor allem bildungssoziologische Studien hierfür verwendet werden, die sich darum bemühen, den Zusammenhang zwischen sozialer Herkunft und den Erwerb von Bildungsabschlüssen aufzuklären. So erklären etwa ökonomisch ausgerichtete Theorien, wie sich Menschen unter Kosten-Nutzen-Überlegungen in Abhängigkeit ihrer sozialen Herkunft für bestimmte Bildungskarrieren und Investitionen in Bildung entscheiden, sodass sie aufsteigen können (Becker 1975; Boudon 1974). Daran angeschlossen ist zumeist die These, dass Menschen aufsteigen wollen und ihre Position verbessern möchten. Demgegenüber gehen ungleichheitsspezifisch ausgerichtete Sozialisationstheorien davon aus, dass Präferenzen, Wertorientierungen und Geschmacksdispositionen durch die Statusposition der Herkunftsfamilie geprägt sind, sodass Aufstiege nicht immer erstrebenswert sind, da mit ihnen Umorientierungen und kulturelle Verschiebungen verbunden sind oder sein können (etwa Bourdieu 1999). Neuere Studien weisen umgekehrt darauf hin, dass mit einer Statusverschiebung zumeist auch eine Änderung der Verhaltensweisen einhergeht und in der Folge der Einfluss der sozialen Herkunft auf den Lebensstil und die kulturellen Werteorientierungen nachlässt (Kamis 2017; Stein 2008).

Schließlich relativieren auch Theorien sozialer Schließung die modernisierungstheoretische Annahme einer erhöhten Mobilität, indem sie auf Mobilitätsbarrieren aufmerksam machen, die den Zugang zu den Positionen beschränken. Theorien sozialer Schließung gehen davon aus, dass entgegen der klassischen Wirtschaftstheorie Märkte nicht durch vollständige Konkurrenz beschrieben werden können, sondern sich stets bestimmte Konkurrenzschranken und Mobilitätsbarrieren nachweisen lassen (Mackert 2004; Weber 1972). Im Anschluss an Weber führt Aage Sørensen (1977) beispielsweise berufliche Mobilitätschancen nicht nur auf Entscheidungen und individuelle Merkmale potentieller Aufsteiger zurück, sondern vor allem auf Gelegenheitsstrukturen, die sich ergeben, wenn Positionen vakant sind und deswegen neu besetzt werden müssen. Erst wenn Positionen frei werden, können sie neu besetzt werden und sich Reihungen bilden, die die Kandidaten nach verschiedenen Kriterien ordnet und listet. Demzufolge können Investitionen in Bildung und Ausbildung eben auch nicht rentabel sein, wenn keine entsprechenden Positionen neu besetzt werden müssen oder es zu erwarten ist, dass in Zukunft keine passenden Stellen frei werden.

Wie der kursorische Überblick über die theoretische Ansätze zeigt, lassen sich verschiedene, zum Teil konkurrierende und zum Teil ergänzende Erklärungen voneinander unterscheiden. Dies betrifft auch die Frage nach der Dynamik und der Persistenz von Armut. Während modernisierungstheoretische Ansätze davon ausgehen, dass im Zeitverlauf mehr Menschen auf- als absteigen und sich der Anteil der Menschen aus unteren Statuslagen verringert, gehen neomarxistische Theorien eher von einer Abnahme der mittleren Soziallagen aus in Folge von Aufstiegen in die höheren Statusgruppen und Abstiegen in die unteren Statusgruppen. Theorien der sozialen Schließung sowie die ungleichheitsspezifischen Sozialisationstheorien stellen demgegenüber auf Mobilitätsbeschränkungen und die Frage nach Immobilität beziehungsweise dem Verbleib in bestimmten Statuslagen ab. Wie lässt sich nun die Entwicklung der Mobilität in Deutschland beschreiben? Folgt die Entwicklung dem modernisierungstheoretischen Modell, das von einer starken Zunahme der Mobilität und insbesondere der Aufstiegsmobilität ausgeht? Gleichen sich auch die Mobilitätsprozesse zwischen den europäischen Gesellschaften im Zeitverlauf an? Um diese Frage beantworten zu können, werden im nächsten Abschnitt verschiedene empirische Befunde der Mobilitätsforschung dargestellt.

3   Die Entwicklung der sozialen Mobilität in Deutschland

Der langfristige Verlauf der Mobilität in ständisch-feudalen Gesellschaften war vor allem durch tiefgreifende Strukturwandel gekennzeichnet, die zu einer Erhöhung der Mobilität führten, die in der Folgezeit durch den Ausbau von Mobilitätsbarrieren zumeist wieder eingeschränkt wurden. Bedeutsam für das Ausmaß der Mobilität seit dem Spätmittelalter waren etwa die hohen Mortalitätsraten in Folge von Kriegen, Hungerkrisen, Seuchen und Epidemien sowie eine nicht hinreichende medizinische Versorgung, die dazu führten, dass aufgrund der Sterbefälle zahlreiche Positionen in der Berufsstruktur und Herrschaft, aber auch in Familien zum Teil unabhängig von ständischen Zuordnungskriterien neu besetzt werden mussten (Pfister 2007; Steuerwald 2015). Neben diesen strukturell erzwungenen Mobilitätsprozessen, wie sie beispielhaft an den Mortalitätsrisiken angedeutet wurden, lassen sich auch verschiedene Austauschprozesse beobachten. So waren beispielsweise Wechsel zwischen Berufspositionen, der Aufstieg in städtischen Herrschaftsorganisationen oder die Erlangung von Stadt- und Bürgerrechten durchaus keine Seltenheit (Bosl 1987; Schulze 1988). Auch der Aufstieg in den Adel, also eine Mobilität über ständische Grenzen hinweg, der von verschiedenen Fürsten seit dem 14. Jahrhundert gefördert wurde und zu einer Differenzierung zwischen Amts- und Schwertadel[1] führte, kam immer wieder vor. In Folge erster Protoindustrialisierungen und den daraus resultierenden frühindustriellen Manufakturen sowie einer vorindustriellen Hauswirtschaft, die etwa in einem dezentralen Verlagssystem sichtbar wurde, der Ausdifferenzierung wirtschaftlicher Arbeits- und Berufsstrukturen, der Ausbildung eines städtischen Bürgertums sowie der Ausweitung einer frühkapitalistischen Wirtschaftsweise, die sich etwa in der Bedeutung kaufmännischer Handelsbeziehungen und einer Geldwirtschaft zeigte, lässt sich insgesamt ein leichter Anstieg der Mobilität seit dem Spätmittelalter annehmen (Dülmen 2004; Kocka 2013). Der Zugang zu Bildungs- und Ausbildungsinstitutionen sowie die Ausbildung eines kapitalistischen Berufsethos verstärkten in der Folgezeit unter anderem die Aufstiegsbestrebungen des Bürgertums, das immer mehr mit dem Adel um ranghohe Positionen in Herrschaft und Verwaltung konkurrierte (Steuerwald 2010; Weber 2016). Als Reaktion auf die Konkurrenzsituation zwischen Adel und Bürgertum bildeten sich etwa in der Frühen Neuzeit verschiedene Mobilitätsbarrieren aus, die sich darum bemühten, die Mobilität einzuschränken und die Ständeordnung neu festzuschreiben (Dülmen 2004). So wurde beispielsweise der Zugang zu Positionen eingeschränkt, indem akademische Bildungstitel im Vergleich zu aristokratischen Titeln abgewertet wurden oder indem aristokratische

---

1   Im Unterschied zu dem älteren Schwertadel (noblesse d´épée), der seine Stellung dem Geburtsrecht verdankt, das über Generationen hinweg vererbt wurde, führt der neuere Amtsadel (noblesse de robe) seine Stellung auf das politische Amt zumeist in der herrschaftlichen Verwaltung zurück. Da für diese Ämter zumeist eine universitäre Ausbildung nötig war, konnten auch Bürgerliche über ihre herausgehobene Stellung in der politischen Verwaltung in Folge ihres Verdiensts und ihrer Leistung geadelt werden (Dülmen 2004; Steuerwald 2010).

Verhaltensweisen und Körper symbolisch auf- und bürgerliche Verhaltensweisen und Körper symbolisch abgewertet wurden (Steuerwald 2010).

Darüber hinaus lassen sich in der Frühen Neuzeit weitere Mobilitätsprozesse, die in der Regel innerhalb ständischer Grenzen abliefen, beobachten unter anderem als Folge von Bevölkerungsprozessen, die den Zugang zu Positionen verknappten oder erweiterten. Vor allem in den unteren Statuslagen stiegen immer wieder Menschen in Armutslagen ab, sodass sich insgesamt ein Anstieg der Armut bis in das 19. Jahrhundert feststellen ließ (Dülmen 2004). In den Städten waren beispielsweise die Angehörigen unterbürgerlicher Sozialgruppen wie die zahlreichen Tagelöhner, Un- und Angelernten, die nicht oder nur unzureichend über das Zunftsystem abgesichert waren, von einer erhöhten Abstiegsmobilität betroffen. In den agrarisch geprägten Regionen waren überwiegend die unterbäuerlichen Sozialgruppen armutsgefährdet. Aber auch Missernten, die Auswirkungen von Kriegen, Todesfälle und Geburten sowie die erbrechtlichen Regelungen wie etwa die Realteilung führten immer wieder zu Abstiegen von bäuerlichen Familien, die mit wenig ökonomischen und kulturellen Ressourcen ausgestattet waren (Mitterauer 2009; Pfister 2007).

Das im späten 18. Jahrhundert einsetzende Bevölkerungswachstum führte zu Beginn des 19. Jahrhunderts zu einer erhöhten Konkurrenz um Ressourcen und Positionen und einer Beschränkung der Zugangschancen. Die daran angeschlossenen Auswanderungen aufgrund unbefriedigter Nachfrage an Arbeitskräften, aber auch die allmählich einsetzende Industrialisierung führten im weiteren Verlauf des 19. Jahrhunderts zeitgleich zu einer Reduzierung der Konkurrenz und einer Erhöhung der Zugangschancen. Zum einen wuchs die Bevölkerungszahl durch die Auswanderungen weniger stark an und zum anderen wurden neue Positionen durch die Industrialisierung geschaffen, sodass die Auswirkungen der zunehmenden Bevölkerungsdichte in Folge des Bevölkerungswachstums abgemildert wurden (Durkheim 1977; Thernstrom 1966). Dennoch waren die Auswirkungen der Industrialisierung auf die soziale Mobilität im 19. Jahrhundert in Deutschland vergleichsweise gering. Neben den steigenden Bevölkerungszahlen lag dies vor allem daran, dass die Industrialisierung in Deutschland relativ spät einsetzte. So waren beispielsweise in Preußen im Jahr 1849 nur etwa 3 Prozent der Beschäftigten als Industriearbeiter beschäftigt (Wehler 2008). Hinzu kommt, dass die Erwerbstätigenzahlen auch in der Landwirtschaft im 19. Jahrhundert weiter anstiegen, wenn auch im Vergleich mit Industrie, Handwerk und Bergbau weniger stark, sodass die intergenerationale Mobilität in Folge der Industrialisierung weniger stark ausgeprägt war, da viele Söhne weiterhin in der Landwirtschaft arbeiten konnten und arbeiteten (Hohorst et al. 1978; Steuerwald 2015; Wehler 2008). Aber auch die Verschlechterung der beruflichen Ausbildung durch die Verschiebung von Handwerk zu Industrie, die zu einem Anstieg un- und angelernter Tätigkeiten führte, sowie kulturelle Werthaltungen von Arbeitern, die manuelle Berufe im Vergleich zu nichtmanuellen Berufen bevorzugten und deswegen Aufstiege in nichtmanuelle Berufe wenig erstrebenswert fanden, beschränkten die Möglichkeiten sozialer Aufstiege im 19. Jahrhundert (Crew 1978; Marquardt 1978). So konnten beispielsweise zwischen 1880 und 1890 nur 6 Prozent der ungelernten und 10 Prozent der gelernten Arbeiter in Bochum in nichtmanuelle Berufe aufsteigen. Auch die intergenerationalen Aufstiege waren vergleichsweise selten, wenn auch etwas höher als die intragenerationale Mobilität (Crew 1978). Demgegenüber kamen horizontale Mobilitätsprozesse von vor allem un- und angelernten Arbeitern weitaus häufiger vor. Zwischen 1880 und 1890 wechselten fast 29 Prozent der gering qualifizierten Arbeiter in Bochum innerhalb der un- und angelernten Tätigkeiten ihren Arbeitsbereich (Crew 1978). Diese ständigen Arbeitsplatzwechsel waren unter anderem deswegen problematisch, weil sie zumeist mit mehr oder minder langen Phasen der Arbeitslosigkeit einhergingen und damit nicht nur immer wieder Abstiege in Armutslagen beinhalteten, die von den im Auflösen begriffenen traditionellen familiären Absicherungssystemen kaum bewältigt werden konnten, sondern auch Aufstiege in vorteilhaftere Positionen erschwerten.

Während die vertikalen Mobilitätsprozesse unterer Sozialgruppen im 19. Jahrhundert nur leicht anstiegen, waren auch die Mobilitätschancen statushoher Sozialgruppen vor allem aus Wirtschaft und Verwaltung eingeschränkt. Zwischen 1800 und 1871 stammten beispielsweise 54 Prozent der Unternehmer von Vätern ab, die ebenso Unternehmer waren, gegenüber 23 Prozent aus dem Handwerk, Kleinhandel oder der Gastronomie (Hohorst et al. 1978; Kaelble 1978). Ähnliche Mobilitätsraten lassen sich bei der politischen Elite beobachten. Zwar rekrutierte sich die politische Elite im 19. Jahrhundert überwiegend aus statushohen Sozialgruppen. Dennoch lassen sich vor allem ab 1870/71 und im Übergang vom Honoratiorenpolitiker zum Berufspolitiker zunehmend Angehörige aus dem Kleinbürgertum oder aus der Arbeiterschaft beobachten, die politische Ämter in den Parlamenten inne hatten, wenn sie auch selten zu Regierungsmitgliedern ernannt wurden (Kaelble 1978).

Zu Beginn des 20. Jahrhunderts lösten sich die Abhängigkeitsverhältnisse der Mobilitätschancen von der Bevölkerungsentwicklung in Folge sozialer Differenzierungsprozesse immer mehr auf. Die Auswirkung der Industrialisierung führten nicht nur zu einer Verbesserung der Lebensbedingungen, was etwa an der Steigerung der Reallöhne ablesbar war, sondern veränderten zunehmend die gesellschaftlichen Strukturen und positionalen Systeme, sodass sich auch die Mobilitätsprozesse erhöhten. So stieg beispielsweise die Zahl der Industriearbeiter deutlich an. Von 1882 bis 1907 verdoppelte sich die Zahl der Beschäftigten in Industrie und Handwerk auf knapp 8,6 Millionen Menschen. Auch die Zahl der Angestellten wuchs von etwa einer halben Million im Jahr 1882 auf knapp 2 Millionen im Jahr 1907 (Wehler 2008). Zusammen mit den Beamten waren das 10,3 Prozent der Erwerbspersonen im Jahr 1907 (Statistisches Bundesamt 1972). Dennoch gelang es nur wenigen aus den unteren Statusgruppen in die Gruppe der Angestellten aufzusteigen, sodass der überwiegende Anteil in den unteren Statusgruppen verblieb. Überwiegend stammten die Angestellten vor allem der ersten Generation aus dem Kleinbürgertum etwa aus Familien von Volks- und Mittelschullehrern, mittleren Beamten sowie von kaufmännischen Familien und Handwerksfamilien. Zurückzuführen ist dies unter anderem auf die auch in der Alltagswelt des frühen 20. Jahrhunderts deutlich beobachtbaren kulturellen Klassengrenzen und symbolischen Grenzziehungen etwa hinsichtlich Konsummuster, Freizeitaktivitäten, Bildungsneigungen und Wertvorstellungen zwischen Angestellten und Arbeitern, die Aufstiege und Aufstiegsneigungen der Arbeiter, aber auch Abstiege der Angestellten erschwerten (siehe hierfür schon Geiger 1967). In Folge der symbolischen

Grenzziehungen, die sich nicht nur zwischen Arbeitern und Angestellten beobachten ließen, sondern auch zu den höheren Statusgruppen sichtbar wurden, fanden die meisten vertikalen Mobilitätsprozesse innerhalb der Grenzen gesellschaftlicher Großgruppen statt. Demnach bemühten sich beispielsweise Arbeiter und Angestellte innerhalb ihres Berufes oder ihrer Statusgruppe, allmählich aufzusteigen und eine höhere Position zu erlangen (Nothaas 1930). In Folge der durch symbolische Grenzziehung erschwerten großgruppenübergreifenden vertikalen Mobilität war es vor allem für die untersten Statusgruppen schwierig, vorteilhaftere Positionen zu besetzen. Einerseits grenzten sich auch die Fach- und Industriearbeiter nach unten gegen Un- und Angelernte, aber auch gegen Randgruppen ab. Andererseits war ein Aufstieg zumeist nur über den Erwerb von Qualifikationen und Bildung möglich, der aber nicht nur durch Schließungsprozesse zugangsbeschränkt war, sondern in Folge von wirtschaftlichen Notlagen nicht immer realisiert werden konnte.

Im Unterschied zu dem Anstieg von Industriearbeiten und Angestellten lassen sich in der Landwirtschaft im Verlauf des 20. Jahrhunderts immer weniger Erwerbstätige beobachten (Statistisches Bundesamt 1972; Steuerwald 2015). Da die Landwirtschaft in der Regel als Familienbetrieb organisiert war, führte der Rückgang zu einer Abwanderung in der Generationsfolge zumeist in un- und angelernte Tätigkeiten in Industrie und Handwerk, aber auch in gewerbliche und kaufmännische Berufe (Nothaas 1930).

Studien, die die Herkunft statushoher Gruppierungen in Wirtschaft und Politik, aber auch von Studierenden untersuchten, dokumentieren, dass bis in die 1930er Jahre hinein sich die Mobilitätsprozesse erhöhten und zunehmend auch Angehörige aus den mittleren Statusgruppen in der Generationenfolge aufstiegen vorwiegend aus kaufmännischen Familien oder aus der mittleren Beamtenschaft (Kaelble 1978). Daran angeschlossen ist, dass horizontale Mobilitätsprozesse überwiegend in den unteren Statusgruppen und unter anderem aufgrund der Berufswechsel bis in die Mitte des 20. Jahrhunderts zumeist stärker ausgeprägt waren als vertikale Mobilitätsbewegungen (Bolte 1959; Kaelble 1978). Zurückzuführen waren die erhöhten Berufswechsel der unteren Statusgruppen weniger auf eigene Anstrengungen hinsichtlich einer Verbesserung, sondern vielmehr auf Arbeitsplatzverluste und Kündigungen in Folge von Konjunkturschwankungen und wirtschaftlichen Überlegungen, aber auch aufgrund der wirtschaftlichen Folgen des 1. Weltkrieges sowie der Weltwirtschaftskrise. Dementsprechend wechselten sich berufliche Tätigkeiten immer wieder mit Phasen der Arbeitslosigkeit ab, die zusätzlich intra-, aber auch intergenerationale Aufstiege erschwerten. Während bis 1930 sich insgesamt nicht nur die Mobilitätsprozesse erhöhten, sondern auch die Zahl sozialer Aufstiege zunahm, ließ sich zwischen 1930 und 1950 ein Rückgang der sozialen Aufstiege und zwar vor allem von Arbeitern beobachten (Bolte 1959; Kaelble 1978). So ging beispielsweise aufgrund von Schließungsprozessen der Anteil von Angehörigen aus Arbeiterfamilien innerhalb der politischen Elite von 11,5 Prozent im Zeitraum 1918–1933 auf 3 Prozent zwischen 1933 und 1945 zurück. Zeitgleich stieg der Anteil statushoher Gruppen innerhalb der politischen Elite von 11,5 Prozent auf 27,3 Prozent (Kaelble 1978).

Der seit den 1880er Jahren stetig ansteigende Dienstleistungssektor führte im Verlauf des 20. Jahrhunderts zu einer immer größeren Zahl von Beschäftigten und einer Ausdif-

ferenzierung der Berufsstruktur. Waren im Jahr 1882 noch 22,8 Prozent aller Erwerbstä-
tigten im Dienstleistungsbereich beschäftigt, waren es im Jahr 1950 schon 32,5 Prozent,
im Jahr 1991 59,5 Prozent und im Jahr 2010 schließlich 73,5 Prozent. Demgegenüber sank
der Anteil der Beschäftigten in der Landwirtschaft kontinuierlich ab. 1882 war mit 43,4
Prozent der größte Teil der Erwerbstätigen im primären Sektor tätig. 2010 waren es nur
noch 2,1 Prozent der Erwerbstätigen. Im sekundären Sektor waren 1882 etwa ein Drittel
aller Erwerbstätigen beschäftigt. Im Jahr 1950 stieg der Anteil auf 42,9 Prozent und im Jahr
1970 auf 46,5 Prozent. Seit den 1970er sinkt der Anteil der Beschäftigten im sekundären
Sektor ab, sodass 2010 nur noch 24,4 Prozent der Erwerbstätigen im produzierenden Sektor
arbeiteten (Steuerwald 2015).

Die Verschiebung der Berufsstruktur, aber auch der zunehmende Anstieg der Löhne
sowie die Verbesserung der Bildung und die kulturellen Annäherungen zwischen den
Sozialgruppen unterer und mittlerer Soziallagen etwa hinsichtlich Konsumgütern und
-wünschen, Wertvorstellungen und Familienformen führte zwischen den 1950er und
1970er Jahren zu einer Veränderung der Mobilitätsprozesse. So stieg insgesamt das Ausmaß der vertikalen Mobilität leicht an unter anderem auch aufgrund eines Nachholens der
verhinderten Mobilitäten in Folge der Kriegsjahre und der unmittelbaren Nachkriegszeit.
Verschiedene Studien für die Bundesrepublik Deutschland weisen beispielsweise nach,
dass in etwa die Hälfte der Befragten zwischen 1950 und 1970 einen anderen Status aufwiesen als ihre Väter und somit in etwa die Hälfte der Befragten mobil war (Recker 1974;
vgl. Kaelble 1983).[2] Vor allem innerhalb der unteren Statusgruppen ließen sich kollektive
Aufstiege beobachten, die zu einem Anwachsen mittlerer Soziallagen führten (Bolte 1959;
Dahrendorf 1965).[3] Zurückzuführen waren diese kollektiven Aufstiege unter anderem auf
einen Rückgang von un- und angelernten Tätigkeiten und einer Zunahme von Ausbildungen
und Qualifizierungen in Industrie und Handwerk sowie den gleichzeitig beobachtbaren
kulturellen Annäherungen zwischen den Sozialgruppen.[4] Schließlich führten die sozialstrukturellen Verschiebungen auch zu einem Rückgang horizontaler Mobilitätsprozesse.

Seit den 1970er Jahren verändert sich das Ausmaß intergenerationaler Mobilitätsprozesse nur noch geringfügig. Zwischen 1976 und 2014 besetzten in etwa zwei Drittel der
westdeutschen Männer und etwas mehr als drei Viertel der westdeutschen Frauen eine
andere Position als ihre Väter. Dies bedeutet umgekehrt, dass in etwa ein Drittel der Männer und knapp ein Viertel der Frauen in Westdeutschland immobil waren (Statistisches
Bundesamt 2016). In der Regel waren dabei Aufstiege sowohl bei Männern als auch bei
Frauen häufiger als Abstiege. Dass Frauen in der Regel eine höhere Mobilität aufweisen

---

2   Kaelble (1983) weist demgegenüber höhere Immobilitätsquoten für die 1950er Jahre aus, sodass
    die Zunahme vertikaler Mobilitäten zwischen 1950 und 1970 stärker hervortritt.

3   Siehe hierfür auch die visuellen Abbildungen der Strukturgefüge sozialer Ungleichheiten der
    1960er Jahre, die das Anwachsen der mittleren Soziallagen über den Wandel von einer gesell-
    schaftlichen Pyramide zu einem Hausmodell (Dahrendorf) oder Zwiebelmodell (Bolte) abbilden.

4   Schelsky (1965) fasste diese Entwicklung schließlich in seiner bekannten These eines Wandels
    der Klassengesellschaft hinzu einer nivellierten Mittelstandsgesellschaft.

als Männer, ein Befund, der sich auch für das 19. Jahrhundert und frühe 20. Jahrhundert empirisch belegen lässt (Federspiel 1999), lässt sich vor allem auf unterschiedliche Erwerbsmöglichkeiten, Bildungsverläufe und Berufswünsche zwischen Töchtern und ihren Vätern zurückzuführen. Obwohl sich insgesamt das Ausmaß der intergenerationalen Mobilität seit den 1970er Jahren kaum verändert, lassen sich zwischen den einzelnen Berufsgruppen bedeutende Unterschiede beobachten.

Um auf die unterschiedlichen Mobilitätsprozesse einzelner Berufsgruppen aufmerksam zu machen, ist es hilfreich, auf Selbstrekrutierungsquoten (Zustromquoten) und Vererbungsquoten (Abstromquoten) abzustellen. Während die Vererbungsquoten angeben, wie viel Prozent der Kinder in den Beruf ihres Vaters oder eben in andere Berufe abströmen, weisen die Selbstrekrutierungsquoten die soziale Herkunft aus. Selbstrekrutierungsquoten geben also an, aus welcher sozialen Klasse die Angehörigen einer Berufsgruppe abstammen und welcher Berufsgruppe sie zuströmen. Methodisch ist der Unterschied von Selbstrekrutierungsquoten und Vererbungsquoten im Prinzip nur eine Perspektivenverschiebung. Bei den Selbstrekrutierungsquoten ist die berufliche Position der Kinder der Bezugspunkt (es wird überprüft, aus welcher Klassenlage sie abstammen), während bei den Vererbungsquoten der Bezugspunkt die berufliche Position des Vaters ist (es wird überprüft, in welche Klassenlage die Kinder wechseln). Im Unterschied zu den Selbstrekrutierungsquoten, in denen es darum geht, inwieweit die Kinder den gleichen Beruf ausüben wie ihr Vater, weisen die Vererbungsquoten somit die Übertragung der Berufsposition des Vaters auf die Kinder aus.

Vor allem bei den Landwirten, aber auch bei den Facharbeitern lassen sich, wie Tabelle 1 zeigt, hohe *Selbstrekrutierungsquoten* feststellen. So hatten bis in das Jahr 2000 in etwa 90 Prozent der Landwirte einen Vater, der ebenfalls Landwirt war. Bei den Facharbeitern war es in etwa jeder Zweite, der aus einer Arbeiterfamilie stammte. Bei den un- und angelernten Arbeitern und Angestellten waren es etwas mehr als ein Drittel der Befragten, die die gleiche Tätigkeit ausübten wie ihr Vater. Deutlich niedrige Selbstrekrutierungsquoten wiesen vor allem die Beschäftigten der unteren Dienstklasse und der einfachen Büroberufe auf. Dort hatten zwischen 80 und 90 Prozent der Befragten einen Vater, der einen anderen Beruf ausübte. Mit Ausnahme der Landwirte und der Selbstständigen, die im Zeitverlauf eine niedrigere Quote aufzeigten, blieb das Ausmaß der Selbstrekrutierung über die Zeit in etwa gleich. Auch bei den Frauen lassen sich hohe Selbstrekrutierungsquoten bei den Landwirtinnen und bei den Facharbeiterinnen, aber auch in den Berufe der oberen Dienstklasse nachweisen.

Tab. 1 Mobilitätsquoten in Westdeutschland zwischen 1976–2014 (Angaben in Prozent)

	1976–1980	1981–1990	1991–1999	2000–2009	2010–2014
	Männer ı Frauen	Männer ı Frauen	Männer ı Frauen	Männer ı Frauen	Männer ı Frauen
Obere Dienstklasse					
Selbstrekrutierung	28 ı 31	23 ı 32	28 ı 32	24 ı 36	29 ı 38
Vererbung	44 ı 15	49 ı 26	46 ı 28	41 ı 33	45 ı 32
Untere Dienstklasse					
Selbstrekrutierung	18 ı 18	17 ı 17	16 ı 16	16 ı 15	17 ı 16
Vererbung	37 ı 41	31 ı 33	31 ı 38	29 ı 38	32 ı 37
Einfache Büroberufe					
Selbstrekrutierung	12 ı 13	17 ı 15	14 ı 12	15 ı 13	12 ı 12
Vererbung	11 ı 38	16 ı 46	13 ı 38	16 ı 41	13 ı 37
Selbstständige					
Selbstrekrutierung	36 ı 21	36 ı 20	24 ı 23	21 ı 16	21 ı 13
Vererbung	21 ı 12	26 ı 11	21 ı 14	21 ı 13	19 ı 09
Landwirte					
Selbstrekrutierung	91 ı 76	92 ı 63	92 ı 65	79 ı 62	64 ı --
Vererbung	21 ı 12	21 ı 10	25 ı 09	16 ı 09	22 ı --
Facharbeiter/ Meister					
Selbstrekrutierung	46 ı 43	48 ı 43	54 ı 47	49 ı 46	54 ı --
Vererbung	49 ı 09	48 ı 08	50 ı 11	41 ı 08	40 ı 07
Ungelernte u. Angelernte					
Selbstrekrutierung	38 ı 27	33 ı 30	36 ı 27	39 ı 30	35 ı --
Vererbung	25 ı 47	22 ı 45	24 ı 38	30 ı 39	24 ı 36

Quelle: Statistisches Bundesamt 2016; eigene Darstellung

Die höchsten Vererbungsquoten konnten in Westdeutschland zwischen 2010 und 2014 in der oberen Dienstklasse und bei den Facharbeitern registriert werden. So wurde in etwa jeder zweite Sohn eines Facharbeiters ebenso Facharbeiter. Das gleiche gilt für die obere Dienstklasse. Demgegenüber wurde aber nur etwa jeder fünfte Sohn eines Landwirtes auch Landwirt. Noch niedrigere Vererbungsquoten fanden sich in den einfachen Büroberufen (12 Prozent). Die höchsten weiblichen Vererbungsquoten ließen sich zwischen 2010 und 2014 für die untere Dienstklasse (37 Prozent), einfache Bürotätigkeiten (37 Prozent) und für un- und angelernte Arbeiter und Angestellte (36 Prozent) beobachten. Aber nur etwa jede zehnte Tochter eines Facharbeiters wurde auch Facharbeiterin und nur jede Tochter eines Selbständigen wurde ebenso selbständig.

Die Entwicklung in Ostdeutschland unterscheidet sich seit den 1990er Jahren weiterhin von der Entwicklung in Westdeutschland in Folge der historisch unterschiedlichen Voraussetzungen (siehe hierfür etwa Solga 1995). Vor allem zeigen sich Unterschiede zwischen den Berufsgruppen der oberen und unteren Dienstklasse, den Facharbeiten sowie der Gruppe der Un- und Angelernten. So stieg die Selbstrekrutierungsquote der Männer der oberen Dienstklasse in Ostdeutschland von 19 Prozent in den 1990er Jahren auf 34 Prozent im Zeitraum zwischen 2010 und 2014 an. Demgegenüber sanken die Raten der Selbstrekrutierung im Bereich der unteren Dienstklasse. Hatten in den 1990er Jahren noch etwa 20 Prozent der Beschäftigten der unteren Dienstklasse einen Vater, der der gleichen Berufsgruppe zuzuordnen war, waren es zwischen 2010 und 2014 nur noch 15 Prozent. Die Facharbeiterklasse weist sogar noch höhere Werte der Selbstrekrutierung auf als in Westdeutschland. Nach einem leichten Anstieg seit den 1990er Jahren hatten zwischen 2010 und 2014 61 Prozent der ostdeutschen Facharbeiter einen Vater, der auch als Facharbeiter beschäftigt war. Im Bereich der un- und angelernten Tätigkeiten rekrutierten sich weniger als in Westdeutschland. So kamen zwischen 2010 und 2014 beispielsweise 30 Prozent der un- und angelernten Arbeiter und Angestellten aus einer Familie, in der der Vater einer gleichen Tätigkeit nachging. Im Unterschied zu den Frauen aus Westdeutschland ließen sich für Frauen aus Ostdeutschland leicht höhere Selbstrekrutierungsquoten bei den Facharbeiterinnen und leicht niedrigere Quoten in der Berufsklasse der un- und angelernten Arbeiter und Angestellten beobachten. Bei den oberen und unteren Dienstklassen ließen sich hingegen kaum Unterschiede feststellen (Statistisches Bundesamt 2016).

Auch die Vererbungsquoten unterscheiden sich zwischen Ost- und Westdeutschland. Vor allem im Bereich der oberen Dienstklasse, aber auch in der unteren Dienstklasse gelang es ostdeutschen Männern deutlich schlechter, ihre Berufsposition an ihre Söhne weiterzugeben, als in Westdeutschland. Ähnlich wie in Westdeutschland sinken auch die Vererbungsquoten der Facharbeiter in Ostdeutschland seit den 1990er Jahren. Dennoch wurden zwischen 2010 und 2014 immer noch etwas mehr als jeder zweite Sohn eines Facharbeiters ebenso Facharbeiter (54 Prozent). Auch bei den Frauen lassen sich Unterschiede hinsichtlich der Vererbungsquoten zwischen Ost- und Westdeutschland feststellen. Während bei der oberen Dienstklasse und der un- und angelernten Tätigkeiten in Ostdeutschland etwas niedrigere Quoten beobachtet wurden, waren es bei der unteren Dienstklasse und bei den Facharbeiterinnen etwas höhere Werte (Statistisches Bundesamt 2016).

Die über die Vererbungs- und Selbstrekrutierungsquoten angezeigten leichten Homogenisierungstendenzen einzelner Berufsgruppen sowie die etwas größer gewordene Abstiegsmobilität seit den 1970er Jahren (vgl. Tab. 2), die überwiegend auf Abstiege aus den mittleren Statusgruppen in untere und Abstiege unterer in unterste Klassenpositionen zurückzuführen sind, werden durch die Ergebnisse von Studien über Einkommensmobilität bestätigt (etwa Grabka und Goebel 2017; vgl. Steuerwald 2015).[5] So registrieren Studien, die den Wechsel von Einkommenspositionen untersuchen, nicht nur einen Anstieg der Einkommensungleichheiten und eine zunehmende Polarisierung in Folge eines tendenziellen Rückgangs mittlerer Einkommenspositionen seit den 1970er Jahren. Auch steigen zunehmend Personen aus den mittleren Einkommenspositionen in untere

---

5 Abstiege in Einkommenspositionen sind aber nicht immer eine Folge von beruflichen Abstiegen. So sinkt etwa das Nettoäquivalenzeinkommen in Folge einer Geburt automatisch, ohne dass irgendeine berufliche Veränderung eingetreten sein muss. Auch sind berufliche Aufstiege nicht immer mit höheren Einkommen gleichzusetzen.

Einkommenspositionen und zum Teil in armutsgefährdende Einkommenspositionen ab, was als Hinweis auf eine Proletarisierung mittlerer Sozialgruppen verstanden werden kann. Vor allem in den untersten Einkommensgruppen sind seit den 1990er Jahren in der Entwicklung der Einkommen zusätzlich reale Einkommensverluste zu beobachten, die die von der Mobilitätsforschung festgestellten erschwerten intra- und intergenerationalen Aufstiegsbestrebungen etwa über Investitionen in Bildung und Qualifikationen zusätzlich erschweren und somit nicht nur zu einer Verfestigung von Armut, sondern auch zu einer Vererbung von Armut führen. Diese Schließungsprozesse und der daran angeschlossene erhöhte Verbleib in den unteren Einkommensgruppen lassen sich zeitgleich in den oberen Statusgruppen beobachten. Auch aus der Gruppe der höchsten Einkommen steigen immer weniger Personen ab. In den mittleren Einkommensgruppen lassen sich hingegen die größten Veränderungen feststellen.

Tab. 2 Mobilitätsquoten im internationalen Vergleich, 1970–1999

	DE	FR	GB	SE	NO	PL	HU	NL	Mittel	Varianz
Totale Mobilität										
1970er	61,6	66,6	63,0	70,8	-	59,4	77,5	66,3	66,3	48,0
1980er	62,1	67,5	61,8	71,4	71,9	61,0	74,9	67,7	66,9	25,8
1990er	60,3	67,0	60,8	71,0	68,1	67,4	71,6	65,7	67,7	19,9
Vertikale Mobilität										
1970er	44,1	43,8	50,7	54,0	-	40,9	53,0	50,6	46,7	28,5
1980er	45,8	45,9	50,8	54,7	55,2	42,9	55,8	54,1	48,9	34,6
1990er	46,3	46,3	50,7	55,2	52,1	45,9	53,7	54,0	49,7	13,9
Aufwärtsmobilität										
1970er	31,7	25,9	32,8	35,1	-	22,1	26,9	36,1	28,0	37,1
1980er	33,6	29,1	33,1	35,3	39,3	24,8	34,7	38,9	32,6	22,9
1990er	33,3	29,9	31,7	36,6	34,2	26,3	35,9	37,7	33,4	11,4
Abstiegsmobilität										
1970er	12,4	17,9	17,9	19,0	-	18,8	26,2	14,5	18,7	17,3
1980er	12,2	16,8	17,7	19,4	15,9	18,0	21,1	15,2	16,3	8,7
1990er	13,0	16,4	19,0	18,6	17,9	19,6	17,8	16,3	16,2	8,0

Quelle: Breen 2004, eigene Darstellung

Im europäischen Vergleich zeigt sich, dass das Ausmaß der Mobilität in Deutschland vergleichsweise niedrig ist (s. Tabelle 2). So lassen sich in Deutschland, ähnlich wie in Frankreich nicht nur relativ niedrige Mobilitätsquoten beobachten. Auch ist der Zusammenhang zwischen sozialer Herkunft und dem Statuserwerb vergleichsweise hoch. Obwohl vergleichende Untersuchungen der Mobilitätsforschung zahlreiche Unterschiede hinsichtlich dem Ausmaß und dem Verlauf der Mobilität nachweisen können, die auf die unterschiedlichen sozialstrukturellen Entwicklungsverläufe etwa hinsichtlich der Berufsstruktur, dem Ausmaß der Industrialisierung, der Bildungsexpansion, der sektoralen Verschiebung, aber auch hinsichtlich der Verteilung der Personen in den verschiedenen Klassenpositionen zurückzuführen sind, lassen sich zwei zentrale Gemeinsamkeiten der Mobilitätsentwicklung erkennen (Breen 2004; Goldthorpe und Erikson 1992; Kaelble 1983; Steuerwald 2015). Erstens nimmt in den meisten Gesellschaften das Ausmaß an Mobilität im Zeiterlauf leicht zu. Zweitens sind in den Beobachtungszeiträumen in der Regel mehr Aufstiege als Abstiege zu beobachten.

Wie Tabelle 2 aufzeigt, lässt sich in Deutschland seit den 1970er Jahren ein leichter Rückgang der Gesamtmobilität beobachten, sodass das Ausmaß der Mobilität in Deutschland mit 60,3 Prozent im europäischen Vergleich am niedrigsten war. Da die in Tabelle 2 angegebenen Zahlen jeweils auf die Grundgesamtheit aller Befragten bezogen sind, zeigt sich darüber hinaus, dass in Deutschland in den 1990er Jahren insgesamt 33,3 Prozent aufgestiegen sind, 13 Prozent abgestiegen sind und somit 46,3 Prozent vertikal mobil waren. Folglich waren 13,7 Prozent aller Befragten horizontal mobil und 39,7 Prozent der Befragten immobil. Unter Berücksichtigung der Varianz, die das Ausmaß der Streuung im Bezug zum Durchschnitt angibt und somit als Homogenitätsmaß verwendet werden kann, lässt sich schließlich im Zeitverlauf in Folge einer immer geringer werdenden Streuung eine zunehmende Annäherung der Mobilitätsprozesse zwischen den Vergleichsstaaten beobachten.

4   Schlussbemerkung

Aussagen über den langfristigen Verlauf der Mobilität sind nicht leicht, da sich immer wieder Phasen der Zunahme der Mobilität, mit Stabilisierungsphasen und Phasen der Abnahme abwechseln. Diese Unübersichtlichkeit führte dazu, dass schon Sorokin (1927) die Geschichte der Mobilität als „trendless fluctuation" beschrieb, in der keine eindeutigen Trendaussagen über Reichweite, Richtung und Ausmaß der Mobilität möglich sei.[6] Dennoch deuten die Ergebnisse der Mobilitätsforschung daraufhin, dass ab dem späten 19. und dem frühen 20. Jahrhundert die Entwicklung der Mobilität immer weniger von demographischen Verläufen abhängig ist, auch wenn bis in die Gegenwart unterschiedlich besetzte Geburtsjahrgänge die Zugangschancen und Platzierungsmöglichkeiten mehr oder weniger mit beeinflussen. Als langfristige Veränderung lässt sich ab dem späten 19. Jahrhundert eine allmähliche Erhöhung der Mobilität feststellen, die aber im ersten Drittel des 20. Jahrhunderts regional zwar unterschiedlich, dennoch aber tendenziell wieder

---

6   Konkret schreibt Sorokin (1927, S. 160): „In these fluctuations there seems to be no perpetual trend toward either an increase or decrease of vertical mobility." Hinzu kommt, dass die historische Mobilitätsforschung in Folge der Datenlage zumeist nur lokal und regional begrenzte Mobilitätsstudien durchführen kann, die sich zudem in ihren Ergebnissen oft unterscheiden (Vgl. Kaelble 1978).

abnimmt. Seit den 1950er Jahren lässt sich wieder eine allmähliche Erhöhung beobachten, die seit den 1980er wieder leicht zurückgeht, wenn auch weiterhin eine geringfügige
Erhöhung feststellbar ist. Darüber hinaus ist die Entwicklung seit den 1950er dadurch
gekennzeichnet, dass vor allem hinsichtlich der intergenerationalen Mobilität mehr Aufstiege als Abstiege zu beobachten sind im Unterschied etwa zwischen 1930 und 1950, in
der die Abstiege überwiegten.

Unter Berücksichtigung der jeweiligen Berufsgruppen oder der Position im Strukturgefüge
der sozialen Ungleichheiten zeigt sich, dass nicht nur klassenübergreifende Mobilität seltener
zu beobachten ist, als Auf- oder Abstiege innerhalb der sozialen Klassengrenzen. Auch findet
eine klassenübergreifende Mobilität in der Regel zwischen benachbarten sozialen Klassen
statt. Auf- oder Abstiege über mehrere soziale Klassen hinweg sind nur in Ausnahmefällen
zu beobachten. Zentrale Einflussfaktoren, die die Mobilität fördern oder behindern, sind
zum einen die Qualifikation und die formale Bildung, aber auch grundlegende Werthaltungen, Einstellungen und Denkmuster und die daran angeschlossenen Klassenbildungs-
prozesse. Die geringsten Möglichkeiten aufzusteigen, haben folglich Angehörige mit formal
unzureichenden Qualifikationen, die in den un- und angelernten Tätigkeiten beschäftigt
sind oder erwerbslos sind.[7] Inwieweit daraus Proletarisierungstendenzen abzuleiten sind
und beispielsweise ein neues Dienstleistungsproletariat sich ausbildet, dass in Folge der
un- und angelernten Tätigkeiten und den erschwerten Aufstiegsmöglichkeiten zunehmend
armutsgefährdet ist, ist umstritten (Blossfeld et al. 1993; Wright und Singelmann 1982).
Hinzu kommen symbolische Abschließungsvorgänge über Geschmack, Verhalten und
Inszenierungsweisen, die die unteren, mittleren und oberen Statusgruppen voneinander
trennen und darüber klassenübergreifende Bewegungen erschweren (Bourdieu 1999; Vester
et al. 2001). Auch wenn im Zeitverlauf die Bedeutung der sozialen Herkunft in Folge der
Ausweitung der Bildung und Qualifikationen seit den 1950er Jahren abgenommen hat,
sind die Mobilitätschancen immer noch von der Herkunftsfamilie, ihrer Kapitalausstat-
tung und ihren Netzwerken abhängig. Wer aus einer der unteren Statusgruppen stammt,
hat also deutlich geringe Chancen, in vorteilhafte Positionen aufzusteigen, als jemand,
der aus den oberen Statusgruppen stammt. Auch unterliegt derjenige, der aus den oberen
Statusgruppen stammt, deutlich geringen Risiken, in die unteren Statusgruppen abzustei-
gen. Verändert haben sich nämlich nicht nur die strukturellen Möglichkeiten, sondern
auch die Platzierungsmöglichkeiten und Zuweisungskriterien. Trotz einer Umstellung auf
Leistung und Verdienst in Folge von gesellschaftlichen Modernisierungsprozessen sind
die Chancen nicht gleich verteilt.

---

7   Wie Kaelble (1983) aufzeigt, unterscheidet sich das Mobilitätsgeschehen in den Vereinigten
    Staaten und Europa im 19. und 20. Jahrhundert vor allem dadurch, dass in den Vereinigten
    Staaten eine höhere Aufstiegsmobilität bei den un- und angelernten Berufen feststellbar ist.

Literatur

Becker, Gary S. 1975. *Human capital. A theoretical and empirical analysis with special reference to education.* New York: National Bureau of Economic Research.

Blau, Peter M. und O. D. Duncan. 1967. *The American Occupational Structure.* New York: Wiley.

Blossfeld, Hans-Peter, G. Giannelli und K. U. Mayer. 1993. Is There a New Service Proletariat? The Teriary Sector and Social Inequality in Germany. In *Changing Classes. Stratification and Mobility in Post-industrial Societies,* Hrsg. G. Esping-Andersen, 109-135. London/Newburry Park, New Delhi: Sage.

Bolte, Karl M. 1959. *Sozialer Aufstieg und Abstieg. Eine Untersuchung über Berufsprestige und Berufsmobilität.* Stuttgart: Enke.

Bosl, Karl. 1987. *Die Gesellschaft in der Geschichte des Mittelalters.* Göttingen: Vandenhoeck & Ruprecht.

Boudon, Raymond. 1974. *Education, Opportuntiy and Social Inequality. Changing Prospects in Western Society.* New York: Wiley.

Bourdieu, Pierre. 1999. *Die feinen Unterschiede. Kritik der gesellschaftlichen Urteilskraft.* Frankfurt a. M.: Suhrkamp.

Breen, Richard, Hrsg. 2004. *Social Mobility in Europe.* Oxford: Oxford University Press.

Breen, Richard und J. O. Jonsson. 2005. Inequality of Opportunity in Comparative Perspective: Recent Research on Educational Attainment and Social Mobility. *Annual Review of Sociology* 31, 223-243.

Crew, David. 1978. Modernität und soziale Mobilität in einer deutschen Industriestadt: Bochum 1880–1901. In *Geschichte der sozialen Mobilität seit der industriellen Revolution,* Hrsg. H. Kaelble, 159-185. Königstein: Athenäum.

Dahrendorf, Ralf. 1962. Eine neue deutsche Oberschicht. Notizen über die Eliten der Bundesrepublik. In *Die neue Gesellschaft 9*: 18-31.

Dahrendorf, Ralf. 1965. *Gesellschaft und Demokratie in Deutschland.* München: Piper.

Dülmen, Richard van. 2004. *Entstehung des frühneuzeitlichen Europas 1550–1648.* Frankfurt a. M.: Fischer.

Durkheim, Emile. 1977. *Über die Teilung der sozialen Arbeit.* Frankfurt a. M.: Suhrkamp.

Erikson, Robert und J. H. Goldthorpe. 1985. Are Americans rates of social mobility exceptionally high? New evidence on an old issue. *European Sociological Review* 1: 1-22.

Erikson, Robert und J. H. Goldthorpe. 1992. *The Constant Flux. A Study of Class Mobility in Industrial Societies.* Oxford: Claerendon Press.

Federspiel, Ruth. 1999. *Soziale Mobilität im Berlin des zwanzigsten Jahrhunderts. Frauen und Männer in Berlin-Neukölln 1905–1957.* Berlin. New York: Walter de Gruyter.

Geiger, Theodor. 1962. *Arbeiten zur Soziologie. Methode – Moderne Großgesellschaft – Rechtssoziologie – Ideologiekritik.* Neuwied. Berlin: Heermann Luchterhand.

Geiger, Theodor. 1967. *Die soziale Schichtung des deutschen Volkes. Soziographischer Versuch auf statistischer Grundlage.* Darmstadt: Wissenschaftliche Buchgesellschaft.

Goldthorpe, John H. 2010. Analysing Social Inequality: A Critique of Two Recent Contributions from Economics and Epidemiology. *European Sociological Review* 26: 731-744.

Grabka, Markus M. und J. Goebel. 2017. Realeinkommen sind von 1991 bis 2014 im Durchschnitt gestiegen – erste Anzeichen für wieder zunehmende Einkommensungleichheit. *DIW Wochenbericht* 4: 71-82.

Grusky, David B. und R. M. Hauser. 1984. Comparative social mobility revisited. Models of convergence and divergence in 16 countries. *American Sociological Review* 49: 19-38.

Hohorst, Gert, J. Kocka und G. A. Ritter. 1978. *Sozialgeschichtliches Arbeitsbuch II. Materialien zur Statistik des Kaiserreichs 1870-1914.* München: C.H. Beck.

Kaelble, Hartmut. 1978. *Historische Mobilitätsforschung. Westeuropa und die USA im 19. und 20. Jahrhundert.* Darmstadt: Wissenschaftliche Buchgesellschaft.

Kaelble, Hartmut. 1983. *Soziale Mobilität und Chancengleichheit im 19. und 20. Jahrhundert. Deutschland im internationalen Vergleich.* Göttingen: Vandenhoeck & Ruprecht.

Kamis, Alcay. 2017. *Habitustransformation durch Bildung. Soziale und räumliche Mobilität im Lebensverlauf türkischer Bildungsaufsteiger.* Wiesbaden: Springer VS.

Kocka, Jürgen. 2013. *Geschichte des Kapitalismus.* München: C.H. Beck.

Lipset, Seymour M. und R. Bendix. 1959. *Social Mobility in Industrial Society.* Berkley: University of California Press.

Mackert, Jürgen. 2004. Die Theorie sozialer Schließung. Das analytische Potenzial einer Theorie mittlerer Reichweite. In *Die Theorie sozialer Schließung. Tradition, Analysen, Perspektiven,* Hrsg. J. Mackert, 9-24. Wiesbaden: Verlag für Sozialwissenschaften.

Marquardt, Frederick D. 1978. Sozialer Aufstieg, sozialer Abstieg und die Entstehung der Berliner Arbeiterklasse 1806–1848. In *Geschichte der sozialen Mobilität seit der industriellen Revolution,* Hrsg. H. Kaelble, 127-158. Königstein: Athenäum.

Marx, Karl. 1959. Lohnarbeit und Kapital. In *Marx-Engels-Werke Bd. 6,* Hrsg. K. Marx und F. Engels, 397-423. Berlin: Dietz-Verlag.

Marx, Karl und F. Engels. 1972. Das Manifest der kommunistischen Partei. In *Marx-Engels-Werke Bd. 4,* Hrsg. K. Marx und F. Engels, 459-493. Berlin: Dietz-Verlag.

Marx, Karl und F. Engels. 1990. Die Deutsche Ideologie. Kritik der neuesten deutschen Philosophie in ihren Repräsentanten Feuerbach, B. Bauer und Stirner, und des deutschen Sozialismus in seinen verschiedenen Propheten. In *Marx-Engels-Werke Bd. 3,* Hrsg. K. Marx und F. Engels, 9-532. Berlin: Dietz-Verlag.

Mitterauer, Michael. 2009. *Warum Europa? Mittelalterliche Grundlagen eines Sonderwegs.* München: C.H. Beck.

Nothaas, Josef. 1930. *Sozialer Auf- und Abstieg im deutschen Volk. Statistische Methoden und Ergebnisse.* München: Lindauer.

Pfister, Christian. 2007. *Bevölkerungsgeschichte und Historische Demographie 1500-1800.* München: Oldenbourg.

Recker, Helga. 1974. *Mobilität in der »offenen« Gesellschaft. Zur theoretischen Orientierung der vertikalen sozialen Mobilitätsforschung.* Köln: Kiepenheuer & Witsch.

Schelsky, Helmut. 1965. Die Bedeutung des Schichtungsbegriffes für die Analyse der gegenwärtigen deutschen Gesellschaft. In *Auf der Suche nach Wirklichkeit. Gesammelte Aufsätze,* Hrsg. H. Schelsky, 331-336. Köln: Eugen Diederichs.

Schulze, Winfried, Hrsg. 1988. *Ständische Gesellschaft und soziale Mobilität.* München: Oldenbourg.

Solga, Heike. 1995. *Auf dem Weg in eine klassenlose Gesellschaft? Klassenlagen und Mobilität zwischen Generationen in der DDR.* Berlin: Akademie Verlag.

Sørensen, Aage B. 1983. Processes of Allocation to Open and Closes Positions in Social Structure. *Zeitschrift für Soziologie* 12: 203-224.

Sorokin, Pitirim A. 1926/27. Soziale Bewegungsvorgänge. *Kölner Vierteljahreshefte für Soziologie* 6: 146-152.

Sorokin, Pitirim A. 1927. *Social Mobility.* New York: Harper.

Statistisches Bundesamt. 1972. *Bevölkerung und Wirtschaft 1872–1972.* Stuttgart, Mainz: Kohlhammer.

Statistisches Bundesamt. 2016. *Datenreport 2016. Ein Sozialbericht für die Bundesrepublik Deutschland.* Bonn: Bundeszentrale für politische Bildung.

Stein, Petra. 2008. *Lebensstile im Kontext von Mobilitätsprozessen. Entwicklung eines Modells zur Analyse von Effekten sozialer Mobilität und Anwendung in der Lebensstilforschung.* Wiesbaden: Verlag für Sozialwissenschaften.

Steuerwald, Christian. 2010. *Körper und soziale Ungleichheit. Eine handlungssoziologische Untersuchung im Anschluss an Pierre Bourdieu und George Herbert Mead.* Konstanz: UVK.

Steuerwald, Christian. 2015. *Die Sozialstruktur Deutschland im internationalen Vergleich.* Wiesbaden. Springer VS.

Thernstrom, Stephan. 1964. Class and Mobility in a 19th Century City. In *Class, Status and Power,* Hrsg. R. Bendix und S. M. Lipset, 603. New York: Free Press.

Vester, Michael, P. von Oertzen, H. Geiling, T. Hermann und D. Müller. 2001. *Soziale Milieus im gesellschaftlichen Strukturwandel. Zwischen Integration und Ausgrenzung.* Frankfurt a. M.: Suhrkamp.

Weber, Max. 1972. *Wirtschaft und Gesellschaft. Grundriss der verstehenden Soziologie.* Tübingen: Mohr.

Weber, Max. 2016. *Die protestantische Ethik und der Geist des Kapitalismus. Max Weber Gesamtausgabe, Abteilung I, Schriften und Reden Bd. 18.* Tübingen: Mohr.

Wehler, Hans-Ulrich. 2008. *Deutsche Gesellschaftsgeschichte. Von der «Deutschen Doppelrevolution» bis zum Beginn des Ersten Weltkrieges. 1848-1914.* München: C.H. Beck.

Wright, Eric O. und J. Singelmann. 1982. Proletarianization in the Changing American Class Structure. *American Journal of Sociology* 88: 176-209.

Yasuda, Saburo. 1964. A Methodological Inquiry into Social Mobility. *American Sociology Review* 29: 16-23.

Die Entwicklung des Rechts der Armut zum modernen Recht der Existenzsicherung

Knut Hinrichs

Zusammenfassung

Das moderne Recht der Existenzsicherung geht auf das Recht der Armut zurück und hat seine Quellen damit im Polizeirecht. Während der Arme früher grundsätzlich aus der bürgerlichen Gesellschaft ausgeschlossen war, indem ihm seine Eigenschaft als Rechtsperson abgesprochen wurde, wird er im demokratischen Rechtsstaat durch das Recht grundsätzlich eingeschlossen und zwar durch das verfassungsrechtliche Institut der Menschenwürde (Art. 1 Abs. 1 GG), das zusammen mit dem Sozialstaatsprinzip (Art. 20 Abs. 1 GG) den Schutz des *soziokulturellen Existenzminimums* verbürgt. Das deutsche Recht widmet sich im SGB II und im SGB XII diesem Fürsorgerecht, das sich mit seinen *Strukturprinzipien* deutlich vom übrigen Recht abgrenzt. Ein Blick in die einschlägigen Regelungen zeigt, dass das Recht die Armut selbst nicht beseitigt, sondern einhegt und als Referenzsystem erhebliche Bedeutung für den modernen sozialen *Interventionsstaat* erlangt hat.

Schlagworte

Hartz-IV; Menschenwürde; Existenzsicherungsrecht; Sozialhilferecht; Bundesverfassungsgericht

1 Rechtshistorische Bemerkungen zur Scheidung von Arm und Reich in Deutschland

1.1 Armenrecht im 19. Jahrhundert: Der Vierte Stand als Problem der öffentlichen Ordnung

Die Scheidung von Arm und Reich ist älter als die bürgerlichen Staaten der Gegenwart. Und auch Konflikte zwischen Arm und Reich, Klassenkämpfe, gab es bereits in den vorbürgerlichen Gesellschaften. Aber die neuen Konflikte des 19. Jahrhunderts hatten einen anderen Charakter, als den der zuvor geführten Auseinandersetzungen. Denn die Parolen der bürgerlichen Revolutionen, insbesondere der französischen, verhießen auch den Lohnarbeitern Freiheit, Gleichheit und Brüderlichkeit. Die alten feudalen Verhältnisse beruhten auf persönlichen Abhängigkeiten (vgl. hierzu Sachße und Tenstedt 1998 sowie Stolleis 2003 passim). Diese wurden Stück für Stück aufgelöst und durch unpersönliche, auf Freiheit und Gleichheit, also auf den Regeln der kapitalistischen Konkurrenz basierende Abhängigkeiten ersetzt: teils von oben durch die Stein-Hardenbergschen Reformen zur Bauernbefreiung; teils von unten durch die Forderungen eines immer polemischer auftretenden Vierten Standes nach Anerkennung seiner Mitglieder als Rechtssubjekten.

Dass die Forderung, vom Staat als Rechtssubjekt anerkannt zu werden, etwas anderes bedeutet, als sich für bessere Lebensbedingungen einzusetzen, erschließt sich, wenn man den *materiellen Gehalt* der bürgerlichen Parolen des Rechtsstaates näher betrachtet: *Freiheit* bezeichnet danach nichts anderes, als die Erlaubnis der Staatsmacht, seinen privaten Vorteil zu suchen. Unter den Bedingungen des Privateigentums ist dieser Vorteil so viel wert, wie die Geldquelle abwirft, über die man verfügt und welche Notwendigkeiten mit ihr verbunden sind. Für die Masse der Bevölkerung erweist sich die Freiheit damit als die des „doppelt freien Lohnarbeiters" (Marx 1953, S. 406), der frei von persönlichen Abhängigkeiten und frei von eigenen Produktionsmitteln ganz Mittel seiner kapitalistischen Benutzung ist und bleibt. *Gleichheit* bedeutet faktisch – und übrigens auch rechtlich – nicht den Auftakt zu einer Angleichung der Lebensbedingungen, sondern die *Unterwerfung unter eine rechtsetzende Gewalt*, die die Individuen überhaupt erst zu Rechtspersönlichkeiten macht und sie damit ganz praktisch gleich behandelt, im Ergebnis also ihre ungleichen Lebensbedingungen festschreibt. Und *Brüderlichkeit* benennt den *Anspruch* des Gemeinwesens an seine Mitglieder, von allen vorhandenen Gegensätzen zu abstrahieren und zum eigenen Schaden den Standpunkt des nationalen *Wir* einzunehmen.

Die Rechtsentwicklung zur *Sozialen Frage*, inwiefern nämlich Arbeitern bürgerliche Rechte, Privatautonomie, Rechtsschutz durch Gerichte und eine private Kranken- und Altersvorsorge zugewiesen wurden, ist allerdings nicht Gegenstand des Rechts der Armut im engeren Sinne. Dort geht es um freie Arbeiter, die *erstens* des Rechts bedürfen, um einer Erwerbsquelle nachzugehen (Vertragsfreiheit und Rechtsschutz zugeschnitten auf das Verhältnis Unternehmer/Arbeitnehmer: Zivil- und Arbeitsrecht) und die *zweitens* eines *Sozial*rechts bedürfen, um diese Erwerbsquelle auch ein Leben lang auszuhalten (die von

Bismarck den Arbeitern in den 1880er Jahren verordneten Kranken- und Rentenversicherungen als Kernbestand des Sozialrechts).

Das *Recht der Armut im engeren Sinne* beschäftigte sich demgegenüber schon im 19. Jahrhundert vor allem mit Personen, die es gerade nicht schaffen, von ihrer Erwerbsquelle zu leben, die also *bedürftig* sind, sowie mit der rechtlichen Gestaltung der Übergänge zwischen Erwerbsarbeit und Erwerbslosigkeit. Die Einordnung dieser eigentums- und erwerbslosen Menschen in ein Rechtssystem, zu dessen wesentlichen Zwecken der Schutz von Privateigentum und Person zählt, bildet den Schwerpunkt der staatlichen Befassung mit *Armut*. Schon damals nahm der Staat den Standpunkt ein, Armut bestehe nicht im Ausschluss von dem Reichtum, der in der Gesellschaft verfügbar ist, sondern in der mangelnden Erwerbstätigkeit des Individuums – eine Fassung des Armutsbegriffes, die bis in unsere Tage fortlebt. Der Sache nach bezeichnet sie die Unterscheidung zwischen der *produktiven* Armut ausgenutzter Lohnabhängiger – sie hieß und heißt auch heute nicht Armut – und der *unproduktiven* Armut nicht, oder nicht mehr ausgenutzter Erwerbsloser. In dieser letzten Form wurden und werden Armut und Elend durchaus als gesellschaftliches Problem gewürdigt.

In diesem Zusammenhang übernahmen die werdenden bürgerlichen Staaten zunächst die vorbürgerlichen Regelungen zur Armenlast der Gemeinden, die ihrerseits noch auf spätmittelalterlichen ständischen Grundsätzen beruhten (Trennung zwischen würdigen und unwürdigen Armen, Arbeitswilligkeit, Bedürftigkeit, prinzipielle Schlechterstellung gegenüber regulärer Erwerbsarbeit).

So wurde etwa im Jahr 1833 „im Falle der Dürftigkeit der Anspruch auf Unterstützung aus den örtlichen (Gemeinde- oder Stiftungs-) Kassen" gewährt.[1] Im weiteren Verlauf des 19. Jahrhunderts wurden diese Regelungen den neuen Anforderungen angepasst und die Reste vorbürgerlicher Existenzsicherung – die freilich immer auf dem Mangel beruhte – abgestreift. Der Kapitalismus entstand. Mit seiner Entstehung einher ging die Entwurzelung breiter Volksgruppen durch Verunmöglichung ihrer Subsistenz auf eigenem Boden; die Entwicklung einer Bevölkerungsgruppe von dauerhaft armen Menschen, die den Erfordernissen eines Arbeitsplatzes nicht gerecht wurden, weil sie die Arbeit nicht aushielten, ihr Wille zum Mitmachen versagte und die die Unternehmen bei ihrem Kampf um eine möglichst effektive Nutzung der von ihnen bezahlten Arbeit überflüssig machten oder gesundheitlich angegriffen zurückließen.[2] Dies alles bei einer bis dahin bespiellosen Produktion von Reichtum. Der Staat musste sich zu neuen Formen der Betreuung und Einhegung der Armut durchringen.

Dem wachsenden Gegensatz von Arm und Reich entsprachen zunächst die bereits aus vorbürgerlicher Zeit vorhandenen *Arbeitshäuser* (vgl. Sachße und Tennstedt Bd. 1 1998, S.

---

1   Art. 2 des württembergischen Gesetzes über das Gemeinde-, Bürger- und Beisitzrechts, in: Regierungsblatt für das Königreich Württemberg 1833, S. 509-540.

2   Hinzu kamen ihre Familienangehörigen, für die der Lohn eines arbeitenden Erwachsenen immer weniger reichte; soziale Verhältnisse, in denen Verwahrlosung mit Unterernährung, Krankheit mit Verrohung einherging.

113ff.), die die Existenzsicherung mit *Arbeitspflicht* verknüpften. Sie wurden ausgebaut, an ihnen wurde das *neue Arbeitsethos* praktisch durchexekutiert – durchaus passend für die neue Wirtschaftsweise, die den Reichtum nicht wie früher noch auch in der Nützlichkeit der Arbeitsprodukte, sondern nur noch in der *Mühe* maß, die es kostete, die Dinge herzustellen. Dass hier Arbeit zu einem *Wert* wurde und dass dies denjenigen, die sie nicht tun konnten, als *ihr Mangel* angerechnet wurde, verwundert nicht.

Folglich richteten die Staaten ihr ordnungspolitisches Augenmerk auf die soziale Lage, die die neuen Verhältnisse hervorbrachten, wie sich etwa aus den Berichten der englischen Fabrikinspektoren entnehmen lässt, aus denen *Karl Marx* im ersten Band des Kapital zitiert[3]. Rechtspolitischer Zwischenschritt dieser Entwicklung in Deutschland war 1870 zunächst die Verabschiedung des „Reichsgesetzes über den Unterstützungswohnsitz"[4], das die öffentliche Unterstützung erstmals einheitlich für das ganze Reich unter Aufgabe alter vorbürgerlicher Anspruchsnormen im Wesentlichen als Innenverhältnis staatlicher Stellen regelte[5] und im Verhältnis zum Bedürftigen bedeutete: Rückzahlungspflicht der Leistungen, Einschränkung der Freizügigkeit, keine Mitwirkungsrechte der Betroffenen, kein Anspruch auf Unterstützung. Parallel zu dieser polizei-/fürsorgerechtlichen Bestimmung wurde Verwahrlosung verboten: Die §§ 361, 362 des RStGB[6] sahen bei „Landstreicherei, Bettelei, Spiel, Trunk, Müßiggang, Prostitution, Arbeitsscheu, schuldhafter Obdachlosigkeit und Vernachlässigung der Unterhaltspflicht)" Haft von bis zu zwei Jahren in einem Arbeitshaus vor; dies ein Beispiel für die nachdrückliche Wirkung des Strafrechts für die Geltung des Verwaltungsrechts.

Einerseits wurde also die Notwendigkeit staatlicher Regulierung und Einhegung des Elends durchaus anerkannt – nicht zuletzt wegen der Befürchtung, die katastrophalen sozialen Verhältnisse spielten letztlich den Falschen in die Hände: Die öffentliche Armenunterstützung verfolge nämlich den Zweck, „damit nicht Hunger, Noth und Verwahrlosung die niederen Bevölkerungsklassen zur Störung der öffentlichen Ruhe und Ordnung treibe und ein staatsgefährliches Proletariat aufkommen lasse."[7] Parallel zur Unterstützung in Form von Geld- und Sachleistungen traten staatliche Repressionsmaßnahmen, wie etwa

---

3   (Marx 1956ff., MEW 23, S. 486ff.). Interessant auch die Klagen über eine immer geringere Durchschnittsgröße der männlichen Bevölkerung, die das Mindestmilitärmaß in Sachsen von 1,78 m im Jahre 1780 auf 1,55 m im Jahre 1862 sinken ließ, vgl. ebd., S. 253, Fn. 229.

4   In-Kraft-Treten am 6.6.1870 für den norddeutschen Bund (RGBl.: 360), letzte Fassung vom 30.05.1908 (RGBl.: 377).

5   Vgl. zur Rechtsentwicklung (Muthesius 1928, S. 14ff.)

6   Reichsstrafgesetzbuch vom 15.08.1871, RGBl. I: 127. Bis 1969 in Kraft.

7   *G.P.,* Entgegnung auf: *Dml.,* Der Anspruch auf öffentliche Armenunterstützung, in: Blätter für administrative Praxis und Polizeigerichtspflege, Bd. XXII (1872):. 25ff., zitiert nach (Neumann 1992, S. 88ff.). *Neumann* schreibt außerordentlich kenntnisreich über die Entwicklung des Rechts der Armenpflege.

die gewaltsame Einweisung von Obdachlosen in Armen- und Arbeitshäuser, da Obdachlosigkeit und Bettelei als Störung der öffentlichen Sicherheit und Ordnung gewertet wurde.[8]

Andererseits war klar, dass den Bedürftigen ihre Unterstützung nicht einfach als Wohltat zukommen sollte, weshalb sie, so das o. g. Gesetz über den Unterstützungswohnsitz, *keinen echten Anspruch*, ein sog. subjektiv-öffentliches Recht erhalten sollten, mit dem sie ihre Unterstützung notfalls hätten einklagen können. Denn es galt „bei den Hilfesuchenden das Bewußtsein rege zu halten, daß sie nicht um ihretwillen, sondern aus Rücksicht auf das Gemeinwohl unterstützt werden, und eben deshalb die Unterstützung *nicht zu fordern, sondern zu erbitten* haben" (v. Riedel 1883, S. 73).

Die unentschiedene Stellung des Staates zur Armut seiner Gesellschaft, die zwischen dem Standpunkt der Notwendigkeit sozialer Hilfen zur Aufrechterhaltung der öffentlichen Sicherheit und Ordnung und der Unzufriedenheit mit der Inanspruchnahme dieser Hilfen hin- und herschwankt, hat sich bis heute und nicht nur in Deutschland erhalten – auch dies kann nicht verwundern. Denn die moderne Armut des 21. Jahrhunderts hat wie diejenige des 19. Jahrhunderts Gründe, die von den Staaten immerhin für so substanziell gehalten werden, dass sie die Begründung einer *eigenen Abteilung des Sozialrechts* erforderlich machen: des *Fürsorgerechts* nämlich, das sich um die durch und für den Reichtum produzierte und aussortierte Armut kümmert. Wenn diese Rechte dann in Anspruch genommen wird, handelt es sich um zu minimierende *Kosten*, wenn auch um offenbar *notwendige* Kosten.

1.2   Weimarer Republik: Schleppende Integration des Vierten Stands

Ein verlorener Krieg und eine gescheiterte Revolution standen am Anfang der Weimarer Republik. Armut und Elend waren allgegenwärtig. Der Vierte Stand war bei weitem noch nicht normaler Volksbestandteil, der Rechtsgrundsatz der „Gleichheit vor dem Gesetz" noch nicht verwirklicht. Dies zeigt sich deutlich am seit 1848 geltenden Dreiklassenwahlrechts in Preußen, das den legitimatorischen Einfluss der Wähler anhand des Einkommens gestaltete, sodass der Reiche mehr Stimmen hatte als der Arme, was einer systematischen Ausgrenzung der Armen entspricht. Es handelte sich um eine ungleiche Wahl.[9] Mehr noch: neben das Dreiklassenwahlrecht trat für die Wahlen zum Reichstag ein armenrechtlicher Ausschluss des Wahlrechts des Empfängers von Fürsorgeleistungen.[10] Auf Unterstützung

---

8   Dies gilt heute noch uneingeschränkt für unfreiwillige Obdachlosigkeit; bei freiwilliger Obdachlosigkeit nur noch zur Verhütung von Straftaten, vgl. die Rechtsprechung zur Rechtmäßigkeit der Verbringung von Obdachlosen aus den Stadtzentren (Sunder 2002, S. 21-28 m.w.N., sowie Pieroth und Schlink [Kniesel] 2008: § 16 Rdz. 23, 24).

9   Die Wahl wurde darüber hinaus *öffentlich* ausgeübt, sodass etwa Gutsherren und Unternehmer nach Kräften persönliche Abhängigkeiten gegenüber ihren Dienstkräften geltend machen konnten.

10   Vgl. § 3 Abs. 3 des Wahlgesetzes für den Reichstag des Norddeutschen Bundes vom 31.05.1869, BGBl., S. 145.

angewiesene Personen hatten also nicht nur weniger Stimmen, sondern sie hatten gar keine Stimme.

Ob die seinerzeitige politische Elite durch die revolutionären Umtriebe dazu gezwungen wurde, oder ob ihr die politische Ungleichbehandlung selbst nicht mehr einleuchtete, ist an dieser Stelle nicht von Belang; jedenfalls vollzog der bürgerliche Staat einen weiteren Schritt in Richtung moderner Demokratie, indem mit den Stimmen von MSPD und USPD diese Einschränkungen u. a. durch Verabschiedung des Reichswahlgesetzes 1918[11] aufgehoben und die Armen – Arbeiter und Bedürftige – durch Wahlen an der Herrschaft beteiligt wurden.

Die Fortentwicklung des Fürsorgerechts vollzog sich schleppender (vgl. Muthesius 1928, S. 152f.). Erst 1924, nachdem eine Vielzahl von Fürsorgeleistungen zu Gunsten der Kriegsopfer eher unsystematisch geschaffen worden waren und nachdem eine bis dahin beispiellose Inflation Bevölkerungskreise bedürftig gemacht hatte, die bis dahin ihren Lebensunterhalt selber hatten bestreiten können, wurde mit der *Fürsorgepflichtverordnung* (RFV) vom 13.02.1924[12] und den darauf fußenden *„Reichsgrundsätzen der öffentlichen Fürsorge“* (RGr) vom 24.12.1924[13] die vormalige Rechtslage neu geordnet, ohne allerdings an den gültigen Grundsätzen wirklich zu rütteln. Die Leistungsverpflichtung des jeweiligen Fürsorgepflichtverbandes war lediglich ein Problem der örtlichen Zuständigkeit. Die Wahrnehmung dieser Leistungsverpflichtung durch die Armenverbände galt mit der hoheitlichen Zuweisung als gesichert. Die vormalige Rückzahlungsverpflichtung bestand eingeschränkt fort. Die Hilfe war subsidiär, es bestanden besondere Gehorsamspflichten. Nach wie vor konnte die Freizügigkeit der Bedürftigen (vgl. Muthesius 1928, S. 152f.) eingeschränkt werden, indem der letztlich zuständige Fürsorgeverband gem. § 14 RFV die sog. Übernahme verlangte, gegen die der Bedürftige keinen Rechtsbehelf geltend machen konnte. Nach wie vor gab es keine Mitwirkungsrechte des Bedürftigen; das Arbeitshaus lebte als drastische Rechtsfolge der §§ 19, 20 RFV fort, in das auch eine Zwangseinweisung möglich war. Und, ganz wesentlich, jedenfalls aus Sicht der späteren Bundesrepublik: Der Bedürftige hatte nach wie vor *kein subjektiv-öffentliches Recht* auf Hilfe, er konnte die Hilfe nicht einklagen, wenngleich dies schon damals umstritten war (vgl. Muthesius 1928, S. 161 mit weiteren Nachweisen.).

1.3   Faschismus: Die „Volksgemeinschaft" bekämpft ihre Feinde, auch die Armen

Das sozialpolitische Programm der Nationalsozialisten leitet sich ab aus den Ambitionen, die sie mit dem ‚Wiedererwachen Deutschlands‘ verbanden: die gesamte Gesellschaft, jeder einzelne Volksgenosse hatte dem Allgemeinwohl unmittelbar zu dienen; und zwar in der Weise, dass der Staat seine Machtmittel nicht mehr auf dem Umweg der Erträge einer

---

11 Reichswahlgesetz vom 30.11.1918, RGBl., S. 1345.

12 RGBl. I, S. 100.

13 RGBl. I, S. 756.

hoheitlich betreuten kapitalistischen Konkurrenz beziehen sollte; deren Ergebnisse waren von den Nazis gerade als unzureichend beurteilt und der Demokratie und dem Ausland zur Last gelegt worden; sie organisierten daher jede soziale oder ökonomische Regung als Dienst an der Nation und forderten bedingungslose Pflichterfüllung. Anfängliche sozialrechtliche Reformversuche, die gegliederte Sozialverwaltung durch eine Einheitsversicherung zu ersetzen, wurden jedoch rasch fallen gelassen; der Reformeifer beschränkte sich auf die Einführung des Führerprinzips, also die Abschaffung der Selbstverwaltung in der Sozialversicherung. Die Arbeiterschaft bekam freilich eine radikalisierte Organisation der nationalen Arbeit zu spüren: Gewerkschaften wurden zerschlagen und durch die Deutsche Arbeitsfront (DAF) ersetzt; die betriebliche Mitbestimmung wurde auf den (vor allem nationalen) Erfolg des Unternehmens ausgerichtet und die Betriebsräte durch Vertrauensräte ersetzt.[14]

Nicht nur nach außen wurden Feinde entdeckt, sondern auch nach innen; und so entwickelten die Nationalsozialisten ein völkisch-rassistisches Säuberungsprogramm, das alle Individuen, die im Verhältnis zur Nation einen – wenn auch nur eingebildeten – Makel, eine Andersartigkeit als die von ihnen gesetzte Norm aufwies, aus der *Volksgemeinschaft* ausgegrenzt wurden; anders als etwa die vormalige Demokratie, die ihre Legitimation von allen deutschen Staatsbürgern bezog und ihre Herrschaft auf sie erstreckte. Der Bruch jedoch, die Radikalität der Nazis, bestand darin, die von ihnen zurechtdefinierten *Volksfeinde* nicht nur am Rande der Gesellschaft irgendwie leben zu lassen, sondern diese *zu vernichten*. Neben den Juden, die in Deutschland schon lange vor dem Faschismus für suspekt bis schädlich gehalten wurden, waren dies auch viele bedürftige Menschen, die von öffentlicher Fürsorge lebten: *„Öffentliche Wohlfahrtspflege und Fürsorge tragen – ungewollte Nebenwirkung einer unabweisbaren Pflicht – dazu bei, Erbkranke zu erhalten und zur weiteren Fortpflanzung zu bringen. Ein erdrückender und ständig wachsender Ballast von untauglichen, lebensunwerten Menschen wird unterhalten und in Anstalten verpflegt – auf Kosten der Gesunden, von denen heute Hunderttausende ohne eigene Wohnung sind und Millionen ohne Arbeit darben."* – So heißt es in der Zeitschrift ‚*Eugenik*' aus dem Jahre 1930 (zit. n. Stolleis 2003, S. 185). Die Umsetzung dieses rassistischen Programms ist bekannt: Neben Hunderttausenden Zwangssterilisationen schon vor Kriegsbeginn gegen „lebensunwertes Leben" erfolgten Razzien gegen „Asoziale": „Arbeitsscheue, Alkoholiker, Bettler, Prostituierte und Straftäter" (vgl. hierzu Ayass 1995 passim sowie Stolleis 2003, S. 185f.); die schon nach §§ 19, 20 RFV möglichen Zwangseinweisungen in Anstalten (Arbeitshäuser, Lager für geschlossene Fürsorge) wurden verstärkt angewandt; ebenso die bereits angesprochenen §§ 361, 362 RStGB. Nächster Schritt war, die politische Gegnerschaft dieses rassistischen Programms, insbesondere Sozialdemokratie und Kommunismus, aber auch bürgerlich-demokratische Opposition zu verbieten, deren Aktivisten ins Exil zu treiben, sie zu internieren und umzubringen. Dass dann Juden, Sinti und Roma, Homosexuelle, Behinderte und „Asoziale" in die KZs und die Gaskammern geschickt wurden, ist bekannt.

---

14 Vgl. das „Gesetz zur Ordnung der nationalen Arbeit" vom 20.01.1934, RGBl I, S. 45.

1.4   Bundesrepublik: Fürsorge als Rechtsanspruch als Gebot der Menschenwürde

Am Anfang der neu zu gründenden Bundesrepublik stand ein rechtspolitisches Dilemma: Einerseits galt es, sich zur untergegangenen faschistischen Herrschaft abzugrenzen, andererseits sollte an der Rechtsnachfolge des Deutschen Reichs festgehalten werden – zumal angesichts der bevorstehenden Gründung eines ostdeutschen Staates, der andere Schlüsse aus einem verlorenen Weltkrieg und den faschistischen Gewalttaten ziehen wollte, jedenfalls ein konkurrierendes Staatsprogramm aufmachte.

Die ‚Lösung' dieses Problems, auf das sich der Parlamentarische Rat 1948 einigen konnte, war – verkürzt gesagt –, die Erhebung der *„unantastbaren Menschenwürde zum Auftrag aller staatlichen Gewalt.",* vgl. Art. 1 Abs. 1 GG. Hierauf konnten sich alle demokratischen Kräfte, von den konservativsten Christen über die Liberalen bis zu den linken Sozialdemokraten – mit Ausnahme der Kommunisten – einigen. Die Menschenwürde verbürgte auf der einen Seite die Abkehr von der nationalsozialistischen und die Hinwendung zur demokratischen Herrschaft, weil in ihr der Einzelne zum *Wert erhoben* ist; andererseits bedurfte es in dieser – wie in jeder – naturrechtlichen Konstruktion eines Garanten zum Schutz der Menschenwürde, nämlich des demokratisch legitimierten Gewaltmonopols als Fortsetzung und Restauration deutscher Staatlichkeit.[15]

Es dauerte allerdings noch einige Zeit, bis die Menschenwürde beim Fürsorgerecht ‚ankam': Mit der bisherigen Rechtslage, die dem Hilfebedürftigen keinen eigenen Anspruch einräumte, brach das *Bundesverwaltungsgericht (BVerwG)* erst 1954,[16] indem es einen solchen Rechtsanspruch auf Hilfe in die immer noch geltende Rechtslage der Weimarer Zeit ‚hineinlas'. Es formulierte:

> „Der Einzelne ist zwar der öffentlichen Gewalt unterworfen, aber nicht Untertan, sondern Bürger. Darum darf er nicht lediglich Gegenstand staatlichen Handelns sein. Er wird vielmehr als selbstständige sittlich verantwortliche Persönlichkeit und deshalb als Träger von Rechten und Pflichten anerkannt. Dies muss besonders dann gelten, wenn es um seine Daseinsmöglichkeit geht. (…) Die unantastbare, von der staatlichen Gewalt zu schützende Würde des Menschen verbietet es (…), ihn lediglich als Gegenstand staatlichen Handelns zu betrachten, soweit es sich um die Sicherung des ‚notwendigen Lebensbedarfs', (…) also seines Daseins überhaupt handelt."[17]

---

15 Die Gegner dieser Staatsraison wurden in der Folge jeweils unter Berufung auf Art. 1. Abs. 1 GG verboten, vgl. *BVerfG,* Urteil vom 23.10.1952, Az. 1 BvB V51 – SRP-Verbot, in: BVerfGE 2, S. 1-179 und *BVerfG,* Urteil vom 17.08.1957, Az. 1 BvB 2/51 – KPD-Verbot, in: BVerfGE 5, S. 85-393.

16 *BVerwG,* Urteil vom 24.06.1954, Az. 5 C 78.54, in: BVerwGE 1, S. 159-163 = FEVS 1, 55 = NDV 1954, S. 380.

17 *BVerwGE* 1, S. 159-163, hier: 161.

Hineingelesen ist dies deshalb, weil sich in dem seinerzeit geltenden Recht – RFV und RGr – Rechtsansprüche auf Fürsorge nicht finden ließen, dies aber nun mit Blick insbesondere auf die Menschenwürde des Art. 1. Abs. 1 GG als zwingend angesehen wurde. Das BVerwG hat allerdings nicht, wie häufig angenommen, ausgeführt, dass Armut als solche unwürdig sei und insofern durch Fürsorgeleistungen bekämpft werden müsse. Sein Standpunkt war vielmehr, dass die Subjektsqualität des Einzelnen nicht hinnehmbar verletzt werde, wenn der Staat sich zu Leistungen verpflichte, auf die der Einzelne keinen Anspruch habe. Es geht also in der Entscheidung nur um die Art und Weise der Gewährung; diese müsse wegen der Menschenwürdegarantie als einklagbarer Rechtsanspruch existieren, weil anderenfalls der Bedürftige nur „Gegenstand staatlichen Handelns" sei. Genauso behandelte nämlich das bis dahin geltende Recht den Hilfebedürftigen: Als Störung der öffentlichen Ordnung, der mit armenpolizeilichen Mitteln abzuhelfen sei (Neumann 1995, S. 426-432, hier: S. 427).

Der wesentliche Fortschritt dieses Urteils war die Gewährung eines subjektiv-öffentlichen Rechts für den Hilfebedürftigen als Forderung der Menschenwürde. Diese Forderung ist einer demokratischen Staatsgründung würdig: Unter dem Eindruck und zur Abgrenzung von der gerade untergegangenen nationalsozialistischen Herrschaft verbeugt sich die junge Staatsgewalt ideell vor ihren *Untertanen* und begibt sich formell auf die gleiche Augenhöhe mit ihnen; auch dann, wenn sie nach altem Verständnis gerade diese Bürgereigenschaft verloren hatten.

2   Armut und Recht in der Bundesrepublik Deutschland: vom Rechtsanspruch auf Sozialhilfe zur Existenzsicherung auf bescheidenem Niveau.

2.1   Das soziokulturelle Existenzminimum als Teilbereich der „unantastbaren Menschenwürde"

Seit der oben referierten Fürsorgeentscheidung hat sich die Auffassung durchgesetzt, dass die Menschenwürdegarantie des Art. 1. Abs. 1 GG den Staat dazu verpflichtet, ein soge- nanntes soziokulturelles Existenzminimum zu gewähren. Überwiegend wird als weiterer verfassungsrechtlicher Ausgangspunkt auch das Sozialstaatsgebot des Art. 20 Abs. 1 GG genannt.

2.1.1   Die frühe Rechtsprechung des Bundesverfassungsgerichts

Das Bundesverfassungsgericht (BVerfG) führte in einer seiner ersten Entscheidungen noch aus, dass ein „Anspruch auf angemessene Versorgung durch den Staat" durch die Menschenwürde nicht gewährt werde; es bestehe lediglich ein Schutzanspruch aus Art. 1 Abs. 1 S. 1 GG gegen „Erniedrigung, Brandmarkung, Verfolgung, Ächtung usw."[18] Dieser

---

18 *BVerfG,* Beschluss vom 19.12.1951, Az. 1 BvR 220/51, in: BVerfGE 1, S. 97-108, besonders: 104f.

Gedanke wurde weiterentwickelt durch die sog. *Objektformel*, die ursprünglich auf den Verfassungsrechtler Dürig zurückgeht (Maunz et al. [Dürig] 2016: Art. 1 Rdz. 7). Sie zieht sich konsistent durch die Rechtsprechung des BVerfG. Mit dem Begriff der Menschenwürde ist danach

> „der soziale Wert- und Achtungsanspruch des Menschen verbunden, der es verbietet, den Menschen zum bloßen Objekt des Staates zu machen oder ihn einer Behandlung auszusetzen, die seine Subjektqualität prinzipiell in Frage stellt. Menschenwürde in diesem Sinne ist nicht nur die individuelle Würde der jeweiligen Person, sondern die Würde des Menschen als Gattungswesen."[19]

Das BVerfG hat jedoch schon im Jahr 1970 die Formulierung, wonach der Mensch nicht zum bloßen Objekt der Staatsgewalt herabgewürdigt werden dürfe, eingeschränkt und gemeint, sie könne nur die Richtung andeuten, in der Fälle von Würdeverletzung gefunden werden könnten; denn

> „der Mensch ist nicht selten bloßes Objekt nicht nur der Verhältnisse und der gesellschaftlichen Entwicklung, sondern auch des Rechts. (…) Hinzukommen muß, daß er einer Behandlung ausgesetzt wird, die seine Subjektqualität prinzipiell in Frage stellt, oder daß in der Behandlung im konkreten Fall eine willkürliche Mißachtung der Würde des Menschen liegt. Die Behandlung (…) muß also, wenn sie die Menschenwürde berühren soll, Ausdruck der Verachtung des Wertes, der dem Menschen kraft seines Personseins zukommt, also in diesem Sinne eine ‚verächtliche Behandlung' sein."[20]

2.1.2   Rechtscharakter der Sozialhilfe

Wenn also die Menschenwürde Rechtsgrund der Sozialhilfe ist – vgl. § 1 SGB XII –, heißt dies zugleich, dass dies nicht deckungsgleich mit der Verhinderung von Armut und Not ist. Armut und Not werden von der Sozialhilfe nur soweit bekämpft, wie sie den Mensch als Mensch ‚verächtlich' machen. Dies ist dann der Fall, wenn der Einzelne aus dem Leben in der Gemeinschaft durch seine Mittellosigkeit ausgeschlossen wird oder zu werden droht, weil die übrigen Gesellschaftsmitglieder den Armen verspotten und gewissermaßen ‚mit dem Finger auf ihn zeigen' und ihn ob seiner Armut verachten.

Vom Staat zu sichern ist daher auch nicht einfach ein wie knapp auch immer bemessenes Existenzminimum, sondern das sog. *soziokulturelle* Existenzminimum, welches sich auf die Teilhabemöglichkeit des Einzelnen an der Gesellschaft bezieht.[21] Der Rechtsgrund dieses soziokulturellen Existenzminimums besteht nicht nur in der Menschenwürde, sondern auch im Sozialstaatsprinzip des Art. 20 Abs. 1 GG, für das das BVerfG dem

---

19 *BVerfG*, Beschluss vom 20.10.1992, Az. 1 BvR 698/89, in: BVerfGE 87, S. 209-233, hier: 228.

20 *BVerfG*, Urteil vom 07.07.1970, Az. 2 BvF 1/69, 2 BvR 629/68 und 308/69 – Abhörurteil, in: BVerfGE 30, S. 1-47, hier: 25.

21 *BVerfG*, Beschluss vom 29.05.1990, Az. 1 BvL 20, 26, 184 und 4/86 – Steuerfreies Existenzminimum, in: BVerfGE 82, S. 60-105, hier: 85; *BVerfG*, Beschluss vom 18.06.1975, Az. 1 BvL 4/74 – Waisenrente II, in: BVerfGE 40, S. 121-140, hier: 133.

Gesetzgeber einen sehr weiten Gestaltungsspielraum einräumt.[22] Rechtsgrund dieses Existenzminimums ist demgegenüber *nicht der Eigentumsschutz des Art. 14 GG*, weil es nach geltendem Recht nicht auf einer eigenen Leistung des Bedürftigen gründet, wie etwa Sozialversicherungsleistungen.[23]

Die Fürsorgeentscheidung von 1954 nimmt einiges der weiteren Entwicklung des Menschenwürdebegriffs vorweg. Denn sie sicherte mit zunächst noch schwacher dogmatischer Begründung dem einzelnen keinen Rechtsanspruch auf gesicherte Existenz zur Befriedigung individueller Bedürfnisse zu, sondern gewährte einen Rechtsanspruch auf Hilfe wegen der Subjektqualität des Menschen, der als Untertan einer demokratischen Staatsgewalt nur dann zum Bürger werde, wenn er Rechte geltend machen dürfe.

Das aus der Menschenwürde begründete soziokulturelle Existenzminimum hat also in der Tat einen formell-abstrakten Charakter, weil sein positiv-rechtlicher Inhalt ganz auf die Seite desjenigen fällt, der sie garantiert. Die Menschenwürdegarantie verpflichtet den Staat nicht dazu, *bestimmte Rechte* zu gewähren und schon gar nicht *bestimmte Bedürfnisse* zu befriedigen, sondern nur *überhaupt Rechte* zu gewähren.[24] Sie ist ein „*Recht auf Rechte*" (Enders 1997, S. 501f.). Wer Rechte gewährt, bestimmt auch ihren Inhalt. Und dieser Inhalt ist durchaus nicht wesensverschieden von der alten armenpolizeilichen Fürsorge.

Damit sind die verfassungsrechtlichen Vorgaben für den Schutz der Menschenwürde im Hinblick auf die materielle Ausgestaltung des Existenzminimums klar definiert: Der Staat hat sich darum zu kümmern, dass seine Bürger trotz Armut als Bürger anerkannt bleiben.[25]

Unterstellt ist damit nichts geringeres als die bürgerliche Existenz des modernen Menschen, von ihr geht der Schutz des Existenzminimums aus: Die Menschenwürde schützt in dieser Hinsicht den privatautonom handelnden Bürger, der selbstständig von einer *Erwerbsarbeit* lebt:

„Die staatliche Gemeinschaft muß (...) jedenfalls die Mindestvoraussetzungen für ein menschenwürdiges Dasein sichern und sich darüber hinaus bemühen, sie soweit möglich in die Gesellschaft einzugliedern."[26]

Sie geht von dem Gedanken aus, dass die Gesellschaft es eigentlich jedem ermöglichen müsste, in ihr einer Erwerbsarbeit nachzugehen, die einen Menschen auch ernähren kann. Menschenwürde hat danach eine innere Ausrichtung auf Lebensumstände, in denen der Einzelne sich frei dazu entschließt, Geld zu verdienen. Sie ist die Voraussetzung der Freiheit

---

22 *BVerfGE*, 40, S. 121-140 a. a. O. ; *BVerfG*, Urteil vom 21.06.1977, Az. 1 BvL 14/76 – Lebenslange Freiheitsstrafe, in: BVerfGE 45, S. 187-271, hier 228.

23 *BVerfG*, Urteil vom 01.07.1953, Az. BvL 23/51, in: BVerfGE, 2, S. 380-407, *BVerfG*, Urteil vom 16.07.1985, Az. 1 BvL 5/80, 1 BvR 1023, 1052/83, 1227/84, in: BVerfGE 69, S. 272-314.

24 *Schiller* irrte also, als er formulierte: „Nichts mehr davon, ich bitt euch. Zu essen gebt ihm, zu wohnen. Habt ihr die Blöße bedeckt, gibt sich die Würde von selbst." (Schiller 2004, S. 248).

25 Diesen Gedanken hat der Autor an anderer Stelle weiter entfaltet, vgl. Hinrichs 2006.

26 *BVerfGE*, 40, S. 121-140, hier: 133 zur Höhe der staatlichen Waisenrente.

des Einzelnen (vgl. Enders 1997, S. 163ff.),[27] sich mittels Verträgen am Wirtschaftsleben in privateigentümlicher Form zu beteiligen. Und dies schließt ein Gewaltmonopol ein, das die Geltung von Privateigentum und Vertrag gewährleistet. So macht der Staat sich praktisch zum Schutzherrn des Individuums und überführt damit den Gedanken der Menschenwürde in das positive Recht. Insoweit ist dann in der Menschenwürde die Herrschaft des Rechts für den Einzelnen verbürgt, und insoweit reflektiert sie das Ideal einer kapitalistischen Erwerbsgesellschaft, letztlich ginge es auch in diesen Verhältnissen um den Menschen.

Damit entsteht ein Spannungsverhältnis zwischen der materiellen Hilfe für den Bedürftigen und der Zweckrichtung, um derentwillen diese Hilfe geleistet wird: Dem Hilfebedürftigen geht es um erstere, weil er in seiner Not auf die Hilfe angewiesen ist; dem Gesetz geht es um die Sicherung des Rechts – auch an den Rändern seiner Geltung – als dem Gestaltungsprinzip einer Gesellschaft, der es um die rechtlich selbstständige und wirtschaftlich abhängige Erwerbsarbeit zu tun ist.[28]

2.1.3   Die Umsetzung der verfassungsrechtlichen Vorgaben im Bundessozialhilfegesetz

Die Fürsorgeentscheidung des BVerwG wurde erst knapp 10 Jahre später, nämlich durch das Bundessozialhilfegesetz (BSHG) 1964, umgesetzt. Es galt bis zu seiner Abschaffung durch SGB II und SGB XII zum 01.01.2005 (Hartz IV). Das Gesetz stellte das letzte Netz der sozialen Sicherung dar, seine Leistungen waren steuerfinanziert und im Grundsatz nachrangig gegenüber allen anderen Sozialleistungen. Es umfasste Leistungsansprüche auf Hilfe zum Lebensunterhalt, Hilfe in besonderen Lebenslagen und Vorschriften zum Einsatz von Einkommen und Vermögen. Der in § 4 BSHG bestimmte Anspruch auf Sozialhilfe[29] wurde durch die sog. Strukturprinzipien des Sozialhilferechts, die das BVerwG in seiner mehr als 50-jährigen Zuständigkeit entwickelt hatte, stark geprägt. Auf diese Strukturprinzipien soll weiter unten bei der Darstellung der nunmehr geltenden Rechtslage nach SGB II und SGB XII eingegangen werden, denn das seit den Hartz-Reformen zuständige Bundessozialgericht (BSG) hat diese Rechtsprechung fortgesetzt.

2.1.4   Die aktuelle Rechtsprechung des Bundesverfassungsgerichtes

Anfang 2010 hatte sich das Bundesverfassungsgericht grundsätzlich mit den Hartz-IV-Reformen auseinanderzusetzen[30]. Die Entscheidung ist auf großes Interesse nicht nur der Fachöffentlichkeit (statt vieler: Rothkegel 2010) gestoßen und wurde z. T. stürmisch gefeiert

---

27 Menschenwürde als „Anlage zur Freiheit".

28 Der Gesetzgeber trägt diesem Umstand Rechnung: Das Arbeitsrecht gilt nur zwischen Arbeitgebern und Arbeitnehmern. Letztere zeichnen sich dadurch aus, dass sie unselbständige, fremdbestimmte Dienstleistungen erbringen, also auch weisungsgebunden sind, vgl. § 5 Abs. 1 ArbGG.

29 Einen guten Überblick gibt (Grube 1999, S. 150ff. u. S. 184ff.).

30 BVerfG, Urteil vom 09.02.2010 – 1 BvL 1/09 u. a.. Diese und die folgenden Entscheidungen werden zitiert nach: http://www.bverfg.de/entscheidungen.

(vgl. Prantl 2010). In mehreren Entscheidungen wurden die gefundenen Grundsätze seither vertieft und ausgeformt.[31] Dabei hat das Gericht entgegen anderslautender Interpretationen keine materielle Besserstellung der Armen verlangt und diesen harten Standpunkt in den Folgeentscheidungen auch nicht revidiert.

Stattdessen hat es ein grundrechtliches Recht auf Sicherung des Existenzminimums aus der Menschenwürdegarantie, Art. 1 Abs. 1 GG und dem Sozialstaatsgebot des Art. 20 Abs. 1 GG abgeleitet und ist damit der seit langem in der Literatur vertretenen Ansicht gefolgt. Garantiert wird danach freilich nur ein Existenz*minimum*, mit anderen Worten: ein *Recht auf Almosen*, das niemanden verhungernd und verwahrlost zurück- und aus dem Kollektiv des gesellschaftlichen, kulturellen und politischen Lebens entlässt; nicht etwa ein *Recht auf gute und bedürfnisorientierte Lebensverhältnisse*. Dies ist in sich durchaus schlüssig, weil die Menschenwürde als Rechtsgrund des Existenzminimums ihrem Inhalt nach nur den idealisierten Reflex einer kapitalistischen Erwerbsgesellschaft darstellt (vgl. oben unter 2.1.2).

Weiter hat das *BVerfG* dem Gesetzgeber einen Gestaltungsspielraum hinsichtlich der konkreten Höhe einer Geldleistung oder der Art der grundsätzlich ebenso möglichen Sachleistungen zugebilligt, der der verfassungsrechtlichen Überprüfung nicht zugänglich ist. Mit der Annahme eines solchen Gestaltungsspielraums und der Selbstbeschränkung auf eine bloße *Evidenzkontrolle* zieht sich das Gericht aus dem Streit um die Höhe des Existenzminimums vornehm zurück. Es überlässt es damit der Politik, einen Ausgleich zu finden zwischen dem sozialpolitischen Zweck, von den Unternehmen nicht mehr benötigte, also überflüssig gemachte Teile der Bevölkerung weiterhin verfügbar und funktional zu halten einerseits und den haushaltspolitischen Notwendigkeiten einer auf Wirtschaftswachstum setzenden kapitalistischen Nation andererseits (vgl. zum ähnlich gelagerten Problem in der Jugendhilfe Hinrichs 2010).

Die Höhe des Pauschalleistungsanspruchs, auf das sich dieses Recht zusammenkürzt, muss der Gesetzgeber transparent machen, darf also nicht *ins Blaue hinein* schätzen. In diesem Zusammenhang sind die methodischen Fehler und Winkelzüge des Gesetzgebers bei seinen statistischen Berechnungen vor allem an der Höhe des Sozialgeldes für Kinder durch das Gericht kritisiert worden. In einem transparenten Verfahren habe der Gesetzgeber nachzuweisen, wie er zur konkreten Höhe der Regelsätze komme – einer Anforderung, der die alten Regelsätze nicht gerecht wurden.

Schließlich hat das *BVerfG* eine Härtefallregelung für atypische Fälle gefordert. Das ist folgerichtig, weil die pauschalen Regelungen des Gesetzes der grundrechtlichen Verbürgung des Rechtsanspruches auf ein menschenwürdiges Existenzminimum nicht gerecht werden können. Alle Bedarfe, die vom Gesetzgeber nicht gesehen wurden, aber gleichwohl einem menschenwürdigen Leben entsprechen, sind daher zu befriedigen. Am unteren Ende menschlicher Existenz, zwischen Armut und Elend, zwischen Verwahrlosung, Verrohung

---

31 BVerfG, Urteil vom 18.07.2012 – 1 BvL 10/10; Urteil vom 23.07.2014 – 1 BvL 10/12.

und Apathie, sind dies schwierige Abwägungsentscheidungen, die vom Gesetzgeber nicht durch pauschalisierte Regelungen vorweggenommen werden können.

Das Urteil zeigt, wie sehr sich die Rechtsordnung auf die zunehmende Präsenz von Armut in einer Gesellschaft des Reichtums einstellt und sie damit *normal* macht (Schnath 2010): Auch die Armen haben ihren Platz im Grundgesetz gefunden, ihre jämmerliche soziale Lage ist nun rechtlich gesichert. Dass dieser Umstand keineswegs, wie von vielen Sozialstaatsanhängern gefordert, zu einer Verbesserung der Lage der Armen führt, zeigen die praktischen Schlussfolgerungen der Politik aus diesem Urteil: Die Regelsätze (im Jahr 2010: 359 Euro) wurden neu errechnet, in der Höhe aber nur um 5 Euro angehoben; seit 2017 liegen sie bei 409 Euro; die vom *BVerfG* besonders gerügten Regelsätze für Kinder wurden für Kinder bis 6 Jahren nahezu unverändert gelassen (für bis zu 7-14 Jährige allerdings von 207 auf 242 Euro erhöht, seit 2017: 291 Euro), aber durch ein System von Sachleistungen ergänzt, das Kinder armer Familien einerseits in ihre zukünftige Rolle produktiver Armer zwingt und andererseits so knapp bemessen ist, dass ein nennenswerter Nutzen für die Betroffenen kaum noch auszumachen ist. Die Unerbittlichkeit, mit der diese beiden widersprüchlichen Positionen (Hinrichs 2010, S. 22) verfolgt werden, führt im Ergebnis zum Problem mangelnder Inanspruchnahme und einer Vielzahl organisatorischer Probleme der beteiligten Leistungsträger (Lenze 2011).

Die Entscheidungen des BVerfG[32] sind nicht frei von Widersprüchen, wie etwa (Lenze 2014) hinsichtlich der Ermittlung der Höhe des Regelsatzes erkennt. Stichworte sind hier: Herausrechnung der *verdeckten Armut* aus der statistischen Vergleichsgruppe, Herausnahme bestimmter Konsumgüter aus dem zu deckenden Bedarf, Anrechnung anderer Sozialleistungen auf den Regelsatz. Insbesondere die Weigerung des Gerichts, sich mit Höhe und Inhalt des vom Gesetzgeber zu garantierenden Existenzminimum substantiell auseinanderzusetzen, zugleich aber Transparenz und Tragfähigkeit der Begründungen für die Zumessung des zu sichernden Existenzminimums zu fordern, ist logisch schwer nachzuvollziehen. Gleichwohl ist die Haltung des Gerichts in sich konsistent: Es entledigt sich einer umfassenden Überprüfungspflicht mit der Annahme einer bloßen Evidenzkontrolle, die nur jene gesetzlichen Regelungen als verfassungswidrig herausgreift, die das grundgesetzlich geschützte Existenzminimum evident missachten; alle anderen Unstimmigkeiten werden zwar problematisiert, letztlich aber mit dem Hinweis auf den weiten Gestaltungsspielraum des Gesetzgebers für (noch) zulässig erachtet. Eine weitergehende Kontrolle würde unweigerlich das politische Interesse an möglichst niedrigen Regelsätzen grundsätzlich angreifen. Man mag sich fragen, warum das *BVerfG* einem solchen Verfassungskonflikt ausweicht. Möglich erscheint, dass es die Frage nach Höhe und Inhalt des Existenzminimums aus rechtlicher Sicht nicht konkret beantworten will, weil das zu Grunde liegende Rechtsgut – die Menschenwürde – nicht dem Schutz des leiblichen Menschen mit konkreten Bedürfnissen gilt, sondern der Abstraktion *Mensch als Mensch*. (vgl. hierzu unten unter 3.3.2). Möglich auch, dass das BVerfG diese Frage in den politischen

---

32 BVerfG, Urteil vom 09.02.2010 – 1 BvL 1/09 u. a.; Urteil vom 18.07.2012 – 1 BvL 10/10; Urteil vom 23.07.2014 – 1 BvL 10/12.

Raum zurückgibt, weil es letztlich eine politische und keine rechtliche Frage ist, wie viel Armut und Verwahrlosung die Bevölkerung zu ertragen bereit ist.

2.2 Strukturprinzipien des Sozialhilfe- bzw. Grundsicherungsrechts

Das Grundsicherungs- und Sozialhilferecht hat sich an den Vorgaben zu orientieren, die von der Rechtsprechung zur Auslegung und Konkretisierung der gesetzlichen Normen gemacht werden, jedenfalls insoweit, als sie verfassungsrechtlich begründet sind. Nicht alle Vorgaben, die das BVerwG bei seiner Gesetzesanwendung zum BSHG gemacht hat, können unmittelbar auf den Wortlaut einzelner Normen zurückgeführt werden. Gleichwohl beansprucht diese Dogmatik, die sich logisch eben auch aus dem Sinn und Zweck der Sozialhilfe und der Grundsicherung ableitet, hohes Gewicht. Viele einzelne Fälle lassen sich überhaupt nur mit einem Blick auf diese sog. Strukturprinzipien des Sozialhilferechts[33] lösen, weshalb sie im Folgenden wiedergegeben werden sollen. Die soeben zitierten Entscheidungen des BVerfG fügt diesen Wertungen auf der Ebene des einfachen Rechts kaum Neues hinzu, bestätigt vielmehr die entwickelten Strukturprinzipien in zentralen Punkten.

2.2.1 Bedarfsdeckungsgrundsatz

Der *Bedarfsdeckungsgrundsatz* (Berlit et al. [Siebel-Huffmann] 2012, Kap. 9) nennt Inhalt und Umfang des gesetzlichen Auftrags der Sozialhilfe. Der sozialhilferechtlich anerkannte Bedarf muss durch Sozialhilfeleistungen vollständig befriedigt werden. Dass dieser Bedarf als Rechtsbegriff etwas anderes darstellt, als das Bedürfnis der Bedürftigen, ist klar. Denn die Bedarfsfestsetzung verdankt sich der hoheitlichen Zuteilung (vgl. unten zur Höhe der Leistungen), die sich am Zweck der Sozialhilfe orientiert: Schutz der Menschenwürde durch Schutz der Bedürftigen vor sozialer Ausgrenzung einerseits und Verpflichtung der Bedürftigen auf Erwerbsarbeit andererseits. Insofern ist der Bedarfsdeckungsgrundsatz ‚verfassungsfest'.

Die Sozialhilfe wird regiert nicht vom *Soll*, sondern vom *Ist*: Die Bedarfsdeckung bezieht sich auf die *gegenwärtige* Lage des Hilfebedürftigen (*Faktizitäts- und Gegenwärtigkeitsprinzip der Sozialhilfe*), weil der Bedarf nur aktuell und ohne Ansehung seines Grundes befriedigt werden soll. Weder wird dem Hilfebedürftigen seine Bedürftigkeit formell zur Last gelegt, noch soll umgekehrt die Sozialhilfe zur Bildung von Vermögen dienen.

Aus der Gegenwärtigkeit der Bedarfsdeckung folgt weiter, dass Bedarfe aus der Vergangenheit grundsätzlich nicht gedeckt werden. Es gilt der Grundsatz *‚Keine Hilfe für die Vergangenheit'* (Berlit et al. [Pattar] 2012, Kap. 10), von dem das *BVerwG* wegen der

---

33 Vgl. hierzu ausführlich: (Berlit et al. 2012, Teil II) Dieses Handbuch verfügt über umfangreiche Nachweise aus der Rechtsprechung. Auf diesen Band sei für die Quellen hinsichtlich der weiteren Darstellung besonders hingewiesen; auf weitere einzelne Quellenangaben wird mit Blick auf dieses Grundsatzwerk verzichtet, das u. a. den Standpunkt des *BVerwG* akribisch und bisweilen kontrovers wiedergibt und von bemerkenswerter dogmatischer Klarheit ist.

Effektivität des Rechtsschutzes Ausnahmen mit nachträglicher Kostentragung (sog. *Selbst-beschaffung*[34]) nur dann zulässt, wenn entweder der Leistungsträger säumig war, oder die Leistung zu Unrecht abgelehnt hat und der Leistungsberechtigte fristgerecht Rechtsmittel eingelegt hatte.

Im engen Zusammenhang hiermit steht der Grundsatz, dass Sozialhilfe ‚*keine renten-gleiche Dauerleistung*‘ (Berlit et al. [Pattar] 2012, Kap. 10, Rdz. 9) ist, sondern gleichsam Tag für Tag neu gewährt wird und auch nur bis zum Zeitpunkt der letzten behördlichen Entscheidung – in der Regel der Zeitpunkt des Widerspruchsbescheides – vom Gericht überprüfbar ist.

Ferner folgt aus dem Bedarfsdeckungsgrundsatz der *Individualisierungsgrundsatz* (Berlit et al. [Siebel-Huffmann] 2012, Kap. 9, Rdz. 10ff.): Der Sozialhilfe- bzw. der Grund-sicherungsträger hat die Hilfe grundsätzlich als einzelfallbezogene Hilfe zu gewähren, weil der Bedarf im Zweifel – gerade wegen seiner *prekären Nähe zu menschenunwürdigen Lebensverhältnissen* – individuell auf die Lebensverhältnisse des Einzelnen zugeschnitten werden muss.

2.2.2 Nachrangigkeit der Sozialhilfe

Sozialhilfe und Grundsicherung wollen den Hilfebedürftigen nicht alimentieren. Die Hilfe soll den Bedürftigen vielmehr „so weit wie möglich befähigen, unabhängig von ihr zu leben", vgl. § 1 Satz 2 SGB XII, § 1 Abs. 2 S. 1 SGB II. Ferner erhält Leistungen „nicht, wer sich vor allem durch Einsatz seiner Arbeitskraft, seines Einkommens und seines Ver-mögens selbst helfen kann, oder wer die erforderliche Leistung von anderen, insbesondere von Angehörigen oder Trägern anderer Sozialleistungen erhält", § 2 Abs. 1 SGB XII. Dies ist der *Nachranggrundsatz* (Berlit et al. [Conradis] 2012, Kap. 7) oder die *Subsidiarität* von Sozialhilfe. In Zeiten beständiger und verbreiteter Armut und Not hat er den durchaus harten Inhalt, auf Erwerbsarbeit zu dringen auch dann, wenn sie nicht in Sicht ist; parallel dazu bescheidenes Einkommen zu verwerten; ferner auf das soziale Umfeld, die Familie zu setzen, um die Bedürftigkeit zu mildern; und schließlich dem Bedürftigen insgesamt eine Einrichtung in der Armut zu verunmöglichen. Jede aktuelle Selbsthilfemöglichkeit schließt einen Anspruch auf Leistungen im Ausgangspunkt aus. Hinsichtlich der Art und der Entlohnung solcher Arbeit stellt § 10 SGB II für arbeitsfähige Hilfebedürftige klar, dass nur Sittenwidrigkeit oder objektive Unmöglichkeit zur Unzumutbarkeit führt.

Insofern es dem Nachranggrundsatz um die Hilfe zur Selbsthilfe und dem Bedarfs-deckungsgrundsatz um aktivierende Hilfe geht, stehen beide in einem komplementären Verhältnis zueinander – sie gehören untrennbar zueinander.[35]

---

34 Vgl. zum Parallelproblem in der Jugendhilfe (Hinrichs 2003).

35 (Rothkegel [Rothkegel] 2005, Teil II, Kap. 7, 5. Orientierungssatz): „Sozialhilfe als Hilfe zur Selbsthilfe (Selbsthilfegrundsatz) und Bedarfsdeckung durch aktivierende Hilfe (Bedarfsde-ckungsgrundsatz) sind komplementär."

Das *Lohnabstandgebot*[36] war früher ausdrücklich gesetzlich geregelt (§ 28 Abs. 4 SGB XII); aktuell ist es weder im SGB XII noch im SGB II noch im RBEG vorhanden (vgl. Berlit 2010). Es stellt sicher, dass der Bezug von Sozialhilfe auf jeden Fall unangenehmer ist, als zu den Bedingungen des Niedriglohnsektors zu arbeiten. Dass die Regelsätze dieses Prinzip *implizit* enthalten, sich der Gesetzgeber de facto und auch in der politischen Diskussion daran orientiert, ist ohne Zweifel richtig[37]. *Explizit* darf es freilich nach den Urteilen des BVerfG nicht werden: Denn das darin bestätigte Statistikmodell soll im Ergebnis das *soziokulturelle Existenzminimum* sicherstellen, ein etwaiger pauschaler Abschlag vom Lebensbedarf auf Lohn angewiesener armer Menschen, wäre also vor der Hand nicht begründbar (Berlit 2010). Andererseits ist der Bezug auf den Lohn und damit auch die Lohnhöhe dem Statistikmodell inhärent. Dies ergibt sich daraus, dass als Referenzgruppe für die Höhe des anzuerkennenden Bedarfs der Bedarf jener Personen herangezogen wird, die innerhalb der Einkommens- und Verbrauchsstichprobe den Bereich zwischen früher 0 bis 20 Prozent (dem untersten Quintil), nun zwischen 0 bis 15 Prozent, der nach ihrem Nettoeinkommen geschichteten Haushalte ausmachen, aber noch keine Grundsicherungs- oder Sozialhilfeleistungen beziehen, abzüglich einzelner Posten, die normativ aus dem Bedarf genommen werden. Diese arme Bevölkerung lebt von Löhnen (wovon sonst?), eine Senkung des Lohns muss sich daher auch auf den Regelbedarf auswirken. Dem Gestaltungsspielraum des Gesetzgebers bleibt es nun vorbehalten, den politisch gewünschten Abstand zum Lohn so hinter statistischen Berechnungen und normativen Kürzungen einzelner Bedarf zu verstecken, dass das *BVerfG* dies nicht als evident verfassungswidrig kassiert.

2.2.3 Amtsprinzip und Kenntnisgrundsatz

Das Fürsorgerecht hat grundsätzlich mit zwei Problemen zu tun: zum einen sind Personen, die Fürsorgeleistungen erhalten sollen, bisweilen so angegriffen durch die sie bestimmenden schlechten Lebensumstände, dass sich Phänomene von Verwahrlosung und Verrohung, von Selbst- und Fremdgefährdung – auch in gesundheitlicher Hinsicht – einstellen. Zum anderen ist mit der Unerreichbarkeit einer den Betroffenen bzw. seine Familie ernährenden und gesellschaftlich akzeptierten Erwerbsarbeit nicht selten eine Abkehr vom bürgerlichen Leben verbunden; die Betroffenen vollziehen gewissermaßen die soziale Exklusion, die durch den Verlust des Arbeitsplatzes eintritt – und der die Existenzsicherung wegen ihres Menschenwürdebezuges eigentlich entgegenzuwirken hat – subjektiv nach und kehren der

---

36 Vgl. hierzu (Rothkegel [Rothkegel] 2005, Teil II, Kap. 3, Rdz. 38ff.).; Zu Inhalt und – insbesondere verfassungsrechtlichen – Grenzen vgl. (Rothkegel [Bieritz-Harder], Teil III, Kap. 9, Rdz. 1ff. u. 11ff.).

37 Vgl. etwa die Ausführungen des damaligen Parlamentarischen Staatssekretärs des BMAS Brauksiepe, 17. Wahlperiode, 64. Sitzung am 06.10.2010, Plenarprotokolle S 6728 B zur Umsetzung der Vorgaben des BVerfG bei den neuen Regelsätzen.

bürgerlichen Welt den Rücken. Beide Phänomene münden darin, dass angebotene Hilfen nicht angenommen werden, keine Akzeptanz genießen.[38]

Dem begegnet das Fürsorgerecht zunächst mit dem *Kenntnisprinzip*: Sozialhilfe setzt ein, sobald der Leistungsträger vom Hilfebedarf erfährt, insbesondere also die tatbestandsausfüllenden Umstände kennt, § 18 SGB XII. Sozialhilfe ist daher antragsunabhängig zu gewähren.[39] Ferner hat der Leistungsträger die Angelegenheit von Amts wegen zu verfolgen, § 20 SGB X. Dabei gilt freilich auch: *Hilfe darf nicht aufgezwungen werden*. Das BVerfG hat 1967 hierzu erläutert, der Staat habe nicht die Aufgabe, seine Bürger zu *bessern* und daher auch nicht das Recht, ihnen zu diesem Zweck die Freiheit zu entziehen. Die aufgezwungene Hilfe in Form der zwangsweisen Einweisung von Obdachlosen in eine Anstalt wurde daher als Verletzung der persönlichen Freiheit (Art. 2 Abs. 1 GG) eingestuft.[40]

Amts- und Kenntnisprinzip werden durch die Grundsicherung eingeschränkt, wie sich aus der Antragsabhängigkeit des Arbeitslosengeld II nach § 37 SGB II ergibt. Dies ist vor dem Hintergrund der oben geschilderten, nach wie vor bestehenden Interessenlage nicht unproblematisch; denn es ist zu erwarten, dass eine Reihe von Hilfebedarfen unbefriedigt bleibt. Dies könnte insoweit auch gegen das Bedarfsdeckungsprinzip verstoßen – wenngleich dies politisch gewollt sein dürfte.[41]

All dies muss im Wege einer einheitlichen Entscheidung, oder zumindest im Rahmen eines zusammenhängenden Entscheidungsprozesses erfolgen, sog. *Gesamtfallgrundsatz* (Rothkegel [Rothkegel] 2005, Teil II, Kap. 4, Rdz 5). Der Leistungsträger muss also die Bedarfslage ermitteln und die einzelnen Hilfen insgesamt so aufeinander abstimmen, dass sie bezogen auf den Zweck von Sozialhilfe und Grundsicherung ein sinnvolles Ganzes ergeben.

2.2.4   Gegenseitigkeit als weiteres Strukturprinzip?

Im Handbuch „Sozialhilferecht" (Rothkegel [Rothkegel] 2005, Teil II, Kap. 11, Rdz. 26f.) wurde dafür gestritten, ein weiteres Strukturprinzip anzuerkennen, nämlich das sog. *Gegenseitigkeitsprinzip*. Dieses wurde dort aus dem Menschenwürdegebot und dem Sozialstaatsprinzip abgeleitet: Weil die staatliche Fürsorge aus Steuermitteln finanziert werde, sei sie von einer – wenn auch nicht positiv-rechtlich normierten – Gegenleistung abhängig. Vor

---

38 Ein altes Problem des Fürsorgerechts, von (Muthesius 1928, S. 64) bereits ausführlich kommentiert.

39 Bereits § 2 Abs. 1 RGr (von 1924) lautete: „Die Fürsorge muss rechtzeitig einsetzen; sie ist nicht von einem Antrag abhängig."

40 *BVerfG*, Urteil vom 18.07.1967, Az. 2 BvF 3, 4, 5, 6, 7, 8/62; 2 BvR 139, 140, 334, 335/62 – Öffentliche und freie Fürsorge, in: BVerfGE 22, S. 180-220, hier: 219.

41 Vgl. den Ex-Bundeskanzler Schröder in seiner Regierungserklärung vom 29.10.2002, Plenarprotokoll 15/04: 60: „Der allgegenwärtige Wohlfahrtsstaat, der den Menschen die Entscheidungen abnimmt und sie durch immer mehr Bevormundung zu ihrem Glück zwingen will, ist nicht nur unbezahlbar, er ist am Ende auch ineffizient und inhuman. Deshalb fördern wir die Eigenverantwortung und die Kräfte zur Selbstorganisation unserer Gesellschaft."

allem die Arbeitsgelegenheiten des § 16 Abs. 3 SGB II (die sog. „1-Euro-Jobs") wurden vor diesem Hintergrund gerechtfertigt (Rothkegel [Rothkegel] 2005, Teil II, Kap. 11, Rdz 24,29).

In den Kommentaren großer Zeitungen und politischer Magazine ist ein solches Prinzip freilich längst anerkannt. Denn sehr vertraut ist dem politisch gebildeten Bürger die Vorstellung, dass nur derjenige von der Gemeinschaft etwas fordern dürfe, der auch eine Gegenleistung erbringe. Die Vorstellung stammt aus dem ersten Arbeitsmarkt, also dem Bereich wirklicher ökonomisch/sozialer Teilhabe, der bei aller Gegenseitigkeit freilich auch nicht unerhebliche Unterschiede hervorbringt. Der alte sozialdemokratische Wahlspruch „Ein gerechter Lohn für ein gerechtes Tagewerk" entspricht einer solchen Sichtweise, die mit einem angemessenen Lohn eine Teilhabe am gesellschaftlichen Leben erkämpfen will. Beides zeigt, wie sehr die Erwerbsarbeit Dreh- und Angelpunkt dieser *moralischen Argumentation* bleibt – moralisch ist diese Argumentation deshalb, weil es ein solches Gegenseitigkeitsprinzip positiv-rechtlich bis jetzt nicht gibt und bislang nicht gab – zumindest nicht im SGB II und im alten BSHG. Dort gab es nur die Hilfe zur Arbeit (§§ 18-20 BSHG), die aber nicht als Gegenleistung für Sozialhilfe gesehen wurde, sondern als sozialpädagogisch motiviertes Training von Alltagstauglichkeit.[42]

Am ehesten erinnert dieses Prinzip an die Arbeitspflicht der §§ 19, 20 der *Reichs-grundsätze* (vgl. oben 1.2), die bis zur Ablösung durch das BSHG bestimmten, dass der Bedürftige arbeitspflichtig ist, den Erlös dieser Arbeit einzusetzen hat und dass er, falls er Arbeit ablehnt und ihn ein „sittliches Verschulden" trifft, in ein Arbeitshaus eingewiesen werden konnte. Das SGB II lässt allerdings diesen Zusammenhang offen und begnügt sich mit einem *Entzug der Leistungen* nach § 31 SGB II bei nachhaltiger Arbeitsunwilligkeit. Das Postulat, dass Menschenwürdeschutz und Nachranggrundsatz einander entsprächen und insoweit ein Gebot der „innergesellschaftlichen Solidarität" seien, wird von (Berlit et al. [Siebel Huffmann] 2012, Kap. 9, Rdz 28f.) et al. explizit vertreten. Eine positiv-rechtliche Bestätigung solcher Gerechtigkeitsvorstellungen durch die Gerichte ist bislang ausgeblieben. Der *moralisierende Druck* (Buestrich 2006, S. 435ff.) auf die Betroffenen erscheint jedenfalls als ein unausgesprochener Bestandteil des aktuellen Fürsorgerechts.

3   Aktuelle Organisation des Existenzsicherungsrechts im SGB II und SGB XII

3.1   Allgemeines

Das, was sich heute im Schlagwort Hartz IV zusammenfasst, ist die Einführung von zwei neuen Gesetzbüchern in das Sozialgesetzbuch, dem „SGB II – Grundsicherung für Arbeitssuchende" und dem „SGB XII – Sozialhilfe" durch das Vierte Gesetz für moderne

---

42 Vgl. insbesondere *BVerwG*, Urteil vom 31.01.1968, Az. 5 C 22.67, in: BVerwGE 29, S. 99-108.

Dienstleistungen am Arbeitsmarkt vom 24.12.2003.[43] Beide Gesetze sind danach vielfach geändert worden, zuletzt duch das Gesetz zur Ermittlung von Regelbedarfen sowie zur Änderung des SGB II und des SGB XII vom 22.12.2016[44].

Zur Zeit der Hartz-Reformen stand das gesamte Vorhaben unter der Überschrift „Zusammenlegung von Arbeitslosen- und Sozialhilfe." Als Ergebnis muss man jedoch festhalten, dass diese beiden Leistungsarten nicht bloß zusammengefasst wurden; vielmehr wurde zunächst die Bezugsdauer des früheren Arbeitslosengeldes auf 12 Monate begrenzt, § 127 SGB III, mit Sonderregelungen für ältere Arbeitnehmer. Sodann wurde die Arbeitslosenhilfe gestrichen. Dadurch ist der Anwendungsbereich der Sozialhilfe/Grundsicherung erweitert worden und zwar auf dem Niveau der alten Sozialhilfe. Die Absenkung des Leistungsniveaus bekommen also vor allem jene Hilfebedürftigen zu spüren, die bislang Arbeitslosenhilfe bezogen hatten, da diese sich nur mit eingeschränkter Bedürftigkeitsprüfung auf das letzte Netto-Einkommen bezog, also eine gewisse Besitzstandswahrung einschloss. Besitzstände in diesem Sinne kannte das alte BSHG nicht, und auch nicht SGB II und SGB XII, sondern nur die aktuelle Bedürftigkeit.

3.2   Erwerbsfähigkeit als unterscheidendes Kriterium

Weiter wurde ein neues und wesentliches Unterscheidungskriterium für die Bedürftigen eingeführt: Am Merkmal der Erwerbsfähigkeit gem. § 8 Abs. 1 SGB II (mindestens drei Stunden täglich unter den normalen Bedingungen des Arbeitsmarktes arbeiten können), das sich an die rentenrechtliche Erwerbsfähigkeit in § 43 Abs. 2 SGB VI anlehnt, entscheidet sich, ob Grundsicherung nach SGB II (Erwerbsfähigkeit gegeben und Person ist zwischen 15 und 65 Jahre alt) oder Sozialhilfe nach SGB XII (Erwerbsfähigkeit liegt nicht vor, Person ist unter 15 oder über 65 Jahre alt) in Betracht kommt. Erwerbsfähige Hilfebedürftige werden dem straffen Regiment des Jobcenters (Stichwort Fördern und Fordern: Eingliederungsvereinbarung, Antragsabhängigkeit der Leistungen, Verpflichtung zu sog. Arbeitsgelegenheiten) unterworfen; alle übrigen Hilfebedürftigen werden an diesen Anforderungen nicht gemessen, da der Gesetzgeber ohnedies keine künftige Eingliederung in das Erwerbsleben mehr erwartet. Beide Gesetze gelten bezogen auf den einzelnen Hilfeempfänger und seine Angehörigen alternativ, d. h. Leistungsbezug nach SGB II schließt mit wenigen Ausnahmen Leistungsbezug nach SGB XII aus, vgl. § 21 SGB XII.

---

43 BGBl. I S. 2954 und BGBl. I: 3023.
44 BGBl. I S. 3159.

3.3 Regelsatz und Unterkunftskosten

3.3.1 Allgemeines

Nach beiden Gesetzen wird dem Berechtigten der Regelbedarf und gewisse standardisierte Mehrbedarfe sowie die tatsächlich anfallenden, allerdings nur angemessenen Unterkunftskosten und weitere Sonderbedarfe gewährt. Der maßgebliche Regelsatz ist im SGB II und SGB XII gleich und beträgt seit dem 01.01.2017 409 Euro Arbeitslosengeld II (§ 19 Abs. 1, § 20 Abs. 2 SGB II) bzw. Hilfe zum Lebensunterhalt (§ 28 Abs. 1 SGB XII, § 7 Abs. 3 RBEG) sowie jeweils 368 Euro Arbeitslosengeld II bzw. Sozialgeld für zwei Personen, die gemeinsam mit einem andere Berechtigten in Bedarfsgemeinschaft leben (vgl. § 20 Abs. 4 SGB II; bzw. § 28 SGB XII, § 7 Abs. 4 RBEG), sowie den Kosten für angemessenen Wohnraum und Heizung (vgl. § 22 SGB II; bzw. 29 SGB XII). Dies entspricht in etwa der alten Sozialhilfe einschließlich gezahltem Wohngeld, welches nun für alle Bedürftigen ausgeschlossen ist, (§ 1 Abs. 2 Ziff. 1 und 3 WoGG).

3.3.2 Zur Höhe der Regelsätze

Die Höhe des Regelsatzes bestimmt sich nach den oben referierten Urteilen des BVerfG[45] nunmehr einheitlich gem. § 28 Abs. 1 SGB XII, § 20 Abs. 5 SGB II und dem Regelbedarfsermittlungsgesetz (RBEG) nach den *Statistikmodell*. Es wurde oben unter 2.2.2 bereits knapp umrissen. Vgl. zu den weiteren Einzelheiten die kundige Kommentierung bei (Münder [Lenze] 2017, § 20 SGB II u. RBEG).

Seit jeher war die Berechnung der Regelsätze Gegenstand auch verfassungsrechtlicher Auseinandersetzungen. Das *BVerfG* hat sich hierzu in den 1980er Jahren einmal geäußert, indem es eine Verfassungsbeschwerde gegen die Regelsatzhöhe unter Hinweis auf den weiten Gestaltungsspielraum des Sozialstaatsgebotes mangels Erfolgsaussichten nicht zur Entscheidung angenommen hat.[46] Das *BVerwG* hat in diesem Zusammenhang immer wieder betont, dass die Regelsatzbemessung transparent zu erfolgen hat, die letztliche Höhe aber nicht ernstlich in Zweifel gezogen.[47] Das Bundessozialgericht (BSG) war hier zunächst vorsichtiger[48].

Die Kritiker der Höhe der Regelsätze verweisen darauf, dass die Leistungshöhe nicht den verfassungsrechtlichen Vorgaben entspreche, insbesondere also der aus der Menschenwürde und dem Sozialstaatsgebot folgenden Garantie des *soziokulturellen Existenzminimums*. Vor allem wird auf Mängel in der *Begründung* der Höhe verwiesen: Es sei kein gesichertes empirisches Material verwendet worden, sodass es notwendig an einer sachgerechten Wertung des Gesetzgebers fehlen müsse (vgl. Berlit 2003, S. 195-208). In der Tat sind

---

45 BVerfG, Urteil vom 09.02.2010 – 1 BvL 1/09 u. a.; Urteil vom 18.07.2012 – 1 BvL 10/10; Urteil vom 23.07.2014 – 1 BvL 10/12.

46 *BVerfG*, Beschluss vom 03.06.1986, Az. 1 BvRL 24-85.

47 *BVerwG*, Urteil vom 18.12.1996, Az. 5 C 47.95, in: BVerwGE 102, S. 366-372; *BVerwG*, Urteil vom 29.10.1997, Az. 5 C 34.95, in: info also 1998, S. 24-26; Vgl. hierzu ausführlich (Sartorius 2000).

48 *BSG*, Urteil vom 23.11.2006, Az. B 11b AS 1/06 R, in: NDV-RD 2007, S. 51-57.

die rechnerisch fragwürdigen, nominell auf den aktuellen Rentenwert bezogenen alten Regelsätze der RegelsatzVO offenbar einfach übernommen worden. Der *Deutsche Verein für öffentliche und private Fürsorge* geht sogar davon aus, dass diese Regelsätze die ersten seien, die „freihändig festgesetzt" wurden (Deutscher Verein 2004). Darüber hinaus sei eine falsche Verbrauchskomponente innerhalb der Einkommens- und Verbrauchsstichprobe (EVS) zur Errechnung verwendet worden (vgl. Fromann 2004, S. 246-254).

All diesen Bedenken hatte das *BVerfG* in der Entscheidung vom 09.02.2010 einerseits Recht gegeben, ohne freilich der Politik verbindliche inhaltliche Vorgaben zur Höhe der Regelsätze zu machen.

In der Tat ist es so, dass aus *Menschenwürde* und *Sozialstaatsgebot* keine bestimmte Höhe des *soziokulturellen Existenzminimums* abgeleitet werden kann. Die Menschenwürde und das Sozialstaatsprinzip sind inkommensurabel mit materiellen Bedürfnissen.[49] Der Inhalt beider Rechtsinstitute ist, insofern sie sich auf die Idee des Menschen als Menschen in einer staatlich geregelten Gesellschaft beziehen, so abstrakt, dass sie ein Leben in bitterster Armut gerade einschließen, soweit nur die Betroffenen sich noch als soziale Rechtssubjekte fühlen dürfen[50]. Schon das *BVerwG* ließ es im Ergebnis genügen, zu überprüfen, ob die Regelsätze es einem Hilfeempfänger ermöglichen, in der Umgebung von Nicht-Hilfeempfängern ähnlich wie diese zu leben.[51]

Und in der Tat ist es weiter so, dass eine Sozialleistung, die am Lohn für abhängige Beschäftigung Maß nimmt, sinken muss, wenn die Löhne sinken – so die Ausführungen des Bundessozialgerichts zum Lohnabstandsgebot[52]. Dass allerdings *diese Rückwirkung* ihrerseits eine *Rückwirkung der Absenkung des Leistungsniveaus auf die Löhne* darstellt, die durch den Zwang zur Annahme jeder – nur nicht sittenwidrigen – Arbeit und durch die auf diese Weise zum Lohndrücken ermächtigten Unternehmen eintreten muss, spricht das Gericht nicht klar und deutlich aus. Bereits die Politik, die diesen Zirkelschluss ins Leben gerufen hatte, hielt sich in dieser Frage etwas bedeckt gehalten.[53] Aus gegebenem Anlass

---

49 Vgl. bereits (Kant 1968, S. 68): „Was einen Preis hat, an dessen Stelle kann auch etwas anderes, als Äquivalent, gesetzt werden; was dagegen über allen Preis erhaben ist, mithin kein Äquivalent verstattet, das hat eine Würde."; (Neumann 1995, S. 429) spricht zu Recht davon, dass eine „Quantifizierung der Würde zu ihrer Banalisierung führt".

50 Auch an dieser Stelle ist auf den Irrtum *Schillers* hinzuweisen, vgl. FN. 24.

51 *BVerwGE* 102, S. 366-372.

52 „Bei der Vertretbarkeitsprüfung ist auch zu bedenken, dass die gegenwärtige Situation durch die Zunahme niedrig entlohnter Tätigkeiten und durch Einkommenseinbußen in breiten Bevölkerungskreisen geprägt ist, weshalb dem Gesichtspunkt des Lohnabstandsgebotes maßgebliche Bedeutung zukommen muss." (*BSG*, Urteil vom 23.11.2006, Az. B 11b AS 1/06 R, in: NDV-RD 2007, S. 51-57).

53 Vgl. hierzu (Neumann 1998, S. 410). Dieser Zusammenhang ist von der früheren Bundesregierung auch in der Gesetzesbegründung (vgl. BT-Drucks. 15/1516) nie so deutlich ausgesprochen worden. Dass diese Wirkung vom Gesetz bezweckt wird, unterliegt keinem Zweifel. Dies wird z. B. von (Münder [Lenze] 2017, § 3 Rdz. 1 ff. RBEG) nicht gesehen, die den Zirkelschluss erst

hat freilich *Gerhard Schröder* seinem Stolz, „einen der besten Niedriglohnsektor Europas" geschaffen zu haben, auf dem Weltwirtschaftsforum in Davos Ausdruck verliehen.[54]

Zuletzt sind die Löhne unter dem Hartz-IV-Regime so weit gesunken, dass in der Politik Bedenken darüber aufgekommen sind, ob es richtig ist, diese Unternehmenspraxis mit aufstockender Grundsicherung zu subventionieren. An seinen Kassen, nicht etwa am mangelnden Lebensunterhalt der im Niedriglohnsektor Beschäftigten, ist dem Sozialstaat aufgefallen, dass es einer gesetzlichen Lohnuntergrenze bedarf, um dieser Entwicklung Einhalt zu gebieten. Und so wurde zum 01.01.2015 das Mindestlohngesetz (MiLoG) eingeführt. Schon die Höhe dieses Mindestlohns – bei Einführung: 8,50 Euro/Stunde, § 1 Abs. 2 MiLoG[55] – zeigt, dass niedrige Löhne damit nicht beseitigt, sondern sozialstaatlich handhabbar gemacht werden. Ein möglichst niedriger Regelsatz und ein niedriger, aber höherer Lohn sind Stellschrauben, mit denen Arbeit insgesamt billig für die Unternehmen verfügbar gemacht wird, ohne dass dies über Gebühr zu Lasten der Sozialkassen geht. Der so perpetuierte Zwang zum Arbeiten, angesichts dessen ein moderner Arbeitnehmer aus Angst vor Arbeitslosigkeit jeden schlecht bezahlten Job annimmt, stellt damit zugleich eine der *Bedingungen* dar, die die Protagonisten eines *bedingungslosen Grundeinkommens* loszuwerden suchen. Deshalb steht es um dessen Verwirklichung auch denkbar schlecht.

3.3.3 Zur Höhe der Unterkunftskosten

Unterkunftskosten umfassen die Kaltmiete sowie Heizkosten, soweit beide Posten angemessen sind, vgl. § 22 Abs. 1 SGB II bzw. § 29 Abs. 1 SGB XII. Angemessenheit ist ein unbestimmter Rechtsbegriff, der der Konkretisierung bedarf und der der vollumfänglichen Kontrolle der Sozialgerichte unterliegt (Münder [Berlit] 2017, § 22, Rdz. 61ff.). Hinsichtlich der Wohnungsgröße wird wie schon früher zum BSHG auf die Bestimmungen des sozialen Wohnungsbaus zurückgegriffen.[56] Danach steht einer Person eine Wohnfläche von 45 m²-50 m², zwei Personen 60 m², drei Personen 75 m²-80 m², vier Personen 85 m²-90 m² und jeder weiteren Person 10 m²-15 m² zu.[57] Hinsichtlich der Wohnungsmiete sind die unteren bis mittleren Werte des örtlichen Mietenspiegels maßgebend, soweit ein solcher vorhanden ist. Stellt man dagegen auf die Vorschriften des Wohngeldrechtes ab, ist jeweils die rechte Spalte der Tabelle des § 8 WoGG maßgebend, wobei auch dies nur ein erster Anhaltspunkt sein kann. Insgesamt verlangt die Rechtsprechung hier ein „schlüssiges Konzept" zur Bestimmung der Angemessenheit in Abhängigkeit des jeweiligen regionalen Wohnungsmarktes (Münder [Berlit] 2017, § 22, Rdz. 82ff. mit weiteren Nachweisen).

---

dort annimmt, wo fälschlicherweise Grundsicherungsbezieher im Vergleichs-Quintil der EVP nicht herausgerechnet werden.

54 Gerhard Schröders, Rede, gehalten auf dem Weltwirtschaftsforum in Davos, 28.01.2005, vollständiger Text unter http://www.weforum.org/en/events/ArchivedEvents/annualmeeting/Summit2005/index.htm.

55 Seit 1.1.2017: 8,84 €/Stunde.

56 *BVerwG*, Urteil vom 17.11.1994, Az. 5 C 11.93, in: BVerwGE 97, S. 110.

57 Vgl. § 5 Abs. 2 Wohnungsbindungsgesetz.

Insgesamt ist das *Bundessozialgericht*[58] der Rechtsprechung des *Bundesverwaltungsgerichts* gefolgt und hält damit nach wie vor eine Einzelfallprüfung für erforderlich, wobei insbesondere darauf hinzuweisen ist, dass der Bedürftige grundsätzlich nicht auf den Umzug in eine günstigere Wohngegend verwiesen werden darf.

3.3.4 Bedarfs- und Haushaltsgemeinschaft

Der Gesetzgeber geht in beiden Gesetzen durch eine widerlegbare Vermutung zu Lasten der Betroffenen davon aus, dass Personen, die zusammen leben, auch füreinander sorgen. Dadurch macht er sich weitgehend frei von den Bestimmungen des zivilrechtlichen Unterhalts (vgl. §§ 9 Abs. 2 SGB II bzw. 36 SGB XII). Dies führt zu erheblichen Problemen bei der Berechnung des jeweiligen auf den einzelnen Hilfebedürftigen bezogenen Anspruchs, weil die Verhältnisse des Zusammenlebens sowohl bei der Bestimmung des Bedarfs, wie auf Seiten des anzurechnenden Einkommens und Vermögens in die Gesamtrechnung einfließen. Der Gesetzgeber hielt auf der einen Seite an einem zu individualisierenden Anspruch fest, der jedoch auf der anderen Seite von den persönlichen, im weiteren Sinne familiären Lebensumständen wieder modifiziert wird. Vor allem durch die Regelung des § 9 Abs. 2 S. 3 SGB II kann es dazu kommen, dass ein Mitglied der Bedarfsgemeinschaft zwar selber nicht hilfebedürftig ist, aber durch seinen – auch nur fiktiven – Beitrag zur Bedarfsgemeinschaft wie ein Hilfebedürftiger behandelt wird.[59]

3.3.5 Weitgehende Pauschalierung von Leistungen

Anders als noch im BSHG wird in SGB II und SGB XII nicht mehr zwischen laufenden (Regelsatz und Kosten für Unterkunft und Heizung) und einmaligen Leistungen (z. B. bestimmte Kleidungsstücke, Einrichtungsgegenstände, besondere schulische Anlässe der Kinder usw.) unterschieden. Vielmehr wurden die Kosten für die einmaligen Leistungen in die Regelleistungen hineingerechnet mit der Erwartung, dass der Bedürftige Geldbeträge für besondere Bedarfe zurücklegt. Dies begegnet unter dem Gesichtspunkt des Bedarfsdeckungsprinzips verfassungsrechtlichen Bedenken (Berlit et al. [Siebel-Huffmann] 2012, Kap.9, Rdz. 30ff.). Denn es ist nunmehr möglich, dass zur Sicherung eines menschenwürdigen Lebens notwendige Leistungen vor der normativ gesetzten zweckgemäßen, d. h. bedarfsdeckenden Konsumtion vom Bedürftigen für andere Zwecke verwendet werden, ohne dass der Grundsicherungsträger zur aktuellen Deckung solcher einmaligen Leistungen verpflichtet wäre. Nachdem bereits das BSG eine Härtefallregelung angemahnt

---

58 *BSG,* Urteil vom 07.11.2006, Az. B 7b AS 10/06 R, in: NDV-RD 2007, S. 47-51 u. *BSG,* Urteil vom 07.11.2006, Az. B 7b AS 18/06 R, in: NDV-RD 2007, S. 34-39.

59 *BSG,* Urteil vom 07.11.2006, Az. B 7b AS 8/06 R, in: NDV-RD 2007, S. 3-6. Hierzu (Peters/ Wrackmeyer 2007).

hatte[60], ist das BVerfG[61] dieser Überlegung weiter nachgegangen und hat einen solchen Auffangtatbestand explizit gefordert. Nunmehr existiert § 24 Abs. 1 SGB II, der diese Härtefallregelung enthält.

3.3.6 Einsatz von Einkommen und Vermögen

Der Nachranggrundsatz gebietet, dass eigene Mittel eingesetzt, d.h. dem sozialhilfe- bzw. grundsicherungsrechtlichen Bedarf gegenüber gestellt werden. Grundsätzlich hat der Bedürftige das vollständige Einkommen – dies sind die ihm laufend zufließenden Mittel – und das vollständige Vermögen – dies ist sein Bestand an Geld, bzw. geldwerten Gütern – einzusetzen. Dieser Grundsatz erfährt vielfältige Modifikationen in den §§ 11, 12 SGB II bzw. §§ 82ff. SGB XII und den hierzu ergangenen Verordnungen, in denen jeweils getrennt für Einkommen und Vermögen verschiedene Freibeträge außer Ansatz gelassen werden. Darüber hinaus wird abgegrenzt zwischen sog. zweckidentischen Einkommens- und Vermögensbestandteilen und solchen, die andere Zwecke verfolgen; erstere werden angerechnet, letztere bleiben anrechnungsfrei. In all diesen teilweise sehr komplizierten Abgrenzungsfragen geht es darum, die Grenzlinie zwischen dem zu ziehen, was dem einzelnen mittelbar entzogen wird, indem die Fürsorgeleistungen um diese Beträge gekürzt werden und dem, was ihm noch verbleiben soll, um die Aufnahme eigenverantwortlicher Erwerbsarbeit nicht gleich im Ansatz zu verunmöglichen. Der Nachranggrundsatz erfährt an dieser Stelle seine praktische Ausgestaltung und zwar nicht nur im Verhältnis zum Bedürftigen selbst, sondern auch im Verhältnis zum familienrechtlichen Unterhalt und zu den übrigen Sozialleistungen.

3.3.7 Leistungen für Bildung und Teilhabe

Das Bundesverfassungsgericht hatte mit dem Satz: „Kinder sind keine kleinen Erwachsenen" auf eine bedarfsgerechtere Berechnung der Regelsätze für Kinder gezielt und beispielhaft ausgeführt, „außerschulischer Unterricht in Sport und musischen Fächern" und „schulisch bedingte Bedarfe zur Vermeidung des Ausschlusses von Lebenschancen" müssten Berücksichtigung finden. Die Politik hat diese Passagen freilich anders verstanden: Die Bundesregierung wollte der Forderung des Gerichts nach einer Erhöhung des Regelbedarfes für Kinder und Jugendliche keineswegs Folge leisten, sondern hat die Höhe des Regelsatzes im Ergebnis unverändert gelassen. Sie meint stattdessen, dass den verfassungsrechtlichen Vorgaben besser durch die Gewährung von Sach- und Dienstleistungen in diesem Bereich zu genügen wäre.

---

60 *BSG,* Urteil vom 07.11.2006, Az. B 7b AS 14/06 R, in: NDV-RD 2007, S. 29-34: Es hat die erhöhten Kosten, die durch den begleiteten Umgang einem Empfänger von Arbeitslosengeld II entstanden sind, im Grundsatz für erstattungsfähig gehalten, obwohl hierfür im SGB II keine Anspruchsnorm vorhanden war. Es hat in diesem Fall die Eröffnung eines Ermessensspielraums nach § 73 SGB XII für geboten erachtet, obwohl dies nach dem Wortlaut eigentlich nicht möglich war.

61 BVerfG, Urteil vom 09.02.2010 – 1 BvL 1/09.

Resultat sind die §§ 28 SGB II und 34 SGB XII, die Bedarfe für Bildung und Teilhabe am sozialen und kulturellen Leben in der Gemeinschaft für Kinder, Jugendliche und junge Erwachsene (bis 25) definieren. Zuständig für die Gewährung dieser Sach- und Dienstleistungen ist nunmehr der kommunale Träger der Grundsicherung (§ 6 Abs. 1 Nr. 2 SGB II), und nicht mehr, wie noch im Gesetzgebungsverfahren vorgesehen, die Bundesagentur für Arbeit.

Damit hat der Gesetzgeber neue Spannungsfelder im Verhältnis der Existenzsicherung zur öffentlichen Jugendhilfe und zur Schulverwaltung geschaffen, die erhebliche Probleme aufwerfen. Diese Probleme bestehen, weil die Leistungen gerade nicht als Geldbetrag an die Berechtigten fließen sollen, sondern als Sach- und Dienstleistungen an bestehende Sach- und Dienstleistungsstrukturen von Jugendhilfe und Schulträgern *angedockt* werden müssen. In solchen Fällen geht es im Sozialrecht um Überschneidung und Abgrenzung der Leistungen, Zuständigkeit und Nachrang der Leistungsträger – schon im Vorfeld des neuen Gesetzes wurde von Bürokratiekosten in Höhe von 20 Prozent der gesamten Kosten ausgegangen (Sell 2011, S. 30)[62].

3.3.8   Mitwirkungspflichten und Eingliederungsvereinbarung

In § 15 SGB II ist vorgesehen, dass eine Eingliederungsvereinbarung zwischen Leistungsträger in Person des Fallmanagers und dem Bedürftigen geschlossen werden soll. In ihr soll alles Wesentliche über die Leistungsart und -höhe sowie die Anstrengungen geregelt werden, die der Bedürftige im Gegenzug zu erbringen hat. Der oben geschilderte Gedanke eines quasivertraglichen Verhältnisses wird also aufgenommen. Eine solche sozialpädagogisch motivierte Vereinbarung unterliegt allerdings dem gleichen Widerspruch, wie etwa ein Hilfeplan in der Jugendhilfe: Die Betroffenen haben nämlich, nimmt man die Vertragsform ernst, die Möglichkeit, ihre Willenserklärung zu verweigern, um auf diesem Wege der vom Fallmanager vorgeschlagenen Arbeitsgelegenheit, den Eingliederungsbemühungen usw. zu entgehen. Um dies zu unterbinden, eröffnet § 15 Abs. 1 S. 5 SGB II die Möglichkeit, die Vereinbarung durch Verwaltungsakt (VA) zu ersetzen. Dieses repressive Mittel wird von einzelnen Autoren für verfassungswidrig gehalten, etwa von Berlit, der argumentiert, hier werde der Betroffene zum Vertragsschluss genötigt (vgl. Berlit 2003, S. 205f.). Das Argument ist überzeugend. In der Tat erscheint es mit dem Grundsatz der allgemeinen Handlungsfreiheit nicht vereinbar, wenn der Betroffene nur deshalb eine Eingliederungsvereinbarung unterzeichnet, weil ihm ansonsten ein belastender Verwaltungsakt droht. Hinzu kommt der Umstand, dass der Betroffene im Falle des Zustandekommens der Vereinbarung der Wirksamkeit nicht mehr entgegenhalten kann, die Arbeitsgelegenheit wolle er gar nicht annehmen; denn er hätte dann ja bereits unterschrieben. Schon nach zivilrechtlichen Grundsätzen läge hier eine wegen Drohung anfechtbare Willenserklärung vor. Eine Änderung dieser Bestimmung erscheint durch die Menschenwürde sowie das

---

62   Im Vergleich hierzu nehmen sich die 6 Prozent Bürokratiekosten im Bereich der GKV geradezu bescheiden aus.

allgemeine Persönlichkeitsrecht (Art. 1 Abs. 1 GG in Verbindung mit Art. 2 Abs. 1 GG) geboten. De facto würde sich allerdings hierdurch für die Betroffenen der Druck, unter den sie gestellt sind, nicht ernsthaft lösen. Denn die Eingliederungsvereinbarung steht ohnehin unter der Sanktionsdrohung des § 31a SGB II.

3.3.9   Sanktionen

Die zuletzt neu gefassten §§ 31ff. SGB II enthalten die Sanktionen, die den Betroffenen drohen, wenn sie Eingliederungsvereinbarungen nicht abschließen, sich nicht an sie halten sowie zumutbare Arbeit – im Grundsatz also jede – ablehnen usw. Es handelt sich um ein differenziertes Sanktionsregime (§ 32 SGB II), das den einzelnen in § 31 aufgeführten Pflichtverletzungen folgt.

In einem ersten Schritt *muss* die Leistungshöhe um 30 Prozent gesenkt werden, es besteht also *kein Ermessen*. Als Sanktion sah bereits das BSHG eine Kürzung der Regelsatzleistungen um 25 Prozent vor, bzw. „auf das zum Lebensunterhalt unerlässliche", wobei stets fraglich war, wie dies mit der *Menschenwürdegarantie* in Einklang zu bringen sei. Wie konnte es sein, dass man mit 25 Prozent Leistungskürzung noch menschenwürdig lebt, wenn doch die 100 Prozent keinem anderen Zweck geschuldet sind, als der Menschenwürde? Aber diese Vorschrift stand zumindest im Soll-Ermessen des Sozialhilfeträgers. Die Regelung ist verfassungsrechtlich bedenklich (Neskovic und Erdem 2012,), weil sie eine zu holzschnittartige Prüfung durch das Jobcenter hervorruft. Sie ist jedenfalls verfassungskonform, also einschränkend auszulegen (Münder [Berlit] 2017, § 31 Rdz. 13). Dies gilt umso mehr für die besondere Verschärfung bei Personen zwischen 15 und 25 Jahren: hier soll der Leistungsanspruch bis auf die Gewährung der Kosten für Wohnraum und Heizung vollständig entfallen. Allerdings muss in Rechnung gestellt werden, dass der Gesetzgeber sich der Problematik des Lebensalters dieser Personengruppe durchaus bewusst war, jugendliche Erwerbslose also gerade unter diesen Druck setzen *wollte*. Soweit die Rechtsprechung diesen Druck als nicht mehr verfassungskonform ansieht, bietet sich auch hier eine verfassungskonforme Auslegung an, die den Grundsicherungsträger zu einer eingeschränkten Ermessensbetätigung unter Wahrung des Verhältnismäßigkeitsgrundsatzes verpflichtet.

Ob man schließlich den Druck der §§ 31ff. SGB II auf den Bedürftigen zur Annahme einer Arbeit – sei es nun irgendeine Arbeit auf dem ersten Arbeitsmarkt, oder eine Arbeitsgelegenheit nach § 16 Abs. 3 S. 2 SGB II – für noch vereinbar hält mit dem *Verbot der Zwangsarbeit* in Art. 12 Abs. 3 GG, ist ebenfalls eine offene Frage, die unterschiedlich beantwortet wird.[63]

---

63 Vgl. für Verfassungswidrigkeit: (Berlit 2003). Vgl. auch (Bieritz-Harder 2005, S. 259-263); dagegen: (Münder [Thie] 2017, § 16d, Rdz. 3); LSG NRW NZS 2012, S. 632.

4   Statt eines Fazits: Die Bedeutung des Existenzsicherungsrechts für die Rechtsordnung

Es ist erstaunlich, welche Bedeutung ein Rechtsgebiet erlangen konnte, das zur Zeit der Entstehung des BGB im 19. Jahrhundert für geradezu marginal gehalten wurde. Der moderne „soziale Interventionsstaat" (v. Maydell und Ruland 2012 [Pitschas], C 24 Rdz. 9) greift auf das Fürsorge- und Existenzsicherungsrecht zum einen als Referenzsystem für alle nachrangigen Sozialleistungen zurück. Darüber hinaus wird aber jede Sozialleistung quasi automatisch an der Höhe der Regelsätze von SGB II und SGB XII gemessen, weil die mangelnde Höhe von Sozialleistungen jeder Art letztlich diesem letzten Auffangnetz sozialer Sicherung – also dem Staatshaushalt – zur Last fällt; kein Sozialleistungsbereich, der nicht in diesem Verhältnis stünde; kein Steuergesetz, das nicht die Regelsätze als Untergrenze des steuerrechtlich anzuerkennenden Existenzminimums berücksichtigen würde.

Das Fürsorgerecht strahlt auch ins *Privatrecht* aus: Dort orientieren sich zunächst der *Mindestlohn* am Existenzminimum, das einen gewissen Abstand zum niedrigsten noch erlaubten Lohn verlangt. Auch die *familienrechtlichen Unterhaltssätze* der Düsseldorfer Tabelle, der RegelbetragsVO und des § 1612b BGB werden direkt oder indirekt durch das im RBEG festgelegte Existenzminimum bestimmt. Die *Pfändungsgrenzen* des § 850c ZPO beziehen sich auf dieses Existenzminimum und normieren, dass dem überschuldeten Armen jedenfalls mehr, aber auch nicht viel mehr als dem Sozialhilfe- bzw. Grundsicherungsempfänger verbleiben darf. *Prozesskostenhilfe* gem. §§ 114ff. ZPO erhält, wer aufgrund seiner persönlichen und wirtschaftlichen Verhältnisse – hier wieder der Bezug zum Existenzminimum – die Kosten einer Prozessführung selbst nicht tragen kann.

Schließlich hat sich bis heute am Überschneidungsbereich zum Polizei- und Ordnungsrecht nichts geändert. Obdachlosigkeit gilt als *Störung der öffentlichen Ordnung*, der es durch Verbringung Obdachloser in Obdachlosenheime abzuhelfen gilt; Lebensgefahr des in Not geratenen als Aufruf zur Beseitigung dieser Gefahr für das staatlich gewährte Recht auf Leben, nicht aber der Gründe für die Lebensgefahr des in Not Geratenen. Armut und Not sind insoweit nach wie vor Gegenstand des *Polizeirechts*.

An dieser Stelle sei die Präzisierung erwähnt, die das verfassungsrechtliche Institut der *Menschenwürde* durch die Rechtsprechung zum *soziokulturellen Existenzminimum* erfahren hat. Die Höhe der Sozialhilfe gehört neben Fragen der Zellengröße von Strafgefangenen, der Zulässigkeit von Folter oder der Sterbehilfe – spätestens seit der Entscheidung des BVerfG vom 09.02.2010 – zu den Standardproblemen des Begriffs der Menschenwürde.

Das *moderne Recht der Armut* hat – ganz anders als im alten obrigkeitlichen deutschen Kaiserreich – großes Gewicht bekommen. Es regelt die Armut, trennt sie in würdige und unwürdige, hält die Betroffenen zur eigenverantwortlichen Arbeit an und kümmert sich um sie als Problem ihrer Menschenwürde. Die Armut beseitigt hat es nicht. Gegen hoffnungsvolle Erwartungen an Rechtsetzung und Rechtsprechung wäre zu ergänzen: Dies ist auch nicht seine Aufgabe. Diese besteht vielmehr in einer Verwaltung der Armut.

Literatur

Ayass, Wolfgang. 1995. *„Asoziale" im Nationalsozialismus.* Stuttgart: Klett-Cotta.

Berlit, Uwe. 2003. Zusammenlegung von Arbeitslosen- und Sozialhilfe. *Informationen zum Arbeitslosen- und Sozialhilferecht (info also) 2003*: 195-208.

Berlit, Uwe, W. Conradis und U. Sartorius. 2012. *Existenzsicherungsrecht – Handbuch,* 2. Aufl. Baden-Baden: Nomos.

Berlit, Uwe. 2010. Paukenschlag mit Kompromisscharakter – zum SGB II-Regelleistungsurteil des BVerfG vom 09.02.2010. *Kritische Justiz* 2010: 145.

Bieritz-Harder, Renate. 2005. ‚Ein-Euro-Jobs' – Die Arbeitsgelegenheiten des § 16 Abs. 3 S. 2 SGB II. *Zeitschrift für Sozialhilfe und Sozialgesetzbuch (ZFSH/SGB)* 2005: 259-263.

Buestrich, Michael. 2006. Aktivierung, Arbeitsmarktchancen und (Arbeits-) Moral. *Neue Praxis* 4/2006: 435-449.

Deutscher Verein. 2004. Empfehlungen zum Entwurf einer Verordnung zur Durchführung des § 28 des Zwölften Buches Sozialgesetzbuch (RSV). *Nachrichtendienst des Deutschen Vereins* 2004: 109-110.

Enders, Christoph. 1997. *Die Menschenwürde in der Verfassungsordnung: zur Dogmatik des Art. 1 GG.* Tübingen: Mohr Siebeck.

Frommann, Matthias. 2004. Warum nicht 627 Euro? *Nachrichtendienst des Deutschen Vereins* 2004: 246-254.

G.P. 1872. Entgegnung auf: Dml.: Der Anspruch auf öffentliche Armenunterstützung. *Blätter für administrative Praxis und Polizeigerichtspflege,* Bd. XXII: 25ff.

Grube, Christian. 1999. 50 Jahre Anspruch auf Sozialhilfe (1. Teil). *Nachrichtendienst des Deutschen Verein* 1999: 150-157, 2. Teil: *Nachrichtendienst des Deutschen Vereins* 1999: 184-190.

Hinrichs, Knut. 2003. Selbstbeschaffung, Beurteilungsspielraum und weitere Probleme jugendhilferechtlicher Individualleistungen in der Rechtsprechung. *Zentralblatt für Jugendrecht* 2003: 449-457.

Hinrichs, Knut. 2006. Leistungen und Sanktionen – Zur Neudefinition der Menschenwürde durch die „Hartz IV"-Gesetze. *Kritische Justiz* 2006: 195-204.

Hinrichs, Knut. 2010. Der „Sachzwang", im Sozialbereich zu sparen und die Rechtsbindung der Jugendhilfe. *standpunkt: sozial* 2010: 15-27.

Kant, Immanuel. 1968. Grundlegung zur Metaphysik der Sitten. In *Werke in zehn Bänden, Bd. 6: Schriften zur Ethik und Religionsphilosophie,* Hrsg. W. Weischedel. Darmstadt: Wissenschaftliche Buchgesellschaft.

Lenze, Anne. 2011. Bildung und Teilhabe zwischen Jobcenter und Jugendamt. *Zeitschrift für Kindschaftsrecht und Jugendhilfe* 2011: 17-26.

Lenze, Anne. 2014. Ist die Debatte um die Gewährleistung eines menschenwürdigen Existenzminimums beendet? *Zeitschrift für Sozialhilfe und Sozialgesetzbuch (ZFSH/SGB)* 2014: 745.

Marx, Karl. 1953. *Grundrisse der Kritik der politischen Ökonomie.* Berlin: Dietz Verlag.

Marx, Karl. 1956ff. *Das Kapital,* 1. Bd. In *Marx Engels Werke, 23.* Berlin: Dietz Verlag.

Maunz, Theodor, G. Dürig, R. Herzog und R. Scholz. 2016. *Grundgesetz – Kommentar, Loseblattsammlung,* 78. Lfrg. München: Beck.

Maydell, Bernd Baron von und F. Ruland. 2012. *Sozialrechtshandbuch,* 5. Aufl. Baden-Baden: Nomos.

Münder, Johannes, Hrsg. 2017. *SGB II, Grundsicherung für Arbeitssuchende, Kommentar,* 6. Aufl. Baden-Baden: Nomos.

Muthesius, Hans. 1928. *Fürsorgerecht.* Berlin: Springer.

Neskovic, Wolfgang und I. Erdem. 2012. Zur Verfassungswidrigkeit von Sanktionen bei Hartz IV. *Die Sozialgerichtsbarkeit* 2012: 134-140.

Neumann, Volker. 1992. *Freiheitsgefährdung im kooperativen Sozialstaat.* Köln: Carl Heymanns.

Neumann, Volker. 1995. Menschenwürde und Existenzminimum. *Neue Zeitschrift für Verwaltungsrecht* 1995: 426-432.

Neumann, Volker. 1998. Der Grundrechtsschutz von Sozialleistungen in Zeiten der Finanznot. *Neue Zeitschrift für Sozialrecht* 1998: 401-411.

Peters, Karen und A. Wrackmeyer. 2007. Erste Entscheidungen des Bundessozialgerichts zum SGB II. *Nachrichtendienst des Deutschen Vereins* 2007: 145-153.

Pieroth, Bodo, B. Schlink und M. Kniesel. 2008. *Polizei- und Ordnungsrecht*, 5. Aufl. München: Beck.

Prantl, Heribert. 2010. Heimat Sozialstaat. *Süddeutsche Zeitung* vom 23.02.2010.

Rothkegel, Ralf, Hrsg. 2005. *Sozialhilferecht – Handbuch*. Baden-Baden: Nomos.

Rothkegel, Ralf. 2010. Ein Danaergeschenk für den Gesetzgeber. *Zeitschrift für Sozialhilfe und Sozialgesetzbuch (ZFSH/SGB)* 2010: 135-146.

Sachße, Christoph und F. Tennstedt. 1998. *Geschichte der Armenfürsorge in Deutschland*, Bd. 1, 2. Aufl. Stuttgart, Berlin, Köln: Kohlhammer.

Sartorius, Ulrich. 2000. *Das Existenzminimum im Recht*. Baden-Baden: Nomos.

Schiller, Friedrich. 2004. *Sämtliche Werke* I. München: Hanser.

Schnath, Matthias. 2010. Das neue Grundrecht auf Gewährleistung eines menschenwürdigen Existenzminimums. *Neue Zeitschrift für Sozialrecht* 2010: 297-302.

Sell, Stefan. 2011. Teilhabe und Bildung als Sachleistungen: bisherige Erfahrungen mit Gutschein- und Chipkartensystemen. *Archiv für Wissenschaft und Praxis der Sozialen Arbeit* 2011: 24-37.

Stolleis, Michael. 2003. *Geschichte des Sozialrechts in Deutschland: ein Grundriß*. Stuttgart: Lucius.

Sunder, Ellen. 2002. Rechtslage bei Obdachlosigkeit – Kostentragung bei Unterbringung von Obdachlosen in Pensionen und Hotels. *Nachrichtendienst des Deutschen Vereins* 2002: 21-28.

von Riedel, Emil. 1883. *Commentar zum Bayerischen Gesetz über öffentliche Armen- und Krankenpflege*, 3. Aufl. Nördlingen: Beck.

Der Wert der Armut
Der sozialethische Diskurs

Traugott Jähnichen

Zusammenfassung

In diesem Beitrag werden die religiösen Traditionen der monotheistischen Religionen im Blick auf sozialethische Bewertungen der Armut dargestellt. Neben der von allen Religionen betonten, grundlegenden Aufgabe der Überwindung jeder Form der skandalösen Armut, die wesentlich mit sozialer Ausgrenzung verbunden ist, wird dabei auch die Perspektive freiwillig gewählter Formen des individuellen Verzichts thematisiert, wie sie insbesondere in Teilen des Christentums und des Islams praktiziert werden.

Der Diskurs über Armut ist – ähnlich wie derjenige über den Reichtum – mit starken Werturteilen verknüpft, sei es, dass skandalisierend, verurteilend oder auch bewundernd über die jeweiligen Sachverhalte gesprochen wird. Ein wesentlicher Grund für diese mit starken Werturteilen verknüpfte Redeweise über Armut bzw. Reichtum liegt darin, dass beide Phänomene eng mit dem gesellschaftlichen Status und mit Erfahrungen sozialer Ungleichheit verbunden sind. Beides ist speziell in Gesellschaften, die sich dem normativen Leitbild der Gleichheit aller Menschen und der Geltung von Menschenrechten auf der Grundlage einer allen zukommenden Menschenwürde verpflichtet wissen, in starker Weise legitimierungsbedürftig.

In der Geschichte des Judentums, des Christentums und des Islams sind Armut und Reichtum von Beginn an intensiv diskutiert worden. Der Schutz und die Unterstützung der Armen, insbesondere als Verpflichtung der reicheren Bevölkerungsgruppen, stehen jeweils im Mittelpunkt. Seit dem 19. Jahrhundert wird in Europa im Horizont der Auseinandersetzungen um die „soziale Frage" darüber hinaus von den Kirchen auch nach ökonomischen Ursachen von Reichtum und Armut sowie entsprechenden sozialpolitischen Folgerungen gefragt. In einer Vielzahl von Stellungnahmen haben die Kirchen seither soziale Reformvorschläge entwickelt und sich in den Diskurs über die Fragen von Armut und Reichtum eingebracht. Um den gesellschaftlich notwendigen Diskurs sachlich führen zu können, hat im Jahr 1997 das „Gemeinsame Wort der Kirchen: Für eine Zukunft in Solidarität und Gerechtigkeit" die regelmäßige Erstellung von Armuts- und Reichtumsberichten gefordert (vgl. Für eine Zukunft in Solidarität und Gerechtigkeit 1997: Nr. 219), wie es 1999 vom Deutschen Bundestag beschlossen worden ist. Gerade wurden die Arbeiten an dem V. Nationalen Armuts- und Reichtumsbericht der Bundesregierung abgeschlossen.

Armut ist ebenso wie Reichtum ein schillernder Begriff, für den es keine einheitlich akzeptierte Definition gibt. Dies gilt auch für die zumeist verwendeten und in hohem Maße bewährten relationalen Armuts- und Reichtumsdefinitionen,[1] welche sich wesentlich auf Aspekte des materiellen Einkommens und Vermögens beziehen. Allerdings ist die materielle Dimension nur ein – wenngleich wesentlicher – Aspekt, um Armut zu bestimmen. In einem weiteren Sinn lässt sich Armut als soziale Ausgrenzung und mangelnde Teilhabe definieren (vgl. grundlegend: Döring et al. 1990), welche die Handlungsspielräume von Menschen in gravierender Weise einschränken und von grundlegenden Teilhabechancen an den Lebensbedingungen der Gesellschaft ausschließen.[2] Im Anschluss an die Sozialtheorie von *Pierre Bourdieu* resultieren gesellschaftliche Teilhabemöglichkeiten aus der Verfügbarkeit über ökonomisches Kapital, daneben aber auch über kulturelles und soziales Kapital, d. h. aus angeeigneten Wissensbeständen, Kompetenzen und Orientierungsfähigkeiten sowie aus der Bedeutung sozialer Zugehörigkeiten und Kontaktnetze, die oft wesentlich die Fähigkeiten für eine eigenverantwortliche Lebensführung mitbestimmen (vgl. Bourdieu 1983). Armut in diesem Sinn ist die Ausgrenzung aus sozialen Kontaktnetzen, das Fehlen von Kompetenzen und nicht zuletzt die eingeschränkte Möglichkeit des Verfügens über materielle Ressourcen. Diese Formen von Armut werden in den religiösen Traditionen der monotheistischen Religionen als Skandal erfahren, der beseitigt, zumindest deutlich reduziert werden muss.

In dem folgenden Beitrag sollen zunächst die biblischen Perspektiven zum Thema Armut als Grundlage des jüdischen und des christlichen Verständnisses aufgezeigt werden, wie sie vermittelt vor allem durch die Geschichte des Christentums für die abendländische Kultur grundlegend geworden sind. Ergänzt wird diese Perspektive durch wesentliche Aspekte des islamischen Verständnisses von Armut, um sodann in konstruktiver Aufnahme der religiösen Perspektiven sozialethische Bewertungsmaßstäbe und Handlungsperspektiven für die Gegenwart aufzuzeigen.

Schlagworte

Biblische Perspektiven; Armut im islamischen Verständnis; Freiwillige Armut; Sozialethik; Verteilungsgerechtigkeit und Befähigungsgerechtigkeit

---

1   Dass die Logik, vorrangig nach relationaler Armut zu fragen, kulturgeschichtlich tief verankert ist, zeigen nicht zuletzt die biblischen Worte und Wortfelder für die „Armen", die Relationsbegriffe sind. Vgl. Jürgen Ebach, Art. „Armut. II. Altes Testament", in: RGG, 4. Aufl., Bd. 1, Tübingen 1998, Sp. 779.

2   Dieser Armutsbegriff liegt den „Nationalen Armuts- und Reichtumsberichten" der Bundesregierung (gegenwärtig 2017 wird der V. veröffentlicht) sowie der EKD-Denkschrift „Gerechte Teilhabe. Befähigung zu Eigenverantwortung und Solidarität. Eine Denkschrift des Rates der EKD zur Armut in Deutschland", Gütersloh 2006, Nr. 6, zugrunde.

1   Religiöse Deutungen der Armut in der jüdisch-christlichen und in der islamischen Tradition

Armut wird in den religiösen Traditionen des Judentums, des Christentums und des Islams in sehr unterschiedlicher Weise thematisiert, wobei die Bewertung jeweils eng mit den konkreten Umständen und Bedingungen von Armut zusammenhängt. Im Sinn einer idealtypischen Betrachtungsweise lassen sich vier unterschiedliche Perspektiven aufzeigen, die zunächst an Hand der biblischen Schriften als den älteren religiösen Traditionen erhoben werden.

1.1   Armut als Folge von individuellen Notlagen, Kriegen und Naturereignissen

In der Bibel ebenso wie in allen vormodernen Gesellschaften erscheint Armut sehr häufig als Folge von Ereignissen, die von den Menschen in der Regel als verhängnisvolles Widerfahrnis erlebt worden sind. Dazu zählen in erster Linie individuelle Notlagen, wie Krankheiten und der Tod des Ernährers. Dementsprechend sind in der Bibel insbesondere Witwen und Waisen in paradigmatischer Weise als „Arme" anzusehen, da sie ökonomisch durch den Tod des Ernährers in einer prekären Lage auf sich selbst gestellt und darüber hinaus sozial – insbesondere aufgrund mangelnder eigener Rechtsstellung – marginalisiert sind. Vor diesem Hintergrund sind in der biblischen Tradition Klagen über die mangelnde Versorgung von Witwen und Waisen (Hi. 22,9; Jes. 10,2; Mt. 23,14 u. a.) sowie deren „Bedrückung" und Übervorteilung (Hi. 24, 2ff.; Jer. 7,6; 22,3; Sa. 7,10; Mal. 3,5 u. a.) ein häufig wiederkehrender Topos. Daher stehen sie unter dem besonderen Schutz Gottes, der selbst auf der Seite der Witwen und Waisen steht und ihnen Recht verschafft (Dtn. 10,18 u. a.). In ähnlicher Weise sind Krankheiten die Auslöser von sowohl materieller wie sozial ausgrenzender Armut, wie es insbesondere in den Klagepsalmen und auch im Neuen Testament (vgl. die Zusammenstellung von Armen und Kranken in Mt. 11,5) deutlich wird.

Neben solchen individuellen Notlagen sind es die kollektiven Erfahrungen von Kriegen und Naturkatastrophen, vor allem Ernteausfälle aufgrund mangelnden Regens, durch Heuschreckenplagen u. a., welche in vielfältiger Weise in der Lebenswirklichkeit der biblischen Zeit die Ursachen von Verarmungsprozessen gewesen sind. Ein Resultat dieser Notlagen sind häufig Migrationsbewegungen, weshalb neben „Witwen und Waisen" die „Fremdlinge" häufig als „Arme" bezeichnet und entsprechend geschützt werden sollen (vgl. Ebach 1998a, Sp. 755). Diese Ereignisse sind von den Menschen jener Zeiten vielfach als verhängnisvolle Widerfahrnisse erfahren worden, die, vor allem in der Gerichtsprophetie, teilweise auch als Konsequenz eigener Verfehlungen oder als Folge der Schuldverstrickungen der Herrschenden verstanden worden sind.

Absicherungen gegen diese Notlagen sind durch ein Ethos der Solidarität angestrebt worden, in früher Zeit insbesondere durch das soziale Netz von Familie und Sippe. Seit der Königszeit und einer Vertiefung sozialer Gegensätze ist als weiteres Element der Bekämpfung von Notlagen eine Sozialgesetzgebung entwickelt worden, die eine regelmäßige finanzielle Unterstützung der Armen u. a. durch die Institution des „Zehnten" (vgl. Dtn. 14,22ff.) und besondere Unterstützungen für Witwen (Dtn. 14,29; 26,12f.) kennt (vgl. Crüsemann 1992,insbes. S. 251ff.) und institutionalisiert hat. Diese Maßnahmen der Armutsbekämpfung können als historisch erste Spuren einer Sozialgesetzgebung bezeichnet werden. Im Neuen Testament wird diese Linie aufgenommen und darüber hinaus durch die Verpflichtung zu einem Ethos der Barmherzigkeit gegenüber Notleidenden zum Ausdruck gebracht (vgl. paradigmatisch Mt. 25, 31-46).

1.2   Armut als Konsequenz mangelnder Eigeninitiative und Leistungsbereitschaft

Neben diesen als verhängnisvoll und weitgehend unverschuldet empfundenen Armutslagen kennt die biblische Tradition ein breites Spektrum von menschlichen Verhaltensweisen, welche Armut selbstverschuldet hervorbringen. Diese Tradition findet sich insbesondere im weisheitlichen Buch der Sprüche, welches Anweisungen für eine gelingende Lebensführung zu vermitteln versucht. In scharfer, zum Teil sarkastischer Art wird hier Faulheit kritisiert und sehr drastisch beschrieben (Spr. 6,6ff.; 19,24 u. a.), wobei Armut als unmittelbare Folge und Konsequenz der Faulheit benannt wird (Spr. 6,11). Ebenso deutlich wird der Missbrauch von Alkohol angesprochen (Spr. 20,1; 23,29ff. u. a.), der ebenfalls als Ursache von Leid und Not genannt wird. Ungeachtet dieser scharfen Kritik an Formen selbstverschuldeter Armut wird auch im Buch der Sprüche eindrücklich eine Haltung des Erbarmens gegenüber Armen – unabhängig von den Gründen der Verarmung – eingefordert (Spr. 14,31; 19,17), und in schärfster Weise werden die soziale Ausgrenzung und die Abwertung der Armen zurückgewiesen: „Wer den Armen verspottet, verhöhnt dessen Schöpfer." (Spr. 17,5) Somit wird in der weisheitlichen Literatur Armut durchaus auch als Folge eigenverschuldeten Handelns angesehen, ohne dass damit die Solidaritätspflichten aufgehoben werden. Der Arme bleibt Teil der Gemeinschaft und hat ein Recht auf grundlegende Anerkennung.

1.3   Armut als Folge ökonomischer Ausbeutung

Es spricht für den Realismus der biblischen Schriften, dass neben zumeist unverschuldeten Katastrophen oder auch bisweilen mangelnder Eigenverantwortung dezidiert das Verhalten von wirtschaftlich oder politisch Mächtigen als Ursache von Armut präzise in den Blick genommen wird. In diesem Zusammenhang werden sowohl illegale Handlungen wie auch illegitimes Verhalten kritisiert. Ein immer wieder vorgebrachter Vorwurf speziell gegen Händler war der, mit falschen Gewichten ihre Kunden zu betrügen und somit unrechtmäßigen Gewinn zu erzielen (Lev. 19,33; Dtn. 25,13; 25,15; Hes. 45,10; Mi. 6,11 u. a.). Neben dieser häufigen Form des Betruges kommt die unrechtmäßige Aneignung fremden Eigentums durch die politisch Herrschenden kritisch in das Blickfeld, paradigmatisch dargestellt anhand der Erzählung über die unrechtmäßige Aneignung von Naboths Weinberg durch den König Ahab, der auf Anraten seiner Frau Isebel im Sinn der altorientalischen Despotien seine Macht gegen das religiös begründete Recht in Israel durchgesetzt hat(1. Kö. 21,1-19). Für große Teile der Bevölkerung ist das Vorenthalten des Lohns und die Ausbeutung der Landarbeiter ein dramatischer Grund von Verarmung, die im AT (Lev. 19,13; Jes. 19,10 u. a.) wie im NT (Jak. 5, 1-6; Mk. 10, 17-31) scharf verurteilt werden.

Neben diesen offenkundigen Rechtsbrüchen wird speziell vom Propheten Amos auch solches Verhalten kritisiert, das formal korrekt ist, jedoch Notsituationen von Armen zur Bereicherung ausnutzt. In Am. 8,4ff. wird zunächst das Fälschen der Waage und des Maßes als Mechanismus der Unterdrückung der Armen genannt, bevor es heißt: Ihr sprecht: „(…) wann will denn der Neumond ein Ende haben, (…) damit wir die Armen um Geld und die Geringen um ein paar Schuhe in unsere Gewalt bringen und Spreu für Korn verkaufen?" (Am. 8,5f.) Sehr präzise werden hier antike Verschuldungs- und Versklavungsprozesse angesprochen, indem geringfügige Schulden unerbittlich als Anlass dafür genommen werden, die Armen in die eigene Gewalt zu bringen. Angesichts solcher Praxis hat speziell die Prophetie eine entschiedene, sozialethisch motivierte Reichtumskritik formuliert (vgl. Ebach 1998b, Sp. 779). Insbesondere der auf offensichtlicher Unterdrückung und Ausbeutung beruhende Reichtum der aristokratischen Oberschicht (vgl. Jes. 3,14) und der Großgrundbesitzer, deren Praxis des „Bauernlegens" insbesondere von Jesaja verurteilt worden ist (Jes. 5,8-10; vgl. auch 1,21ff.; 3,16ff. u. a.), ist von den Propheten als tiefe Störung der von Gott gewollten und Israel gemäßen Gesellschaftsordnung kritisiert worden. Die Propheten haben angesichts solcher Unterdrückungsmechanismen das göttliche Gericht angekündigt und die Geltung der Gebote Gottes – nicht zuletzt des Zinsverbots (Ex. 22,24; Dtn. 23,20f. u. a.) – eingeschärft.[3] Unter dem Eindruck erneuter Verarmung in nachexilischer Zeit sind sodann Rechtsgrundsätze wie der periodisch wiederkehrende Schuldenerlass, die Sklavenbefreiung und das sog. Jobeljahr (vgl. Neh. 5, 1-13; Lev. 25 u. a.) entwickelt worden mit dem Ziel, in Armut geratenen Menschen die Chance eines Neuanfangs zu eröffnen.

1.4 Armut als freiwilliger Weg der Nachfolge und als Ausdruck einer besonderen Frömmigkeit

Das sowohl in den Rechtsüberlieferungen Israels, in der weisheitlichen Tradition und im NT stark verankerte Motiv des Schutzes der Armen, welche unmittelbar unter dem Schutz Gottes stehen (vgl. Ps. 9,10 u. a.), hat bereits in alttestamentlicher Zeit zur Entwicklung einer „Armenfrömmigkeit" geführt, welche vor allem in den Psalmen ihren konkreten Ausdruck gefunden hat. Häufig findet sich in den Psalmen die Selbstbezeichnung der Beter als „arm oder elend" (Ps. 40,18; 70,6; 86,1; 109,22), die eng mit der vertrauensvollen

---

3 Hier sind insbesondere Amos (Am. 3,15; 4,1ff.; 5,10-12; 8,4-8) und Jesaja zu nennen. Vgl. Jürgen Ebach, „Eigentum. I. Altes Testament", in: TRE, Bd. 9, Berlin/New York 1982, S. 405f.; Martin Hengel, Eigentum und Reichtum in der frühen Kirche, Stuttgart 1973, S. 20ff.

Erwartung verknüpft ist, dass Gott in besonderer Weise auf die Armen achtet, ihnen Recht und Gerechtigkeit verschafft und ihnen in umfassender Weise hilft (Ps. 69,34; 72,4; 10,14; 140,13 u. a.). Diese Unterstützung der Armen ist begründet in der Gerechtigkeit Gottes, auf welche Verlass ist und die gleichzeitig Könige und Fürsten herausfordert, ihrerseits nach den Maßstäben der Gerechtigkeit – verstanden als Gemeinschaftstreue, welche die Solidarität des Gottesvolkes garantiert (vgl. Rad 1978: 382f.) – zu handeln. Gleichzeitig werden Armut und Frömmigkeit bzw. das Leben nach den göttlichen Geboten gleichgesetzt (Zeph. 2,3; 3, 12f.), so dass „Armut" hier Ausdruck von Vertrauen und Demut ist. Dabei kommen die Armen zunehmend als Subjekte in den Blick und sind nicht allein Objekte von Hilfsmaßnahmen.

Diese Tradition wird in der Verkündigung Jesu – besonders deutlich in der Seligpreisung der Armen (Lk. 6,20) – aufgenommen. Die Armen stehen dem Reich Gottes nahe, werden als dessen Repräsentanten angesprochen und sind diejenigen, welche in der Gemeinschaft der Glaubenden die Armenfürsorge untereinander selbst organisieren (vgl. Apg. 2,45; 4, 34f. u. a., vgl. Meggit 1998: Sp. 758f). Demgegenüber versperrt Reichtum potentiell den Zugang zur Gottesherrschaft (Mk. 10, 25), da der Besitz zu einer „(…) angstvoll-egoistischen Selbstbehauptung (…)" (vgl. Hengel 1973, S. 37) verleitet, welche den Nächsten übersieht und vor allem Gottes Liebesangebot zurückweist. Insofern kann Reichtum das Vertrauen auf Gott unterminieren, da der Reiche am eigenen Besitz hängt und sich somit die Erfahrung verschließt, dass Gott „(…) als der Schenkende in Erscheinung (…)" (vgl. Berger 1991, S. 294) treten kann. Demgegenüber bedeutet ein Leben in Armut das unbedingte Sich-Einlassen auf die Zusagen Gottes. Darüber hinaus ist im NT durch die matthäische Fassung der Seligpreisung der Armen (vgl. Mt. 5,3) auch die Dimension spiritueller Armut thematisiert, welche auf jede eigene Leistung und Selbstbehauptung vor Gott verzichtet und sich im Wissen um die eigenen Schwächen und Grenzen auf die Gnade Gottes verlässt.

Während sich in der alttestamentlichen Tradition durchaus eine Wertschätzung des Reichtums findet, spielt dies in der Verkündigung Jesu keine Rolle. Es wird im Gegenteil die Verkündigung der frohen Botschaft an die materiell wie auch spirituell Armen (Lk. 4,16ff.; Lk. 7,22; Mt. 5,3 u. a.) in den Mittelpunkt gestellt (vgl. Schrage 1989, S. 107). Während das Streben nach Reichtum und Gewinn (vgl. Lk. 12,16-21) sowie das Bemühen um die Sicherung des eigenen Reichtums (Mt. 6,19) mit ironischen Untertönen als verfehlte Möglichkeiten des Menschseins verurteilt werden, wird vereinzelt die Aufgabe des eigenen Besitzes (vgl. Mk. 10, 17-22; 12,41-44 u. a.) als paradigmatische Konkretion des Sich-Öffnens für Gott interpretiert, ohne dass jedoch im Neuen Testament ein genereller Besitzverzicht gefordert wird (vgl. Schrage 1989: 111f.). Die Nachfolge Jesu kann jedoch mit einem radikalen Besitzverzicht verbunden sein, wobei sich dieser Verzicht als Zeichen der Ernsthaftigkeit der Nachfolge versteht. In diesem Sinn haben Jesus und seine Jünger selbst relativ ungesichert gelebt (vgl. Mt. 8,20; Lk. 9,58; Mk. 1,16ff. u. a.). Diese Tradition ist immer wieder in der Geschichte des Christentums – vor allem durch das Mönchtum und durch die mittelalterlichen Bettelorden – aufgenommen und im kritischen Gegenüber zu den Mehrheitsströmungen des Christentums vertreten worden.

1.5   Zur Bewertung der Armut in der islamischen Tradition

Die Haltung zur Armut im Islam ist in vielerlei Hinsicht der jüdisch-christlichen Tradition ähnlich. Dies gilt insbesondere im Blick auf die Wertschätzung der Armen, auf den Appell zu ihrer aktiven Unterstützung und auf einen „religiös motivierten Eigentumsvorbehalt." (Ströbele/Tatari 2016, S. 16) Insbesondere in den frühen mekkanischen Suren wird der Glaube eng mit einer gerechten Praxis gegenüber Notleidenden verknüpft. So zeigen die Bestrafungserzählungen über unethisches Verhalten, dass Gott sich „auf die Seite der Armen, Verletzbaren und Unterdrückten" (Esack 2016, S. 37) stellt. Eine ähnliche Perspektive zeigt sich in den Visionen des „Jüngsten Tages". Während Besitzanhäufungen ethisch verurteilt werden, speziell wenn dies zu Lasten der Armen geschieht, findet sich eine Vielzahl von Appellen zur Freigiebigkeit. In den entsprechenden Suren, exemplarisch in Sure 107, zeigt sich „eine direkte Verbindung zwischen wohltätigen Werken und dem Glauben an Gott." (Esack 2016, S. 46) Dementsprechend lässt sich die „persönliche Wohltätigkeit (als) Feuerprobe des Glaubens (…) und die Lehre aller Tugend" (Ali 1937, S. 1739) bezeichnen. In einem Hilferuf armer Menschen ist die Behebung ihrer Not unmittelbar mit dem Engagement für die „Sache Gottes" (Sure 4, 77) identifiziert.

Neben dieser individualethischen Ausrichtung lassen sich auch Aufforderungen finden, andere zum „Erweisen von Mitgefühl anzuspornen" (Esack 2016, S. 50) Inwieweit darüber hinaus auch die strukturelle Ebene sozio-ökonomischer Praktiken in den Blick kommt, müsste eingehender untersucht werden. Das von Esack diesbezüglich genannte Beispiel, die Verurteilung des in der vorislamischen Welt der arabische Stämme praktizierten lebendigen Begrabens von jungen Mädchen, für deren Versorgung man nicht aufkommen konnte, trägt eine solche These wohl nur bedingt (vgl. Esack 2016, S. 49f.).

Die Impulse im Koran zur Unterstützung der Armen lassen sich im Wesentlichen in dreierlei Hinsicht systematisieren. Als übergeordneter Begriff der Unterstützung der Armen gilt die Sadaqa, die alle Arten von Spenden, vor allem die freiwilligen und spontanen umfasst. Von zentraler Bedeutung ist der zakat, die jährliche Almosensteuer, die jeder Muslim als dritte der fünf Säulen verpflichtet ist zu erfüllen. Über die Art der Eintreibung dieser Steuer wird im Koran nichts ausgesagt, ebenso wenig über Maßnahmen bei säumigen Gläubigen. Zakat soll anteilig vom Vermögen entrichtet werden, solange dabei eine Untergrenze für die eigene Lebensführung nicht unterschritten wird. Als besondere Abgaben mit einer sozialen Abzweckung sind die verpflichtenden Spenden zum Fastenbrechen am Ende des Ramadan und eine Lebensmittelausgabe beim Opferfest zu nennen. Darüber hinaus besteht der *waqf*, eine freiwillige Stiftung, wobei der Spender die Verwaltung des Geldes einem Dritten überträgt. Die meisten Mittel aus den awaqf fließen in Infrastrukturmaßnahmen, in den Bau von Moscheen, Schulen, Kranken- oder Waisenhäusern. Auf diese Weise sind in den islamischen Staaten Asiens, in Europa sowie in den USA verschiedene Institutionen – vor allem Islamic Relief – entstanden, die in der Entwicklungszusammenarbeit eine größere Bedeutung gewonnen haben. (vgl. Müller 2016, S. 202-215)

Diese Abgabensysteme verdeutlichen, ähnlich wie im Judentum und Christentum, dass Eigentum in den monotheistischen Religionen insgesamt treuhänderisch verstanden wird (vgl. Sacarcelik 2016, S. 136), indem die Gläubigen nicht an dem ihnen anvertrauten Gut hängen, sondern es für die Gemeinschaft, speziell für die Armen, einsetzen. Auch das Zinsverbot hat – wie im Alten Testament – vorrangig die Funktion des Schutzes der Armen und ist als Konkretion einer dem Gemeinwohl verpflichteten Ordnung des Eigentums zu verstehen.

Schließlich findet sich auch der spirituelle Weg freiwilliger Armut im Islam, insbesondere im Sufismus, dessen Spiritualität sich „gegen Materialität und Herrschsucht" (Hajatpour 2016, S. 135) richtet. Die Sufis sind im 12. und 13. Jahrhundert, vermutlich in Abgrenzung zum Reichtum und zur politischen Macht islamischer Herrscher, innerhalb des Islams die erste Reformbewegung, welche freiwillige Armut als Weg einer alternativen Lebensführung aufgreift. (vgl. Khorchide 2012, S. 97ff.) Eine zeitliche und sachliche Parallele ist hier z. B. zum Leben des Franziskus von Assisi zu sehen, der enge und freundschaftliche Beziehungen zu Muslimen unterhielt. Nach der plausiblen, jedoch nicht unumstrittenen Interpretation Navid Kermanis könnte die sog. Chartula, ein Autograph des Franziskus, das früheste Dokument einer Freundschaft zwischen Christentum und Islam im Geist der spirituellen Armut sein (vgl. Kermani 2015, S. 275).

2   Sozialethische Perspektiven zum Umgang mit Armut

Dem religiösen Ethos lassen sich grundlegende Richtungsimpulse für heutige ethische Orientierungen und für gegenwärtiges Handeln entnehmen, es liefert jedoch in der Regel keine unmittelbaren Handlungsanleitungen. Dies gilt auf Grund der stark veränderten gesellschaftlichen und wirtschaftlichen Strukturen, weshalb gegenwärtige soziale Herausforderungen in einem Zusammenspiel der Impulse der kanonischen Schriften, allgemeiner sozialethischer Kriterien, wie einem profilierten Verständnis von Gerechtigkeit, und einer Gegenwartsanalyse zu bearbeiten sind.

In Korrespondenz zu den aufgezeigten Modellen der Thematisierung von Armut in den religiösen Traditionen sollen im Folgenden wesentliche Möglichkeiten der Überwindung von Armut aufgezeigt sowie die gegenwärtige Relevanz einer positiven Bewertung von Armut als freiwillig gewählter Lebensform und spiritueller Haltung diskutiert werden. Grundlegend ist daran zu erinnern, dass Armut aufgrund von Ausgrenzung und mangelnden Teilhabemöglichkeiten, speziell in reichen Ländern, wie den Industrienationen, ein gesellschaftlicher Skandal ist, während Armut in den meisten Ländern des Südens – wie häufig auch in der biblischen Zeit – die Existenz unmittelbar bedroht und insofern das nackte Überleben in Frage stellt. Beide Formen von Armut sind entschieden zu bekämpfen mit der grundsätzliche Zielsetzung einer Überwindung von Armut (vgl. Dtn. 15).

2.1 Die gesellschaftliche Absicherung der „großen" Lebensrisiken durch Systeme sozialer Sicherung

Die großen Lebensrisiken von Krankheit, Individualität und Tod des Ernährers sind seit der Zeit der Industrialisierung nach und nach als gesamtgesellschaftliche Aufgabe begriffen worden. Da die familiären und sozialpatriarchalischen Sicherungssysteme nicht mehr griffen und die Möglichkeiten eigener Daseinsvorsorge für eine große Mehrzahl der Bevölkerung illusorisch war, wurde nicht zuletzt unter dem Eindruck der Forderungen der sich formierenden Arbeiterbewegung kompensatorisch durch Otto von Bismarck (1815–1898) eine Sozialgesetzgebung realisiert, um eine Gesamtordnung sozialer Sicherungen durch die Gesellschaft zu schaffen. In diesem Kontext haben evangelische Theologen wie Adolf Stoecker (1835–1909) und Friedrich Naumann (1860–1919) den sozialen Protestantismus in die Mitverantwortung genommen, protestantische Sozialreformer, z. B. die führenden Kathedersozialisten Adolph Wagner (1835–1917) und Gustav Schmoller (1838–1917) sowie leitende Ministerialbeamte wie Theodor Lohmann (1831–1905) und der spätere preußische Kultusminister Robert Bosse (1832–1901), sind maßgeblich an der Konzeption und an der direkten Ausarbeitung der Gesetzgebung beteiligt gewesen. Die sozialpolitischen Experten der Zentrums-Fraktion, insbesondere Franz Hitze (1851–1921), haben ihre Vorstellungen ebenfalls im Rahmen der parlamentarischen Debatten eingebracht. Umstritten war in der Formierungsphase der Sozialpolitik vor allem das Ausmaß staatlicher Leistungen im Vergleich zur Eigenbeteiligung der Betroffenen, wobei Lohmann und Bosse sowie die Zentrums-Vertreter stark für Sozialkassen mit den Beiträgen der Beteiligten plädierten, während Wagner direkte staatliche Leistungen befürwortete. Während bei der Rentenversicherung neben Beitragszahlungen von Beginn an staatliche Leistungen eine hervorgehobene Rolle gespielt haben und gegenwärtig noch spielen, basieren die Krankenversicherung und die anderen Sozialversicherungen auf einem Beitragssystem.

Das Ziel dieser Sozialsysteme – mit der Krankenversicherung im Jahr 1883 beginnend über die Unfall-, Invaliditäts- und Alterssicherung im Jahr 1889 bis hin zur Arbeitslosenversicherung im Jahr 1927 und der Pflegeversicherung im Jahr 1995 – war es, die großen Lebensrisiken, welche in hohem Maße Gründe für Verarmungsprozesse sind, gesamtgesellschaftlich abzusichern. In unterschiedlicher Weise ist ein vergleichbarer Aufbau von sozial- und wohlfahrtsstaatlichen Elementen für alle Industrienationen wegweisend geworden, um wesentliche Ursachen von Armut auszuschließen oder zumindest zu begrenzen.

Die Erfolge sozialstaatlicher Maßnahmen lassen sich u. a. daran erkennen, dass durch die verschiedenen Transferzahlungen das Armutsrisiko im Vergleich zu den marktvermittelten Einkommen in signifikanter Weise gesenkt worden ist. Problematisch bleibt dennoch die relativ hohe und tendenziell steigende Zahl von Menschen, die in Deutschland in relativer Armut leben. Dementsprechend kommt es darauf an, die Sozialsysteme zu optimieren und langfristig zu stabilisieren. Um dieses Ziel und eine sozial ausgewogene Finanzierung der Sozialsysteme auch in Zukunft zu ermöglichen, plädiert u. a. die EKD-Denkschrift „Gerechte Teilhabe" für eine stärkere Steuerfinanzierung der sozialen Sicherung.

2.2   Die Befähigung zu einer eigenverantwortlichen Lebensführung

Da Armutsbekämpfung nicht allein über die materiellen Ressourcen und deren Transfer bestimmt werden kann, kommt es im Sinn des Gedankens der Befähigungsgerechtigkeit immer stärker darauf an, allen Menschen Teilhabechancen an den Grundgütern der Gesellschaft zu eröffnen. Im Unterschied zur Tradition der biblischen Spruchweisheit, die recht pauschal „Faulheit" als selbstverschuldete Ursache von Armut herausgestellt hat, lassen sich heute differenzierter die sozialen Bedingungen für mangelnde Eigeninitiative und mangelndes Leistungsvermögen angeben. Eine Schlüsselrolle kommt hier dem Faktor Bildung zu, da empirisch zwischen Armutsrisiken und der Platzierung am Arbeitsmarkt sowie zwischen den Arbeitsmarktchancen und der Bildung die stärksten Korrelationen bestehen.

Vor diesem Hintergrund hat exemplarisch die EKD-Denkschrift „Gerechte Teilhabe" den Gedanken der *Befähigungsgerechtigkeit*, der allerdings nicht gegen die *Verteilungsgerechtigkeit* ausgespielt und nicht individualisiert werden darf, in den Mittelpunkt gestellt. Befähigungsgerechtigkeit im Sinn der Denkschrift bezeichnet eine sozialethische Norm, welche auf den Ausbau von Institutionen zur Befähigung der Menschen zu einer eigenständigen und eigenverantwortlichen Lebensführung zielt. Dies gilt insbesondere für das Bildungswesen, wobei von sozialisationsfördernden Hilfen in der Vorschulzeit über die schulische Bildung und Institutionen politischer Bildung bis hin zu Fort- und Weiterbildungseinrichtungen alle Dimensionen der Vermittlung von Bildung gleichermaßen einbezogen sein müssen. Ziel dieser Bildungsprozesse muss die Realisierung des Anspruchs auf „(…) Teilhabe an den Lebensmöglichkeiten der Gesellschaft (…)" sein, der die Exklusion aus dem Arbeitsmarkt und auch den „(…) Ausschluss vom sozialen und politischen Geschehen (…)" (Gerechte Teilhabe 2006: Nr. 60), welche häufig eine Negativspirale von materieller, sozialer und kultureller Verarmung in Gang setzen, wirksam bekämpft.

Die Relevanz und Bedeutung von Befähigungsgerechtigkeit und die Schlüsselrolle der Bildung in diesem weit verstandenen Sinn sind von verschiedenen Studien bestätigt worden, welche Armut nicht allein anhand der Einkommenssituation, sondern unter Einbeziehung von Einstellungen, wie einem hohen Maß an Resignation oder Tatenlosigkeit, und Werthaltungen bestimmen. Dabei lässt sich zeigen, dass der Zerfall familiärer und anderer sozialer Strukturen das Risiko der Verarmung und einer langen Verweildauer in der Sozialhilfe (SGB XII) bzw. der Grundsicherung bei Erwerbsfähigkeit (SGB II) stark erhöht, während Bildung solidarische Überlebensstrategien und den Mut zum Aufrechterhalten sozialer Bindungen stärkt. Diese Ergebnisse werden gestützt durch ältere amerikanische Studien, welche als Auswege aus der Armut stabile Familienstrukturen, die Integration in den Arbeitsmarkt und bestimmte Wertvorstellungen, welche stark durch eine positive Zukunftsorientierung und auch durch religiöse Einstellungen bestimmt sind, anführen (vgl. Gilder 1983, S. 85-95).

Solche Einstellungen werden nicht zuletzt durch das religiöse Ethos stabilisiert, das in allen drei monotheistischen Religionen stark von familiärer Fürsorge sowie von dem Gedanken der Selbstverantwortung und der Hilfe für Schwächere geprägt ist. Gegenwärtig lässt sich der große Erfolg christlich-fundamentalistischer Gemeinden und konservativer islamischer Gruppen in Subsahara-Afrika wie auch in Lateinamerika und Asien nicht zuletzt auf die Propagierung dieser Verhaltensnormen zurückführen.

Das gesellschaftliche Leitbild der Teilhabe zielt auf eine Integration aller Menschen in die Gesellschaft unabhängig von sozialer Herkunft, wofür Bildung in modernen Gesellschaften als Schlüsselfaktor anzusehen ist. Die Verantwortung für die Initiierung von Bildungsprozessen und die Bereitstellung entsprechender Institutionen liegt bei der Gesellschaft, um die speziell in Deutschland nachweisbare Abhängigkeit der Bildungserfolge von der sozialen Herkunft zu entkoppeln und allen Gesellschaftsmitgliedern entsprechende Chancen für eine eigenverantwortliche und selbständige Lebensführung zu eröffnen. Wenn solche Voraussetzungen geschaffen sind, besteht die Verpflichtung der Einzelnen darin, die gebotenen Möglichkeiten zu nutzen und sich so zu qualifizieren, dass eine eigenständige Lebensführung jenseits der Armutsrisiken realisiert werden kann.

2.3 Der Schutz der „Armen" durch den sozialen und demokratischen Rechtsstaat

Benachteiligte Gruppen der Bevölkerung benötigen, wie es in dem Motiv der Gerechtigkeit gegenüber den Armen ausgedrückt ist, den Schutz des Gemeinwesens. „Zu den Konsequenzen dieser Überzeugung zählt die Forderung an das Gemeinwesen, dafür Sorge zu tragen, dass jeder Mensch über die finanziellen Mittel verfügt, die er oder sie zur Sicherung des Existenzminimums benötigt." (Gerechte Teilhabe 2006: Nr. 20). Diese Forderung ist eine Konsequenz aus dem Schutz der Menschenwürde als dem obersten Rechtsprinzip. Der Schutz der Menschenwürde, wie im Grundgesetz verankert, ist für unterschiedliche weltanschauliche und religiöse Positionen begründungsoffen formuliert. Vertreter unterschiedlicher Werthaltungen können mit ihren jeweiligen Begründungen der Menschenwürde Argumente und Kriterien zur Ausgestaltung des Sozialstaates entwickeln. Die christliche Sozialethik hat in diesem Sinn ein Verständnis von Gerechtigkeit, das wesentlich auf die Teilhabe aller Gesellschaftsglieder zielt, entwickelt. In der Befreiungstheologie wird darüber hinaus die „vorrangige Option für die Armen"[4] vertreten. Auch in islamischen Versionen der Befreiungstheologie, exemplarisch bei Farid Esack, wird die Forderung der Gerechtigkeit als „Schlüsselkategorie" (Tatari 2016, S. 97) angesehen.

Eine grundlegende soziale Absicherung schützt zunächst diejenigen Menschen, die aus unterschiedlichen Gründen nicht in der Lage sind, durch Erwerbsarbeit ihr Existenzminimum selbst zu sichern. Gegenwärtig sind dies in der Bundesrepublik neben Langzeitarbeitslosen vor allem Alleinerziehende. Um diese Gruppen vor dramatischen Verarmungsprozessen zu sichern, ist es die Aufgabe des im Grundgesetz verankerten Sozialstaatsgebotes, das soziokulturelle Existenzminimum für alle Menschen zu gewährleisten.

---

4 So die Aufnahme der Befreiungstheologie durch die Bischofskonferenzen Südamerikas und der USA. Vgl. zum Ganzen: Bedford-Strohm, Heinrich (1993).

Schutz vor Armut ist allerdings nicht allein für Menschen ohne Arbeit durch das Gemeinwesen notwendig, sondern trifft zunehmend auch Menschen, die im so genannten Niedriglohnsektor tätig sind. Nicht nur Geringqualifizierte sind in den letzten drei Jahrzehnten immer stärker vom Armutsrisiko bedroht, indem neue Formen prekärer Beschäftigungsbedingungen immer weiter um sich greifen. In Entsprechung zur prophetischen Sozialkritik und den damaligen Versuchen, Formen wirtschaftlicher Unterdrückung zu beseitigen, kommt es heute darauf an, Menschen aufgrund ihrer Erwerbsarbeit eine angemessene Lebensführung zu ermöglichen. Ein wachsender Niedriglohnsektor ist in einem reichen Land wie der Bundesrepublik ein Skandal und bestenfalls als Einstieg in reguläre Beschäftigungsverhältnisse zu legitimieren (vgl. die EKD-Denkschrift „Solidarität und Selbstbestimmung", 2015). Darüber hinaus ist aus der EKD-Denkschrift „Gerechte Teilhabe" die Forderung der Schaffung öffentlich geförderter Arbeit aufzunehmen, um speziell Langzeitarbeitslosen oder Menschen mit Benachteiligungen die Integration in die Arbeitsgesellschaft und die Ermöglichung einer eigenständigen Lebenssicherung zu eröffnen (vgl. Gerechte Teilhabe 2006, S. 13 u. a.).

Im weltweiten Maßstab ist die Situation der Armen durch tief greifende ökonomische, soziale, politische und auch kulturelle Abhängigkeitsverhältnisse geprägt. Da sich diese Situation ungeachtet der seit den 1950er Jahren einsetzenden Entwicklungshilfe und der Gründung kirchlicher Hilfswerke (u. a. Brot für die Welt, gegründet 1959) nicht verbessert hat, sind in vielen Teilen der Länder des Südens Befreiungsbewegungen entstanden, in deren Reihen sich auch viele Christen und Muslime engagieren. Vor diesem Hintergrund entwickeln sich seit den späten 1960er Jahren – im Katholizismus wesentlich beeinflusst durch das II. Vatikanische Konzil – neuere theologische Richtungen wie die Theologie der Revolution und die Theologie der Befreiung, die das bisherige, eher auf Barmherzigkeit basierende und eine nachholende Entwicklung anstrebende Verständnis von Hilfe für die Länder des Südens radikal in Frage gestellt haben.

Insbesondere die Theologie der Befreiung verdankt ihr Entstehen der Erkenntnis, dass die optimistischen Entwicklungskonzeptionen der 1960er Jahre problematisch gewesen sind, da sie den Weg der Industrienationen ohne Einschränkungen als wegweisend für alle Nationen angesehen und eine Verbesserung der Situation der Armen innerhalb des gegebenen ökonomischen Ordnungsrahmens angestrebt haben. Demgegenüber sei – so *Gustavo Gutiérrez* (*1928), maßgeblicher Vertreter der ersten Generation der Befreiungstheologen – „(...) eine tief greifende Umgestaltung in den Eigentumsverhältnissen, ein Ergreifen der Macht von Seiten der ausgebeuteten Klassen und eine soziale Revolution, die die bestehende Abhängigkeit zerbricht (...)" (Gutiérrez 1979, S. 29), notwendig, um den Weg der Armen aus der Armut zum Ziel zu bringen. Die Befreiungstheologie stellt sich engagiert auf die Seite der Armen und unterstützt entsprechende Befreiungsbewegungen (Ebenda, S. 84ff.), in denen die „(...) historische Macht der Armen (...)" (so Gutiérrez 1984), ihren Ausdruck findet. Heutige Vertreter der Theologie der Befreiung, auch im islamischen Kontext (vgl. Tatari 2016), beschreiben die „Armen" mit Hilfe phänomenologischer Analysen als in vielerlei Hinsicht Marginalisierte, deren Subjektwerdung es zu fördern gilt (vgl. Dussel 2000). Unterstützt werden soll dieser Befreiungsprozess durch soziale

Bewegungen und die Zivilgesellschaft, um die globalisierte Ökonomie menschengerecht und ökologieverträglich zu gestalten.

Diese von der Theologie der Befreiung eingebrachte Perspektive lässt sich dahingehend zusammenfassen, dass sich die Armen als wirtschaftlich Unterdrückte und kulturell Marginalisierte aktiv in die Gestaltung des historischen Prozesses einbringen und soziale Fortschritte erkämpfen (vgl. Gutiérrez 1979, S. 29ff.). Dabei wird die Perspektive der „Option für die Armen" zunehmend durch die Betonung der Subjektwerdung der Armen ergänzt. Papst Franziskus fordert exemplarisch eine „arme Kirche für die Armen", wobei die „Option für die Armen in erster Linie eine theologische Kategorie und erst an zweiter Stelle eine kulturelle, soziologische, politische oder philosophische Frage" (Evangelii gaudium 2013: Nr. 198) ist. Die ethische Solidarität mit den Armen ist hier die Konsequenz des für die Armen parteilichen Gottes. Daher hat diese Option keine paternalistischen oder – in traditioneller Weise – mildtätigen Implikationen. Es geht vielmehr um eine Kirche, die ihren Ort bei und mit den Armen hat, wie es etwa Franziskus selbst in eindrucksvollen Symbolhandlungen immer wieder veranschaulicht.

2.4 Anders leben in einer Welt des Konsumismus

Die Konsumorientierung mit dem Ziel einer quantitativ steigenden Teilhabe an den materiellen Gütern ist in modernen Gesellschaften zur dominanten Lebensform geworden. Der Imperativ zum Konsum, der durch die Medien, speziell durch die Werbung, nahezu omnipräsent in der Gesellschaft zum Ausdruck kommt, wirkt in diesem Sinn wie ein „unausgesprochener Befehl" (vgl. bereits Pasolini 1978, S. 37). Gegen diesen „Konsumismus" sind seit den späten 1970er Jahren verschiedene Bewegungen entstanden, die einerseits im Blick auf die „Armen" in den Ländern des Südens und andererseits im Blick auf die ökologischen Grenzen der natürlichen Ressourcen alternative Lebensformen entwickelt haben, welche in neuer Weise durch Motive der freiwilligen Armutsbewegungen der religiösen Traditionen geprägt sind.

Die Einsicht in die Grenzen des quantitativen Wachstums, die Suche nach Ressourcen sparenden Alternativen und die zumeist individuell geprägte Bereitschaft, den Konsum einzuschränken, hat in den Industrienationen den ökologischen und den Dritte-Welt-Bewegungen den Weg bereitet. Insbesondere in den Ländern des Südens – vereinzelt auch in kleinen Gruppen in Industrienationen – ist darüber hinaus eine neue Form religiös motivierter Armut als „(...) engagierte Solidarität mit den Armen (...)" (vgl. Gutiérrez 1979, S. 283) praktiziert worden, wobei sich viele Menschen politisch auf die Seite der Armen gestellt, deren schwierige Lebensbedingungen geteilt und auch massive Verfolgungen auf sich genommen haben. Armut in diesem Sinn bedeutet eine Glaubenspraxis in „(...) Solidarität mit den Armen und Protest gegen die Armut (...)" (vgl. Gutiérrez 1979, S. 283).

In der Christentumsgeschichte hat Nachfolge, exemplarisch im Mönchtum, für Einzelne auch „(...) im frei gewählten Verzicht exemplarisch Gestalt annehmen (vgl. Gemeinwohl und Eigennutz 1991: Nr. 165) können. Ohne anderen einen Zwang auferlegen zu wollen, versuchen gegenwärtig darüber hinaus kleine christliche Bewegungen und im Islam die vom Sufismus geprägten Gruppen in einer zunehmend von der Konsumorientierung bestimmten Gesellschaft Zeichen für einen einfachen Lebensstil zu setzen. Der Verzicht auf materielle Güter kann die Entdeckung neuer Formen von Lebensqualität eröffnen, wobei als deren ethisches Kriterium die ökologisch vertretbare Universalisierbarkeit der Lebensführung zu betonen ist.

2.5 Religiöse Gemeinschaften als Lernorte der Überwindung der Armut

In Aufnahme dieser Traditionen spiritueller Armut versuchen religiöse Gemeinschaften sich als Orte zu profilieren, in denen eine einseitig materielle Lebens- und Leistungsorientierung kritisch hinterfragt wird. Ausgangspunkt dieser Haltung ist die „Armut" vor Gott, welche im religiösen Sinn als Sich-Öffnen für Gott bzw. als Demut verstanden werden kann. Diese spirituelle Armut ist das „(…) Gegenteil von Stolz und Selbstgefälligkeit (…)" (Gutiérrez 1979, S. 278) und strebt nicht nach den materiellen Statussymbolen und Privilegien der Gesellschaft. Die neutestamentliche Seligpreisung der geistlich Armen, welche im christlichen Verständnis den Ausgangspunkt einer solchen Spiritualität darstellt, ist somit eine Haltung, welche vor Gott keine eigenen Leistungen und Ansprüche geltend macht, sondern die bereit ist, die Herrschaft Gottes wie ein Geschenk zu empfangen. Insofern ist diese Haltung eng mit der Rechtfertigungslehre verknüpft, die ihrerseits in einer deutlichen Spannung zu den Werten einer einseitig leistungsorientierten Marktgesellschaft steht. In diesem Sinn umschreibt die Haltung der geistlich Armen eine Kindschaftsbeziehung gegenüber Gott, die alles von ihm erwartet und sich auf das Kommen der Herrschaft Gottes einstellt und sich in dieser Perspektive für Gerechtigkeit als Ausdruck der Solidarität mit den Armen engagiert.

Gerade im Blick auf „Fragen der Gerechtigkeit im Angesicht von Armut" (Tatari 2016, S. 103) können christliche und islamische Engagements „interreligiöse(r) Allianzen" (Tatari 2016, S. 102) eingehen. Diese interreligiöse Spiritualität kann sich auch in materieller Armut ausdrücken, ohne dass dies eine notwendige Bedingung ist. Konsequenz dieser Haltung ist jedoch ein Engagement für und mit den Armen, um die materielle, soziale und kulturelle Armut zu bekämpfen.[5]

Dementsprechend haben viele Kirchen-, Moscheegemeinden und Synagogen sowie sozialcaritative Einrichtungen im Rahmen zivilgesellschaftlichen Engagements Formen einer neuen „Zuwendungsstrategie" (Scholz 2010, S. 24ff.) entwickelt, um von Armut bedrohte Menschen in ihren Kompetenzen zu stärken, ihnen Erfahrungen von selbst bestimmten

---

5   „So ist die Kirche, auch wenn sie zur Erfüllung ihrer Sendung menschlicher Mittel bedarf, nicht gegründet, um irdische Herrlichkeit zu suchen, sondern um Demut und Selbstverleugnung auch durch ihr Beispiel auszubreiten." Konstitution „Lumen gentium" des Zweiten Vatikanischen Konzils, Nr. 8.

Aktivitäten sowie Anerkennung seitens einer Gemeinschaft zu vermitteln und ihnen auf diese Weise neue „Verwirklichungschancen" (vgl. Sen 2010) zu eröffnen. Ungeachtet dieses Engagements ist anzustreben, die Angebote der religiösen Gemeinschaften stärker auf diejenigen auszurichten, die gesellschaftlich benachteiligt sind, aber einen großen Wunsch nach Zugehörigkeit und sozialer Integration verspüren. Dazu könnte auch die im Rahmen der zweiten Deutschen Islamkonferenz 2014 erhobene Forderung beitragen, einen islamischen Wohlfahrtsverband in Deutschland zu gründen, der gemeinsam mit den anderen Wohlfahrtsverbänden die Sozialkultur in Deutschland weiter entwickelt.

3   Resümee

Der Begriff „Armut" ist in religiöser und sozialethischer Perspektive vielschichtig und schillernd. In Aufnahme der kanonischen Orientierungen der monotheistischen Religionen lässt sich Armut, welche Menschen die Teilhabe an den Gütern der Gesellschaft verweigert, als Skandal bezeichnen, den es zu bekämpfen und durch bildungs- und sozialpolitische Maßnahmen präventiv zu verhindern gilt. Daneben ist die geistliche Armut als besondere Frömmigkeitshaltung gegenüber Gott zu würdigen, wobei diese Haltung nicht als eine bloße Relativierung irdischer Güter im Sinne eines Ideals der Gelassenheit zu verstehen ist, sondern als Konsequenz der im Glauben erfahrenen Geschwisterlichkeit der Menschen ein Engagement an der Seite der Armen impliziert.

Armut als verweigerte Teilhabe ist eine Beschädigung der Lebensführung, eine Verletzung der Rechte der Betroffenen. Das Ziel der Bekämpfung von Armut ist dementsprechend die Eröffnung von möglichst umfassender materieller, sozialer und kultureller Teilhabe, wobei eine ausgleichende Bedarfsgerechtigkeit sowie eine präventiv ausgerichtete Befähigungsgerechtigkeit grundlegend sind. Es besteht in demokratischen Gesellschaften ein Rechtsanspruch auf diese umfassende Teilhabe, die politisch einzufordern und zu sichern ist. Dabei spielt das Engagement sozialer Bewegungen – gerade auch die Selbstorganisation von marginalisierten gesellschaftlichen Gruppen – eine zentrale Rolle. Darüber hinaus kann zur Abwendung elementarer Notlagen – speziell in Katastrophenfällen – auch ein Handeln für die Armen – eher im Sinn eines Ethos der Barmherzigkeit – notwendig sein. In christlicher Perspektive lassen sich Menschen zu diesem vielfältigen Engagement zur Bekämpfung der Armut befreien durch den von Jesus verkündigten und in seinem Leben, Sterben und Auferstehen proleptisch erfahrbaren Anbruch des Reiches Gottes, das der Mensch als Geschenk und somit in der Haltung geistlicher Armut annehmen darf. In der jüdischen und in der islamischen Tradition entspricht dem das Wissen um den einen Gott, der sich dezidiert auf die Seite der Armen stellt und dies auch von den Gläubigen erwartet.

Literatur

Ali, Abdullah Yusuf. 1937. *The Holy Quran: Arabic text with an English translation and commentary*. Lahore: Lahore Press.

Barth, Florian, K. Baumann, J. Eurich und G. Wegner, Hrsg. 2010. *Kirchen aktiv gegen Armut und Ausgrenzung: Theologische Grundlagen und praktische Ansätze für Diakonie und Gemeinde*. Stuttgart: Kohlhammer.

Bedford-Strohm, Heinrich. 1993. *Vorrang für die Armen. Auf dem Weg zu einer theologischen Theorie der Gerechtigkeit*. Gütersloh: Christian Kaiser.

Berger, Klaus. 1991. *Historische Psychologie des Neuen Testaments*. Stuttgart: Katholisches Bibelwerk.

Bourdieu, Pierre. 1983. *Ökonomisches Kapital – Kulturelles Kapital – Soziales Kapital. Soziale Welt. Sonderband „Soziale Ungleichheiten"*, Hrsg. von R. Kreckel. Göttingen: VSA.

Brakelmann, Günter und T. Jähnichen. 1994. *Die protestantischen Wurzeln der Sozialen Marktwirtschaft. Ein Quellenband*. Gütersloh: Gütersloher Verlagshaus.

Crüsemann, Frank. 1992. *Die Tora. Theologie und Sozialgeschichte des alttestamentlichen Gesetzes*. München: Christian Kaiser

Döring, Dieter, W. Hanesch und E.-U. Huster, Hrsg. 1994. *Armut im Wohlstand*. Frankfurt a. M.: Suhrkamp.

Dussel, Enrique. 2000. *Prinzip Befreiung: Kurzer Aufriss einer kritischen und materialen Ethik*. Mainz: Grünewald.

Ebach, Jürgen. 1982. *Eigentum, I.*, Altes Testament. In *TRE*, Bd. 9., Hrsg. Gerhard Müller et al., 405-408. Berlin, New York:De Gruyter.

Ebach, Jürgen. 1998a. *Armenfürsorge, II.*, Altes Testament. In *RGG*, 4. Aufl., Bd. 1, Hrsg. Hans Dieter Betz et al., 755-756. Tübingen, Mohr Siebeck.

Ebach, Jürgen. 1998b. *Armut, II.*, Altes Testament. In *RGG*, 4. Aufl., Bd. 1., Hrsg. Hans Dieter Betz et al., 779-780. Tübingen: Mohr Siebeck.

EKD und Deutsche Bischofskonferenz. 1997. *Für eine Zukunft in Solidarität und Gerechtigkeit. Wort des Rates der EKD und der Deutschen Bischofskonferenz zur wirtschaftlichen und sozialen Lage in Duetschland*. Hannover, Bonn.

EKD. 1991. *Gemeinwohl und Eigennutz. Eine Denkschrift der EKD*. Gütersloh: Gütersloher Verlagshaus.

EKD. 2006. *Gerechte Teilhabe. Befähigung zu Eigenverantwortung und Solidarität. Eine Denkschrift des Rates der EKD zur Armut in Deutschland*. Gütersloh: Gütersloher Verlagshaus.

Esack, Farid. 2016. Die Feuerprobe des Glaubens – Wirtschaftliche Gerechtigkeit in den frühen mekkanischen Suren. In *Armut und Gerechtigkeit. Christliche und islamische Perspektiven*, Hrsg. C. Ströbele, A. Middelbeck-Varwick, A. Dziri, M. Tatari, 30-54. Regensburg: Friedrich Pustet Verlag.

Fanziskus. 2013. *Evangelii Gaudium. Apostolisches Schreiben vom 24.11.2013*. Rom: Der Apostolische Stuhl.

Gilder, George. 1983. *Reichtum und Armut*. München: dtv.

Gutiérrez, Gustavo. 1979. *Theologie der Befreiung, 4. Aufl*. München, Mainz: Kaiser/Grünewald.

Gutiérrez, Gustavo. 1984. *Die historische Macht der Armen*. München, Mainz: Kaiser/Grünewald.

Hajatpour, Reza. 2016. Armut aus der Sicht des Sufismus. In *Armut und Gerechtigkeit. Christliche und islamische Perspektiven*, Hrsg. C. Ströbele, A. Middelbeck-Varwick, A. Dziri, M. Tatari, 124-135. Regensburg: Friedrich Pustet Verlag.

Hengel, Martin. 1973. *Eigentum und Reichtum in der frühen Kirche*. Stuttgart: Calwer Verlag.

Kermani, Navid. 2015. *Ungläubiges Staunen. Über das Christentum*. München: Beck.

Khorchide, Mouhanad. 2012. Theologie der Befreiung statt Theologie der Armen. Eine kritische Reflexion aus islamischer Sicht. In *Von Gott und Befreiung. Befreiungstheologische Konzepte im Islam und Christentum*, Hrsg. K. Stosch und M. Tatari, 97-103. Paderborn: Schöningh.

Kirchenamt der EKD, Hrsg. 2010. *Armut überwinden – an vielen Orten. Projekte von Kirchenge-meinden und diakonischen Einrichtungen*. Hannover.

Meggit, Justin J. 1998. *Armenfürsorge, V.*, Neues Testament. In RGG, 4. Aufl., Bd. 1., Hrsg. Hans Dieter Betz et al., 758-759. Tübingen: Mohr Siebeck.

Müller, Sebastian. 2016. Islamische Wohltätigkeit und Entwicklungsorganisationen. In *Armut und Gerechtigkeit. Christliche und islamische Perspektiven*, Hrsg. C. Ströbele, A. Middelbeck-Varwick, A. Dziri, M. Tatari, 202-215. Regensburg: Friedrich Pustet Verlag.

Pasolini, Pier Paolo. 1978. *Freibeuterschriften. Die Zerstörung der Kultur des Einzelnen durch die Konsumgesellschaft*. Berlin: Wagenbach.

Rad, Gerhard von. 1978. *Theologie des Alten Testaments*, Bd. I, 7. Aufl. München: Christian Kaiser.

Sacarcelik, Osman. 2016. Geschütztes Rechtsgut und sozialpflichtiges Treugut: zum ambivalenten Verständnis von Eigentum im Islam. In *Armut und Gerechtigkeit. Christliche und islamische Perspektiven*, Hrsg. C. Ströbele, A. Middelbeck-Varwick, A. Dziri, M. Tatari, 236-245. Regensburg: Friedrich Pustet Verlag.

Schrage, Wolfgang. 1989. *Ethik des Neuen Testaments*. Göttingen: Vandenhoeck&Ruprecht.

Schulz, Rosine. 2010. *Kompetenz-Engagement. Ein Weg zur Integration Arbeitsloser in die Gesellschaft*. Wiesbaden: VS Verlag für Sozialwissenschaften.

Sen, Amartya. 2010. *Die Idee der Gerechtigkeit*. München: Beck.

Solidarität und Selbstbestimmung in den Umbrüchen der Arbeitswelt. 2015. *Eine Denkschrift des Rates der EKD zu Arbeit, Sozialpartnerschaft und Gewerkschaften*. Gütersloh: Gütersloher Verlagshaus.

Ströbele, Christian und M. Tatari. 2016. Armut und Gerechtigkeit. Einleitende Hinweise, *Armut und Gerechtigkeit. Christliche und islamische Perspektiven*, Hrsg. C. Ströbele, A. Middelbeck-Varwick, A. Dziri, M. Tatari, 11-20. Regensburg: Friedrich Pustet Verlag.

Tatari, Muna. 2016. Armut und Gerechtigkeit: islamische Theologie als gesellschaftspolitische Kraft?. In *Armut und Gerechtigkeit. Christliche und islamische Perspektiven*, Hrsg. C. Ströbele, A. Middelbeck-Varwick, A. Dziri, M. Tatari, 84-103. Regensburg: Friedrich Pustet Verlag.

„Denn Armut ist ein großer Glanz aus Innen …"
Armut und Kunst

Rainer Homann

Zusammenfassung

Ein Armut präsentierendes Kunstwerk lässt sich beschreiben als künstlerisch gestaltete, sinnlich erfahrbare Objektivierung von Vorstellungen über das faktische Phänomen Armut. Dessen Rezeption findet gemeinhin im Rahmen der Kategorien des Ge- bzw. Missfallens statt. Die Analyse, wie der Künstler mit seinem Gegenstand verfahren ist, wie er also Armut in einen Kunstgegenstand transformiert, steht weniger im Mittelpunkt der Kunstbetrachtung. Im Kunstwerk schlagen sich Ansichten der Künstler über die Armut nieder, die als sinnliche Erscheinungen mehr dem Gefühl und weniger der Urteilskraft des Rezipienten anheimgestellt sind. Dass sich dessen gefühltes Gefallen wiederum nicht urteilslos auf das Kunstwerk bezieht, sondern im Kunstwerk existente Urteile als die seinen wieder- oder auch anerkennt, soll samt einer kurzen Darstellung von Struktur und Inhalt eben dieser Urteile aufgezeigt werden. Dabei werden Beispiele aus verschiedenen Kunstformen hinzugezogen, denn es kann hier nicht um eine stringente ‚Kunstgeschichte der Armutsdarstellungen' gehen, sondern darum, einige Grundzüge der künstlerischen Beschäftigung mit Armut aufzuzeigen. Dass Künstler reale Armut in einen ästhetischen Gegenstand transformieren, beweist die eines ästhetizistischen Zynismus eigentlich unverdächtige *Käthe Kollwitz* (1867–1945), wenn sie schreibt: „Daß eigentliche Motiv aber, warum ich von jetzt an zur Darstellung fast nur das Arbeiterleben wählte, war, weil die aus dieser Sphäre gewählten Motive mir einfach und bedingungslos das gaben, was ich als schön empfand." (Kollwitz 1983, S. 268) Und fortfahrend nennt sie auch Kriterien dafür, was ihr gefiel: „Ohne jeden Reiz waren mir Menschen aus dem bürgerlichen Leben. Das ganze bürgerliche Leben schien mir pedantisch. Dagegen einen großen Wurf hatte das Proletariat." (ebd.)

Der ästhetische „Reiz" besteht offensichtlich in der schlichten Unterschiedenheit des proletarischen vom bürgerlichen Leben. Käthe Kollwitz scheint in der Armut, mit der sie sich künstlerisch befasste, etwas ‚Bedeutendes' zu entdecken, das sie in der wohlgeordneten Belanglosigkeit des Bürgerlebens vermisste.

Ästhetik; Kunst; Armut; politische Kunst; Moral

1   Armut und Reichtum: Gegenstand und Rahmenbedingung von Kunst

Der im Titel zitierte Dichterfürst *Rainer Maria Rilke* (1875–1926) entdeckte an der Armut einen „großen Glanz aus Innen" (vgl. Rilke 1955, S. 356). Offenbar geht es in den Künsten nicht darum, die Armut zu zeigen, wie sie ist. Das wäre nachgerade unkünstlerisch. Vielmehr geht es zunächst darum, etwas Schönes zu schaffen. Seit geraumer Zeit unterlässt die Ästhetik eine Benennung der Kriterien, was als schön zu gelten habe. Trotzdem gilt, dass das Schöne eines Kunstgegenstands auch und in diesem Kontext gerade dann, wenn es einer Ästhetik des Hässlichen gehorcht, darin besteht, der Subjektivität zu gefallen – der des ihn produzierenden Künstlers wie auch derjenigen des Betrachters, der die Kunst sinnlich erfährt. In diesem Sinne ist auch im Weiteren der Begriff des *Schönen* verwendet. Im Fall der Armut als Kunstgegenstand gilt es, aus der Armut etwas Schönes zu machen, denn letztendlich ist genau dieses das Geschäft der Kunst: Sich auf phantasievolle und sinnliche Art und Weise mit der Wirklichkeit zu befassen und Sichtweisen von ihr zu entwickeln, die nicht mit der wirklichen Welt zusammenfallen, sondern sich durch die Subjektivität des Blickes auf die Dinge auszeichnen.

Es fällt sofort die Diskrepanz zwischen der Art der Beschäftigung und ihrem Gegenstand auf: Armut ist nicht schön! Um doch das Schöne in ihr zu entdecken und als Kunstwerk das Entdeckte dem Rezipienten zum sinnlichen Nachvollzug anzubieten, wendet die künstlerische Phantasie einen (nicht nur) ihr eigenen Kunstgriff an: sie lügt! Sie entdeckt mittels der ihr eigenen (Einbildungs-)Kraft in der Armut Schönheiten besonderer Art: Etwa die Schönheit des Bewährens der armen Leute angesichts ihres Schicksals und die sich gerade dann zeigt, wenn den Gezeigten ihr Elend bis zum Halse steht; oder auch das Glück, arm zu sein, nämlich frei zu sein vom schnöden Mammon und frei von Geld endlich Mensch zu sein. Gern thematisiert Kunst die Unmenschlichkeit der Armut: Dann macht die Kunst als soziale Anklage aufmerksam darauf, dass die gezeigte Armut dem Menschen widerspräche – freilich dem Menschen als höchstem Wert.

Bei der Fragestellung nach dem Verhältnis von Kunst und Armut könnte, bevor man sich um Darstellungsweisen von Armut in der Kunst kümmert, auffallen, dass Kunst als ihre Existenzbedingung Reichtum braucht. In einer Gesellschaft, die Kunst hervorbringt, ist insofern Reichtum unterstellt, als die Gesellschaft einen Teil der für ihr Überleben notwendigen Arbeit dazu erübrigen können und wollen muss. Und zweitens, dass das Bedürfnis nach Beschäftigung mit Kunstgegenständen eine gewisse Freiheit von notwendiger Arbeit voraussetzt. Sich mit dem bloßen Erhalt seiner ‚Einbildungskraft' zu befassen, mit der Freiheit zum Spiel, macht auf der Ebene der Produktion wie der Rezeption einen Abstand zum ‚Reich der Notwendigkeit' nötig. Für die Produktion von Kunst wird Reichtum benötigt. Auch ihre Rezeption setzt eine Lebensweise voraus, die die Beschäftigung mit ‚höheren' Dingen, als es die tagtäglichen Lebensnotwendigkeiten sind, ermöglicht.

Der der Kunst materiell vorausgesetzte Reichtum existiert(e) weitestgehend die ganze Weltgeschichte hindurch innerhalb von Besitzverhältnissen. Es gab stets einige, denen der Reichtum gehörte, andere waren von ihm ausgeschlossen. Diese – bewusst allgemein gehaltene – Kennzeichnung der gesellschaftlichen Wirklichkeit bedeutet für die Kunstproduzenten, auf den in der Hand der Besitzenden befindlichen Reichtum angewiesen zu sein. Denn die Kunst selbst stellt aus sich heraus keine Reichtumsquelle dar, vom Standpunkt der Notwendigkeit materieller gesellschaftlicher Reproduktion aus betrachtet ist Kunst unnütz. Sie muss(te) von denen, die sich das leisten wollen/können, unterhalten – und insofern von ihnen goutiert werden. Dieses Verhältnis begründet die heutige Vielzahl von Künstlerbiografien einschließlich ihrer Verfilmungen, die den Beweis zu erbringen suchen, dass Künstler etwa an feudalen Fürstenhöfen nicht frei waren und dadurch an ihrer ‚eigentlichen' Kunst gehindert wurden; freilich mit der Beweisabsicht, dass sich diese Zeiten geändert hätten und die Kunst, um wahrhaft Kunst zu sein, die Freiheit brauche, die sie jetzt habe. Diese Verhältnisbestimmung zwischen in Besitzverhältnissen vorliegendem materiellen Reichtum und der prinzipiellen Angewiesenheit der Kunst auf ihn, lässt einen weiteren Schluss zu: Damit das, was sich Künstler ausdenken, als Kunst rezipiert wird, folgt sie den jeweiligen gesellschaftlichen Belangen.

2   Ästhetik: Lehre vom Schönen und vom Wahren – aber was ist schön und was ist wahr?

Mittels der Phantasie subjektive Vorstellungen zu Mensch und Gesellschaft zu einem Kunstwerk werden zu lassen kommt ohne einen der Objektivität verpflichteten Zugang zur Wirklichkeit aus. Kunst zu machen bedeutet vielmehr, mittels Bildern, Klängen, Worten etc. der künstlerischen Subjektivität eine Gestalt, einen Ausdruck zu verleihen und damit den Rezipienten vorrangig sinnlich anzusprechen. Ansprechen meint hier, dass der Rezipient an der subjektiven Sicht des Künstlers vermittelt im sinnlichen Erleben des Kunstwerkes Anteil nimmt. Damit ist auch gesagt, dass diese Anteilnahme an der subjektiven Sicht auf die Welt vorrangig in der Sphäre des Gefühls beheimatet ist. Bei einem ‚gelungenen' Kunstwerk fühlt man Zustimmung. Diesem im Kunstgenuss erlebten Gemeinsam-Sein in subjektiven Stellungen zur Wirklichkeit sind eine rationale Prüfung, wissenschaftliche Argumente, objektive Bestimmungen eben der Wirklichkeit erst einmal fremd.

Sich künstlerisch betätigende Subjektivität nimmt allerdings selten die Form des ‚freien Spinnens' an. Sie konkretisiert sich in Haltungen zur Welt. Ihre Inhalte sind Urteile, die Geltung beanspruchen; nicht als Resultat rationaler Überlegungen und Argumentationen, sondern, weil man von ihrer Geltung überzeugt ist. Die Kriterien, mit denen die Welt betrachtet wird, ist die Instanz, von der das betrachtende Subjekt überzeugt ist, dass sie gilt. Es sind dessen je eigenen Wertvorstellungen, die auch den Künstler die Welt bewerten lassen. Hierin stimmen die Ästhetiken von *Aristoteles* (384–322 v. Chr.) bis mindestens ins 19. Jahrhundert überein. Dieser Abgleich des Zustandes der Welt damit, wie sie in den Augen des Künstlers zu sein habe, findet seinen Ausdruck in Kunstwerken. In ihnen tut der Künstler kund, was ihm zur Welt einfällt: was er an der Welt schlecht findet oder auch, wie sie besser aussehen solle; er zeigt Missstände auf, deren Art und Weise des Aufzeigens im Zuschauer das Gefühl erzeugen sollen, wie ungerecht jene seien, oder vermittelt die Anschauung einer besseren Welt: ihr Vorbild. Dabei variieren vorhandene ästhetische Erklärungsansätze in der Verbindlichkeit dieses Vorbildes. „Aut delectare aut prodesse" etwa in der Ästhetik der Aufklärung eines *Christoph Gottsched* (1700–1766) bis zu *Gotthold Ephraim Lessing* (1729–1781) wird zu einer stärker verbalen Klammer denn zu einem Kriterium für Allgemeingültigkeit; auch und gerade dann, wenn sich die Aufklärer dazu hinarbeiteten, dass *Horaz*sche (65–27 v. Chr.) „aut – aut", das entweder erfreuen oder nützen, zu verwandeln in ein instrumentelles Verhältnis: Nützlich-Werden der Kunst für die Moralerziehung. Insofern verlassen die in Kunstwerken vorzufindenden Urteile über die Welt nie den Bereich des Subjektiven, ihre Zirkularität ist ein objektiver Widerspruch, deren praktische Auflösung jedem moralischen Urteil immanent ist. Das Besondere der Kunst ist, dass sie den Vorstellungen, wie die Welt sein solle, eine gewisse Objektivität verleiht. So stellt *Friedrich Schiller* (1759–1805) in seinem Aufsatz „Über die tragische Kunst" fest:

> „Wenn wir nunmehr die Resultate aus den bisherigen Untersuchungen ziehen, so sind es folgende Bedingungen, welche der tragischen Rührung zugrunde liegen. Erstlich muss der Gegenstand unsers Mitleids zu unsrer Gattung im ganzen Sinn dieses Worts gehören und die Handlung, an der wir Teil nehmen sollen, eine moralische, d. i. unter dem Gebiet der Freiheit begriffen sein. Zweitens muss uns das Leiden, seine Quellen und seine Grade, in einer Folge verknüpfter Begebenheiten vollständig mitgeteilt und zwar drittens sinnlich vergegenwärtigt, nicht mittelbar durch Beschreibung, sondern unmittelbar durch Handlung dargestellt werden." (Schiller 1792, S. 214f.)

Und *Georg Friedrich Wilhelm Hegel* (1770–1831) fasst den Schiller'schen Standpunkt prägnant zusammen:

> „Das Schöne bestimmt sich dadurch als das sinnliche Scheinen der Idee." (Hegel 1986, S. 151)

Die in der Kunst aufgezeigten Missstände der Wirklichkeit, die Idyllen wie auch die Träume einer besseren Welt basieren nicht auf einer Prüfung der Gründe für die vorgefundene Wirklichkeit, sondern nehmen die erlebte Welt als Material für die Kunst. Wie das Resultat der künstlerischen Verarbeitung der Wirklichkeit ausfällt, hängt ganz von der subjektiven Stellung des Künstlers ab. Nur in den seltensten Fällen macht er eine Analyse der Gründe für das, was ihm an der Wirklichkeit auffällt, zum Gegenstand seiner Kunst. Eine Befassung, die Kategorien der Richtigkeit, Schlüssigkeit, etc. gehorcht, ist der Kunst weitestgehend fremd. Diese gehorcht dem Prinzip subjektiver Freiheit. Was folgt für die Kunst und das

Urteil des Künstlers über die Welt daraus, seine künstlerisch-freie Einbildungskraft auf den Missstand Armut zu richten?

3 Ästhetische Transformation von Armut – ein systematischer Abriss

Hier können nur einige typische strukturelle Grundzüge davon, wie Kunst Armut darstellt, nachgezeichnet werden. Spätestens mit der politischen Auffassung, alle Mitglieder der (bürgerlichen) Gesellschaft hätten berechtigten Anspruch auf einen Anteil an dem gesellschaftlich produzierten Reichtum, kommt Armut in der Kunst als Gegenstand sozialer Anklage vor. Das vorgefundene Verhältnis zwischen Arm und Reich findet in den Augen des Künstlers keinen Zuspruch, er prangert die Existenz von Armut als Missstand an. Dabei lassen sich prinzipiell zwei Arten unterscheiden, wie die Transformation des gesellschaftlichen Verhältnisses von Arm und Reich in einen ästhetischen Gegenstand aussieht.

3.1 Armut als Inbegriff des Inhumanen

Die diese Auffassung bebildernden Kunstwerke unterstellen zweierlei: dass die Armut weder nötig noch natürlich sei und dass sie gegen einen Wert verstoße, nämlich den der Menschlichkeit. So gestaltet z. B. *Käthe Kollwitz* in den Jahren 1907 bis 1909 in einer Serie „Bilder vom Elend" Härten proletarischer Armut. Die Arbeiten mit den Titeln „Heimarbeit", „Kneipe", „Beim Arzt", etc. zeigen die Armen in ihren menschenunwürdigen Verhältnissen. Einen Verweis auf gesellschaftliche Gründe für diese Armut gibt sie kaum. Ihr Appell richtet sich an die Moralität eines Rezipienten, der den Wert Humanität teilt und dadurch dem durch die Art der ästhetischen Gestaltung der Armut nahe gelegten Urteil, eine solche Armut verstoße gegen Menschlichkeit, zustimmt. Liegt beides vor, soll das Kunstwerk den Rezipienten dazu bewegen, etwas gegen den Missstand zu tun. Der Maßstab dafür, was er tun soll, ist nicht dem Missstand entnommen – den Gründen für die Armut –, sondern entspringt seinem moralischen Wollen, ein guter Mensch zu sein und der Idealität des Menschen zur Wirklichkeit zu verhelfen. Nach seinen Kräften und Mitteln soll er wirken, Resultat ist ein mehr oder weniger reines Gewissen – in Absehung davon, ob der Gegenstand des Missfallens aus der Welt geschafft ist oder nicht.

Auf Moralitätserziehung bezweckende Armutsdarstellungen hatten christliche Vorstellungen großen Einfluss. Die alttestamentarische Vorstellung, Armut sei hervorgegangen aus der Ursünde, der Vertreibung aus dem Paradies, lässt Reichtum als Belohnung erscheinen, Armut wird zur Geißel und Bestrafung der Sünder oder auch zur ihm auferlegten Prüfung. In älteren Armutsdarstellungen wird ein Schwerpunkt auf die Darstellung der Motive der Helfenden wie Barmherzigkeit, Fürsorge, Wohltätigkeit, Menschlichkeit (etwa Darstellung des Heiligen Martin oder der Sieben Werke der Barmherzigkeiten) und der Zeichnung des

Armen als *würdigen* bzw. *unwürdigen* Bettlers, also als aus gesellschaftlich anerkannten bzw. geächteten Gründen Verarmten, gelegt (vgl. Wischermann et al. 2007, S. 45ff.).

Die Modifikationen der Armut als Schuld wirft erst die Frage auf, ob Armut selbstverschuldet ist, oder nicht. Für die Kunst wird die Unterscheidung zwischen *würdigen* und *unwürdigen* Armen relevant (vgl. ebd.). Nur der arbeitsunfähige, also von Krankheit und Siechtum gezeichnete ist ein würdiger Bettler. Wer dagegen arbeiten könnte, aber trotzdem bettelt, erschleicht sich das Almosen.

Die Kategorie der Arbeit(sfähigkeit) verweist schon auf die Gesellschaftlichkeit des Phänomens – der Spanier *Juan Luis Vives* (1491–1540) entwirft 1526 in seiner Schrift „de subventione pauperum" eine erste Fürsorgetheorie, die Armut aus gesellschaftlichen Ursachen versteht, oder im weitaus bekannteren Roman Utopia von 1526 macht *Thomas Morus* (1478–1535) als Ursache gesellschaftlicher Missstände das Privateigentum aus. In *William Shakespeares* (1564–1616) Tragödie Romeo und Julia nennt Romeo im Dialog mit dem Apotheker das Geld, mit dem er das das Gift bezahlt,

> „ein schlimmres Gift in den Seelen /der Menschen, das in dieser eklen Welt /mehr Mord verübt, als diese armen Tränkchen, /die zu verkaufen dir geboten ist. Ich gebe Gift dir; Du verkaufst mir keins." (Shakespeare, Romeo und Julia, V/1, 1989, Band 4)

Auch wenn die Durchsetzung des Geldes als Zirkulationsmittel vorhandene Formen menschlichen Zusammenlebens zerstörte und die Kunst diese sozialen Verwerfungen reflektiert, bleibt das Phänomen ‚Arbeit' Bestandteil einer individualisierenden Zeichnung.

Erst die aufkommende Industrialisierung und die damit einhergehende ökonomische Verwendung tendenziell aller Mitglieder einer Gesellschaft in diesem Wirtschaftsprozess, der daraus resultierende Pauperismus und der damit einhergehende staatliche Standpunkt, das gesamte Volk auf sich zu beziehen, der schließlich in der sozialstaatlichen Armenversorgung mündet, ruft die soziale Frage auf den Plan. Armut wird als Klassenfrage zum Massenphänomen und wirft gerade angesichts des rapiden Anwachsens des produzierten gesellschaftlichen Reichtums die Frage nach sozialer Gerechtigkeit auf. Mit dieser Frage wird das Problem Armut in die Verantwortung des Staates gelegt und an ihn als Sachwalter der Humanität appelliert, angesichts inhumaner Armutszustände die Armenversorgung zu verbessern. So listete *Bettina von Arnim* (1785–1859) im Anhang ihres Werkes „Dies Buch gehört dem König" aus dem Jahr 1843 Dokumente der Armut auf. Den Versuch, 1844 in ihrem Armenbuch umfassend Armutszustände zusammenzustellen, konnte/wollte sie nicht weiterführen, als der Weberaufstand ausbrach und sie durch ein solches Buch in Zusammenhang mit der Revolte hätte gebracht werden können.

Literatur im Vormärz

Jedoch finden sich gerade im Vormärz radikale Darstellungen – *Georg Büchner* (1813–1837), *Heinrich Heine* (1797–1856), *Ferdinand Freiligrath* (1810–1876), *Georg Herwegh* (1817–1875) – , die die gesellschaftlichen Verhältnisse als Grund für die Armut ausmachen und eine frühsozialistisch revolutionäre Position gegen kapitalistische Ausbeutung und die staatliche

Herrschaft einnehmen. Diese Kunst will radikale konkret-politische Veränderungen befördern, sie ergreift Partei für eine revolutionäre Bewegung. Ein sehr bekanntes Beispiel dürfte
Büchners Woyzeck sein, in dem nachgerade eine Phänomenologie der Armut aufgezeigt
wird. Der Büchner-Forscher *Alfons Glück* weist überzeugend nach, dass systembedingter
Grund und Grundlage allen Handelns Woyzecks seine Armut ist:

> „(…) dem Fundament dieses Systems, der tragischen Prämisse, ohne die Woyzecks Katastro-
> phe sich nicht hätte ereignen können: seiner Armut und dem daraus erwachsenden Zwang,
> sich – seine Arbeitskraft und zuletzt noch seinen Körper – verkaufen zu müssen." (Glück
> 1984, S. 176).

Büchner schildert das historische Einzelschicksal Woyzeck in seinem Stück als soziale
Anklage, als Kritik an den ökonomischen Verhältnissen. Nimmt man dazu die berühmte
Agitationsschrift von 1834, den *Hessischen Landboten*, in den Blick, so wird klar, dass
Büchner – auch wenn er im Woyzeck nicht explizit zur Revolution aufruft, die dort geschil-
derten Lebensverhältnisse radikal zu ändern wünscht. So führen Büchner und der Mitautor
Friedrich Ludwig Weidig (1791–1837) in dieser Flugschrift den Nachweis, dass die politische
Herrschaft vom Arbeitsprodukt der Bauern lebe. Sie wenden sich mit ihrem Aufruf, sich
gegen den Staat zu erheben, deshalb vor allem an die Bauern. Freilich arbeitet Büchner
dennoch keine Gesellschaftsanalyse heraus, die über die etwaigen objektiven Gründe für
die Armut aufklärt – auch wenn zumindest zwei Agenten der politischen Herrschaft, das
Militär und die Wissenschaft, überdeutlich als Täter gezeichnet sind.

Arbeiterliteratur

Die künstlerische Befassung mit der Armenthematik im Kontext eines Modells zur
Gesellschaftsanalyse lässt eine Brücke schlagen zur Arbeiterliteratur. Sie ist insofern auf
die Armenthematik zu beziehen, als ihre literarische Zwecksetzung mit der politischen
Lage einer verarmten Klasse begründet wird. Sie will nützlich sein für die Bildung eines
proletarischen Klassenbewusstseins und weist deswegen eine enge Bindung an die Arbeiterbewegung auf. Ihre Wurzeln hat die Arbeiterliteratur in der Literatur des Vormärz
und damit in den Revolutionen der 1840er Jahren. Die Arbeiterliteratur widmete sich
insbesondere in den ersten Jahrzehnten der Verbreitung politischer und sozialer Positionen
des Sozialismus. In Agitationsstücken wurden dialogisch zentrale Thesen des Sozialismus
vermittelt. Die Themen reichten von Disputen über den Mehrwert bspw. in *Johann Baptist
von Schweitzers* (1833–1875) Humoresken „Ein Schlingel" oder „Eine Gans" bis hin zu re-
visionistischen Standpunkten etwa in *Jakob Audorfs* (1834–1898) „Arbeiter-Marseillaise"
von 1864. Die Sozialistengesetze von 1878 wirkten sich auf die von den Arbeitervereinen
abhängige Arbeiterliteratur, insbesondere das agitatorische Arbeitertheater, aus. Erst in
den 1880er Jahren verbesserten sich die politischen Bedingungen für die Arbeitervereine
und damit auch für die Arbeiterliteratur. Hierfür beispielhaft sei etwa *Friedrich Bosses*
Arbeit am Leipziger Arbeitertheater zu nennen (vgl. Arnold 1977, S. 18ff.). Ab den 1890er
Jahren sind dann zunehmend Anschlüsse zum traditionellen ‚bürgerlichen' Kunstbetrieb

zu erkennen. Gleichzeitig beginnt eine die weitere Entwicklung proletarischer Kunst immer wieder durchziehende Etablierung einer sozialistischen Kunsttheorie mit umfassenden ästhetischen Theorien des Realismus, die hier keine Erwähnung finden können.

Innerhalb dieser Theoriebildung und ihren entsprechenden künstlerischen Praxen ist dennoch eine prinzipielle Differenzierung auszumachen. Einerseits existieren Armut idealisierende Darstellungen, die den Proletarier als den besseren Menschen behaupten. Hierzu zählen nicht nur revisionistische proletarische Schriftsteller, sondern auch Werke wie *Hans Fallada*s (1893–1947) „Kleiner Mann – was nun" oder *Heinrich Mann*s (1871–1950) „Die Armen". Eine andere Idealisierung betreibt der Sozialistische Realismus, wenn er die Gestaltung der Progressivität des sozialistischen Menschen verlangt, der das Telos der Menschheitsgeschichte zu verwirklichen habe. Andererseits existieren Kunstverständnisse fern dieser Idealisierungen, die sich zur Aufgabe machen, über in Kapitalismus und bürgerlichem Staat zu suchende Gründe für Armut aufzuklären. Als dessen vielleicht berühmtesten Exponenten ist *Bertolt Brecht* (1898–1956) zu nennen.

3.2   Darstellungen von Armut als Beitrag zur Gesellschaftsanalyse

Die andere Art der Transformation von Armut in einen ästhetischen Gegenstand benutzt die künstlerische Gestaltungsfreiheit dazu, die als Grund für Armut ausgemachten politischen, ökonomischen, also gesellschaftlich notwendigen Ursachen darzustellen. Der Rezipient soll über die Wahrheit der gesellschaftlichen Verhältnisse aufgeklärt werden. Er soll lernen, welche Gründe für Armut vorliegen, um so, wenn er denn Gegner der Armut ist, Gegner der bestehenden gesellschaftlichen Verhältnisse zu werden.

Bertolt Brecht: Episches Theater

Brechts Episches Theater entwickelt die in seinen Werken gegen den Kapitalismus angeführten und gestalteten Argumente aus einer marxistischen Analyse der kapitalistischen Wirklichkeit. Viele seiner Werke verdanken sich einer zur jeweiligen Parteilinie nicht widerspruchsfreien kommunistischen Position gegen den kapitalistischen Staat, seine Kunst sollte Instrument zu dessen Bekämpfung sein. Nicht umsonst arbeitete Brecht noch während des Zweiten Weltkriegs aus propagandistischen wie dichterischen Gründen an einer *Das Manifest* genannten und fragmentarisch gebliebenen Umdichtung des *Kommunistischen Manifestes* von Marx und Engels (vgl. Brecht, Bd. 10, 1967, S. 911ff.). Auch seiner Theorie des Epischen Theaters ist dieser rational-argumentierende Standpunkt anzumerken. Wegen ihrer zentralen Bedeutung gerade für das kritische Theater des 20. Jahrhunderts sei sie hier kurz vorgestellt.

Brecht fordert statt des illusionistischen Bühnenerlebnisses, das den Zuschauer suggestiv und gefühlsmäßig ergreift, indem er Theatervorgänge einfühlend rezipiert, ein demonstrierendes Theater. Der Zuschauer soll die auf der Bühne dargestellten Vorgänge beurteilen und durch rationale Einsicht eine kritische Haltung einnehmen. Deswegen verlangt Brecht eine Darstellung, in der Dargestelltes und Darsteller gerade nicht zusammenfallen:

> „(...) der Schauspieler muß Demonstrant bleiben; er muß den Demonstrierten als eine fremde Person wiedergeben (...). Er vergißt nie und gestattet nie zu vergessen, daß er nicht der Demonstrierte, sondern der Demonstrant ist." (Brecht, Bd. 16, 1967, S. 553)

Dazu soll er die Realität dessen, was er darstellt, auf einer zweiten, oft kommentierenden, Ebene durchbrechen, er soll die Vorgänge verfremdet darstellen.

> „Einen Vorgang oder einen Charakter verfremden heißt zunächst einfach, dem Vorgang oder dem Charakter das Selbstverständliche, Bekannte, Einleuchtende zu nehmen und über ihn Staunen und Neugierde zu erzeugen." (ders., Bd. 15, 1967, S. 301)

Zweck dieser Verfremdung soll eine aufklärerische Wirkung auf den Zuschauer sein. Das Aufklärerische bestehe darin, dass eine verfremdend dargestellte Handlung gleichzeitig deren Kritik zum Vorschein bringen soll. Der Zuschauer erkenne ihre gesellschaftliche Begründetheit und damit ihre Veränderbarkeit. Wenn ihm die Veränderbarkeit und Veränderungswürdigkeit von Handlungen und Zuständen auf dem Theater bewiesen wird, würde der Rezipient die ihrer Normalität entkleidete gesellschaftliche Wirklichkeit radikal verändern. Brecht identifiziert beim ‚bisherigen' Publikum ein (passives) Verhalten im Theater und im Leben. So lässt Brecht im *Messingkauf* den Philosophen folgendes zum Dramaturgen sagen:

> „Eure naturalistischen Abbildungen waren schlecht gemacht. Darstellend wähltet ihr einen Standpunkt, der keine echte Kritik ermöglicht. In euch fühlte man sich ein, und in die Welt richtete man sich ein. Ihr wart, wie ihr wart, und die Welt blieb, wie sie war." (Brecht, Bd. 16, 1967, S. 520)

Brechts Ziel ist die Hervorbringung bzw. Offenlegung eines kritischen Standpunkts zur politischen Wirklichkeit, der in der politischen Praxis münden solle, die Welt zu verändern. Dafür erschienen ihm in diesen Standpunkt eingebundene Emotionen ebenso nützlich:

> „Es (das epische Theater, *d. Verf.*) verzichtet in keiner Weise auf Emotionen. Schon gar nicht auf das Gerechtigkeitsgefühl, den Freiheitsdrang und den gerechten Zorn. (...) Die ‚kritische Haltung', in die es sein Publikum zu bringen trachtet, kann ihm nicht leidenschaftlich genug sein." (Brecht, Bd. 17, 1967, S. 1144)

Brechts Theater bezweckt, sein Publikum zu einem ihm fremden Blick auf die Dinge zu erziehen, damit „das viele gegebene ihm als ebensoviel Zweifelhaftes erscheinen könnte" (Brecht, Bd. 16, 1967, S. 681).

Wirtschaftswunder versus Krisenerscheinungen: Armut in der Kunst in Deutschland

In der jungen Bundesrepublik bis in die sechziger Jahre des letzten Jahrhunderts hinein blieb die Kunst weitgehend unpolitisch, systemkonforme Schriften der Nachkriegsjahre behaupteten den Charakter einer verbrauchsorientierten Freizeitgesellschaft. *Jost Hermand* führt in diesem Kontext beispielhaft das 6. Heft der Kulturzeitschrift *Magnum* von 1957 an, mit dem wirtschaftswunderlichen Titel „Die Welt wird wieder heiter". Er zitiert sie:

> „Der Verfall der Ideologien macht gerunzelte Stirnen lächerlich. Die Technik nimmt mehr und mehr harte, schmutzige Fron von uns. Auch die Arbeitswelt wird aufgehellt, verschönt, humanisiert. Die Vermehrung der Freizeit bedeutet neue Lebensbereicherung, neue Glückserlebnisse für unzählige Zeitgenossen." (Hermand 2006, S. 184).

Für Deutschland stellt Wolfgang Ismayr zutreffend fest:

> „Mit gewissen Einschränkungen läßt sich sagen, dass erst seit dem Auftreten der außerparlamentarischen Opposition im Krisenjahr 1966/67 die politische, insbesondere die sozio-ökonomische und sozio-kulturelle Wirklichkeit der Bundesrepublik für die Bühne entdeckt wurde." (Ismayr 1977, S. 362)

Eine in diesem Kontext interessierende Kunst, die nicht zur Stabilisierung und Legitimierung der bestehenden Machtverhältnisse – um im damaligen Slang zu sprechen – beitragen wollte und sich kritisch mit der politischen Wirklichkeit der BRD befasste, wurde von Autoren wie *Heiner Kipphardt* (1922–1982), *Rolf Hochhuth* (*1927), *Martin Walser* (*1927), *Peter Weiss* (1916–1982), *Tankred Dorst* (*1925), *Günter Grass* (1927-2015), *Hans Magnus Enzensberger* (*1929), *Franz Xaver Kroetz* (*1946) geprägt. Die Aufzählung ist keineswegs vollständig und umfasst zwar inhaltlich weit auseinandergehende politische und ästhetische Standpunkte. Ihnen gemeinsam ist aber, dass sie Armut als gesellschaftlich begründeten Missstand auffassen und ihr Theater sich gegen die gesellschaftlich-politische Wirklichkeit wendet, die kritikable Armut hervorbringt.

Seit den ersten Jahren des 21. Jahrhunderts lässt sich eine zunehmende Beschäftigung des Theaters mit ökonomisch-sozialen Themen feststellen, insbesondere mit der ‚schwindenden' Arbeit und den sich darauf beziehenden (sozial-)staatlichen Taten sowie der Relevanz dieser ‚neuen' Armut für biografische Verläufe und gesellschaftliche wie individuelle Verarbeitungsprozesse. Diese thematische Ausrichtung korrespondiert im Zuge der als postdramatisch und performativ gekennzeichneten Entwicklung mit neuen theatralischen Formen, Armut darzustellen:

> „Das Theater entdeckt sich zunehmend als soziökonomisches Laboratorium und wendet sich konkreten Lebenserzählungen zu, um diese in >fiktionaler Authentizität< zu präsentieren. Wirklichkeit wird nicht mimetisch simuliert, sondern die theatrale Fiktionalität mit soziökonomischen Konkreta überschrieben (…)." (Schößler 2009, S. 10)

Solche Formen des partizipativen Theaters wie auch der Performance befragt Katharina Pewny danach, „wie künstlerische Aufführungen das Prekäre performen" (Pewny 2011, S. 122). Wie die jeweiligen Aufführungen sich dieser neuen Fassung des Themas Armut im Lichte von Neoliberalismus und aktivierendem Sozialstaat annehmen – ob sie Theater „repolitisieren" (vgl.: Gilcher-Holtey 2006, S. 7ff.) oder gar ein genuin politisches Thema auf dem Theater entpolitisieren, indem sie den ‚prekären' Umgang des Individuums mit der Armut, anstatt die politisch-ökonomisch produzierte Armut selbst zum Gegenstand künstlerischer Produktion machen – muss Einzelanalysen überlassen bleiben (vgl. dazu bspw.: Schößler 2009; Pewny 2011; Fischer-Lichte 2006; Niederhuber 2007; Kleihues 2008; Gerstmeier 2006; Dreysse 2007)

Performative Theaterformen – der Doku-Boom

> „Arbeitslose, Ghettokinder und Asylbewerber sind derzeit auf deutschen Bühnen die Stars. Die Laien, als ‚Experten des Alltags' eingesetzt, laden das Programm der Schauspielhäuser wieder politisch auf." (Der SPIEGEL Nr. 50/2008)

> „Nichts knallt so rein, wie das echte Leben: Ein Realitäts-Boom hat das Theater erfasst. Prostituierte und Arbeitslose treten auf, Privatleute spielen sich selbst, (…)" (Spiegel online vom 16.01.2011).

Wenn „nichts so reinknallt, wie das echte Leben" und deswegen Theaterfiguren, die Armut auf der Bühne meinen, von echten Armen dargestellt werden, damit sie ‚realistisch rüberkommen', dann scheint der sich künstlerischer Fiktion verdankende Abstand zur Wirklichkeit jenen Kunstmachern als Mangel an der Kunst zu gelten. Offenbar wird die Intensität eines Erlebnisses echter Realität zum Maßstab dessen, was gutes Theater sei. Um eine distanzierte Betrachtung der dargestellten Phänomene scheint es weniger zu gehen, als um das intensive sinnliche Erlebnis. Echte Arme in kritischer Absicht gewissermaßen als Fundstücke aus der echten Lebensrealität auf die Bühne zu stellen und so als Beweismittel für die gesellschaftlichen Schieflagen zu verwenden, lässt Schlüsse darauf zu, wie diese kritische Absicht mittels Theater verfolgt wird. An die Stelle der inszenierten und Erkenntnisse stiftenden Differenz zwischen Kunst- und Lebenswirklichkeit tritt die Suche nach dem Erlebnis von Echtheit und dessen Resultat: Betroffenheit (vgl.: Lehmann 2014, S. 36-39); Stegemann 2014, S. 94ff.).

Authentizität als Wahrnehmungspolitik

Die Verwendung echter Armer, die sich selbst spielen, verweist auf einen im Kontext der performativen Wende des Theaters prominenten Gedanken: Aufgaben und vor allem Mittel eines ‚Klassischen' politischen Theaters, das mittels kritisch (re-)präsentierender theatralischer Handlungen die gesellschaftliche Wirklichkeit durchschaubar werden lässt, werden bezweifelt (vgl.: Lehmann 2002, S. 11ff.; Deck 2011, S. 25ff.) Nicht mehr über die politischen Verhältnisse aufzuklären, sondern deren Wahrnehmungen zu unterbrechen sei Aufgabe einer sich politisch verstehenden Kunst. In diesem Sinne verlangt Hans-Thies Lehmann vom Theater eine „Wahrnehmungspolitik" (Lehmann 2011, S. 469ff.). Aus der medial produzierten „Zusammenhanglosigkeit zwischen Abbildung und Abgebildeten" (ebd. 470) resultiere die unbeteiligte Haltung des Zuschauers noch dem äußersten Schrecken gegenüber. „Je unumschränkter der Horror des Abbilds, desto unwirklicher seine

Verfassung. Horror reimt sich auf Gemütlichkeit" (ebd.). Aus dieser letztendlich althergebrachten Medienkritik gewinnt Lehmann die besondere – ebenso althergebrachte – Qualität wie Aufgabenstellung des Theaters, in besonderer Weise emotional zu berühren. Theater vermöge dies zu tun, weil Zuschauer wie Darstellung hier an ihre leibhaftige Anwesenheit gebunden sind.

> „Gerade diese Wirklichkeit des Theaters, daß es mit jener Grenze (zwischen Saal und Bühne, d. Verf.) spielen kann, prädestiniert es zu Akten und Aktionen, in denen eine ,ethische' Wirklichkeit oder gar ethische These formuliert wird, sondern eine Situation entsteht, in welcher der Zuschauer mit der abgründigen Angst, der Scham, auch dem Aufsteigen der Aggressivität konfrontiert wird." (ebd., S. 473).

Wenn das Theatererlebnis ihn emotional nur hinreichend stark affiziere, könne es den Zuschauer aus seinen medial depravierten Wahrnehmungsmodi des teilnahmslosen Konsums auch der haarsträubendsten Tatsachen reißen. Darin, also ihn aus dieser politisierten Lethargie zu wecken, bestünde die politische Wirksamkeit des Theaters. Es könne dabei helfen, überhaupt erst die wahrnehmungsspezifische Grundlage für eine politisch-kritische Verantwortlichkeit des Rezipienten zu legen (vgl.: Lehmann 2014, S. 329ff.). Dieses Konzept unterstellt die Annahme, dass die Menschen für eine bessere Wirklichkeit sorgen würden, wenn sie nicht medial manipuliert zu einer passiven Rezeptionsmaschine all dessen, was ihnen vorgesetzt wird, gemacht worden seien. Das eigentlich Gute im Menschen wird in seiner Natur als existent behauptet, freilich in einer durch die modernen Medien verschütteten Natur, die es mittels der Kunst erst freizulegen gelte. Bemerkenswert an diesem an der Wahrnehmung ansetzenden Konzept ist dessen konsequent sinnlicher Ansatz. Das Theater soll nicht zu moralischen Werten erziehen oder über politische Zusammenhänge aufklären, sondern die depravierte Sinnlichkeit des Menschen säubern und ihn dadurch in den Stand versetzen, sich seine eigentliche Moralität erschließen zu können.

Dass ein solches Konzept nicht nach den Gründen für eine als kritikwürdig erachtete Wirklichkeit fragt oder zu erklären versucht, wie die politischen Standpunkte, die Menschen angesichts dieser Wirklichkeit einnehmen, beschaffen sind, hat noch einen zweiten Grund: dessen Bestimmung des Politischen als „Macht" (ebd., 449) – allerdings als einer Macht, die gewissermaßen gesichtslos ist, als „Mikrophysik organisiert", so dass sich „der politische Konflikt tendenziell der Anschauung und szenischen Repräsentation" (ebd.) entzöge. Begründet wird die vom Theater geforderte Unterbrechung der Wahrnehmung der durch Macht bestimmten Wirklichkeit mit der Komplexität aktueller Herrschaft. Das Nicht-mehr-Bescheid-wissen(-können) korrespondiert mit der als Herrschaftselement der ,Macht' behaupteten Wahrnehmungsmodi des Passivischen. Dieser Allianz soll sich das Theater entgegenstellen, indem es die echte Realität auf die Bühne holt. Das Theater ermögliche dem Zuschauer ein bewusstes Erleben der harten Realität, für das er in der echten Realität zu abgestumpft sei.

4   Froh zu sein bedarf es wenig, ...

Die Freiheit der Kunst bringt es auch fertig, Armut als gute Bedingung für Tugendhaf-
tigkeit zu entdecken. Der Mensch sei als Vernunftwesen dazu in der Lage, eine normative
Instanz anzuerkennen, aus der heraus er sein Handeln begründet, wenn diese Norm als
‚vernünftig' anerkannt wird. Aus diesem Vermögen wird für Vernunftwesen eine Einsicht
in die Notwendigkeit, dass Vernunft herrschen müsse und der eigene Verzicht allen und
damit einem selbst nutzt – Genügsamkeit und Verzicht als Dienst am Gemeinwohl.

Aus freien Stücken soll er sich dem Primat des Vernünftigen unterwerfen. Gleichzeitig
sei der Mensch in seiner Existenz als sinnliches Wesen mit partikularen, eigennützigen
Interessen verhaftet, die dem Gesichtspunkt einer alles umspannenden Vernunft wenig
abgewinnen können. Gerade dann, wenn der allgemeingültige vernünftige Standpunkt den
Eigennutz beschränkt, bahnt sich ein Konflikt an, der im Dienste der Rechtschaffenheit
betreut werden muss. Dieser Konflikt tritt nicht gerade selten auf. Er macht als typisches
Phänomen der bürgerlichen Gesellschaft normative Setzungen wie den Kant'schen Imperativ „Handle nur nach derjenigen Maxime, durch die du zugleich wollen kannst, dass
sie ein allgemeines Gesetz werde" (Kant 1900, S. 421) wie auch seine Fassung als Goldene
Regel für den Alltag: „Was Du nicht willst, das man Dir tut, das füg' auch keinem anderen
zu" nötig. Für diese selbst gewählte Beschränkung könnte man eigentlich tagein tagaus
Anlässe finden, stößt man doch in vielen Sphären gesellschaftlichen Lebens – und insbesondere in den lebenspraktisch relevanteren, nämlich beim Geldverdienen – auf das in
einer Konkurrenzgesellschaft typische Phänomen, dass der eigene Vorteil den Schaden der
Anderen bedeutet. Ein Problem, dass sich mit der Ausweitung der privatkapitalistischen
Wirtschaftsform verstärkt auch in die künstlerische Wahrnehmung drängt, so in *Thomas
Mann*s (1875–1955) „Die Buddenbrooks" (Altes Kaufmannsideal versus neue Radikalität
der Konkurrenz).

Der Schritt vom Reichtum zur Bereicherung ist da schnell gemacht. Bereicherung meint
hier die nicht verdiente, in gewissem Sinne anrüchige Aufhäufung von Reichtümern. Wann
die eine beginnt und die andere aufhört, ist naturgemäß schwierig auszumachen und
diese tendenzielle Ununterscheidbarkeit ist dem moralischen Menschen (und Künstler)
durchaus bewusst. Nicht nur das: Er macht den Reichtum als Grund dafür aus, nicht moralisch tugendhaft zu handeln. Ein Interesse an Reichtum, der eine sorglose(re) Existenz
mit allerlei Freuden ermöglicht, gesellschaftlich gültig durchgesetzt, in den Köpfen der
Menschen verankert und seine Verfolgung erwünscht, setzt Egoismen frei, die dem Bild
vom tugendhaften Menschen entgegenstehen. Das Streben nach materiellem Wohlstand
wird zum Grund dafür, die ideellen Werte – wahres Glück – zu vernachlässigen. Die
Zahl der Beispiele, in denen dieser Gedanke zum Stoff für v. a. massenmedial verbreitete
Kunstprodukte wird, ist unüberschaubar.

Einer ihre Aufgabe in der Tugenderziehung des Menschen sehenden Kunst liegt nahe,
Besitzlosigkeit als gute Bedingung für Moralität zu gestalten. Ein allseits bekanntes Bei-
spiel dafür sind Märchen. Die Armut als Prüfung ist ein mannigfach in den *Grimm'schen*
Märchen auftretendes Motiv: Aschenputtel muss ihr Schicksal als Magd ertragen, bis sie

vom Königssohn ‚entdeckt' wird. In der Gänsemagd dient eine Königstochter, die auf dem Weg zu ihrer Heirat mit einem fremden Königssohn von ihrer Magd zum Kleider- und Rollentausch gezwungen wird, demütig als Magd am fremden Hof, bis ihre wahre Identität als dem zukünftigen König versprochene Prinzessin entdeckt wird (vgl. Solms 1999, S. 79ff.). Auch die neutestamentarische Würdigung der Armut (Jesus ist arm! „Es ist leichter, dass ein Kamel durch ein Nadelöhr gehe, als dass ein Reicher in das Reich Gottes komme." Lukas 18, 25) schlägt sich oft in Grimms Märchen nieder. So wird die Maßlosigkeit der materiellen Wünsche, die Habgier seiner Frau im Märchen „Von dem Fischer un syner Frau" den beiden armen Fischersleuten zum Verhängnis: Der Fischer fängt einen großen Fisch, der sich als verzauberter Prinz erweist. Als er den Fisch wieder freilässt, verzichtet der Fischer auf eine Wunscherfüllung. Die Fischersfrau schickt, mit der Genügsamkeit ihres Mannes nicht einverstanden, diesen zurück zum Strand, um vom Fisch eine Hütte zu verlangen, dann ein Schloss, dann König, Kaiser, Papst und schließlich der liebe Gott zu werden. Am Ende sitzen beide wieder in ihrer ärmlichen Unterkunft. Wilhelm Solms stellt zusammenfassend fest:

> „Wer reich ist, ist unzufrieden und damit im Grunde genommen arm. Und umgekehrt: wer arm ist, ist wunschlos glücklich und damit reich. (…) Armut ist zwar keine Tugend und Reichtum kein Laster, aber Armut scheint eine gute, Reichtum dagegen eine schlechte Bedingung für ein tugendhaftes Leben zu sein." (Solms 1999, S. 90)

Modernere Fassungen der gleichen Gedankenfigur lassen sich im künstlerisch oft gestalteten Blick des Besitzlosen auf das allseitige Gewinnstreben der bürgerlichen Einzelkämpfer – ob als ‚Narr', ‚Vagabund', ‚Penner' oder sonst wie gezeichneter Outsider – entdecken. Die Spielarten dieser künstlerischen (Durch-)Brechungen gesellschaftlicher Norm sind zahllos. Sie reichen vom vagabundierenden Dichter *Francois Villon* (1431–1463) über die oft derben Harlekinaden bis hin zu einem *Karl Valentin* (1882–1948), der die Normalität Münchner Vorstadtexistenzen ad absurdum führt, oder zu der von *Charlie Chaplin* (1889–1977) weltberühmt gemachten Figur des Tramp, der in seiner Besitzlosigkeit die Widrigkeiten eines bürgerlichen Lebens erfährt.

5   Ästhetischer Erkenntnisgewinn

Kunst stellt subjektive Interpretation von Wirklichkeit dar, enthält Meinung, Werte, Kritik, ist selbst kritikwürdig. Sie ist kein Surrogat von ‚richtigen' Wirklichkeitswissenschaften bzw. Gesellschaftskritik. Sie vermag verschiedene Ausdrucks- und Rezeptionsmöglichkeiten des Künstlers wie des Rezipienten zusammenzuführen, zugleich im Aufzeigen von deren Diskrepanz Einsichten zu vermitteln, die ihr eigen sind. Sie kann ein Medium sein, in dem Betroffene spielend, rezitierend, singend über sich sprechend zu allgemeinen Aussagen gelangen, zugleich größere Wirkungszusammenhänge vermittelnd, zur Selbsterkenntnis gelangen. Armut als Sujet von Kunst zieht sich, in unterschiedlichen Varianten und Intensität nicht nur durch die Weltliteratur, sondern war immer auch Gegenstand der ästhetischen Selbstvergewisserung der davon Betroffenen.

Zugleich lässt Kunst innerhalb einer Gesellschaft vertretene Positionen zur Armut erkennen. Sie fungiert gewissermaßen als Seismograph, in ihr treten gerade brisante Meinungsbildungs- und Wahrnehmungsprozesse zutage. Kenntnisse über den künstlerisch-ästhetischen Diskurs zu Armut und sozialer Ungleichheit sowie eine Sensibilisierung für ihre Repräsentanz/Repräsentierbarkeit sind unerlässlich, um ihn theoretisch zu durchdringen und gesellschaftlichen Armutsphänomenen kompetent theoretisch wie praktisch begegnen zu können. Dabei ermöglicht die Kunst oft einen Blick auf gesellschaftliche Vorgänge, der nicht dem ‚mainstream' folgt und im Sinne von konkretisierten Utopien von Interesse sein kann. Gerade Kunstprodukte, die nicht der ästhetizistischen Spielerei eines *l'art pour l'art* genügen wollen, sondern eine Anbindung an die Realität suchen, können in ihren erfundenen Wirklichkeiten lebensweltliche Prozesse gestalten und wollen dadurch aufzeigen, welchen Einflüssen und Mächten diese Lebenswelten unterliegen. Ihre ‚bildende' Wirkung besteht gerade im Transfer dieser Lebensbezüge in den ästhetischen Raum. Diese Wirkung, die sich in den Kunstwerken gewissermaßen verbirgt, kritisch nachzuzeichnen, macht Sinn. Denn als gestaltete Kunstwirklichkeit tritt sie dem Rezipienten als eben nicht unmittelbar durchschaubar entgegen. Weil eine ganze Reihe dieser Kunstwerke eine politische Relevanz beanspruchen, lohnt es sich, sie nicht nur zu genießen, sondern auch zu verstehen und bisweilen zu durchschauen.

Literatur

Arnold, Heinz Ludwig, Hrsg. 1977. *Handbuch zur deutschen Arbeiterliteratur*. München: edition text + kritik.

Brecht, Bertolt. 1967. *Gesammelte Werke*. Frankfurt a. M.: Suhrkamp.

Georg Büchner Gesellschaft und die Forschungsstelle Georg Büchner, Hrsg. 1986. *Georg Büchner Jahrbuch 4. 1986, Literatur und Geschichte des Vormärz*, am Institut für Neuere Deutsche Literatur der Philipps-Universität Marburg Hrsg. Frankfurt a. M.: EVA.

Deck, Jan und A. Sieburg, Hrsg. 2011. *Politisch Theater machen. Neue Artikulationsformen des Politischen in den darstellenden Künsten*. Bielefeld: transcript.

Dreysse, Miriam und F. Malzacher, Hrsg. 2007. *Rimini Protokoll. Experten des Alltags. Das Theater von rimini Protokoll*. Berlin: Alexander Verlag.

Fischer-Lichte, Erika, B. Gronau, S. Schouten und Chr. Weiler, Hrsg. 2006. *Wege der Wahrnehmung. Authentizität, Reflexivität und Aufmerksamkeit im zeitgenössischen Theater, Recherchen 33*. Berlin: Theater der Zeit.

Gilcher-Holtey, Ingrid, D. Kraus, und F. Schössler, Hrsg. 2006. *Politisches Theater nach 1968. Regie, Dramatik und Organisation* (= Historische Politikforschung Bd. 8). Frankfurt a. M., New York: Campus.

Glück, Alfons. 1984. Der „ökonomische Tod": Armut und Arbeit in Georg Büchners Woyzeck. In *Georg Büchner Jahrbuch* 4, 167-227. Berlin, Boston: De Gruyter.

Hegel, Georg Wilhelm Friedrich. 1986. *Vorlesungen über die Ästhetik I*. Frankfurt a. M.: Suhrkamp.

Hermand, Jost. 2006. *Deutsche Kulturgeschichte des 20. Jahrhunderts*. Darmstadt: Wissenschaftliche Buchgesellschaft.

Ismayr, Wolfgang. 1977. *Das politische Theater in Westdeutschland*. Meisenheim am Glan: Hain Verlag.

Kant, Immanuel. 1900. *Grundlegung zur Metaphysik der Sitten*, Akademie-Ausgabe. Kant Werke IV, Hrsg. v. der Königlich Preußischen Akademie der Wissenschaften. Berlin: Verlag Georg Reimer.

Kleihues, Alexandra, Hrsg. 2008. *Realitätseffekte*. Ästhetische Repräsentation des Alltäglichen im 20. Jahrhundert. München: Fink.

Kollwitz, Hans, Hrsg. 1983. *Ich sah die Welt mit liebevollen Blicken/Käthe Kollwitz – Ein Leben in Selbstzeugnissen*. Wiesbaden: Fourier Verlag.

Lehmann, Hans-Thies. 2011. *Postdramatisches Theater*. Frankfurt a. M.: Verlag der Autoren.

Niederhuber, Margit, K. Pewny und B. Sauer. 2007. *Performance Politik Gender. Materialienband zum internationalen Künstlerinnenfestival Herpositionintransition*. Wien: Löcker Verlag.

Pewny, Katharina. 2011. *Das Drama des Prekären. Über die Wiederkehr der Ethik im Theater und Performance*. Bielefeld: transcript.

Rilke, Rainer Maria. 1955ff. *Sämtliche Werke I*, Hrsg. vom Rilke-Archiv besorgt durch Ernst Zinn. Frankfurt a. M.: Insel Verlag.

Schößler, Franziska und Chr. Bähr, Hrsg. 2009. Ökonomie im Theater der Gegenwart. Ästhetik, Produktion, *Rezeption*. Bielefeld: transcript.

Shakespeare, William. 1989. *Sämtliche Werke in vier Bänden*, Bd. 4. Berlin,Weimar: Aufbau-Verlag.

Schiller, Friedrich. 1970. Über die tragische Kunst. In *Vom Pathetischen und Erhabenen. Schriften zur Dramentheorie*, F. Schiller, 30-54. Stuttgart: Reclam.

Solms, Wilhelm. 1999. *Die Moral von Grimms Märchen*. Darmstadt: Wissenschaftliche Buchgesellschaft.

Wischermann, Clemens, A. Müller, R. Schlögl und J. Leipold, Hrsg. 2007. *GeschichtsBilder*, 46. Deutscher Historikertag in Konstanz vom 19. bis 22. September 2006, Berichtsband.

Bilder von Fremden

Konstruktionen nationaler (Nicht-) Zugehörigkeit als Voraussetzung sowie Bestandteil sozialer Ausgrenzung

Thomas Kunz

Zusammenfassung

Die thematische Kopplung der Themen Flucht/Migration und Armut verdichtet zwei Diskursstränge zu Ungleichheit in Gestalt spezifischer Fremdheitsbilder. Sie knüpft zudem an die beobachtbare Restauration ethnisch-völkischer Homogenitätsphantasien an. Armut und deren Ursachen erscheinen vorrangig als Migrationsphänomene, die als „Ansturm" oder „Flut" gesellschaftliche Verhältnisse in Deutschland bedrohen würden. Globale und historische Hintergründe asymmetrischer Weltwirtschaftsbeziehungen als Armutsursachen werden im Gegenzug dethematisiert. Notstands- und Überlastungs-rhetoriken im Migrationsdiskurs legen zudem nahe, dass die Situation des Teils der Wohnbevölkerung in Deutschland, der von Armut betroffen bzw. bedroht ist, durch Zuwanderung begründet sei und verschärft würde. Erzeugt wird eine Unterscheidung zwischen national als zugehörig bzw. als nichtzugehörig erachteten Armen. Dies forciert zugleich eine Unterscheidung zwischen berechtigt und unberechtigt erscheinenden sozialen Teilhabeansprüchen und -bedürfnissen entlang der Differenzlinie nationaler Zugehörigkeit. Letztlich kommt es zu einer Umcodierung vertikaler Verteilungskon-flikte und Teilhabeausschlüsse in horizontale Konkurrenz: aus der sozialen wird eine nationale Frage.

Schlagworte

Migration; Fremdheitsbilder; Ethnisierung; Nationalismus; Medien

1   Einleitung

Der Beitrag rückt Mechanismen und Dynamiken von Zuschreibungsprozessen im Zusammenhang mit Armut und sozialer Ausgrenzung am Beispiel der Dimension Migration in den Mittelpunkt. Es geht im Wesentlichen um die Frage, wie sogenannte Bilder von Anderen[1] bzw. Fremden (im Sinne sozialer Konstruktionen von ethnischer Nichtzugehörigkeit) Prozesse von gesellschaftlicher Teilhabe und Nichtteilhabe beeinflussen bzw. ihrerseits selbst schon Praxen von Ausschließung sind.

Grundlage für diese Perspektive ist die Einsicht, dass das Phänomen Armut und Prozesse sozialer Ausgrenzung über Fragen materieller Versorgung und Verteilung hinaus immer auch andere Aspekte einschließen und sich auf vielfältigen Ebenen materialisieren, so insbesondere auch auf symbolischer Ebene. Die Auseinandersetzung mit Fremdheitskonstruktionen im Kontext von Migration ist in diesem Kontext ergiebig, weil sie in besonderer Weise deutlich macht, wie und auf welche Weise gesellschaftliche Zuschreibungen und *Bilder von Fremden* im Sinne von sogenannten „Migrationsanderen" (Mecheril 2010, S. 17) wirkmächtig sind und sowohl als konstituierende Bestandteile als auch als Verstärker sozialer Aus- wie Eingrenzungsprozesse aufgefasst werden müssen. Im Übrigen reichen Praxen von Fremdheitszuschreibungen historisch viel weiter zurück, als es die Konzentration auf aktuelle Diskurse nahe legt (vgl. Oltmer 2009).

Die Termini *Bilder von Fremden* und *Fremdheitsbilder* werden im Folgenden synonym als Oberbegriffe für all jene Zuschreibungsroutinen und Konstrukte verstanden, die auf national oder ethnisch-kulturell begründete Nichtzugehörigkeitspositionen in Kontextsetzung zu Migration abheben. Dieser Hinweis ist wichtig, weil auch alternative Zuweisungen von Fremd- bzw. Andersheit beobachtbar sind, die sich entlang weiterer Vielfaltsdimensionen materialisieren können (z. B. Geschlecht, Religionszugehörigkeit, sexuelle Orientierung etc.). Insofern greifen die nachfolgenden Betrachtungen die gewählte Dimension exemplarisch heraus, um entlang dieser die besagten Prozesse zu analysieren. Dies ist zugleich ein idealtypisches Unterfangen, da ein Individuum – abstrakt gesprochen – immer den Schnittpunkt mehrerer Vielfaltsachsen markiert und besagtes Herausgreifen insofern eine Reduktion auf nur eine von mehreren evidenten Vielfaltsdimensionen darstellt. Diese ist aber aus mehreren Gründen gerechtfertigt: Die Dimension Migration bzw. Ethnizität spielt eine hervorgehobene Rolle in historischen wie auch gegenwärtigen öffentlichen Zugehörigkeitsdiskursen. Darüber hinaus findet sie im Fachdiskurs zu Armut

---

1   Historisch wurden auch Arme in der Kontextualisierung von Armut als einem Massenphänomen häufig als die Anderen, die Nichtzugehörigen, Faulen und Bedrohlichen etikettiert. Armut aus der Perspektive individuellen Betroffenseins lässt diese als Einzelschicksal erscheinen, ermöglicht empathische Teilnahme, gar Mitleid mit von Armut Betroffenen und entsorgt die Ursachen von Armut mittels Schicksalshaftigkeit in eine Sphäre des davon zufälligen Betroffenseins. Armut erscheint dann als Folge eines Ablaufs von Ereignissen im Leben des Menschen, die als von höheren Mächten ausgelöst gelten und wird somit entkoppelt von gesellschaftlichen Verhältnissen und somit vom Handeln und von den Interessen von Menschen als deren eigentlicher Ursache.

und sozialer Ausgrenzung und deren Entstehungsbedingungen exponiert Berücksichtigung und tangiert die Auslegung sozialer Ungleichheit:

> „Durch das Einklagen von Interessen und Ansprüchen auf der Grundlage ethnischer Identität tritt neben tradierte Formen der sozialen Ungleichheit Ethnizität als Prinzip der vertikalen sozialen Differenzierung und Grundlage der politischen Mobilisierung. Hierdurch wird der Konflikt über knappe Güter (distributive Konflikte) mit solchen kombiniert, die Fragen der Anerkennung und der Identität in den Mittelpunkt rücken." (Eder et al. 2004, S. 17, vgl. auch Kunz 2016, S. 247ff.)

Und schließlich erfährt jene Dimension im Zuge der aktuell beobachtbaren innenpolitischen Kontroverse um geflüchtete Menschen einen nochmaligen Bedeutungsschub. Dieser manifestiert sich insbesondere in einer Zuspitzung der mit ihr einhergehenden Betonung des Konstruktes „natio-ethno-kultureller Zugehörigkeit" (Mecheril 2002, S. 109ff.), dominiert mehr noch als bisher innenpolitische Debatten um nationale Zugehörigkeitskonzepte als Anspruchsgrundlage sozialer Teilhabe und schlägt sich nicht zuletzt in einer zunehmenden Akzeptanz und Verbreitung völkischer Rhetorik bis weit in die sogenannte politische Mitte dieser Gesellschaft nieder. So betrachtet hat sich das Thema Migration zu einem „gesellschaftsstrukturierenden Metanarrativ entwickelt, das vielfach als allgemein erklärende Kategorie für in der Regel gesellschaftliche Missstände herangezogen wird" (Foroutan und İkiz 2016, S. 139), mittels dem Sagbarkeitsräume immer weiter zugunsten rechter Ideologeme verschoben werden. Geht man davon aus, dass

> „das brutale Faktum sozialer Exklusion (…) über symbolische Formen mit kulturellen Zuschreibungen versehen (wird, der Verf.), die es erlauben, die soziale Exklusion als ‚kulturell verursacht' zu deskandalisieren und zu legitimieren" (Eder et al. 2004, S. 19),

sind in die Analyse von Armut und sozialer Ausgrenzung neben den strukturellen Aspekten jene Exklusionspraxen auf symbolischer Ebene herausgehoben einzubeziehen. Da für öffentliche Diskurse (Massen-)Medien grundsätzlich prägend sind (vgl. Stang 2012, S. 715), erscheint zur Beobachtung und Analyse der Bilder von Fremden, als den nationalistischen Selbstvergewisserungen einer Gesellschaft, die Fokussierung auf Mediendiskurse mehr als gerechtfertigt und vielversprechend.

Im Weiteren werden zunächst das in diesem Beitrag zugrunde gelegte Verständnis von Medien sowie deren Rolle und Bedeutung im Kontext des Migrationsdiskurses rekapituliert. Dem folgt eine pointierende Gesamtschau zentraler Befunde zu allgemeinen Fremdheitsbildern und Topoi, die den bundesrepublikanischen Migrationsdiskurs bereits über einen längeren Zeitraum dominieren. Zugleich wird auf Beispiele ausgewählter Fremdheitsbilder Bezug genommen, in welchen es zu einer Kopplung des Migrationsthemas mit dem Thema Armut kommt und an denen exemplarisch verdeutlicht werden soll, inwieweit es auf symbolischer Ebene zu spezifischen Überschneidungen und gegenseitigen Verstärkungen der angesprochenen Exklusionsprozesse kommt. Abschließend wird der Versuch unternommen, die vorgestellten Befunde zu gesellschaftlichen Fremdheitsbildern hinsichtlich

ihrer Ein- und Ausschlusseffekte einzuordnen und darüber hinaus zu reflektieren, welche
Konsequenzen aus der Kritik für einen künftigen Umgang damit zu ziehen sind.

2   Analyse von Fremdheitsbildern – warum und wozu?

Gewiss bilden profundes Wissen über theoretische Konzepte, Kenntnisse über demographische Fakten und historische Verläufe von Migration bzw. Migrationsprozessen,
Analysen spezifischer Lebens- und Bedarfslagen sowie Kenntnisse über darauf abstellende
Interventionsansätze und Unterstützungsangebote eine wesentliche Grundlage, will man
sich mit der Frage von Armut und sozialer Ausgrenzung in einer Migrationsgesellschaft
beschäftigen. Eine Beschränkung darauf ließe aber außer acht, dass in dieses Wissen die
einleitend bereits grob umrissenen Fremdheitsbilder immer schon mit eingeschrieben sind.

Eine theoretisch fundierte und kritisch-reflexive Auseinandersetzung mit der skizzier-
ten Thematik erfordert deshalb insbesondere auch die Beschäftigung mit hegemonialen
Vorstellungen und Narrativen, die in der Gesellschaft über die Phänomene Armut und
Migration kursieren. Das titelgebende Themenpaar dieses Handbuches, Armut und Soziale
Ausgrenzung, erfährt, sobald die Dimension Ethnizität bzw. das Phänomen Migration in
dessen Analyse einbezogen wird, eine über das Thema Armut hinausgehende Zuspitzung.
Zumindest wenn davon ausgegangen wird, dass mit Ethnizität/Migration nicht bloß eine
weitere Dimension hinzutritt, die den Analyserahmen erweitert, sondern wenn stattdessen
das Themenpaar Ethnizität/Migration begriffen wird als Formation zweier sich überlagern-
der und gegenseitig verstärkender Ausgrenzungsdiskurse, die nicht losgelöst voneinander
in den kritisch-analytischen Blick genommen werden können.

Hierbei ist darauf zu achten, dass das, was als Ausgrenzung verhandelt wird, neben
ausschließenden Praktiken und Effekten – im Sinne eines dialektischen Verhältnisses –
zugleich immer auch einschließende Praktiken und Effekte aufweist. Dies lässt sich wie
folgt charakterisieren: die symbolische Zurichtung von Personen als „Migrationsanderen"
(Mecheril 2010, S. 17), wie sie beispielsweise durch die Zuweisung des Merkmals Migrationshintergrund erfolgt, schließt diese zu dem Gruppenkonstrukt ‚Migranten‘ zusammen,
welches als ‚sie‘-Gruppe gegenüber der ‚wir‘-Gruppe positioniert wird. Umgekehrt formiert
sich über die kommunizierte Nichtzugehörigkeit und das omnipräsente gesellschaftliche
Reden über die problematischen, gefährlichen Anderen implizit überhaupt erst jene
‚wir‘-Gruppe. Das heißt, das ‚wir‘, beispielsweise im Sinne der Fiktion einer ethnisch-völkisch homogenen ‚wir‘-Gruppe, wird nicht ausdrücklich positiv bestimmt, sondern stellt
sich ex negativo entlang entsprechender Diskurse überhaupt erst her. In den Blick rückt
folglich der performative Charakter von Sprachhandlungen (hier: das öffentlich-mediale
Reden und Schreiben über Migrantinnen und Migranten bzw. Migrationsandere – und
nicht zu vergessen: das Bebildern), die in ihrer historischen Kontinuität die benannten
Zugehörigkeiten und Nichtzugehörigkeiten bzw. die damit einhergehenden ‚wir‘- und
‚sie‘-Gruppenkonstrukte und Identitätspositionen perpetuieren.

Bei der Analyse von Fremdheitsbildern stehen die Bilder, die uns im Alltag begegnen, im Mittelpunkt. Hierzu zählen Printmedien ebenso wie Film, Funk und Fernsehen oder Neue Medien. Besondere Aufmerksamkeit gilt den im Wortsinne ‚selbstverständlichen‘ Bildern, den Narrativen und Illustrationen, die den *Mainstream* des Wissens, das heißt den *Common sense* einer Gesellschaft über Migrationsgeschehen und die damit in Verbindung stehenden Vorstellungen über Gruppen und Einzelpersonen ausmachen.

Bereits die scheinbar neutral gestellte Frage, welche Bilder *wir* uns von Ausländerinnen und Ausländern, Einwanderinnen und Einwanderern, Migrantinnen und Migranten – oder wie auch immer die Kollektivbezeichnungen lauten – machen, verweist auf zwei markante Aspekte, welche die Beschäftigung mit und Analyse von sogenannten gesellschaftlichen Fremdheitsbildern rechtfertigen und erfordern:

1. jene Bebilderungen differenzieren in der Regel zwischen einem imaginierten *wir* (häufig gleichgesetzt mit den Angehörigen einer sogenannten Mehrheitsgesellschaft) und *ihnen* (als den Angehörigen der Gruppe der Migrantinnen und Migranten o. ä.).
2. Die Frage danach, welche Bilder *wir* uns *machen*, rückt den Umstand ins Bewusstsein, dass das Machen ein Akt sozialer Konstruktion ist, der nahelegt, dass sich auch andere Bilder *machen* ließen.

Vernachlässigt man an dieser Stelle die eher dem Alltagsverständnis entspringende Erklärung, Medien und Medienbilder lieferten bloß das Abbild einer ohnehin und auch ohne sie existierenden Realität und geht statt dessen von deren Konstruktionscharakter aus, nach dem diese Bilder eine äußerst wirkmächtige Rahmung von Realitätswahrnehmung leisten und insofern soziale Praxis in einer erheblichen Weise strukturieren und herstellen, ja selbst soziale Praxis sind, kommt ihrer Analyse und Reflexion große Bedeutung zu.

3   Medien und Migration

„Was wir über unsere Gesellschaft, ja über die Welt, in der wir leben, wissen, wissen wir durch die Massenmedien." (Luhmann 2009, S. 9). Luhmanns Diktum verweist zwar grundsätzlich auf Rolle und Bedeutung von Medien (und deren Inhalten) im Allgemeinen, bekräftigt darüber hinaus jedoch die Wichtigkeit medienanalytischer Beobachtung in Bezug auf die gesellschaftliche Ver- und Bearbeitung des Phänomens Migration. Aus sozialwissenschaftlicher und medienanalytischer Perspektive werden Fremdheitsbilder bereits seit längerem untersucht und der Befund einer überwiegend negativen Berichterstattung ist in Gestalt zahlreicher Veröffentlichungen umfassend dokumentiert (vgl. Jung et al. 1997; Jung et al. 2000; Butterwegge und Hentges 2006; Yildiz 2006; Jäger und Halm 2007; Leenen und Grosch 2009).

Waren die umrissenen Einschätzungen zur Rolle der Medien im Migrationsdiskurs (und die von ihnen transportierten Fremdheitsbilder) zunächst eine Domäne kritischer

Sozialwissenschaften, wird deren Geltung – allerdings überwiegend in Bezug auf sogenannte Integrationsprozesse – inzwischen auch auf steuerungspolitischer Ebene hervorgehoben berücksichtigt. So widmete beispielsweise das Jahresgutachten des Sachverständigenrates deutscher Stiftungen für Integration und Migration dem Thema Medien im Jahr 2010 ein eigenes Kapitel. Dort wurde einleitend festgestellt:

> „Medien spielen im Integrationsprozess eine bedeutende Rolle. Sie wirken ein auf Integrationsdiskurse, Selbst- und Fremdbilder, sie können moderierend, vermittelnd oder polarisierend wirken. Menschen mit Migrationshintergrund sind in ihrem Lebensalltag Objekte und Nutzer von Medien, treten aber zunehmend auch als Medienschaffende hervor." (Sachverständigenrat 2010, S. 207)

Zum Thema Fremdheitsbilder stellte auch das Jahresgutachten fest, dass „ein eher verzerrtes Bild der Bevölkerung mit Migrationshintergrund" dominiere und dass darüber hinaus „deren Beitrag zur wirtschaftlichen, aber auch kulturellen Entwicklung in Deutschland unzureichend" (ebenda, S. 208) wiedergegeben würde. Die Berichterstattung dramatisiere und stelle vorherrschend auf Probleme, Defizite und Gefahren ab (vgl. ebenda). Die Verfasser sprachen in diesem Kontext von medialer Ethnisierung bzw. Kulturalisierung und sahen insbesondere in der Kopplung an das Thema Religion (hier: Islam) eine Zunahme unangemessener medialer Darstellungen sowie eine Dynamik, die Menschen mit Migrationshintergrund und insbesondere Muslime mit Feindbildern in Verbindung bringe (vgl. ebenda). Auch die in den letzten Jahren vorgelegten Berichte der Beauftragten der Bundesregierung für Migration, Flüchtlinge und Integration widmen dem Thema „Medien und Integration" jeweils eigene Unterkapitel (vgl. Beauftragte der Bundesregierung 2010, S. 371ff.). So konstatierte bereits der im Jahr 2010 vorgelegte 8. Bericht, dass trotz aller methodischen Schwierigkeiten in der wissenschaftlichen Analyse und bestehender Interpretationsmöglichkeiten

> „die zahlreichen Auswertungen und Studien (…) durchgängig zu dem Ergebnis (kommen; der Verf.), dass über Migrantinnen und Migranten *überproportional häufig* negativ und im Zusammenhang mit gesellschaftlichen Problemen berichtet wird." (Beauftragte der Bundesregierung 2010, S. 237; Hervorh. der Verf.)

Zugleich relativiert der Bericht diesen Befund, in dem er unter Hinweis auf methodische Gründe dessen Verallgemeinerbarkeit bezweifelt (vgl. ebenda). In den Folgeberichten der Jahre 2012 und 2014 werden die Aussagen im Vergleich noch weiter abgeschwächt: Laut 9. Bericht „*überwiegen*" weiterhin stereotype und problemorientierte Darstellungen" (Beauftragte der Bundesregierung 2012, S. 186; Hervorh. der Verf.) und der 10. Bericht aus dem Jahr 2014 sieht hinsichtlich stereotyper und einseitiger Darstellungen lediglich „weiterhin zahlreiche Beispiele" (Beauftragte 2014, S. 197). Diese Relativierungen (im Vergleich zum Vorbericht relative Abnahme stereotyper und einseitiger Darstellungsweisen sowie die wiederholte Betonung einer eingeschränkten Aussagekraft von Studien und Analysen durch vorangestellten Hinweis) irritieren angesichts der beobachtbaren Verschärfungen des öffentlichen Diskurses (und eben auch der medialen Darstellungsweisen) in den letzten Jahren. Wobei anzumerken ist, dass der im Jahr 2014 vorgelegte 10. Bericht auf die mediale Entwicklungen der Jahre 2015 und folgende nicht eingehen konnte.

4   Fremdheitsbilder als Selbstvergewisserung der Zugehörigkeit zur Eigengruppe

Wie bereits angedeutet beinhaltet die Konstruktion von Fremdheitsbildern immer auch die (Selbst-) Vergewisserung über Eigengruppenzugehörigkeiten: „Eine Gesellschaft, zu deren grundlegenden Ordnungsschemata die Unterscheidung in natio-ethno-kulturell Zugehörige und Nichtzugehörige zählt (…)" (Greschke 2016, S. 123), und dies gilt in Anbetracht des historischen und aktuellen öffentlichen Diskurses auch für die Bundesrepublik Deutschland, „(…) braucht Migration als Thema bzw. Migranten als Sozialfiguren zur gesellschaftlichen Selbstbeschreibung, denn ohne ‚die Anderen' gäbe es kein ‚Wir'." (Ebenda) „Das bedeutet, dass das Andere für das Eigene konstitutiv ist. Indem Distanz zu der anderen Gruppe hergestellt wird, wird die Zugehörigkeit zu der eigenen Gruppe definiert." (Foroutan und İkiz 2016, S. 142)

Davon ausgehend, dass die andere Gruppe aber nicht einfach präexistent ist (ebenso wenig wie die eigene), kommt den gesellschaftlichen Konstruktionsprozessen, die jene Gruppen als soziale Realitäten überhaupt erst hervorbringen, große Bedeutung zu.

Die Beschreibung von Personen als den Anderen – im Sinne von Abweichung – impliziert Normalitätsvorstellungen von den nicht explizit thematisierten Eigenen. Grundsätzlich ist die Kategorisierung von Menschen zu Gruppen und damit einhergehende Vorstellungen von der Existenz relativ starrer Gruppeneigenschaften als Stereotypenbildung zu begreifen. Bei der Entstehung von Stereotypen sei ein „zentraler Mechanismus" von Bedeutung, denn es bestehe eine „generelle Bereitschaft von Personen zur sozialen Kategorisierung", die sich in der Aufteilung von Personen in Angehörige von Eigen- und Fremdgruppen niederschlage (Petersen und Six 2008, S. 21). Dies hat Folgen für deren Positionierung in individuellen und gesellschaftlichen Wahrnehmungsprozessen:

> „Bereits die reine Kategorisierung hat bedeutsame Auswirkungen auf unsere Wahrnehmung und unsere Urteilsprozesse (…). Bei der Ausbildung von Stereotypen ist festzustellen, dass Stereotype über die Fremdgruppe bezüglich ihrer Inhalte und zentralen Annahmen in der Regel negativer als die Stereotype über die Eigengruppe ausfallen. (…) Danach wird positives Verhalten eines Eigengruppenmitglieds in relativ abstrakten Begriffen beschrieben, das gleiche Verhalten bei Fremdgruppenmitgliedern hingegen in sehr konkreten Begriffen. Bezogen auf negatives Verhalten zeigt sich das umgekehrte Muster, d. h., negatives Verhalten der Eigengruppe wird konkret beschrieben, während bei Fremdgruppenmitgliedern zu dessen Beschreibung abstrakte Begriffe verwendet werden." (Ebenda, S. 21)

Abstrakte Begriffe eignen sich im Vergleich zu konkreten eher zur Verallgemeinerung, d. h. bezüglich der Eigengruppe werden positive Stereotype tendenziell verallgemeinert (auf die ganze Gruppe übertragen), negative markieren dann Ausnahmen. Umgekehrt werden für die Fremdgruppe tendenziell die negativen Stereotype verallgemeinert und positive gelten als Ausnahme. Des Weiteren ist in die Überlegungen einzubeziehen, dass Stereotype

> „die Informationsverarbeitung beeinflussen, indem sie Einfluss auf Prozesse der Aufmerksamkeit, auf die Interpretation von Informationen, auf das Gedächtnis sowie auf Schlussfolgerungsprozesse nehmen" (ebenda, S. 22).

So liegt die Vermutung nahe, dass die Stereotype in Bezug auf die stigmatisierten Fremdgruppen zu einer Aufmerksamkeitsspirale führen, da auf die damit verbundenen Merkmale besonders geachtet wird, da sie ja durch die mediale Vermittlung bedeutsam gemacht wurden. Bemerkenswert ist darüber hinaus der Befund, dass Stereotype, selbst wenn den Stereotypen widersprechende Erfahrungen, d. h. „stereotyp-inkonsistente Informationen" vorliegen, sich in der Regel dennoch nicht ändern, sondern es statt dessen zu sogenannten „Substereotypisierungen" kommt (vgl. ebenda, S. 22; Machunsky 2008, S. 47ff.).

Darüber hinaus ist zu vergegenwärtigen, dass nicht nur Bildung und Beschaffenheit von Stereotypen zu reflektieren sind. Vielmehr ist auch in den Blick zu nehmen, dass Stereotypen „nachhaltigen Einfluss auf den Empfänger als Mitglied der stereotypisierten Gruppe" (Petersen und Six 2008, S. 22) haben. In diesem Kontext ist danach zu fragen, wie Mitglieder gesellschaftlich stigmatisierter Gruppen auf (soziale) Diskriminierung – die auf Stereotypenbildungen aufruht – reagieren. Hier rücken psychosoziale Folgen in den Mittelpunkt, d. h. gesundheitliche und psychische Folgen und Verarbeitungsmuster des Individuums – beispielsweise in Gestalt von Stress, Angst oder „Erschöpfung von Selbstregulationskapazität" (vgl. Hansen und Sassenberg 2008, S. 259ff.). So wichtig die zur Kenntnisnahme der sozialpsychologischen Ursachen und Folgen von Stereotypenbildungen ist, verlagert diese Betrachtung die Auseinandersetzung doch stark auf eine individuell-subjektive Ebene. Konzentriert man sich auf die Re- und De-Konstruktion von Fremdheitsbildern, geht es jedoch nicht um die Motive und/oder Einstellungen einzelner Akteure. Es geht stattdessen um den Bedeutungskorridor, um das sich durchsetzende gesellschaftliche Koordinatensystem von Zeichen und Symbolen, in dem und mittels dessen sich Subjektpositionen realisieren und vorgenommen werden.

5   Fremdheitsbilder im Diskurs

5.1   Vorbemerkung

Ein Text, wie beispielsweise ein Zeitschriftenartikel, ist, über seine Erscheinungsform als individuelle, persönliche Position eines Autorsubjektes hinaus, vor allem als Ergebnis und Dokument kollektiven, das heißt gesellschaftlichen Wissens anzusehen. In Anlehnung an die Kritische Diskursanalyse und Arbeiten der Sprach- bzw. Literaturwissenschaftler Siegfried Jäger und Jürgen Link sowie des Duisburger Instituts für Sprach- und Sozialforschung (DISS) kann hierunter „eine institutionell verfestigte Redeweise, insofern eine solche Redeweise schon Handeln bestimmt und verfestigt und also auch schon Macht ausübt" (Link zit. nach Jäger 2001, S. 82) verstanden werden. Zur Identifikation und Analyse von Fremdheitsbildern bieten sich besonders Titelseiten von Printmedien (hier: insbesondere von Nachrichten- und Wochenmagazinen im Printbereich) an, da diese aufgrund der für sie geltenden gestalterischen Konventionen sowohl prägnante Kombinationen aus Text- und Bildelementen enthalten und darüber hinaus – aufgrund ihrer Funktion, ein Thema auf das Wesentliche zuspitzend anzukündigen – relativ eindeutige Positionierungen vornehmen.

5.2   Befunde zu Fremdheitsbildern

Als prägendes und für die Identifikation und Analyse von Fremdheitsbildern ergiebiges rhetorisches Stilmittel sind Metaphern anzusehen (vgl. hierzu Böke 1997). Ein Grund für die hohe Überzeugungskraft von Metaphern ist ihre Allgegenwart und ihre Funktionalität. Sie leuchten unmittelbar ein, gelten als selbstverständlich. Und weil alle so denken, braucht ihr Erklärungswert nicht weiter geprüft zu werden. Mit Metaphern werden sowohl die wir- als auch die sie-Gruppe kodiert. Sehr häufig werden metaphorische Anleihen genommen, die Zuwanderung in den Kontext von Naturkatastrophen rücken (Flüchtlingsfluten, Asylantenschwemme etc.; vgl. hierzu Böke 1997). Aber auch die Das-Boot-ist-voll-Rhetorik (vgl. Pagenstecher 2012) oder die Rede von der ‚Festung Europa' können hierzu gezählt werden. Erwähnung verdient auch die genderspezifisch verwendete pars-pro-toto-Figur der kopftuchtragenden Frau bzw. des Mädchens im Zuwanderungsdiskurs, welches zudem metaphorisch verdichtet in Gestalt des Sitzens zwischen den Stühlen ubiquitär Verwendung findet. Das ‚Leben zwischen zwei Welten' ist eines der Bilder, die wir uns von Fremden machen. Diese Metapher wird häufig bemüht, wenn es darum geht, Abweichung, wie zum Beispiel Schulversagen von Schülerinnen und Schülern mit Migrationshintergrund, zu illustrieren und plausibel zu machen. Gründe für beispielsweise das Schulversagen können dann einem vermeintlichen Gegensatz von Herkunftskultur und Mehrheitskultur, die als unterschiedliche Stühle vorgestellt werden und zwischen denen selbstverständlich nur ein unbequemes Sitzens möglich scheint, zugerechnet werden, für den so recht niemand verantwortlich ist (vgl. Höhne et al. 2005, S. 525ff.). Darüber hinaus ist – nicht zuletzt im Zuge einer Verschärfung des Zuwanderungsdiskurses seit dem 11.09.2001 – eine Gleichsetzung der sie-Gruppe mit islamischer Religionszugehörigkeit zu beobachten. Islam wird hierbei kurzgeschlossen mit fundamentalistischen/fanatischen Haltungen und vormodernen Traditionen. Religiös motivierte fundamentalistische Attentäter lassen sich unter diesem Etikett ebenso subsumieren wie das im Mediendiskurs überrepräsentierte Thema der sogenannte Zwangsehe.

Hinzu kommt eine historische Kontinuität in der Grundtendenz medialer Berichterstattung zu Migration: Schon Anfang der 1970er Jahre resümierte eine inhaltsanalytische Studie über „Die Gastarbeiter in der Presse", dass „das Außergewöhnliche, das, was aus dem Rahmen fällt (als interessant gilt; der Verf.)." (Delgado 1972, S. 127) Mit dem Effekt, dass negative Aspekte wie Kriminalität, Illegalität und Sensation überproportional mediale Beachtung und Erwähnung fänden (vgl. ebenda, S. 126f.).

Bestimmte Themen „werden darüber hinaus durch die Form der Darstellung bzw. durch Verallgemeinerung und Stereotypen ,leitbildgemäß' gemacht. Die (…) vorgenommene Selektion führt zu einer einseitigen Information (…). Die positiven Aspekte des Lebens der ausländischen Arbeitnehmer in Deutschland werden selten berücksichtigt. (…) Die häufige Wiederholung der negativen Aspekte im Verhalten der ausländischen Arbeitnehmer führt zu einer Einteilung der gesellschaftlichen Gruppen in ,Angepaßte' und ,Unangepaßte', Einheimische und Ausländer." (Ebenda, S. 127f.)

Bei den meisten Bildern handelt es sich um Bedrohungskonstrukte, d.h. Negativbilder. Parallel dazu lassen sich durchaus auch – wenn auch seltener – Muster identifizieren, die Migration vermeintlich positiv konnotieren, beispielsweise in dem kulturelle Unterschiedlichkeit als Bereicherung zu thematisieren versucht wird oder Zuwanderung mit dem Reiz von Exotik bonifiziert wird. Letztere Positivkonnotationen sind aufgrund der Dominanz der Negativbilder jedoch vernachlässigbar und brechen zudem aus der Binarität der wir-/sie-Gruppen Gegenüberstellung nicht aus, sondern sind Bestandteil der Komplementarität von Fremdheits- und Eigengruppenzuschreibungen.

Vorherrschend werden Gruppenzuweisungen vorgenommen, die entlang der Differenz deutsch/nicht-deutsch, d.h. die zwischen *uns* (den Deutschen) und *ihnen* (den Ausländern und Ausländerinnen, Einwandernden etc.) unterscheiden. Wir, das sind in der Regel Deutsche *ohne* Migrationshintergrund. Diese Kollektivgruppeninszenierung unterläuft selbst die mittels Einbürgerung vollzogene staatsbürgerrechtliche Gleichstellung von Personen, die über eine sogenannte Migrationsgeschichte verfügen. Diese bleiben, trotz Einbürgerung, nämlich fortan dennoch unterschieden von *uns* als quasi Deutsche zweiter Klasse, wenn beispielsweise notorisch auf deren Migrationshintergrund verwiesen wird: Mag man den Pass auch besitzen, man gehört weiterhin nicht zu *uns*, sondern immer noch zu *ihnen*.

Die Bebilderung vollzieht sich zudem über die prominente Verwendung bestimmter semantischer Merkmale, allen voran Körpermerkmale (Haut- und Haarfarbe, aber auch andere Körpermerkmale wie Augenform), als exotisch oder markant geltende Kleidungsstile (in Gestalt des prominenten Beispiels Kopftuch gekoppelt mit Religiosität), Hinweise auf spezifische kulturelle Praktiken (z. B. Ernährungsgewohnheiten), Sprachlichkeit sowie Religionszugehörigkeit bzw. Religiosität (häufig: Islam), die besonders hervorgehoben werden. Die Aufzählung deutet bereits an, dass das Besondere im Vordergrund steht, wobei die Besonderheit sich in Gestalt einer vermeintlichen oder tatsächlichen Abweichung von diesbezüglichen Normalitätsvorstellungen (die für die Eigengruppe unterstellt werden) manifestiert. Die Merkmale, allen voran die Körpermerkmale, die als fortwirkende Residuen eines biologisch-rassistischen Diskurses anzusehen sind, haben einen hohen Einfluss auf die tatsächliche Ausgestaltung von Zugehörigkeitszugeständnissen (oder deren Verwehrungen). So überstimmen diese Indikatoren des Andersseins womöglich gegebene formale Zugehörigkeitsgarantien und Mitgliedschaften zur Wir-Gruppe, die sich beispielsweise im Erwerb der Staatsangehörigkeit manifestieren, denn: „,Wir' und ‚Nicht-Wir' auf der Ebene nationaler Zugehörigkeit sind in Deutschland auch Sache körperlicher Attribute" (Mecheril 2002, S. 110). Zugleich verweisen diese Aspekte auf den Sachverhalt, dass der Merkmalsraum, auf den zurückgegriffen wird, wenn die Anderen, die Fremden bebildert werden, immer auch auf die nicht explizierten Merkmale des/der Eigenen referiert. Wenn beispielsweise Hautfarbe in der Variante dunkler Pigmentierung verbreitet als Indiz für Zuwanderung herangezogen wird und die damit identifizierten Personen darauf festgelegt werden, wird hierüber implizit zugleich helle Pigmentierung im Sinne von Weiß-Sein als Normalitätsvorstellung für die Eigengruppe etabliert bzw. verfestigt.

Gleichzeitig werden mit diesen Bildern Applikationsvorgaben für ein Alltagswissen geliefert, nach denen sich Gesellschaft oder auch gesellschaftliche Auseinandersetzungen fortan *scannen* und sich Individuen dann dieser oder jener Gruppe zuordnen lassen. Mithin ist dies der dominante gesellschaftlich vermittelte Bedeutungskorridor, in dem sich Individuen mit und ohne Migrationshintergrund überhaupt nur als Subjekte positionieren (können). Insofern werden *sie* in Abgrenzung zu *uns* hierüber nicht nur einfach zu *den* Fremden gemacht, sondern wirken an dem gesellschaftlichen Konstruktionsprozess auch selber mit.

Das Paradoxe hieran: die Existenz von Menschen mit Migrationshintergrund, die nicht in dieses Wahrnehmungsraster passen, das heißt über diese symbolischen Zuweisungen nicht identifizierbar sind, führt nicht etwa zu einer Differenzierung oder Relativierung jener Bilder. Vielmehr bleiben diese entweder medial unsichtbar, werden also erst gar nicht wahrgenommen oder sie werden als Ausnahmen in bestehende Fremdheitsbilder eingearbeitet, das heißt der Verweis auf ihren Ausnahmecharakter irritiert mitnichten bestehende Stereotype, sondern bekräftigt im Umkehrschluss noch die bereits existierenden Vorstellungen.

Im massenmedial vermittelten Migrationsdiskurs ist, wie bereits angesprochen, die Kontextualisierung mit Bedrohung durch und Bedrohlichkeit von als MigrantInnen oder Menschen mit Migrationshintergrund etikettierten Personen dominant. Besonders deutlich zeigt dies die Kopplung des Themas Migration mit Kriminalität (vgl. Jäger et al. 1998; Kunz 2014) In den Blick zu nehmen ist, dass solche Diskurse einen restriktiven bis repressiven administrativen und institutionellen Umgang mit Einwanderung ideologisch rechtfertigen und absichern. Seien es nun europäische Abschottungspolitiken, nationale Zuzugsquoten mit Blick auf volkswirtschaftlichen Nutzen, sogenannte gesellschaftliche Belastbarkeits- oder Aufnahmekapazitätsgrenzen, Abschiebungen oder auch die Rechtfertigung eines Bezuges geringerer sozialer Leistungen in Abhängigkeit von einem bestimmten Aufenthaltsstatus, die mittels solcher Bilder plausibilisiert werden.

Die Kopplung, ja Gleichsetzung mit sozialer Belastung, Kriminalität etc. stellt und beantwortet in diesem Kontext Fragen nach Geltungskraft und Reichweite von Grundrechten im Zusammenhang mit dem Staatsangehörigkeitsrecht – nicht im engeren juristischen Sinne, sondern im symbolisch-ideologischen. Jene Kopplungen plausibilisieren gesellschaftlich die beobachtbare Einschränkung, Aberkennung bzw. Nichtgewährung gesellschaftlicher Teilhabeansprüche, indem sie als Antworten auf die Frage erscheinen, ob und weshalb Ausländer und Ausländerinnen, Migranten und Migratinnen oder Menschen mit Migrationshintergrund nicht nur anders wahrzunehmen und zu behandeln seien als Deutsche (ohne Migrationshintergrund), sondern auch von geringeren Teilhabechancen und sozialer Ausgrenzung betroffen sind: Nämlich weil sie nicht bloß irgendwie *anders*, sondern weil sie *bedrohlich* für *uns* seien. Nicht zuletzt immer wieder erhobene Forderungen von Politikerinnen und Politikern nach Aberkennung deutscher Staatsangehörigkeit, der Ausweisung oder Abschiebung von Tatverdächtigen, die als Menschen mit Migrationshintergrund identifiziert werden, im Nachgang zu medial spektakulär aufbereiteten Einzelfällen oder die ethnisierende Rahmung von Straf- und Gewalttaten, können hierfür auch als Beleg angesehen werden (vgl. Kunz 2012, S. 329ff.).

5.3   Von Armuts-, Wirtschafts- und Elendsflüchtlingen

Über diese allgemeinen Fremdheitsbilder hinaus sind aber auch spezifische, d. h. eindeutige Kopplungen des Themas Migration mit dem Thema Armut beobachtbar. Diese setzen in der Regel auf den bereits beschriebenen Darstellungsmustern auf, knüpfen an diese an und variieren diese. Die mediale Bearbeitung des Themas der aktuellen Zuwanderung von nach Europa geflüchteten Menschen und Armut im Allgemeinen und in die Bundesrepublik im Besonderen hebt sowohl auf eine quantitative wie auf eine qualitative Dimension ab. Bei beiden Dimensionen spielen zuspitzende, den Eindruck von Bedrohlichkeit weckende Schilderungen eine tragende Rolle. Darunter ist zu verstehen, dass beispielsweise bei Zuwanderungszahlen dramatisierend auf deren besondere Höhe und bei Eigenschaften in stereotypisierender Weise auf vermeintlich negative Wesensmerkmale der Flüchtenden und problematische Wanderungsmotive abgehoben wird. Die Diskursfigur der zahlenmäßigen Zunahme als Bedrohung impliziert eine Endlichkeit bzw. Knappheit von Ressourcen (Wohnraum, Sozialleistungen o. ä.), da mit der Zunahme an Personen eine Erhöhung der Nachfrage nach diesen Ressourcen unterstellt wird, wodurch eine Situation der Konkurrenz bzw. Konkurrenzverschärfung entstünde (prominente Figuren sind hier sogenannte Belastbarkeitsgrenzen oder eine sogenannte Aufnahmekapazität) – ansonsten wäre die Zunahme nicht bedrohlich. Die von dieser Konkurrenz bedrohte Gruppe ist die wir-Gruppe bzw. deren bisheriger Anteil an den betreffenden Ressourcen. Ein Titel der Illustrierten *Stern* aus dem Jahr 2015 belegt diese Figur paradigmatisch:

„Der Ansturm. Deutschlands größte Aufgabe. 800 000 Flüchtlinge verändern das Land. Sie brauchen Wohnungen, Schulen, Perspektiven – was jetzt geschehen muss." (Stern 36/2015)

Darüber hinaus lässt sich die Bildung von Differenzierungen innerhalb des sie-Gruppenkonstruktes in Gestalt der Gegenüberstellung ‚gute Flüchtlinge' versus ‚schlechte Flüchtlinge' beobachten, wie ein Beispiel des Nachrichtenmagazins *Focus* zeigt (vgl. „Die Wahrheit über FALSCHE Flüchtlinge" (Focus 31/2015)), womit vermeintliche oder tatsächliche Interessenunterschiede und Wanderungsmotive innerhalb der sie-Gruppe gegeneinander in Position gebracht werden. Diese Lesart lässt sich auch dadurch bekräftigen, wenn man die wesentlich kleiner gestaltete *Focus*-Titelunterzeile jenes Heftes „Sie sind in Not. Sie kommen vom Balkan. Aber sie haben keine Chance auf Asyl. Und den echten Flüchtlingen schaden sie" (ebenda) in die Analyse einbezieht. Diese legt zwar zunächst nahe, hier würde ein Differenzierung vorgenommen, verstärkt jedoch die abwertende Betrachtung der somit als Balkan-Flüchtlinge konkretisierten Gruppe, die angeblich im Mittelpunkt des Titels steht. Eine eingangs dieser Titelunterschrift Geflüchteten vom Balkan durchaus zugestandene Not tritt in den Hintergrund, deren Schädlichkeit in den Vordergrund, da ja jene „falschen Flüchtlinge" einer davon vermeintlich unterscheidbaren Gruppe von „echten Flüchtlingen" angeblich schaden würden. Hierdurch werden die erstgenannte Gruppe und deren Motive noch weiter abgewertet. Nicht nur, dass sie in Wahrheit keine „echten Flüchtlinge" seien, denen unterstellt wird, ein Recht in Anspruch zu nehmen (Asylrecht), welches ihnen gar nicht zustehe, seien sie zudem auch noch schädlich für die „echten Flüchtlinge". In einer gesamtgesellschaftlichen Situation, in der ganz wesentlich versucht wurde, Geflüchtete und deren Fluchtursachen zu delegitimieren, kann dies durchaus als Bestärkung von Positionen gedeutet werden, welche aktuelle Fluchtzuwanderung grundsätzlich ablehnen, indem Fluchtgründe grundsätzlich bezweifelt werden.

Konnotativ lässt sich besagter *Focus*-Titel zudem auch mit Blick auf den aus dem AfD-Pegida-Spektrum lancierten Kampfbegriff der sogenannten *Lügenpresse* hin interpretieren: Ein prominentes überregionales Nachrichtenmagazin betont, die Wahrheit über Fluchtgründe von Geflüchteten vom Balkan auszusprechen. Davon ausgehend, dass solche Medien eigentlich zu jedem Zeitpunkt den Selbstanspruch erheben, wahrheitsgemäß zu berichten, ist der ausdrückliche Hinweise auf wahrheitsgemäße Berichterstattung redundant – außer wenn davon nicht ausgegangen werden könne. Diese subtile Betonung des Wahrheitsanspruches rekurriert – ob intendiert oder nicht – auf eine Einschätzung, nach der diese Wahrheit bislang nicht artikuliert worden sei. Der *Focus* stilisiert sich hierüber als Medium, welches – im Gegensatz zu anderen Medien – eine nicht zur Kenntnis genommene oder bislang verschwiegene Wahrheit endlich aussprächе. Er bedient damit implizit das rechte Konstrukt der „Lügenpresse" und stilisiert sich als Medium, welches dieser nicht zugehörig sei. Dies ist besonders perfide, als hier zudem der Eindruck erweckt wird, die vermeintliche Notwendigkeit, eben jene Wahrheit endlich zu berichten, speise sich indirekt aus einem Interesse an „echten Flüchtlingen", von denen der skandalisierte, durch die „falschen Flüchtlinge" entstandene legitimatorische Schaden abgewendet oder behoben werden solle.

Der Titel spielt mit dem Gegensatzpaar wahr/falsch bzw. Wahrheit/Lüge zudem aus einer weiteren Perspektive: der Bericht ist ‚wahr‘, die Flüchtlinge sind ‚falsch‘. Auch wenn der Begriff „Lüge" nicht fällt, so ist er doch der Gegenbegriff zur explizierten Wahrheit. Die Assoziation mit ‚Lügenflüchtlingen‘, deren Zahl zudem beträchtlich sein müsse, liegt nahe. Zumindest sei die Gruppe der als „falsche Flüchtlinge" Markierten so umfänglich, dass deren Zahl einen eigenen *Focus*-Titel rechtfertigt.

Wie viele Flüchtlinge verträgt Deutschland?

Im Herbst 2015 betitelte das Wochenmagazin *Stern* sein Cover mit der Frage „Wie viele Flüchtlinge verträgt Deutschland?" (Stern 42/2015). Darunter, sehr klein gesetzt, die feststellende Textzeile „Die Zuwanderung spaltet unsere Gesellschaft. Ein Report" (Stern 42/2015). Die Titelzeile gestaltet sich zwar als Frage, impliziert jedoch die Setzung, dass es eine quantitative Grenze der Aufnahmefähigkeit gäbe, nach der sich bemessen ließe, wie viele Flüchtlinge für Deutschland, d. h. für uns, ‚verträglich‘ seien. Der Titel bedient insofern die Diskussionen um sogenannte Ober- und/oder Belastungsgrenzen und die Diskursfigur einer begrenzten Aufnahmefähigkeit bei zunehmender Ressourcenkonkurrenz innerhalb der Bevölkerung. Zur weiteren Deutung des Titels ist dessen bildhafte Umsetzung einzubeziehen. Es handelt sich um das 1818 entstandene Gemälde Caspar David Friedrichs *Der Wanderer über dem Nebelmeer* in das die Fotoabbildung einer großen Menschengruppe einmontiert wurde. Im Mittelpunkt steht eine männliche Person, die den Lesern und Leserinnen den Rücken zugewandt hat und den Blick in die Ferne zu richten scheint. Das Gemälde gilt als Ikone der deutschen Romantik ebenso wie als prototypische Versinnbildlichung eines in dieser Zeit aufkommenden Nationalbewusstseins. Im Original ist offen, ob der Blick des Abgebildeten dem Himmel gilt oder den Abgründen des Elbsandsteingebirges.

Friedrichs Gemälde bietet zwar ganz unterschiedliche Interpretationsmöglichkeiten, durch dessen Transponieren in den Kontext der gesellschaftlichen Debatte um das Fluchtgeschehen werden die landschaftliche Ferne und die Gestalt des Wanderers jedoch spezifisch konnotiert. In der Ferne erheben sich in der Montage aus dem Nebelmeer viele Personen, die die ganze Bildbreite einnehmen. Auf dem *Stern*-Titel kann der Blick des Wanderers somit nur den Menschen gelten, die durch die Titelzeile als „Flüchtlinge" zu interpretieren sind. Der Wanderer personifiziert *uns*, Deutschland. Und er ist gegenüber den Flüchtlingen nicht bloß in der Unterzahl, sondern er steht ihnen alleine gegenüber. Im Umkehrschluss weckt diese Setzung den Eindruck, es käme eine unbegrenzte Zahl Flüchtlinge. Sie schreibt hierüber das Konstrukt eines fortdauernden, ungebrochenen und bedrohlichen Zustroms an Geflüchteten fort.

Zurückkommend auf die Titel-Frage „Wieviele Flüchtlinge verträgt Deutschland?" ist diese also rein rhetorisch, da angesichts dieser Art der Gegenüberstellung eigentlich zu fragen wäre: Verträgt Deutschland überhaupt noch Flüchtlinge? Die Inszenierung des *Stern*-Titels ist, folgt man der vorgestellten Interpretation, außerordentlich anknüpfungsfähig an rechte und neonazistische Diskursfiguren wie den sogenannten „Volkstod", „Umvolkung"

oder auch die neurechte Rede vom „großen Austausch" (mit der Zuwanderung verschwö-
rungstheoretisch als intendierter und gesteuerter Austausch einer angeblich autochthonen
Wohnbevölkerung konstruiert wird) (vgl. Kopke 2016, S. 56f.).

Anstürmende Arme

Im Jahr 2006 titelte das Wochenmagazin *Der Spiegel* mit der Schlagzeile „Ansturm der
Armen" (Spiegel 26/2006). Die kleiner gesetzte Unterzeile lautet: „Die neue Völkerwanderung". Das dazugehörige Titelfoto zeigt einen felsigen Strandabschnitt am Meer. Der im
Hintergrund liegende Horizont verschwimmt leicht. Am unteren Bildrand sind knietief
im Wasser, in Richtung auf das rettende Ufer watende Menschen abgebildet. Teilweise
mit ausladenden Armbewegungen, die verdeutlichen, dass das Wasser wohl noch so tief
ist, dass sie die Balance halten müssen, um nicht umzufallen. Die Abgebildeten stehen
exemplarisch für die „Armen", deren „Ansturm" die Textzeile behauptet, d.h. das Bild
zeigt den „Ansturm der Armen".

Ansturm ist ein Terminus, der Bedrohlichkeit nahelegt, sofern man von einem Ansturm
betroffen bzw. dessen Ziel ist. Wohin, worauf zu stürmen sie? Da weder die Frage nach
dem Ziel gestellt, noch irgendein Hinweis darauf gegeben wird, muss davon ausgegangen
werden, dass die Lesenden wissen, wer oder was das Ziel des Ansturmes ist. Es wird also
auf ein kollektives Wissen, eine Selbstverständlichkeit der Kenntnis dieses Sachverhaltes
rekurriert: *die* Armen kommen zu *uns*. Hieran zeigt sich, inwieweit im Diskurs auf andere
Fragmente und Aussagen des Migrationsdiskurses wie selbstverständlich abgehoben wird.

Auch wird deutlich, wie die metaphorische Codierung des Ansturmes (samt der Abbildung) semantisch subtil an andere Metaphern des Migrationsdiskurses anknüpft: So wie
die Wellen des Meeres an den Strand spülen, spülen auch die Armen wellengleich an den
Strand (= Wanderung als Flut, ‚wir'/Deutschland als von ‚ihnen' überflutet).

Besonders bemerkenswert ist, dass *Der Spiegel* die identische Überschrift („Ansturm
der Armen") schon im Jahr 1991 als Titel des damaligen Heftes 37/1991 verwendete (vgl.
Der Spiegel 37/1991). Die groß hervorgehobene Titelzeile ist dort in etwas kleinerer Schrift
mit der Textzeile „Flüchtlinge, Aussiedler, Asylanten" (ebenda) überschrieben, womit die
genannten Gruppen pauschal als die anstürmenden „Armen" codiert werden. Das Bild der
Titelseite wird von einem gezeichneten Schiff in der Bildmitte dominiert. Der Schiffsrumpf
ist in den Farben Schwarz, Rot und Gelb gehalten, wodurch sich das Schiff als Metapher
für Deutschland erweist. Auf dem Schiffsdeck finden sich Gebäude (Historische und
Geschäftsbauten, Wohnhäuser, eine Kirche), die aus einer unübersichtlichen Zahl (= Ge-
wimmel) von Strichmännchen (= Bevölkerung) herausragen. Überall von den Gebäuden
und aus der auf und unter wie auch neben dem Schiff befindlichen Menschenmenge wehen
kleine Textbanderolen (= Transparente), die Schlagworte und Sinnsprüche enthalten,
die wohl für Äußerungen der anstürmenden Armen bzw. der deutschen Bevölkerung in
Bezug auf Zuwanderung stehen sollen. Die um das Schiff Deutschland herum auf dieses
zustrebenden Strichmännchen sind im Vergleich zu der auf dem Deck (= in Deutschland)
befindlichen Anzahl an Strichmännchen (= ‚uns') in der Überzahl. Das Schiff wird gewis-

sermaßen umbrandet von diesen Strichmännchen (= Zuwandererfluten). Das bauchige Schiff wird zudem von Pfeilern abgestützt (= Arche). Die nicht im Schiff befindlichen Strichmännchen versuchen, über die Pfeiler und Leitern auf das Schiff zu gelangen. Man erkennt mit Lanzen bewaffnete Strichmännchen, die das zu verhindern suchen. Einzelne von ihnen fallen von den Bordwänden des Schiffes herab in die Tiefe bzw. werden zurück ins Strichmännchen-Meer geworfen.

Die Arche-Metapher als religiös aufgeladenes Bild lässt das Schiff Deutschland als Rettung vor einer Armenflut erscheinen. Jene Flut kann zudem als göttliche Strafe (für welche Verfehlung?) gedacht werden. Die Metapher des Schiffes Deutschland und die große Anzahl der Strichmännchen an Bord leisten einen Querbezug zur Metapher *Das Boot ist voll.* Vom linken unteren Bildrand nähert sich aus der Menge der anstürmenden Strichmännchenfluten ein Bohrer, ähnlich einem Belagerungsturm (= Ansturm auf die Festung, Wohlstandsfestung?), der bedrohlich auf den Rumpf des Schiffes zuhält. Der Ansturm der Armen droht also, den Rumpf zu beschädigen (es droht die Gefahr des Sinkens des Schiffes = der Untergang Deutschlands).

Ein weiterer Titel, allerdings ein Jahr zuvor, ist in derselben Machart, dem gleichen Stil gehalten, wie „Ansturm der Armen". Unter der Überschrift „Massenflucht in die Bundesrepublik. Gefahr für den Wohlstand?" (Spiegel 4/1990) zeigt das Titelbild aus dem Jahr 1990 eine Zeichnung, die eine Büchse darstellen soll. Die Büchse hat die Umrisse des Staatsgebietes der alten Bundesrepublik Deutschland. Der „Deckel" der „Büchse Bundesrepublik" ist in einer Weise aufgerollt, wie sie von Fischkonserven (Sardinenbüchse = Enge, ungenügender Platz) bekannt ist. Der Deckel ist zudem in den Farben Schwarz, Rot und Gelb gehalten. Eine Farbgebung, die, wie auch schon im vorhergehenden Beispiel des Schiffes, die Büchse nochmals national vereindeutigt.

Auch diese Darstellung hat eine Querverbindung zu „Menschengewimmel", was nochmals eine Verstärkung des Eindrucks von großer Menschenzahl, Überbevölkerung, Enge und einer unüberschaubaren anonymen und amorphen Menschenmenge, die nach Deutschland flieht (= „Massenflucht") bedeutet. Auch auf die weiter oben schon angesprochene Konkurrenzangst (Konkurrenz um Wohnraum, Platz zum Leben, Sozialleistungen etc. = Wohlstand) spielt diese Bebilderung subtil an, da die Frage naheliegt, ob die materiellen Ressourcen, das Sozialsystem etc. für solch eine übergroße Anzahl von Menschen überhaupt ausreichen. Trotz der auffälligen Parallelen liegt der *Spiegel*-Titel aus dem Jahr 1990 etwas quer zu den Beispielen der vorhergehenden Kurzanalysen. Denn er hebt insbesondere auf die *Binnenwanderung* in Deutschland in Folge der sogenannten Wiedervereinigung ab, wie ein Blick ins Heft belegt:

> „Mindestens 500 000 DDR-Bürger werden in diesem Jahr in die Bundesrepublik übersiedeln, Hunderttausende kommen aus den Ostblockstaaten. Wer soll die Einwanderer bezahlen? Der Kampf um Jobs und Wohnungen wird härter, Renten- und Krankenversicherungen sehen sich enormen Zusatzforderungen ausgesetzt." (Spiegel 4/1990, S. 28)

Gleichwohl fügt sich der Titel mit seinen Fremdheitsbildern in die bisherige Themen-kopplung von Armuts- und Migrationsdiskurs ein. Beide Beispiele heben auf eine „Angst vor den Armen" (Bade 2013) ab, indem sie europäische Ost-West-Migration (im Spiegel 4/1990) mit außereuropäischer Süd-Nord-Migration (im Spiegel 37/1991 und 26/2006) mittels der beunruhigenden Figur der „Masseneinwanderung" verknüpfen und Migranten und Migrantinnen als „,Wirtschaftsflüchtlinge' und ,Armutswanderer'" (vgl. Bade 2013, S. 2) kommunizieren.

Auch zeigen die Beispiele, dass *bedrohliche Zuwanderung* auf unterschiedliche Grup-penkonstrukte bezogen werden kann. In der historischen Abfolge der vorgestellten The-matisierungen bereitet die im Spiegel 4/1990 bereits durch die sogenannten Umsiedler und Umsiedlerinnen aus der ehemaligen DDR nahegelegte Gefährdung des Wohlstandes die besondere Bedrohung durch eine später noch zusätzlich erfolgende Zuwanderung, d. h. den „Ansturm der Armen" (Spiegel 37/1991), gewissermaßen vor. Darüber hinaus wird eine Hierarchisierung, eine Rangordnung Zuwandernder impliziert: wenn *wir* Wohlstand schon teilen müssen, dann mit *uns* als ethnisch-völkisch nahestehend geltenden Personen. Deren Zugehörigkeit (und daraus ableitbare Teilhabeansprüche) scheinen eher gegeben bzw. lassen sich eher zugestehen, als gegenüber Menschen, die eindeutiger als Nichtzugehörige markiert werden. Schließlich gewährleistet das Narrativ der anstürmenden armen Völker darüber auch eine Kohäsionsleistung: die Umsiedelnden aus der ehemaligen DDR, die sogenannten *Ossis*, werden durch die diese Markierung noch überlagernde Abgrenzung von den natio-ethno-kulturell vermeintlich ganz Anderen quasi indirekt eingemeindet. Sie befinden sich zwar in einer graduell inferioren Position (gegenüber *uns*), aber symbolisch immerhin im gesellschaftlichen Innen, während die prototypischen Fremden (im Sinne von Asylbewerberinnen und Asylbewerbern und Flüchtlingen) in ein symbolisches Außen von absoluter Andersheit und Nichtzugehörigkeit verwiesen werden.

6   Besondere Rolle und Bedeutung der Kategorie Kultur

Ein weiterer wichtiger Aspekt, der bei der Deutung aktueller Fremdheitsbilder zu berück-sichtigen ist, ist die Geltungszunahme der Kategorie Kultur im öffentlichen Diskurs bzw. die Beobachtung, dass Hinweise auf eine sogenannte kulturelle Prägung zur Begründung von Problemgruppenzuschreibungen herangezogen werden. Es ist deshalb auch im Kontext der Reflexion von Fremdheitsbildern auf den gestiegenen Bedeutungsgehalt der Kategorien Kultur bzw. kultureller Differenz oder kultureller Verschiedenheit hinzuweisen, der aus kritischer Perspektive auch als „kulturalisierender Rassismus" (Leiprecht 2016, S. 230) be-zeichnet wird und an die Stelle biologistisch argumentierender Begründungsmuster getreten ist. Hierbei lässt sich eine „völkische Aufladung und Nationalisierung des Kulturbegriffs" (Hormel und Jording 2016, S. 212) beobachten. Ein Muster, dessen Entstehung historisch weit zurückreicht und im Kontext der Entwicklungen des Staatsangehörigkeitsverständnis-ses im 18./19. Jahrhundert steht: So „blieb in Deutschland die Vorstellung der Entstehung der Nation vor dem Staat bestimmend. Dadurch konnte sich ein ethnisch-kulturelles, am vorstaatlichen Begriff des Volkes orientiertes Leitbild ausprägen." (Gosewinkel 2009, S. 38)

Es fällt auf, dass selbst der Rückgriff auf einen weiter gefassten, dynamischen Kulturbegriff diese Logik kaum zu irritieren vermag. Sofern die Kategorie *Kultur* in Folge der überfälligen Einsicht, dass Kultur selbst dynamisch und wandelbar ist und sich den umrissenen Essenzialisierungsversuchen somit entzieht, ihres vermeintlich eindeutigen Erklärungsgehaltes verlustig geht, ist zu beobachten, dass auf andere Begriffe ausgewichen wird, die jedoch ebenso statisch sind. *Verschiedenheit, Kultur, Ethnie, Kulturkreis, Unterschiede, Migrationshintergrund, Herkunft* und Verweise auf *Heimat* bilden ein diffuses Verweissystem nur scheinbar schlüssiger und klarer Begriffe, die im Alltagsdiskurs teils synonym verwendet werden, ohne deren theoretische und begriffshistorisch höchst fragwürdigen Hintergründe (wie beispielsweise beim Begriff *Kulturkreis*) zu kennen.[2] Aus einer vermeintlich akzeptierenden und tolerierenden Position heraus wird jedoch die überdeterminierende Zuschreibung kulturell bedingter Unterschiede gesellschaftlich gültig und verantwortlich für Problem- oder Defizitzuschreibungen gemacht. Dass es sich bei der damit beschriebenen Bevölkerungsgruppe der sogenannten Personen mit Migrationshintergrund in der Regel selbst um ein höchst heterogenes Konstrukt handelt, wird ignoriert. Dass zudem – wenn man beispielsweise die prominente Problemgruppenkonstruktion der sogenannten Jugendlichen mit Migrationshintergrund in den Blick nimmt (vgl. Leenen und Grosch 2009) – noch nicht vollständig sozialisierte Individuen zu Repräsentanten von ihnen generell zugerechneten Religionen, Herkunftskulturen oder -nationen gemacht werden, die Marionetten gleich an den Fäden jener Herkunftskulturen hängen, ist um so kritikwürdiger, als hiermit pauschalisierend Menschen in spezifische Auskunfts- bzw. Kommunikationspositionen gebracht werden, die zu einem Großteil in Deutschland geboren und aufgewachsen sind. Dieser Umstand stimmt gerade auch in Anbetracht des Sachverhaltes skeptisch, dass demgegenüber die Angehörigen der sogenannten Mehrheitsgesellschaft gerne als Individuen, autonome Subjekte oder selbst-bewusste Gestalterinnen und Gestalter ihrer Lebensrealität positioniert werden bzw. sich positionieren.

7   Fremdheitsbilder vor dem Hintergrund aktueller innenpolitischer Kontroversen

Die anhaltenden Abgrenzungsversuche seitens einer sich immer noch als homogener Mehrheitsgesellschaft phantasierenden Bevölkerung gegenüber hier geborenen Menschen und/oder staatsbürgerrechtlich längst Dazugehörigen, denen jedoch ein sogenannter Migrationshintergrund zugewiesen wird, durchziehen und prägen die gegenwärtige Phase

---

2   Zur zunehmend beobachtbaren Verwendung des scheinbar neutralen Terminus Kulturkreis und seiner historisch wie inhaltlich problematischen Implikationen siehe beispielsweise die kritischen Ausführungen von Kronsteiner (2005) und Sarma (2012, S. 15).

der Migrationsgesellschaft besonders stark. Neu sind sie indes nicht. Diese Diskursfigur tritt gesellschaftspolitisch jedoch zunehmend dominanter in Erscheinung und lässt sich durch eine Rückbesinnung auf und Intensivierung von ethnisch-völkischen Homogenitätsfiktionen charakterisieren.

Schon das vor einigen Jahren zu zweifelhafter Prominenz gelangte populistische Menetekel Sarrazins „Deutschland schafft sich ab" und die seinerzeit in dessen Folge geführte öffentliche Kontroverse illustrierten dies und gaben einen Vorgeschmack auf das spätere Aufkommen von rechten Protestbewegungen wie *Patriotische Europäer gegen die Islamisierung des Abendlandes* (Pegida) oder die sogenannte *Alternative für Deutschland* (AfD). Sarrazins „Deutschland schafft sich ab" kann im vorgestellten Kontext als Vorwegnahme eines verbal-aggressiven Beharrens auf jene ethnisch-völkischen Homogenitätsvorstellungen gedeutet werden, welche sich dem längst überfälligen Erfordernis einer Revision des bisherigen nationalen Selbstverständnisses widersetzen. Eingelassen in die gesellschaftliche Auseinandersetzung um diese Neubestimmung sind dramatisierende, bisweilen hysterische Warnungen vor den Folgen bisheriger und zukünftiger Zuwanderung sowie abstruse verschwörungstheoretische Phantastereien über deren Ursachen.

Bei Analyseversuchen dieser völkischen Renaissance wird von Akteuren, die selbst gar nicht zum politisch rechten Spektrum zählen, häufig vorschnell darauf abgehoben, dass das Fluchtgeschehen 2014/2015 und der Anstieg der Zahl geflüchteter Menschen in die Bundesrepublik ursächlich für das Erstarken seien. Diese Einschätzung greift indes zu kurz bzw. verschiebt die Ursachen auf das Phänomen *Flucht*. Es ist vielmehr zu betonen, dass die völkische Figur viel länger existiert und weiter zurückreicht, als die Kopplung an die jüngste zuwanderungsstatistische Entwicklung suggeriert. Schon eine erneute Lektüre öffentlicher Debatten der 1980er-, Anfang der 1990er-Jahre macht deutlich, dass diese Figur im Vergleich zur heutigen Situation in qualitativer (d. h. in Bezug auf Intensität und Schärfe) wie quantitativer Hinsicht (d. h. in Bezug auf mediale Präsenz und Verbreitung) damals nicht minder ausgeprägt war. Versuche, das Aufkommen oder Erstarken völkischen Denkens durch eine kausale Kopplung an die Zunahme der Zahl zuwandernder Menschen (und daraus resultierend gesellschaftlicher Veränderungsbedarfe) erklären zu wollen, blendet diese historischen Kontinuitäten aus, macht die von rassistischen Diskriminierungen Betroffenen zur Ursache des Problems und rechtfertigt bzw. entlastet die wir-Gruppe: Diese Position plausibilisiert die Zuschreibungen als Folge einer bloß grundsätzlichen Furcht vor den zu *uns* kommenden Fremden und vor den erwarteten, damit einhergehenden und als bedrohlich empfundenen Veränderungen. Demgegenüber ist jedoch auf der Einsicht zu beharren, dass die rhetorischen Figuren der sogenannten *Neuen Rechten* bereits seit Langem den Diskurs prägen und ebenso Bestandteil der Beeinflussung und der beabsichtigten Verschiebung gesellschaftlicher Kräfteverhältnisse sind wie auch das Ansinnen, sie als unpolitisch erscheinen zu lassen. Ihre stärkere Vernehmbarkeit und Etablierung in jüngster Zeit samt der Entkopplung von der ihnen innewohnenden politischen Wertigkeit (auf der politischen links-rechts-Skala) lassen sich als ein Indiz für einen bedenklichen Teilerfolg rechter Strategien lesen. Daran anknüpfend müssen die gegenwärtigen Deutungskämpfe um Zugehörigkeit und Nichtzugehörigkeit in einer historischen Entwicklungslinie zum (neu)rechten Projekt der Reartikulation und Setzung des Themas *deutsche Identität* im öffentlichen Diskurs gedeutet werden und sind im Grunde die Fortsetzung rechter ‚Erfolge‘ aus den 1980er Jahren (vgl. Müller 1995, S. 142 und 152). Erweitert man den historischen Analyserahmen um die Zeit vor der Gründung der Bundesrepublik Deutschland, ist zu erkennen, dass Versuche restriktiv-repressiver Migrationskontrolle sowie einige der heute geläufigen Motive und Diskursfiguren (wenn auch historisch variiert) weiter zurückreichen und den deutschen Migrationsdiskurs bereits länger prägen (vgl. Bade und Oltmer 2007; vgl. Fahrmeir 2008).

8 Soziale Ungleichheit plus Ethnisierung als Reformulierung der „gefährlichen Klassen"

Mit der „verengten Verhaltens- oder ‚Kulturperspektive‘ entschwinden die ökonomischen und strukturellen Verursachungsmechanismen sozialer Ungleichheit aus dem Blick. Zugleich wird suggeriert, es gäbe Personen, oder Gruppen, die gewissermaßen ‚außerhalb‘ der Gesellschaft stünden." (Mogge-Grotjahn 2012, S. 57)

Im Zusammenhang mit der Diskussion des sogenannten „Unterklassenbegriffes", den sie der Exklusionsdebatte zuordnet, greift Mogge-Grotjahn die Rolle und Funktion der „Vorstellung eines ‚gesellschaftlichen Außen'" (ebenda, S. 56f.) auf, welche mit dem Begriff einhergehe. Mit dem Terminus Unterklasse seien insbesondere negative Verhaltenszuschreibungen gegenüber den als Unterklassenangehörigen markierten Personen verbunden, die letztlich „den radikalen Abbau von sozialen Unterstützungsleistungen" legitimieren (ebenda, S. 57). Auf Basis der bislang vorgestellten Befunde kann ergänzt werden, dass das Konstrukt der migrantischen Armen als besondere, nochmals zugespitzte Variante der Unterklasse gelten kann. Auffällig ist die Analogie zu einer Dynamik, die aus Analysen zur Entstehung und Funktion des Konstruktes der Unterklassen („undeserving poor") bekannt ist (vgl. Pioch 2008, S. 2045):

> „Konstruiert wurden die anständigen ArbeiterInnen über ihr Gegenbild, die unsittlichen, zerlumpten Armen (…). Gerade in dieser Spaltung blieben die arbeitenden und die gefährlichen Klassen immer aufeinander bezogen." (Rinn 2009, S. 79f.; vgl. Ege 2013, S. 84f.)

Der beschriebene Migrationsdiskurs mit thematischem Bezug auf Armut konstruiert in Anlehnung an diese Figur ‚unsere‘ Armen als gute Arme und die zuwandernden Armen als die eigentlich bedrohlichen, in diesem Sinne schlechte Arme. Dies schlägt sich auch im Umgang und einer unterschiedlichen Behandlung nieder. Für als migrantische Arme markierte Personen stellt diese Positionierung eine nochmalige Steigerung ihrer Ins-Außen-Verlagerung dar: Ihnen gegenüber wird Unterstützungsleistung nicht nur abgebaut, sondern in Teilen erst gar nicht zugestanden. Zudem erlaubt die nochmalige Unterschichtung den immerhin als national zugehörig anerkannten Abgehängten eine Abgrenzung nach unten in Gestalt einer nationalistischen Selbstvergewisserung: Selbst als von Armut Betroffene gehören sie immerhin noch zum national-homogenen Kollektiv; die nationalistische Selbstvergewisserung und Selbstüberhöhung kompensiert deren Armutslage in Teilen symbolisch-ideologisch. Dethematisiert werden hierüber nicht nur sozioökonomische Verhältnisse und herrschende (Welt-)Wirtschaftsprinzipien als globale Armutsursachen, sondern durch die in Konkurrenz Setzung der Armen zueinander werden die Ursachen für mögliche Verschärfungen der eigenen Armutslage bzw. für weitere Einschränkungen sozialer Sicherungssysteme zugleich auf die nach Deutschland fliehenden Menschen verschoben.

9   Fazit

Die thematische Kopplung von Flucht/Migration und Armut verdichtet mehrere Diskursstränge bzw. führt diese zusammen. Sie lanciert eine Verortung der sogenannten Armen und vor allem der Gründe für Armut in ein symbolisches und geographisches Außen, womit Armutsursachen räumlich und logisch von hiesigen bestehenden gesellschaftlichen und ökonomischen Verhältnissen als abgekoppelt erscheinen. Da wir nicht ursächlich an der Entstehung jener fernen Armut beteiligt seien, d. h. keine Schuld daran hätten, bestünden weder Verantwortung noch moralische Verpflichtung für deren Bekämpfung oder Linderung. Die beschriebenen Delegitimierungen verschärfen gesellschaftliche Spaltungen, d. h. forcieren eine Unterscheidung zwischen einerseits berechtigt und andererseits unberechtigt erscheinenden Teilhabeansprüchen und -bedürfnissen. National als zugehörig erachtete Arme sind Gegenstand von Sozialpolitik, national als nichtzugehörig erachtete Arme sind Gegenstand von Integrations- oder Abschottungs- und Abschiebepolitik. In Verknüpfung mit der Differenzierung des Armutsbegriffes (absolute Armut versus relative Armut) wird sogenannten Armutsflüchtlingen zwar eher zugeschrieben, die echten Armen (im Sinne von absolut arm) zu sein, da es das Phänomen der absoluten Armut in der Bundesrepublik nicht in signifikantem Ausmaß gäbe. Andererseits sollen diese Armen aber bleiben wo sie sind bzw. dahin zurückgehen, woher sie kommen. Globalisierung und historische Hintergründe asymmetrischer Weltwirtschaftsbeziehungen ernst zu nehmen, hieße jedoch, anzuerkennen, dass als Armuts- bzw. Wirtschaftsflüchtlinge markierte Menschen nicht den bedrohlichen, von uns abzuspaltenden Teil der Weltbevölkerung bilden, der dort zu bleiben habe, wo er zufällig geboren wurde bzw. bislang wohnte oder aufwuchs.

Die angesprochenen Kopplungen der Themen Armut und Migration in Gestalt herrschender Fremdheitsbilder sowie die in Teilen der Gesellschaft beobachtbare Restauration ethnisch-völkischer Homogenitätsphantasien leisten darüber hinaus eine Umcodierung vertikaler Verteilungskonflikte und Teilhabeausschlüsse und verlagern diese in eine horizontale Konkurrenz zwischen national als „fraglos zugehörig" und national als nicht oder „prekär zugehörig" Wahrgenommenen, um zwei Termini Paul Mecherils (2002, S. 113f.) für diese Betrachtung heranzuziehen. Nicht genug damit, dass die Möglichkeit sozialer Teilhabe (bzw. Nichtteilhabe) grundsätzlich als Frage nationaler Zugehörigkeit gerahmt

wird, werden darüber hinaus angeblich oder tatsächlich bestehende Bedingungen für Teil-
habenchancen der fraglos Zugehörigen durch die Metapher der drohenden Überlastung
des Sozialstaates in Folge von Zuwanderung als stark gefährdet konstruiert.

In dem Sinne, dass es nicht länger in erster Linie um Teilhabe im Allgemeinen, sondern vor allem um nationale Zugehörigkeit im Besonderen geht, erscheint (nationale oder
europäische) Abschottungspolitik als Armutsbekämpfungspolitik und die Forderung
danach wird mittlerweile in relevanten Teilen der Gesellschaft auch artikuliert. Diese Um-
gewichtung bedeutet nicht, dass Teilhabefragen nun von Zugehörigkeitsfragen komplett
abgelöst werden. Vielmehr werden beide paradoxerweise dadurch miteinander verzahnt:
Die Frage nach und das Zugeständnis von natio-ethno-kultureller Zugehörigkeit erfährt
einen signifikanten Bedeutungsschub, denn Teilhabeansprüche werden demnach nur
national fraglos Zugehörigen zugestanden.

Das (wieder)erstarkende Konstrukt eines als ethnisch-völkisch homogen fundierten
nationalen *wir* rückt durchaus bestehende soziale Statusunterschiede und ungleich verteilte soziale Risiken wie auch signifikant unterschiedliche Teilhabechancen zwischen den
ethnisch-völkisch Vergemeinschafteten zugleich in den Hintergrund. Im Fokus stehen
nicht länger Einkommens- und Vermögensasymmetrien zwischen einem sozialen Oben
und Unten, schicht- oder klassenspezifische Gründe für Verteilungsungerechtigkeit und
soziale Ausgrenzung, sondern der Fokus verlagert sich auf eine Wahrnehmung von Kon-
kurrenzen zwischen als national zugehörig oder nichtzugehörig konstruierten Deklassierten
und Abgehängten, d. h. hin zu einer horizontalen Austragung von Verteilungskonflikten.
Hinzu treten Abstiegsängste sozialer Schichten, die sich in der sogenannten Zwischenzone
der *Prekarität* befinden. In dieser Zwischenzone erscheint ein de facto noch bestehender
Teilhabestatus bedroht, unsicher und permanent gefährdet:

> Es sind „Zonen der prekären Unsicherheit im Drinnen, (…) Gruppen, deren Inklusion in-
> stabil geworden ist und die daher Gefahr laufen, ins Draußen zu rutschen und ausgegrenzt
> zu werden" (Geißler 2014, S. 120).

Zu den eben schon beschriebenen Effekten tritt hinzu, dass die Verschränkung von Ar-
muts- und Migrationsdiskurs jenen Prekarisierten als Erklärung für ihre als bedroht empfundene Lage nahelegt, die gegebene bzw. befürchtete Statusgefährdung sei insbesondere
durch Zuwanderungsprozesse begründet oder zumindest verschärft, zumal sowohl der
Gesellschaft im Allgemeinen als auch dem Sozialsystem im Speziellen dadurch angeblich
Überlastung drohe. Infolgedessen werden Ängste vor Statusverlust einerseits verstärkt und
andererseits zugleich ethnisiert. Die Kanalisierung ohnehin bestehender Abstiegsängste
auf das Thema Zuwanderung wertet die Frage nationaler Zugehörigkeit auf und offeriert
die Zurückweisung und Ausgrenzung der als anders Wahrgenommenen als trügerische
Garantie für eigene Statussicherheit. Aus dem Blick rücken gesellschaftliche Umverteilungsprozesse und aus den Fugen geratene monetäre Relationen (wie sie beispielsweise bei
der sogenannten Bankenrettung während der Wirtschafts- und Finanzkrise, beginnend
2008, beobachtbar waren), die ein Vielfaches des Volumens betragen (haben), was zum

Beispiel als finanziell notwendige Aufwendungen für Unterbringung und Versorgung der zugewanderten geflüchteten Menschen ins Feld geführt wird. Nicht länger eine gesamtgesellschaftlich ungleiche Armuts- und Reichtumsverteilung wird als beunruhigend oder ungerecht bzw. als Bedrohung des sozialen Friedens thematisiert – von den ökonomischen Asymmetrien im Weltmaßstab ganz zu schweigen. Stattdessen werden Gefährdung und der weitere Abbau des ohnehin durch die neoliberalen Transformationen verschlankten Sozialstaates durch Zuwanderung zum Thema und evozieren eben jene nationalistischen Verteidigungsreflexe.

Diese Dynamik ist nicht auf das hier zugrunde gelegte Beispiel der Bundesrepublik Deutschland beschränkt. Die gesellschaftlichen Entwicklungen und das Erstarken entsprechender politischer Kräfte in den USA, den Niederlanden und Frankreich, um nur drei Beispiele zu nennen, belegen dies. Das Trump'sche Mantra „America first!", das Wahlprogramm des französischen Front National zur Präsidentschaftswahl 2017, das sich sozialpolitisch durchaus als „Geschenkekiste" (Tagesschau.de 2017) darstellen lässt – allerdings nur für fraglos zugehörige Französinnen und Franzosen, d. h. für die ethnisch-völkisch rigide determinierte wir-Gruppe – operieren in dieser Logik. Und auch das Wahlprogramm des Niederländers Geert Wilders, mit seinem Slogan „Nederland weer van ons!" (frei übersetzt: „Die Niederlande wieder unser"), verdeutlicht die Stoßrichtung jenes neurechten Backlash, wenn gefordert wird: „statt die ganze Welt und Menschen zu finanzieren, die wir hier nicht haben wollen, geben wir das Geld den normalen Niederländern" (Fischer 2017).

Was bleibt, ist sich der vorgestellten Diskurse und ihrer Implikation in kritisch-reflexiver Absicht bewusst zu werden, um Fallstricken und Fußangeln gängiger Zuschreibungspraxen zu entgehen. Es gilt, eine Perspektive einzunehmen, die einer negativen Dialektik verpflichtet, versucht, den Widersprüchen, Inkonsistenzen und gesellschaftlichen Paradoxien nachzuspüren, diese zu benennen und zugleich Diskurspositionen zu artikulieren, welche nicht ohne Weiteres in die bestehenden hegemonialen Diskurse integriert werden können.

Literatur

Bade, Klaus J. 2013. Die Angst vor den Armen. *ZEIT Online* v. 14. Oktober 2013. http://www.zeit.de/politik/deutschland/2013-10/armutsfluechtlinge/komplettansicht?print. Zugegriffen: 2. Januar 2017.

Bade, Klaus J. und Jochen Oltmer. 2007. Deutschland. In *Enzyklopädie. Migration in Europa. Vom 17. Jahrhundert bis zur Gegenwart*, Hrsg. K. J. Bade, P. C. Emmer, L. Lucassen und J. Oltmer, 141-170. Paderborn: Ferdinand Schöningh.

Beauftragte der Bundesregierung für Migration, Flüchtlinge und Integration, Hrsg. 2010. *8. Bericht der Beauftragten der Bundesregierung für Migration, Flüchtlinge und Integration über die Lage der Ausländerinnen und Ausländer in Deutschland*. Paderborn: Bonifatius.

Beauftragte der Bundesregierung für Migration, Flüchtlinge und Integration, Hrsg. 2012. *9. Bericht der Beauftragten der Bundesregierung für Migration, Flüchtlinge und Integration über die Lage der Ausländerinnen und Ausländer in Deutschland*. Paderborn: Bonifatius.

Beauftragte der Bundesregierung für Migration, Flüchtlinge und Integration, Hrsg. 2014. *10. Bericht der Beauftragten der Bundesregierung für Migration, Flüchtlinge und Integration über die Lage der Ausländerinnen und Ausländer in Deutschland.* Paderborn: Bonifatius.

Butterwegge, Christoph und G. Hentges, Hrsg. 2006. *Massenmedien, Migration und Integration.* Wiesbaden: VS Verlag für Sozialwissenschaften.

Delgado, Manuel J. 1972. *Die Gastarbeiter in der Presse.* Opladen: Leske.

Ege, Moritz. 2013. *„Ein Proll mit Klasse“: Mode, Popkultur und soziale Ungleichheiten unter jungen Männern in Berlin.* Frankfurt a. M.: Campus.

Eder, Klaus, V. Rauer und Ol. Schmidtke. 2004. *Die Einhegung des Anderen. Türkische, polnische und russlanddeutsche Einwanderer in Deutschland.* Wiesbaden: VS Verlag für Sozialwissenschaften.

Fahrmeir, Andreas. 2008. Klassen-Grenzen: Migrationskontrolle im 19. Jahrhundert. *Rechtsgeschichte Rg* 12 (2008): 125-138.

Fischer, Angelika. 2017. Niederlande – Warum Geert Wilders die Wahl gewinnen könnte. *Berliner Morgenpost* v. 20.02.2017. http://www.morgenpost.de/politik/article209668865/Niederlande-Warum-Geert-Wilders-die-Wahl-gewinnen-koennte.html. Zugegriffen: 27. Februar 2017.

Foroutan, Naika und D. İkiz. 2016. Migrationsgesellschaft. In *Handbuch Migrationspädagogik*, Hrsg. Paul Mecheril, 138-151. Weinheim und Basel: Beltz.

Geißler, Rainer. 2014. *Die Sozialstruktur Deutschlands.* Wiesbaden: Springer VS.

Gosewinkel, Dieter. 2009. Wandlungen der Staatsbürgerschaft in Deutschland und Frankreich von 1871 bis heute. In *Fremde? Bilder von den ‚Anderen‘ in Deutschland und Frankreich seit 1871*, Hrsg. R. Beier-de Haan und J. Werquet, 38-47. Dresden: Sandstein Verlag.

Greschke, Heike. 2016. Medien. In *Handbuch Migrationspädagogik*, Hrsg. P. Mecheril, 121-137. Weinheim und Basel: Beltz.

Hansen, Nina und Kai Sassenberg. 2008. Reaktionen auf soziale Diskriminierung. In *Stereotype, Vorurteile und soziale Diskriminierung*, Hrsg. L.-E. Petersen und B. Six, 259-267. Weinheim, Basel: Beltz, PVU.

Höhne, Thomas, T. Kunz und F.-O. Radtke. 2005. *Bilder von Fremden. Was unsere Kinder aus Schulbüchern über Migranten lernen sollen.* Frankfurt a. M.: Johann Wolfgang Goethe-Universität.

Hormel, Ulrike, und Judith Jording. 2016. Kultur/Nation. In *Handbuch Migrationspädagogik*, Hrsg. P. Mecheril, 211-225. Weinheim, Basel: Beltz.

Huster, Ernst-Ulrich, J. Boeckh und H. Mogge-Grotjahn, Hrsg. 2012. *Handbuch Armut und Soziale Ausgrenzung*, 2., überarb. und erw. Aufl. Wiesbaden: Springer VS.

Jäger, Margret, G. Cleve, I. Ruth und S. Jäger. 1998. *Von deutschen Einzeltätern und ausländischen Banden. Medien und Straftaten.* Duisburg: DISS.

Jäger, Siegfried. 2001. Theoretische und methodische Aspekte einer Kritischen Diskurs- und Dispositivanalyse. In *Handbuch Sozialwissenschaftliche Diskursanalyse. Bd. 1: Theorien und Methoden*, Hrsg. R. Keller, A. Hirseland, W. Schneider und W. Viehöver, 81-112. Opladen: Leske und Budrich.

Jäger, Siegfried und D. Halm, Hrsg. 2007. *Mediale Barrieren. Rassismus als Integrationshindernis.* Münster: Unrast-Verlag.

Jung, Matthias, T. Niehr und K. Böke. 2000. *Ausländer und Migranten im Spiegel der Presse.* Wiesbaden: Westdeutscher Verlag.

Jung, Matthias, M. Wengeler und K. Böke, Hrsg. 1997. *Die Sprache des Migrationsdiskurses.* Opladen: Westdeutscher Verlag.

Kopke, Christoph. 2016. Verschwörungsmythen und Feindbilder in der AfD und in der neuen Protestbewegung von rechts. *NK Neue Kriminalpolitik, Heft 1/2017*: 49-61.

Kronsteiner, Ruth. 2005. *„Kulturkreis“ oder Rassismus – Sexismus im neuen Gewand? Zur Dekonstruktion „alter“ und „neuer“ Unterschiede.* Vortrag gehalten am 20.04.2005 in Graz auf einer Veranstaltung von ISOP – Innovative Sozialprojekte. https://web.archive.org/web/20111209154938/

http://www.isop.at/veranstaltungen/KronsteinerVortrag20_4_20051.pdf. Zugegriffen: 21. November 2014.

Kunz, Thomas. 2012. Meistens Täter, selten Opfer? – Überlegungen zur Funktion und zu Inhalten gesellschaftlicher Fremdheitsbilder im Kontext von Kriminalität. *Migration und Soziale Arbeit, Heft 4/2012*: 326-335.

Kunz, Thomas. 2014. Kriminalität und Migration. In *Kriminologie und Soziale Arbeit. Ein Lehrbuch*, Hrsg. AK HochschullehrerInnen Kriminologie/Straffälligenhilfe in der Sozialen Arbeit, 282-296. Weinheim, Basel: Beltz Juventa.

Kunz, Thomas. 2016. Ungleichheit. In *Handbuch Migrationspädagogik*, Hrsg. P. Mecheril, 243-260. Weinheim, Basel: Beltz.

Leenen, Rainer und H. Grosch. 2009. Migrantenjugendliche in deutschsprachigen Medien. In *Jugendliche im Abseits. Zur Situation in französischen und deutschen marginalisierten Stadtquartieren*, Hrsg. M. Ottersbach und T. Zitzmann, 215-241. Wiesbaden: VS Verlag für Sozialwissenschaften.

Leiprecht, Rudolf. 2016. Rassismus. In *Handbuch Migrationspädagogik*, Hrsg. P. Mecheril, 226-242. Weinheim, Basel: Beltz.

Luhmann, Niklas. 2009. *Die Realität der Massenmedien,* 4. Aufl. Wiesbaden: VS Verlag für Sozialwissenschaften.

Machunsky, Maya. 2008. Substereotypisierung. In *Stereotype, Vorurteile und soziale Diskriminierung*, Hrsg. L.-E. Petersen und B. Six, 45-52. Weinheim, Basel: Beltz, PVU.

Mecheril, Paul. 2002. Natio-kulturelle Mitgliedschaft – ein Begriff und die Methode seiner Generierung. Tertium Comparationis. *Journal für International und Interkulturell Vergleichende Erziehungswissenschaft*. Vol. 8, No. 2: 104-115.

Mecheril, Paul, M. do Mar Castro Varela, D. İnci, A. Kalpaka und C. Melter. 2010. *Migrationspädagogik*. Weinheim, Basel: Beltz Verlag.

Mogge-Grotjahn, Hildegard. 2012. Gesellschaftliche Ein- und Ausgrenzung – Der soziologische Diskurs. In *Handbuch Armut und Soziale Ausgrenzung*, 2., überarb. und erw. Aufl., Hrsg. E.-U. Huster, J. Boeckh und H. Mogge-Grotjahn, 45-59. Wiesbaden: Springer VS.

Müller, Jost. 1995. *Mythen der Rechten. Nation, Ethnie, Kultur.* Berlin, Amsterdam: Edition ID-Archiv.

Oltmer, Jochen. 2009. Etikettierungen, Projektionen und Hierarchisierungen. Fremde in Deutschland von 1871 bis in die Gegenwart. In *Fremde? Bilder von den ‚Anderen‘ in Deutschland und Frankreich seit 1871*, Hrsg. R. Beier-de Haan und J. Werquet, 16-27. Dresden: Sandstein Verlag.

Pagenstecher, Cord. 2012. „Das Boot ist voll“ – Schreckensvision des vereinten Deutschland. In *Kritische Migrationsforschung? Da kann ja jedeR kommen*, Hrsg. Netzwerk MiRA, 123-136. Ohne Ort: ohne Verlag. http://edoc.hu-berlin.de/miscellanies/netzwerkmira-38541/all/PDF/mira.pdf. Zugegriffen: 14. Januar 2017.

Petersen, Lars-Eric und B. Six, Hrsg. 2008. *Stereotype, Vorurteile und soziale Diskriminierung.* Weinheim, Basel: Beltz, PVU.

Pioch, Roswitha. 2008. Diskriminierung von Migranten und Migrantinnen im deutschen Sozialstaat. In *Die Natur der Gesellschaft. Verhandlungen des 33. Kongresses der Deutschen Gesellschaft für Soziologie in Kassel*, Hrsg. K.-S. Rehberg, 2037-2047. Frankfurt a. M.: Campus.

Rinn, Moritz. 2009. Die Wiederentdeckung der gefährlichen Klassen. Strategische Politiken der „Arbeitslosigkeit“, Armut und Kriminalisierung. In *Armut und gesellschaftliche Ausgrenzung im „Aufschwung“*, Hrsg. D. Lange und M. Retz, 79-96. Oldenburg: BIS-Verlag.

SVR – Sachverständigenrat deutscher Stiftungen für Integration und Migration. 2010. *Einwanderungsgesellschaft 2010. Jahresgutachten 2010 mit Integrationsbarometer*. Berlin: ohne Verlag.

Sarma, Olivia. 2012. *Kulturkonzepte. Ein kritischer Diskussionsbeitrag für die interkulturelle Bildung.* Frankfurt a. M.: Magistrat der Stadt Frankfurt a. M., Amt für multikulturelle Angelegenheiten.

Stang, Richard. 2012. Armut und Öffentlichkeit. In *Handbuch Armut und Soziale Ausgrenzung*, 2., überarb. und erw. Aufl., Hrsg. E.-U. Huster, J. Boeckh und H. Mogge-Grotjahn, 713-724. Wiesbaden: Springer VS.

Tagesschau.de (05.02.2017): Programm des Front National. Le Pen und die „Trumpisierung" Frankreichs. http://www.tagesschau.de/ausland/frankreich-lepen-wahlprogramm-101.html. Zugegriffen: 27. Februar 2017.

Yildiz, Erol. 2006. Stigmatisierende Mediendiskurse in der kosmopolitanen Einwanderungsgesellschaft. In *Massenmedien, Migration und Integration*, 2., korr. und akt. Aufl., Hrsg. C. Butterwegge und G. Hentges, 37-53. Wiesbaden: VS Verlag für Sozialwissenschaften.

Die Titelblätter folgender Magazine werden im Text analysiert:

„Gefahr für den Wohlstand. Massenflucht in die Bundesrepublik" *Der Spiegel*, Nr. 4/1990.
„Ansturm der Armen. Flüchtlinge – Aussiedler – Asylanten" *Der Spiegel*, Nr. 37/1991.
„Ansturm der Armen. Die neue Völkerwanderung" *Der Spiegel*, Nr. 26/2006.
„Die Wahrheit über falsche Flüchtlinge" *Focus*, Nr. 31/2015 .
„Der Ansturm. Deutschlands größte Aufgabe" *Stern*, Nr. 36/2015.
„Wieviele Flüchtlinge verträgt Deutschland?" *Stern*, Nr. 42/2015.

Geschichte der Armut im abendländischen Kulturkreis

Gerhard K. Schäfer

Zusammenfassung

Armut ist eine relative, in den jeweiligen politischen, ökonomischen, sozialen und kulturellen Kontext eingebettete Größe. Im abendländischen Kulturkreis, dessen Einheit im Christentum wurzelte, war Armut allgegenwärtig und eine ständige Bedrohung. Abgesehen davon, wie der biblischen Überlieferung in der Praxis entsprochen wurde, konnte es innerhalb der kulturellen Einheit des Abendlandes eine breite Skala sozialer Einstellungen im Blick auf die Armut geben, weil der metaphorische Charakter der religiösen Sprache und die Vielschichtigkeit des biblischen Verständnisses von Armut eine Anpassung an veränderte Situationen und unterschiedliche Interpretationen neuer Phänomene ermöglichten. Armut trat in der Geschichte des Abendlandes unterschiedlich in Erscheinung. Dies zeigt sich terminologisch darin, dass die Begriffe pauper und paupertas (arm, Armut) verschiedene Bedeutungen gewannen: Stand seit dem 6. Jahrhundert zunächst die fehlende Teilhabe an der gesellschaftlichen Macht im Vordergrund, so bildete seit der Jahrtausendwende die ökonomische Not den Kern dessen, was durch den Begriff Armut bezeichnet wurde. „Arm" konnte sich in der mittelalterlichen Gesellschaft sowohl auf fehlende Ressourcen für ein angemessenes ständisches Leben beziehen als auch auf Gruppen, die ihren Lebensunterhalt nicht selbst sichern konnten. Freiwillige und unfreiwillige Armut wurden unterschieden, aber auch aufeinander bezogen. In der abendländischen Geschichte der Armut lassen sich Wendepunkte grob markieren: Bis ca. 1100 dominierte ein in der Feudalordnung verankertes Verständnis von Armut im Sinne der Abhängigkeit der „Armen" von den potentes. Mit dem Wiedererstehen der Stadtkultur und dem Vordringen der Geldwirtschaft in Mittel- und Westeuropa seit dem 11. Jahrhundert entstand die neue Armut der Lohnarbeiter. Zugleich radikalisierten die Armutsbewegungen die Orientierung am armen Leben Jesu. Nach der Schwarzen Pest (1348) setzte eine zunehmende Marginalisierung und Demütigung der „unwürdigen" Armen ein. Die Unterstützung der „wirklichen" Armen war im Abendland unbestritten; die „unwürdigen" hingegen wurden seit dem späten Mittelalter immer stärker kriminalisiert und einer repressiven Sozialdisziplinierung unterworfen, bis um 1800 die gesellschaftliche „Nützlichkeit" der Armen entdeckt wurde. In den gesellschaftlichen Entwicklungen traten Deutungsmuster zutage, die von dem Armen als Objekt der Caritas und Bruder Christi über die moralische Disqualifizierung des Armen bis hin zu dessen Dämonisierung reichten. Dem breiten Spektrum von sozialen Haltungen entsprach eine große Bandbreite von Bewältigungsstrategien der Armen – von der Selbsthilfe über Migration, Kriminalität und Vagabundentum bis hin zu Revolten. Während bei den Zeitgenossen religiöse und moralische Erklärungen der Armut dominierten, hat die historische Forschung das Spannungsverhältnis von Bevölkerungswachstum und Nahrungsspielraum als maßgeblich für die Massenarmut im vorindustriellen Europa herausgearbeitet und Krisen „alten Typs" (Missernten etc.) für die kurzfristigen Verschärfungen der Lebensbedingungen namhaft gemacht.

Schlagworte

freiwillige Armut; Armutsbewegungen; Abhängigkeit; würdige/unwürdige Arme; arbeitende Arme; Pauperismus

1 Einleitung: „Arme habt ihr immer bei euch"

„Arme habt ihr immer bei euch" (Mt 26,11; vgl. Dtn 15,11) – dieses Bibelwort markiert eine Grunderfahrung in der Geschichte des Abendlands: Armut, und zwar massenhafte Armut, war Teil der gesellschaftlichen Realität. Die biblische Sentenz lässt zugleich danach fragen, wie in einer Kultur, die auf der Anerkennung der Heiligen Schrift als maßgeblicher Autorität basierte, Armut gedeutet und wie auf die vorhandene Armut reagiert wurde. Der abendländische Kulturkreis formte sich in Mittel- und Westeuropa seit dem Mittelalter aus und bewahrte bis in die Neuzeit ein hohes Maß an innerer Kohärenz. Dieser Kulturkreis entstand aus der Verschmelzung des Erbes der Antike, des Christentums und der germanisch-romanischen Völker und gewann seine Einheitlichkeit dadurch, dass das Christentum okzidentaler Herkunft die maßgebliche normative Größe bildete.[1] In den Blick kommen entsprechend Entwicklungen zwischen dem 5. und dem 17. bis 19. Jahrhundert, dem Zeitraum, in dem das „Abendland" in das moderne, „weitere" Europa überging. In Form eines Überblicks werden Kontinuitäten und Veränderungen sowohl in der Realität als auch in der Wahrnehmung von Armut dargestellt. Zu fragen ist nach Erscheinungsweisen der Armut und nach Lebensformen der Armen, nach Bewältigungsstrategien der Armen sowie nach gesellschaftlichen Bewertungs- und Reaktionsmustern, nach gesellschaftlichen Inklusions- und Exklusionsmechanismen sowie nach Diskussionen über die Armut, die für den abendländischen Kulturkreis relevant sind und als signifikant gelten können. Die

---

1 Zu unterschiedlichen Verwendungen des Begriffs „Abendland" und zu seiner Funktion als Kampfbegriff vgl. Faber 2002; Benz 2013.

Darstellung orientiert sich an den Zeitabschnitten, die sich in der neueren historischen Armutsforschung heraus kristallisiert haben.

2   Spätantikes Erbe

Der wirtschaftliche Verfall im Römischen Reich des 3. Jahrhunderts und die Wirren der Völkerwanderung potenzierten sich wechselseitig und führten zu einem breiten Prozess der Verelendung. Auf diesem Hintergrund prägten die griechischen und lateinischen Kirchenväter Kategorien, die die Geschichte der Armut über tausend und mehr Jahre hinweg wesentlich bestimmten.

2.1   Facetten der Armut

Predigten und Heiligenlegenden, Chroniken und Gesetzescorpora lassen unterschiedliche Zusammenhänge und Facetten von Armut in der Spätantike hervortreten. Konturen ländlicher Armut werden in den Schilderungen des Basilius (ca. 329–379) deutlich. Bittere Armut in Kappadozien (dem heutigen Kayseri) ist vor allem Folge von Dürren und Missernten. Basilius beklagt, wie der Hunger – „der Gipfel des menschlichen Unglücks" (Schäfer 1991, S. 83) – die Hungrigen in ihrer Verzweiflung dazu zwingt, ihre Kinder zu verkaufen, während die Spekulationspraxis der Reichen die Hungersnot noch verschärft. Städtische Lebensverhältnisse spiegeln sich insbesondere in den Berichten des Johannes Chrysostomos (ca. 350–407) wider. Seinen Angaben zufolge waren in der rund vierhunderttausend Einwohner zählenden Metropole Antiochien einige tausend Menschen bettelarm; etwa fünfzigtausend lebten am Rand des Existenzminimums. Die griechische Sprache unterscheidet zwischen zwei Formen von Armut: Bei den πτωχοί (ptochoi) handelt es sich um die zum Betteln gezwungenen Armen. Die πενήτες (penetes) hingegen sind die armen Arbeiter, die durch körperliche Arbeit ihre Existenz sichern müssen. Während sich die πτωχοί nach den Schilderungen des Chrysostomos gezwungen sahen, in der Hoffnung auf Almosen zu Possenreisern zu werden, und einige gar ihre Kinder blendeten, um mehr Geld zu erbetteln, konnten die πενήτες darauf hoffen, als Tagelöhner eingestellt zu werden. Die jeweiligen Erfahrungen von Armut und die entsprechenden Bewältigungsstrategien waren in den beiden Gruppen unterschiedlich; gleichwohl lassen sich Gemeinsamkeiten benennen: Besitzlosigkeit, Unter- und Fehlernährung, Mangelkrankheiten sowie schlechte Wohnverhältnisse charakterisierten die Armut in ihren unterschiedlichen Facetten. Während in den Predigten des Chrysostomos städtische Armut antiken Typs in den Blick kommt, werden die Nöte im Zusammenhang der Völkerwanderung insbesondere in Legenden wie denen über den Hl. Severin greifbar. Die Berichte über Severin (gest. 482), dem Nothelfer von Noricum, der römischen Grenzprovinz zwischen Wien und Passau, lassen Mangel und Not im Gefolge von Gewalt, Flucht und Vertreibung deutlich werden. Severins, mit der

Aura der Heiligkeit versehenes Handeln gilt den Armen, d. h. den vor den germanischen Heeren donauabwärts Fliehenden, deren Weg durch Entwurzelung, Hunger, Krankheit und Seuchen gezeichnet ist.

2.2   Lehren der Kirchenväter

In Interpretation biblischer Tradition und in Auseinandersetzung mit der frühchristlichen Armenfrömmigkeit einerseits sowie stoischem Gedankengut andererseits wurden im Osten und Westen Lehren über die Armut entwickelt, die entscheidende Bezugspunkte für das mittelalterliche Denken bildeten. Im 3. Jahrhundert kristallisierten sich zwei Modelle der Einstellung gegenüber Armut und Reichtum heraus: Nachdem Clemens von Alexandrien (ca. 140/150-221) den Begriffen arm und reich eine spiritualisierende Deutung gegeben und in Rezeption stoischer Anschauungen die ethische Problematik des Reichtums auf dessen rechten Gebrauch bezogen hatte, leistete der Einsiedler Antonius (ca. 250–356) der Aufforderung Jesu, alles fort zu geben, buchstäblich Folge (Mt 19,21). Er begründete damit eine Lebensweise, die im Mönchtum sozialen Ausdruck fand: Der pauper Christi, der entsprechend der Armut Christi in freiwilliger Armut lebende Mönch, war verpflichtet, sich den unfreiwillig Armen zuzuwenden.

Die Väter des 3. und 4. Jahrhunderts (vgl. Hamman und Richer 1964) nahmen in je unterschiedlicher Weise die neutestamentlichen Aussagen über die Armut Christi (1. Kor 8,9), die markanten Evangelientexte und das Demutsmotiv der alttestamentlichen Psalmen auf. Johannes Chrysostomos, der sich als Botschafter der Armen verstand, geißelte – wie kein anderer Kirchenvater – den Reichtum und die Unbarmherzigkeit der Reichen. Dem Anspruch auf Privateigentum gegenüber postulierte er die Gütergemeinschaft als naturgemäße, in der Bestimmung des Menschen zur Gemeinschaft gründende Wirtschaftsform. In ähnlicher Weise lehrte Basilius Besitz in der Perspektive der Haushalterschaft zu verstehen: Der Christ ist demnach Verwalter seines Besitzes und trägt im Umgang mit dem Besitz dezidiert Verantwortung für den Ausgleich der sozialen Unterschiede.

Das *Gleichnis vom großen Weltgericht* (Mt 25,31-45) diente Chrysostomos als Magna Charta seines Verständnisses der Armut und des christlichen Hilfehandelns. Für Chrysostomos stellte sich Armut vornehmlich als materielle Armut dar, die in den sozialen Konflikten der Zeit ihre Konkretion fand. Erzwungene materielle Armut widerspricht – so seine These – dem Willen Gottes und der *Gottebenbildlichkeit des Menschen*. Im Armen begegnet Christus selbst. Es sei deshalb – so der antiochenische Presbyter – besser, einmal einem „Unwürdigen" ein Almosen zu geben, als Christus im Armen zu übersehen. Für Chrysostomos gebietet die christliche Liebe, „allen Unglücklichen ohne Unterschied [zu] helfen" (Texte der Kirchenväter 1964, S. 448).

Andere Akzente als Chrysostomos setzten im Westen *Ambrosius* (339–397) und *Augustin* (354–430). Angesichts der Gefahr, dass „starke" umherziehende Bettler kirchliche Güter missbräuchlich in Anspruch nahmen und damit die Mittel zur Armenunterstützung aufzehrten, rief Ambrosius dazu auf zu prüfen, ob Bittsteller tatsächlich bedürftig seien.

Geben – so der Mailänder Bischof – soll Liebe und Gerechtigkeit verbinden. Die Sorge für die Notleidenden muss denen gelten, die krank und schwach sind, und insbesondere denen, die sich als verschämte Arme nicht blicken lassen. Wie Chrysostomos konnte Augustin im Westen Armut als soziales Problem wahrnehmen und erklären, der Überfluss der Reichen sei der Mangel der Armen. Charakteristisch für das Denken Augustins sind indes die Suche nach den „wahren" Armen und seine Auffassung von spiritueller Armut. Als die Armen, die Jesus seligpreist (Mt 5,3), gelten diejenigen, die Gott in Demut verehren. In dieser Interpretation wird Armut den realen sozialen Konflikten enthoben und spiritualisiert. Arm und demütig erscheinen als Synonyme.

Die Gesetzgebung des *Codex Iustinianus* (529) traf schließlich eine genaue Unterscheidung zwischen arbeitsfähigen und arbeitsunfähigen und somit unterstützungswürdigen Armen. Auf diese Unterscheidung wird die Diskussion um die Bewertung der Armut an der Schwelle zur Neuzeit im Westen zurückgreifen.

Unbeschadet divergierender Akzentuierungen wurde durch die Lehren der griechischen und lateinischen Kirchenväter die Unterscheidung von *unfreiwilliger materieller* und *freiwilliger spiritueller Armut* für das Mittelalter maßgeblich. Während sich gegenüber der Mehrzahl von Bezeichnungen für die Armen und die Facetten von Armut die Begriffe πτωχός im Griechischen und pauper im Lateinischen durchsetzte, gewann jeder dieser Begriffe eine signifikante Doppelbedeutung: Armut galt einerseits als zu fürchtende Notlage, andererseits als Möglichkeit, Gott näher zu kommen. Die Väter des 3. und 4. Jahrhunderts entwickelten schließlich den heidnischen Humanitätsbegriff zum christlichen Konzept der Caritas weiter, das auf die Linderung von Armut hin fokussiert ist. Im Unterschied zu Griechen und Römern, die keine Verpflichtung zur Armenfürsorge kannten, sondern allenfalls eine auf alle Staatsbürger bezogene Wohltätigkeit, verankerten die Kirchenväter die Hilfe für die Armen systematisch im Zentrum christlichen Glaubens.

3 Mittelalter

3.1 Frühes Mittelalter (6.–11. Jahrhundert): pauper und potens bzw. miles

Im Übergang von der Antike zum Mittelalter vollzog sich eine grundlegende Wandlung der Sozialsituation. Nach dem Ende des Römischen Reiches im Westen (476) verfiel – anders als im Osten – die antike Stadtkultur. An deren Stelle trat eine agrarisch geprägte Gesellschaft. Bis zum wirtschaftlichen Aufschwung und dem Wiederentstehen städtischen Lebens seit dem 11. Jahrhundert war Armut auf dem Lande verortet; sie war Begleiterscheinung und Resultat der Konjunkturen und Strukturen der Agrargesellschaft. Im Frühmittelalter überwog zunächst die konjunkturelle, durch äußere Ursachen verursachte Armut. Waren die elementaren Lebensvoraussetzungen für die meisten bereits äußerst prekär, so führten vor allem die häufigen kriegerischen Auseinandersetzungen, die wiederkehrenden

Pestepidemien und schlechte Ernten in existenzbedrohende Armut. Die Quellen lassen erkennen, „(...) daß neben den Kranken und Schwachen, den Gefangenen, Witwen und Waisen diejenigen die größte Not litten, die bindungslos umherzogen, die durch Hungersnot, Pest, Verschuldung, drückende Abgabenlasten oder Mißernten Haus und Hof verloren hatten (...)" (Mollat 1984, S. 34). Seit der Merowingerzeit (Ende des 5. bis Mitte des 7. Jahrhunderts) sahen sich immer mehr rechtlich freie, aber in ihrer Existenz bedrohte Bauern gezwungen, sich in die Schutzherrschaft Mächtiger zu begeben. Im Zuge dessen wurde ein durch die personale Herrschaft bestimmter und in den Organisationsformen der Feudalgesellschaft strukturell verankerter Armutsbegriff vorherrschend: Nicht dives (reich), sondern potens (mächtig) wurde zum markanten Gegensatz zu pauper. Als arm galt, wer sich rechtlich und ständisch in der Position der Abhängigkeit und Unterlegenheit befand. Armut erscheint weniger wirtschaftlich als vielmehr sozial konnotiert. Charakteristisch sind der Abhängigkeitsstatus und der Mangel an sozialem Ansehen. Gegen Ende des ersten Jahrtausends trat an die Stelle des Gegensatzpaares pauper – potens das Begriffpaar pauper – miles (Waffenträger). Die Wehrlosigkeit gegenüber den Mächtigen wurde so pointiert zur Sprache gebracht.

Die Schriften des *Gregor von Tours* (ca. 538–594) belegen paradigmatisch, dass die Gesellschaft der Merowingerzeit den Armen weithin mit Abscheu und Verachtung begegnete. Dagegen setzte die christliche Predigt beharrlich ein Ethos der Barmherzigkeit. Armut galt christlicher Lehre nicht als Folge struktureller Bedingungen, sondern als von Gott auferlegte und in Demut hinzunehmende Lebenslage. Zugleich wurde kontinuierlich die Hilfe für die Armen als Pflicht der Christenheit, der Kirche und jedes Christen eingeschärft. Die Bischöfe waren als Väter der Armen dazu verpflichtet, ein Viertel ihrer Einkünfte den Armen zur Verfügung zu stellen. Seit dem 5. und 6. Jahrhundert breiteten sich – angestoßen durch den christlichen Osten – Xenodochien aus, die gleichermaßen als diakonische Versorgungseinrichtungen, Hospize und Krankenhäuser fungierten. Ebenfalls seit dem 5./6. Jahrhundert führten viele Bischöfs- und Pfarrkirchen Matrikel, die die kirchlich unterstützten Armen verzeichneten. Während die Armenmatrikel im 9. Jahrhundert an Bedeutung verloren, entwickelten sich die Klöster zu den entscheidenden Zentren der Armenfürsorge. Das in den Klöstern im Laufe der Zeit kultivierte Verständnis von Armut gewann über die Mönchsgemeinschaften hinaus eminente Bedeutung. Die Mönche der Zeit nannten sich pauper, weil sie auf persönlichen Besitz verzichteten. *Benedikt von Nursia* (480/490–550/560) hatte den Verzicht auf persönliche Habe ebenso in seine Mönchsregel, die sich im Westen allmählich durchsetzte, eingeschrieben wie die Zuwendung zu den Pilgern, Armen und Kranken, in denen er Christus selbst zu sehen lehrte. Neben dem institutionalisierten Mönchtum berichten die Quellen von Einsiedlern, deren Lebensform durch den Grundsatz gekennzeichnet war, „nackt dem nackten Christus nachzufolgen" (vgl. Bernards 1951), und die damit wesentlich zur Verbreitung des *Ideals freiwilliger Armut* beitrugen. Schließlich gingen im 10. Jahrhundert von der Auvergne in Frankreich Bestrebungen aus, die einerseits die begrenzte Reichweite karitativer Hilfe und andererseits die zunehmende Ausbreitung nackter Gewalt dokumentierten. Die Bestimmungen zur pax Dei, zum Gottesfrieden, zielten darauf, die allgegenwärtige Gewalt einzudämmen. Sie suchten auch und gerade die Armen, Bauern, Witwen und Waisen, Kranken und Alten vor der das Recht beugenden Macht der milites zu schützen.

3.2   Neue Armut und neuer Blick auf die Armut

Seit dem Ende des 11. Jahrhunderts vollzog sich ein tief greifender gesellschaftlicher Wandel: Zwischen 1100 und 1300 verdoppelte sich die europäische Bevölkerung von 25 auf 50 Millionen. Es entstanden wieder Städte; die Stadtkultur blühte auf. Die Geldwirtschaft verdrängte die Naturalwirtschaft. Wirtschaft und Handel erlebten einen enormen Aufschwung. Patriarchalische Sozialformen, die der Grundherrschaft Schutzpflichten auferlegten und – als Kehrseite herrschaftlicher Verfügung über die pauperes – dazu beigetragen hatten, wirtschaftliche Armut einzudämmen, wurden erschüttert. Im Zuge der neuen, auf Geld basierenden und auf kalkulierten Gewinn ausgerichteten Wirtschaftsform entstand eine neue Form von Armut: die der Lohnarbeiter. An die Stelle der bisherigen Begriffspaare pauper – potens bzw. miles trat nunmehr der Gegensatz pauper – dives (reich). Die in Mittel- und Westeuropa immer wieder aufflammenden Hungersnöte verstärkten die Wirkungen der gesellschaftlichen Veränderungen – mit der Folge, dass sich Armut epidemisch ausbreitete. Auf diesem Hintergrund entstanden Armutsbewegungen, die die biblische Tradition und die Lehren der lateinischen, aber insbesondere auch der griechischen Kirchenväter neu zur Geltung brachten.

Im Zuge der gesellschaftlichen Umwälzungen entwickelte sich eine neue Form der Armut. War bisher in Armut verfallen, wer aufgrund von Krankheit oder Alter seinen Lebensunterhalt nicht selbst verdienen konnte, wer arbeitslos geworden war oder sein Kapital verloren hatte, so trat nun das Phänomen der „fleißigen" Armut auf. Die neuen Armen auf dem Land und in der Stadt waren Menschen, die arbeiteten, ohne von den Einkünften ihren Lebensunterhalt sichern zu können. Auf dem Land veränderte das Vordringen der Geldwirtschaft seit der Mitte des 12. Jahrhunderts die Struktur bäuerlichen Lebens. In der Bauernschaft kam es zu einer erheblichen Differenzierung der materiellen und sozialen Situation. Die wirtschaftlich schwächeren Bauern verarmten und sanken zum ländlichen Proletariat herab: „Man lebt mit dem Existenzminimum, in der ständigen Ungewißheit, was der nächste Tag bringen wird, und ist ständig gezwungen, sich durch Lohnarbeit und handwerkliche Heimarbeit Einkommensquellen zu verschaffen" (Geremek 1991, S. 5). Gravierender noch als auf dem Land wirkte sich das Vordringen des Geldes und der Marktimperative in der Stadt aus. Die Ausformung einer spezialisierten Industrie, die mit zunehmender Arbeitsteilung und einer wachsenden Bedeutung der Kapitalbildung einherging, brachte die Entstehung einer abhängigen Lohnarbeiterschaft mit sich. Hungersnöte und Inflation konnten zwar alle Schichten der Bevölkerung und sämtliche Berufssparten treffen; besonders gefährdet aber waren die Lohnarbeiter. Abhängig von den Unternehmern und zumeist unqualifiziert, lebten sie ständig am Rand des Existenzminimums. Ein Tageslohn entsprach weniger als 1000 Kalorien; dies lag weit unterhalb dessen, was für eine normale Ernährung notwendig war. In einer derart katastrophalen Lage befand sich Mitte des 14. Jahrhunderts die Mehrzahl der Lohnarbeiter in den europäischen Städten.

Der Kataster der italienischen Stadt Orvieto und ihres Umfelds aus dem Jahr 1292 dokumentiert exemplarisch das Ausmaß der Armut: 10 Prozent der Bevölkerung machten die ganz Armen aus, d. h. die Armen und Bettler, die von öffentlicher Unterstützung lebten. Ca. 20 Prozent waren ohne jeglichen Besitz; sie lebten ausschließlich von ihrer Hände Arbeit. Zählt man zu dieser Personengruppe die Besitzer winziger Grundstücke hinzu, die am Rand des Existenzminimums lebten, ergibt sich ein Prozentsatz von 35-40 Prozent Armer (vgl. Mollat 1984, S. 158). Bei allen regionalspezifischen Differenzierungen dürfte dies die Realität in Mittel- und Westeuropa widerspiegeln.

Die Reaktionen auf die gesellschaftliche Entwicklung und die Pauperisierung waren unterschiedlich. *Erstens*: Um sich vor den Folgen der Verschuldung zu retten, flüchteten viele in die Unzugänglichkeit der Wälder. Nach dem Bruch mit der „Zivilisation" hausten sie heimatlos und am Rande der Kriminalität als Asoziale in den Wäldern oder zogen als *Vagabunden* durch das Land. Andere schlossen sich dem *ersten Kreuzzug* (1096) an in der Hoffnung, ein Leben in bitterer Armut hinter sich lassen zu können. Nach den Missernten vor 1096 waren von Verschuldung bedrohte Kleinbauern und Besitzlose leicht empfänglich für eine eschatologische Botschaft, die in Jerusalem ihren durchaus auch materiell-sozialen Kristallisationspunkt hatte. *Petrus von Blois* brachte diese Hoffnungsperspektive ein Jahrhundert später pointiert zur Sprache: „Die Armen, die Allerschwächsten, werden sowohl das Gottesreich als auch das Heilige Land besitzen, das irdische und das himmlische Jerusalem." (Patrologia Latina 207, S. 1069). Die waffenlosen *pauperes* wurden freilich bezeichnenderweise von den Rittern verachtet und mehrfach dem Verderben preisgegeben. Der unter eschatologischen Vorzeichen begonnene Auszug des niederen Volks nahm in Anatolien ein katastrophales Ende. Beim *zweiten Kreuzzug* 1145-1149 wurden die Armen ihrem Schicksal überlassen. Der *Kreuzzug der Kinder* von 1212, die durchweg den unteren sozialen Schichten entstammten und der Idee einer besonderen Erwählung der armen Kleinen folgten, endete in völligem Desaster. Die Spuren der Kinder, die den Zug über die Alpen überlebt hatten, verlieren sich im Ungewissen (vgl. Mayer 1995).

Zweitens: Um 1200 brachen in Italien, Frankreich und England Unruhen aus, bei denen sich Scharen von Armen um prophetische Führergestalten sammelten. Nachdem der kalabrische Mönch *Joachim von Fiore* (ca. 1135-1202) zum ersten Mal im Abendland nachhaltig den Gedanken einer grundlegend besseren irdischen Zukunft zur Geltung gebracht hatte, vertraten die französischen *Capuchonnés* in Kritik an jeglicher Art von Hierarchie ein egalitäres Gesellschaftsideal, während *William Longbeard* in England die gewaltsame Erlösung der Armen aus den harten Händen der Reichen verkündete. Die der Häresie verdächtigten Chapuchonnés wurden grausam verfolgt, Longbeard wurde gehenkt – und die Armen waren seitdem mit dem Makel von Umstürzlern behaftet. Die Hoffnungen, die sich mit den von den Pastorellen getragenen Hungerunruhen verbanden (1251 und 1320), wurden enttäuscht. Gleichwohl verschafften sich die Armen seit etwa 1300 zunehmend selbst Gehör; sie wurden freilich in städtischen Unruhen immer wieder auch für die Interessen anderer instrumentalisiert.

Drittens: Die Verdichtung anonymer Armut in den Städten führte zu einer vertieften rechtlichen und theologischen Reflexion. Diese nahm ihren Ausgang von städtischen Schulen und zielte darauf, die *Pflicht zum Almosen* einzuschärfen und auf die gesellschaftliche Integration der Armen zu dringen. Dabei wurde dezidiert auf die biblisch-patristische Tradition zurückgegriffen, aber auch auf stoische Moralvorstellungen. Die Ausdifferenzierung der Ständetheorie ließ die Funktion der Handwerker und Bauern für das *corpus sociale* hervortreten. Dies erlaubte die gesellschaftliche Integration der Gruppen, die von existentieller Armut in besonderer Weise bedroht waren, schloss aber auch diejenigen Armen von der Einordnung in die Gesellschaftsstruktur aus, die Randgruppen zugehörten und keine gesellschaftliche Aufgabe erfüllten. In rechtlicher Hinsicht wurde der patristische Grundsatz, dass die Armen einen Anspruch auf das Almosen haben, zur Geltung gebracht und z. B. in seinen Folgen für das Problem des *Mundraubs* diskutiert. Der Mundraub in einer Notsituation wurde schließlich zu Beginn des 13. Jahrhunderts als gerechtfertigt anerkannt. In der theologischen Debatte dominierten bezeichnenderweise der Begriff *communicare* und dessen Ableitungen communicatio, communis etc. Entsprechend der eingeschärften Pflicht, die irdischen Güter zu teilen, wurde das Recht der Armen auf Almosen betont. Dabei kam es zur Ausprägung einer populären *Heilsökonomie*, die der Pisaner Theologe *Giordano da Rivolto* (1260–1311) ausdrücklich in Kategorien des Tauschs und des Vertrags beschrieb: Der Reiche ist verpflichtet, seine irdischen Güter mit dem Armen zu teilen. Als Gegenleistung hat der Empfänger eines Almosens für das Seelenheil des Wohltäters zu beten. Das Almosen vollzog sich einerseits im Gestus der Herablassung und brachte die Standesunterschiede zum Ausdruck: Wer Almosen gab, demonstrierte damit, dass er sich dies leisten konnte. Andererseits ermöglichte die Vertragstheorie eine gesellschaftliche Integration der Armen. War im Rahmen einer handfesten Heilsökonomie den Armen eine gesellschaftliche Funktion zugewiesen, so trat daneben eine Anschauung, die im Armen Christus selbst präsent sah. Die Ende des 12. Jahrhunderts sich verbreitende religiöse Hochschätzung der Armut und der Armen war wesentlich darin begründet, dass der Arme – quasi sakramental – als Verkörperung des richtenden, gegenwärtigen und erlösenden Christus galt. Die Armen partizipierten damit an der *dignitas*, der Würde der Armut Christi. Während *Gerhoch von Reichersberg* (1093–1169) noch zwischen zwei Formen von Armen kategorial unterschieden hatte – den unfreiwilligen Armen (*pauperes cum Lacaro*) und den freiwilligen Armen nach dem Vorbild der Apostel (*pauperes cum Petro*) –, zeigt sich in der Wendung pauperes Christi ein einschneidender Bedeutungswandel: Die Wendung umfasste nunmehr nicht mehr nur – wie ursprünglich – die in freiwilliger Armut lebenden Mönche, sondern alle Armen.

Während – *viertens* – das Almosengeben zu einem Massenphänomen wurde und die Wohltätigkeit eine bislang nicht gekannte Intensität erlangte, praktizierten die Armutsbewegungen – *fünftens* – ein Leben in *radikaler Armut*. Die Sichtweise der Armut, die mit den religiösen Bewegungen des 12. und 13. Jahrhunderts auf den Plan trat, wurde durch eine Generation von *Eremiten* angebahnt, die um 1100 in Mittel- und Westeuropa der städtischen Zivilisation entflohen. Bei *Robert von Abrisel* (gest. 1117) und anderen traten an die Stelle herablassender Wohltätigkeit für die Armen eine Umkehr zu den Armen und ein Leben als Arme unter Armen. Rund 100 Jahre nach der Blüte dieses Eremitentums entstanden Bewegungen, die einen raschen Aufstieg erlebten. Den Anhängern des *Petrus Valdes* (ca. 1140–1206) und den lombardischen *Humiliaten* sowie den von *Dominikus* (1170–1221) und *Franziskus von Assisi* (1181–1226) gegründeten *Bettelorden* waren die Absage an die Geldwirtschaft und die Hinwendung zu einem Leben in Armut gemeinsam. Wie sehr die leitenden Vorstellungen des Hl. Franz eine dezidierte Absage an die neuen sozialen Strukturen darstellten, zeigt insbesondere die frühe Form der *Brüderregel* (Regula non bullata, 1210–1221): Das Armutsgebot ist durch ein absolutes Geldverbot konkretisiert. Jede Stellung, die Machtausübung in sich schließt, wird abgelehnt. Als „Mindere" sind die Brüder zu einem Leben mit den Ärmsten und Aussätzigen verpflichtet.[2] Für Franziskus war bezeichnend, dass der Arme nicht lediglich in seiner Funktion für das Seelenheil der Reichen, sondern in seiner Individualität wahrgenommen wurde. *Besitzverzicht* war für ihn Ausdruck von Freiheit. Dabei sollte der Verzicht auf Besitz nicht nur individuell, sondern auch gemeinschaftlich Geltung haben. Vor allem die Forderung nach kollektiver Armut war es dann auch, die den Gegenstand des *franziskanischen Armutsstreits* bildete, der nach dem Tod Franziskus' einsetzte. Der rund 100 Jahre währende und erbittert geführte Streit trug mit dazu bei, die franziskanischen Ideale und die neue Achtung der Armen insgesamt zu unterminieren.

4   Die Marginalisierung der „unwürdigen" Armut in der Frühen Neuzeit

Die gängige Periodeneinteilung zwischen Mittelalter und Neuzeit um 1500 erweist sich für das Themenfeld „Armut" als nicht adäquat. Die neuere Forschung hat vielmehr heraus gearbeitet, dass sich seit Mitte des 14. Jahrhunderts ein umfassender Wandel im gesellschaftlichen Umgang mit der Armut vollzog. Die Schwarze Pest, die von 1348 bis 1350 das gesamte Abendland erfasste, markiert die Scheidelinie zwischen mittelalterlicher und neuzeitlicher Armutsgeschichte. Kennzeichnend für die Frühe Neuzeit ist die zunehmende Marginalisierung zumindest der Mehrzahl der Armen, der „unwürdigen" Armen.

---

2   In Kapitel IX der Regula non bullata heißt es: „Alle Brüder sollen nach der Bescheidenheit und der Armut unseres Herrn Jesus Christus streben und daran denken, dass uns an irdischem Besitz, wie es der Apostel sagt, nichts als etwas zu essen und etwas um uns zu kleiden zusteht, und damit sind wir zufrieden. Und sie sollen sich freuen, wenn sie unter schlechten und verachteten Menschen leben, unter Armen, Schwachen und Kranken, unter Leprösen und Bettlern am Wegesrand. Und sollte es notwendig sein, betteln sie um Almosen. Uns sie sollen sich dessen nicht schämen, sondern vielmehr daran denken, dass unser Herr Jesus Christus, der Sohn des lebendigen und allmächtigen Gottes, seinen Kopf auf den härtesten Stein gebettet hat und sich dessen nicht schämte; und er selbst und die heilige Jungfrau und seine Schüler waren arm und fremd und lebten von Almosen". In dt. Übersetzung zit. n. Francois d'Assice (1981), S. 141f.

4.1   Wendepunkte

In der frühneuzeitlichen europäischen Armutsgeschichte lassen sich drei Wendepunkte ausmachen (vgl. Hunecke 1983, S. 491ff.):

1. Die Zeitspanne zwischen 1348 und ca. 1520 ist wesentlich dadurch charakterisiert, dass sich in dialektischem Wechselspiel von Armutsrealität und Armutsbewertung das Stereotyp vom lästigen, Furcht einflößenden und unwürdigen Armen herausbildete. Dieses Stereotyp dominierte in immer stärkerem Maße das gesellschaftliche Bild des Armen. Die religiöse Identifikation der Armen als pauperes Christi wurde verdrängt durch die Figur des hässlichen und kriminellen Armen, die zu einem verbreiteten literarischen Topos avancierte.[3] Verschiedene Faktoren haben zu diesem folgenreichen Wandlungsprozess beigetragen: Dem Schwarzen Tod war fast ein Drittel der europäischen Bevölkerung zum Opfer gefallen. Obwohl die Mehrzahl der Opfer die von vorausgegangenen Hungersnöten und aufgrund von Fehlernährung geschwächten Armen waren, konnten z. B. in Narbonne 1348 „Arme und Bettler aller Nationen" (Mollat 1984, S. 178) – bevor der Sündenbockmechanismus die Juden traf – als Brunnenvergifter diffamiert werden. Zugleich allerdings verbesserte sich infolge der Knappheit an Arbeitskräften und des Anstiegs der Löhne die finanzielle Lage der „fleißigen" Armut für wenige Jahre, bevor Pest und Hunger, Revolten und Kriege sowie Probleme der Wirtschaftskonjunktur und der Sozialstruktur die Lage der Armen wieder drastisch verschärften. 1360–1362 und 1374–1375 überzogen Pestwellen erneut Europa. Die Revolten, die zwischen 1378 und 1383 das Abendland erschütterten, die darauf folgenden Remensa-Unruhen in Katalonien sowie die böhmischen Hussitenkriege hatten soziale Implikationen und belegen das gestiegene Selbstbewusstsein insbesondere der „fleißigen" Armen. Diese Unruhen wurden niedergeschlagen, führten aber auch dazu, dass nun sämtliche Armen als potenzielle Aufrührer und Häretiker gebrandmarkt werden konnten. Die Folgen der bereits in der ersten Hälfte des 14. Jahrhunderts zu beobachtenden strukturellen Ursachen ländlicher Armut verstärkten sich durch konjunkturelle Schwierigkeiten, mündeten in Landflucht und fanden in den Städten ihren dramatischen Ausdruck. Während die Massenarmut stieg, hatte zugleich der lange, erbitterte Streit um das franziskanische Armutsideal Zweifel am religiösen Wert der Armut geweckt. Schließlich förderte humanistisches Gedankengut mit seinem Lobpreis von Erfolg, Wohlergehen und Rationalität zwar die Ausformung städtischer Sozialreformen, trug aber auch dazu bei, die Würde der Armen zu destruieren.

2. Seit den 20er Jahren des 16. Jahrhunderts führten zunächst zwischen 50 und 70 mittel- und westeuropäische Städte und danach auch Staaten eine Reform der Armenfürsorge durch – auf dem Hintergrund einer Krise europäischen Ausmaßes: Die Diskrepanz zwischen dem Wachstum der Bevölkerung und dem Mangel an Nahrungsmitteln in Folge

---

3   Dies gilt z. B. für Brants „Narrenschiff" (1494), Bebels „Triumphus Veneris" (1501), das „Liber vagatorum" (1510) und Murners „Narrenbeschwörung" (1512).

wiederkehrender Missernten wurde zunehmend gravierender. Landstreicherei wurde zu einem Massenphänomen. Da die Depression auch den Handel und die Industrie erfasste, reduzierten die Städte die Arbeitsmöglichkeiten. In Bauernaufständen und städtischen Revolten in Deutschland, Spanien, England, Frankreich und den Niederlanden kam die soziale Brisanz der Tiefenkrise zum Ausdruck. Im Zuge der neuen Armutspolitik wurden die Unterscheidungen zwischen Armen, Bedürftigen und Bettlern etc. verfeinert und systematisiert. Die Differenzierung zwischen „würdigen" und „unwürdigen" Armen, der bis zum Ende des 18. Jahrhunderts und darüber hinaus Geltung zukam, verlief entlang der kategorialen Dichotomien von Arbeitsfähigkeit und Arbeitswille bzw. Müßiggang einerseits sowie „einheimisch" und „fremd" andererseits. Diese Kategorien markieren elementare Integrations- und Exklusionsmechanismen der europäischen Gesellschaft in der frühen Neuzeit. Die Ende des 14. Jahrhunderts einsetzende Perhorreszierung und Kriminalisierung der „starken" Bettler, Müßiggänger und Vagabunden gewann an Schärfe. Forderungen und Pläne einer allgemeinen Einschließung insbesondere der „unwürdigen" Armen wurden zwar nie in großem Maßstab verwirklicht; als nutzlose Individuen ohne Lebensrecht wurden aber Müßiggänger und Vagabunden im Laufe der Zeit mit immer schwereren Strafen belegt. Die Zucht- und Arbeitshäuser, die sich nach Anfängen im England des 16. Jahrhunderts auf dem Kontinent ausbreiteten, entwickelten sich zumal im Zeitalter des Absolutismus zu Anstalten, in denen – nach einem brandenburg-preußischen Edikt von 1687 – das „liederliche [...] Bettelgesindel" (vgl. Sachße und Tennstedt 1998, S. 159) einer repressiven Sozialdisziplinierung unterworfen wurde.

3. Das Jahr 1800 symbolisiert jene Übergangs- und Sattelzeit von der Mitte des 18. bis zur Mitte des 19. Jahrhunderts, in der die mittelalterlichen Ordnungssysteme definitiv zerfielen. In dieser Zeit vollzog sich mit der Entdeckung der arbeitenden Armut die dritte Wende der europäischen Armutsgeschichte. Im Kern ging es dabei um die durch die Aufklärung und die klassische Ökonomie gewonnene Erkenntnis des inneren Zusammenhangs von Arbeit und Armut und entsprechend um die Lösungsformel Arbeit – im Sinne von Lohnarbeit – gegen Armut. Zum einen gewann die Einsicht an Boden, dass alle Menschen, auch die Armen, „Wert" und „Nützlichkeit" hätten und in der Lage seien, Werte zum Nutzen der Gesellschaft zu schaffen. Zum anderen sollte die Motivation zu arbeiten – anders als im Zusammenhang der Arbeits- und Zuchthäuser – nicht durch Zwang hergestellt werden. Arme sollten vielmehr durch den „Reiz des Geldes" (Quesnay 1971, S. 47), d. h. durch den Anreiz angemessener Entlohnung zur Arbeit bewegt werden. Die vielen „nutzlosen" Armen früherer Jahrhunderte erfuhren derart eine Aufwertung zu gesellschaftlich „wertvollen" und „nützlichen" Menschen – unter der Voraussetzung allerdings, dass sie arbeiteten. Diejenigen indes, die sich dem neuen „Evangelium der Arbeit" (Hunecke 1983, S. 511) verschlossen, verfielen einer mitleidlosen Diskriminierung und Marginalisierung.

4.2   Ursachen der Massenarmut

Verlust des Ernährers, Unfall, Krankheit, Alter – über diese individuellen Ursachen der Verarmung hinaus war im vorindustriellen Europa im Langzeittrend das Spannungsverhältnis von Bevölkerungswachstum und Nahrungsspielraum für den Lebensstandard der großen Mehrheit der Bevölkerung und mithin für die Massenarmut maßgeblich. Nachdem der Schwarze Tod (1348–1350) im Abendland zu dramatischen Bevölkerungseinbußen geführt hatte, die erst um 1500 wieder ausgeglichen werden konnten, verdoppelte sich die europäische Bevölkerung (ohne Russland) zwischen 1500 und 1800 von 75 auf 150 Millionen. Phasen starken Bevölkerungswachstums ließen die Preise für Lebensmittel stärker ansteigen als die Preise für gewerbliche Produkte und die Löhne. Die auseinander gehende Lohn-Preis-Schere brachte den Überschussproduzenten von Lebensmitteln Vorteile, wirkte sich aber nachhaltig zuungunsten der landarmen und landlosen Bevölkerungsschichten aus. War die langfristige Entwicklung durch den Bevölkerungsdruck und einen geringer werdenden Nahrungsspielraum gekennzeichnet, so brachten die in den vorindustriellen Produktions- und Wirtschaftsformen wurzelnden Krisen „alten Typs" (E. Labrousse) kurzzeitige Verschärfungen der Lebensbedingungen mit sich. Die wiederkehrenden Hungerkrisen[4] vollzogen sich nach einem gleich bleibenden Muster: Minder- oder Missernten führten aufgrund des schrumpfenden Angebots und der verbreiteten Spekulationspraxis zu einem Anstieg der Getreide- und Lebensmittelpreise, der die Unterschichten besonders hart traf. Mit den Hungerkrisen überlagerten sich häufig Seuchen – vor allem Malaria, Lepra, Fleckfieber, Tuberkulose, Typhus und Ruhr –, unter denen wiederum vornehmlich die „kleinen Leute" zu leiden hatten. Die Abkühlung des Klimas während der „kleinen Eiszeit" (1560–1630) brachte eine allgemeine Verschlechterung der Lebensbedingungen mit sich. Schließlich trugen Kriege und marodierende Söldner zu dem Pauperisierungsprozess bei.

Nach der Hungerkrise 1846/47 brachte die sich durchsetzende *Industrialisierung* die Krisen „alten Typs" in Mittel- und Westeuropa zum Verschwinden. Zugleich löste sich die vorindustriell-agrarisch bedingte Rückkoppelung von Bevölkerungswachstum und Lebensstandard der Unterschichten allmählich auf, die in der Zeit des Vormärz noch einmal deutlich zutage getreten war.

4.3   Strukturen der Armut

Armut im Sinne eines engeren Begriffs, demgemäß als arm gilt, wer grundlegende Lebensbedürfnisse wie Essen, Kleidung und Unterkunft nicht aus eigener Kraft befriedigen kann, lässt sich in der Frühen Neuzeit in fünf Gruppen unterteilen:

---

4   Besonders schwer waren die Hungerkrisen in den Jahren 1527-34, 1570-74, 1594-97, 1624-25, 1659-62, 1691-93, 1696-99, 1708-12, 1739-41, 1770-74, 1800-1001, 1816-17, 1830-31, 1846-47; vgl. Rheinheimer (2000): 22.

1. Der erste Typus von Armut umfasst die strukturell Armen, d. h. die Bedürftigen, die in Normalzeiten nicht in der Lage waren, für unbedingt Lebensnotwendiges aufzukommen. Diese Art von Armut war gesellschaftlich anerkannt. Entsprechend erhielten die Betroffenen Unterstützung.
2. Die zweite Gruppe bilden die konjunkturell Armen, d. h. die Unterschichten, die in Krisenzeiten Gefahr liefen, in die Bedürftigkeit abzusinken.
3. Als dritte Gruppe kommen Menschen in Betracht, deren Armut gesellschaftlich nicht anerkannt war: Personen, die als arbeitsfähig galten, aber nicht als arbeitswillig, die „unehrenhaften" Armen und „falschen" Bettler. Sie hatten keinen Anspruch auf Unterstützung und glitten meist in die Nichtsesshaftigkeit ab.
4. Während diese Menschen aufgrund von Armut heimatlos geworden waren, kamen die „Zigeuner", die die vierte Gruppe bilden, als Fremde nach Europa. Sie blieben von der gesellschaftlichen Fürsorge ausgeschlossen.
5. In einem weiteren Verständnis konnte als arm gelten, wem es an den Gütern mangelte, die für ein standesgemäßes Leben als notwendig erachtet wurden.

Die einschlägigen Quellen – Steuerlisten, Mietverzeichnisse, Gerichtsakten, Berichte von Fürsorgern, Chroniken etc. – erlauben es, das Ausmaß materieller Armut in ihren unterschiedlichen Formen annähernd zu bestimmen und eine Binnendifferenzierung der genannten Gruppen vorzunehmen. Ca. 80 Prozent der mittel- und westeuropäischen Bevölkerung der Frühen Neuzeit lebte auf dem Land. Bis 1800 gehörten davon 50-80 Prozent zu den „unterbäuerlichen", die konjunkturelle Armut verkörpernden Schichten, die sich wiederum etwa jeweils zur Hälfte aus landarmen und landlosen Existenzen zusammensetzten. (vgl. Kocka 1990, S. 86 und Hippel 1995, S. 17). Sie waren gezwungen, ihren Lebensunterhalt überwiegend oder ganz außerhalb einer eigenen Landwirtschaft zu verdienen und kombinierten dabei zumeist verschiedenen Tätigkeiten je nach den sich bietenden Gelegenheiten – als Tagelöhner bei Bauern, saisonale Erntearbeiter oder Handwerker. Der Anteil der strukturellen, unterstützten Armut auf dem Land lässt sich auf ca. 10 Prozent schätzen.

In den europäischen Städten lag der Anteil der Unterschichten bis zum Ende des Ancien Régime bei etwa 50 Prozent. Ein Großteil dieser Menschen besaß nicht das (volle) Bürgerrecht und war deshalb in seinen wirtschaftlichen Möglichkeiten eingeschränkt – auch im Blick auf die Inanspruchnahme von Unterstützung. Der Bereich der Unterschichten reichte bis in die Gruppen der Handwerksmeister und der Gesellen wenig angesehener Berufe hinein, z. B. der Gärtner, Weber und Korbmacher. Er umfasste aber vor allem die untersten städtischen Bediensteten wie die Torwärter und Büttel, den größten Teil des Gesindes sowie die Masse der Hilfsarbeiter und Tagelöhner. Die Lage der Wohnquartiere am Rand der Stadt dokumentierte die gesellschaftliche Randstellung großer Teile der städtischen Unterschichten. Besonders prekär war die Situation der meisten allein stehenden Frauen. Verdienstmöglichkeiten gab es für Frauen der Unterschichten als Dienstbotinnen, Tagelöhnerinnen, Näherinnen, Weberinnen, Wäscherinnen oder Hökerinnen. Sie verdienten bei vergleichbarer Arbeit durchschnittlich 30-50 Prozent weniger als Männer und waren damit in spezifischer Weise von dem Abgleiten in die Bedürftigkeit bedroht. Der Anteil der „ehrbaren", unterstützten Armut lag zwischen 5 und 10 Prozent der ansässigen Bevölkerung. Dazu gehörten die sog. Hausarmen oder verschämten Armen – alte und kranke bzw. gebrechliche und arbeitsunfähige Menschen sowie Waisen und Stadtbewohner mit niedrigen oder fehlenden Berufsqualifikationen. Auch hier war der Anteil der Frauen, will heißen der als bedürftig anerkannten Witwen, verlassenen Ehefrauen, kranken und alten Frauen, signifikant hoch. Im schweizerischen Schaffhausen z. B. befanden sich unter den Unterstützung Empfangenden noch in der ersten Hälfte des 19. Jahrhunderts 75 Prozent Frauen (vgl. Rheinheimer 2000, S. 57). Der ortsfeste Straßenbettel, soweit er wie in manchen katholischen Städten überhaupt zugelassen war, zeigte ähnliche Merkmale wie die *Hausarmut*.

Das Ausmaß der *mobilen Armut* ist schwer einzuschätzen. Für das Deutschland des 18. Jahrhunderts schwanken die Schätzungen der Vagierenden zwischen 2 und 10 Prozent der Bevölkerung. In Normalzeiten dürfte der Anteil bei etwa 3 Prozent gelegen haben. In konjunkturellen Krisenzeiten schwoll der Strom derer regelmäßig an, die sich gezwungen sahen, aus den ländlichen oder städtischen Unterschichten in ein Leben in Nichtsesshaftigkeit zu wechseln. Im *Vagantentum* überwogen Menschen jüngeren Alters männlichen Geschlechts. Während in den zeitgenössischen Urteilen die Bettel- und Vagantenexistenz weithin als selbst gewählt und selbstverschuldet aufgefasst wurde, legen historische Studien eine Vielfalt von Motiven und Hintergründen nahe: Zu den Vagierenden gehören Hausierer, Betreiber von Wandergewerben sowie Gelegenheitsarbeiter, aber auch Menschen, die sich Schulden und Strafen entzogen. „Erzwungenes" Vagantentum formierte sich auf dem Hintergrund des Mangels an Arbeit, niedriger Löhne, der fehlenden Aussicht, der Armut durch kontinuierliches Arbeiten zu entgehen, einerseits und angesichts drastischer obrigkeitlicher Sanktionen gegen den „Müßiggang" andererseits. Schließlich führten Kriege und Verfolgungen aus religiösen Motiven immer wieder zu Flucht und Vertreibung.

Legt man den weiteren Armutsbegriff zugrunde, so ist davon auszugehen, dass es der Hälfte bis drei Vierteln der städtischen Bevölkerungen an Gütern mangelte, die für ein standesgemäßes Leben als erforderlich galten.

4.4 Bewältigungs- und Überlebensstrategien

Wie haben Arme und von Armut Bedrohte auf ihre prekäre Lage reagiert? Im Horizont der zunehmenden Lebensweltorientierung historischer Armutsforschung hat die Frage nach den Bewältigungs- und Überlebensstrategien der von Armut Betroffenen neu an Gewicht gewonnen.

Die frühneuzeitlichen Gesellschaften waren *Selbsthilfegesellschaften*. Am Beispiel der Stadt Bordeaux sind Möglichkeiten und Strategien der Selbsthilfe, die sich aus der Alltagspraxis ergaben, um ein Absinken in die Bedürftigkeit zu verhindern, detailliert analysiert worden (vgl. Dinges 1988; 1991, S. 20ff.). Dabei wurde, angeregt durch die Arbeiten *Pierre Bourdieus*, der Begriff des Sozialkapitals fruchtbar gemacht. *Sozialkapital* meint in diesem Zusammenhang das soziale Netz, auf das ein Einzelner zurückgreifen kann, um in Notsituationen zu überleben, ohne in die Abhängigkeit von Unterstützungsinstitutionen zu gelangen. Die Untersuchung relevanter Strukturen und Beziehungen, in denen Sozialkapital durch längerfristige Gegenseitigkeit aufgebaut werden konnten, ließ typische Selbsthilfestrategien zutage treten: Krankenhilfe wurde im weiteren Familienkreis über lange Zeit gewährt. In Haushalten – zumindest in der Kernfamilie – war es üblich, verschiedene Lohneinnahmen zusammen zu legen, und im Freundeskreis dürfte die gegenseitige Kleinkreditvergabe wichtig gewesen sein. Freunde und Verwandte unterstützten einander bei der Suche nach einem Arbeitsplatz. Heiraten und die Wahl der Paten für ein neu geborenes Kind orientierten sich auch und gerade an der Erwartung von Unterstützung. Sozialkapital konnte schließlich aus lang andauernden Miet- und Arbeitsverhältnissen erwachsen. Bei Immigranten hing die Höhe des Sozialkapitals wesentlich von der Dauer des Aufenthalts an dem Ort ab, an dem sie ansässig geworden waren, und davon, ob sie insbesondere durch Heirat ihr Beziehungsnetz ausdehnen und festigen konnten. Deutlich ist: Selbsthilfe stellte in der frühneuzeitlichen Gesellschaft die primäre Strategie dar, um das Absinken in die Bedürftigkeit zu verhindern. Demgegenüber hatten die Angebote institutioneller Unterstützung subsidiären Charakter.

Zu den Strategien von Armut Betroffener gehörte auch, die Möglichkeiten auszunutzen, die sich mit der Unterschiedlichkeit institutioneller Praxen und der damit einhergehenden Logiken boten. Am Beispiel der geistlichen Kurstaaten Mainz und Trier treten signifikante Paradoxien und Brüche der katholischen Armenfürsorge zutage: Während auf landeskirchlicher Ebene der Bettel verboten wurde, versorgten gleichzeitig die Klöster die Bettler mit Almosen. Zum Lebensalltag vieler Armer gehörte es ebenso, in Klöstern Almosen zu erbitten wie Kinder in den neu eingerichteten Arbeitshäusern unterzubringen und damit zu versorgen (S. Schmidt 2011).

Eine Reaktion auf bestehende oder drohende Armut konnte die Migration sein. Angezogen durch die städtischen Lebensbedingungen, die Freiheit und solidarische Unterstützung versprachen, zogen seit dem Spätmittelalter zunehmend Angehörige der ländlichen Unterschichten in die Städte, wo sich in der Folge die sozialen Probleme verdichteten. Seit dem 17. Jahrhundert bot die weiträumige Auswanderung eine Alternative zu den prekären Lebensverhältnissen im eigenen Land. Im 17. und 18. Jahrhundert emigrierten rund eine Million Europäer, die meisten von den Britischen Inseln, nach Nordamerika. Zwischen 1780 und 1844 verließen ca. 1,75 Millionen Menschen Irland; zwei Fünftel wanderten nach Großbritannien, drei Fünftel nach Nordamerika aus. Nach der großen Hungersnot 1844-48 verließen eine Million Iren ihre Heimat. In Deutschland setzte die Auswanderung im 18. Jahrhundert im süddeutschen Raum ein. Dort war die Realteilung üblich, die auf dem Hintergrund starken Bevölkerungswachstums die Inhaber zu klein gewordener landwirtschaftlicher Flächen nicht mehr zu ernähren vermochte. Im Blick auf Angehörige der Unterschichten, die sich eine Überfahrt nicht leisten konnten, entwickelten sich spezifische Transport- und Arbeitssysteme, die die Schiffsreise unter der Bedingung ermöglichten, dass die Betroffenen ihre Arbeitskraft auf Jahre hinaus verdingten. Schließlich sei darauf hingewiesen, dass deutsche Kommunen im 18. Jahrhundert eine Abschiebungspraxis entwickelten, die darauf zielte, die Armen loszuwerden. Kommunen und Territorien bezahlten den Armen – um die Armenkasse zu entlasten – die Überfahrt nach Übersee.[5]

Verarmung führte häufig zu Eigentumsdelikten. Zumal in Hungerkrisen, in denen die Verfügung über Sozialkapital rasch an Grenzen stieß, stieg die Eigentumskriminalität signifikant an. Während der italienische, vom Gedankengut der Aufklärung geprägte Rechtsphilosoph *Cesare Beccaria* in „De delitti e delle" („Von Verbrechen und Strafen") bereits 1764 konstatierte, dass Diebstähle überwiegend Reaktionen auf Elend und Verzweiflung seien, entsprach es gängiger Rechtspraxis, Eigentumsdelikte hart zu bestrafen, was bei den Betroffenen das Abgleiten in die Vagantenexistenz förderte.

Die Lebens- und Überlebensstrategien der vagierenden Bettler und Gauner bestanden vor allem in Praktiken der Täuschung und spezifischen Techniken der Abgrenzung. Das Vortäuschen verschiedenster Formen körperlicher Gebrechen und seelischen Leidens spiegelt sich im populären „Liber vagatorum" („Buch der Vaganten", 1509/10), in dem zugleich die verschärfte Kritik am beruflichen Bettel wie an der Bettelei insgesamt zu Beginn des 16. Jahrhunderts seinen markanten Ausdruck fand. Das bekannteste Beispiel für Techniken der Abgrenzung und Absicherung ist das „Rotwelsch" – ein Sammelbegriff für *Geheimsprachen sozialer Randgruppen* auf der Basis des Deutschen. Es diente der Binnenverständigung der Bettler-, Gauner- oder Räubergruppen und deren Abschirmung gegen Außenstehende.

Hungerrevolten gab es während der frühen Neuzeit besonders oft in England und Frankreich. In England brachen während der Teuerungsjahre 1586, 1594-97, 1622 und 1629-31 Unruhen aus. Während des 18. Jahrhunderts waren Hungeraufstände an der Tagesordnung. In Bordeaux kam es zwischen 1600 und 1648 zu 17 Revolten infolge von Getreidepreis- und Steuererhöhungen. Träger dieser Aufstände waren nicht die bereits völlig Verarmten, sondern Gruppen, die ihr soziales Absinken befürchteten. Anders als in England und Frankreich führten im Gebiet des Deutschen Reiches Hungerkrisen relativ selten zu sozialen Unruhen. Ausschlaggebend dafür dürfte der Umstand gewesen sein, dass sich im territorial aufgesplitterten Deutschen Reich obrigkeitliche Fürsorgemaßnahmen in Krisensituationen an den regionalen Bedürfnissen orientieren konnten – im Unterschied zu England und Frankreich, wo großräumige kapitalistische Märkte eher mit den tradierten, lokal verankerten Wertmaßstäben der „moralischen Ökonomie" (*E. P. Thompson*) kollidierten.

4.5   Almosen und Armut – exemplarische Diskurse

Das im 12./13. Jahrhundert auf dem Hintergrund der ständisch strukturierten Gesellschaft entwickelte Verständnis des Almosens, das das Verhältnis von Gebenden und Empfangenden nach Art eines Tausches regelte, wurde von den Theologen seit dem 13. Jahrhundert

---

5   Die württembergische Gemeinde/Filder bezahlte z. B. noch 1854 „einer Zahl armer und auch sittlich heruntergekommener Familien" auf Gemeindekosten die Überfahrt nach Amerika. Die Kosten für die Schiffspassage waren immer noch niedriger als ein jahrelanger Unterhalt. Zit. n. Widmer 2004; S. 135.

unter Klassifikationsgesichtspunkten reflektiert. Die Rechte und Pflichten sowohl der Reichen als auch der Armen sowie die Kriterien der Verteilung sollten möglichst genau festgelegt werden. Dabei bestand Einigkeit darin, dass die Verpflichtung zum Almosen „Überfluss" auf der einen und „Mangel" auf der anderen Seite voraussetzte. Diskussionen entzündeten sich aber an der Bestimmung des „Überflusses" der Reichen in Relation zu dem „Lebensnotwendigen" und „Standesnotwendigen" sowie an der Definition des Mangels der Armen und schließlich an der Frage, ob das Almosen der Tugend der Gerechtigkeit oder der Liebe zuzuordnen sei. Albert der Große (1200–1280) sprach sich für das Almosen im Zeichen der Caritas aus. Sein Schüler Thomas von Aquin (1225–1274) betonte entsprechend die liberalitas, die Großzügigkeit, als angemessene Grundhaltung für das Almosen. Die liberalitas stellt für Thomas die Mitte dar zwischen Habgier und Verschwendung und führt über das hinaus, was die Gerechtigkeit gebietet: „Die Gerechtigkeit gibt dem anderen, was sein ist, aber die Großzügigkeit gibt dem anderen, was mein ist"[6] (Summa Theologiae, IIa-IIae, q.117, a.5; zit. n. Bodolfi 2004, S. 114).

Im Verlauf des 15. und 16. Jahrhunderts vollzog sich eine Anpassung der Almosentheorie an den gesellschaftlichen Wandel. Konzeptionen fanden Verbreitung, die eine laxe Handhabung des Almosens befürworteten. Diese sahen eine Pflicht zum Almosen nur noch in den seltenen Fällen einer Koinzidenz von reichlichem Überfluss und extremer Not vor. Der Almosen-„Laxismus" war insofern funktional, als er dem Streben nach Gewinn und der Anhäufung von Kapital als inhärenten Motiven der frühkapitalistischen Entwicklung entsprach.

Martin Luther (1483–1546) grenzte sich gegenüber einer laxen Almosenpraxis ab und verwarf im Zusammenhang seiner *Rechtfertigungslehre* den Verdienstgedanken, der traditionell mit dem Almosen verbunden war. Der Reformator verarbeitete die humanistische Kritik am mittelalterlichen Bettelwesen.[7] Er predigte den extrem armen, auf einem geliehenen Esel daher kommenden Christus, dessen Botschaft die auf Gott vertrauende, „hertzliche" Armut entspricht und die auf die Beseitigung der Ursachen der Armut und die Unterstützung der „rechten" Armen, d.h. der arbeitsunfähigen Krüppel, Witwen, Waisen, Greise und Aussätzigen, dringt. Den biblischen Satz, dass „allezeit Arme bei euch" sind (Mt 26,11), verstand Luther nicht fatalistisch, sondern gerade als Gebot, der Armut nachhaltig entgegen zu arbeiten (vgl. Krause 1979; Lindberg 1993). Die *Reformation* hat mit ihrer theologischen Verdienstkritik dazu beigetragen, die Institution des Almosens zu überwinden. Während für die herkömmliche Almosentheorie die Perspektive des Gebers konstitutiv war, lenkte Luthers Theologie den Blick dezidiert auf den Nächsten in seiner Not. Das Gelingen der Fürsorge und die Kontrolle der entsprechenden Hilfeaktivitäten

---

6   „iustitia exhibit alteri quod est eius, liberalitas autem exhibit id quod est suum".

7   Luther hat das Liber vagatorum unter dem Titel „Von der falschen Bettler buberey" 1528 neu herausgegeben und mit einer Vorrede versehen, damit man möglichst überall begreife, „wie der teuffel so gewaltig ynn der welt regiere". Luther beklagt, dass die Opfer des Bettelunwesens in erster Linie die „rechten armen" seien, denen durch Almosen für die „verlauffenen, verzweiffelten buben" die nötige Unterstützung entzogen werde (WA XXVI, 639).

wurden Kennzeichen einer Praxis, die eine spezifische Dynamik entfaltete. Zugleich begünstigte das protestantische Arbeitsethos den Druck auf die Armen.

Auf katholischer Seite (vgl. Bondolfi 2004, S. 128ff.) stand die Auseinandersetzung um die „moderne" Armutspolitik im Zentrum der Diskussion. *Juan Luis Vives* (1492–1540) hatte die Reform der Armenfürsorge in seinem berühmten Traktat „De subventione pauperum" paradigmatisch umrissen. Auf der Basis der biblischen Schriften und der Werke Augustins entfaltete der Humanist die maßgeblichen Grundsätze der sozialen Verantwortung des Magistrats sowie der Arbeitspflicht und entwickelte in Bezug auf die Armenhilfe eine differenzierte Kriteriologie. Vives Vorschläge und die entscheidenden Prinzipien der Reform des Armenwesens wurden von dem spanischen Dominikaner *Domingo do Soto* (1494–1560) hinterfragt. Im Namen der Caritas, der unbedingten Nächstenliebe, verteidigte er die Almosenpraxis. Er wandte sich gegen das Bestreben der Behörden, zwischen richtigen und falschen Bettlern zu unterscheiden, ebenso wie gegen Versuche, die Armen mit kirchlichen Mitteln zu disziplinieren. Der Benektiner *Juan de Robles* (1492–1572) hingegen stellte ausdrücklich die zu stärkende Rolle des Staates bei der Armenfürsorge heraus und legitimierte die von der spanischen Krone propagierten Disziplinierungsmaßnahmen. Die Auseinandersetzung über die Prinzipien der Armenpolitik blieb offen bis ins 17. Jahrhundert, in dem repressive Maßnahmen gegen die Armen eindeutig die Oberhand gewannen.

5   Pauperismus in der ersten Hälfte des 19. Jahrhunderts

Der Begriff „Pauperismus" erschien bezeichnenderweise in der englischen Sprache zu Beginn des 19. Jahrhunderts. Er avancierte rasch zum Synonym für die erste Hälfte dieses Jahrhunderts, die durch ein enormes Anwachsen der Unterschichten und der Armut charakterisiert ist.[8] Pauperismus bezeichnet das von den Zeitgenossen bewusst wahrgenommene Phänomen der Massenarmut. Der in Deutschland insbesondere in den 1830er und 1840er Jahren grassierende Pauperismus kulminierte in der Sicht vieler Zeitgenossen im Aufstand der schlesischen Weber 1844. Die heutige Forschung sieht das Zusammentreffen von Krisenerscheinungen alten, vorindustriellen Typs mit solchen der aufkommenden Industrialisierung als Ursache für den Pauperismus an. D.h. die Auswirkungen der Be-

---

8   Das Ausmaß der Not im Deutschland des Vormärz wird durch folgende Angaben deutlich: In Preußen zählten 1846 45 Prozent der Männer über 14 Jahren zu den abhängigen Handarbeitern, von denen die Mehrheit arm und ungesichert lebte; 10-15 Prozent waren „proletaroide Grenzexistenzen". 50-60 Prozent der preußischen Bevölkerung lebten knapp, ja dürftig, in Krisenzeiten elend und gefährdet. In Solingen und Pforzheim waren zwei Drittel der ungelernten Tagelöhner, aber auch der gelernten Arbeiter und Handwerker arbeitslos. In Berlin zahlten nur noch 5 Prozent Steuern. Die Zahl der Armen, die für ihren Unterhalt nicht mehr aufkommen konnten, wuchs in den 1840er Jahren in Hamburg auf 10-12 Prozent, in Köln auf 25 Prozent und in bayerischen Städten auf bis zu 33 Prozent. Nur für etwa 80 Prozent des vorhandenen Arbeitskräftepotenzials (ca. 45 Prozent der Bevölkerung) waren Stellen vorhanden (vgl. Nipperdey 1985, S. 221).

völkerungsvermehrung bei stagnierender Produktivität und Missernten einerseits sowie erster neuartiger gesamtwirtschaftlicher Rezessionsphänomene andererseits verstärkten sich wechselseitig. Hingegen waren die zeitgenössischen Ursachenbestimmungen disparat und umstritten. Seit etwa der Mitte des 18. Jahrhunderts gewann der Diskurs über die Armen und die Armut seine Eigentümlichkeit darin, dass es nicht mehr in erster Linie darum ging, die gesellschaftliche Plage des Bettels zu beseitigen, sondern den Pauperismus als Massenphänomen zu erforschen und zu erklären. Auf exemplarische Erklärungsmuster sei abschließend hingewiesen:

Thomas Robert Malthus (1766–1834) führte in seinem „Essay on the Principle of Population" („Essay über das Bevölkerungsgesetz") 1798 die Massenarmut auf die *Bevölkerungsvermehrung* und vornehmlich auf den absoluten Überschuss der Arbeiterbevölkerung zurück. Naturgesetzlich – so seine These – klaffen die Bevölkerungsentwicklung und die Nahrungsmittelproduktion auseinander, so dass der Prozess der Verelendung unausweichlich ist. Malthus sah in der Massenarmut ein für die gesellschaftliche Stabilität gefährliches Phänomen, ohne einen Ausweg aus der „Bevölkerungsfalle" zu sehen.

Während Malthus einem grundsätzlich statischen Verständnis von Gesellschaft verhaftet blieb, entwickelte der *Marquis de Condorcet* (1743–1794) einen Fortschrittsbegriff, der die Idee einer Zukunft ohne Armut beinhaltete. Sein säkularer Gegenentwurf zu christlich-eschatologischen Konzeptionen basierte auf der Vorstellung, dass der steigende *Gebrauch der Vernunft* zu einer stetigen Verbesserung der Lebensbedingungen führe. Bildung galt Condorcet als Schlüssel eines Gesellschaftsentwurfs, der durch einen unbegrenzten Gestaltungsoptimismus geprägt war und wesentlich auf die Überwindung von Armut und die Beseitigung gesellschaftlicher Ungleichheit zielte.

Rund 50 Jahre nach dem Erscheinen von Mathus' Essay analysierte *Friedrich Engels* (1820–1895) „Die Lage der arbeitenden Klassen in England" (1845). Er sah in der Malthusschen Bevölkerungstheorie die „(…) offenste Kriegserklärung der Bourgeoisie gegen das Proletariat (…)" (S. 493) und identifizierte die frühe *Industrialisierung* mit ihrer Umstellung von der Handarbeit auf Maschinen als Ursache für die Massenarmut. Er beschrieb die empörende, unmenschliche Lage des englischen Industrieproletariats folgendermaßen: „Überall, wohin wir uns wenden, finden wir dauerndes oder temporäres Elend, Krankheiten, die aus der Lage oder der Arbeit entstehen, Demoralisation; überall Vernichtung, langsame, aber sichere Untergrabung der menschlichen Natur in körperlicher wie geistiger Beziehung" (S. 429). Engels konstatierte die Recht- und Machtlosigkeit sowie die schonungslose Ausbeutung der Proletarier durch die Klasse der Bourgeoisie und prophezeite einen umfassenden Krieg der Armen gegen die Reichen. Während der Marburger Staatswissenschaftler *Bruno Hildebrand* im Jahr 1848 das romantische Bild kritisierte, das Engels von der vorindustriellen Welt der Heimarbeiter gezeichnet hatte, und die These vertrat, dass nicht das Vorhandensein, sondern gerade das Fehlen moderner Fabrikindustrie größte materielle Not bewirkte (vgl. Abel 1974, S. 305f.), knüpfte *Karl Marx* (1818–1883) unmittelbar an die Schrift Engels an. Die von Engels beschriebene Realität des industrialisierten England bot Marx Anschauungsmaterial für die Reflektion des Elends im Zusammenhang einer allgemeinen *Analyse der kapitalistischen Akkumulation*. Marx vertrat die These, der kapitalistischen Akkumulation eigne ein antagonistischer Charakter. Dies bedeutet, dass „(…) die Akkumulation von Reichtum auf dem einen Pol […] zugleich Akkumulation von Elend, Arbeitsqual, Sklaverei, Unwissenheit, Brutalisierung und moralischer Degradation auf dem Gegenpol (…)" (Marx 1977, S. 675) ist.

Während Marx die Massenarmut als Voraussetzung des kapitalistischen Systems und als Folge der Veränderungen des gesellschaftlichen Systems begriff, suchte der evangelische Theologe und Sozialreformer *Johann Hinrich Wichern* (1808–1881) das Phänomen des Pauperismus theologisch zu entschlüsseln. Wicherns Erklärungsansatz steht damit quer zur Entwicklung der Vorstellungen über die Armut im Verlauf der Neuzeit, insofern die Bedeutung religiöser Motive immer mehr zurückging zugunsten von Analysen in den Kategorien der Ökonomie und der Sozialpolitik, des Gemeinwohls oder der Staatsräson. In dieser Veränderung dokumentierte sich nicht zuletzt der Übergang des christlichen Abendlandes in ein weithin säkularisiertes Europa. Wichern knüpfte an traditionelle vormoderne Vorstellungen an, wenn er zwischen der „gesegneten" und der „schamlosen" Armut unterschied (Wichern 1958, S. 106) und die materielle Not auf die *Glaubenslosigkeit* und *Entsittlichung des Einzelnen* zurückführte und mithin als selbstverschuldetes Elend interpretierte. Er sah allerdings keineswegs nur individuelle Not, sondern zugleich überindividuelle Schuld und strukturell verursachte Missstände. „Arme habt ihr immer bei euch" – der biblische Satz lässt nach Wichern die Armen nicht als „Last und Gegenstand der Furcht", sondern als „Gegenstand der Liebe" sehen. Er stellt vor die Aufgabe, „(…) das Maß des Elends nach Kräften zu mindern (…)" (Wichern 1968, S. 22). Die Vorstellung, dass es gar keine Armen mehr geben könne, sei hingegen illusionär. Wicherns Wahrnehmung der Armen wurzelte in dem Grundsatz christlicher Liebe, dem er in differenzierter Weise in Staat, Kirche und freien Assoziationen Geltung verschaffen wollte. Wichern suchte das „Deo in pauperibus" (Wichern 1968, S. 54) neu zu buchstabieren – als Basis der Re-Formation der christlich-abendländischen Welt, die freilich inzwischen obsolet geworden war.

6   Offene Fragen der Forschung

Die historische Armutsforschung hat in den letzten vier Jahrzehnten durch eine Vielfalt thematischer Ansätze, methodischer Zugänge und theoretischer Perspektiven Phänomene der Armut neu erhellt und relevante Zusammenhänge neu und vertieft zu verstehen gelehrt bzw. zu Problemstellungen der wissenschaftlichen Debatte gemacht. Der sozialgeschichtliche Ansatz seit den 1970er Jahren hat entscheidend dazu beigetragen, Armut und marginalisierte Bevölkerungsgruppen als Teil gesamtgesellschaftlicher Strukturen zu erfassen und als historisch zentrales Forschungsfeld zu etablieren. Seit den 1980er Jahren gewann die gesellschaftliche Bewertung der Armut verstärkt an Aufmerksamkeit, und seit den 1990ern sind die Lebenswelten der Armen in den Fokus der Forschung gerückt. Schließlich wird seit einigen Jahren das sozialwissenschaftlichen Begriffspaar Inklusion/Exklusion bzw. die Kategorie der sozialen Exklusion zunehmend in der historischen Armutsforschung rezipiert.

Damit ist die Intention verbunden, historische Wandlungsprozesse von Semantiken und Praktiken so zu beleuchten, dass Armutsphänomene im Zusammenhang gesellschaftlicher Ausschließung und Teilhabe in einem neuen oder veränderten Licht erscheinen. Offene Fragen der Forschung beziehen sich insbesondere auf drei verschiedene Ebenen:

Zum einen weist die Erforschung der Armutsrealität, der Lebenswelten der Armen und der gesellschaftlichen Deutungsmuster nach wie vor beträchtliche Lücken auf. Systematische Untersuchungen zur vagierenden Armut, zur Herkunft und zu den Ursachen des Bettels und des Vagantentums sind bisher Ausnahmen. Entsprechendes gilt für die Randgruppe der Räuber: Erklärungsmodelle, die auf der einen Seite die Figuren des „Sozialbanditen" oder „Sozialrebellen" in den Vordergrund rücken und auf der anderen Seite eine konkretisierende Anwendung des Konzepts der Sozialdisziplinierung darstellen (vgl. von Hippel 1995, S. 93ff.), bedürfen der empirischen Überprüfung. Bislang wenig erforscht sind auch die mentalen und seelischen Folgen, die Missernten, Teuerungen und Hungerkrisen hervorriefen. Fruchtbar erscheint es schließlich, Sozialräume – Städte, aber auch einzelne Institutionen wie Zucht- und Arbeitshäuser – differenzierter in den Blick zu nehmen. Sie können als Bedeutungsträger sedimentiertes Wissen bereitstellen und dadurch Prozesse der Inklusion und Exklusion beeinflussen. Die Frage nach der Ausgestaltung einzelner Institutionen wie den Zuchthäusern zielt darauf, jenseits der Kategorisierung als „totaler Institution" Handlungsspielräume Einzelner zur Geltung zu bringen (vgl. Schmidt 2013, S. 139).

Zum zweiten stellen gerade die Methodenvielfalt und die Verschiedenheit der Perspektiven, die kennzeichnend für die historische Armutsforschung geworden sind, vor ein spezifisches Integrationsproblem. Ein wichtiges Desiderat bleibt die Verschränkung der disparaten Perspektiven auf die Geschichte der Armut: des Blicks „von oben" und des Blicks „von unten", der theoretischen Konzeptualisierungen und der empirischen Studien, der makrostrukturellen Erklärungsmodelle und der lokalen bzw. mikrohistorischen Untersuchungen, die auf eine „dichte" Beschreibung der Armut abzielen. Bei der Rezeption des Begriffspaars Inklusion/Exklusion bzw. des Begriffs soziale Exklusion ist schließlich – stärker als dies mitunter geschieht – deutlich zu machen, was jeweils unter Inklusion und Exklusion verstanden werden soll und auf welche sozialwissenschaftlichen Theorietraditionen dabei rekurriert wird. In den letzten Jahren ist vor allem Luhmanns Theorie von Inklusion/Exklusion in der historischen Armutsforschung aufgenommen worden. Sie trägt dazu bei, die Vielschichtigkeit von Ein- und Ausschlüssen zu analysieren, die Kultur konstituieren. Die Grenze der Anwendung des systemtheoretisch fundierten Begriffspaars Inklusion/Exklusion liegt zugleich darin, dass das Handeln der unterschiedlichen Akteure nicht zureichend erfasst werden kann.

Zum dritten stellt sich die Frage nach dem Gegenwartsbezug historischer Armutsforschung. Diese will, gerade indem sie wissenschaftliche Erkenntnisse im Blick auf die Vergangenheit präsentiert, für die Wahrnehmung von Armut in der Gegenwart sensibilisieren. Sie sucht die Vergangenheit als Potenzial für die Gegenwart zu nutzen, insofern sie fundamentale Kategorien, die Armut als soziales Phänomen bestimmen, freilegt, beeinflussende Faktoren identifiziert sowie die Vielfalt menschlicher Erfahrungen und Handlungsmöglichkeiten beschreibt und damit „(…) durchlebte Modelle und Entwicklungen der *conditio humana* (…)" (Kühberger und Sedmark 2005, S. 3) konturiert. Deutungsmuster treten zutage, die in jeweils spezifischen historischen Kontexten wurzeln. Solche Muster werden kulturell tradiert und gehören zu den historischen Strukturen de longue dureé. Sie können weiter wirken und sind oft wirkmächtig, auch über die Zeit hinaus, in der sie entstanden sind. Inwiefern solche Muster gegenwärtige Einstellungen, Praxen und Semantiken mit prägen, wäre in Forschungszusammenhängen ausdrücklich zu thematisieren.

Literatur

Abel, Wilhelm. 1974. *Massenarmut und Hungerkrisen im vorindustriellen Europa. Versuch einer Synopsis.* Hamburg und Berlin: Parey.

Benz, Wolfgang. 2013. *Ansturm auf das Abendland? Zur Wahrnehmung des Islam in der westlichen Gesellschaft.* Wien: Picus.

Bernards, Matthäus. 1951. Nudus nudum Christum sequi. *WiWei 14,* S. 148-151.

Bondolfi, Alberto. 2004. Die Debatte um die Reform der Armenpflege im Europa des 16. Jahrhunderts. In Theodor Strohm und Michael Klein, Hrsg. (2004). *Die Entstehung einer sozialen Ordnung in Europa,* 105-145.

Bosl, Karl. 1964. Potens und Pauper. Begriffsgeschichtliche Studien zur gesellschaftlichen Differenzierung im frühen Mittelalter und zum ‚Pauperismus' des Hochmittelalters. In Bosl, Karl. *Frühformen der Gesellschaft im mittelalterlichen Europa. Ausgewählte Beiträge zu einer Strukturanalyse der mittelalterlichen Welt,* 106-134. München und Wien: R. Oldenbourg.

Dinges, Martin. 1991. Frühneuzeitliche Armenfürsorge als Sozialdisziplinierung? Probleme mit einem Konzept. *Geschichte und Gesellschaft 17,* S. 5-29.

Dinges, Martin. 1988. *Stadtarmut in Bordeaux, 1525-1675. Alltag – Politik – Mentalitäten.* Bonn: Bouvier.

Engels, Friedrich. 1980. Die Lage der arbeitenden Klasse in England. Nach eigner Anschauung und authentischen Quellen (1845). In Karl Marx und Friedrich Engels. *Werke, Bd. 2,* 225-506. Berlin: Dietz.

Faber, Richard. 2002. *Abendland: Ein politischer Kampfbegriff.* 2. Aufl. Berlin und Wien: Philo.

Fischer, Thomas. 1979. *Städtische Armut und Armenfürsorge im 15. und 16. Jahrhundert. Sozialgeschichtliche Untersuchungen am Beispiel der Städte Basel, Freiburg i.Br. und Straßburg.* Göttingen: Franz Steiner.

Fischer, Wolfram. 1982. *Armut in der Geschichte. Erscheinungsformen und Lösungsversuche der „Sozialen Frage" in Europa seit dem Mittelalter.* Göttingen: Vandenhoeck & Ruprecht.

Flood, David. 1979. Art. Armut VI. Mittelalter. In *TRE 4,* 88-98. Berlin und New York: de Gruyter.

Francois d'Assice. 1981. *Ecrits. Sources chrétiennes, Bd. 285.* Paris: Èditions du Cerf.

Gestrich, Andreas, Steven King und Lutz Raphael, Hrsg. 2006. *Being Poor in Modern Europe. Historical Perspectives 1800-1940.* Bern: Peter Lang.

Gestrich, Andreas und Lutz Raphael, Hrsg. 2008. *Inklusion/Exklusion. Studien zur Fremdheit und Armut von der Antike bis zur Gegenwart.* 2. Aufl. Frankfurt a. M. u. a.: Peter Lang.

Geremek, Bronislaw. 1991. *Geschichte der Armut. Elend und Barmherzigkeit in Europa.* München: dtv.

Gilomen, Hans-Jörg, Sebastian Guex und Brigitte Studer, Hrsg. 2002. *Von der Barmherzigkeit zur Sozialversicherung. Umbrüche und Kontinuitäten vom Spätmittelalter bis zum 20. Jahrhundert –*

De l'assistance à l'assurance sociale: Ruptures et continuités du Moyen Age au XXe siècle. Zürich : Chronos.

Gutton, Jean-Pierre. 1974. *La société et les pauvres en Europe: l'exemple de la généralité de Lyon (1534–1789).* Paris: Lacour René.

Hamman, Adalbert und Stephan Richter, Hrsg. 1964. *Arm und reich in der Urkirche.* Paderborn: Ferdinand Schöningh.

Hansen, Jürgen Wolfgang. 2007. *Almosenordnungen im 16. Jahrhundert – Anfänge einer Sozialpolitik insbesondere in süddeutschen Städten.* Passau: Univ. Diss.

Hippel, Wolfgang von. 1995. *Armut, Unterschichten, Randgruppen in der Frühen Neuzeit.* München: R. Oldenbourg.

Hunecke, Volker. 1983. Überlegungen zur Geschichte der Armut im vorindustriellen Europa. *Geschichte und Gesellschaft 9,* S. 480-512.

Irsigler, Franz und Arnold Lassotta. 1989. *Bettler und Gaukler, Dirnen und Henker. Außenseiter in einer mittelalterlichen Stadt. Köln 1300-1600.* München: dtv.

Jütte, Robert. 1994. *Poverty and deviance in early modern Europe.* Cambridge: Cambridge University Press.

Jütte, Robert. 2000. *Arme, Bettler, Beutelschneider. Eine Sozialgeschichte der Armut in der Frühen Neuzeit.* Weimar: Hermann Böhlhaus Nachf.

Kocka, Jürgen. 1990. *Weder Stand noch Klasse. Unterschichten um 1800.* Bonn: J.H.W. Dietz Nachf.

Krause, Gerhard. 1979. Art. Armut VII. 16.-20. Jahrhundert (ethisch), 1. Luther. In *TRE 4,* 98-105. Berlin und New York: de Gruyter.

Kühberger, Christof. 2004. *Historische Armutsforschung: Eine Perspektive der Neuen Kulturgeschichte* (Akademische Abhandlungen zur Geschichte). Berlin: VWF.

Kühberger, Christoph und Clemens Sedmak, Hrsg. 2005. *Aktuelle Tendenzen der historischen Armutsforschung.* Berlin u.a.: LIT.

Lepenies, Philipp. 2017. *Armut. Ursachen, Formen, Auswege.* München: C.H. Beck.

Lindberg, Carter. 1993. *Beyond Charity. Reformation Initiatives for the Poor.* Minneapolis: Augsburg Fortress.

Marx, Karl. 1977. Das Kapital. Kritik der politischen Ökonomie, Bd. 1, Buch 1: Der Produktionsprozeß des Kapitals. In Karl Marx und Friedrich Engels. *Werke, Bd. 23,* Berlin: Dietz.

Mayer, Hans Eberhard. 1995. *Geschichte der Kreuzzüge.* 8. Aufl. Stuttgart u.a.: Kohlhammer.

Mollat, Michel. 1984. *Die Armen im Mittelalter.* München: C.H. Beck.

Nipperdey, Thomas. 1985. *Deutsche Geschichte 1800-1866. Bürgerwelt und starker Staat.* 3. Aufl. München: C.H. Beck.

Oexle, Otto Gerhard. 1986. Armut, Armutsbegriff und Armenfürsorge im Mittelalter. In Christoph Sachße und Florian Tennstedt, Hrsg. *Soziale Sicherung und soziale Disziplinierung,* 73-100.

Oexle, Otto Gerhard, Hrsg. 2004. *Armut im Mittelalter,* Ostfildern: Thorbecke.

Patrologiae cursus completus. 1855 Accurante Jacques-Paul Migne. *Series Latina 207.* Paris : Garnier.

Quesnay, François. 1971. *Pächter.* In Quesnay. *Ökonomische Schriften, Bd. 1, S. 1756-1759,* Hrsg. Marguerite Kuczynski, 10-56. Berlin: Akademie.

Rathmayr, Bernhard. 2014. *Armut und Fürsorge. Einführung in die Geschichte der Sozialen Arbeit von der Antike bis zur Gegenwart.* Leverkusen: Budrich, Barbara.

Ratzinger, Georg. 2001. *Geschichte der kirchlichen Armenpflege.* Freiburg i.Br.: Fachhochschulverlag (Reprint der 2. Aufl. von 1884, Frankfurt a.M.).

Rheinheimer, Martin. 2000. *Arme, Bettler und Vaganten. Überleben in der Not 1450-1850,* Frankfurt a.M.: Fischer Taschenbuch.

Ruddat, Günter und Gerhard K. Schäfer, Hrsg. 2005. *Diakonisches Kompendium.* Gütersloh: Vandenhoeck & Ruprecht.

Riis, Thomas, Hrsg. 1981, 1985, 1990. *Aspects of Poverty in Early Modern Europe*. Bd. 1. Stuttgart: Klett-Cotta. Bd. 2 und 3. Odense: Odense University Press.

Sachße, Christoph und Florian Tennstedt, Hrsg. 1986. *Soziale Sicherung und soziale Disziplinierung*. Frankfurt a. M.: Suhrkamp.

Sachße, Christoph und Florian Tennstedt, 1998. *Geschichte der Armenfürsorge in Deutschland. Bd. 1*: Vom Spätmittelalter bis zum 1. Weltkrieg. 2. Aufl. Stuttgart, Berlin und Köln: Kohlhammer.

Schäfer, Gerhard K., Hrsg. 1991. *Die Menschenfreundlichkeit Gottes bezeugen. Diakonische Predigten von der Alten Kirche bis zum 20. Jahrhundert*. Heidelberg: Heidelberger Verlagsanstalt.

Schmidt, Sebastian, Hrsg. 2008. *Arme und ihre Lebensperspektiven in der Frühen Neuzeit*. Frankfurt a. M. u. a.: Peter Lang.

Schmidt, Sebastian. 2013. Inklusion/Exklusion. Neue Perspektiven für die historische Armutsforschung. In Julia-Karin Patrut und Herbert Uerlings, Hrsg. *Inklusion/Exklusion und Kultur. Theoretische Perspektiven und Fallstudien von der Antike bis zur Gegenwart*, 123-142. Köln: Böhlau.

Schneider, Bernhard, Hrsg. 2010. *Konfessionelle Armutsdiskurse und Armenfürsorgepraktiken im langen 19. Jahrhundert*. Frankfurt a. M. u. a.: Peter Lang.

Strohm, Theodor und Michael Klein, Hrsg. 2004. *Die Entstehung einer sozialen Ordnung in Europa, Bd. 1*: Historische Studien und exemplarische Beiträge zur Sozialreform im 16. Jahrhundert. Heidelberg: Universitätsverlag Winter.

Texte der Kirchenväter. Eine Auswahl nach Themen geordnet. 1964. Bd. 3. Zusammengestellt v. Alfons Heilmann. München: Kösel.

Uhlhorn, Gerhard. 1959. *Die christliche Liebestätigkeit*. Darmstadt: Wissenschaftliche Buchgesellschaft (Reprint der 2. Aufl. von 1895, Stuttgart).

Uerlings, Herbert, Nina Trauth und Lukas Clemens, Hrsg. 2011. *Armut – Perspektiven in Kunst und Gesellschaft*. Trier: Primus.

Wichern, Johann Hinrich. 1958. *Die öffentliche Begründung des Rauhen Hauses (1833)*. In Wichern. *Sämtliche Werke, Bd. IV/1*, Hrsg. v. Peter Meinhold, 96-114. Berlin: Lutherisches Verlagshaus.

Wichern, Johann Hinrich. 1968. *Über Armenpflege (1855/56)*. In Wichern. *Sämtliche Werke, Bd. III/1*, 21-70. Hrsg. Peter Meinhold. Berlin und Hamburg: Lutherisches Verlagshaus.

Widmer, Gunther. 2004. *Die Entwicklung der württembergischen evangelischen Landeskirche im Spiegel der Pfarrberichte bis zum Anfang des 20. Jahrhunderts*. Stuttgart: Univ. Diss.

Woolf, Stuart. 1986. *The poor in Western Europe in the eighteenth and nineteenth century*. London and New York: Methuen.

Von der mittelalterlichen Armenfürsorge zur sozialen Dienstleistung: Ausdifferenzierung und Integration

Ernst-Ulrich Huster

Zusammenfassung

Die kommunale Armenfürsorge ist dem zentralen Sozialstaat geschichtlich und systematisch vorgelagert, zugleich tritt sie immer wieder dort in den Vordergrund, wo zentrale Sicherungssysteme in ihrer Leistungsfähigkeit eingeschränkt sind. Dieses zeigte sich nicht nur nach den beiden Weltkriegen, sondern als Folge der Massenarbeitslosigkeit auch während der Weltwirtschaftskrise und verstärkt seit Mitte der 1970er Jahre. Die *Fürsorge* unterliegt einer widersprüchlichen Legitimation: Sie soll das bestehende System abhängiger Erwerbsarbeit teils mehr erzieherisch, teils unter Sanktionsandrohung mehr disziplinierend als vorherrschenden Rahmen der *Subsistenzsicherung* stabilisieren, so auch durch den Abstand der gewährten Leistungen von den Markteinkommen unterer Lohngruppen (*Lohnabstandsgebot*). Zugleich steht sie seit ihren Anfängen in der *christlichen Armenfürsorge* immer unter dem Gebot der Bewahrung von Menschenwürde, indem sie vorleistungsfrei einen existenzminimalen Lebensstandard absichern soll. Parallel zur Entwicklung und institutionellen Ausfächerung der Arbeiterpolitik seit Mitte des 19. Jahrhunderts kommt es auch zu einer arbeitsteiligen Ausdifferenzierung der die vormalige Armenfürsorge zunehmend ersetzenden sozialen Dienstleistung. Dieses geschieht zunächst auf der Ebene freier Träger im 19. Jahrhundert, dem der Staat durch seine Gesetzgebung in der Weimarer Republik folgt. Die Bereiche Kindheit und Jugend, Gesundheit, Wohnungslosigkeit, Erwerbslosigkeit – und andere Felder der Fürsorge – bekommen in dieser Zeit eigene institutionelle Regelungen und Zuständigkeiten.

Die Armenfürsorge ist daneben geschichtlich und aktuell immer auch ein Schrittmacher der Sozialgesetzgebung, indem sie bestimmte soziale Risiken sichtbar macht und eine sozialrechtliche Lösung notwendig erscheinen lässt: so bei den Folgen von Arbeitslosigkeit, beim Schwerbehindertenrecht, bei der Absicherung des Pflegerisikos. Umgekehrt fallen der kommunalen Fürsorge immer dann Folgelasten zu, wenn die zentralen Sicherungssysteme ihrer Aufgabenstellung nicht oder nur unzureichend gerecht werden. Fürsorge und Sozialversicherung sind folglich von der Aufgabenstellung, deren Bewältigung und insbesondere von der Finanzierungsseite her voneinander abhängig. Einsetzend in den 1970er Jahren, verstärkt durch die Neuregelung der Grundsicherung für Arbeitsuchende kommt es vermehrt zu Ansätzen, die häufig getrennt arbeitenden einzelnen sozialen Dienste wieder stärker zu vernetzen und zu integrieren, weil sie so die konkreten Problemlagen der Betroffenen besser erfassen können. Auf der anderen Seite werden Teile der sozialen Dienste auch privat angeboten, es kommt zu einem neugestalteten Sozialmarkt. Dadurch werden die Zugänge zu sozialen Dienstleistungen (auch) abhängig von der Finanzkraft des Nachfragers.

Schlagworte

freie und kommunale Armenfürsorge; Armen- und Arbeiterpolitik; Verrechtlichung; Mindestsicherung und soziale Dienste; Grundsicherung

1   Bettelordnungen in deutschen Städten

Die Sozialbezüge im feudalen Mittelalter fußten auf einem ausdifferenzierten wechselseitigen Treueverhältnis, das die Trennung zwischen privat und öffentlich nicht kannte. Aus diesem Wechselverhältnis bestimmte sich der soziale Status, die Art der materiellen Ausstattung und zugleich die zu erbringende Leistung. Eigentum als isolierte Kategorie gab es nicht, folglich waren Existenz und deren Sicherung auch nicht privat zu organisieren, sondern im Sozialverbund eines ordo[1], in dem sich weltliche und geistliche Kräfte ineinander schoben (Doppelpyramide mit Kaiser und Papst an der Spitze). Die Feudalgesellschaft hatte die Aufgabe, ihre Glieder gemäß dem Rechtsgrundsatz suum cuique[2] aufzufangen: einen verarmten Adeligen ebenso wie einen Hörigen, nur dass diese in der Qualität der Leistungen stark voneinander abwichen. Doch konnte dieser Sozialverbund nur in dem Maße seinen Aufgaben gerecht werden, wie er dazu materiell in der Lage war. Folglich bildeten sich über kirchliche Einrichtungen und hier insbesondere über die Klöster auch Strukturen christlicher Armenfürsorge heraus, die jene aufzufangen suchten, die aus

---

1   Ordo meint eine nach außen abgeschlossene Sozialordnung, dargestellt in der Form einer Doppelpyramide. Kaiser und Papst bildeten gemeinsam eine Doppelspitze; weltliches und geistliches Handeln waren mit klaren Vorgaben statisch aufeinander bezogen. Dieses kommt auch in dem verbreiteten ptolemäischen Weltbild zum Ausdruck, wonach die Erde eine Scheibe ist, über der sich der Himmel kugelförmig wölbt, damit auch im Verhältnis Gott – Welt ein klares Über- und Unterordnungsverhältnis zum Ausdruck bringend.

2   „Jedem das Seine." – Dieser feudale Rechtsgrundsatz wurde, wie andere auch („Arbeit macht frei.") von den Nationalsozialisten missbraucht und als Inschriften über die Tore von Konzentrationslagern (Buchenwald) bzw. Vernichtungslagern (Auschwitz) angebracht. Diese Rechtsgrundsätze hatten im feudalen Ordnungssystem eine zentrale Bedeutung: „Jedem das Seine" meinte danach eine sozial abgestufte Hilfestellung. Dass Arbeit frei machen könne, bedeutete, dass Leibeigene durch vermehrten Arbeitseinsatz ihre Freiheit erlangen konnten.

derartigen sozialen Netzen herausgefallen waren. Der Arme bekam Almosen, der dazu Fähige gab Almosen (vgl. Geremek 1991, S. 21, 51 und 58).

Mit den sozialen Verwerfungen am Ende des Hochmittelalters kam dieses in sich geschlossene System allerdings an seine Grenzen. Insbesondere die Verstärkung der Stadtbevölkerung durch entlaufene Bauern bzw. Unfreie stellte die Städte vor die schwierige Aufgabe, die sozial nicht abgesicherten Personengruppen aufzufangen und so die städtische Ordnung aufrechtzuerhalten. Die *Nürnberger Bettelordnung* aus der Zeit um 1370 ist der älteste erhaltene Beleg dafür, wie sich die Kommunen auf die belastenden Folgen von Bevölkerungswachstum, Agrarkrise und Landflucht einzustellen suchten. Es erfolgten quasi *Bedürftigkeitsprüfungen*, es wurde zwischen selbstverschuldeter und anderer Armut geschieden, es wurden über die Begrenzung der zeitlichen Dauer, in der man betteln durfte, faktisch Leistungshöhen festgelegt. Der zum Betteln Befugte erhielt ein sichtbar zu tragendes Zeichen, Betteln ohne diese Erlaubnis zog Strafen nach sich (vgl. Waldau 1789 zit. n.: Sachße und Tennstedt, 1980, Bd. 1, S. 63f.).

Der Sozialverbund des Mittelalters brach im Übergang vom 15. zum 16. Jahrhundert auf: *sozialräumlich* durch die territoriale Eroberung neuer Gebiete, *sozial* durch Infragestellungen der Feudalordnung etwa durch Widerstandsformen sowohl der Landbevölkerung als auch städtisch nicht mehr sozial integrierbarer Zuwanderer und ökonomisch durch neue Waren- und Geldströme. Die Reformation stellte ihn schließlich auch *theologisch* in Frage. Indem *Martin Luther* (1483–1546) und andere Träger dieser Protestation die überkommenen kirchlichen Machtstrukturen angingen, schufen sie auch die Voraussetzung für eine systematische Trennung von geistlicher und weltlicher Gewalt.

Der Zuzug aus dem ländlichen Bereich machte die Städte bis zur Einführung regionaler bzw. später nationaler Sicherungssysteme immer wieder zum Schrittmacher bei der Bewältigung allgemeiner sozialer Problemlagen. Es entstanden in der ersten Hälfte des 16. Jahrhunderts in rascher Abfolge immer neue Ordnungen für bzw. gegen das Betteln, für bzw. gegen Arme. Erneut kam dabei der Stadt Nürnberg mit ihrer Armenordnung von 1522 eine besondere Bedeutung zu: Betteln wurde grundsätzlich verboten, stattdessen wurde bei Vorlage bestimmter Voraussetzungen eine *kommunale Unterstützungspflicht* für die Armen eingeführt. Die Kommune erklärte sich für zuständig, zugleich wollte sie die Armenfürsorge innerhalb ihrer städtischen Grenzen vereinheitlichen und zentralisieren. Ähnliche Ordnungen sind aus vielen anderen deutschen Städten und aus zahlreichen Städten in Frankreich, Italien, Spanien und England überliefert (vgl. Geremek 2004; Jütte 2004).

In einem Edikt aus dem Jahre 1531 für die Niederlande erkannte *Kaiser Karl V.* (1500–1558) schließlich die faktisch vollzogene *Kommunalisierung* der Armenfürsorge an, zugleich wollte er eine gewisse Einheitlichkeit der neuen Organisation erreichen (vgl. Strohm und Klein 2004, Bd. 2, S. 159ff.). Nur Kranken und Gebrechlichen sollte erlaubt sein zu betteln, Kinder von Bettlern sollten einen handwerklichen Beruf erlernen. Auch sollte es den Kommunen erlaubt sein, Bettler an andere Orte zu schicken. Die Kommunen sollten die Spitäler beaufsichtigen. Insgesamt wies dieses Edikt den Weg in Richtung „Laisierung des Spitalwesens" und „Säkularisierung der Sozialfürsorge", ohne sich jedoch gegen die traditionellen Vorrechte und gegen den Besitz der Kirche zu richten; es sah vielmehr die Beteiligung und Mitwirkung des Klerus an der Reform vor (Geremek 1991, S. 173 und 176).

Die kirchlichen Institutionen schließlich orientierten sich im Prozess der Reformation neu, waren also selbst Teil der sozialen und politischen Veränderungsprozesse, und griffen auch in diese ein. Aus dem Liebesgebot Christi leitete Luther ein *Recht auf Hilfe* und eine *Pflicht zur Hilfe* bei unverschuldeter Armut ab. Der Mensch sei verpflichtet, im Rahmen seiner Möglichkeiten an der Schöpfung mitzuwirken, damit zugleich auch die Grundlagen seiner Lebenshaltung mit zu schaffen. Dieses Verständnis entwickelte sich parallel zu den auf kommunaler Ebene vorgenommenen Veränderungen bei der Armenpolitik, sie beeinflussten sich wechselseitig. So hatte etwa Luthers Modell von einem *gemeinen Kasten* als Instrument der Zentralisierung, Vereinheitlichung und Erziehung im Armenwesen bei zahlreichen Kommunen Berücksichtigung gefunden (vgl. Schäfer 1994, S. 29ff.).

In Genf, dem Ort des Wirkens *Johannes Calvins* (1509-1564), beteiligte sich die Kirche aktiv am Aufbau einer kommunalen Armenfürsorge (*Hôpital général*), zugleich verankert im Ethos, dass Arbeit von all denen einzufordern ist, die dazu in der Lage sind, bzw. dass die Herstellung der Arbeitsfähigkeit Vorrang vor rein unterstützenden Leistungen haben sollte. Klöster und andere kirchliche Einrichtungen mit ihren materiellen und spirituellen Hilfsmitteln waren in Genf abgeschafft.

Auch in der *katholischen Kirche* kam es zu einer Neubewertung von Armut und Arbeit. So setzte sich im Jahr 1501 *Johannes Geiler von Kayserberg* (1445–1510), Domprediger in Straßburg, einerseits vehement für die Rechte der Elenden ein, zugleich wandte er sich strikt gegen die „falschen Armen" (zit. n. Sachße und Tennstedt, 1980, Bd. 1, S. 56).

Die kommunalen Bettelordnungen und die kirchlichen Stellungnahmen zeigen, dass und wie der Prozess der Säkularisierung und damit *Kommunalisierung* der Armenfürsorge im Übergang zum 16. Jahrhundert mit einer Veränderung der Einstellung zur Armut verbunden war. Der Arme und das Betteln standen unter dem Verdacht des Müßiggangs und der Arbeitsscheu: Um die *Pflicht zur Arbeit* als vorherrschende Form der Existenzsicherung durchzusetzen, wurden kommunale Verwaltungsapparate aufgebaut, die Kriterien für die Hilfegewährung präzisiert und mit erzieherischen Maßnahmen verbunden. Armenpolitik zielte auf eine neue Form *sozialer Disziplinierung*, dienten doch innerhalb der Armenfürsorge die einzelnen Elemente der *Bürokratisierung*, der *Rationalisierung* und der *Pädagogisierung* der Durchsetzung eines neuen Arbeitsethos als Vorbedingung sich erst ansatzweise abzeichnender wirtschaftlicher Verhältnisse, für die Menschen unabdingbar wurden, die auf den Verkauf ihrer Arbeitskraft angewiesen sind (vgl. Oexle 1986, S. 73ff.). Damit wurden zugleich bis heute gültige *Grundsätze kommunaler Armenfürsorge* formuliert:

- die Trennung zwischen ‚würdigen' und ‚unwürdigen' Armen,
- die Mitwirkungspflicht etwa durch den Nachweis der eigenen Arbeitswilligkeit,
- die Hilfe zur Selbsthilfe und schließlich
- eine Schlechterstellung des materiellen Umfangs der Hilfestellung gegenüber anderen Formen eigenständiger Existenzsicherung etwa durch Lohnarbeit (heute: Lohnabstandsgebot).

2   Armut im Frühkapitalismus

Die Industrialisierung erfolgte in Deutschland ca. 100 Jahre später als in England. Die tiefgreifenden wirtschaftlichen Veränderungen des Inselreiches in der Mitte des 18. Jahrhunderts leiteten nicht nur produktionstechnisch und vom Vertrieb produzierter Waren und Dienstleistung her betrachtet eine industrielle Revolution ein, sondern sie forderte auch der dortigen Bevölkerung eine ungeheure, mit Not, Elend und frühem Tod verbundene soziale Anpassungsleistung ab. Diesem Druck setzten Arbeiter Widerstand entgegen, sei es durch Maschinenstürmerei, sei es durch kleine oder große Sabotage, sei es durch Flucht. Waren die Angriffe auf die Produktionsanlagen Sache polizeilicher Institutionen, wurde der Verweigerung, sich am Produktionsprozess zu beteiligen – mit der Folge eines vagabundierenden Lebens einschließlich Kleinkriminalität und anderen sozial nicht geduldeten Formen der Existenzsicherung – unerbittlich in Arbeitshäusern mit einem Zwang zur Arbeit begegnet. Diese Arbeitshäuser waren kleine merkantilistische Produktionsstätten, organisiert aber eher wie Zuchthäuser.

Die Armengesetzgebung in Deutschland am Ende des 18. Jahrhunderts – u. a. das *Allgemeine Preußische Landrecht* von 1794 – griff diese Sichtweise auf, wenngleich hier die kapitalistisch organisierte Arbeit noch kaum existierte. Der Arme war zur Arbeit verpflichtet, in den Städten verbreitete Arbeitshäuser waren Orte, an denen die Arbeitsfähigkeit und Arbeitswilligkeit letztlich unter Beweis gestellt werden musste. „Die territoriale ‚Policey‘ entwickelte sich nun zum wichtigsten Motor sozialer Gestaltung durch Gebot und Verbot. Ihr Ziel war die Abschaffung von Missständen zugunsten der ‚guten Ordnung‘ in Stadt und Land." (Stolleis 2003, S. 21) Unter dem allgemeinen Staatsziel der *guten Policey* sollten die gesellschaftlichen Verhältnisse zum gemeinen Besten geordnet werden. Die Policey hatte insoweit auch Wohlfahrtsfunktionen, als sie innere Unruhen und Zerrüttung abwehren sollte – durch Bestrafung und durch Fürsorge (vgl. Pankoke 1986, S. 148ff.).

Die repressive Ausgestaltung der Arbeitshäuser sollte jede ‚freiwillige‘ Form gesellschaftlich legitimierter abhängiger Arbeit zur Sicherung der Existenz als bessere Alternative erscheinen lassen. Der Arbeitszwang stellte eine Übergangsform dar hin auf das, was *Karl Marx* später als die *doppelte Freiheit des Lohnarbeiters* beschrieb, nämlich einerseits frei über seine Arbeitskraft verfügen zu können, zugleich frei von Produktionsmitteln zu sein. (MEW 1965, Bd. 23, S. 181ff.). Die Freiheit vom Produktionsmittelbesitz war bereits gegeben, noch nicht aber die vom unmittelbarem Zwang. Das pädagogische Ziel des Arbeitshauses war es deshalb zu erreichen, dass der Einzelne eine Existenz außerhalb des Arbeitshauses dem Leben in dieser Zwangseinrichtungen vorzieht und sich denjenigen Produktionsmittelbesitzer frei aussucht, dem er seine Arbeitskraft verkauft, wohl wissend aber, dass er seine Arbeitskraft *einem* Produktionsmittelbesitzer verkaufen *muss*. Um dieses Ziel zu erreichen, wurde das private Almosengeben teils ganz diskreditiert und teils auf bestimmte Personengruppen beschränkt. Insgesamt kam den Arbeitshäusern zwar weniger eine zentrale Bedeutung bei der Durchsetzung der „aktiven Proletarisierung" zu, sie sicherten aber in letzter Instanz ein System des Armenwesens ab, das „durch ein offen institutionalisiertes Misstrauen gegen ‚Faulenzertum‘ (= Nicht-Arbeit) und gegen den

‚Mißbrauch' öffentlicher Mittel in der Armutsbevölkerung" gekennzeichnet war (Leibfried 1977, S. 40; vgl. Sachße und Tennstedt 1980, Bd. 1, S. 255)

Die industrielle Umstrukturierung begann in Deutschland in Ansätzen zu Beginn des 19. Jahrhunderts, der eigentliche Durchbruch erfolgte allerdings erst in den 1850er und 1860er Jahren. Damit wurde die in England sehr viel länger währende Eingangsphase kapitalistischen Wirtschaftens stark verkürzt, wenngleich der Strukturwandel auch in Deutschland erhebliche soziale Verwerfungen und Verarmungstendenzen nach sich zog. In den Städten sammelten sich Zuwanderer. Sie hausten in provisorisch beschaffenen Verschlägen, teilten sich Schlafstellen mit anderen, hofften auf Gelegenheitsarbeit, viele hungerten schlicht. Zugleich wurden bisherige Formen hausgewerblichen Wirtschaftens dadurch obsolet, dass an anderen Stellen in Deutschland oder – wie am Beispiel der schlesischen Weber u. a. literarisch durch *Gerhard Hauptmanns* gleichnamiges Drama belegt – in anderen Ländern Europas die industrielle Produktion das bislang handwerklich betriebene Hausgewerbe in einen chancenlosen Wettbewerb trieb. Ganze Regionen in Schlesien litten Mitte der 1840er Jahre Hunger, Hilfe war nicht in Sicht; 1844 revoltierten die Weber, das Militär schlug den Aufstand nieder. Darüber hinaus entwickelten sich Löhne, Preise und Wohnungsbedingungen insgesamt so, „dass im Vormärz[3] für mehr als die Hälfte der Bevölkerung Deutschlands die ‚Nahrung' eben kaum noch auskömmlich" war (Tennstedt 1981, S. 60).

Die *Bauernbefreiung* im Rahmen der *Stein-Hardenbergschen Reformpolitik*[4] zu Beginn des 19. Jahrhunderts entließ die Bauern zwar aus der Leibeigenschaft, doch führten die Konditionen des Landkaufs bzw. des Abarbeitens des zur Verfügung stehenden Landes in sehr vielen Fällen zu einer desaströsen Verschuldung (sog. *Bauernlegen*), aus der es häufig mit legalen Mitteln kein Entkommen gab: Landflucht, Verlassen von Haus und Hof, zum Teil Verlassen der Familie etc. waren je individuelle Reaktionen auf diese Entwicklung.

Als Folge dieser teils parallel, teils hintereinander verlaufenden Entwicklungsstränge wurde Deutschland in der ersten Hälfte des 19. Jahrhunderts ein Emigrationsland: Sieben

---

3 Der Vormärz beschreibt den Zeitraum zwischen der Julirevolution von 1830 in Frankreich und dem Beginn der deutschen Märzrevolution (1848), in dem sich die politischen und sozialen Auseinandersetzungen um die Lösung der nationalen Frage sowie die damit verbundene Überwindung der feudalen Ordnung krisenhaft zuspitzten. Gegenstand war zum einen die Aufhebung der Kleinstaaterei durch einen republikanischen Nationalstaat (Hambacher Fest), zum anderen gewann die soziale Frage (Pauperisierung) im Zuge der einsetzenden Industrialisierung zunehmend an politischer Bedeutung.

4 Die Stein-Hardenbergschen Reformen markieren Anfang des 19. Jahrhunderts durch den Bruch mit feudalen Herrschaftsprinzipien den Wandel Preußens zum modernen Staat, ohne die Monarchie selbst in Frage zu stellen. In diese Reformperiode fällt im Zuge der Bauernbefreiung (1799–1816) die Gleichstellung von Adel und Bürgertum im Recht auf Landbesitz (1807), die kommunale Selbstverwaltung (1808), die Öffnung des Offizierskorps für Bürgerliche sowie die Einführung der Gewerbefreiheit (1811), die Gleichstellung der Juden im öffentlichen Leben (1812) und schließlich die Einführung der Allgemeinen Wehrpflicht (1814) bei gleichzeitiger Aufgabe schikanöser Behandlungsformen (Prügelstrafe).

Millionen Deutsche kehrten ihrer Heimat in der Erwartung den Rücken, dem „Mahlstrom der Wirtschafts- und Gesellschaftskrise" zu entgehen (Bade 1983, S. 20) und im Wesentlichen in Nordamerika eine neue wirtschaftliche Existenzgrundlage zu finden. Doch diese Umbrüche betrafen nicht nur Deutschland bzw. Regionen in Deutschland. Auch in anderen Ländern in Europa bewirkten sie Hungersnöte. Zwischen den Ländern des alten Kontinents setzten Wanderungsbewegungen ein, und sei es nur, um selbst geringfügigste – tatsächliche oder vermeintliche – Wohlstandsvorteile für sich nutzen zu können. Insgesamt verließen in dieser Zeit ca. 50 Millionen Menschen Europa (vgl.; Santel 1995, S. 35ff.).

3 Freie und kommunale Armenfürsorge im Übergang zum Industriestaat Deutschland

Die Emigration aus Deutschland brachte zwar eine gewisse soziale Entlastung für die europäischen Länder einschließlich Deutschland, aber diese gesellschaftlichen Umwälzungen bedeuteten auch für Deutschland selbst bzw. große Teile der verbliebenen Bevölkerung immer noch genügend Risiken, die durch personelle Zuflüsse aus anderen europäischen Ländern noch verstärkt wurden. Mit dem Verlust vorheriger Versorgungsformen und einem durchgängigen Mangel an neuen Sicherungssystemen wurde die an der Tradition christlicher Armenfürsorge anknüpfende kirchliche Mildtätigkeit von besonderer Wichtigkeit: Nach ersten Ansätzen in der ersten Hälfte des 19. Jahrhunderts stellte *Johann Hinrich Wicherns* (1808–1881) so genannte „Stegreifrede" auf dem protestantischen Kirchentag in Wittenberg im Jahr 1848 eine Wendemarke dar. Mit Bildung des Centralausschuss für die innere Mission der deutschen evangelischen Kirche im Nachgang zu seinem Auftritt in Wittenberg war zugleich der zentrale organisatorische Rahmen geschaffen, dem bald ein regionaler und lokaler Unterbau folgte (vgl. Sachße und Tennstedt, Bd. 1,1980, S. 231ff.). Neben Wichern trat insbesondere *Theodor Fliedner* (1800–1864), Begründer der großen Diakonieanstalt in Kaiserswerth (1836), für die Notwendigkeit eines kirchlichen Engagements zur Behebung der sozialen Folgen dieses Umbruchsprozesses ein. Dabei wurden im Rahmen dieser Diakonischen Einrichtungen schon sehr früh Ausbildungsstätten für soziale Berufe errichtet.[5] Später dann verband sich mit dem Namen *Friedrich von Bodelschwingh* (1831–1910) eine weitere wichtige Wurzel christlichen diakonischen Handelns, das sich der Behandlung besonderer Erkrankungen wie Epilepsie und psychiatrischer Krankheiten bzw. gebrechlichen Menschen ohne Heilungschancen zuwandte. Zugleich etablierte er Hilfesysteme für Menschen, die ohne Arbeit herumzogen und keine Bleibe hatten (vgl. insgesamt: Maaser und Schäfer (Hrsg.) 2016).

---

5 Einrichtungen wie etwa die Fachhochschule „Rauhes Haus" in Hamburg oder die Evangelische Hochschule Rheinland-Westfalen-Klippe in Bochum (eine der Vorgängereinrichtungen kommt aus Düsseldorf – Kaiserswerth) gehen auf diese ersten Diakonischen Einrichtungen zurück, die im 1. Drittel des 19. Jahrhunderts gegründet wurden.

Auch auf *katholischer Seite* wurde die Tradition kirchlicher Armenfürsorge neu belebt. In der ersten Hälfte des 19. Jahrhunderts kam es – zunächst außerhalb der amtlichen Kirche – zu einer Erneuerungsbewegung von Priestern und Laien, die sich karitativ engagierten. Es wurden zahlreiche geistliche Genossenschaften, aber auch von Laien getragene Caritasvereine gegründet, deren Ziel es war, aktuellen Notlagen abzuhelfen und Hilfskräfte zur Verfügung zu stellen. Dieses soziale Engagement verband sich vielfach mit der Rückkehr zu dem insbesondere im Mittelalter gepflegten Armutsideal, nicht zuletzt, um einen leichteren Zugang zu den proletarisierten Menschen zu bekommen. Es entstand zugleich die Tradition katholischer Arbeiterpriester in den neuen Wachstumszentren wie dem Ruhrgebiet. Mit *Wilhelm Emmanuel Freiherr von Ketteler* (1811–1877), Bischof von Mainz, gewannen die Arbeiterschaft und die von sozialer Not Betroffenen in Deutschland einen besonders hochrangigen Mitstreiter. *Adolf Kolping* (1813–1865) seinerseits wollte mit der Gründung katholischer Gesellenvereine den jungen, ohne familiäre Bindung herumziehenden Männern dieser Zeit Orientierung und praktische Hilfestellung geben. In der zweiten Hälfte des 19. Jahrhunderts entstand ein zunehmend enger geknüpftes Netz katholischer wie überhaupt christlicher Hilfeeinrichtungen einschließlich des Aufbaus der Organisation des *Deutschen Caritasverbandes* (gegründet 1897).

Im 18. und 19. Jahrhundert entwickelte sich auch eine *jüdische Wohlfahrtspflege*, zunächst vor allem durch die Gründung von Anstalten, dann aber auch für die offene Wohlfahrtspflege, die sich im Jahr 1917 auf zentralstaatlicher Ebene zusammenschloss. 1881 wurde der *Deutsche Verein für Armenpflege und Wohltätigkeit* als Spitzenverband der öffentlichen und freien Wohlfahrtspflege gegründet. Ihm kam im weiteren Verlauf der Geschichte der deutschen Sozialpolitik, insbesondere der Wohlfahrtspflege, ein großes Gewicht bei der Festlegung von Standards und gesetzlichen Initiativen zu.

Neben diesen freien Trägern waren es zahlreiche *Privatpersonen*, die – teils aus christlicher Gesinnung heraus, teils vom Humanismus geprägt – mahnend ihre Worte erhoben und konkrete Hilfesysteme aufbauten. Mit *Bettina von Arnim* (1785–1853) klagte eine Adelige und Dichterin die repressive Polizeigewalt an, die sich gegen die von Hunger und Elend geplagten Menschen richtete.

> „Die zahllosen Opfer des Industrialismus entbehren also unter diesen Umständen, da ihnen der Zuspruch der Religion fehlt, den Trost, welchen der Arme früher in Gedanken an eine Zukunft hatte, welche die Widersprüche dieser Welt ausgleicht. Der Mangel an Religiosität läßt also den Armen seine Entbehrung erst recht fühlen, ja sie macht erst wahrhaft Arme. (…) Denn wie gebt ihr? – Ihr werft den Armen eure Almosen hin, wie man einem Hunde einen Brocken zuwirft, und kümmert euch nicht weiter um sie. Ihr steigt nicht hinab zu den Höhlen, wo die Not und das Elend ihr Lager aufgeschlagen haben. Wie solltet ihr auch? Der Höhlendunst, den ihr einatmen müßtet, würde euren Odem verpesten; die hohlen, eingefallenen Gesichter, die ihr sehen würdet, würden euch im Traume erscheinen und euren Schlaf und eure Verdauung stören; im eigenen, wohlgeheizten Zimmer würde euch frieren, wenn ihr an die Armen dächtet, die barfüßig und zerlumpt der Winterkälte preisgegeben sind. – Und wovon gebt ihr den Armen? Von eurem Mammon! Und woher stammt euer Mammon? Ist er nicht gewonnen durch den Schweiß der Armen, der hat ihn nicht euch zugebracht und vermehrt euer Geld, ohne daß ihr weder Hände noch Füße geregt habt? (…)

Aber diese Wahrheit ist noch unerkannt, gehaßt, geächtet, vogelfrei. Denn noch ist das Heft der Gewalt bei den Reichen, und die wehren dieser Wahrheit den Zugang zum Volke." (v. Arnim 1981, S. 48f. und 79)

Im Zusammenhang mit der bürgerlichen Revolution im März 1848 kam es zu Hungerrevolten und Maschinenstürmereien, in denen die „Magenfrage" thematisiert, „Fressfreiheit" statt „Pressfreiheit" gefordert wurde (Sachse und Tennstedt 1980, Bd. 1, S. 226). Nach H. Volkmann ging es der Politik nunmehr um die „Coupierung" der sozialen und politischen Gefahren, „die aus der Proletarisierung erwachsen und die bestehende Ordnung in Frage stellen. Dies, nicht die Not der handarbeitenden Bevölkerungsschichten selbst, ist für Regierung und Abgeordnete der Kern der sozialen Frage. Das ,rothe Gespenst hat Fleisch und Bein gewonnen', die Mahnung zur Sozialpolitik, schallt von den Dächern herab'." (1968, S. 18f. und 93) Die preußisch-staatliche Antwort war allerdings Repression.

Letztlich waren es wiederum die Städte, die die sozialen Notlagen von der öffentlichen Ordnung wie von der materiellen Versorgung her aufzufangen hatten. Dabei waren die in der Renaissance erstellten Bettelordnungen längst nicht mehr tauglich, Massenelend erfolgreich zu bekämpfen, erst recht, weil die Städte als Zielpunkt von Landflucht und innerdeutscher Migration einem dynamischen Zufluss *pauperisierter Massen* ausgesetzt waren. Nachdem die Regelung des Allgemeinen Preußischen Landrechtes von 1794, die das *Prinzip des Heimatrechts* als Grundlage der Armenfürsorge festgeschrieben hatte, im Jahr 1842 durch das *Prinzip des Unterstützungswohnsitzes* ersetzt worden war, wurde nunmehr die Gemeinde für die Armenfürsorge zuständig, in der sich die betroffene Person bei Eintritt der Hilfsbedürftigkeit aufgehalten hatte.

Für die Zuzugsgebiete bedeutete dieses mehr eine gesetzliche Fixierung dessen, was de facto bereits eingetreten war, nämlich die Zuständigkeit der aktuellen Wohnsitz-Gemeinde. Denn Hilfesuchende, die vordem etwa aus Ostpreußen gekommen waren, waren nicht bereit, im Falle der Hilfsbedürftigkeit dorthin zurück zu gehen. Zugleich bedeutete dies, dass sich die Zuwanderungskommunen, beispielsweise im Ruhrgebiet, auf eine Bewältigung von Armut als Massenphänomen aus eigenen Mitteln und in eigener Kompetenz einstellten. Den Gemeinden, zunächst in Preußen, war im Rahmen der Stein-Hardenbergschen Reformen das *Recht auf kommunale Selbstverwaltung* zugestanden worden. Auf dem Gebiet der kommunalen Armenfürsorge entstand so ein eigenständiges Handlungsfeld, das für sie allerdings bis heute zugleich eine besondere Herausforderung und Belastung darstellt. Der Prozess der *Disziplinierung* und *Pädagogisierung* als Bestandteil kommunaler Armenfürsorge wurde weiter rationalisiert. Dies betraf die Hilfegewährung in quantitativer und qualitativer Hinsicht. Die Stadt Elberfeld entwickelte 1852 ein stadtteilorientiertes Konzept, das in den Folgejahren weiter ausdifferenziert und für andere Kommunen zum Vorbild wurde (*Elberfelder Modell*). Ehrenamtliche Armenpfleger wurden verpflichtet, die ihnen zugewiesenen Menschen zu Hause aufzusuchen, um deren Lebenswandel zu kontrollieren.

Armenfürsorge in kirchlicher und kommunaler Trägerschaft sollte soziale Anpassung an bürgerliche Normen erzwingen, wobei eindeutige hierarchische Zuteilungs- und Verweigerungsstrukturen eingesetzt wurden. Damit kam es zu einer inneren Verhaltenskontrolle, gleichsam zu einer „Kolonialisierung" der Seele (vgl. Dießenbacher 1986, S. 209). Es entwickelten sich Vorläufer des späteren „Allgemeinen Sozialen Dienstes" (ASD), insofern auf Stadtquartiersebene soziale Problemlagen in ihrem Kontext bearbeitet werden sollten. Geld- bzw. Sachleistungen wurden konditioniert, neben *Hilfen zum Lebensunterhalt* traten solche zur schulischen Beteiligung der nachwachsenden Generation sowie Hilfen bei Krankheit und anderen *besonderen Lebenslagen*.

Insgesamt bildete sich eine Armutspolitik heraus, die ihren bisherigen vorwiegend repressiven Charakter in Gestalt der *Armenpolizei* aufrechterhielt. Arme wurden sozialethisch und politisch diskriminiert, ihnen wurde das aktive und passive *Wahlrecht* bei Inanspruchnahme der Armenunterstützung vorenthalten (vgl. Stolleis 2003, S. 31). Doch die Armutspolitik wurde auch durch kompensatorische Elemente ergänzt. Zugleich vermerkten zeitgenössische Quellen, dass die Rationalisierungstendenzen kommunaler Armutspolitik zu erheblichen Einspareffekten bei den Kommunen führten. Kommunale Sozialpolitik *kompensierte* soziale Probleme in einem gewissen Umfang, zugleich zielte sie auf die (Re-)Integration in das kapitalistische Erwerbsleben, *konstituierte* also deren Strukturen und Zwänge mit. Vor Errichtung eines zentralen Sozialstaats wurde die *kommunale Armenfürsorge* als Auffangbecken für all die sozialen Risiken ausgebaut, die vom – späteren – zentralen Sozialstaat nicht aufgefangen werden bzw. werden können: Der *kommunale Sozialstaat* ist folglich dem zentralen *geschichtlich* vorgeordnet, während er ihm *systematisch* gleichsam als Reserve nachgeordnet bleibt.

4   Trennung von Armen- und Arbeiterpolitik

Parallel zur Rationalisierung kommunaler Armenpolitik spaltete sich geschichtlich betrachtet ein neuer und zunehmend an Gewicht gewinnender Zweig der Sozialstaatlichkeit ab, nämlich die Arbeiterpolitik. Gleichwohl standen und stehen beide in einem engen Wechselverhältnis.

> „Der Staat hat ein erhebliches Interesse daran, daß bei der Gewährung von Unterstützungen auf das energischste Bedacht genommen wird, daß die Bevölkerung in ihrem Bestreben, selbst für sich zu sorgen, nicht lässig wird. Von diesem Gesichtspunkte aus darf die Lage des Unterstützten nicht über das Niveau des ärmsten selbständigen Arbeiters erhoben werden: wenn die öffentliche Fürsorge den Unterstützten in irgendeiner Beziehung besser stellen würde als die Lage des selbständigen, wenn auch noch so bedürftigen Arbeiters ist, so könnte dieser dadurch leicht in seinem Bestreben, seine Selbständigkeit aufrecht zu erhalten, entmutigt werden. Ja, es erscheint erforderlich, mit der Unterstützung Beschränkungen zu verbinden, welche für den Empfänger der Unterstützung empfindlich sind und ihn veranlassen, von der Inanspruchnahme der öffentlichen Unterstützung, solange es noch irgend möglich ist, Abstand zu nehmen und rechtzeitig selbst Fürsorge für seine Zukunft und etwaige schlechte Zeiten zu treffen." (Aschrott 1909, S. 4)

Dabei nahmen sich bereits recht früh Unternehmer der sozialen Förderung ihrer Beschäftigten selbst an. Es entstanden viele dezentrale Ansätze sozialen Handelns, die das Ziel hatten, Arbeitskräfte für den weiteren Produktionsprozess zu erhalten und zugleich über eine gesteigerte Loyalitätssicherung die Arbeitsproduktivität zu erhöhen. Unternehmer wie *Robert Bosch* (1861–1942), *Carl Ferdinand von Stumm-Halberg* (1836–1901), *Friedrich Harkort* (1793–1880) u. v. a. m. setzten in ihren Werken soziale Programme für ihre Belegschaften um. Dokumente belegen, dass etwa der Begründer eines der bedeutendsten Unternehmen im Deutschen Reich des 19. Jahrhunderts, *Alfred Krupp* (1812–1877), bereits in den 1830er Jahren die Arzt- und Medizinkosten seiner Arbeiter in Einzelfällen übernahm, bis er auf betrieblicher Basis die Vorstufe einer Betriebskrankenkasse etablierte. Krupp forderte dafür absolute politische Abstinenz seiner „Angehörigen" (Krupp 1877, in: Schraepler 1957, Bd. 2, S. 90).

Parallel zu den Unterstützungseinrichtungen auf Seiten der privatkapitalistischen Unternehmen entstanden aus der Gruppe der Gesellen heraus – auf Wanderschaft und/ oder in industrieller Beschäftigung, in Selbsthilfe organisiert oder auf betrieblicher Basis verankert, bestehende Versorgungseinrichtungen übernehmend oder neu gestaltend etc. – zahlreiche freie Hilfskassen, gewerbliche Unterstützungskassen, gesundheitspolitische Pflegevereine u. a. m., die zumindest für den festen, ausgebildeten Arbeiterstamm der industriellen Arbeiterschaft eine Absicherung im Wesentlichen im Krankheitsfalle vorsahen. Der Sache nach waren damit die Strukturelemente der für Deutschland typischen *Sozialversicherungen* vorgeprägt.

Die 1871 durchgesetzte (klein-)deutsche Reichsgründung war im Sozialen durch den Durchbruch Deutschlands zu einem Industriestaat begleitet. Am 18. November 1881 leitete *Otto von Bismarck* (1815-1898) mit der *Kaiserlichen Botschaft Wilhelms I.* seine neue Sozialpolitik mit der Schaffung der ersten drei großen Sozialversicherungen ein. Bismarck wollte aus den Arbeitern, patriarchalisch-feudalen Vorstellungen folgend, gleichsam Staatsrentner bzw. Staatsdiener machen, nur dass diese in Wirtschaftsunternehmen beschäftigt waren. Dagegen opponierten im Wesentlichen die Unternehmer selbst: Sie befürchteten, der Staat könnte diese enormen finanziellen Mittel zweckentfremden bzw. sein Einfluss auf die Wirtschaft könnte angesichts dieser Finanzmassen zu stark werden. In wenigen Jahren behandelte und verabschiedete der Reichstag in den folgenden Jahren das gesamte Gesetzgebungswerk:

1. Gesetz, betreffend die *Krankenversicherung* der Arbeiter vom 15. Juni 1883
2. *Unfallversicherungs*gesetz vom 6. Juli 1884
3. Gesetz betreffend die *Invaliditäts- und Altersversicherung* vom 22. Juli 1889

Das Leistungsvolumen war zunächst – analog zu den relativ bescheidenen Beitragsleistungen – recht niedrig und vor allem auf akute Erkrankungen, Unfälle und auf eine Absicherung bei Invalidität ausgerichtet. Die Altersgrenze in der Rentenversicherung bei 70 Jahren war angesichts der tatsächlichen Lebenserwartung eher symbolischer Natur. Leistungen für Familienmitglieder waren zunächst nicht vorgesehen, konnten aber nach 1892 zumindest in der Krankenversicherung durch Statut der einzelnen Kassen aufgenommen werden. Witwen- und Waisenrenten dagegen gab es nicht. Eine Bewertung dieser vom Volumen her betrachtet sicher geringen Leistungen, die sich im Niveau von solchen der Fürsorge nur wenig unterschieden, muss berücksichtigen, dass die Bismarck'sche Sozialversicherung in einem großen Flächenstaat ohne Vorbild war und insofern einen „Sprung ins Dunkle" darstellte, ohne auf Erfahrungswerte und verlässliche Berechnungen zurückgreifen zu können (Hentschel 1983, S. 25f.).

5   Konsolidierung und Ausbau der Armutspolitik in der Weimarer Republik

Der für Deutschland verlustreiche Ausgang des I. Weltkrieges führte mit der Abdankung des Kaisers zu einem Machtvakuum, das in revolutionären Umbrüchen mündete. Die am 11. August 1919 verabschiedete neue Verfassung des Deutschen Reiches (Weimarer Verfassung) enthielt im fünften Abschnitt zahlreiche sozial- und wirtschaftspolitische Normierungen, die die Sozialisierung per Gesetz zuließen, das Koalitionsrecht bestätigten, ein umfassendes Sozialversicherungswesen und schließlich weitreichende Mitbestimmungsrechte in den privatkapitalistischen Wirtschaftsbetrieben vorsahen.

Die Politik der Weimarer Republik war in erdrückender Weise von den Folgen des Krieges geprägt, einmal von den direkten Auswirkungen für die Bevölkerung und zum anderen von den indirekten Auswirkungen aus dem Vertragswerk von Versailles, das dem Deutschen Reich hohe materielle Belastungen brachte. So galt es, die materiellen Folgen des Krieges sozial aufzufangen: Kriegsopfer und deren Familien mussten versorgt und sozial wieder in das Alltagsleben integriert werden. Mit dem verlorenen Krieg waren darüber hinaus nicht nur die Hoffnungen auf Kriegskontributionen zerstoben, die man – wie nach 1871 – von den Besiegten einzustreichen gehofft hatte, vielmehr musste das Deutsche Reich Reparationen bezahlen, zunächst in nicht begrenzter, erst gegen Ende der Republik in begrenzter Höhe, bis sie 1931 im Verlauf der Weltwirtschaftskrise ganz eingestellt wurden. Zweitens war der Krieg in hohem Maße dadurch finanziert worden, dass der Mittelstand und die wohlhabenderen, national eingestellten Bürgerinnen und Bürger Anleihen zeichneten, die das Reich nun nicht mehr zurückzahlen konnte. Der Verlust von Wertgegenständen einschließlich der Eheringe („Gold gab ich für Eisen") war sicher moralisch besonders schmerzlich, aber vom Volumen her geringer als der Verlust der Anleihen. Und schließlich vernichtete die erst starke, dann bald in die Hyperinflation von 1922/23 eingehende Geldentwertung die Reste des über den Krieg geretteten Geldvermögens in Deutschland. Diese menschlichen und materiellen Folgen des Krieges konnten mit der bestehenden Sozialversicherung nicht bewältigt werden, eine so erhebliche Schadensmasse überforderte die ebenfalls von Krieg und Inflation gebeutelte Sozialversicherung bei weitem. Das *Reichsversorgungsgesetz* von 1920 suchte hier nach ersten Lösungen auf existenzminimaler Grundlage, die zwei Drittel der gesamten Staatsausgaben banden (vgl. Lampert 1980, S. 145).

Folglich liefen diese Lasten dort auf, wo sie immer dann auflaufen, wenn der zentrale Sozialstaat versagt, nämlich beim kommunalen Sozialstaat. Die *kommunale Armenfürsorge* mit ihren lokal und regional voneinander abweichenden existenzminimalen, normierenden und kontrollierenden Elementen stieß angesichts dieser großen Probleme einerseits an ihre Grenzen, andererseits aber gab es das gesellschaftspolitische Problem, dass vordem sozial abgesicherte Personenkreise nicht deshalb der kommunalen Armenfürsorge anheimfielen, weil sie persönliche Probleme aufwiesen, sondern weil der Staat sie hatte verarmen lassen! Die Lösung dieses Problems führte zur ersten reichseinheitlichen Normierung der Fürsorgeleistungen in Deutschland in der *Verordnung über die Fürsorgepflicht* vom 13. Februar 1924 bzw. den *Grundsätzen über Voraussetzung, Art und Maß öffentlicher Fürsorgeleistungen* vom 4. Dezember desselben Jahres.

> „Der notwendige Lebensbedarf wurde in § 6 (der Reichsgrundsätze, d. Verf.) definiert: ‚der Lebensunterhalt, insbesondere Unterkunft, Nahrung, Kleidung und Pflege; Krankenhilfe sowie Hilfe zur Wiederherstellung der Arbeitsfähigkeit; Hilfe für Schwangere und Wöchnerinnen; bei Minderjährigen Erziehung und Erwerbsbefähigung; bei Blinden, Taubstummen und Krüppeln Erwerbsbefähigung. Nötigenfalls ist der Bestattungsaufwand zu bestreiten.‘ Im Gegensatz zum früher geltenden Recht zählte zum Lebensbedarf nunmehr nicht nur das zum Lebensunterhalt unbedingt Notwendige, sondern auch, was zur Erhaltung oder Herstellung der Gesundheit und Arbeitsfähigkeit erforderlich war. Die Reichsgrundsätze unterschieden vier Gruppen von Hilfsbedürftigen: erstens die Hilfsbedürftigen im allgemeinen; sie erhielten den notwendigen Lebensbedarf in dem eben beschriebenen Sinne. Zweitens: Kleinrentner, Sozialrentner und die ihnen Gleichstehenden (§§ 14, 16, 17); sie erhielten privilegierte Fürsorgeleistungen, bei denen ihre früheren Lebensverhältnisse berücksichtigt wurden. Drittens: Kriegsopfer (§§ 18, 20); auch ihnen wurden gehobene Fürsorgeleistungen gewährt, die mindestens den Maßstäben der Kleinrentnerfürsorge zu genügen hatten. Viertens: Arbeitsscheue und unwirtschaftliche Hilfsbedürftige (§ 13); diese bekamen nur beschränkte Fürsorgeleistungen, nämlich nur ‚das zur Fristung des Lebens Unerläßliche‘, ggf. nur in Anstalten.“ (Sachße und Tennstedt 1988, Bd. 2, S. 173)

Entscheidend war, dass die Verordnung und Reichsgrundsätze nun zwischen der normalen Fürsorge und einer sich davon vom Leistungsniveau und der Hilfegewährung nach oben absetzenden Fürsorge für diejenigen differenzierten, die als Folge von Krieg und Vermögensverlusten in diese prekäre Lage gekommen waren. Das Gesetz stellte insofern einen wichtigen Reformschritt dar, als es einerseits – im Nachklang zur Bismarck'schen Arbeiterpolitik – auch für die Armenpolitik nunmehr eine stärkere allgemeinverbindliche Regelungsdichte vorsah und damit den kommunalen, meist restriktiv genutzten Gestaltungsspielraum einschränkte, andererseits aber auch innerhalb der Fürsorge differenzierte und Diskriminierungen abbaute:

> „Die kriegsbedingten Fürsorgemaßnahmen hatten neben das alte Armenpflegerecht eine ‚gehobene Fürsorge‘, die Kriegswohlfahrtspflege, gestellt. So entstanden zwei Klassen von Fürsorgeempfängern: Neben die herkömmlichen Armen, die ‚kraft ihres Daseins‘ zu unterstützen waren, traten die ‚Sonderopfer‘ des Kriegs, die man nicht mit dem Odium der Armenunterstützung belasten wollte. (...) In dieser vom Sonderopfergedanken beherrschten

neuen ‚Fürsorge' kamen Gedanken auf, die mit der alten Armenpflege nicht kompatibel waren: Das Ende der politischen Diskriminierung, der Rechtsanspruch auf die Leistung, die Individualisierung der Hilfe, die Professionalisierung sowie eine gesellschaftspolitische Lenkungsabsicht, die von der traditionellen ‚Armenpolicey' klar unterschieden war." – Schon am 29. November 1918 hatte der Rat der Volksbeauftragten durch Verordnung die Versagung des Wahlrechts für Fürsorgeempfänger aufgehoben. (Stolleis 2003, S. 127f. und 125)

Indem diese Gesetzgebung aber die verarmten Mittelschichten letztlich zum Objekt staatlicher bzw. kommunaler Fürsorge machte, löste sie nicht nur deren materielle Probleme nur unzureichend, sondern sie wurde von den Begünstigten als Provokation und nicht standesgemäß empfunden: Sie erwarteten vom Staat Wiedergutmachung, nicht Fürsorge!

Trotz restriktiver Rahmenbedingungen griff die Politik wichtige Reformprojekte auf (vgl. Sachße und Tennstedt 1988, Bd., 2, S. 87ff., Stolleis 2003, S. 138ff.). Die Weimarer Reichsverfassung hatte in Artikel 122 den *Jugendschutz* verankert. Auch hier wurde der Gesetzgeber relativ früh initiativ und löste die Jugendhilfe mit dem 1922 verabschiedeten, *Reichsjugendwohlfahrtsgesetz* aus der allgemeinen Fürsorge heraus. Neben geldlichen Leistungen nahm dieses Gesetz sozialpädagogische Hilfen für Kinder und Jugendliche auf, darunter Erziehungshilfe, Jugendförderung, Jugendschutz und die Jugendgerichtshilfe. Dem Jugendlichen wurde ein „Recht auf Erziehung zur leiblichen, seelischen und gesellschaftlichen Tüchtigkeit" (Paragraph 1) zuerkannt. Dieses Gesetzeswerk gehört der Sache nach zu den größeren Reformwerken in dieser Phase, auch wenn zentrale Bestandteile durch Reichsverordnung beim Inkrafttreten 1924 auf Grund der schlechten Finanzlage der Kommunen suspendiert worden waren.

Zwei weitere wichtige Gebiete waren die *Gesundheitsfürsorge* und die *Wohnungsfürsorge*. Erstere hatte sich aus der gesundheitspolizeilichen Aufsicht (Seuchengesetzgebung, Impfgesetzgebung) entwickelt, übernahm aber zunehmend Aufgaben der sozialen Hygiene. Dieses umfasste die Spannweite von der sozialen Prophylaxe (bspw. diagnostische Reihenuntersuchungen bei Säuglingen, (Schul-)Kindern und Jugendlichen) bis zur Rehabilitation Gesundheitsgeschädigter und deren Reintegration in den Arbeitsmarkt. Auf dem Gebiet der Wohnungsfürsorge wurde ebenfalls an den kommunalen Wohnungsbau der Kaiserzeit angeschlossen, nun aber quantitativ und qualitativ deutlich ausgeweitet. Zugleich wurde der Mieterschutz ausgebaut. Insbesondere Kriegsteilnehmer und die breiten Massen der sozial schwächer Gestellten sollten so ein Recht auf eine gesunde Wohnung realisieren können.

Insgesamt wurden die öffentliche und die freie Wohlfahrtspflege neu geordnet. Mit Gründung eines weiteren, sozialdemokratisch orientierten Wohlfahrtsverbandes – der *Arbeiterwohlfahrt* – trat 1919 neben die beiden großen konfessionellen Wohlfahrtsverbände – der Inneren Mission und der Caritas – eine weltanschaulich säkular ausgerichtete Kraft. Ebenfalls Anfang der 1920er Jahre gründete sich – gleichsam als Auffangbecken für Einrichtungen und Initiativen, die in den anderen Wohlfahrtsverbänden keinen Platz fanden – mit dem *Deutschen Paritätischen Wohlfahrtsverband* ein fünfter Wohlfahrtsverband. Zusammen mit dem ebenfalls relativ kleinen *jüdischen Wohlfahrtsverband* (1921) und dem mit besonderen Aufgaben der Krisenhilfe ausgestatteten *Deutschen Roten Kreuz* prägten diese Verbände die für die freie Wohlfahrtspflege in Deutschland typische *korporatistische Struktur*. Die einzelnen Verbände bildeten ihre Binnenstruktur verstärkt in Richtung Reichsebene aus, auch indem sie gemeinsam eine *Deutsche Liga der freien Wohlfahrtspflege* gründeten. Die Fürsorge- und Jugendwohlfahrtsgesetze bzw. die daran gekoppelten Verordnungen wiesen den Wohlfahrtsverbänden spezifische Aufgaben zu, die je nach politischer Orientierung in den Reichsländern und in den Kommunen mehr oder weniger dem Prinzip des Vorrangs der freien vor der öffentlichen Fürsorge folgten. Dabei wurden diese Tätigkeiten der freien Wohlfahrtspflege durchaus öffentlich refinanziert, zumindest zum Teil. Zugleich wurde die Clearingstelle zwischen der freien und der öffentlichen Wohlfahrtspflege, der *Deutsche Verein für öffentliche und private Fürsorge* mit Sitz in Frankfurt am Main, ausgebaut und in die Jugendwohlfahrts- und Fürsorgegesetzgebung sowie die davon geprägte Praxis der Jugendpflege und Fürsorge eingebunden.

Die Ausweitung und Ausdifferenzierung der Armenfürsorge führte schließlich zu einer starken *Professionalisierung* in Ausbildung und Praxis. Die dort Tätigen sollten eine Fachausbildung erhalten, das bedeutete, dass gerade ein Frauenberuf fachlich aufgewertet wurde. Denn dieses Berufsfeld blieb auch in der Weimarer Republik vor allem ein Einsatzgebiet für Frauen. Im Jahr 1925 waren unter den von 22.547 Angehörigen des Berufes Sozialbeamte, Kindergärtnerinnen nur 641 Personen männlichen Geschlechts. Gleichwohl konnten 1925 knapp 50 Prozent der beruflich tätigen Fürsorgerinnen eine abgeschlossene Fachausbildung nachweisen. Den Sozialen Frauenschulen kam über ihren Ausbildungsauftrag hinaus die Aufgabe zu, für die Praxis neue Standards zu entwickeln (vgl. Sachße und Tennstedt 1988, Bd. 2, S. 202ff.). *Alice Salomon* (1872–1948) hat als Wegbereiterin das Ziel dieser neuen Ausbildungseinrichtungen wie folgt bestimmt:

> „Wie die medizinische Forschung nicht ohne Verbindung mit der klinischen Erfahrung möglich ist, so sollte auch alle soziale Reform ständig durch die soziale Praxis, durch die Erfahrungen der Fürsorge beeinflusst und befruchtet werden. Das setzt aber Sozialbeamte voraus, die geistig geschult sind, die hohe Anforderungen an die eigenen Leistungen stellen und die imstande sind, vom besonderen auf das Allgemeine zu schließen, aus dem Erlebnis den Grundsatz abzuleiten, in den bestehenden Zuständen und Gesetzen Probleme zu sehen und an der Entwicklung der Gesetze und Reformen schöpferisch mitzuarbeiten. Der Fürsorger soll die soziale Reform anregen. Er soll soziale Politik fördern, aber auch von ihr wieder für die eigene Arbeit gefördert werden."(Salomon 1926, S. 47)

Das zentrale soziale Problem in der Weimarer Republik stellte allerdings die Bewältigung der Arbeitslosigkeit dar. Zur Zeit der Bismarck'schen Gesetzgebung herrschte in Deutschland – bei aller Unsicherheit des jeweils einzelnen Beschäftigungsverhältnisses – quasi Vollbeschäftigung. Die z. T. desaströsen wirtschaftlichen Bedingungen nach dem 1. Weltkrieg sorgten dafür, dass die Arbeitslosigkeit im Deutschen Reich dramatisch anstieg. Nur in den beiden besten Jahren nach Konsolidierung der Wirtschaft waren als Folge ausländischer Anleihen und Kapitalzuflüsse 1924 und 1925 weniger als eine Million Menschen ohne Arbeit (vgl. Lampert 1980, S. 138). Auf der Grundlage dieser Entwicklung suchte das Reich nach einer Neuregelung der Arbeitsvermittlung und nach einer Entlastung der kommunalen Armenfürsorge von den finanziellen Folgen bei Arbeitslosigkeit. Das Gesetz über Arbeitsvermittlung und Arbeitslosenversicherung (AVAVG) vom 16. Juli 1927 und die neu gebildete Reichsanstalt für Arbeit vollzogen mit Berufsberatung, Arbeitsnachweis, Arbeitsvermittlung und Leistungen bei Arbeitslosigkeit durch eine Arbeitslosenversicherung einen Wechsel vom vordem unorganisierten zu einem nunmehr durch Staat und Gewerkschaften organisierten Arbeitsmarkt. Dieses mit Sicherheit bedeutsamste Reformgesetz der Weimarer Republik akzentuierte die Differenz zwischen Armen- und Arbeiterpolitik noch stärker, indem es – nach Alter, Invalidität, Krankheit und Unfall – einen weiteren Zustand des Nichtarbeitens aus der Armenpolitik herausnahm und Arbeitslosigkeit in einem begrenzten zeitlichen Rahmen und unter bestimmten Voraussetzungen als Bestandteil des Arbeiterseins sozialversicherungsrechtlich absicherte.

Nach dem *Schwarzen Freitag* vom November 1929 und der hereinbrechenden *Weltwirtschaftskrise* brachen große Teile der deutschen Wirtschaft zusammen, nicht zuletzt als Folge des Abzugs des seit 1924 in großem Umfange nach Deutschland eingeströmten Kapitals. Während sich in den USA die nachfrageorientierten Konzepte von *John Maynard Keynes* (1883–1969) Gehör verschaffen konnten (*New Deal*), obsiegten in Deutschland radikale wirtschaftsliberale Vorstellungen der Neoklassik und schufen so indirekt die Voraussetzung für eine sozioökonomische Entleerung der demokratischen Substanz der Republik. Massenarbeitslosigkeit und Massenelend wurden zum Nährboden für eine politische Radikalisierung, die in der Machtübernahme des Nationalsozialismus mündete.

6   NS-Staat

Das Dritte Reich war nicht Sozialstaat, es betrieb aber Sozialpolitik im Sinne seiner völkischen Ideologie. So kamen die Träger der alten Mittelschichten, die Handwerker, in den Schutz der Gesetzlichen Rentenversicherung, Familien, Kinder, Mütter erhielten erstmals Unterstützungsleistungen, Werktätigen wurden soziale Freizeitangebote angeboten, doch alles nur, wenn sie zur sog. Volksgemeinschaft zählten.

> „Zur sozialpolitischen Unterordnung des Individuums unter den Vorrang der ‚Volksgemein-schaft' waren die wenig verrechtlichten Strukturen der Fürsorge besonders geeignet. Der Aufbau neuer sozialpolitischer Leistungssysteme im Nationalsozialismus: (…) der familien- und bevölkerungspolitisch motivierten Ehestandsdarlehen und Kinderbeihilfen, die Umbildung der erst 1927 eingeführten Arbeitslosenversicherung zu einer Reichsfürsorge für Arbeitslose, sie alle folgten der Logik und den Strukturen der Fürsorge. Die Sozialversicherung bestand zwar auch in der Zeit des Nationalsozialismus weiter, aber die Dynamik nationalsozialistischer Sozialpolitik entstammte dem Fürsorgesektor. Dabei handelte es sich wohlgemerkt um ein spezifisch nationalsozialistisches Verständnis von Fürsorge, das nicht auf die Integration der Schwachen und Benachteiligten, sondern auf die Förderung der ‚Wertvollen' und ‚Erbgesun-den' im Dienste der Volksgemeinschaft abzielte. In der Logik nationalsozialistischer Fürsorge waren Leistungsverbesserungen für die ‚Wertvollen' untrennbar mit der Ausgrenzung und

‚Ausmerze' der ‚Minderwertigen' verbunden, wenn auch ihre Durchführung jeweils getrennten Apparaten oblag." (Sachße und Tennstedt 1992, Bd. 3, S.12)

Die als minderwertig diffamierten Gruppen wurden ausgegrenzt und verfolgt. Schon im Jahr 1933 wurden hierzu erste Konzentrationslager eingerichtet. Besonders auf dem Gebiet der sog. Rassenhygiene selektierte der nationalsozialistische Staat zwischen sog. Erbgesunden und Erbkranken, um letztere entweder zu sterilisieren oder schließlich gar umzubringen (Euthanasie). Der öffentliche Gesundheitsdienst wurde ganz in den Dienst dieser „Ausmerze", wie es im Sprachgebrauch der nationalsozialistischen Rassenlehre hieß, gestellt. „Gesundes" und „Minderwertiges", „Freund" und „Feind" (C. Schmidt) zu bestimmen, oblag alleine dem nach dem Führerprinzip aufgebauten zentralistischen Machtapparat, dem teils parallel, teils nachgeordnet Sonderorganisationen zugeordnet waren (z. B. Deutsche Arbeitsfront, Mutter und Kind, Deutsche Frauenfront, Kraft durch Freude, aber auch die sog. Schutzstaffel (kurz: SS) mit Sondereinrichtungen im Rahmen der nationalsozialistischen Vernichtungsmaschinerie). Insgesamt fielen dieser Politik neben dem millionenfachen Mord an Menschen jüdischen Glaubens zahlreiche Ethnien und soziale Gruppen zum Opfer.

Die nationalsozialistische Politik war von Anbeginn auf Krieg ausgerichtet, ab 1938 diente sie der direkten Kriegsvorbereitung bzw. -führung. Die *Nationalsozialistische Volkswohlfahrt* (NSV) erhielt faktisch eine Hegemonialstellung im NS-Staat. Während die sozialdemokratische Arbeiterwohlfahrt (AWO) wie andere Organisationen der Arbeiterbewegung zerschlagen wurden, gelang es den beiden konfessionellen Wohlfahrtsverbänden (Innere Mission und Caritas) zwar, ihre Selbständigkeit institutionell zu bewahren, sie mussten aber z. T. weitreichende Konzessionen an das faschistische Regime machen. Anders als im 1. Weltkrieg war die politische Führung bedacht, die Folgen der verbrecherischen Kriegspolitik für die Volksgemeinschaft durch sozialpolitische Maßnahmen, vor allem aber durch ihre völkisch motivierte Fürsorge abzumildern. Dazu gehörten nicht nur Renten- und Gesundheitsleistungen, sondern auch solche des *Winterhilfswerkes* (WHV), das soziale Dienste und Sachleistungen – häufig beschlagnahmte Güter jüdischer Opfer oder aus besetzten Gebieten – für Familien und später für Bombenopfer sowie Flüchtlinge vorsah (vgl. Sachße und Tennstedt 1992, Bd. 3; Aly 2005).

7   Die Sozialreform in der Bundesrepublik Deutschland

Doch das Ende des Krieges zeigte, dass all diese Leistungen durch Raub, Pump und Zerstörung der Finanzgrundlagen der Sozialversicherung zu Stande gekommen waren mit dem Ergebnis, dass nach dem 2. Weltkrieg nicht nur keine zentralstaatlichen Fonds mehr zur Verfügung standen, sondern oftmals die existenzminimale Grundversorgung der Bevölkerung nicht mehr sichergestellt werden konnte. Über Jahre bestimmte diese Frage weite Teile der sich allmählich wieder rekonstruierenden Politik im Nachkriegsdeutschland, zunächst auf lokaler, dann auf regionaler und schließlich auf der Ebene der Bi- bzw. Trizone und der sich 1949 herausbildenden Bundesrepublik Deutschland. Der in Westdeutschland mit der Währungsreform, amerikanischen Finanzhilfen (*Marshall-Plan*) und schließlich durch die immense Nachfrage nach deutschen Investitionsgütern als Folge des Korea-Krieges 1950 einsetzende wirtschaftliche Aufschwung führte sehr bald zu einer Diskussion darüber, wie denn die Bevölkerung insgesamt an dieser Wertsteigerung beteiligt werden solle bzw. könne (Sachße und Tennstedt 2012, Bd. 4).

Entgegen den fast einmütig geäußerten Vorstellungen ist es nicht zu einer Sozialreform aus einem Guss gekommen, vielmehr wurden verschiedene Einzelreformen aneinander gereiht, insgesamt aber sehr wohl in vielen Einzelheiten einer gemeinsamen Leitidee folgend. Diese bestand darin, das materielle Leistungsniveau an die allgemeine Wirtschaftsentwicklung anzupassen, neben den *kompensatorischen* Elementen insbesondere die *präventiven* auszubauen und Versicherungsbeiträge mehr oder weniger je nach System durch staatliche Zuschüsse zu ergänzen. Des Weiteren sollte die Verantwortung der Versicherten durch eine aktivere Beteiligung an der Selbstverwaltung der Sozialversicherung gestärkt werden.

Das lange Zeit dominierende und innovatorischste Element stellte zweifelsfrei die 1957 verabschiedete *Rentenreform* dar. Dem sog. *Schreiber-Plan* folgend wurde die frühere Erwerbstätigkeit auf die durchschnittliche Einkommenslage beim Renteneintritt bezogen, zugleich waren jährliche Rentenanpassungen vorgesehen, die ebenfalls der allgemeinen wirtschaftlichen Dynamik folgen sollten. Mit einer bedeutsamen Grundsatzentscheidung wurde ein Großteil der Kriegsfolgen in die Rentenversicherung integriert: Zeiten beim Reichsarbeitsdienst, als Soldat und in der Kriegsgefangenschaft wurden als sog. *Ersatzzeiten* den Beitragszeiten gleichgesetzt: Sie waren sowohl rentenbegründend – mit ihnen konnten also Anwartschaften erworben werden – als auch im Rahmen der neuen Rentenformel rentensteigernd. Es wurde ein *Bundeszuschuss* festgelegt, der derartige Leistungen finanziell absichern sollte. Der Effekt dieser Rentenreform war erheblich: Stellten Personen im Rentenalter einen Großteil derjenigen, die in den 1950er Jahren kommunale Fürsorgeleistungen bekamen, so reduzierte sich deren Zahl bereits im Jahr des Inkrafttretens drastisch (vgl. Bourcarde 2010). Für lange Zeit war damit in der Bundesrepublik Deutschland der Sozialhilfebezug im Alter weit unterproportional im Vergleich zu anderen Alters- bzw. Haushaltsgruppen.

Es dauerte allerdings sechs Jahre, bis der Gesetzgeber 1963 die *Kriegsopferrenten* in gleicher Weise dynamisierte und parallel zur allgemeinen Alters- und Hinterbliebenenversicherung ausgestaltete. Dieses betraf die Renten derjenigen, die als Folge kriegsbedingter Ereignisse nicht mehr im Erwerbsleben standen/stehen konnten, und die, die ihren Ernährer verloren hatten. Die Kriegsopferrenten hatten eine große frauenpolitische Bedeutung, waren doch die meisten der ,Rentenempfänger' Kriegerwitwen.

Das *Bundessozialhilfegesetz* (BSHG) von 1961 stellte ebenfalls eine innovatorische Einzelmaßnahme dar. Dieses Gesetz, 1962 nach Verabschiedung komplementärer Landesgesetze in Kraft getreten, brach in weiten Teilen mit dem in der Armenfürsorge in Deutschland lange Zeit dominanten armenpolizeilichen Denken. Während in der Renten- und in der Krankenversicherung standarisierbare soziale Risiken aufgefangen werden sollten – ergänzt durch ein neues, noch zu verabschiedendes Gesetz für Arbeitslosigkeit – sollte Sozialhilfe nur für die nicht standarisierbaren sozialen Risiken gewährt werden. Angesichts des enormen Rückgangs der Fürsorgeempfängerzahlen nach der Rentenreform von 1957 schien dieses auch erreichbar, ein Grund, warum zahlreiche Regelungen sehr viele Ermessensspielräume enthielten, die zu Gunsten der Bedürftigen eingesetzt werden konnten. Gleichzeitig knüpfte die Reformdiskussion wieder an der bereits in der Weimarer Republik praktizierten Vorstellung an, dass den freien Trägern der Wohlfahrtspflege letztlich der Vorrang vor den kommunalen bzw. staatlichen Trägern einzuräumen sei. Mit den *Wohlfahrtsverbänden* und dem *Deutschen Verein für öffentliche und private Fürsorge* hatte sich das deutsche korporatistische System bei der Fürsorge wieder hergestellt.

Die in den 1970er Jahren verfolgte *Politik der inneren Reformen* wirkte sich auch auf die Fürsorge- und andere soziale Dienstleistungen aus. Zum einen wurde das mit dem BSHG von 1961 eingeführte Bedarfsmengenschema zur Festlegung der Regelsätze bei den Hilfen zum Lebensunterhalt, der sog. Warenkorb, aktualisiert und erweitert. Zugleich wurde der Bereich der Hilfen in besonderen Lebenslagen verbessert. Insbesondere mit der renten- und frauenpolitisch wichtigsten Entscheidung, nämlich der Kompensation jahrzehntelanger Lohndiskriminierung von Frauen durch die *Rente nach Mindesteinkommen*, wurde die Altersarmut, insbesondere von Frauen erheblich reduziert. Zugleich wurde die *Professionalisierung* der sozialen Dienstleistungen gesteigert: Bisherige (Höhere) Fachschulen des Sozialwesens wurden (Fach-)Hochschulen, die Dienste selbst wurden ausgeweitet, quantitativ und qualitativ. Verstärkt wurden Hilfen für Personen, die mit traditionellen Komm-Strukturen nicht erreichbar waren, so etwa durch Einführung von Straßensozialarbeit. Und schließlich setzten Praxisforschung und die Politikberatung im sozialen Bereich neue Impulse. Die in der Sozialpolitik einsetzende Berichterstattung fand auch im Bereich der kommunalen Sozialpolitik ihren Niederschlag. Zugleich wurde diskutiert, wie man die sozialen Dienste etwa durch Integration und eine stärkere Vernetzung beteiligungsoffener, politischer und auch effizienter gestalten könne (*Gemeinwesenarbeit*).

8   Exkurs: Sozialpolitik in der DDR

Das System der sozialen Sicherung der DDR stellte eine Mischung eigener Art aus Elementen des sowjetischen Systems, dann aber auch der Bismarck'schen Sozialpolitik dar. Es beruhte auf folgenden fünf Säulen:

1. Den *Betrieben* oblagen neben der allgemeinen Beschäftigungssicherung (Recht auf Arbeit) weitgehende soziale Dienstleistungen vom betrieblichen Kindergarten über die Jugendbetreuung, Familienferien, soziale Dienste bis hin zur Seniorenbetreuung. Die Kosten für diese sozialen Leistungen wurden entweder gar nicht oder nur im allgemeinen staatlichen Planungswesen berücksichtigt, nicht aber über Löhne, Steuern, Preise und Abgaben finanziert.

2. *Grundnahrungsmittel und Dienstleistungen* des allgemeinen Grundbedarfs wurden vom Staat so stark subventioniert, dass mit relativ geringen finanziellen Mitteln die Existenz gesichert werden konnte, wenngleich wie bei den Wohnungen, Verkehrsmitteln etc. die Qualität niedrig anzusetzen war bzw. im Laufe der Zeit aufgrund fehlender Investitionen abnahm. Bestimmte *soziale Leistungen* (Gesundheitsleistungen, soziale Dienste der *Volkssolidarität*, dem staatlichen Wohlfahrtsverband) waren frei und konnten von jedem nachgefragt werden.

3. In Abweichung vom sowjetischen Vorbild und stärker der deutschen Tradition verbunden, wurden weiterhin Beiträge zur Sozialversicherung erhoben. Sie sicherte den Bewohnerinnen und Bewohnern u. a. eine *Mindestrente*, die infolge des subventionierten Grundbedarfs sehr wohl existenzsichernd war, aber nicht ausreichte, um den Wunsch nach zusätzlichem Wohlstand zu befriedigen.

4. In Umkehrung der Vorstellungen in marktwirtschaftlichen Systemen, wonach die am Bildungsstand orientierte Leistung Voraussetzung für die Entlohnung und die daran gekoppelten Sicherungssysteme ist, erfolgte im Sozialsystem der DDR eine positive Sanktionierung der (physischen) Arbeitskraft. Den Arbeitern standen höhere Löhne und höhere Sozialleistungen zu als akademischen Berufsgruppen. Daneben entstand aber ein fast schon wieder feudales, stark gestuftes System *sozialer Privilegien* insbesondere für die besondere Funktionseliten (Partei, Staat, Wirtschaft, Kunst, Sport etc.).

5. Nicht wenige Einzelregelungen bewirkten eine *Integration von Personengruppen* auf einem Niveau, das zwar gemessen an westdeutschem Standard quantitativ unzureichend, dem Grunde nach aber qualitativ durchaus beachtlich war. Dazu gehörte die Mindestrente für Personen, die auf Grund einer Behinderung nicht in der Lage waren, ein eigenes Einkommen zu erwirtschaften ebenso wie familienergänzende Hilfen, insbesondere bei der Vereinbarkeit von Familie und Beruf, darunter großzügige Regelungen nicht zuletzt für Frauen mit Kindern sowie Freizeitangebote, auch wenn diese im Regelfall mit politischen Zielen der Staats- und Parteiführung verbunden waren.

Wie in den anderen Ostblockländern stießen die Errungenschaften der sozialen Sicherung in der DDR in den 1960er und 1970er Jahren zunächst auf eine mehr oder weniger stark ausgeprägte Akzeptanz. Insbesondere Frauen hatten aufgrund längerer Erwerbstätigkeit relativ gesehen eine insgesamt bessere Absicherung im Alter als ihre westdeutschen Geschlechtsgenossinnen. Allerdings teilten die Frauen in Ost und West das gemeinsame Schicksal, dass bei ihnen Erwerbstätigkeit letztlich Mehrbelastung neben der ihnen weiterhin obliegenden Familienarbeit bedeutete, in der DDR noch durch eine weitere im Bereich des gesellschaftlichen Engagements verstärkt. Das soziale Sicherungsniveau wie insgesamt das der Versorgung breitester Bevölkerungskreise war im Vergleich zu anderen sozialistischen Ländern zwar deutlich besser, aber nicht nur im Vergleich zu Westdeutschland eher gering (vgl. Schmidt 2004; Groothuis 2009).

9 Reform sozialer Dienstleistungen – Ausbau, Umbau und Abbau

Mit Ausbruch und Anstieg der Massenarbeitslosigkeit in Deutschland seit Mitte der 1970er Jahre, zunächst Folge und Ausdruck des massiven wirtschaftlichen Strukturwandels, dann im Übergang zu den 1990er Jahren als Folge der deutschen Einheit, übernahm die kommunale Sozialhilfe immer mehr die Aufgabe einer existenzminimalen Grundsicherung bei Arbeitslosigkeit, worauf sie weder von der Aufgabenstellung noch von der Finanzierung her ausgerichtet war.

Mit der Trennung der inhaltlichen Bestimmung des Sozialgesetzbuchs II *Grundsicherung für Arbeitsuchende*, in Kraft getreten am 1. Januar 2005, vom Aufgabenbereich des Sozialgesetzbuches XII *Sozialhilfe* wurde schließlich das realisiert, was das BSHG 1961 eigentlich anstrebte, nämlich die Konzentration der Fürsorgeleistungen auf einen eng begrenzten Personenkreis, deren Lebensrisiken eine individuelle Intervention notwendig macht, während allgemeine standarisierte Leistungen über andere zentrale Systemen erbracht werden sollten. So stellt das SGB XII nunmehr ein Mindestsicherungssystem für einen Personenkreis dar, der nicht mehr durch eigene Leistungen sein Schicksal wenden kann, der also trotz anderer Sozialtransfers etc. öffentlicher Fürsorge bedarf. Im SGB II dagegen, ebenfalls ein Fürsorgesystem, sind die Personen konzentriert, die noch erwerbsfähig sind, und ihre Arbeitskraft zur Überwindung ihrer Lebenslage einbringen sollen. Dabei werden nunmehr – koordiniert über sog. Fallmanager bzw. Fallmanagerinnen der Arbeitsverwaltung – Geld-, Sach- und Beratungsleistungen mit Maßnahmen der aktiven Arbeitsmarktpolitik verzahnt. Die im Jahr 1927 getrennten Bereiche der Arbeitsmarkt- und der kommunalen Fürsorgepolitik sollen zumindest für den Personenkreis der Langzeitarbeitslosen wieder zusammengeführt werden. Die *final* auf die Reintegration von Arbeitslosen in den Arbeitsmarkt ausgerichtete Konzeption bricht sich jedoch in der Wirklichkeit der Verwaltungspraxis an restriktiven Entscheidungen (vgl. Gern und Segbers Hrsg. 2009) und angesichts fehlender Arbeitsplätze für diesen Personenkreis.

Insgesamt ist das Grundsicherungssystem einerseits auf eine Absicherung *aller* möglichen Notfälle ausgerichtet, andererseits aber kommt es zunehmend rechtlich, aber auch in der Praxis zu *Abstufungen* bei der Hilfegewährung (Boeckh et al. 2017, S. 354ff.). So wurden Leistungen für die große Gruppe der Asylbewerber 1993 in einem eigenen Gesetz zusammengefasst, zugleich deutlich niedriger angesetzt als etwa Leistungen in den anderen Mindestsicherungssystemen. Dahinter stand der Gedanke, dass diesem Personenkreis so lange keine soziale und kulturelle Teilhabe eingeräumt werden müsse, bis über ihren Rechtsstatus als Asylbewerber entschieden worden sei. Auch werden die Leistungen häufig in Form von Sachleistungen gewährt. Insgesamt wurde das Leistungsniveau lange Zeit nicht angehoben. Eine Entscheidung des Bundesverfassungsgerichtes im Jahr 2012 machte dem Gesetzgeber zur Auflage, die Leistungen anzuheben. Dieses geschah 2015, gleichwohl liegen die Leistungen insgesamt immer noch unter denen der Mindestsicherung nach SGB II und XII.

Aber auch innerhalb der beiden großen Systeme – SGB II und SGB XII – kommt es weiter zu immanenten Abstufungen. Das vormalige Warenkorbmodell zur Messung des Mindestbedarfs wurde in Schritten aufgegeben und im Jahr 2005 endgültig durch Berechnungen auf der Grundlage unterer Einkommen im Rahmen der Einkommens- und Verbrauchs-stichprobe (EVS) ersetzt. Dabei bleibt allerdings umstritten, welche Verbrauchseinheiten zu berücksichtigen sind und welche nicht. Daneben kommt es zu schwer nachvollziehbaren prozentualen Abstufungen zwischen unterschiedlichen Leistungsgruppen bzw. Altersstu-fen. Zwar hat das Bundesverfassungsgericht es als rechtswidrig verworfen, die Regelsätze von Kindern und Jugendlichen lediglich als Prozentsatz des Bedarfs der Erwachsenen zu bestimmen, so dass nunmehr altersgerechte Bedarfe ermittelt werden müssen. Der Streit um die Festlegung eines angemessenen Bedarfes ist damit aber nicht beigelegt und letztlich bleiben einige willkürliche bzw. normativ begründete Differenzierungen.

Ausdifferenzierungen gibt es auch bei der sog. *Familiensubsidiarität*. Im SGB XII wird bei der *Grundsicherung im Alter und bei dauerhafter Arbeitsunfähigkeit* der sehr hohe Freibetrag beim Einkommen Unterhaltsverpflichteter von 100.000 Euro pro Jahr ange-setzt, während in allen anderen Fällen deutlich stärker auf die Unterstützungsleistung von direkten Verwandten in gerader Linie zugegriffen wird. Beim SGB II kam es zu einer gravierenden Änderung der ursprünglichen Absicht. Hatten zunächst junge Erwachsene unter 25 Jahren das Recht, aus dem elterlichen Haushalt auszuziehen und eine eigene Woh-nung anzumieten, deren – angemessene – Kosten von der Agentur für Arbeit übernommen wurden, wurde dieses schon bald dahingehend abgeändert, dass besondere Gründe dafür vorliegen müssen: An die Stelle finalen Denkens – der bzw. die junge Erwachsene soll auf eigene Füße gestellt werden – trat nun wieder kausales Denken: Warum hält der junge Mann bzw. die junge Frau es zu Hause nicht mehr aus?

Ein weiteres wichtiges Gebiet für sozialpolitische Neugestaltung stellt der Bereich Pflege als Folge demographischer Veränderungen und steigender Standards im Bereich der Versor-gung insbesondere älterer Menschen dar. 1994 wurde deshalb mit der Pflegeversicherung eine fünfte Säule der Sozialversicherung geschaffen, zugleich die kommunale Sozialhilfe zunächst entlastet. Angesichts zunehmender Pflegebedürftigkeit, der steigenden Pflege-kosten und insbesondere angesichts des Zuwachses beim Betreuungsbedarf an Demenz Erkrankter unterliegt dieses Gesetzes einem steten Anpassungsbedarf, sowohl was das Leistungsspektrum als auch was die Finanzierung anbelangt. Dem suchen Neuregelun-gen, die am 1.1.2017 in Kraft getreten sind, Rechnung zu tragen, auch um die wieder in erheblichem Umfange bei den Kommunen anfallenden Kosten abzumildern (Boeckh et al. 2017, S. 308ff.). Zugleich zeichnet sich seit Jahren ein Engpass beim Pflegepersonal ab. Es kommt hier insgesamt zunehmend zu einem Wettbewerb zwischen traditionellen Anbie-tern von Pflegeleistungen – so insbesondere durch Vertreter der Freien Wohlfahrtspflege – und privatwirtschaftlichen Anbietern. Bei letzteren wiederum gibt es eine sehr breite Spreizung zwischen einerseits sehr hochwertigen aber teuren Angeboten und solchen, die insbesondere bei Personalkosten Einsparungen erreichen, um kostengünstiger zu sein.

Darin spiegelt sich eine grundsätzliche Veränderung auf dem Gebiet der sozialen Dienstleistungen wider (Anhorn und Stehr 2017). Auf der einen Seite nahmen und nehmen Konzepte und konkrete Programme Gestalt an, etwa auf Quartiersebene oder bei bestimmten Gruppen soziale Dienste auszubauen und besser zu vernetzen. Auf der anderen Seite unterlagen und unterliegen derartige Maßnahmen immer stärker der sog. *Ökonomisierung sozialer Dienste* mit dem Ziel, letztlich Kosten einzusparen, etwa indem man ein Budget vorgibt, dem sich zu erbringende Leistungen quantitativ und qualitativ anpassen sollen bzw. müssen (vgl. Buestrich et al. 2008). Diese gegenläufigen Maßnahmen der Leistungsexpansion und der Leistungsbegrenzung laufen bis heute parallel. Am Beispiel der Familienhilfe lassen sich sowohl Formen gelingender, sozial-integrierender Langfristmaßnahmen nachweisen als auch die restriktiv wirkende Pauschalierung von Leistungsangeboten, unabhängig vom angestrebten Ergebnis (vgl. Balz et al. 2009).

Insgesamt kommt es zur Ausweitung eines *Wohlfahrtsmarktes*, der Haushalten bzw. Personen eine ihrer persönlichen Finanzkraft entsprechende Versorgung ermöglicht, auf der anderen Seite müssen finanzschwächere Haushalte und Personen mit deutlich restriktiver in Qualität und Intensität ausgerichteten Dienstleistungen vorlieb nehmen (vgl. Butterwegge 2014). Dieses betrifft nunmehr fast alle sozialen Bereiche, im Gesundheitswesen und bei der Pflege, von der Kinderbetreuung bis hin zur Altenhilfe. Überall gibt es ein Nebeneinander von privat-kommerziellen und sozial zumindest mitfinanzierten Angeboten. Doch schon die Finanzstruktur öffentlich-rechtlich finanzierter Dienstleistungsangebote ist in sich widersprüchlich: Diese ist auf den Auftrag für die jeweilige Institutionen ausgerichtet, nicht aber auf das gesamte soziale Problemfeld, an dem verschiedene Institutionen mitwirken (können). Zwischen den Institutionen erfolgt kein Ausgleich. Das jeweils angestrebte Ziel sozialer Integration und Versorgung tritt hinter dem Ausgleich der Kostenstruktur der jeweiligen Institution zurück. Damit werden wichtige Ziele sozialer Dienste nicht erreicht, mitunter werden sogar Kosten verursacht, die kontraproduktiv sind.

10 „Wer nicht arbeiten will, der soll auch nicht essen."[6]

Der Arme bzw. der Fürsorgeempfänger stand und steht unter dem Generalverdacht, letztlich die Solidargemeinschaft durch seine Ansprüche bloß zu missbrauchen. Die Unterscheidung zwischen würdigen und unwürdigen Armen diente und dient vor allem der Stigmatisierung, die auch die ‚würdigen' Armen treffen soll bzw. trifft. Und in zahllosen Varianten wird ausgeführt, dass und wie die Leistung („essen") an die Vor-Leistung („arbeiten") gebunden sein soll. In diesem Sinne hat die aus dem geschichtlichen Kontext gerissene Aussage des Apostel Paulus in der Armenfürsorge von deren Beginn an bis hin zur Gegenwart eine mitunter sehr negative Grundstimmung gegen in Not befindliche Menschen mitbegründet. Neubestimmungen etwa christlich motivierter sozialer Dienstleistungen setzen sich davon dezidiert ab (Becker 2011).

Mit der Weimarer Reichsverfassung und Artikel 1 des Grundgesetzes der Bundesrepublik Deutschland wird Armut staatsrechtlich zwar nicht länger diskriminiert. Aus dem im Grundgesetz zum obersten Staatsziel erhobenen Auftrag, die Würde des Menschen zu

---

6   Der 2. Brief des Paulus an die Thessalonicher, Kapitel 3, Vers 10 b.

achten und zu schützen, folgt ein Recht auf soziale Unterstützung unabhängig von der Frage, wie dieser Zustand eingetreten ist und wer ihn ggf. zu verantworten hat. Zugleich aber soll diese Hilfe immer darauf ausgerichtet sein, die Selbsthilfe zu stärken. Damit stoßen individuelle, personenbezogene Momente mit gesellschaftlichen Normen bzw. Abweichungen aufeinander, was denn konkret Hilfe, Selbsthilfe ist bzw. sein soll und ob bzw. wie Hilfe Selbsthilfe fördert oder blockiert. Nicht *dass* Arbeiten und Essen aufeinander bezogen werden sollen, ist strittig, wohl aber stets von neuem das *wie*. Die Abwägung dieses Mischungsverhältnisses bleibt, zumindest in einer offenen Gesellschaft, auf der Agenda, es wird unterschiedlich begründet und in wechselvollen Koalitionen angedacht. In ihm mischen sich öffentlicher Handlungsauftrag mit zivilgesellschaftlichem Engagement, lokale Initiativen über nationale Regelungen bis hin zu europäischen Programmen, mal mehr fordernd, mal mehr fördernd: Arbeiten und Essen stehen in einem wechselvollen, keineswegs widerspruchsfreien, aber auch nicht unstatthaften Zusammenhang.

Mit dem Ausbau der europäischen politischen Ebene kommt auch den sozialen Dienstleistungen ein neues, besonderes Gewicht zu. Zwar bleibt auch in dem nunmehr vierfach – Kommune, Land, Bund und Europäische Union – gestuften Sozialstaat vor allem die Kommune verantwortlich für die sozialen Dienste. Doch die von der Europäischen Union im Rahmen der *Offenen Methode der Koordination* (OMK) geforderte und geförderte Politik sozialer Inklusion zielt dezidiert u.a. auf den ungehinderten Zugang zu den sozialen Diensten und will so monetäre und nichtmonetäre Barrieren abbauen. Im Rahmen der europäischen Sozialberichterstattung ist dieses zu einem Kriterium dafür geworden, dass zwar die Integration des Hilfebedürftigen in den Erwerbsarbeitsmarkt nach Möglichkeit und forciert erfolgen soll, dass aber unabhängig davon keine Hindernisse bei der sozialen Versorgung bestehen dürfen. Das Essen wird damit zwar nicht vom Arbeiten gelöst, gleichwohl aber zu einer eigenständigen Qualität sozialer Teilhabe.

Literatur

Aly, Götz. 2005. *Hitlers Volksstaat. Raub, Rassenkrieg und nationaler Sozialismus*, 4. Aufl. Frankfurt a.M.: Verlag S. Fischer.

Anhorn, Roland und J. Stehr, Hrsg. 2017. *Handbuch Soziale Ausschließung und Soziale Arbeit*. Wiesbaden: Springer VS.

Arnim, Bettina von. 1981. *Bettina von Arnims Armenbuch*, Hrsg. von Werner Vordtriede. Frankfurt a.M.: Insel Verlag.

Aschrott, Paul Felix. 1909. Armenwesen, In *Handwörterbuch der Staatswissenschaften, 2. Bd.*, 3. Aufl., 1-5. Jena: Verlag G. Fischer.

Balz, Hans-Jürgen, K. Biedermann, E.-U. Huster, H. Mogge-Grotjahn und U. Zinda, Hrsg. 2009. *Zukunft der Familienhilfe. Veränderungen und integrative Lösungsansätze*. Neukirchen – Vluyn: Neukirchener.

Becker, Uwe, Hrsg. 2011. *Perspektiven der Diakonie im gesellschaftlichen Wandel*. Neukirchen-Vluyn: Neukirchener.

Boeckh, Jürgen, E.-U. Huster, B. Benz und J. D. Schütte. 2017. *Sozialpolitik in Deutschland. Eine systematische Einführung,* 4. Aufl. Wiesbaden: Springer VS.

Bourcarde, Kay. 2011. *Die Rentenkrise: Sündenbock Demographie. Kompromissbildung und Wachstumsabkoppelung als Ursachen von Finanzierungsengpässen.* Wiesbaden: VS Verlag für Sozialwissenschaften.

Buestrich, Michael, M. Burmester, H. J. Dahme und N. Wohlfahrt. 2008. *Die Ökonomisierung Sozialer Dienste und Sozialer Arbeit. Entwicklung – Theoretische Grundlagen – Wirkungen.* Baltmannsweiler: Schneider Verlag.

Butterwegge, Christoph. 2014. *Krise und Zukunft des Sozialstaates,* 5. Aufl. Wiesbaden: Springer VS.

Evers, Adalbert, R. G. Heinze und Th. Olk, Hrsg. 2010. *Handbuch Soziale Dienste.* Wiesbaden: VS Verlag für Sozialwissenschaften.

Frerich, Johannes. 1993. *Handbuch der Geschichte der Sozialpolitik in Deutschland, 3 Bde.* München: Oldenbourg.

Geremek, Bronislaw. 1991. *Geschichte der Armut. Elend und Barmherzigkeit in Europa.* München, Zürich: dtv.

Geremek, Bronislaw. 2004. Armut und Armenfürsorge in Europa im Übergang vom Spätmittelalter zur frühen Neuzeit. In *Die Entstehung einer sozialen Ordnung Europas, Bd II, Europäische Ordnungen zur Reform der Armenpflege im 16. Jahrhundert,* Hrsg. T. Strohm und M. Klein, 59-77. Heidelberg: Universitätsverlag Winter.

Gern, Wolfgang und F. Segbers, Hrsg. 2009. *Als Kunde bezeichnet, als Bettler behandelt. Erfahrungen aus der Hartz IV – Welt.* Hamburg: VSA.

Groothuis, René. 2009. *Sozialpolitik und Sozialismus: Anspruch und Wirklichkeit der sozialen Sicherung in der Deutschen Demokratischen Republik.* Hamburg: Diplomica Verlag.

Hentschel, Volker. 1983. *Geschichte der deutschen Sozialpolitik 1880–1990.* Frankfurt a. M.: Suhrkamp.

Jütte, Robert. 2004. Tendenzen öffentlicher Armenpflege in der Frühen Neuzeit Europas und ihre weiter wirkenden Folgen. In *Die Entstehung einer sozialen Ordnung Europas, Bd. I. Historische Studien und exemplarische Beiträge zur Sozialreform im 16. Jahrhundert,* Bd. 1, Hrsg. T. Strohm und M. Klein, 78-104. Heidelberg: Universitätsverlag Winter.

Krupp, Alfred. 1877. Ein Wort an meine Angehörigen. In *Quellen zur Geschichte der sozialen Frage in Deutschland. Bd. 2. 1871 bis zur Gegenwart,* Hrsg. E. Schraepler, 90f. Göttingen, Berlin, Frankfurt a. M.: Musterschmidt.

Lampert, Heinz. 1980. *Sozialpolitik.* Berlin, Heidelberg, New York: Springer.

Lampert, Heinz und J. Althammer. 2007. *Lehrbuch der Sozialpolitik,* 8. Aufl. Heidelberg: Springer.

Leibfried, Stephan. 1977. Vorwort. In *Regulierung der Armut,* Hrsg. F. F. Piven und R. A. Cloward, 9-67. Frankfurt a. M.: Suhrkamp

Maaser, Wolfgang und G. K. Schäfer, Hrsg. 2016. *Geschichte der Diakonie in Quellen. Vom Anfang des 19. Jahrhunderts bis zur Gegenwart.* Neukirchen – Vluyn: Neukirchener.

Marx, Karl. 1965. Das Kapital. In *Marx und Engels Werke, Bd. 23,* K. Marx und F. Engels. Berlin: Dietz Verlag.

Oexle, Otto Gerhard. 1986. Armut, Armutsbegriff und Armenfürsorge im Mittelalter. In *Soziale Sicherheit und soziale Disziplinierung,* Hrsg. C. Sachße und F. Tennstedt, 73-100. Frankfurt a. M.: Suhrkamp.

Pankoke, Eckhart. 1986. Von „guter Policey" zu „socialer Politik". „Wohlfahrt", „Glückseligkeit" und „Freiheit" als Wertbindung aktiver Sozialstaatlichkeit. In *Soziale Sicherheit und soziale Disziplinierung,* Hrsg. C. Sachße und F. Tennstedt, 148-177. Frankfurt a. M.: Suhrkamp.

Preller, Ludwig. 1978. *Sozialpolitik in der Weimarer Republik.* Original 1949. Reprint Kronberg Ts., Düsseldorf: Athenäum und Droste.

Sachße, Christoph und F. Tennstedt, Hrsg. 1986. *Soziale Sicherheit und soziale Disziplinierung.* Frankfurt a. M.: Suhrkamp.

Sachße, Christoph und F. Tennstedt. 1980. *Geschichte der Armenfürsorge in Deutschland. Vom Spätmittelalter bis zum 1. Weltkrieg*, Bd. 1. Stuttgart, Berlin, Köln, Mainz: Kohlhammer.

Sachße, Christoph und F. Tennstedt. 1988. *Geschichte der Armenfürsorge in Deutschland. Fürsorge und Wohlfahrtspflege 1871 bis 1929*, Bd. 2. Stuttgart: Kohlhammer.

Sachße, Christoph und F. Tennstedt. 1992. *Geschichte der Armenfürsorge in Deutschland. Der Wohlfahrtsstaat im Nationalsozialismus*, Bd. 3. Stuttgart: Kohlhammer.

Sachße, Christoph und F. Tennstedt. 2012. *Geschichte der Armenfürsorge in Deutschland. Fürsorge und Wohlfahrtspflege in der Nachkriegszeit 1945-1953*, Bd. 4. Stuttgart: Kohlhammer.

Salomon, Alice. 1926. *Soziale Diagnose*. Berlin: Heymanns.

Schäfer, Gerhard K. 1994. *Gottes Bund entsprechen. Studien zur diakonischen Dimension christlicher Gemeindepraxis*. Heidelberg: Heidelberger Verlagsanstalt.

Schmidt, Manfred G. 2005. *Sozialpolitik in Deutschland. Historische Entwicklung und internationaler Vergleich*, 3. Aufl. Wiesbaden: VS Verlag für Sozialwissenschaften.

Schmidt, Manfred G. 2004. *Sozialpolitik in der DDR*. Wiesbaden: VS Verlag für Sozialwissenschaften.

Schraepler, Ernst. 1957. *Quellen zur Geschichte der sozialen Frage in Deutschland. Bd. 2. 1871 bis zur Gegenwart*. Göttingen, Berlin und Frankfurt a. M.: Musterschmidt.

Stolleis, Michael. 2003. *Geschichte des Sozialrechts in Deutschland*. Stuttgart: Lucius & Lucius.

Strohm, Theodor und M. Klein, Hrsg. 2004. *Die Entstehung einer sozialen Ordnung Europas, Bd. I. Historische Studien und exemplarische Beiträge zur Sozialreform im 16. Jahrhundert*. Heidelberg: Universitätsverlag Winter.

Strohm, Theodor und M. Klein Hrsg. 2004. *Die Entstehung einer sozialen Ordnung Europas, Bd II, Europäische Ordnungen zur Reform der Armenpflege im 16. Jahrhundert*. Heidelberg: Universitätsverlag Winter.

Tennstedt, Florian. 1981. *Sozialgeschichte der Sozialpolitik in Deutschland*. Göttingen: Vandenhoeck und Ruprecht.

Volkmann, Heinrich. 1968. *Die Arbeiterfrage im preußischen Abgeordnetenhaus 1848-1869*. Berlin: Duncker und Humblot.

Winkler, Gunnar. 1989. *Geschichte der Sozialpolitik der DDR*. Berlin: Akademie Verlag.

Zöllner, Detlev. 1981. *Ein Jahrhundert Sozialversicherung in Deutschland*. Berlin: Duncker und Humblot.

IV
**Gesellschaftliche Prozesse
und individuelle Lebenslage:
Erscheinungsformen und Ergebnisse
von Armut und sozialer Ausgrenzung**

Einkommen und soziale Ausgrenzung

Jürgen Boeckh

Zusammenfassung

Die Verfügbarkeit über Einkommen und Vermögen bestimmt in zentraler Weise die gesellschaftlichen Teilhabe- und Verwirklichungschancen eines Menschen – sowie der von ihm ggf. abhängigen Familienmitglieder. So erweitert ein hohes Einkommen und Vermögen zum einen individuelle bzw. familiäre Spielräume für die Förderung und Entwicklung von Interessen, Kenntnissen und Fähigkeiten. Zugleich steigen mit dem Einkommen und Vermögen die Möglichkeiten, in allen relevanten Lebenslagen (v. a. Wohnen, Bildung, Gesundheit) höherwertige Dienst- und Sachleistungen in Anspruch zu nehmen. Zum anderen ist gerade das Vorhandensein von Vermögen häufig wieder selbst Quelle für weiteres Einkommen bzw. Wohlstand, so dass sich durch die Verteilung der Einkommens- und Vermögensbestände strukturelle Auswirkungen auf den Partizipationsgrad der Menschen ergeben. Die Analyse zur Einkommens- und Vermögensverteilung zeigt eine zunehmende Verteilungsschieflage in Deutschland. Wachsender Wohlstand wird begleitet von sich verfestigender Armut und Überschuldung. Hauptbetroffene der gesellschaftlichen Spaltung sind vor allem Migrantinnen und Migranten, niedrig qualifizierte und/oder arbeitslose Menschen sowie allein Erziehende. Insgesamt lässt sich feststellen, dass die einkommensgebundenen Armutsrisiken eher von sozialen bzw. strukturellen Ursachen abhängen (*Einkommenspolarisierung*) als dass sie ein individuelles Versagen darstellen. Auch das Sozialversicherungssystem ist immer weniger in der Lage, eine umfassende Lebensstandardsicherung zu gewährleisten (z. B. *Altersarmut*). Und die Mindestsicherungssysteme sind schon von ihrer Philosophie her nicht auf das Überspringen der Armutsgrenze ausgelegt. Unterschiedliche Modelle zum *Grundeinkommen* zielen darauf ab, die Refinanzierungsgrundlagen der Sozialversicherung zu reformieren bzw. den Zusammenhang zwischen Arbeit und Einkommen vollständig aufzuheben. Es bleibt allerdings unklar, inwieweit diese Modelle tatsächlich geeignet sein können, einkommensbedingte Armut und soziale Ausgrenzung dauerhaft zu verhindern.

Schlagworte

Armut und Reichtum; Mindestsicherung; Grundeinkommen; Einkommensverteilung; Polarisierung

1   Zum systematischen Stellenwert von Einkommen und Vermögen

Die Verfügbarkeit von Einkommen und Vermögen ist in unserer Gesellschaft ein entscheidender Parameter für den individuellen Lebensstandard. Die jeweilige Stellung im System der Erwerbsarbeit und die Höhe bzw. Regelmäßigkeit des dabei erzielten Einkommens bestimmen direkt die materielle Lebenslage und damit die Spielräume zur immateriellen bzw. sozialen Teilhabe eines Menschen, wenngleich damit keine abschließende Aussage über die Lebensqualität getroffen werden kann (vgl. Adamy und Hanesch 1990). Einkommen entsteht zunächst – ökonomisch betrachtet – über den Einsatz der Faktoren Arbeit und Kapital aus

- abhängiger Erwerbsarbeit und/oder
- selbstständiger Tätigkeit und/oder
- Vermögen und Gewinnen.

Dieser *primären* Verteilung in Form sogenannter Markteinkommen stehen die Sozialeinkommen als Ergebnis *sekundärer* staatlicher Umverteilung über das Steuer- bzw. soziale Sicherungssystem gegenüber. Danach schließt sich eine private, *innerfamiliäre Verteilung* an, in der das erwirtschaftete Haushaltseinkommen (bestehend in der Regel aus einer Kombination von Markt- und Sozialeinkommen) entsprechend den Belangen der Haushaltsmitglieder verteilt werden muss. Dabei greifen einerseits Unterhaltsverpflichtungen gegenüber Ehegatten und Kindern ebenso wie moralische oder kulturell bedingte Verpflichtungen gegenüber anderen privaten Personen.

Über den Bezug bzw. die Verteilungslogik dieser Einkommensarten bilden sich gesellschaftliche Abhängigkeitsverhältnisse heraus. So hat nicht allein die Höhe, sondern auch die Art, wie das Einkommen erzielt wird, entscheidenden Einfluss auf die soziale Stellung eines Menschen. Es ist mit unterschiedlicher gesellschaftlicher Wertschätzung belegt, ob Einkommen aus kontinuierlicher Erwerbsarbeit, aus Kapitalbesitz oder aus Sozialleistungen resultiert. Auch wird der mit einem Rechtsanspruch gesicherte und aus einer vorangegangenen Erwerbsarbeit resultierende Sozialtransfer (z. B. Renten, Arbeitslosengeld I oder Krankengeld) in der Regel gesellschaftlich positiver bewertet als die Abhängigkeit von Mindestsicherungsleistungen (Sozialhilfe, Arbeitslosengeld II). Auch ist der sozialrechtliche Druck zur Arbeitsaufnahme bzw. zum Einsatz vorhandener materieller Ressourcen (Vermögen) auf die Transferleistungsbezieherinnen und -bezieher in den einzelnen Sozialgesetzbüchern unterschiedlich stark ausgeprägt (*Mitwirkungspflichten*).

In einer Gesellschaft, die sich über Markteinkommen vermittelt, gibt es bestimmte *Einkommensrisiken*. So sichert Erwerbstätigkeit nicht per se ein ausreichendes Einkommensniveau, vielmehr können niedrige Löhne bzw. diskontinuierliche Einnahmen bei Selbständigen zu einer – an den Armutsgrenzen gemessenen – materiellen Unterversorgung führen (*working poor*). Hinzu kommen soziale Risiken wie Arbeitslosigkeit, Krankheit und Berufs- bzw. Erwerbsunfähigkeit, die sich unmittelbar auf das Individual- bzw. Haushaltseinkommen auswirken können. *Sozialtransfers* wie das Arbeitslosengeld I oder die Rentenzahlungen weichen hier einerseits die Abhängigkeit von der Erwerbsarbeit auf (*Esping-Andersen* hat dafür den Begriff „*Dekommodifizierung*" geprägt, (1990)), bleiben aber andererseits in unserem Sozialversicherungssystem im Wesentlichen eine einkommensabhängige Größe. Denn vor allem die Höhe der auf die jeweiligen Einkommen erhobenen Sozialversicherungsbeiträge bestimmt die Höhe der daraus abgeleiteten Transferleistungen (*Äquivalenzprinzip*). Das *Solidarprinzip* hebt als Gegenprinzip den Zusammenhang von Beitrag und Transferleistung (teilweise) auf. Es ist in der Sozialversicherung am stärksten in der Gesetzlichen Krankenversicherung (z. B. durch die beitragsfreie *Familienversicherung* von unterhaltsberechtigten Angehörigen) ausgeprägt. Bei den materiellen Transfers kommt es vor allem im Rentenrecht zum Tragen. So haben unterhaltsberechtigte Angehörige (Ehegatten und Kinder) eines sozialversicherungspflichtig Beschäftigten in dessen Todesfall auch ohne eigene Beitragszahlungen Anspruch auf eine Hinterbliebenenrente. Liegt ein entsprechender Sozialleistungsanspruch unter dem Niveau der Mindestsicherungsleistungen werden die Geldleistungen allerdings nicht automatisch angepasst.

Bei den Fürsorgeleistungen nach dem Sozialgesetzbuch II (SGB II, Arbeitslosengeld II) und SGB XII (Sozialhilfe) besteht die Problematik, inwieweit die gezahlte Unterstützung tatsächlich geeignet ist, Armut und soziale Ausgrenzung zu überwinden. So hat das Bundesverfassungsgericht am 9. Februar 2010 zwar nicht die Höhe der damals gültigen Regelsätze für verfassungswidrig erklärt, sehr wohl aber das Verfahren zur Berechnung der Mindestsicherungsleistungen als intransparent und damit als nicht realitätsgerecht bezeichnet (BVerfG, 1 BvL 1/09 vom 9.2.2010, Nummer. 211). „Der gesetzliche Leistungsanspruch" – so das Bundesverfassungsgericht in seinem Urteil – „muss so ausgestaltet sein, dass er stets den gesamten existenznotwendigen Bedarf jedes individuellen Grundrechtsträgers deckt." (a. a. O.: Nummer 137) Die Politik unterstellt, dass mit dem Bezug dieser Mindestsicherungsleistung Armut als *bekämpft* zu betrachten ist. Zugleich warnt sie vor der *Armutsfalle*, dass sich nämlich jemand auf Grund des Leistungsniveaus und der Leistungshöhe gar nicht mehr um eine eigenständige Existenzsicherung – sprich Erwerbstätigkeit – bemüht.

Die Einkommens- und Steuerpolitik sowie das soziale Sicherungssystem wirken nicht nur auf die individuellen materiellen Sicherungsspielräume. Die Frage, wie Einkommen in einer Gesellschaft entsteht und in welchem Umfang es (um)verteilt wird, ist immer auch normativ besetzt. In diesem Kontext muss geklärt werden, ob und wie die Höhe einer individuellen Entlohnung mit der familiären und sozialen Situation der Einkommen Beziehenden zusammenpasst bzw. welche Umstände hier einen regulierenden sozialpolitischen Eingriff begründen können. Auch muss ein Konsens darüber gefunden werden, ob, wann und wie eine Entlohnung leistungsgerecht erfolgt. Letzteres ist sowohl angesichts der nach wie vor unterschiedlich hoch entlohnten männlichen und weiblichen Erwerbsarbeit (*gender pay gap*) als auch im Hinblick auf die zum Teil gravierenden Einkommensunterschiede etwa zwischen dem Top-Management und den Belegschaften eine offene gesamtgesellschaftliche Gerechtigkeitsfrage und damit ein sozialpolitisches Steuerungsproblem. „Damit tritt heute *politisch die Verteilungsunfähigkeit des Systems in den Vordergrund*, ohne dass es noch in erheblichem Umfang handlungshemmende Erfahrungen mit der lebensbedrohenden Situation eines breiten Massenelends gäbe." (Leibfried und Tennstedt 1985, S. 16)

2   Instrumente der Einkommens- und Umverteilungspolitik in Deutschland

Auf die Verteilung der Einkommen wirken in Deutschland unterschiedliche Instrumente und Akteure ein. Hierzu zählen

1. die Tarifpolitik der Arbeitgeberverbände und Gewerkschaften,
2. die staatliche Steuer- und Abgabenpolitik sowie
3. das System der sozialen Sicherung.

2.1   Die Rolle der Tarifpolitik

Die Regulierung der primären Einkommensverteilung erfolgt im Wesentlichen im Rahmen der durch Paragraph 9 Absatz 3 GG geschützten Tarifautonomie. Die Arbeitgeberverbände legen zusammen mit den Gewerkschaften in kollektiv wirksamen Tarifverträgen nach Tarifvertragsgesetz (TVG) für die einzelnen Branchen die Mindestbedingungen zur Regulation der Arbeits- und Entlohnungsbedingungen fest. Arbeitsrechtliche Mindestvorschriften – etwa nach dem Bürgerlichen Gesetzbuch (BGB) – sind für die Tarifvertragspartner dabei bindend. Auf die Aushandlung der Löhne hat der Staat somit außerhalb des öffentlichen Dienstes – wo er selbst als Arbeitgeber auftritt – kaum Einfluss. Nachdem der Gesetzgeber mit dem sog. Entsendegesetz aus dem Jahr 1996 erstmalig festgelegt hatte, dass ausländische Arbeitgeber im Baugewerbe, die Arbeitskräfte nach Deutschland entsenden, nicht die niedrigeren Entlohnungsbedingungen ihrer Herkunftsländer anwenden dürfen, existiert seit dem 1. Januar 2015 in Deutschland erstmals eine verbindliche Lohnuntergrenze von zunächst 8,50 Euro und seit 1.1.2017 von 8,84 Euro pro Stunde für alle Arbeitnehmerinnen und Arbeitnehmer über 18 Jahren, deren Geltungsbereich stufenweise ausgebaut wird

(Gesetz zur Stärkung der Tarifautonomie). Keine Arbeitnehmerinnen bzw. Arbeitnehmer im Sinne des Mindestlohngesetzes sind:

- Auszubildende nach dem Berufsbildungsgesetz
- Ehrenamtlich tätige Personen
- Personen, die einen freiwilligen Dienst ableisten
- Teilnehmer und Teilnehmerinnen in einer Maßnahmen der Arbeitsförderung (SGB II / SGB III)
- Heimarbeiter und Heimarbeiterinnen nach dem Heimarbeitsgesetz
- Selbstständige

Langzeitarbeitslose können in den ersten sechs Monaten ihrer Beschäftigung unterhalb des Mindestlohnes beschäftigt werden, um die Integration in Beschäftigung zu erleichtern. Zur Zeit gelten noch Übergangsvorschriften, die eine Abweichung vom Mindestlohn ermöglichen. Erst ab dem 1. Januar 2018 gilt der allgemeine gesetzliche Mindestlohn ohne jede Einschränkung. Das Bundesministerium für Arbeit und Soziales (BMAS) geht davon aus, dass ab dem Jahr 2015 rund 3,7 Millionen Menschen vom Mindestlohn profitieren. Damit wird zum einen die Dimension deutlich, die der Niedriglohnsektor in den vergangenen Jahren angenommen hat, zum anderen bleibt fraglich, ob er tatsächlich als ein Instrument der Bekämpfung materieller Armut ausreicht. So erhält eine alleinstehende Person bei einer Wochenarbeitszeit von 35 Stunden laut BMAS einen Bruttomindestlohn von 1.341 Euro im Monat.[1] Abzüglich der Sozialversicherungsbeiträge, Lohn- und Kirchensteuer verbleiben einem 35-jährigen Single rund 1.010 Euro monatlich (Steuerklasse I, ohne weitere Sozialleistungen) und einem bzw. einer Alleinerziehenden mit einem Kind rund 1.048 Euro (Steuerklasse II, ohne Kindergeld). Nach Angaben der Bundesagentur für Arbeit hat eine Single-Bedarfsgemeinschaft im Durchschnitt ein Haushaltsbudget (= laufende Nettoleistungen plus verfügbares Einkommen) von 751 Euro pro Monat, in einem alleinerziehenden Haushalt mit einem Kind stehen im Monat 1.262 Euro zu Verfügung (vgl. Bundesagentur für Arbeit 2017). Damit wird deutlich, dass je nach Haushaltskonstellation der Mindestlohn nur bedingt vor dem Bezug ergänzender Sozialleistungen nach SGB II Grundsicherung für Arbeitsuchende bewahrt. Und legt man die Armutsrisikogrenze (= äquivalenzgewichtetes Haushaltsnettoeinkommen (neue OECD-Skala) < 60 Prozent des Median der Einkommen aller Personen) zu Grunde, die die Bundesregierung in der Armuts- und Reichtumsberichterstattung selbst zur Anwendung bringt, dann beginnt die Armutsgefährdung für einen Single-Haushalt bei einem Haushaltsnettoeinkommen von 966 Euro (Basis: SOEP) und für einen alleinerziehenden Haushalte mit einem Kind

---

1 Im Internet finden sich diverse Online-Rechner für die näherungsweise Modellierung von Einzelfällen. *Mindestlohnrechner*: http://www.der-mindestlohn-wirkt.de/ml/DE/ Service/Rechner/ Mindestlohn-Rechner.html, *Lohnsteuerrechner*: https://www.bmf-steuerrechner.de/bl2016/lst 2016.jsp, *SV-Beiträge und Steuerrechner*: https://www.aok-business.de/hessen/tools-service/ge haltsrechner/gehaltsrechner-2016/. Zugegriffen: 8.6.2017.

unter 14 Jahren bei 1.255 Euro (über 14 Jahre: 1.449 Euro). Und auch in Bezug auf die
Bekämpfung der Altersarmut ist keine präventive Wirkung zu erwarten, da der Mindestlohn deutlich unterhalb der Lohngrenze liegt, die nötig wäre, um nach 35 Berufsjahren
auf einen Rentenanspruch oberhalb der Grundsicherungsleistungen zu kommen. Damit
fällt es schwer, dem Mindestlohn tatsächlich armutsvermeidende Wirkung zuzuschreiben
(vgl. Boeckh et al. 2016, S. 204f.).

2.2   Einkommensumverteilung durch Steuerpolitik und Sozialtransfers

Sozialpolitik ist vor allem „Politik der Einkommensumverteilung" (Liefmann-Keil 1961, S. 3),
bei der über die Bereitstellung von Sozialeinkommen korrigierend auf die Markteinkommen
eingewirkt wird. Der Steuerpolitik sind zur Erreichung armutspolitischer Zielsetzungen
Grenzen gesetzt. Denn ihre Wirksamkeit setzt das Vorhandensein von (Markt-)Einkom-
men voraus, das dann steuerlich begünstigt werden kann, weshalb die Beziehrinnen und
Bezieher von Sozialeinkommen in der Regel nur unzureichend erreicht werden. Zudem
liegt es in der Logik relativ bemessener und gewährter Steuervorteile, dass sie im hohen
Einkommensbereich zu einer stärkeren absoluten Steuerersparnis führen als im mittleren
und unteren Bereich. Dies gilt vor allem, wenn sie nicht degressiv ausgestaltet sind.

Gleichwohl kennt das Steuerrecht eine ganze Anzahl von sozialpolitisch motivierten
Steuererleichterungen. Dabei stellt sich durchaus die Frage, ob es sich hierbei tatsächlich
um steuerliche Begünstigungen handelt oder ob nicht vielmehr dadurch eine größere
Steuergerechtigkeit hergestellt wird, indem die Kosten für bestimmte, gesellschaftlich
als unterstützenswert anerkannte Lebenslagen bzw. -leistungen (Kindererziehung, Aus-
bildungszeiten, Unterhaltsleistungen, etc.) bei der Einkommens- bzw. Steuerermittlung
berücksichtigt werden.

Die steuerpolitische Diskussion der letzten Jahre zielte insgesamt auf eine Verringerung
der Steuerbelastung der Bürgerinnen und Bürger – mit allerdings sehr unterschiedlichen
Verteilungswirkungen. Im längeren Trend zeigt sich bei der Zusammensetzung des Ge-
samtsteueraufkommens eine deutliche Verschiebung zu Lasten der Lohnsteuerzahlerinnen
und -zahler bei gleichzeitiger Entlastung der Gewinnsteuern:

> „So entfallen 2015 auf die Einnahmen aus der Einkommensteuer allein 43,7 % des Gesamt-
> aufkommens. Von hervorstechender Bedeutung ist dabei die Lohnsteuer, der die abhängig
> Beschäftigten im Quellenabzugsverfahren unterliegen; sie hat einen Anteil von 28,8 %. Die
> anderen Zweige der Einkommensteuer, die auf Einkommen aus selbstständiger Tätigkeit, auf
> Kapitalerträge und auf die Gewinne von Körperschaften (Kapitalgesellschaften) abstellen,
> haben demgegenüber ein weit geringeres Aufkommen." (Institut Arbeit und Qualifikation
> der Universität Duisburg-Essen 2017, o. S.)

Hinzu kommt, dass steuerliche Entlastungen – z. B. durch die Erhöhung von Freibeträgen – immer wieder durch entsprechende Belastungen kompensiert werden. So wurde die

breite Bevölkerungskreise stärker belastende Mehrwertsteuer, zuletzt am 1. Januar 2007 um drei Prozentpunkte auf aktuell 19 Prozent erhöht, ohne dass dieses im selben Zuge durch Erhöhung des Niveaus der Mindestsicherungsleistungen und der unteren Lohngruppen kompensiert wurde.

Diese Entwicklungen können aus armutspolitischer Sicht durchaus problematische Folgen haben. So sollen betriebliche und private Steuererleichterungen die gesamtwirtschaftliche Lage stabilisieren, höhere Löhne und Gewinne ermöglichen und so dennoch zu einem insgesamt höheren Steueraufkommen führen. Und tatsächlich sprudeln aktuell in Deutschland die Steuerquellen trotz der Folgen der Wirtschafts- und Finanzkrise 2008 wie nie zuvor. Weil sich aber zum einen auf der Ebene der Haushaltseinkommen die Einkommensverteilung immer stärker polarisiert und zum anderen aufgrund der Finanzarchitektur unseres föderalen Systems nicht alle staatlichen bzw. kommunalen Ebenen gleichermaßen vom erhöhten Steueraufkommen profitieren, verteilen sich die Wohlstandsgewinne auf privater wie staatlicher Ebene sehr ungleich. Und da gleichzeitig nicht nur im Rahmen der Europäischen Wirtschafts- und Währungsunion die Möglichkeit der Verschuldung der öffentlichen Haushalte auf maximal drei Prozent des Bruttoinlandproduktes begrenzt ist (*Maastrichter Stabilitätspakt*), sondern ab dem Jahr 2020 auch noch die sogenannte *Schuldenbremse*[2] für die Bundesländer wirksam wird, kann eine Steuersenkungspolitik trotz guter makroökonomischer Effekte (zumindest mittel- bis langfristig) sehr wohl zu gesamtstaatlichen Ausgabenkürzungen führen, die dann auch und gerade den Sozialbereich betreffen werden.

2.3   Folgen der Einkommensdifferenzierung

Deutschland weist nach wie vor eine insgesamt breit gefächerte Lohn- und Gehaltsstruktur auf. Die Löhne und Gehälter unterliegen dabei einer

- intersektoralen (z. B. Tarifdifferenz zwischen Metall- und Textilindustrie),
- interregionalen (z. B. reales Lohngefälle zwischen Ost- und Westdeutschland),
- qualifikationsbezogenen (z. B. Eingruppierungsunterschiede nach unterschiedlichen Bildungsabschlüssen) sowie einer
- geschlechtsspezifischen (unterschiedliche Entlohnung von Männern und Frauen)

---

2   „Die Schuldenbremse in Deutschland ist eine im Grundgesetz festgeschriebene Haushaltsregel, um die langfristige Tragfähigkeit der Haushalte von Bund und Ländern zu sichern und deren finanzielle Handlungsspielräume zu erhalten. Die Neuregelung des Jahres 2011 macht Bund und Ländern verbindliche Vorgaben zum schrittweisen Abbau ihrer Haushaltsdefizite. Von 2016 an darf die strukturelle, also nicht konjunkturbedingte, jährliche Nettokreditaufnahme des Bundes maximal 0,35 Prozent des Bruttoinlandsproduktes betragen. Den Ländern ist ab 2020 keine Nettokreditaufnahme mehr gestattet. Ausnahmen vom Neuverschuldungsverbot sind unter bestimmten Bedingungen aber zulässig." (Deutsche Bundesbank 2017, o. S.)

Differenzierung. Während sich die intersektorale, interregionale und qualifikationsbezogene Lohndifferenzierung vor allem auf ökonomische Zusammenhänge zurückführen lässt, resultiert die geschlechtsspezifische Verteilung der Arbeitseinkommen im Wesentlichen aus einer versteckten, in den Lebenszusammenhängen der Frauen liegenden Diskriminierung am Arbeitsmarkt.

Die zu konstatierende überproportionale Frauenerwerbsquote im *Niedriglohnsektor* hängt damit zusammen, dass Frauen

- über frauentypische Berufsmuster bei der Erstausbildung benachteiligt,
- durch die Familienarbeit an einer kontinuierlichen Erwerbsbiographie gehindert
- sowie in Leitungspositionen unterrepräsentiert sind.

Traditionelle Rollenmuster führen häufig dazu, dass die Frauenerwerbstätigkeit vor allem auf den Zuverdienst zum männlichen Erwerbseinkommen (Familieneinkommen) ausgerichtet ist (Boeckh et al. 2016, S. 208ff.).

Die Einkommensverteilungspolitik im Sozialversicherungssystem soll zwar den Ausfall von Erwerbseinkommen ausgleichen (*Kompensationsfunktion*). Vor allem der dauerhafte Verbleib im Niedriglohnbereich zieht aber problematische Versorgungslagen im Leistungsfall nach sich. Und es sind wieder insbesondere die Frauen, die diskontinuierliche Erwerbsverläufe und damit ein deutlich reduziertes Lebenseinkommen aufweisen. Denn aus sozialversicherungstechnischer Sicht begründet die hauptsächlich von ihnen erbrachte unentgeltliche Familienarbeit keinen Anspruch auf materielle Unterstützung. Ausnahmen stellen lediglich die Anrechnung der Kindererziehungszeiten in der Rentenversicherung, der beitragsfreien Familienversicherung nicht erwerbstätiger Ehefrauen sowie Regelungen der Pflegeversicherung für private Pflegepersonen dar. Etwaige Sozialversicherungsansprüche der Frauen materialisieren sich so entweder in Abhängigkeit vom Erwerbseinkommen des Ehegatten oder sie resultieren aus dem durchschnittlich deutlich niedrigeren eigenen Erwerbseinkommen. Damit ergeben sich vor allem im Geldleistungsbezug (Rente, Kranken- und Arbeitslosengeld) deutliche geschlechtsspezifische Nachteile (vgl. Klammer 2012, S. 163ff.).

3   Verteilung in Deutschland: Prozesse und Ergebnisse

3.1   Funktionale und personelle Einkommensverteilung

Einkommens(um)verteilung ist ein stetiger Prozess, der sich regelmäßig in Tarifrunden, gesetzgeberischen Entscheidungen im Sozial- und Steuerrecht sowie in der Anwendung dieser rechtlichen Grundlagen bzw. bei der Gewährung freiwilliger Leistungen fortschreibt. Da die sozialstatistischen Daten der realen Entwicklung im Regelfall stark hinterher hinken, stellen Aussagen zur Verteilungswirkung bzw. zum Verteilungsstand immer nur Momentaufnahmen dar. Umgekehrt sind die hier im Regelfall angesprochenen Verteilungsvorgänge in wichtigen Sektoren auch wieder recht stabil, zumindest über einen mittleren Zeitraum.

Die funktionale Einkommensverteilung beschreibt die Aufteilung zwischen den Faktoren Lohnarbeit und Kapital als Ergebnis der primären Verteilung. Die tatsächliche Bruttolohnquote gibt an, welcher prozentuale Anteil vom zu verteilenden Volkseinkommen (= Arbeitnehmerentgelte plus Unternehmens- und Vermögenseinkommen) über die Bruttoeinkommen (also inklusive der Arbeitgeberanteile zur Sozialversicherung) an die abhängig Beschäftigten verteilt wurde. Lag die Quote 1980 noch bei 75,2 Prozent ist sie bis 2010 (1. Hj.) auf 65,5 Prozent abgesunken. Da sich allerdings die Zusammensetzung der Erwerbstätigen im Laufe der Jahre verändert, verfolgt die Sozialstatistik vor allem die strukturbereinigte Bruttolohnquote. Hierbei wird die Arbeitnehmerquote, also der Anteil der abhängig Beschäftigten an den Erwerbstätigen insgesamt, konstant gehalten (1970 für die alten Bundesländer bzw. 1991 für Gesamtdeutschland). Dies trägt dem Umstand Rechnung, dass die Zahl der abhängig Beschäftigten zu-, die der Selbständigen abnimmt.

Nach Herstellung der deutschen Einheit vergrößerte sich die Arbeitnehmerquote, insgesamt konnten die abhängig Beschäftigten ihren Anteil am Verteilungskuchen – vor allem in Ostdeutschland – vergrößern, 1993 mit dem Spitzenwert von 73,2 Prozent bei der bereinigten Bruttolohnquote. Insgesamt oszilliert die bereinigte Bruttolohnquote seit dem Jahr 2000 um die 70-Prozent-Grenze, ohne je wieder den Ausgangspunkt dieses Jahres erreicht zu haben. Im Jahr 2014 lag sie bei 69 Prozent. Bei der Interpretation der Zahlen ist zu beachten, dass sich die Bruttolohnquote aus dem Volkseinkommen errechnet, in das auch die Unternehmensgewinne und Vermögenseinkommen eingehen. Sinkt deren Anteil (etwa durch die Wirtschafts- und Finanzkrise 2008), steigt automatisch der Lohnanteil, ohne dass sich dieses in den Geldbeuteln der Beschäftigten real bemerkbar macht. Betrachtet man die gesamtwirtschaftliche Entwicklung seit Beginn der 1990er Jahre ist der Anteil der Arbeitnehmereinkommen am Volkseinkommen insgesamt rückläufig (Spannagel 2015, S. 6f.)

Die *personelle Einkommensverteilung* spiegelt das Ergebnis der Verteilungsvorgänge auf der *individuellen* und der *Haushaltsebene* wider. Dabei können sowohl die Brutto- als auch Nettoeinkommen, Bruttohaushalts- als auch Nettohaushaltseinkommen und die jeweiligen Werte für die sozialen Gruppen miteinander verglichen und auch *intertemporal* – d. h. im Längsschnitt – betrachtet werden. Um die Einkommenssituation von Haushalten unterschiedlicher Größe miteinander vergleichbar zu machen, werden in der Statistik *Äquivalenzziffern* eingeführt. Damit können unterschiedliche altersbedingte Bedarfe ebenso differenziert berücksichtigt werden wie die Haushaltsersparnis, die sich bei mehrköpfigen Haushalten durch Synergieeffekte in der Haushaltsführung ergibt.

In den letzten 15 Jahren hat sich in Deutschland die *Zusammensetzung der Haushaltseinkommen* verändert. So ist nach Angaben des Statistischen Bundesamtes zum einen die Bedeutung der Erwerbsarbeit für die Sicherstellung des Haushaltseinkommens rückläufig, während sich gleichzeitig die Abhängigkeit von Sozialtransfers (Arbeitslosengeld und der vor Einführung des ALG II noch ausbezahlten Arbeitslosenhilfe) deutlich erhöht hat.

Hier spiegelt sich die Zunahme der Arbeitslosigkeit wider. Die Frühverrentungspolitik zur Bewältigung des Strukturwandels in West-, vor allem aber in Ostdeutschland schlägt sich im Bedeutungszuwachs der Renten und Pensionszahlungen ebenso nieder wie die Folgen des demografischen Wandels mit einer zunehmenden Alterung der Bevölkerung. Und schließlich sinkt aufgrund der allgemeinen Beschäftigungssituation einerseits die Fähigkeit der Haushalte, kompensierende Familientransfers aufzubringen. Andererseits verbergen sich hier auch gesellschaftliche Trends, wie eine wachsende Erwerbsbeteiligung der Frauen, eine sinkende Geburtenrate und eine Abnahme von Eheschließungen, was insgesamt zu einem Rückgang der familiären Unterhaltsleistungen beiträgt.[3]

3.2   Einkommen und soziale Ausgrenzung

Vermittelt über die Erwerbsarbeit partizipiert ein großer Teil der Wohnbevölkerung in Deutschland am erwirtschafteten Wohlstand. Allerdings erfährt dabei auch eine größer werdende Zahl von Menschen dauerhafte soziale Ausgrenzung. Auch ganze soziale Gruppen können sozialer Diskriminierung ausgesetzt, soziale Isolierung erfahren und so von der soziokulturellen Teilhabe mehr oder weniger stark ausgeschlossen sein. Armut und soziale Ausgrenzung haben dabei häufig individuelle wie gesellschaftliche Ursachen. Damit stellt sich die Frage, welche Menschen bzw. Gruppen warum und mit welchen Perspektiven ausgegrenzt sind. Die Armutsforschung versucht, zur Beantwortung dieser Fragen Kriterien herauszubilden. Unabhängig davon, welches Konzept zur Beschreibung von Armut und sozialer Ausgrenzung gewählt wird, bleibt die Festlegung einer Armutsgrenze in hohem Maß von gesellschaftlichen Werturteilen abhängig. Denn jede Armutsdefinition ist letztlich politisch-normativer Natur (vgl. Richard Hauser in diesem Band).

Die *absolute Armutsgrenze* definiert einen minimalen Überlebensstandard, der zur Sicherung der physischen Existenz eines Menschen unabdingbar ist. Im Allgemeinen wird dieser Grenze in Deutschland wenig Bedeutung beigemessen, wenngleich nicht außer Acht gelassen werden sollte, dass Vertreterinnen und Vertreter von Betroffeneninitiativen bzw. der freien Wohlfahrtspflege immer wieder auf Menschen aufmerksam machen, die abseits der öffentlichen Wahrnehmung und statistischen Erfassung von keinem (öffentlichen) Hilfsangebot mehr erreicht werden und am Rande der physischen Existenz leben. Derartige Schicksale können im Einzelfall tatsächlich ursächlich für Todesfälle sein, in jedem Fall ist davon auszugehen, dass diese hoch risikobehafteten Lebensbedingungen insgesamt negative Auswirkungen auf die Gesundheit bzw. die Lebenserwartung haben.

Im Mittelpunkt der Debatte in Deutschland steht ein *relativer Armutsbegriff*, der Armut in Bezug zum durchschnittlichen Lebensstandard einer Gesellschaft setzt und als

---

3   Die laufend aktualisierten Zahlen zur Zusammensetzung der Haushaltseinkommen finden sich auf den Internetseiten des Statistischen Bundesamtes: https://www.destatis.de/DE/ZahlenFakten/ GesellschaftStaat/Einkommen KonsumLebensbedingungen/EinkommenEinnahmenAusgaben/ Aktuell_Bruttoeinkommen.html. Zugegriffen: 08.06.2017.

Armutsrisikogrenze die 60-Prozent-Marke des nationalen, nach Haushaltsgröße gewichteten *Median*einkommens zieht. In den letzten Jahren haben sich in der Armutsforschung zunehmend Konzepte entwickelt, die weniger auf die Messung von Ressourcendefiziten, sondern in Anlehnung an *Amartya Sen* nach den *Teilhabe- und Verwirklichungschancen* eines Menschen bzw. einer sozialen Gruppe fragen. Damit verschiebt sich der Fokus von materiellen Verteilungsanalysen hin zu einer Betrachtung der Lebensperspektiven bei gegebener Ressourcenausstattung (vgl. ausführlich Voges et al. 2003; vgl. Best et al. in diesem Band).

Die Frage, ob in Deutschland auf dieser statistischen Basis Armut existiert, wird sozialpolitisch kontrovers diskutiert. Empirisch wie normativ betrachtet, unterstellt die Interventionsschwelle des SGB XII – damit auch des SGB II – einen relativen Armutsbegriff. Je nach Haushaltsgröße oszillieren die Leistungen des Sozialamtes bzw. der Träger der Grundsicherung nach SGB II dabei um die (alte) 50-Prozent-Grenze; bei kleineren Haushalten darunter, bei größeren Haushaltseinheiten knapp darüber (Bundesministerium für Arbeit und Soziales 2013, S. 120). Allerdings macht der Streit um bekämpfte oder nicht-bekämpfte Armut im Zusammenhang mit den Leistungen des SGB XII und SGB II schon deshalb wenig Sinn, wäre doch jemand, der nur über einen Euro weniger als beim Sozialhilfesatz bzw. Arbeitslosengeld II verfügt, dann als arm einzustufen – arm oder nicht-arm – eine Frage der Differenz von einem Euro?

Bei genauerer Analyse der Datenbestände zur Armutsforschung zeigen sich für bestimmte Personengruppen bzw. Haushaltstypen besondere Armutsrisiken, die auch im Zeitverlauf – und damit trotz aller sozialpolitischer Steuerungsversuche – ein höheres Armutsrisiko tragen als andere Gruppen. Unter anderem durch die Armuts- und Reichtumsberichterstattung des Bundes dokumentiert, sind folgende Personengruppen mit einem besonderen Armutsrisiko behaftet:[4]

- Haushalte von *arbeitslosen Menschen* bilden den harten Kern der Armut in Deutschland. Der WSI-Verteilungsbericht 2014 verweist darauf, dass Deutschland die höchste Armutsquote unter Arbeitslosen in Europa hat. Zwischen 1996 und 2012 stieg das Armutsrisiko dieser Personengruppe von 39,5 auf 59,3 Prozent (Spannagel und Seils 2014, S. 623).
- Besonders betroffen sind Menschen, die *langzeitarbeitslos* sind (= länger als ein Jahr). 70,8 Prozent aller langzeitarbeitslosen Menschen tragen ein erhöhtes Armutsrisiko (a. a. O.).

---

4 Laufend aktualisierte Daten zur Entwicklung von Armut und Reichtum liefern das Statistische Bundesamt (Datenbasis: EVS und Mikrozensus), das Deutsche Institut für Wirtschaftsforschung (DIW, Datenbasis: SOEP) und das Statistische Amt der EU (EUROSTAT, Datenbasis: EU-SILC). Daneben bieten die Bundeszentrale für politische Bildung über ihr Internetportal und das Wirtschafts- und Sozialwissenschaftliche Institut (WSI) der Hans-Böckler Stiftung über die regemäßige Fortschreibung des Verteilungsberichtes laufend aktuelle Daten zu den verschiedenen Teilaspekten der Armuts- und Reichtumsforschung an. Zudem sei auf den periodisch erscheinenden nationalen Armuts- und Reichtumsbericht der Bundesregierung sowie die Berichterstattung der Landesregierungen verwiesen.

- Beschäftigung schützt nicht in jedem Fall vor materieller Ausgrenzung. Der Anteil der *working poor* (= Personen in (Vollzeit-)Erwerbstätigkeit mit einem Einkommen unterhalb der Armutsrisikogrenze) hat kontinuierlich zugenommen und liegt 2012 bei 7,7 Prozent. Inzwischen sind rund drei Millionen Menschen betroffen (a. a. O., S. 622).
- Bei *Selbstständigen* gibt es eine wachsende Polarisierung, auch wenn dieses statistisch angesichts der hohen durchschnittlichen Wohlstandsposition nicht offensichtlich ist. Es gibt zunehmend *Scheinselbstständigkeit* und mehr oder weniger riskante Formen der Selbständigkeit, die zu sehr niedrigen Einkommen führen.
- Bei den *Alleinerziehenden* zeigt sich eine Korrelation zwischen dem Alter der Kinder und der Armutsrisikoquote: Je jünger die Kinder sind, desto höher liegt das Risiko in Einkommensarmut zu leben.
- Bei den *Einpersonenhaushalten* sind vor allem junge Erwachsene unter 30 Jahren einem erhöhten Armutsrisiko ausgesetzt.
- Der finanzielle Spielraum von Familien mit mehreren *Kindern* ist gegenüber kinderlosen Paaren bzw. Singles deutlich verringert. Auch wenn die Armutspopulation nicht immer die gleiche Personengruppe umfasst, sondern eine *Dynamik* zwischen den Einkommenspositionen besteht, weisen die Zahlen daraufhin, dass das Erleben von Armut für viele Kinder und Jugendliche eine tendenziell dauerhafte Alltagserfahrung ist.
- Ein *niedriges Bildungsniveau, fehlende berufliche Bildung* und ein *schlechter Gesundheitsstatus* schlagen sich jeweils alleine oder in Kombination in einem höheren Armutsrisiko nieder (Bundesministerium für Arbeit und Soziales 2017, S. VIff.)
- Lange Zeit galt *Altersarmut* als wesentliche Ursache von relativer Einkommensarmut. Hier haben sich gegenüber den 1960er und 1970er Jahren deutliche Verbesserungen ergeben, so dass die Altersarmut derzeit noch – im Vergleich zu anderen Gruppen – ein geringeres Problem darstellt. Allerdings zeigen sich bei den aktuellen Rentenzugängen bereits deutliche Lücken als Folge der lang anhaltenden Massenarbeitslosigkeit (und brüchiger werdender Familienbiographien) in Deutschland, so dass in Zukunft die Altersarmut an Bedeutung zunehmen wird (Spannagel und Seils 2014, S. 622f.).
- Die *Überschuldungsproblematik* (verursacht vor allem durch krisenhafte Ereignisse wie Arbeitslosigkeit, Trennung, Krankheit aber auch Unwissen und eine nicht angemessene Kreditvergabepraxis der Geldinstitute) zieht sich zwar durch alle Bevölkerungsschichten, gleichwohl geht die Überschuldungssituation häufig „mit einem geringen sozioökonomischen Status einher." Betroffen sind also vor allem marginalisierte Bevölkerungsgruppen mit niedrigen Bildungsabschlüssen und oft mangelnder beruflicher Qualifikation. Auch Migrantinnen und Migranten bzw. deren Familienangehörige stellen im Vergleich zur Gesamtbevölkerung einen überdurchschnittlichen Anteil bei den Ratsuchenden in den Schuldnerberatungsstellen (Bundesministerium für Arbeit und Soziales 2017, S. 487 und 484ff.).
- *Menschen mit Migrationshintergrund*, die aus bestimmten Regionen (etwa der Türkei) nach Deutschland gekommen sind, tragen ein höheres Armutsrisiko als Inländerinnen und Inländer. Ausgenommen sind Personen, die nach Deutschland kommen, um eine

herausgehobene soziale Position einzunehmen (etwa Führungspersonal international agierender Unternehmen).

- Eine besondere Problemgruppe unter den Menschen mit Migrationshintergrund bilden die *Flüchtlinge*. So hält das Bundesministerium für Arbeit und Soziales im aktuellen Armuts- und Reichtumsbericht hierzu fest, dass „deren Einkommenssituation (…) als prekär eingeschätzt werden muss. In mindestens 61 Prozent der Haushalte, in denen die befragten Flüchtlinge leben, trägt mindestens eine staatliche Transferleistung zum Haushaltseinkommen bei. Häufig handelt es sich dabei um Grundsicherungsleistungen nach SGB II oder SGB XII. Die Mehrheit der Haushalte erzielt ein Einkommen von unter 1.500 Euro monatlich. Dabei haben Erwerbstätige sowie Personen, die sich schon länger in Deutschland aufhalten, tendenziell höhere Einkommen, was auf Verbesserungen im Zeitverlauf hinweist." (2017, S. 179)

Auf Basis der verfügbaren Daten haben am Jahresende 2014 in Deutschland rund 7,6 Millionen Personen (außerhalb von Einrichtungen) Leistungen im Rahmen der Mindestsicherung (Fürsorge) bezogen. Bei einer Wohnbevölkerung von etwa 82 Millionen entspricht das einem Anteil von 9,3 Prozent. Der Großteil davon ist in der Mindestsicherung für Arbeitsuchende SGB II/Sozialgeld erfasst. Damit liegt die Empfängerquote aber immer noch deutlich unter der Armutsrisikoquote, die 2014 bei 15,8 Prozent (SOEP) lag (Bundesministerium für Arbeit und Soziales 2017, S. 549). Die bestehende Lücke ist auf die nach wie vor bestehende Dunkelziffer zurück zu führen. Denn zum einen löst ein Teil der Hilfebedürftigen aus Scham, Unkenntnis oder Scheu vor dem Antrags- und Bewilligungsverfahren mögliche Ansprüche nicht beim Grundsicherungsträger ein. So bestehen nach wie vor Unsicherheiten, ob und wie Kinder bzw. Eltern möglicherweise zu Ersatzleistungen herangezogen werden, so dass man lieber auf eine Antragstellung verzichtet. Zum anderen zeichnen sich hier die Effekte der Ausweitung von atypischer Beschäftigung und zunehmender Entlohnung im Niedriglohnsektor ab, die nicht armutsfest sind. Denn insbesondere, wenn bei eigenem Einkommen nur geringfügig aufstockende Ansprüche zu erwarten sind, schrecken die zum Teil aufwendigen Antragsverfahren sowie die mit dem Bezug verbundenen Auflagen, Kontrollen und Verpflichtungen ab (vgl. Boeckh et al. 2016, S. 368f.).

Insgesamt lassen sich signifikante Häufungen bei der Betroffenheit von Armut feststellen, die eher für soziale bzw. strukturelle Entstehungsursachen von prekären Lebenssituationen bei Einzelpersonen sowie Familien sprechen. Dabei ist weniger eine Ausbreitung *prekärer Lebenslagen* in der Mittelschicht zu beobachten, als vielmehr eine

> „Verfestigung der Armut (…) und damit Konzentration auf bestimmte Bevölkerungsgruppen im Zeitverlauf. (…) Die Armut wächst quasi von unten nach oben (…) und nicht in Gestalt eines von der Mitte her immer mehr bröckelnden Wohlstandes." (Groh-Samberg 2007, S. 179-180)

Die Armutsproblematik erweist sich also in erster Linie als Ergebnis einer zunehmenden Abkopplung von einzelnen, zunehmend marginalisierten Teilgruppen vom Rest der

Bevölkerung. Ein Umstand, der erklären mag, warum sich in Deutschland zurzeit kaum politischen Mehrheiten bilden lassen, die über steuerliche, finanz- sowie sozialpolitische Instrumente in die gegebene Verteilungssituation grundlegend eingreifen würden.

3.3   Wohlstand und Reichtum – Die andere Seite der Medaille

Deutschland ist reich – zumindest aber wohlhabend. Dieser Wohlstand ist sozial gesehen durchaus ein Massenphänomen. Dabei prägen nicht in erster Linie die rund 16.500 Steuerpflichtigen mit zu versteuernden Einkünften von über einer Million Euro pro Jahr (Stand: 2012, nur veranlagte Steuerfälle) das Bild von Reichtum und Wohlstand (Bundesministerium der Finanzen 2017, S. 59), sondern die Personen, die über ein monatliches Nettoäquivalenzeinkommen von über 200 Prozent (= reich) oder über 300 Prozent (= sehr reich) des Median der Nettoäquivalenzeinkommen verfügen. Nach Berechnungen des Wirtschafts- und Sozialwissenschaftlichen Instituts (WSI) der gewerkschaftsnahen Hans-Böckler Stiftung stieg der Anteil der reichen Haushalte zwischen 1991 und 2012 von 5,6 auf 8,1 Prozent. Die Zahl der sehr reichen Haushalte entwickelt sich noch dynamischer. Deren Anteil hat sich im gleichen Zeitraum von 0,9 auf 1,9 Prozent mehr als verdoppelt. Zugleich vollzieht sich innerhalb dieser Gruppe eine deutliche Polarisierung. Denn vor allem sehr reiche Haushalte können weitere Zuwächse verbuchen – so stieg deren verfügbares Medianeinkommen zwischen 1991 und 2011 um mehr als 20 Prozent von 57.166 Euro auf 68.676 Euro an. Damit verbuchen diese Gruppen im Vergleich um Rest der Bevölkerung einen überdurchschnittlichen Einkommenszuwachs (Spannagel und Seils 2014, S. 624ff.). Es wird deutlich, dass nicht alle Haushalte von der gesamtwirtschaftlich guten Lage in gleicher Weise profitieren können. So ist zwar

> „das Bruttoinlandsprodukt in Deutschland im Zeitraum von 1991 bis 2014 real um 22 Prozent gestiegen. Von diesem Anstieg der Wirtschaftsleistung profitierten aber nicht alle gleichermaßen: Während die real verfügbaren Haushaltseinkommen in den mittleren Einkommensgruppen seit 1991 um acht Prozent gestiegen sind und in den oberen Einkommensgruppen noch mehr, mussten die einkommensschwächsten Gruppen reale Einkommensverluste hinnehmen. Folglich hat die Einkommensungleichheit zugenommen." (Grabka und Goebel 2017, S. 82)

Diese Diskrepanz wird noch deutlicher, wenn man die Einkommenssituation von sogenannten Top-Mangerinnen und Managern in das Verhältnis zum durchschnittlichen Einkommen setzt:

> „Ein/e Arbeitnehmer/-in mit einem durchschnittlichen Einkommen müsste 167 Jahre für das Jahressalär eines DAX-Top-Managers arbeiten. Ein ‚normales' DAX-Vorstandsmitglied konnte im vergangenen Jahr das 107fache und ein MDAX-Vorstandsvorsitzender das 87fache eines durchschnittlichen Einkommens beziehen. Ein MDAX-Vorstandsmitglied verdiente immerhin noch das 58fache." (DGB Bundesvorstand 2016, S. 43)

Während das Einkommen eine Fließgröße darstellt, auf der individuellen Ebene im Zeitverlauf also größere Schwankungen möglich sind, ist die Vermögensverteilung deutlich konstanter – und wesentlich ungleicher. Der Deutsche Gewerkschaftsbund hält hierzu in seinem Verteilungsbericht 2016 fest:

> „Die Ungleichheit bei der Vermögensverteilung ist in Deutschland außerordentlich groß. Dies zeigen Untersuchungen des Deutschen Instituts für Wirtschaftsforschung (DIW) im Rahmen eines von der Hans-Böckler-Stiftung geförderten Forschungsprojekts auf Basis des Sozio-ökonomischen Panels (SOEP). Das private Nettovermögen (Immobilienbesitz, Geldvermögen, Versicherungen, Betriebsvermögen, wertvolle Sammlungen abzüglich der Schulden der privaten Haushalte) konzentriert sich in sehr wenigen Händen. Demnach hielten die reichsten zehn Prozent der Bevölkerung im Jahr 2012 57,5 % des gesamten Nettovermögens. Die vermögendsten fünf Prozent verfügten über etwa 45 %, das wohlhabendste Prozent über 24 % des gesamten Nettovermögens. Auch wenn sich die Vermögensposition des obersten Dezils im Vergleich zum Jahr 2007, relativ betrachtet, leicht ‚verschlechterte‘, ist die Vermögenskonzentration in Deutschland weiterhin außerordentlich hoch. Auffällig ist ebenso, dass Personen des 7. bis 9. Vermögensdezils ihre Position gegenüber 2007 ausbauen konnten." (2016, S. 52)

Hier liegen massive materielle Disparitäten vor, die aus armutspolitischer Sicht insofern problematisch sind, als ein großes Vermögen nicht nur die Teilhabechancen positiv beeinflusst, sondern auch selbst wieder zur Quelle weiterer Einkünfte werden kann. Hinzu kommt, dass nach dem Aussetzen der Vermögensteuer im Jahr 1997 die Vermögen nicht mehr in ihrer Substanz sondern nur noch deren Ertrag mit der – allerdings gegenüber der ‚normalen‘ Einkommensteuer reduzierten – Kapitalertragsteuer beteuert werden. Hier verzichtet der Steuerstaat nicht nur auf zusätzliche Einnahmen, er trägt – in Kombination mit den Regelungen zur Erbschaftssteuer – auch aktiv dazu bei, dass sich die Konzentration der Vermögen erhalten und festigen kann.

4   Die Mindestsicherungssysteme in Deutschland

In Deutschland existieren unterschiedliche Instrumente zur Mindestsicherung, die auf erwerbstätige bzw. auf aus unterschiedlichen Gründen nicht erwerbstätige (Alter, Behinderung, Arbeitslosigkeit) Personengruppen ausgerichtet sind und den Verlust von Erwerbseinkommen ausgleichen sollen. Neben der steuerlichen Freistellung des Existenzminimums bei Einkommen unterscheidet man vier Arten der Mindestsicherung:

- *ohne* erwerbsarbeitsbezogener Mitwirkungspflicht (SGB XII, *Sozialhilfe*)
- *mit* erwerbsarbeitsbezogener Mitwirkungspflicht (SGB II, *Grundsicherung für Arbeitsuchende*)

- Sicherung des Existenzminimums von Asyl suchenden Personen (*Asylbewerberleistungsgesetz*)
- Fürsorgeleistungen im Rahmen des *Bundesversorgungsgesetzes* bei besonderen Fällen.

4.1   Das steuerrechtliche Existenzminimum

Um zu vermeiden, dass die steuerliche Belastung der Einkommen im Niedriglohnbereich einen Anspruch Mindestsicherung nach sich zieht, besteht für alle Steuerpflichtigen ein steuerrechtlicher Schutz. Nach Rechtsprechung des Bundesverfassungsgerichtes darf die steuerliche Belastung der Einkommen demnach nicht den notwendigen Lebensunterhalt einer einkommensteuerpflichtigen Person und ihrer Familie gefährden. Die Höhe des steuerlich zu verschonenden Existenzminimums kann der Gesetzgeber nach eigener Einschätzung festgelegen. In der Praxis orientiert er sich dabei an den Leistungen des Sozialhilferechts nach SGB XII. Dies gilt auch nach der Zusammenlegung von Arbeitslosen- und Sozialhilfe im SGB II.

4.2   Die Sozialhilfe nach SGB XII

Das im Jahr 1961 verabschiedete und ein Jahr später in Kraft getretene Bundessozialhilfegesetz (BSHG) leistet zum einen über die Gewährung der Hilfe zum Lebensunterhalt (HzL) einen Einkommensersatz, zum anderen Hilfen in besonderen Lebenslagen (HbL), etwa bei Behinderung, Pflegebedürftigkeit oder bei besonderen sozialen Schwierigkeiten etc. Es stellt eine steuerfinanzierte Fürsorgeleistung in kommunaler Trägerschaft dar und ist zusammen mit den Leistungen des SGB II das letzte Auffangnetz im System der sozialen Sicherung. Das BSHG selbst wurde am 1. Januar 2005 als XII. Buch in das Sozialgesetzbuch integriert. Gleichzeitig wurde die bisherige systematische Aufteilung in Hilfen zum Lebensunterhalt und Hilfen in besonderen Lebenslagen aufgegeben, die Leistungsinhalte sind der Sache nach jedoch weitgehend erhalten geblieben.

Zugleich ist der Kreis der Anspruchsberechtigten stark eingeschränkt worden. In den Geltungsbereich fallen nicht-erwerbsfähige Personen zwischen dem 18. – 65. Lebensjahr und deren Angehörige. Hinzu kommen nach der Eingliederung der Grundsicherung im Alter und bei Erwerbsminderung als Viertes Kapitel in das SGB XII Personen über 65 Jahre sowie dauerhaft voll erwerbsgeminderte (behinderte) Personen. Damit ist die Zahl der Bezieherinnen und Bezieher von Sozialhilfe gegenüber der alten Gesetzeslage um ca. 90 Prozent gesunken, womit das SGB XII jetzt wieder seine ursprüngliche Funktion als einzelfallbezogene Sonderleistung in kommunaler Trägerschaft hat.

Das SGB XII sichert Menschen ab, die ihren Lebensunterhalt nicht durch eigene Erwerbsarbeit bestreiten können. Gleichwohl gilt auch hier, dass die Empfängerinnen und Empfäger „nach ihren Kräften" darauf hinarbeiten sollen, unabhängig vom Leistungsbezug zu werden (Paragraph 1 SGB XII). Das Sozialamt kann im Rahmen der Mitwirkungspflichten Hilfeempfangende dazu anhalten, sich z. B. an berufsvorbereitenden Maßnahmen zu beteiligen oder Kontakt mit sozialen Diensten aufzunehmen. Wenn Leistungsberechtigte durch die Aufnahme einer zumutbaren Tätigkeit eigenes Einkommen erzielen können, sind sie zur Beschäftigungsaufnahme sogar verpflichtet. Um die Leistungsempfängerinnen und -empfänger bei der Überwindung der Bedürftigkeit zu unterstützen, werden im Sinne des Förderns und Forderns die Aktivierungselemente durch bessere Beratungsleistungen, gegenseitige schriftliche Vereinbarungen (*Förderplanverfahren*) und die Bereitstellung von Tagesbetreuungsplätzen für die Kinder Alleinerziehender gestärkt. Gleichzeitig können die Leistungen gekürzt werden, wenn die Hilfeempfängerinnen bzw. -empfänger entgegen ihrer Verpflichtung die Aufnahme einer Tätigkeit oder die Teilnahme an einer vorbereitenden Maßnahme ablehnen.

Vor der Leistungserbringung durch den örtlichen Träger der Sozialhilfe erfolgt eine *Bedürftigkeitsprüfung*. Hier werden die Einkommens- und Vermögensverhältnisse des/der Hilfebedürftigen aber auch mögliche Ansprüche gegenüber Unterhaltspflichtigen geprüft; also der Eltern gegenüber den Kindern und umgekehrt. Bei diesen Verpflichtungen im Rahmen der Familiensubsidiarität gibt es zwar keine altersmäßige, aber vom finanziellen Volumen her eine Begrenzung. Vorhandenes Vermögen muss vor Inanspruchnahme der Hilfen eingesetzt werden, wobei sowohl im Fall der Hilfe zum Lebensunterhalt wie auch bei den Hilfen in besonderen Lebenslagen ein Schonvermögen zurück behalten werden darf. Sozialhilfe muss nicht beantragt werden; sie ist zu gewähren, sobald dem Träger der Sozialhilfe der Bedarfsfall bekannt wird.

Art, Form und Umfang der Hilfeleistung richten sich nach dem Einzelfall (*Individualisierungsprinzip*). Der notwendige Lebensunterhalt umfasst dabei insbesondere die Aufwendungen für Ernährung, Wohnung, Kleidung, Körperpflege, Hausrat, Heizung und die Bedürfnisse des täglichen Lebens, was laut Gesetz ausdrücklich auch eine angemessene Teilhabe am kulturellen Leben einschließt (*Bedarfsdeckungsprinzip*). Die Hilfe wird in Form des sog. (Eck-)Regelsatzes gewährt. Dieser wird jährlich von den Landesregierungen zum 1. Juli durch Rechtsverordnung festgesetzt. Die Datengrundlage bilden dabei die Ergebnisse der Einkommens- und Verbrauchsstichprobe (EVS). Dabei können regionale Unterschiede mitberücksichtigt werden. Zugleich wurden die Regelsätze inhaltlich neu gefasst und enthalten nunmehr in pauschalierter Form den Großteil der bisherigen einmaligen Leistungen. Hierdurch fällt die Beantragung einzelner Hilfen weg. Dafür kann die Hilfe nicht mehr so differenziert auf die Bedarfslage im Einzelfall reagieren.

4.3 Die Grundsicherung bei Alter und dauerhafter Erwerbsunfähigkeit

Das Grundsicherungsgesetz (GSiG) wurde im Jahr 2003 beschlossen, um durch eine Erhöhung der Grenzen für den Rückgriff auf die Einkommen der Kinder bzw. der Eltern auf 100.000 Euro im Jahr einerseits vor allem ältere Menschen mit kleinen Rentenzahlungen aus der verschämten Armut zu holen und andererseits behinderte Menschen gegenüber deren Eltern bzw. der öffentlichen Hand eine eigenständigere Rechtsposition zu geben. Das Gesetz ist seit dem 1. Januar 2005 in inhaltlich unveränderter Form als Viertes Kapitel in das SGB XII integriert. Damit gibt es keinen eigenen Träger der Grundsicherung mehr, für die Erbringung ist der örtliche Sozialhilfeträger zuständig. Die Höhe der Leistungen folgt den Regeln der Sozialhilfe nach SGB XII.

4.4   Das Arbeitslosengeld II / Sozialgeld nach SGB II

Nach der am 1. Januar 2005 erfolgten Zusammenlegung der Leistungsansprüche für erwerbsfähige Sozialhilfeempfängerinnen und -empfänger mit denen der Arbeitslosenhilfe zur Grundsicherung für Arbeitssuchende nach SGB II werden nunmehr alle erwerbsfähigen, arbeitslosen Personen – also alle die „mindestens drei Stunden täglich" arbeiten können (Paragraph 8 SGB II) – unter einem Leistungsrecht zusammengefasst. Da die Finanzierung des Arbeitslosengeld II und des Sozialgelds aus dem allgemeinen Steueraufkommen des Bundes erfolgt, müssen die Folgekosten der (Langzeit-)Arbeitslosigkeit nun nicht mehr in den kommunalen (Sozialhilfe-)Haushalten aufgefangen werden, wodurch sich – unabhängig von der Frage nach der Angemessenheit der individuellen Unterstützungsleistung – eine breitere gesellschaftliche Lastenverteilung ergibt.

Dem Ansatz der Aktivierung und des *Förderns und Forderns* staatlicher Sozialpolitik folgend, haben auch die Personengruppen Anspruch auf Leistungen der aktiven Arbeitsmarktpolitik nach dem SGB III *Arbeitslosenversicherung*, die zuvor durch die Zuordnung in die Sozialhilfe (BSHG/SGB XII) von diesen Instrumenten ausgeschlossen und allein auf die kommunale Beschäftigungsförderung angewiesen waren. Zugleich ist die materielle Leistungserbringung durch Pauschalisierungen des Regelsatzes übersichtlicher und einfacher, in nicht wenigen Fällen aber auch niedriger geworden. Dies gilt insbesondere dann, wenn wegen der Anrechnung von Partnereinkommen kein eigener Anspruch auf die neue Mindestsicherungsleistung für Erwerbsfähige und deren Angehörige nach SGB II (ALG II) besteht.

Das *Arbeitslosengeld II (ALG II)* ist eine *steuerfinanzierte* Fürsorgeleistung. Die Kosten für die Leistungen zum Lebensunterhalt (ALG II / Sozialgeld) trägt der Bund, die Unterkunfts- und Mietnebenkosten verbleiben bei den Kommunen als Träger der Sozialhilfe bzw. der Durchführungsstelle des von Bund und Ländern finanzierten *Wohngeldes*. Anspruch auf ALG II / Sozialgeld haben Personen zwischen dem 15. und 65. Lebensjahr, die erwerbsfähig und hilfebedürftig sind und ihren gewöhnlichen Aufenthalt in Deutschland haben. Ausländerinnen und Ausländer haben Anspruch, wenn ihnen die Aufnahme einer Beschäftigung erlaubt ist bzw. erlaubt werden könnte. Anspruchsberechtigt sind weiterhin Personen, die mit einem erwerbsfähigen Hilfebedürftigen in einer *Bedarfsgemeinschaft* leben (Ehegatte bzw. Lebensgefährte in eheähnlicher Gemeinschaft). Sofern ebenfalls bedürftig und wenn kein Anspruch auf die Grundsicherung im Alter oder bei Erwerbsminderung besteht, bekommen sie das sogenannte *Sozialgeld*. Kinder unter 25 Jahren gehören solange zur Bedarfsgemeinschaft, wie sie ihren Lebensunterhalt nicht aus eigenem Einkommen bzw. Vermögen bestreiten können. Im Rahmen der *Bedürftigkeitsprüfung* wird das gesamte Einkommen und Vermögen der Bedarfsgemeinschaft in die Leistungsberechnung einbezogen, d. h. ihre Mitglieder sind untereinander voll unterhaltspflichtig.

Das Arbeitslosengeld II umfasst als *Regelleistung zur Sicherung des Lebensunterhaltes* pauschal die Kosten für Ernährung, Kleidung, Körperpflege, Hausrat, Bedarfe des täglichen Lebens sowie in begrenztem Umfang zur Teilnahme am gesellschaftlichen Leben. Es wird dem/der Hilfebedürftigen als monatliche Geldleistung ausbezahlt. Es kann im Prinzip zeitlich unbegrenzt bis zum Erreichen der Regelaltersgrenze der Gesetzlichen Rentenversicherung bezogen werden. Bei der Berechnung des Regelsatzes werden unterschiedliche persönliche bzw. familiäre Konstellationen berücksichtigt. In besonderen Fällen (z. B. Drogen- oder Alkoholsucht bzw. bei unwirtschaftlichem Verhalten) kann die Regelleistung ganz oder teilweise als Sachleistung erbracht werden. Darüber hinaus können sogenannte *Sperrzeiten* ausgeprochen werden.[5] Diese haben eine Kürzung bis hin zur kompletten Streichung der Unterstützung zur Folge. Sperrzeiten werden verhängt, wenn gegen die Auflagen der Arbeits-/Sozialverwaltung verstoßen wird. Im Jahr 2016 waren dies nach Angaben der Bundesagentur für Arbeit 939.133 Fälle. Im Jahresdurchschnitt 2016 führten diese Sanktionen bei rund 135.000 Betroffenen zu einer durchschnittlichen Leistungskürzung von 19,3 Prozent (= 108 Euro, davon 96 Euro vom Regel-/Mehrbedarf und 13 Euro von den Kosten der Unterkunft) (2017, S. 1f.)

Mit der Zusammenlegung der Arbeitslosen- und Sozialhilfe zum 1. Januar 2005 bekommt die Mindestsicherung für Arbeitssuchende und ihre Angehörigen (ALG II) armutspolitisch einen besonderen Stellenwert. Bezogen auf die Zahl der Empfängerinnen und Empfänger stellt sie nunmehr die Transferleistung mit dem am Abstand größten Wirkungskreis dar.

4.5 Das Asylbewerberleistungsgesetz

Durch das Asylbewerberleistungsgesetz als Sondersystem der Mindestsicherung ist der Zugang zu Mindestsicherungsleistungen für Asylbewerber in den ersten 15 Monaten ihres Aufenthaltes in Deutschland deutlich eingeschränkt. Für die ersten drei Monate des Aufenthaltes besteht zudem die Verpflichtung, in einer Erstaufnahmeeinrichtung zu wohnen. Im Anschluss sollen die Menschen für die Dauer ihres Asylverfahrens in Gemeinschaftsunterkünften untergebracht werden. Asylbewerber bzw. -bewerberinnen, die in einer Erstaufnahmeeinrichtung untergebracht sind, erhalten i. d. R. Sachleistungen, außerhalb

---

5 Einen Überblick zu einschlägigen Studien, die sich den wirtschaftlichen und sozialen Folgen dieser Sanktionen beschäftigen, findet sich in der Dokumentation des Wissenschaftlichen Dienstes des Bundestages „Auswirkungen von Sanktionen im SGB II Überblick über qualitative Studien in Deutschland" (Az. WD-6-3000-004/17) vom 7. Februar 2017; https://www.bundestag.de/blob/497906/f2a6382d0a8b3d3afbf9bb4dffdabc59/wd-6-004-17-pdf-data.pdf. Zugegriffen: 12.06.2017.

der Einrichtungen werden die Hilfen seit dem 1. März 2015 vorrangig als Geldleistungen erbracht, um die Selbstbestimmung der Hilfebedürftigen zu stärken.

Seit dem 1. März 2015 haben Kinder, Jugendliche und junge Erwachsene, die in Deutschland Asyl suchen, Anspruch auf die Leistungen zur *Bildung und Teilhabe* nach SGB XII *Sozialhilfe*. Dadurch sollen – auch bei noch nicht entschiedenen Asylverfahren – möglichst frühzeitig Bildungs- und Teilhabechancen gefördert werden.

Die *medizinische Versorgung* ist auf akute Erkrankungen und Schmerzzustände beschränkt. Es besteht auch keine freie Arztwahl. Für nicht eindeutig indizierte Behandlungen oder solche, die wegen der zeitlichen Befristung des Aufenthaltes nicht abgeschlossen werden können, besteht keine Leistungspflicht. Ebenso wird Zahnersatz nur in Ausnahmefällen gewährt. Schwangere und junge Mütter haben Anspruch auf ärztliche und pflegerische Hilfe und Betreuung sowie auf Hebammenhilfe, Arznei-, Verband- und Heilmittel.

In den Gemeinschaftsunterkünften sollen zur Aufrechterhaltung und Betreibung der Einrichtung Arbeitsgelegenheiten zur Verfügung gestellt werden. Hierbei handelt es sich im Wesentlichen um hausmeisterliche Tätigkeiten oder die Mithilfe in der Kleiderkammer, Waschküche etc. Darüber hinaus sollen Arbeitsgelegenheiten bei staatlichen, kommunalen und gemeinnützigen Trägern angeboten werden. Für arbeitsfähige, nicht schulpflichtige und nicht erwerbstätige Leistungsbezieher bzw. Bezieherinnen besteht die Pflicht zur Annahme einer angebotenen Arbeitsgelegenheit. Für die Tätigkeit wird eine Aufwandsentschädigung von 1,05 Euro pro Stunde bezahlt. Wird eine Arbeitsgelegenheit abgelehnt, erlischt der Anspruch auf Leistungen nach dem Asylbewerberleistungsgesetz.

4.6   Bundesversorgungs- bzw. Opferentschädigungsgesetz

Das Bundesversorgungsgesetz regelt Unterstützungsleistungen für Menschen, die in Ausübung eines militärischen Dienstes (nach deutschem Wehrrecht) oder eines zivilen Ersatzdienstes zu Schaden gekommen sind. Nach dem Opferentschädigungsgesetz werden Leistungen für Menschen erbracht, die Opfer einer Gewalttat geworden sind. Nach beiden Gesetzen können auch finanzielle Leistungen für Hinterbliebene erbracht werden. Grundsätzlich können auch Ausländer eine Leistung nach den Vorschriften der beiden Gesetze erhalten. Ab einem Schädigungsgrad von 30 Prozent wird eine Grundrente als Entschädigung für die Beeinträchtigung der körperlichen Unversehrtheit und nicht als Einkommensersatz (d. h. ohne Anrechnung weiterer Einkommen) bezahlt. Ab einem Grad der Schädigung von 50 Prozent kann als einkommensabhängige Leistung eine Ausgleichsrente beantragt werden. Diese dient dem Einkommensersatz und ist deshalb auch in ihrer Höhe vom Einkommen des Betroffenen abhängig. Weitere ergänzende Leistungen stellen die Schwerstbeschädigtenzulage, der Berufsschadensausgleich sowie der Ehegattenzuschlag dar. Die Leistungen des Bundesversorgungsgesetzes umfassen weiterhin medizinische und rehabilitative Dienstleistungen, Rentenzahlungen an die geschädigte Person bzw. deren Hinterbliebene und ein Bestattungsgeld.

4.7   Zur Angemessenheit der Mindestsicherungsleistungen

Mit den Grundsicherungsleistungen nach SGB XII und SGB II soll das soziokulturelle Existenzminimum der Betroffenen abgedeckt werden. Dies ist ausdrücklich mehr, als eine reine Sicherstellung des physischen Überlebens und folgt dem grundgesetzlich geschützten Sozialstaatspostulat und dem Schutz der Menschenwürde. Gleichwohl wird die Frage, ob die Höhe der Regelsätze und Sonderbedarfe tatsächlich geeignet sind, soziale Teilhabe im Sinne von dauerhafter sozialer Mobilität nach oben zu gewährleisten, immer wieder kontrovers diskutiert.

Mit Einführung des ALG II ist es zunächst zu einer drastischen Zunahme der Zahl der Personen gekommen, die auf dem Niveau der Mindestsicherung leben müssen. Setzt man die Leistungen des Mindestsicherungssystem in Bezug zu den Armutsrisikogrenzen, so bewegen sich die betroffenen Haushalte im Regelfall auf einem Niveau, das – je nach Basiswert für die Armutsrisikoschwelle von 60 Prozent des Medianeinkommens – unterhalb dieser 60 Prozent-Grenze liegt (vgl. Bundesministerium für Arbeit und Soziales 2013, S. 120). Die Höhe der Transferleistungen reicht also nicht aus, um die betroffenen Haushalte über die Armutsrisikogrenze zu heben. Das Mindestsicherungssystem wirkt damit zwar einerseits flächendeckend, denn jeder bzw. jede Hilfesuchende hat ein Anrecht zumindest auf den unerlässlichen Lebensunterhalt, im Regelfall sogar auf die Gewährung des soziokulturellen Existenzminimums. Sozialstatistisch gesehen ist diese Mindestsicherung aber andererseits nicht armutsfest (Huster et al. 2009). Hinzu kommt, dass sich gleichzeitig in der Gesellschaft eine soziale Schicht herausbildet, die fast vollständig aus den Austauschbeziehungen der Gesellschaft ausgegrenzt ist. Eine Studie der Friedrich-Ebert-Stiftung hat dafür den Begriff vom „abgehängten Prekariat" eingeführt (dies. 2006). Untersuchungen des WSI bestätigen diese soziale Segmentierung. Zugleich wird deutlich, dass diese in verfestigter Armut lebende unterste soziale Schicht wächst:

> „Vor allem in Ostdeutschland ist die Durchlässigkeit zwischen Einkommensklassen seit der Wiedervereinigung stark rückläufig. Die Einkommensreichen können sich ihrer gehobenen sozialen Lage immer sicherer sein. Wer hingegen einmal arm ist, für den wird es immer schwieriger, diese defizitäre Situation zu überwinden. Immer mehr Menschen werden so dauerhaft an den Rand der Gesellschaft gedrängt." (Spannagel 2016, S. 1).

Von daher ist es nicht verwunderlich, dass sich neben der öffentlichen Mindestsicherung zunehmend private bzw. wohlfahrtsverbandliche Hilfesysteme etablieren, die versuchen, die Lücke zwischen öffentlicher Unterstützung und nicht gedecktem existenzminimalem Bedarf zu schließen (Tafelbewegung, Suppenküchen, Sozialkaufhäuser etc.). Träger dieser Angebote sind in der Regel Einrichtungen der freien Wohlfahrtspflege, der Kirchen oder Privatpersonen (vgl. Huster et al. 2009).

Nicht zuletzt vor diesem Hintergrund hat z. B. der Paritätische Wohlfahrtsverband (DPWV) immer wieder darauf hingewiesen, dass die Regelsätze des ALG II (und damit auch der Sozialhilfe nach SGB XII) zu niedrig bemessen sind, um das soziokulturelle Minimum zu gewährleisten. Zwar hat sich die Bundesregierung nicht derartigen Infragestellungen der Regelsatzhöhe angeschlossen, gleichwohl lässt sich auch auf regierungsamtlicher Ebene ein Einstellungswandel bezogen auf die soziale Integrationskraft der Mindestsicherungsleistungen nach SGB XII und SGB II feststellen. Galt vor allem in den 1970er und 1980er Jahren der Bezug von Sozialhilfe noch als *bekämpfte Armut*, stellte der 2. Nationale Armuts- und Reichtumsbericht mit dem Eingeständnis, dass „Armutsrisiken auch die Mitte der Gesellschaft bedrohen können", soziale Ungleichheit „eine Tatsache" und „in manchen Bereichen in den letzten Jahren gewachsen" ist, klar heraus, dass Mindestsicherungsleistungen vor allem auf die Überwindung kurzfristiger Notlagen ausgerichtet sind, ihr längerfristiger Bezug jedoch Armut und soziale Ausgrenzung nur unzureichend entgegenwirken kann (vgl. Bundesministerium für Arbeit und Soziales 2005, S. XVII).

5   Ausblick: Das Grundeinkommen als Weg aus der Armutsfalle?

Das Sozialversicherungssystem in Deutschland war auf die Lebensstandardsicherung im Leistungsfall ausgerichtet. Dieses Konstrukt sicherte dann zuverlässig gegen den Ausfall von Erwerbseinkommen, wenn eine geradlinige Vollerwerbsbiographie mit zumindest mittlerem Einkommen zurückgelegt wird. Vor allem die lang anhaltende Massenarbeitslosigkeit und die wachsende Einkommenskluft grenzen eine zunehmende Anzahl von Menschen aus der Arbeitsgesellschaft aus. Erwerbsarbeit ist für die Betroffenen nicht länger Chance zur Sicherstellung des eigenen Lebensunterhaltes und zum Aufbau einer davon abgeleiteten sozialen Absicherung. Diese Personen (und ihre Familienangehörigen) sitzen buchstäblich im sozialen (Mindest-)Sicherungssystem fest und sind damit von den positiven materiellen (Einkommen) wie immateriellen (Selbstverwirklichung und Statussicherung) Gratifikationen des Arbeitsmarktes ausgeschlossen. In diesem Kontext hat die Diskussion über ein Grundeinkommen neuen Schwung bekommen. Allerdings existiert eine Vielzahl unterschiedlicher Konzepte mit zum Teil sehr gegensätzlichem Grundverständnis. So schlägt das am 9. Juli 2004 gegründete Netzwerk Grundeinkommen für Deutschland ein bedingungsloses, garantiertes Grundeinkommen vor, das im Sinne „einer basalen gesellschaftlichen Teilhabe existenzsichernd sein, einen individuellen Rechtsanspruch darstellen, ohne Bedürftigkeitsprüfung ausgezahlt werden und keinen Zwang zur Arbeit bedeuten" soll (Netzwerk Grundeinkommen für Deutschland 2007). Andere Modelle gestalten Umfang und Modalitäten eines Grundeinkommens wesentlich rigider, beinhalten eine Bedürftigkeitsprüfung, integrieren Arbeitspflichten, konstruieren statt eines Individualanspruchs ein Familieneinkommen und/oder sehen Einschränkungen für Arbeitsmigranten oder junge Menschen vor (vgl. Notz 2006, S. 91). Mit der Grundeinkommensversicherung wiederum sollen Arbeit und Leben nicht grundsätzlich entkoppelt, vielmehr „bestimmte Formen von Tätigkeit und gesellschaftlicher Arbeit mit einem thematisch fokussierten, staatlichen Grundeinkommen" ausgestattet werden. Das Modell basiert deshalb auf dem

Sozialversicherungsgedanken, will jedoch erreichen, dass „der Faktor Arbeit von den Sozialversicherungsbeiträgen befreit" wird (Opielka 2005, S. 10).

In den letzten Jahren hat die politische und öffentliche Debatte zur Einführung einer sogenannten *Kindergrundsicherung* Fahrt aufgenommen. Damit sollen die widersprüchlichen Fördertatbestände für Kinder innerhalb des Sozialrechts aufgehoben werden (http://www.kinderarmut-hat-folgen.de/). So entspricht bspw. die Höhe des Kindergeldes nicht den Zahlbeträgen für Kinder im SGB II *Grundsicherung für Arbeitssuchende*. Diese Widersprüche können nicht logisch erklärt bzw. legitimiert werden und sollten im Sinne der Kinder und ihrer Familien beseitigt werden. Allerdings bleibt auch hier die Frage nach dem richtigen Weg. Ist es wirklich sinnvoll angesichts begrenzter materieller Ressourcen in den staatlichen Haushalten der Förderung nach dem *Gießkannenprinzip* (= *allen* Kindern, unabhängig von der Leistungsfähigkeit ihrer Eltern, die gleiche Leistung) Vorrang vor einer am Förderbedarf der einzelnen Familien und Kinder sowie insbesondere vor Investitionen in tatsächlich kostenlose und hochwertige Infrastrukturleistungen zu geben? Denn was nutzt eine noch so solide Kindergrundsicherung für alle (und damit auch für die Familien, für die aufgrund von eigenem Einkommen und Vermögen diese Sozialleistung eine vernachlässigbare Größe darstellen würde), wenn in der Folge Betreuungs- und Bildungseinrichtungen sozial selektiv bleiben?

Die Antwort auf die Frage, ob ein allgemeines Grundeinkommen und eine Kindergrundsicherung die sozialen Sicherungssysteme tatsächlich armutsfester machen und den Grad der Dekommodifizierung signifikant erhöhen würde, muss hier offen bleiben. Wenn man sich jedoch von der Annahme leiten lässt, dass im langfristigen Trend sozialversicherungspflichtige Vollzeitstellen zurückgehen und die Erwerbsbiographien insgesamt diskontinuierlicher, zugleich für viele Menschen auch dauerhaft niedrig entlohnt sein werden, bleibt die zentrale Aufgabenstellung der Sozial- und Einkommenspolitik, die Refinanzierung der sozialen Sicherungssysteme von der Erwerbsarbeit abzukoppeln und diese damit zumindest in Teilen in das Steuersystem zu übertragen. Dies gilt umso mehr, als die Sozialversicherung immer auch gesamtgesellschaftliche Lasten übernommen hat (Stichwort: *Refinanzierung der Wiedervereinigung*) und auch zukünftig finanzieren wird. Auf Dauer führt diese Schieflage in der Lastenverteilung gesamtgesellschaftlicher Aufgaben zu einer Verteilungsungerechtigkeit, die die Legitimation der bestehenden Solidarsysteme in der Sozialversicherung kontinuierlich aushöhlt.

Literatur

Adamy, W. und W. Hanesch 1990. Erwerbsarbeit und soziale Ungleichheit – Benachteiligung und Ausgrenzung am Arbeitsmarkt. In *Armut im Wohlstand*, Hrsg. D. Döring, W. Hanesch und E.-U. Huster, 161-184. Frankfurt a. M.: Suhrkamp.

Becker, I. und R. Hauser, R. 2006. *Auswirkungen der Hartz-IV-Reform auf die personelle Einkommensverteilung*. Düsseldorf: Hans-Böckler-Stiftung.

Boeckh, J., E.-U. Huster, B. Benz und J. D. Schütte. 2016. *Sozialpolitik in Deutschland. Eine systematische Einführung*, 4. Aufl. Wiesbaden: Springer VS.

Bundesagentur für Arbeit. 2017. Analyse der Grundsicherung für Arbeitssuchendende. https://statistik.arbeitsagentur.de/Navigation/Statistik/StatistischeAnalysen/Analytikreports/Zentral/Monatliche-Analytikreports/Analyse-Grundsicherung-Arbeitsuchende-nav.html. Zugegriffen: 08.06.2017.

Bundesagentur für Arbeit. 2017. *Zeitreihe zu Sanktionen (Monatszahlen) Deutschland mit Ländern Januar 2007 bis Januar 2017*. Nürnberg: Bundesagentur für Arbeit.

Bundesministerium der Finanzen. 2017. *Datensammlung zur Steuerpolitik Ausgabe 2016/2017*. Berlin: Bundesministerium der Finanzen.

Bundesministerium für Arbeit und Soziales. 2005. *Lebenslagen in Deutschland – Der zweite Armuts- und Reichtumsbericht der Bundesregierung*. Berlin: Bundesministerium für Arbeit und Soziales.

Bundesministerium für Arbeit und Soziales. 2013. *Lebenslagen in Deutschland – Der vierte Armuts- und Reichtumsbericht der Bundesregierung*. Berlin: Bundesministerium für Arbeit und Soziales.

Deutsche Bundesbank. 2017. Schuldenbremse. https://www.bundesbank.de/Redaktion/DE/Glossareintrae ge/S/schuldenbremse.html. Zugegriffen: 08.06.2017.

Deutscher Gewerkschaftsbund. 2016. *Gerecht verteilen – Wohlstand sichern DGB Verteilungsbericht*. Berlin: DGB Bundesvorstand.

Esping-Andersen, G. 1990. *Three Worlds of Welfare Capitalism*. Cambridge: Politiy Press.

Friedrich-Ebert-Stiftung. 2006. *Gesellschaft im Reformprozess*. Berlin: Friedrich-Ebert-Stiftung.

Grabka, M. und J. Goebel. 2017. Realeinkommen sind von 1991 bis 2014 im Durchschnitt gestiegen – erste Anzeichen für wieder zunehmende Einkommensungleichheit. *DIW-Wochenbericht* Nr. 4/2017: 71-82.

Groh-Samberg, O. 2007. Armut in Deutschland verfestigt sich. *DIW Wochenbericht* Nr. 12/2007: 177-182.

Huster, E.-U., J. Boeckh, K. Bourcarde und J. D. Schütte. 2009. *Analysis of the situation in relation to minimum income schemes in Germany. A Study of National Policies*. Brüssel, Gießen, Bochum: Europäische Kommission.

Institut Arbeit und Qualifikation der Universität Duisburg-Essen. 2017. Struktur des Steueraufkommens 2015. http://www.sozialpolitik-aktuell.de/tl_files/sozialpolitik-aktuell/_Politikfelder/Finanzierung/ Datensammlung/PDF-Dateien/abbII14.pdf. Zugegriffen: 08.06.2017.

Klammer, U. 2012. Hochgebildet – ausgebremst – (re)aktiviert – alimentiert: Frauenerwerbsverläufe in Deutschland. In *Sozialpolitik und Sozialstaat*, Hrsg. R. Bispinck, G. Bosch, K. Hofemann und G. Naegele, 163-188. Wiesbaden: Springer VS.

Leibfried, S. und F. Tennstedt, Hrsg. 1985. *Politik der Armut und Die Spaltung des Sozialstaats*. Frankfurt a. M.: Suhrkamp.

Liefmann-Keil, E. 1961. *Ökonomische Theorie der Sozialpolitik*. Berlin, Göttingen, Heidelberg: Springer-Verlag.

Netzwerk Grundeinkommen für Deutschland. 2007. www.grundeinkommen.de. Zugegriffen: 12.06.2017.

Notz, G. 2006. Grundeinkommen – ein Konzept gegen die Verarmung der Unterschichten?. In *Unterschichten? Prekariat? Klassen? Moderne Politik gegen soziale Ausgrenzung, Schriftenreihe des Forum Demokratische Linke 21 e. V. Bd. 1*, Hrsg. B. Böhning, K. Dörre und A. Nahles, 89-99. Dortmund: spw-Verlag.

Opielka, M. 2005. Die Idee der Grundeinkommensversicherung. Analytische und politische Erträge eines erweiterten Konzepts der Bürgerversicherung. In *Das Prinzip Bürgerversicherung: Die Zukunft im Sozialstaat*, Hrsg. W. Strengmann-Kuhn, 99-140. Wiesbaden: VS Verlag für Sozialwissenschaften.

Sen, A. 2005. *Ökonomie für den Menschen. Wege zu Gerechtigkeit und Solidarität in der Marktwirtschaft*, 3. Aufl. München: dtv-Verlag.

Spannagel, D. 2015. Trotz Aufschwung: Einkommensungleichheit geht nicht zurück. WSI-Verteilungsbericht 2015. *WSI-Report* Nr. 26, November 2015.

Spannagel, D. 2016. Soziale Mobilität nimmt weiter ab. WSI-Verteilungsbericht 2016. *WSI-Report Nr. 10, Oktober 2016.*

Spannagel, D., und E. Seils. 2014. Armut in Deutschland wächst – Reichtum auch WSI-Verteilungsbericht 2014. *WSI-Mitteilungen Heft 8/2014*: 620-627.

Statistisches Bundesamt. 2017. Wirtschaftsrechnungen. Laufende Wirtschaftsrechnungen. In *Fachserie 15 Reihe 1 Einkommen, Einnahmen und Ausgaben privater Haushalte 2015*. Wiesbaden: Statistisches Bundesamt.

Voges, W., O. Jürgens, Mauer, A., und Meyer, E. 2003. *Methoden und Grundlagen des Lebenslagenansatzes Endbericht*. Bremen: Zentrum für Sozialpolitik.

Arbeitslosigkeit, Grundsicherung und Arbeitsmarktpolitik

Gerhard Bäcker und Jennifer Neubauer

Zusammenfassung

Arbeitslosigkeit ist eines der größten Armutsrisiken. Neben dem engen Zusammenhang von Arbeitslosigkeit und Armut auf der Mikroebene von Personen und Haushalten besteht ein enger Zusammenhang von Arbeitslosigkeit und Armut auf der gesellschaftlichen Ebene. In der Summe bedrohen weit verbreitete arbeitslosigkeitsbedingte Armutslagen die soziale Kohäsion, stellen das Wirtschafts- und Sozialsystem in Frage und gefährden die politische und soziale Legitimation eines Sozialstaats. Armutsvermeidung und Armutsbekämpfung sind sowohl aus ethischer Sicht, aber auch aus polit-ökonomischer Sicht zentrale Aufgaben der Sozialpolitik und begründen die kollektiv finanzierten Systeme sozialer Sicherung bei Arbeitslosigkeit.

Allerdings zeigt die hohe Betroffenheit von relativer Einkommensarmut in Arbeitslosenhaushalten, dass die Unterstützungssysteme bei Arbeitslosigkeit nur unzureichend vor Armut schützen und in der Lage sind, Armut zu bekämpfen – und dies anscheinend in immer geringerem Maße. Die Leistungsempfängerquote von Arbeitslosengeld sinkt und die Dauer und Höhe des Leistungsanspruches nimmt ab, während im Gegenzug die Bedeutung der Grundsicherungsleistungen für die Sicherung des Lebensunterhalts von Arbeitslosen und Arbeitslosenhaushalten steigt. Wird Armut normativ gleichgesetzt mit einem Leben am soziokulturellen Existenzminimum, dann hat in Deutschland die Betroffenheit von Armut aufgrund von Arbeitslosigkeit in den letzten Jahren zugenommen.

Der enge Zusammenhang von Arbeitslosigkeit und Armut verweist zugleich auf die zentrale Bedeutung der Instrumente der aktiven Arbeitsmarktpolitik sowie der in diesem Rahmen erbrachten sozialen Dienstleistungen. Entscheidend für die Vermeidung und Bekämpfung von Armut ist dabei, inwieweit, in welchem Umfang und wie schnell eine (dauerhafte) Arbeitsmarktintegration der Betroffenen gelingt. Die Bilanz der Arbeitsförderung fällt für die verschiedenen Instrumente zwar sehr unterschiedlich aus. Empirische Befunde der Evaluationsforschung, die Entwicklung des Leistungsrechts wie auch die Leistungsdaten zeigen jedoch, dass der Trend in der Arbeitsmarkt- dem der Sozialpolitik folgt und aufgrund ausgeprägter Leistungshierarchien durch soziale Selektivität im Zugang zu den Unterstützungsmaßnahmen geprägt ist.

Auf diesem Hintergrund der jüngsten Entwicklungen in der Armuts- und Arbeitsmarktpolitik und der Struktur des Gesamtleistungssystems zur Sicherung bei Arbeitslosigkeit stellt sich die grundlegende Frage, ob durch einen erhöhten finanziellen und leistungsrechtlichen Druck Arbeitslosigkeit und Armut tatsächlich erfolgreich(er) bekämpft werden kann. Die Wirkungszusammenhänge, die diese Politik im Einklang mit der These der sozialstaatsinduzierten Arbeitslosigkeit unterstellt, sind unbewiesen. Vielmehr besteht eine erfolgreiche Bekämpfung von Armut aufgrund von Arbeitslosigkeit insbesondere darin, die Schaffung von Arbeitsplätzen (mit existenzsichernden Löhnen) zu fördern und die aktive Arbeitsförderung stärker auf diejenigen Arbeitslosen auszurichten, die der Unterstützung in besonderem Maße bedürfen.

Schlagworte

Einkommenslage von Arbeitslosen; creaming the poor; Fördern&Fordern; Arbeitsmarktpolitik; Sanktionen; Armutsfalle

1   Unzureichende Armutsfestigkeit der sozialen Sicherung bei Arbeitslosigkeit

Arbeitslosigkeit – oder präziser definiert – Erwerbslosigkeit ist ein zentrales Armutsrisiko. Aus Sicht eines auf die *realisierte Lebenslage* bezogenen Armutsansatzes begrenzt der erzwungene Ausschluss aus dem Arbeitsmarkt die Teilhabemöglichkeit in einem elementaren Bereich des gesellschaftlichen Lebens. Erwerbsarbeit ist in modernen Gesellschaften mehr als nur die Voraussetzung zur Erzielung eines eigenständigen Einkommens. Sie ist nach wie vor von zentraler Bedeutung für die persönliche Entwicklung jedes einzelnen Menschen, seine soziale und gesellschaftliche Stellung und seine Lebenschancen. Eine unfreiwillig niedrige oder gar fehlende Erwerbsteilhabe lässt sich deshalb als ein entscheidendes Merkmal von sozialer Ausgrenzung bezeichnen – neben materieller Deprivation und unzureichender Einkommenshöhe.

Vor allem für die große Gruppe der Langzeitarbeitslosen, darunter werden in der Statistik Arbeitslose gefasst, die länger als ein Jahr ununterbrochen arbeitslos sind, wirkt sich der Ausschluss aus dem Arbeitsmarkt belastend für ihre Lebenslage aus.

Das Risiko, arbeitslos zu werden und für längere Zeit zu bleiben oder überhaupt keinen Zugang zu einer regulären Beschäftigung zu finden, ist in der Gesellschaft nicht gleich verteilt. Es hängt zum einen ab von ökonomischen Rahmenbedingungen auf der gesamtwirtschaftlichen Ebene, aber auch auf der Ebene der regionalen und lokalen Arbeitsmärkte sowie der Entwicklung von Branchen und beruflichen Tätigkeiten. Von Bedeutung sind zum anderen aber auch die Voraussetzungen der Personen selber: Der Grad der schulischen und beruflichen Bildung, das Lebensalter, das Geschlecht, die physische und psychische

Konstitution, die Nationalität – diese und weitere Faktoren wirken sich nachhaltig auf die Erwerbschancen bzw. das Arbeitslosigkeitsrisiko aus.

Arbeitslosigkeit ist aber auch nach den Maßstäben eines *ressourcenorientierten Armutskonzeptes* als zentrales Armutsrisiko zu bezeichnen. Da in Marktgesellschaften die Verfügung über Einkommen die wichtigste Ressource darstellt, Arbeitslosigkeit zugleich immer mit dem Verlust des Markteinkommens verbunden ist, liegen die Verbindungen zwischen Arbeitslosigkeit und Einkommensarmut nahe. Allerdings handelt es sich nur um mögliche, aber nicht um zwingende Verbindungen. Denn Arbeitslosigkeit ist ein individuelles Risiko, das eine einzelne Person erfasst, während demgegenüber Einkommensarmut sinnvollerweise lediglich im Kontext des Haushaltes und des Haushaltseinkommens definiert und untersucht werden kann.

Die vorliegenden Daten über die am Nettoäquivalenzeinkommen gemessene Einkommensarmut (Armutsgrenze: 60 Prozent des Medianeinkommens) lassen erkennen, dass trotz der Einbettung des Arbeitslosigkeitsrisikos in den Haushaltszusammenhang Arbeitslosigkeit der entscheidende Bestimmungsfaktor für Einkommensarmut ist. So zeigen die Befunde des Statistischen Bundesamtes auf der Basis des Mikrozensus, dass im Jahr 2015 deutlich mehr als die Hälfte der Menschen (59 Prozent), die in Arbeitslosenhaushalten leben, als einkommensarm einzustufen sind. Im Jahr 2005 waren es hingegen ‚nur‘ 49,6 Prozent (vgl. Tabelle 1). Zwar ist die Zahl der Arbeitslosen im Verlauf der Jahre deutlich zurückgegangen (von über 4,5 Mio. in 2005 auf etwa 2,6 Mio. in 2015), aber das Armutsrisiko dieser Gruppe ist angestiegen. Erwerbstätigkeit erweist sich demgegenüber als ein wirksamer Schutz vor Einkommensarmut, bei dieser Gruppe liegt die Armutsrisikoquote (2015) bei 7,8 Prozent.

Tab. 1 Betroffenheit von Armut nach Erwerbsstatus 2005 bis 2015 (Armutsrisikoquoten in Prozent)

	2005	2010	2011	2012	2013	2014	2015
Erwerbstätige	7,3	7,5	7,8	7,9	7,8	7,6	7,8
Erwerbslose	49,6	53,0	58,5	59,1	58,7	57,6	59,0
Nichterwerbspersonen	17,5	18,5	19,6	20,0	20,9	21,2	21,9

Datenbasis: Mikrozensus; Armutsschwelle: 60-Prozent-Median
Quelle: Bundesministerium für Arbeit und Soziales 2017, S. 555

Differenziert man die Befunde über das Armutsrisiko von Arbeitslosen bzw. von Arbeitslosenhaushalten lässt sich erkennen, dass die Armutsquote besonders hoch ist vor allem bei

- Langzeitarbeitslosen,
- vormaligen Bezieherinnen und Bezieher von Niedrigeinkommen,
- Alleinstehenden,

- Haushalten mit einer traditionellen Geschlechterrollenverteilung in der Alleinverdienerehe sowie
- Haushalten, in denen beide (Ehe-)Partner arbeitslos sind.

Wie lässt sich diese außerordentlich hohe Armutsrisikoquote in einer Gesellschaft wie der
Bundesrepublik Deutschland erklären, die sich als *Sozialstaat* versteht, über ein ausge-
bautes soziales Netz verfügt und gerade für den Fall von Arbeitslosigkeit sozialpolitische
Einkommensleistungen vorsieht?

1.1   Arbeitslosenversicherung und Grundsicherung/SGB II

Die soziale Sicherung bei Arbeitslosigkeit ist als zweistufiges System organisiert: Erstens
durch das Arbeitslosengeld I im Rahmen der *Arbeitslosenversicherung* nach dem *SGB III*
und zweitens durch das Arbeitslosengeld II, der Grundsicherung für Arbeitsuchende auf
Basis des *SGB II*. Das Arbeitslosengeld I ist eine Lohnersatzleistung der beitragsfinanzier-
ten Sozialversicherung, mit dem Ziel, den Lebensstandard vor Arbeitslosigkeit zumindest
vorübergehend zu sichern. Hingegen ist das Arbeitslosengeld II (üblicherweise als *Hartz
IV* bezeichnet) eine fürsorgerechtliche, steuerfinanzierte Leistung und in seiner sozialpolitischen Zielsetzung auf die Vermeidung von Armut nach politischer Definition des
sozioökonomischen Existenzminimums durch den Gesetzgeber beschränkt. Entsprechend
der Unterschiede in der rechtlichen Konstruktion und sozialpolitischen Zielsetzung unterscheiden sich die leistungsrechtlichen Prinzipien der beiden Systeme grundlegend (vgl.
im Überblick: Bäcker et al. 2010, S. 313ff.).

Auf die Versicherungsleistung *Arbeitslosengeld I* besteht Anspruch, wenn Beschäfti-
gungslose sich persönlich bei der Arbeitsagentur melden, vorübergehend nicht in einem
Beschäftigungsverhältnis stehen, eine versicherungspflichtige Beschäftigung (von mindestens 15 Wochenstunden) suchen, der Arbeitsvermittlung zur Verfügung stehen und bereit
sind, jede zumutbare Arbeit annehmen. Zudem ist der Anspruch auf Arbeitslosengeld von
der Erfüllung einer Wartezeit (Anwartschaft) abhängig. Die Höhe und Dauer des Leistungsbezugs sind abhängig von der Dauer der Beitragszahlung und der Höhe des letzten
Nettoeinkommens (*Äquivalenzprinzip*). Die Bezugsdauer ist limitiert, die Lohnersatzleistung kann für die meisten Arbeitslosen maximal zwölf Monate bezogen werden, lediglich
bei älteren Arbeitslosen (über 50 Jahre) verlängert sich altersgestaffelt die Bezugsdauer auf
bis zu 24 Monate. Die Leistungshöhe bemisst sich als Anteil am vorherigen (pauschaliert
ermittelten) Nettolohn. Der allgemeine Leistungssatz beträgt 60 Prozent des pauscha-
lierten Nettoeinkommens, da allerdings Mehrarbeitszuschläge und Sonderzahlungen,
wie Weihnachtsgeld und Urlaubsgeld, zwar der Beitragspflicht unterliegen, aber nicht in
die Leistungsberechnung eingehen, entspricht die tatsächliche Lohnersatzrate ungefähr
50 Prozent. Arbeitslose mit unterhaltspflichtigen Kindern erhalten einen erhöhten Leistungssatz von 67 Prozent.

Arbeitslosengeld II kann demgegenüber grundsätzlich jede(r) Bürger/-in beziehen, wenn er/sie im Sinne des Gesetzes erwerbsfähig und hilfebedürftig ist. Erwerbsfähig ist nach Paragraph 8 SGB II, „wer nicht wegen Krankheit oder Behinderung auf absehbare Zeit außerstande ist, unter den üblichen Bedingungen des Arbeitsmarktes mindestens drei Stunden täglich erwerbstätig zu sein." Als hilfsbedürftig gilt, wer seinen bzw. den Bedarf seiner Angehörigen nicht aus eigenen Mitteln (Einkommen und Vermögen) und Kräften (wie durch die Aufnahme einer zumutbaren Arbeit) decken kann und dabei auch von dritter Seite keine Hilfe erhält. Leistungen werden also erst nachrangig gewährt, wenn andere Möglichkeiten zur Sicherung des notwendigen Lebensunterhalts erschöpft sind. Während die Leistungen des Arbeitslosengeldes allein am vorherigen individuellen Nettoeinkommen bemessen und personenbezogen gewährt werden, wird somit beim Arbeitslosengeld II zunächst der Anspruch geprüft und die Höhe der Leistung abhängig vom Haushaltskontext ermittelt. Bei dieser Bedarfsprüfung wird anhand der gesetzlichen Regelsätze der Gesamtbedarf eines Haushalts berechnet (inklusive des Bedarfs an *Sozialgeld* für nicht erwerbsfähige Haushaltsmitglieder). Der Gesamtbedarf des Haushalts wird gemindert um die anrechenbaren Einkommen und Vermögen aller Haushaltsmitglieder. Solange dieser Bedarf vorliegt, besteht Anspruch auf Arbeitslosengeld II (sowie ggf. Sozialgeld), der Leistungsbezug ist prinzipiell zeitlich unbegrenzt. Da beim Arbeitslosengeld II alle hilfebedürftigen Personen leistungsberechtigt sind, die als erwerbsfähig gelten, begrenzt sich im Gegensatz zu den Regelungen des SGB III der Empfängerkreis nicht nur auf (registrierte) Arbeitslose, sondern eingeschlossen sind auch Erwerbs*tätige* (Arbeitnehmerinnen und Arbeitnehmer wie Selbstständige) sowie jene, die zwar erwerbsfähig, aber nur eingeschränkt verfügbar sind, oder denen Erwerbstätigkeit (z. B. wegen der Betreuung von Kleinkindern) nicht zugemutet wird. Die Grundsicherung für Arbeitsuchende ist also – in Abweichung vom Namen des Gesetzes – keinesfalls nur auf Arbeitsuchende beschränkt, sondern umfasst alle Erwerbsfähigen und ihre Angehörigen, soweit sie bedürftig sind.

Von den im Jahr 2016 etwa 6 Mio. Leistungsempfängerinnen und -empfängern der Grundsicherung für Arbeitsuchende (SGB II) – dies entspricht knapp 10 Prozent der Bevölkerung im Alter unterhalb der Regelaltersgrenze – waren etwa 4,3 Mio. erwerbsfähig (Abbildung 1). Bei den restlichen Personen handelt es sich um nicht erwerbsfähige Angehörige, in der Regel sind dies Kinder bis 15 Jahre, die Anspruch auf Sozialgeld haben. Unter den erwerbsfähigen Leistungsempfängerinnen und -empfängern wiederum befinden sich 1,9 Mio. Arbeitslose. Nahezu die Hälfte dieser Gruppe (0,9 Mio.) ist länger als ein Jahr arbeitslos und zählt damit zu den Langzeitarbeitslosen. Die anderen knapp 2,5 Mio. erwerbsfähigen Personen suchen aktuell keine Arbeit oder sind nicht als arbeitslos registriert. Betrachtet man die Gesamtgruppe der 2,6 Mio. Arbeitslosen, wird sichtbar, dass die Mehrzahl (über 70 Prozent) dem Rechtskreis des SGB II zugeordnet ist:

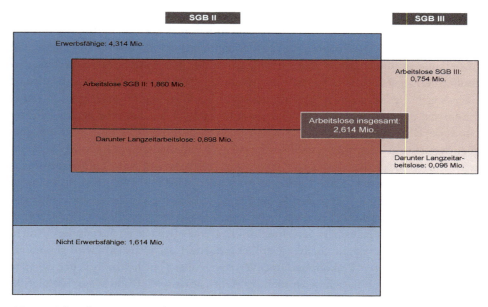

Abb. 1   Arbeitslose im SGB II (Grundsicherung für Arbeitsuchende; Hartz IV) und im SGB III
(Arbeitslosenversicherung) 06/2016

Quelle: www.sozialpolitik-aktuell.de. Datenbasis: Statistik der Bundesagentur für Arbeit

Die Zweistufigkeit des Sicherungssystems lässt sich zugespitzt als ein Zweiklassensystem
bezeichnen. Die Arbeitslosenversicherung sichert nur den Arbeitslosen annähernd den
Lebensstandard und vermeidet Armut weitgehend, deren Arbeitslosigkeit erstens relativ
kurz ist, die zweitens zuvor langjährig gearbeitet und Beiträge gezahlt und die drittens
relativ gut verdient haben. Es erfüllt seine Sicherungsfunktion also vorrangig bei jenen
Beschäftigten, die mehrheitlich als Angehörige der Kernbelegschaft lange Beitrags- und
nur kurze Zeiten der Arbeitslosigkeit aufweisen. Alle anderen Arbeitslosen und Ar-
beitsuchenden mit ihren Familien sind auf das sozio-kulturelle Existenzminimum des
Arbeitslosengeldes II unter weitaus restriktiveren Leistungsbedingungen angewiesen.
Damit ist nicht nur das Arbeitslosigkeitsrisiko sozial selektiv, sondern auch die soziale
Sicherung und Unterstützung in dieser persönlichen und familialen Notlage. So müssen
Hilfesuchende bereit sein, jede Arbeit, soweit sie nicht gegen Gesetz (z. B. Mindestlohn[1])
oder die guten Sitten verstößt, aufzunehmen. Zumutbar sind deshalb auch Arbeiten,
deren Entlohnung unterhalb des Tariflohns oder des ortsüblichen Entgelts liegt, oder bei
denen aufgrund niedriger Lohnsätze oder geringer Arbeitszeit das erzielte Einkommen
das Grundsicherungsniveau unterschreitet (z. B. bei Minijobs) oder die im Rahmen von
Eingliederungsleistungen als Arbeitsgelegenheiten (*Ein-Euro-Jobs*) angeboten werden.

---

1   Für Langzeitarbeitslose gilt der Mindestlohn allerdings erst nach sechs Monaten.

Diese Konstruktion der sozialen Sicherung bei Arbeitslosigkeit wurde durch die sogenannten Hartz-Reformen mit Wirkung ab 2003 eingeführt. Denn mit der Zusammenführung der vormaligen Arbeitslosenhilfe und der Sozialhilfe zur Grundsicherung für Arbeitsuchende wurde der (begrenzte) Lohnersatzcharakter der Arbeitslosenhilfe ersatzlos aufgegeben. Für Arbeitnehmerinnen und Arbeitnehmer bedeutet dies, dass sie bei längerer Arbeitslosigkeit – unabhängig von der Dauer der vorherigen Beschäftigung und Beitragszahlung – (mit Ausnahme der Älteren) bereits nach 12 Monaten erfolgloser Arbeitsplatzsuche damit rechnen müssen, ihren erarbeiteten Lebenszuschnitt aufzugeben sowie Bedürftigkeitsprüfungen und strengen Zumutbarkeitskriterien sowie Sanktionsnormen zu unterliegen. Arbeitnehmerinnen und Arbeitnehmer, die nach langer vorheriger Beschäftigung und Beitragszahlung ihren Arbeitsplatz verlieren und keinen neuen finden, werden also nach kurzer Frist mit jenen gleichgestellt, die bereits vor Berufseintritt arbeitslos werden und überhaupt noch keine Beiträge gezahlt haben. Gänzlich leer gehen jene aus, bei denen der Anspruch auf Arbeitslosengeld ausgelaufen ist, die aber wegen fehlender Bedürftigkeit im Haushaltskontext (dies trifft insbesondere auf viele arbeitslose Ehefrauen zu) keinen Anspruch auf ALG II haben.

Zugleich kam es zu einer fortschreitenden Ausgrenzung von Arbeitslosen aus den Regelleistungen der Arbeitslosenversicherung[2]. Diese Verschiebung wird deutlich, wenn man die Arbeitslosen insgesamt (also nicht nur die Menschen, die Leistungen empfangen) betrachtet: Mehr als zwei Drittel aller Arbeitslosen (69,5 Prozent) befindet sich im Jahr 2016 im Rechtskreis des SGB II. Hierbei handelt es sich zum einen um Langzeitarbeitslose, deren Anspruch auf ALG I ausgelaufen ist (nahezu 90 Prozent aller Langzeitarbeitslosen finden sich im Rechtskreis des SGB II). Zum anderen sind viele Arbeitslose (bei Bedürftigkeit der Bedarfsgemeinschaft) aber auch deswegen im Bereich des SGB II, da sie wegen kurzer Beschäftigungs- und Wiederbeschäftigungszeiten die Anwartschaftszeit oder die Rahmenfrist des SGB III nicht erfüllen und deshalb keine Ansprüche haben (mehr als die Hälfte der Arbeitslosen im SGB II sind nicht langzeitarbeitslos). Es zeigt sich also, dass dem SGB II hinsichtlich der sozialen Absicherung bei Arbeitslosigkeit eine erheblich größere Bedeutung zukommt als dem SGB III.

Aber auch das SGB III bietet nicht automatisch Schutz vor materieller Armut. So lag der durchschnittliche Zahlbetrag von Arbeitslosengeld I im Jahr 2015 pro Kopf bei 886 Euro je Monat. Dieser Durchschnittswert verdeckt allerdings deutliche Unterschiede im Leistungsniveau. Neben regionalen, alters- und vor allem geschlechtsspezifischen Unterschieden müssen insbesondere Arbeitslose mit vormals geringem Erwerbseinkommen damit rechnen, dass die Höhe des Arbeitslosengelds I noch nicht einmal das sozialkulturelle Existenzminimum abdeckt. So sind etwa 10 Prozent aller Empfängerinnen und Empfänger von Arbeitslosengeld I auf aufstockende Leistungen nach dem SGB II angewiesen.

---

2 Die nachfolgenden Daten entstammen der Statistik der Bundesagentur für Arbeit (Internet). Jeweils aktualisierte und aufbereitete Tabellen und Infografiken finden sich im Informationsportal www.sozialpolitik-aktuell.de/arbeitsmarkt-datensammlung.html.

Noch deutlich geringer als das durchschnittliche Niveau von Arbeitslosengeld I ist die Regelleistung zur Sicherung des Lebensunterhalts für erwerbsfähige Hilfebedürftige. Deren Höhe orientiert sich an den einheitlich für ganz Deutschland geltenden Regelbedarfen. Sie unterscheiden sich nach der Zahl und dem Alter der Personen in einem Haushalt, da Kinder einen geringeren Bedarf haben und in einem Zwei- und Mehrpersonenhaushalt günstiger gewirtschaftet werden kann. Keiner Pauschalierung unterliegt jedoch die Höhe der übernommenen Warmmiete, hier erfolgt eine Bewertung des Einzelfalls. Der Gesamtbedarf des Haushalts bzw. der Bedarfsgemeinschaft errechnet sich insofern aus der Summe der Regelleistungen zuzüglich der Leistungen für Unterkunft und Heizung sowie möglicher Mehrbedarfe. Es gibt also nicht das Einkommens- und Existenzminimum, sondern eine von der Haushaltskonstellation und Lebenssituation abhängige Bandbreite von Minima. Hinzu kommt, dass es sich bei den bundesdurchschnittlichen Kosten der Unterkunft um einen letztlich fiktiven Wert handelt. Da die Mieten einschließlich Nebenkosten regional und auch lokal erheblich voneinander abweichen, muss mit bundesweiten Durchschnittswerten gerechnet werden, um einen allgemeinen Eindruck über die Gesamtbedarfe zu erhalten. Für das Jahr 2016 kann entsprechend für einen Einpersonenhaushalt mit einem Gesamtbedarf von etwa 718 Euro ausgegangen werden.

Diese Daten signalisieren ein im Schnitt niedriges Niveau der Grundsicherung. Damit ist aber die Frage nicht beantwortet, ob daher Empfängerinnen und Empfänger von Arbeitslosengeld II auch als arm bezeichnet werden können. Die Frage nach der Armutsfestigkeit von Arbeitslosengeld II ist vielmehr eine sehr schwierige und – auch wissenschaftlich – höchst strittige normative Frage.

1.1   Armut trotz Grundsicherung?

Zahl und Quote der Grundsicherungsempfängerinnen und -empfänger können als Indikatoren für die Armutsbetroffenheit der Bevölkerung interpretiert werden. Allerdings bleibt strittig, ob der Bezug von Grundsicherungsleistungen tatsächlich Ausdruck von Armut ist oder aber darauf hinweist, dass Armut durch den Bezug von Leistungen der Grundsicherungsleistung erfolgreich vermieden bzw. bekämpft wird. Wenn der Grundsicherungsbezug tatsächlich zur Bekämpfung von Einkommensarmut führt, dann würden allein jene als arm zu bezeichnen sein, die die Leistungen trotz eines Anspruchs nicht geltend machen. Wie hoch die Nicht-Inanspruchnahme zustehender Grundsicherungsleistungen ist, kann nur auf Basis von Stichproben-Studien geschätzt werden. Die Quoten schwanken zwischen 40 und 70 Prozent (Bruckmeier et al. 2013; Becker 2007). Ursächlich für die Nicht-Inanspruchnahme zustehender Unterstützungsleistungen sind in der Regel zum einen die Befürchtung von sozialer Kontrolle durch das Amt, die Ablehnung der Offenlegung der persönlichen (Einkommens-)Verhältnisse sowie die Angst vor dem möglichen Unterhaltsrückgriff auf die Familie. Zum anderen kann es an (korrekten oder aktuellen) Kenntnissen über die Höhe und die Bedingungen der Leistungsansprüche mangeln. Insbesondere Beschäftigte mit Niedrigeinkommen sind über die Möglichkeit, ergänzendes Arbeitslosengeld II beanspruchen zu können, nicht oder nur unzureichend informiert (vgl. Mika 2006). Einkommenslücken werden eher durch Überstunden oder Nebenbeschäftigungen ausgeglichen, der als diskriminierend empfundene Gang zu den Ämtern wird dagegen vermieden.

Während die Existenz und die sozialpolitische Problematik von (hohen) Dunkelziffern und die Betrachtung der entsprechenden Bevölkerung als arm wenig strittig ist, wird seit jeher kontrovers darüber diskutiert, ob Empfängerinnen und Empfänger von Grundsicherungsleistungen als Teil der Armutspopulation zu betrachten sind. Auf der einen Seite wird der Leistungsbezug bzw. der Bevölkerungsteil mit Bezug von Grundsicherungsleistungen als *bekämpfte Armut* bezeichnet. Dieser Auffassung, dass durch die Sicherung des politisch definierten soziokulturellen Existenzminimums Armut erfolgreich vermieden wird, steht die Einschätzung gegenüber, dass sowohl das Niveau der Leistungen als auch die Bedingungen des Leistungsbezugs nicht dazu führen, dass Armut verhindert wird. Armut liegt danach deswegen vor, weil die Höhe der Leistungen zu gering ist, weil es zu einer strengen Anrechnung und zu einem Verwertungszwang von Vermögen kommt und weil die Sanktionierung unbotmäßigen Verhaltens sozial ausgrenzende Folgen haben kann. Letzteres gilt insbesondere für Jugendliche, denen bereits bei einer ersten Pflichtverletzung die monetären Leistungen auf die Kosten für Unterkunft und Heizung reduziert und bei Wiederholung gänzlich gestrichen werden kann.

Dennoch ist eine pauschale Gleichsetzung des Bezugs von Grundsicherung oder Sozialhilfe auf der einen und Armut auf der anderen Seite sicherlich unangemessen. Denn jede Erhöhung des Leistungsniveaus würde zu einer Erhöhung der Armut und eine Absenkung des Niveaus zu einer Absenkung der Armut führen: Je höher das Niveau der Grundsicherungsleistungen bei gegebener Einkommensverteilung liegt, umso mehr Menschen unterschreiten mit ihrem Einkommen die Leistungsschwelle und werden anspruchsberechtigt. Entscheidend kommt es deshalb darauf an, ob die Höhe der Grundsicherung als ausreichend zur Sicherung eines soziokulturellen Existenzminimums angesehen werden kann oder nicht. Es sind somit *Werturteile* erforderlich. Ebenso wie für die Definition von Armut gilt daher, dass es ein objektives, wissenschaftlich ableitbares Maß für den angemessenen Regelbedarf nicht geben kann. Letztlich wird immer normativ und politisch darüber zu diskutieren und zu entscheiden sein, was es heißt, arm zu sein und was es in Geldbeträgen bedeutet, dem „Leistungsberechtigten die Führung eines Lebens zu ermöglichen, das der Würde des Menschen entspricht." (Paragraph 1 SGB XII)

Maßstab für die Bemessung der Regelbedarfe ist das statistisch erfasste Ausgabe- und Verbrauchsverhalten von Personen mit niedrigem Einkommen. Als empirische Basis dient die in Abständen von fünf Jahren durchgeführte Einkommens- und Verbrauchsstichprobe des Statistischen Bundesamtes (EVS) (zuletzt für 2013). Berücksichtigt werden die Ausgaben der unteren 15 Prozent der Einpersonen- und der unteren 20 Prozent der Mehrpersonenhaushalte (unter Ausschluss jener Haushalte, in denen Personen leben, die lediglich Leistungen nach dem SGB XII oder nach dem SGB II beziehen). Unberücksichtigt bleiben zudem einige Ausgabepositionen, die nicht zu den zu deckenden Bedarfen gezählt werden. Die letzte Neuberechnung des Regelbedarfs auf der Grundlage der ausgewerteten Einkommens- und Verbrauchsstichprobe 2013 wurde im Jahr 2016 mit Wirksamkeit zum 01.01.2017 vor-genommen. Dieses Verfahren macht nur auf den ersten Blick den Eindruck einer objektiven Berechnungsgrundlage. Da aber entschieden werden muss, welche Einkommensgruppen als vergleichbar angesehen werden und welche Ausgabenpositionen als relevant für den Regelbedarf zu berücksichtigen sind, werden auch hier normative Entscheidungen erforderlich (Becker und Schüssler 2007). Auf jeden Fall liegt das bundesdurchschnittliche Niveau des Gesamtbedarfs der Grundsicherung in der Höhe von 718 Euro im Monat (für einen Einpersonenhaushalt) deutlich unterhalb der Schwelle von 60 Prozent des durchschnittlichen Nettoäquivalenzeinkommens (Median). Dieser Schwellenwert, der nach der Definition des an der Einkommensverteilung bemessenen Armutsrisikos maßgebend für die Größen der Armutspopulation ist, beträgt (2015) 924 Euro (Basis: Mikrozensus) (Statistische Ämter 2016).

2   Soziale Absicherung von Arbeitslosen als Armutsfalle?

Wenn es das Ziel der sozialen Absicherung bei Arbeitslosigkeit, und hier insbesondere der Grundsicherung für Arbeitsuchende, ist, das soziokulturelle Existenzminimum zu sichern, dann ergibt sich daraus ein Konflikt mit den Bedingungen und Ergebnissen der Lohnfindung auf dem Arbeitsmarkt. Denn Löhne richten sich nicht nach normativen und politisch gesetzten Maßstäben wie denen des Existenzminimums, sondern werden durch ökonomische Faktoren bestimmt und folgen dem Leistungsprinzip. Der *individuelle Bedarf* des erwerbstätigen Menschen spielt hingegen bei der Lohnbemessung keine Rolle. Deshalb ist es sehr wohl möglich, dass Monatslöhne kaum das Existenzminimum überschreiten oder es sogar unterschreiten. Ob bei einem niedrigen Arbeitseinkommen die Schwelle des Existenzminimums überschritten wird, hängt vor allem ab von den effektiven Stundenlohnsätzen, der Dauer der Arbeitszeit und den Steuer- und Beitragsabzügen. Da eine Armutslage nur auf der Ebene des Haushaltseinkommens berechnet werden kann, ist es darüber hinaus maßgebend, wie viele Personen von dem Arbeitseinkommen leben müssen und ob dem Haushalt noch weitere Einkommen zufließen.

Im Ergebnis erwächst aus dem Gegensatz von *Leistungsbezug des Individuallohnes* und *Bedarfsbezug des Existenzminimums auf Haushaltsebene* ein Dilemma, das als Armuts- oder *Arbeitslosigkeitsfalle* bezeichnet werden kann: Liegen die verfügbaren Einkommen aus Erwerbstätigkeit, die eine arbeitslose Person für sich und seine Familie erreichen kann, nur wenig oberhalb der Leistungen, die aus dem Bezug von Arbeitslosengeld II und Sozialgeld fließen, oder gar darunter, dann lohnt es sich aus ökonomischer Perspektive für die Betroffenen nicht, eine Erwerbstätigkeit im unteren Einkommenssegment aufzunehmen. Da bei bedürftigkeitsorientierten Leistungen das erzielte Arbeitseinkommen auf den Leistungsanspruch angerechnet wird, entfacht – so die These – das Leistungssystem keine Arbeitsanreize, sondern setzt ganz im Gegenteil Anreize, in der (Langzeit-)Arbeitslosigkeit zu verharren. Diese Diagnose einer *sozialstaatsinduzierten Arbeitslosigkeit*, nach der die

Absicherung von Arbeitslosen eine eigenständige Ursache für die Persistenz von Arbeitslosigkeit ist, zählt zum Kernbestand der mikroökonomischen Arbeitsmarkttheorie. Um die Anreize zur Aufnahme von Arbeit zu erhöhen und Arbeitslosigkeit abzubauen, werden aus dieser Sicht zur Bekämpfung von Langzeitarbeitslosigkeit vor allem Anpassungen auf der Seite des Leistungssystems in Richtung einer Absenkung des Bedarfsniveaus und erweiterter Möglichkeiten eines abzugsfreien Hinzuverdienstes vorgeschlagen. Arbeitslose sollen veranlasst werden, auch Beschäftigungsverhältnisse mit niedrigen Entgelten anzunehmen, so dass sich über diesen Weg ein breiter *Niedriglohnsektor* entfalten kann, der insbesondere Langzeitarbeitslosen und/oder niedrig Qualifizierten eine Erwerbsperspektive bietet.

Empirische Überprüfungen des Theorems der Armutsfalle kommen indes zu dem Ergebnis, dass der unterstellte Wirkungszusammenhang nicht oder allenfalls eingeschränkt existiert (vgl. Hauser 2012). So ist zu berücksichtigen, dass

- nach der Rechtslage den Arbeitslosen keinesfalls die freie Wahl zusteht, entweder eine Arbeit aufzunehmen oder aber sich für einen Verbleib in der Arbeitslosigkeit und im Leistungsbezug zu entscheiden. Ein Wahlrecht zwischen Erwerbsarbeit und Leistungsbezug gibt es weder im SGB III noch im SGB II, denn im Rahmen der Zumutbarkeitsanforderungen muss jede Arbeit angenommen werden; Verstöße werden mit Sperrzeiten (SGB III) und Sanktionen (SGB II) bestraft.
- bei einem niedrigen Nettoeinkommen aus abhängiger Arbeit einschließlich Transfers das haushaltsspezifische Existenzminimum unterschritten wird, wenn mehrere (ältere) Kinder zu versorgen sind, die Mieten hoch liegen oder wenn nur Teilzeitarbeit möglich ist. Soweit also in der Realität Überschneidungen vorkommen, liegen die Ursachen nicht in einem überhöhten Existenzminimum. Neben unzureichenden Erwerbseinkommen ist vielmehr in erster Linie der unzureichende Kinderlastenausgleich verantwortlich. Da das Kindergeld nicht den notwendigen Lebensbedarf eines Kindes abdeckt, das vorgelagerte Sozialsystem also nicht armutsfest ist, muss bei unteren Einkommensgruppen die Sozialhilfe/Grundsicherung ersatzweise die Funktion des Kinderlastenausgleichs übernehmen. Der Kinderzuschlag reduziert dieses Problem nur unzureichend.
- Erwerbstätigkeit bzw. eine Erwerbsaufnahme insofern noch honoriert werden, da beim durch das Nachrangigkeitsprinzip charakterisierten Arbeitslosengeld II Erwerbseinkommen auf die Hilfeleistungen nicht voll angerechnet werden. Anrechnungsfrei bleiben bestimmte Freibeträge vom Erwerbseinkommen, so dass das Gesamteinkommen bei Erwerbstätigkeit immer höher ist als bei einem Verbleib in Arbeitslosigkeit.

Nun lässt sich darüber diskutieren, diese Freibeträge höher anzusetzen, um den Anreiz zur Aufnahme einer Arbeit zu verstärken. Die Frage ist allerdings, ob dadurch überhaupt Arbeitslosigkeit und arbeitslosigkeitsbedingte Armut abgebaut werden können: Denn nur dann, wenn die Annahme zutrifft, dass an sich freie Arbeitsplätze wegen unzureichender Arbeitsanreize unbesetzt bleiben, lässt sich über diesen Weg ein Beschäftigungsaufbau erreichen. Diese Annahme ist aber als Erklärung für Arbeitslosigkeit nicht tragfähig. Denn das Kernproblem der Lage auf dem Arbeitsmarkt besteht in der Diskrepanz zwischen den vorhandenen Arbeitsplätzen und dem hohen Potenzial an Menschen, die einen Arbeitsplatz suchen – und zwar in der gesamten Breite des Arbeitsmarktes. Einen treffenden Beleg für den Tatbestand, dass Arbeitslosigkeit Folge eines Arbeitsmarktungleichgewichtes ist und nicht als Problem fehlender Arbeitsanreize oder unzureichender Sanktionsinstrumente umgedeutet werden kann, findet man, wenn die Arbeitslosigkeit regional aufgeschlüsselt wird. So zeigt die Arbeitsmarktstatistik Arbeitslosenquoten von bis zu 15 Prozent in einzelnen Kreisen und Städten in den neuen Bundesländern und auch in den altindustriellen Zonen des Westens. Auf der anderen Seite liegen die Quoten im Süden und Südwesten der alten Bundesländer teilweise bei unter drei Prozent. Diese Abweichungen lassen sich nicht durch lokal oder regional spezifische Arbeitsmotivationen und Arbeitsanreize erklären, sondern nur durch die je spezifischen ökonomischen Verhältnisse. Und auch im europäischen Vergleich gibt es keine schlüssigen Hinweise dafür, dass Länder mit einem niedrigen Absicherungsniveau bei Arbeitslosigkeit, einer kurzen Bezugsdauer von Leistungen und restriktiven Leistungsbedingungen beschäftigungspolitisch besonders erfolgreich sind.

Auch die Annahme, Arbeitslose würden sich für längere Zeit im Sozialleistungsbezug einrichten, lässt sich nicht bestätigen. Qualitative Studien kommen zu dem Ergebnis, dass sich die Menschen bei der Aufnahme von Erwerbsarbeit eben nicht vorrangig oder allein an monetären Nutzen-Kosten-Kalkülen orientieren. Die Anreizstrukturen und das tatsächliche Verhalten der Menschen können nicht gleichgesetzt werden, da andere Faktoren und Beweggründe für die Bereitschaft zur Erwerbstätigkeit viel entscheidender sind (vgl. Fehr und Vobruba 2010).

Zugleich lassen sich bei begrenzten fiskalischen Spielräumen höhere Freibeträge nur finanzieren, wenn gleichzeitig die Bedarfssätze deutlich abgesenkt würden. Das Existenzminimum würde dann nur noch durch die Kombination von Arbeitseinkommen und Transferleistung erreicht. Arbeitslose wären gezwungen, jeden Job zu jeglichen Bedingungen anzunehmen, um überhaupt überleben zu können. Das sozialpolitische Ziel, durch die Grundsicherung Armut bei Arbeitslosigkeit zu vermeiden, würde grundsätzlich aufgegeben.

3   Überwindung von Langzeitarbeitslosigkeit durch die Arbeitsmarktpolitik?

3.1   Zunehmende Verfestigung der Langzeitarbeitslosigkeit

Eine durch Arbeitslosigkeit bedingte Lebenslage, die durch Armut und soziale Ausgrenzung charakterisiert ist, lässt sich nicht allein durch finanzielle Transfers überwinden. So wichtig ein ausreichend hohes Einkommen für Arbeitslose auch ist; notwendig für eine – insbesondere dauerhafte – Überwindung der sozialen Ausgrenzung ist die Bekämpfung der Arbeitslosigkeit – insbesondere der Langzeitarbeitslosigkeit – und – soweit dies möglich ist – die Eingliederung der Betroffenen in den regulären Arbeitsmarkt. Auch ein *bedingungsloses Grundeinkommen* in armutsvermeidender Höhe (einmal abgesehen von den Schwierigkeiten einer Finanzierung dieser Leistung) ist für die weit überwiegende Zahl der Arbeitslosen keine Alternative zur sozialen Teilhabe am Erwerbsleben und der dadurch vermittelten gesellschaftlichen Anerkennung.

Nun lässt die wirtschaftliche Entwicklung in Deutschland erkennen, dass seit etwa 2005 die Arbeitslosigkeit deutlich gesunken und zugleich die Zahl der Erwerbstätigen (und auch der sozialversicherungspflichtig Beschäftigten) deutlich gestiegen ist[3]. Im Jahresdurchschnitt 2016 liegt die Zahl der registrierten Arbeitslosen im Bundesdurchschnitt bei 2,7 Mio. Personen und die Arbeitslosenquote beträgt 6,8 Prozent. Im Vergleich zum Jahr 2005 (4,9 Mio. Arbeitslose) ist dies ein markanter Rückgang. Gleichwohl kann nicht die Rede davon sein, dass Arbeitslosigkeit als Massenschicksal und Armutsrisiko gleichsam überwunden ist:

- Mit der Zahl der registrierten Arbeitslosen ist das gesamte Ausmaß der Unterbeschäftigung nur unzureichend erfasst. Zu berücksichtigen sind zusätzlich die nicht registrierten Arbeitslosen in der sogenannten Stillen Reserve (im Jahr 2016 rund 900.000 Personen).
- Die Lage auf dem Arbeitsmarkt ist regional hoch unterschiedlich ausgeprägt. Zwischen den extremen Quoten (Gelsenkirchen: 14 Prozent; Eichstätt: 1,3 Prozent in 10/2016) gibt es ein breites Band in den neuen wie den alten Bundesländern regional bzw. lokal unterschiedlicher Arbeitslosenquoten. Die regional unterschiedlichen Arbeitsmarktrisiken sind in erster Linie strukturbedingt. Sie hängen stark ab von den jeweiligen ökonomischen Verhältnissen, die insbesondere durch den Branchenmix, die Firmengrößen und der Qualifikationsstruktur des Arbeitsangebotes bestimmt werden. Gerade Städte, Kreise und Regionen, die stark vom Strukturwandel betroffen und wirtschaftlich schwach aufgestellt sind, weisen die größten Probleme am Arbeitsmarkt auf.
- Die Belebung auf dem Arbeitsmarkt hat die Gruppe der Langzeitarbeitslosen nur sehr begrenzt erfasst. Seit etwa 2009 stagniert die Zahl bei etwa 1 Mio., die zu 90 Prozent in den Rechtskreis des SGB II fallen. Angesichts sinkender Arbeitslosenzahlen insgesamt hat sich der Anteil der Langzeitarbeitslosen seitdem schrittweise erhöht und liegt im Jahr 2016 bei etwa 37 Prozent. Differenziert man auch hier nach Regionen, so zeigt sich, dass in den Gebieten und Städten, in denen Arbeitsmarktlage schlecht ist, auch der Anteil der Langzeitarbeitslosen an allen Arbeitslosen besonders hoch ausfällt.
- Vor diesem Hintergrund kann es nicht verwundern, dass auch die SGB II-Quoten (in Prozent der Bevölkerung) regional stark differieren. Während im Jahr 2016 im Bundesdurchschnitt 9,4 Prozent der Bevölkerung zwischen 0 Jahren und der Regelaltersgrenze Arbeitslosengeld II bzw. Sozialgeld in Anspruch nehmen müssen, gibt es in den neuen wie alten Bundesländern Regionen, die mit bis zu 25,5 Prozent (Bremerhaven) deutlich stärker betroffen sind. In Süddeutschland hingegen, selbst in den Großstädten, liegen die Empfängerquoten weit unter dem Bundesdurchschnitt.

---

3 Vgl. zu den Daten die Statistik der Bundesagentur für Arbeit (Internet). Jeweils aktualisierte und aufbereitete Tabellen und Infografiken finden sich im Informationsportal www.sozialpolitik-aktuell.de/arbeitsmarkt-datensammlung.html.

Schaut man sich die Gruppe der Langzeitarbeitslosen differenzierter an, so zeigt sich eine starke Verfestigungstendenz (Bruckmeier et al 2015): Der Anteil der Personen, die bereits zwei oder mehr Jahre arbeitslos sind, hat sich seit 2010 kontinuierlich erhöht und liegt (2015) bei nahezu 60 Prozent. Dies ist vor allem damit zu erklären, dass innerhalb der Betroffenen vermehrt Arbeitslose mit ungünstigen Voraussetzungen zu finden sind und die als *arbeitsmarktfern* eingestuft werden können. Dies sind Personen, die zwei Jahre und länger (weitgehend) ununterbrochen arbeitslos waren und SGB II-Leistungen bezogen haben und die zugleich aufgrund ihres höheren Lebensalters, einer unzureichenden oder fehlenden schulischen wie beruflichen Qualifikation oder weiterer Merkmale (so insbesondere gesundheitliche Einschränkungen und mangelnde deutsche Sprachkenntnisse) besondere Vermittlungshemmnisse aufweisen (Bruckmeier et al. 2015).

Diese Verfestigungstendenz spiegelt sich auch in den Befunden über die Bezugsdauer von Leistungen des SGBII wider: Nahezu die Hälfte der Empfängerinnen und Empfänger (42,2 Prozent) befindet sich Ende 2016 länger als vier Jahre im Leistungsbezug. Wird der Anteil der Langzeitbezieherinnen und -bezieher nach Bundesländern unterschieden, zeigt sich dass der Langzeitbezug in den neuen Bundesländern besonders ausgeprägt ist. Wie bereits angemerkt, befinden sich unter den Betroffenen nicht nur Arbeitslose. Typisch ist aber, dass sich bei vielen kurze Phasen der Erwerbstätigkeit, der Teilnahme an arbeitsmarktpolitischen Maßnahmen und der Arbeitslosigkeit abwechseln und überschneiden. Die sogenannten *Drehtüreffekte* sind hier im besonderen Maße verbreitet (Seibert et al 2017; Koller-Bösel et al. 2014).

Insgesamt ergibt sich ein Bild einer sozial und regional hoch selektiven Exklusion aus dem Arbeitsmarkt, die sich trotz der allgemein positiven wirtschaftlichen Entwicklung nicht etwa verringert, sondern sogar noch verschärft hat. Welche Ursachen und Hintergründe für diese Auseinanderentwicklung lassen sich identifizieren? Warum hat es die Arbeitsmarkt- und Beschäftigungspolitik, die ja im Zuge der sogenannten Hartz-Reformen angetreten war, die Arbeitslosigkeit insgesamt zu bekämpfen und abzubauen, nicht geschafft, den harten, verfestigten Sockel der Arbeitslosigkeit – und damit auch das verbreitete Armutsrisiko – abzubauen?

3.2   Die arbeitsmarktpolitischen Eingliederungsinstrumente und der Aktivierungsansatz

Arbeitsmarktpolitik ist in erster Linie eine staatliche Aufgabe, die in der Verantwortung des Bundes liegt. Die zentrale gesetzliche Grundlage der Arbeitsmarktpolitik ist das SGB III mit der *Bundesagentur für Arbeit* (BA) und den regionalen *Agenturen für Arbeit* als zuständigen Behörden. Mit Einführung des SGB II sind zusätzlich die *Job-Center* (als gemeinsame Einrichtungen von Kommunen und Agenturen für Arbeit) oder die Kommunen (zugelassene kommunale Träger) für die Durchführung von Fördermaßnahmen zuständig.

Die arbeitsmarktpolitischen Maßnahmen haben das Ziel, Menschen ohne Arbeit und im Bezug von Arbeitslosengeld I oder II wieder in Arbeit oder zumindest dem Arbeitsmarkt näher zu bringen. Der breite Katalog von Maßnahmen und Instrumenten (immer wieder ergänzt durch befristete Sonderprogramme des Bundes und der Bundesländer) lässt sich wie folgt systematisieren:

1. Aktivierung und berufliche Eingliederung
2. Berufswahl und Berufsausbildung
3. Berufliche Weiterbildung
4. Aufnahme einer Erwerbstätigkeit
5. Maßnahmen zur Teilhabe behinderter Menschen
6. Beschäftigung schaffende Maßnahmen
7. Freie Förderung

Grundlegend für die Ausrichtung der Arbeitsmarktpolitik seit den Hartz-Gesetzen ist dabei der sogenannte *Aktivierungsansatz*, der üblicherweise als der Dualismus von *Fördern und Fordern* beschrieben wird. Mit jeder bzw. jedem erwerbsfähigen Hilfebedürftigen soll eine Eingliederungsvereinbarung abgeschlossen werden, die Art, Umfang und Dauer der erforderlichen Förderung benennt. Neben Hilfen zur Eingliederung in den Arbeitsmarkt zählen hierzu ferner ergänzende persönliche Hilfen und soziale (Beratungs-)Dienste (wie Kinderbetreuung, Schuldnerberatung). Dadurch sollen etwaige Beschäftigungshemmnisse, die über die unmittelbare Arbeitsmarktgängigkeit hinausgehen, reduziert werden. Alle Leistungen sollen durch die Job-Center bzw. den entsprechenden Einrichtungen in den Kommunen, die als einheitliche Anlaufstellen dienen, koordiniert werden.

Auf der anderen Seite soll durch einen abgestuften Katalog von *Sanktionen* eine Verhaltenssteuerung der Arbeitsuchenden erreicht werden. Diese sind veranlasst, alle Möglichkeiten auszuschöpfen, um ihre Hilfebedürftigkeit zu verringern oder zu beenden. Dazu zählt die Pflicht Arbeitsangebote anzunehmen, an den arbeitsmarktpolitischen Maßnahmen teilzunehmen (auch Arbeitsgelegenheiten) und die festgesetzten Termine zu beachten. Bei Verstoß, können die Leistungen gekürzt und – nach mehrfachen Pflichtverletzungen – sogar ganz (in der Regel für drei Monate) gestrichen werden. Ziel ist es vor allem, Konzessionsbereitschaft hinsichtlich Entlohnung, Arbeitsbedingungen, Wegezeiten usw. zu erhöhen.

Mit den Instrumenten der aktiven Arbeitsmarktpolitik, die sowohl das SGB III als auch das SGB II vorsehen, soll Arbeitslosigkeit durch Maßnahmen zur schnelleren und besseren Vermittlung, Qualifizierung und Beschäftigung vermieden oder (zügig) beendet werden. Bis auf wenige Ausnahmen haben zu den Fördermaßnahmen prinzipiell alle Arbeitslosen Zugang. Jedoch ist – wie das sozialpolitische – auch das arbeitsmarktpolitische Verhältnis zwischen den beiden Systemen durch leistungshierarchische Regelungen (der Zuweisungs- und der Einsatzpraxis) und damit durch Abwälzungseffekte vom SGB III hin zum SGB II (und womöglich ganz aus der Förderung heraus) gekennzeichnet (Klingert et al. 2017). Im Zuweisungsprozess der Leistungsempfängerinnen und -empfänger zu den Eingliederungsmaßnahmen wird in Abhängigkeit von der Beurteilung der individuellen Profile hinsichtlich der Kriterien *Engagement/Motivation*, *Fähigkeiten/Qualifikation*, *Hemmnisse* und *spezifische Arbeitsmarktbedingungen* zwischen vier *Kundengruppen* unterschieden:

den *Marktkunden*, den *Beratungskunden* (aktivieren), *Beratungskunden* (fördern) sowie den *Betreuungskunden*. Diesen werden über jeweils zugeordnete Handlungsprogramme in sehr unterschiedlichem Maße Beratung und Maßnahmen der aktiven Arbeitsförderung zugänglich gemacht.

3.3   Befunde über die Wirkung ausgewählter Instrumente

Die durch die Einführung des SGB II geprägte Neuausrichtung der Arbeitsmarkt- und Sozialpolitik steht in einer andauernden kritischen Diskussion in Politik wie Wissenschaft. Sind durch die Zusammenführung der zwei Leistungssysteme, die Entwicklung neuer institutionell-administrativer Strukturen, durch die Neuausrichtung der Dienstleistungen am Arbeitsmarkt, die Einführung neuer arbeitsmarktpolitischer Instrumente und ihre Verknüpfung mit kommunalen sozialen Diensten, durch die Aufstockung der personellen Kapazitäten und durch die Qualitätsverbesserung im Bereich von Vermittlung und Beratung tatsächlich die Bedingungen für die Wiedereingliederung von Langzeitarbeitslosen in den Arbeitsmarkt verbessert worden? Ist es insbesondere gelungen, eine dauerhafte Arbeitsmarktintegration von schwer Vermittelbaren und Langzeitarbeitslosen erreichen? Hat die enge Verknüpfung von Fördermaßnahmen mit dem Leistungsrecht und den entsprechenden Sanktionsnormen zu einem schnelleren Ausstieg aus dem Leistungsbezug geführt? Folgende Befunde lassen sich festhalten (vgl. Knuth 2015; Adamy 2012; Bäcker et al. 2011):

1. Der Preis des eingeschlagenen Wegs, das SGBII eng nach der Logik der alten Sozialhilfe auszugestalten und vom SGB III abzugrenzen, ist, dass es zu einer strengen Unterscheidung zwischen den besser gestellten Arbeitslosen in der Arbeitslosenversicherung einerseits und den schlechter gestellten Arbeitslosen im Fürsorgesystem SGB II kommt. Diese Aufspaltung bezieht sich nicht nur auf die materielle Unterstützung und die soziale Absicherung, sondern auch auf den Zugang in arbeitsmarktpolitische Maßnahmen und auf die Chancen auf eine nachhaltige Wiedereingliederung in den Arbeitsmarkt.
2. Verstärkt wird diese Spaltung durch die nunmehr dauerhaft etablierte Zweiteilung der organisatorischen Struktur der Aufgabenwahrnehmung nach dem SGB II, nämlich zwischen den gemeinsamen Einrichtungen (früher Arbeitsgemeinschaften) einerseits und den zugelassenen kommunalen Trägern andererseits, die etwa ein Viertel aller Grundsicherungsstellen ausmachen können.
3. In der Einsatzpraxis der Eingliederungsinstrumente zeigt sich eine deutliche Leistungshierarchie. Die Schwerpunkte des Instrumenteneinsatzes unterscheiden sich zwischen den Empfängerinnen und Empfängern von Arbeitslosengeld I auf der einen und Arbeitslosengeld II auf der anderen Seite. Arbeitslosen Erwerbsfähigen, die Grundsicherungsleistungen beziehen, werden vorwiegend die kurzfristig ausgerichteten Maßnahmen der Aktivierung und beruflichen Eingliederung (40 Prozent der Teilnehmer im Jahr 2016) und Beschäftigung schaffende Maßnahmen (hier vor allem Arbeitsgelegenheiten) (20,7 Prozent der Teilnehmer) angeboten. Auf der anderen Seite

sind Maßnahmen der beruflichen Weiterbildung, der Berufswahl und Berufsausbildung auf die Arbeitslosen im Rechtskreis des SGB III konzentriert. Denn nach der Chancenlogik können diese Personen viel eher durch Maßnahmen integriert werden, die auf eine Verbesserung bereits vorhandener Qualifikationen bzw. auf eine Beschäftigung auf dem ersten Arbeitsmarkt abzielen. Diese ,Bestenauslese' findet sich somit nicht mehr nur als unerwünschter Effekt in der Programmumsetzung, sondern ist Bestandteil der Programme in der Arbeitsmarktpolitik (*institutionalisiertes creaming*).

4. Im Verlauf der Jahre seit 2009 zeigt sich ein deutlicher Rückgang des Einsatzes von Eingliederungsmaßnahmen insgesamt. Erst im Jahr 2016 lässt sich eine leichte Aufwärtsentwicklung erkennen. Dieser Rückgang der Förderung ist Ergebnis einer restriktiven Haushaltspolitik des Bundes, denn die Fördermittel vor allem im Bereich des SGB II *Eingliederungstitels* sind in diesem Zeitraum deutlich gekürzt worden, obgleich die Zahlen der SGB II-Leistungsempfängerinnen und -empfänger wie der Langzeitarbeitslosen nur geringfügig zurückgegangen sind. Zugleich sehen sich viele Jobcenter gezwungen, einen Teil der reduzierten Mittel für die Finanzierung der Personal- und Verwaltungsausgaben einzusetzen.

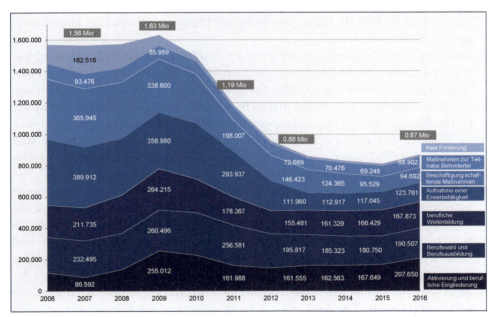

Abb. 2 Teilnehmende in ausgewählten arbeitsmarktpolitischen Instrumenten 2006–2016 – Bestand im Jahresdurchschnitt

Quelle: www.sozialpolitik-aktuell.de. Datenbasis: Förderstatistik der Bundesagentur für Arbeit

5. Ein großer Teil der Eingliederungsleistungen nach dem SGB II bezieht sich auf die Arbeitsgelegenheiten in der Mehraufwandsvariante (sogenannte Ein-Euro-Jobs). Allerdings ist auch hier seit 2011 die Zahl der geförderten Personen in Arbeitsgelegenheiten stark zurückgegangen. Waren es in den Jahren von 2006 bis 2010 immer zwischen 300.000 und 320.000, so hat sich die Zahl auf knapp 87.000 im Jahr 2016 reduziert. Der Stellenwert der Arbeitsgelegenheiten lässt sich erkennen, wenn man die Zahlen ins Verhältnis setzt zu den Arbeitslosen im Rechtskreis SGB II (einschließlich Teilnehmenden an arbeitsmarktpolitischen Maßnahmen). Die Quote lag bis 2010 bei etwas über 10 Prozent, ist dann aber bis 2012 auf 3,1 Prozent abgesunken und stagniert seitdem bei unter 5 Prozent.

6. Die rückläufigen Fördermittel und Teilnehmendenzahlen führen dazu, dass die sogenannte Aktivierungsquote durch arbeitsmarktpolitische Maßnahmen zwischen 2010 und 2015 merklich gesunken ist und erst seit kurzem wieder leicht ansteigt. Dies bedeutet, dass nur ein kleiner Teil der Arbeitslosen mit arbeitsmarktpolitischen Maßnahmen gefördert wird: Bei den Arbeitslosen im Rechtskreis des SGB III sind dies im Jahr 2016 24 Prozent und im Rechtskreis des SGB II 17,9 Prozent. 2010 waren es hingegen noch 30,1 bzw. 24,8 Prozent. Die Integrationsquote (Abgänge aus dem SGB II-Bezug in den ersten Arbeitsmarkt lag im Jahresdurchschnitt 2016 bei nur 15,8 Prozent – gegenüber 30,7 Prozent im SGB III. Dieses Missverhältnis hat sich im Verlauf der letzten Jahre nicht verändert.

7. Insgesamt hat sich in den letzten Jahren die Besetzung offener Stellen deutlich beschleunigt. Es ist allerdings unklar, in welchem Maße dazu die Sanktionen beigetragen haben. Qualitative Studien über die Auswirkungen von Leistungskürzungen lassen allerdings erkennen, dass es dadurch nicht zu einer nachhaltigen Überwindung der Hilfebedürftigkeit von SGB II-Leistungsempfängerinnen und -empfängern gekommen ist. Vielmehr verschärfen sich die materiellen und sozialen Probleme bis hin zu Mietrückständen, Wohnungsverlusten bzw. Wohnungslosigkeit und Überschuldung (Im Überblick: Deutscher Bundestag 2017).

8 . Unstrittig ist, dass in den Jahren nach der Einführung des SGB II der Druck gestiegen ist, eine Arbeit zu den auch schlechtesten Konditionen anzunehmen – im Bereich von Niedriglöhnen, Leiharbeit, befristeter Beschäftigung, Teilzeittätigkeiten oder Minijobs (vgl. u. a. Bender et al. 2007). Der Prozess der Ausweitung von Niedriglöhnen und prekären Beschäftigungsverhältnissen ist durch die sogenannte Hartz-Gesetzgebung verstärkt und beschleunigt worden. Bei diesen Beschäftigungsverhältnissen kann in der Regel von einer nachhaltigen Eingliederung nicht gesprochen werden, da häufig bereits nach kurzer Zeit eine Rückkehr in die Arbeitslosigkeit und den Leistungsbezug erfolgt oder da weiterhin (aufstockendes) Arbeitslosengeld II bezogen werden muss, weil die Löhne nicht zur Bedarfsdeckung ausreichen.

9. Die gestiegene Konzessionsbereitschaft bezieht sich dabei nicht nur auf die Empfängerinnen und Empfänger von Arbeitslosengeld II, sondern reicht weit darüber hinaus auch in den Kreis der regulär Beschäftigten hinein. Die tatsächliche oder empfundene Gefahr, bei Verlust des Arbeitsplatzes sehr schnell auf das Niveau der existenzminimalen

Grundsicherung und auf Bedürftigkeitsprüfungen verwiesen zu werden, hat zu einer hohen Unsicherheit der Arbeitnehmerinnen und Arbeitnehmer insgesamt geführt (Erlinghagen 2010). Die berechtigte oder nur gefühlte Angst, bei Arbeitslosigkeit den sozialen Schutz zu verlieren und einen sozialen Absturz zu erleiden, hat die Akzeptanz von Zumutungen hinsichtlich Lohnhöhe und Arbeitsbedingungen möglich gemacht bzw. erzwungen.

Literatur

Adamy, Wilhelm. 2012. Hartz IV – Achillesferse der Arbeits- und Sozialhilfepolitik. In *Sozialpolitik und Sozialstaat – Festschrift für Gerhard Bäcker*, Hrsg. R. Bispinck, G. Bosch und K. Hofemann, 257-291. Wiesbaden: Springer VS.

Bäcker, Gerhard, G. Bosch und C. Weinkopf. 2011. *Vorschläge zur künftigen Arbeitsmarktpolitik: integrativ – investiv – innovativ, Gutachten für das Thüringer Ministerium für Wirtschaft, Arbeit und Technologie*. Erfurt.

Bäcker, Gerhard, G. Naegele, R. Bispinck, K. Hofemann und J. Neubauer. 2010. *Sozialpolitik und soziale Lage in Deutschland*, Bd. I, Wiesbaden: VS Verlag für Sozialwissenschaften.

Becker, Irene. 2007. *Verdeckte Armut in Deutschland – Ausmaß und Ursachen. Fachforum – Analysen und Kommentare Nr. 2/2007, Hrsg.* Friedrich-Ebert-Stiftung.

Bundesministerium für Arbeit und Soziales. 2017. *Lebenslagen in Deutschland. Der Fünfte Armuts- und Reichtumsbericht der Bundesregierung*. Berlin.

Bruckmeier, Kerstin, J. Pauser, U. Walwei und J. Wiemers. 2013. *Simulationsrechnungen zum Ausmaß der Nicht-Inanspruchnahme von Leistungen der Grundsicherung*. IAB-Forschungsbericht 05/2013.

Bruckmeier, Kerstin, T. Lietzmann, T. Rothe und A.-T. Saile. 2015. *Langer Leistungsbezug ist nicht gleich Langzeitarbeitslosigkeit*. IAB-Kurzbericht 20/2015.

Deutscher Bundestag. 2017. *Wissenschaftliche Dienste. Auswirkungen von Sanktionen im SGB II. Ein Überblick über qualitative Studien*. Berlin.

Erlinghagen, Marcel. 2010. *Mehr Angst vor Arbeitsplatzverlust seit Hartz – Langfristige Entwicklung der Beschäftigungsunsicherheit in Deutschland*. IAQ-Report 2010-02. Duisburg.

Fehr, Sonja und G. Vobruba. 2011. Die Arbeitslosigkeitsfalle vor und nach der Hartz-IV-Reform. *WSI-Mitteilungen* 05/2011: 211-216.

Hauser, Richard. 2012. Grundsicherung zwischen Armutsvermeidung und Arbeitsanreiz. In *Sozialpolitik und Sozialstaat – Festschrift für Gerhard Bäcker, Hrsg.* R. Bispinck, G. Bosch und K. Hofemann, 293-307. Wiesbaden: Springer VS.

Klingert, Isabell, J. Lenhard, U. Büschel, V. Daumann und K. Strien. 2017. *Jobcenter-Strategien zur Arbeitsmarktintegration von Langzeitarbeitslosen*. IAB-Forschungsbericht 03/2017.

Knuth, Matthias. 2015. *Zehn Jahre Grundsicherung für Arbeitsuchende – Ein kritischer Rückblick auf „Hartz IV“*. IAQ-Standpunkt 01/2015, Hrsg. Institut Arbeit und Qualifikation der Universität Duisburg-Essen.

Koller-Bösel, Lena T. Lietzmann und H. Rudolph. 2014. Bestand und Turnover in der Grundsicherung. *WSI-Mitteilungen* 06/2014: 450-458.

Mika, Tatjana. 2006. Informationsdefizite und Schonung Angehöriger Hauptgründe für Verzicht auf Sozialhilfe. *Informationsdienst Soziale Indikatoren (ISI)*, Nr. 35, Januar 2006: 7-10.

Seibert, Holger, A. Wurdack, K. Bruckmeier, T. Graf und T. Lietzmann. 2017. Typische Verlaufsmuster
    beim Grundsicherungsbezug: *Für einige Dauerzustand, für andere nur eine Episode Institut für
    Arbeitsmarkt- und Berufsforschung. IAB-Kurzbericht* 04/2017.
Statistische Ämter des Bundes und der Länder. 2016. Sozialberichterstattung der amtlichen Statistik
    – Armutgefährdungsschwellen, www.destatis.de.

Nachhaltigkeit von Beschäftigung
Anmerkungen für Deutschland

Lutz C. Kaiser

Zusammenfassung

Mit einem Blick auf die Beschäftigungssituation in den Mitgliedsstaaten der Europäischen Union glänzt Deutschland derzeit mit Erfolgsmeldungen. Die relativ gute Performanz des deutschen Arbeitsmarktes ist einerseits gerechtfertigt, so etwa im Vergleich zu südeuropäischen Staaten. Auf der anderen Seite gilt es für Deutschland zu hinterfragen, ob und inwiefern sich der hiesige Arbeitsmarkt nachhaltig und damit zukunftsfest entwickelt. Der Beitrag geht in erster Linie auf Einkommensaspekte, aber auch auf soziale Ungleichheit in der Verteilung von Beschäftigung und Einkommen ein. Kennziffern, wie die Quote der relativen Einkommensarmut oder die Arbeitslosenquote werden allgemein oft mit Bezügen zur sozialen Ungleichheit dargestellt. Selten finden sich jedoch Debatten, welche in die entgegengesetzte Richtung argumentieren und soziale Ungleichheit als Mitursache für eine suboptimale Performanz einer Volkswirtschaft ansehen, so beispielsweise in Bezug auf das Wirtschaftswachstum oder mit Blick auf die Lebenszufriedenheit einer Gesellschaft. Auch diese Perspektive soll der Beitrag ansprechen, um die Nachhaltigkeit von Beschäftigungsmustern auch jenseits von sozialer Gerechtigkeit bewerten zu können.

Schlagworte

poor working/working poor; Niedriglohn; atypische Beschäftigung, workfare/welfare, Durchlässigkeit des Bildungssystems/Bildung und Teilhabe; Vereinbarkeit von Familie und Beruf

1   Zum Stellenwert von Erwerbsarbeit

Die Integration von Arbeitskräften in den Arbeitsmarkt besitzt trotz einem zu erwartenden Automatisierungsschub durch die sogenannte Industrie 4.0 nach wie vor einen zentralen Stellenwert für die Vergesellschaftung durch soziale Teilhabe. Gesellschaftliche Integration oder Desintegration bilden hier die Schnittstellen für die Bewertung von Arbeitsverhältnissen. Bringen im Vergleich zu mutmaßlich gesellschaftlich integrierenden (Normal-) Arbeitsverhältnissen auch atypische Erwerbsformen[1] und Niedriglöhne[2] ein hinreichendes Maß an Integration mit sich? Oder beinhalten diese Erwerbsformen möglicherweise ein unverhältnismäßiges Mehr an sozialer Exklusion durch schlechte und ausgrenzende Arbeitsbedingungen (poor working) sowie nur unzureichend zu erzielende Einkommen (working poor)? Poor working kann demnach als ein definitorisches ergänzendes Gegenstück zu working poor (objektive materielle Perspektive) von sozialer Des-/Integration am Arbeitsmarkt angesehen werden. Beide Perspektiven weisen freilich gewisse Wirkungszusammenhänge als Schnittmenge auf.

Eine solche Mehrdimensionalität von Erwerbsarbeit gilt es bei der Erstellung von staatlichen Interventionen zu beachten, wenn mit politischen Programmen Wieder- oder Weiterbeschäftigung, eine Verbesserung von Arbeitsbedingungen und eine umfassende Verminderung von sozialer Desintegration erreicht werden sollen. Letztendlich sind damit auch sozialethische Aspekte relevant, denn der Arbeitsmarkt kann nicht mit anderen Gütermärkten gleichgesetzt werden, in denen Produkte „je nach Höhe des Preises ihren Besitzer wechseln. Es werden auch keine Menschen für den Markt produziert und keine Ströme und Bestände fertiger Arbeitsleistungen gehandelt, sondern nur Potentiale solcher Leistungen" (Holst 2000, S. 40). Mit diesen Potentialen ist auch unabdingbar das Potential der Selbstverwirklichung durch Erwerbsarbeit verbunden, und sei es ‚nur' aus der Bestätigung von Eigenständigkeit bzw. Unabhängigkeit durch Einkommen aus Erwerbstätigkeit. Das Diktum eines extrinsischen – also von außen kommenden – Arbeitsleides greift

---

1   *Atypische Erwerbsformen* (u. a. *Befristungen, Teilzeit, Leiharbeit, Scheinselbstständigkeit*) stellen sich per Definition als Gegenstück zum sog. *Normalarbeitsverhältnis* (*unbefristetes Vollzeitarbeitsverhältnis*) dar. Neben einer wertungsfreien Definition können atypische Erwerbsformen *flexibel* für Arbeitnehmerinnen und Arbeitnehmer sein, bspw. durch Teilzeit zur Verbindung von Familie und Beruf. Atypische Erwerbsformen können sich jedoch auch *prekär* gestalten, falls z. B. bei einer mittel- oder längerfristigen Scheinselbstständigkeit auf Werkvertragsbasis keine Rücklagen für die Altersabsicherung getätigt werden. Normalarbeitsverhältnisse können ebenso als prekär bewertet werden, falls z. B. eine Vollzeitbeschäftigung nicht für den Lebensunterhalt und/oder die Altersabsicherung ausreicht. Atypische Beschäftigungsformen und Normalarbeitsverhältnisse müssen demnach mit Blick auf den Einzelfall bzw. im Haushaltszusammenhang bewertet werden.

2   Nach der OECD- und ILO-Definition wird *Niedriglohn* als ein Bruttostundenentgelt definiert, welches unterhalb der Zwei-Drittel Grenze des 50%-Medianlohns liegt. Beispiel: Bei einem Medianlohn von 15 Euro, wäre der Niedriglohn bei weniger als 10 Euro anzusetzen. Die OECD-/ ILO-Grenzziehung beruht lediglich auf einer Konvention und ist nicht wissenschaftlich begründet.

demnach zu kurz. Vielmehr ist auch von einer intrinsisch – also vom Individuum selbst bestimmten – positiven Arbeitsmotivation auszugehen, aus welcher sich ein sozialethisch fundiertes und beschäftigungspolitisch auszugestaltendes Recht auf Arbeit ableiten lässt (vgl. EKD und DBK 1997, Rz. 151).

Wie sind theoretische Zusammenhänge und praktische Bezugspunkte von Erwerbsarbeit und sozialem Ausschluss zu beschreiben? Es liegt zunächst auf der Hand, dass der Bezug zur Kerneinheit Privathaushalt zu ziehen ist, da innerhalb von verschiedenen Haushaltskonstellationen unterschiedliche Erwerbsentscheidungen getroffen werden und Privathaushalte auch immer als Einheit von sozialer Exklusion betroffen sind.

2   Beschäftigungs- und Erwerbseinkommenssegmentierungen

Erwerbseinkommenspositionen können qua Definition nur relative Maßstäbe im Vergleich zur gesamten Einkommensverteilung innerhalb einer abgrenzbaren Gesellschaft und Volkswirtschaft sein. Dementsprechend werden Armuts- und Niedrigeinkommensquoten in erster Linie an objektiven sozioökonomischen Kriterien festgemacht. Dazu zählt vor allem das Einkommen als verfügbares Haushaltseinkommen. Das verfügbare Haushaltsnettoeinkommen wird je nach Haushaltskonstellation bedarfsgewichtet, um das Haushaltsnettoäquivalenzeinkommen zu berechnen.[3] Armutsquoten oder der Anteil von Niedriglohnempfängern beziehen sich auf Maße, die entweder auf das arithmetische Mittel (Mittelwert) oder den Median als Zentralwert einer Einkommensverteilung abstellen. Einkommensarmut wird üblicherweise als 50 oder 60 Prozentgrenze des Medianeinkommens angegeben und weist den Anteil der Personen unterhalb des entsprechenden Medianeinkommens aus. Mit solchen relativen Einkommenspositionen kann die Bevölkerung in unterschiedliche Einkommenssegmente aufgeteilt werden.

Ein erster Blick auf verschiedene Kennziffern des Arbeitsmarktes zeigt in Deutschland insgesamt zwei konträre Trends auf.

---

3   Das Nettoäquivalenzeinkommen resultiert aus dem Bruttoeinkommen aus unselbständiger Arbeit und Selbständigkeit, aus Vermögen und dem Mietwert selbst genutzten Wohneigentums. Hinzu kommt Transfereinkommen. Abgezogen werden dagegen Pflichtbeiträge zur Sozialversicherung und Steuern. Gewöhnlich findet zur Bedarfsgewichtung die modifizierte OECD-Skala Anwendung. Diese Skala erlaubt die gewichtete Einkommensberechnung einer Bedarfsgemeinschaft, die Einspareffekte mit zunehmender Größe von Haushalten und altersabhängige unterschiedliche Bedarfe berücksichtigt. Die Summe aller Einkünfte, z. B. einer Familie mit Kindern, wird anhand des Alters und der Anzahl der Personen gewichtet.

Tab. 1   Kennziffern des Arbeitsmarktes und der Armutssituation in Deutschland (in Prozent)

	2005	2006	2007	2008	2009	2010	2011	2012	2013	2014	2015
Erwerbstätige (% zum Vorjahr)	0,0	0,8	1,7	1,3	0,1	0,3	1,4	1,2	0,6	0,8	0,9
Arbeitslosenquote	11,7	10,8	9,0	7,8	8,1	7,7	7,1	6,8	6,9	6,7	6,4
SGB II-Quote	10,3	11,2	11,0	10,6	10,4	10,4	10,0	9,6	9,6	9,5	9,4
Armutsquote (60 %-Median)	14,7	14,0	14,3	14,4	14,6	14,5	15,0	15,0	15,5	15,4	15,7

Quellen: DPWV 2017, S. 10 (Arbeitslosen-, SGB II-, Armutsquote), DESTATIS 2017 (Anzahl der Erwerbstätigen in Prozent zum Vorjahr nach dem Inlandskonzept).

Tabelle 1 verdeutlicht, dass die offiziell statistisch gemessene Arbeitslosenquote innerhalb von zehn Jahren numerisch deutlich verringert werden konnte (2006: 11,7 vs. 2015: 6,4 Prozent). Ähnliches, wenn auch nicht in einem solch starken Ausmaß wie bei der Arbeitslosenquote, gilt für die Anzahl der Leistungsempfänger nach dem zweiten Sozialgesetzbuch (SGB II-Quote 2005: 10,3 vs. 2015: 9,4 Prozent). Bei der Armutsquote zeigt sich jedoch ein entgegengesetzter Trend mit einem regelmäßigen Anstieg ab dem Jahr 2006 bis zum Höchststand im Jahr 2015 mit 15,7 Prozent. Offensichtlich hat bei der deutlichen Senkung der Arbeitslosenquote und der moderaten Verringerung der SGB II-Quote das workfare-Prinzip überwogen, da parallel kein durchschlagender welfare-Effekt durch die stetige Ausweitung der Erwerbstätigkeit zu verzeichnen ist. Aufgrund dessen nimmt die Armutsquote zu und nicht ab. Im Prinzip bedeutet dies in der Gesamtschau, dass Erwerbsarbeit nicht vor Armut schützt und eine quantitative Ausweitung der Erwerbsverhältnisse vorrangig gewesen ist.

Auch die Entwicklung in den zwei Dekaden vor 2006 zeigt, dass es sich nicht um einen völlig neuen Trend handelt. Demnach stieg von 1985 bis 2006 der Anteil der Bevölkerung sowohl in den oberen Einkommenssegmenten jenseits der 150 Prozentgrenze, als auch in den unteren Einkommensbereichen (75 Prozentgrenze). Der Anteil der mittleren und gehobenen Einkommenslagen nahm dagegen ab.

Tab. 2   Segmente relativer Einkommenspositionen in Deutschland (in Prozent)

Monatliches Haushaltsnettoeinkommen, äquivalenzgewichtet, in Prozent des Medians	1985	1989	1993	1997	2001	2006
Höherer Wohlstand (> 200 Prozent)	3,8	3,6	3,8	3,4	3,9	4,7
Relativer Wohlstand (150-200 Prozent)	7,2	7,3	8,5	7,6	8,5	8,1
Gehobene Einkommenslage (125-150 Prozent)	11,6	11,5	9,8	10,1	9,0	9,5
Mittlere/gehobene Einkommenslage (100-125 Prozent)	18,5	18,5	18,5	18,3	18,4	16,1
Untere/ mittlere Einkommenslage (75-100 Prozent)	25,8	27,2	27,1	28,8	28,3	25,2
Prekärer Wohlstand (50-75 Prozent)	24,0	23,7	23,6	23,9	22,7	25,0
Relative Armut (0-50 Prozent)	9,1	8,3	8,8	7,9	9,1	11,4

Quelle: Goebel et al. 2008, S. 165.

Danach befanden sich, so Tabelle 2, gemessen am 50 Prozent-Median, im Jahr 2006 11,4 Prozent der Bevölkerung in relativer Armut. Wird der Anteil der Bevölkerung im nächst höher gelegenen Einkommensbereich hinzugezählt, so befanden sich mehr als ein Drittel (36,4 Prozent) der Bevölkerung im prekären Wohlstand oder in relativer Armut.[4] Insgesamt kann bereits seit Mitte der 1980er-Jahre von einer Polarisierung der Einkommen gesprochen werden, in der die Mittelschicht verliert (vgl. auch Goebel et al. 2010).

Die beschriebenen Annahmen werden auch durch die Befunde der aktuellen Verdienststrukturerhebung von EUROSTAT gestützt (vgl. EUROSTAT 2016). So liegt im europäischen Vergleich der Anteil der Niedriglohnempfängerinnen und -empfänger in Bezug auf alle Arbeitnehmerinnen und Arbeitnehmer im Jahr 2014 in Deutschland mit 22,5 Prozent weit über dem EU-Durchschnitt von 17,2 Prozent. Deutschland befindet sich damit jüngst im oberen Drittel einer solchen Rangskala in ‚guter‘ Nachbarschaft zu Lettland (25,5 Prozent), Rumänien (24,4 Prozent), Litauen (24,0 Prozent), Polen (23,6 Prozent), Estland (22,8 Prozent), Irland (21,6 Prozent) und dem Vereinigten Königreich (21,3 Prozent). Andere EU-Länder verzeichnen hingegen einen weitaus weniger ausgeprägten Niedriglohnsektor; Schweden (2,6 Prozent), Belgien (3,8 Prozent), Finnland (5,3 Prozent), Dänemark (8,6 Prozent), Frankreich (8,8 Prozent) oder Italien (9,4 Prozent).

Dabei haben vor allem solche Arbeitskräfte ein erhöhtes Risiko, sich im Niedriglohnsegment wieder zu finden, die nach dem Beginn der politischen Propagierung des Niedriglohnsektors seit den 1990er Jahren, ohne Bestandsschutz aus einem vorangegangen Arbeitsverhältnis als (Wieder-)Einsteigerinnen und Einsteiger in den Arbeitsmarkt eintreten (Gießelmann 2009). Aufgrund einer geringen Einkommenskapazität und damit einer eingeschränkten Einkommensmobilität, verbleiben etwa die Hälfte der Niedriglohn-Empfängerinnen und Empfänger über mehrere Jahre in dem Lohnsegment der Niedrigentlohnung. Untersuchungen über längere Zeiträume zeigen, dass die Aufstiegsquote aus dem westdeutschen Niedriglohnsektor in höhere Lohnsegmente tendenziell gesunken ist. Nur noch etwas mehr als ein Drittel aller Niedriglohnbezieherinnen und -bezieher schafften Mitte der 1990er Jahre bis Anfang des neuen Jahrzehnts einen Ausstieg aus dem Niedriglohnsegment. In der Dekade zuvor, Mitte der 1980er bis Mitte der 1990er Jahre, waren es noch rund 50 Prozent, gewesen (ebd.). Auch weitere Studien bestätigen die relativ geringen Aufstiegsquoten aus dem Niedriglohnsegment (IW 2011; Schank et al. 2009).

Neben der Ausweitung des Niedriglohnsektors, welcher freilich durch die Einführung des Mindestlohns etwas eingeschränkt wurde, zeigt die jüngste Vergangenheit eine Zunahme von atypischen Beschäftigungsverhältnissen.

---

4   Statistische Angaben zum Ausmaß von Armut und Niedrigeinkommen werden regelmäßig fortgeschrieben. Vgl. dazu etwa den jährlich erscheinenden Datenreport des statistischen Bundesamtes, das Webportal von ‚Sozialpolitik Aktuell‘ (www.sozialpolitik-aktuell.de), Beiträge im Wochenbericht des Deutschen Instituts für Wirtschaftsforschung (DIW-Wochenbericht) oder die Kurzberichte des Instituts für Arbeitsmarkt- und Berufsforschung (IAB-Kurzberichte).

Tab. 3 Atypische Beschäftigung in Deutschland

	2007	2008	2009	2010	2011	2012	2013	2014	2015
Beschäftigte insgesamt (in 1000)	30.338	30.825	30.755	31.076	31.042	31.391	31.701	32.021	32.367
Teilzeit (Anteil an Beschäftigten in %)	23,9	32,7	24,1	24,2	24,4	24,4	24,7	25,3	25,5
ausschließlich geringfügig Beschäftigte (Anteil an Beschäftigten in %)	16,1	15,8	16,0	15,8	15,8	15,4	15,2	15,9	15,1
Midijobberinnen und -jobber (Anteil an Beschäftigten in %)	3,9	4,0	4,2	4,2	4,2	4,2	4,3	4,2	4,1
Leiharbeit (Anteil an Beschäftigten in %)	2,4	2,6	2,0	2,6	2,9	2,9	2,7	2,9	3,0
befristete Beschäftigung (Anteil an Beschäftigten in %)	9,1	9,2	8,9	9,2	9,1	8,4	8,0	7,7	7,8
Selbstständige ohne Mitarbeitende (Anteil an Erwerbstätigen in %)	14,3	14,4	14,6	14,5	15,0	15,0	15,5	15,4	15,7
Atypische Beschäftigung insgesamt (in % aller Beschäftigten)*	37,0	36,0	36,6	37,6	38,2	38,6	39,1	/	/

Quellen: Seifert 2017, S. 7 (* überschneidungsfreie Berechnung).

Insgesamt zeigt sich in Tabelle 3 bei allen atypischen Erwerbsformen eine hohe Beständigkeit als auch eine Tendenz zur Zunahme von bestimmten Beschäftigungsformen (Teilzeit, Midijobs, Leiharbeit, Selbstständige ohne Mitarbeitende). Der numerisch ausgewiesene Beschäftigungszuwachs wurde demnach auch mittels der Ausweitung der atypischen Beschäftigungsformen erkauft. Als Hauptursachen für die Zunahme von atypischen Beschäftigungsverhältnissen werden im Allgemeinen u. a. die gestiegenen Flexibilisierungsanforderungen bei der Erwerbstätigkeit sowohl auf der Nachfrage- als auch auf der Anbieterseite genannt (vgl. Seifert 2017). Eine eindeutige positive oder negative Bewertung atypischer Beschäftigungsformen kann freilich nicht ohne eine differenzierte Betrachtungsweise abgegeben werden. Gleichwohl muss geprüft werden, ob diese Entwicklung nicht auch gleichsam in eine Ausweitung von prekärer Beschäftigung durch poor working (prekäre Arbeitsbedingungen) als auch durch working poor (Einkommensunzulänglichkeiten) münden.[5] So kann zwar von einer möglichen Verdrängung von regulärer durch

---

5 *Prekäre Beschäftigung* wir zumeist aus der Perspektive von Arbeitnehmerinnen und Arbeitnehmern definiert, wenn Arbeitsbedingungen nachteilig für Beschäftigte sind, beispielsweise durch eine unzureichende soziale Sicherung (Einkommen, Sozialversicherung) oder durch Diskriminierung oder Gesundheitsgefährdung am Arbeitsplatz. Letztendlich können sich solche

atypische Beschäftigung ausgegangen werden. Arbeitgeberinnen und Arbeitgeber können diese Strategie je nach gesetzlichen Vorgaben durchaus dazu nutzen, um Einspareffekte bei Lohn- und Lohnnebenkosten zu erzielen. Freilich ist jedoch auch auf der Nachfrageseite nicht ausschließlich von positiven Effekten einer Nutzung von atypischen Beschäftigungsformen auszugehen: „So erhöht sich einerseits die externe Flexibilität. Andererseits kann die Motivation der mit atypischen Verträgen ausgestatteten Beschäftigten aber auch die der Festangestellten sinken, was den Unternehmenserfolg negativ beeinflusst. Ferner investieren Unternehmen nicht in gleichem Maße in die Fortbildung von Mitarbeitern ohne feste Verträge, was der Produktivität von Unternehmen schadet. Die empirischen Studien zum Zusammenhang von Unternehmensperformance (…) und der Nutzung von Leiharbeit oder befristeten Verträgen ergeben kein eindeutiges Bild. Allerdings findet die Mehrzahl der Studien eher keine oder negative Effekte als positive" (Schiersch 2014, S. 3).

Der arbeitsmarktpolitisch erwünschte Brückeneffekt von atypischer Beschäftigung mit Blick auf den Wechsel in ein reguläres Beschäftigungsverhältnis steht dem gegenteiligen Einsperreffekt gegenüber, welcher den nicht intendierten Verbleib in atypischer Beschäftigung beschreibt. Auf der anderen Seite können Arbeitnehmerinnen und Arbeitnehmer scheinbar atypische Beschäftigungsformen nachfragen, um lediglich einen Neben- bzw. Mitverdienst im Privathaushalt zu realisieren und/oder Flexibilisierungserfordernisse im Arbeitsangebot umzusetzen. Das Mittel (atypische Beschäftigung) zum Zweck (Wechsel in ein sogenanntes Normalarbeitsverhältnis, d. h. in eine unbefristete Vollzeitbeschäftigung) ist bei Neben- oder Mitverdiensten bzw. bei Flexibilisierungserfordernissen mitunter nur eingeschränkt oder gar nicht relevant. Gleichwohl erwächst daraus nicht automatisch das Argument für den Gesetzgeber und/oder die Arbeitgeberseite, die Arbeitsbedingungen und Lohngefüge bei atypischen Beschäftigungsverhältnissen relativ schlecht auszugestalten.

Wird die Perspektive gewechselt und der am Bruttoinlandsprodukt gemessene materielle Wohlstand betrachtet, so zeigt sich auch hier ebenfalls ein langfristiger gegenläufiger Trend der wachsenden Einkommensungleichheit (vgl. Grabka und Goebel 2017, S. 82). Einkommensungleichheit ist per se jedoch nicht nur als das Endergebnis einer differenzierenden Einkommensverteilung zu werten, welche beispielsweise durch unterschiedlich verteiltes Human- und Sozialkapital oder mitunter durch Lohndiskriminierung bedingt sein kann. Ein ungleich verteiltes Einkommen kann auch als Ursache für eine suboptimale Performanz einer Volkswirtschaft fungieren: „Das Wachstum der deutschen Wirtschaft wäre seit der Wiedervereinigung kumuliert um rund zwei Prozentpunkte höher gewesen, wenn die Einkommensungleichheit konstant geblieben wäre; darauf weisen die vorgestellten Simulationsrechnungen mit dem DIW Makromodell hin. Das reale Bruttoinlandsprodukt hätte im Jahr 2015 gut 40 Milliarden Euro über seinem tatsächlichen Wert gelegen. Vor allem die private Konsumnachfrage, aber auch Investitionen, Exporte und Importe wären stärker gestiegen. Gleichzeitig hätte der Außenhandelssaldo nicht so stark zugenommen"

Aspekte jedoch auch nachteilig für die Arbeitgeberseite entwickeln, falls Arbeitskräfte wegen den oben genannten Beispielen nur eine geringe Arbeitszufriedenheit und damit eine relative geringe Arbeitsproduktivität aufweisen.

(Albig et al. 2017, S. 167). Eine nach dem workfare-Prinzip vorangetriebene Ausweitung des Niedriglohnsektors mit der Folge der Verstärkung der Einkommensungleichheit kann demnach auch den materiellen Wohlstand einschränken und wirkt damit in Bezug auf das Wachstumskalkül kontraproduktiv.

Die oben dargestellte Auswirkung der Erwerbseinkommensungleichheit auf das Wirtschaftswachstum könnte im Prinzip dem Thema allokatives Marktversagen zugeordnet werden. Anders gewendet kann hieraus jedoch auch ein distributives Marktversagen interpretiert werden. Eine Untersuchung hat empirisch herausgestellt, dass die Armutsquote, unter Kontrolle anderer relevanter Faktoren, sich signifikant negativ auf die Lebenszufriedenheit auch der Bevölkerung auswirkt, die gar nicht von Armut betroffen ist, darunter insbesondere besser Verdienende (Biermann und Welsch 2016). Woraus resultiert diese Art von Unbehagen? Die Autoren erklären diesen negativen Einfluss auf die sich nicht in Armut befindende Bevölkerung u. a. mit der Furcht, selbst zu verarmen. Darüber hinaus sei es möglich, dass Armut bei oberen Einkommensschichten die Befürchtung von Steuererhöhungen, Kriminalität oder sozialem Unfrieden schürt. Armutsverminderung und damit Einkommensangleichung kann damit eben nicht nur im engeren Sinne für die von Armut Betroffenen als sozial gerecht oder solidarisch interpretiert, sondern kann ebenso als gesamtgesellschaftlich effizient angesehen werden.

Atypische Beschäftigung, Niedriglohn und Einkommensarmut bergen jedoch nicht nur für den Lebensabschnitt der Erwerbsphase Risiken. Durch die in Deutschland vorhandene stringente Ableitung der Einkommensposition im Altersruhestand von der Einkommenssituation während der Phase der aktiven Beschäftigung ergibt sich vor allem für abhängig Beschäftigte die Dimension einer nachgelagerten Altersarmut. Länger andauernde Phasen von Niedrigeinkommen, Erwerbsunterbrechungen oder Arbeitslosigkeit innerhalb des rentenanwartschaftsrelevanten Zeitraums wirken sich dann entsprechend negativ auf die Transfereinkommensposition im Ruhestand aus. Aber auch der Personenkreis, der mit einem geringen Abstand über der Schwelle von Niedrigeinkommen oder Armut im Sinne von working poor Rentenanwartschaften in der aktiven Erwerbsphase aufbauen muss, hat entsprechende Risiken der nachgelagerten Altersarmut zu tragen. Die Zunahme von Niedrigeinkommen, Armut und das Phänomen der Massenarbeitslosigkeit werden sich somit erst mit einem gewissen Zeitabstand in einer späteren Zunahme von Altersarmut niederschlagen. Im internationalen Vergleich sind besonders in Deutschland Geringverdienerinnen und -verdiener von Altersarmut bedroht.[6] Zudem gibt es in Deutschland keine Rentenzuschüsse für diese Personengruppe, wie etwa in Österreich. „Deutschland nimmt damit im internationalen Ranking mit seinen sehr niedrigen Ersatzquoten und Rentenniveaus wieder einen Platz am unteren Rand ein. Im neuen OECD-Bericht wird für Deutschland nun auch die nachgelagerte Besteuerung in die Berechnungen miteinbezogen. Im Vergleich mit Österreich zeigt sich nun, dass das Rentenniveau der zukünf-

---

6   Eine Studie hat dazu gezeigt, dass die Lohnersatzrate von Altersrenten der deutschen Geringverdiener in Bezug zum ehemaligen Bruttoarbeitseinkommen im OECD-Vergleich am geringsten ausfällt (vgl. OECD 2007, S. 33).

tigen „Durchschnittsverdiener(in) dort mit gut 78 % (brutto; 2014: fast 77 %) bzw. über 90 % (netto; 2014 und 2015) noch viel höher als in Deutschland mit 37,5 % (brutto; 2014: 42 %) bzw. 50 % (netto; 2014: ca. 57 %) ist" (Blank et al. 2016, S. 13). Zu der individuellen Betroffenheit entsteht damit eine nachgelagerte gesamtgesellschaftliche Verantwortung mit entsprechenden prospektiven finanziellen Lasten für den Sozialstaat für Rentner und Rentnerinnen, deren Alterssicherung unterhalb des Existenzminimums liegen wird.

Einkommens- und nachgelagerte Transferdivergenzen sind jedoch nicht nur durch beobachtbare Faktoren, wie Bildungs- und Ausbildungsunterschiede zu erklären. Die Kategorie Geschlecht wirkt sich selbst bei jungen Frauen und Männern, zwischen denen heute eine formale Gleichstellung bei Bildungs- und Ausbildungsabschlüssen besteht, zum Nachteil von Frauen als eine wesentliche Ursache für Einkommensunterschiede aus. Solche von Bildungs- und Ausbildungsunterschieden oder Differenzen in anderen objektiven beobachtbaren Merkmalen unabhängigen Einkommensnachteile können demzufolge nur mit Lohndiskriminierung erklärt werden (Busch und Holst 2008). Zwischengeschlechtliche Einkommensdivergenzen sind dabei in ländlichen Regionen um etwa 10 Prozentpunkte signifikant stärker ausgeprägt als in Städten (Hirsch et al. 2009).

3   Beschreibung und Bewertung politischer Implikationen

Politikfelder, wie die der Beschäftigungsförderung oder Förderung der sozialen Teilhabe sind naturgemäß eng mit anderen Politikbereichen und Akteuren verbunden. Dieser Umstand macht es schwer, entsprechende Politikbereiche so auszugestalten, dass die anvisierten Ziele direkt und nachhaltig erreicht werden können. Demzufolge ist nicht selten mit nicht inten-dierten Wirkungen (beispielsweise Mitnahmeeffekten) zu rechnen, die unter Umständen den Reaktionen von Akteuren geschuldet sind, die nicht der eigentlichen Zielgruppe des politischen Programms zuzurechnen sind. Aufgrund dessen sind nach Windhoff-Héretier (1987) auch immer die potentiellen Rahmen- und Handlungsbedingungen bei der unmit-telbaren Umsetzung des politischen Handlungsauftrags sowie die Politikannahme durch die direkten und indirekten Adressaten zu beachten.

Auf diesem Hintergrund werden im Folgenden exemplarisch bestimmte politische Pro-gramme zur nachhaltigen Beschäftigungsförderung und Förderung der sozialen Teilhabe mit Blick auf Erwerbstätigkeit dargestellt und einer kritischen Überprüfung unterworfen. Hierbei handelt es sich in erster Linie um präventive Programme mit einem investiven Charakter, die sich von reaktiven und damit eher kompensatorisch ausgerichteten Maß-nahmen abgrenzen:

Bildung und Ausbildung

Mit Blick auf die derzeitige Ausgestaltung der Bildungs- und Ausbildungssysteme in Deutschland muss konstatiert werden, dass diese suboptimal aufgestellt sind, denn die soziale Herkunft bestimmt immer noch relativ stark, wie durchlässig das Bildungssystem ist. So existieren in Deutschland, trotz gewisser Fortschritte, immer noch relativ starre Bildungsbarrieren: „Die Chancen benachteiligter Schüler haben sich (…) verbessert, bleiben aber die große Herausforderung für die Schulpolitik. Dies gilt vor allem für den Zusammenhang von Bildungserfolg und sozialer Herkunft. Trotz leichter Verbesserungen liegen Neuntklässler aus sozioökonomisch schwächeren Milieus mit ihrer Lesekompetenz immer noch mehr als zwei Schuljahre hinter ihren Klassenkameraden aus privilegierten Milieus zurück" (Bertelsmann Stiftung et al. 2017, S. 7). In Folge ist das durch eine zu geringe Humankapitalakkumulation bedingte derzeitige Niedriglohn- und Armutsklientel nicht nur von den entsprechenden objektiven und subjektiven Dimensionen des sozialen Ausschlusses betroffen, sondern es ist auch wahrscheinlich, dass diese Risiken an die nächste Generation weitergegeben werden. Sollten keine wesentlichen Reformen der Bildungs- und Ausbildungssysteme erfolgen, so wird sich auch in Zukunft ein entsprechender Angebotsüberhang an zu gering qualifizierten Arbeitskräften finden. Ein beschäftigungspolitisch propagiertes Niedriglohnsegment kann in diesem Zusammenhang dann nur als kompensatorische Scheinlösung angesehen werden.

Nachhaltige Erhöhung der Erwerbsoptionen bei der Vereinbarkeit von Familie und Beruf

Schon früh belegen Studien, dass Frauenerwerbstätigkeit Einkommensarmut von Familien abfedern kann (Becker 2002). Die Schaffung von adäquaten Rahmenbedingungen für höhere Erwerbschancen von Frauen gehört demnach dezidiert zu einem wesentlichen Aspekt der Verhinderung von Einkommensarmut (vgl. schon Grabka und Krause 2005). In Deutschland zeigt sich derzeit jedoch ein Modernisierungsstau für Erwerbsoptionen von Frauen und Männern, welcher in einer geringen Vereinbarkeit von Familie und Beruf von bezahlter Erwerbsarbeit und nicht bezahlter Haus- und Familienarbeit mündet. Eine solche Nichtvereinbarkeit geht vornehmlich zu Lasten von Frauen. Das Ausmaß der sogenannten Gender Care Gap[7] beträgt in Deutschland für den Jahreszeitraum 2012/2013 insgesamt 52,4 Prozent, in Paarhaushalten mit Kindern dagegen 83,3 Prozent (Sachverständigenkommission zum Zweiten Gleichstellungsbericht der Bundesregierung 2017, S. 39). So ist die Erwerbsbeteiligung von Frauen relativ gering und die Einschränkungen von Erwerbsoptionen nehmen mit steigender Anzahl von Kindern, darunter vor allem von jungen Kindern, erheblich zu (vgl. Kaiser 2008). Neben den damit verbundenen gesamtwirtschaftlichen Einbußen (soziale Renditen der Bildungsinvestitionen von Frauen, Höhe der Steuer- und Sozialversicherungseinnahmen) wird damit auch automatisch eine umfassende Diskriminierung auf dem Arbeitsmarkt aufgrund von ökonomischer Rationalität perpetuiert. Eingeschränkte Erwerbsoptionen von Frauen werden von Arbeitgebern als Signal für ihre scheinbar geringe Produktivität interpretiert, was sich negativ auf deren

---

7   Der Gender Care Gap stellt dar, um wieviel Prozent die Zeit, welche Frauen im Durchschnitt pro Tag für Care-Arbeit (Haus- und Familienarbeit, darunter v. a. Kindererziehung und Pflegearbeiten) aufwenden, die durchschnittliche Dauer der täglichen Care-Arbeit von Männern übersteigt.

Einstellungs-, Weiterbildungs- und Einkommenschancen auswirken kann, ungeachtet der Tatsache, ob ein (Erwerbs-)Leben mit oder ohne Kinder geplant ist. Um diesen Mechanismus der so genannten statistischen Diskriminierung abzufedern, bieten sich solche Institutionen an, die eine möglichst hohe Variabilität der Erwerbsoptionen und Flexibilität der zu realisierenden Erwerbspfade in Privathaushalten ohne eine stringente Geschlechterfixierung zulassen.[8] Auch eine Beschränkung der Erwerbsoptionen von Frauen auf Teilzeitbeschäftigungen kann nur als eine Teillösung angesehen werden, da diese Strategie zu entsprechenden Karriere- und Einkommenseinbußen in Erwerbsverläufen von Frauen führt und damit nur partiell als Instrument zur Reduzierung von Einkommensrisiken und sozialer Desintegration fungieren kann (Hassink und Russo 2008). Als zentral für eine nachhaltige Erhöhung der Erwerbsoptionen von Familien ist der Ausbau einer bedarfsgerechten Infrastruktur der institutionellen Kinderbetreuung als ein befähigendes Instrument. Eine solche institutionelle Modernisierung ist dabei auf Unternehmensseite mit einer familienfreundlichen Ausgestaltung von Arbeitszeiten zu flankieren.

Gleichwohl gilt es, insbesondere verstärkt Anreize für Väter zu setzen, sich an der Haus- und Familienarbeit zu beteiligen, so etwa durch für Mütter und Väter zeitlich und einkommensbezogen egalitär ausgestaltete Eltern- und Pflegezeiten, denn bislang selektiert das Elterngeld nach wie vor in erster Linie Mütter in die Hauptverantwortung für die Familienarbeit. Zudem müssen Frauen proaktiv für die Übernahme von Führungspositionen vorbereitet werden, so etwa durch ein geeignetes Führungscoaching an Schulen, Hochschulen und in Betrieben (Kaiser 2016).

Bildung und Teilhabe

Das Bildungs- und Teilhabepaket (BuT) beinhaltet verschiedene Leistungen für Kinder aus Haushalten mit Bezügen aus den Systemen der Hilfe für Arbeitssuchende (SGB II), der Sozialhilfe (SGB XII), Haushalten mit Wohngeldbezug oder mit Bezügen aus dem Asylbewerberleistungsgesetz (Zuschuss zum Mittagessen in Kita und Schule, Übernahme der Kosten für Lernförderung, Leistungen zur Integration in Kultur, Sport, und Freizeit sowie Leistungen für Schulbedarf und Schulausflüge). Die Anträge auf Leistungen sind bei den jeweils zuständigen Stellen abzugeben. Für Personen aus dem SGB II-Leistungsbereich setzen die Kommunen das BuT in der Regel im örtlichen Jobcenter um. Für Familien aus dem SGB XII-Segment sind die Jobcenter nicht zuständig. Im Rathaus oder Bürgeramt können diese Familien die zuständige Ansprechstelle für die Leistungen aus dem BuT erfragen. Übergangsweise waren dies in der Startphase der neuen Regelungen allerdings

---

8   Als ein Instrument zur Überwindung von statistischer Diskriminierung können zum Beispiel anonyme Bewerbungsverfahren fungieren. Arbeitgeber wissen anhand von anonymisierten Bewerbungsunterlagen nicht, welche sozio-ökonomischen Grundmerkmale (Geschlecht, Alter, Nationalität) die eingeladenen Bewerber und Bewerberinnen besitzen. Lediglich die Qualifikation soll zählen. Auf politischer Ebene befasst sich die Antidiskriminierungsstelle des Bundes unter wissenschaftlicher Begleitung mit der Praktikabilität der Einführung von anonymen Bewerbungsverfahren.

die Familienkassen bei der Agentur für Arbeit gewesen. Für das Mittagessen sind von der Schule entsprechende Nachweise einzureichen. Dies gilt ebenfalls für eintägige Ausflüge in Schule oder Kindertagesstätte. Hier müssen entsprechende Bescheinigungen von den Einrichtungen beigebracht werden. Eltern, deren Kinder Lernförderung benötigen, müssen von der Lehrerschaft den Bedarf bescheinigen lassen. Leistungen für die Teilnahme an Kultur-, Sport- und Freizeitaktivitäten sind durch Bescheinigungen von den entsprechenden Vereinen oder anderen Institutionen zu erlangen.

Insgesamt ist es bei einer Inanspruchnahme aller der angebotenen Leistungen des BuT in der Regel erforderlich, jeweils unterschiedliche Formulare beizubringen, die Bestätigungen der jeweils relevanten Institutionen (Schulen, Lehrkörper, Vereine oder andere kulturelle Einrichtungen etc.) über die Notwendigkeit bzw. die erfolgte Inanspruchnahme der Leistungen enthalten.

Das BuT intendiert, die Auswirkungen von sozialem Ausschluss abzufedern. Die als erstattungsfähige (Teil-)Kosten konstruierten monetären Leistungen aus dem BuT sollen demzufolge die Gefahr der sozialen Desintegration von Kindern durch eine zielgerichtete Förderung ausgleichen. Das Instrument ist somit auf die Folgegeneration der von Arbeitslosigkeit und Niedrigeinkommen betroffenen Eltern gerichtet, indem in präventive Maßnahmen investiert wird, um nachhaltige Effekte zu erreichen und die spätere Verwendung von Mitteln für reaktive politische Programme zu verringern. Damit soll letztendlich insgesamt nicht nur ein höherer Zielerreichungsgrad und eine effizientere Verwendung von Mitteln erreicht, sondern auch soziale Gerechtigkeit in der (Erwerbs-) Gesellschaft umgesetzt werden.

Grundvoraussetzung für die Effektivität und Effizienz dieses Instruments ist jedoch eine hohe oder, im optimalen Fall, vollständige Nachfrage nach den freiwilligen Leistungen durch die betreffenden Eltern. Das Angebot durch öffentliche Dienstleistungsstellen ist demnach möglichst unbürokratisch auszugestalten. Für das BuT sollte aus der Perspektive des Public Marketing dieser Leistung quasi Abstand vom Abstandsgebot genommen werden. Die Gegenleistung der Kunden im Rahmen der Prozessmitgestaltung der Maßnahmenumsetzung, so etwa mittels Beibringung von Nachweisen, ist möglichst gering zu halten und nachfragende Eltern sollten nicht unbedingt mehr Gegenleistung erbringen müssen als Nachfrager auf einem vergleichbaren privaten Bildungsmarkt.

Für die erste Phase nach der Auflegung des BuT ist die Gewährungspraxis für Leistungen gleichwohl als suboptimal einzustufen. Bedingt durch zu hohe Schwellen der Inanspruchnahme aufgrund von komplizierten Wegen der Erstattung oder Übernahme von Leistungen, blieben die Quoten der Inanspruchnahme weit hinter den Erwartungen zurück (Deutscher Städtetag 2011). Aber auch aktuelle Zahlen zur Ausschöpfung der Leistungen zeigen, dass die Quote der Inanspruchnahme bei rund 57 Prozent liegt (BMAS 2016, S. 59).[9] In der Praxis haben sich jedoch schon längst Beispiele der Leistungsgewährung bewährt, die sich auf Bildungsgutscheine stützen. Das Beispiel der Familiencard in der Stadt Stuttgart

---

9   Kumulierte Antragsquote von Einzelleistungen ausgenommen der Lernförderung, 2011-2014.

zeigt, wie eine Gutscheinlösung niederschwellig und unbürokratisch funktionieren kann. Bereits seit 2001 wurde dort eine elektronische Geldkarte für Kultur, Sport und Bildung eingeführt, die nicht nur von Eltern aus dem SGB II-Leistungssegment, sondern von allen Familien mit Kindern unter 16 Jahren, deren Einkommen 60.000 Euro im Jahr nicht übersteigt, genutzt werden kann. Eine solche Gutscheinlösung impliziert damit dezidiert eine Verminderung von Nachfrageschwellen durch zu hohe Hürden der Bürokratie und verhindert gleichsam Stigmatisierung, da nicht erkennbar ist, ob Gutscheine aufgrund von Transfer- oder Einkommensbezug genutzt werden.

4   Resümee

Es bedarf bei atypischen Beschäftigungsverhältnissen insgesamt einer regelmäßigen Überprüfung des Zielerreichungsgrads von intendierten und dem möglichen Auftreten von nichtintendierten Zielen. Neben der Überprüfung der Effektivität müssen Kosten herausgestellt werden, die für die betroffenen Akteure entstehen (Arbeitgeber- und Arbeitnehmerseite, Staat). Hohendammer und Walwei (2014) schlagen in dieser Hinsicht ein adäquates Gesamtpaket zum Management atypischer Beschäftigungsformen vor. So weisen die Autoren darauf hin, dass es präventive Maßnahmen gegen Bildungsarmut und Ausbildungslosigkeit geben sollte, die flankierend gegen eine Selektion von gering qualifizierten Arbeitskräften in atypische Beschäftigungsformen und damit gegen die sogenannten Einsperreffekte wirken können. Hinzu müsse eine Förderung der Aufwärtsmobilität durch die aktive Arbeitsmarktpolitik kommen. Darunter können beispielsweise berufsbegleitende Weiterbildungsmaßnahmen und verstärkte Vermittlungsbemühungen für solche Personengruppen fallen, die eine hohe Wahrscheinlichkeit aufweisen, mittel- oder langfristig im Niedriglohnsektor zu verbleiben oder welche sich durch den sogenannten Drehtüreffekt nach einer Phase der atypischen Beschäftigung wiederum im Status der Arbeitslosigkeit befinden.

Eine an den Erfordernissen der hoch spezialisierten und rohstoffarmen deutschen Volkswirtschaft orientierte *Bildungsexpansion* beinhaltet auch Implikationen für mehr Bildungsgerechtigkeit und besitzt damit zugleich auch eine hohe Bedeutung sowohl für die Verringerung von Einkommens- und Armutsrisiken als auch für die Abfederung von sozialer Desintegration. Eine effektivere und auch effizientere Ausgestaltung der Bildungssysteme und der späteren Berücksichtigung von Weiterbildung und *lebenslangem Lernen* ist dabei nicht zuletzt angesichts des anstehenden demographischen Wandels geboten. Die *nachhaltige Erhöhung der Erwerbs- und Karriereoptionen von Frauen* und eine generell bessere Vereinbarkeit von Familie und Beruf, sowohl für Väter als auch für Mütter, spielen eine weitere wesentliche Rolle bei der Verminderung von sozialer Desintegration mit Blick auf soziale Teilhabe und die Integration in den Arbeitsmarkt. Auch entspricht die Verbesserung der Erwerbschancen von Frauen der Präferenz von Paarhaushalten mit jungen Kindern, das Arbeitsangebot des Haushalts durch die Aufnahme einer Erwerbstätigkeit oder die Ausweitung des Arbeitsvolumens des weiblichen Partners zu erhöhen (vgl. Holst 2007). Entsprechende politische Rahmenveränderungen würden demnach auf effektive Bedarfe treffen. Aber auch aufgrund der umfangreichen positiven externen Effekte von Vorschulbildung sollte eine öffentlich finanzierte, flächendeckend qualitativ hochwertige und bedarfsgerechte Versorgung mit Betreuungsangeboten für Kinder eine hohe politische Priorität haben.

Erst wenn die Vereinbarkeit von Familie und Beruf für beide Geschlechter durch eine *befähigende Infrastruktur* ermöglicht ist, sollten weitergehende anreizkompatible Modifikationen in den Bereichen der sozialen Sicherung (eigenständige soziale Sicherung von Ehefrauen) und der Einkommensbesteuerung (Individualbesteuerung) eingesetzt werden. Hier gilt es, die richtige Reihenfolge einzuhalten. Unter dieser Maßgabe würde eine aufeinander abgestimmte Flexibilisierung der Arbeitswelt auch den Lebensentwürfen von Familien vermehrte Optionen für eine bessere *Vereinbarkeit von Familie und Beruf* bieten und damit zur Verminderung von Risiken der sozialen Desintegration führen.

Die politische Durchsetzbarkeit und Umsetzung solcher präventiven Maßnahmen sind jedoch oft von starken politischen Kontroversen gekennzeichnet und damit relativ zeitaufwendig, da es sich jeweils um eine umfassende Umstrukturierung von ganzen Teilsystemen der sozialpolitischen Landschaft handelt. Dies trifft vor allem angesichts der immer noch sichtbaren traditionell konservativen Verfasstheit des deutschen Sozialstaats zu. Mit der Verstärkung von investiven staatlichen Maßnahmen ist zwar mittel- und langfristig ein abnehmender Handlungsbedarf bei reaktiven Interventionen zu erwarten. Gleichwohl wird auch das beste Bildungssystem nicht verhindern können, dass es Bevölkerungsgruppen mit einem unzureichenden Bildungs- und Ausbildungsniveau mit entsprechenden Folgen für deren soziale Desintegration gibt. Für diesen betreffenden Personenkreis muss es demzufolge auch in Zukunft einen *Transfer-Sozialstaat* geben, der eine menschenwürdige Existenz garantiert. Eine völlige Ersetzung der Transferkomponente des Sozialstaats durch einen ausschließlich *investiven Sozialstaat* ist damit weder praktikabel noch mit Blick auf die Vorgaben des im Grundgesetz verankerten Sozialstaatsgebots wünschenswert. Gleichwohl kann die Praxis der Gewährung von *Transfereinkommen mit erweiterten Komponenten der sozialen Teilhabe* sowohl fiskalisch effizient als auch systemimmanent zielführend sein. Die Implementation entsprechender politischer Programme, wie die des Bildungs- und Teilhabepakets ist hier als vorbildlich zu bezeichnen. Allerdings müssen solche neuen Instrumente zur Verminderung von sozialer Desintegration unbürokratisch und mit niedrigen Zugangsschwellen entsprechend modern ausgestaltet sein, um einen hohen Zielerreichungsgrad zu ermöglichen.

Literatur

Albig, H., M. Clemens, F. Fichtner, S. Gebauer, S. Junker und K. Kholodilin. 2017. Wie steigende Einkommensungleichheit das Wirtschaftswachstum in Deutschland beeinflusst. *DIW Wochenbericht* 10: 159-168.

Becker, I. 2002. Frauenerwerbstätigkeit hält Einkommensarmut von Familien in Grenzen. *Vierteljahreshefte zur Wirtschaftsforschung* 1: 126-146.

Bertelsmann Stiftung, Institut für Schulentwicklungsforschung der Technischen Universität Dortmund, Institut für Erziehungswissenschaft der Friedrich-Schiller-Universität Jena, Hrsg. 2017. *Chancenspiegel – eine Zwischenbilanz Zur Chancengerechtigkeit und Leistungsfähigkeit der deutschen Schulsysteme seit 2002*. Gütersloh: Bertelsmann Stiftung.

Biermann, P. und H. Welsch. 2016. Poverty is a Public Bad: Panel Evidence from Subjective Well-being Data. SOEPpaper 885. http://www.diw.de/documents/publikationen/73/diw_01.c.550210.de/diw_sp0885.pdf. Zugegriffen: 25. August 2017.

Blank, F., C. Logeay, E. Türk, J. Wöss und R. Zwiener. 2016. Alterssicherung in Deutschland und Österreich: Vom Nachbarn lernen? WSI-Report 27. https://www.boeckler.de/pdf/p_wsi_report_27_2016.pdf. Zugegriffen: 27. März 2017.

BMAS, Hrsg. 2016. *Schlussbericht – Evaluation der bundesweiten Inanspruchnahme und Umsetzung der Leistungen für Bildung und Teilhabe: Kurzfassung mit Empfehlungen*. Göttingen und Nürnberg: BMAS.

Busch, A. und E. Holst. 2008. Verdienstdifferenzen zwischen Frauen und Männern nur teilweise durch Strukturmerkmale zu erklären. *DIW-Wochenbericht* 15: 184-190.

Deutscher Städtetag. 2011. *Startschwierigkeiten des Bildungspaketes werden immer mehr überwunden – 27 Prozent Anträge in 100 Städten*. Berlin: Pressemeldung vom 28. Juni 2011.

DESTATIS. 2017. Erwerbstätigenrechnung. https://www.destatis.de/DE/ZahlenFakten/GesamtwirtschaftUmwelt/Arbeitsmarkt/Erwerbstaetigkeit/TabellenErwerbstaetigenrechnung/InlaenderInlandskonzept.html. Zugegriffen: 22. März 2017.

DPWV, Hrsg. 2017. *Menschenwürde ist Menschenrecht. Bericht zur Armutsentwicklung 2017*. Berlin: DPWV.

EKD und DBK, Hrsg. 1997. *Für eine Zukunft in Solidarität und Gerechtigkeit. Wort des Rates der Evangelischen Kirche in Deutschland und der Deutschen Bischofskonferenz zur wirtschaftlichen und sozialen Lage in Deutschland*. Hannover: EKD.

EUROSTAT. 2016. Verdienststrukturerhebung: Jeder sechste Arbeitnehmer in der Europäischen Union ist Niedriglohnempfänger. Große Unterschiede zwischen den Mitgliedstaaten. http://ec.europa.eu/eurostat/documents/2995521/7762332/3-08122016-AP-DE.pdf/f6abdcb1-ec9c-46ef-ae73-822cb-905b04d. Zugegriffen: 27. März 2017.

Gießelmann, M. 2009. Arbeitsmarktpolitischer Wandel in Deutschland seit 1991 und das Working Poor-Problem: Einsteiger als Verlierer des Reformprozesses? *Zeitschrift für Soziologie* 3: 215-238.

Goebel, J., R. Habich und P. Krause. 2008. Einkommen – Verteilung, Armut und Dynamik. In *Datenreport 2008*, Hrsg. DESTATIS/GESIS-ZUMA/WZB, 163-172. Bonn: DESTATIS.

Goebel, J, M. Gornick und H. Häußermann. 2010. Polarisierung der Einkommen: Die Mittelschicht verliert. *DIW-Wochenbericht* 24: 2-8.

Grabka, M. und J. Goebel. 2017. Realeinkommen sind von 1991 bis 2014 im Durchschnitt gestiegen – erste Anzeichen für wieder zunehmende Einkommensungleichheit. *DIW-Wochenbericht* 4: 71-82.

Grabka, M. und P. Krause. 2005. Einkommen und Armut von Familien und älteren Menschen. *DIW-Wochenbericht* 9: 155-162.

Hassink, W. und G. Russo. 2008. The Part-Time Wage Gap: a Career Perspective. *De Economist* 156: 145-174.

Hirsch, B., M. König und J. Möller. 2009. *Lohnanstand von Frauen in der Stadt kleiner als auf dem Land. IAB-Kurzbericht 22.*

Hohendammer, C. und U. Walwei. 2014. Arbeitsmarkteffekte atypischer Beschäftigung. *WSI-Mitteilungen* 4: 239-246.

Holst, E. 2000. *Die Stille Reserve am Arbeitsmarkt. Größe – Zusammensetzung – Verhalten.* Berlin: Edition Sigma.

Holst, E. 2007. Arbeitszeitwünsche von Frauen und Männern liegen näher beieinander als tatsächliche Arbeitszeiten. *DIW-Wochenbericht* 14-15: 209-215.

IW. 2011. *Der Niedriglohnsektor in Deutschland: Entwicklung, Struktur und individuelle Erwerbsverläufe.* Köln: IW.

Kaiser, L. C. 2008. Arbeitsmarktflexibilität, Arbeitsmarktübergänge und Familie: Die Europäische Perspektive. In *Flexibilisierung – Folgen für Familie und Sozialstruktur,* Hrsg. M. Szydlik, 295-313. Wiesbaden: VS Verlag für Sozialwissenschaften.

Kaiser, L. C. 2016. Besser früher fördern als (zu) spät quotieren – Gleichstellung und geschlechtsspezifische Karriereeinschätzungen im Öffentlichen Dienst. *Deutsche Verwaltungspraxis* 5: 186-194.

OECD. 2007. *Pensions at a Glance. Public Policies across OECD Countries.* Paris: OECD.

Sachverständigenkommission zum Zweiten Gleichstellungsbericht der Bundesregierung. 2017. *Erwerbs- und Sorgearbeit gemeinsam neu gestalten. Gutachten für den Zweiten Gleichstellungsbericht der Bundesregierung.* Berlin. www.gleichstellungsbericht.de/ gutachten2gleichstellungsbericht. pdf. Zugegriffen: 23. März 2017.

Schank, T., C. Schnabel und J. Stephani. 2009. Geringverdiener: Wem und wie gelingt der Aufstieg. *Jahrbücher für Nationalökonomie und Statistik* 5: 584-614.

Schiersch, A. 2014. *Atypische Beschäftigung und Unternehmenserfolg. DIW Roundup 45. Politik im Fokus.* Berlin: DIW.

Seifert, H. 2017. Wie lassen sich Entwicklung und Strukturen atypischer Beschäftigungsverhältnisse erklären? *WSI-Mitteilungen* 1: 5-15.

Windhoff-Héretier, A. 1987. *Policy-Analyse. Eine Einführung.* Frankfurt a. M.: Suhrkamp.

Bildungsarmut und die soziale ‚Vererbung' von Ungleichheiten

Carola Kuhlmann

> *„Auch der kulturelle Adel hat seine Ahnentafeln."*
> (Pierre Bourdieu 2001, S. 27)

Zusammenfassung

In dem folgenden Beitrag wird der Zusammenhang von ungleichen materiellen Ressourcen und den sie verursachenden oder auf sie folgenden Bildungsmängeln diskutiert. Zunächst wird definiert, was unter Bildung verstanden werden muss und begründet, warum Bildung in wachsendem Maße auch für den materiellen Erfolg im Leben verantwortlich gemacht werden kann. Mit Bezug auf die Theorie Bourdieus wird Bildung daraufhin als „kulturelles Kapital" interpretiert, welches durch die Übernahme eines spezifischen „Habitus" im Herkunftsmilieu weiter gegeben wird. In einem weiteren Abschnitt werden psychologische Theorien über die genetisch bedingte Intelligenzentwicklung vorgestellt und mit Bezug auf die neuere Gehirnforschung verworfen. Anschließend werden Aufbau und Ergebnisse der PISA-Studie referiert und Entwicklungstendenzen des deutschen Schulsystems beschrieben und kritisiert. Besonders die Tatsache, dass es anderen Ländern durchaus gelingt, auch Kindern aus bildungsfernen Milieus zu Schulerfolgen zu verhelfen, beweist, dass in Deutschland noch dringend Handlungsbedarf in dieser Richtung besteht. Am Ende wird daher ein Blick auf bildungspolitische und pädagogische Konzepte geworfen, die eine Inklusion benachteiligter Kinder in das Bildungswesen und die Gesellschaft im Allgemeinen befördern können.

Schlagworte

Bildung; Armut; Soziale Gerechtigkeit; kulturelles Kapital; Inklusion

1   Einleitung

In den modernen westlichen Demokratien gehört die Chancengleichheit aller Menschen zu den wesentlichen Grundrechten. In Deutschland ist sie im Grundgesetz verankert; in den UN-Kinderrechten spielt sie eine wesentliche Rolle. In diesem Beitrag wird die These vertreten, dass der Anspruch der Chancengleichheit gerade in Bezug auf die Bildungschancen nicht eingehalten wird, sodass viele Kinder „arm" an Bildung bleiben. Dies hat umso schwerwiegendere Folgen, als dass heute mehr als früher durch den Bildungsabschluss auch andere Chancen der Teilhabe zugewiesen werden. Das Bildungssystem trägt damit dazu bei – so die These, die im Folgenden mit Bezug auf den französischen Soziologen Pierre Bourdieu belegt werden soll –, dass Armut an die Kinder der Menschen, die von Armut betroffen sind, weitergegeben wird. Dies geschieht auf subtile, aber so effektive Weise, dass es im Endergebnis den Anschein erwecken kann, als sei die Armut „vererbt" worden.

Armut und Bildung hängen auf vielfältige Weise miteinander zusammen und von einander ab. Mangel an Bildung kann ein Aspekt, aber auch eine Ursache oder Folge von Armut sein. Dass der Mangel an Bildung oft eine Erscheinungsform von Armut darstellt und Armut selbst stets mehr ist als ein Mangel an materiellen Gütern, darauf hat bereits im Mittelalter der Theologe *Thomas von Aquin* hingewiesen, als er Armut wie folgt definierte:

> „Arm sind Menschen, die immer oder zeitweise in einem Zustand der Schwäche, der Bedürftigkeit, des Mangels leben, wobei es nicht nur um das Fehlen physischer Kraft und materieller Güter (Geld, Nahrung, Kleidung) geht, sondern insgesamt um einen Mangel an sozialer Stärke, die ein Ergebnis ist von sozialem Ansehen und Einfluss, Waffengewandtheit und Rechtspositionen, von Gesichertsein durch soziale Bindungen, aber auch von Wissen und politischer Macht." (Aquin zit. n. Sachße und Tennstedt 1983, S. 39)

Aquin beschrieb in diesem Zitat Armut bereits als eine Lebenslage, die sich aus mehreren Dimensionen zusammensetzt und hat damit den modernen Armutsbegriff vorweggenommen. Die Faktoren, aus denen sich der „Mangel an sozialer Stärke" zusammensetzt, sind dabei historischen Wandlungsprozessen ausgesetzt. Waffengewandtheit ist heute weniger relevant, dagegen ist gerade das „Wissen", also die Bildung, die auch Thomas von Aquin als Dimension von Armut erkennt, heute oft der entscheidende Faktor, wenn sich Familien auf Dauer nicht aus Armutslagen befreien können.

Im folgenden Beitrag soll nicht nur auf die Mechanismen verwiesen werden, mit denen heute Armut über das Bildungswesen erhalten und weitergegeben wird (was theoretisch und empirisch belegt wird). Es wird auch daran anschließend der Versuch unternommen, aus den aufgezeigten Mängeln Kriterien für ein besseres Bildungswesen abzuleiten, welches zur Inklusion von Kindern beitragen kann, die von Armut betroffen und damit auch oft „arm" an Bildung sind.

2   Warum Bildung heute im Unterschied zu früher entscheidender für Armut und Reichtum ist – ein historischer Rückblick auf „Bildung"

Wann ist ein Mensch gebildet und was fehlt ihm, wenn er „arm" an Bildung ist? Um diese Frage beantworten zu können, müssen wir zunächst festlegen, welcher Bildungsbegriff[1] im Folgenden zugrunde gelegt werden soll.

Wenn wir Bildung als kultivierte Lernfähigkeit oder als professionelle Kompetenz in einem Bereich definieren, so war Bildung evolutionsgeschichtlich schon immer von besonderer Bedeutung für das Überleben der Menschen. Menschen mit Bildung hatten – unabhängig von ihrem sonstigen gesellschaftlichen Stand – immer auch potentielle ökonomische Vorteile. So konnte Bildung auch im alten Rom oder im Mittelalter oft mitentscheidend darüber sein, wer arm und wer reich blieb. Allerdings hat sich dieser Zusammenhang seit dem Übergang der feudalen in die bürgerliche Gesellschaft verdichtet und ist durch die Institutionalisierung des Bildungswesens zudem komplexer geworden. Eine wichtige Rolle in dem Prozess des Übergangs in die bürgerliche Gesellschaft spielten nicht nur neue Bildungsinstitutionen wie das Gymnasium, sondern auch ein neues Begriffsverständnis von „Bildung". Wer in der vormodernen Welt als „gebildet" galt, der erforschte in der Regel vorrangig den Willen Gottes. Mit der Aufklärung jedoch wandelte sich das Verständnis von Bildung, die nun der Vernunft und der Einsicht des Menschen dienen sollte. Für die weitere Argumentation ist besonders der neuhumanistische Bildungsbegriff des 19. Jahrhunderts entscheidend, denn er wurde zum Orientierungspunkt der höheren bürgerlichen Bildung.

In der feudalen Gesellschaftsordnung, also vor dem 19. Jahrhundert, waren Berufe und Positionen je nach Stand und Herkunft direkt vererbt worden. Viele bedeutende Positionen in Staat, Wirtschaft und Gesellschaft waren dem Adel vorbehalten, die meisten Berufe waren in Zünften organisiert. Die sich in Europa nach der französischen Revolution langsam durchsetzende Abschaffung von Zunftzwängen, Leibeigenschaft und feudalen Privilegien führte zu einem Bedeutungsgewinn institutionalisierter Bildung, die eine Art „geistigen Adel" hervorbringen sollte. Das Bürgertum, das vor allem die Positionen besetzen wollte, die bisher dem Adel vorbehalten waren, legitimierte diese Absicht u. a. mit einem höheren Bildungstand: Der Doktortitel sollte mindestens so viel gelten wie ein ‚von' vor dem Nachnamen. Gebildet zu sein, war in der bürgerlichen Vorstellungswelt dabei fast gleichbedeutend damit, ein besserer Mensch zu sein. *Wilhelm von Humboldt* (1767–1835), selbst Angehöriger des Adels, formulierte dieses Ideal des vollkommenen Menschen, indem er Bildung als die Entfaltung aller Kräfte des Menschen zu einem Ganzen in Auseinandersetzung mit allen Bildungsgütern der Welt erklärte (vgl. Humboldt 1964). Diese ideale Vorstellung von Bildung, die sich vor allem durch die Aneignung der griechischen und lateinischen Sprache und Kultur vollziehen sollte, schlug sich in Humboldts Konzept

---

1   Erwähnenswert ist hier, dass allein die deutsche Sprache zwischen Bildung und Erziehung unterscheidet, während das englische „education" und das französische „éducation" immer beides meint.

der Universität und dem humanistischen Gymnasium nieder. Humboldt ging es nicht um „Ausbildung" für einen Beruf, sondern um eine zweckfreie Vervollkommnung des Individuums durch die Aneignung eines spezifischen Besitzes an geistigen Kulturgütern. Ein Mangel an naturwissenschaftlichem Wissen galt in diesem Bildungsverständnis als lässliche Sünde, während Wissen über Literatur und Kunst eine hohe Bedeutung hatte. „Arm" an Bildung zu sein hieß damals zuallererst, sich geistig nicht entfalten, d. h. nicht zu sich selbst und zu einer „höheren" Daseinsform kommen zu können.

Die Humboldtsche Idee von Bildung war jedoch in der Realität der Universitäten und Gymnasien nie wirklich zweckfrei gewesen. Denn in den Institutionen der höheren Bildung erwarben die Männer des Bürgertums vor allem den notwendigen Habitus und den Titel, der ihre privilegierte Position im späteren Berufsleben legitimierte. Frauen waren davon per Gesetz so selbstverständlich ausgeschlossen, wie die unteren Schichten, denen vor allem das Schulgeld und die Zeit fehlten. Für das „Volk" waren die Volksschulen gedacht, die sich durch schlecht ausgebildetes Personal und militärische Umgangsformen auszeichneten. Der Weg zu gleichen Bildungschancen ging über den Kampf um Bildungsrechte und war lang: Nach 1908 wurden Frauen zur höheren Bildung zugelassen, und nach dem ersten Weltkrieg wurde zumindest eine gemeinsame Grundschulzeit durchgesetzt. Aber erst nach 1945 wurde eine umfassende Bildungsreform eingeleitet, die wiederum – wie in der Zeit Humboldts – getragen wurde von einem veränderten Bildungsbegriff.

Der veränderte Bildungsbegriff war dabei eine direkte Folge der Erfahrung, dass sich während der nationalsozialistischen Diktatur viele humanistisch gebildete Bürger ideologisch beeinflussen ließen und unmenschliche Befehle ausgeführt hatten. Eine Bildung, die keine Frage nach gesellschaftlichen Machtverhältnissen und/oder nach unbewussten Emotionen (wie Hassgefühle gegenüber Minderheiten) stellt, war damit diskreditiert. Die „alte" Form von Bildung steht – so die Vertreter einer kritischen Sozial- und Erziehungswissenschaft – immer in Gefahr, das Potential an Aufklärung, das in ihr steckt zu ignorieren und neu geschaffenen modernen Mythen (wie der Rassenideologie) zu erliegen (vgl. Horkheimer und Adorno 2003).

Eine Bildung, die das erklärte Ziel hatte, nur der individuellen Vervollkommnung zu dienen, schien der Forderung, dass sich Auschwitz nicht wiederholen dürfe (vgl. Adorno 1981), nicht zu genügen. Innerhalb der Erziehungswissenschaft setzte sich daher zunehmend ein Verständnis von Bildung als kritische Reflexionsfähigkeit durch. Das Bildungsziel sollte demnach künftig – so Wolfgang Klafki – in den drei Dimensionen der Selbstbestimmungs-, der Mitbestimmungs- und der Solidaritätsfähigkeit bestehen. Gebildet ist dann der Mensch, der fähig ist, die bestehenden gesellschaftlichen Verhältnisse in Frage zu stellen und der fähig ist, demokratisch zu kommunizieren (vgl. Klafki 1996). Arm an Bildung ist in diesem Bildungsverständnis derjenige, der diese Fähigkeiten nicht besitzt und der beispielsweise Schlagzeilen, Parolen oder Werbekampagnen nicht hinterfragen kann. Auch dieser Bildungsbegriff, der viele Reformprozesse im Bildungsbereich (besonders die Entwicklung der Gesamtschulen) prägte, ist orientiert an einem Ideal.

Beide Vorstellungen von Bildung – sowohl die als Selbstverwirklichung wie auch die der Kritikfähigkeit – können heute wichtige Ansatzpunkte für eine Kritik der vorwiegend nach ökonomischen Gesichtspunkten geführten Bildungsdebatte sein (vgl. PISA – s. u.). Es ist wichtig zu betonen, dass diejenigen, die arm an Bildung bleiben, nicht nur ökonomischen Nachteil zu befürchten haben, sondern dass sie auch in ihrem Menschrecht auf Entfaltung ihrer Fähigkeiten, sowie in ihren Möglichkeiten, sich ein eigenes kritisches Urteil zu bilden und sich politisch einzumischen, behindert sind.

Im Folgenden soll es aber um die andere Seite der Benachteiligung durch Bildungsarmut gehen, nämlich diejenige, die materielle Nachteile nach sich zieht. Hierzu müssen wir uns mit der ökonomischen Relevanz von Bildung beschäftigen und sie als Qualifikation für ein berufliches Tun bzw. als den Erwerb der Kompetenz von Lernfähigkeit verstehen, denn dies ist eine Dimension des Bildungsbegriffes, die im Zusammenhang von Armut und Bildung relevant wird. Denn so wie man alles, was im Museum steht, als Kunst definieren kann, so kann man auch alles, was durch einen Bildungsabschluss attestiert wird, als Bildung verstehen, völlig unabhängig davon, ob man dadurch persönlich bereichert oder kritikfähig wird. Mit diesem materialistischen Verständnis von Bildung als einem „Kapital" – einem kulturellen Kapital, wie es Bourdieu formuliert – lässt sich der Zusammenhang von Bildung und materieller Armut präziser in den Blick nehmen.

3   Pierre Bourdieu: Theorie vom kulturellen Kapital

Pierre Bourdieu (1930–2002) beschäftigte sich in seinen zahlreichen Werken immer wieder mit der Frage, warum auch nach der Abschaffung der ständischen Gesellschaftsordnung, die armen Menschen im Wesentlichen arm und die reichen Menschen im Wesentlichen reich geblieben sind. Zweihundert Jahre nach der französischen Revolution, die für Freiheit, Gleichheit und Brüderlichkeit eingetreten war, sind die Klassenunterschiede zwischen Menschen – so Bourdieu – nicht verschwunden, sondern lassen sich empirisch nach wie vor nachweisen. Er macht dabei drei Klassen aus, die sich wiederum in verschiedene „Klassenfraktionen" unterteilen: die obere, die mittlere und die untere Klasse. Sie unterscheiden sich erkennbar deutlich nicht nur durch ihr Einkommen und ihren Berufsabschluss, sondern vor allem auch in ihren Lebensstilen. Gerade die „feinen Unterschiede" – so der Titel seines grundlegenden Werks – dienen im Wesentlichen der Reproduktion privilegierter und unterprivilegierter Milieus (vgl. Bourdieu 1997a) In Weiterführung der Klassentheorie von Karl Marx (1818–1883) spricht Bourdieu von Positionen im sozialen Raum, die ein Mensch einnimmt. Diese Position lässt sich einer bestimmten Klasse zuordnen, sie wird aber nicht nur durch materiellen Besitz bestimmt, sondern vor allem auch durch den „Besitz" von Kultur und Bildung. Reichtum oder Armut an Bildung beeinflussen dabei die ästhetischen Wahrnehmungen und umgekehrt.

Geschmacksfragen sind daher nach Bourdieu keine Nebensachen: Wohin man in Urlaub fährt, was und wie man isst und trinkt, welche Musik man hört, ja sogar welche Frisur wir tragen, welchen Sport wir lieben und welche Politiker wir wählen: das alles ist jeweils typisch für die soziale Schicht, der wir angehören und wird durch das Herkunftsmilieu bestimmt und weitergegeben. Bourdieu belegte diese These mit einer Vielzahl empirischer Studien, z. B. der nachzuweisenden Korrelation von Museumsbesuch und höherem Schulabschluss oder der Korrelation von der Bevorzugung von Volksmusik und unterem Schulabschluss (vgl. Bourdieu 1987, S. 31ff.)

Geschmack ist dabei auch ein Mittel der Abgrenzung. Die obere Schicht hat das Bestreben, sich aktiv von der Mittelschicht zu unterscheiden, die mittlere versucht dagegen – wie in einem Wettlauf – sich den kulturellen Vorlieben der oberen Schichten anzupassen. Sobald aber die mittleren Schichten beginnen, z. B. Hummer zu essen und in die Karibik zu fliegen, bemühen sich die oberen wiederum um neue Delikatessen und Urlaubsziele. Die untere Schicht ist von dieser Konkurrenz nur marginal berührt, da sie sich vor allem mit dem notwendigen Kampf um die eigene Existenz beschäftigen muss.

Bourdieu wendet den kulturellen Eigenarten des Herkunftsmilieus, in dem die jeweiligen ästhetischen Vorlieben entstehen, deshalb besondere Aufmerksamkeit zu, weil sie für ihn zur Legitimation gesellschaftlicher Ungleichheiten beitragen. Unter Kultur versteht Bourdieu dabei im Wesentlichen, was im Deutschen unter ‚Bildung‘ und im Englischen unter ‚cultivation‘ verstanden wird (vgl. Bourdieu 2001, S. 113).

Bildung und Kultur sind nach Bourdieu aber nicht nur ein Ausdruck einer bestimmten Klassenlage, sondern auch eine eigenständige Kapitalform, die ähnlichen Bedingungen unterliegt wie materielles Kapital, also den Gesetzen des Marktes und der Tauschbeziehungen. An dem gängigen und vor allem in den Wirtschaftswissenschaften vorherrschenden Kapitalbegriff kritisierte Bourdieu, dass er die „(…) Gesamtheit der gesellschaftlichen Austauschprozesse auf den Warenaustausch (…)“ reduziert und damit „(…) implizit alle anderen Formen sozialen Austausches zu nicht-ökonomischen, *uneigennützigen* Beziehungen (…)“ erklärt (Bourdieu 1997b, S. 50f.).

Armut und Reichtum kann nach Bourdieu in drei Dimensionen bestehen: dem Mangel oder Überfluss an materiellem, an kulturellem und an sozialem Kapital. Das soziale Kapital bezeichnet die verwandtschaftlichen oder freundschaftlichen Beziehungen, die wir haben (umgangssprachlich oft „Vitamin B“ genannt) und bestimmt im Wesentlichen auch unser kulturelles Kapital, das wir in der Familie, in die wir hineingeboren werden, aufnehmen.

Das kulturelle Kapital wird vor allem über unseren Bildungsstand ablesbar. Die Position eines Individuums im sozialen Raum muss daher mehrdimensional gedacht werden, denn materielles und kulturelles Kapital kann korrelieren, muss aber nicht. Angehörige einer Schicht können jeweils über mehr oder weniger Bildung oder materielle Güter verfügen (Führungskräfte der Wirtschaft ohne Doktortitel, erfolgreiche freie Künstlerinnen und Künstler, Professorinnen und Professoren ohne hohes Gehalt).

Wenn die Kapitalsorten aktuell nicht korrelieren, so kann dies doch im Lebenslauf des einzelnen ausgeglichen werden: z. B. sind Studierende oft materiell arm, in Bezug auf ihren Bildungstand jedoch reich und können auf einen gut bezahlten Beruf hoffen. Dagegen verfügt ein Mensch ohne Hauptschulabschluss, der plötzlich im Lotto gewinnt, zwar aktuell über materiellen Reichtum, aber durch sein mangelndes kulturelles Kapital steht er in der Gefahr, nicht über das Wissen und die Verbindungen zu verfügen, diesen Reichtum auch weiterhin gewinnbringend anzulegen.[2]

Entscheidend für den Zusammenhang zwischen den Kapitalsorten ist, dass diese untereinander austauschbar sind, d. h. wer materiell reich ist, kann z. B. durch einen Internatsaufenthalt das drohende Versagen eines Bildungsabschlusses seiner Kinder abwenden, während ein Doktortitel oft zu einem höheren Einkommen und einflussreichen Beziehungen verhilft.

3.1   Die drei Formen des kulturellen Kapitals

Um genauer bestimmen zu können, wie kulturelles Kapital entsteht und weitergegeben wird, unterteilt Bourdieu es noch einmal in drei Formen: Kulturelles Kapital setzt sich demnach zusammen aus

- dem objektivierten,
- dem inkorporierten und
- dem institutionalisierten Kulturkapital.

Das objektivierte Kulturkapital ähnelt dem materiellen am ehesten und ist die einzige Form kulturellen Kapitals, die direkt vererbt werden kann. Sie besteht im Besitz z. B. von Gemäldesammlungen, Musikinstrumenten oder Bibliotheken. Ein Aufwachsen in einem Milieu, das reich an objektiviertem Kulturkapital ist, trägt dazu bei, die zweite Form des kulturellen Kapitals zu erwerben, das inkorporierte Kulturkapital. Dieses ist – so Bourdieu – an die biologische Einzigartigkeit eines Menschen gebunden, gleicht aber in der Weitergabe einer sozialen „Vererbung", da sie verborgen und unsichtbar geschieht. Diese Kapitalform kann nicht „(…) über die Aufnahmefähigkeit eines einzelnen Akteurs hinaus akkumuliert werden (…)", d. h. es kann sich nicht wie materielles Kapital über die Generationen automatisch vervielfachen (Bourdieu 2001, S. 114f.), sondern muss selbst „inkorporiert" werden.

Um diesen Prozess der sozialen „Vererbung"inkorporierten Kulturkapitals zu verstehen, ist es wichtig, Bourdieus Begriff vom ‚Habitus' zu erläutern. Der Habitus eines Menschen entsteht unbewusst im Herkunftsmilieu – er ist mehr als eine Rolle, er ist wie eine zweite Haut. Der Habitus geht in Fleisch und Blut über und drückt sich in der Körperhaltung genauso aus wie in den oben ausgeführten Geschmacksfragen. Bourdieu definiert den Habitus als ein „System von Grenzen" (vgl. Bourdieu 1997b, S. 33), die den einzelnen in seiner

---

2   Später hat Bourdieu eingeräumt, dass auch das physische Kapital heute noch eine Rolle spielt und ebenfalls in andere Kapitalsorten überführt werden kann, auch wenn es weniger bedeutend ist als früher. Sportler oder Models können beispielsweise ihr körperliches Kapital einsetzen. Diese Karriere wird vor allem von denen als Traumberuf gesehen, die auf andere Kapitalsorten nicht zurückgreifen können.

Mobilität in andere soziale Schichten hinein beschränkt. Der Habitus eines Professors ist beispielsweise ein anderer als der eines Fabrikarbeiters. Wenn beide plötzlich in die Rolle des anderen schlüpfen müssten, so würde man an vielen Kleinigkeiten erkennen, dass sie nur „eine Rolle" spielen. Umgekehrt können in einem Bewerbungsgespräch harmlose Fragen nach den Hobbys des Bewerbers oder der Bewerberin zur Identifizierung ihres Herkunftsmilieus beitragen und – oft für beide Seiten unbewusst – die Entscheidung über Einstellung oder Nicht-Einstellung beeinflussen. Der Tellerwäscher scheitert so auf dem Weg zum Millionär in der Regel nicht an der prinzipiellen Unmöglichkeit dieses Weges, sondern an den „feinen Unterschieden" des in der Kindheit und Jugend erworbenen Habitus. Auch sieht man dem „Tellerwäscher", bzw. dem Professor aus dem Arbeitermilieu, nachträglich die Strapazen des Aufstiegs an, während andere, denen eine hohe Position „in die Wiege" gelegt wurde, viel selbstverständlicher damit umgehen:

> „Der gesellschaftliche Raum ist – wie der geographische – im höchsten Maße determinierend; wenn ich sozial aufsteigen möchte, habe ich eine enorme Steigung vor mir, die ich nur mit äußerstem Kraftaufwand erklettern kann; einmal oben, wird mir die Plackerei auch anzusehen sein, und angesichts meiner Verkrampftheit wird es dann heißen: ‚Der ist doch nicht wirklich distinguiert.'" (Bourdieu 1997b, S. 37)

Die dritte Form des kulturellen Kapitals ist die institutionalisierte, welche in speziellen Bildungsinstitutionen erworben wird. Diese Form kann weder direkt, noch „sozial" vererbt werden, sondern muss in Form von schulischen und akademischen Bildungsabschlüssen und Titeln von jedem Menschen selbst erarbeitet werden. Allerdings – so Bourdieu – basiert ein erfolgreicher Bildungsabschluss ganz wesentlich auf der Verfügbarkeit der zuvor genannten Formen des Kulturkapitals, dem objektivierten und dem zuvor inkorporierten. Noch einmal ein Beispiel: Wo zuhause Bücher und Instrumente vorhanden sind, liegt das Lesen und Musizieren nahe – erst recht, wenn die Eltern dies auch beherrschen und vorleben. Dies steht dann in direkter Korrelation mit dem Schulerfolg.

3.2   Die Schule als scheinbar objektiver Vermittler des institutionalisierten Kulturkapitals

Auf der Grundlage der Analyse des kulturellen Kapitals entwickelte Bourdieu schon in den 1960er Jahren eine radikale Kritik am bestehenden Schulsystem, das seinem Anspruch, gleiche Bildungschancen für alle zu bieten, in keiner Weise gerecht werde, sondern vor allem die Funktion habe, bestehende Zuordnungen zu den reichen und armen Klassen zu legitimieren:

> „Von unten bis ganz nach oben funktioniert das Schulsystem, als bestände seine Funktion nicht darin auszubilden, sondern zu eliminieren. Besser: in dem Maß, wie es eliminiert, gelingt es ihm, die Verlierer davon zu überzeugen, dass sie selbst für ihre Eliminierung verantwortlich sind." (Bourdieu 2001, S. 21)

Bourdieu spricht von einer Illusion der Chancengleichheit und führt als Beleg an, dass die Chance für das Kind eines höheren Angestellten, eine Universität zu besuchen, 80mal höher ist, als die Chance für das Kind eines Landarbeiters (vgl. Bourdieu 2001, S. 27).

Eine Ursache dafür sieht er in der „zweckfreien Bildung" (vgl. Humboldt), welche in höheren gesellschaftlichen Milieus erworben wird und vor allem eine sprachliche Ungezwungenheit zur Folge hat. Ob ein Kind mit Wörtern ehrfurchtsvoll oder unbefangen, unbeholfen oder ungezwungen, sparsam oder übermäßig umgeht, all das hat direkte Auswirkungen auf den Schulerfolg. Zweckfreie Bildung und dadurch erworbene Sprachfähigkeit werden nach Bourdieu „auf osmotische Weise" übertragen, „ohne jedes methodische Bemühen und jede manifeste Einwirkung":

> „Und gerade das trägt dazu bei, die Angehörigen der gebildeten Klasse in ihrer Überzeugung zu bestärken, dass sie diese Kenntnisse, diese Fähigkeiten und diese Einstellungen, die ihnen nie als Resultat von Lernprozessen erscheinen, nur ihrer Begabung zu verdanken haben." (Bourdieu 2001, S. 31)

Die Funktion der Schule besteht nun darin, unter Bezug auf die „Begabungsideologie" den Prozess der zuvor stattgefundenen sozialen Vererbung kulturellen Kapitals zu bestätigen, anzuerkennen und (scheinbar objektiv) zu dokumentieren. Damit wird die soziale Vererbung des kulturellen Kapitals gleichzeitig verschleiert:

> „Indem sie (die Schule, C.K.) gesellschaftlich bedingten, von ihr aber auf Begabungsunterschiede zurückgeführten Fähigkeiten eine sich ‚unparteiisch' gebende und als solche weithin anerkannte Sanktion erteilt, verwandelt sie faktische Gleichheiten in rechtmäßige Ungleichheiten, wirtschaftliche und gesellschaftliche Unterschiede in eine qualitative Differenz und legitimiert die Übertragung des kulturellen Erbes. Dadurch übt sie eine mystifizierende Funktion aus. Die Begabungsideologie, Grundvoraussetzung des Schul- und Gesellschaftssystems, bietet nicht nur der Elite die Möglichkeit, sich in ihrem Dasein gerechtfertigt zu sehen, sie trägt auch dazu bei, den Angehörigen der benachteiligten Klassen das Schicksal, das ihnen die Gesellschaft beschieden hat, als unentrinnbar erscheinen zu lassen." (Bourdieu 2001, S. 46).

Die Kinder der benachteiligten Klassen reagieren auf diese subtil vermittelte Form der Exklusion. Sie reagieren – so Bourdieu – nachvollziehbar, wenn sie eine Art „ungeordneten Rückzug" aus der Schule antreten. Leider setze die Schule diesem Rückzug nichts entgegen. Wer aber benachteiligten Schülergruppen gegenüber eine „Laissez-Faire" – Haltung einnimmt, unterstützt dabei nach Bourdieu die Prozesse der Benachteiligung. Hier wäre eine Schule gefragt, die systematisch eine „Akkulturation" in Angriff nimmt und bestimmte Schüler möglichst früh besonders fördert (vgl. Bourdieu 2001, S. 45). Den unteren sozialen Schichten „mangelt" es nach Bourdieu an Kultur, und die Schule ist der Ort, an dem die Kinder dieser Schichten gerechterweise die Chance erhalten sollten, an dieser Teil zu haben.

Bourdieu hat damit einen positiven Begriff von Kultur als gesamtgesellschaftlichem Erbe, worunter er neben Kunst und Literatur auch die „sehr komplexe Form der Regulierung der menschlichen Gesellschaften" zählt, die er als Errungenschaft von „zwei oder drei Jahrhunderten des sozialen Kampfes" sieht (vgl. Bourdieu 2001, S. 179).[3]

Daher besteht nach Bourdieu die pädagogische Herausforderung vor allem darin, die Ungleichheit der Startbedingungen des Lernens nicht zu ignorieren. Andernfalls führe es dazu, dass die am meisten Begünstigten weiterhin begünstigt und die am meisten Benachteiligten benachteiligt bleiben. Solange das Schulsystem alle gleich behandelt, unterstützt und fördert es „faktisch die ursprüngliche Ungleichheit gegenüber der Kultur." (vgl. Bourdieu 2001, S. 39)

Um die Verschärfung der Ungleichheit zu verhindern, müssten sowohl die vermittelten Unterrichtsstoffe, wie die Beurteilungskriterien, Vermittlungsmethoden und die Lehrtechniken daraufhin überprüft werden, wo sie Kinder begünstigen oder benachteiligen. Um dies entscheiden zu können, ist es notwendig, die Lehrerinnen und Lehrer so auszubilden, dass sie ein Bewusstsein für die soziale Ungleichheit ihrer Schülerinnen und Schüler entwickeln. Bourdieu fordert eine „rationale Pädagogik", darunter versteht er eine Pädagogik,

> „(…) die um all die Unterschiede weiß und die *den Willen hat, diese zu verringern*. Das ist das ganze Problem der Reform und insbesondere das Problem des Grundschulunterrichts." (Bourdieu 2001, S. 24).

Lehrerinnen und Lehrer dürfen nichts als bekannt voraussetzen, sondern müssen versuchen, allen alles beizubringen. Prüfungskriterien müssen klar sein, denn alles, was nicht explizit genannt, aber trotzdem vorausgesetzt wird, setzt diejenigen in Vorteil, die über inkorporiertes Kapital verfügen.

3.3 Inflation des institutionalisierten Kapitals und Verelendung der öffentlichen Schulen

Der Wert des institutionalisierten kulturellen Kapitals ist durch die Expansion des Bildungswesens und die Tendenz der Höherqualifizierung vieler Berufe in eine besondere Dynamik geraten. Weil Angehörige des bürgerlichen und kleinbürgerlichen Milieus, zunehmend aber auch Arbeiterinnen und Arbeiter, immer höhere Bildungsabschlüsse anstrebten, begannen ein Wettlauf und eine Konkurrenz um Schulabschlüsse. Dies führte sowohl zu einem „Anstieg der Nachfrage" als auch zu einer „Inflation der Bildungsprädikate" (vgl. Bourdieu 1997a, S. 222, vgl. auch Bourdieu 1997b, S. 22ff.). Je mehr Menschen also heute Abitur machen, desto „wertloser" wird der Abschluss auf dem Markt, bzw. desto mehr werden die Absolventinnen und Absolventen mit Realschulabschluss bei der (Lehr-)Stellensuche verdrängt. Auch wird für manche Berufe, für die früher ein Universitätsdiplom

---

3   Damit spricht Bourdieu nicht von einer „anderen" und gleichwertigen Kultur der unteren Klassen, wie es die angloamerikanische Tradition der „cultural studies" (vgl. Hall 2004) tut, die diese Kultur als eine stärker gebrauchswertbezogene, nicht individualistische darstellen.

reichte, heute ein Doktortitel verlangt. Und obwohl sich der Gymnasialbesuch erhöht hat und viele Benachteiligte in das berufliche Schulwesen integriert werden, entsteht durch die Konkurrenz eine Situation, in der die benachteiligten Schülerinnen und Schüler zu den „intern Ausgeschlossenen" des Bildungswesens werden (vgl. Bourdieu 1998, S. 527ff., S. 647).

In seinem Buch „Das Elend der Welt" wirft Bourdieu mit seiner Forschergruppe einen Blick auf die Folgen der veränderten Bildungslandschaft: den zunehmenden Leistungs-druck in den Gymnasien einerseits und die zunehmende Gewalt an den berufsbildenden Schulen (bei uns wären das die Hauptschulen). Bourdieu weist auf die Gefahr hin, dass trotz einer stärkeren Beteiligung Benachteiligter am Bildungswesen, diese weiterhin aus der Gesellschaft ausgeschlossen bleiben, was für die Betroffenen umso entwürdigender wird, je weniger offen diese Ausgrenzungen stattfinden (vgl. Bourdieu 1998, S. 530). Eine weitere Gefahr sieht er darin, dass in dem Maße, in dem sich das öffentliche Schulwesen allen öffnet, Privatschulen anwachsen und die öffentlichen zu einer Schule der Armen werden könnten (vgl. Bourdieu 1998, S. 581).

4   Der lange Abschied vom Mythos der angeborenen Intelligenz – Gehirnforschung und Begabung

Ein wesentliches Argument der Befürworter des dreigliedrigen Schulsystems in Deutschland ist der Hinweis auf die verschiedenen Begabungen von Kindern, die auch jeweils anders gefördert werden sollten. Aus der psychologischen Forschung bekamen diese Argumente in der Regel Rückendeckung. Der Intelligenzforscher Hans Jürgen Eysenck sprach 1975 sogar von der natürlich vorgegebenen „Ungleichheit der Menschen" und behauptete Intel-ligenzunterschiede zwischen verschiedenen „Rassen" (vgl. Eysenck 1975). Heute weiß man, dass seine Forschungsergebnisse vor allem die kulturelle Einseitigkeit der Intelligenztests bewiesen haben (vgl. Gould 1988). Aber die Ideologie, dass natürlich begabte Kinder sich in jedem Schulsystem durchsetzen können, hält sich gerade in der deutschen Schulpolitik. Zwar wird nicht mehr behauptet, dass Begabung rein genetisch bedingt sei, und Umweltein-flüsse werden durchaus anerkannt (vgl. Asendorpf 2004). Aber in der Intelligenzforschung wird – mit Verweis auf die Zwillingsforschung – bis heute von einem überwiegenden Anteil der genetisch bedingten Prädisposition ausgegangen (vgl. Roth 1998, S. 65ff.).

Diesen Behauptungen widerspricht allerdings die neuere, neurobiologisch ausgerichtete Gehirnforschung. Sie verweist darauf, dass das menschliche Gehirn in seinen Strukturen nicht vorgegeben ist, sondern sich stets entwickelt und verändert. Unser Gehirn verfügt über 100 Milliarden (100.000.000.000!) Nervenzellen (Neuronen) mit jeweils bis zu 10.000 Synapsen (Verbindungsleitungen zu anderen Zellen). Früher ging man davon aus, dass sich Nervenzellen nicht teilen und daher ein Wachstum bestimmter Bereiche im Gehirn nicht möglich ist. Diese Auffassung ist inzwischen widerlegt (vgl. Spitzer 2007, S. 30ff.). Das menschliche Gehirn ist extrem „plastisch", d.h. veränderbar. Wenn ein Mensch in der Kindheit (oder auch später) eine bestimmte Fähigkeit stundenlang einübt – sei es das

Spielen auf einem Musikinstrument, sei es eine Sportart oder wenn er das Ortsgedächtnis oft nutzt (z. B. bei Taxifahrern), dann vergrößert sich nachweislich der jeweilige Bereich der an der Bearbeitung des Lernprozesses beteiligten Gehirnzellen.

Das Gehirn kann nichts besser als lernen und tut nichts lieber – behauptet *Manfred Spitzer*, einer der renommiertesten deutschen Gehirnforscher (vgl. Spitzer 2007, S. 14). Von seinem Standpunkt aus sollte die Schule vor allem die Bedingungen des Lernens positiv gestalten, also Rahmenbedingungen schaffen. Dazu gehören:

- ein Umfeld, in dem Aufmerksamkeit möglich ist
- motivierte Lehrer, die begeisternd lehren und
- vorwiegend positive Emotionen, die v. a. durch Erfolgserlebnisse hervorgerufen werden sollten.

Gerade diejenigen, die Schwierigkeiten mit dem Lernen haben, müssen ermutigt werden, denn die anderen – so Spitzer – lernen sowieso von allein (vgl. Spitzer 2007, S. 139ff.). Allerdings gibt es für das Lernen bestimmter Fertigkeiten besonders sensible Phasen. Wer bis zum Alter von 12 oder 13 Jahren nie gesprochen hat, wird keine Sprache mehr erlernen , und wer während der Entwicklung des Gehirns nichts oder nur wenig lernt, wird später Schwierigkeiten mit der Verarbeitung komplexer Informationen haben (vgl. Spitzer 2007, S. 235). Schon Jean Piaget (1896–1980) hatte darauf hingewiesen, dass das menschliche Gehirn in seiner Entwicklung Strukturen ausbaut, die eine Reaktion auf konkrete Herausforderungen der Umgebung sind und die sich diesen Herausforderungen anpassen (vgl. Piaget 2003). Intelligenz entsteht also vor allem in einer anregungsreichen Umgebung, in der kindliche Wahrnehmung und Selbsterfahrung möglich sind und gefördert werden. Aus Sicht von Piaget und der neueren Gehirnforschung sind damit Kinder, die in einer anregungs- und motivationsarmen Umwelt aufwachsen, benachteiligt, weil sie nicht die Chancen haben, das zu erlernen, was sie könnten und auch in der Entwicklung ihrer Lernfähigkeit zurückbleiben. Hinzu kommt in der frühen Kindheit die Bedeutung einer sicheren, fürsorglichen Umgebung.

Bereits die frühe Hospitalismusforschung hatte einen Zusammenhang zwischen mangelnder Fürsorge und Bindung und einer beeinträchtigten Intelligenzentwicklung empirisch nachgewiesen (vgl. Spitz 1967). Kinder, die als Ein- bis Zweijährige vernachlässigt werden und nur in ihrem Zimmer aufwachsen, bleiben daher nicht nur motorisch, sondern auch geistig hinter ihren Möglichkeiten zurück (vgl. Bruer 2003, S. 33). Kinder, mit denen nicht geredet wird, können im Gehirn nicht die notwendigen Strukturen aufbauen, die zu einer guten Sprachentwicklung notwendig sind. Dabei muss heute eindringlich auf die neue Gefahr der Vernachlässigung durch frühen und langen Fernsehkonsum von Kindern hingewiesen werden. Es lässt sich empirisch belegen, dass auch der Fernsehkonsum stark milieuspezifisch ausgeprägt ist, d. h. ein hoher Konsum korreliert mit geringem Einkommen und geringem Ausbildungsniveau (vgl. Spitzer 2007, S. 374ff.).

Andererseits darf die Bedeutung der ersten drei Lebensjahre auch nicht überschätzt werden, denn viele (wenn auch nicht alle) Lernprozesse lassen sich nachholen, da das

Gehirn lebenslang lernt und ein „außergewöhnlich anpassungsfähiges Lerninstrument" ist (vgl. Bruer 2003, S. 35).

Was die Gehirnforschung heute mit bildgebenden Verfahren sichtbar machen kann, das ist innerhalb der Pädagogik als Alltagswissen lange bekannt. *Johann A. Comenius* (1592–1670) hatte bereits auf die Bedeutung der Motivation und der Vielfältigkeit der Sinneseindrücke für den Lernprozess hingewiesen. Und spätestens seit den 1970er Jahren hat sich die Erziehungswissenschaft vom Begabungsbegriff verabschiedet. Ein Meilenstein in diesem Prozess war der im Jahr 1969 vom Deutschen Bildungsrat herausgegebene Band: „Begabung und Lernen – Ergebnisse und Folgerungen neuer Forschung". In dieser Veröffentlichung wurde die These vertreten, dass Begabung im Wesentlichen ein Produkt von „Begaben" ist, also ein Produkt der richtigen Bildungsvermittlung der Lehrer und der Lernprozesse von Kindern (vgl. Roth 1969). Dies habe zur Folge, dass die Schule motivieren müsse, nicht schichtspezifisch auslesen dürfe und jedem die gleichen Chancen geben müsse. In der Folge sind viele Veröffentlichungen erschienen, die auf die sozial hervorgerufenen „Begabungsunterschiede" hinwiesen (vgl. exemplarisch: „Dummheit ist lernbar", Jegge 1976).

Die Anfang der 1970er Jahre erhobenen Forderungen nach Chancengleichheit sind innerhalb der Erziehungswissenschaft nie bestritten, vielmehr bis heute immer wieder erneuert worden (vgl. Becker 2004, Hamburger 2005, Metzler 2005, Ecarius 2006, Spies 2006, Brunsch 2007). Auch wurden von Seiten der Erziehungswissenschaft immer wieder die Gesamtschule und die Ganztagsschule positiv hervorgehoben. Lediglich die Schulpolitik ist diesen Empfehlungen bisher nie gefolgt.

5   Das deutsche Schulsystem und die PISA-Studie: Empirische Bestätigung ungleicher Bildungschancen

5.1   Entwicklungstendenzen im gegliederten Schulsystem in Deutschland

Die Bildungsreform der Nachkriegszeit und besonders der 1970er Jahre trat mit dem Anspruch auf, die Chancengleichheit im deutschen Bildungswesen zu verbessern. Der Konstruktionsfehler dieser Reformzeit war jedoch, dass es damals nicht gelang, das Gymnasium als elitäre Bildungseinrichtung zugunsten der Gesamtschule abzuschaffen. In Deutschland war die Hauptschule nach 1945 als diejenige Schulform konzipiert worden, die die Mehrheit der Schülerinnen und Schüler besuchen sollte. Die Realschule war für diejenigen gedacht, die eine nicht-akademische, aber fachlich anspruchsvolle Berufsausbildung ergreifen wollten.

Die Realität heute sieht dagegen so aus, dass der höchste Prozentsatz der Schülerinnen und Schüler das Gymnasium besucht und eine (Fach-) Hochschulreife erlangt (je nach Bundesland in 2014 zwischen 31 in Bayern und 56 Prozent in Hamburg, im Bundesdurchschnitt waren es 53 Prozent, vgl. Statistisches Bundesamt 2016, S. 32).

Die „Hauptschule" wird zunehmend – sogar in Bayern, wo sie noch vor ein paar Jahren von über einem Drittel der Schülerinnen und Schüler besucht wurde, – eine Art „Restschule" für ca. 10–20 Prozent. Dieser Trend verschärft sich immer weiter; in ländlichen Gebieten müssen die ersten Hauptschulen schließen, weil die Klassen nicht voll werden. Der Anteil derer, die eine Förderschule besuchen ist mit 4,7 Prozent in 2014 dagegen trotz Inklusion weitgehend unverändert geblieben (Klemm 2015, S. 6).[4] Der Anteil der Schülerinnen und Schüler ohne Hauptschulabschluss wies in den letzten Jahren eine absteigende Tendenz auf und lag 2014 bei 6 Prozent (Statistisches Bundesamt 2016, S. 35). Dass niemand mehr freiwillig eine Hauptschule besucht, liegt auch an den mangelnden Berufschancen. Die von Bourdieu geschilderte „Inflation" der Bildungsabschlüsse lässt sich an einem Trend auf dem Arbeitsmarkt nachweisen. Nach einer repräsentativen Studie des Fraunhofer Instituts hatten 1970 noch 88 Prozent der abhängig Beschäftigten einen Hauptschulabschluss und nur 1,4 Prozent Abitur. Im Jahr 2000 waren es nur noch 55 Prozent mit Hauptschulabschluss und elf Prozent mit Abitur (vgl. Frietsch 2004, S. 20). 2015 hatten von den über 15jährigen in Deutschland lebenden Menschen nur noch 32,9 Prozent einen Haupt-, bzw. Volksschulabschluss und bereits 29,5 Prozent (Fach-)Abitur (https://www.destatis.de/DE/ZahlenFakten/ GesellschaftStaat/BildungForschungKultur/Bildungsstand/Tabellen/Bildungsabschluss. html. Zugegriffen: 20.06.2017). Die Generation, bei der ein Hauptschulabschluss für ein normales Berufsleben ausreichend war, wird vermutlich bald nicht mehr existieren.

Die Statistik spricht für sich: von einer „Hauptschule" kann nicht mehr die Rede sein. Denn in der Hauptschule verbleiben heute diejenigen, die – in ihrer eigenen Wahrnehmung und der der Gesellschaft – an der Schule bereits nach den ersten vier Grundschuljahren „gescheitert" sind. Aus erziehungswissenschaftlicher oder lerntheoretischer Sicht (s. o.) gibt es kein Argument für die Aufrechterhaltung des so früh in drei Teile gegliederten Schulsystems (das mit der Sonderschule, bzw. Förderschule eigentlich viergliedrig ist!). Aber erst die PISA-Studie hat für die notwendige öffentliche Aufmerksamkeit gesorgt, um auf einem empirischen Hintergrund diese Dreigliedrigkeit erneut in Frage zu stellen.

5.2   15 Jahre PISA-Studien: Ergebnisse und Folgen

Im Jahr 2000 stellte die OECD (Organisation für wirtschaftliche Zusammenarbeit und Entwicklung) die so genannte PISA-Studie vor.[5] Mit Hilfe dieser Studie sollte ein internationaler Vergleich der Leistungsfähigkeit von Schülerinnen und Schülern und natürlich auch der Schulsysteme der verschiedenen Länder ermöglicht werden. Dazu wurden insgesamt 250.000 Schülerinnen und Schüler (von 17 Millionen) in den 32 Teilnahmeländern (darunter 28 OECD-Länder) zwei Stunden lang getestet, wobei sowohl Multiple-Choice-Fragen wie

---

4   Klemm erklärt dies dadurch, dass bundesweit bei immer mehr Kindern ein sonderpädagogischer Förderbedarf festgestellt wird. Zwischen 2009 und 2014 stieg die Quote von 6,0 auf 6,8 Prozent (Klemm 2015, S. 6).

5   „PISA" stand dabei für „Programme for International Student Assessment".

auch Fragen, bei denen eine eigene Antwort formuliert werden musste, gestellt wurden. Anschließend wurde ein Hintergrundfragebogen ausgefüllt (vgl. OECD 2001, S. 16).

Der Anspruch der PISA-Studie war es, zu klären, ob und wie gut 15jährige – also diejenigen, die fast am Ende ihrer Schulzeit stehen – auf die Herausforderungen der heutigen Wissensgesellschaft vorbereitet sind. Dass „Bildung" ein Humankapital darstellt und ein hoher Bildungsstand auch ökonomische Standortvorteile bietet, dass es also auch darum geht „Humanressourcen optimal zu nutzen" (vgl. Prenzel 2005, S. 225) steht dabei mehr oder weniger explizit hinter den „Herausforderungen der Wissensgesellschaft" (dies ließe sich mit Bezug auf andere Bildungsbegriffe – vgl. Punkt 1 – durchaus kritisieren).

In dem PISA-Test ging es nicht nur um angeeignete Wissensbestände, über die Jugendliche verfügen sollten, sondern auch um Kompetenz, vor allem um Lesekompetenz sowie mathematische und naturwissenschaftliche Grundbildung. Es ging nicht nur darum, was sie wussten (z. B. Inhalt naturwissenschaftlicher Konzepte), sondern auch darum, ob sie das Wissen auch anwenden konnten, ob sie die wesentlichen Informationen in einem Text finden, in Kontexte einordnen, verstehen und bewerten konnten (vgl. OECD 2001, S. 23f.).[6]

Um die Ergebnisse der Tests auswerten zu können, definierte die Forschergruppe fünf Kompetenzstufen (von einfachen bis hin zu schweren komplexen Antworten), in die die jeweiligen Ergebnisse eingestuft wurden. Anschließend konnte beurteilt werden, wie hoch der Prozentsatz derer ist, die jeweils die höheren Kompetenzstufen erreichten.

Die Ergebnisse der PISA-Studie deckten nicht nur große Unterschiede im Leistungsniveau der Schülerinnen und Schüler auf, sondern wiesen vor allem empirisch nach, dass der sozioökonomische Hintergrund in den meisten Ländern einen bedeutenden Einfluss auf die Schulleistungen hat. Ein besonders überraschendes Ergebnis war, dass diejenigen Länder, in denen dieser Einfluss geringer war, denen es also gelungen war, Folgen sozialer Benachteiligung zu mildern, im Gesamtergebnis auch die leistungsstärksten waren, während diejenigen Länder, denen dies nicht gelang, auch in der Gesamtleistung hinter den anderen zurückblieben. Besonders bitter für die deutsche Schulpolitik war die Tatsache, dass gerade das deutsche Gymnasium mit seiner relativ homogenen Schülerschaft wider die Erwartungen schlechter abschnitt, als die integrativ arbeitenden schwedischen und finnischen Gesamtschulen, die sogar Förderschüler integrieren.

Finnland belegte in der Gesamtwertung sogar den ersten Platz, gefolgt von Korea und Kanada; Deutschland landete auf dem 21. Platz hinter Italien und vor Polen (vgl. OECD 2001, S. 51) Dabei war der Unterschied zwischen den Ländern insgesamt nicht so groß, wie der zwischen den Schülerinnen und Schülern der einzelnen Länder (vgl. OECD 2001, S. 75).

Aus der zusätzlichen Analyse des Hintergrund-Fragebogen – der für unseren Zusammenhang noch entscheidender als die Gesamtwertung ist – wurde zusätzlich deutlich,

---

6   So wurden beispielsweise zwei Briefe aus dem Internet nebeneinandergestellt, die unterschiedliche Auffassungen zum Thema „Graffiti" vertraten. Die Schülerinnen und Schüler sollten nun Fragen dazu beantworten, welche Absicht die Briefe jeweils verfolgten und ob die Argumentation nachvollzogen werden konnte (vgl. OECD 2001, S. 44ff.).

dass das frühe Verteilen auf Schultypen (besonders in Deutschland, Belgien und in der Schweiz) vor allem nach sozialem Hintergrund sortiert (vgl. OECD 2001, S. 77):

> „In Deutschland ist der Unterschied (in den Leistungen C.K.) besonders auffallend. Schülerinnen und Schüler, deren Eltern die höchsten beruflichen Stellungen haben (das obere Quartil auf dem berufsbezogenen Index), erzielen durchschnittlich in etwa die gleichen Leistungen wie der Durchschnitt der Schülerinnen und Schüler in Finnland, dem nach PISA leistungsstärksten Land; die Schülerinnen und Schüler, deren Eltern den niedrigsten beruflichen Status haben, erzielen in etwa die gleichen Leistungen wie der Durchschnitt der Schülerinnen und Schüler in Mexiko, dem leistungsschwächsten OECD-Land." (OECD 2001, S. 164).

Neben dem berufliche Status, der nach einem standardisierten Index (Internationaler sozioökonomischer Index der beruflichen Stellung: ISEI) erhoben wurde, wurde der Wohlstand, der Besitz an Kulturgütern (Literatur, Kunstgegenstände) und der Bildungsstand der Mütter erhoben. Letzteres deshalb, weil in der bisherigen Forschung der Bildungsstand der Mütter den Bildungserfolg besser voraussagen konnte, als der Bildungsstand der Väter (vgl. OECD 2001, S. 175). Interessant ist, dass diejenigen, deren Mütter nicht den Abschluss der Sekundarstufe II hatten, die niedrigsten Ergebnisse vorwiesen. Dieser Befund unterstützt auch die Vermutung, dass Schulerfolg auch durch die unsichtbare Bildungsarbeit von Müttern, u. a. durch Unterstützung von Hausaufgaben erhöht wird. Gleichzeitig macht es deutlich, wie wichtig gerade die Förderung derjenigen Mütter ist, die selber nur eine geringe Schulbildung haben. Ein weiteres interessantes Ergebnis ist, dass auch die PISA-Studie (wie die Gehirnforschung) bestätigt, dass hohe Lernmotivation mit hohen Leistungen korreliert (vgl. OECD 2001, S. 127).

Das Projekt „PISA-Studie" war keine einmalige Angelegenheit, sondern wurde und wird alle drei Jahre wiederholt. Dabei wird jeweils einer der drei Bereiche (Mathematik, Naturwissenschaften, Lesekompetenz) besonders hervorgehoben (bei der ersten Studie war das die Lesekompetenz). Es werden aber immer alle drei Grundbildungsbereiche untersucht sowie auch immer der soziale Status erhoben.

In der PISA-Studie aus dem Jahr 2003 wurde sowohl die mangelnde Leistung wie auch der enge Zusammenhang von sozialer Herkunft und Schulleistung für Deutschland noch einmal bestätigt (vgl. PISA-Konsortium Deutschland 2004, S. 225ff.). Daneben wurde noch einmal die Tatsache hervorgehoben, dass auch im Bereich der mangelnden mathematischen Kompetenz die wesentliche Ursache in der frühen Verteilung auf unterschiedliche Schulformen zu sehen ist. Das PISA-Konsortium hielt fest, dass das in Deutschland häufig bemühte Argument der Behinderung von Elitenförderung durch die Gesamtschule mit Blick auf Länder mit Gesamtschulbildung eindeutig hinfällig geworden und die starke Ausprägung sozialer Ungleichheit im deutschen Bildungswesen *„eine Herausforderung"* sei (vgl. PISA-Konsortium Deutschland 2004, S. 254, Herv. C.K.).

Im Jahr 2003 wurde auch die Frage nach dem Migrationshintergrund noch einmal differenzierter ausgewertet. Dabei wurde in der Stichprobe unterschieden in Gruppen von Schülerinnen und Schülern, die jeweils auch im Alltag vorwiegend oder nur selten die deutsche Sprache benutzten. Dabei stellt sich heraus, dass die Sprachkompetenz auch für mathematische Leistung als entscheidend anzusehen ist. Die Expertinnen und Experten schlugen daher vor, den Erwerb und die Verwendung der deutschen Sprache besonders bei denjenigen Jugendlichen zu fördern, die „(…) im Alltag vergleichsweise wenig von ihr Gebrauch machen." (vgl. PISA-Konsortium Deutschland 2004, S. 296).

Von 2003 zur PISA-Studie 2006 gab es zunächst eine erfreuliche Tendenz: Der Zusammenhang zwischen sozioökonomischem Status der Eltern und Besuch einer höheren Schulform hatte geringfügig abgenommen. Eine Entwarnung war dies jedoch nicht, denn er war immer noch bedeutend stärker als in anderen, durchaus vergleichbaren Ländern (Finnland, Kanada, Korea, vgl. Pisa-Konsortium Deutschland (Hrsg.) 2008, S. 18).

Auch die Leistungen steigerten sich insgesamt geringfügig, erreichten jedoch noch nicht den OECD Durchschnitt. Die besseren Ergebnisse lassen sich insgesamt eher als Folge der zunehmenden Routine bei der Testbearbeitung in den Schulen interpretieren, da in den meisten Ländern Steigerungen zu verzeichnen waren, anders als in Deutschland sogar im zweistelligen Bereich.

In Deutschland ist ein Blick auf die Bundesländer besonders interessant, da sie sowohl eine unterschiedliche Sozialstruktur (beispielsweise den Anteil der Migration betreffend) wie auch unterschiedliche Schulsysteme aufweisen. Sachsen und Bayern schnitten in PISA 2006 deutlich besser ab, als Hamburg und Bremen. Interessant ist, dass Sachsen einen geringen Hauptschulanteil, aber einen hohen Gesamtschulanteil aufweist, in Bayern aber das Gegenteil der Fall ist. Dass trotzdem beide Länder gut abschnitten, ist vermutlich vor allem dadurch zu erklären, dass Flächenstaaten einen geringeren Migrationsanteil aufweisen als Stadtstaaten, in Bayern liegt zudem die Arbeitslosenquote seit Jahren unter dem Bundesdurchschnitt, sodass die positiven Effekte auch dadurch und nicht durch die Existenz des hohen Hauptschulanteils zu erklären sein könnten.

Die PISA-Studie von 2009 legte wieder wie im Jahr 2000 den Schwerpunkt auf die Lesekompetenz, war also der Auftakt des zweiten Erhebungszyklus. Zu den positiven Ergebnissen gehörte der gesunkene Anteil der sehr schwachen Leserinnen und Leser (Kompetenzstufe I und darunter) von 22,6 auf 18,5 Prozent (Klieme u. a. 2010, S. 45). Dass Deutschland insgesamt im Lesen noch einmal besser abschnitt als in der letzten Studie, war vor allem auf diese Verbesserung im unteren Bereich zurückzuführen. Die Kluft zwischen guten und schlechten Leserinnen und Lesern hatte sich verringert, und auch die Kinder mit Migrationshintergrund konnten ihre Leseleistungen insgesamt verbessern, befanden sich allerdings im Durchschnitt noch immer in einem beträchtlichen Abstand zu den Mitschülern. Insgesamt bestimmte die soziale Herkunft den Schulerfolg in Deutschland weiterhin stark. Durch differenziertere Betrachtung wurden allerdings weitere intervenierende Variablen neben der wirtschaftlichen Situation der Eltern und dem Migrationshintergrund deutlicher. Gerade beim Lesen spielte auch das Geschlecht eine wichtige Rolle (Jungen lasen deutlich schlechter als Mädchen), daneben auch die Familienkonstellation (Kinder von Alleinerziehenden schnitten schlechter ab). Hinzu kam ein weiterer wichtiger Faktor: In vielen Ländern und auch in Deutschland wirkte sich offenbar auch der Schultypus verstärkend auf Benachteiligungen aus. Die PISA-Studie

2009 kategorisierte Schulen in der neuen Auswertung in sozioökonomisch begünstigt oder benachteiligte Schulen und stellte fest:

> „Obwohl ein ungünstiger sozioökonomischer Hintergrund nicht automatisch zu schlechten schulischen Leistungen führt, scheint der sozioökonomische Hintergrund der Schüler und der Schulen die Leistungen doch stark zu beeinflussen. (…) Unabhängig von ihrem eigenen sozioökonomischen Hintergrund sind Schülerinnen und Schüler in Schulen mit einer sozioökonomisch begünstigten Schülerschaft in der Regel leistungsstärker als Schüler in Schulen mit ungünstigerem sozioökonomischem Hintergrund." " (OECD 2010, S. 10).

Etwas direkter ausgedrückt bedeutet dies nichts weniger, als dass die Effekte der Benachteiligung nicht nur durch Familie und Schule, sondern auch durch die Mitschülerinnen und Mitschüler verstärkt werden. Oder positiv ausgedrückt: Ein niedriger ökonomischer Status kann ausgeglichen werden, wenn die Schülerschaft in Bezug auf den sozioökonomischen Hintergrund heterogen zusammengesetzt ist, wie es in Gesamtschulen, bzw. Gemeinschaftsschulen in gemischten Wohngebieten der Fall ist.

Dass die Verteilung von Schülerinnen und Schülern nach Leistungsklassen insgesamt die Leistungen verbessern würde, das ist noch einmal und damit – so bleibt zu hoffen – auch endgültig widerlegt. In ihrer Studie über die Ergebnisse der ersten 10 Jahre PISA-Forschung in Bezug auf die Frage nach dem Zusammenhang von hohen Diskrepanzen zwischen guten und schlechten Leistungen und dem Leistungsniveau insgesamt kommen die deutschen Bildungsforscher Timo Ehmke und Nina Jude zu folgendem Schluss:

> „Es gibt *keine* (Herv. C.K.) Anhaltspunkte dafür, dass ein hohes Kompetenzniveau nur durch starke soziale Unterschiede erreicht werden kann. Eher deutet sich das Gegenteil an: Gerade in Staaten, in denen der sozioökonomische Status einen niedrigen Vorhersagewert für die Kompetenz hat (wie etwa in Finnland, Japan und Kanada), erreichen Jugendliche ein hohes Kompetenzniveau. Für Deutschland bleibt damit die bildungspolitische Herausforderung bestehen, die sozialen Disparitäten des Kompetenzerwerbs weiter zu reduzieren. Der Vergleich mit anderen OECD-Staaten zeigt, dass hier ein weit geringeres Maß an sozialer Ungleichheit erreichbar ist„ (Ehmke und Jude in: Klieme u. a. 2010, S. 239).

In der PISA-Studie von 2012 lagen Schülerinnen und Schüler in Deutschland mit ihren Leistungen erstmals in allen Bereichen deutlich über dem OECD-Durchschnitt. Weiter hatte sich auch die mittlere Lesekompetenz bei Jugendlichen aus sozioökonomisch schwächeren Familien gesteigert und der Anteil von leseschwachen Jugendlichen reduziert. (Prenzel 2013, S. 269). Beleuchtet wurden wie in 2009 auch geschlechtsspezifische Unterschiede. Wie die Jungen im Lesen, so zeigten die Mädchen in Mathematik schlechtere Leistungen. Die Herkunftseffekte waren immer noch deutlich, auch gegenüber den erstmals teilnehmenden asiatischen Ländern. Bestätigt wurde auch die Bedeutung der gerechten Verteilung von Ressourcen auf alle Schulen (OECD 2014, S. 4). Als neues Ergebnis wurde der Anteil der „resilienten" Schülerinnen und Schüler präsentiert. Mit nur 6 Prozent stellten diejenigen, die trotz schlechtem sozioökonomischem Status eine gute Leistung zeigten, eine vergleichsweise kleine Gruppe in Deutschland dar (ebd., S. 13). Im Fazit kamen die

Wissenschaftlerinnen und Wissenschaftler daher zu dem Ergebnis, dass Deutschland im Vergleich bei einer unterdurchschnittlichen Bildungsgerechtigkeit blieb, obwohl in anderen Ländern erneut bestätigt wurde, dass hohe Leistungen und Bildungsgerechtigkeit vereinbar sind. Besonders Kanada wurde hervorgehoben. Hier gelang trotz eines Migrationsanteils von 30 Prozent (OECD-Durchschnitt 12 Prozent) eine sehr hohe Bildungsgerechtigkeit (ebd., S. 31). Daher war wieder das Fazit: „Für Deutschland bleibt die Herausforderung bestehen, die sozialen Disparitäten weiter abzuschwächen (…)" (Prenzel 2013, S. 271).

In der jüngsten Studie von 2015 standen erneut die naturwissenschaftlichen Kompetenzen im Vordergrund, wobei Singapur die höchsten Kompetenzwerte erreichte. Auch andere asiatische Länder schnitten besonders gut ab. Interessant ist, dass es Kanada, Finnland, Estland und Hongkong gelang, sowohl ihre Kompetenzen wie auch die Bildungsgerechtigkeit zu steigern. Dagegen konnten im OECD-Durchschnitt sozioökonomisch benachteiligte Schülerinnen und Schüler fast dreimal so häufig nicht das Grundkompetenzniveau im Bereich Naturwissenschaften erreichen, wie sozioökonomisch besser gestellte. Allerdings gab es darunter etwa ein Drittel, die trotz ihrer benachteiligten Lebenslage ein hohes Leistungsniveau erreichten. Es gab sogar einzelne Länder in Asien, wo die am stärksten Benachteiligten höhere Leistungen erbrachten als die anderen (OECD 2016, S, 4). Besonders betont wurde erneut, wie wichtig es ist, die benachteiligten Familien und Schulen zu unterstützen:

> „Dies ist eine wichtige Botschaft, die die PISA-Ergebnisse aufzeigen: In Ländern und Volks-wirtschaften, in denen mehr Ressourcen für sozioökonomisch benachteiligte Schulen bereitgestellt werden, sind die Schülerleistungen in Naturwissenschaften insgesamt etwas höher." (ebd., S. 13).

Fassen wir die Ergebnisse der Studien der letzten 15 Jahre zusammen, so zeigt sich eine nur wenig zufrieden stellende Verbesserung im Bereich gleicher Bildungschancen. Daher haben sowohl die UNICEF, wie auch die Europäische Gemeinschaft und die Menschen-rechtskommission der UN wiederholt darauf hingewiesen, dass Deutschland in besonderem Maße Kinder mit einem niedrigen sozioökonomischen Status, besonders diejenigen mit Migrationshintergrund, benachteiligt (vgl. Schnepf 2002, Kommission der Europäischen Gemeinschaften 2006, Munoz 2006, European Commission 2011).

Abschließend soll noch angemerkt werden, dass die PISA-Studien wegen ihrer Me-thode, aber auch wegen ihrer Wirkung in Bezug auf das Ranking von Ländern immer wieder – teilweise berechtigter – Kritik ausgesetzt waren. Insbesondere die Rückwirkung auf die Schulen, die ihren allgemeinbildenden Auftrag zugunsten von standardisierten Lernstandserhebungen vernachlässigen, hat sich nachteilig ausgewirkt. Allerdings sind die Studien in Bezug auf den empirischen Nachweis einer mangelnden Bildungsgerechtigkeit und die konkreten Verbesserungsvorschläge, die gemacht wurden, durchaus hilfreich, wenn es um Argumente für ein gerechteres Schulsystem geht.

5.3   Folgen mangelnder Bildungsabschlüsse für die Exklusion vom Arbeitsmarkt: Die europäische Debatte um die „Early school leavers"

Im Rahmen der sozialpolitischen Debatten der Europäischen Union (EU) sind im Zusammenhang mit der so genannten „Lissabon-Strategie" immer wieder Fragen nach den Ursachen und Präventionsmöglichkeiten von sozialer Ausgrenzung gestellt worden. Gute Bildungsabschlüsse und eine Lesekompetenz oberhalb der ersten Stufe der PISA-Testungen wurden als die wichtigste Voraussetzung für die Teilhabe am Erwerbsleben und für politische Partizipation herausgestellt.

Von Seiten der EU wird dabei in den entsprechenden Berichten immer wieder die Gruppe der „Early school leavers" problematisiert. „Frühe Schulabgänger" – so die etwas missverständliche deutsche Übersetzung – sind diejenigen jungen Erwachsenen zwischen 18 und 24 Jahren, die die Schule vor Ende der Pflichtschulzeit verlassen und/oder die nach dem niedrigsten möglichen Schulabschluss zwischen 18 und 24 Jahren keine weitere Berufsausbildung oder keinen weiteren Schulabschluss absolviert haben und sich auch aktuell in keiner Schule oder Berufsausbildung befinden (EU Commission DG EAC 2005, S. 11). Für Deutschland bedeutet dies, dass nicht nur die Quote der Schulverweigerer und derer erhoben wird, die keinen Hauptschulabschluss erworben haben (das waren im Bundesdurchschnitt 2005 8,2 Prozent), sondern auch diejenigen jungen Menschen hinzugezählt werden, die weder einen Abschluss der Sekundarstufe II erworben haben, noch sich in Ausbildung befinden. In Deutschland lag die Quote derer, die in diesem Sinne als frühe Schulabgänger und -abgängerinnen gezählt werden. 2007 bei 12,9 Prozent und sank kontinuierlich bis sie 2014 bei 9,5 Prozent lag, um dann in 2015 wieder auf 10,1 Prozent zu steigen.[7]

In Deutschland werden die Erfolge bei der Reduzierung dieser Quote nach Auffassung der Bundesregierung vor allem durch Programme der besseren Gestaltung des Übergangs von Schule und Beruf, insbesondere die Programme der „Zweiten Chance" erreicht. Diese sahen die Entwicklung von „passgenauen" Hilfen zur Integration in den Arbeits- und Ausbildungsmarkt vor und werden im „Nationalen Strategiebericht" zu „Sozialschutz und soziale Eingliederung – Deutschland 2008-2010" als Beispiele guter Praxis hervorgehoben. Zur Umsetzung der Projekte wurden lokale Koordinierungsstellen geschaffen, welche die Kooperation von Schule und Schulsozialarbeit einzelfallbezogen im Sinne eines „Case-Managements" aufbauten, Ganztagsangebote organisierten und mit Schulamt und Jugendamt (erzieherische Hilfen) kooperierten (Faltermeier 2008, S. 16).

So wünschenswert die sozialpädagogischen Einzelfallhilfen sind, so kritisch ist andererseits das Konzept einer einseitigen Orientierung der Bildungsbemühungen an der Kompetenzstärkung der „Selbstorganisation" zu sehen, wie sie in diesen Projekten in Analogie zum Fallmanagement der Beschäftigungsförderung (SGB II §1 b) im Vordergrund steht. Die Gefahr besteht hier, dass die Jugendlichen sich umso mehr selbst für ihr Schei-

---

7   http://appsso. eurostat.ec.europa.eu/nui/show.do?dataset=edat_lfse_14&lang=en. Zugegriffen: 20.06.2017.

tern am Arbeitsmarkt und die damit oft verbundene soziale Ausgrenzung verantwortlich fühlen, je mehr Anstrengungen um passgenaue Hilfe und Kompetenzvermittlung erfolgt sind (vgl. hierzu Spies 2006). Die Fixierung auf den Arbeitsmarkt verkennt das Problem struktureller Arbeitslosigkeit: Noch immer kommen in Deutschland auf eine offene Stelle ungefähr vier Arbeitslose (Bundesagentur für Arbeit 2017). In dieser Konkurrenzsituation muss Bildungsarbeit mit potentiell langzeitarbeitslosen Jugendlichen einen erweiterten Bildungsbegriff zugrunde legen, der den Jugendlichen nicht nur ein Verstehen ihrer eigenen Situation ermöglicht, sondern der auch persönlichkeitsstärkende Anteile enthält. Die Perspektive sollte hier erweitert werden auf die Vermittlung eines sinnhaften Bezugs zum Leben, der – zumindest zeitweise – auch jenseits des Arbeitsmarktes liegen kann.

Humaner und effektiver als Projekte der „Zweiten Chance" wären sicher die Verbesserungen im Bereich der „ersten Chance", das heißt die Vermeidung von Schulabbrüchen und „frühen Schulabgängen". Ein Blick auf die Länder, die eine geringe Quote von frühen Schulabgängern aufweisen, gibt Aufschluss über die möglichen Strategien. Es sind wieder wie beim guten Abschneiden in der PISA-Studie diejenigen Länder, die neben einer hohen Qualität der Lehrerbildung und hohen Investitionen im Bildungsbereich ein verpflichtendes Gesamtschulsystem aufweisen und die zusätzliche Gelder in besonders benachteiligte Schulen investieren. Wie viel Geld könnte also im Bereich der nachträglichen Bildungsförderung durch eine bundesweite Gesamtschule mit einem sozialpädagogischem Profil und einer inklusiven Ganztagsbildung gespart werden?

6   Ausblick: Wege aus der Bildungsbenachteiligung – Inklusion benachteiligter Kinder und Jugendlicher

Wenn wir den Erkenntnissen der neueren Lern- und Bildungsforschung folgen, wenn wir mit Bourdieu die Rede von der natürlichen Begabung als Ideologie erkennen, wenn wir zudem die Chancengerechtigkeit ernst nehmen, die das Grundgesetz verspricht, so müssen politisch und pädagogisch Wege gesucht werden, die milieubedingte Exklusion von Bildung zu überwinden. Hierzu ist es notwendig, möglichst früh Fördermöglichkeiten anzubieten. Es sollten denjenigen Kindern besondere Hilfen angeboten werden, die bereits von Geburt an mit Risikofaktoren (Arbeitslosigkeit und/oder Sucht- bzw. andere Krankheiten der Eltern) belastet sind. Politische Anstrengungen, die Kinderbetreuung für die unter 3jährigen auszuweiten, sind gemacht, der derzeitige Personalschlüssel ermöglicht jedoch kaum die notwendige Sprach- und Bewegungsförderung, die den Grundstein für eine gute Bildung legt. Bildungsangebote für Kinder unter drei Jahren sollten für Kinder benachteiligter Eltern kostenfrei sein (vgl. auch Kommission der Europäischen Gemeinschaften 2006, S. 6, Munoz 2006). Andernfalls würden die Kinder zuhause bleiben, wo sie oftmals die notwendige Förderung der Sprach- und Intelligenzentwicklung nicht erfahren können, die eine kompensierende Elementarpädagogik leistet.

Daher ist der Ausbau von Familienzentren so notwendig wie der gezielte Einsatz von Familienhebammen oder der Einsatz von Frühförderprogrammen wie *Opstapje* (ein aus den Niederlanden kommendes Unterstützungskonzept zur Verbesserung der Eltern-Kind-Interaktion für benachteiligte Familien, vgl. http://www.dji.de/nc/medien-und-kommunikation/ publikationen/detailansicht/literatur/2992-foerderung-des-spracherwerbs-und-der-kommu nikativen-faehigkeit-im-vorschul-und-grundschulalter.html?print=1. Zugegriffen: 7.3.2017).

Neben der Förderung der unter Dreijährigen, besteht ein weiterer wichtiger Schritt darin, den Kindergartenbereich zu professionalisieren und auch hier kompensierende Bildungsangebote zu schaffen. Dass es vom Kindergartenalter an einen deutlichen Zusammenhang zwischen Armut der Familie und einer Bildungsbenachteiligung gibt, die sich nicht nur am Ende der Grundschulzeit deutlich zeigt, sondern sich auch im Jugendalter in niedrigeren Schulabschlüssen manifestiert, hat die AWO-ISS-Studie empirisch belegt (vgl. Holz 2005, Laubstein et al. 2010). Nicht nur Lehrer und Lehrerinnen, auch Erzieherinnen und Erzieher brauchen daher einen mit Bourdieu geschulten Blick für subtile Ausgrenzungsmechanismen und ein Wissen um effektive und motivierende Lernmethoden.

Im Kindergartenalter ist besonders die Sprachförderung für diejenigen Kinder wichtig, die Deutsch nicht als Muttersprache lernen. Kinder, die erst in der Schulzeit mit einer neuen Sprache konfrontiert werden und zuhause keine Hilfen für den Spracherwerb bekommen können, werden – so sagt es die PISA-Studie voraus – mit größter Wahrscheinlichkeit in der Schule Probleme bekommen. Für die Sprachförderung gibt es gute Programme (vgl. Loos 2004), die auf ihre Umsetzung warten. Die Angst der Erzieherinnen vor einer „Verschulung" der Kindertagesstätten ist dann unbegründet, wenn schließlich auch die Schule eine andere Lernkultur entwickelt – eine Kultur, welche die Lernmotivation der Kinder fördert und Angebote kompensatorischer Förderung bietet. Positive Beispiele gibt es auch hier genug. Sie müssen nur „Schule machen". Die mit dem Deutschen Schulpreis ausgezeichnete Dortmunder Grundschule Kleine Kielstrasse (http://www.grundschule-klei-nekielstrasse. de/) bietet neben Ganztagsbetreuung und Elternarbeit (Deutschkurse für Mütter) vielfältige Fördermöglichkeiten und ein auf individuelle Lernbedürfnisse zugeschnittenes didaktisches Angebot (wenig Frontalunterricht, viel selbst gesteuertes Lernen). Auch im Bereich der weiterführenden Schulen gibt es seit Jahrzehnten Gesamtschulprojekte wie die Glocksee-Schule in Hannover (vgl. Negt 1997), die Bielefelder Laborschule (vgl. von Hentig 1971, 1999) oder die (inzwischen weiter geführte) Grundschule Berg Fidel in Münster (Stähling 2006, Stähling und Wenders 2012). Noch sind sie nur Leuchttürme in einer Landschaft von Schulreformen, die in Deutschland leider nur vereinzelt anzutreffen sind. In diesen „Treibhäusern der Zukunft" (vgl. Kahl 2006) wird das Bild einer anderen, besseren und vor allem möglichen Schule vorgelebt. Die ernüchternde Frage ist, warum sich dieses Modell in Deutschland so schwer flächendeckend umsetzen lässt.

Neben anderen Formen des Unterrichts stellt vor allem die Schulsozialarbeit eine gute Möglichkeit dar, Benachteiligungen durch sozialpädagogische Einzel- und Gruppenangebote auszugleichen. Sie kann in der Grundschule helfen, eine Förderschulzuweisung zu vermeiden, in der weiterführenden Schule helfen, Schulmüdigkeit und Schulverweigerung zu verhindern, und in der Abschlussstufe, den Übergang von der Schule in den Beruf zu gestalten (Braun 2006). Dabei steht Schulsozialarbeit immer in der Spannung, die grund-sätzlichen Mechanismen der Benachteiligung auf gesellschaftlicher und politischer Ebene nicht aufheben zu können, aber trotzdem die Spielräume zu nutzen, die sich für die Schule vor Ort und die individuelle Biographie im Rahmen einer „Ganztagsbildung" bieten.

Letzten Endes sollte sich eine gute Bildungspolitik aber nicht ausschließlich und nicht zu stark auf die Maßnahmen konzentrieren, die ein gutes Ergebnis bei den PISA-Studien oder anderen internationalen und europäischen Vergleichsstudien garantieren können. Denn diese erheben im Wesentlichen die Kompetenzen, die sich vor allem auf die „employ-ability", also auf die Erfordernisse des Arbeitsmarktes und der Steigerung wirtschaftlicher Produktivität konzentrieren. Daneben gehört aber die Förderung der persönlichen, sozialen, sportlichen und künstlerischen Fähigkeiten zu den Grundrechten von Kindern – Bereiche, die in vielen Schulen heute zu kurz kommen und die zunehmend den „wichtigeren" Fächern weichen müssen. Hier werden die personalen und sozialen Kompetenzen kultiviert, die eine zeitgemäße, demokratische Bildung vermitteln muss, denn die PISA-Kompetenzen bilden zwar die Voraussetzung für, sind aber selbst noch nicht Bildung (vgl. auch Klieme u. a. 2010, S. 13f.).

Man kann einwenden, dass viele der Schulreform-Projekte, die alternative Lernformen und kreative, persönlichkeitsbildende Fächer in den Vordergrund stellen, eher aus Elter-ninitiativen des bildungsbürgerlichen Milieus hervorgegangen sind, und dass diese daher auch eher ihren Kindern zugute kommen. Dies ist nicht zu bestreiten, heißt aber nicht, dass nicht alle von diesen Projekten profitieren könnten. Nach Bourdieu geht es nicht darum, die Erben der bürgerlichen Bildungskultur zu „enterben", sondern darum, dass alle erben können (vgl. Bourdieu 2001, S. 24).

Bourdieu selbst erhielt im Jahr 1988 mit anderen Wissenschaftlern zusammen die Mög-lichkeit, im Auftrag des Ministers für das nationale Erziehungswesen Vorschläge für die Reform der Unterrichtsinhalte zu entwickeln. Die Wissenschaftler schlugen vor, regelmäßig die Lehrinhalte zu überprüfen, inwiefern sie noch zeitgemäß sind und Vorschläge für das Weglassen und Hinzufügen neuer Inhalte zu erarbeiten. Vorrang sollten Inhalte haben, die ein übertragbares Wissen und fundamentales Know-how vermitteln, ein Wissen, das jeder für selbstverständlich hält und daher keiner vermittelt.

Lehrpläne sollten dabei nicht als Korsett, sondern als Rahmen dienen. Die unter-schiedlichen Fächer sollten ihre Kohärenz und ihre Komplementarität systematisch und methodisch ausarbeiten. Zwar sei Wissen für Denken wichtig, aber das Wissen müsse stets auch auf seine Vermittelbarkeit hin geprüft werden. Darüber hinaus sollte eine größere Vielfalt pädagogischer Kommunikation (Beobachtungen vor Ort) entwickelt werden und mehr Unterricht von verschiedenen Fachlehrern gemeinsam erteilt werden (vgl. Bourdieu 2001, S. 153ff.). Trotz dieser pädagogischen Vorschläge hat Bourdieu nie aus den Augen verloren, dass das Bildungssystem zwar zur Benachteiligung beiträgt, aber natürlich nicht die alleinige Ursache dafür ist. Allerdings trägt es in modernen Gesellschaften mehr dazu bei als früher (Bourdieu 2001, S. 175), und wenn es sich dieser Rolle und der trotzdem gegebenen Spielräume nicht bewusst wird, so wird sich die gesellschaftliche Ungleichheit weiter durch das Bildungssystem verfestigen.

Literatur

Adorno, Theodor W. 1981 [1961]. *Erziehung zur Mündigkeit.* Frankfurt a. M.: Suhrkamp.
Adorno, Theodor W. und M. Horkheimer. 2003 [1947]. *Dialektik der Aufklärung.* Frankfurt a. M.: Suhrkamp.
Asendorpf, Jens. 2004. *Psychologie der Persönlichkeit*, 3. Aufl. Heidelberg: Springer.
Becker, Rolf. 2004. *Bildung als Privileg? Erklärungen und Befunde zu den Ursachen der Bildungsungleichheit.* Wiesbaden: VS Verlag für Sozialwissenschaften.
Bourdieu, Pierre. 1997a. *Die feinen Unterschiede. Kritik der gesellschaftlichen Urteilskraft*, 9. Aufl. Frankfurt a. M.: Suhrkamp.
Bourdieu, Pierre. 1997b. *Die verborgenen Mechanismen der Macht.* Hamburg: EVA.
Bourdieu, Pierre. 1998. *Das Elend der Welt. Zeugnisse und Diagnosen alltäglichen Leidens an der Gesellschaft*, 2. Aufl. Konstanz: Universitätsverlag.
Bourdieu, Pierre. 2001. *Wie die Kultur zum Bauern kommt. Über Bildung, Schule und Politik.* Hamburg
Bourdieu, Pierre und J. C. Passeron. 1971. *Die Illusion der Chancengleichheit.* Stuttgart: Klett.
Bruer, John T. 2003. *Der Mythos der ersten drei Jahre.* Weinheim: Beltz.
Braun, Karl-Heinz. 2006. Schulversagen – ein vielschichtiges Gefüge von objektiven Ursachen und subjektiven Gründen. In *„Risikobiografien". Benachteiligte Jugendliche zwischen Ausgrenzung und Förderprojekten*, Hrsg. A. Spies und D. Tredop, 101-124. Wiesbaden: VS Verlag für Sozialwissenschaften.
Brunsch, Claudia. 2007. *Schichtspezifische Chancenungleichheit in deutschen Schulen. Ausprägung, Ursachen und Lösungsansätze.* Saarbrücken: Verlag Dr. Müller.
Bundesagentur für Arbeit. 2017. Monatsbericht Januar 2017, Nürnberg https://statistik.arbeitsagentur.de/Navigation/Statistik/Statistik-nach-Themen/Arbeitslose-und-gemeldetes-Stellenangebot/Arbeislose-und-gemeldetes-Stellenangebot-Nav.html. Zugegriffen: 25.Februar 2017.
Ecarius, Jutta. 2006. *Elitebildung – Bildungselite. Erziehungswissenschaftliche Diskussionen und Befunde über Bildung und soziale Ungleichheit.* Opladen: Barbara Budrich.
European Commission, Directorate General Education and Culture, Hrsg. 2005. Study on Access to Education and Training, Basic Skills and Early School Leavers (Ref. DG EAC 38/04), Lot 3: Early School Leavers, Final Report, European Commission DG EAC, www.ghkint., Zugegriffen: 28. Februar 2010.
European Commission. 2011. Tackling School leaving: A key contribution to the Europe 2020. http://ec.europa.eu/education/school-education/doc/earlycom_en.pdf. Zugegriffen: 1. April 2012.
Faltermeier, Josef. 2008. *ESF-Modellprogramm – „Schulverweigerung – Die 2. Chance" Handbuch für Koordinierungsstellen.* Berlin: Bundesministerium für Familie, Senioren, Frauen und Jugend.
Frietsch, Rainer. 2004. „Intensivierung" von Bildungsabschlüssen zwischen 1970 und 2000, Karlsruhe. http:// www.bmbf.de/pub/sdi_05_04_bildungsintensivierung.pdf, Zugegriffen: 28. Februar 2012.
Gould, Stephen Jay. 1988. *Der falsch vermessene Mensch.* Frankfurt a. M.: Suhrkamp.
Hamburger, Franz. 2005. *Migration und Bildung. Über das Verhältnis von Anerkennung und Zumutung in der Einwanderungsgesellschaft.* Wiesbaden: VS Verlag für Sozialwissenschaften.
Hentig, Hartmut von. 1999. *Rückblick nach vorn.* Seelze-Velber: Kallmeyersche Verlagsbuchhandlung,
Hentig, Hartmut von. 1971. *Die Bielefelder Laborschule.* Stuttgart: Klett.
Holz, Gerda, W. Wüstdörfer und G. Giering. 2005. *Zukunftschancen für Kinder – Wirkung von Armut bis zum Ende der Grundschulzeit. Endbericht der dritten AWO-ISS-Studie im Auftrag der Arbeiterwohlfahrt.* Frankfurt a. M.: Eigenverlag.
Humboldt, Wilhelm von. 1964. *Bildung des Menschen in Schule und Universität.* Heidelberg: Quelle & Meyer.
Jegge, Jürg. 1976. *Dummheit ist lernbar. Erfahrungen mit Schulversagern.* München: Kösel.

Kahl, Reinhard. 2006. *Treibhäuser der Zukunft. Wie in Deutschland Schulen gelingen; eine Dokumentation [Bildtonträger]*, 3. überarb. Aufl.. Berlin: Archiv der Zukunft.

Klafki, Wolfgang. 1996. *Neue Studien zur Bildungstheorie und Didaktik. Zeitgemäße Allgemeinbildung und kritisch-konstruktive Didaktik*. Weinheim, Basel: Beltz.

Klieme, Eckhard, C. Artelt, J. Hartig, N. Jude, O. Köller, M. Prenzel, W. Schneider und P. Stanat, Hrsg. 2010. *PISA 2009 – Bilanz nach einem Jahrzehnt*. Münster: Waxmann.

Kommission der Europäischen Gemeinschaften. 2006. Mitteilung der Kommission an den Rat und das europäische Parlament: Effizienz und Gerechtigkeit in den europäischen System der allgemeinen und beruflichen Bildung, http://ec.europa.eu/education/policies/2010/doc/comm 481_de.pdf, Zugriffen: 8. August 2008.

Kultusministerkonferenz der Bundesrepublik Deutschland KMK, Hrsg. 2006. Bildungsbericht 2006. http://www.bildungsbericht.de/daten/gesamtbericht.pdf, Zugegriffen: 8. August 2008.

Laubstein, Claudia, Dittmann, Jörg und Holz, Gerda. 2010. Jugend und Armut – Forschungsstand sowie Untersuchungsdesign der AWO-ISS-Langzeitstudie „Kinder- und Jugendarmut IV, Zwischenbericht 2010, http://www.awo.org/index.php?eID=tx_nawsecuredl&u=0&file=fileadmin/ user_upload/pdf-dokumente/Standpunkte/P_1Zwischenbericht_KuJIV.pdf&t=1314795402&hash=ed19ae19ac2b64871de5f0884551a99c, Zugegriffen: 9. Oktober 2011.

Loos, Roger. 2004. *Praxisbuch Spracherwerb: Sprachförderung im Kindergarten*. München: Don Bosco

Metzler, Barbara. 2005. *Armut und Bildungschancen: wie beeinflussen Armutslagen im Vorschulalter die Bildungschancen von Kindern*. Bern: Ed. Soziothek.

Munoz Villalobos, Vernor. 2006. Bundespressekonferenz am 21.2.2006 in Berlin mit dem UN-Sonderberichterstatter für das Recht auf Bildung. http://www.gew.de/Binaries/Binary15928/20060221_Bundespresse konferenz_Munoz_deutsch.pdf, Zugegriffen: 8. Mai 2012.

Negt, Oskar. 1997. *Kindheit und Schule in einer Welt der Umbrüche*. Göttingen: Steidl.

Neubauer, Aljoscha und E. Stern. 2007. *Lernen macht intelligent. Warum Begabung gefördert werden muss*. München: DVA.

Organisation für wirtschaftliche Zusammenarbeit und Entwicklung. (OECD) 2001. Lernen für das Leben. Erste Ergebnisse der internationalen Schulleistungsstudie PISA 2000, https://www.mpib-berlin.mpg.de /Pisa/LearnersForLife_GER.pdf, Zugegriffen: 6. März 2017.

Organisation für wirtschaftliche Zusammenarbeit und Entwicklung. (OECD) 2010. Potenziale nutzen und Chancengerechtigkeit sichern: Sozialer Hintergrund und Schülerleistungen. Zusammenfassung der Ergebnisse. http://www.oecd.org/dataoecd/35/13/46580802.pdf, Zugegriffen: 3. März 2011.

Organisation für wirtschaftliche Zusammenarbeit und Entwicklung. (OECD) 2014. *PISA 2012 Ergebnisse: Exzellenz durch Chancengerechtigkeit (Bd. II). Allen Schülerinnen und Schülern die Voraussetzungen zum Erfolg sichern*. http://www.keepeek.com/Digital-Asset-Management/oecd/education/pisa-2012-ergebnisse-exzellenz-durch-chancengerechtigkeit-band-ii_9789264207486-de#page9. Zugegriffen: 3. August 2016.

Organisation für wirtschaftliche Zusammenarbeit und Entwicklung. (OECD) 2016. PISA 2015-Ergebnisse im Fokus. https://www.oecd.org/berlin/themen/pisa-studie/PISA_2015_Zusammen fassung.pdf, Zugegriffen: 25. Februar 2017.

PISA-Konsortium Deutschland, Hrsg. 2001. *PISA 2000. Basiskompetenzen von Schülerinnen und Schülern im internationalen Vergleich*. Münster: Waxmann.

PISA-Konsortium Deutschland, Hrsg. 2004. *PISA 2003. Der Bildungsstand der Jugendlichen in Deutschland – Ergebnisse des zweiten internationalen Vergleichs*. Münster: Waxmann.

Prenzel, Manfred, Hrsg. 2005. *Pisa 2003. Der zweite Vergleich der Länder in Deutschland – Was wissen und können Jugendliche?* Münster: Waxmann.

Prenzel, Manfred, Hrsg. 2013. *Fortschritte und Herausforderungen in Deutschland* Münster: Waxmann.

Roth, Erwin, Hrsg. 1998. *Intelligenz. Grundlagen der neueren Forschung*. Stuttgart: Kohlhammer.

Roth, Heinrich, Hrsg. 1969. *Begabung und Lernen. Ergebnisse und Folgerungen neuer Forschung.* Stuttgart: Kohlhammer.

Roth, Erwin, Hrsg. 1998. *Intelligenz. Grundlagen der neueren Forschung.* Stuttgart: Kohlhammer.

Sachße, Christoph und F. Tennstedt, Hrsg. 1983. *Bettler, Gauner und Proleten. Armut und Armenfürsorge in der deutschen Geschichte.* Frankfurt a. M.: Suhrkamp.

Schnepf, Sylke Viola. 2002. A Sorting Hat that Fails? The Transition from Primary to Secondary School in Germany. UNICEF Innocenti Research Centre, Florenz, http://www.unicef-icdc.org/publica tions/ pdf/iwp92.pdf, Zugegriffen: 1. April 2010.

Spies, Anke. 2006. *„Risikobiografien" – Benachteiligte Jugendliche zwischen Ausgrenzung und Förderprojekten.* Wiesbaden: VS Verlag für Sozialwissenschaften.

Spitz, Rene A. 1967. *Vom Säugling zum Kleinkind.* Stuttgart: Klett.

Spitzer, Manfred. 2007. *Lernen. Gehirnforschung und die Schule des Lebens.* München: Spektrum

Statistisches Bundesamt. 2016. Schulen auf einen Blick. https://www.destatis.de/DE/Publikationen/ Thematisch/BildungForschungKultur/Schulen/BroschuereSchulenBlick0110018169004. pdf?__blob=publicationFile, Zugegriffen: 28.Februar 2017.

Stähling, Reinhard. 2006. *„Du gehörst zu uns" – Inklusive Grundschule: ein Praxisbuch für den Umbau der Schule-* In Basiswissen Grundschule. Hohengehren: Schneider Verlag.

Stähling, Reinhard und B. Wenders. 2012. *"Das können wir hier nicht leisten" Wie Grundschulen doch die Inklusion schaffen können. Ein Praxisbuch zum Umbau des Unterrichts.* Hohengehren: Schneider Verlag.

Digitale Ungleichheiten

Tanja Witting

Zusammenfassung

Medien stellen relevante Faktoren bei der Persönlichkeitsbildung, der kulturellen und politischen Teilhabe und in Hinblick auf die Ausbildungs- und Erwerbsfähigkeit dar. In Zeiten wachsender Mobilität, mannigfaltiger Entgrenzungen und umfassender Digitalisierung nehmen digitale Medien einen zentralen Stellenwert bezüglich der gesellschaftlichen Informationsverteilung, der Kommunikationsmöglichkeiten und der Unterhaltungsmöglichkeiten ein. Zugleich ist fraglich, ob mediale Potentiale von allen gleichermaßen genutzt werden können und damit die Teilhabe aller Gesellschaftsmitglieder durch digitale Medien erhöht wird oder ob mit digitalen Medien nicht auch exkludierende Wirkungen auf bestimmte Bevölkerungsgruppen einhergehen (vgl. Zillien und Haufs-Brusberg 2014, S. 12f.; Kümmel et al. 2004, S. 8). Digitale Ungleichheiten können ihren Ursprung im ungleich verteilten Zugang zum Internet haben: Da das Internet in zahlreichen gesellschaftlichen, wirtschaftlichen und politischen Zusammenhängen eine zentrale Rolle spielt, würden diejenigen, die keinen oder nur einen begrenzten Zugang zum Internet haben, marginalisiert (vgl. Zilien und Haufs-Brusberg 2014, S. 77). Digitale Ungleichheiten können darüber hinaus in unterschiedlichen Nutzungspraxen und Wirkungsweisen digitaler Medien begründet sein. Der nachfolgende Beitrag beleuchtet Zugangs-, Nutzungs- und Beteiligungsmöglichkeiten unterschiedlicher Gesellschaftsmitglieder.

Schlagworte

Internetzugang; Internetnutzung; Mediensozialisation; Informationskompetenz; (digitale) Teilhabe

1   Ungleichheiten im Zugang zum Internet

Die 1990er Jahre waren geprägt von Ausstattungsoffensiven wie die der Schulen ans
Netz-Kampagne. Da ein privater Internetschluss Ende des letzten Jahrtausends noch stark
vom ökonomischen und vom Bildungshintergrund abhängig war, sollte der Anschluss
der Schulen ans Internet die Chancengleicht zur digitalen Teilhabe insbesondere für die
Jüngeren erhöhen.

Noch im Jahr 2001 stellte die Gruppe der *Offliner* (= Personen ohne Internetzugang und
-nutzung) den größten Anteil an der Bevölkerung. Aktuell wird diese Gruppe deutlich von
den *Onlinern* (= Personen mit Internetzugang und -nutzung) übertroffen: Waren 2001 erst
37 Prozent der Bevölkerung online aktiv, konnten für das Jahr 2016 79 Prozent Onliner
verzeichnet werden (vgl. D21-Digital-Index 2016, S. 55). Auch wenn damit immer noch
mehr als ein Fünftel der Bevölkerung offline ist, kann dennoch von der zunehmenden
Auflösung des *Digital Divides* als Zugangskluft gesprochen werden: Einem Großteil der
erfassten Offliner wäre der Zugang zum Internet durchaus möglich; das Leben offline
stellt sich vielmehr als bewusste Lebensentscheidung dar. Ein Teil der Offliner ist nicht
motiviert, das Internet zu nutzen, da er dem Medium keinerlei Interesse entgegenbringt
und keinen Nutzungsbedarf verspürt. Andere lehnen die Internetnutzung bewusst ab, da
sie beispielsweise das Vorhandensein von extremistischen, pornografischen oder werben-
den Inhalten im Internet kritisieren und negative Auswirkungen des Internets annehmen
(vgl. Zillien 2008).

Für einen weiteren Teil der Offliner stellen jedoch fehlende Computer- und Internet-
kenntnisse, das Fehlen der notwendigen technologischen Ausstattung sowie die Kosten
der Internetnutzung immer noch klassische Zugangsbarrieren dar (vgl. ebenda). Zum
Personenkreis der Offliner gehören v. a. nicht erwerbstätige und ältere Personen, sowie
Personen, die in ländlichem Gebiet wohnen (vgl. D21-Digital-Index 2016). So erweisen
sich auch aktuell für eine Minderheit Wohnort, Einkommen, Bildung, Geschlecht und
Alter als soziodemografische Faktoren, die eine Zugangskluft zum Internet bedingen.

Besonders viele Onliner lassen sich dagegen unter den Personen finden, die aus einem
städtischen Gebiet stammen, über ein höheres Einkommen und über einen besseren Bildungsabschluss verfügen. Zudem lassen sich unter männlichen und jüngeren Menschen
mehr Onliner finden (vgl. ebenda). Dabei zeigen sich zwischen Männern (84 Prozent Onliner)
und Frauen (75 Prozent Onliner) mit neun Prozentpunkten noch die geringsten Differenzen
hinsichtlich des Zugangs zum Internet und seiner Nutzung (vgl. D21-Digital-Index 2016,
S. 60). Deutlichere Unterschiede gehen mit den Faktoren Bildung und Einkommen einher:
So sind nur 62 Prozent der Personen mit Volks- oder Hauptschulabschluss online aktiv,
während es bei den Personen mit Abitur oder Hochschulreife 96 Prozent sind (ebenda).
Noch deutlicher ist die Differenz zwischen einkommensschwachen und einkommensstarken
Personen: In Haushalten mit einem Nettoeinkommen unter 1000 Euro gehören lediglich
59 Prozent zu den Onlinern, während in Haushalten mit einem Nettoeinkommen über
3000 Euro 94 Prozent zu den Onlinern zu rechnen sind (vgl. D21-Digital-Index 2016, S. 61).

Die stärkste Differenz zwischen On- und Offlinern geht jedoch mit dem Faktor Alter einher: Während der (N)Onliner Atlas 2016 bei den 14 bis 19 Jährigen 99 Prozent dieser Altersgruppe als Internetnutzende ausweist, werden bei den über 70 Jährigen lediglich 36 Prozent Onliner erfasst (vgl. D21-Digital-Index 2016, S. 60). Unter dem Gesichtspunkt Alter zeigen sich insgesamt die deutlichsten Unterschiede in Zugang und Nutzung digitaler Medien. So besitzen die Allerjüngsten und die Ältesten der Gesellschaft weniger digitale Medien und sind online weniger aktiv. Gleichzeitig sind in der Tendenz beide Altersgruppen von einem Zuwachs in Hinblick auf Verfügbarkeit und Nutzung digitaler Medien gekennzeichnet. Für die die Gruppe der Älteren spezifiziert der D21-Digital-Index 2016: „In diesem Jahr legen vor allem die Älteren ab 60 Jahren deutlich bei der Internetnutzung zu (60 bis 69 Jährige: 4 Prozentpunkte mehr im Vergleich zum Vorjahr, Personen mit 70 Jahren und älter: 6 Prozentpunkte mehr)." (2016, S. 8) Damit gehörten im Jahr 2016 bereits 69 Prozent der ab 60 Jährigen zu den Internetnutzenden (ebenda).

In Hinblick auf Schulkinder und Jugendliche stellt sich die Zugangssituation zum Internet und der Besitz digitaler Medien aktuell nicht mehr als förderungsbedürftig dar: 97 Prozent der Kinder und Jugendlichen in Deutschland im Alter zwischen 6 bis 19 Jahren leben in einem Haushalt, der über einen Internetanschluss verfügt (KIM 2016, S. 8; JIM 2016, S. 6). Neun von zehn Jugendlichen (92 Prozent) haben die Option, vom eigenen Zimmer aus mit Tablet, Laptop oder PC das Internet zu nutzen, drei Viertel haben dafür einen eigenen PC oder Laptop zur Verfügung (74 Prozent) (JIM 2016, S. 7).

Dabei wirkt sich der Bildungshintergrund der Jugendlichen nur marginal auf die medialen Besitzverhältnisse aus: Bei Jugendlichen mit formal höherer Bildung befinden sich Computer oder Laptops etwas häufiger im Eigenbesitz als bei Jugendlichen mit formal niedrigerem Bildungsniveau. Diese verfügen dagegen etwas häufiger über einen eigenen Fernseher, DVD-Player und eine feste Spielkonsole (JIM 2016, S. 8). Hier zeigt sich für diese Nutzergruppe bereits in den Besitzverhältnissen – wenn auch in geringem Ausmaß – eine Bevorzugung für solche Medien, die eher für eine unterhaltungsorientierte Nutzung priorisiert sind.

Zum dominierenden Zugangsgerät zum Internet hat sich in den letzten Jahren das Smartphone entwickelt, das ort- und zeitunabhängig die Nutzung des mobilen Internets ermöglicht. Die Smartphone-Besitzrate ist in den 2010er Jahren konstant gestiegen. Bereits 32 Prozent der 6 bis 12 Jährigen besaßen im Jahr 2016 ein eigenes Smartphone (KIM 2016, S. 9). Bei den Jugendlichen betrug die Besitzrate im selben Zeitraum 95 Prozent (JIM 2016, S. 25). Dabei stellt ein schwacher ökonomischer Hintergrund kaum noch eine Zugangsbarriere zum eigenen Smartphone dar: Spätestens mit Eintritt ins Jugendalter werden finanzielle Mittel aufgebracht, um ein eigenes Gerät anzuschaffen. So liegt die Besitzrate eines eigenen Smartphones bereits bei den 13 Jährigen bei über 90 Prozent (JIM 2006, S. 23). Mit zunehmenden Alter ist der Besitz eines Smartphones mit dem Abschluss einer sogenannten *Flatrate* (= Pauschaltarif, der i. d. R. die unbegrenzte Nutzung eines Endgerätes für Telefonie und/oder den vergleichsweise preiswerten Verbrauch größerer Datenvolumen erlaubt) verbunden: Während die ab 12 Jährigen bereits zu 62 Prozent über eine Flatrate verfügen, sind es bei den volljährigen Jugendlichen 91 Prozent (JIM 2006, S. 26).

Mehr als drei Viertel der Jugendlichen nennen das Smartphone als am häufigsten genutztes Zugangsgerät zum Internet. Unterscheidet man hier die Internetzugangsgewohnheiten von Jungen und Mädchen, zeigt sich, dass Mädchen noch häufiger über das Smartphone ins Netz gehen als Jungen. Jungen setzen hierfür jedoch stärker als Mädchen auch den Computer (Jungen 18 Prozent, Mädchen 4 Prozent) ein (Tab. 1). Dabei kann die Bedeutsamkeit des Computers als Zugangsweg zum Internet bei den Jungen zu großen Teilen durch das Präferieren von digitalen Spielen erklärt werden, die auf die Leistungsfähigkeit und Darstellungsmöglichkeiten eines Computers angewiesen sind. Ein Indiz für diese Nutzungsmotivation stellt auch die von einem Prozent der Jungen genannte Spielekonsole als häufigstes Gerät zur Internetnutzung dar (Tab. 1).

Tab. 1   Am häufigsten eingesetztes Gerät zur Internetnutzung 2016

Angaben in Prozent	Mädchen	Jungen
Handy/Smartphone	83	69
Computer	4	18
Laptop	8	8
Tablet-PC	4	4
Spielkonsole	-	1

Basis: Befragte, die mind. Alle 14 Tage das Internet nutzen, n = 1.182
Quelle: JIM 2016 (eigene Darstellung)

Die Entwicklung des Smartphones zum dominierenden Gerät der Internetnutzung ist nicht auf Kinder und Jugendliche beschränkt. Die ARD/ZDF-Onlinestudie 2016 zeigt auf, dass das Smartphone altersübergreifend das Gerät ist, das am häufigsten genutzt wird, um online zugehen (Tab. 2).

Tab. 2   Geräte für die Internetnutzung 2016 – täglich genutzt

	Gesamtbevölkerung, in Prozent						
	Gesamt	Frauen	Männer	14-29 J.	30-49 J.	50-69 J.	Ab 70 J.
Smartphone / Handy (netto)	49	46	54	86	65	31	11
Laptop	25	24	26	33	29	25	9
Stationärer Computer / PC	22	14	29	28	22	26	6
Tablet / Tablet PC	18	16	21	19	27	16	5

Basis: Deutschsprechende Bevölkerung ab 14 Jahren (n = 1.508)
Quelle: ARD/ZDF-Onlinestudie 2016 (eigene Darstellung)

Mit der mobilen Verfügbarkeit des Internets steigen die Zeiten der Onlinenutzung und erreichen in 2016 Höchstwerte:

> „Mobile Geräte führen insgesamt zu einer längeren Internetnutzung. Diejenigen, die auf das Internet mit mobilen Geräten, wie beispielsweise Smartphones oder Tablets, zugreifen, sind mit 82 Prozent täglicher Internetnutzung intensiver im Netz als die Gesamtbevölkerung mit 65 Prozent." (Koch und Frees 2016, o. S.)

So geben die 14 bis 29 Jährigen für das Jahr 2016 eine tägliche Nutzungsdauer von 4 Stunden und 5 Minuten an, was einen Anstieg der täglichen Internetzeit um 32 Minuten gegenüber dem Vorjahr bedeutet (vgl. ARD/ZDF-Onlinestudie 2016).

Es zeigt sich, dass Veränderungen in Besitz und Zugang häufig auch Veränderungen in der Nutzung nach sich ziehen. Während eine quantitative Veränderung in Form erhöhter Nutzungszeiten belegt ist, stellt sich eine mögliche qualitative Veränderung der Nutzung aktuell als Forschungsfrage dar: Wenn zunehmend vom Smartphone aus auf das mobile Internet zugegriffen wird, ergeben sich dann Veränderungen in Hinblick auf präferierte Angebote und Inhalte? Wirken sich die Rahmenbedingungen der Smartphone-Nutzung – der ‚schnelle Griff zwischendurch' zum Gerät als eine Art Unterbrechertätigkeit – auf die Rezeption und Verarbeitung von Inhalten oder die Form der Interaktionen im Social Web bzw. über Social Media-Angebote (= webbasierte Anwendungen, die den Informationsaustausch, den Beziehungsaufbau und die Kommunikation unterstützen) aus?

Zugleich ergibt sich die Frage, ob eine Zunahme der Smartphone-Nutzungszeiten auf Dauer eine signifikante Abnahme der Computer-Nutzungszeiten bedingt und so womöglich den Erwerb computerspezifischer Fähigkeiten beeinträchtigt. Mit der konstatierten Abnahme der Unterschiede im Zugang (first-level digital divide) treten verstärkt Fragen zu den Unterschieden in Nutzung und Nutzen digitaler Informationstechnologien für unterschiedliche Usergruppen (second-level digital divide; vgl. Min 2010) in den Blickpunkt:

> „Während also die digitale Spaltung in Form einer Zugangskluft überwunden scheint, zeigt sich als kontinuierliches und wirkmächtigeres Phänomen eine Spaltung zweiter Ordnung als »Digitale Ungleichheit« (vgl. Hargittai/DiMaggio 2001; Mossberger/Tolbert/Stansbury 2003), d. h. Ungleichheiten innerhalb der Mediennutzung, die auf die Verfügbarkeit von Offline-Ressourcen wie ökonomischem, kulturellem und sozialem Kapital (Bourdieu) als Grundbedingungen für Mediennutzung und prägende Faktoren für Präferenzen, habituelle Fähigkeiten und strukturelle Möglichkeiten verweisen (vgl. u. a. Mossberger/Tolbert/Stansbury 2003; […] Kutscher 2010)." (Kutscher und Otto 2014, S. 284f.)

2   Ungleichheiten in der kindlichen Mediensozialisation und der erfahrenen Medienerziehung

Die soziale Lage, in der Mädchen und Jungen aufwachsen, stellt einen wichtigen Einflussfaktor auf die kindliche (Medien-)Sozialisation dar und hat sowohl Einfluss darauf, wie Medien genutzt werden, als auch darauf, welcher Nutzen aus ihnen gezogen werden kann (vgl. Bichler 2009, S. 50). Obwohl soziokulturelle Lebensbedingungen wie z. B. das Bildungsniveau und die Einkommenshöhe der Eltern, der Wohnort und die Wohngröße, die Familienform oder die soziale Einbindung der Familie relevant sind für den Prozess der (Medien-)Sozialisation (vgl. u. a. Süss 2004), liegen bisher nur wenige wissenschaftliche Befunde über die Zusammenhänge zwischen sozialer Benachteiligung und (Medien-)Sozialisation vor (vgl. Bichler 2009, S. 50).

Eine österreichische Studie von Paus-Hasebrink und Bichler (2008) belegt, dass Medien in Familien, die von sozialer Benachteiligung gekennzeichnet sind, eine außergewöhnlich wichtige Rolle spielen: Sowohl die Eltern als auch die Kinder dieser Familien weisen eine überdurchschnittliche Mediennutzung auf und lassen eine intensive Bedeutungszuschreibung zu Medien erkennen. Medien stellen für diese Familien oftmals eine kostengünstige Freizeitgestaltung dar und helfen, den Alltag zu strukturieren (vgl. Bichler 2009, S. 51). Für die Kinder haben Medien – aufgrund der oft fehlenden oder nur geringfügig vorhandenen alternativen Impulse – darüber hinaus eine besondere Bedeutung für die Bewältigung ihrer Entwicklungsaufgaben. So werden Medienimpulse zu überdurchschnittlich relevanten Impulsen beispielsweise für die Geschlechtsrollenidentifikation, das Treffen einfacher moralischer Entscheidungen, die Einstellung und Befähigung zu sozialer Kooperation oder den Aufbau von Selbstbewusstsein. Medienimpulse entwickeln dort ihre besondere Relevanz, wo weitere Anregungen und Hilfestellungen der Eltern und des sozialen Umfeldes fehlen (vgl. ebenda):

> „nicht selten überlassen die überforderten Eltern (…) mehr oder weniger bewusst, häufiger jedoch unreflektiert und zuweilen auch entgegen eigenen Plänen und Bekundungen den unterschiedlichen Medienangeboten den eigentlich von ihnen auszufüllenden Erziehungsraum." (Paus-Hasebrink und Bichler 2008, S. 296)

Familiale Medienerziehung, die bei der angemessenen Auswahl und Verarbeitung von Medienimpulsen helfen soll, ist oftmals von großer Heterogenität gekennzeichnet: Wagner et al. (2013) identifizieren in ihrer empirischen Studie zur Medienerziehung in Familien sechs unterschiedliche Muster medienerzieherischen Handelns, die sich v. a. hinsichtlich der Ausprägung der Kindorientierung und der Ausprägung des Aktivitätsniveaus unterscheiden:

- Beim „Laufen lassen" wird der kindliche Medienumgang kaum geregelt oder begleitet. Eine gemeinsame Mediennutzung oder die Auseinandersetzung mit dem Kind über die Mediennutzung findet nur vereinzelt bzw. gar nicht statt. Entsprechend ist sowohl die Kindorientierung als auch das erzieherische Aktivitätsniveau als sehr niedrig einzustufen (vgl. Lampert und Reichlitz 2016, S. 38ff.).

- Beim „Beobachten und situativ Eingreifen" beziehen sich existierende Regeln meist auf die zeitliche Beschränkung der Mediennutzung. Auch hier finden wenige gemeinsame Medienaktivitäten statt, und das Aktivitätsniveau ist als mäßig bis gering einzustufen. Die Spannbreite hinsichtlich der Kindorientierung ist bei diesem Muster der Medienerziehung jedoch größer: Sie reicht von einer geringen Kindorientierung hin zu einer hohen, bei der die Eltern eine hohe Gesprächsbereitschaft zum Thema Medien aufweisen (ebenda, S. 40).
- Beim „funktionalistischen Kontrollieren" setzen Eltern v. a. auf Regeln und Verbote, die in erster Linie einen störungsfreien Familienalltag gewähren sollen. Hierbei spielt die kindliche Perspektive der Mediennutzung eine entsprechend untergeordnete Rolle, so dass die Kindorientierung als niedrig einzustufen ist. Das Aktivitätsniveau – wie auch die Regelungsdichte – kann dagegen als hoch identifiziert werden (ebenda, S. 40).
- Das „Rahmen setzen" ist dagegen durch eine moderate Regelungsdichte gekennzeichnet, die inhaltlich und/oder zeitlich den Rahmen vorgibt, in dem die kindliche Mediennutzung stattfinden kann. Die Kindorientierung und auch das Aktivitätsniveau erweisen sich als eher hoch (ebenda, S. 40).
- Als idealtypisch kann das Muster des „individuellen Unterstützens" eingeordnet werden: Das medienerzieherische Handeln ist orientiert am Alter, Entwicklungsstand und den individuellen Bedürfnissen des Kindes und dementsprechend deutlich kindorientiert. Zugleich ist das Aktivitätsniveau sehr hoch und wird von klaren Regeln, Vereinbarungen, Erklärungen und Gesprächen zum Thema Medien geprägt sowie von einer bewussten Heranführung der Kinder an Medien (ebenda, S. 40f.).

Medienerziehung ist in Familien aus sozial benachteiligten Milieus nur selten gekennzeichnet von hoher Kindorientierung oder einem hohen Aktivitätsniveau. Diese Familien befassen sich insgesamt weniger mit dem Thema Medienerziehung; sie kommunizieren weniger mit dem Kind über Medien und stellen auch weniger Regeln und Verbote auf (vgl. Steiner und Goldoni 2011). Oftmals ist Medienerziehung in Familien aus sozial benachteiligten Milieus, wenn sie praktiziert wird, von Ambivalenz gekennzeichnet, da die Einhaltung der eher nach gesellschaftlichen Idealen als persönlichen Überzeugungen ausgerichteten Regeln zur Mediennutzung vielfach nicht verlässlich durchgesetzt werden. Vielmehr wenden die häufig überforderten Eltern Regeln zur Mediennutzung nicht systematisch, sondern vor allem punktuell und situationsspezifisch an. Gleichzeitig werden Regeln von den Kindern häufiger unterlaufen, wenn Eltern weder die Zeit haben noch das Engagement aufbringen können, Regeleinhaltungen zu überprüfen und einzufordern (vgl. Bichler 2009, S. 51). Nur selten wird in Familien aus sozial benachteiligten Milieus über Medienkonsum und Medieninhalte gesprochen, so dass den Kindern insbesondere im Kindergarten- und Grundschulalter die notwendige Orientierung und Anleitung zur Reflexion fehlt – sowohl in Hinblick auf die lebensweltliche Bedeutung von Medien als auch in Hinblick auf medial vermittelte Inhalte und Vorbilder, die Einfluss auf die Identitätsgenese nehmen können (vgl. ebenda)

Trotz der beschriebenen Problematik verbietet sich eine Pauschalisierung der Konsequenzen des beschriebenen Medienumgangs bzw. der beschriebenen Medienerziehung, da diese weiterhin insbesondere von personalen, familienstrukturellen und äußeren Lebensbedingungen abhängig sind, wie Paus-Hasebrink und Bichler (2008, S. 189ff. und S. 285–289) in Anlehnung an Wingen (1997, S. 52) in der nachfolgenden Abbildung darlegen. Dabei verweisen die mit gestrichelten Pfeilen verbundenen Faktoren auf ein dynamisches und einzelfallspezifisches Gefüge, deren Wirkungszusammenhang sich durch die Variation eines einzelnen Elementes massiv verändern kann. Nur in der Rekonstruktion des Einzelfalles lassen sich diese unterschiedlichen Formationen identifizieren, die die Relevanz der familialen Lebensbedingungen und Lebensführung für die Ausprägung der kindlichen Entwicklungsbedingungen (durchgezogene Pfeile) bestimmen.

So kann Mediennutzung entwicklungsbeeinträchtigend wirken, wenn beispielsweise dem möglichen Konsum kinder- und jugendbeeinträchtigender Inhalte nicht mit erzieherischen Maßnahmen entgegen gewirkt wird. Mediennutzung kann sich aber – eben auch in Familien aus sozial benachteiligten Milieus – entwicklungsfördernd auswirken, wenn Kinder Medienfiguren und -modelle präferieren, die ihnen identitätsstärkende Botschaften übermitteln und ihnen helfen, eine problemlösende Haltung zu gewinnen. Dabei eröffnen optimistische und willensstarke Medienfiguren, die sich trotz gelegentlicher Niederlagen nicht unterkriegen lassen, für Kinder oft einen Gegenentwurf zu einer Familienatmosphäre, die möglicherweise von Gefühlen des Kontrollverlustes und der Ohnmacht gekennzeichnet sind. Insbesondere für ältere Kinder und Jugendliche können auch über Social Media gewonnene und gepflegte Kontakte sowohl risikobehaftet sein als auch eine förderliche Ressource darstellen.

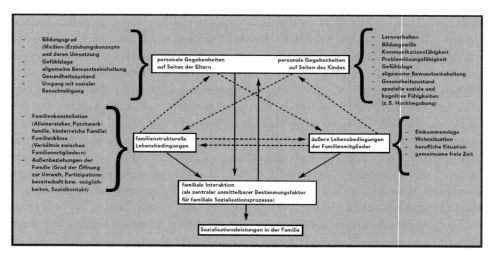

Abb. 1 Familiale Einflussbereiche auf die (Medien-)Sozialisation von Kindern aus sozial benachteiligten Milieus

Kammerl (2016, S. 84) diskutiert insbesondere für die Gruppe der Jugendlichen die Bedeutung der familialen Medienerziehung in Hinblick auf die mögliche Entwicklung einer exzessiven Mediennutzung. So verweist er darauf, dass die Familie in den meisten Fällen die Instanz ist, die als erste eine exzessive Mediennutzung wahrnehmen und auf diese aufmerksam machen kann. Zugleich verfügt die Familie meist über Ressourcen, die der Problembewältigung dienlich sein können. Hier kann familiale Medienerziehung präventiven Charakter haben. Zugleich macht Kammerl darauf aufmerksam, dass die Familie aber auch (Mit-)Verursacher für eine exzessive Mediennutzung eines Jugendlichen sein kann (ebenda; vgl. Wartberg et al. 2014; Wartberg et al. 2015).

> „Zusammenfassend lässt sich sagen, dass eine gute Kommunikation zwischen Eltern und Kind, eine Funktionalität der Familie, eine positive Eltern-Kind-Beziehung sowie unterstützendes elterliches Monitoring das Risiko einer pathologischen Internetnutzung bei Jugendlichen vermindern." (Kammerl 2016, S. 85)

In jedem Fall stellt die Familie bzw. das primäre Bezugssystem eines Kindes eine relevante Instanz für den Zugang zu Medien und die Regulierung und Reflexion des Medienhandels dar und fungiert damit als Basis für die Entwicklung von Mediennutzungsmustern und von Medienkompetenz. Zugleich ist der Unterstützungsbedarf von Familien, um eine gelingende Medienerziehung leisten zu können, sehr unterschiedlich ausgeprägt:

> „Obwohl sich Eltern unabhängig von ihrer sozialen Lage – nicht zuletzt aufgrund ihres eigenen mangelnden Umgangs mit Medien – dessen häufig nicht bewusst sind und deshalb milieuübergreifend Handlungsbedarf besteht, sind sozial benachteiligte Familien dabei besonders in den Blick zu nehmen. Denn die Unterstützung der Kinder zu kompetenten Mediennutzern rangiert ob der schwierigen Lebensverhältnisse und damit einhergehender (oft existenzieller) Probleme, die es mittels geringer Ressourcen zu bewältigen gilt, bei Eltern aus sozial benachteiligten Milieus nicht an vorderster Stelle." (Bichler 2009, S. 53)

3   Ungleichheiten in digitalen Nutzungspraxen

Auf der Ebene der Nutzungspraxen digitaler Medien sind – insbesondere im Jugendalter – diverse Unterschiede zu verzeichnen, die von vielfältigen Aspekten mitbestimmt werden. Digitale Medien – und hier v. a. Social Media-Anwendungen – können als „Pull-Medium" kategorisiert werden, die durch das Handeln der Nutzenden strukturiert werden und bei denen die Aufmerksamkeits- und Navigationsentscheidungen der Nutzenden von entscheidender Bedeutung sind (Kutscher und Otto 2014, S. 285; Lenz und Zillien 2005, S. 250).

> „Somit ist also das Zusammenspiel zwischen NutzerInnenpräferenzen und medialem Arrangement die Dimension, innerhalb derer sich Differenz und damit auch Ungleichheit entwickelt. Die angesprochenen Auswahlentscheidungen innerhalb des Pull-Mediums erfolgen vor dem Hintergrund der eigenen Interessen, Fähigkeiten und Möglichkeiten sowie auf der Grundlage

dessen, was innerhalb einer Website-Struktur möglich ist und den NutzerInnen als Angebot im Internet bekannt ist bzw. von ihnen wahrgenommen wird. In diesem Zusammenhang bilden sich habitualisierte Nutzungspraktiken heraus, die in einem jeweils ungleichen realisierten Nutzungsspektrum resultieren." (Kutscher und Otto 2014, S. 285)

Subjektiv erscheinende Nutzungspräferenzen erweisen sich dabei nicht als unabhängig vom soziokulturellen Hintergrund der Nutzenden. Vielmehr nehmen materielle, kulturelle und soziale Ressourcen, die den Jugendlichen im lebensweltlichen Kontext zur Verfügung stehen, auf diese ebenso Einfluss wie die Erfahrungen, die Jugendliche im direkten Umgang mit digitalen Medien machen (ebenda, S. 286).

So weisen Schüler und Schülerinnen, die das Gymnasium besuchen, meist geringere Internet-Nutzungszeiten (189 Minuten werktäglich) auf als Schüler und Schülerinnen, die einen anderen Schultyp besuchen (217 Minuten werktäglich, JIM 2016, S. 28). Dabei ist zu beachten, dass Schüler und Schülerinnen mit formal höherem Bildungshintergrund vermehrt zu den Nutzenden gehören, die täglich online sind (94 Prozent). Bei den Schüler und Schülerinnen mit formal niedrigem Bildungshintergrund gehören dagegen nur 84 Prozent zu den Nutzenden, die täglich online sind (JIM 2016, S. 27).

Zugleich führt die JIM-Studie 2016 weiterhin nur geringe Unterschiede in den grundsätzlichen Internet-Nutzungspräferenzen von Jugendlichen auf, wenn diese nach Bildungshintergründen unterschieden werden. Die Nutzung digitaler Medien zu Kommunikationszwecken stellt für alle Jugendlichen die dominierende Praxis dar: 41 Prozent der Nutzungszeit der männlichen und weiblichen Gymnasiasten und 42 Prozent der Nutzungszeit der männlichen und weiblichen Haupt- und Realschüler wird für kommunikative Online-Handlungen verwendet (ebenda). Auch in Hinblick auf die zur Informationssuche verwendete Zeit unterscheiden sich die Schüler und Schülerinnen der verschiedenen Schultypen nur um einen Prozentpunkt: Gymnasiasten beiderlei Geschlechts verwenden insgesamt 11 Prozent ihrer Online-Zeit für die Suche nach Informationen, bei den Haupt- und Realschülern sind es geschlechtsübergreifend 10 Prozent (ebenda).

3.1 Ungleichheiten in der Informationssuche und der Informationskompetenz

Weitere Unterschiede zeigen sich erst bei vertiefter Betrachtung der einzelnen Nutzungspraxen. So weist die Suche nach Information beispielsweise deutlich mehr Unterschiede auf, wenn die Strategien der Suche, die genutzten Quellen und die Fähigkeiten zur Bewertung der Informationen in die Betrachtung miteinbezogen werden: So zeigt Abb. 4, dass Schüler und Schülerinnen, die ein Gymnasium besuchen, häufiger als Schüler und Schülerinnen von andern Schultypen, auf Suchmaschinen wie Google oder Webseiten wie Wikipedia zurückgreifen. Zugleich ergänzen und/oder überprüfen sie die dort gefundenen Informationen häufiger als Schüler und Schülerinnen anderer Schultypen, indem sie zusätzlich weitere Informationsquellen nutzen. So rezipieren Gymnasiasten und Gymnasiastinnen häufiger auch die Nachrichtenportale von Zeitungen, Zeitschriften und TV-Sendern, während Schüler und Schülerinnen von Haupt- und Realschulen stärker auf Nachrichten und Informationen zurückgreifen, die sie in sozialen Netzwerken wie Facebook oder Twitter finden.

Tab. 1 Tätigkeiten im Internet – Schwerpunkt: sich informieren 2016 (täglich/mehrmals pro Woche)

Art der Tätigkeit (alle Angaben in Prozent)	Haupt- und Realschule	Gymnasium
Suchmaschinen (z. B. Google)	82	90
Videos bei YouTube, um sich über Themen zu informieren	57	57
Nachrichten/ aktuelle Fotos aus aller Welt bei Facebook/ Twitter	39	35
Wikipedia/vergleichbare Angebote	31	39
Nachrichtenportale von Zeitungen online	15	24
Nachrichtenportale von Zeitschriften	10	18
Nachrichten bei Providern wie gmx, web.de, t-online	12	14
Nachrichtenportale von TV-Sendern	6	9

Basis: alle Befragten, n = 1.200

Quelle: JIM 2016 (eigene Darstellung)

Zudem sind nicht nur Unterschiede in den genutzten Quellen und damit auch in den wahrgenommenen Inhalten festzustellen, sondern zugleich auch Unterschiede hinsichtlich der Fähigkeit, Nachrichten einordnen und beurteilen zu können. Die Studie „Gerüchte im Web" (2017) des österreichischen Instituts für Jugendkulturforschung zeigt auf, dass die Informationskompetenz Jugendlicher in Abhängigkeit vom Bildungshintergrund unterschiedlich ausgeprägt ist. Dabei wird deutlich, dass v. a. So bringen Jugendliche mit niedriger formaler Bildung häufig mit der Einordnung von Quellen überfordert sind:

> „Bei der Beurteilung der Glaubwürdigkeit sind Unterschiede je nach formaler Bildung besonders auffällig. Jugendliche mit höherer Bildung vertrauen eher den traditionellen Medien, Jugendliche mit geringerer formaler Bildung bewerten hingegen im Vergleich Online-Angebote wie Wikipedia (15 % höhere formale Bildung / 29 % niedrigere formale Bildung), bestimmte YouTuber (3 % / 23 %) oder Soziale Netzwerke (3 % / 19 %) als glaubwürdiger." (Institut für Jugendkulturforschung 2017, o. S.)

Digitale Medien mit ihren sehr unterschiedlichen Angeboten stellen besondere Anforderungen an die Informations(verarbeitungs)kompetenz ihrer Nutzerinnen und Nutzer. Vom medial bedingten Informationszuwachs profitieren somit nicht alle Gruppen der Nutzenden gleichermaßen. Tichenor et al. (1970) haben bereits in den 1970er Jahren verschiedene Faktoren herausgearbeitet, die auch im Kontext digitaler Medien noch Gültigkeit haben und die bei zunehmender Medieninformation Wissensunterschiede tendenziell vergrößern (vgl. für empirische Belege Eveland und Scheufele 2000, S. 17f.):

- Medienkompetenz insbesondere im Sinne von Text-Kompetenz: Personen mit höherer formaler Bildung können routinierter mit Texten umgehen; sie verfügen über besser ausgebildete Verstehensfertigkeiten, was den Ausschöpfungswert ihrer Mediennutzung erhöht.
- Wissensniveau: Personen können je nach Vorwissen, neue Medieninformationen besser einordnen und verarbeiten. Der Umfang des Vorwissens korreliert wiederum oftmals mit dem formalen Bildungsniveau.
- Sozialbeziehungen: Personen mit höherer formaler Bildung verfügen häufig über mehr soziale Kontakte, die für einen interpersonalen Informationsaustausch relevant sind und die medialen Informationen ergänzen.
- Selektive Informationssuche und -verarbeitung: Personen mit höherer formaler Bildung nutzen oftmals gezielt informationsreichere Medien (vgl. Zillien und Haufs-Brusberg 2014, S. 20).

Diese Faktoren bedingen eine vorteilhaftere Ausgangssituation für Personen mit formal höherer Bildung und begünstigen die Prozesse der Informationssuche, -rezeption und -auswertung. Der in der Ausgangssituation existierende Wissensunterschied wird also durch die Vielzahl an Informationsangeboten nicht zwingend nivelliert, sondern kann tendenziell erhöht werden (wachsende Wissenskluft, Matthäus-Effekt[1]). Aktuelle Phänomene des Internets, wie Fake News und Verschwörungstheorien, sind somit für Personen mit formal niedriger Bildung bzw. Personen, die sich überwiegend anhand von personengebundener Informationen im Kontext von Social Media orientieren, besonders schwer zu entlarven.

3.2   Ungleichheiten in der unterhaltungsorientierten Nutzung

Hinsichtlich der unterhaltungsorientierten Nutzung digitaler Medien sind weitere Unterschiede zwischen den unterschiedlichen Gruppen von Nutzerinnen und Nutzern festzustellen. Zwar gehört das Musikhören im Jugendalter unabhängig vom Bildungshintergrund zu den präferierten medialen Nutzungspraxen im Jugendalter, allerdings unterscheiden sich auch hier – wie bei der Informationssuche – die genutzten Quellen der Musik. So zählen Schüler und Schülerinnen des Gymnasiums häufiger (49 Prozent) als Schüler und Schülerinnen anderer Schultypen (36 Prozent) zu den regelmäßig Nutzenden von Streaming-Diensten. Die Jugendlichen mit einem formal weniger hohen Bildungsniveau greifen dagegen häufiger auf YouTube als Quelle für die von ihnen präferierte Musik zu-

---

1   Als *Matthäus-Effekt* wird das Prinzip bezeichnet, nach dem sich anfängliche, vergleichsweise geringe Vorsprünge (z. B. hinsichtlich kognitiver Kompetenzen) in aufeinanderfolgenden Vorteilen und weiteren Erfolgen niederschlagen.

rück (JIM 2016, S. 21). Dabei bietet YouTube zugleich auch eine visuelle Präsentationsform, die nicht nur auf Musik beschränkt ist und stellt, im Gegensatz zu den kostenpflichtigen Streaming-Diensten, einen kostenfreien Zugang dar. Die weiterführende unterschiedliche Nutzung von YouTube wird im nächsten Abschnitt thematisiert.

Weiterhin unterscheiden sich Schülerinnen und Schüler unterschiedlicher Schultypen hinsichtlich ihrer Nutzung digitaler Spiele. So weisen Gymnasiastinnen und Gymnasiasten eine kürzere Nutzungsdauer digitaler Spiele an einem durchschnittlichen Werktag auf (61 Minuten) als Jugendliche mit einem niedrigeren formalen Bildungshintergrund (98 Minuten, JIM 2016, S. 45). Weiterhin gehören bei den Schülerinnen und Schülern von Haupt- und Realschulen 64 Prozent zu den täglich Spielenden, während es bei den Schülerinnen und Schülern an Gymnasien lediglich 57 Prozent sind (JIM 2016, S. 42).

Es bestehen jedoch nicht nur Unterschiede hinsichtlich der quantitativen Nutzung von Games, sondern auch in Hinblick auf präferierte Genres und Spieltitel. So findet sich in der Rangliste der drei in 2016 beliebtesten digitalen Spiele in der Schülerschaft an Haupt- und Realschulen auch ein Spieltitel mit ausgeprägt violenten Inhalten in einem realweltlichen Kontext („Grand Theft Auto"), während die Top Drei in der Schülerschaft an Gymnasien keinen derartigen gewalthaltigen Spieltitel aufweist (JIM 2016, S. 45).

Bei den digital Spielenden handelt es sich – unabhängig vom Bildungshintergrund – im Kindes- und Jugendalter überwiegend um Jungen, die mehrheitlich sehr spielaffin sind: Der Wert derjenigen Jungen, die nie digitale Spiele nutzen, liegt lediglich bei 2 Prozent (JIM 2016, S. 42). Das sogenannte *Gaming* hat damit in den meisten Jungenkulturen einen hohen Stellenwert: Wissen und Können im Bereich digitaler Spiele dient Jungen vielfach zum Statusgewinn in der eigenen Peergroup; zugleich kann das Fehlen derartigen Wissens und Könnens in einer Vielzahl von männlichen Peergroups zur Ausgrenzung führen. Mit den Erfahrungen im Bereich Gaming erwerben Jungen eine Art soziale Währung, mit der sie in den Austausch mit anderen Jungen treten können und sich in männlichen (Spiel-) Gemeinschaften verorten können. Gaming hat somit für viele Jungen – neben der unterhaltenden – auch eine herausragende soziale Funktion. Dabei ist nicht nur die Anschlusskommunikation von Bedeutung, sondern v. a. auch das gemeinsame Nutzen von digitalen Spielen:

> „Die beim gemeinsamen digitalen Spiel entstehenden Kommunikations- und Interaktions-
> verläufe zwischen den Spielenden werden vielfach als besonderer Reiz erlebt; dabei ist es
> zunächst unbedeutend, ob es sich um örtlich entgrenztes oder um ein an einen realweltlichen
> Ort gebundenes Spielerlebnis handelt. Für viele Spielende verfügen digitale Spiele, bei denen
> menschliche Akteure miteinander in Kontakt stehen, über ein größeres Motivierungspoten-
> tial als solche Spieltypen, die ausschließlich allein, im Singleplayer-Modus, genutzt werden
> können." (Witting 2013, S. 177)

Gaming kann sich dabei als soziales Trainingsfeld für die Nutzenden erweisen, bei denen sie sich in Situationen erproben können, die sowohl von Konkurrenz und Wettbewerb geprägt sein können als auch von Teamorientierung. Das Agieren in einer (virtuellen) Spielgemeinschaft ist – wie bei jeder sozialen Gemeinschaft – begleitet vom Aushandeln und Einhalten von Regeln. So stellt Fairness in allen leistungsorientierten Spielgemeinschaften ein hohes Gebot dar (ebenda, S. 178ff.).

Die Nutzung digitaler Spiele als (soziale) Ressource – insbesondere für Jungen – wird
im gesellschaftlichen wie wissenschaftlichen Diskurs jedoch nur vereinzelt diskutiert
(z. B. bei Ring et al. 2014 oder Fritz et al. 2011). Im Vordergrund der Diskurse steht die
Betrachtung möglicher Risiken, die mit dem Gaming verbunden sein können, wie z. B.
eine mögliche aggressionsfördernde Wirkung durch die Nutzung gewalthaltiger Games. So
nutzen Jungen im Kindes- und Jugendalter häufiger als andere Gruppen von Nutzerinnen
und Nutzern digitale Spiele mit violentem Inhalt. 42 Prozent der Jungen im Alter von 6
bis 13 Jahren geben an, auch digitale Spiele zu nutzen, die entsprechend der gesetzlichen
Alterskennzeichnung nicht für ihr Alter freigegeben sind. Bei den Mädchen der gleichen
Altersgruppe geben dies nur 31 Prozent an (KIM 2016, S. 58).

In Hinblick auf das Risiko einer extensiven – und auch einer abhängigen – Nutzung von
digitalen Spielen erweisen sich ebenfalls männliche Spielende im Jugendalter und jungen
Erwachsenenalter als die am häufigsten betroffene Nutzergruppe:

> „Als „extensive Computerspieler" wurden diejenigen Personen eingestuft, die rechnerisch
> mehr als anderthalb Stunden täglich Computerspiele nutzen. Sie machen etwa 17 Prozent der
> gesamten Computerspielerschaft aus; mehr als zwei Drittel (70,6 %) von ihnen sind männ
> lich und insbesondere 20- bis 29-Jährige sind in dieser Gruppe überrepräsentiert. Extensive
> Computerspieler sind insbesondere in der Gruppe derjenigen Personen vertreten, die sich in
> einer (schulischen, universitären oder beruflichen) Ausbildung befinden, während sie unter
> den (voll oder teilweise) Berufstätigen unterrepräsentiert sind. Zudem sind Personen mit
> Hauptschulhintergrund überproportional vertreten. Schließlich besteht ein recht deutlicher
> Zusammenhang zum Beziehungsstand: Mehr als die Hälfte (55 %) der extensiv spielenden
> Personen hat derzeit keine/n Partner/in; ein weiteres Fünftel (20 %) lebt in einer Beziehung,
> aber nicht mit ihrem/r Partner/in zusammen. Diese Anteile sind deutlich höher als die Ver
> gleichswerte unter den nicht extensiv Spielenden." (Schmidt und Drosselmeier 2011, S. 197f.)

Nur 43 Prozent der Mädchen spielen überhaupt täglich digital gegenüber 83 Prozent der
Jungen; 15 Prozent nutzen digitale Spiele gar nicht (JIM 2016, S. 42). Vergleicht man die
digital spielenden Mädchen mit den Jungen sind weitere Unterschiede hinsichtlich der
für das Spielen genutzten Plattformen und der präferierten Genres und Spieltitel zu verzeichnen. So spielen Mädchen häufiger (gewaltfreie) Casual Games[2] als Jungen und nutzen
dazu v. a. das Smartphone, das mit 63 Prozent die präferierte Spieleplattform bei Mädchen
darstellt (JIM 2016, S. 44).

Mädchen müssen vielfach – anders als Jungen – deutliche Zugangsbarrieren überwinden,
um sich das Gaming als eigene digitale Handlungspraxis zu erschließen:

> „letztlich werden Freizeitaktivitäten auch nach Möglichkeiten ausgewählt: Um etwas für
> sich in Betracht zu ziehen, muss Wissen darüber vorhanden sein. Interesse muss geweckt,

---

2   Als Casual Games werden digitale Spiele bezeichnet, die leicht verständliche Spielaufgaben
    aufweisen und auch auf der Steuerungsebene schnell beherrschbar sind.

Spaß und Kenntnisse vermittelt werden. Wissen wie Spiele-Tipps und Tricks wird Mädchen*
jedoch nahezu vorenthalten, weil auch Online-Plattformen und Clans häufig nach ähnlichen
geschlechtssegregierenden Prinzipien wie das Marketing [im Bereich digitaler Spiele, die
Verf.] funktionieren. Auch im Rahmen der allgemeinen Mediensozialisation werden Mäd-
chen* eher nicht darin bestärkt, digitale Spiele zu spielen – im Gegensatz zu Jungen*, die
insbesondere in ihrer Peer-Group Unterstützung erfahren und von Eltern in dem Bereich
weniger reglementiert werden (vgl. McNamee 1998; Carr 2005). Im Bereich digitale Spiele
finden sich hier die (meist männlichen) Gatekeeper, die Personen einführen und fördern."
(Groen und Witting 2016, S. 181)

Überwinden Mädchen die beschriebenen Zugangsbarrieren bleibt es dennoch für sie schwer,
als Gamerin Anerkennung und einen Platz in den Gaming-Communities zu finden. Der
Fokus digitaler Spiele ist in Inhalt, Design, Werbung und Szene-Events überwiegend auf
weiße, heterosexuelle Männer ausgerichtet. Mädchen und Frauen, Homo- und Transse-
xuelle, ethnische und andere Minderheiten werden innerhalb der Gaming-Szene[3] meist
marginalisiert oder als lächerlich inszeniert. Ihr gamingbezogenes Wissen und Können
wird in Frage gestellt. Zugleich wird ihnen vielfach als Motivation nicht das Interesse am
digitalen Spiel unterstellt, sondern die Suche nach Aufmerksamkeit und das Kennenlernen
neuer Sexualpartner. Sexuelle Belästigungen dominieren daher vielfach die Kommunikation, die insbesondere Mädchen und Frauen in Gaming-Kontexten erfahren:

„[Manche, die Verf.] Frauen* probieren die Belästigungen zu vermeiden, indem sie versuchen,
nicht als weiblich identifiziert zu werden, was oft mit Einschränkungen im Spielerleben
einhergeht: So setzen viele kooperative Multiplayer-Spiele mittlerweile einen Sprach-Chat
als Koordinierungshilfe und damit für Erfolg voraus. Und darum stellen sexuell geprägte
Beleidigungen und Bedrohungen weiterhin eines der größten Probleme für weibliche Spielende dar. So gaben in einer Studie mit 293 Spielerinnen die Befragten an, dass sie sich relativ
gut von nicht explizit geschlechtsbezogenen Beschimpfungen und auch von der Negierung
ihrer spielerischen Kompetenz distanzieren können. Sexistische Kommentare und Vergewal-
tigungsandrohungen belasten sie jedoch über die Dauer des Spiels hinaus und erhöhen die
Wahrscheinlichkeit, sich aus der Gaming Szene zurückzuziehen (Fox/Tang 2016). Dabei gibt
es kaum eine Möglichkeit für Frauen*, etwas dagegen zu unternehmen, falls sie sich darüber
beschweren, wird ihnen oft im Gegenzug unterstellt, sie seien einfach zu sensibel, prüde oder
hysterisch („drama queen")." (Groen und Witting, S. 184f.)

Diese als Hate Speech oder Toxic Behavior bekannten Phänomene treten in den jeweiligen Spiele-Communities unterschiedlich stark auf und sind zudem abhängig von den
technischen Möglichkeiten des Spiels (vgl. Groen und Schröder 2014). Zugleich lassen sich

---

3 Zur sog. *Gaming-Szene* gehören die unterschiedlichsten Kollektivierungsformen, die überwiegend eher weiche als harte Zugehörigkeitsmerkmale aufweisen. Harte Zugehörigkeitsmerkmale
   finden sich beispielsweise im wettbewerbsorientierten *eSport*, wo die Zugehörigkeit über Punkte
   in einem Liga-System aufgezeigt werden kann. Beim freizeitorientierten Spielen drückt sich
   Zugehörigkeit und Anerkennung dagegen z. B. durch Einladungen zum gemeinsamen Spielen
   und durch Kommentare auf Online-Plattformen aus (weiche Zugehörigkeitsmerkmale).

unterschiedliche Marginalisierungs- und Ausschließungsprozesse auch in anderen – nicht nur unterhaltungsorientierten – digitalen Räumen beobachten.

4   Ungleichheit in digitalen Räumen: Ausschließung, Aneignung und Teilhabe

Die massenhafte Verbreitung des Internets seit 1997 hat einen entscheidenden Schub durch die ab den 2000er Jahren zunehmende private, häusliche Nutzung bekommen. Dies hat eine wachsende Teilhabe am Internet über die von soziodemografischen Faktoren bestimmten Grenzen ausgelöst und die Öffnung vom Elitemedium hin zum Alltagsmedium für vielfältige Bevölkerungsgruppen ermöglicht. Dabei ist auf die geschlechtsspezifische Nutzung und die Berücksichtigung der Geschlechterverhältnisse mit den ihnen inhärenten Macht- und Dominanzverhältnissen ein besonderes Augenmerk zu legen (vgl. Röser und Peil 2010, S. 482f.; Tillmann 2017). Klaus et al. (1997) haben – in Analogie zur Historie des Radios – auf die anfänglich ausschließliche männliche Konnotation der neuen Technologie Internet verwiesen.

> „Genau wie das Radio waren PC und Internet anfangs kleinen männlichen Expertenkreisen von Technikorientierten und Bastlern vorbehalten. Auf dem Weg zu einer „universellen Öffnung" machen diese Medien einen Wandel von einer technischen „Rahmung" zu einer alltagskulturellen Kontextuierung durch (Schönberger 1999: 259; vgl. auch Kubicek u. a. 1997): Die Technologie wandert von den Insidern und Experten zu den Laien, von spezialisierten Teilöffentlichkeiten zu breiten Nutzerkreisen. Dabei vermindern sich soziale Differenzen in Zugang und Nutzung, die bei dominant technisch gerahmten Medien zunächst eine besonders große Rolle spielen." (zit. nach: Röser und Peil 2010, S. 483)

Dennoch ist bis heute wirksam, dass technisches Wissen und Können vielfach dem männlichen Geschlecht zugesprochen wird und das Geschlecht Einfluss nimmt auf die Aneignungsprozesse des Internets und entsprechender digitaler Räume. Im Sinne des „Doing Gender"[4] bringen sich männliche Akteure häufig stärker in technikabhängige Szenen ein als weibliche, die in ihrer Sozialisation auch weniger darin bestärkt werden, sich für Technik zu interessieren (Tillmann 2017, S. 20).

Auch da wo technische Hürden benutzerfreundlich herabgeschraubt wurden oder durch die Aneignung von spezifischem Wissen überwunden werden konnten, zeigt sich in digitalen Räumen oft eine männliche Dominanz wie sie für Gaming-Communities bereits beschrieben wurde. Ausschließungsprozesse können beispielsweise auch für die kollaborative Wissensproduktion im Rahmen der Online-Enzyklopädie Wikipedia beobachtet werden:

---

4   Unter *Doing Gender* wird die soziale Konstruktion von Geschlecht und Geschlechterverhältnissen verstanden.

„In Studien über Wikipedia wurde zum Beispiel herausgearbeitet, dass das Angebot von
männlichen Autoren und damit einer männlichen Sichtweise dominiert ist. Die Zahlen über
den Anteil von weiblichen Autorinnen in verschiedenen Studien variieren zwischen sechs
und 23 Prozent (vgl. Wikimedia Foundation 2011, Khanna 2012, Hill/Shaw 2013). Beobachtet
wurden in der Online-Enzyklopädie außerdem geschlechterdiskriminierende Vorfälle wie
Löschanträge zu feministischen Einträgen (vgl. Carstensen 2009)." (Tillmann 2017, S. 23)

Auch auf dem Videoportal YouTube lässt sich männliche Dominanz beobachten. Das
Videoportal stellte sich im Jahr 2016 als das beliebteste Internetangebot sowohl für Jungen
als auch für Mädchen heraus (JIM, S. 29). Hier können Videoclips und Filmbeiträge der
unterschiedlichsten Genres kostenfrei angesehen, bewertet und kommentiert werden. Ebenso können Eigenproduktionen über die Plattform der Öffentlichkeit zugänglich gemacht
werden. Für die USA geben Wotanis und McMillian (2014) den Anteil der YouTuberinnen
bei den meistabonnierten Kanälen mit weniger als 20 Prozent an. In Deutschland werden im Frühjahr 2017 lediglich zwei der Top 20 meistabonnierten YouTube-Kanäle von
jungen Frauen betrieben (https://vidstatsx.com/youtube-top-100-most-subscribed-ger-
many-de-channels). So sind auf der Videoplattform mehrheitlich männliche Akteure
repräsentiert und mehr Angebote enthalten (Let´s Play-Videos, Sport- und Actionvideos,
humorvolle und nachrichtenorientierte Videos), die v. a. von männlichen Nutzern rezipiert
werden (JIM 2016, S. 39). Männlichen Akteuren wird die Selbstdarstellung und Publikation eigener Beiträge auf YouTube erleichtert, da sie auf der Videoplattform mit deutlich
weniger negativer Kritik rechnen können als weibliche Akteure:

„YouTuberinnen als Mädchen und Frauen, die sich geschlechtsrollenkonträr nicht nur in
privaten Netzwerken austauschen, sondern an die breite digitale Öffentlichkeit treten, sind
in stärkerem Maße als Youtuber von herabwürdigenden und feindseligen Video-Kommen-
taren zu ihrem körperlichen Erscheinungsbild bis hin zu sexuellen Drohungen und Stalking
betroffen (Wotanis/McMilian 2014; Reagle 2013). Der Preis für eine aktive YouTube-Beteili-
gung ist für Mädchen und Frauen somit deutlich höher. Nicht jede kann und will sich diesen
geschlechtsspezifischen Angriffen aussetzen." (Döhring 2015, S. 19)

Trotz dieser Barrieren und der überwiegend sehr stereotypen Inszenierung von Geschlecht
in den auf YouTube populären Beiträgen verweist Döhring (2015) auch auf das Potential
der Plattform eben auch die Vielfalt von Geschlecht – und insbesondere von Weiblichkeit
– sichtbar werden zu lassen:

„Neben den Mainstream-Kanälen, deren Protagonistinnen dem stromlinienförmigen
Frauenideal der Massenmedien – jung, hübsch, blond, schlank – zumindest äußerlich stark
ähneln, existieren auch YouTube-Kanäle, die Aspekte des Mädchenseins zeigen, die in den
Massenmedien unterrepräsentiert sind. So gibt es Beauty-YouTuberinnen, die ihre Styles im
Rollstuhl vorführen (…) oder mit Kopftuch präsentieren (…)." (ebenda, S. 22)

Auch Röhm (2016) betont das Potential von Social Media Plattformen, Personengruppen wie
beispielsweise Menschen mit Behinderungen, die im überwiegenden Angebot traditioneller

Massenmedien kaum repräsentiert werden, sichtbar werden zu lassen. So verwies die Aktion Mensch e. V. 2010 in einer Studie darauf, dass Menschen mit verschiedenen Behinderungen[5] eine überdurchschnittlich hohe Affinität für das Internet und Social Media-Anwendungen haben und oft über eine überdurchschnittlich gute technische Ausstattung verfügen. Die Selbstdarstellung und damit Sichtbarmachung der eigenen Person z. B. im Rahmen von Weblogs kann mit einem doppelten destigmatisierenden Effekt einhergehen:

> „Auf der einen Seite erhält das allgemeine Internetpublikum die Möglichkeit zur medialen Kontaktaufnahme mit einer ‚real‘ marginalisierten Person. Auf der anderen Seite belegen verschiedene Studien, dass diese Form der Selbstauskunft dazu beiträgt, die Selbst-Stigmatisierung zu reduzieren. Nach Corrigan et al. (2010; 2013) fördert das sogenannte Coming Out Proud das Empowerment einer ansonsten von Stigmatisierung und Diskriminierung betroffenen Person." (Röhm 2016, S. 20)

Obwohl sich die auf Demokratisierung und Teilhabe gerichteten überschwänglichen Erwartungen der ersten Jahre des Internets nicht realisiert haben, bieten digitale Räume – trotz der beschriebenen Ausschlusspraxen und Machtstrukturen – dennoch Möglichkeiten, vorherrschende Repräsentationen zu ergänzen oder ihnen andere Aspekte entgegenzusetzen und dabei zugleich bestehende Machtstrukturen zu kritisieren und aufzubrechen.

Auch wenn Ungleichheiten im Zugang zu digitalen Medien zunehmend geringer ausfallen, bleiben Ungleichheiten in der Nutzung und im Nutzen weiterhin bestehen. Soziodemografische Ungleichheitsaspekte werden nicht nivelliert, sondern bewirken mitunter eine Zunahme der Ungleichheit im Kontext digitaler Medien. So ergibt sich auch nicht für alle Bevölkerungsgruppen die gleiche Chance zur Teilhabe mittels digitaler Medien, so dass auch in Zukunft Maßnahmen der gruppenbezogenen Förderung von Medienkompetenz und gruppenbezogenes Empowerment von Nöten sein werden.

Literatur

ARD/ZDF Onlinestudie 2016. http://www.ard-zdf-onlinestudie.de/fileadmin/Onlinestudie_2016/ Kern-Ergebnisse_ARDZDF-Onlinestudie_2016.pdf. Zugegriffen: 03. März 2017.
Bichler, M. 2009. Medienumgang sozial benachteiligter Kinder im Kontext ihrer prekären Lebensverhältnisse. Ergebnisse einer österreichischen Panelstudie. *tv diskurs 47*: 50-53.
Bundeszentrale für gesundheitliche Aufklärung, Hrsg. 2016. Werkstattbuch Medienerziehung. Zusammenarbeit mit Eltern – in Theorie und Praxis. http://www.gmk-net.de/fileadmin/ pdf/ Materialien-Artikel/ werkstattbuch 2016.pdf. Zugegriffen: 03. März 2017.

---

5   Zugleich sind Medien für Menschen mit Behinderungen vielfach mit besonderen Barrieren auf der Ebene von Text, Bild, Ton oder Bedienbarkeit belegt.

Carstensen, T. 2009. Gender Trouble im Web 2.0: Gender Relations in Social Network Sites, Wikis and Weblogs. *International Journal of Gender, Science and Technology* 1, 105-127 http://gender-andset. open.ac.uk/index.php/genderandset/article/viewFile/18/31. Zugegriffen: 03. März 2017.

Carr, D. 2005. Contexts, gaming pleasures, and gendered preferences. *Simulation & Gaming* 36/4: 464-482.

D21-Digital-Index 2016. http://initiatived21.de/app/uploads/2017/01/studie-d21-digital-index-2016. pdf. Zugegriffen: 03. März 2017.

Döhring, N. 2015. Die YouTube-Kultur im Gender-Check. *medien + erziehung. Zeitschrift für Medienpädagogik.* 59: 17-24.

Eveland, W. P. und D. A. Scheufele. 2000. Connecting News Media use with Gaps in Knowledge and Participation. *Political Communication* 17: 215-237.

Fritz, J., C. Lampert, J. H. Schmidt und T. Witting, Hrsg. 2011. *Kompetenzen und exzessive Nutzung bei Computerspielern: Gefordert, gefördert, gefährdet.* Berlin: Vistas.

Gapski, H., Hrsg. 2009. *Jenseits der digitalen Spaltung. Gründe und Motive zur Nichtnutzung von Computer und Internet.* München und Düsseldorf: Schriftenreihe Medienkompetenz des Landes Nordrhein-Westfalen.

Groen, M. und A. Schröder. 2014. Crowd-Control für die Gaming-Community – Formen der Begegnung mit unerwünschtem Verhalten in MMOGs. In *Spielwelt – Weltspiel. Narration, Interaktion und Kooperation im Computerspiel*, Hrsg. W. Kaminski und M. Lorber. München: Kopäd.

Groen, M. und T. Witting. 2016. There Are No Girls on the Internet. Gender und Kommunikation in Online-Gaming-Szenen. In *Kommunikationskulturen in digitalen Welten. Konzepte und Strategien der Medienpädagogik und Medienbildung*, Hrsg. M. Brüggemann, T. Knaus und D. M. Meister, 179-182. München: Kopäd.

Hargittai, E. und P. DiMaggio. 2001. From the »Digital Divide« to »Digital Inequality«: Studying Internet Use as Penetration Increases. *Working Paper #19. Center for Arts and Cultural Policy Studies.* Woodrow Wilson School. Princeton University.

Hill, B. M. und A. Shaw. 2013. The Wikipedia gender gap revisited: Characterizing survey response bias in peer production communities. PLOS ONE. doi:10.1371/journal.pone.0065782. Zugegriffen: 03. März 2017.

Instituts für Jugendkulturforschung. 2017. Gerüchte im Netz. https://www.saferinternet.at/ fileadmin/files/SID_2017/Pr%C3%A4sentation_PK_Safer_Internet_Day_2017.pdf. Zugegriffen: 03. März 2017.

JIM 2016. JIM-Studie 2016. Jugend-Information-(Multi-)Media. Basisstudie zum Medienumgang 12- bis 19-Jähriger in Deutschland. https://www.mpfs.de/fileadmin/files/Studien/JIM/2016/JIM_Studie_2016.pdf. Zugegriffen: 03. März 2017.

Kammerl, R. 2016. Intensive und exzessive Internetnutzung in Familien. In *Werkstattbuch Medienerziehung. Zusammenarbeit mit Eltern – in Theorie und Praxis*, Hrsg. Bundeszentrale für gesundheitliche Aufklärung, 78-88. http://www.gmk-net.de/fileadmin/pdf/Materialien-Artikel/werkstattbuch2016.pdf. Zugegriffen: 03. März 2017.

Khanna, A. 2012. Nine out of ten Wikipedians continue to be men: Editor Survey. https://meta.wikimedia.org/wiki/Research:Wikipedia_Editors_Survey_2011_April. Zugegriffen: 03. März 2017.

KIM 2016. KIM-Studie 2016. Kindheit, Internet, Medien. Basisuntersuchung zum Medienumgang 6- bis 13-Jähriger in Deutschland. https://www.mpfs.de/fileadmin/files/Studien/KIM/2016/KIM_2016_ Web-PDF.pdf. Zugegriffen: 03. März 2017.

Klaus, E., M. Pater und U. Schmidt. 1997. Das Gendering neuer Technologien. Durchsetzungsprozesse alter und neuer Kommunikationstechnologien. *Das Argument* 39 (6): 803-818.

Koch, W. und B. Frees. 2016. Dynamische Entwicklung bei mobiler Internetnutzung sowie Audios und Videos Ergebnisse der ARD/ZDF-Onlinestudie 2016. http://www.ard-zdf-onlinestudie.de/index.php?id=568. Zugegriffen: 03. März 2017.

Kubicek, H., U. Schmid und H. Wagner. 1997. *Bürgerinformation durch „neue" Medien? Analysen und Fallstudien zur Etablierung elektronischer Informationssysteme im Alltag*. Opladen: Westdeutscher Verlag.

Kutscher, N. 2010. Digitale Ungleichheit: Soziale Unterschiede durch Mediennutzung. In *Soziale Arbeit und Medien*, Hrsg. G. Cleppien und U. Lerche, 153-163. Wiesbaden: VS Verlag für Sozialwissenschaften.

Kutscher, N. und H.U. Otto. 2014. Digitale Ungleichheit – Implikationen für die Betrachtung medialer Jugendkulturen. In *Digitale Jugendkulturen*, Hrsg. K.U. Hugger, 283-300. Wiesbaden: Springer VS.

Kümmel, A., L. Scholz und E. Schumacher. 2004. *Einführung in die Geschichte der Medien*. Paderborn: Fink.

Lampert, C. und M. Rechlitz. 2016. „In der Theorie ist das natürlich immer super einfach, aber in der Praxis …". Anforderungen an und Ansatzpunkte für eine gelingende Medienerziehung in der Familie. In *Werkstattbuch Medienerziehung. Zusammenarbeit mit Eltern – in Theorie und Praxis*, Hrsg. Bundeszentrale für gesundheitliche Aufklärung, 37-46. http://www.gmk-net.de/fileadmin/ pdf/Materialien-Artikel/werkstattbuch2016.pdf. Zugegriffen: 03. März 2017.

Lenz, T. und N. Zillien. 2005. Medien und soziale Ungleichheit. In *Mediensoziologie. Grundfragen und Forschungsfelder*, Hrsg. M. Jäckel, 237-252. Wiesbaden: VS Verlag für Sozialwissenschaften.

McNamee, S. 1998. Youth, gender and video games: power and control in the home. In *Cool Places. Geographies of youth cultures*, Hrsg. T. Skelton, T. und G. Valentine, 195-206. London und New York: Routledge.

Mossberger, K., C. J. Tolbert und M. Stansbury. 2003. *Virtual Inequality: Beyond The Digital Divide*. Georgetown University Press.

Paus-Hasebrink, I. und M. Bichler (unter Mitarbeit von C. Wijnen). 2008. *Mediensozialisationsforschung. Theoretische Fundierung und Fallbeispiel sozial benachteiligter Kinder*. Innsbruck, Wien, Bozen: Studien Verlag.

Reagle, R. 2013. „Free as in sexist?" Free culture and the gender gap. *First Monday 18 (1)* http://firstmonday.org/article/view/4291/3381. Zugegriffen: 03. März 2017.

Ring, S., K. Demmler und K. Lutz, Hrsg. 2014. *Computerspiele und Medienpädagogik. Konzepte und Perspektiven*. München: Kopäd.

Röhm, A. 2016. Destigmatisierung und soziale Medien. Selbstbestimmung, Empowerment und Inklusion? *medien + erziehung. Zeitschrift für medienpädagogik*. 60 (3): 17-24.

Röser, J. und C. Peil. 2010. Diffusion und Teilhabe durch Domestizierung. Zugänge zum Internet im Wandel 1997-2007. *Medien & Kommunikationswissenschaft*. 58 (4): 481-502. http://dx.doi.org/10.5771/1615-634x-2010-4-481. Zugegriffen: 03. März 2017.

Schmidt, J.H. und M. Drosselmeier. 2011. Computerspiele(n) als zeitliches Phänomen. In *Kompetenzen und exzessive Nutzung bei Computerspielern: Gefordert, gefördert, gefährdet*, Hrsg. J. Fritz, C. Lampert, J.H. Schmidt und T. Witting, 181-200. Berlin: Vistas.

Schönberger, K. 1999. Internet zwischen Spielwiese und Familienpost. Doing Gender in der Netznutzung. In *Neue Medienwelten. Zwischen Regulierungsprozessen und alltäglicher Aneignung*, Hrsg. E. Hebecker, F. Kleemann, H. Neymanns und M. Stauff, 259-281. Frankfurt a. M.: Campus.

Min, S. J. 2010. From the Digital Divide to the Democratic Divide: Internet Skills, Political Interest, and the Second-Level Digital Divide in Political Internet Use. *Journal of Information Technology & Politics*. 7 (1): 22-35.

Steiner, O. und M. Goldoni, M. 2011. Medienkompetenz und medienerzieherisches Handeln von Eltern. Eine empirische Untersuchung von Eltern von 10- bis 17-jahrigen Kindern in Basel-Stadt. http://www.fhnw.ch/ppt/content/prj/s246-0031/gesamtbericht-pdf. Zugegriffen: 03. März 2017.

Süss, D. 2004. *Mediensozialisation von Heranwachsenden. Dimensionen – Konstanten – Wandel*. Wiesbaden: VS Verlag für Sozialwissenschaften.

Tichenor, P., G. Donohue und C. Olien. 1970. Mass Media Flow and Differential Growtz in Knowledge. *Public Opinion Quarterly* 34: 159-170.

Tillmann, A. 2017. Genderbeben im Internet? Aushandlung von Geschlecht im Kontext von Internet. *medien + erziehung. Zeitschrift für medienpädagogik.* 61 (1): 19-27.

Wagner, U., C. Gebel und C. Lampert, Hrsg. 2013. *Zwischen Anspruch und Alltagsbewältigung: Medienerziehung in der Familie.* Schriftenreihe Medienforschung der LfM. Bd. 72. Berlin: Vistas.

Wartberg, L., M. Rosenkranz, L. Hirschhäuser, S. Hein, C. Schwinge, R. Kammerl, K. U. Petersen und R. Thomasius. 2014. The Interdependence of Family Functioning and Problematic Internet Use in a Representative Quota Sample of Adolescents. *Cyberpsychology, Behavior and Social Networking* 17 (1): 14-18.

Wartberg, L., L. Kriston, R. Kammerl, K.U. Petersen und R. Thomasius. 2015. Prevalence of Pathological Internet Use in a Representative German Sample of Adolescents: Result of a Latent Profile Analysis. *Psychopathology. International Journal of Descriptive and Experimental Psychopathology, Phenomenology and Psychiatric Diagnosis* 48 (1): 25-30. DOI: 10.1159/000365095. Zugegriffen: 03. März 2017.

Wartberg, L., A. Aden, M. Thomsen und R. Thomasius. 2015. Zusammenhänge zwischen familialen Aspekten und pathologischem Internetgebrauch bei Jugendlichen. Eine Übersicht. *Zeitschrift für Kinder- und Jugendpsychiatrie und Psychotherapie* 43 (1): 9-19.

Wikimedia Foundation (2011). Editor survey 2011. Technical report, San Francisco, CA. https:// meta.wikimedia.org/wiki/Editor_Survey_2011. Zugegriffen: 03. März 2017.

Wingen, M. 1997. *Familienpolitik. Grundlagen und aktuelle Probleme.* Stuttgart: UTB.

Witting, T. 2013. Vergemeinschaftungsprozesse im Kontext digitaler Spiele. In *Soziologische Perspektiven auf digitale Spiele. Virtuelle Handlungsräume und neue Formen sozialer Wirklichkeit,* Hrsg. D. Compagna und S. Derpmann, 173-184. Konstanz: UVK.

Wotanis, L. und McMillian, L. 2014. Performing Gender on YouTube. *Feminist Media Studies* 14 (6): 912-928, DOI: 10.1080/14680777.2014.882373. Zugegriffen: 03. März 2017.

Zillien, N. und M. Haufs-Brusberg. 2014. *Wissenskluft und Digital Divide.* Baden-Baden: Nomos.

Zillien, N. 2008. Auf der anderen Seite. Zu den Ursachen der Internet-Nichtnutzung. *Medien & Kommunikationswissenschaft* 56 (2): 209-226.

Gesundheitliche Ungleichheit und neue Morbidität

Fritz Haverkamp

Zusammenfassung

Chronische soziale Benachteiligung bzw. Armut gehen bei Erwachsenen mit reduzierter Gesundheit und geringerer Bildung und bei betroffenen Kindern zusätzlich
mit einer geringeren neurokognitiven Entwicklung einher (vgl. Case et al. 2002). Der
soziale Gradient[1] für Gesundheit ist empirisch vielfach nachgewiesen worden. Es besteht wissenschaftlich Einigkeit darüber, dass dieser Zusammenhang über die gesamte
Lebensspanne geht und alle demographischen Gruppen betrifft. Dieser ist unabhängig
davon, wie in den verschiedenen Untersuchungen Armut bzw. soziale Klasse definiert
wurde. Überwiegend wird in der Literatur von einer kausalen Beziehung ausgegangen.
Wissenschaftliche Untersuchungen beschäftigen sich vor allem mit Unterschieden in
den sozioökonomischen Merkmalen wie Ausbildung, beruflicher Status und Einkommen, wobei gleichzeitig einhergehende Unterschiede im Gesundheitszustand auch als
„gesundheitliche Ungleichheit" bezeichnet werden (vgl. Mielck 2010). Neuere wissenschaftliche Ansätze differenzieren zusätzlich nach Geschlecht, Familienstatus, Ethnizität
und Migration, sozialer Integration, regionalen Bezügen, Verstädterung und Teilhabe
an kulturellen Aktivitäten. Zunehmend wird auch eine größere Bedeutung der subjektiven Bewertung der sozialen und gesundheitlichen Situation durch die Akteure und
Akteurinnen selbst eingeräumt (vgl. Kolip und Koppelin 2002). Die soziale Vulnerabilität
von Gesundheit ist kein *natürlicher* oder a priori festgelegter Zustand. Sie entsteht im
Kontext von sozialer Ungleichheit, die das Alltagsleben sozial benachteiligter, oftmals
exkludierter Gruppen kennzeichnet. Armut und soziale Exklusion beeinträchtigen die
Selbstverwirklichung durch den Mangel an Anerkennung und Akzeptanz, dem Gefühl
von Machtlosigkeit, ökonomischer Einschränkungen und verminderter Lebenserfahrungen und -erwartungen. Soziale Inklusion wird dagegen als sehr wichtig u. a. für die
materielle und psychosoziale Selbsthilfe und Selbstverwirklichung angesehen. In diesem

---

1 Mit Gradient wird der signifikante Zusammenhang zwischen zwei bzw. mehreren Faktoren
aufgezeigt.

Beitrag wird eine Übersicht zu diesem Themenkomplex gegeben. Gleichzeitig werden erste Perspektiven für eine inklusive Gesundheitsversorgung zu entwickeln versucht.

Schlagworte

Gesundheitliche Ungleichheit; Sozialepidemiologie; Epigenetik; transgenerationale Effekte; Lebensstil und Lebensbedingungen

1   Gesundheitliche Ungleichheit: Zusammenhang von sozialer Lage und gesundheitlichen Risiken

Gesundheit und Krankheit werden im allgemeinen Alltagsverständnis dichotomisch begriffen, doch unterscheiden sich die Konzepte von Gesundheit und Krankheit in Abhängigkeit von Lebensalter, Geschlecht, sozioökonomischer Lage und soziokulturell-religiöser Orientierung. Über diese Unterschiede hinweg wird der Gesundheit ein besonders hoher Stellenwert im Sinne eines Grundwertes zugesprochen.

> „Gesundheit bildet einerseits einen zentralen Wert im Gefüge gesellschaftlicher Normen und individueller Lebensziele, andererseits sind Gesundheit und Krankheit elementare Erfahrungsqualitäten menschlichen Lebens. Es fällt schwer, einen allgemeinen akzeptierten positiven Begriff von Gesundheit, aber auch von Krankheit zu entwickeln, da zwischen Gesundheit und Krankheit vielfältige Übergänge und Zwischenstufen bestehen." (Schwarz et al. 2003, S. 27)

Die weit reichende Definition von Gesundheit durch die Weltgesundheitsorganisation (WHO) von 1946, wonach Gesundheit den „Zustand des völligen körperlichen, seelischen und sozialen Wohlbefindens und nicht nur das Freisein von Krankheit und Gebrechen" meint (WHO 1946), unterstreicht diesen Grundwert, doch verkürzt sie das komplexe Bedingungsgeflecht zwischen Gesundheit und Krankheit. Als konsensfähig hat sich ein multidimensionales Gesundheits- bzw. Krankheitsverständnis herauskristallisiert, das genetische und biologische, soziale, ökonomische, ökologische und psychologische Faktoren gleichermaßen berücksichtigt. Klaus Hurrelmann beschreibt auf dieser Basis Gesundheit (und vice versa: Krankheit) als „Stadium des Gleichgewichts von Risikofaktoren und Schutzfaktoren, das eintritt, wenn einem Menschen eine Bewältigung sowohl der inneren (körperlichen und psychischen) als auch der äußeren (sozialen und materiellen) Anforderungen gelingt. Gesundheit ist ein Stadium, das einem Menschen Wohlbefinden und Lebensfreude vermittelt." (Hurrelmann 2010)

Sowohl die inneren als auch die äußeren Anforderungen, Belastungen und Ressourcen sind individuell ausgeprägt und sozial unterschiedlich verteilt, so dass gesundheitliche Ungleichheit entsteht. Die internationale Forschung differenziert zwischen health inequality und health inequity. Health inequality meint die Unterschiede im Gesundheitszustand entsprechend der sozialen Differenzierung (z. B. Geschlecht, Bildung, Region, Einkommen etc.), die nur begrenzt sozial steuerbar sind. Health inequity hingegen wird als Bezeichnung der als „ungerecht empfundenen Unterschiede" verwendet. Hier wird bewertet, ob und wie gesundheitliche Risiken bzw. Krankheiten letztlich Faktoren geschuldet sind, die als vermeidbar eingestuft werden müssen bzw. die sozial selektiv wirken (vgl. Mielck 1993, S. 14). Gesundheit und Krankheit können folglich nicht rein naturwissenschaftlich-medizinisch bzw. ausschließlich sozial bzw. von den individuellen Verhaltensweisen her betrachtet werden. Vielmehr geht es um deren Wechselspiel und ihr jeweiliges Gewicht (vgl. Hurrelmann 2010). In wissenschaftlicher Hinsicht besteht bezüglich dieser Interaktion und der ihr zugrunde liegenden interindividuell variierenden hierarchischen Einflussfaktoren nicht zuletzt aufgrund von Komplexität und Vermischung (Konfundierung) biologischer und ökologischer Faktoren ein erheblicher Erkenntnis- und hieraus resultierender Forschungsbedarf.

2   Armut: Folgen für Gesundheit und Lebenserwartung

Epidemiologische Prävalenzen von chronischen Erkrankungen finden sich je nach Erkrankung um 1,5-4fach erhöht bei Angehörigen mit niedrigstem Sozialstatus im Vergleich zur Oberschicht. Es gibt auch Unterschiede zwischen Mittelschicht und Oberschicht; diese sind aber zumeist sehr viel geringer (Lampert et al. 2006). Die höhere Prävalenz von (chronischen) Erkrankungen mit oder ohne Behinderung bei Menschen, die in Armut leben, bezieht sich mehr oder minder auf das gesamte somatische und psychische Krankheitsspektrum einschließlich Infektionserkrankungen bzw. für Unfallfolgen.

Frei bzw. nicht frei gewähltes gesundheitsrelevantes Verhalten

Für Menschen mit niedrigem sozioökonomischem Status bzw. niedrigerem Bildungsniveau besteht eine höhere Auftretenswahrscheinlichkeit an gesundheitsgefährdendem Verhalten mit häufigerem Rauchen, häufigeren Problemen wie Übergewicht und Bluthochdruck. Eine mangelnde Vorsorge z. B. schlechte Zahnhygiene oder geringere Inanspruchnahme von medizinischen Vorsorgeuntersuchungen und auch mangelnder Impfschutz bei Kindern ist bekannt (vgl. Becker 2002). Die Prävalenz kardio-vaskulärer Risikofaktoren und Adipositas ist bei Menschen mit niedrigem Sozialstatus besonders hoch.

Erwachsene mit geringerem Einkommen, z. B. Un- und Angelernte im Vergleich zu Erwachsenen, die Abitur haben, müssen nicht nur mit einer erhöhten Morbiditätsrate, sondern auch mit einer durchschnittlich kürzeren Lebenserwartung (je nach Studie durchschnittlich um ca. 3-12 Jahren) rechnen. Dies gilt insbesondere für Betroffene, bei denen gleichzeitig eine chronische psychische Erkrankung vorliegt (Simons et al. 2016). Umgekehrt ist bei gleicher chronischer Erkrankung die Lebenserwartung bei Erwachsenen mit einem besseren beruflichen Status höher. Menschen mit niedrigem sozioökonomischem Status weisen nicht nur erhöhte physische und psychische Krankheitsrisiken auf, sondern berichten auch häufiger über einen subjektiv schlechter erlebten Gesundheitszustand. Dies gilt auch für ihre Nachkommen. Kinder in Armut schätzen ihre Gesundheit schlechter als nicht-arme Kinder ein (vgl. Becker 2002).

Während früher überwiegend ältere Menschen und insbesondere Frauen mit geringer Rente von Armut betroffen waren, sind heute, nicht zuletzt aufgrund der hohen (Dauer-) Arbeitslosigkeit, Personen zwischen 20 und 60 Jahren davon betroffen. Da diese überwiegend in Familien mit Kindern leben, wird verständlich, warum trotz allgemeinem Geburtenrückgang Kinder und Jugendliche die am häufigsten von Armut betroffene Altersgruppe darstellen.

Armut als chronischer Stressor

Ungesunde Lebensstile lassen sich in allen Sozialschichten antreffen. Nicht jeder in Armut lebende Mensch stirbt früher bzw. wird chronisch krank oder behindert. Empirisch belegt ist die Beobachtung, dass Armut und die einhergehenden finanziellen Restriktionen einen chronischen Stress im Alltag verursachen können. Unerwartete Ausgaben z. B. Autoreparatur bzw. plötzlicher Jobverlust kommen viel häufiger vor und haben direkte ernsthaftere Konsequenzen. Darüber hinaus kann die finanzielle Unsicherheit psychosoziale Probleme nach sich ziehen wie z. B. ehelichen Streit, Schlafstörungen, und Probleme in der Eltern-Kind-Beziehung (Simons et al. 2016). Nach der Stresstheorie von Lazarus ist die Stressintensität von a) objektiven Eigenschaften des Stressors „Armut und Armutsfolgen" (z. B. deutlich verringertes Einkommen) und gleichzeitig b) von dem subjektiven Erleben und eigenen Bewältigungsmöglichkeiten abhängig. Bislang nicht geklärt ist, inwieweit eine positive subjektive Stresswahrnehmung ungünstige biologische Auswirkungen verhindert bzw. protektive biologische Strukturen mit entwickeln hilft. Ähnliches gilt auch für die nicht geklärte Wechselwirkung von Armut und Resilienzfaktoren (Khanlou und Wray 2014).

Expositionsdauer von armutsbezogenen Stress

Ein weiterer wichtiger Gesichtspunkt mit Blick auf die gesundheitliche Ungleichheit bei Erwachsenen sowie bei Kindern und Jugendlichen ist die Dauer der Armut, die erheblich schwanken kann (vgl. Malat et al. 2005). Bisherige Untersuchungsergebnisse sind allerdings dazu uneinheitlich. Eine Zunahme der Expositionsdauer zu Armutsbedingungen ist mit einer schlechteren Gesundheit insbesondere auch bei Kindern assoziiert. In den USA erleben ca. 1 Prozent weißer Nachkommen im Gegensatz zu ca. 21 Prozent schwarz-afrikanischer Kinder mehr als 9 Jahre Armut. Ethnische Effekte, z. B. für schwarz-afrikanische Nachkommen in den USA werden diskutiert, da unter ihnen eine schlechtere Gesundheit im Vergleich zu weißen Nachkommen zu beobachten ist, auch wenn sie nicht in Armut leben. In Deutschland scheinen sich ebenfalls ethnische und Migrationshintergründe auf den Gesundheitsstatus negativ auszuwirken (vgl. Razum und Geiger 2003, S. 686ff.).

Dabei spielt sicher auch die subjektive Wahrnehmung von Armut bzw. von Armutsfolgen eine nicht unerhebliche Rolle. Möglich ist auch, dass eine schlechte kindliche Gesundheit z. B. eine chronische Erkrankung oder Behinderung dazu führt, dass das Familieneinkommen deshalb niedriger wird, weil die betroffenen Mütter ihre beruflichen Aktivitäten oftmals zu Gunsten der kindlichen Pflege aufgeben. Die genannten Beispiele zeigen, dass keine linearen Zusammenhänge zwischen Armutsdauer und Gesundheitsrisiken bestehen, sondern in dieser Frage stärker differenziert werden muss (vgl. Malat et al. 2005).

Werden Menschen chronisch krank, insbesondere psychisch krank, drohen Krankheitskrisen, sekundäre Behinderungen oder zumindest Beeinträchtigungen der intellektuellen und psychosozialen Kompetenzen und Teilhabe. Folgen sind verminderte bis fehlende Teilhabe an beruflicher Tätigkeit und Weiterbildung sowie in der Konsequenz eingeschränktes bis fehlendes eigenes Einkommen.

Stressbiologische Auswirkungen

Es wird diskutiert, inwieweit Armut als chronischer Stressor mit neurobiologischen und neurophysiologischen Stressreaktionen wie eine vermehrte und anhaltende erhöhte Stresshormonausschüttung (Hypercortisolismus) einhergeht, die bleibende biologische Veränderungen nach sich ziehen und ihrerseits als Krankheitsverursacher angesehen werden müssen (McEwen 2012). Eine biologische Erklärung bezieht sich auf die Stresshormon-(Gluccocorticoid-Kaskade)-Hypothese: Man nimmt dabei an, dass der andauernde Hypercortisolismus zur Atrophie (Schrumpfung) des Hippocampus (Region des Schläfenlappens für Lernen und Gedächtnis) führen kann (vgl. Sapolsky et al. 1986). Bei Armut können sich daher ungünstige Langzeiteffekte auf die Hirnentwicklung und Hirnfunktionen betroffener Kinder und Jugendlichen ergeben. Andere chronische biologische Stressfolgen betreffen das sogenannte Sympathische Nervensystem, Stoffwechsel, Gefäß- oder das Immunsystem. Allgemein ist bekannt, dass chronischer Stress (z. B. lebenslange Armut) über entzündliche Veränderungen der körpereigenen Abwehr (Immunsystems) mit nachfolgender Gewebe- und Organschädigung zu einem vorzeitigen Altern und Ausbruch bestimmter chronischer Erkrankungen (z. B. Diabetes Mellitus) beitragen kann (Simons et al. 2016; Akdeniz et al. 2014).

3   Neue Morbidität: Bedeutung von Lebensstil und Lebensbedingungen

Unter dem Schlagwort „new morbidity" wird von einer Zunahme somatischer chronischer Erkrankungen mit und ohne Behinderung, psychosomatischen bzw. psychischen Erkrankungen sowie bei Kindern vermehrt über Verhaltens-, Entwicklungs- und Lernstörungen berichtet. Je nach Definition (z. B. variable Mindestdauer 3-12 Monaten) und Einteilung nach Art z. B. auch leichtere Formen von Allergien (Heuschnupfen) und Schwere (allg. Herzschwäche) variieren die Häufigkeiten chronischer Erkrankungen erheblich. In Deutschland ergab ein telefonische Befragung, dass 41 Prozent der weiblichen und 35 Prozent der männlichen Bevölkerung mindesten eine chronische Erkrankung bzw. chronische gesundheitliche Beschwerden haben (Ellert et al. 2006). Für Kinder und Jugendliche wird für die USA und Europa je nach Definition eine Prävalenz (Gesamthäufigkeit) von 10-25 Prozent angenommen (Newacheck und Halfon 1998).

Allgemein bezieht sich die steigende Morbidität von chronisch kranken Erwachsenen mehr oder minder auf eine übersichtliche Anzahl von chronischen Erkrankungen. In den USA zählen zu den sieben häufigsten Erkrankungen Krebs, Diabetes mellitus, Bluthochdruck, Herz-Kreislauf-Erkrankungen, pulmonale Erkrankungen wie Asthma, Hirninfarkt und psychiatrische Erkrankungen wie Depression. Viele dieser Erkrankungen werden ursächlich nicht nur von der biologischen Disposition, sondern sowohl vom Gesundheitsverhalten als auch von Lebensbedingungen mit beeinflusst. Vor diesem komplexen ätiologischen Hintergrund erhalten korrespondierende individuelle und strukturelle Präventionsmaßnahmen ihre besondere Bedeutung (Coker et al. 2013). Da ungesunde Lebensstile in Kombination mit gesundheitsbelasteten Lebensbedingungen ebenfalls einen sozialen Gradienten haben, stellt die „Neue Morbidität" vor allem eine Herausforderung für in Armut lebende Menschen dar. Die häufigsten Risikofaktoren (vgl. Fortin et al. 2013) sind dabei

- zu geringe körperliche Aktivität,
- exzessiver Alkoholkonsum,
- Rauchen,
- schlechte Ernährung („Fast Food") und
- hoher passiver Medien-Displaykonsum
  (Schwerpunkt: Entspannung, Ablenkung statt Informationssuche oder Lernen).

Dabei ist die oftmals damit einhergehende Adipositas (Übergewicht mit BMI > 30) mit der möglichen Entwicklung eines metabolischen Syndroms (Diabetes mellitus, Bluthochdruck, Herz-Kreislauferkrankungen, Fettstoffwechselstörungen, zu nennen (Davey et al. 2011). Die Adipositas kommt in allen Sozialschichten vor, besonders aber in Kombination mit niedrigem Sozialstatus und niedriger Bildung. Hauptgründe hierfür sind ungesunde Ernährung mit zu vielen gesättigten Fetten und Zucker, zu wenig ballaststoffreiche Ernährung mit zu geringem Obst- und Gemüseanteil bei gleichzeitig zu geringer körperlicher Bewegung, meist in Verbindung mit erhöhtem TV- oder Internet (IT) Konsum. Übergewicht entwickelt sich häufig bereits in der Kindheit. Diese Subgruppe zeigt auch eine wesentlich höhere Wahrscheinlichkeit (bis zu 5 Mal mehr), auch im Erwachsenenalter übergewichtig zu bleiben. Ob Übergewicht per se bzw. wenn es isoliert ohne weitere Risikofaktoren wie z. B. Bluthochdruck vorkommt, überhaupt ein signifikantes Gesundheitsrisiko darstellt, ist Gegenstand wissenschaftlicher Kontroversen (Schreier und Chen 2013).

Über die Frage, ob die bei der industriell hergestellten Ernährung hinzugefügten Geschmacksverstärker und Stimulanzien eine essentielle Rolle bei der Entstehung von Adipositas im Sinne einer Esssuchtstörung spielen bzw. ob diese neurobiologische Auswirkungen auf die Geschmackswahrnehmung aufweisen, kann mangels von Studien nur spekuliert werden.

Sedentary Lifestyle als ungesunder Lebensstil

Die Kombination aus inadäquater hochkalorischer Ernährung, Adipositas, einer Tendenz zur Passivität, Verdrängung und Verleugnung unangenehmer Realitäten, zu geringen körperlichen Alltagsaktivitäten, die kaum über dem metabolischem Ruhe-Grundumsatz liegen, und ein hoher Display-TV- Konsum (Fokus: Zerstreuung, Ablenkung) wird in der Literatur als „Sedentary Lifestyle" beschrieben. Dieser ist wiederum assoziiert mit Diabetes, Bluthochdruck oder dem metabolischen Syndrom (Teychenne et al. 2010). Den „Sedentary Lifestyle" findet man in allen Schichten, bevorzugt aber bei Frauen, die in Armut allein bzw. allein mit Kindern leben. Sehr wahrscheinlich gehen mit diesem Lebensstil auch häufiger psychische Erkrankungen bzw. dysfunktionale Familienstrukturen einher (Li et al. 2012).

Bezüglich der gesundheitlichen Auswirkung des Internets gibt es in Abhängigkeit vom Bildungsniveau und je nach Nutzung unterschiedliche Befunde. Wird das Internet überwiegend zum Einkaufen oder für Display-Spiele verwendet, dann finden sich häufiger bei den Betroffenen eine depressive Symptomatik oder bei Kindern Lernschwächen und Verhaltensstörungen (Clark et al. 2009). Dort, wo Internet nicht mit Depression assoziiert war, diente das IT den Nutzern vor allem dazu, mit dritten Personen zu kommunizieren. Die Autoren sehen das IT als soziales Kommunikationsmedium, das vor Einsamkeit bzw. vor einer depressiven Entwicklung schützen kann (Shaw und Grant 2002).

Schutzfaktor Körperliche Bewegung: Geschlechtereinfluss als komplexer Indikator

Mittlerweile ist unumstritten, dass regelmäßige körperliche Bewegung ein zentraler Schutzfaktor für eine Reihe von somatischen und psychischen Erkrankungen, unter anderem Herz-Kreislauf-Erkrankungen, Übergewicht und Diabetes mellitus oder (re-aktiven) Depressionen darstellt. Aber ca. 44 Prozent der Männer und 49,5 Prozent der Frauen treiben keinen Sport in ihrer Freizeit. Mit zunehmendem Alter steigt dieser Anteil der beiden Geschlechter kontinuierlich an. 10 Prozent der Männer und ca. 5 Prozent der Frauen treiben mehr als 4 Stunden pro Woche Sport. Selbst in der jüngsten Altersgruppe bewegen sich nur noch 46 Prozent der westdeutschen und 31 Prozent der ostdeutschen Männer in ausreichendem Maße, bei den Frauen sind es ca. 16 Prozent in den alten und 19 Prozent in den neuen Bundesländern (vgl. Kolip und Helmert 2003).

Die Geschlechterunterschiede lassen sich nicht nur unter Verweis auf einfache Modelle erklären, vielmehr trägt eine komplexe Interaktion unterschiedlichster biologischer und sozialer Faktoren (u. a. Armut) zu den geschlechtsspezifischen Mustern bei. Dies muss berücksichtigt werden, wenn es um die Planung für adäquates Verhalten für Frauen und Männern mit niedrigem Sozialstatus geht.

Gesundheit: Bedeutung des individuellen Bildungsniveaus

Geringere Bildung geht mit einer schlechteren Gesundheit und Armut einher (vgl. Bauman et al. 2006). Dabei findet sich ein vergleichbarer sozialer Gradient von Gesundheit und Bildung auch bei betroffenen Kindern und Jugendlichen. Es ist anzunehmen, dass sich

Bildung und Gesundheit zumindest teilweise wechselseitig beeinflussen (vgl. Ross und Wu 1995). Vor diesem Hintergrund wird diskutiert, dass vor allem höhere Bildung und adäquate Erziehung die Selbstkompetenzen und Selbstverwirklichung von Menschen stärken kann, diese dadurch direkt und indirekt in ihrer Gesundheit positiv beeinflusst werden. U. a. durch ihre verbesserte Teilnahme am Arbeitsmarkt und den damit verbundenen größeren ökonomischen Möglichkeiten sowie aufgrund der stärkeren Aktivierungsmöglichkeiten sozialpsychologischer Ressourcen und wegen eines allgemein besseren Informationsmanagements. Bessere Bildung eröffnet benachteiligten Individuen eine bessere Möglichkeit zur Umsetzung gesundheitsbezogener Lebensstile als auch eine größere Auswahl medizinischer Ressourcen (WHO Report 2008). Sie ist ein wichtiger Weg aus der Armut und eine Voraussetzung dafür, den damit verbundenen Gesundheitsrisiken zu entkommen (De Snyder et al. 2011).

4   Gesundheitliche Ungleichheit: Merkmale, Einflüsse und Kausalitäten

Eine kausale Beziehung zwischen sozialer Lage und Gesundheit sowie Lebenserwartung ist unbestritten und erstreckt sich primär auf das Verhältnis von Einkommen und Gesundheitsstatus (vgl. Simons et al. 2016). Ein niedriges Einkommen auf Armutsniveau stellt eine große Einschränkung der individuellen Partizipation in einer auf Konsum ausgerichteten Welt dar. Nachteile ergeben sich auf allen Ebenen hinsichtlich der Qualität (z. B. Fast Food-Ernährung) und Quantität der erwerbbaren Güter und Dienstleistungen (z. B. schwere körperliche Arbeit). Dies bleibt nicht ohne Auswirkungen auf die Selbstwahrnehmung im Sinne einer selbstreferentiellen Stigmatisierung und damit auch auf die eigene Identität.

Die gesundheitliche Ungleichheit zeigt viele Facetten auf. Im Folgenden werden verschiedene Merkmale und Risikofaktoren der gesundheitlichen Ungleichheit in Entsprechung zu den Ebenen 1. Gesundheitsverhalten 2. Barrieren und Strukturen 3. Allgemeine Einflussfaktoren vorgestellt (Mielck 2010; Loi et al. 2013), die im Einzelnen knapp und eher systematisch denn in ihrer empirischen Breite dargelegt werden sollen:

Gesundheitsverhalten: Modellernen und Habituation

Die für die Gesundheit kritischen Verhaltensweisen und Gewohnheiten entstehen häufig in der Kindheit und sind spätestens mit Abschluss der Adoleszenz gefestigt (Alkon et al. 2014; Lampert et al. 2006). In diesem Zusammenhang können über die ganze Lebenspanne für die neurokognitive, somatische und psychische Entwicklung nachteilige Verhaltensmuster und ungünstige Umweltbedingungen kumulieren (Souza de Paiva et al. 2010). Die soziale Umgebung (Neighbourhood) weist für in Armut lebende Menschen einen großen Einfluss auf die individuell wirksamen gesundheitlichen Einstellungen und Gesundheitsverhalten auf. Da der sedentary lifestyle bevorzugt in bildungsfernen bzw. sozial erschwerten Lebenslagen und damit auch bei den Nachbarn vermehrt vorkommt,

muss davon ausgegangen werden, dass Aufklärung und kommunale Initiativen zur individuellen bewegungsbasierten Gesundheitsförderung vor besonderen Schwierigkeiten bei
der Umsetzung stehen (Allmark et al. 2014).

Niedriger Sozialstatus und seltener gesunder Lebensstil

Bei Menschen mit niedrigem Sozialstatus kommt seltener ein gesunder Lebensstil (normales
Köpergewicht, Nichtrauchen, gesunde Ernährung, ausreichende Bewegung) vor. Dabei fällt
auch bei diesem Personenkreis – gesunder Lebensstil trotz niedrigem Sozialstatus – das
Mortalitäts- und Morbiditätsrisiko geringer aus. Doch ist dieses Risiko bei diesen Personen
im Vergleich zu Menschen mit hohem Sozialstatus und gleichzeitig gesundem Lebensstil
noch leicht erhöht. Die Gründe hierfür sind unklar. Es wird diskutiert, dass gleichzeitig
vorkommende ungünstige ökologische Einflüsse in Armutsquartieren wie vermehrte
Lärm- und Staubbelastungen u. ä. mehr ursächlich dazu beitragen (de Snyder et al. 2011).

Geschlechtereffekte und ungesunder Lebensstil

Geschlechtereffekte auf das gesundheitliche Risikoverhalten sind bekannt und mehrfach
belegt worden (vgl. Kolip und Helmert 2003). Diese sind auch unter Armutsbedingungen
wirksam und werden daher an dieser Stelle kurz aufgeführt. Trotz Angleichungstendenzen
rauchen immer noch mehr Männer als Frauen in der Bundesrepublik. Die Raucheranteile
sind bei den 18-19 jährigen am höchsten und sinken ab dem 40. Lebensjahr kontinuierlich
ab. Auch der Zigarettenkonsum ist bei Frauen mit durchschnittlich 15,8 Zigaretten niedriger
als bei Männern mit 19,6 Zigaretten. Ca. 37 Prozent der 18-79 jährigen Männer und 27,7
Prozent der Frauen gaben 1998 an, aktuell zu rauchen. Man geht davon aus, dass ca. 3-5
Prozent der Bevölkerung in Bezug auf Alkohol gefährliche Einnahmemuster zeigen (bis
zu 80g Reinalkohol pro Tag für Frauen bzw. bis zu 120g für Männer). Die Prävalenz lag
bei den Frauen deutlich unterhalb derer der Männer. Die oben beschriebenen Grenzwerte
werden von ca. 0,3 Prozent der Frauen und ca. 1 Prozent der Männer überschritten. Mit
Blick auf die Entwicklung angemessener Präventionsmaßnahmen ist darüber bedeutsam,
dass sich bei vergleichbarer Konsumhäufigkeit die Trinkmotive von Frauen und Männer
unterscheiden können.

Unterschiede bei Inanspruchnahme und dem Vorkommen von Präventions- und Gesundheitsförderungs- sowie medizinischer Versorgungsangeboten

Insgesamt werden Teilnahmeuntersuchungen zur Vorsorge und Früherkennung von
Menschen mit niedrigem Einkommen bzw. niedrigem Sozialstatus seltener in Anspruch
genommen. Dies gilt auch für Kinder aus betroffenen Familien. Für diese ist eine geringere Anzahl von Arztbesuchen bekannt. Dies wird u. a. deutlich an der Unterversorgung
bezüglich Impfungen. Menschen mit niedrigerer Schulbildung sind im Vergleich zu Erwachsenen mit höherer Schulbildung mit der ambulanten Versorgung eher unzufrieden
(vgl. Hanson 1998). Dieses hängt auch damit zusammen, dass das Angebot der ambulanten
medizinischen Versorgung – sei es mit Arztpraxen oder Ambulatorien, sei es mit Kliniken

im Wohnbezirk – mit einem höheren Anteil von Menschen in Armut deutlich schlechter ist als das in besseren Wohngegenden. Inwieweit eine Wechselwirkung besteht, ist noch nicht geklärt (vgl. Newacheck und Halton 1992).

Ein Problem sind sehr wahrscheinlich subjektive Unterschätzungen, Verleugnungen bzw. individuelle Fehlattributionen hinsichtlich neu auftretender gesundheitlicher Beschwerden, die insbesondere bei Menschen mit niedriger Bildung und Armut zu einer verzögerten Inanspruchnahme von Ärzten führen kann. Die hierdurch verursachte verzögerte Diagnosestellung kann die individuelle Prognose z. B. durch zu spät einsetzende Therapie bei Infarkten erheblich verschlechtern (Coker et al. 2013; Ma et al. 2012).

Mit einem niedrigem Sozialstatus ist häufig ein Migrationshintergrund verbunden, der sowohl in sprachlicher als auch in kultureller Hinsicht besondere interkulturelle Kompetenzen und kommunikative Kompetenzen seitens der Akteure im Bereich der Gesundheitsversorgung erforderlich macht, aber oftmals aufgrund fehlender Ressourcen nicht vorhanden ist. Diese Problemlage erschwert zusätzlich den Zugang und die adäquate Inanspruchnahme entsprechender gesundheitlicher Versorgungsleistungen.

Gesundheitliche Ungleichheit bezieht sich auf die eingeschränkten Verfügungsmöglichkeiten über das Gesundheitssystem, im Einzelnen auf Zugang, Umfang der Leistungen, Koordination und Kontinuität der Behandlung, Behandlungsoptionen, Präventions- und Gesundheitsprognosen von Menschen, die in chronischer Armut leben. Auch sehen sie seltener einen Facharzt, Krebserkrankungen werden offenbar weniger intensiv behandelt (Grabovschi et al. 2013).

Beispiele für strukturelle Barrieren sind u. a. die früher wirksame Praxisgebühr, die Zuzahlungen z. B. beim Zahnersatz oder die in Armutswohnquartieren bestehende geringere (Fach-)Arztdichte. Diese führen zu einer Verschiebung oder sogar Nicht-Inanspruchnahme von Arztbesuchen bzw. -terminen (Huber und Mielck 2010).

Bedeutung der Nachbarschaft für die Gesundheit

Empirisch belegt ist, dass Merkmale und Charakteristika der Nachbarschaft und der Gemeinden sowohl die kindliche, jugendliche als auch die der Erwachsenenwelt beeinflusst (vgl. McCulloch und Joshi 2001). Es gibt eine signifikante Beziehung zwischen diesen Nachbarschaftsmerkmalen und dem Gesundheitsbefinden von Kindern und Jugendlichen, die unter diesen Bedingungen leben. Auch wenn man den persönlichen familiären Hintergrund dieser Effekte kontrolliert, geht Wohnen in einer Nachbarschaft mit insgesamt niedrigen Einkommen mit negativen Effekten auf die kindliche Entwicklung vor allem während der ersten 4-5 Lebensjahre einher. Es führt u. a. zu einer geringeren Schulbildung und häufigerer Teenagerelternschaft. Gründe sind negative Rollenmodelle, mangelnde Sicherheit sowie ein geringeres Vorkommen an allgemeinen Ressourcen. In Wohnbezirken mit niedrigem Durchschnitts-Einkommen leben häufiger allein erziehende Mütter bzw. Väter. Gewalt und Kriminalität kommen vermehrt vor, daraus ergeben sich negative Rollenvorbilder für die darin aufwachsenden Kinder. Die Sicherheit vor Gewalt auf den Straßen ist oftmals nicht gegeben, der Zugang zu Sportstätten oder zu Gesundheitsinstitutionen ist daher erschwert.

Obdachlosigkeit

Die Prävalenz obdachloser Familien nimmt in den letzten Jahren deutlich zu. Man schätzt, dass ca. 100.000 Kinder allein in den USA jede Nacht obdachlos sind (vgl. Parks et al. 2007). In Deutschland konnte zwar in den letzten Jahren die Zahl der Wohnungsnotfälle insgesamt drastisch gesenkt werden, doch verzeichnet auch Deutschland nach wie vor über 300.000 Wohnungsnotfälle. Ca. 20.000 Personen leben auf der Straße. Letzteres war lange Zeit vor allem ein Problem alleinstehender Männer, doch zeichnet sich inzwischen auch für Deutschland der Trend ab, dass Frauen und auch Kinder zunehmend hiervon betroffen sind (vgl. BAG Wohnungslosenhilfe e. V. o. J.). Insgesamt ist das Wissen um die spezifischen persönlichen sozialen und ökonomischen Bedingungen obdachloser Familien und Kinder eher als ungenügend einzuschätzen. Bekannt sind sowohl strukturelle als auch persönliche Faktoren. In struktureller Hinsicht besteht einmal das Problem, dass Wohnraum bzw. Wohnmöglichkeiten für Menschen in Armut häufig nicht im ausreichenden Maß zur Verfügung stehen, dies trifft vor allem auch auf Asylbewerberinnen und -bewerber bzw. auf Menschen mit einem bestimmten Migrationshintergrund zu (vgl. Parks et al. 2007). Bei obdachlosen Kindern und Jugendlichen sind vor allem im Bereich der Sprache und der Lesekompetenz deutlich signifikant schlechtere Werte als bei nicht obdachlosen Vorschul- und Schulkindern zu verzeichnen. Auch gab es einen Trend zu einer geringeren visuell-motorischen Koordinationsleistung. Bei Kindern und Jugendlichen, die zusätzlich körperliche bzw. sexuelle Gewalterlebnisse hatten, fand sich häufiger eine unterdurchschnittliche Intelligenz. Letztere ist assoziiert mit auffälligerem emotionalen bzw. sozialen Verhalten. Diese Häufung an emotionalen und Verhaltensproblemen geht gleichzeitig mit größeren Erziehungsschwierigkeiten einher, wobei diese wiederum mit der Dauer der Obdachlosigkeit korrelieren (vgl. ebenda).

Gesundheitsgefährdende Arbeits- und Wohnbedingungen

Bezüglich der physischen und psychischen Belastungen bei der Arbeit sind vor allem Erwerbstätige in den unteren Einkommensgruppen besonders stark betroffen. Personen mit niedrigen sozioökonomischen Status wohnen überwiegend in Lagen an verkehrsreichen Straßen. Die Wohnquartiere sind vergleichsweise beengter, lauter und staubiger; gleichzeitig bestehen geringere Zugangsmöglichkeiten zu Sport- und Freizeitanlagen. Die langjährige Exposition von Blei z. B. in Wasserleitungen kann auch bei deren Kindern entsprechend negative Langzeitfolgen für die Gesundheit haben. Kinder, die bis zu einem Alter von neun Jahren in einem chronischen Rauchermilieu aufwachsen, zeigen im Erwachsenalter vergleichbare gefäßbedingte Veränderungen wie bei Raucher. Dazu kommen limitierte Möglichkeiten an gesunder Ernährung wie Obst und Gemüse (Suzuki et al. 2012).

Ökologische Risiken

Der Schutz gegen Erkrankungen und Verletzungen, die durch toxische, chemische oder physische Risikofaktoren durch die Umwelt verursacht werden, ist schon lange ein Ziel der Gesundheitsprävention. Dies gilt insbesondere auch für die Frage nach dem Krebsrisiko in modernen Gesellschaften (vgl. Landrigan et al. 2004). Im Vergleich zu Erwachsenen haben Kinder ein wesentlich höheres Risiko gegenüber ökologischen Einflüssen. In Bezug auf ihr Körpergewicht essen und trinken Kinder mehr und verbrauchen auch mehr Atemluft. Bei Säuglingen bzw. Kleinkindern ist das Unfall- bzw. Intoxikationsrisiko erhöht u. a. durch das entwicklungsbedingte „Hand zu Mund-Verhalten" bzw. durch das Spielen am Boden. Bereits in der Schwangerschaft, aber auch während der ersten Lebensjahre ist die kindliche Fähigkeit, ökologische Einflüsse im Stoffwechsel auszugleichen bzw. zu entgiften und wieder auszuscheiden, im Vergleich zu Erwachsenen eingeschränkt. Dadurch steigt das Risiko, chronische Erkrankungen zu entwickeln, die durch eine frühe Exposition zu ökologischen Risikofaktoren verursacht werden. Viele Erkrankungen, die durch toxische Faktoren verursacht werden, bedürfen andererseits teilweise Jahrzehnte, um sich zu entwickeln. Vor diesem Hintergrund muss das Verhältnis zwischen Ökologie und kindlicher Gesundheit auch unter dem Gesichtspunkt betrachtet werden, ob es ein Zeitfenster gibt, welches die Kinder besonders vulnerabel gegenüber ökologischen Faktoren macht. Auch das Alter des Kindes zum Zeitpunkt der Schädigung ist von überragender Bedeutung. Jedes Jahr kommen ca. 3.000-5.000 neue chemische Substanzen auf den Markt. Es ist unklar, in wie weit diese vermehrt zu Allergien bzw. zu allergischem Asthma bei Kindern und Jugendlichen führen. Dabei ist auch zu klären, ob und wie die jährlich neu entwickelten Stoffe möglicherweise mit der neurokognitiven Entwicklung bzw. gesundheitlichen Entwicklung betroffener Kinder insgesamt interagieren (vgl. Landrigan et al. 2004).

5   Armut in Schwangerschaft und frühe Kindheit: Spätes Gesundheitsrisiko im Erwachsenenalter

Die armutsbezogenen Gesundheitsrisiken bzw. die gesundheitliche Ungleichheit können sich generationenübergreifend auf die Gesundheit und Entwicklung der Nachkommen ungünstig auswirken. Armut kann über eine kontinuierliche Deprivation bereits während der Schwangerschaft in Kombination mit mütterlichen maladaptiven Verhaltensweisen wie Nikotin-, Alkohol- und Drogenkonsum zur intrauterinen Fehlversorgung bzw. zu einem zu niedrigem Geburtsgewicht mit erhöhter Frühgeburtlichkeit sowie Kindersterblichkeit führen (Jungmann et al. 2010). Mit zunehmendem Alter der Nachkommen findet sich dann eine wachsende Vulnerabilität für die körperliche Gesundheit wie Adipositas bzw. für Verhaltensstörungen infolge wachsender Schwierigkeiten zur emotionalen Selbstkontrolle und Selbststeuerung sowie für die psychomotorische Entwicklung. Auch die Entwicklung der sprachlichen Kompetenz scheint oft beeinträchtigt zu sein. Die entsprechenden schulischen Vorläuferfertigkeiten können später mit schulrelevanten kognitiven Defiziten hinsichtlich Gedächtnis- und Exekutivfunktionen einhergehen (Haverkamp 2012).

In ätiologischer Hinsicht wird in diesem Kontext die sog. Barker-Hypothese diskutiert, inwieweit frühe pränatale Einflüsse („fetal origin of adult disease") die mit Kleinwuchs oder Untergewicht beim Feten einhergehen, einen lebenslangen Einfluss aufweisen und bei ungünstigen intrauterinen Wachstumsbedingungen im Erwachsenenalter zu somatischen (Herzkreislauferkrankungen, Diabetes mellitus) und psychischen Erkrankungen führen können (Barker et al. 2002). Kritisch diskutiert werden muss aus unserer Sicht an dieser Stelle, ob früh auftretende Phänomene beim Kind z. B. intrauteriner Kleinwuchs, der als Folge mütterlichen Rauchens in der Schwangerschaft interpretiert wird, in Wirklichkeit nicht als ein Epiphänomen für die auch nach der Geburt lang anhaltenden kritischen familiären Einflüsse und Risikofaktoren auf die kindliche Gesundheit und Entwicklung wie ungesunde Lebensstile, ungünstige Ernährung, Armut, psychische Erkrankungen der Eltern angesehen werden muss.

Diskutiert werden bezüglich des Zusammenhangs von frühen in der Kindheit auftretenden gesundheitsbenachteiligenden Expositionen und der späteren Entwicklung von chronischen Erkrankungen bzw. Behinderungen folgende Entwicklungsbedingungen (Coker et al. 2013; Lampert et al. 2006):

Erziehungs- und Beziehungsinkompetenzen bei Armut

Insgesamt ist bekannt, dass die Familienstruktur, die elterliche Erziehungskompetenz sowie die Qualität der Eltern-Kind-Beziehung entscheidende Faktoren für die Gesundheit/Entwicklung des Kindes darstellen. Die elterliche Erziehungskompetenz hat einen signifikanten Einfluss auf das Leistungsvermögen der eigenen Kinder. Dies gilt auch für das Leben unter Armutsbedingungen. Eltern, die das Gefühl haben, keine Kontrolle über ihr eigenes Leben zu haben, sind oftmals nicht in der Lage, Planungs- und organisatorische Fähigkeiten zu entwickeln, die ihrerseits wiederum ihren Kindern dazu verhelfen könnten, sowohl in der Schule als auch später in Beschäftigungsverhältnissen angemessen zurecht zu kommen. Ein regelmäßiger Austausch zwischen Eltern und Schule zu deren Unterstützung kann eine enorme Ressource für die betroffenen Kinder darstellen. Hier spielt das Konzept des so genannten Sozialkapitals im Sinne Pierre Bourdieus eine enorme Rolle (vgl. Bourdieu 1983). Diese und andere Ergebnisse zeigen, dass man zwischen sozioökonomischen Nachteilen auf individueller Ebene und sozioökonomischen Nachteilen als Ausdruck eines kollektiven Einflussgeschehens unterscheiden muss (vgl. McCulloch und Joshi 2001). Familiärer psychosozialer Stress, z. T. psychopathologische Dysfunktionen (alleinerziehende oder psychisch kranke Eltern, Halbgeschwister durch verschiedene Vaterschaften und Partnerwechsel) mit sozialen Umgebungsrisiken (Vernachlässigung, Trennung, instabile familiäre Beziehungen Missbrauch, häusliche Gewalt, elterliche Delinquenz, Drogenabhängigkeit und psychische Erkrankungen) sind weitere ungünstige Bedingungen, die unter Armutsbedingungen zunehmen (Wallack und Thornburg 2016).

Unsichere Verfügbarkeit von Ernährung

Sicherer Zugang zu gesunder und quantitativ ausreichender Ernährung stellt eine grundlegende Voraussetzung für Gesundheit dar. Ernährungsunsicherheit betrifft vor allem Angehörige mit niedrigem Sozialstatus. Unterschieden werden die Formen: sichere, unsichere ohne Hunger, unsichere mit Hunger. Man versteht darunter die begrenzte bzw.

ungewisse Verfügbarkeit, sich selbst auf sozial akzeptierte Weise eine adäquate Ernährung zu verschaffen. Sie kommt in einer Größenordnung ca. 6 bis 9 Prozent auch in den modernen Industriestaaten vor. Besonders vulnerabel sind diesbezüglich Single-Haushalte (Muldoon et al. 2013).

Sprachbarrieren infolge elterlichen Migrationshintergrund

Diese sind häufig mit einem niedrigen Sozialstatus assoziiert. Limitierte Kenntnisse der deutschen Sprache im Vergleich zu anderen Familien ohne elterlichen Migrationshintergrund können zum Teil erklären, warum eine geringere Inanspruchnahme bezüglich Vorsorge- und anderer medizinischer oder Bildungsmaßnahmen (z. B. Besuch in der Kita) stattfindet (Yu et al. 2013) .

6   Gesundheitliche Ungleichheit: Konzept der kumulativen Vulnerabilität

Der quantitative bzw. qualitative Einfluss von niedrigem Einkommen, inadäquatem elterlichen Erziehungs- und gesundheitsgefährdenden Lebensstilen, kritischen Familienstrukturen, ethnischer Herkunft oder anderer sozialer Risikofaktoren ist bislang nicht auf einzelne Faktoren zurückzuführen. Vielmehr wird eine Wechselwirkung materieller Rahmenbedingungen (geringes Einkommen), von Verhalten und Gewohnheiten (Rauchen, Fast Food) sowie biologischer (genetische Disposition zu Asthma), psychosozialer (ungenügende Stressverarbeitung) und struktureller (Ökologie von Armutsquartieren) Faktoren angenommen (Loi et al. 2013). Diskutiert wird vor allem, ob und wie ein kumulatives Risiko der einzelnen Faktoren in Rechnung zu stellen ist (vgl. Evans 2004).

Unter Expertinnen und Experten verbreitet ist die Ansicht, dass insbesondere bei chronischer Armut kumulativ wirkende Effekte einer Langzeitexposition von Armutsbedingungen das vermehrte Auftreten von Erkrankungen und Behinderungen sowie das Zusammenwirken biologisch-genetischer und Umweltrisikofaktoren hervorrufen (Page et al. 2012). Jeder Risikofaktor für sich ist bis zu einem bestimmten Anteil ursächlich wirksam (Norbury 2014). So tritt z. B. das Aufmerksamkeitsdefizit-Hyperaktivität-Syndrom (ADS/ADHS) bei männlichen Nachkommen allein erziehender Mütter mit niedrigem elterlichem Sozialstatus häufiger auf. Ob nun hierfür die soziale Drift-Hypothese als Erklärung dienen kann oder ob nicht vielmehr komplexere Zusammenhänge bedacht werden müssen, ist Gegenstand der wissenschaftlichen Diskussion. Ein anderes Beispiel ist, dass mütterliche Depression mit erhöhter Vernachlässigung des Kindes und häufiger mit externalisierten psychischen Problemlagen beim Kind (Aggression) einhergeht (Norbury 2014). Die Komplexität der Zusammenhänge und deren individuelle Verarbeitung können in Abhängigkeit vom Bewältigungserfolg zu unterschiedlichen Lebensstilen führen. Siehe dazu die folgende Abbildung 1 (nach Haverkamp 2014):

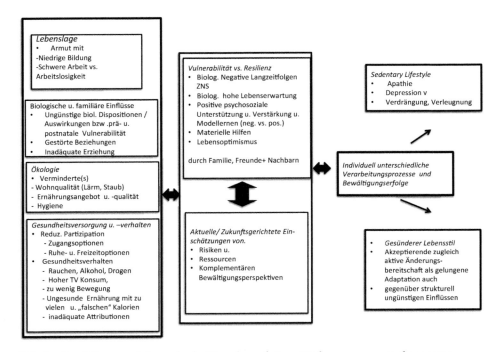

Abb. 1   Bewältigungspfade wechselseitiger, kumulativer Wirkungszusammenhänge von
Lebenslagen und Gesundheit

Einer neueren Übersichtsarbeit zufolge (Crimmins 2015) sind je nach Studie 35-50 Prozent
der oben beschriebenen Verhaltensweisen und sozio-ökologischen Lebensbedingungen
für die Morbidität und Mortalität verantwortlich zu machen

7   Gesundheitliche Ungleichheit und Prävention: Bedarf eines umfassenden theoretischen Erklärungsmodells

Viele unterschiedliche biologische, psychosoziale und institutionalisierte Faktoren beeinflussen sich wechselseitig positiv bzw. negativ, gleichzeitig können sich diese aber über die
Generationen hinweg wiederholen. Diese sogenannte inter- oder transgenerationale Effekte
auf Gesundheit und Bildung machen eine theoretische Grundlegung zum Verständnis von

- (kindlicher) Gesundheit, Wachstum und Entwicklung/Bildung im Kontext einer lebenslangen Perspektive und Förderung von psychomotorischer, körperlicher, intellektueller,
  emotionaler und sozialer Entwicklung und von
- einer wirksamen, umfassenden Prävention notwendig.

Nach Avan und Kirkwood (2010) entsprechen dieser modernen Anforderung hinsichtlich einer Kontextperspektive von Mensch und Umwelt am ehesten folgende theoretische Konzeptionen:

a. die sozial-kognitive Lerntheorie nach Bandura, der soziale Variablen als primäre Determinanten menschlichen Verhaltens ansieht (z. B. Modelllernen durch Beobachtung);
b. der sozialpsychologische Ansatz nach Vigotsky, bei dem die essentielle Rolle von sozialen Interaktionen im Wechselspiel zu biologisch-genetischen Anlagen bei der Entwicklung der Kognition wie z. B. bei der Sprachentwicklung betont wird;
c. die system-bioökologische Theorie von Bronfenbrenner, welche eine Erweiterung beider Ansätze darstellt; demnach wird Entwicklung und Gesundheit als ein gradueller und reziproker Prozess und Anpassung zwischen einem aktiven, heranwachsendem und lernendem Kind und seinen Umweltbedingungen verstanden.

Epigenetische Ansätze zur Gesundheit, Entwicklung und Bildung

Zur Erklärung der intergenerationalen und transgenerationalen Effekte auf Gesundheit, Bildung und Lebenslage sind sowohl vererbte biologische Dispositionen (z. B. für Asthma) sowie vererbte nicht-biologische, primär erlernte Erlebens- und Verhaltensweisen zu berücksichtigen. Gemeint sind weniger familiäre endogene, biologische Anlagen für bestimmte Erbkrankheiten (beide Eltern Anlageträger für Cystische Fibrose), sondern vielmehr angeborene respektive erworbene Dispositionen (Asthma bei elterlichem Rauchen) sowie erlernte (gesundheitsgefährdende) Einstellungen und Verhaltensstörungen (kindliche Impulskontrollprobleme bei elterlichem Externalisierungsverhalten), die unter anhaltend ungünstigen Lebensbedingungen spätestens im Erwachsenenalter zu chronischen somatischen und psychischen Erkrankungen führen können (Motta et al. 2017).

Während typische Erbkrankheiten wie z. B. die Cystische Fibrose (u. a. schwere progrediente Lungenerkrankung) Gegenstand der genetischen Forschung menschlicher DNA (Genotyp=Erbanlagen) sind, fokussiert sich die sogenannte epigenetische Forschung auf die Beziehung zwischen spezifischen Umwelteinflüssen und den einhergehenden spezifischen Veränderungen der DNA die sog. Methylierung. Diese nur indirekt mit der Genexpressivität (Realisierungswahrscheinlichkeit der jeweiligen Erbanlage) zu tun hat. Epigenetische Mechanismen entsprechen chemischen Prozessen, die die Fähigkeit der DNA, welche genetischen Varianten welchen Phänotyp bewirkt (Erscheinungsbild entweder Gesundheit oder Krankheit), steuern können. Umwelteinflüsse jedweder Art (Erziehung, Nachbarn, Lärm, Luftverschmutzung) werden als Einflussfaktoren angesehen, die diese chemischen Prozesse antreiben (McBride und Koehly 2016).

Man weiß, dass eineiige Zwillinge (mit identischem Genotyp) mit dem Alter unterschiedliche physische Eigenschaften entwickeln. Diese Unterschiede werden durch eine Akkumulierung epigenetischer Antworten auf zunehmend unterschiedliche Umwelteinflüsse zurückgeführt, da mit dem Alter Zwillinge zunehmend getrennt voneinander leben (McBride und Koehly 2016).

Allgemein findet sich sowohl in der medizinischen Forschung als auch in den Gesundheitswissenschaften eine tiefgehende und anhaltende Kontroverse bezüglich der Frage, inwieweit Gene und insbesondere spezifische epigenetische Prozesse identifiziert werden können, die hinsichtlich der spezifischen Vulnerabilität, Prävalenz und Langzeitprognose von Erkrankungen zusammenhängen (vgl. Motta et al. 2017). Diese Situation führt natürlich auch zu der Frage, wie kann wissenschaftlich zwischen vererbtem Erlernten von vererbten biologischen Dispositionen unterschieden werden. Beispielsweise sind transgenerationale Effekte z. B. impulsives Verhalten bei Großvater, Vater und Enkel tatsächlich nur erlernt oder nur biologischen Ursprungs, sondern eher über Wechselwirkungen z. B. durch DNA-Methylisierungsprozesse als Ergebnisse einer Interaktion mit Umweltfaktoren erklärbar.

Adipositas: Kritischer Präventionserfolg

Präventionsmaßnahmen wie z. B. Gewichtsreduktion bei Adipositas sind überwiegend auf das individuelle Verhalten ausgerichtet. In einer internationalen Übersichtsarbeit zum Erfolg von Präventionsmaßnahmen bei der Adipositas ergibt sich folgendes Bild (Hillier-Brown et al. 2014): Gezielte in der Regel verhaltensbasierte Gewichtsabnahmeprogramme bei Angehörigen der Unterschicht sowie kulturell adaptierter Adipositasprogramme mit motivierenden Interviews sowie spezifisch kommunal ausgerichtete Aktivitäten von Gruppentreffs zum Austausch und zur wechselseitigen Unterstützung zeigen, dass kurzfristige Effekte zur Gewichtsreduktion möglich sind. Ein nachhaltiger Langzeiteffekt konnte bislang in keiner Studie nachgewiesen werden. Vielmehr konnte in der Regel eine Gewichtszunahme im Sinne eines „regain" festgestellt werden. Programme mit niedrigschwelligen Angeboten für gesunde Ernährung oder verhältnispräventiven Maßnahmen wie z. B. Hinweisschildern, die Treppe statt des Lifts zu benutzen, waren bei Teilnehmern mit höherer Bildung erfolgreicher (Lemon et al. 2010). Bisherige Präventionsmaßnahmen die in der Regel auf individuelle Verhaltensänderungen fokussiert sind, sind oftmals nicht randomisiert noch auf Langzeiteffekte untersucht worden. Soweit beurteilbar führen diese alleine nicht zur Beseitigung der gesundheitlichen Ungleichheit.

8 Konsequenzen: Inkludierende Gesundheitsversorgung zur Reduktion gesundheitlicher und sozialer Ungleichheit

Der quantitative bzw. qualitative Einfluss von niedrigem Einkommen, inadäquatem elterlichen Erziehungs- und gesundheitsgefährdenden Lebensstilen, kritischen Familienstrukturen, ethnischer Herkunft oder anderer sozialer Risikofaktoren ist bislang nicht auf einzelne Faktoren zurückzuführen. Vielmehr wird eine Wechselwirkung materieller Rahmenbedingungen (geringes Einkommen) mit Verhalten und Gewohnheiten (Rauchen, Fast Food), biologischen (genetische Disposition zu Asthma), psychosozialen (ungenügende Stressverarbeitung) und strukturellen (Ökologie von Armutsquartieren) Faktoren angenommen (Loi et al. 2013). Diskutiert wird vor allem, ob und wie ein kumulatives Risiko der einzelnen Faktoren in Rechnung zu stellen ist (vgl. Evans 2004).

Es müssen Interventionen vorgenommen werden, die a) im Sinne der Verhältnisprävention auf eine zeitgleiche Veränderung der ökonomischen, ökologischen, hygienischen und sozialen Verhältnisse abzielen und b) im Sinne der Verhaltensprävention das individuelle Gesundheitsverhalten beeinflussen. Die WHO-Mitgliederversammlung in Ottawa 1986 hat dies in fünf Zielsetzungen konkretisiert:

- Entwicklung einer gesundheitsförderlichen Politik
- Schaffung gesundheitsförderlicher Lebenswelten
- Entwicklung personaler Kompetenzen
- Unterstützung kommunaler gesundheitsförderlicher Aktivitäten
- Neuorientierung bestehender Gesundheitsdienste

Der multifaktorielle Zusammenhang zwischen Status, Bildung und Gesundheit verlangt nach umfassenden Konzepten, die sowohl die soziale Ungleichheit als auch die gesundheitliche Ungleichheit integrieren (vgl. Mielck 2010).

Ein Beispiel, wie verschiedene individuelle und strukturelle Maßnahmen zur Adipositas in einem Multiebenenmodell integriert und verwirklicht werden können, wird in folgender Abbildung 2 dargestellt (modifiziert Haverkamp 2014):

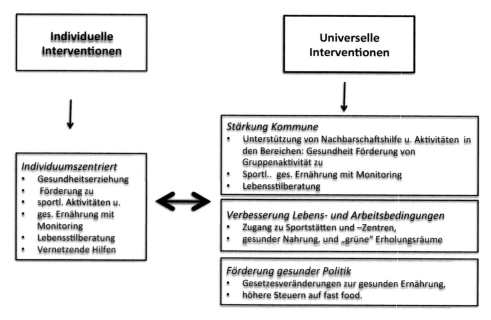

Abb. 2   Interventionaebenen zur Verbesserung eines gesunden, aktiven Levensstils

Die überwiegend nur kurzfristig wirksamen individuumszentrierten Präventionsmaßnahmen im Zusammenhang von Adipositas und der relative Erfolg verhältnispräventiver Maßnahmen wie Rauchverbote lassen annehmen, das Letztere stärker in zukünftige Planungen einfließen werden.

Langfristige Präventionsmodellprojekte

Bei der Integration von zielgerichteten individuellen sowie universell ausgerichteten Präventionsprogrammen zur Reduzierung von intergenerationellen Armutseffekten sind in den USA kommunale Modelle zur Implementation sog. „Promise Neighbourhoods" oder „Creating Nurturing Environments Framework" wie z. B. die Harlem Children's Zone entwickelt worden (Komro et al. 2011). Verschiedenen Leitprinzipien sind bei deren Realisierung verfolgt worden: Die Implementation von evidenzbasierten Strategien sowie kontinuierliche Evaluation und Monitoring ist notwendig, um die Wirksamkeit jeder Komponente nachzuweisen. Kommunale und zugleich nicht-stigmatisierende Ansätze sind fundamentale Voraussetzungen, um eine umfassende Partizipation und einen Austausch zu gewährleisten. Bei dem Bemühen, diese zum Erfolg zu verhelfen, betonen die Autoren die Entwicklung starker Partnerschaften zwischen Wissenschaftlern und den verschiedenen nachbarschaftlichen-kommunalen Akteuren (Komro et al. 2011).

Bedeutung von Bildung für die Gesundheit und Entwicklung

Aufgrund des inneren (zumindest partiellen) Zusammenhangs zwischen Armut einerseits und Gesundheit und Bildung andererseits, ist zu erwarten, dass die Effektivität gesundheitsfördernder Maßnahmen insbesondere bei Kindern, die in Armut leben, ohne gleichzeitige bildungsbezogene Maßnahmen und Lernkompetenzförderung nur sehr begrenzt sein dürfte (Fiscella und Kitzman, 2011). Den Wert einer Verknüpfung von Bildungs- und gesundheitsfördernden Maßnahmen verdeutlichen umfassende Modellprojekte wie das „Brookline Early Education Project" in Boston, Massachusetts, wo gezeigt werden konnte, dass frühe Förderung von soft skills wie Planen, Organisieren, Aufmerksamkeit etc. bei Kindern im Vorschulalter zu einem positiven Langzeiteffekt auch auf andere Lebens- und Persönlichkeitsbereiche (z. B. Stärkung der persönlichen Autonomie, adäquates Gesundheitsverhalten) führt (vgl. Palfrey et al. 2005).

Bedeutung einer umfassenden Klassifikation von Krankheiten und individuellen Lebenskontextes

Die derzeitige Klassifikation von Erkrankungen nach dem ICD 10 (International Classification of Diseases) sieht allerdings eine solche Berücksichtigung kontextueller emotionaler und sozialer Lebenslagen explizit nicht vor. Ein möglicher Ausweg könnte darin bestehen, dass zukünftig Krankheiten, in Analogie zur Verschlüsselung von Behinderungen, nach der neuesten ICFH (International Classification of Functions and Health) unter Berücksichtigung von persönlicher, sozialer als auch beruflicher Partizipation codiert werden. Die bisherige Forschungslage macht deutlich, dass die Berücksichtigung einer solchen

umfassenden Sichtweise in der medizinischen Gesundheitsversorgung zu einer Verbesserung der Krankheitsbewältigung und Compliance bei chronisch Kranken führt und
daher positiv auch deren Langzeitprognose beeinflusst (Haverkamp und Gasteyger 2011).

Bedeutung einer multi- und transdisziplinären Kooperation

Für Deutschland erscheint es angesichts wachsender Armut, die eine überproportionale
Zunahme von betroffenen Kindern und Jugendlichen nach sich zieht, dringend notwendig,
dass neue interdisziplinäre Strukturen und Settings zur Prävention bzw. zur Gesundheitsförderung entwickelt werden, die traditionelle Grenzen der verschiedenen Professionen im
Bildungs-, Sozial- und Gesundheitsbereich überwinden, um langfristige positive Effekte
für das Individuum als auch für die Gesellschaft zu erzielen (vgl. Kilbourne et al. 2006).

Diese Inter- bzw. Multidisziplinarität bedeutet, dass zukünftig eine wissenschaftliche
Breite und zugleich umfassende Vorsorge und Versorgung angestrebt werden muss, die
eine Spannweite vom Epigenetiker bis zum Soziologen umfasst. Wegen der inhärenten
normativen Implikationen sollten auch Ethikexperten und alle anderen Akteure wissenschaftlicher Disziplinen (z. B. Ökologen), die im Prozess zur Bekämpfung von Armut unter
Einbeziehung von Gesundheit, Soziales und insbesondere Bildung involviert sind, ebenfalls
miteingebunden werden. Dies verlangt die Entwicklung eines neuen umfassenden multi-
und transdisziplinären Forschungsparadigmas, wie es in Ansätzen schon beschrieben
wird (vgl. Kilbourne et al. 2006). Auf diese Weise könnte Gesundheit gefördert und soziale
Ungleichheit bei der Krankheitsversorgung abgebaut werden.

Literatur

Akdeniz, C., H. Tost und A. Meyer-Lindenberg. 2014. The neurobiology of social environmental risk
for schizophrenia: an evolving research field. *Social Psychiatry Psychiatr Epidemiol*, 49: 507-517.
Alkon, A., A. A.Crowley, S. E. Neelon, S. Hill, Y. Pan, V. Nguyen, R. Rose, E. Savage, N. Forestieri,
L. Shipman und J. B. Kotch. 2014. Nutrition and physical activity randomized control trial in
child care centers improves knowledge, policies, and children's body mass index. *BMC Public
Health*, 14: 213-229.
Allmark. P., S. Bhanbhro und T. Chrisp. 2014. An argument against the focus on Community Re-
silience in Public Health. *BMC Public Health*, 14: 62-70.
Avan, B. I. und B. R. Kirkwood. 2010. Review of the theoretical frameworks for the study of child
development within public health and epidemiology. *Journal Epidemiology Community Health*,
64: 388-393.
BAG Wohnungslosenhilfe e. V. o. J. Zahl der Wohnungslosen. http://www.bagw.de/de/themen/zahl_
der_wohnungslosen/ Zugegriffen: 10.05.2017.
Bambra, C. L., C. H. Hillier, H. J. Moore, J. M. Calms-Nagi und C. D. Summerbell. 2013. Tackling
inequalities in obesity: a protocol for a systematic review of the effectiveness of public health
interventions at reducing socioeconomic inequalities in obesity among adults. *Systematic Reviews*, 2: 2-7.

Barker D. J., J. G. Eriksson, T. Forsén und C. Osmond. 2002. Fetal origins of adult disease: strength of effects and biological basis. *International Journal of Epidemiology*, 3: 1235-9.

Bauman, L. J., E. J. Silver und R. E. K. Stein. 2006. Cumulative Social Disadvantage and Child Health, *Pediatrics* 117: 1321-1328.

Blackburn, C. M., N. J. Spencer and J. Read. 2013. Is the onset of disabling in later childhood associated with exposure to social disadvantage in earlier childhood? A prospective cohort study using the ONS Logitudinal Study for England and Wales. *BMC Pediatrics*, 13: 101-107.

Bourdieu, P. 1983. Ökonomisches Kapital, kulturelles Kapital, soziales Kapital. In *Soziale Ungleichheiten*, Hrsg. R. Kreckel. 183 ff. Soziale Welt, Sonderheft 2. Göttingen: Schwartz.

Bundesarbeitsgemeinschaft (BAG) Wohnungslosenhilfe e. V., www.bag-wohnungslosenhilfe.de

Bundesministerium für Gesundheit und Soziale Sicherung. 2008. *Lebenslagen in Deutschland. 3. Armuts- und Reichtumsbericht der Bundesregierung*. Bonn: Eigenverlag

Case, A., D. Lubotsky und C. Paxson. 2002. Economics status and health in childhood: the origins of the gradient. *American Econonomy Reviews* 92: 1308-1334.

Clark, B. K., T. Sugiyama, G. N. Healy, J. Salmon, D. W. Dunstan und N. Owen. 2009. Validity and reliability of emasures of television viewing time and other non-occupational sedentary behaviour. *Obesity Reviews* 10: 7-16.

Coker, T.R., T. Thomas und J. Chung. 2013. Does Well-Child Care have a Future in Pediatrics? *Pediatrics* 131, Suppl. 2: 149-159.

Crimmins , E. M. 2015. Lifespan and Healthspan: Past, Presence and Promise. *Gerontologist* 55: 901-911.

Cutler D. M. und A. Lleras-Muney. 2010. Understanding differences in health behaviors by education. *Journal of Health Economy*, 29: 1-28.

Davey, R. C., G. L. Hurst, G. R. Smith, S. C. Grogan und J. Kurth. 2011. The impact and process of a community led intervention on reducing environmental inequalities related to physical activity and healthy eating – pilot study. *BMC Public Health* 11: 697-705.

De Snyder, N. V., S. Friel, J. C. Fotso, Z. Khadr, S. Meresman, P. Monge und A. Patil-Deshmukh. 2011. Social conditions an Urban health Inequities: Realities, Challenges and Oppurtinities to Transform the Urban Landscape though Research and Action. *Journal of Urban Health*: 87-86.

Engels, G. L. 1977. The need for a new medical model: a challenge for biomedicine. *Science* 196: 129-36.

Evans, G. W. 2004. The environment of childhood poverty. *American Psychology* 59: 77-92.

Fiscella, K. und H. Kitzman. 2009. Disparities in academic achievement and health: the intersection of child education and health policy. *Pediatrics* 123: 1073-1080.

Fortin, M., J. Haggerty, J. Almirall, T. Bouhali, M. Sasseville und x. Lemieux. 2014. Lifestyle factors and multimorbidity: a cross sectional study. *BMC Public Health* 14: 686-695.

Grabovschi, C., C. Loignon und M. Fortin. 2013. Mapping the concept of vulnerability related to health care disparities: a scoping review. *Health Services Research* 1: 94-105.

Hanson, K. 1998. Is insurance for children enough? The link between parents`and children`s health care use revisited, Inquiry 35. *Journal of Health and Social Behaviour* 38: 294-302.

Haverkamp, F. und C. Gasteyger. 2011. A review of biopsychosocial strategies to prevent and overcome early-recognized poor adherence in growth hormone therapy of children. *Journal of Medicine Economics* 14: 448-57.

Haverkamp, F. 2012. Früherkennung und Förderung von schulischen Vorläuferfähigkeiten zur Verbesserung der schulischen Partizipation von Kindern aus armen und bildungsfernen Familien: Zur Bedeutung der auditiven Wahrnehmung In *Soziale Inklusion: Grundlagen, Strategien und Projekte in der Sozialen Arbeit*, Hrsg. H.-J. Balz, B. Benz, B. und C. Kuhlmann, 259-266. Wiesbaden: Springer VS.

Haverkamp, F. 2014. Krankheitsprävention und soziale Lebenslage. In *Gesundheitsprävention in der Kontroverse*, Hrsg. H. W. Hoefert und C. Klotter, 368-401. Lengerich: Verlag Pabst Science.

Hillier-Brown, F.C., C. L. Bambra, J. M. Cairns-Nagi, A. Kasim, H. J. Moore und C. D. Summer-bell. 2014. A systematic review of the effectiveness of individual, community and societal level interventions at reducing socioeconomic inequalities in obesity among adults. *International Journal of Obesity*, i.Dr.

Huber, J. und A. Mielck 2010. Morbidität und Gesundheitsversorgung bei GKV- und PKV-Versicherten. *Bundesgesundheitsblatt* 53: 925-938.

Hurrelmann, K. 2010. *Gesundheitssoziologie. Eine Einführung in sozialwissenschaftliche Theorien von Krankheitsprävention und Gesundheitsförderung*, 7. Aufl. Weinheim, München: Beltz Juventa.

Khanlou, N. und R. Wray. 2014. A whole community approach toward child and youth resilience promotion: A review of resilience literature. *International t J Ment Health Addict* 12: 64-79.

Kilbourne, A. M., G. Switzer, K. Hyman, M. Crowley-Matoka und M. J. Fine. 2006. Advancing health disparities research within the health care system: a conceptual framework. *Am J Public Health* 96: 2113-2121.

Kolip, P. und F. Koppelin. 2002. Geschlechtsspezifische Inanspruchname von Prävention und Krankheitsfrüherkennung. In *Geschlecht, Gesundheit und Krankheit: Männer und Frauen im Vergleich*, Hrsg. K. Hurrelmann und P. Kolip, 491-504. Bern, Göttingen, Toronto, Seattle: Hans Huber.

Kolip, P. und U. Helmert. 2003. Sozialepidemiologische Beiträge zur Prävention. *Jerusalem* 2003: 181-195

Komro, K. A., B. R. Flay und A. Biglan and the Promise Neighbourhoods Research Consortium. 2011. Creating Nururing Environments: A science-based framework for promoting child health and development within high poverty neighbourhoods. *Clinical Child Family Psychology Reviews* 14: 111-134.

Jungmann, T., V. Kurtz, T. Brand, S. Sierau und K. von Klitzing. 2010. Präventionsziel Kindergesundheit im Rahmen des Modellprojektes „Pro Kind". *Bundesgesundheitsblatt* 53: 1180-1187.

Lampert, T. 2010. Frühe Weichenstellung. Zur Bedeutung der Kindheit und Jugend für die Gesundheit im späteren Leben. *Bundesgesundheitsblatt* 53: 486-497.

Lampert, T., M. Richter und A. Klocke. 2006. Kinder und Jugendliche. Ungleiche Lebensbedingungen, ungleiche Gesundheitschancen. *Gesundheitswesen* 68: 94-100.

Landrigan, P. J., C. A. Kimmel, A. Correa und B. Eskenazi. 2004. Children`s Health and the Environment. Public Health Issues and Challenges for Risk Assessment. *Environmental Health Perspectives* 112: 257-265.

Lemon, S. C., J. Zapka, W. Li, B. Estabrook, M. Rosal, R. Magner, V. Andersen, A. Borg und J. Hale. 2010. Step ahead a worksite obesity prevention trial among hospital employees. *American Journal of Preventional Medicine* 38: 27-38.

Li, K., K. K. Davison und J. M. Jurkowski. 2012. Mental health and family functioning as correlates of a sedentary lifestyle among low-income women with young children. *Women Health* 52: 606-619.

Loi, M., L. Del Savio, L und E. Stupka. 2013. Social Epigenetics and Equality of Opportunity. *Public Health Ethics* 112: 142-153.

Ma, J., Q. Zhu, S. Han, Y. Zhang, W. Ou, H. Wang, J. Zhao und Z. Liu. 2012. Effect of socio-economic factors on delayed access to health care among Chinese cervical cancer patients with late rectal complications after radiotherapy. *Gynecology Oncology* 124: 395-398.

Malat, J., H. J. Oh and M. A. Hamilton. 2005. Poverty Experience, Race and Child Health. *Public Health reports* 120: 442-447.

McBride, C. M. und L. M. Koehly. 2016. Imagining roles for epigenetics in health promotion research. *Journal of Behavioral Medicine* 40: 229-238.

McEwen, B. S. 2012. Brain on stress: How the social environment gets under the skin. *Proceedings of the National Academyi USA* 109 (Suppl. 2): 17180-17185.

McCulloch, A. und H. E. Joshi. 2001. Neighbourhood and family influences on the cognitive ability of children in the British National Child Development Study *Social Science & Medicine* 53: 579-591.

Mielck, A. 2010. Sozial-epidemiologische und ethische Ansätze zur Bewertung der gesundheitlichen Ungleichheit. *Ethik Medizin* 22: 235-248.

Motta, V., M. Bonzini, L. Grevendonk, S. Iodice und V. Bollati. 2017. Epigenetics applied to epidemiology: investigating environmental factors and lifestyle influence on human health. *La Medicina del Lavoro* 108: 10-23.

Muldoon, K. A., P. K. Duff, S. Fielden und A. Anema. 2013. Food insufficiency is associated with psychiatric morbidity in a nationally representative study of mental illness among food insecure Canadians. *Social Psychiatry and Psychiatry Epidemiology* 48: 795-803.

Norbury, C. F. 2014. Editorial: The power of treatment studies to explore causal processes in childhood disorders. *J Child Psychology Psychiatry* 55: 413-415.

Newacheck P. W. und N. Halfon. 1998. Prevalence and impact of disabling chronic conditions in childhood. *American Journal of Public Health* 88: 610–617.

Page, A., G. Lewis, J. Kidger, J. Heron, C. Chittleborough, J. Evans und D. Gunell. 2014. Parental socio-economic position during childhood as a determinant of self harm in adolescence. *Social Psychiatry and Psychiatric Epidemiology* 49: 193-203.

Palfrey, J. S., P. Hauser-Cram, M. B. Bronson, M. B. Warfield, S. Sirin und E. Chan. 2005. The Brookline early education project: A 25 Year follow up study of a family centered early health and development intervention. *Pediatrics* 116: 144-152.

Parks, R., R. J. Stevens und S. A. Spence. 2007. A systematic review of cognition in homeless children and adolescents. *Journal of the Royal Society Medicine* 100: 50.

Perkins, S. C., E. D. Finegood und J. E. Swain. 2013. Poverty and language development: roles of parenting and stress. *Innovation Clinical Neuroscience* 10: 10-19.

Razum, O. und I. Geiger. 2003. Migranten. In *Public Health. Gesundheit und Gesundheitswesen*, Hrsg. F. W. Schwarz, B. Badura, R. Busse, R. Leidl, H. Raspe, J. Siegrist, J. und U. Walter, 686-692. München und Jena: Urban und Fischer.

Ross, C. und C. Wu. 1995. The links between educational attainment and health. *Am Social Rev* 60: 719-745.

Sapolsky, R. M., L. C. Krey und B. S. McEwen. 1986. The neuroendocrinology of stress and aging – the glucocorticoid cascade hypothesis. *Endocrinology Reviews* 7: 284-301.

Schwarz, Friedrich Wilhelm, B. Badura, R. Busse, R. Leidl, H. Raspe, J. Siegrist, J. und U. Walter. 2003. *Public Health. Gesundheit und Gesundheitswesen*. München und Jena: Urban und Fischer.

Shaw, L. H. und L. M. Grant. 2002. Users divided? Exploring the gender gap in internet use. *Cyberpsychol Behav*, 5: 517-527.

Simons, R. L., M. K. Lei, S. R. H. Beach, R. A. Philibert, C. E. Cutrons, F. X. Gibbons und A. Barr. 2016. Economic Hardship And Biological Weathering: The Epigenetics of Aging in a US Sample of Black Women. *Social Science of Medicine* 150: 192-200.

Souza de Paiva, G., A. A. Vasconlos, L. Martins de Souza, L. Marilia de Carvalho und S. H. Eickmann. 2010. The effect of poverty on developmental screening scores among infants. *Sao Paulo Med J.* 128: 276-283.

Schreier, H. M. und E. Chen. 2013. Socioeconomic status and the health of youth: A multi-level, multi-domain approach to conceptualizing pathways. *Psychology Bulletin* 139: 606-654.

Suzuki, T., H. Tomiyama und Y. Higashi. 2012. Vascular dysfunction even after 20 years in children exposed to passive smoking: aalarming results and need for awareness. *Arteriosclerosis Thrombosis Vascular Biol*ology 32: 841-842.

Teychenne, M., K. Ball und J. Salmon. 2010. Sedentary behaviour and depression among adults: A review. *International Journal of Behavioral Medicine* 17: 246-254.

Yu, S. M., S. C. Lin und T. Adirim. 2013. Selected Health Status Measures of Children from US Immigrant Families. *ISRN Pediatrics*: 1-7.

Van Santvoort, F., C. M. Hosman, K. T. van Doesum und J. M. Jannsens. 2014. Effectiveness of preventive support groups for children of emtally ill or addicted parents: a randomized controlled trial. *European Child Adolescence Psychiatry* 23: 474-48.

Wallack, L. und K. Thornburg. 2016. Developmental Origins, Epigenetics, and Equity: Moving Upstream. *Maternal Child health J.* 20: 935-940.

WHO Final Report. 2008. *Commisssion on social determinants of health. Closing the gap in a generation: Health Equity through action on the social determinants of health.* Geneva, Switzerland.

Sozialräumliche Segregation: Ursachen und Folgen

Monika Alisch

Zusammenfassung

Die sozialräumliche Konzentration bestimmter sozialer Gruppen in einem Stadtgebiet wird als Segregation bezeichnet. Sie entsteht als Ergebnis der Wechselwirkungen zwischen der *wachsenden sozialen Ungleichheit* in der Wohnbevölkerung nach Klassen/Schichten, Geschlecht, Ethnie, Alter und sozialem Milieu, der *Ungleichheit der städtischen Teilgebiete* nach Merkmalen der Wohnungen, der Infrastruktur und Erreichbarkeit sowie den *Zuweisungsprozessen sozialer Gruppen zu Wohnungsmarktsegmenten*. Meist werden soziale und ethnische Segregation zusammen problematisiert und damit immer wieder soziale Probleme ethnisch konnotiert, indem z. B. Arbeitslosigkeit als Migrationsproblem verhandelt wird. Die Folgen von Segregation werden unterschiedlich diskutiert. Weit überwiegend wird Segregation negativ bewertet. Diese Bewertungen beziehen sich insbesondere auf nachteilige Effekte für die Sozialisierung der in diesen Wohnquartieren Lebenden sowie deren Teilhabechancen im Schulsystem und am Arbeitsmarkt. Für die Stadtgesellschaft werden mit Begriffen wie *Parallelgesellschaften* Abschottungen von Zugewanderten befürchtet. Gleichzeitig werden auch positive Effekte vermutet, da gerade für Zugewanderte die Integration durch die Nähe von Personen aus dem gleichen Herkunftsland erleichtert werde. Politisch wurde und wird vorwiegend auf die empirisch nicht systematisch belegten negativen Effekte reagiert.

Schlagworte

Segregation; sozialräumliche Konzentration; soziale Durchmischung; Kontexteffekte; Soziale Stadtentwicklung; Quartier

1 Begriffliche Klärungen: Ausgrenzung und Segregation

Der Begriff der Ausgrenzung, wie er seit den 1990er Jahren in der Sozialpolitik der Europäischen Union verwendet wird, skandalisiert ein multidimensionales Problem, das ausgelöst durch die Marginalisierung am Arbeitsmarkt und vorangetrieben durch die Schwächung sozialer Bindungen, vor allem den „weitreichenden Verlust von materiellen, kulturellen und politischen Möglichkeiten, am Leben der Gesellschaft teilzunehmen" (Häußermann et al. 2004, S. 21) bedeutet. Damit weist der Begriff nicht nur auf eine gesellschaftlich prekäre Lebenslage von Personen oder Gruppen hin, sondern bezieht auch die gesellschaftlich-politischen Strukturen sowie die institutionellen Akteure mit ein, die diese Lebenslage herbeiführen. Im Kontext der Entstehung des Ausgrenzungs- oder Exklusionsbegriffs waren dies vor allem der Arbeitsmarkt und die dahinterliegenden deregulierenden und flexibilisierenden Wirtschaftsentscheidungen sowie die Restrukturierungen des Wohlfahrtstaates (vgl. Paugam 2004) insbesondere seit den 1980er Jahren. Mit beiden Prozessen engverbunden sind die Strukturen und Akteure des Wohnungsmarktes und der Wohnungspolitik. Damit rückt die sozialräumliche Komponente von Ausgrenzung in den Blick: Die ungleiche Verteilung sozialer Gruppen über die Teile einer Stadt wird als Segregation bezeichnet (vgl. Friedrichs 1995). Die Phänomene dieser ‚Sortierung' der Wohnbevölkerung nach ihrem sozialen Status, ihrer ethnischen Zugehörigkeit oder demographischen Merkmale über ein Stadtgebiet hat nicht nur in den raumbezogenen Wissenschaften eine seit langem hohe Aufmerksamkeit. Es ist gerade in der öffentlichen Verwaltung und Kommunalpolitik ein höchst normativ behandeltes Thema, das sich vor allem auf die befürchteten negativen Folgen von Segregation bezieht. Welche gesellschaftlichen Folgen und insbesondere ausgrenzenden Effekte Segregation tatsächlich hat, ist trotz der hohen Aufmerksamkeit noch immer eine höchst uneindeutig beantwortete Frage, wie im Weiteren noch gezeigt wird (vgl. ausführlich Dangschat 2014; Dangschat und Alisch 2012).

Über die Ursachen sozialräumlicher Segregation herrscht weitgehend Einigkeit. Hier gelten die folgenden Wirkungsprozesse als verantwortlich:

- die *wachsende soziale Ungleichheit* in der Wohnbevölkerung nach Klassen/Schichten, Geschlecht, Ethnie, Haushaltstyp, Alter, sozialem Milieu und Lebensstilen sowie Überkreuzungen dieser Ungleichheitsmerkmale (*Intersektionalität*);
- die *Ungleichheit der städtischen Teilgebiete* nach Merkmalen der Wohnungen, der infrastrukturellen Ausstattung, der Erreichbarkeit, Lage, Funktion in der Stadt sowie Zuschreibungen von Attraktivität;
- die *Zuweisungsprozesse sozialer Gruppen zu Wohnungsmarktsegmenten* durch Wohnungsmarktprozesse, administrative Zuweisungen aber auch soziale Schließungen in den Verhältnissen: Makler/Maklerin – Käufer/Käuferin, Eigentümer/Eigentümerin – Mieter/Mieterin und unter Nachbarn/Nachbarinnen;
- ein viertes Ursachencluster bezeichnet das *Interesse am Zusammenleben „Gleicher"*. Hier deutet sich die Differenzierung von freiwilliger vs. unfreiwilliger Segregation an, die *Hartmut Häußermann* in die Diskussion gebracht hatte. Diese Freiwilligkeit bezieht

sich jedoch nicht nur auf die grundsätzlich unterschiedlichen finanziellen Möglichkeiten, sich am Wohnungsmarkt zu versorgen, sondern erweitert diese Dimension um mittel- bzw. oberschichtsgeprägte Vorstellungen vom ‚richtigen' Wohnen, sogenanntes *Themenwohnen* (z. B. autofreies Wohnen) sowie *ethnic villages* bzw. *gated communities*. (vgl. Dangschat 2014, S. 64)

Erst über das Zusammenwirken dieser Prozesse entsteht eine ungleiche Verteilung sozialer Gruppen im städtischen Raum. Dies ist aber nur eine und zudem sehr grobe Beschreibung dessen, was Segregation bedeutet. Stärker auf die Prozesse des Zusammenlebens unter Bedingungen von Armut bzw. Marginalisierung gerichtet, hat der Chicagoer Stadtsoziologe Roderick D. McKenzie in den 1920er Jahren unter Segregation die „Konzentration von Bevölkerungsgruppen innerhalb eines Gemeindegebietes" (1974, S. 110) verstanden. Mit dieser Perspektive ist es möglich, auch die Prozesse von Ausgrenzung, deren Folge segregierte Wohnquartiere sind, nachzuvollziehen und gleichzeitig, ausgrenzende Entwicklungen als Folge von Segregation zu analysieren und wenn möglich zu beeinflussen. Dangschat und Alisch (2012, S. 28; vgl. auch Dangschat 2014, S. 68) haben darüber hinaus noch eine weitere für die heutige Einschätzung von Segregation und ihre Folgen interessante Annahme von McKenzie in Erinnerung gerufen: Zwar ließe sich für die ökonomische Leistungsfähigkeit der Bewohnerschaft segregierter Wohnquartiere eine Homogenität erkennen, die in der Gemeinsamkeit knapper (finanzieller) Ressourcen und der dadurch begrenzten Wohnstandortwahl läge. Jedoch zeige sich in „allen anderen Belangen (…) eine höchst heterogene Aggregation" (McKenzie 1974, S. 110). Auch in Stadtquartieren mit einer hohen Konzentration von in Armut lebenden Haushalten oder in als „Einwandererquartiere" etikettierten Orten, die oftmals multiethnisch sind, „haben ihre Bewohner häufig nur wenig gemein, außer ihrer Migrationserfahrung" (Münch 2010, S. 42). Zu erwarten sind in diesen Wohnquartieren tatsächlich sehr unterschiedliche Interessenlagen, die – im wahrsten Sinne des Wortes – aufeinandertreffen und zu Konflikten führen. Es sind gerade solche dokumentierten Konflikte in entsprechend als Sozialer Brennpunkt, Ghetto oder Slum etikettierten Wohnquartieren, die Politik und Verwaltung bis heute zum Entwickeln von Strategien gegen Segregation aufgerufen haben.

Diese Perspektive – weg von der Ungleichverteilung der Wohnstandorte sozialer Gruppen in der Stadt, hin zu dem, was in diesen Räumen geschieht, lässt schon bei McKenzie Segregation als „das Ergebnis raumgebundener sozialer Beziehungen unterschiedlicher Akteure und Akteurinnen" erkennen (vgl. Dangschat 2014, S. 68). Entsprechend ging es in dieser Perspektive auf Segregation darum, diese sozialen Räume auf ihre innere Logik hin zu analysieren (vgl. ebenda, S. 70). Dies eröffnet Möglichkeiten, auch die Folgen von Segregation für die Individuen, die Quartiere oder städtischen Teilgebiete und letztlich für das Gefüge der Stadtgesellschaften einzuschätzen.

Wird Segregation lediglich als die ungleiche Verteilung der Wohnstandorte sozialer Gruppen über das Stadtgebiet verstanden, erscheinen diese Prozesse nahezu ausgeblendet und treten gegenüber Vergleichen zwischen städtischen Teilgebieten und ihrer sozialstrukturellen Zusammensetzung oder gar Vergleichen zwischen Städten in den Hintergrund (vgl. u. a. Friedrichs und Triemer 2009). Diese Analysen beziehen sich auf unterschiedliche Merkmale der sozialen Lage (Einkommen Arbeitslosigkeit, Transferleistungsbezug – als Indikator für Armut), demographische Merkmale (Alter, ethnische Zugehörigkeit bzw. Migrationshintergrund) oder gruppierte Merkmale, die als Lebensstile oder Milieus gefasst werden. Anhand dieser Merkmale sollen signifikante Unterschiede zwischen Teilgebieten einer Stadt ermittelt werden. Mit Blick auf das lang anhaltende Interesse der Stadtentwicklungspolitik an solchen Analysen bleibt aber zu fragen, welche Konsequenzen sich aus der ungleichen Verteilung von Wohnstandorten sozialer Gruppen, die sich nach einem Merkmal ähnlich sind, überhaupt ableiten lassen.

Abgesehen davon, dass diese Merkmale theoretisch aussagekräftig wären, um soziale Ungleichheiten räumlich zu verorten, folgen entsprechende Analysen letztlich jenen Indikatoren, für die Daten auch tatsächlich kleinräumig, d. h. auf der Ebene von Wohnquartieren verfügbar sind. Dies ist oft innerhalb einer Stadt schon schwierig und erscheint im Vergleich von Städten – auch wegen der sehr unterschiedlichen Abgrenzung und Größe der zu vergleichenden Gebiete, als kaum möglich (vgl. Häußermann 2012, S. 384). Friedrichs und Triemer (2009, S. 18) haben dennoch einen (Langzeit-)Vergleich der Segregationsmuster und -prozesse über mehrere Städte hinweg vorgelegt und stellen bedauernd fest: „Während internationale Studien auf Berufe, Einkommen oder Bildung zurückgreifen können, liegen solche Daten kleinräumig für Deutschland nicht vor. Daher wird sich die Studie auf die Indikatoren Armut und ethnischen Status, oft sogar nur: Deutsche-Migranten, beschränken müssen." Dieses Problem zur Messung von Segregation hält die Autoren jedoch nicht davon ab, gerade Fragen der ethnischen Segregation auf diesem Wege zu bearbeiten. Dangschat (2014, S. 70) erklärt dazu: „Ein solcher Zugang setzt voraus, dass Ungleichheitsstrukturen und deren *driving forces* überall und über einen langen Zeitraum zumindest sehr ähnlich sind, dass Wohnungsmärkte ähnliche Segmentierungen aufweisen und dass die Zuweisung sozialer Gruppen zu Wohnungsmarktsegmenten nach prinzipiell gleichen (diskriminierenden) Mustern abläuft."

Dennoch wurde in der soziologischen Stadtforschung über eine lange Zeit versucht, die Regelmäßigkeit sozialräumlicher Strukturen über Indices exakt zu messen[1]. In der sozialwissenschaftlichen Stadtforschung der 1970er bis 1990er Jahre dominierten mit Segregationsindizes gerechnete Studien die Analysen sozialräumlicher Ungleichheiten. Mehr noch: Diese Expertise soziologischer Stadtforschung ist bis heute verankert in kommunalpolitischen und planungspraktischen Annäherungen an Phänomene sozial-räumlicher Disparitäten und zeigt sich auch in den Analysen sozialräumlicher Disparitäten – z. B.

---

[1] Die Messung der Segregation wurde in deutschen und europäischen Studien vorwiegend mit den von Duncan und Duncan 1955 entwickelten *Index der Segregation* (IS) und dem *Index der Dissimilarität* (ID); vgl. Friedrichs 1981, S. 218ff.; Blasius 1988; Friedrichs und Triemer 2009) vorgenommen. Der IS misst die Abweichungen der Anteile sozialer Gruppen vom gesamtstädtischen Durchschnitt und addiert die Werte dem Betrag nach über alle Quartiere auf. Eine Standardisierung führt dazu, dass die Messwerte zwischen „0" (keine Segregation) und „100" (totale Segregation) liegen (vgl. Dangschat und Alisch 2012, S. 31).

der „Laufenden Raum- oder Stadtbeobachtung" zu Lebenslagen in Deutschland bzw. deutschen Städten über Raum und Zeit des BBSR[2] oder einer Vielzahl von Sozial- oder auch Gesundheitsatlanten.

2 Segregation und sozialräumliche Polarisierung

Bei der Problematisierung von Segregation als Ausdruck von Ausgrenzung und der räumlichen Identifizierbarkeit von Armut werden meist soziale Segregationsprozesse und ethnische Segregation miteinander verwoben betrachtet. Einerseits erscheint die Argumentation dahinter nachvollziehbar, dass die zugewanderten Bewohnerinnen und Bewohner eines Quartiers zu einem hohen Anteil über geringe formale Bildungsabschlüsse verfügen und in wenig qualifizierten Beschäftigungsverhältnissen ein eher geringes Einkommen erwirtschaften und sich somit die räumliche Konzentration einer migrantischen Bevölkerung mit der Konzentration statusniedriger Bevölkerung überlagert. Andererseits führt diese Betrachtungsweise auch dazu, soziale Problemlagen einseitig auf die Dimension Ethnie zu reduzieren und die jeweils verschiedenen Ursachen für eine benachteiligende Wohnsituation (in segregierten Wohnquartieren) zu übersehen und – politisch weitaus prekärer – falsche Schlüsse hinsichtlich einer mangelnden Integration der Zugewanderten und offenbar sozialräumlich Ausgegrenzten zu ziehen. Es erscheint daher sinnvoll, sich die Prozesse, die eine räumliche Konzentration bestimmter sozialer Gruppen zur Folge haben genauer anzuschauen.

Einen Ansatz, soziale Ungleichheiten als Polarisierung von sozialen Gruppen zu interpretieren und in der Folge auch eine sozial-räumliche *Teilung der Stadt* als Ausdruck einer sozialräumlichen Polarisierung verstehen, bot zu Beginn der 1990er Jahre die polit-ökonomische Argumentation der New Urban Sociology. Hier steht die räumliche Konzentration der Wohnstandorte sozial Benachteiligter im Zentrum. Damit rückten in der Diskussion um Segregation Bilder einer polarisierten Stadt in den Blick, die bereits im 19. Jahrhundert von *Friedrich Engels* am Beispiel des marginalisierten Eastend in London beschrieben wurden. Die in den 1970er Jahren ebenfalls in den USA wahrgenommene Polarisierung in den Städten wurde in der „dual cities"- bzw. „two cities"-These verarbeitet (vgl. Alisch und Dangschat 1998, S. 87) oder als „divided cities" (Fainstein et al. 1992) thematisiert. Da mit dieser, die Gegensätzlichkeit betonenden Polarisierung, die große Mehrheit der

---

2   Die „Laufende Raumbeobachtung" des BBSR analysiert und bewertet die regionalen Lebensbedingungen in Deutschland auf der Ebene von Gemeinden, Kreisen und Raumordnungsregionen in den Bereichen Erwerbsbeteiligung, Erwerbstätigkeit, Arbeitslosigkeit, Bevölkerungsentwicklung, -struktur, Sozialstruktur, Bildung und Ausbildung, Kommunalfinanzen, medizinische Versorgung, Siedlungsstruktur, Flächennutzung, Umwelt, Verkehr wirtschaftliche Leistung, Wirtschaftsstruktur, Wohnflächeninanspruchnahme, Wohnungsbestandsentwicklung. Sozialräumliche Disparitäten – oder großräumige Segregationen werden in entsprechenden Karten dargestellt.

Bewohnerschaft der Städte nicht einbezogen waren, weil sie eine noch relativ gesicherte Mittelschicht darstellten, wurden weitere Differenzierungen vorgeschlagen: In der dreigeteilten Stadt von Häußermann und Siebel (1991, S. 27) werden drei Strukturen voneinander abgegrenzt. Die erste Struktur nennen sie die „international wettbewerbsfähige Stadt" und versammeln dort die überregionalen Funktionen einer Großstadt bzw. solche Highlights, die Aufmerksamkeit auf sich ziehen, wie internationale Messen, Kultureinrichtungen, aber auch die Headquarter globaler Unternehmen sowie luxuriöse Wohnmöglichkeiten. Die Zweite Stadt beschreibt „die normale Arbeits-, Versorgungs- und Wohnstadt für die (überwiegend deutsche) Mittelschicht" (Dangschat 1998, S. 210). Die dritte Struktur ist die „marginalisierte Stadt der Randgruppen, der Ausgegrenzten, der dauerhaft Arbeitslosen, der Drogenabhängigen und der Armen" (ebenda). Diesen Teil der Städte sahen Häußermann und Siebel schon zu Beginn der 1990er Jahre als „ein schnell wachsendes Segment von am Rand der Gesellschaft lebenden, unqualifizierten Beschäftigten an der Grauzone des Arbeitsmarktes bzw. dauerhaft Arbeitslosen" (1991, S. 27). Sie beschrieben einen Trend, der auch beinahe 30 Jahre später kaum an Gültigkeit verloren hat. Etwa zur gleichen Zeit argumentierte Peter Marcuse (1989 und 1993) für die „quartered city", die eine Differenzierung der städtischen Mittelschichten einbezog und den Prozess der Verdrängung sozial benachteiligter sozialer Gruppen aus bestimmten Wohnungsmarktsegmenten (*Gentrification*) hervorhob.

Diese Ansätze haben gemeinsam, dass sie die nicht beliebige, sondern tendenziell polarisierende Verteilung von Funktionen und Wohnungsmarktsegmenten in den Städten zwar beschreiben können, aber nur wenig zur Erklärung der Ursachen für diese Segregationsmuster liefern. Verschiedene Ursachen sind möglich und müssten je spezifisch in den Städten untersucht werden. Die verschiedenen Modelle von Teilungen der Stadt, können beispielsweise das Ergebnis von räumlichen Konzentrationen von Wirtschaftsfunktionen gewesen sein, durch das Auseinanderdriften der räumlichen Funktionen sich entwickelt haben oder die Folge zunehmender Spaltungen der städtischen Gesellschaft zeigen. Obwohl zu den jeweiligen Ursachen in diesen Strukturierungsvorschlägen wenig erklärt wurde (vgl. Marcuse 1989; 1993), bieten sie doch Ansatzpunkte, die *strukturellen* Ursachen für die räumliche Konzentration marginalisierter sozialer Gruppen zu identifizieren und zu analysieren. Bei dieser Analyse gilt es nämlich über die bloße Beschreibung hinaus das in jeder Stadt spezifische Zusammenwirken wachsender sozialer Ungleichheit, der ungleichen Wohnverhältnisse in den städtischen Quartieren und den Mechanismen des Wohnungsmarktes, die bestimmten sozialen Gruppen den Zugang zu bestimmten Wohnlagen und -qualitäten zuweisen oder verwehren, herauszuarbeiten. Damit wird dann auch deutlich, dass Segregation mehr ist als „ein Abbild sozialer Ungleichheit in den Raum (…), sondern dass vielmehr durch die residentielle Segregation eine weitere Dimension sozialer Benachteiligung beschrieben wird" (Dangschat 1998, S. 211). Diese Argumentation hat die Frage nach den benachteiligenden Wirkungen der Zuweisung in bestimmte Wohnungen und bestimmte Wohnquartiere für soziale Gruppen, die nach vertikalen und horizontalen Merkmalen sozialer Ungleichheit als benachteiligt bzw. arm gelten, in die Segregationsdiskussion eingebracht (vgl. dazu u. a. Alisch und Dangschat 1998).

3   Folgen sozialräumlicher Konzentration/Segregation

Die Einschätzung der Folgen von Segregation wurde und wird in der sozialwissenschaftlichen Stadtforschung mit unterschiedlichen Konnotationen geführt. Ob Segregation ein Problem sei, war für Hartmut Häußermann (2012, S. 384) eine Frage, die aus zwei verschiedenen Perspektiven zu beantworten sei: Zum einen wäre – verbunden mit einem Blick in die Geschichte der industriellen Stadt und die Reaktionen auf die Entstehung von Arbeiter- vierteln – stadtpolitisch die „Wünschbarkeit der Konzentration einer Bevölkerungsgruppe (etwa Migranten)" zu beurteilen. Zum anderen gehe es um Probleme, die sich als Effekte „der Konzentration von bestimmten Gruppen der Bevölkerung in wenigen Teilräumen der Städte" auf die Lebenschancen der Bewohnerschaft beziehen.

In beiden Fällen stellt sich also auch die Frage, für wen eigentlich Segregation ein Problem ist. In diesem Zusammenhang wird in der sozialwissenschaftlichen Auseinandersetzung mit Segregation immer darauf hingewiesen, dass ehrlicher Weise nur die räumliche Kon- zentration von marginalisierten, von Ausgrenzung betroffenen oder bedrohten sozialen Gruppen problematisiert wird, um dann von Seiten der politisch Verantwortlichen in den Städten bearbeitet – am besten aufgelöst zu werden. Homogene Wohnsiedlungen der abgesicherten Mittelschicht, „Inseln des Wohlstands" bzw. des luxuriösen Wohnens, wie es in Häußermann und Siebels Modell der dreigeteilten Stadt im Sektor der „international wettbewerbsfähigen Stadt" (1991, S. 27) verortet wurde oder gar die bewusste und freiwillige Wohnstandortentscheidung für eine *gated community*, interessieren in der Bewertung der Folgen von Segregation meist nicht. Das ist insofern noch einmal zu erwähnen, weil die Initiierung, Förderung und Bewahrung gerade solcher Konzentrationen homogen einkom- mensstarker sozialer Gruppen – wie oben gezeigt – Teil der Ursachen für die Entstehung von Wohnquartieren sind, in denen vorwiegend Haushalte leben, deren Aussichten auf dauerhaft einkommenssichernde Erwerbsarbeit gering sind.

Häußermann und Siebel (1991; vgl. auch Häußermann 1998) haben versucht, mit der Unterscheidung in *freiwillige* und *unfreiwillige* bzw. *erzwungene* Segregation eine Hand- lungsorientierung zu geben, ob die räumliche Konzentration einer sozialen Gruppe positiv zu sehen ist oder nicht. Dabei wird mit den Standortpräferenzen und Entscheidungsmög- lichkeiten der einzelnen Haushalte argumentiert, die entsprechend ihrer materiellen und sozialen Ressourcen ihren Wohnort wählen könnten oder eben nicht. Die Unterscheidung ist insofern problematisch, als sich die Freiwilligkeit und der Zwang von Umzügen em- pirisch nur schwierig nachweisen lassen und Konzentrationen auch durch den Fortzug derer, die ihre Wohnwünsche woanders realisieren können und wollen, entstehen. D. h. „die ‚Freiwilligkeit des Auszuges' der Anderen ist der ‚Zwang zur Konzentration' der be- trachteten Gruppe(n), weil eher statusniedrigere Personen nachrücken" (Dangschat und Alisch 2012, S. 35).

Dennoch führte die Unterscheidung in freiwillige und erzwungene Segregation insbe- sondere in der planungspolitischen Diskussion „zur Unterstützung ‚freiwilliger' und zur Ablehnung ‚unfreiwilliger' Segregierung" (Dangschat 1998, S. 218). So verwundert es nicht, dass in der (stadt-)planungs- aber gerade auch in der integrationspolitischen Diskussion

Segregation – und hier vor allem die ethnische Segregation – als Problem betont und als Ausdruck sich verhärtender Probleme der Integration, umdefiniert wurde. Es scheint also auch darum zu gehen, welche Probleme die Mehrheitsgesellschaft mit der räumlichen Konzentration insbesondere der Zugewanderten hat. Die negative Konnotation gerade ethnischer Segregation steht dabei im deutlichen Widerspruch zu den Vorstellungen des frühen Stadtsoziologen *Robert Park*, der Mitte der 1920er Jahre das „Wandeln durch die Welten der verschiedenen Kulturen" (1925, S. 35) in den Großstädten noch als Teil des urbanen Lebensstils verstand.

Interessant ist im Kontext ethnischer Segregation, dass die Unterscheidung in eine erstrebenswerte freiwillige Segregierung und eine abzulehnende erzwungene Segregation nicht mehr greift: Denn einer positiven Bewertung sozial-räumlicher Konzentration als Bedingung, soziale Netze auch räumlich bewusst und aktiv zu befördern, steht gleichzeitig die Ablehnung der räumlichen Konzentration und des Entstehens sozialer Netze oder florierender „ethnischer Ökonomien" Zugewanderter gegenüber. Diese wird verbunden mit dem Bild der „Parallelgesellschaft" sogar „als Tendenz zur (freiwilligen!) integrationshemmenden ‚Abschottung' verurteilt" (Dangschat und Alisch 2012, S. 36). Diese *Isolationsthese* impliziert unbegründeter Weise, dass „eine große Menschengruppe gleicher Nationalität oder ethnischer Zugehörigkeit sich zusammenschließt und sich in bestimmten Stadtteilen ausschließlich niederlässt" (Aziz 1992, S. 43, zitiert nach Bremer 2000, S. 145). Hier wird die ‚Freiwilligkeit' des Zusammenlebens als Ursache der räumlichen Konzentration von Zuwanderern abgelehnt, ohne Bezug auf die Mechanismen des Wohnungs- und des Arbeitsmarktes zu nehmen. Dies betrifft nicht nur die begrenzten Handlungsspielräume der betreffenden Gruppen, sich den Wohnraum auszusuchen, sondern auch den flexiblen Handlungsspielraum derer, die diese Stadtgebiete aktiv meiden (vgl. u. a. Happel 2011, S. 77).

4   Kontexts- und Nachbarschaftseffekte

Herbert Gans hatte bereits 1962 die Frage nach den Vor- und Nachteilen homogener und heterogener Wohnquartiere zu beantworten versucht. Dabei bezog auch er sich vorwiegend auf ethnische Segregation und stellte „multikulturelle Anregungen" der „Sicherheit einer (angenommenen) Normen-Homogenität" einem abgeschwächten Konkurrenzdruck gegenüber (vgl. Dangschat und Alisch 2014, S. 201). Damit wurde die Diskussion und Erforschung der sogenannten Nachbarschafts-, Quartiers- oder Kontexteffekte von Segregation angestoßen. In einer Definition von Häußermann et al. (2010, S. 18) sind „Kontexteffekte Wirkungen für die soziale Lage und für die Bildungs- und Berufsbiographie, die von einem ‚Setting' bzw. einem Kollektiv ausgehen und überindividuell wirken", d. h. es wird angenommen, dass „sich das soziale Umfeld und die räumlichen Gegebenheiten im Quartier auf dessen BewohnerInnen auswirken" (Volkmann 2012, S. 19) und benachteiligte Wohnquartiere ihre Bewohnerschaft zusätzlich benachteiligen (vgl. Alisch und Dangschat 1993; Häußermann 2003, S. 147; Nieszery 2008, S. 107f.; Farwick 2009). Diese Benachteiligung wird sichtbar in unterlassenen Investitionen in den Wohnungsbestand solcher Quartiere, unzureichende Versorgungs- und soziale Infrastruktur, schlechte ÖPNV-Anbindungen, über die Lage solcher Wohnquartiere und auch in hohen Verkehrs- und Umweltbelastungen. Sich mit diesen Kontexteffekten zu befassen, ist insbesondere deshalb wichtig, weil diese Benachteiligungen einhergehen mit der Ausgrenzung aus Prozessen der Teilhabe an Öffentlichkeit aufgrund fehlender oder eingeschränkter Zugänge.

Die zahlreichen Studien zu *Nachbarschaftseffekten* (vgl. z. B. Oberwittler 2003; Atkinson und Kintrea 2004; Kronauer und Vogel 2004; Galster 2007; Blasius et al. 2009; Farwick 2009; Friedrichs 2014) zeigen insgesamt ein breites Spektrum von Aspekten nachbarschaftlicher Einflüsse auf die Lebenssituation der Bewohnerschaft, die Sybille Münch (2010, S. 43) in die vier Dimensionen *soziale, symbolische, politische* und *materielle Effekte* eingeteilt hat. Weit überwiegend wird in solchen Studien die soziale Dimension betont. Hier wird zum Beispiel auf problematische Auswirkungen auf die Sozialisierung durch einseitige, auf die eigene (ethnische) Community begrenzte Kontakte verwiesen. Behauptet wird, „der fehlende Kontakt zu sozial etablierten und erfolgreichen Haushalten sei Ursache von Armut" (Holm 2009, S. 25). Diese Annahme geht davon aus, dass gerade von Armut Betroffene und – argumentativ damit vermischt – Zugewanderte vorwiegend im eigenen Wohnviertel sozialisiert werden. Dies trifft in einer Zeit, in der Sozialisation auch durch die Medien und Social Network-Plattformen unabhängig vom Wohnort geschieht, kaum mehr zu, auch wenn man grundsätzlich weiß, dass von Armut Betroffene „aus finanziellen Gründen (…) weniger mobil und daher stärker auf Ressourcen in ihrer unmittelbaren Wohnumgebung angewiesen [sind, die Verf.] als Bessergestellte" (Kronauer 2008, S. 74). Zudem lassen sich Verhalten und Einstellungen nicht aus Lebenslagendaten der Bevölkerung eines Quartiers erklären. Andererseits werden „ethnischen Enklaven" positive Wirkungen zugesprochen, da sie gerade neu Zugewanderten den Start in die Aufnahmegesellschaft erleichtern (vgl. Farwick 2012, S. 389), indem sie auf soziale Ressourcen familiärer, freundschaftlicher oder heimatlicher Netzwerke zurückgreifen können und einen erleichterten Zugang zu institutionellen und materiellen Ressourcen erhalten. Münchs Zusammenstellung der Nachbarschaftseffekte zeigt zwar auch, dass das Spektrum möglicher Auswirkungen der Segregation bzw. Konzentration auf das Zusammenleben in diesen Quartieren breiter geworden ist. Dennoch wird deutlich, dass in allen vier Dimensionen die Annahme negativer Folgen von Segregation weit überwiegt.

In der Diskussion um Kontext- oder Nachbarschaftseffekte werden auch die generellen sozioökonomischen Ressourcen- und Chancenausstattungen der Bewohnerschaft in den Blick genommen, die wiederum das kollektive soziale (*Netzwerkbildung*) und kulturelle Kapital (*informelle Bildung*) im jeweiligen Quartier beeinflussen können. Kronauer (2008) weist allerdings darauf hin, dass diese gruppenbezogenen Ressourcen- und Chancenausstattungen gesellschaftlich und makroökonomisch strukturiert sind und sich nicht auf der lokalen Ebene von Quartieren entwickeln, sondern dort lediglich versucht wird, fehlende gesellschaftliche Teilhabechancen z. B. über die eigenen informellen soziale Netzwerke zu kompensieren. Martin Kronauer knüpft mit dieser Argumentation an die oben erläuterten Ursachen der räumlichen Konzentration sozial Benachteiligter an und unterstreicht, dass die

Möglichkeiten, eine Lebenslage in Armut auf der Ebene des Quartiers zu beeinflussen (z. B. durch Informationen über Arbeitsplätze) begrenzt bleiben, sondern es hier übergreifende politische Ansätze braucht, die sich auf die Ursachenkomplexe von Segregation beziehen.

Ob sich das Zusammenleben in einem bestimmten Wohnquartier negativ, also weiter benachteiligend oder positiv auf die Lebenssituation Einzelner auswirkt, kann jedenfalls nicht verallgemeinert werden (vgl. Volkmann 2012). Städtische Quartiere haben vielmehr einen ambivalenten Charakter: „Sie können sowohl Ressourcen bereitstellen, um soziale Probleme und die damit verbundenen Ausgrenzungsbedrohungen zu bewältigen; sie können aber auch den ohnehin gegebenen Benachteiligungen noch weitere Benachteiligungen hinzufügen" (Kronauer 2007, S. 136). Mehr noch, stellte Kronauer fest, dass kein bestimmter Typ von Wohnquartier den Bedürfnissen in Armut lebender Bevölkerungsgruppen besonders entgegenkommt. So wirken „innerstädtische Quartiere und Großsiedlungen in der Regel unterstützend und ausgrenzend zugleich – bisweilen für ein und dieselbe Person, häufig für unterschiedliche Bewohner und Bewohnergruppen" (ebenda). Es erscheint also sinnvoll, sich für jedes Wohnquartier in seiner jeweiligen Struktur genau anzuschauen, welche Ressourcen sich genau dort für bestimmte soziale Gruppen erschließen lassen, so dass die positiven Effekte, die dort erkannt werden können, gestärkt werden können.

Dies ist im Hinblick auf die (stadtentwicklungs-)politischen Reaktionen auf Segregation bedeutsam. Die positiven Effekte, die sich vor allem als gut funktionierende informelle Unterstützungsnetzwerke, die z. B. Kinderbetreuung organisieren, bei Behördengängen helfen, wenn weder die Informationen noch die deutschen Sprachkenntnisse ausreichen und entsprechende Erfahrungen an neu Hinzuziehende weitergeben, regen dazu an, als soziale Ressourcen im Quartier gestärkt zu werden. Wenn also in der Segregationsdebatte eine *Homogenität* der Wohnbevölkerung als benachteiligt angenommen wird, dürfe dies nach Kronauer (2002) nicht darüber hinwegtäuschen, dass die Erwartungen an die Lebensbedingungen im Quartier und die Einschränkungen, die der Alltag in benachteiligten Stadtquartieren bedeuten kann, mit dem Alter, mit der Lebensform und dem Haushaltstyp variieren: „Beides muss die Forschung in ihre Analysen einbeziehen und gewichten: Die Quartierskonstellationen, die Lebenslagen, Lebensläufe und Bedürfnisse der jeweiligen Bewohner" (Hillmann und Windzio 2008, S. 20).

5   ‚Lösungen' für Segregation als Problem

In der stadtentwicklungspolitischen und insbesondere in der migrations- und integrationspolitischen Diskussionen sind die Phänomene sozialer und ethnischer Segregation ein Dauerthema. Die insbesondere in der sozialwissenschaftlichen Stadtforschung gestellten und beforschten Fragen danach, unter welchen Bedingungen und in welchen Formen soziale und ethnische Segregation entstehen und wie diese sozialräumlichen Konzentrationen zu bewerten sind, werden ergänzt durch die politische Frage, wie auf Segregation zu reagieren ist. Dabei darf nicht aus dem Blick geraten, dass die Prozesse einer postfordistischen, auf die Deregulierung von Wohnungsmärkten sowie eine konkurrenzfähige Wirtschaftsstandortentwicklung setzende Stadtentwicklungspolitik seit den 1980er und 1990er Jahren, Segregationstendenzen in den (Groß-)Städten noch verstärkt haben. Dabei komme es nicht nur zur Verstärkung, sondern zur „Ausgrenzung sozialer Probleme, da sie die BewohnerInnen der ‚unternehmerischen Stadt' nicht interessieren" (Reutlinger 2005, S. 94).

Entlang der ambivalent geführten Diskussion um die negativen (ausgrenzenden) oder positiven (binnenintegrierenden) Folgen bzw. Effekte von Segregation bzw. der sozialräumlichen Konzentration bestimmter sozialer Gruppen, können zwei wesentliche Strategien benannt werden, mit Segregation umzugehen: Werden in der insbesondere ethnischen Segregierung vor allem „Abschottungstendenzen von ‚Minderheiten' vermutet (‚Parallelgesellschaften', ‚Gettos')" (oder, die Verf.) „Benachteiligungen und problematische Abwartsspiralen, die sich aus unfreiwilliger Segregation auf der Quartiersebene ergeben" erkannt, wird damit die soziale Durchmischung von Wohnquartieren als Problemlösung begründet (Schnur et al. 2013, S. 10). Hingegen mag „die binnenintegrative Wirkung eines ethnisch-homogenen Wohnumfelds für Neuzuwanderer" (ebenda) als handlungsleitend für die Ausgestaltung der Quartierspolitiken gelten, die seit den 1990er Jahren in Europa umgesetzt werden und in Deutschland im Jahr 1999 in das Bund-Länder-Programm *Soziale Stadt* mündeten.

5.1   Soziale Durchmischung

Tatsächlich ändert das Wissen über möglicherweise negative oder auch positive Effekte des Zusammenlebens unter Armutsbedingungen in Wohnquartieren, die zusätzlich durch erschwerte Zugänge zu Teilhabe benachteiligen, erst mal nichts an den Lebensbedingungen der Einzelnen und auch nicht an den Strukturen und Ausstattungen der betroffenen Quartiere. Trotzdem ist das stadtentwicklungspolitische Ziel, „einseitige Bevölkerungsstrukturen" zu vermeiden, im Baugesetzbuch schon in Paragraph 1, Absatz 5 verankert. Umgekehrt sollen laut Wohnraumförderungsgesetz sozial stabile Bevölkerungsstrukturen erhalten und geschaffen werden. Während die zu vermeidende Einseitigkeit oben schon in ihrer Problematik erläutert wurde, bleibt eine Beschreibung dazu, wann eine Bevölkerungsstruktur stabil ist, weitgehend aus.

Dass damit auch stabile sozial oder ethnisch segregierte Wohnquartiere gemeint sein könnten, ist wohl auszuschließen, denn beide Ziele werden in stadtentwicklungs- und wohnungspolitischen Diskussionen unter dem Leitbild einer *sozialen Durchmischung* verhandelt. Der sogenannte *soziale Mix* auf Wohnquartierebene wird als Chance zu gegenseitigem Lernen und entsprechend besserem Verstehen von Menschen unterschiedlicher sozialer Lebenslagen verstanden. Diese Position geht von der Vorstellung aus, „dass unterschiedliche Menschen (nur) dann die Unkenntnis übereinander, mögliche Vorbehalte gegeneinander und Ängste voreinander abbauen, wenn sie einen häufigen Kontakt miteinander haben, was vor allem dann wahrscheinlich ist, wenn sie im gleichen Quartier wohnen" (Dangschat und Alisch 2014, S. 201; vgl. ursprünglich Allport 1954). Diese als *Kontaktthese* bezeichnete

Position geht weiter davon aus, dass gegenseitiges Verständnis füreinander wachse, Toleranz erlebt werde und letztlich ein integratives Zusammengehörigkeitsgefühl entstehe und aus räumlicher Nähe auch soziale Nähe werde. Im Verweis auf die Arbeiten zur Frage nach den Vor- und Nachteilen homogener und heterogener Wohnquartiere verbietet sich auch hier ein deterministisches Verständnis von Wirkungserwartungen. Mit anderen Worten: Die positiven Effekte können sich einstellen, müssen es aber nicht!

Diese These hat durchaus in den vergangenen Jahrzehnten die Neuplanung von Wohnquartieren beeinflusst, indem versucht wurde, mit unterschiedlichen Wohnungsbautypen und einer vielfältigen, kleinräumigen Eigentümerstruktur eine soziale Durchmischung zu planen. Dabei wurden allerdings wesentliche Prämissen, die mit der Kontaktthese ursprünglich verbunden waren, meist übersehen: Bereits *Gordon W. Allport* (1954) wies darauf hin, dass die Annahmen nur dann gelten, wenn vier Bedingungen erfüllt sind: Zugewanderte und die bereits länger dort wohnende Bevölkerung haben erstens den gleichen sozioökonomischen Status, sie teilen zweitens gemeinsame Ziele in der alltäglichen Lebensführung und innerhalb gemeinsamer Institutionen. Dies wiederum bedeute drittens auch eine institutionelle Unterstützung und viertens die Möglichkeit zu intensiveren sozialen Kontakten. Dies mag für statushöhere soziale Gruppen bzw. solche, die über eine ausgeprägte kommunikative Kompetenz verfügen und sich ausreichend gesellschaftlich geachtet fühlen, zutreffen. Es führt jedoch dort, wo die Bewohnerinnen und Bewohner eines Quartiers mit niedrigen oder nicht anerkannten Bildungsabschlüssen sowie Abwertungs- oder Diskriminierungserfahrungen leben, zu dem, was im Titel einer Grundlagenstudie des Bundesverband Deutscher Wohnungsunternehmen 1998 als „überforderte Nachbarschaften" bezeichnet wurde.

Räumliche Nähe allein führt eben nicht automatisch und überall zu gegenseitigem Verständnis und Toleranz, sondern erzeugt auch Verunsicherung und Ängste auf Seiten der Einheimischen gegenüber dem – im Zusammenhang ethnisch residenzieller Segregation – „Fremden". Dass sich „engere Sozialbeziehungen weit mehr an sozialer und kultureller Homogenität als an räumlicher Nachbarschaft orientieren", hat auch Erika Spiegel (2001, S. 76) festgestellt. Sie hat darauf verwiesen, dass die „Nachbarschaft unterschiedlicher sozialer Schichten eher die Indifferenz als die Entstehung besserer Sozialkontakte fördere", wenn es nicht gelingt, z. B. über eine organisierte Gemeinwesenarbeit, Anlässe zu schaffen, sich jenseits von Merkmalen des sozialen Status über gemeinsame Interessen, zu begegnen.

Davon abgesehen und letztlich entscheidend dafür, sich mit der sozialen Durchmischung als tragfähige Strategie eher nicht weiter zu befassen, ist der Hinweis von Schnur et al. (2013, S. 18), die feststellen, dass es zumindest in Deutschland ohnehin keine geeigneten gesetzlichen bzw. planerischen Instrumente gäbe, die eine Mischung nachhaltig herstellen, bzw. eine Umverteilung der Wohnbevölkerung erreichen könnten. Inwieweit eigentlich diejenigen Haushalte, die ihren Wohnstandort aufgrund ihrer Ressourcen relativ frei wählen können, daran gehindert werden sollten, umzuziehen, bleibt unbeantwortet und die Wirkungszusammenhänge in eher deregulierten Wohnungsmärkten sind kaum durch eine geplante soziale Durchmischung außer Kraft zu setzen.

Daraus ergeben sich weitere Fragen: Ungeklärt ist, inwiefern eine soziale Durchmischung Probleme der Segregation lösen kann, wenn davon auszugehen ist, dass ein problemfreies nachbarschaftliches Zusammenwohnen unterschiedlicher Bevölkerungsgruppen kaum von festgelegten Anteilen bestimmter Bevölkerungsgruppen abhängt, sondern jeweils in konkreten sozial-räumlichen Interaktionen von allen Beteiligten hergestellt wird (vgl. Anhut 2000; Tezcan 2000). Ebenfalls ohne Antwort ist die Frage, welche Art von Mix eigentlich wem als wünschenswert gilt und wie messbar ist, ab welchem Wert man von einem gelungenen sozialen Mix sprechen könnte (abgesehen davon, dass nicht beantwortet ist, wie dieser ideale Mix erreichbar wäre, vgl. Dangschat und Alisch 2014, S. 41). Peter Bartelheimer (1998, o. S.) stellt deshalb zusammenfassend fest: „Was ‚ausgewogene Bewohnerstrukturen' sind und wie man sie erreicht, läßt sich weder zu Programmen und Maßnahmen operationalisieren noch als meßbarer Effekt evaluieren. Die Akteure wissen das auch, und gerade darin liegt vermutlich für sie der Reiz der Formel."

5.2 Segregation und Quartier

Als zweite Strategie, mit Segregationsprozessen umzugehen, wurden in Deutschland seit den 1990er Jahren (und europaweit seit den 1980er Jahren) unter dem Sammelbegriff Soziale Stadtentwicklung Politikansätze entwickelt und umgesetzt, die soziale und ökonomische Benachteiligung auf der Ebene des Wohnquartiers stadtpolitisch bearbeiten sollten. Deffner und Meisel (2013) haben die sozial- und politikwissenschaftlichen, ökonomischen und städtebaulich-architektonischen Perspektiven auf den „Gegenstand Quartier" dokumentiert und stellen dabei heraus, dass es einen Konsens im „politischen, wissenschaftlichen und alltäglichen Diskurs" gibt, der den Begriff „Quartier als eher neutral und nicht negativ besetzt" (ebenda, S. 7) fasst. Die Durchsicht durch die Breite der Quartiersforschung zeigt (u. a. dokumentiert in der Buchreihe Quartiersforschung; insbesondere Schnur 2008), dass hier pragmatische Definitionen durchaus gängig sind: Sie heben die Überschaubarkeit der räumlichen Einheit Wohnquartier hervor und verbinden territoriale (gebaute, natürliche, soziale Strukturen) und funktionale Merkmale eines Quartiers („als Ort der Realisierung alltäglicher Lebensvollzüge – vor allem des Wohnens", Steinführer 2002, S. 3). Die Perspektive der Bewohnerschaft taucht in den meisten Definitionen nur in Bezug auf die Abgrenzung von Quartieren auf, die je nach subjektiver Wahrnehmung variieren könne.

Letzteres ist für die stadtentwicklungspolitische Umsetzung einer auf benachteiligte Stadtquartiere gerichteten Strategie zunächst kaum relevant gewesen, denn die Politik einer sozialen Stadtentwicklung verfolgte mit dem Quartiersansatz zum einen gebietsbezogene Ziele (die Stabilisierung bzw. Auswertung der Situation in als benachteiligt identifizierten Quartieren) und zum anderen verwaltungsbezogene Ziele (ressortübergreifendes Arbeiten, Kooperation und Vernetzung aller institutionellen Akteure und Bürgerbeteiligung als Instrument eines Managements im Quartier). Soziale Ziele wurden nicht explizit formuliert. Aber woraus begründet sich die Hinwendung zum Quartier? Schnur et al. (2013, S. 9) fassen mit Blick auf die Kontexteffekte zusammen: Das „Quartier als Ort alltäglicher

Lebenswelten, kann (...) eine Ressource zur Lebensbewältigung für die dort wohnenden Menschen darstellen" (vgl. auch Herlyn et al. 1991). Aber die ambivalente Diskussion um die Nachbarschafts- oder Kontexteffekte zeigt gleichzeitig, dass die Strukturierung eines Quartiers in bestimmten Lebenslagen für bestimmte soziale Gruppen die Lebensbewältigung auch zur Herausforderung macht. Und „genau deshalb wird das Quartier zu einem immer wichtigeren Ort stadtentwicklungspolitischer Interventionen." (Schnur et al. 2013, S. 9)

Im Hinblick auf den Umgang mit Segregation, deren Begrenzung oder gar Vermeidung sind das Bund-Länder-Programm *Soziale Stadt* und weitere zielgruppen- oder themenbezogene Programme[3], die dem Quartiersansatz folgen, in verschiedener Weise kritisiert worden:

1. Da diese Politiken nicht als Instrumente der Sozialpolitik entstanden sind, sondern aus der Städtebauförderung und hier der Stadterneuerung hervorgegangen sind, folgten auch die Förderlogiken eher städtebaulichen Problembeschreibungen und reagierten mit baulichen Maßnahmen. So ist die Quartierspolitik, die inzwischen im Baugesetzbuch (§ 171e) verankert ist, auf einen „besonderen Entwicklungsbedarf" gerichtet, der insbesondere dann vorliege „wenn es sich um benachteiligte innerstädtische oder innenstadtnah gelegene Gebiete oder verdichtete Wohn- und Mischgebiete handelt, in denen es einer aufeinander abgestimmten Bündelung von investiven und sonstigen Maßnahmen bedarf." Die Problembeschreibung richtet sich auf „soziale Missstände", die insbesondere vorliegen, „wenn ein Gebiet auf Grund der Zusammensetzung und wirtschaftlichen Situation der darin lebenden und arbeitenden Menschen erheblich benachteiligt ist."

2. Die zweite kritische Debatte um Quartiersansätze setzt bei den Begründungen für diese Strategie an, die ebenso wie die soziale Durchmischung von der grundsätzlich negativen Bewertung sozialräumlicher Segregation ausgeht. Denn auf diesem Wege sei „einer sozialen Abwärtsentwicklung in gefährdeten Stadtteilen entgegenzuwirken" (Döhne und Walter 1999, S. 24). Oder eine „‚präventive Politik‘, die die zunehmende Polarisierung und sozialräumliche Segregation verhindern und die soziale Integration der städtischen Gesellschaft bewahren will" (Faßhauer 1997, S. 12), sollte verstetigt werden. Ziel der ersten, in Großstädten initiierten quartiersbezogenen Programme war es deshalb, die Stadtteile so zu fördern, „dass sie sich wieder zu selbständigen, lebensfähigen Stadtteilen mit positiver Zukunftsperspektive entwickeln können." (HMWVL 1999, S. 9)

3. Hier setzt drittens eine weitere und grundsätzliche Kritik an den auf konkrete Quartiere gerichteten Interventionen an: Gefördert werden Stadtteile, Quartiere, Gebiete. Das heißt, es wird zum einen unterstellt, dass Investitionen in Gebäudesubstanz, Infrastruktur und in soziale Projekte vor Ort, auch an den Lebenslagen der Bewohnerschaft etwas ändern könnten. Zum anderen bezieht sich insbesondere das Programm Soziale Stadt auf Räume als abgrenzbare Territorien und unterliegt einer „eindimensionalen Cont-

---

3 Insbesondere das Bundesmodellprogramm *Entwicklung und Chancen junger Menschen in sozialen Brennpunkten (E&C)*; *Lokales Kapital für soziale Zwecke (LOS)*; ESF-Bundesprogramm *Bildung, Wirtschaft, Arbeit im Quartier (BIWAQ)*.

ainerisierung" bzw. „einer räumlichen Vergegenständlichung sozialer Gegebenheiten" (Werlen und Reutlinger 2005, S. 64). Jedoch ist es z. B. im Bundesprogramm Entwicklung und Chancen von Kindern und Jugendlichen in sozialen Brennpunkten gelungen, dieser Perspektive ein Raumverständnis entgegenzusetzen, „welches die Menschen als handlungsfähige Subjekte, die ihren Sozialraum konstituieren, in den Vordergrund stellt." (Reutlinger 2005, S. 103)

4. Damit deutet sich viertens auch die nächste Kritik an, die darauf verweist, dass sich soziale Problemlagen, um die es ja eigentlich geht, nicht als räumliche Probleme behandeln oder lösen lassen (vgl. ebenda). Denn „alle Arten von Raumproblemen erweisen sich bei genauerer Betrachtung letztlich als Probleme des Handelns." (ebenda) Darüber hinaus haben die Analysen der Segregationsforschung auch mehr als deutlich gezeigt, dass sich auf der Ebene von Wohnquartieren nicht die strukturellen Auswirkungen gesamtgesellschaftlicher und politischer Entwicklungen lösen lassen.

Letztlich haben die langjährigen Erfahrungen mit diesen auf Quartiere gerichteten Interventionen ebenso wie die Kritik an deren Umsetzung und Ausrichtung auch dazu beigetragen, Raumbegriffe zu präzisieren. Über die verschiedenen Handlungsfelder hinweg, die in dem quartiersbezogenen Ansatz einer ressortübergreifenden und kooperativen Arbeit in Wohnquartieren beteiligt sind, haben sich auch in Bezug auf Fragen der Teilhabechancen von sozial benachteiligten sozialen Gruppen Differenzierungen in der Ausgestaltung sozialräumlicher Handlungskonzepte entwickelt. Diese Weitung des Blicks in Dimensionen des (Sozial-)Raums jenseits der territorialen Containersicht, spiegelt auch die wissenschaftliche Raumdiskussion, die längst zu einem relationalen Raumbegriff übergegangen ist, welcher Raum als Produkt sozialen Handelns versteht.

Mit einem entsprechenden mehrdimensionalen Konzept von Sozialraum werden über den Quartiersansatz hinaus Möglichkeiten eröffnet, die an der Raumproduktion Beteiligten und ihre Funktionen, Ressourcen, Barrieren und Handlungsoptionen jeweils gezielt zu adressieren. Über verschiedene Systematisierungsversuche (vgl. May 2008) hinweg, beinhaltet das Sozialraumkonzept immer eine handlungsbezogene Verknüpfung von Interventionen bezogen auf

- Individuen und Haushalte (subjektive Raumwahrnehmungen und -deutungen, Lebenslagen und Alltagsorganisationen),
- personenbezogene und institutionelle Netzwerke sowie die steuerungsbezogenen Ebenen der
- Organisation von (kommunaler) Verwaltung und
- gesellschaftlicher (soziale Ungleichheit) und politischer Rahmung (vgl. u. a. Früchtel et al. 2010, Hinte 2007; Alisch 2010).

Diese Differenzierung lässt nicht nur zu, die sozialwissenschaftliche Segregationsforschung auch als Sozialraumforschung zu verstehen, sondern ermöglicht es auch, mit den in der planenden und verwaltenden Praxis – trotz aller Erkenntnisse der soziologischen Raumforschung – existierenden territorialen Raumbegriffe analytisch aufzugreifen. Zudem kommt mit dieser Differenzierung, Partizipation bzw. Teilhabe als Zielgröße eines Umgangs mit Segregation in den Blick. Entsprechende sozialraumbezogene Strategien richten sich darauf, Prozesse partizipativer Projektentwicklung zu organisieren und so insbesondere dort, wo Interessen nicht eigenständig artikuliert werden (können), gemeinschaftliches Handeln zu befördern.

6   Fazit

Es konnte gezeigt werden, dass die Art und Weise, wie Phänomene residenzieller sozialer und/oder ethnischer Segregation kommunalpolitisch und verwaltungspraktisch bearbeitet wurden und werden, eng mit jeweiligen Leitbildern des sozialwissenschaftlichen Diskurses der Segregationsforschung zusammenhängen. Wenn also die wissenschaftliche Segregationsanalyse davon absieht, über Indices, die auf der Basis (unzureichender) amtlicher Statistiken gebildet wurden, zu versuchen, soziale Ungleichheit und Unterschiedlichkeiten der Wohnbevölkerung abzubilden, kann es auch gelingen, dass Sozial- und Stadtentwicklungsplanungen mit angemesseneren Formen der Analyse sozial-räumlicher Prozesse und Zusammenhänge arbeiten. Dies bedeutet, statt von einem Containerraum, von einem gesellschaftlichen Raum (vgl. Läpple 1991; Löw 2001) auszugehen und sich dort jeweils die sozialen Beziehungen zwischen sozialen Gruppen anzuschauen und zu verstehen. Diese Aufgabe ist als eine Form einer qualitativen Sozialraumanalyse sowohl für die Segregation erforschende Sozialwissenschaft als auch für die Professionen von Stadtentwicklungsplanung, Sozialplanung oder einer auf das Gemeinwesen bezogenen Sozialen Arbeit hilfreich, um Phänomene der Konzentration bestimmter sozialer Gruppen einschätzen zu können.

Spezifische Konzentrationen sozialer Gruppen in bestimmten städtischen Teilgebieten (Segregation nach McKenzie) sollten in ihrem Problemgehalt und ihrer konkreten sozialräumlichen Spezifik dahingehend analysiert werden, für welche sozialen Gruppen genau sich eine Problemstellung ergibt und für welche dieses nicht gilt. Dies beinhaltet Fragen der politischen lokalen Inter-Gruppen-Beziehungen (vgl. u. a. Hüttermann 2010) und zur sozialen Netzwerk- und Gruppenbildung (zur sozialräumlichen Netzwerkbildung älterer Migranten: vgl. May und Alisch 2013; Dangschat und Alisch 2014, S. 213).

Für eine politisch-planerische Steuerung geht es dann darum, entsprechend identifizierte soziale Netzwerk- und Gruppenbildungen zu stärken. Anders als es die Kontaktthese nahelegte, kann nicht vorausgesetzt werden, dass sich allein aufgrund ähnlicher Lebenslagen und des gleichen Wohnortes eine Gemeinschaft bildet. Solche Gemeinschaften, die dann auch eine soziale Ressource darstellen, entstehen über gemeinsame Interessen. Damit sich diese entwickeln können, müssen Gelegenheiten geschaffen werden, in partizipativen Prozessen Interessen zu artikulieren und zur Umsetzung zu bringen. Denn auch wenn in einem Wohnquartier gut funktionierende informelle soziale Netzwerke für die wechselseitige

Unterstützung in den kleinen und größeren Problemen des Alltags bestehen, können und sollten diese nicht – und vor allem nicht auf Dauer – die Folgen von Armut kompensieren.

In einer auf das Zusammenleben in städtischen Quartieren gerichteten Politik, geht es darum, professionelle Hilfe dabei zu leisten, für solche sich bildenden gemeinsamen Interessen, die Zugänge zu sozial staatlich verwalteten Ressourcen (Informationen, Fördermöglichkeiten, Antragswege) zu erschließen – übrigens unabhängig davon, ob ein Wohnquartier als segregiert oder problembelastet oder überfordert betitelt wird. Ein in der Weise an den Folgen sozialräumlicher Ungleichheiten orientierter Quartiersansatz braucht eine vor allem an den Ursachen von Segregation ansetzende Politik, die Arbeitsmarktpolitik, das Bildungssystem, Wirtschaftsförderung und Wohnungspolitik gleichermaßen in den Blick nimmt.

Literatur

Alisch, Monika. 2010. Sozialraummodelle im arbeitsmarktpolitischen Kontext – Ein unvollständiger Überblick über die sozialwissenschaftlichen Diskussion(en) zum Sozialraumbegriff. *Bildung, Arbeit und Sozialraumorientierung. Informationen zur Raumentwicklung*, Hrsg. Bundesamt für Bauwesen und Raumordnung, Heft 2/3: 103-110.

Alisch, Monika und J. S. Dangschat. 1993. *Die Solidarische Stadt. Ursachen von Armut und Strategien für einen sozialen Ausgleich*. Darmstadt: VWP.

Alisch, Monika und J. S. Dangschat. 1998. *Armut und soziale Integration. Strategien sozialer Stadtentwicklung und lokaler Nachhaltigkeit*. Opladen: Leske+Budrich.

Allport, G. W. 1954. *The nature of prejudice*. Cambridge: Addison-Wesley.

Anhut, Reimund. 2000. Lokale politische Deutungskultur. Zum Zusammenhang zwischen politischer Problemdeutung, sozialem Unzufriedenheits- und Konfliktpotenzial in der städtischen Aufnahmegesellschaft. In *Bedrohte Stadtgesellschaft. Soziale Desintegrationsprozesse und ethnisch-kulturelle Konfliktkonstellationen*, Hrsg. W. Heitmeyer und R. Anhut, 449-496. Wiesbaden: VS Verlag für Sozialwissenschaften.

Atkinson, Rowland und K. Kintrea. 2004. Opportunities and Despair, It's All in There – Practitioner Experiences and Explanations of Area Effects and Life Chances. *Sociology*, Vol. 38, No. 3: 437-455.

Bartelheimer, Peter. 1998. Durchmischen oder stabilisieren? Plädoyer für eine Wohnungspolitik diesseits der „sozialen Durchmischung" Soziale Mischung – als Ziel zu ehrgeizig und zu dürftig. In *Widersprüche. Abseits fallen – Abstieg bis zum Ausschluß?* http://www.widersprueche-zeitschrift.de/article824 . html. Zugegriffen: 2. März 2017.

Blasius, Jörg. 1988. Indizes der Segregation. In Soziologische Stadtforschung. *Kölner Zeitschrift für Soziologie und Sozialpsychologie,* Sonderheft 29: 410-431. Köln.

Blasius, Jörg, und J. Friedrichs. 2009. Internal Heterogeneity of a Deprived Urban Area and its Impact on Residents' Perception of Deviance. In *Quantifying Neighbourhood Effects. Frontiers and Perspectives*, Hrsg. J. Blasius, J. Friedrichs und G. Galster, 124-151. Milton Park, New York: xxxx.

Blasius, Jörg, J. Friedrichs und G. Galster, Hrsg. 2009a. Quantifying Neighbourhood Effects. Frontiers and Perspectives: Milton Park, New York: Routledge.

Bremer, Peter. 2000. Ausgrenzungsprozesse und die Spaltung der Städte. Zur Lebenssituation von Migranten. Opladen: Leske+Budrich.

Dangschat, Jens S. 1998. Segregation. In *Großstadt. Soziologische Stichworte*, Hrsg. H. Häußermann, 207-219. Opladen: Leske+Budrich.

Dangschat, Jens S. 2014. Residentielle Segregation. In *Räumliche Auswirkungen der internationalen Migration*, Hrsg. P. Gans, 63-77. Forschungsberichte der ARL 3.

Dangschat, Jens S. und M. Alisch. 2012. Perspektiven der soziologischen Segregationsforschung. In *Formen sozialräumlicher Segregationen*, Hrsg. M. May, M. Alisch, 23-50. Opladen, Berlin, Toronto: Barbara Budrich.

Dangschat, Jens S. und M. Alisch. 2014. Soziale Mischung. Die Lösung von Integrationsherausforderungen? In *Räumliche Auswirkungen der internationalen Migration*, Hrsg. P. Gans, 200-218. Forschungsberichte der ARL 3.

Deffner, Veronika und U. Meisel, Hrsg. 2013. *StadtQuartiere. Sozialwissenschaftliche, ökonomische und städtebaulich-architektonische Perspektiven.* Essen: Klartext Verlag.

Döhne, Hans-Jochen und K. Walter. 1999. Aufgabe und Chance einer neuen Stadtentwicklungspolitik. *BBauBi* 7/99: 24-29.

Fainstein, Susan, I. Gordon und H. Michael, Hrsg. 1992. *Divided Cities.* Cambridge: Blackwell.

Farwick, Andreas. 2009. *Segregation und Eingliederung: zum Einfluss der räumlichen Konzentration von Zuwanderern auf den Eingliederungsprozess.* Wiesbaden: VS Verlag für Sozialwissenschaften.

Farwick, Andreas. 2012. Segregation. In *Handbuch Stadtsoziologie,* Hrsg. F. Eckardt, 381-420. Wiesbaden: Springer VS.

Faßhauer, Ulrich. 1997. Das Handlungskonzept der Landesregierung für Stadtteile mit besonderem Erneuerungsbedarf – Zwischenbilanz und Ausblick. In *Handlungskonzept Gelsenkirchen-Bismarck/ Schalke-Nord*, Hrsg. ILS, 10-14. Dortmund.

Friedrichs, Jürgen. 1995: *Stadtsoziologie*. Opladen: Leske+Budrich.

Friedrichs, Jürgen, G. Galster und S. Musterd. 2003. Neighbourhood Effects and Social Opportunities: The European and American Research and Policy Context. *Housing Studies*, 18 (6): 797-806.

Friedrichs, Jürgen und S. Triemer. 2009. *Gespaltene Städte? Soziale und ethnische Segregation in deutschen Großstädten,* 2. Aufl. Wiesbaden: VS Verlag für Sozialwissenschaften

Friedrichs, Jürgen. 2014. Kontexteffekte von Wohngebieten. In *Soziale Kontexte und soziale Mechanismen*, Hrsg. J. Friedrichs und A. Nonnenmacher. Kölner Zeitschrift für Soziologie und Sozialpsychologie, Sonderband 54, S. 287-316. Wiesbaden: Springer.

Früchtel, Frank, G. Cyprian und W. Budde. 2010. *Sozialer Raum und Soziale Arbeit. Textbook: Theoretische Grundlagen.* 2. Aufl. Wiesbaden: Springer VS.

Galster, George. 2007. Neighbourhood social mix as a goal of housing policy: A theoretical analysis. *European Journal of Housing Policy* 7 (1): 19-43.

Gans, Herbert J. 1982. *The Urban Villagers: Group and Class in the Life of Italian-Americans*, 2. Ausg., (zuerst 1962), New York: The Free Press.

Happel, Agnes. 2011. „Die fremden Deutschen in Frankenberg" – Zur Integration von Spätaussiedlerinnen im ländlichen Raum. In *Integrationspotenziale in kleinen Städten. Rekonstruktion der Interessensorientierungen von Zuwanderern*, Beiträge zur Sozialraumforschung, Bd. 6, Hrsg. M. Alisch und M. May, 73-90. Opladen, Farmington Hills: Barbara Budrich.

Häußermann, Hartmut. 1990. Der Einfluß von ökonomischen und sozialen Prozessen auf die Gentrification. In *Gentrification – Die Aufwertung innenstadtnaher Wohnviertel,* Hrsg. J. S. Dangschat und J. Blasius, 35-50. Frankfurt a. M.: Campus.

Häußermann. Hartmut. 1998. Zuwanderung in die und die Zukunft der Stadt. In *Die Krise der Städte*, Hrsg. W. Heitmeyer, R. Dollase, und O. Baackes, 145-175. Frankfurt a. M.: Suhrkamp.

Häußermann, Hartmut. 2003. Armut in der Großstadt. Die Stadtstruktur verstärkt soziale Ungleichheit. *Informationen zur Raumentwicklung (IfR)* 3/4 2003: 143-157.

Häußermann, Hartmut. 2012. Wohnen und Quartier. Ursachen sozialräumlicher Segregation. In *Handbuch Armut und soziale Ausgrenzung*, 2. Aufl., Hrsg. E.-U. Huster, J. Boeckh und H. Mogge-Grotjahn, 383-396. Wiesbaden: Springer VS.

Häußermann, Hartmut, M. Kronauer und W. Siebel, Hrsg. 2009. *An den Rändern der Städte*. 3. Aufl. Frankfurt a. M.: Suhrkamp.

Häußermann, H., K. Schwarze, W. Jaedicke, G. Bär und I. Bugenhagen. 2010. *Möglichkeiten der verbesserten sozialen Inklusion in der Wohnumgebung*. Schlussbericht im Auftrag des Bundesministeriums für Arbeit und Soziales. Berlin..

Häußermann, Hartmut und W. Siebel. 1991. Bausteine zu einem Szenario der Entwicklung von Berlin. In *Metropole Berlin. Mehr als Markt!*, Hrsg. Senatsverwaltung für Stadtentwicklung und Umweltschutz, 23-58. Berlin.

Heckmann, Friedrich. 1992. *Ethnische Minderheiten, Volk und Nation. Soziologie inter-ethnischer Beziehungen*. Stuttgart: Lucius & Lucius.

Herlyn, Ulfert, U. Lakemann und B. Lettko. 1991. Armut und Milieu. Benachteiligte Bewohner in großstädtischen Quartieren. *Stadtforschung aktuell*, Bd. 33. Basel: Birkhäuser.

Hessisches Ministerium für Wirtschaft, Verkehr und Landesentwicklung (HMWVL). 1999. Hessische Gemeinschaftsinitiative „Soziale Stadt" – HEGISS. Verstetigung und Ausweitung einer auf Landesebene eingeleiteten Förderpolitik. In *Dokumentation der Auftaktveranstaltung zum Bund-Länder-Programm „Stadtteile mit besonderem Entwicklungsbedarf – die soziale Stadt"*, Hrsg. Difu. Berlin.

Hillmann, Filicitas und M. Windzio. 2008. Migration und städtischer Raum: Chancen und Risiken der Segregation und Integration. In *Migration und städtischer Raum: Chancen und Risiken der Segregation und Integration*, Hrsg. F. Hillmann und M. Windzio, 9-30. Opladen, Farmington Hills: Barbara Budrich.

Hinte, Wolfgang. 2007. Das Fachkonzept „Sozialraumorientierung". In *Sozialraumorientierung in der Jugendhilfe: Theoretische Grundlagen, Handlungsprinzipien und Praxisbeispiele einer kooperativ-integrativen Pädagogik*, Hrsg. W. Hinte und H. Treeß, 15-130. Weinheim, München: Juventa.

Holm, Andre. 2009. Soziale Mischung. Zur Entstehung und Funktion eines Mythos. *Forum Wissenschaft* 1/09: 23-26.

Hüttermann, Jörg. 2010. *Entzündungsfähige Konfliktkonstellationen. Eskalations- und Integrationspotenziale in Kleinstädten der Einwanderungsgesellschaft*. Weinheim, München: Juventa Verlag.

Kessl, Fabian, C. Reutlinger, S. Maurer und O. Frey, Hrsg. 2005. *Handbuch Sozialraum*. Wiesbaden: VS.

Kronauer, Martin und B. Vogel. 2004. Erfahrung und Bewältigung sozialer Ausgrenzung in der Großstadt: Was sind Quartierseffekte, was Lageeffekte? In *An den Rändern der Städte*, Hrsg. H. Häußermenn, M. Kronauer und W. Siebel, 203-234. Frankfurt a. M.: Suhrkamp.

Kronauer, Martin. 2007. Quartiere der Armen: Hilfe gegen soziale Ausgrenzung oder zusätzliche Benachteiligung? In *Lebensstile, soziale Lagen und Siedlungsstrukturen*, Hrsg. J. S. Dangschat und A. Hamedinger, 71-90. Brunschweig: VSB Verlagsservice Braunschweig.

Marcuse, Peter. 1989. „Dual city": A muddy metaphor for a quartered city. *International Journal of Urban and Regional Research* 13: 697-708.

Marcuse, Peter. 1993. Wohnen in New York: Segregation und fortgeschrittene Obdachlosigkeit in der viergeteilten Stadt. In *New York. Strukturen einer Metropole*, Hrsg. H. Häußermann und W. Siebel, 205-238. Frankfurt a. M.: Suhrkamp.

May, Michael. 2008. Begriffsgeschichtliche Überlegungen zu Gemeinwesen und Sozialraum. In *Kompetenzen im Sozialraum. Sozialraumentwicklung und -organisation als transdisziplinäres Projekt*, Hrsg. M. Alisch und M. May, 19-38. Opladen, Farmington Hills: Barbara Budrich.

May, Michael und M. Alisch. 2013. *AMIQUS – unter Freunden. Ältere Migrantinnen und Migranten in der Stadt*. Beiträge zur Sozialraumforschung, Bd. 6, Hrsg. M Alisch und M. May. Opladen, Berlin, Toronto: Babara Budrich.

McKenzie, Roderick D. 1974.[1926]: Konzepte der Sozialökologie. In *Materialien zur Siedlungssoziologie*, Hrsg. P. Atteslander und B. Hamm, 101-112. Köln: Kiepenheuer und Witsch. Zuerst als: The Scope of Human Ecology. *Publications of the American Sociological Association*, Vol. 20 (1926): 141-154.

Münch, Sybille. 2010. *Integration durch Wohnungspolitik? Zum Umgang mit ethnischer Segregation im europäischen Vergleich*. Wiesbaden: VS Verlag für Sozialwissenschaften.

Nieszery, Andrea. 2008. Class, race, gender… neighbourhood? Zur Bedeutung von Quartierseffekten in der europäischen Stadtforschung. In *Quartiersforschung. Zwischen Theorie und Praxis*, Hrsg. Olaf Schnur, 107-126. Wiesbaden: VS Verlag für Sozialwissenschaften.

Oberwittler, Dietrich. 2003. Stadtstruktur, Freundeskreise und Delinquenz. Eine Mehrebenenanalyse zu sozialökologischen Kontexteffekten auf schwere Jugenddelinquenz. In *Soziologie der Kriminalität*, Hrsg. D. Oberwittler und S. Karstedt, 135-170. Kölner Zeitschrift für Soziologie und Sozialpsychologie, Sonderheft 43.

Park, Robert E. 1925. The city: Suggestions for the investigation of human behavior in the urban environment. In *The city: Suggestions for the investigation of human behavior in the urban environment,* Hrsg. R. E. Park, E. W. Burgess und R. D. McKenzie, 1-46. Chicago. The University of Chicago Press.

Paugam, Serge. 2004. Armut und soziale Exklusion: Eine soziologische Perspektive. In *An den Rändern der Städte,* Hrsg. H. Häußermenn, M. Kronauer und W. Siebel, 1. Aufl., 71-98. Frankfurt a. M.: Suhrkamp.

Reutlinger, Christian. 2005. Gespaltene Stadt und die Gefahr der Verdinglichung des Sozialraums – eine sozialgeographische Betrachtung. In *Grenzen des Sozialraums. Kritik eines Konzepts – Perspektiven für Soziale Arbeit,* 87-108. Wiesbaden: VS.

Salentin, Kurt. 2004. Ziehen Migranten sich in ‚ethnische Kolonien' zurück? In *Migrationsreport 2004,* Hrsg. K. J. Bade, M. Bommes und R. Münz, 97-116. Frankfurt a. M. Campus.

Schnur, Olaf, Hrsg. 2008. *Quartiersforschung im Überblick – Konzepte, Definitionen und aktuelle Perspektiven.* In *Quartiersforschung zwischen Theorie und Praxis,* Hrsg. O. Schnur, 19-52. Wiesbaden: VS Verlag für Sozialwissenschaften.

Schnur, Olaf, P. Zakrzewski und M. Drilling, Hrsg. 2013. *Migrationsort Quartier – Zwischen Segregation, Integration und Interkultur.* Wiesbaden: Springer VS.

Schnur, Olaf, M. Drilling und P. Zakrzewski. 2013. Migrationsort Quartier – Zwischen Segregation, Integration und Interkultur. In *Migrationsort Quartier – Zwischen Segregation, Integration und Interkultur,* Hrsg. O. Schnur, P. Zakrzewski und M. Drilling, 9-26. Wiesbaden: Springer VS.

Spiegel, Erika. 2001. Soziale Stabilisierung durch soziale Mischung. *vhw Forum Wohneigentum* (2): 75-80.

Steinführer, Annette. 2002. Selbstbilder von Wohngebieten und ihre Projektion in die Zukunft. In *Zukunft – Wohngebiet. Entwicklungslinien für städtische Teilräume,* Hrsg. C. Deilmann, 3-20. Berlin: Verlag für Wissenschaft und Forschung

Tezcan, Levent. 2000. Kulturelle Identität und Konflikt. Zur Rolle politischer und religiöser Gruppen der türkischen Minderheitsbevölkerung. In *Bedrohte Stadtgesellschaft. Soziale Desintegrationsprozesse und ethnisch-kulturelle Konfliktkonstellationen,* Hrsg. W. Heitmeyer und R. Anhut, 401-448. Wiesbaden: VS Verlag für Sozialwissenschaften.

Volkmann, Anne. 2012. *Quartierseffekte in der Stadtforschung und in der sozialen Stadtpolitik. Die Rolle des Raumes bei der Reproduktion sozialer Ungleichheit,* Hrsg. Forum Stadt- und Regionalplanung e. V. Graue Reihe des Instituts für Stadt- und Regionalplanung. TU Berlin. Heft 36.

Werlen, Benno und C. Reutlinger. 2005. Sozialgeographie. In *Handbuch Sozialraum,* Hrsg. F. Kessl, Ch. Reutlinger, S. Maurer und O. Frey, 49-66. Wiesbaden: VS Verlag für Sozialwissenschaften.

Geschlecht: Wege in die und aus der Armut

Hildegard Mogge-Grotjahn

Zusammenfassung

Armut stellt eine multidimensionale Lebenslage dar, die an biografische Ereignisse und Lebensphasen gebunden oder aber dauerhaft verfestigt sein kann. Wege in diese Lage und auch aus ihr heraus sind ursächlich verknüpft mit der Teilhabe an Erwerbsarbeit und an Transfereinkommen, die überwiegend auf Erwerbsarbeit beruhen (Renten bzw. Pensionen, Arbeitslosengeld). Die Chancen zur Teilhabe an Erwerbsarbeit steigen mit wachsenden Qualifikationen (allgemein- und berufsbildenden Abschlüssen). Sowohl die Bildungschancen und -erfolge als auch die Zugänge zu Erwerbsarbeit und Einkommen sind geschlechtstypisch ausgeprägt. In der Organisation des horizontal und vertikal geschlechtstypisch segmentierten Arbeitsmarktes wie auch in den Sicherungssystemen des Wohlfahrtsstaates manifestiert sich eine historisch gewachsene Geschlechterordnung im Sinne von „politisch etablierte(n) Beziehungen zwischen unbezahlter Arbeit in der Familie und bezahlter Arbeit auf dem Arbeitsmarkt, sowie deren jeweilige Relation zu den Sicherungssystemen des Wohlfahrtsstaates" (Brückner 2004, S. 27).

Armutslagen sind ferner gekoppelt an Lebensformen (Alleinerziehende, Familien mit mehreren Kindern, Alleinlebende), und an Besonderheiten der alten bzw. neuen Bundesländer. Gerade in den auch nach mehr als 25 Jahren immer noch unterschiedlichen Lebenslagen und Armutsrisiken von Frauen und Männern in den neuen bzw. alten Bundesländern wird die fortdauernde Wirksamkeit der in den jeweiligen Gesellschaften der DDR bzw. der BRD vor der Wiedervereinigung impliziten Geschlechterordnungen und Geschlechterverhältnisse deutlich.[1]

---

1 *Geschlechterordnungen* sind verfestigt in der gesellschaftlichen Arbeitsteilung zwischen Frauen und Männern, dem Zugang von Frauen und Männern zu Macht, Bildung, Geld und Arbeit, aber auch in den symbolischen Ordnungen, d.h. den gesellschaftlich wirksamen Vorstellungen von Weiblichkeit und Männlichkeit. Da die Interaktion von Frauen und Männern sich innerhalb dieser symbolischen und sozio-ökonomisch-politischen Ordnungen vollzieht, sind die Beziehungen zwischen Frauen und Männern nicht beliebig gestaltbar – darauf verweist der Begriff der *Geschlechterverhältnisse* (vgl. Mogge-Grotjahn 2004, S. 81ff.).

Wege aus spezifischen Armutslagen von Frauen führen in erster Linie über die
Förderung und Ermöglichung zum Erwerb eigenständigen Einkommens und daraus
abgeleiteter Altersversorgung. Dies ist aber nicht allein durch sozialpolitische Rahmenbedingungen zu erreichen, sondern stellt auch eine Anfrage an die Lebensentwürfe und
Biografieverläufe von Frauen und Männern dar. Somit führt die Analyse der strukturellen und der subjektgebundenen Ursachen *weiblicher* Armutsrisiken zu grundlegenden
Anfragen an die in den ökonomischen und politischen Strukturen inkorporierten
Muster und Leitbilder des Verhältnisses von bezahlter und nicht bezahlter Arbeit und
an den Stellenwert *sorgender* Tätigkeiten in unserer Gesellschaft.

Schlagworte

Geschlechterordnungen; geschlechtsgebundene Armutsrisiken; Geschlechterforschung;
gender pay gap; Intersektionalität; doing gender

1   Einleitung

Bis in die 1990er Jahre hinein waren Ungleichheitssoziologie auf der einen und Frauen- und
Geschlechterforschung auf der anderen Seite kaum aufeinander bezogen. Während die
Ungleichheitsforschung vor allem den Zusammenhang von Erwerbsarbeit, Einkommen
und Bildung mit der sozialen Position des Einzelnen thematisierte, kritisierte die Frauen-
und Geschlechterforschung das von vornherein auf bezahlte Arbeit reduzierte Arbeitsver-
ständnis. Sie verwies darauf, dass die Herausbildung von Erwerbs- und Familiensphäre,
die damit einhergehende Trennung von produktiver und reproduktiver bzw. bezahlter
und nicht bezahlter Arbeit und die Zuordnung der einen zum männlichen und der anderen zum weiblichen Geschlecht erst mit der Entstehung der bürgerlich-kapitalistischen
Industriegesellschaft dominant geworden ist. Bereits zu Beginn des 20. Jahrhunderts war
dieser Zusammenhang in der Frauenbewegung thematisiert (vgl. Schirmacher 1912), von
der etablierten wissenschaftlichen Soziologie aber nicht aufgenommen worden.

In den 1960er und 70er Jahren wurde von feministischen Theoretikerinnen zunächst
eine kritische Revision des Arbeitsverständnisses eingefordert und die arbeitsmarktinternen
Bedingungen der Geschlechterdifferenz, also die Mechanismen der geschlechtsspezifischen Segmentierung des Arbeitsmarktes analysiert. Mit dem Konzept des so genannten
weiblichen Arbeitsvermögens und der These von der doppelten Vergesellschaftung der
Frau durch die sozialisatorische Vorbereitung auf Erwerbs- UND Sorgetätigkeit kamen
die Verschränkungen zwischen strukturellem Ausschluss und subjektiver Identität sowie
die ständige Selbstreproduktion der Geschlechterverhältnisse deutlicher in den Blick (zusammenfassend: Becker-Schmidt und Knapp 2000, Bührmann et al. 2000, Schäfgen 2002).
Die feministische Analyse wohlfahrtsstaatlicher Geschlechter-Regimes wiederum zeigte,

dass und wie in den Systemen sozialer Sicherung unterschiedliche „Ernährermodelle", d. h. unterschiedliche Vorstellungen davon, wer hauptsächlich für den Unterhalt einer Familie zu sorgen hat, verankert sind (vgl. Klement und Rudolph 2003).

Mit der Weiterentwicklung von *Klassen- und Schichttheorien* zu differenzierten *Lebenslagenmodellen* wurde in der soziologischen Forschung zunehmend versucht, neben vertikalen auch horizontale Ungleichheitsdimensionen, wie Geschlecht, Ethnizität, Gesundheit, Lebensform, Alter u. a. m. zu erfassen. Damit kamen die unterschiedlichen sozialen Positionen, Handlungschancen und biografischen Gestaltungsspielräume von Frauen und Männern auch in den Blick der allgemeinen Ungleichheitsforschung. Neben die Erforschung der sozialen Ungleichheit zwischen Frauen und Männern als Genus-Gruppen trat zunehmend auch die Erforschung von Ungleichheiten innerhalb der Genus-Gruppen. Von gender-orientierten Forscherinnen und Forschern wurden nun auch Dominanzverhältnisse zwischen Frauen und Frauen bzw. Männern und Männern thematisiert. Die Kategorie der „Differenz" wurde als Bezeichnung „sozialer, sexueller, ethnischer oder nationaler Unterschiede innerhalb derselben Genderkategorie" eingeführt (Lutz 2001, S. 220). In der US-amerikanischen feministischen Forschung wurde für die Verbindung dieser Dimensionen der Begriff der *Intersektionalität* (intersectionality) in den Diskurs eingebracht (ebenda, S. 222). Damit wurde die seit den 1980er Jahren unter den Stichworten *class*, *race* und *gender* diskutierte Mehrdimensionalität struktureller Differenzen weiter entwickelt. Als zentrale Herausforderung stellt sich seitdem die Verbindung empirischer Forschungsergebnisse zu Lebenslagen und Ungleichheitsstrukturen mit der Analyse der Prozesse der Konstruktion bzw. Dekonstruktion von unterschiedlichen Identitäten[2] – vor allem Geschlechts- und/oder ethnische Identitäten – dar. Durch die in der Vorbereitung und Umsetzung der UN-Behindertenrechtskonvention (UN-BRK) forcierte wissenschaftliche, politische und mediale Thematisierung von *Behinderung* als weitere für die Analyse von Ungleichheit relevante Strukturkategorie hat die Forschung zur Intersektionalität zusätzlich an Bedeutung und Aktualität gewonnen (vgl. Mogge-Grotjahn 2016).

Die intersektionale Perspektive sollte nicht völlig vergessen werden, wenn bei der Analyse geschlechtsspezifischer Armutsrisiken vor allem der Erwerbsarbeitsmarkt und die um die Erwerbsarbeit zentrierten Instrumentarien der Sozial- (und Steuer)politik in den Blick genommen werden. Denn eine Alternative lässt sich nur begrenzt innerhalb der vorhandenen Strukturen entwickeln, die einer Verschränkung mehrerer Änderungsstrategien entgegenstehen.

Zunächst einmal lässt sich nachzeichnen, dass der Erwerbsarbeitsmarkt sowohl *horizontal* (also entlang der Berufsbereiche) als auch *vertikal* (also in der Höhe der innerhalb

---

2 Der Begriff der Identität wird in unterschiedlichen Kontexten unterschiedlich definiert. Hier wird er verstanden als ein lebenslanger Prozess der Konstruktion eines Selbstbildes durch Interaktion (vgl. Keupp 2013, S. 95). Das Selbstbild umfasst sowohl ein Bewusstsein von der eigenen Biografie und ihrer Kontinuität als auch bereichsspezifische Konzepte, die sich u. a. auf die Bedeutung von Geschlechtlichkeit, Körper, Leistung, Religion oder andere für das Subjekt bedeutsame Dimensionen der Existenz beziehen (vgl. Mogge-Grotjahn, 2011, S. 124).

der jeweiligen Bereiche vorhandenen Hierarchien erreichten Positionen) segmentiert ist. Sowohl diese Segmentierung des Erwerbsarbeitsmarktes als auch seine sozialpolitischen Rahmungen führen dazu, dass immer wieder *klassische* weibliche und männliche Biografieverläufe entstehen (vgl. Träger 2010). Allerdings ist dadurch allein nicht hinlänglich erklärbar, warum Mädchen und Jungen, Frauen und Männer sich – ohne Zwang – immer wieder für eben diese klassischen Biografieverläufe und Lebensentwürfe entscheiden. Ein wesentlicher Grund, so zeigt es die konstruktivistische und dekonstruktivistische Geschlechterforschung[3], liegt darin, dass *Geschlecht* eben nicht nur eine Strukturkategorie, sondern auch eine zentrale Dimension der symbolischen Ordnungen von Gesellschaften und der individuellen Identität des Subjekts darstellt, und dass diese Dimension gerade unter den Bedingungen formaler und rechtlicher Gleichheit dazu herausfordert, Differenz herzustellen (vgl. Mogge-Grotjahn 2015). Die starke Konnotation von Emotionalität und Fürsorglichkeit mit Weiblichkeit einerseits, von Rationalität, Dominanz und Stärke mit Männlichkeit andererseits spiegelt sich sowohl in der beruflichen als auch in der alltäglichen Arbeitsteilung zwischen den Geschlechtern wider.

2   Ausgewählte empirische Befunde

Im Folgenden werden einige ausgewählte empirische Daten vorgestellt, die die engen Zusammenhänge zwischen Geschlechtszugehörigkeit, Bildungsverläufen und Erwerbstätigkeiten verdeutlichen. Im Zusammenspiel mit den sozialpolitischen Rahmenbedingungen resultieren daraus unterschiedliche Einkommenschancen und Armutsrisiken von Frauen und Männern.

2.1   Allgemeine und berufliche Bildung von Frauen und Männern

Bildungschancen und Bildungserfolge sind in Deutschland nicht nur eng mit der sozialen Herkunft verknüpft, sondern weisen auch geschlechtstypische Besonderheiten auf. Diese werden zusätzlich moderiert durch das Aufwachsen und Leben in unterschiedlichen Bundesländern mit regional unterschiedlichen Bevölkerungsstrukturen und föderal unterschiedlicher Schul- und Bildungspolitik sowie migrationsbedingten Einflussgrößen.

---

3   *Konstruktivistische* Theorien versuchen, die Regeln zu verstehen und zu rekonstruieren, nach denen Menschen in ihren Interaktionen symbolische Ordnungen und soziale Wirklichkeiten, wie beispielsweise die Bedeutung des Geschlechts, herstellen. *Dekonstruktivistische* Theorien knüpfen hier an, richten ihr Hauptinteresse aber auf die Frage, wie die – in der Regel hierarchischen – symbolischen Ordnungen und sozialen Wirklichkeiten verändert bzw. zerstört werden können. Eine mögliche Strategie für die Dekonstruktion symbolischer Geschlechterordnungen ist die sog. *Queer-Theorie* (und Praxis!), die mit der (verwirrenden) Vielfalt und Wandelbarkeit von Identitäten arbeitet.

Im Folgenden werden ausschließlich genderbezogene Daten vorgestellt und die anderen Einflussgrößen vernachlässigt.

In keinem anderen gesellschaftlichen Bereich ist die an das (weibliche) Geschlecht gebundene soziale Ungleichheit so wirksam überwunden worden wie im allgemein bildenden Bildungswesen. Waren Mädchen und Frauen bis in das 20. Jahrhundert hinein weitgehend von den Möglichkeiten höherer Bildung ausgeschlossen, lässt sich für die Bundesrepublik Deutschland des 21. Jahrhunderts feststellen, dass Mädchen und Frauen in den allgemein bildenden Schulen bessere Bildungserfolge aufweisen als Jungen und Männer. In der ehemaligen DDR war dieser Zustand wesentlich früher erreicht als in Westdeutschland. Der Anteil von Mädchen und Jungen an den jeweiligen Alterskohorten beträgt in etwa 49 Prozent zu 51 Prozent (Mädchen zu Jungen), und entsprechend setzen sich die Grundschulklassen zusammen. Im Laufe der Schulkarriere verschieben sich dann aber die Geschlechterproportionen. Im Schuljahr 2014/15 betrug der Jungenanteil an Gymnasien nur 47 Prozent, an Realschulen 51 Prozent, an Hauptschulen 57 Prozent und an Förderschulen 64 Prozent (bpb 2016, S. 82), was im Umkehrschluss bedeutet, dass der Anteil der Mädchen in den Schultypen mit der Höhe des angestrebten Schulabschlusses kontinuierlich steigt. Über alle Schultypen hinweg mussten 2,8 Prozent aller Jungen, aber nur 1,8 Prozent aller Mädchen eine Klasse wiederholen. 7 Prozent der männlichen Schulentlassenen erreichten keinen Abschluss gegenüber 4 Prozent bei den jungen Frauen. Von den männlichen Absolventen erhielten 29 Prozent die Studienberechtigung, bei den Frauen waren es 37 Prozent (ebenda, S. 84).

Auch auf dem Weg in die und durch die Hochschulen erzielen Frauen zunächst noch gleich große, mitunter auch größere Erfolge als Männer. Im Jahr 2014 waren 50 Prozent der Studienanfängerinnen Frauen, und ihr Anteil an den im gleichen Jahr bestandenen Hochschulabschlüssen lag bei 51 Prozent (ebenda, S. 91f.). Allerdings nimmt der Frauenanteil mit steigendem Qualifikationsniveau und Status der einzelnen Positionen auf der akademischen Karriereleiter kontinuierlich ab. Während im Jahr 2014 immerhin bereits 45 Prozent der Doktortitel von Frauen erworben wurden, lag die Frauenquote bei den Habilitationen erst bei 28 Prozent. In der Gruppe des hauptberuflichen wissenschaftlichen und künstlerischen Personals lag der Frauenanteil bei 38 Prozent, und in der Professorenschaft bei 22 Prozent. In den bestbezahlten (C- und W-)Besoldungsstufen der Professorinnen und Professoren lag der Anteil der Frauen bei 11 Prozent (ebenda, S. 94).

In der Wahl der Studienfächer zeigen sich deutliche geschlechtsspezifische Unterschiede. Zu den zehn beliebtesten Studienfächern bei Männern gehören sieben MINT-Fächer (Mathematik, Informatik, Naturwissenschaften und Technik) und drei rechts- und wirtschaftswissenschaftliche Fächer; Geistes- oder Sozialwissenschaften zählen nicht dazu. Bei den Frauen dominieren Rechts-, Wirtschafts- und Sozialwissenschaften sowie geisteswissenschaftliche Fächer. Das einzige naturwissenschaftliche Fach auf den vorderen Plätzen ist Biologie. In den Studiengängen der Sozialen Arbeit liegt der Frauenanteil kontinuierlich bei etwa 75 Prozent (BIBB 2016).

Noch deutlicher sind die geschlechtstypischen Unterschiede bei der Wahl der Ausbildungsberufe. Im Jahr 2014 konzentrierten sich 38 Prozent der männlichen und 55 Prozent der weiblichen Auszubildenden im dualen Ausbildungssystem auf jeweils zehn von insgesamt 328 anerkannten Ausbildungsberufen. Bei den jungen Männern stand der Beruf des Kraftfahrzeugmechatronikers mit 7 Prozent auf dem ersten Platz, gefolgt von den Berufen Industriemechaniker (5 Prozent) und Elektroniker (4 Prozent). Bei den jungen Frauen waren die Berufe Kauffrau für Büromanagement (11 Prozent), Medizinische Fachangestellte (7 Prozent) und Kauffrau im Einzelhandel (6 Prozent) am stärksten nachgefragt. Frauen erlernen außerdem weitaus häufiger als Männer Berufe im Sozial- und Gesundheitswesen, wie zum Beispiel Gesundheits- und Krankenpflegerin oder Altenpflegerin, deren Ausbildung meistens rein schulisch erfolgt (bpb 2016, S. 89)

Diese hier skizzierten Sachverhalte sind für die Frage nach den Ursachen geschlechtstypischer Armutsrisiken aus (mindestens) zwei Gründen von Interesse. Zum einen antizipieren junge Frauen und Männer mit der Wahl ihrer Ausbildungs- und Studiengänge jeweils die Berufe, die es ihnen erleichtern, im weiteren Verlauf ihrer Biografie eher die Rolle des *Ernährers* (Vollzeittätigkeiten, möglichst ohne Unterbrechungen; höhere Verdienst- und bessere Karrierechancen) oder eher die Rolle der *Zuverdienerin* (Möglichkeiten der Teilzeitarbeit und zeitweiligen Unterbrechung; geringerer, damit also für die Familie eher verzichtbarer Verdienst mit geringeren Karrierechancen) zu übernehmen. Zum anderen reproduzieren sie tendenziell die vorhandenen Geschlechterverhältnisse und Geschlechterordnungen, in dem die eher sorgenden und assistierenden, auf Empathie und Kommunikation gegründeten Tätigkeiten als *weiblich* und die eher instrumentellen, leitenden, auf Rationalität und/oder Kraft gegründeten Tätigkeiten als *männlich* konnotiert werden. So verstärken sich die subjektiven und die strukturellen Geschlechterkonstruktionen immer wieder gegenseitig.

2.2   Beschäftigung und Einkommen von Frauen und Männern

Sowohl auf der Ebene des Beschäftigungssystems als auch auf der Ebene der Familienhaushalte ist also weiterhin die tradierte Arbeitsteilung zwischen den Geschlechtern vorherrschend, obwohl das reine Ernährermodell in Westdeutschland seit den 1980er Jahren schrittweise modifiziert und zunehmend durch Elemente des adult worker models ergänzt wurde. Hiermit wird das vor allem in skandinavischen Ländern vorherrschende Wohlfahrtsregime bezeichnet, in dem erwachsene Bürgerinnen und Bürger grundsätzlich als Erwerbstätige angesehen und ihre Ansprüche auf wohlfahrtsstaatliche Leistungen weitgehend an diesen Status geknüpft werden. Das ähnlich strukturierte, wenn auch aus anderen Gründen politisch so gewollte Modell im Osten Deutschlands hat sich nach der Vereinigung der beiden deutschen Staaten kontinuierlich an das westdeutsche Modell angeglichen.

Die Bundeszentrale für politische Bildung (bpb) kommt nach einem detaillierten Vergleich der Vollzeit- und Teilzeit-Erwerbsquoten von Frauen und Männern, der Inanspruchnahme von Elternzeiten durch Väter und Mütter, dem Anteil von Frauen am Haushaltseinkommen und an Führungspositionen in der privaten Wirtschaft und unter Berücksichtigung der gesetzlichen Rahmenbedingungen zu dem Ergebnis, dass das klassische Ernährermodell zwar nicht mehr das allein vorherrschende Modell, die Lebenswirklichkeit in Deutschland aber auch noch weit entfernt von einem *adult worker model* ist (bpb 2014).

Die in der EU ebenso wie auch auf nationaler Ebene beobachtbaren Bemühungen um eine Politik der besseren Vereinbarkeit von Erwerbsarbeit und Betreuungsarbeit zielen in erster Linie auf die Integration von Frauen in den Arbeitsmarkt bei Beibehaltung ihrer häuslichen und sonstigen Betreuungsaufgaben – und durchaus nicht auf eine gleichberechtigte Aufteilung von familialer und erwerbsförmiger Arbeit zwischen den Geschlechtern (vgl. Brückner 2004, S. 27f.). Dennoch sind durch entsprechende Freistellungsregelungen Anreize für Männer geschaffen worden, sich an Erziehungsaufgaben zu beteiligen. Seit der Einführung des Elterngeldes im Jahr 2007 ist die Zahl der Väter, die sich durch Inanspruchnahme der sog. *Vätermonate* an den Betreuungsaufgaben beteiligen, von 3,5 Prozent vor 2007 auf 32,3 Prozent im Jahr 2013 angestiegen. 79 Prozent der Väter nehmen allerdings nur die beiden Monate in Anspruch, die sonst verfallen würden. Das durchschnittliche Elterngeld betrug bei Müttern und Vätern, die zuvor nicht erwerbstätig waren, 329 bzw. 331 Euro, lag also kaum über dem Mindestbetrag von 300 Euro. Mütter, die zuvor erwerbstätig waren, erhielten durchschnittlich 900 Euro, zuvor erwerbstätige Väter erhielten etwa 1.250 Euro Elterngeld (Statistisches Bundesamt 2015).

Von Art, Umfang und Dauer der ausgeübten Erwerbsarbeiten hängen das aktuell verfügbare eigene Einkommen sowie (spätere) Rentenansprüche unmittelbar ab. Der Arbeitsmarkt erscheint nach wie vor als geschlechtstypisch doppelt segmentiert: Horizontal sind Frauen- und Männerberufe deutlich erkennbar, vertikal unterscheiden sich die in den jeweiligen Berufsbereichen von Frauen und Männern erreichten Positionen. Die sog. Männerberufe sind durchschnittlich besser bezahlt als Frauenberufe. Zugleich erreichen Männer häufiger als Frauen höher dotierte Positionen. In Verbindung mit der überwiegenden Orientierung der Sozialpolitik an Familien als Versorgungseinheiten (wechselseitige Unterhaltspflichten) und mit dem steuerpolitischen Instrumentarium des sog. *Ehegattensplitting*, sorgt dies dafür, dass das (modifizierte) Ernährermodell finanziell attraktiv bleibt. Auch die nach wie vor nicht ausreichenden Betreuungsstrukturen und Unterstützungsleistungen für Kindererziehung sowie pflegende und sorgende Tätigkeiten im privaten Bereich tragen zur Zählebigkeit der Geschlechterverhältnisse bei, obwohl sich die subjektiven Präferenzen in der Bevölkerung zumindest graduell davon unterscheiden. Besonders deutlich wird der Zusammenhang der strukturellen und der subjektiven Dimensionen des geschlechtsspezifischen Erwerbsarbeitsverhaltens beim Vergleich zwischen Ost- und Westdeutschland; denn die unterschiedlichen sozial- und gesellschaftspolitischen Strukturen und Zielsetzungen in DDR und BRD wirken bis heute nach.

Im gesamten Bundesgebiet bestritten im Jahr 2014 rund 51 Prozent der Personen im Alter von 15 und mehr Jahren ihren Lebensunterhalt überwiegend aus eigener Erwerbstätigkeit. Damit hatte sich dieser Anteil gegenüber 2004 um etwa 5 Prozent erhöht. Etwa 7 Prozent der Bevölkerung lebten 2014 hauptsächlich von Sozialleistungen wie Arbeitslosengeld, Leistungen nach Hartz IV oder BAföG (gegenüber 9 Prozent im Jahr 2004). Renten, Pensionen oder eigenes Vermögen bildeten 2014 die Haupteinnahmequelle für etwa 27 Prozent der Bevölkerung 2014 (2004: etwa 28 Prozent). Der Anteil derjenigen, deren Unterhalt hauptsächlich von Angehörigen finanziert wurde, sank von 18 Prozent im Jahr 2004 auf 15 Prozent in 2014. Das 2007 eingeführte Elterngeld stellte 2014 für 0,5 Prozent der Bevölkerung ab 15 Jahren die wichtigste Quelle des Lebensunterhaltes dar (bpb 2016, S. 134).

Interessant ist eine Ausdifferenzierung dieser Gesamttrends nach Geschlechtszugehörigkeit und nach einem Leben in Ost- oder Westdeutschland. 2014 verdienten in Westdeutschland 59 Prozent der Männer und 44 Prozent der Frauen ihren überwiegenden Lebensunterhalt durch Erwerbstätigkeit. Für Männer hat sich dieser Anteil gegenüber 56 Prozent im Jahr 2004 damit nur wenig verändert, während er bei Frauen um 6 Prozent gestiegen ist. Trotzdem fällt auf, dass der Anteil westdeutscher Frauen, die ihren Lebensunterhalt überwiegend durch eigene Erwerbstätigkeit sichern, etwa 15 Prozent unter dem Anteil der Männer liegt. Frauen im Osten dagegen lebten 2014 zu 46 Prozent hauptsächlich von der eigenen Erwerbstätigkeit, und die Differenz zum entsprechenden Anteil der Männer (55 Prozent) fiel mit 9 Prozent deutlich geringer aus. Auffallend ist auch der hohe Anteil an Frauen in Ostdeutschland, die zu 35 Prozent überwiegend von Renten, Pensionen oder eigenem Vermögen leben (in Westdeutschland: 28 Prozent der Frauen, 26 Prozent der Männer) (ebenda).

Mit dem prozentualen Anteil der Einkommensarten an den jeweiligen Quellen zur Sicherung des Lebensunterhaltes ist noch nichts über die tatsächliche Höhe der jeweiligen Einkünfte gesagt. Der durchschnittliche Monats-Brutto-Verdienst von vollzeitbeschäftigten Männern betrug 2016 etwa 3.700 Euro, der von Frauen etwa 3.260 Euro (Statistisches Bundesamt 2016). Aber erst bei genauerer Betrachtung zeigen sich die sehr deutlichen Einkommensunterschiede zwischen Frauen und Männern, die als *Gender Pay Gap* in Blick auf die Erwerbseinkommen und als *Gender Pension Gap* in Blick auf die Altersversorgung bezeichnet werden.

Um die geschlechtsspezifischen Lohnunterschiede zu ermitteln, stehen zwei Indikatoren zur Verfügung: der bereinigte und der unbereinigte *Gender Pay Gap*. Der unbereinigte Gender Pay Gap wird jährlich ermittelt und betrachtet die geschlechtsspezifischen Verdienstunterschiede ohne Berücksichtigung struktureller Unterschiede in den Beschäftigungsverhältnissen von Männern und Frauen. In den vergangenen Jahren lag er in Deutschland bei 22 Prozent. Das bedeutet, dass der durchschnittliche Bruttostundenverdienst von Frauen um 22 Prozent unter dem der Männer lag. Werden die strukturellen Unterschiede – also u. a. die unterschiedlichen Berufsbereiche mit ihren jeweiligen Einkommensgefügen, der Zugang zu Leistungsgruppen oder auch die Teilzeitarbeitsquoten – berücksichtigt, ergibt sich als bereinigter Gender Pay Gap eine Differenz von 7 Prozent, der sich nicht aus den genannten Gründen erklären lässt. Frauen verdienen auch dann je Arbeitsstunde 7 Prozent weniger als Männer, wenn sie die gleiche Tätigkeit ausüben, über die gleiche Ausbildung verfügen, in einem vergleichbar großen privaten bzw. öffentlichen Unternehmen tätig sind, das auch regional ähnlich zu verorten ist (Ost/West, Ballungsraum/kein Ballungsraum), einer vergleichbaren Leistungsgruppe angehören, einen ähnlich ausgestalteten Arbeitsvertrag haben (befristet/unbefristet, mit/ohne Tarifbindung, Altersteilzeit ja/nein, Zulagen ja/nein), das gleiche Dienstalter und die gleiche potenzielle Berufserfahrung aufweisen sowie einer Beschäftigung vergleichbaren Umfangs (Vollzeit/Teilzeit) nachgehen (bpb 2016, S. 145).

Im Verlaufe ihrer Erwerbsbiografien summieren sich für Frauen die Effekte typisch weiblicher Berufstätigkeit bzw. ihre Beschäftigungsmuster zum *Gender Pension Gap*. Hierbei kumulieren niedrige Erwerbsbeteiligung, hohe Teilzeitraten, niedrige Entgelte, häufige und längere Erwerbsunterbrechungen sowie die Beschäftigung in nicht sozialversicherungspflichtigen Beschäftigungsverhältnissen (Mini- bzw. Midi-Jobs) der Frauen. Aufgrund des Zusammenwirkens dieser Faktoren ist der Gender Pension Gap deutlich größer als die Entgeltlücke bzw. der Gender Pay Gap. Auch das im Zuge der sog. Agenda 2010-Politik der damaligen rot-grünen Bundesregierung eingeführte *Drei-Säulen-Modell* in der Gesetzlichen Rentenversicherung (GRV; SGB VI), durch das die (politisch gewollte) Absenkung des gesetzlichen Rentenniveaus mit vermehrter privater Vorsorge (sog. *Riester-Rente*) sowie betrieblicher Altersversorgung kombiniert und ausgeglichen werden sollte, ändert daran nichts. Die durchschnittlichen Rentenzahlungen bei Altersrenten in ganz Deutschland lagen 2015 bei Frauen mit ca. 616 Euro (West) und 850 Euro (Ost) deutlich unter denen bei Männern (1.117 Euro West/976 Euro Ost). Teilweise kompensiert wird der Negativ-Effekt des Rentensystems dadurch, dass Frauen deutlicher als Männer Nutznießerinnen von Elementen des sozialen Ausgleichs im Rentenrecht (z. B. Anrechnung von Erziehungs- und Pflegezeiten) sind. Vor allem ihre aus der Hinterbliebensicherung abgeleiteten Rentenansprüche sind höher als die der Männer (vgl. Klenner et al 2016, S. 2). Allerdings profitieren hiervon nur Frauen, die als Lebensform die klassische Ehe gewählt und beibehalten haben.[4] Bezogen auf den Gesamtrentenzahlbetrag (nur GRV) ergibt sich laut dem aktuellen Rentenversicherungsbericht der Bundesregierung bei den Einzelrentnerinnen eine Gender Pension Gap[5] von 42 Prozent (West) bzw. 22 Prozent (Ost) (Angaben für 1. Juli 2017) (Bundesministerium für Arbeit und Soziales o.J., S. 18f.).

Im Zeitverlauf wird die geschlechtsbezogene Rentenlücke allerdings kleiner (Allmendinger und von den Driesch 2015, S. 36). In den Jahren zwischen 1995 und 2013 verringerte sie sich von 54 auf 45 Prozent. Dem folgte von 2013 auf 2014 ein rasanter Anstieg, der auf die 2014 eingeführte Rente für Mütter, die vor 1992 Kinder geboren haben, zurückzuführen ist. Diese Renten sind sehr gering, drücken den Durchschnitt der Altersrente von Frauen und vergrößern damit die Rentenlücke. Da sie aber vor allem älteren Frauen zugute kommen, führt die Berücksichtigung dieser neuen staatlichen Leistung zu einer Verzerrung des Gesamtbildes, das über den Zeitraum von etwa zwei Jahrzehnten eine kontinuierliche

---

4   Der Gesamtbetrag der monatlich bezogenen Rentenzahlung steigt dann von durchschnittlich 635,51 Euro (für eine sog. *Einzelrentnerin* mit alleinigem Anspruch auf die eigene Altersrente) auf 1.235,85 Euro (für eine sog. *Mehrfachrentnerin* mit Anspruch auf den gleichzeitigen Bezug mehrerer Rentenarten) (Angaben für 1. Juli 2017) (Bundesministerium für Arbeit und Soziales o.J., S. 19).

5   Der *Gender Pension Gap* wird definiert als die prozentuale Differenz der durchschnittlichen persönlichen eigenen Alterssicherungseinkommen aller betrachteten Frauen zu den durchschnittlichen persönlichen eigenen Alterssicherungseinkommen der entsprechenden Gruppe der Männer.

Verringerung des Gender Pension Gaps deutlich werden lässt und für 2014 mit 43 Prozent anzugeben ist. Differenziert man wiederum nach Ost- und Westdeutschland, so zeigen sich erneut gravierende Unterschiede. In Ostdeutschland betrug im Jahr 1995 die Rentenlücke 34 Prozent und sank bis 2014 auf 12 Prozent. Die Mütterrente hat im Osten kein großes Gewicht, da die meisten Mütter der entsprechenden Jahrgänge fast durchgängig erwerbstätig waren (ebenda).

Weiterhin bleibt der Unterschied im Erwerbsvolumen von Frauen in Ost- und Westdeutschland erheblich und wird sich entsprechend auch auf zukünftige Alterseinkommen auswirken. Frauen im Westen arbeiteten im Jahr 2013 rund 10 Stunden pro Woche weniger als Männer, bei Frauen im Osten waren es 5,5 Stunden pro Woche weniger. Im Westen arbeiten Frauen ohne Kinder 37 Stunden im Beruf, Frauen mit Kindern 25 Stunden pro Woche. Im Osten sind Frauen ohne Kinder ebenfalls 37 Stunden pro Woche erwerbstätig, Frauen mit Kindern allerdings 33 Stunden pro Woche (vgl. Statistisches Bundesamt 2014, S. 15ff.).

Interessant in Blick auf den Zusammenhang von Lebensform und Erwerbstätigkeit bzw. Armutsrisiko ist, dass von den erwerbstätigen verheirateten Müttern 73 Prozent einer Teilzeitbeschäftigung nachgehen, während bei erwerbstätigen Müttern, die in nicht-ehelichen Lebensgemeinschaften leben, die Teilzeitarbeitsquote nur bei 53 Prozent lag (vgl. bpb 2014).

Insgesamt gab es 2012 etwa 8,2 Millionen Familien mit minderjährigen Kindern, davon waren etwa 20 Prozent Familien mit allein erziehenden Eltern. Von diesen wiederum waren etwa 90 Prozent Mütter, die im Durchschnitt häufiger mit mehr als einem Kind und mit insgesamt jüngeren Kindern zusammen lebten als die 10 Prozent der allein erziehenden Väter (vgl. BMFSFJ 2012, S. 7). Etwa zwei Drittel der allein erziehenden Mütter waren erwerbstätig, davon wiederum 40 Prozent in Vollzeittätigkeiten. Zum Vergleich: von den erwerbstätigen verheirateten Müttern waren lediglich 25 Prozent in Vollzeit beschäftigt (ebenda, S. 17). Allein erziehende Mütter mit Kindern unter 3 Jahren wiederum waren zu 75 Prozent nicht erwerbstätig und auf Transferleistungen angewiesen. Ihre Armutsgefährdungsquote lag bei über 50 Prozent, während bei den voll erwerbstätigen Müttern diese Quote nur 5,2 Prozent betrug (ebenda, S. 18). Schließlich unterscheiden sich die durchschnittlichen Einkommen von allein erziehenden Vätern und Müttern deutlich voneinander: 21 Prozent der Väter, aber 40 Prozent der Mütter hatten monatlich weniger als 1.300 Euro zur Verfügung, und wiederum 21 Prozent der Väter, aber nur 8 Prozent der Mütter verfügten über ein monatliches Einkommen von mehr als 2.600 Euro (ebenda, S. 20). Wie weit die vergleichsweise hohe Erwerbsquote allein erziehender Mütter ihrem Wunsch entspricht, wie es die Erhebungen des BMFSFJ (2012) nahe legen und/oder der aktivierenden Praxis der Jobcenter geschuldet ist, wie es Butterwegge (2015, S. 222f.) kommentiert, muss hier offen bleiben.

Vor dem Hintergrund dieser und vieler vergleichbarer Zahlen resümieren Allmendinger und von den Driesch: „Bis heute steht der Geschlechtergerechtigkeit am Arbeitsmarkt in Westdeutschland auch die ungleiche Aufteilung von Hausarbeit und Kinderbetreuung zwischen Partnern im Weg. In zwei von drei Paarbeziehungen wird in Westdeutschland Hausarbeit und Kinderbetreuung von Frauen alleine übernommen, in Ostdeutschland sagt fast die Hälfte der Paare, dass Hausarbeit und Kinderbetreuung von beiden Partnern zu gleichen Teilen übernommen wird." (2015, S. 37f.).

Dieser Befund wird auch von der jüngsten Studie des Wirtschafts- und Sozialwissenschaftlichen Instituts der Hans-Böckler-Stiftung bestätigt. In der Zusammenfassung umfangreicher Datenauswertungen kommen die Autorinnen zu dem Ergebnis, dass trotz ihrer gestiegenen Erwerbstätigkeit Frauen nach wie vor den überwiegenden Anteil an Hausarbeit, Kinderbetreuung und Pflege leisten: „Auch wenn das Leitbild partnerschaftlicher Arbeitsteilung zunehmend Zustimmung findet, verwenden Frauen im Erwerbsalter in Deutschland 2,4-mal so viel Zeit für unbezahlte Fürsorgearbeit und das 1,6-fache für Hausarbeit wie vergleichbare Männer. Noch deutlicher sind die Unterschiede bei erwerbstätigen Frauen und Männern in Paarhaushalten mit Kindern. Hier sind die Frauen überwiegend teilzeitbeschäftigt und schultern den größten Teil der Haus- und Fürsorgearbeit. Die geschlechtsspezifische Lücke bei der Haus- und Fürsorgearbeit besteht aber selbst zwischen vollzeitbeschäftigten Frauen und Männern." (WSI 2017, S. 1). 2,35 Millionen Frauen in Deutschland pflegen Angehörige, was bedeutet, dass sie etwa zwei Drittel der unbezahlten Pflegearbeit leisten. „Rechnet man berufliche und unbezahlte häusliche Arbeit zusammen, so unterscheidet sich die Gesamtarbeitszeit für erwerbstätige Frauen und Männer nur wenig. Doch ist bei Männern (in Vollzeit) mit 73 Prozent der größte Teil der Gesamtarbeit bezahlte Arbeitszeit, wohingegen teilzeitbeschäftigte Frauen nur für 43 Prozent ihrer Gesamtarbeitszeit entlohnt werden und den größeren Teil unbezahlt leisten." (ebenda)

Diese und viele vergleichbare Bilanzen machen deutlich, dass Veränderungen der Geschlechterregimes in Wohlfahrtsstaaten als komplexes Wechselgeschehen zwischen veränderten Leitvorstellungen und Biografieentwürfen von Frauen und Männern auf der einen, familien-, sozial- und arbeitsmarktpolitischen Maßnahmen auf der anderen Seite verstanden werden müssen. In der Folge können „die Veränderungen familialer Strukturen [sowohl, die Verf.] als Voraussetzung wie auch als Folge sozialpolitischer Ausdifferenzierungen betrachtet werden." (Träger 2010, S. 300)

3   Fazit und Ausblick

Die Zusammenhänge zwischen den in den Strukturen des Arbeitsmarktes und des Sozialstaates inkorporierten Geschlechterordnungen und den geschlechtstypisch unterschiedlichen Armutsrisiken, Lebenslagen und Biografieverläufen lassen sich empirisch eindeutig belegen und analytisch begründen. Zugleich gibt es deutliche Einflüsse weiterer Faktoren – Bildung, Migrationshintergrund, regionale Besonderheiten –, so dass das Geschlecht nicht als alleinige Determinante, sondern als eine von mehreren interagierenden Variablen in den Verursachungszusammenhängen sozialer Ungleichheit zu betrachten ist. Die hier dargestellten empirischen Befunde und theoretischen Modelle können nicht allein aus den strukturellen Ursachen – Segmentation des Arbeitsmarktes, wohlfahrtsstaatliche Ernährermodelle – abgeleitet und erklärt werden, sondern müssen auch die subjektive

Dimension, also das „doing gender" der Akteurinnen und Akteure und ihr „doing family" (Jurczyk et al. 2009, S. I) mit in den Blick nehmen. Es scheint nicht übertrieben, auch den Begriff des „doing unequality", der vornehmlich im Kontext der Bourdieu'schen Habitus-Theorie verwendet wird, im hier erörterten Zusammenhang einzuführen. Denn vor allem die geschlechtstypische Berufswahlorientierung und die private Arbeitsteilung zwischen den Geschlechtern lassen sich nicht allein auf soziale, ökonomische oder politische Strukturen und rechtliche Rahmenbedingungen zurückführen. Die Verbindung der Ungleichheitsforschung, in die Geschlecht als Strukturkategorie Eingang gefunden hat, mit Sozialisations- und Identitätsforschung und mit der Erforschung und Theoriebildung zur Konstruktion bzw. Dekonstruktion von Geschlecht erscheint als eine große Herausforderung. Diese Herausforderung anzunehmen, bedeutet auch, einen Beitrag zur Entwicklung geschlechtersensibler und vor allem wirksamer Präventions- und Bewältigungsangebote für Frauen und Männer in von Armut und Exklusion gekennzeichneten Lebenslagen zu leisten.

Allerdings bleiben der empirische Nachweis geschlechtstypischer Ausprägungen sozialer Ungleichheit und ihre analytische Begründung ebenso wie die Forderung nach gleichen Teilhabechancen von Frauen und Männern an Erwerbsarbeit, Einkommen und sozialstaatlichen Unterstützungsleistungen dem Ist-Zustand moderner Arbeitsgesellschaften verhaftet. Insbesondere das *adult worker model* wirft aber die grundlegende Frage danach auf, was es für das gesellschaftliche Zusammenleben bedeutet, wenn der Erwerbsarbeit die dominante Rolle zukommt und sorgende Tätigkeiten eine untergeordnete Rolle spielen. Diese Frage verschärft sich mit der zunehmenden Prekarisierung von Erwerbsarbeitsverhältnissen, mit der über Mini-Jobs, befristete Beschäftigungsverhältnisse und Pseudo-Selbständigkeit hinaus auch Arbeitsplatzunsicherheit und Niedriglöhne bei sog. Normalarbeitsverhältnissen, die Verdichtung und Entgrenzung von Erwerbsarbeit gemeint sind (vgl. Auth et al 2015, S. 48f.). Schon 1996 hat Nancy Fraser davor gewarnt, sich den „idealtypischen Bürger" als eine Art „geschlechtsneutralen Normalverdiener" vorzustellen, der (oder die) entweder keine Sorgetätigkeiten übernehmen kann oder will oder darauf angewiesen ist, dass staatlicherseits alle möglichen „Betreuungslücken" geschlossen werden (vgl. Fraser 1996, S. 484). Und wo dies nicht der Fall ist, so ist im Jahr 2017 zu ergänzen, müssen private soziale Netzwerke mobilisiert werden, da professionelle Unterstützung nur von gut Verdienenden zu bezahlen ist; oder die Armutsfalle schnappt zu.

Je umfassender das einzelne Subjekt als Steuerungs- und Bezugsgröße für Arbeitsmarkt und Sozialpolitik zum Leitbild wird und je mehr dies auch den Selbstkonzepten von Frauen und Männern entspricht, desto schärfer stellt sich die Frage, wie anstrebenswert es für Frauen und für Männer ist, ihre Biografieverläufe an der Erwerbsarbeit bzw. den sozialstaatlichen Ersatzleistungen zu orientieren (vgl. verschiedene Beiträge in Aulenbacher und Dammayr 2015). Die eigentliche Zukunftsfrage lautet daher nicht, ob und wie Frauen an gesellschaftlichen Ressourcen ebenso teilhaben können wie Männer, sondern wie zukünftig die verschiedenen Bereiche des menschlichen Lebens, die beruflichen und die privat-sorgenden Tätigkeiten, gleichermaßen gelebt und politisch gestützt werden können. Das ist der Kern des sog. *Care-Diskurses*. Dieser setzt zum einen an den Zuschreibungen und Zumutungen von Tätigkeiten im Verbund mit Inszenierungen der Geschlechtscharaktere, also an den Unterscheidungspraxen und sozialen Konstruktionsprozessen von Geschlechterdifferenzen an und zielt zum anderen auf die ökonomischen, arbeitsmarkt- und sozialpolitischen Handlungsoptionen und Strategien, die zur Bewältigung aller notwendigen Tätigkeiten für sorgebedürftige Personengruppen entwickelt werden müssen (vgl. Althans 2012, S. 35f.; Mogge-Grotjahn 2012).

Zunehmend wird deshalb das sog. *earner and carer model* diskutiert – sowohl in einer analytischen und reflexiven, als auch in einer konkreten sozial- und gesellschaftspolitischen Debatte. Dabei geht es u. a. darum, wie familiäre Sorgetätigkeiten zu individuellen und existenzsichernden sozialrechtlichen Ansprüchen führen können; wie eine qualitativ hochwertige professionelle Erziehungs- und Sorgearbeit angemessen bezahlt werden kann; welche Anreize für die Praktizierung des Ernährermodells durch welche Anreize für eine egalitäre Arbeitsteilung ersetzt werden können und wie entsprechende familien- und pflegefreundliche Unternehmenskulturen in den Betrieben implementiert werden können (vgl. Auth et al., S. 54ff.). Somit verhelfen der Gender-Blick auf die Armuts-Debatte und die Intensivierung des Care-Diskurses zu einer grundlegenden Auseinandersetzung mit normativen Fragen der gesellschaftlichen Entwicklung.

Literatur

Allmendinger, Jutta und E. von den Driesch. 2015. Der wahre Unterschied. Erst die Rente zeigt den ganzen Unterschied der Geschlechterungleichheit. *WZB Mitteilungen* Heft 149, September 2015: 36-39.

Althans, Birgit. 2012. Ein problematisches Verhältnis: Soziale Arbeit und Geschlecht in verschiedenen Diskurslinien und differenten historischen Kontexten. In *Soziale Arbeit und Geschlecht,* Hrsg. B. Bütow und C. Munsch, 22-39. Münster: Westfälisches Dampfboot.

Aulenbacher, Brigitte und M. Dammayr, Hrsg. 2014. *Für sich und andere sorgen. Krise und Zukunft von Care in der modernen Gesellschaft.* Weinheim, Basel: Beltz Juventa.

Auth, Diana, C. Klenner und S. Leitner. 2015. Neue Sorgekonflikte: Die Zumutungen des Adult worker model. In *Prekarisierungen. Arbeit, Sorge und Politik,* Hrsg. S. Völker und M. Amacker, 42-58. Weinheim, Basel: Beltz Juventa

Becker-Schmidt, Regina und G.-A. Knapp. 2000. *Feministische Theorien zur Einführung.* Hamburg: Junius.

BIBB (Bundesinstitut für Berufsbildung) 2016. *Nationale Kooperation zur Berufs- und Studienwahl.* www.klische-frei.de/dokumente/pdf/a31_frauen_und_maenner_an_hochschulen_in_deutschland. de. Aufgerufen am 23. 04. 2017.

BMFSFJ (Bundesministerium für Familie, Senioren, Frauen und Jugend). 2014. *Alleinerziehende in Deutschland. Lebenssituationen und Lebenswirklichkeiten von Müttern und Kindern. Monitor Familienforschung. Beiträge aus Forschung, Statistik und Familienpolitik.* Ausgabe 28.

bpb (Bundeszentrale für politische Bildung) 2014. *Das Ende des Ernährermodells. Dossier Arbeitsmarktpolitik vom 11. 08. 2014.* www.bpb.de/politik/innenpolitik/arbeitsmarktpolitik/55097/ernaehrermodell. Aufgerufen am 24. 04. 2017.

bpb (Bundeszentrale für politische Bildung). 2016. *Datenreport 2016. Ein Sozialbericht für die Bundesrepublik Deutschland.* Hgg vom Statistischen Bundesamt (destatis) und dem Wissenschaftszentrum Berlin für Sozialforschung (WZB). Bonn.

Brückner, Margrit. 2004. „Re-" und „De-Gendering" von Sozialpolitik, sozialen Berufen und sozialen Problemen. *Zeitschrift für Frauenforschung und Geschlechterstudien,* Heft 2+3/2004: 25-39.

Bührmann, Andrea, A. Diezinger und S. Metz-Göckel. 2000. *Arbeit, Sozialisation, Sexualität. Zentrale Felder der Frauen- und Geschlechterforschung.* Opladen: Leske+Budrich.

Bundesministerium für Arbeit und Soziales, Hrsg. o.J. *Rentenversicherungsbericht 2016.* Berlin (http://www.bmas.de/SharedDocs/Downloads/DE/PDF-Pressemitteilungen/2016/rentenversicherungsbericht-2016.pdf?__blob=publicationFile&v=2). Aufgerufen am 01.05.2017.

Butterwegge, Christoph. 2015. *Hartz IV und die Folgen. Auf dem Weg in eine andere Republik?* Weinheim, Basel: Beltz Juventa.

Fraser, Nancy. 1996. Die Gleichheit der Geschlechter und das Wohlfahrtssystem: Ein postindustrielles Gedankenexperiment. In *Politische Theorie. Differenz und Lebensqualität,* Hrsg. H. Nagl-Docekal und H. Pauer-Studer, 469-498. Frankfurt a.M.: Suhrkamp.

Hammer, Veronika und L. Ronald, Hrsg. 2002. *Weibliche Lebenslagen und soziale Benachteiligung. Theoretische Ansätze und empirische Beispiele.* Frankfurt a.M.: Campus.

Klement, Carmen und B. Rudolph. 2003. Auswirkungen staatlicher Rahmenbedingungen und kultureller Leitbilder auf das Geschlechterverhältnis. Deutschland und Finnland. *Aus Politik und Zeitgeschichte,* B 44/2003: 23-30.

Klenner, Christina, P. Sopp und A. Wagner. 2016. *Große Rentenlücke zwischen Männern und Frauen. Ergebnisse aus dem WSI GenderDatenPortal.* WSI-Report Nr. 29, 6/2016.

Keupp, Heiner, T. Ahbe, W. Gmür, R. Höfer, B. Mitzscherlich, W. Kraus und F. Straus. 2013. *Identitätskonstruktionen. Das Patchwork der Identitäten in der Spätmoderne,* 5. Aufl. Reinbek: Rowohlt.

Lutz, Helma. 2001. *Differenz als Rechenaufgabe: über die Relevanz der Kategorien Race, Class und Gender.* In *Unterschiedlich verschieden. Differenz in der Erziehungswissenschaft,* Hrsg. H. Lutz und N. Wenning, 215-230. Opladen: Leske+Budrich.

Mogge-Grotjahn, Hildegard. 2004. *Gender, Sex und Gender Studies. Eine Einführung.* Freiburg: Lambertus

Mogge-Grotjahn, Hildegard. 2011. *Soziologie. Eine Einführung für soziale Berufe,* 4. Aufl. Freiburg: Lambertus.

Mogge-Grotjahn, Hildegard. 2013. Zwischen „wesensmäßiger Mütterlichkeit" und der Ausblendung von Geschlechterverhältnissen. Genderfragen in Praxis, Forschung und Politik Sozialer Arbeit. In *Politik Sozialer Arbeit. Bd. 1: Grundlagen, theoretische Perspektiven und Diskurse,* Hrsg. B. Benz G. Rieger, W. Schöning und M. Többe-Schukalla, 232-246. Weinheim, Basel: Beltz Juventa.

Mogge-Grotjahn, Hildegard. 2016. Intersektionalität: theoretische Perspektiven und konzeptionelle Schlussfolgerungen. In *Menschenrecht Inklusion. 10 Jahre UN.-Behindertenrechtskonvention,. Bestandsaufnahme und Perspektiven zur Umsetzung in sozialen Diensten und diakonischen Handlungsfeldern,* Hrsg. T. Degener, K. Eberl, S. Graumann, O. Maas und G. K. Schäfer, 140-156. Neukirchen: Vandenhoek und Ruprecht.

Schirmacher, Käthe. 1912/1905. *Die Frauenarbeit im Hause, ihre ökonomische, rechtliche und soziale Wertung,* 2. Aufl. Gautzsch bei Leipzig: Felix Dietrich.

Statistisches Bundesamt. 2014. *Auf dem Weg zur Gleichstellung? Bildung, Arbeit und Soziales – Unterschiede zwischen Frauen und Männern.* Wiesbaden.

Statistisches Bundesamt 2015. Pressemitteilung Nr. 109 vom 25.03.2015. www.destatis.de/DE/PresseService/Presse/Pressemitteilungen/2015/03/PD15_109. Aufgerufen am 23.04.2017.

Statistisches Bundesamt 2016. www.destatis.de/DE/ZahlenFakten/GesamtwirtschaftUmwelt/Verdienste Arbeitskosten. Aufgerufen am 24.04.2017.

Träger, Jutta. 2010. Vom Ernährermodell zur geschlechtersensiblen Sozialpolitik: Analysen über den Zusammenhang von Wohlfahrtsstaatstypologie und geschlechterbezogener Inklusion versus Exklusion. In *Soziale Politik – Soziale Lage – Soziale Arbeit,* Hrsg. B. Benz, J. Boeckh und H. Mogge-Grotjahn, 299-316. Wiesbaden: VS Verlag für Sozialwissenschaften.

WSI (Wirtschafts- und Sozialpolitisches Institut der Hans-Böckler-Stiftung). 2017. *Wer leistet unbezahlte Arbeit? Hausarbeit, Kindererziehung und Pflege im Geschlechtervergleich. Aktuelle Auswertungen aus dem WSI GenderDatenPortal.* Reihe: WSI Report, Nr. 35, April 2017. Düsseldorf.

Migration und soziale Ausgrenzung

Jürgen Boeckh

Zusammenfassung

Migration ist ein prägendes Merkmal der Menschheitsgeschichte. Migration ist ein in der Person der Migrantin bzw. des Migranten begründeter Akt, dem in der Regel auch soziale, politische und/oder ökonomische Problemlagen in der Herkunftsregion zugrunde liegen. Monokausale Ansätze zur Beschreibung von Migrationsbewegungen greifen deshalb in der Regel zu kurz, weshalb ein ganzes Bündel von Faktoren zur Erklärung von Wanderungsbewegungen herangezogen wird (*Push und Pull Faktoren*). Diese können sich im Zeitverlauf sowohl in ihrem Mischungsverhältnis wie in ihrer je individuellen Bedeutung verändern. Wanderungsbewegungen haben sowohl auf das Herkunfts- wie das Zielland mittelbare wie unmittelbare Auswirkungen. Dabei lässt sich feststellen, dass der Grad der Akzeptanz von Migrantinnen und Migranten in signifikanter Weise mit der wirtschaftlichen Situation im Aufnahmeland korrespondiert. Aber auch die Gründe für die Migrationsbewegungen, der kulturelle Hintergrund des Herkunftslandes sowie die (absolute) Zahl der Zuwandernden und nicht zuletzt die tatsächliche bzw. unterstellte Integrationsbereitschaft der Zugewanderten haben einen entscheidenden Einfluss auf die *Willkommenskultur* im Zielland.

In Deutschland sind Migrationsbewegungen seit Jahrhunderten soziale Realität. Sie haben in der zweiten Hälfte des 20. Jahrhunderts eine erhebliche Dynamik entwickelt – und zwar in beide Richtungen. Aufgrund der hohen Flüchtlingszahlen seit 2015 ist der Anteil der zugewanderten Migranten (= Personen mit ausländischer Staatsangehörigkeit) an der Gesamtbevölkerung angestiegen und liegt aktuell bei 10,5 Prozent (Statistisches Bundesamt 2017a). Ein erheblicher Teil dieser Migranten bzw. ihrer Nachkommen leben schon länger hier. Der Anteil der *Personen mit Migrationshintergrund* an der Gesamtbevölkerung ist deshalb mit rund 21 Prozent deutlich höher (Statistisches Bundesamt 2016). Dennoch haben sich Gesellschaft und Politik lange Zeit dagegen gewehrt, Deutschland als Einwanderungsland zu begreifen. Diese „große Selbsttäuschung der bundesdeutschen Politik (…) hat sich gerächt" (Huster 1995, S. 469). Denn bis heute zeigt sich die Bundes- und Landespolitik trotz einer Vielzahl von Vorschlägen wie z. B. von der unabhängigen Kommission *Zuwanderung* aus dem Jahr 2001 weitgehend hilflos, wenn es darum geht, das in der Regel höhere soziale Ausgrenzungsrisiko von Migrantinnen und Migranten wirkungsvoll zu bekämpfen. Unterschiedliche Diskriminierungstatbestände (z. B. im Aufenthaltsrecht, am Arbeits- und Wohnungsmarkt) aber auch nicht angepasste individuelle Ressourcen der Migrantinnen und Migranten (z. B. Sprachdefizite, geringes (Aus-)Bildungsniveau, etc.) tragen nach wie vor dazu bei, dass diese Bevölkerungsgruppe ein überproportionales Armuts- und soziales Ausgrenzungsrisiko trägt. Dabei ist allerdings zu berücksichtigen, dass es für gelungene Integration keinen Endpunkt geben kann. Sie ist die prozesshafte, an unserem Rechtsrahmen orientierte Ausgestaltung sozialer Bedingungen, die dem sozialen Wandel unterliegt und wechselseitig von den einheimischen wie zuwandernden Menschen (demokratisch) gestaltet werden muss.

Schlagworte

Migration; Ethnizität; Interkulturalität; Integration; Lebenslagen von Migrantinnen und Migranten

1 Migration: Begriffsdefinitionen und Erklärungsmodelle

1.1 Migration – Ethnizität – Interkulturalität – Integration

Migration ist ein Phänomen, das eine Vielzahl unterschiedlicher Aspekte und Perspektiven in sich vereint. Zahlreiche sozialwissenschaftliche Disziplinen analysieren die ökonomischen, rechtlichen, demografischen, geografischen, historischen, sozialpolitischen, philosophisch-anthropologischen, psychologischen und soziologischen Aspekte von Wanderungsbewegungen. Dementsprechend findet sich in der Literatur eine Vielzahl von Migrationsbegriffen, die je nach Erkenntnisinteresse von einem weiteren bzw. engeren Verständnis ausgehen. Grundsätzlich beschreibt Wanderung bzw. Migration die tatsächlichen Bewegungen von Menschen, also eine Ortsveränderung. Hierbei können unterschiedliche Qualitäten wie die zurückgelegte Entfernung, die (kulturelle) Unterschiedlichkeit von Ziel- und Herkunftsland, oder auch die Dauerhaftigkeit des Ortswechsels zur Unterscheidung herangezogen werden, wobei sich insbesondere die vier nachfolgend benannten typologischen Aspekte zur näheren Eingrenzung herausgebildet haben. Demnach umfasst der Migrationsbegriff

1. eine räumliche Dimension, die beschreibt, ob es sich um Formen der Binnenwanderung, der kontinentalen oder interkontinentalen Wanderung handelt;
2. eine zeitliche Dimension, die Aufschluss darüber gibt, ob die Wanderungsbewegung dauerhaft oder nur vorübergehend stattfindet;

3. eine kausale Dimension, die danach fragt, ob die Entscheidung zum Ortswechsel freiwillig oder erzwungen erfolgte sowie
4. eine quantitative Dimension, die erfasst, ob sich eine Individual-/Kollektiv- oder Massenbewegung vollzieht.

Um diese Mehrdimensionalität in einer umfassenden Definition abbilden zu können, schlägt Annette Treibel einen integrierten Migrationsbegriff vor:

> *„Migration ist der auf Dauer angelegte bzw. dauerhaft werdende Wechsel in eine andere Gesellschaft bzw. in eine andere Region von einzelnen oder mehreren Menschen.* So verstandene Migration setzt erwerbs-, familienbedingte, politische oder biographisch bedingte Wanderungsmotive und einen relativ dauerhaften Aufenthalt in der neuen Region oder Gesellschaft voraus; er schließt den mehr oder weniger kurzfristigen Aufenthalt zu touristischen Zwecken aus." (2011, S. 21 Hervorhebung im Original)

Migration vollzieht sich dabei „in einem langen zeitlichen Kontinuum", in dem der Wohnortwechsel (permanent change of residence) zwar als sichtbares äußeres Zeichen einer vollzogenen räumlichen Bewegung (spatial movement) angenommen werden kann, jedoch keinesfalls den tatsächlichen Abschluss der Wanderungsbewegung darstellt. Denn der „wesentlich zeitintensivere und schwierige Teil der ‚inneren Migration' [beginnt, der Verf.] erst nach der ‚äußeren physischen Migration' (…)." (Han 2016, S. 7) Damit ist aber auch deutlich, dass es im Zielland nicht genügt, lediglich die Ressourcen zur Deckung von Grundbedürfnissen wie Gesundheitsleistungen, Wohnen, Kleidung und Ernährung bereit zu stellen. Der komplexe psychosoziale Prozess des Ankommens muss durch umfassende soziale Dienste und Beratungsleistungen flankiert werden. Dies gilt umso mehr, wenn die zugewanderten Personen auf ihrer Flucht und/oder in ihrem Herkunftsland traumatische Erfahrungen durchlebt haben. Insofern muss – je nach Personengruppe in unterschiedlichem Umfang – die Fähigkeit, sich in der neuen Heimat zurecht zu finden, erst gefördert werden.

Eine weitere wichtige Dimension verbindet sich mit dem Begriff der *Ethnizität*. Im Gegensatz zum Migrationsbegriff, der auf eine Wanderungsbewegung bzw. -erfahrung abzielt, betont die Ethnizität „die identitätsstiftende Bedeutung der gemeinsamen Herkunft oder Abstammung." (Mogge-Grotjahn 2011, S. 114) Ethnizität ist ein (Selbst-)Konzept, mit dessen Hilfe sich Menschen mit Migrationshintergrund unter Rückbezug auf ihre gemeinsame Herkunft von anderen Gruppen unterscheiden und abgrenzen können (*Identitätsstiftung*). Ethnizität ist nicht an konkrete Wanderungsbewegungen gebunden. Auch die Mitglieder der 2. und 3. Generation können sich über die Herkunft ihrer Eltern eine ethnische Identität außerhalb ihres eigenen Geburtslandes aufbauen. Gelebt wird die ethnische Identität durch den Bezug auf die Traditionen und Werte des Herkunftslandes. Sie äußert sich im Tragen von traditioneller Bekleidung, in religiösen Festen, Ernährungsgewohnheiten u. a. m. Ethnizität ist daher weniger als biologisches, „sondern vielmehr als ‚soziales Konstrukt' (…), d. h. als Prozess und Ergebnis sozialer Definitionen" zu verstehen (Vester 2009, S. 121). Ethnische Zuschreibungen können aber auch von Mitgliedern der

Aufnahmegesellschaft ohne eigenes Zutun auf Migrantengruppen übertragen werden. Sowohl ethnische Selbstdefinitionen als auch Fremdzuschreibungen können soziale Inklusion fördern oder hemmen. In jedem Fall sind sie sozial wirksam und je pluraler die ethnische Zusammensetzung in Deutschland wird, umso mehr „stellt die ethnische Zugehörigkeit auch hier ein Differenzierungskriterium hinsichtlich sozialer Position und sozialem Status, Lebenslage und Lebensstil dar." (a. a. O., S. 122)

Wenn Migration und Ethnizität soziale Erscheinungen sind, die zunächst bestimmten Personengruppen eine Andersartigkeit gegenüber einer Aufnahmegesellschaft zuschreiben, stellt sich die Frage, was in diesem Zusammenhang dann *Integration* bedeuten kann. In einem sehr allgemeinen Verständnis meint Integration die Eingliederung in die Aufnahmegesellschaft (vgl. Santel 2007, S. 20). Wenn dieses nicht zu einem Nebeneinander von Kulturen/Gruppen innerhalb einer Gesellschaft führen soll, muss Integration durch die „Übernahme von Elementen einer bis dahin fremden *Kultur* durch Einzelpersonen, Gruppen oder ganze Gesellschaften" begleitet sein (Esser 2006, S. 9). Diese *Akkulturation* kann unterschiedliche Formen und Ergebnisse annehmen. Während bei einer unilateralen Akkulturation die kulturelle Übernahme nur von einer Seite erfolgt, beschreibt der reziproke Prozess beidseitige Anpassungsleistungen. Mit vollständiger bzw. partieller Akkulturation wird der erreichte Grad der Übernahme der fremden Kultur beschrieben. *Assimilation* beschreibt dann die vollständige Akkulturation. Von *Segmentation* wird gesprochen, wenn die einzelnen Gruppen einer Gesellschaft in vollständiger kultureller Eigenständigkeit nebeneinander her leben. Gemäß den *Gemeinsamen Grundprinzipien der EU* kann Integration als ein

> „dynamischer, langfristiger und anhaltender in beide Richtungen gehender Prozess des gegenseitigen Entgegenkommens (…) [verstanden werden, der, *der Verf.*] die Beteiligung nicht nur der Einwanderer und ihrer Nachkommen, sondern auch aller Ansässigen [erfordert, *der Verf.*]. Der Eingliederungsprozess impliziert, dass die Einwanderer, sowohl Männer als auch Frauen, die alle gegenüber ihrem neuen Aufenthaltsstaat Rechte und Obliegenheiten haben, sich anpassen." (Rat der Europäischen Union 2004, S. 19)

In einer offenen, den Freiheitsrechten des Einzelnen verpflichteten Gesellschaft entsteht genau an dieser Stelle die Frage, wie viel Segmentation eine Gesellschaft erträgt und wie viel Akkulturation sie benötigt. Denn allein mit der Forderung nach Anpassung in die eine wie die andere Richtung ist es offensichtlich nicht getan.

Hier setzen in der Sozialen Arbeit das Leitbild der *Interkulturalität* bzw. die *Diversity-Ansätze* an. Diese Ansätze reduzieren sich allerdings nicht auf die Bearbeitung des Verhältnisses von Einheimischen zu Migrantinnen und Migranten. Vielmehr steht dahinter die Erkenntnis, dass plurale Gesellschaften dynamische Einheiten sind, die schon aufgrund des sozialen Wandels immer wieder unterschiedlichste – auch widersprüchlich aufgeladene – Lebensformen in einen sozialen Ausgleich bzw. ein friedvolles Miteinander bringen müssen. Die Frage lautet, was einer Gesellschaft Orientierung geben, sie im Inneren zusammenhalten kann. Denn durch den sozialen Wandel und die damit einhergehende Pluralisierung von Lebensstilen innerhalb unserer Gesellschaft wird immer unschärfer, welche gemeinsamen

Werte vor allem aber Normen und Traditionen uns als gemeinsamer Bezugspunkt dienen können. Im Jahr 2000 wollte der damalige Fraktionsvorsitzende der CDU, *Friedrich Merz* in einer Bundestagsrede mit dem Begriff der *Leitkultur* des Göttinger Politologen *Bassam Tibi* in dieser Frage die Deutungshoheit gewinnen, in dem er postulierte: „Zuwanderer, die auf Dauer hier leben wollen, müssten sich einer gewachsenen, freiheitlichen deutschen Leitkultur anpassen." (zit. n. Eitz 2010, o. S.) Hintergrund für seinen Einwurf war, dass im Sommer 1998 in Baden-Württemberg einer muslimischen Lehramtsanwärterin, die im Unterricht aus Glaubensgründen ein Kopftuch tragen wollte, die Übernahme in den Schuldienst versagt wurde. Diese Entscheidung löste eine heftige politische Debatte über das Verhältnis von *Religionsfreiheit* und *Integrationspolitik* aus (a. a. O.). Eine Debatte, die bis heute anhält. So schrieb der Bundesinnenminister *Thomas de Maizière* unlängst, dass er den Begriff einer „Leitkultur für Deutschland" schätze, denn

> „über Sprache, Verfassung und Achtung der Grundrechte hinaus gibt es etwas, was uns im Innersten zusammenhält, was uns ausmacht und was uns von anderen unterscheidet. Ich finde den Begriff ,Leitkultur' gut und möchte an ihm festhalten. Denn er hat zwei Wortbestandteile. Zunächst das Wort Kultur. Das zeigt, worum es geht, nämlich nicht um Rechtsregeln, sondern ungeschriebene Regeln unseres Zusammenlebens. Und das Wort ,leiten' ist etwas anderes als vorschreiben oder verpflichten. Vielmehr geht es um das, was uns leitet, was uns wichtig ist, was Richtschnur ist. Eine solche Richtschnur des Zusammenlebens in Deutschland, das ist das, was ich unter Leitkultur fasse." (2017, o. S.)

Im Kern geht es in der ganzen Diskussion um die Frage, wie die Freiheitsrechte des Grundgesetzes in den Fällen zu interpretieren sind, in denen sie in einen Widerspruch zu gesellschaftlichen Normalitätsvorstellungen geraten (z. B. wenn Kinder aus religiösen Gründen an bestimmten schulischen Veranstaltungen nicht teilnehmen sollen, wenn Frauen sich verschleiern etc.). Deshalb genügt es in der Integrationsdebatte auch nicht, allein auf die Gültigkeit des Grundgesetzes zu verweisen. Denn gerade aus den dort festgelegten Freiheitsrechten resultieren im Alltag die offenen Fragen des sozialen Miteinanders. Es geht also weiterhin auch um die Deutungshoheit darüber, was in dieser Gesellschaft als normal im Sinne von sozial akzeptiert zu verstehen ist und was nicht – und wer sich infolgedessen an wen anzupassen habe.

Schröer greift in diesem Zusammenhang das Diktum von *Silvia Staub-Bernasconi* auf, Soziale Arbeit sei schon immer „kulturelle Übersetzungsarbeit" gewesen, die „zwischen sozialen Klassen und Schichten, zwischen Jugend- und Erwachsenenwelten, zwischen Weiblichkeits- und Männlichkeitskulturen oder auch zwischen Organisation und Lebenswelt" vermittelt. (2011, S. 308) Was Integration damit am Ende meint und wie sie sich ausgestaltet, ist in unterschiedlichen sozialen Kontexten sehr unterschiedlich zu beantworten. Integration ist dabei definitiv kein anzustrebender Endpunkt oder Endzustand sondern kann nur prozesshaft verstanden werden. Dabei müssen im Rahmen unserer Institutionen und Verfahrensweisen und auf der Basis unserer Rechtsordnung (insbesondere dem *Grundgesetz*) immer wieder aufs Neue Kompromisse für die Organisation des Miteinanders gefunden werden. Je besser dies gelingt umso mehr ist die Kategorie

Migrationshintergrund lediglich Ausdruck „sozialer Differenzierung" und weniger von sozialer Ungleichheit. (Kreckel 2004, S. 15ff.)

1.2   Ursachen von Migrationsbewegungen

Der Antwort auf die Frage, warum ein Mensch, eine Familie, eine Gruppe oder gar ganze Bevölkerungsteile die Heimat verlassen, liegen in der Regel eine Vielzahl von Ursachen und Zwängen zu Grunde. Im Ergebnis sind Menschen dann zur Migration bereit, wenn „eine Gesellschaft nicht in der Lage ist, die Erwartungen ihrer Mitglieder zu erfüllen." (Treibel 2011, S. 42) Diese enttäuschten bzw. nicht erfüllbaren Erwartungshaltungen können unterschiedliche Bereiche betreffen:

1. Infragestellung der physischen Existenz eines Individuums, seiner Familie oder einer Gruppe von Personen
2. Infragestellung und (dauerhafter) Ausschluss von den ökonomischen bzw. materiellen Ressourcen einer Gesellschaft
3. Infragestellung der politischen und/oder religiösen Freiheit
4. Infragestellung des Rechts auf Verwirklichung eigener Lebensvorstellungen
5. Infragestellung der Menschenrechte und der psychischen wie physischen Unversehrtheit.

Mit Hilfe von Push- und Pull-Faktoren können dahinter stehende konkrete Auslöser von Migrationsbewegungen näher beschrieben werden. Als Maßstab für die Differenzierung kann gefragt werden, ob die Ursache der Wanderung in den eingeschränkten Lebensperspektiven im Herkunftsland (Push-Faktoren) oder in der (scheinbaren) Attraktivität des Ziellandes (Pull-Faktoren) begründet liegt. Zu den zentralen Push- und Pull-Auslösern von Migrationsbewegungen zählen die Suche nach besseren Arbeits- und Lebensbedingungen (job-vacancy-Hypothese), häufig schlicht Hunger und Unterversorgung sowie der Schutz vor Verfolgung jedweder Art (Fluchtmigration), wobei die Grenzen zwischen freiwilliger und erzwungener Migration zunehmend verschwimmen (vgl. Han 2016). Die Frage, in welchem Verhältnis Push und Pull Faktoren zueinander stehen, welche also die größere Bedeutung für eine Migrationsentscheidung spielen, lässt sich allerdings nicht abschließend beantworten.

Mit diesem Modell lassen sich aber nicht alle Migrationsursachen zweifelsfrei beschreiben, weitere Erklärungsmuster treten deshalb hinzu: So konnte die Migrationsforschung zeigen, dass der persönliche Informationsaustausch zwischen Menschen, die bereits den Schritt vollzogen haben und in eine andere Region gewandert sind, und denjenigen, die im Heimatland noch vor der entsprechenden Entscheidung stehen, einen wichtigen Auslöser darstellt. Untersuchungen zur Migration innerhalb der Europäischen Union von Rosemarie Feithen belegen zudem, dass auch „der Wunsch nach beruflicher und sozialer Statusverbesserung, Distanzfaktoren und Merkmale der wandernden Personen für die Wanderungsentscheidung relevant" werden (Treibel 2011, S. 41).

Letztlich beruhen alle Entscheidungen zur Migration auf dem individuellen Vergleich zwischen der – individuell erlebten sozialen Situation – im Herkunftsland und den – aus welchen Quellen auch immer gespeisten – (Wunsch-)Vorstellungen über das Zielland. Push- und Pull-Faktoren vermischen sich dabei in ihrer Bedeutung, sie lassen sich in den seltensten Fällen isoliert betrachten.

2   Migration: Historischer Regelfall in Deutschland und Europa

Auch wenn die zum Teil ideologisch aufgeladenen Diskussionen, ob Deutschland denn nun ein Einwanderungsland sei oder nicht bzw. wer sich in der multikulturellen Gesellschaft bei der Integration an wem zu orientieren habe, noch längst nicht in einen gesellschaftlichen Konsens gemündet sind, so führen sie doch deutlich vor Augen: Migration ist Auslöser für sozialen Wandel und damit ein zentraler Einflussfaktor, der bis heute die gesellschaftlichen Bedingungen sowohl der Aufnahme- wie Herkunftsländer prägt.

Als Folge des politischen und wirtschaftlichen Umbruchs in Osteuropa bzw. Nordafrika, aufgrund innerstaatlicher Kriege (z. B. im ehemaligen Jugoslawien, in Syrien, im Irak oder Afghanistan) sowie der Versuche von Menschen, aus Armutsregionen in aller Welt nach Deutschland bzw. Westeuropa zu gelangen, gerät schnell aus dem Blick, dass dies weder für Deutschland noch im europäischen Kontext eine neue Entwicklung darstellt. Denn zum einen hat es immer schon ein beachtliches quantitatives Ausmaß an Migration gegeben und zweitens ist jeder europäische Staat und damit auch Deutschland „durch eine spezifische Migrationstradition gekennzeichnet, ohne die die Zusammensetzung seiner Bevölkerung nicht erklärbar ist." (Santel 1995, S. 221)

Im historischen Rückblick lassen sich für Deutschland dabei unterschiedliche Migrationsphasen nachzeichnen, die sich so oder in ähnlicher Weise auch in anderen europäischen Ländern abspielten. Deutschland war dabei immer wieder sowohl Ziel als auch Ausgangspunkt von Migration und insofern von den direkten und indirekten Folgen dieser Wanderungsbewegungen betroffen (vgl. Benz et al. 2000).

2.1   Binnenmigration: Land-Stadt-Wanderung in Deutschland

Die im 19. Jahrhundert beginnende Industrialisierung sowie die daran gekoppelten Handelsbeziehungen führten zu einem systematischen Austausch von Rohstoffen, Investitionsgütern und Menschen, die – häufig ihrer ländlichen und/oder handwerklichen Existenzgrundlage beraubt – in die neuen Wirtschaftszentren zogen bzw. ziehen mussten. Befreit oder entlaufen aus ländlichen, teils noch feudalen Abhängigkeitsstrukturen suchten viele Menschen hier eine neue Existenzgrundlage. Allerdings waren die Städte in der Regel auf diesen Zuzug nicht vorbereitet. Dieses führte „zu einer extremen Belastung sozialer und politischer Institutionen, zur Verschärfung sozialer Probleme und zur Zerstörung ländlicher Gebiete." (Ambrosius und Hubbard 1986, S. 45ff.) Ländliche Räume entvölkerten sich, industrielle Gebiete wuchsen heran, sie wurden zu Schmelztöpfen von Menschen mit unterschiedlicher regionaler Herkunft und teilweise unterschiedlicher Nationalität.

2.2   Kontinentale Wanderungsbewegungen

Gleichzeitig schlugen sich neue industrielle Entwicklungen, die Verschiebung der Bedeutung der Wirtschaftssektoren, neue Erfindungen und der Bedarf an spezifischen Qualifikationen in einem Gefälle zwischen Arbeitsangebot und Arbeitsnachfrage nieder. So gab es bereits vor dem I. Weltkrieg in Europa das Phänomen saisonaler Beschäftigung von Ausländern insbesondere in der Landwirtschaft. Große Teile der (nach damaligen geographischen bzw. politischen Verhältnissen) ost- und mitteldeutschen Landwirtschaft waren angesichts der Landflucht der deutschen Bevölkerung in den industrialisierten Westen ohne diese Arbeitskräfte nicht funktionsfähig. Doch über diesen Zuzug aus dem Osten Deutschlands hinaus wäre auch der industrielle Strukturwandel am Ende des 19. Jahrhunderts in den neuen Wirtschaftszentren Deutschlands ohne weitere Zuwanderer kaum zu bewältigen gewesen. Hunderttausende Menschen aus Polen, der Ukraine und Holland kamen nach Deutschland, die sich vor allem an den Standorten der Kohle-, Stahl- und Eisenindustrie niedergelassen haben. In den Wirren nach dem I. Weltkrieg sorgten dann vor allem ethnisch-nationale, religiöse und politische Krisen dafür, dass etwa sechs Millionen Menschen in Europa Opfer von Zwangsumsiedlungen und ethnischen Säuberungen wurden. Zusätzlich existierte in der Zeit zwischen den beiden Kriegen aber auch eine rege Arbeitsmigration, vor allem aus Polen nach Frankreich, aber auch nach Deutschland. Der II. Weltkrieg und insbesondere die völkisch motivierte bzw. kriegsbedingte Arbeitspolitik führte Millionen Arbeitskräfte zwangsweise in deutsche Wirtschaftsunternehmen, um als Ersatz für deutsche Beschäftigte eingesetzt zu werden. Allein die Zahl der Kriegsgefangenen und der Zwangsarbeiterinnen und -arbeiter betrug im Jahr 1944 fast acht Millionen Menschen (vgl. Münz 1997, S. 35f.).

2.3   Interkontinentale Migration als Export der sozialen Frage

Nicht wenige Menschen sahen im Laufe des 19. Jahrhunderts keine Chance mehr, ihr Auskommen in den gesellschaftlichen und ökonomischen Umbrüchen der industriellen Revolution zu sichern, Anschluss zu gewinnen oder durch innereuropäische Wanderung einen neuen Lebensort zu finden. So haben in dieser Zeit ca. sieben Millionen Deutsche ihre Heimat verlassen und sind im Wesentlichen nach Nordamerika ausgewandert, um dem „Mahlstrom der Wirtschafts- und Gesellschaftskrise" zu entgehen (Bade 1983, S. 20). Insgesamt wanderten etwa 45 Mio. Menschen aus Europa schwerpunktmäßig nach Nord-, aber auch nach Mittel- und Südamerika aus. Volkswirtschaftlich betrachtet, entlastete diese Migration den lokalen, regionalen und nationalen Arbeitsmarkt; von Arbeitslosigkeit und Proletarisierung bedrohte Menschen suchten nicht nur als Wirtschaftsflüchtlinge eine neue

Chance, sondern exportierten auf diese Weise zumindest einen Teil der „sozialen Frage" (Bade 1983, S. 14). Dass umgekehrt diese Einwanderungswelle die USA erst in die Lage versetzte, in relativ kurzer Zeit ihrerseits zur führenden Wirtschaftsmacht aufzusteigen, ist die andere Seite ein und derselben Medaille.

2.4   Migration in Deutschland nach dem Ende des II. Weltkrieges

Die Migrationsgeschichte der Bundesrepublik Deutschland ist in der ersten Phase nach dem II. Weltkrieg bis in die 1950er Jahre hinein vor allem durch die Bewältigung der Kriegsfolgen gekennzeichnet. Rund elf Millionen Flüchtlinge und Vertriebene aus den osteuropäischen Ländern sowie Übersiedlerinnen und Übersiedler aus der damaligen DDR kamen in dieser Zeit nach Deutschland. Bis Anfang der 1960er Jahre hielt sich die Zahl der Ausländerinnen und Ausländer in Deutschland in engen Grenzen, weil das aufkommende Arbeitskräftedefizit durch deutsche Zuwandererinnen und Zuwanderer ausgeglichen werden konnte.

Mit dem Bau der Berliner Mauer am 13. August 1961 kamen die Migrationsbewegungen aus der DDR bzw. Osteuropa weitgehend zum Erliegen. Nichtsdestotrotz blieb der Arbeitskräftebedarf in Westdeutschland durch den in 1950er Jahren einsetzenden wirtschaftlichen Aufschwung unverändert hoch. Benötigt wurde ein Arbeitskräftereservoir, das vor allem aus wenig qualifizierten und familiär ungebundenen Menschen bestehen sollte, die bereit waren, zu geringen Löhnen und gemessen am nationalen Standard schlechteren Arbeitsbedingungen zu arbeiten. Im Dezember 1955 schloss Deutschland ein erstes *Anwerbeabkommen* mit Italien. Diesem folgten in der nun anbrechenden zweiten Phase zahlreiche weitere auch mit anderen Ländern, so mit Spanien, Griechenland, Jugoslawien und der Türkei. Im Jahr 1968 arbeiteten auf diese Weise eine Million, 1973 vier Millionen vorzugsweise männliche ausländische Arbeitnehmer als sogenannte *Gastarbeiter* in Deutschland (Treibel 1990, S. 42).

Mit Sichtbarwerden der ersten ökonomischen Global- bzw. Strukturkrisen (*Ölkrise; jobless growth*) Mitte der 1970er Jahre begann die dritte Phase der Migrationgeschichte. Dabei stand nicht mehr der Zuzug weiterer Arbeitskräfte im Vordergrund – die Anwerbeabkommen wurden im Jahr 1973 gestoppt – sondern der *Familiennachzug* der Arbeitsmigranten der ersten Generation. Jetzt wurde offenbar, dass die ausländischen Arbeitnehmer keineswegs jene leicht „handhabbare Arbeitskraftreserve" (*Hermann Korte*, zit. n. Huster 1996, S. 11) geworden waren, die nach dem „Rotationsprinzip und ohne Familien" nach verrichteter Arbeit wieder in ihre Heimatländer verschwanden (Kleinert 2000, S. 358). Die ausländischen Arbeitnehmer hatten vielmehr ihre Familien nachgeholt, neue Familien gegründet, ihre Kinder hatten deutsche Schulen und später das deutsche Ausbildungssystem mehr oder weniger erfolgreich absolviert und sahen in der Rückkehr in ihr ursprüngliches Heimatland keine ernsthafte Perspektive. In Deutschland sorgt gerade die zweite und dritte Generation der Gastarbeiter für eine *ethnische Untermauerung* der Arbeitsgesellschaft (Opitz 1999, S. 50f.). Viele Migrantinnen und Migranten sind dabei menschliche Verschiebemasse für

Tätigkeiten, die arbeitsintensiv, wenig attraktiv und schlecht bezahlt sind. Umfassende politische wie gesellschaftliche Teilhabe wird ihnen gleichwohl bis heute verwehrt bzw. ist ihnen aus unterschiedlichen Gründen nicht zugänglich (vgl. Gillmeister et al. 1989, S. 305).

Die vierte Phase zwischen den 1980er und 1990er Jahren, die durch die Entwicklungen am Hindukusch und in Nordafrika seit Beginn der 2010er Jahre zunehmend in eine fünfte Phase übergeht, ist in erster Linie gekennzeichnet durch die Migration von *Flüchtlingen und Asylbewerbern*. Kriegerische Auseinandersetzungen wie im ehemaligen Jugoslawien sorgten dafür, dass die Zahl der Kontingentflüchtlinge, die aufgrund internationaler Konventionen Schutz in Deutschland gefunden haben, sprunghaft zunahm. Auch politische Verfolgung und wirtschaftliche Krisen, Umweltschäden und nicht zuletzt der Anwerbestopp von Arbeitskräften im Ausland führten dazu, dass immer mehr Menschen alternative Zugangswege nach Deutschland suchten: Ende 1992 lebten in Deutschland rund 480.000 Asylsuchende bzw. etwa 1,3 Millionen Flüchtlinge bzw. „de-facto-Flüchtlinge" (Kleinert 2000, S. 361). Der Gesetzgeber reagierte Mitte 1993 mit einer Änderung des Grundgesetzes auf diese Entwicklung: Die Asylanträge von Personen, die aus einem sicheren Herkunftsland – und als solche galten und gelten alle Nachbarstaaten Deutschlands (*Drittstaatenregelung*) – wurden und werden fortan als unbegründet abgelehnt (vgl. Hradil 2001, S. 332-335). Danach ging die Zahl der Anträge soweit zurück, dass sie für eine gewisse Zeit zu einer *quantité negliable* geworden waren. Dies änderte sich dramatisch mit den Folgen des sogenannten *Arabischen Frühlings,* in dessen Folge seit 2010 in Nordafrika eine Reihe autoritärer Regime (z. B. in Libyen, Jemen und Ägypten) entweder stürzten oder umgebildet wurden und in Syrien 2011 ein offener Bürgerkrieg ausbrach. Nicht zu vergessen ist der Migrationsdruck in Ländern wie Afghanistan und dem Irak, die nach den Anschlägen des 11. September 2001 zum Schauplatz des sogenannten „Krieges gegen den Terror" (*George W. Bush jun.*) der USA und ihrer Verbündeten geworden und bis heute instabile Staatengebilde geblieben sind. Registrierte das Bundesinnenministerium im Jahr 2007 nur 19.164 Erstanträge auf Asyl, schnellte diese Zahl in 2013 auf 109.580 hoch und erreichte in 2016 mit 722.370 Anträgen einen historischen Höchststand (Bundesamt für Migration und Flüchtlinge 2017a, S. 4). Völlig aus dem Blick der öffentlichen Wahrnehmung sind die Menschen in den Nachfolgestaaten Jugoslawiens geraten. Hier ist der Migrationsdruck gerade in den wirtschaftlich schwachen Ländern wie Serbien, Albanien oder Kosovo nach wie vor erheblich. Aus diesen sogenannten *sicheren Herkunftsstaaten* kommend, haben die Menschen in diesen (und weiteren) Ländern kaum eine Chance für einen legalen Zugang nach Deutschland (vgl. Bundesamt für Migration und Flüchtlinge 2017b).

Durch den politischen wie ökonomischen Zerfall des ehemaligen Ostblocks sowie der Sowjetunion bedingt, fällt in die Zeit der 1990er Jahre noch die verstärkte Migration der *Aus- und Übersiedler*. Seit Beginn der Aufnahme im Jahr 1950 sind über 4,5 Millionen (Spät-) Aussiedlerinnen und Aussiedler einschließlich ihrer Familienangehörigen aus Osteuropa und den GUS-Staaten in Deutschland aufgenommen worden. Nach Angaben des BAMF gingen die Zuwanderungszahlen von 1990 bis 2012 stetig zurück, um danach wieder (leicht) anzusteigen: „Im Jahre 2012 kamen 1.817 Personen als Spätaussiedler nach Deutschland. In den folgenden Jahren konnte jeweils wieder ein Anstieg des Spätaussiedlerzuzugs verzeichnet werden. Im Jahr 2015 wurden 6.118 Personen als Spätaussiedler registriert." (2017c, o. S.)

Diese Personengruppe stellt einen Sonderfall in der deutschen Migrationsgeschichte dar. In Deutschland hatte sich im Laufe der Geschichte eine „*ethnisch* fundierte Nationalitätssemantik" – respektive Zugehörigkeitslogik – entwickelt, nach der sich die Staatsbürgerschaft über die Abstammung (*ius sanguinis*) und nicht über den Ort der Geburt, wie etwa in Frankreich (*ius soli*) definiert (Kleinert 2000, S. 56f.). Dies hat zur Folge, dass Aus- und Übersiedlerinnen und Übersiedler mit Überschreiten der deutschen Außengrenze den vollen Status als Staatsbürgerin bzw. Staatsbürger erhalten. Im Gegensatz zu anderen Zuwanderergruppen trägt hier der Bund deshalb sowohl die Kosten der Erstaufnahme als auch für die soziale, kulturelle und berufliche Integration. Damit sind nicht alle Migrantinnen und Migranten auch automatisch Ausländerinnen bzw. Ausländer im rechtlichen Sinn. Gleichwohl ergaben bzw. ergeben sich auch bei den Aus- und Übersiedlern vor allem in den 1990er Jahren migrationsspezifische Integrationsprobleme (vgl. Brück-Klingberg et al. 2007). Dennoch kann die Integration von (Spät-)Aussiedlern in Deutschland

> „insgesamt als Erfolgsgeschichte gesehen werden – wenn auch mit Unterschieden je nach Zeitpunkt der Zuwanderung, den damit verbundenen vorgefundenen Integrationsbedingungen und mit unterschiedlichen Herausforderungen für die einzelnen Generationen. Verliefen die Integrationsprozesse bis etwa Mitte der 1990er Jahre weitgehend ‚geräuschlos', so kam es danach etwa ein Jahrzehnt lang zu verstärkten Problemen bzw. Problemwahrnehmungen, unter anderem im Bereich der Kriminalität. Dies hing mit Umfang und Zusammensetzung der zugewanderten Bevölkerung, aber auch mit verringerten staatlichen Unterstützungsleistungen zusammen. Seit etwa 2006 ist es zu einer deutlichen Abnahme der Zuwanderungszahlen und zu einer Beruhigung im Integrationsgeschehen bei (Spät-)Aussiedlern gekommen. Gerade die ‚Unauffälligkeit' dieser Gruppe spricht für ihren Integrationserfolg." (Worbs et al. 2013, S. 201)

Ein weiteres Phänomen tritt in dieser vierten Phase hinzu. Denn angesichts der neuen Reise- und Bewegungsfreiheiten bzw. der sich vertiefenden Integration innerhalb der Europäischen Union gewinnt neben diesen dauerhaften Zuwanderungsbewegungen die Pendelmigration zunehmend an Bedeutung. Hier zeigt sich eine Ost-Westdrift, in deren Folge höher qualifizierte Arbeitskräfte aus Polen zur befristeten legalen wie illegalen Arbeitsaufnahme nach Deutschland – aber auch andere westeuropäische Staaten – kommen. Sie arbeiten hier in der Regel im Niedriglohnsektor (z. B. als Pflegekräfte, Haushaltshilfen, Erntehelferinnen und -helfer etc.). Gleichzeitig entsteht ein Sog, der dann wiederum Menschen aus der ehemaligen Sowjetunion nach Ungarn, Polen, Tschechien oder etwa die Slowakei zieht.

2.5   Zum aktuellen Stand der Migrationsbevölkerung in Deutschland

Die Frage, wie Migrantinnen und Migranten statistisch zu erfassen sind, ist nur auf den ersten Blick einfach zu beantworten. Mit dem (rechtlichen) Begriff Ausländerin/Ausländer wird anhand der Staatsangehörigkeit unterschieden. Da diese Zuschreibung jedoch häufig als stigmatisierend empfunden wird, wurden weitere Etikettierungen wie Einwanderinnen/ Einwanderer, Zuwanderinnen/Zuwanderer oder Migrantinnen/Migranten gebräuchlich. Dabei wird als Unterscheidungskriterium zur deutschen Bevölkerung auf den Zuzug aus dem Ausland abgestellt. Allein, es leben zunehmend Menschen in Deutschland, die wir umgangssprachlich als Migrantinnen und Migranten bezeichnen, die aber hier geboren wurden und somit keine eigene Migrationserfahrung aufweisen. Mit der Bezeichnung Personen mit Migrationshintergrund soll diese Unschärfe abgemildert werden, allerdings bleibt die Frage offen, „bis zu welcher Generation ein Migrationshintergrund sinnvoll angenommen werden kann." (Santel 2007, S. 14) Weitere Erfassungsprobleme treten hinzu: So bekommen seit der Änderung des Staatsangehörigkeitsrechts zum 1. Januar 2000 die Kinder ausländischer Eltern, die in Deutschland geboren werden, die deutsche Staatsangehörigkeit. Damit wird die Zahl „der geborenen Kinder mit ausländischer Staatsangehörigkeit weiter sinken, während die Zahl der Kinder mit Migrationshintergrund weiter zunehmen wird." (a. a. O., S. 15) Folgt man dem Statistischen Bundesamt hat „ ‚eine Person (…) einen Migrationshintergrund, wenn sie selbst oder mindestens ein Elternteil die deutsche Staatsangehörigkeit nicht durch Geburt besitzt.' Die Definition umfasst im Einzelnen folgende Personen:

- zugewanderte und nicht zugewanderte Ausländer;
- zugewanderte und nicht zugewanderte Eingebürgerte;
- (Spät-)Aussiedler;
- mit deutscher Staatsangehörigkeit geborene Nachkommen der drei zuvor genannten Gruppen.

Die Vertriebenen des Zweiten Weltkrieges und ihre Nachkommen gehören nicht zur Bevölkerung mit Migrationshintergrund, da sie und ihre Eltern mit deutscher Staatsangehörigkeit geboren sind." (2017, S. 4) In ihrem Bericht weist die Beauftragte der Bundesregierung für Migration, Flüchtlinge und Integration auf eine weitere Besonderheit bei der statistischen Erfassung dieser Personengruppe hin. So ist

> „das Merkmal ‚Migrationshintergrund' (…) statistisch dann nicht mehr zuschreibbar, wenn die Eltern und das Kind als Deutsche in Deutschland geboren sind. Aus statistischer Perspektive leitet sich die Zuschreibung des Merkmals Migrationshintergrund eines Kindes u. a. aus den Angaben zu dessen Eltern ab – wie Angaben zur Staatsangehörigkeit, zum Geburtsland und zur Einbürgerung –, jedoch kann diese Zuschreibung nicht an die Kinder ‚vererbt' werden. Damit wird der Prozesscharakter deutlich: Das statistische Merkmal Migrationshintergrund kann, wird und soll langfristig als Zuschreibung verlorengehen." (2016, S. 17f.)

Insgesamt sind zwischen den Jahren 1950–2015 etwa 46,9 Millionen Menschen (Deutsche und Ausländerinnen und Ausländer) nach Deutschland gezogen. Im gleichen Zeitraum haben rund 34,2 Millionen Personen das Land auch verlassen. Hieraus ergibt sich ein positiver Wanderungssaldo von fast dreizehn Millionen Zuwanderinnen und Zuwanderern (vgl. Statistisches Bundesamt 2017a). Nach Angaben der Beauftragten der Bundesregierung für Migration, Flüchtlinge und Integration lebten im Jahr 2015 in Deutschland rund 7,8 Millionen Ausländerinnen und Ausländer (= 9,5 Prozent der Gesamtbevölkerung) sowie weitere 9,3 Millionen Menschen mit Migrationshintergrund (= 11,5 Prozent). Interessant ist, dass der Anteil der Personen ohne eigene Migrationserfahrungen seit dem Jahr 2005 kontinuierlich auf nunmehr fast sechs Millionen (= 7 Prozent der Gesamtbevölkerung) angestiegen ist (Beauftragte der Bundesregierung für Migration, Flüchtlinge und Integration 2016, S. 19).

Untersucht man die die Zielgruppe nach der *Herkunft*, stellt man fest, dass die überwiegende Mehrzahl der Menschen mit Migrationshintergrund aus Europa (69 Prozent) kommt, davon rund 35 Prozent aus einem der 28 Mitgliedsstaaten der Europäischen Union. Den größten Einzelanteil stellen Staatsangehörige aus der Türkei mit 16,7 Prozent (= 2,85 Millionen Personen), gefolgt von Menschen aus Polen mit 9,9 Prozent (1,7 Millionen Personen) (Statistisches Bundesamt 2017, S. 62). Betrachtet man die *Dauer des Aufenthalts* in Deutschland, dann

> „zeigt sich, dass Personen mit eigener Migrationserfahrung zu einer überwiegenden Mehrheit (75,6 %) zehn Jahre oder länger in Deutschland leben. 53,2 % der Personen mit Migrationshintergrund leben 20 Jahre oder länger und 15 % sogar seit 40 oder mehr Jahren in Deutschland. Dabei haben Personen aus den ehemaligen Anwerbeländern die längste Aufenthaltsdauer. Hierzu zählen Personen aus Italien und der Türkei, die zu 71,1 % bzw. 76,9 % seit mindestens 20 Jahren in Deutschland leben. Personen aus der Russischen Föderation sind dagegen nur zu 41,2 % seit mindestens 20 Jahren in Deutschland. Aus Rumänien lebt etwa die Hälfte der Personen (49,9 %) seit mindestens 20 Jahren in Deutschland." (Beauftragte der Bundesregierung für Migration, Flüchtlinge und Integration 2016, S. 23)

Vor allem die Personen aus den ehemaligen Anwerbestaaten (v. a. Spanien, Italien, Portugal, ehem. Jugoslawien, Griechenland und die Türkei) haben damit häufig keine eigene Migrationserfahrung (mehr) und gehören somit der zweiten bzw. dritten Generation an.

Der *Bevölkerungsanteil* der Migranten in den einzelnen Bundesländern variiert regional erheblich. Die weit überwiegende Mehrzahl der Menschen mit Migrationshintergrund (96,7 Prozent) lebt in einem der alten Bundesländer (inkl. Berlin). Bei den Flächenländern haben Nordrhein-Westfalen, Baden-Württemberg und Bayern jeweils einen überdurchschnittlichen Ausländeranteil an der Gesamtbevölkerung, während er in den ostdeutschen Bundesländern nach wie vor weit unterdurchschnittlich liegt. In Großstädten bzw. sogenannte Agglomerationsräumen (> 300.000 Einwohner und Einwohnerinnen oder Einwohnerdichte um 300 Menschen/km²) liegt der Anteil von Menschen mit Migrationshintergrund in etwa doppelt so hoch wie in ländlichen Räumen. Das bedeutet, dass die Migrantinnen und Migranten in erster Linie eine (groß-)städtische Bevölkerungsgruppe darstellen (Statistisches Bundesamt 2017, S. 36ff.).

Bei der *Altersstruktur* zeigt sich, dass die Migrantinnen und Migranten erheblich jünger als die deutsche Bevölkerung sind:

„Mit 35,9 % hat gut ein Drittel der Kinder in Deutschland unter fünf Jahren einen Migrationshintergrund. In der Altersgruppe von 15 bis 44 Jahren hat mit 26,7 % mehr als ein Viertel einen Migrationshintergrund. Entsprechend sind Personen mit Migrationshintergrund deutlich seltener in älteren Jahrgängen vertreten. Lediglich 9,7 % der 65-Jährigen und Älteren haben einen Migrationshintergrund. Es liegt auf der Hand, dass durch die deutlich jüngere Altersstruktur der Bevölkerung mit Migrationshintergrund auch das Durchschnittsalter niedriger ausfällt. Personen mit Migrationshintergrund sind im Durchschnitt 36,0 Jahre alt. Mit 47,7 Jahren fällt das Durchschnittsalter bei der Bevölkerung ohne Migrationshintergrund hingegen deutlich höher aus. Besonders deutlich tritt dieser Altersunterschied beim Vergleich der Altersstruktur von Asylantragstellenden mit derjenigen mit deutscher Staatsangehörigkeit hervor." (Beauftragte der Bundesregierung für Migration, Flüchtlinge und Integration 2016, S. 22)

Die Zahlen belegen, dass die Frage, ob Deutschland ein Einwanderungsland ist oder nicht, de facto lange entschieden ist. Auch wenn bereits in den frühen 1990er Jahren die Einwanderungsbevölkerung bis in die dritte Generation reichte, vollzieht sich in Deutschland aber erst seit Ende 1990er Jahre ein diesbezüglicher Meinungswandel in breiteren Teilen von Politik und Öffentlichkeit. Die Diskussionen über die Folgen des demografischen Wandels und insbesondere die periodisch wiederkehrende Problematik, dass in Deutschland trotz hoher Massenarbeitslosigkeit immer wieder ein Mangel an hoch qualifizierten Spezialisten herrscht, haben nicht zuletzt im Lager der bürgerlich-konservativen Parteien zu einem Umdenken geführt. Ein wichtiger Schritt mag hierbei auch die im ersten Satz des Abschlussberichts der unabhängigen Kommission Zuwanderung[1] kurz und knapp formulierte Erkenntnis sein: „Deutschland braucht Zuwanderinnen und Zuwanderer." (2001, S. 11) Während die Attraktivität Deutschlands als Zielland in den Jahren 2008 (- 55.743 Personen) und 2009 (-12.782 Personen) mit einem negativen Wanderungssaldo erstmals in der Nachkriegsgeschichte abzunehmen schien (vgl. Statistisches Bundesamt 2011), hat sich dieses nicht als Trend entwickelt. Nachdem spätestens 2015 die sogenannte Dublin-Verordnung[2] zur Steuerung der Asylverfahren innerhalb der Europäischen Union

---

1 Die nach ihrer Vorsitzenden Rita Süßmuth auch *Süßmuth-Kommission* genannte 21-köpfige Gruppe unabhängiger Expertinnen und Experten wurde im September 2000 vom Bundesinnenministerium einberufen und hatte den Auftrag, Vorschläge für eine arbeitsmarktorientierte Zuwanderungspolitik in Deutschland zu erarbeiten. In der zweiten Jahreshälfte 2001 legte sie ihren Abschlussbericht vor, der bis heute nichts von seiner Aktualität eingebüßt hat.

2 Das Dublin Abkommen „ist ein völkerrechtlicher Vertrag, der regelt, welcher Staat für die Prüfung eines in der EU gestellten Asylantrags zuständig ist. Er trat am 1.9.1997 in Kraft und wurde am 17.3.2003 durch die Dublin-Verordnung (Dublin II) abgelöst. Das D. flankiert das Schengen-Abkommen (Wegfall von Personenkontrollen an den EU-Binnengrenzen). Laut D. ist immer nur ein EU-Staat für ein Asylverfahren zuständig, damit nicht gleichzeitig oder nacheinander in mehreren EU-Staaten Asylanträge gestellt (sog. »Asyl-Shopping«) bzw. gezielt Staaten zur Antragstellung ausgesucht werden können. Welcher Staat zuständig ist, regeln feste Kriterien. Grundsätzlich hat derjenige Mitgliedstaat den Asylantrag zu prüfen, in den der Asylbewerber zuerst eingereist ist. Im Vertrag von Amsterdam (1997) ist die Asylpolitik vergemeinschaftet worden. Alle EU-Mitgliedstaaten sowie die Schengen-Staaten Island und Norwegen wenden

(kurzzeitig) in sich zusammengebrochen war, zeigte sich in der sogenannten Flüchtlingskrise – gemeint sind Menschen, die vor Krieg, Tod und Vertreibung Schutz suchen –, die
doch eigentlich viel mehr ein Politikversagen der EU und damit eine institutionelle Krise
darstellt, die nach wir vor ungebrochen hohe Attraktivtät Europas und Deutschlands als
sicherer Hafen in der Welt.

3   Lebenslagen von Migrantinnen und Migranten in Deutschland

Menschen mit Migrationshintergrund sind integraler Bestandteil dieser Gesellschaft. Sie
sind „ein aktiver Faktor des wirtschaftlichen und gesellschaftlichen Geschehens; sie schaffen
Arbeitsplätze, zahlen Steuern und Beiträge zu den Sozialversicherungssystemen. Gleichwohl
unterscheidet sich die ökonomische und soziale Situation von Migrantinnen und Migranten
nach wie vor von der Situation der Gesamtbevölkerung." (Bundesministerium für Arbeit
und Soziales 2005, S. 131) So hat es die Bundesregierung bereits vor mehr als zehn Jahren
im 2. Armuts- und Reichtumsbericht formuliert und daran hat sich auch nichts geändert.
Im Gegenteil: Durch den schnellen Zuzug einer großen Zahl von Flüchtlingen wird die
Beratung, Förderung und Begleitung von Migrantinnen und Migranten auf Jahre hinaus
eines der beherrschenden Themen in der Sozialpolitik bleiben.

Benachteiligungen in unterschiedlichen Lebenslagen kennzeichnen die Lebensrealitäten
nicht aller, aber vieler Zuwanderinnen und Zuwanderer. Hierzu gehören insbesondere der
Arbeits- und Wohnungsmarkt, der Zugang bzw. die Nutzung von Bildungseinrichtungen
und sozialen Diensten, aber auch der jeweils individuell wahrgenommene Grad der sozialen
Integration und Anerkennung. Als wesentliche Gründe für diese Ungleichheiten lassen
sich zwei zentrale Faktoren bestimmen:

1. die Ausgestaltung der (rechtlichen) Rahmenbedingungen bezogen auf den Zugang
   zum Arbeitsmarkt sowie die Bestimmungen zum Aufenthaltsrecht bzw. Antidiskri-
   minierungsregelungen;
2. die individuellen Voraussetzungen der Migrantinnen und Migranten wie z. B. deren Bil-
   dungs- und Ausbildungsstand, Sprachkenntnisse, der Zugang zu bestehenden Netzwerken
   bzw. ethnischen Gemeinschaften vor Ort, kulturelle Aspekte u. a. m.

Die zugehörigen konkreten Einzelfaktoren können sich im Zeitverlauf verändern, in ihrer
Bedeutung für einzelne Lebensbereiche zu- oder abnehmen und sich auch im Erleben
der unterschiedlichen Generationen innerhalb der Migrantenfamilien verschieben. Die
gesonderte Beschreibung der Lebenssituation von Migrantinnen und Migranten ge-

---

die Dublin-II-Verordnung an. Die Schweiz übernahm die Regelungen mit ihrem Beitritt zum
Schengen-Raum am 29.3.2009." (Siegl 2013, zit. nach Bundeszentrale für politische Bildung.
http://www.bpb.de/nachschlagen/lexika/176798/dubliner-uebereinkommen)

hört in der Zwischenzeit zum Standardrepertoire der amtlichen Sozialberichterstattung ebenso wie der sozialwissenschaftlichen Forschung. Im *11. Bericht der Beauftragten der Bundesregierung für Migration, Flüchtlinge und Integration – Teilhabe, Chancengleichheit und Rechtsentwicklung in der Einwanderungsgesellschaft Deutschland* aus dem Jahr 2016 wird umfassend über die Lebenslagen von Migrantinnen und Migranten in Deutschland berichtet. Die Daten bilden das empirische Gerüst für die nachfolgenden Darstellungen.

3.1   Die Arbeitsmarkt- und Einkommenssituation

Die Integration in den Arbeitsmarkt ist in einer Gesellschaft, die auf die Erwerbsarbeit gründet, nicht nur eine der zentralen Teilhabegrößen. Denn die Exklusion vom Arbeitsmarkt bedeutet nicht nur den Verlust von Einkommen, sie wirkt im Selbstverständnis der Migrantinnen und Migranten viel tiefer als ein Symbol dafür, nicht als zugehöriges Mitglied dieser Gesellschaft akzeptiert zu sein (Beauftragte der Bundesregierung für Migration, Flüchtlinge und Integration 2016, S. 171). Insgesamt hat sich die Arbeitsmarktsituation im Beschäftigungsboom der letzten Jahre verbessert. Allerdings bleibt das Maß der Teilhabe immer noch gegenüber Menschen ohne Migrationshintergrund zurück. Dabei sind Migrantinnen und Migranten in einer alternden Gesellschaft das Rückgrat des Arbeitsmarktes, denn „während die erwerbsfähige Bevölkerung ohne Migrationshintergrund zwischen 2011 und 2015 fast unverändert blieb (-0,2 %), erhöhte sich die Zahl der erwerbsfähigen Bevölkerung mit Migrationshintergrund im gleichen Zeitraum sehr deutlich (+17,5 %)." (a. a. O., S. 175) Die durchschnittliche Erwerbsbeteiligung (= Anteil der Erwerbstätigen plus der Erwerbslosen an der Wohnbevölkerung im Alter von 15- bis unter 65 Jahren) von Ausländerinnen und Ausländern liegt nach wie vor deutlich unter der Quote der Personen ohne Migrationshintergrund. Auch die Erwerbstätigenquote (= Anteil der Selbstständigen und mithelfenden Familienangehörigen sowie der sozialversicherungspflichtig Beschäftigten, Beamten, geringfügig Beschäftigten an der Wohnbevölkerung im Alter von 15- bis unter 65 Jahren) liegt bei Personen mit und ohne Migrationshintergrund deutlich auseinander. Betrachtet man die Zahlen differenzierter so ist festzustellen, dass

1. die Erwerbstätigenquote der Ausländerinnen deutlich gegenüber der von einheimischen Frauen zurück bleibt;
2. die sozialversicherungspflichtige Beschäftigung von Menschen mit ausländischer Staatsangehörigkeit deutlich zugenommen hat und zwischen 2011 und 2015 sogar stärker gestiegen ist als die der deutschen Wohnbevölkerung;
3. sich die Beschäftigung von Ausländerinnen und Ausländern nach wie vor in erster Linie auf die alten Bundesländer konzentriert;
4. die sozialversicherungspflichtig beschäftigten ausländischen Arbeitnehmenden überwiegend Männer sind (a. a. O., S. 175ff.).

Zur Erklärung für das deutlich höhere Arbeitsmarktrisiko benennt die Beauftragte der Bundesregierung für Migration, Flüchtlinge und Integration

> „das komplexe Zusammenspiel von differenzierenden Faktoren (…). Dazu gehören u. a. Einreisezeitpunkt, Aufenthaltsdauer, vorhandene oder fehlende, nicht passgenaue oder nicht anerkannte sprachliche, schulische und berufliche Qualifikationen, geringe oder weit zurückliegende Berufserfahrungen, fehlendes Wissen über den deutschen Arbeitsmarkt und seine Berufsstrukturen, reale institutionelle bzw. subjektiv wahrgenommene Diskriminierungen sowie Verdrängungseffekte im Arbeitsmarkt." (2016, S. 172)

Hinzu kommen der hohe Beschäftigungsrad in der Gastronomie, der zu einer starken Abhängigkeit der Beschäftigungssituation von saisonalen Einflüssen führt sowie eine besondere Betroffenheit vom Strukturwandel im industriellen Bereich, da hier ebenfalls viele Arbeitnehmerinnen und Arbeitnehmer mit Migrationshintergrund beschäftigt sind.

Abbild dieser arbeitsmarktbezogenen Risiken ist das durchschnittlich niedrigere *Einkommensniveau* der Menschen mit Migrationshintergrund, die zudem auch besonders häufig in Niedriglohngruppen vertreten sind. Infolgedessen liegt die *Armutsrisikoquote* (= Anteil der Personen, deren bedarfsgewichtetes Nettoäquivalenzeinkommen weniger als 60 Prozent des Mittelwerts (Median) aller Personen beträgt) der Menschen mit Migrationshintergrund deutlich höher als im Bevölkerungsdurchschnitt. Im Jahr 2014 waren 12,7 Prozent der Bevölkerung ohne Migrationshintergrund armutsgefährdet, bei denen mit Migrationshintergrund lag die Quote bei 23,1 Prozent. Gegenüber 1995 ist das eine Steigerung um 4,5 Prozentpunkte. Das höchste Armutsrisiko bei den Personen mit Migrationshintergrund tragen die Zugewanderten und die hier geborenen Ausländerinnen und Ausländer (Bundesministerium für Arbeit und Soziales 2017, S. 599).

Doch nicht nur beim Erwerbseinkommen zeigen sich die strukturellen Ausgrenzungsrisiken. Der Logik des deutschen Sozialversicherungssystems folgend, leiten sich aus der Beschäftigungssituation weitere Ausgrenzungstatbestände im Sozialfall ab. Denn aufgrund der niedrigeren Erwerbsbeteiligung, den unregelmäßigeren Erwerbsverläufen, den niedrigeren Einkommen und den längeren Phasen von Arbeitslosigkeit sind Migrantinnen und Migranten überdurchschnittlich stark auf den Bezug von Mindestsicherungsleistungen nach SGB II (Arbeitslosengeld II / Sozialgeld) und ggf. auch SGB XII (Sozialhilfe) angewiesen. Auch liegen ihre Ansprüche aus den materiellen Sozialtransfers etwa der Renten-, Kranken- und Arbeitslosenversicherung im Durchschnitt niedriger. So weisen im Gegensatz zu deutschen Rentnerinnen und Rentnern die Migrantinnen und Migranten denn auch ein erhöhtes Risiko bei der *Altersarmut* auf (a. a. O., S. 438).

3.2   Die Bildungs- und Ausbildungsbeteiligung

„Kinder ausländischer Herkunft weisen trotz erheblicher Anstrengungen von Bund und Ländern vergleichsweise schlechtere Bildungsabschlüsse auf und haben damit schlechtere Teilhabe- und Verwirklichungschancen." (Bundesministerium für Arbeit und Soziales 2005,

S. 159) So formulierte bereits der 2. Armuts- und Reichtumsbericht aus dem Jahr 2005 eine mittlerweile lange Jahre bekannte Problematik. Es beginnt in den Kindertagesstätten, in denen die ausländischen Kinder unterrepräsentiert sind, und geht weiter im deutschen Schulsystem, das nach wie vor nicht ausreichend durchlässig und vor allem förderspezifisch ist, um die Bedarfe der ausländischen Kinder und Jugendlichen abzudecken. Dies hat zur Konsequenz, dass die ausländischen Schüler seltener den Sprung an die Realschulen und vor allem an die Gymnasien schaffen und im Vergleich zu ihren deutschen Mitschülerinnen und Mitschülern die durchschnittlich schlechteren Leistungen erbringen. Allerdings zeigen sich hier erste Verbesserungen: So verließen nach Angaben des 2. Armutsberichts im Schuljahr 2001/2002 etwa 20 Prozent der ausländischen Jugendlichen die allgemeinbildenden Schulen ohne Abschluss. Im Jahr 2014 ist diese Quote auf 14 Prozent bei den Jungen und 11,4 Prozent bei den Mädchen gesunken. Damit liegt sie aber immer noch mehr als doppelt so hoch wie die Quote der Schülerinnen und Schüler ohne Migrationshintergrund. Nach wie vor ist auch der besuchte Schultyp vom Migrationsstatus abhängig. Laut Gesamtübersicht der Schulstatistik für das Schuljahr 2014/2015 sind ausländische Schülerinnen und Schüler an Hauptschulen mit einem Anteil von 19,2 Prozent und an Förderschulen mit 10,1 Prozent überrepräsentiert. An Gymnasien sind sie mit 4,1 Prozent hingegen unterrepräsentiert.

> Die Autoren des Bildungsberichts *Bildung in Deutschland 2016* heben in ihrer Analyse denn auch hervor, „dass soziale Disparitäten nach Bildungs- und Erwerbsstatus sowie Migrationshintergrund – trotz wichtiger struktureller Veränderungsprozesse und Verbesserungen – insgesamt stabil geblieben sind." (zit. n. Beauftragte der Bundesregierung für Migration, Flüchtlinge und Integration 2016, S. 105f.)

Damit sind weitere Benachteiligungen bei den Übergängen Schule – Ausbildung – Beruf vorgezeichnet. Junge Menschen mit Migrationshintergrund – insbesondere Frauen – bleiben häufiger ohne beruflichen Abschluss. Bei den höherwertigen Abschlüssen ändert sich das Bild allerdings. So liegen bei den universitären Abschlüssen Männer mit und ohne Migrationshintergrund nahezu gleich auf und Frauen mit Migrationshintergrund sogar vor Frauen ohne Migrationshintergrund. Grundsätzlich gilt aber, dass Menschen mit Migrationshintergrund ihre beruflichen Qualifikationen nur schlechter am Arbeitsmarkt verwerten können, denn nach wie vor werden Personen mit Migrationshintergrund auch bei vergleichbarem Bildungsstand mit deutschen Bewerberinnen und Bewerbern mit größeren Schwierigkeiten am Arbeitsmarkt konfrontiert.

Die Studie *Ungenutzte Potenziale* des Berlin-Instituts für Bevölkerung und Entwicklung aus dem Jahr 2009 hat den engen Zusammenhang von Bildung, Bildungsbereitschaft und Bildungschancen und erfolgreicher sozialer Integration heraus gearbeitet. Als zentrales Ergebnis hält die Studie dabei fest:

> „Nicht die ethnische Herkunft bestimmt vorrangig die Qualität der Integration. Vielmehr existieren Faktoren des Scheiterns, die in sozialen Milieus begründet sind und unterschiedlich starke Auswirkungen auf die Gruppen haben. Diese Faktoren können einzeln auftreten oder

sich auch gegenseitig verstärken. Die Ursachen dafür können in den Einwanderungsmotiven – wie etwa Flucht, Wirtschaftsmigration oder Anwerbung hoch Qualifizierter – oder im Bildungsstand liegen, aber auch in den Meinungen und Vorurteilen, die über eine bestimmte Gruppe in Deutschland vorherrschen. Gruppen, die viele dieser integrationshemmenden Faktoren in sich vereinen, fällt die Eingliederung in die Gesellschaft besonders schwer. Sie sind in einem komplexen System negativer Rückkopplungen gefangen und benötigen besondere Unterstützung, da sie ansonsten Gefahr laufen, in Strukturen parallel zur Mehrheitsgesellschaft zu landen." (Wollert et al. 2009, S. 81)

Zu den Integrationsgewinnern zählt in Deutschland vor allem eine „bildungsbezogene, urban ausgerichtete Ober- und Mittelschicht" von Migrantinnen und Migranten aus den Ländern der EU-25, aber auch aus dem Nahen und Fernen Osten sowie aus Afrika (a. a. O., S. 82). Diese Gruppe ist in ihren sozialen Eigenschaften kaum von der einheimischen Bevölkerung zu unterscheiden. Sie repräsentieren eine „europaweite Wanderungselite" (a. a. O., S. 7), die aufgrund ihres hohen Bildungsniveaus auch am Arbeitsmarkt überdurchschnittlich erfolgreich platziert ist. Große Teile der Aussiedlerinnen und Aussiedler sowie der südeuropäischen Zuwanderer bilden eine Gruppe mit mittlerem Qualifikationsniveau, die vom Streben nach sozialer Mobilität gekennzeichnet sind. Allerdings stoßen dabei auch die gut Qualifizierten immer wieder auf bürokratische Hindernisse am Arbeitsmarkt, etwa wenn in den Heimatländern erbrachte Qualifikationen nicht oder nicht ausreichend anerkannt werden.

Zu den Gruppen mit den größten Integrationsschwierigkeiten zählen viele der aus dem ehemaligen Jugoslawien nach Deutschland gekommenen Menschen sowie schlecht qualifizierte Personengruppen aus dem Nahen bzw. Fernen Osten. Diese Menschen entstammen häufig sogenannten bildungsfernen Schichten. Im Gegensatz zu den Migranten aus der EU ist zusätzlich die kulturelle Distanz größer. Unterschiedliche Religionszugehörigkeiten verstärken zudem das Gefühl des Fremdseins. Diese Menschen finden in der Aufnahmegesellschaft häufig keinen Humus, in dem sie sich dauerhaft verwurzeln können. Bei den türkischstämmigen Migrantinnen und Migranten verstärken sich diese Effekte in besonderer Weise. Im Gegensatz zu den Aussiedlern sind viele von ihnen als gering (aus) gebildete Arbeitskraft oder im Zuge des Familiennachzuges nach Deutschland gekommen. In dieser Gruppe fehlt es vor allem an „Migranten aus der intellektuellen Elite, (…) die als Vorbilder und Brückenbauer fungieren könnten." (a. a. O., S. 82) Selbst bildungsfern, sind sie seltener in der Lage, für sich und ihre Kinder angemessen auf die Erfordernisse einer Wissensgesellschaft zu reagieren. Im Gegensatz zu einer weltoffenen Wanderungselite haben wir es hier mit Personengruppen zu tun, die aufgrund ihres Bildungsniveaus in der Tendenz auf Neues bzw. Fremdes eher mit Rückzug als mit Neugier reagieren. Die zahlenmäßige Größe und relativ starke Homogenität der türkischstämmigen Gemeinschaft in Deutschland erlaubt es diesen Migranten zudem, sich den Anforderungen bzw. Unverständlichkeiten der Aufnahmegesellschaft bei Bedarf dauerhaft zu entziehen. Denn „wer möchte, kann in Berlin-Kreuzberg oder in Duisburg-Marxloh durch den Alltag kommen, ohne ein Wort Deutsch sprechen zu müssen." (a. a. O., S. 82) Auf diese Weise befinden sich gerade die türkischen Migranten in einer Zwickmühle, denn „der Rückzug in die eigene Gemeinschaft stellt einerseits eine Schutzreaktion gegen die Ablehnung der Mehrheitsgesellschaft dar, verbaut aber andererseits Chancen auf einen sozialen Aufstieg." (a. a. O., S. 82)

Wir beobachten hier somit ähnliche Reaktionsmuster wie in bildungsfernen deutschen Bevölkerungsgruppen – mit der Konsequenz, dass sich auch hier die von sozialer Ausgrenzung Betroffenen mit dem ihnen zu Verfügung stehenden Verhaltensrepertoire gegen die vermeintlich bzw. tatsächlich ausgrenzenden Rahmenbedingungen sowie deren Institutionen und Personen wenden. Rechtliche, kulturelle, religiöse, ökonomische und soziale Ungleichbehandlungen erzeugen nahezu zwangsläufig einen sozialen Gradienten zu Ungunsten der Teilhabechancen von Migrantinnen und Migranten. Die einschlägigen Untersuchungen belegen, dass die Gefahr von sozialer Ausgrenzung in proportionalem Verhältnis zur Bildungsausstattung der Migrantinnen und Migranten steht. Wer schon in seinem Heimatland in einer strukturschwachen Region mit unzureichendem Zugang zu Bildung und Qualifizierung gelebt hat, trägt für sich und seine Nachkommen eine schwere Bürde für eine erfolgreiche Integration im Aufnahmeland. Ein Befund, der sich so auch bei sozial benachteiligten Deutschen erheben lässt.

3.3   Die Wohnsituation

Signifikante Probleme in Bezug auf die Wohn- bzw. Wohnumfeldqualität für Migranten bestehen heute – trotz des aktuell hohen Zuzugs von Flüchtlingen – nicht mehr in dem Maße wie noch etwa Anfang der 1990er Jahre. Zwar müssen diese Menschen auch sehr häufig in provisorischen Unterkünften und Wohnanlagen untergebracht werden, gleichwohl haben ein verstärktes Quartiersmanagement, Sanierungsprogramme (etwa für Bergarbeitersiedlungen) und das aus dem Bundesland Nordrhein-Westfalen stammende und schließlich bundesweit aufgelegte Programm *Soziale Stadt* dazu beigetragen, viele benachteiligte Stadtteile baulich zu sanieren, sowie sozial und infrastrukturell zu stabilisieren. Insgesamt wurde bislang in Deutschland durch den Einsatz städtebaulicher, sozialplanerischer sowie sozialarbeiterischer Instrumente verhindert, dass sich hier in der Breite sozial deklassierte, hauptsächlich von Migranten und Migrantinnen bewohnte Stadtteile bzw. Vorortsiedlungen entwickeln konnten.

Allerdings können diese Maßnahmen letztlich nicht verhindern, dass aufgrund der wachsenden Zahl materiell verarmter Menschen und der verfestigten Massenarbeitslosigkeit alte soziale Brennpunkte bestehen bleiben und sich neue entwickeln, in denen Menschen mit Migrationshintergrund dann in der Regel deutlich überrepräsentiert sind. Wenn dann gerade in derartigen Quartieren noch Flüchtlinge untergebracht werden sollen, kann dieses lokal durchaus zu massiven Spannungen und auch offener Gewalt führen. Im Jahr 2016 wurden 3.500 Attacken auf Flüchtlinge bzw. deren Wohnheime in Deutschland registriert (Süddeutsche Zeitung 2017).

Dennoch müssen sich Familien mit Migrationshintergrund im Schnitt mit den kleineren und billigeren Wohnungen abfinden. Im Jahr 2015 lag die äquivalenzgewichtete Wohnfläche der Haushalte von Menschen mit Migrationshintergrund bei 57,1 qm und damit deutlich niedriger als im Durchschnitt aller Haushalte (= 66,5 qm). Zudem lebten in Haushalten mit ausländischem Haushaltsvorstand durchschnittlich eine Person mehr (Bundesministerium für Arbeit und Soziales 2017, S. 532). In einem Bericht der *Open Society Foundation* heißt es hierzu:

> „Im Allgemeinen sind größere Familiengrößen, hohe Armutsquoten und geringes Einkom-
> men Anzeichen dafür, dass Muslime oder Gruppen, die vorwiegend muslimisch sind, eher
> als die Allgemeinheit in Sozialwohnungen als Eigentümer und in überfüllten und schlechten
> Wohnverhältnissen leben." (2010, S. 153f.)

Hinzu kommt, dass Menschen mit Migrationshintergrund bei der Wohnungssuche häufig Diskriminierungen erfahren, ihnen der Zugang in besser ausgestattete Wohnviertel eher verschlossen bleibt (a. a. O., S. 160). Im Ergebnis ist davon auszugehen, dass Menschen mit Migrationshintergrund ein deutlich höheres Risiko tragen in prekären Wohnverhältnissen zu leben als der Rest der Bevölkerung.

3.4   Die gesundheitliche Situation

Generalisierende Aussagen zum Gesundheitsstatus von Migrantinnen und Migranten sind angesichts der Heterogenität dieser Bevölkerungsgruppe sowie der damit zusammenhän-genden unterschiedlichen kulturellen Krankheitsbegriffe nur schwer zu treffen. Hinzu kommt, dass die Datenlage für Vergleiche zur Inanspruchnahme von Gesundheitsleis-tungen durch Menschen mit bzw. ohne Migrationshintergrund nach wie vor lückenhaft ist. Gleichwohl gehören Menschen mit Migrationshintergrund überproportional häufig zu den Menschen mit Armutsrisiko. Insofern ist davon auszugehen, dass bei diesen Per-sonengruppen ähnliche Korrelationen zwischen schlechter materieller Lage und höheren gesundheitlichen Belastungen bei schlechterem Zugang zu den medizinischen Versorgungs-leistungen auftreten, wie dies z. B. aus der Gesundheitsberichterstattung des Bundes in der Zwischenzeit bekannt ist (vgl. www.gbe-bund.de). Im 3. Armuts- und Reichtumsbericht der Bundesregierung heißt es denn auch:

> „Die vergleichsweise geringeren Bildungschancen, höheren Belastungen am Arbeitsplatz und
> niedrigeren Einkommen von Migranten/ Migrantinnen sind vielfach mit negativen Folgen
> für die körperliche und psychische Gesundheit verbunden. Sprachprobleme, Informations-
> lücken und unterschiedliche Vorstellungen von Gesundheit und Krankheit können weitere
> Barrieren für eine bedarfsgerechte Gesundheitsversorgung sein." (Bundesministerium für
> Arbeit und Soziales 2008, S. 152)

Einzelne Studien weisen bei der Inanspruchnahme von ergänzenden medizinischen Dienst-leistungen und Zusatzangeboten (z. B. Schwangerschaftskurse, Geburtsvorbereitung) auf migrationstypische Unterschiede im Vergleich zu Menschen ohne Migrationshintergrund. Dies verweist auf die Problematik, dass die sozialen Dienste im Allgemeinen für Migrantinnen und Migranten zu hochschwellig angelegt sind. Die Migranten kennen sich im sozialen Dienstleistungssystem zu wenig aus und haben häufig eine höhere Hemmschwelle, sich mit sozialen, beruflichen, gesundheitlichen oder familiären Problemen aus dem familiären Netzwerk heraus an eine externe Stelle zu wenden. Sie nehmen daher nicht nur die Angebote im medizinischen Dienstleistungsbereich insgesamt weniger wahr. Zugleich sind aber auch die sozialen Dienste nach wie vor zu wenig auf die interkulturellen Erfordernisse eingestellt (cultural diversity), so dass sich hier (negative) Wechselwirkungen ergeben. Zum Teil fehlen aber auch schlicht entsprechende auf Migranten zugeschnittene Angebote, etwa in der Altenpflege aber auch in der Familienarbeit (Beauftragte der Bundesregierung für Migration, Flüchtlinge und Integration 2016, S. 339ff.).

3.5   Partizipation und Teilhabe

Schon der 2. Armuts- und Reichtumsbericht hält fest, dass die „Chancen, politische Entscheidungsprozesse mitzugestalten und sich am kulturellen und gesellschaftlichen Leben beteiligen [zu, der Verf.] können" (Bundesministerium für Arbeit und Soziales 2005, S. 193) wichtige Faktoren für einen umfassend verstandenen Armutsbegriff darstellen. Gerade in diesem Bereich sind Migrantinnen und Migranten aber allein durch ihren Rechtsstatus und die daran geknüpften staatsbürgerlichen Rechte systematisch ausgegrenzt. Grundsätzlich ist etwa das Wahlrecht an den Staatsbürgerstatus gebunden. Die umfassendsten politischen Teilhaberechte werden hier den Zuwanderern aus den EU-Staaten zuteil, die sowohl für die Kommunal- wie Europawahl das aktive und passive Wahlrecht besitzen. Im Gegensatz dazu verfügen die allgemein zugänglichen Gremien bzw. Beteiligungsstrukturen wie etwa Ausländerbeiräte in der Regel nur über unzulängliche Befugnisse. Und nicht zuletzt bleibt nichtdeutschen Staatsbürgern (häufig) der Zugang in den Beamtenstatus verwehrt, was sich zum z. B. im Bereich des Bildungswesens oder der öffentlichen Sicherheit immer wieder als nachteilig erweist, wenn etwa Lehrkräfte bzw. Polizisten mit entsprechendem Migrationshintergrund fehlen.

Dabei verfügen die Migrantinnen und Migranten in Deutschland durchaus über eine ausgeprägte Bereitschaft, sich am gesellschaftlichen Leben zu beteiligen. Es zeigt sich, dass die Bereiche, in denen sich Menschen mit Zuwanderungsgeschichte engagieren, ebenso weit gefächert sind wie bei der Bevölkerung ohne Migrationshintergrund. Ein deutlicher Schwerpunkt ergibt sich in den Bereichen Sport sowie im religiös-kulturellen Bereich. Darüber hinaus ist davon auszugehen,

> „dass das Engagement von Personen mit Einwanderungsgeschichten in informellen sozialen Netzwerken höher ist als bei der Bevölkerung ohne Migrationshintergrund. Beispiele sind Hilfestellungen in der Nachbarschaft oder bei der Kinderbetreuung, in den oft weitreichenden verwandtschaftlichen Netzwerken oder im Umfeld von Initiativen und Gruppen, ohne direkt Mitglied in einer Organisation zu sein. Dieses Engagement wurde bislang nicht umfassend empirisch erfasst." (Beauftragte der Bundesregierung für Migration, Flüchtlinge und Integration 2016, S. 285)

Entsprechende (ältere) Untersuchungen des Zentrums für Türkeistudien oder Auswertungen des Sozio-ökonomischen Panels (SOEP) kommen auf Quoten die deutlich unter den Engagementquoten der Nicht-Migranten liegen (Bundesministerium für Arbeit und Soziales 2008, S. 348). Wird nach möglichen Gründen für diese Engagementmuster gefragt, zeigt sich zunächst, dass der Anteil der freiwillig Engagierten mit Dauer des Aufenthalts ansteigt. Migrantinnen und Migranten brauchen eine gewisse Anlaufzeit, häufig eine persönliche Betroffenheit und vor allem niedrigschwellige Zugangsformen. So zeigt sich, dass der Elementar- und Primarbereich für Migranten einen wichtigen Zugangsweg darstellt. Denn über „öffentliche Einrichtungen wie Schulen oder Kindergärten [kann der Einstieg, der Verf.] einfacher [sein, der Verf.] als z. B. zu Vereinen, wo vermehrt kulturelle Barrieren wirken können." (a. a. O., S. 364f.)

3.6 Illegale Migration – ein Sonderfall?

Über die Zahl der Menschen, die illegal in Deutschland leben, gibt es keine verlässlichen Angaben. Schätzungen reichen bis zu einer Million Betroffener. Illegale Migration entsteht vor allem dann, wenn die legalen Zuwanderungsmöglichkeiten nicht auf den entsprechenden Migrationsanlass passen. Sie vollzieht sich dabei vor allem im Kontext der Familienzusammenführung, von Flucht und Vertreibung sowie der Migration aus wirtschaftlichen Beweggründen. Sie kann zudem Folge bereits kleinerer Rechtsverstöße sein – etwa das wiederholte Schwarzfahren mit öffentlichen Verkehrsmitteln – und einem daraus resultierenden Entzug des Bleiberechts. Um der Abschiebung zu entgehen, bleibt dann nur das Abtauchen in die Illegalität. Aber auch Opfer von Gewaltkriminalität (Menschenhandel, Zwangsprostitution) werden häufig aufgrund ihres fehlenden Bleiberechts zum zweiten Mal Opfer, nämlich wenn sie ihren Peinigern zwar entgehen können, dann aber keine legale Aufnahme in Deutschland möglich ist.

Sehen sich also schon Migrantinnen und Migranten mit einem legalen Aufenthaltsstatus besonderen Ausgrenzungsrisiken ausgesetzt, potenziert sich diese Problematik nochmals bei diesem besonders schutzlosen Personenkreis. Was für andere Menschen alltägliche Routine ist, wird hier zum Problemfall: Ohne Krankenversicherungsschutz vermeiden sie den Arztbesuch mit im Einzelfall unkalkulierbaren Folgerisiken, sei es für sich selbst, sei es für andere, wenn z. B. infektiöse Erkrankungen unbehandelt bleiben. Arbeitgeber können betrügerische Absichten ohne großes Risiko vor einer Anzeige durchsetzen, etwa indem sie eine vereinbarte Entlohnung ganz oder teilweise vorenthalten, minderwertiger Wohnraum zu weit überteuerten Mieten anbieten u. a. m.. Und schließlich ist der Zugang zu allen weiteren (sozialen) Dienstleistungen massiv eingeschränkt. Allerdings ist ein Leben in der Anonymität nicht automatisch gleichzusetzen mit Hilfebedürftigkeit. So verfügen die Betroffenen durchaus über Unterstützungspotenziale in entsprechenden Netzwerken. Wenn allerdings darüber hinaus Probleme auftreten, ist der Zugang zu professionellen Dienstleistungen wenn nicht vollständig verschlossen, so doch mit hohen Risiken verbunden. Denn über allem schwebt ständig die Gefahr der Entdeckung und in der Folge der Abschiebung. Aber auch auf Seiten der professionellen Dienstleistungsanbieter sind die Unsicherheiten groß. So bestehen häufig:

1. „Organisationelle Unsicherheiten", wenn unklar ist ob der eigene Träger die Arbeit mit dieser Zielgruppe unterstützen kann und will, weil z. B. die Sorge vor einer möglichen Kürzung der (öffentlichen) Zuschüsse bei Bekanntwerden eines derartigen Engagements besteht.
2. „Rechtliche Unsicherheiten", weil die Unterstützung und Beratung dieser Zielgruppe unter Umständen nach dem Ausländerrecht als Beihilfe zum illegalen Aufenthalt gewertet und damit strafbar sein kann.
3. „Kommunikative Unsicherheiten", die sich aus den organisationellen wie rechtlichen Schwierigkeiten ableiten und den Aufbau einer vertrauensvollen Beziehungsarbeit zwischen illegalem Migrant und sozialarbeiterischer Fachkraft behindern bzw. verhindern können (vgl. Cyrus 2004, S. 180ff. und S. 186).

3.7   Asyl- und Flüchtlingsmigration

Aus aktuellem Anlass widmet der 5. Armuts- und Reichtumsbericht den Asyl suchenden und geflüchteten Menschen ein eigenständiges Kapitel, in dem der Frage nachgegangen wird, ob diese Personengruppe in besonderer Weise von Armut und sozialer Ausgrenzung bedroht sei. Zwischen Januar 2013 und Dezember 2016 haben rund 1,55 Millionen Menschen einen Antrag aus Asyl gestellt. Die meisten Anträge stellten Menschen aus Afghanistan, Syrien und Irak. Die Gesamtschutzquote (= positive Asylentscheide, Gewährung von Flüchtlingsschutz und Feststellung von Abschiebeverboten bezogen auf die Gesamtzahl der Entscheidungen) lag im Jahr 2016 bei 62,4 Prozent (Bundesministerium für Arbeit und Soziales 2017, S. 173f.).

Bezogen auf den *Bildungsstand* hält der Bericht der Bundesregierung auf Basis einer repräsentativen Befragung von 2.300 Geflüchteten fest, dass „das Niveau der Schulbildung unter den Geflüchteten stark polarisiert [ist. Dabei zeigt sich, der Verf.], dass die Bildungsstruktur von derjenigen der deutschen Wohnbevölkerung nicht so sehr am oberen Ende des Qualifikationsspektrums abweicht, als vielmehr durch einen sehr viel kleineren Anteil in der Mitte und einen sehr viel größeren Anteil am unteren Ende des Qualifikationsspektrums bestimmt ist." Im Ergebnis können zwar 13 Prozent der Befragten einen Hochschulabschluss nachweisen, allerdings haben auch genau doppelt so viele – nicht zuletzt aufgrund der kriegerischen Ereignisse in ihren Heimatländern – die Schule ohne einen Schulabschluss verlassen (a. a. O., S. 177 und 178).

Betrachtet man die *Einkommenssituation* so muss diese nach Einschätzung der Bundesregierung als „prekär eingeschätzt" werden. Laut einer Umfrage des Bundesamtes für Migration und Flüchtlinge (BAMF) beziehen fast Zweidrittel der befragten Haushalte (ergänzende) Transferleistungen (insbesondere SGB II *Grundsicherung für Arbeitssuchende* und SGB XII *Sozialhilfe*). Die *Erwerbsbeteiligung* der Flüchtlinge liegt mit 14 Prozent sehr niedrig. Die durchschnittlichen Nettoeinkommen, die diese Menschen beziehen, liegen zwischen 1.074 und 1.259 Euro pro Monat. Insgesamt – so die Bundesregierung – zeigt sich hier eine Entwicklung, „die auch in der Vergangenheit bei der Arbeitsmarktintegration von Geflüchteten beobachtet werden" konnte. Insofern sei davon auszugehen, dass sowohl die Einkommen als auch die Erwerbsbeteiligung in der weiteren Zukunft steigen werden (a. a. O., S. 180).

Insbesondere die Flüchtlinge stellen eine Gruppe dar, die in naher und fernerer Zukunft ein hohes Maß an Förderung und Unterstützung insbesondere zum Bildungs- und Spracherwerb benötigen wird. Die Tatsache, dass die Flüchtlinge ein relativ niedriges Durchschnittsalter aufweisen, kann hierbei durchaus als Ressource verstanden werden. Die Kosten für die im Jahr 2015 eingewanderten Flüchtlinge beziffern das Deutsche Institut für Wirtschaftsforschung und das Institut für Arbeitsmarkt- und Berufsforschung (IAB) auf rd. 3,3 Milliarden Euro – angesichts der guten Entwicklung des Steueraufkommens im Bund oder der horrenden Kosten für die Kriegsführung in den Herkunftsländern dieser Menschen kein wirklich großer Beitrag zur Integration dieser Menschen (a. a. O., S. 184f.). Bildung und Spracherwerb sind sicher zentrale Einflussfaktoren, auf die Lebenslagen von Flüchtlingen. Allerdings sollte auch bei dieser Personengruppe die Multidimensionalität sozialer Ausgrenzung nicht übersehen werden. So benötigen diese Menschen umfassende Unterstützungsleistungen, wenn das Ankommen in der neuen Heimat gewünscht und erfolgreich sein soll. Hierzu zählen insbesondere:

- die Versorgung mit Wohnraum
- spezielle Gesundheitsleistungen (etwa zur Behandlung erfahrener Traumata)
- Begleitung und Beratung im Umgang mit den Schul- bzw. Bildungseinrichtungen
- Begleitung und Beratung bei Behördengängen
- Beschleunigung und Vereinfachung von Anerkennungsverfahren bezogen auf den Aufenthaltsstatus oder schulischer bzw. beruflicher Qualifikationen u. a. m.

4   Ausblick

„Erstmals in der Menschheitsgeschichte ist die gesamte Weltbevölkerung in ein gemeinsames Migrationssystem eingebunden" (Santel 1995, S. 14). Dies hat Auswirkungen auch auf Deutschland. Die Migrationsbewegungen spielen sich hier mehr denn je in bzw. zwischen unterschiedlichen Räumen ab. Als Mitgliedsstaat der Europäischen Union ist Deutschland Teil eines Sozialraums, der sich nach innen öffnet (*Freizügigkeit der Arbeitnehmerinnen und Arbeitnehmer*) und gleichzeitig nach außen schließt (*Festung Europa*).

Die Erscheinungsformen und Beweggründe der Migration sind vielfältiger geworden. Damit differenzieren sich auch die gesellschaftlichen Akzeptanzmuster gegenüber den Migrantinnen und Migranten aus. Weitgehend akzeptiert sind die EU-internen Wanderungsbewegungen. Einschränkend sei allerdings hinzu gefügt, dass aus Furcht vor der

Migration billiger Arbeitskräfte, im Zuge der Osterweiterung der Europäischen Union die politische Zustimmung etwa von Deutschland durch langjährig angelegte, einschränkende Regelungen bei der Arbeitskräftemobilität ‚eingekauft' werden musste. Auch die Migration von Eliten und Privilegierten – gemeint sind Ingenieure, Manager, Wissenschaftler, Journalisten und andere Spezialisten – wird zumindest von weiten Teilen der Gesellschaft akzeptiert. Sie stellt im Übrigen eine kaum beachtete und deshalb auch oft unterschätze Form der Migration dar. Auffällig ist dabei, dass diese Gruppe von Migranten trotz ihrer „geringen Assimilationsbereitschaft" und ihrem Konkurrenzverhältnis zur einheimischen Arbeits- und Wohnungssuchenden „nie zum Ziel von Fremdenfeindlichkeit und Gewaltakten" und, so sollte hinzugefügt werden, zum Ziel polemischer politischer Anfeindungen werden (Münz 1997, S. 41).

Weit weniger akzeptiert sind hingegen bis heute die niedrig qualifizierten Arbeitsmigranten etwa aus der ersten Migrationswelle sowie deren Angehörige und Familienmitglieder. Bereits die Bezeichnung *Gastarbeiter* bringt zum Ausdruck, was sich die *gastgebende* Gesellschaft eigentlich erwünschte, nämlich einen zeitlich begrenzten (Arbeits-)Aufenthalt mit anschließender Rückkehr. Gerade die (türkischen) Gastarbeiter werden als Konkurrenten um soziale Transfers und insgesamt als Problemfall für die sozialen Sicherungssysteme wahrgenommen (*Das Boot ist voll!*). Diese Zuschreibung funktioniert unabhängig davon, ob die empirischen Befunde hierfür einen Beleg liefern oder nicht (vgl. Kommission Zuwanderung 2001). Auch Menschen, die Deutschland oft aus purer Not und nicht selten unter lebensgefährlichen Umständen erreichen, finden hier keine offene Aufnahme. Als *Schein-Asylanten* und *Wirtschaftsflüchtlinge* tituliert, wurden und werden auch sie immer wieder zu einem besonderen Kulminationspunkt gesellschaftlicher Ablehnung auch mit tödlichen Folgen. Ein Autorinnen-/Autoren-Kollektiv der Wochenzeitung DIE ZEIT hat seit der deutsch-deutschen Wiedervereinigung am 3. Oktober 1990 (letzte Aktualisierung: 30 Juni 2015) 156 Todesfälle mit fremdenfeindlichem Tathintergrund dokumentiert (Jansen et al. 2015, o. S.). Die Tatsache, dass gerade Flüchtlingen allein durch ihren unsicheren rechtlichen Status kaum Integrationschancen offenstehen, was durch ein zumindest anfängliches Arbeitsverbot und das restriktive Asylbewerberleistungsgesetz unterstützt und gefördert wird, trug in der Vergangenheit wenig zur Versachlichung der Diskussion bei. Zurzeit sind es vor allem die Menschen aus Afrika, die ihrer wirtschaftlichen Not entfliehen wollen, die aber in ihren Zielländern (zunächst Südeuropa, dann auch nördlichere Teile) nicht gebraucht werden und deshalb unerwünscht sind – und dieses wird ihnen auch vermittelt, im deutschen wie im europäischen Zusammenhang. Die Frage, ob ein Mensch Nutzbringer oder Last ist, wird so zunehmend zum zentralen Bewertungskriterium von Migration.

Migration und das Integrationsgebot des Sozialstaates

Dabei ist unbestreitbar, dass die Nationalstaaten in Europa und damit auch Deutschland längst zu Einwanderungsländern geworden sind, deren gesellschaftliche und ökonomische Weiterentwicklung ohne Migration in Zeiten von Europäisierung und Globalisierung kaum mehr denkbar ist. Allerdings erweist sich auch, dass der Sozialstaat, um funktionieren und sich legitimieren zu können, räumliche und soziale Begrenzungen benötigt. Hierbei bedeutet Migration immer erst einmal Entgrenzung. Dies gilt umso mehr, wenn in Rechnung gestellt wird, dass der Prozess der europäischen Einigung die Mitgliedstaaten der Gemeinschaft immer stärker beeinflusst und deren nationalstaatlichen Entscheidungen gleichermaßen determiniert, wie er die Möglichkeiten nationaler Steuerungsfähigkeit unterminiert. Der Wandel in Osteuropa hat in Erinnerung gebracht, dass Europa weiter reicht als es die überwundenen (politischen) Systemgrenzen erscheinen ließen. Durch die Einbindung von Ost und West in internationale Austauschbeziehungen und ein weltweites Migrationssystem erzeugen die Wanderungsbewegungen zunehmenden Abstimmungsbedarf zwischen den nationalen Sozialstaaten (vgl. Benz et al. 2000). Hieraus ergeben sich normative wie sozialrechtliche Fragestellungen nach der Reichweite des Sozialstaats im nationalen wie internationalen Kontext: Wer soll zukünftig Zugang in diese Gesellschaft finden? Wie soll der Zugang organisiert werden? Wie bzw. mit welchen Modi kann der Sozialstaat dabei sowohl für die Migrantinnen und Migranten als auch für die Mitglieder der Aufnahmegesellschaft soziale Sicherheit gewährleisten? Neue Grenzziehungen sind notwendig. Doch es ist noch völlig offen, welche politische Instanz an die Stelle der Nationalstaaten treten könnte, die in der Lage wäre, „jene grundlegende Solidarität zu mobilisieren, derer es zur Stabilisierung der massiven sozialpolitischen Umverteilungsvorgänge bedarf" (Kaufmann 1997, S. 152).

Soziale Integration bleibt also bis auf weiteres nationale Obliegenheit und Gestaltungsaufgabe. Nachdem klar geworden ist, dass sich Migrantinnen und Migranten immer weniger als Verschiebemasse für die Bedürfnisse des Arbeitsmarktes instrumentalisieren lassen, sie sich im Gegenteil hier niederlassen und eigene Lebensperspektiven aufbauen, wurden hierzu in Deutschland in der Vergangenheit die sozialen Rechte der Migranten immer stärker an die der deutschen Bevölkerung angepasst. Gleichwohl haben sich viele faktische Zugangsbarrieren erhalten, so dass sich die Chancen auf umfassende Teilhabe real nach wie vor sehr ungleich verteilen. Dies gilt allerdings nicht nur im Verhältnis zwischen den deutschen und ausländischen Bevölkerungsgruppen, sondern auch innerhalb der Gruppe der Migrantinnen und Migranten.

Zugleich zeigt sich, dass die Diskussion über den Umgang mit der Zuwanderung immer dann an Brisanz gewinnt, wenn sich die Verteilungskonflikte in einer Gesellschaft zuspitzen. Wenn der Spielraum des Sozialstaates also „in erster Linie nur noch darin besteht, ‚Verzicht' unter verschiedenen Gruppen aufzuteilen", dann werden die sozialen Auseinandersetzungen vor allem am unteren Ende der sozialen Pyramide mit besonders harten Bandagen ausgefochten. Dabei geht es in der Regel nicht mehr um das sachrationale Argument, vielmehr dienen ethnische Zuschreibungen als Begründung dafür, dass Migranten aufgrund ihrer Herkunft „als fremd oder nicht teilnahmeberechtigt erscheinen" (Kleinert 2000, S. 355f.). Unterstützt wird diese ethnische Spaltung der Gesellschaft u. a. durch restriktive Zugangsregelungen zum Arbeitsmarkt, denen zu Folge Nicht-EU-Ausländer ganz am Ende der Schlange stehen, wenn durch die Arbeitsverwaltung offene Stellen zugeteilt werden (Inländerprimat); oder wenn der damalige (und heute in anderer Zuständigkeit wieder) amtierende Bundesinnenminister Wolfgang Schäuble seinerzeit in der politischen

Auseinandersetzung um die Änderung des Asylrechts vom „Nichteinwanderungsprinzip"
für Flüchtlinge spricht, denen „in der Regel keine Gelegenheit gegeben werden [darf, der
Verf.] (...) sich in die hiesige Gesellschaft zu integrieren" (zit. n. Kleinert 2000, S. 358).

Dahinter steckt eine soziale Konstruktion von Fremdsein, die diese quasi als naturgege-
bene Gesetzmäßigkeit definiert. Hieraus leitet sich dann wiederum ein wenn schon nicht
ethnisch, so doch zumindest über den Staatsbürgerstatus fundiertes Sozialstaatsverständnis
ab. Das Inklusionsgebot des Sozialstaates wird so durchlöchert, an die Stelle der Integration
aller seiner Mitglieder – und zwar unabhängig von der jeweiligen Staatsbürgerschaft, dem
rechtlichen Aufenthaltsstatus oder der ethnischen Zugehörigkeit – tritt formal begründete
Desintegration. Zumindest Teile der Migrationsbevölkerung in Deutschland werden somit
systematisch ausgegrenzt. Das Postulat einer umfassenden sozialen Integration machte
es aber erforderlich, dass

> „über die Zugehörigkeit, die Mitgliedschaft in [dieser, der Verf.] Gesellschaft, über den Inhalt
> dessen, was Bürgerschaft bedeuten soll, politisch neu verhandelt werden muß." (Kleinert
> 2000, S. 374)[3]

Dabei verhält es sich mit dem Begriff der sozialen Integration allerdings

> „wie mit anderen Attraktionsbegriffen im Feld der Migration wie >Einwanderungsland<,
> >multikulturelle Gesellschaft<, >multi-ethnische Gesellschaft<, >interkulturelle Öffnung<
> oder >kulturelle Identität<: Sie ziehen das gesellschaftliche Konsens- und Dissenspotential in
> Fragen der Migration an; denn sie artikulieren (...) die damit verbundenen Problemstellungen,
> Wertdifferenzen und Interessenkonflikte in den Zuwanderungsländern. Sie werden so zu
> Schlüsselwörtern, um die herum sich politische, rechtliche, ökonomische oder erzieherische
> Diskurse organisieren, in denen die gesellschaftlichen Auseinandersetzungen über Migration
> und ihre Folgen ausgetragen werden." (Oberndörfer 2004, S. 7f.)

Wenn in Zeiten europäisierter und globaler Migrationsbewegungen eine ethnische
Schließung des Sozialstaates verhindert werden soll, gibt es zu diesem Diskurs über die
Neuordnung der Einwanderungspolitik nicht nur in Deutschland, sondern auch im europäischen Maßstab keine Alternative – und dies bei gleichberechtigter Einbeziehung aller
beteiligten Akteure und (politischen) Ebenen. Der Philosoph Jürgen Habermas gibt die
politische Aufgabenstellung vor, wenn er schreibt:

> „Der demokratische Prozeß muß sich durch seine Verteilungsergebnisse stabilisieren. Nur ein
> demokratischer Prozess, der für eine angemessene Ausstattung mit und eine faire Verteilung
> von Rechten sorgt, kann Solidarität stiften. Der Staatsbürgerstatus [*hier ist im Sinne einer*
> *umfassenden Integrationspolitik zu ergänzen*: bzw. das Faktum Teil dieser Gesellschaft zu sein,

---

3   Die Verfasserin bezieht sich mit dem Begriff der *Bürgerschaft* unter anderem auf die Verwirk-
    lichungsstufen sozialer Gerechtigkeit und Teilhabe bei T. H. Marshall, der *citizenship* definiert
    als die Anerkennung bzw. Gewährung und Durchsetzung der Menschenrechte, der politischen
    Teilhaberechte sowie der sozialen Rechte.

der Verf.] muß einen Gebrauchswert haben und sich in einer Münze sozialer, ökologischer und kultureller Rechte auszahlen." (1998, S. 809)

Der staatlichen Integrationspolitik kommt also eine zentrale Legitimationsfunktion für unser gesamtes Gemeinwesen zu. Ihr Anspruch lässt sich dabei auch nicht auf einzelne Bevölkerungsgruppen mit Migrationshintergrund reduzieren. Integrationspolitik als Teil der Sozialpolitik, als Teil einer umfassenden Gesellschaftspolitik verlangt nach klaren, einklagbaren Festlegungen zu den sozialen, ökologischen und kulturellen Rechten jedes einzelnen Mitglieds dieser Gesellschaft.

Hinzu kommt, dass zukünftig noch stärker darüber nachgedacht werden muss, was das eigentlich Spezifische einer Integrationspolitik für Migrantinnen und Migranten sein soll. Die Desintegrationserscheinungen nehmen in unserer Gesellschaft insgesamt zu. Es kann doch nicht ohne Folgen für eine moderne Integrationspolitik bleiben, wenn auch „deutsche Kinder ohne Migrationshintergrund (…) sich zu einem signifikanten Prozentsatz nicht angemessen auf Deutsch verständlich machen" können (Fincke 2008, S. 230). Es muss in der Migrationspolitik also zukünftig viel deutlicher werden, welche Benachteiligungen originär auf dem Migrationsstatus als intervenierende Variable beruhen und was Folge von sozialen Zuschreibungsprozessen bzw. allgemein sozialer Ausgrenzung geschuldet ist.

Kurt Tucholsky wird der Ausspruch nachgesagt, dass nicht ganz dicht sein könne, wer nach allen Seiten offen sein wolle. Und so liegt es auf der Hand, dass die politische Auseinandersetzung über Integration nicht widerspruchsfrei verlaufen kann. Denn die Überwindung der zweifelsohne in einer pluralen, multiethnischen und multireligiösen Gesellschaft bestehenden Gegensätze ist

„mühsam, mitunter schmerzhaft (…). Und manchmal müssen Gegensätze auch als unauflösbar toleriert werden, solange sie nicht gegen unser Grundgesetz verstoßen." (Schmalz-Jacobsen 2001, S. 42)

Nehmen wir die Habermas'sche Vorstellung von der klingenden Münze ernst, sollte Integrationspolitik nicht in Zielgruppenpolitik zerfallen. Denn die gesellschaftlichen Gegensätze sind zwar auch, aber eben nicht nur der unterschiedlichen Herkunft der einzelnen Gesellschaftsmitglieder geschuldet. Bei alledem gilt: Das Integrationsgebot des Sozialstaates ist unteilbar und bezieht sich immer auf alle seine Mitglieder. Es gilt, sich unter den Bedingungen und Erfordernissen der Zuwanderung als eine (Einwanderungs-) Gesellschaft und das Grundgesetz als politischen Gestaltungsauftrag für eine Integrationspolitik aller in Deutschland lebenden Menschen zu begreifen – Politik kann so einfach und doch so schwer sein!

Literatur

Ambrosius, G. und W. H. Hubbard. 1986. *Sozial- und Wirtschaftsgeschichte Europas im 20. Jahrhundert*. München: C. H. Beck.

Bade, K. J. 1983. *Vom Auswanderungsland zum Einwanderungsland? Deutschland 1880–1980*. Berlin: Colloquium Verlag.

Bade, K. J. und J. Oltmer. 2004. *Normalfall Migration*. Bonn: Bundeszentrale für politische Bildung.

Beauftragte der Bundesregierung für Migration und Flüchtlinge und Integration. 2005. *Bericht der Beauftragten für Migration, Flüchtlinge und Integration über die Lage der Ausländerinnen und Ausländer in Deutschland*. Berlin: Beauftragte der Bundesregierung für Migration und Flüchtlinge und Integration.

Beauftragte der Bundesregierung für Migration und Flüchtlinge und Integration. 2010. *8. Bericht der Beauftragten für Migration, Flüchtlinge und Integration über die Lage der Ausländerinnen und Ausländer in Deutschland*. Berlin: Beauftragte der Bundesregierung für Migration und Flüchtlinge und Integration.

Beauftragte der Bundesregierung für Migration, Flüchtlinge und Integration. 2016. *11. Bericht der Beauftragten der Bundesregierung für Migration, Flüchtlinge und Integration – Teilhabe, Chancengleichheit und Rechtsentwicklung in der Einwanderungsgesellschaft Deutschland (Dezember 2016)*. Berlin: Beauftragte der Bundesregierung für Migration, Flüchtlinge und Integration.

Benz, B., J. Boeckh und E.-U. Huster. 2000. *Sozialraum Europa, Ökonomische und politische Transformation in Ost und West*. Opladen: Leske+Budrich.

Bommes, M. und W. Schiffauer, Hrsg. 2006. *Migrationsreport 2006. Fakten – Analysen – Perspektiven*. Frankfurt a. M., New York: Campus.

Brück-Klingberg, A., C. Burkert, H. Seibert und R. Wapler. 2007. *Spätaussiedler mit höherer Bildung sind öfter arbeitslos. IAB Kurzbericht Nr. 8*. Nürnberg: Institut für Arbeitsmarkt- und Berufsforschung.

Bundesamt für Migration und Flüchtlinge. 2017a. *Aktuelle Zahlen zu Asyl. Ausgabe April 2017*. Nürnberg: Bundesamt für Migration und Flüchtlinge.

Bundesamt für Migration und Flüchtlinge. 2017b. Sichere Herkunftsstaaten. http://www.bamf.de/DE/ Fluechtlingsschutz/Sonderverfahren/SichereHerkunftsstaaten/sichere-herkunftsstaaten-node.html. Zugegriffen: 01.06.2017.

Bundesamt für Migration und Flüchtlinge. 2017c. Spätaussiedler. http://www.bamf.de/DE/Migration/Spaetaussiedler/spaetaus siedler-node.html. Zugegriffen: 07.06.2017.

Bundesministerium für Arbeit und Soziales. 2005. *Lebenslagen in Deutschland – Zweiter Armuts- und Reichtumsbericht*. Berlin: Bundesministerium für Arbeit und Soziales.

Bundesministerium für Arbeit und Soziales. 2008. *Lebenslagen in Deutschland – Dritter Armuts- und Reichtumsbericht*. Berlin: Bundesministerium für Arbeit und Soziales.

Bundesministerium für Arbeit und Soziales. 2017. *Lebenslagen in Deutschland – Der fünfte Armuts- und Reichtumsbericht der Bundesregierung*. Berlin: Bundesministerium für Arbeit und Soziales.

Bundesministerium für Familie, Senioren, Frauen und Jugend. 2006. *Freiwilliges Engagement in Deutschland 1999-2004*. Berlin: Bundesministerium für Familie, Senioren, Frauen und Jugend.

Bundesministerium für Familie, Senioren, Frauen und Jugend. 2016. *Freiwilliges Engagement in Deutschland. Zentrale Ergebnisse des Deutschen Freiwilligensurveys 2014*. Berlin: Bundesministerium für Familie, Senioren, Frauen und Jugend.

Butterwegge, C. und G. Hentges, Hrsg. 2006. *Zuwanderung im Zeichen der Globalisierung. Migrations-, Integrations- und Minderheitenpolitik*. Wiesbaden: VS Verlag für Sozialwissenschaften.

Cyprian, G. und M. Pablo-Dürr. 2002. Zur Lebenslage von Migrantinnen: Restriktionen und Spielräume. In *Weibliche Lebenslagen und soziale Benachteiligung. Theoretische Ansätze und empirische Beispiele*, Hrsg. V. Hammer und R. Lutz, 249-265. Frankfurt a. M.: Campus.

Cyrus, N. 2004. Soziale Arbeit mit Menschen ohne Aufenthaltsrecht. In *Handbuch Soziale Arbeit in der Einwanderungsgesellschaft*, Hrsg. A. Treichler und N. Cyrus, 180-203. Frankfurt a. M.: Brandes&Apsel.

Eitz, T. 2010. Das missglückte Wort. https://www.bpb.de/ politik/grundfragen/sprache-und-politik/42726/das-missglueckte-wort?p=all. Zugegriffen: 07.06.2017.

Fincke, G. 2008. MigrantInnen der zweiten Generation in Europa: „Ausländerproblem", Parallelgesellschaft" und sozioökonomischer „Niedergang"? Eine empirische Analyse am Beispiel Deutschlands mit Hilfe des Mikrozensus 2005. In *Migrations- und Integrationsprozesse in Europa. Vergemeinschaftung oder nationalstaatliche Lösungswege?*, Hrsg. U. Hunger, C. M. Aybek, A. Ette und I. Michalowski, 191-234. Wiesbaden: VS Verlag für Sozialwissenschaften.

Fischer, V. und M. Springer, Hrsg. 2011. *Handbuch Migration und Familie*. Schwalbach im Taunus: WOCHENSCHAU-Verlag.

Geisen, T. und C. Riegel, Hrsg. 2007. *Jugend, Partizipation und Migration. Orientierungen im Kontext von Integration und Ausgrenzung*. Wiesbaden: VS Verlag für Sozialwissenschaften.

Gillmeister, H., H. Kurthen und J. Fijalkowski. 1989. *Ausländerbeschäftigung in der Krise?*. Berlin: Beiträge zur Sozialökonomik.

Glatzer, W. 2004. *Integration und Partizipation junger Ausländer vor dem Hintergrund ethnischer und kultureller Identifikation*. Ergebnisse des Integrationssurveys des BiB Heft 105c. Wiesbaden: Bundesinstitut für Bevölkerungsforschung.

Gomolla, M. und F.-O. Radtke. 2009. *Institutionelle Diskriminierung. Die Herstellung ethnischer Differenz in der Schule*, 3. Aufl. Wiesbaden: VS Verlag für Sozialwissenschaften.

Habermas, J. 1998. Die postnationale Konstellation und die Zukunft der Demokratie. *Blätter für deutsche und internationale Politik* Nr. 7/1998, 804-817. Berlin: Blätter Verlagsgesellschaft mbH.

Hamburger, F., T. Badawia und M. Hummrich, Hrsg. 2005. *Migration und Bildung. Über das Verhältnis von Anerkennung und Zumutung in der Einwanderungsgesellschaft*. Wiesbaden: VS Verlag für Sozialwissenschaften.

Han, P. 2016. *Soziologie der Migration*, 4. Aufl. Stuttgart: UTB.

Hradil, S. 2001. *Soziale Ungleichheit in Deutschland*, 8. Aufl. Opladen: Leske+Budrich.

Hunger, U. und B. Santel, Hrsg. 2003. *Migration im Wettbewerbsstaat*, Opladen: Leske+Budrich.

Huster, E.-U. 1995. Migration: von der absoluten zur relativen Armut?. In *Sozialpolitische Strategien gegen Armut*, Hrsg. W. Hanesch. 450-471. Opladen: Leske+Budrich.

Huster, E.-U. 1996. *Armut in Europa*. Opladen: Leske+Budrich.

Jansen, J., H. Kleffner, J. Radke und T. Staud. 2015. *156 Schicksale. ZEIT ONLINE* vom 30.6.2015. http://www.zeit.de/gesellschaft/zeitgeschehen/2010-09/todesopfer-rechte-gewalt/komplettansicht? print. Zugegriffen: 07.06.2017.

Kaufmann, F.-X. 1997. *Herausforderungen des Sozialstaates*. Frankfurt a. M.: Suhrkamp.

Kleinert, C. 2000. Migration. In *Soziologie des Sozialstaats. Gesellschaftliche Grundlagen, historische Zusammenhänge und aktuelle Entwicklungstendenzen*, Hrsg. J. Allmendinger und W. Ludwig-Mayerhofer, 351-381. Weinheim, München: JUVENTA.

Kommission Zuwanderung. 2001. *Zuwanderung gestalten – Integration fördern*. Berlin: Bundesministerium des Innern.

Kreckel, R. 2004. *Politische Soziologie der sozialen Ungleichheit*, 3. Aufl. Frankfurt a. M., New York: Campus Verlag.

Maizière de, T. 2017. Leitkultur für Deutschland – was ist das eigentlich?. ZEIT ONLINE vom 30.04.2017. http://www.zeit.de/politik/deutschland/2017-04/thomas-demaiziere-innenminister-leitkultur/seite-2. Zugegriffen: 07.06.2017.

Mogge-Grotjahn, H. 2011. *Soziologie. Eine Einführung für soziale Berufe*, 4. Aufl. Freiburg im Breisgau: Lambertus.

Münz, R. 1997. Phasen und Formen der europäischen Migration. In *Migration und Flucht. Aufgaben und Strategien für Deutschland, Europa und die internationale Gemeinschaft*, Hrsg. S. Angenendt, 34-47. Bonn: Bundeszentrale für politische Bildung.

Oberndörfer, D. 2004. Vorwort zum Migrationsreport 2004. In *Migrationsreport 2004. Fakten – Analysen – Perspektiven*, Hrsg. K. J. Bade, M. Bommes und R. Münz, 7-10. Frankfurt a. M., New York: Campus.

Open Society Foundation. 2010. *Muslime in Europa*. New York, London, Budapest: Open Society Foundation.

Opitz, P. J. 1999. Das Jahrhundert der Flüchtlinge. In *Menschen auf der Flucht*, Hrsg. F.-J. Hutter, A. Mihr und C. Tessmer, 43ff. Opladen: Leske+Budrich.

Rat der Europäischen Union 2004. Gemeinsame Grundprinzipien für die Politik der Integration von Einwanderern in der Europäischen Union. In *2618. Tagung des Rates vom 19. November 2004*, 14615/04 (Presse 321), 19-25. Brüssel: Rat der Europäischen Union.

Santel, B. 1995. *Migration in und nach Europa. Erfahrungen – Strukturen – Politik*. Opladen: Leske+Budrich.

Santel, B. 2007. In der Realität angekommen: Die Bundesrepublik Deutschland als Einwanderungsland. In *Integration und Einwanderung*, Hrsg. W. Woyke, 25-32. Schwalbach im Taunus: WOCHENSCHAU-Verlag.

Schäfers, B., und J. Kopp, Hrsg. 2006. *Grundbegriffe der Soziologie*, 9. Aufl. Wiesbaden: VS Verlag für Sozialwissenschaften.

Schmalz-Jacobsen, C. 2001. Der neue politische Diskurs – ein zaghafter Beginn. In *Deutschland – ein Einwanderungsland? Rückblick, Bilanz und neue Fragen*, Hrsg. E. Currle und T. Wunderlich, S. 41-44. Berlin: Verlag Walter de Gruyter.

Schröer, H. 2011. Interkulturelle Orientierung und Diversity-Ansätze. In *Handbuch Migration und Familie*, Hrsg. V. Fischer und M. Springer, 307-322. Schwalbach im Taunus: WOCHENSCHAU-Verlag.

Statistisches Bundesamt 2010. *Bevölkerung und Erwerbstätigkeit. Bevölkerung mit Migrationshintergrund – Ergebnisse des Mikrozensus 2009*, Fachserie 1 Reihe 2.2. Wiesbaden: Statistisches Bundesamt.

Statistisches Bundesamt. 2016. *Bevölkerung mit Migrationshintergrund auf Rekordniveau*. Pressemitteilung Nr. 327 vom 16.09.2016. Wiesbaden: Statistisches Bundesamt.

Statistisches Bundesamt. 2017. *Bevölkerung und Erwerbstätigkeit. Bevölkerung mit Migrationshintergrund – Ergebnisse des Mikrozensus 2015*. Fachserie 1 Reihe 2.2. Wiesbaden: Statistisches Bundesamt.

Statistisches Bundesamt. 2017. Gebiet und Bevölkerung – Ausländische Bevölkerung. http://www.statistik-portal.de/Statistik-Portal/ de_jb01_jahrtab2.asp. Zugegriffen: 30.05.2017.

Statistisches Bundesamt. 2017a. Bevölkerung. https://www.destatis.de/DE/ZahlenFakten/Gesellschaft Staat/Bevoelkerung/Wanderungen/Tabellen_/lrbev07.html. Zugegriffen: 30.05.2017.

Süddeutsche Zeitung. 2017. Mehr als 3 500 Angriffe auf Flüchtlinge. http://www.sueddeutsche. de/ politik/fremdenhass-mehr-als-angriffe-auf-fluechtlinge-im-jahr-1.3395560). Zugegriffen: 04.06.2017.

Treibel, A. 1990. *Migration in modernen Gesellschaften. Soziale Folgen von Einwanderung und Gastarbeit*, 1. Aufl. Weinheim, München: JUVENTA.

Treibel, A. 2008. Migration. In *Handbuch Soziologie*, Hrsg. N. Baur, H. Korte, M. Löw, und M. Schroer, 295-318. Wiesbaden: VS Verlag für Sozialwissenschaften.

Treibel, A. 2011. *Migration in modernen Gesellschaften. Soziale Folgen von Einwanderung, Gastarbeit und Flucht*, 11. Aufl. Weinheim, München: BELTZ-Verlag.

Vester, H.-G. 2009. *Kompendium der Soziologie I: Grundbegriffe*. Wiesbaden: VS Verlag für Sozialwissenschaften.

Woellert, F., S. Kröhnert, L. Sippel, und R. Klingholz. 2009. *Ungenutzte Potenziale. Zur Lage der Integration in Deutschland*. Berlin: Berlin-Institut für Bevölkerung und Entwicklung.

Worbs, S., E. Bund, M. Kohls und C. Babka von Gostomski. 2013. *(Spät-)Aussiedler in Deutschland. Eine Analyse aktueller Daten und Forschungsergebnisse*. Forschungsbericht 20, Nürnberg: Bundesamt für Migration und Flüchtlinge.

Zacharaki, I., T. Eppenstein, und M. Krummacher, Hrsg. 2007. *Praxishandbuch Interkulturelle Kompetenz vermitteln, vertiefen, umsetzen. Theorie und Praxis für die Aus- und Weiterbildung*. Schwalbach im Taunus: WOCHENSCHAU-Verlag.

Armut im Familienkontext

Benjamin Benz und Katharina Heinrich

Zusammenfassung

Armut lässt sich allein individuell nicht angemessen betrachten, da Haushalts- und Familienkontexte für von Armut betroffene oder bedrohte Menschen meist eine wesentliche Rolle bezogen auf Armutsrisiken und -ursachen sowie für Schutzfaktoren, Ressourcen und Selbsthilfepotentiale spielen. Armut im Familienkontext steht dabei in engem Zusammenhang mit gesellschaftlichen Ursachen, Risiken, Schutz- und Hilfsmaßnahmen, die etwa den Zugang von jungen Eltern zu und ihren Verweis auf Erwerbsarbeit prägen, über das Kindergeld Unterhaltskosten von Kindern zumindest teilweise vom Familienbudget auf öffentliche Kassen verlagern oder über Bildungs- und Beratungsangebote Familien in Armutslagen stärken. Die Verbreitung von Armut hat in der Bundesrepublik seit vielen Jahren nicht nur allgemein zugenommen. Kinder, Jugendliche, junge Erwachsene, Familien allein Erziehender, kinderreiche Familien und Familien mit Migrationsgeschichte sind von Armut und ihrer Zunahme überdurchschnittlich betroffen. Dies wirft Fragen sowohl zur Veränderung von Familienstrukturen auf, als auch solche zur Angemessenheit gesellschaftlicher Schutz- und Unterstützungssysteme gegen Armut im Familienkontext.

Schlagworte

Familie; Sozialpolitik; Sozialstaat(en) / internationaler Vergleich; Soziale Dienste; Armutsdimensionen

1   Einleitung

„Verwandte in gerader Linie sind verpflichtet, einander Unterhalt zu gewähren", heißt es
kurz und bündig im § 1601 des Bürgerlichen Gesetzbuchs (BGB). Ist damit die Familie
die grundlegende und verlässlichste Sicherungsinstanz gegen Verarmung? Wie lässt sich
umgekehrt verhindern, dass der Familienkontext zur Ursache von Armut und mit ihr
allein gelassen wird? Der Ruf ‚Deutschland braucht mehr Kinder!' kontrastiert mit einer
Lebenswirklichkeit, in der vielen real existierenden armen Kindern, perspektivlosen Jugendlichen und überforderten Familien der Eindruck vermittelt wird, dass die Gesellschaft
sie anscheinend mitnichten braucht.

Zunächst muss eingegrenzt werden, was im Folgenden als Familie betrachtet werden soll.
In Deutschland dominiert als Familienbild die bürgerliche Kernfamilie (auch Klein- oder
Normalfamilie genannt), bestehend aus verheiratetem Elternpaar mit in der Regel zwei
Kindern, die ihrerseits wirtschaftlich noch nicht auf eigenen Beinen stehen (zur Schule
gehen, in Ausbildung sind oder studieren) und noch keine eigene Familie gegründet haben. Diese Konstellation wird als kleinste soziale Einheit und damit zusammenhängend
als ‚Keimzelle des Staates' beschrieben, deren Mitglieder füreinander Sorgearbeit leisten,
den Unterhalt sichern sowie Wertvorstellungen und soziale Umgangsformen prägen. Die
Pflege und Erziehung der Kinder wird dabei vom Artikel 6 des Grundgesetzes (GG) als
„das natürliche Recht der Eltern und die zuvörderst ihnen obliegende Pflicht" angesehen.
Dies alles im Blick stellt die Verfassung Ehe und Familie unter den besonderen Schutz der
staatlichen Ordnung.

Das Grundgesetz, das Bürgerliche Gesetzbuch und das Sozialrecht verdeutlichen
allerdings auch die Unzulänglichkeit dieses Familienbildes. „Den unehelichen Kindern
sind durch die Gesetzgebung die gleichen Bedingungen für ihre leibliche und seelische
Entwicklung und ihre Stellung in der Gesellschaft zu schaffen wie den ehelichen Kindern", schreibt das Grundgesetz vor (Art. 6 Abs. 5 GG). Die Sozialgesetzbücher (SGB) zur
Grundsicherung für Arbeitssuchende (§ 33 SGB II) und Sozialhilfe (§ 94 SGB XII) sehen
regelhaft eine Begrenzung der Unterhaltspflicht zwischen Verwandten gerader Linie auf
diejenigen ersten Grades vor. Zum armutsvermeidenden Unterhalt sind damit nach bürgerlichem Recht grundsätzlich auch Großeltern und Enkel einander verpflichtet, während das
Sozialrecht diesen faktisch auf Eltern-Kind-Konstellationen beschränkt. Und was ist mit
reinen Paarbeziehungen? Amtliche Statistiken zählen mitunter auch Ehepaare als Familie,
während noch im ersten Familienbericht des Bundes aus dem Jahr 1969 Haushalte allein
Erziehender nicht als Familie galten, da sie ‚unvollständig' seien.

Im Folgenden wird davon ausgegangen, dass Familie zunächst überall dort ist, wo Kinder
sind. Darüber hinaus sollen aber auch weitere Familienkonstellationen einbezogen werden,
in denen Menschen dauerhaft füreinander Verantwortung übernehmen, Sorge tragen
und Zuwendung schenken (vgl. ZFF 2005, S. 6). So spielen materielle und immaterielle
Leistungen zwischen Familienmitgliedern bei der Frage nach Altersarmut eine ebenso
wichtige Rolle, wie die Unterstützungsleistungen von Eltern aus den Herkunftsfamilien
für die Lebenssituation und Selbsthilfepotentiale junger Familien.

2 Strukturbedingungen von Armut bei Familien und Kindern

2.1 Historischer Wandel von Armut im „ganzen Haus"

Ein Begriff von Familie als Lebens- und Wirtschaftsgemeinschaft von verwandten Personen entwickelte sich im deutschen Sprachgebrauch erst im 18. Jahrhundert. Im Zuge der Auflösung von Feudalsystemen, industrieller und gesellschaftlicher Modernisierung trat die so verstandene Familie nicht nur als Begriff zunehmend an die Stelle von Haus- und Hofgemeinschaften (das ‚ganze Haus' mit ihren verwandten und nicht verwandten Mitgliedern).

> „Zunächst ist die Familie das substantielle Ganze, dem die Vorsorge (…) angehört. Die bürgerliche Gesellschaft reißt aber das Individuum aus diesem Bande heraus, entfremdet dessen Glieder einander und anerkennt sie als selbständige Personen; (…). So ist das Individuum Sohn der bürgerlichen Gesellschaft geworden, die ebensosehr Ansprüche an ihn, als er Rechte auf sie hat." (Hegel 1820, S. 374)

Georg Wilhelm Friedrich Hegel (1770-1831) lässt in diesem Zitat erkennen, von welch hoher Bedeutung die Familie für ihre Mitglieder ist und dass sie stets im Zusammenhang mit der jeweiligen Gesellschaft steht, als privater Verband von Menschen, aber mitnichten als rein private Angelegenheit, in sich ruhend und von außen unbeeinflusst.

Im 19. Jahrhundert entwickelte sich das bürgerliche Familienideal der patriarchalen Hausfrauen- und männlichen *Alleinverdienerehe*, in der Kinder zu versorgen und zu erziehen waren, die mit dem Kinderarbeitsverbot und der allgemeinen Schulpflicht dem Arbeitsprozess weitgehend entzogen wurden. Erst hier entstand also Kindheit als eigenständige und ausgedehnte Lebensphase, die auf den Wirtschaftsprozess zwar vorbereitete, nicht aber sukzessive bereits selbstverständlich in ihm stand. Damit wurden Kinder für Eltern freilich eine längere Zeit stärker Kostenträger, denn zum Familienunterhalt Beitragende. Dies galt zuerst nur in wohlhabenden bürgerlichen und adligen Familien, während in armen bäuerlichen und Handwerkerfamilien sowie im sich mit der Industrialisierung entwickelnden Proletariat sowohl Ehefrauen, als auch Kinder als Arbeitskräfte weitaus weniger entbehrlich waren. Das bürgerliche Familienideal verbreitete sich gleichwohl auch in diesen Haushalten und entwickelte sich bis weit in die heutige Gesellschaft hinein zur vorherrschenden Folie für individuelle Lebensentwürfe, rechtliche Regelungen und gesellschaftlichen Status (vgl. Mogge-Grotjahn 2004, S. 26). Seine Hochzeit erlebte es als Leitbild, wie auch empirisch als gelebte Familienform, in beiden deutschen Staaten in den 1950er und 1960er Jahren, in der DDR sodann vom Leitbild der werktätigen Frau und öffentlicher, ganztätiger Kinderbetreuung und -erziehung durchbrochen.

Die Dominanz dieses oder jedes anderen Leitbildes bricht sich gleichwohl immer an der gesellschaftlichen Realität, in der vielfältige Formen familialen Zusammenhalts zum Teil notwendig, zum Teil gewünscht werden. So hat es schon „vor und zu Beginn der Industrialisierung eine außerordentlich große *Vielfalt familialer Lebensformen* gegeben

(...). Faktisch alle heute auftretenden Lebensformen haben schon in dieser historischen Periode existiert; die einzelnen Strukturelemente ‚neuer‘ Lebensformen sind also nicht neu" (Peuckert 2012, S. 12f., Herv. i. O.). Einer hegemonialen Durchsetzung ehelichen Familienlebens standen einerseits etwa die hohe Müttersterblichkeit, andererseits Eheschließungen verhindernde materielle Not und Eheverbote (so z. B. bei Obdachlosigkeit) entgegen. Armut im Familienkontext sollte also nicht zuletzt durch die Verhinderung von Familiengründungen armer Personen(-gruppen) verhindert werden.

Im 18. Jahrhundert führten die geringe Lebenserwartung und hohe Müttersterblichkeit dazu, dass nur etwa zwei Drittel der Kinder und Jugendlichen mit beiden leiblichen Elternteilen aufwuchsen. „Im 19. Jahrhundert wurden mindestens 15 Prozent der Kinder nichtehelich geboren (1995: 13 Prozent). (...) Statistisch und historisch betrachtet muss man sich mit dem Ergebnis anfreunden, dass heute mehr Kinder länger in Gemeinschaft mit ihren leiblichen Bezugspersonen leben als noch vor hundert Jahren. Wir erleben also – historisch betrachtet – einen langfristigen Trend zur Familie." (Landenthin 2005, S. 2) Wenn heute dennoch vielfach von einer Krise der Familie die Rede ist, so geschieht dies insbesondere deshalb, weil „die aktuellen Veränderungen der privaten Beziehungsformen vor dem Hintergrund einer historisch einmaligen Situation" gedeutet werden (Peuckert 2012, S. 1). „Nie zuvor war *eine* Form so dominant wie in der Nachkriegszeit Mitte der 50er bis Mitte der 1960er Jahre." (ebenda, Herv. i. O.)

Nach Ende des Zweiten Weltkriegs galt es für viele Familien hingegen zunächst, sich nach Flucht, Vertreibung und Kriegsheimkehr wieder zu finden und ein Leben ohne vermisste oder getötete Familienmitglieder zu organisieren. Auch wo keine derartigen Verluste zu beklagen waren, dominierte oft nackte Armut das Familienleben. Während heute extreme Formen der Armut in Familien eher die Ausnahme darstellen, dagegen relative Armut zumindest seit Mitte der 1970er Jahre stetig zugenommen hat (vgl. Deutscher Bundestag 2001, S. 254 und 262; Bundesregierung 2016, S. 545), spielen in der ersten Nachkriegszeit existenzielle Armutserfahrungen eine größere Rolle als soziale Polarisierungen in der Gesamtgesellschaft.

2.2   Armutsdimensionen und -folgen im Jugendalter

Auch für das Kindes- und Jugendalter lassen sich die zentralen Armutsdimensionen Einkommen, Arbeit, Bildung, Gesundheit, Wohnen, soziale Kontakte und politische Partizipation differenzieren. Sie variieren allerdings je nach Lebensalter zum Teil in ihrer Relevanz für die aktuelle Lebenslage von Familienmitgliedern sowie in ihren Folgen für die jeweiligen Lebensperspektiven.

Materielle Armut und multiple Deprivation

Dabei hängen die zum Teil gravierenden individuellen und gesellschaftlichen Folgen materieller Armut mit der Dauer von (wiederholten) Armutsphasen zusammen. Auch die auf Armutserfahrungen bezogenen personalen Verarbeitungsmuster gilt es differenziert wahrzunehmen. So erhöhen insbesondere langwierige Armutserfahrungen im Kindes- und Jugendalter das Risiko „multipler Deprivation" (ISS 2012, S. 7), also von deutlichen Unterversorgungs- und Mangellagen in gleich mehreren Armutsdimensionen. Umgekehrt gelingt es manchen Familien jedoch auch, trotz materieller Armut Kindern ein Aufwachsen „im Wohlergehen" (ebenda 2012, S. 13) zu ermöglichen. Armut ist somit ein starker Risikofaktor für das gelingende Aufwachsen von Kindern und Jugendlichen, der jedoch nicht zwangsläufige und eindeutige Folgen hat. Kinder und Jugendliche reagieren unterschiedlich auf von Armut geprägte Lebensbedingungen: (auto-)aggressiv, mit Rückzug in ihr Quartier, durch Flucht in Scheinwelten oder Süchte, durch Leistungsverweigerung oder Streben nach früher ökonomischer Selbständigkeit (vgl. Andrä 2000; Baum 2002). Auch das System Familie wird geprägt von unterschiedlich langen, intensiven und Perspektiven bereithaltenden Armutsphasen (vgl. Meier-Gräwe et al. 2003).

So prägt Einkommensarmut auch die Lebenslage von Kindern und Jugendlichen negativ, doch spielt hier in den ersten Lebensjahren die Verfügbarkeit über Geldmittel (Taschengeld) noch keine Rolle. Fasst man die materielle Dimension jedoch weiter, stellen sich bereits früh Fragen etwa der kindgerechten Ausstattung des Kinderzimmers bzw. der gesamten Wohnsituation. Mit zunehmendem Alter werden materielle Mangellagen für Kinder und Jugendliche immer bedeutender, etwa wenn ‚Markenzwang' bei Kleidung zum Thema wird, Mobiltelefone zum Kommunikationsstandard geworden sind, Vereinsmitgliedschaften am Beitrag und viele Freizeitangebote am Preis scheitern oder wenn zu Geburtstagen wechselseitig nicht mehr eingeladen wird (vgl. AWO 2005). So wird deutlich, dass neben der relativen Einkommensarmut auch der Blick auf die materielle Deprivation von Familien hilfreich ist, um ihre Lebensrealitäten hinreichend mehrdimensional und differenziert wahrzunehmen. Das Konzept der materiellen Deprivation untersucht anhand eines von der Europäischen Union aufgestellten Kataloges, ob für konkrete Gebrauchsgüter, Aktivitäten oder Ausgaben aufgekommen werden kann. Darin enthalten sind: unerwartete Ausgaben, ein einwöchiger Jahresurlaub, jeden zweiten Tag eine Fleisch-, Fisch oder eine hochwertige vegetarische Mahlzeit, die angemessene Beheizung der Wohnung, eine Waschmaschine, ein Fernsehgerät, ein Telefon und ein Auto. Auch wird gefragt, ob Mietschulden vorliegen und Rechnungen für Versorgungsleistungen, Mietkaufraten und Kredite beglichen werden können. Sollte ein Haushalt für drei dieser Ausgabenarten nicht aufkommen können, wird dies als materielle Deprivation gewertet. Handelt es sich gar um vier unfreiwillige Mängellagen, so wird von einer erheblichen materiellen Deprivation gesprochen (vgl. Eurostat 2016; MAIS 2016, S. 219f.).

Spezifik der Dimensionen Gesundheit, Bildung und Arbeit im Jugendalter

Neben diesen materiellen und den oben beispielhaft genannten immateriellen Folgen von Armut für soziale Kontakte und Teilhabemöglichkeiten (s. Kommunikationsstandards und Einladungen zu Festen), lassen sich ebenso deutlich Verbindungen von Armut und Gesundheit nachzeichnen (vgl. Robert Koch Institut 2005, S. 97ff.; BMFSFJ 2009). Dies ist beim Kindes- und Jugendalter insofern von besonderer Brisanz, als dass hier psychische und physische Entwicklungsprozesse noch nicht abgeschlossen sind, mithin also der Gesundheitsstatus späterer Lebensphasen zum Teil irreversibel negativ vorgezeichnet wird. Insgesamt zeigt sich, dass das Gesundheitsverhalten einerseits mit dem niedrigen Haushaltseinkommen korreliert, andererseits auch mit erlernten Verhaltensmustern zusammenhängt. Ähnliches gilt für Bildungschancen, bei denen sich entlang des Bildungshintergrundes der Eltern und der materiellen Spielräume der Familien bereits im Kindesalter spätere Einkommenschancen und Statuszuschreibungen abzeichnen. Materielle Armut wird so zu einer wichtigen Ursache für Bildungsarmut. Umgekehrt lässt sich Bildungsarmut nicht nachträglich materiell bekämpfen, sondern nur mit Bildung. Die Bekämpfung materieller Armut (Beispiel: BAföG, vgl. Benz 2006) kann allerdings die Voraussetzungen dafür schaffen helfen, dass nicht neue Bildungsarmut entsteht und bestehende Nachholbedarfe durch Bildung überwunden werden können. Wie bei der Gesundheitsdimension spielt auch bei der Bildungsarmut das Alter Betroffener eine entscheidende Rolle. Anders als bei Erwachsenen, wo auch mehrjährige Pausen der Teilnahme an formellen Bildungsgelegenheiten in einem Prozess lebenslangen Lernens durchaus folgenlos bleiben können, reihen sich bei Kindern, Jugendlichen und jungen Erwachsenen Bildungszäsuren in kurzen Intervallen aneinander. Materielle Armut bleibt dabei nicht ohne Auswirkungen darauf, diese Zäsuren erfolgreich zu meistern (vgl. AWO 2005). Der Übergang in die Sekundarstufe entscheidet sich meist einmalig im Zeitraum weniger Monate. Findet ein Jugendlicher in einem bestimmten Sommer keinen Ausbildungsplatz, gehört er bereits im nächsten zur schwer vermittelbaren Klientel so genannter Altfälle. Die Bedeutung von Arbeit als Armutsdimension kehrt sich hier vollständig um. Gelten zunächst Schulpflicht und Arbeitsverbot, wird der Zugang zur Erwerbstätigkeit nun zu einer zentralen Armutsdimension.

Mit der Schulpflicht und dem Arbeitsverbot im Kindes- und Jugendalter korrespondiert die Unterhaltspflicht der Eltern bis zum ersten Bildungsabschluss der Kinder. Um diesen Unterhalt zu gewährleisten, orientierte sich die westdeutsche Politik noch zu Beginn der 1950er Jahre am Konzept des absoluten Familienlohns (der Lohn eines vollzeitbeschäftigten Mannes sollte ausreichen, eine Familie mit mehreren Kindern gründen und unterhalten zu können). Bereits Mitte der 1950er Jahre wurde hiervon – genötigt durch eine sich anders darstellende Realität der Einkommenshöhen und -bedarfe – von der damaligen Regierung wieder Abstand genommen. Die Kombination aus individuellem Leistungslohn, steuerlichen Freibeträgen und schließlich Kindergeldleistungen sollte nun das Familieneinkommen sichern. Schritt für Schritt wurde neben (und zeitweise anstelle von) steuerlichen Freibeträgen das Kindergeld für dritte und weitere, zweite und schließlich auch erste Kinder eingeführt (vgl. Kuller 2004, S. 158ff.).

Folgen für das demokratische Gemeinwesen

Armut hat aber nicht nur im-/materielle Folgen für von ihr direkt betroffene Personen und Familien, sondern bei einer Häufung von Fällen auch für das (Wohn-)Quartier (Häufigkeit und/oder Profile von Schulen, Jugendzentren, Senioreneinrichtungen, kommerzieller Infrastruktur, ärztlicher Nahversorgung usw.) und das politische Gemeinwesen auf seinen verschiedenen Ebenen insgesamt. In Gelsenkirchen etwa beteiligten sich an der letzten Wahl zum Rat der Stadt – der u. a. über die lokale Jugend- und Familienhilfepolitik von Elternbeiträgen bis zur Suchtprävention befindet – 2014 noch 43 Prozent der Wahlberechtigten, in manchen sozial benachteiligten Stimmbezirken nur noch rund ein Viertel. Die auch bei Landtags-, Bundestags- und Europawahlen sozial ungleiche Wahlbeteiligung ist aber „ein wichtiger Gradmesser für die Legitimation der parlamentarischen Demokratie. Zu befürchten ist, dass eine zunehmend sozial selektive Wahlbeteiligung dazu führt, dass die Interessen sozial benachteiligter Gruppen in der parlamentarischen Demokratie immer unzureichender vertreten werden." (MAIS 2016, S. 86) Das Vertrauen u. a. in das Rechtssystem und in das politische System leiden signifikant im Vergleich hierzu befragter (nicht) einkommensarmer Bürgerinnen und Bürger (vgl. ebenda, S. 245). Wird hieraus politische Apathie, bedeutet dies für die Demokratie Loyalitätsentzug (innere Aushöhlung). Diese aber ist weniger wahrnehmbar und fordert das Rechtssystem noch nicht aktiv heraus, anders als ihre Alternative offener Gewalt, in die sie unvermittelt umschlagen kann (siehe die Jugendproteste der letzten Jahre in London, Paris, Stockholm und andernorts).

2.3   Zur Empirie von Armut im Familienkontext

Armut greift stets im Haushaltskontext. Die einkommensarme Ehefrau im Haus des reichen Bankiers ist ebenso selten, wie das vermögende Kind armer Eltern. Die empirische Sozialforschung interessiert sich daher neben dem Einkommen von Personen für das Haushaltseinkommen und gewichtet dieses nach Zahl und Art der Mitglieder. Fragt man nach der Einkommenslage von Familien, erscheint diese Vorgehensweise besonders sinnvoll, um unterschiedliche Haushaltsgrößen miteinander vergleichen zu können. Die hierzu heute meistgenutzte Klassifizierung ist die sog. neue OECD-Skala (zur älteren Skala und Diskussion beider Varianten siehe den Beitrag von Hauser in diesem Band). Sie gewichtet das erste erwachsene Haushaltsmitglied mit dem Wert 1,0, jede weitere Personen über 14 Jahren mit einem Wert von 0,5 und Kinder mit 0,3, da zum einen von altersabhängigen Bedarfsgewichten am Haushaltseinkommen ausgegangen wird, zum anderen von Synergieeffekten (Einzelpersonen wie Mehrpersonenhaushalte brauchen etwa i. d. R. *eine* Waschmaschine). Letztlich kann jede Gewichtung ebenso wie jede Setzung von relativen Einkommensgrenzen zur Armutsmessung kritisiert werden. Sie sind jedoch unverzichtbar, will man Armut und Reichtum operationalisieren, um Ist-Stände und Entwicklungsrichtungen erkennen zu können.

Tab. 1   Armutsquote von Personen (weniger als 60 Prozent des Äquivalenzeinkommens, Median, neue OECD-Skala) nach ausgewählten Merkmalen in Prozent der Bevölkerung in Privathaushalten

Jahr	2005	2015	Veränderung 2005-2015 in %
Insgesamt	14,7	15,7	+ 6,8
nach Haushaltsform			
Einpersonenhaushalt	23,2	26,2	+ 12,9
Zwei Erwachsene ohne Kind	8,3	9,3	+ 12,0
Ein(e) Erwachsene(r) mit Kinder(n)	39,3	43,8	+ 11,5
Zwei Erwachsene und ein Kind	11,6	9,8	- 15,1
Zwei Erwachsene und zwei Kinder	12,0	10,8	- 10,0
Zwei Erwachsene und drei oder mehr Kinder	26,3	25,2	- 4,2
nach Alter			
Unter 18 Jahre	19,5	19,7	+ 1,0
18 bis unter 25 Jahre	23,3	25,5	+ 9,4
25 bis unter 50 Jahre	14,1	14,2	+ 0,7
50 bis unter 65 Jahre	11,4	13,1	+ 14,9
65 Jahre und älter	11,0	14,6	+ 32,7

Datenbasis: Mikrozensus

Quelle: Der Paritätische Gesamtverband 2017, S. 20

Wie Tabelle 1 zeigt, sind Familienhaushalte nicht per se überproportional von Einkommensarmut betroffen. Es wird jedoch auch deutlich, dass neben Singles (darunter viele Senioren), kinderreiche Familien sowie allein Erzerziehende überproportional häufig als einkommensarm zu bezeichnen sind. Im Zehnjahresvergleich ist zudem die Armutsbetroffenheit insbesondere von Personen in Paarhaushalten mit ein oder zwei Kindern gesunken. Festgehalten werden kann gleichwohl, dass Familien mit zu unterhaltenden Kindern jedenfalls keineswegs per se in der Wohlstandsverteilung gegenüber Paar- oder Einpersonenhaushalten stark benachteiligt sind. Das Schlagwort ‚Kinder machen arm‘ lässt sich so pauschal empirisch nicht halten. Familien, in denen Kinder leben, bilden vielmehr eine sehr heterogene Gruppe, die sozialen Zusammenhalt in der Gesellschaft ebenso repräsentiert wie soziale Polarisierungen. Festzuhalten bleibt aber auch das extrem hohe Armutsrisiko von Haushalten allein Erziehender (in der Regel Frauen) sowie die hohe Armutsquote von Kindern, Jugendlichen und jungen Erwachsenen, die sich bereits selbst an der Schwelle eigener Familiengründung befinden. Schließlich: Nach wie vor sind auch kinderreiche Familien deutlich überproportional von Armut betroffen.

2.4   Ursachenkomplexe familienbedingter Armut: Einkommensmöglichkeiten und -bedarfe

Während von Haushalts- und Familienmitgliedern im erwerbsfähigen Alter, etwa (ehemaligen) Lebenspartnern, eigene Beiträge zum Erwerbseinkommen grundsätzlich erwartet werden können, trifft dies auf durch Pflege- und Erziehungsaufgaben gebundene Erwerbspersonen nicht zu. Damit liegt eine erste Ursache familienbedingter Armut darin, aufgrund von familiärer Sorgearbeit kein oder zu wenig Markteinkommen erzielen zu können. Die Relevanz dieses Ursachenkomplexes hängt von verschiedenen Faktoren ab:

- von Erwerbsarbeit ermöglichenden Strukturen (etwa Teilzeitausbildungen für alleinerziehende Eltern) und Zugängen zum Beschäftigungssektor ermöglichenden Dienstleistungen (etwa Werkstätten für Menschen mit Behinderungen), im Betreuungsbereich (etwa Tagespflege für Senioren) sowie zu zeitlich verlässlichen Bildungsangeboten (Kindergärten, Schulen),
- davon, welche sozialen Sicherungsleistungen in Zeiten familiärer Sorgearbeit greifen (siehe Elterngeld und Pflegegeld) sowie
- von der Ausgestaltung des Unterhaltsrechts nach Trennung und Scheidung sowie der tatsächlichen Bedienung der hier statuierten privaten Unterhaltsrechte.

Von familienbedingter Einkommensarmut kann zweitens dann gesprochen werden, wenn zwar Erwerbseinkommen erzielt wird, Unterhaltsbedarfe von Familienmitgliedern das zur Armutsvermeidung nötige Haushalts- oder Familieneinkommen jedoch so weit steigen lassen, dass die Zahl der zu unterhaltenden Personen das verfügbare Erwerbseinkommen tatsächlich an die Armutsgrenze oder darunter sinken lässt. Hier würde das Einkommen also ohne Unterhaltsbedarfe der weiteren Familienmitglieder für ein Leben oberhalb der Armutsgrenze ausreichen. Ansatzpunkte zur Armutsvermeidung bilden in diesem Fall die Beeinflussung der Primäreinkommen (etwa über Mindestlöhne) bzw. der Sekundäreinkommen (z. B. über Steuererleichterungen oder das Kindergeld für junge und Renten für ältere Haushalts-/Familienmitglieder).

Ursachen familienbedingter Armut lassen sich damit insgesamt sowohl auf der individuellen, als auch der gesellschaftlichen Ebene erkennen. Ihr können Scheidung, mangelnde Bildungsanstrengungen, Unfälle, Behinderung oder der Tod von Erwerbspersonen ebenso zugrunde liegen wie ein mangelhafter Familienlastenausgleich, fehlende Kinderbetreuungsmöglichkeiten oder eine unzureichende soziale Sicherung. Dabei können individuelle und gesellschaftliche Ursachen ineinandergreifen und sich gegenseitig verstärken. Umgekehrt können auf individueller und gesellschaftlicher Ebene Vorkehrungen ergriffen werden, die Risiken oder ihre Folgen kompensieren oder minimieren.

2.5 Vermeidung familienbedingter Armut

In Deutschland zielen zahlreiche einzelne steuerliche und sozialrechtliche Maßnahmen direkt und gezielt auf die Beeinflussung der Einkommenslage von Ehen und Familien. Nicht alle aber sind mit Blick auf Armutslagen von Interesse, und noch vor ihnen kommt die private Umverteilung von Einkommen in Familien sowie die primäre Verteilung von Einkommen (und Vermögen) über den Markt. Daneben kommt nichtmonetären sozialen, beschäftigungs- und bildungsmäßigen Diensten und Hilfen eine hohe Bedeutung zu.

2.5.1 Primäreinkommen und familialer Unterhalt

Bei Erwerbspersonen steht selbst bei Ehepartnern vor privatrechtlichen Unterhaltsansprüchen zunächst die Pflicht, durch eigene Erwerbsarbeit oder Führung des Haushalts sowie über Einsetzung von Vermögen zum eigenen Unterhalt bzw. dem der Familie beizutragen (§ 1360 BGB). Dies gilt erst Recht für Kinder nach abgeschlossener Ausbildung sowie für ehemalige Ehe- oder Lebenspartner. Kindern und Kleinkinder Erziehenden (siehe etwa § 1615l BGB und § 10 SGB II) kann ein solcher Beitrag indes nicht abverlangt werden.

Die hohe Armutsbetroffenheit von Familien allein Erziehender macht deutlich, wie wichtig, aber auch wie unzureichend das private Unterhaltsrecht ist. Schätzungen gehen davon aus, dass nur ein Drittel der nach Trennung und Scheidung unterhaltspflichtigen Personen ihre Pflichten uneingeschränkt erfüllen, während ein weiteres Drittel nur unvollständig oder unregelmäßig Unterhalt leistet, ein Drittel ihn schließlich überhaupt nicht zahlt. Ansprüche auf Kindesunterhalt werden dabei verlässlicher bedient, als die Ansprüche ehemaliger Partner. Sozialrechtlich Abhilfe sucht hier das Unterhaltsvorschussgesetz zu leisten. Es begründet im Falle säumiger Unterhaltsverpflichteter auf Antrag den Anspruch Kindesunterhalt aus öffentlichen Mitteln, fordert diesen allerdings vom Unterhaltspflichtigen zurück. 2017 wurden Beschränkungen der Auszahlungsdauer des Unterhaltsvorschusses ebenso gelockert, wie die Altersbeschränkung für den Bezug auf jüngere Kinder, womit einer seit langem von armuts- und geschlechterpolitischer Theorie und Praxis erhobenen Forderung entsprochen wurde. Zur Armutsvermeidung im bürgerlichen Unterhaltsrecht gehört auch, die Höhe von Unterhaltspflichten so zu begrenzen, dass der/die Unterhaltspflichtige nicht selbst bedürftig wird. Die hohe Zahl an so genannten Mangelfällen, in denen das verfügbare Einkommen nicht reicht, um alle Unterhaltsansprüche zu bedienen, zeigt, dass das Unterhaltsrecht alleine nicht in der Lage ist, trennungsbedingte familiäre Einkommensarmut zu vermeiden. Mithilfe der gesetzlichen Neuregelung der Rangfolge im Unterhaltsrechts 2009 wurden diese Mangelfälle zwar nicht beseitigt, seitdem jedoch der Vermeidung von Kinderarmut Priorität eingeräumt.

Bei der Armutsvermeidung über Primäreinkommen spielt die branchenbezogene tarifliche und seit 2015 auch allgemeine gesetzliche Einführung von Mindestlöhnen eine wichtige Rolle. Diese knüpfen in ihrer Höhe aber nicht an das besagte Familienlohnkonzept der 1950er Jahre an, indem sie über den Armut vermeidenden Einkommensbedarf der Erwerbsperson hinausgingen. Damit bleibt für ausreichende Haushalts- und Familieneinkommen das effektive Zusammenspiel von (Mindest-)Löhnen einerseits und Sozialleistungen (insbesondere Kindergeld, Kinderzuschlag und Unterhaltsvorschuss) andererseits entscheidend.

2.5.2   Steuerpolitik und soziale Geldleistungen

Sozialleistungen zur Berücksichtigung familiärer Unterhaltsbedarfe geht allerdings zunächst das Steuerrecht vor. In der Lohn- und Einkommensteuer gilt das Prinzip der Besteuerung nach Leistungsfähigkeit. Zu diesem Grundsatz gehört, dass die Einkommensanteile steuerfrei zu stellen sind, die allein zur eigenen Existenzsicherung nötig sind sowie auch diejenigen, die zum existenznotwendigen Unterhalt unterhaltsberechtigter Angehöriger dienen. Zumindest darf die Besteuerung nicht zu Sozialhilfebedürftigkeit führen (vgl. Herzog 1993, S. 54f.). Hierzu sieht das Einkommensteuerrecht Freibeträge vor, deren Entlastungswirkung mit wachsendem Einkommen steigt.

Für die meisten Familien mit Kindern sind mit dem Kindergeld die steuerlichen Freibeträge für das Existenzminimum von Kindern bereits abgegolten (Optionsmodell). Damit ist das ausgezahlte Kindergeld allerdings keine reine Familien fördernde Sozialleistung, sondern zumindest teilweise schlicht eine Erstattung zu viel gezahlter Lohn- und Einkommensteuer. Für das Jahr 2018 deckt das Kindergeld mit 194 Euro pro Kind/Monat (bzw. 200 Euro für dritte und 225 Euro für vierte und weitere Kinder) in etwa die Hälfte des amtlich anerkannten sächlichen Existenzminimums in Höhe von 399 Euro ab (vgl. Deutscher Bundestag 2016). Dass wohlhabende Familien im Vergleich des steuerlichen und sozialrechtlichen Familienlastenausgleichs im Ergebnis besser abschneiden, als Familien unterer und mittlerer Einkommen, wird armuts- und verteilungspolitisch sowie mit Blick auf das sozialpolitische Prinzip der Bedarfsgerechtigkeit problematisiert. Zumindest bleibt festzuhalten, dass das Kindergeld bislang die Verbreitung familienbedingter Armut zwar deutlich mindert, aber nicht effektiv verhindert.

Einen zwiespältigen Beitrag zur Armutsvermeidung leistet die Ablösung des Erziehungsgeldes (1986-2006) durch das Elterngeld seit 2007. Hier wurde an die Stelle der mit engen Einkommensgrenzen versehenen zweijährigen Leistung in pauschaler Höhe von 300 Euro (die seit Einführung 1986 nicht erhöht wurde) eine einjährige Lohnersatzleistung gesetzt, die ebenfalls mindestens einen Sockelbetrag von 300 Euro umfasst. Das Elterngeld setzt damit über Transfereinkommen an dem Problem an, aufgrund familiärer Verpflichtungen kein oder in Teilzeit weniger Erwerbseinkommen als vor der Geburt des Kindes erzielen zu können (Opportunitätskosten), obwohl umgekehrt mit einer Geburt der Einkommensbedarf sogar steigt (direkte Kosten). Neben vielen Familien mittlerer und höherer Einkommensgruppen, die erst seit dem Systemwechsel vom Erziehungs- zum Elterngeld leistungsberechtigt sind, kann auch in unteren Einkommensgruppen der einjährige Lohnersatz in der Summe höher sein, als ehedem die zweijährige Pauschalleistung, zumal nun die Einkommensersatzrate von mindestens 65 Prozent des ausfallenden Nettoerwerbseinkommens unterhalb von 1.220 Euro in kleinen Schritten auf bis zu 100 Prozent ansteigt. Insbesondere für Fürsorgeempfängerinnen und -empfänger (Sozialhilfe, Arbeitslosengeld II), als eine der Hauptzielgruppen des ehemaligen Erziehungsgeldes, bedeutete die Ablösung durch das Elterngeld hingegen bereits eine Halbierung der Bezugsdauer (max. 14 statt 24 Monate). Seit 2011 wird das Elterngeld zudem (außer bei Erwerbstätigkeit vor der Geburt) voll auf die Fürsorgeleistungen angerechnet.

Die Sozialversicherungen zur Absicherung der großen Armutsrisiken Arbeitslosigkeit, Unfall, Krankheit, Pflege und Alter stellen den umfänglichsten Bereich des deutschen Sozialstaats und damit aller öffentlichen Sozialtransfers dar. Ohne diese Transfers hätte die Armutsquote in Deutschland 2014 bei 25 Prozent statt 16,7 Prozent gelegen (Halmer 2016, S. 23). Dabei sind nur einige Regelungen in den Sozialversicherungen explizit darauf gerichtet, familienbedingte Armut zu vermindern. So sieht das Arbeitslosengeld I (wie ehedem auch die Arbeitslosenhilfe) gestaffelte Lohnersatzraten (67 statt 63 Prozent) vor, wenn der/die Arbeitslose Kinder zu unterhalten hat. Ob hiermit im konkreten Einzelfall allerdings der kindbedingte Mindestmehrbedarf (zusammen mit dem Kindergeld) über- oder unterkompensiert wird, bleibt offen. Die gesetzliche Rentenversicherung sieht Witwen- und Waisenrenten vor, die beim Tod von Familienmitgliedern Schutz gegen Verarmung bieten sollen. Auch die Schaffung der gesetzlichen Pflegeversicherung 1995 setzt am Problem familienbedingter Armut an. Denn gestiegene Pflegebedarfe zusammen mit unzureichenden Mitteln im Alter für deren Bezahlung führten zuvor nicht nur zu einer immer stärkeren Bedeutung der Pflegeleistungen im Rahmen der Sozialhilfe, sondern auch zu verstärktem Rückgriff auf die Einkommen der Nachkommen Pflegebedürftiger. Diese erhielten umgekehrt für die Pflege von Familienmitgliedern keine Unterstützungen.

Als letztes soziales Netz zur Vermeidung familienbedingter Armut bleibt das Fürsorgerecht. Bei Familien mit niedrigem Einkommen kann sich trotz Erwerbsarbeit und Kindergeld das Problem stellen, dass das eigene Erwerbseinkommen nicht ausreicht, um jenseits von Armut die Differenz zwischen Kindergeld (194/220/225 Euro) und dem sächlichen Existenzminimum des Kindes von 399 Euro aufzubringen. Ohne weitere Sozialleistungen droht hier familienbedingte Armut trotz Erwerbsarbeit. Um in diesen Fällen Bedürftigkeit zu vermeiden, wurde im Jahr 2005 der Kinderzuschlag eingeführt. Diesen Zuschlag von maximal 170 Euro pro Kind/Monat (Stand 2017) erhalten nur Eltern, die den eigenen existenzminimalen Unterhaltsbedarf selbständig über Erwerbsarbeit decken können, ohne den Zuschlag jedoch aufgrund des Unterhaltsbedarfs der Kinder auf das Arbeitslosengeld II angewiesen wären. Zusammen mit dem Kindergeld können Familien an der Sozialhilfeschwelle damit seit 2018 bis zu 364 Euro pro Monat für erste und zweite Kinder erhalten. Dieser Betrag deckt dann unter Hinzurechnung von Wohngeldleistungen und denen des sog. Bildungs- und Teilhabepaketes fast das typisierte sächliche Existenzminimum von Kindern ab.

Die im Rahmen der Sozialhilfe (SGB XII) vorgesehene Grundsicherung im Alter und bei voller Erwerbsminderung (Arbeitsunfähigkeit) soll das Problem verschämter Altersarmut bekämpfen, das sich insbesondere bei niedrigen Renten aus der gesetzlichen Alterssicherung ergibt. Die Rentenversicherung informiert daher bei Bedarf auch regelhaft über die mögliche Ergänzung ihrer Leistungen durch die Grundsicherung. Vor Inkrafttreten der Grundsicherung im Alter 2004 machten viele Senioren ihren Anspruch auf ergänzende Sozialhilfe nicht geltend, da sie neben der stigmatisierenden Wirkung von Sozialhilfebezug auch den Unterhaltsrückgriff auf Familienangehörige fürchteten. Dieser ist nun in der Grundsicherung weitgehend ausgeschlossen. Sozialverbände berichten allerdings, dass entsprechende Ängste zum Teil weiterhin bestehen und vom Leistungsbezug abhalten.

2.5.3 Soziale Dienste

Jenseits bzw. in Ergänzung zu sozialrechtlichen Geldleistungen tragen soziale Dienstleistungen der Kinder- und Jugendhilfe sowie des weiteren Bildungssystems wesentlich dazu bei, familienbedingte Armut zu vermeiden – zum Teil bislang allerdings eher als Nebeneffekt und unzureichend denn systematisch. Sie richten sich, wie das Elterngeld, auf den ersten Ursachenkomplex familienbedingter Armut: eingeschränkte Möglichkeiten zur Erzielung von Markteinkommen aufgrund familiärer Sorgearbeit. Während das Elterngeld diese Einschränkungen über Geldleistungen wesentlich im ersten Lebensjahr des Kindes zu kompensieren sucht, zielen unter dem Slogan Vereinbarkeit von Familie und Beruf von kommunaler bis europäischer Ebene politische Bemühungen seit einigen Jahren verstärkt darauf, die Einschränkungen über (ganztätige) Bildungs-, Erziehungs- und Betreuungsangebote im Krippen-, Kindergarten- und Schulkindalter abzubauen. Während im Osten Deutschlands im Nachgang zur Beschäftigungs-, Familien-, Bildungs- und Sozialpolitik der DDR Krippen, ganztägig geöffnete Kindertagesstätten, Horte und Ganztagsschulen noch immer weit verbreitet und sozial akzeptiert sind, wendet sich in Westdeutschland die Jugendhilfe- und Schulpolitik erst allmählich vom ehedem dominierenden Leitbild der Hausfrauen- und Zuverdienerehe ab (vgl. Kuller 2004 sowie exemplarisch für Nordrhein-Westfalen: MAIS 2016, S. 281ff.). Auch wenn der Zugang zu Bildungsangeboten zunächst als Kinderrecht oder Recht des erwachsenen Staatsbürgers auf Erhalt einer Erziehung angesehen werden kann, so sind die Implikationen der Ausgestaltung von Bildungs-, Erziehungs- und Betreuungsangeboten für die Erwerbsmöglichkeiten von Müttern und Vätern – und damit zur Armutsprävention – nicht zu unterschätzen. Wie soll auch nur eine klassische Form der Teilzeitbeschäftigung (halbtags am Morgen) verlässlich gelingen, wenn die Grundschule erst zur dritten Stunde beginnt, Schulstunden ohne Vorwarnung und Alternativangebot ausfallen, der Kindergarten über Mittag und in den Ferien schließt. Jenseits von ‚Notgruppen‘ bleiben hier oft nur die Großeltern oder Fehlzeiten am Arbeitsplatz.

Ferner gewinnt jenseits – zum Teil innerfamiliär auch neben – dem Problem der Vereinbarkeit von Kindererziehung und Beruf sachlich und politisch das Problem der Vereinbarkeit der Pflege von Angehörigen mit eigener Berufstätigkeit an Gewicht. Auch hier sollen wahlweise Geld- und Sach- oder Dienstleistungen für Pflegebedürftige durch die Pflegeversicherung Abhilfe schaffen. Seit 2008 sieht das Pflegezeitgesetz für pflegende Angehörige die Möglichkeit einer zunächst sechsmonatigen, inzwischen auf bis zu zwei Jahre und um eine maximal zehntätige Lohnersatzleistung ausgeweitete Möglichkeit der Erwerbsunterbrechung bzw. -reduktion vor.

Bislang in ihrer armutspolitischen Bedeutung unterschätzt scheinen Angebote der Familienberatung, -bildung und -erholung sowie Hilfen zur Erziehung nach dem Kinder-

und Jugendhilfegesetz. Sie alle zielen auf ein gutes Familienklima und damit letztlich auch
darauf, einem Auseinanderbrechen von Familien aufgrund von Überforderungserfahrungen
oder innerfamiliären Konflikten entgegenzuwirken.

2.5.4 Weitere Beiträge zur Vermeidung familienbedingter Armut

Schließlich tragen auch die weitere Zivilgesellschaft und die Tarifpartner dazu bei, Ar-
mutsrisiken zu mindern (oder zu verschärfen). Das besonders hohe Armutsrisiko allein
Erziehender etwa lässt sich sicher nicht allein über einen Ansatzpunkt wirksam bekämpfen.
Gefordert sind hier sowohl die Familien selbst und ihr privates soziales Umfeld als auch die
Sozialpolitik, die Jugendhilfe und das Bildungssystem sowie schließlich auch Unternehmen,
die familiäre Sorgearbeit nicht als reine Privatangelegenheit ihrer Mitarbeiterinnen und
Mitarbeiter begreifen.

2.6   Armutsrisiken und -verschärfungen

Ebenfalls unterschätzt wurde die sich bereits heute (siehe Tabelle 1) abzeichnende Renaissance
der Altersarmut, die mit den mittelfristigen Wirkungen der Rentenreformen der 1990er und
2000er Jahre als faktischem Abschied von der Lebensstandardsicherung über die gesetzliche
Rente noch erheblich an Brisanz gewinnen wird. Armut im Familienkontext wird damit in
Zukunft deutlich ihr Gesicht verändern, ohne dass ihre weiblichen und jungen Züge bereits
überwunden wären. Dabei werden seit Jahren in vielen Orten mit niedrigschwelligen Angeboten der offenen und verbandlichen Jugendarbeit, der Familienbildung und -erholung,
von Kirchengemeinden und Bürgerhäusern soziale Dienste, Begegnungs- und politische
Bildungsgelegenheiten in prekären Personal- und Finanzsituationen belassen oder schlicht
abgebaut (s. etwa Pothmann 2016; www.moderne-regional.de/invisibilis/), mit Hilfe derer
Armutsfolgen gemindert, sowie Selbsthilfe- und Solidarisierungspotentiale von und mit
von Armut Betroffenen gestärkt werden können. Gerade sie können dabei Orte sein, an
denen Menschen vor Ort gemeinsam Vorstellungen von gutem Leben entwickeln und Teile
davon gemeinsam gestalten und damit Selbstwirksamkeit erfahren können.

Die Finanzsituation vieler sozialer Einrichtungen führt dabei auch zur Verteuerung der
Angebote für die Adressaten und so zu sozial selektiverer Inanspruchnahme. Im Elemen-
tarbereich lassen sich sowohl Landespolitiken zur Beitragssenkungen und -freistellung für
Eltern finden, als auch Beispiele für Beitragserhöhungen. Im Schul- und Hochschulbereich
liefern einige Bundesländer Beispiele, wie Lippenbekenntnisse zu *Jedes Kind braucht dieses
Land* und *Bildung ist der Schlüssel für soziale Integration* sich an einer Politik brechen, die
Bildung für Mitglieder armer Familien systematisch erschwert (vgl. Ministerium für Schule
und Weiterbildung des Landes Nordrhein-Westfalen 2006). Nicht nur haben die Ergebnisse
der PISA-Studie zur beispiellosen sozialen Selektivität des deutschen Bildungssystems
bislang nichts Wesentliches an dieser Struktur verändert, es werden auch im Kleinen etwa
Schulbuchkosten für Hartz-IV-Empfänger nicht länger übernommen. Schließlich trugen
in den 2000er Jahren die vorübergehende Einführung von Studiengebühren in etlichen

Bundesländern und trägt der derzeitige Ausbau gebührenfinanzierter privater Hochschulen nicht dazu bei, ihre Zugänglichkeit auch für Kinder ärmerer Familien zu fördern.

Diese breite Palette an Beispielen allein aus dem Bildungs- und Jugendhilfebereich lässt sich für weitere Armutsdimensionen fortsetzen, auch wenn in jedem Bereich neben armutsverschärfenden Tendenzen immer auch gegenläufige Beispiele benannt werden können. So gehörte zur Mindestsicherungspolitik der zweiten rot-grünen Bundesregierung neben der Rückführung der Arbeitslosenhilfe auf Sozialhilfeniveau auch die Einführung der Grundsicherung im Alter und des Kinderzuschlags.

Mit der Zusammenführung der Arbeitslosenhilfe und der Sozialhilfe zum Arbeitslosengeld II zum Jahresbeginn 2005 ging eine Neubemessung der Leistungsbeträge SGB II und SGB XII einher. Mit ihr wurden nicht nur ehemals einmalige Leistungen der Sozialhilfe pauschalisiert in den Regelsatz übernommen, auch die Prozentsätze vom Regelsatz für Kinder und Jugendliche wurden neu zugeschnitten. Während die Leistungshöhe für Kinder bis sechs Jahren von 55 auf 60 Prozent des vollen Regelsatzes angehoben wurde, erhielten Kinder zwischen sieben und dreizehn Jahren statt 65 nun ebenfalls 60 Prozent, Jugendliche 80 statt 90 Prozent. Nach der 2010 vor dem Bundesverfassungsgericht erzwungenen Neubemessung der Leistungsbeträge erhalten Kinder bis zum vollendeten sechsten Lebensjahr derzeit (2017) de facto 58 Prozent des Regelsatzes, Kinder zwischen sechs und dreizehn Jahren 71 Prozent und Jugendliche 76 Prozent (jeweils zuzüglich der zweckgebundenen Leistungen des sogenannten *Bildungs- und Teilhabepaketes* und abzüglich eines Euros pro Schultag für die Mittagsverpflegung in Kindertageseinrichtungen und Schulen vom Regelsatz). Während durch die Systemumstellung manche Fürsorgeempfängerinnen und -empfänger erst Zugang insbesondere zu den Leistungen der ‚aktiven‘ Arbeitsmarktpolitik erhielten, fielen etliche andere Arbeitslosenhilfebezieherinnen und -bezieher aufgrund vorhandener Partnereinkommen nun aus dem Kreis der Bezugsberechtigten hinaus. Dies konnte für Familien auch ein Abrutschen an die Armutsgrenze bedeuten. Ehemalige Bezieherinnen und Bezieher von Arbeitslosenhilfe mit der Einführung des Arbeitslosengeldes II verstärkt auf den Unterhalt durch Familienangehörige zu verweisen, steht in einer Linie mit nachfolgenden Gesetzesänderungen und -initiativen, die die öffentlichen Haushalte von Fürsorgekosten zulasten von Familien weiter entlasten sollen (etwa über eingeschränkte Möglichkeiten junger Erwachsener zum Auszug aus der elterlichen Wohnung oder über die Heranziehung der Einkommen von Stiefeltern in Bedarfsgemeinschaften zum Kindesunterhalt etc.).

So wird das Verhältnis zwischen familiären Unterhaltspflichten und Fürsorgeansprüchen prekärer. Sozialstaat (s. Auszugsgenehmigung), Bedürftige (etwa mangelnde eigene Bemühungen zur Überwindung der Bedürftigkeit) und Dritte (sh. verletzte Unterhaltspflichten) versuchen sich bisweilen gegenseitig auf Kosten der je anderen Sicherungsinstanz einer Verantwortung zu entziehen oder diese abzuschieben. Es lässt sich etwa fragen, ab wann von neuen Partnern auch finanzielle Verantwortung für Fürsorgeempfänger erwartet werden kann. Umgekehrt kann eine solche Erwartung aber auch neue Partnerschaften verhindern und das Recht auch von Fürsorgeempfängern verletzen, neue Beziehungen (zunächst) ohne finanzielle Folgen einzugehen.

2.7   Internationaler Vergleich

In Deutschland und Europa verhungern Kinder nicht aufgrund von Kriegen, Naturkatastrophen und unzureichender internationaler Hilfe, wie in manchen Ländern auf dem
afrikanischen Kontinent; Kinderarbeit ist verboten und dieses Verbot wird auch weitgehend
durchgesetzt. Im internationalen Kontext allerdings stoßen etwa Analysen relativer Einkommensarmut dort an Grenzen ihrer Aussagekraft, wo – insbesondere in sogenannten
Entwicklungs- und Schwellenländern – familienbedingte Armut und Kinderarbeit täglich
akut und chronisch das Leben bedrohen. Umgekehrt sind sozialstaatliche Interventionen
gegen Armut im Familienkontext kein Alleinstellungsmerkmal westlicher Industriestaaten
(vgl. Leisering et al. 2006) und ist bereits Europa ein zu weiter Raum, um von der Abwesenheit
lebensbedrohlicher Formen familienbedingter Armut zu sprechen. In St. Petersburg und
Bukarest schlafen Straßenkinder in der Kanalisation, in westeuropäischen Großstädten
betteln Mütter mit Kindern in Fußgängerzonen. Straßenkinder und im Zuge familiärer
Krisen arbeits-, wohnungs- und bindungslos gewordene Erwachsene sind in Deutschland
und Westeuropa vergleichsweise selten, aber es gibt sie (vgl. Janosch 2007). Im Vergleich von
EU-Staaten nimmt Deutschland bezogen auf relative Einkommensarmut einen Mittelplatz
ein (siehe hierzu den Beitrag von Benjamin Benz in diesem Band).

Das Bildungsniveau korreliert dabei stark mit dem Armutsrisiko: „Bildungsferne Haushalte verfügen demnach öfter über ein niedriges Einkommen. Das wirkt sich unmittelbar
auf andere Lebensbereiche wie die Wohnsituation oder die Gesundheit(schancen) aus und
bestimmt die Zukunftschancen von Kindern, die in diesen Haushalten aufwachsen (…).
Eine geringe formale Bildung tritt demnach sowohl als Ursache wie als Folge von erhöhter
Armutsgefährdung und niedrigem Einkommen auf.“ (Halmer 2016, S. 45) So waren europaweit 24,9 Prozent derjenigen mit einem niedrigen Bildungsabschluss armutsgefährdet.
Insbesondere in Bulgarien, Rumänien, Kroatien und Estland waren Personen des untersten
Bildungssektors stark von Armut bedroht. Obgleich auch in Deutschland höher gebildete
Personen seltener von Armut bedroht waren als andere, fiel ihre Armutsgefährdungsquote
im internationalen Vergleich recht hoch aus. Im Hinblick auf die Kinderarmutszahlen
wird deutlich, dass auch Kinder bildungsferner Haushalte häufiger von Armut betroffen
sind als Kinder bildungsstärkerer Familien. Dabei sind die entsprechenden Zahlen in Rumänien besonders alarmierend: Dort waren im Jahr 2014 knapp 40 Prozent aller Kinder
und Jugendlichen armutsgefährdet, aus bildungsfernen Haushalten waren es sogar 78,9
Prozent (vgl. ebenda, S. 48 und 54).

Sowohl Ein-Eltern- als auch kinderreiche Familien gelten als überdurchschnittlich
armutsgefährdete Haushaltstypen. Der EU-Ländervergleich zeigt jedoch, dass diese
Haushaltsformen in den skandinavischen Ländern Dänemark und Finnland besonders
gut geschützt werden. Insbesondere in Dänemark wichen die entsprechenden Armutsge-
fährdungsquoten nur unwesentlich vom Durchschnitt ab. Doch auch Deutschland sticht
bezüglich der Armutsgefährdung kinderreicher Familien in der Studie von Susanne Halmer
(2016, S. 49ff.) (entgegen der durchgängigen Befundlage in vielen anderen Untersuchun-

gen, s. etwa Tabelle 1) positiv hervor, denn diese lag hier mit 14 Prozent sogar unter dem nationalen Durchschnitt.

Die Verbreitung von Armut und Unterversorgung korreliert dabei im internationalen Vergleich – nicht nur bezogen auf Kinder und Jugendliche – deutlich mit der Art und dem Maß an Sozialstaatlichkeit in Kommunen, Regionen und Nationalstaaten. Weniger bedeutsam für die Häufigkeit von Armutslagen scheinen die Verbreitung familiärer Lebensformen (eheliche Kleinfamilie, Haushalte allein Erziehender etc.) zu sein, wenn sozialstaatliche Regelungen die gesellschaftliche Pluralität von Lebensformen berücksichtigen, statt zu sanktionieren. So gilt in den skandinavischen Ländern ein Individualsystem, welches sozialstaatliche Förderungen und Leistungen auf der Grundlage des Status als Staatsbürgerin bzw. Staatsbürger vorsieht. Eine arbeitnehmerfreundliche Kinderbetreuung, familienfreundlich ausgestaltete Arbeitszeiten sowie solide Transferzahlungen unterstützen ein Zwei-Verdiener-Modell und tragen zur Vereinbarkeit von Familie und Beruf bei (vgl. Matthies 2010, S. 56; Lewis und Ostner 1994, S. 27). Dies trägt insbesondere auch zu einer Entlastung von Ein-Eltern-Familien bei. Hier besteht beim deutschen Sozialstaat noch Nachholbedarf.

Folgt man den Wohlfahrtsregimetypen nach Esping-Andersen, so kann Deutschland dem konservativen (bzw. korporativen) Modell zugeordnet werden. Dieses transferiert hohe monetäre Leistungen an Familien, verfügt jedoch über ein vergleichsweise schwach ausgebautes Betreuungsnetz. Ehepaare genießen in Deutschland zudem einen Steuervorteil durch das sogenannte Ehegattensplitting. Eine Kombination aus langen Freistellungszeiten von der Erwerbsarbeit und einer weniger ausgeprägten Infrastruktur in der Kinderbetreuung andererseits tragen zur Förderung des männlichen Ernährermodells bei (vgl. Henry-Huthmacher 2004, S. 79; Hofäcker 2009, S. 69). So schützt und stützt er noch immer in hohem Maße eine geschlechtsspezifische Teilung von Erwerbs- und familiärer Sorgearbeit im Rahmen der ehelichen Familie, während er etwa im Westen der Republik eine Vereinbarkeit von Familie und Beruf für Mütter und Väter über quantitativ ausreichende, hinreichend flexible und qualitativ gute Infrastrukturangebote vor, in und neben der Schule bislang noch nicht flächendeckend gewährleistet. Auch bei der ökonomischen Sicherung von einkommensarmen Familien, Familien allein Erziehender und Familien mit mehr als drei Kindern über Erwerbseinkommen (etwa Mindestlöhne) sowie über Sozialleistungen (etwa Kindergeld), bieten andere EU-Staaten zum Teil bessere Bedingungen (s. MISSOC o. J.).

3   Armut im Familienkontext zwischen Familie, Gesellschaft, Markt und Staat

Familienbedingte Armut spielt sich in einem spannungsreichen Verhältnis der Sicherungsinstanzen Familie (Unterhalt und Sorgearbeit), Markt (Erwerbseinkommen, Güter- und Dienstleistungskonsum) und Staat (Soziale Geld-, Sach- und Dienstleistungen) ab. Ferner kommt dem gesellschaftlichen Raum im Rahmen von Selbst- und Nachbarschaftshilfe, gemeinnützigen Wohlfahrtsverbänden, genossenschaftlicher Hilfe, Sozialkassen und den Tarifvertragsparteien eine wichtige Rolle zu. Zur Vermeidung, Überwindung oder Linderung prekärer Lebenslagen sind Beiträge aller dieser Instanzen gefragt. Allerdings unterliegen sie stets der Versuchung, Zuständigkeiten auf die jeweils anderen Akteure abzuwälzen.

Die Sicht auf mögliche Ansatzpunkte gegen familienbedingte Armut lässt sich dabei durch Anschauung von Armutsverläufen und ihrer Überwindung ebenso schärfen, wie durch eine kritische Würdigung des fachlichen und politischen Diskurses zu Armut bei Familien. Was ist an familienbedingter Armut wirklich familiär bedingt?

Kreisläufe, Fahrstühle, …?

Zwar lässt sich offenbar auch nach Jahren zunehmender Armut in Deutschland nicht von einer „kulturell verwahrlosten neuen Unterschicht" sprechen (Groh-Samberg 2007, S. 177), die Dauer von Armutslagen spielt jedoch in ihren materiellen und psychosozialen Folgen für die Ressourcen von Menschen und ihre Aufstiegsperspektiven eine ebenso bedeutende Rolle, wie im Falle von (Langzeit-)Arbeitslosigkeit. Tagesstrukturierende Zeitabläufe können verloren gehen, Armut wirkt als Stress, der zu Vernachlässigung führen kann. Fehlende Aufstiegsmöglichkeiten lassen auch Aufstiegsbemühungen mit der Zeit schwinden. Wo in Familien Knappheit, Mangel und Sparsamkeit jede Alltagsentscheidung prägen, betreffen diese auch Aufwendungen für gesellschaftliches Engagement und politische Partizipation sowie Zukunftsinvestitionen in Kinder, die wiederum Kinder bekommen. So mag sich etwa in großstädtischen Problemquartieren nach inzwischen Jahrzehnten steigender Sozialhilfezahlen und wachsendem Niedriglohnsektor (working poor) Armut gleichsam zunehmend ‚sozial vererben' (Schütte 2013). Gegen ein Massenphänomen im Sinne des obigen Unterschichtenbildes sprechen hingegen Untersuchungen zu niedrigen Verweildauern von Familien im Sozialhilfe- und ALG-II-Bezug und vielfach festzustellende Bemühungen gerade von Familienhaushalten, aus prekären ökonomischen Lebenslagen aufzusteigen. Dies gilt, obwohl es bisweilen lediglich bis zu einem prekären Pendeln zwischen (ergänzendem) Sozialhilfebezug und Phasen jenseits von Fürsorgeleistungen im Niedriglohnsektor erfolgreich ist (vgl. Koller und Rudolph 2011). Brüchiger werdende Familien, ein wachsender und nur durch Mindestlohn nach unten begrenzter Niedriglohnsektor, (vor, durch und nach Hartz IV) geschliffene Fürsorge- und vorgelagerte Systeme des Sozialschutzes, noch nicht bedarfsdeckend vorhandene Bildungs-, Erziehungs- und Betreuungsangebote sowie ein vor allem für allein Erziehende und kinderreiche Familien unzureichender Familienlastenausgleich führen somit eher zu einem Paternoster der Armut bei Familien, denn zu einer allgemeinen Prekarisierung der Lebensbedingungen von Familien oder zu einem „Fahrstuhl-Effekt" (Beck 1986, S. 122) nach oben (aus der Armut) im Zuge allgemein gestiegenen gesellschaftlichen Wohlstands (Wirtschaftswachstum).

Kinderarmut im öffentlichen Diskurs

Armut lässt sich am öffentlichkeitswirksamsten im Hinblick auf Kinder thematisieren. Umgekehrt verhindert die Verbreitung und die weitere Zunahme von Kinderarmut nicht Einwände, im Vergleich zur Dritten Welt problematisiere man doch eher Ungleichheitsfragen in einer reichen und vergleichsweise sozial homogenen Gesellschaft, die über die Sozialhilfe/Hartz IV schließlich auch kein Kind in Armut fallen lasse (wobei das Asylbewerberleistungsgesetz meist unerwähnt bleibt). Insbesondere die Wohlfahrtsverbände tragen hier zu einer sachlichen und auf Handlungsmöglichkeiten in den eigenen Verbänden sowie auf Seiten der Politik zielenden Debatte bei, so der Paritätische Wohlfahrtsverband mit Analysen zum Sozialhilferegelsatz, die Arbeiterwohlfahrt zu Armutsfolgen und personalen Bewältigungsstrategien im Kindesalter sowie die Caritas mit Untersuchungen zu Auswirkungen der sogenannten ‚Hartz-Reformen‘ auf Familien. Auch der Deutsche Kinderschutzbund, Jugendverbände/-zentren und internationale Organisationen bringen das Thema Kinderarmut immer wieder in die politische Öffentlichkeit.

Politisch wird auf der Bundesebene seit einiger Zeit argumentiert, Sach- statt Geldleistungen, der Ausbau von Kinderbetreuungsangeboten oder eine Abschaffung der Elternbeiträge komme Kindern direkt zu Gute, während dies etwa bei Kindergelderhöhungen zweifelhaft sei. Dass ein Ausbau dieser Angebote, Investitionen in ihre pädagogische Qualität sowie eine bedarfsgerechte Flexibilisierung der Öffnungszeiten sinnvoll ist, wird dabei von keiner Partei im Bundestag mehr bestritten und ist auch in der Fachöffentlichkeit Konsens. Andererseits wird hier auch darauf hingewiesen, dass sich der Elementarbereich (anders als das Kindergeld) nur auf Kinder im Vorschulalter beziehe und dass in einkommensarmen Familien sehr wohl häufig versucht werde, das Haushaltsbudget prioritär für Bedarfe der Kinder zu verwenden.

Im öffentlichen Diskurs immer noch wenig problematisiert wird der Widerspruch zwischen der Diagnose die Geburtenrate müsse steigen, da die wertvolle ‚Humanressource Kind‘ zu knapp zu werden drohe, während andererseits viele real in Deutschland lebende Kinder und Jugendliche in Armut leben müssen und ihre sozialen und partizipativen Rechte tatsächlich nur schwer wahrnehmen und ihre Potentiale so kaum entfalten können.

Generationengerechtigkeit?

Dabei zeigt die Diskrepanz zwischen durchschnittlich gewünschter Kinderzahl von 1,8 Kindern je Frau und Mann einerseits und tatsächlich geborenen +/- 1,4 Kindern pro Frau/Mann andererseits an, dass Familien, Staat, Wirtschaft und Gesellschaft in der Tat bislang nicht zu einem Zusammenspiel finden, das hinreichend gute Lebensbedingungen und Perspektiven für ein Leben mit Kindern für möglichst viele (potenzielle) Familien schafft. Andererseits werden Fragen der demografischen Entwicklung politisch häufig gerade zur Rechtfertigung von Einschnitten in den Sozialstaat herangezogen, die tatsächlich die Lebensbedingungen vieler Familien und das Zutrauen junger Menschen in eine gute Zukunft für Kinder verschlechtern (vgl. Butterwegge und Klundt 2002). Hier wäre anstelle vermeintlicher ‚Zukunftsgerechtigkeit‘ politischer Maßnahmen vielmehr eine

‚gegenwartsgerechtere' Politik gefordert, die nicht zuletzt hilfreiche politische Antworten auf die Verbreitung familienbedingter Armut beinhalten muss (vgl. Benz 2005).

In immer wiederkehrenden Debatten wird jedoch unter Schlagworten wie ‚aussterbendes Volk' oder ‚Generationengerechtigkeit' eine Politik forciert, die statt Verteilungskonflikte zwischen Arm und Reich zu vermitteln, solche zwischen Familien und kinderlosen Bürgern sowie zwischen Alt und Jung sucht. Die im Jahr 2005 auf Druck des Bundesverfassungsgerichts eingeführte Regelung erhöhter Beiträge zur gesetzlichen Pflegeversicherung für kinderlose Versicherte beruht auf dem Gedanken ‚generativer Beitragsleistungen' von Eltern und soll hierfür einen Leistungsausgleich schaffen. Dabei bleibt völlig unklar, ob die Kinder dieser Beitragszahlenden später selbst zu Beitragszahlenden und tatsächlich familiäre Pflegeleistungen erbringenden Bürgerinnen und Bürgern werden und warum dies ihren Eltern in Form von Beitragsrabatten (obendrein unabhängig von der Zahl der Kinder) zuzurechnen ist.

Zu den Perspektiven familiärer Solidaritätspotentiale wirft die Demografiedebatte allerdings in der Tat wichtige Fragen zu Armut im Familienkontext auf. Nach dem Einbruch der Geburtenraten in Ostdeutschland im Zuge der Wiedervereinigung sind hier heute Ein-Kind-Familien weit verbreiteter als in Westdeutschland. Kinderlosigkeit ist dagegen eher im Westen, als in Ostdeutschland zu beobachten. Familiäre Netzwerke bedeuten neben sozialen Beziehungen im Quartier wichtige Schutzfaktoren und Hilfen gegen und in Armutslagen, die sich in Form von monetären und nichtmonetären Hilfen sowohl in Richtung der alten Generation, als auch von dieser ausgehend für junge Familien vollziehen (vgl. Szydlik 2002). Schwinden diese Solidaritätspotentiale durch fehlende Nachkommenschaft, Verarmung oder räumliche Mobilität, so hat dies auch Auswirkungen auf das nötige Maß und die konzeptionelle Art von sozialen Dienst- und Geldleistungen, nicht nur für Seniorinnen und Senioren. Umgekehrt entstehen durch die höhere Lebenserwartung verstärkt auch vier Generationen umfassende Familien, inklusive mit materiellen und zeitlichen Ressourcen gut ausgestatteter ‚junger Alter'. Auch ihre Lebenslagen, Potentiale und Perspektiven hängen an der je aktuellen Gestalt des Sozialstaats.

4   Ausblick und offene Fragen

4.1   Binnenverhältnisse und Wandel von Familienkontexten

Eine Leerstelle in der Forschung ist noch weitgehend das ökonomische Binnenverhältnis von Familienhaushalten. Wird Einkommen in Familien wirklich paritätisch verteilt (Gewichtung zwischen Generationen, Gewichtung zwischen erwerbstätigen und nicht erwerbstätigen Frauen und Männern etc.)? Eine zweite Forschungs- und auch politische Praxisfrage stellt sich in der Hinsicht, wie sich bei einer Entstandardisierung von Familienkontexten Unterhaltsansprüche und ihre Einlösung sicherstellen lassen? So mahnen Johannes Münder und Rüdiger Ernst:

„Angesichts der – langfristig wohl nicht reversiblen – Deinstitutionalisierung, Pluralisierung und Individualisierung erscheint es notwendig, dafür zu sorgen, dass das Familienrecht nicht zu einem reinen Individualrecht wird. Orientiert an und ausgehend von den realen Lebensverhältnissen der Beteiligten gilt es, dafür zu sorgen, dass reale Ungleichheit, individuelles Unterlegensein nicht auf dem Altar einer formalen Autonomie geopfert, sondern zum Anlass genommen wird, hieran anknüpfend Rechtsregelungen für die schutzbedürftigen, individuellen Familienmitglieder zu schaffen." (2009, S. 233)

Dieses in einen weiteren Kontext gestellt wirft die Frage auf, wie sich das Spannungsfeld der Individualisierung der persönlichen Beziehungen, der Arbeit und von Sozialleistungen einerseits und familialen Sorge-, Sicherheits- und Sicherungsbedarfen von Familien(mitgliedern) andererseits weiterentwickelt? Wie lassen sich Freiheit, Flexibilität und Mobilität einerseits, mit familialer Immobilität und Bindung andererseits in Einklang bringen, ohne dass hieraus Armut für einzelne Familienmitglieder oder Familien als Ganzes resultiert? Bei diesen Fragen sollte freilich im Blick bleiben, dass sich Bilder generell verflüchtigender sozialer Beziehungen und allumfassend um sich greifender Mobilitätsanforderungen empirisch bislang nicht halten lassen.

4.2   Refamiliarisierung des Sozialstaats?

Beide Fragen berühren die Chancen und Risiken einer möglichen Refamiliarisierung des Sozialstaats. Der Siebte Familienbericht des Bundes (vgl. BMFSFJ 2006) hat zurecht auf das Missverhältnis aufmerksam gemacht, das zwischen dem durchaus beachtlichen sozial- und steuerstaatlichen Leistungsbudget für Ehe und Familie in Form von Steuererleichterungen, Geldleistungen und Infrastrukturförderung einerseits und den damit bestenfalls mittelmäßig erreichten Zielen (Vereinbarkeit von Familie und Beruf, Geburtenrate, Armutsvermeidung) andererseits besteht. Familienpolitik spielt im deutschen Sozial- und Steuerstaat eine prominente Rolle, ohne jedoch bislang ein konsistentes Gesamtkonzept entwickelt zu haben, wie Familien in verschiedenen Lebenslagen und -phasen über politische Ebenen hinweg so unterstützt und geschützt werden können, dass familienbedingte Armut multidimensional und damit effektiv, präventiv und kurativ bekämpft wird. Internationale Vergleiche zeigen, dass hierzu unter den heutigen Bedingungen des Wirtschaftens und Arbeitens in westlichen Ländern nur ein ausgebauter Sozialstaat in der Lage ist – auch wenn er zugleich über Teilaspekte dieser Bedingungen (lohn-, steuer- und sozialstaatliche Standortkonkurrenz) unter Druck gerät.

Skandinavische Länder etwa verdeutlichten zumindest bislang, dass auch ein ausgebauter – und damit kostenintensiver – Sozialstaat, wirtschaftliches Wachstum und Beschäftigung nicht behindern muss. Zudem fällt auf, dass diese Länder neben einem (nicht: anstelle eines) gut ausgebauten monetären Leistungssektor(s) in einem hohen Maße auf den Ausbau einer an der Vereinbarkeit von Familie und Berufstätigkeit für beide Geschlechter ausgerichteten Infrastruktur in der Kinderbetreuung setzen. Die in den letzten Jahren in Deutschland (u. a. mit Einführung des Rechtsanspruches auf einen Krippenplatz 2013 und vermehrten

Ganztagsschulangeboten) forcierte Ausweitung des Kinderbetreuungssektors und damit einhergehende Anpassung an den Formierungsprozess familialer Erwerbsmuster weist in diese Richtung. Wie bei jeder anderen sozialstaatlichen Struktur ist deren Fortsetzung an soziale und politische Akzeptanz und Durchsetzung gebunden, gegen die sich immer auch Gegeninteressen formieren – ebenfalls teils erfolgreich (sh. die Einführung eines Betreuungsgeldes in Bayern).

Bei jedem Abbau des Sozialstaats (s. jüngst – 2017 – den fünfjährigen Ausschluss von EU-Bürgerinnen und -Bürgern vom Anrecht auf Sozialhilfe/Hartz IV) bzw. einem mittelschichtszentrierten Umbau (s. Elterngeld) stellt sich die Frage, inwieweit sich nicht Familien ihrerseits einer Refamiliarisierung der Befriedigung sozialer Bedarfe entziehen – letztlich zulasten schwacher Familienmitglieder. Kann ein Staat effektiv verhindern, dass zur Sorgearbeit fähige neue Paarbeziehungen gegenüber Sozialleistungsträgern verschwiegen oder gar nicht erst eingegangen werden, um Unterhaltspflichten zu vermeiden? Wie ließe sich verhindern, dass eine Refamiliarisierung des Sozialstaats die Aufrechterhaltung bestehender Bindungen konterkariert, in denen Menschen für einander Verantwortung übernehmen, Sorge tragen und Zuwendung schenken?

Literatur

Andrä, Helgard. 2000. Begleiterscheinungen und psychosoziale Folgen von Kinderarmut: Möglichkeiten pädagogischer Intervention. In *Kinderarmut in Deutschland. Ursachen, Erscheinungsformen und Gegenmaßnahmen*, Hrsg. C. Butterwegge, 270-285. Frankfurt a. M.: Campus.

AWO – Arbeiterwohlfahrt Bundesverband, Hrsg. 2005. *Zukunftschancen für Kinder. Wirkung von Armut bis zum Ende der Grundschulzeit. Endbericht einer Langzeitstudie (1997-2004)*. Bonn, Berlin, Frankfurt a. M.: AWO Bundesverband.

AWO – Arbeiterwohlfahrt Bundesverband, Hrsg. 2006. *Chancengerechtigkeit durch Bildung – Chancengerechtigkeit in der Bildung*. Sozialbericht 2006. Essen: Klartext.

Baum, Detlef. 2002. *Armut und Ausgrenzung von Kindern: Herausforderung für eine kommunale Sozialpolitik*. In *Kinderarmut und Generationengerechtigkeit. Familien- und Sozialpolitik im demografischen Wandel*, Hrsg. C. Butterwegge und M. Klundt, 173-188. Opladen: Leske + Budrich.

Beck, Ulrich. 1986. *Risikogesellschaft. Auf dem Weg in eine andere Moderne*. Frankfurt a. M.: Suhrkamp.

Benz, Benjamin. 2005. Demografie und Sozialstaat. In *Theorie und Praxis der sozialen Arbeit*, 56. Jg., Heft 4/2005: 22-28.

Benz, Benjamin. 2006. Bildungsleistungen und Bildungskosten von Familien. In *AWO*. 2006: 52-72.

BMFSFJ – Bundesministerium für Familie, Senioren, Frauen und Jugend, Hrsg. 2006. *Familie zwischen Flexibilität und Verlässlichkeit. Perspektiven für eine lebenslaufbezogene Familienpolitik, Siebter Familienbericht*. Berlin.

BMFSFJ – Bundesministerium für Familie, Senioren, Frauen und Jugend, Hrsg. 2009. *13. Kinder- und Jugendbericht*. Berlin.

Bunderegierung. 2016. *Lebenslagen in Deutschland. Der fünfte Armuts- und Reichtumsbericht der Bunderegierung*, Entwurf vom 12. Dezember 2016. Berlin.

Butterwegge, Christoph und M. Klundt, Hrsg. 2002. *Kinderarmut und Generationengerechtigkeit. Familien- und Sozialpolitik im demografischen Wandel.* Opladen: Leske + Budrich.

Der Paritätische, Gesamtverband. 2017. *Menschenwürde ist Menschenrecht. Bericht zur Armutsentwicklung in Deutschland 2017.* Berlin.

Deutscher Bundestag. 2001. *Lebenslagen in Deutschland. Daten und Fakten. Materialband zum Ersten Armuts- und Reichtumsbericht der Bundesregierung,* Drucksache 14/5990. Berlin

Deutscher Bundestag. 2005. *Lebenslagen in Deutschland – Zweiter Armuts- und Reichtumsbericht.* Drucksache 15/5015. Berlin.

Deutscher Bundestag. 2016. *Bericht über die Höhe des steuerfrei zu stellenden Existenzminimums von Erwachsenen und Kindern für das Jahr 2018 (11. Existenzminimumbericht),* Drucksache 18/10220. Berlin.

Eurostat. 2016. Glossar: Materielle Deprivation. http://ec.europa.eu/eurostat/statistics-explained/index .php/Glossary:Material_deprivation/de. Zugegriffen: 20. Februar 2017.

Halmer, Susanne. 2016. *Armut in der Europäischen Union – Länder, Regionen, Städte.* Wien: Österreichische Gesellschaft für Politikberatung und Politikentwicklung. http://www.politikberatung. or.at/ uploads/media/Armut_in_der_EU_2016.pdf. Zugegriffen: 12. März 2017.

Hauser, Richard. 2002. *Soziale Indikatoren als Element der offenen Methode der Koordinierung zur Bekämpfung von Armut und sozialer Ausgrenzung in der Europäischen Union,* Vortrag am 19. Februar 2002 in Berlin.

Hegel, Georg Wilhelm Friedrich. 1820/1970. *Grundlinien der Philosophie des Rechts. Oder: Naturrecht und Staatswissenschaft im Grundrisse.* Stuttgart: Reclam.

Henry-Huthmacher, Christine. 2004. Familienpolitik in der Europäischen Union. Bevölkerungsorientierung trägt Früchte. Ein Vergleich. *Die politische Meinung* Heft 413: 77-82.

Herzog, Roman. 1993. *Familie und Familienpolitik in der Rechtsprechung des Bundesverfassungsgerichts.* In BMFuS (Bundesministerium für Familie und Senioren), Hrsg. 1993. 40 Jahre Familienpolitik in der Bundesrepublik Deutschland. Rückblick – Ausblick. Neuwied, Kriftel, Berlin: Luchterhand. 53-62 .

Hofäcker, Dirk. 2009. Vom Ernährer- zum Zweiverdienermodell – Bestandsaufnahme und internationale Perspektiven. In *Ifb-Familienreport Bayern 2009. Schwerpunkt: Familie in Europa,* Hrsg. T. Mühling und H. Rost, 65-97. Staatsinstitut für Familienforschung an der Universität Bamberg. http://www.ifb.bayern.de/imperia/md/content/stmas/ifb/materialien/familienreport_2009_mat_2009_6.pdf. Zugegriffen: 20. Februar 2017.

ISS – Institut für Sozialarbeit und Sozialpädagogik, Hrsg. 2012. *Lebenslagen und Zukunftschancen von (armen) Kindern und Jugendlichen in Deutschland, 15 Jahre AWO-ISS-Studie,* ISS Aktuell 23/2012. Frankfurt a. M.: ISS.

Janosch, Clemens. 2007. *un-gewohnt – Wohnungslose Menschen stellen sich vor,* Freiburg im Breisgau: Lambertus

Koller, Lena und H. Rudolph. 2011. *Viele Jobs von kurzer Dauer – Arbeitsaufnahme von SGB-II-Leistungsempfängern,* IAB-Kurzbericht 14/2011. Nürnberg: IAB.

Kuller, Christiane. 2004. *Familienpolitik im föderativen Sozialstaat. Die Formierung eines Politikfeldes in der Bundesrepublik 1949–1975.* München: Oldenbourg.

Landenthin, Volker. 2005. Der Familie geht es besser als je zuvor. Gastbeitrag. *Süddeutsche Zeitung* vom 6. Januar 2005, 2.

Leisering, Lutz, P. Buhr und U. Traiser-Diop. 2006. *Soziale Grundsicherung in der Weltgesellschaft. Monetäre Mindestsicherungssysteme in den Ländern des Südens und es Nordens.* Bielefeld: Transkript.

Lewis, Jane und I. Ostner. 1994. *Gender and the Evolution of European Social Policies.* ZES-Arbeitspapier Heft 4. Bremen: Zentrum für Sozialpolitik, Universität Bremen.

MAIS – Ministerium für Arbeit, Integration und Soziales des Landes Nordrhein-Westfalen, Hrsg. 2016. *Sozialbericht NRW 2016. Armuts- und Reichtumsbericht.* Düsseldorf.

Matthies, Aila-Leena. 2010. Was wirkt gegen Kinderarmut? Finnland – Ein Beispiel des nordischen familienpolitischen Modells. In M. Zander. *Kinderarmut. Ein einführendes Handbuch für Forschung und soziale Praxis,* 2. Aufl., 52-69. Wiesbaden: VS Verlag für Sozialwissenschaften.

Meier-Gräwe, Uta, H. Preuße und E. Sunnus. 2003. *Steckbriefe von Armut. Haushalte in prekären Lebenslagen.* Wiesbaden: VS Verlag für Sozialwissenschaften.

Mogge-Grotjahn, Hildegard. 2004. *Gender, Sex und Gender Studies. Eine Einführung.* Freiburg im Breisgau: Lambertus.

Ministerium für Schule und Weiterbildung des Landes Nordrhein-Westfalen, Hrsg. 2006. *Jedes Kind mitnehmen! Das neue Schulgesetz in Nordrhein-Westfalen.* Düsseldorf.

MISSOC – Gegenseitiges Informationssystem für soziale Sicherheit. o. J.. Vergleichende Tabellen. Kapitel IX. Familienleistungen. www.missoc.org/MISSOC/INFORMATIONBASE/COMPARA TIVETABLES/MISSOCDATABASE/comparativeTablesSearchResultTree_de.jsp. Zugegriffen: 31. Mai 2017.

Münder, Johannes und R. Ernst. 2009. *Familienrecht. Eine sozialwissenschaftlich orientierte Darstellung,* 6. Aufl. München: Luchterhand

Peuckert, Rüdiger. 2012. *Familienformen im sozialen Wandel.* 8. Aufl. Wiesbaden: Springer VS.

Pothmann, Jens. 2016. Abbau oder Umbau? Ein Rückgang in der Kinder- und Jugendarbeit mit vielen Fragezeichen. In *KOM DAT – Kommentierte Daten der Kinder- & Jugendhilfe,* Heft 2/2016: 12-16.

Robert Koch Institut, Hrsg. 2005. *Armut, soziale Ungleichheit und Gesundheit. Expertise zum 2. Armuts- und Reichtumsbericht der Bundesregierung.* Berlin.

Schütte, Johannes D. 2013. *Armut wird „sozial vererbt". Status Quo und Reformbedarf der Inklusionsförderung in der Bundesrepublik Deutschland.* Wiesbaden: Springer VS.

Szydlik, Marc. 2002. Familie – Lebenslauf – Ungleichheit. In *Aus Politik und Zeitgeschichte* Heft B 2223/2002: 7-9.

UNICEF – Kinderhilfswerk der Vereinten Nationen. 2012. Ergebnisse der UNICEF-Vergleichsstudie 2012. Kinderarmut in reichen Ländern: Mittelplatz für Deutschland. https://www.unicef.de/informieren/ materialien/ergebnisse-der-unicef-vergleichsstudie-2012--kinderarmut-in-reichen-laendern--mittelplatz-fuer-deutschland/17388. Zugegriffen: 20. Februar 2017.

ZFF – Zukunftsforum Familie, Hrsg. 2005. *Politik für die Vielfalt der Familie. Familienpolitische Grundlagen des ZFF.* Bonn: ZFF.

Altern und Soziale Ungleichheiten: Teilhabechancen und Ausgrenzungsrisiken

Susanne Kümpers und Monika Alisch

Zusammenfassung

Die Teilhabechancen und Ausgrenzungsrisiken unterschiedlicher sozialer Gruppen älterer Menschen sind in der Gesellschaft ungleich verteilt. Dabei markiert Armut im Alter, gemessen am sozio-ökonomischen Status, eine Lebenslage mit gravierenden Einschränkungen für ein selbstbestimmtes Leben. Armut im Alter ist insofern besonders, als sie meist unumkehrbar ist. Darüber hinaus bestimmt der enge Zusammenhang zwischen dem sozioökonomischen Status und dem Gesundheitszustand und dem Zugang zu gesundheitlicher, medizinischer und pflegerischer Versorgung mit zunehmendem Alter wesentlich die individuellen Verwirklichungschancen und ist somit als Ausgangsbedingung für soziale Teilhabe relevant. Es bestehen Wechselwirkungen der (vertikalen) Besser- bzw. Schlechterstellungen innerhalb einer Gesellschaftsordnung, die mit dem Begriff der sozialen Ungleichheit gefasst und mit Hilfe des Schichtindexes (Einkommen, Bildungsabschluss, berufliche Position) gemessen werden, mit anderen (horizontalen) sozialen Merkmalen (Geschlecht, ethnische Zugehörigkeit, Behinderung, sexuelle Orientierung) einerseits und mit den Bedingungen des Sozialraums andererseits. Dieses Zusammenspiel ist für Teilhabechancen wie Ausgrenzungsrisiken im Alter von Bedeutung.

Schlagworte

Partizipation; Altersarmut; Exklusion; Sozialraum; Intersektionalität; alte Frauen; Homosexualität im Alter; Alter und Migration; Älterwerden mit Behinderung

1   Einführung

Innerhalb der älteren Bevölkerung sind die Zugangschancen zu sozialer Teilhabe, gesundheitlicher Versorgung und Formen des Engagements in der Gesellschaft ungleich verteilt. In diesem Beitrag stehen die strukturellen Entwicklungen und Perspektiven ungleicher Lebenslagen und Verwirklichungschancen im Alter bezogen auf die Teilhabechancen und Exklusionsrisiken unterschiedlicher sozialer Gruppen älterer Menschen im Zentrum. Dabei markiert Armut im Alter, gemessen am sozio-ökonomischem Status eine Lebenslage mit gravierenden Einschränkungen für ein selbstbestimmtes Leben. Darüber hinaus bestimmt der enge Zusammenhang zwischen dem sozioökonomischen Status und dem Gesundheitszustand und dem Zugang zu gesundheitlicher, medizinischer und pflegerischer Versorgung mit zunehmendem Alter wesentlich die individuellen Verwirklichungschancen und ist somit als Ausgangsbedingung für soziale Teilhabe und Engagement relevant.

Quer zu den vertikalen Formen sozialer Ungleichheit sind Wechselwirkungen mit anderen sozialen Merkmalen für individuelle Teilhabechancen und Ausgrenzungsrisiken im Alter von Bedeutung: Benachteiligte ältere und hochaltrige Frauen sind als vulnerable soziale Gruppe mit ihren Unterstützungsbedarfen und Sorgeleistungen ebenso für eine Einschätzung von Teilhabe und sozialer Ausgrenzung in den Blick zu nehmen wie die wachsende Zahl älterer Migrantinnen und Migranten, Menschen, die körperlich oder geistig behindert alt geworden sind oder Frauen und Männer, die aufgrund ihrer sexuellen Orientierung Barrieren des Ressourcenzugangs und der Versorgung im Alter erfahren.

2   Altersarmut

Altersarmut kann und soll nicht gegen die Armut anderer Gruppen ausgespielt werden, schon gar nicht gegen die Armut von Kindern. Dennoch ist Armut im Alter besonders: Sie ist meist unumkehrbar; älteren Menschen gelingt es in der Regel nicht, der Armut wieder zu entkommen (Geyer 2014; Goebel und Grabka 2011). Angesichts abnehmender physischer und psychischer Widerstandsfähigkeit und zunehmenden Einschränkungen wächst im höheren Alter insbesondere bei sozial benachteiligten Gruppen deren Vulnerabilität. Sozial benachteiligte ältere Menschen sind hier doppelt gefährdet: Ihre Wohnbedingungen – z. B. ungeeignete Wohnungslagen und -ausstattungen, Mobilitätsbarrieren und Unsicherheiten im Wohnumfeld – sind vielfach prekär, ihre psychosozialen, physischen und finanziellen Reservekapazitäten in der Regel niedriger als bei weniger benachteiligten Gruppen. Dadurch sind sie ‚anfällig‘ für krisenhafte Situationen von manifester Armut, sozialer Exklusion und Unterversorgung (Schröder-Butterfill und Marianti 2006).

Die Entwicklung künftiger Altersarmut ist politisch und wissenschaftlich umstritten. Es ist methodisch voraussetzungsvoll, die Entwicklung der Alterseinkommen zuverlässig vorherzusagen (Grabka und Rasner 2013). Einigkeit besteht darin, dass die Altersarmut derzeit die Armut der Gesamtbevölkerung statistisch unterschreitet (vgl. Goebel und

Grabka 2011) – allerdings abnehmend und nur noch geringfügig (Bäcker und Schmitz 2013). Gleichzeitig gehen viele Autoren und Autorinnen von einem relevanten Anstieg der Altersarmut in den kommenden Jahren und Jahrzehnten aus (vgl. Bäcker 2011; Bäcker und Schmitz 2013; Faik und Köhler-Rama 2013; Goebel und Grabka 2011; Geyer 2014), z. T. insbesondere für Ostdeutschland (vgl. Geyer und Steiner 2010).

Es ist jedoch umstritten, ob als Altersarmut (1) der Bezug der Grundsicherung im Alter und bei Erwerbsminderung nach dem Vierten Kapitel des Zwölften Buches Sozialgesetzbuch (SGB XII), die seit 2003 die Sozialhilfe im Alter abgelöst hat, oder (2) die in der EU gängige Definition des Armutsrisikos als Einkommensbezug unterhalb von 60 Prozent des Medianeinkommens gelten soll. Das Niveau der Grundsicherung liegt deutlich unterhalb der Armutsrisikoschwelle (Goebel und Grabka 2011). Aus dieser Perspektive stellt die Grundsicherung keinen Schutz vor Armut dar; sie ermöglicht keine ausreichende gesellschaftliche Teilhabe – und erhöht insofern das Risiko sozialer Ausgrenzung (Becker 2012). Aktuelle Zahlen zeigen, dass bisher ein relativ geringer Prozentsatz der Älteren Grundsicherung in Anspruch nimmt (im Jahr 2012: Zwei Prozent der über 65-Jährigen in den östlichen, drei Prozent in den westlichen Bundesländern, vgl. Bundesamt für Statistik 2013). Allerdings stiegen die Zahlen der Betroffenen seit Einführung der Grundsicherung zum 01.01.2003 jährlich sowohl absolut (von 257.734 auf 532.000 im Juni 2016) als auch relativ (die Leistungsempfängerquote stieg von 1,7 auf 3,0 Prozent) (Schräpler et al. 2015). Frauen sind dabei – besonders in den westlichen Bundesländern – mit 59 Prozent deutlich häufiger betroffen als Männer mit 41 Prozent (Statistisches Bundesamt 2016). Außerdem nimmt ein wesentlicher Teil der Berechtigten die Grundsicherung nach wie vor nicht in Anspruch. Schätzungen hierzu gehen von über 50 Prozent aus (Becker 2012, SOEP-Daten: 68 Prozent). Die Nicht-Inanspruchnahme wird mit der Scham der Betroffenen, mit fehlender Information und mit einem befürchteten Elternunterhalt begründet: Bedürftige Eltern wollen häufig nicht, dass ihre Kinder für sie finanziell in die Verantwortung genommen werden, bzw. auch nur vom Sozialamt hinsichtlich ihrer Zahlungsfähigkeit überprüft werden; oft ist die Höhe der Einkommensgrenze für den Elternunterhalt nicht ausreichend bekannt.

Aus den genannten Gründen ist die Armutsrisikoquote deutlich höher als die Grundsicherungsquote – im Jahr 2013 um ein Fünffaches (vgl. Geyer 2015). Die Armutsrisikoquote für über 65-Jährige in Deutschland lag im Jahr 2013 bei 14,3 Prozent (und damit um 1,3 Prozent unter der Quote der Gesamtbevölkerung); die der über 65-jährigen Frauen lag hier bei 16,2 Prozent, die der Männer bei 12 Prozent (Deckl 2013; Schräpler et al. 2015). Insbesondere in Bayern, Rheinland-Pfalz und im Saarland sind die Armutsrisikoquoten für Frauen besonders hoch – dies hängt mit (in der Vergangenheit) vergleichsweise niedrigen Beschäftigungsquoten von Frauen zusammen (Schräpler et al. 2015).

Auf eine in Zukunft weiter steigende Altersarmut deutet auch das seit Jahren sinkende Niveau der Eingangsrenten in der gesetzlichen Rentenversicherung (GRV). Die Problematik für die Zukunft wird deutlich, wenn man folgende Faktoren mit einbezieht:

1. Angehörige der zwei unteren Einkommensquintile sind an den sogenannten Riester-Verträgen zur privaten Altersvorsorge kaum beteiligt (22,1 Prozent im untersten und 27,2 Prozent im zweiten Einkommensquintil im Jahr 2010). Sie können so das sinkende Rentenniveaus in der Gesetzlichen Rentenversicherung (GRV) kaum kompensieren (Geyer 2011); die Rente aus der GRV deckt für diese Gruppen aber stabil (1994 bis 2009) ca. 80 Prozent des Haushaltsbruttoeinkommens ab (Goebel und Grabka 2011).
2. Mehrfach- und Langzeitarbeitslosigkeit im Lebensverlauf, deren Absicherung in der GRV seit dem Jahr 2000 in mehreren Stufen abgesenkt und 2011 ganz eingestellt wurde, (Geyer 2014) sowie die Zunahme von Niedriglohn- und Teilzeitbeschäftigung führen zu weiter sinkenden Entgeltpunkten in der GRV (Bäcker und Schmitz 2013).
3. Weitere Abschläge (3,6 Prozent pro Jahr) ergeben sich für diejenigen, die – aufgrund fehlender Beschäftigungsmöglichkeiten oder eingeschränkter Erwerbsfähigkeit – nicht bis zum Zeitpunkt des abschlagsfreien Renteneintritts arbeiten können (Geyer 2014).
4. Aus diesen Gründen wird vor einer sich verschärfenden „sozialen Polarisierung des Alters (ge)warnt" (Bäcker 2011, S. 9).

Bestimmte Gruppen sind – gegenwärtig und zukünftig – besonders vom Armutsrisiko im Alter betroffen:

- *Geringverdienerinnen und Geringverdiener* mit längeren Phasen von Unterbeschäftigung bzw. Langzeitarbeitslosigkeit, vor allem in Ostdeutschland (Simonson et al. 2012), wo zudem Vermögen in geringerem Maß zur Kompensation von Einkommensarmut beiträgt.
- *Menschen mit Migrationshintergrund*: Im Jahr 2011 bezogen 12,7 Prozent der nichtdeutschen Älteren im Vergleich zu 2,1 Prozent der deutschen über 65 Jahre Grundsicherung (Seils 2013). Als armutsgefährdet galten im Jahr 2013 fast ein Drittel der Älteren über 65 Jahren mit Migrationsgeschichte (gegenüber 14,3 Prozent aller Älteren über 65 Jahren) (Schräpler et al. 2015).
- *Alleinlebende – insbesondere Frauen*: Alleinleben steigert die Vulnerabilität gegenüber Einkommensrisiken aufgrund verringerter Kompensationsmöglichkeiten (vgl. Bäcker 2011). Dies gilt insbesondere dann, wenn keine oder nur geringe abgeleitete Ansprüche gegenüber einem verstorbenen Ehegatten bestehen (*Witwenrente*).
- *Hochaltrige Frauen*: nach Goebel und Grabka (2011, S. 15) ist die Armuts- bzw. Armutsrisikoquote der über 76-Jährigen jeweils deutlich (von ca. 25 bis über 50 Prozent) gegenüber den ‚jüngeren' Älteren erhöht.
- *Menschen mit chronischen Erkrankungen*: Chronische Erkrankungen und Multimorbidität, die die Möglichkeit der Erwerbstätigkeit einschränken, sind mit einem erhöhten Armutsrisiko im Alter assoziiert (Hagen und Himmelreicher 2014).

3 Soziale Ungleichheit und Gesundheit im Alter

Sozialepidemiologische Forschungen zeigen relevante Auswirkungen sozioökonomischer Unterschiede und der damit zusammenhängenden Lebenslagen auf Morbidität (Erkrankung), Mortalität (Sterblichkeit) und Lebenserwartung. Die unterschiedlichen Lebenslagen und mit ihnen verbundene ungleiche Gesundheitsbelastungen bzw. gesundheitsbezogene Ressourcen haben langfristige, d. h. über mehrere Dekaden hinweg andauernde psychische und physische Gesundheitseffekte für die von Benachteiligungen betroffenen Personen (Dragano und Siegrist 2009). Zusätzlich liegen vielfältige Befunde für Zusammenhänge zwischen Aspekten der aktuellen Lebenslage (gemessen durch Schichtindizes und andere sozioökonomischen Indikatoren wie bspw. Durchschnittseinkommen im Wohnbezirk) und diversen Gesundheitsoutcomes (hinsichtlich Morbidität – z. B. Häufigkeit von Hüftfrakturen, subjektive Gesundheit, Anzahl chronischer Krankheiten – und Einschränkungen, Mortalität und Lebenserwartung) vor, so dass von einer Kombination von einerseits langfristigen kumulativen lebenslaufbezogenen Effekten und andererseits relativ kurzfristigen Auswirkungen aktueller Lebenslagen und Lebensstile ausgegangen werden kann.

Lampert und Kroll (2014) zeigten beispielsweise eine um mehr als 10 Jahre kürzere allgemeine Lebenserwartung von Männern mit der niedrigsten Einkommensstufe (< 60 Prozent des Medianeinkommens) im Vergleich zu Männern der höchsten Einkommensstufe (> 150 Prozent des Medianeinkommens) in Deutschland. Im Hinblick auf die gesunde Lebenserwartung (Jahre ohne gravierende Krankheit und Einschränkung) betrug dieser Unterschied fast 15 Jahre. Für Frauen waren die ermittelten Unterschiede um circa 20 bis 30 Prozent geringer. Dabei ist zu beachten, dass Männer in der niedrigsten und zweitniedrigsten (60 bis 80 Prozent des Medianeinkommens) Einkommensstufe und Frauen der niedrigsten Einkommensstufe eine durchschnittliche gesunde Lebenserwartung haben, die das gesetzliche Renteneintrittsalter um mehrere Jahre unterschreitet.

Zwischen sozioökonomischem Status, sozialer Teilhabe und Gesundheit sind Wechselwirkungen festzustellen: Gesundheit wirkt sowohl als Effekt *von* als auch als Voraussetzung *für* gelungene soziale Teilhabe. Gerade dieser Zusammenhang verstärkt sich mit höherem Alter. Beide werden durch einen niedrigen sozioökonomischen Status tendenziell negativ beeinflusst (Bukov et al. 2002). Andererseits kann gelingende soziale Teilhabe negative Statuseffekte teilweise kompensieren (Kroll und Lampert 2007).

4 Ungleichheit und Teilhabechancen

Der folgende Abschnitt beschäftigt sich mit sozialer Teilhabe in ihren unterschiedlichen Facetten (von persönlichen sozialen Netzwerken bis zur Teilhabe an formellen Rollen des bürgerschaftlichen Engagements) und mit (ungleich verteilten) Ressourcen für oder Effekten von sozialer Teilhabe der älteren Bevölkerung.

Soziale Teilhabe wie auch Gesundheit und Lebensqualität werden je nach Fragestellung als Ressource oder als Outcome betrachtet. Gesundheit ermöglicht soziale Teilhabe; gleichzeitig wirkt letztere gesundheitsförderlich, bzw. ihr Fehlen als manifestes Gesundheitsrisiko. Einerseits geht es um die Bedeutung dieser Zusammenhänge für Einzelne bzw. Gruppen. Dabei wird soziale Teilhabe von ihrer Bedeutung für die Handelnden, „als sinnvolle Handlungsperspektive für ältere Menschen" (Backes und Höltge 2008, S. 278) her beschrieben. Andererseits geht es um den Nutzen sozialer Teilhabe für das Gemeinwohl, um seine Bedeutung für das Funktionieren und die Kohäsion der Gemeinwesen (auf lokaler, regionaler oder gesamtgesellschaftlicher Ebene).

4.1 Bedeutungen von sozialer Teilhabe

Im Konzept der Verwirklichungschancen gehört selbstbestimmte und gestaltende soziale Teilhabe zu den „zentralen menschlichen Funktionsfähigkeiten", wie sie von Martha Nussbaum identifiziert und definiert wurden (Nussbaum 2003, S. 12ff.). Damit wird soziale Teilhabe zu einer grundlegenden Voraussetzung für ein menschliches bzw. menschenwürdiges Dasein. Als Orientierung ist außerdem die Konzeptualisierung und Operationalisierung von Teilhabe in der Internationalen Klassifikation der Funktionsfähigkeit, Behinderung und Gesundheit (International Classification of Functioning, Disability and Health, ICF) von Bedeutung.

Als Partizipation oder Einbezogensein in alle Bereiche des Lebens und Partizipationseinschränkungen, die sie erfahren (Funktionsfähigkeit einer Person als Mitglied von Gesellschaft), bildet Partizipation (Teilhabe) eine von vier Kerndimensionen dieses Konzepts (WHO und DIMDI 2005). Dieser Dimension sind neun Bereiche zugeordnet: Lernen und Wissensanwendung, allgemeine Aufgaben und Anforderungen, Kommunikation, Mobilität, Selbstversorgung, häusliches Leben, interpersonelle Interaktionen und Beziehungen, Gemeinschafts-, soziales und staatsbürgerliches Leben. Die ICF versteht damit Behinderung als einen Effekt der Wechselwirkung zwischen individuellen Einschränkungen von Funktionsfähigkeit und gesellschaftlich gestalteten Kontextfaktoren.

Der Begriff der sozialen Teilhabe wird allerdings je nach Handlungsfeld tendenziell mit unterschiedlichen Bedeutungen gebraucht: Das Spektrum reicht vom schlichten Dabeisein, mit Anderen sein, mittun, mithelfen, bis hin zum Mitgestalten und Mitentscheiden (was mit Selbstbestimmung und Partizipation verbunden ist). Soziale Teilhabe wird in unterschiedlichen Kontexten und für unterschiedliche Gruppen zum Thema gemacht, besonders dann, wenn sie bedroht erscheint. Sie wird je nach Kontext und vermuteten oder festgestellten Defiziten unterschiedlich (weit) gefasst, wie die folgenden Beispiele zeigen:

- Im Hinblick auf Menschen mit Migrationshintergrund wird soziale Teilhabe mit dem Fokus „einer gleichberechtigten Einbeziehung von Individuen und Organisationen in gesellschaftliche Entscheidungs- und Willensbildungsprozesse" eingeführt (vgl. Beauftragte der Bundesregierung für Migration, Flüchtlinge und Integration 2013, S. 1).

- Als „Dazugehören, beteiligt sein, mitarbeiten, gefragt werden, Anteil nehmen, mit von der Partie sein" umschreibt die Deutsche Vereinigung für Rehabilitation (DVfR 2012) die Dimensionen von Teilhabe für Menschen in Rehabilitationsprozessen.
- Levasseur et al. (2010) haben die in der angelsächsischen gerontologischen Literatur verwendeten Dimensionen sozialer Teilhabe (*social participation*) älterer Menschen erhoben. Dabei wird ein vergleichsweise eingeschränkter Fokus auf ein eher passives ‚Dabei sein' und ‚Teilnehmen' deutlich, unter Vernachlässigung von Aspekten wie Mitgestaltung und Mitentscheidung. Einem emanzipatorischen Altersbild entspricht das eher nicht.

Im Folgenden werden nun unterschiedliche Formen sozialer Teilhabe – vom Dabei- und Miteinandersein (im Sinne von ‚nicht sozial isoliert sein') über informelle Formen des Engagements bis hin zum formellen Engagement und seinen Chancen auf gesellschaftliche Mitgestaltung – und ihre sozial ungleiche Verteilung erörtert. Als erstes gehen wir jedoch auf ‚Nicht-Teilhabe' – Ausgrenzung – ein.

4.1.1 Soziale Teilhabe, soziale Exklusion und Gesundheit älterer Menschen

Soziale Ausgrenzung oder Exklusion älterer Menschen hat Theobald (2006, S. 102) umfassend mit fünf grundlegenden Dimensionen beschrieben; soziale Isolation (im engeren Sinne) entspricht dabei sozialer Ausgrenzung:

- *ökonomische Ausgrenzung*, als Ausdruck eines unzureichenden Lebensstandards;
- *institutionelle Ausgrenzung*, die sich als schwieriger bzw. mangelnder Zugang zu öffentlichen Einrichtungen und Leistungen manifestiert;
- *kulturelle Ausgrenzung*, die Theobald an „stereotypen Erwartungen gegenüber bestimmten gesellschaftlichen Gruppen" (ebenda, S. 103) festmacht;
- *soziale Ausgrenzung im engeren Sinn*, die mit unzureichender sozialer Integration und fehlenden Partizipationsmöglichkeiten beschrieben wird;
- *räumliche Ausgrenzung*, die Prozesse der sozialen Segregation und deren benachteiligende Folgen für Zugänge zu Ressourcen und Partizipationsgelegenheiten adressiert, die in unterschiedlichen Wohnquartieren ungleich verfügbar sind.

Menschen aus niedrigeren Statusgruppen verfügen durchschnittlich über weniger soziale Kontakte, d.h., sie haben in geringer ausgeprägten sozialen Netzen geringere soziale Unterstützung (vgl. Weyers et al. 2008). Dieses Defizit in der sozialen Vernetzung trägt zudem insbesondere in niedrigen Statusgruppen zu gesundheitlichen Nachteilen bei (vgl. Vonneilich et al. 2012). Das Risiko sozialer Isolation steigt gerade bei ökonomisch benachteiligten Älteren, also angesichts von Armut (vgl. Scharf et al. 2005). Gleichfalls steigt das Risiko für soziale Isolation mit zunehmendem Alter (Dickens et al. 2011; Petrich 2011) und dies nochmal mehr mit zunehmender Pflegebedürftigkeit.

Insgesamt ist also davon auszugehen, dass sich Armut, soziale Isolation und Gesundheitseinschränkungen gegenseitig verstärken. Bei ‚den Älteren des ‚dritten Lebensalters', das in der Regel zwischen dem sechzigsten und achtzigsten Lebensjahr angenommen wird, scheint die soziale Schichtung entscheidend für die Chance zu sozialer Teilhabe zu sein, mit zunehmenden Alter werden die gesundheitlichen Voraussetzungen bestimmender (Bukov et al. 2002). Selbstbestimmte soziale Teilhabe wirkt sich auch gesundheitsförderlich aus. Wenn soziale Teilhabe nicht gewährleistet ist, wenn also soziale Exklusion oder soziale Isolation vorherrschen, sind negative Effekte auf die psychische und physische Gesundheit älterer Menschen sowie erhöhte Mortalität zu beobachten (vgl. Holt-Luntstad et al. 2010; Dickens et al. 2011; Findlay 2003).

4.1.2 Soziale Teilhabe, Ungleichheit und Pflegebedürftigkeit im Alter

Soziale Teilhabe angesichts von Pflegebedürftigkeit ist fast regelhaft prekär. Wünsche älterer Pflegebedürftiger richten sich häufig auf soziale Teilhabe, also darauf, sich im öffentlichen Raum zu bewegen, soziale Kontakte zu haben, kulturelle Angebote wahrnehmen zu können und insofern über die Gestaltung des eigenen Lebens zu verfügen (Falk 2012; Heusinger 2012). Im Unterschied zu einer Konzeption von Pflege, die bisher in Deutschland in der Sozialen Pflegeversicherung (SGB XI) institutionalisiert war, ist dies in einem ganzheitlichen Verständnis von Pflege selbstverständlich enthalten (vgl. Schröck 1998). Dieses Pflegeverständnis beschreibt soziale Teilhabe als integralen Bestandteil des Lebens pflegebedürftiger älterer Menschen, anstatt den Verlust sozialer Teilhabe als bedauerlich, aber unvermeidlich angesichts von Multimorbidität und Pflegebedürftigkeit hinzunehmen. Inwieweit die Einführung des neuen Pflegebedürftigkeitsbegriffs (gesetzlich festgelegt im Zweiten Pflegestärkungsgesetz) hier eine Veränderung der pflegerischen Praxis herbeiführen kann, wird sich noch erweisen müssen.

Selbstbestimmte Alltagsgestaltung und soziale Teilhabe können pflegebedürftige Menschen nur mit Hilfe einer ihren Wünschen und Bedürfnissen angepassten Unterstützung verwirklichen. Oft haben sie deshalb keine Möglichkeit, über ihre individuelle soziale Teilhabe zu entscheiden – von der Entscheidungsteilhabe an kollektiven Entscheidungen ganz zu schweigen. Selbstbestimmte soziale Teilhabe ist besonders für diejenigen prekär, die zusätzlich zur Unterstützung durch die Pflegeversicherung weitere Dienstleistungen oder Hilfsmittel nicht bezahlen können (Möller et al. 2013). Dies gilt besonders für diejenigen, die nicht über leistungsfähige soziale Netzwerke verfügen und die kein Anrecht auf zusätzliche Unterstützung durch die Hilfe zur Pflege nach SGB XII *Sozialhilfe* haben. [1]

---

1   Bei Pflegebedürftigkeit wirkt das Teilkasko-Prinzip der Pflegeversicherung ungleichheits-
    verstärkend: zum einen, weil Ältere mit einem Einkommen knapp über der Grundsicherung
    keinen Anspruch auf Hilfe zur Pflege § 61 SGB XII haben, zum anderen weil viele Berechtigte
    die Hilfe zur Pflege nicht beantragen, weil sie nicht wollen dass ihre Kinder zu Rückzahlungen
    verpflichtet werden. In diesem Zusammenhang trägt der Elternunterhalt zur Altersarmut bzw.
    zur Fortschreibung des sozialen Status der Eltern bei den Kindern bei – vom Elternunterhalt
    Betroffene sind im Wesentlichen Kinder aus sozial benachteiligten Familien. Der Elternunterhalt
    wirft diese nicht selten finanziell zurück, wenn sie sich über den Selbstbehalt hinausgearbeitet
    haben. Bereits in den 1950er Jahren wurde er deswegen bspw. in den Niederlanden und im Jahr
    2008 in Österreich (vgl. Hillebrecht 2012) abgeschafft.

Vor dem Hintergrund des Empfindens fehlender Reziprozität (Gegenseitigkeit) und empfundener und/oder realer Abhängigkeit ist es für diejenigen, die auf Unterstützung angewiesen sind, schwierig, ihre Bedürfnisse und Interessen nach sozialer Teilhabe anzumelden, zu verhandeln und durchzusetzen – ob nun die Pflege durch Pflegefachkräfte oder durch Angehörige geleistet wird. Dadurch wird ihre Teilhabe an Entscheidungen darüber, wie die Hilfeleistungen ihren Alltag prägen, weiter eingeschränkt (Heusinger und Klünder 2005).

Ohne finanzielle Ressourcen können Mobilitätseinschränkungen kaum ausgeglichen, behindertengerechte Wohnungen nicht bezogen bzw. die eigene Wohnung nicht behindertengerecht umgestaltet werden. Wenn hingegen Wohnungen in mehrstöckigen Wohnhäusern nicht durch Aufzüge erschlossen sind, wenn der Nutzung des öffentlichen Raums und des Nahverkehrs Barrieren entgegenstehen und Mobilitätshilfen wenig zugänglich sind, haben Pflegebedürftige kaum noch Entscheidungsspielräume, über ihren Aufenthaltsort und den Zugang zu den meisten Formen sozialer Teilhabe zu bestimmen (vgl. Kümpers 2012, S. 199ff.).

Der eingeschränkte Zugang zu Sehhilfen und Hörgeräten durch Regelungen der Gesetzlichen Krankenversicherung (GKV) beschneiden ebenfalls die Teilhabechancen ärmerer pflegebedürftiger Älterer in vielen Bereichen des öffentlichen und privaten Lebens. So werden auf vielerlei Weise pflegebedürftige Ältere, „deren finanzielle und soziale Ressourcen schlecht sind, (…) gesellschaftlich in eine Außenseiterrolle gedrängt, in der soziale Kontakte kaum noch vorhanden sind, da zum einen die Mittel fehlen, am gesellschaftlichen Leben teilzunehmen oder zum anderen die Scham für die schlechte Lebenssituation überwiegt" (Möller et al. 2013, S. 314).

Zur Frage der sozialen Teilhabe bei Pflegebedürftigkeit findet seit einigen Jahren eine rege fachpolitische und konzeptionelle Auseinandersetzung statt. Die Durchführung der Pflegeversicherung mit ihrem starren Verrichtungsbezug, der Wandel im Zusammenleben von Familien und den familiären Rollen, die Abnahme familiärer Pflegekapazitäten und veränderte Altersbilder haben dazu geführt, dass eine ganzheitlichere Gestaltung der Pflegesituation unter Berücksichtigung von Teilhabechancen als notwendig und wünschenswert erachtet wird. Auf eine substanzielle Veränderung durch den neuen Pflegebedürftigkeitsbegriff wird gesetzt; sie gilt aber nicht als ausgemacht.

4.1.3 Teilhabe als soziale Produktivität: Engagement in der alternden Gesellschaft

Im folgenden Abschnitt werden Fragen der gesellschaftlichen und individuellen Voraussetzungen für Engagement und den Zugang zu Engagement im Hinblick auf soziale Ungleichheit beleuchtet.

In praktisch allen europäischen Ländern ist der Zugang zum Engagement sozial ungleich verteilt. Verschiedene Befunde zeigen einen deutlichen Zusammenhang zwischen Bildung und beruflichem Status einerseits und gesellschaftlicher Partizipation im (jüngeren) Alter andererseits (vgl. auch Gensicke und Geiss 2010; Kohli et al. 2000; TNS Infratest Sozialforschung 2005). Mit zunehmendem Alter werden Gesundheitsindikatoren für Partizipation relevanter, die aber ihrerseits auf eine sozioökonomische Ungleichheit verweisen.

Internationale Forschungsbefunde bestätigen das: Bei der Erfassung des Engagements in zehn europäischen Ländern wurde – bei deutlichen Unterschieden zwischen den Ländern hinsichtlich der Beteiligungsniveaus – eine deutliche und länderübergreifende Abhängigkeit vom Bildungsniveau festgestellt (Hank und Erlinghagen 2009; Hank et al. 2006). Der Zugang zum Engagement scheint aus verschiedenen Gründen ungleich verteilt zu sein:

1. Es bedarf im Lebenslauf akkumulierter soziokultureller Kompetenzen, eines entsprechenden Selbstverständnisses oder Habitus, um in den Feldern des formellen (freiwilligen bürgerschaftlichen) Engagements Zugang zu Rollen und Funktionen zu erhalten.
2. Viele Formen des Engagements erfordern den Einsatz eigener finanzieller Mittel.
3. Es bedarf freier Zeit, die beispielsweise nicht durch unbezahlte Sorge-Arbeit für die Enkelkinder, zu pflegende Partner oder unterstützungsbedürftige Nachbarn belegt ist.
4. Nicht zuletzt spielen ungleich verteilte Gesundheitsressourcen im zunehmenden Alter eine bedeutsame Rolle für die Möglichkeit, sich zu engagieren.

Allerdings ist auch von einer Verzerrung durch die Art der Erfassung und der Berichterstattung auszugehen: Weite Teile der Berichterstattung zum Engagement in Deutschland fokussierten langjährig formalisierte Strukturen des Ehrenamtes, die Menschen mit geringer formaler Bildung oder solche mit Migrationsgeschichte tendenziell ausschließen (vgl. Alisch und May 2013), während weniger formalisierte gegenseitige Unterstützungsnetzwerke (einschließlich der Sorge-Arbeit) kaum wahrgenommen wurden. Hier sind ein Mittelschichts- und ein Genderbias festzustellen.

Das vielfältige *informelle Engagement*, das sich meist in der Sorge-Arbeit für Kinder, Ältere, Nachbarn oder die (jeweilige) *Community* (Gemeinschaften, denen sich Einzelne bzw. Gruppen jeweils zugehörig fühlen) äußert, bleibt bei dieser Betrachtungsweise ausgeschlossen, sofern sich das Engagement in Familien bzw. in informell organisierten oft nachbarschaftlichen Netzwerken abspielt. Sorge-Arbeit ist allerdings einerseits gesellschaftlich hoch bedeutsam (insbesondere als Langzeitpflege aber auch hochbelastend). Mit den SHARE-Daten[2] konnten für formelles Engagement (Ehrenamt) und informelle Hilfe in der nachberuflichen Phase positive Auswirkungen auf das Wohlbefinden gezeigt werden, nicht jedoch für pflegerische Tätigkeiten (Wahrendorf und Siegrist 2008). Die Autoren verweisen in Bezug auf pflegerische Tätigkeiten sogar auf einen negativen Zusammenhang mit dem Wohlbefinden (vgl. auch die zahlreiche Literatur zur gesundheitlichen Belastung pflegender Angehöriger, Bspw. Kurz und Wilz 2011; Rösler-Schidlack et al. 2011).

Bei Migrantinnen und Migranten ist häufig die Grenze zwischen organisiertem und nicht organisiertem sozialen Engagement – z. B. in informellen oder formelleren ethnischen Communities – fließend, auch weil schon rechtliche Rahmenbedingungen (Aufenthaltsstatus, Staatsbürgerschaft) ihnen organisierte Formen des gesellschaftlichen Engagements

---

2   SHARE (= Survey of Health, Ageing and Retirement in Europe) ist eine interdisziplinäre wissenschaftliche Befragung, die regelmäßig ältere Menschen in europäischen Ländern und Israel befragt.

teilweise versperren (vgl. May und Alisch 2013b). Zudem muss die Erkenntnis ernst genommen werden, dass „die geringere Chance auf gesellschaftliche Beteiligung" (ISG und WZB 2009, S. 169) älterer Zuwanderer der ersten Generation, weder durch „Wohndauer und Urbanitätsgrad" (ebenda), noch durch „gesellschaftliches Interesse, Wertevorstellungen und Religionszugehörigkeit" (ebenda) erklärt werden können. Vielmehr zeigen aktuelle Befunde zu den Netzwerken der Selbstorganisation und Selbsthilfe älterer Migrantinnen und Migranten, dass für sie kaum Gelegenheitsstrukturen zur gesellschaftlichen Teilhabe bestehen. Auch langjährige alltägliche Diskriminierungserfahrungen sowie hohe Anforderungen von Seiten der Institutionen an die Anpassungsfähigkeiten der älteren Migrantinnen und Migranten an die formalen Zugangswege zu Informationen und materiellen Ressourcen schmälern deren Teilhabechancen (vgl. May und Alisch 2013a; 2013b).

Angesichts negativer sozioökonomischer und gesundheitlicher Bedingungen als Barrieren für formales Engagement einerseits und angesichts der Vielfalt der Formen des Engagements andererseits ist darauf zu verweisen, dass eine einseitige Anerkennung des formellen Engagements gesellschaftlich dysfunktional ist, während andere Formen des Engagements eher versteckt bleiben und wenig Beachtung finden. Von dem in Kürze erscheinenden Zweiten Engagementbericht der Bundesregierung sind in dieser Hinsicht auch Korrekturen zu erwarten. Gleichzeitig warnten schon Naegele und Rohleder (2001, S. 416) vor einem unkritischen gesellschaftlichen Diskurs einer allgemeinen „Wiederverpflichtung des Alters". Aus Positionen kritischer Gerontologie werden die normativen Tendenzen des derzeit gesellschaftlich fast unisono vertretenen Motto des *Active Ageing* als Teil neoliberaler Ökonomisierung des Sozialen grundsätzlich hinterfragt (Denninger et al. 2014).

4.1.4   Teilhabe und sozialräumliche Ausgrenzung im Alter

Ältere Menschen sind stärker als jüngere auf ein gut funktionierendes Wohnumfeld angewiesen. Mit der zunehmenden Wahrscheinlichkeit körperlicher Einschränkungen werden die eigene Wohnung und das Wohnumfeld zu wesentlichen Faktoren der Realisierung von Verwirklichungschancen (vgl. Deutscher Bundestag 2016, S. 220) bzw. sind sie der „Mittelpunkt-Ort alltäglicher Lebenswelten und individueller Sphären" (Schnur 2014, S. 43). Sozial und ökonomisch benachteiligte soziale Gruppen Älterer leben allerdings überdurchschnittlich häufig unter Wohnbedingungen, die ihre Möglichkeiten gesellschaftlicher Teilhabe einschränken. Wohnungszuschnitte und deren Ausstattungen, die einen möglichst langen Verbleib in der eigenen Wohnung auch bei körperlichen Einschränkungen zulassen, sind zum einen grundsätzlich nur in sehr geringem Maße verfügbar (vgl. BMVBS 2011, S. 27). Zum anderen ist es Älteren mit geringen finanziellen Ressourcen nicht möglich, durch Umzug bessere Wohnsituationen zu realisieren. Die sozialräumliche Ungleichheit ist Folge von drei ineinandergreifenden Entwicklungen: Der wachsenden sozialen Ungleichheit in der Wohnbevölkerung insgesamt, der Ungleichheit städtischer Teilgebiete (nach Lage, Funktion und Ausstattung) und der Zuweisungsprozesse sozialer Gruppen zu Wohnungsmarktsegmenten (Wohnungsmarkt, Wohnungspolitik). In der Auseinandersetzung mit dieser Entwicklung sind die Wohnquartiere benachteiligter älterer Menschen (in den Kernbereichen von (Groß-)Städten sowie den Großwohnsiedlungen der äußeren Stadt) stadtentwicklungspolitisch als problematisch im Blick. Die als Segregation verhandelte Problematik sozialräumlicher Ausgrenzung wird dabei nur selten auf die Älteren bezogen, sondern meist auf den hohen Anteil zugewanderter Personen. Für die Älteren ist jedoch ein im Alltag auch von Interessenskonflikten geprägtes Wohnumfeld ein Ort der Verunsicherung im öffentlichen Raum. Eine räumlich und zeitlich markierte Ausgrenzung Älterer aus dem lokalen Gemeinwesen ist die Folge. Innerstädtische Großstadtquartiere sind zudem von einer relativ hohen Fluktuation der Wohnbevölkerung geprägt, so dass der Erhalt und Aufbau informeller sozialer (Unterstützungs-)Netzwerke für ältere und oft seit langem dort lebende Bewohnerinnen und Bewohner erschwert sind.

Jenseits dieser Perspektive auf sozialräumliche Ausgrenzungsrisiken sind auch in suburbanen und ländlichen Regionen die Verwirklichungschancen für ein selbstbestimmtes Wohnen im Alter begrenzt, wenn z. B. die in der Familienphase erworbenen Einfamilienhäuser oder ererbte Immobilien marktbedingt nur schwierig veräußert werden können. In ländlichen Räumen sind es zudem die für körperlich eingeschränkte Menschen schwer zu überwindenden großen Entfernungen in der Fläche, die ihre soziale Teilhabe verhindern. Die sozialräumliche Ausgrenzung für Ältere ist in solchen räumlichen Kontexten auch bedingt durch zunehmend ausgedünnte soziale Versorgungs- und Transportinfrastrukturen. Diese führen zu ungleichen Zugängen zu institutionellen Ressourcen und Dienstleistungen.

Die Bedeutung sozialräumlicher Ausgrenzungsrisiken wird auch im Hinblick auf die Ausübung von politischen, kulturellen oder religiösen Interessen deutlich: Diese hängt zunächst wesentlich davon ab, welche Chancen Einzelne und Gruppen im Laufe ihres Lebens hatten, sich Kultur im weitesten Sinne anzueignen, und ob es insofern zu ihren Befähigungen gehört, entsprechende Angebote zu nutzen oder Initiativen zu ergreifen. Im engeren Sinne bleibt für verschiedene Gruppen benachteiligter Älterer aber zu fragen, ob es überhaupt jeweils passende soziokulturelle Angebote im jeweiligen Wohnumfeld gibt – und ob diese für benachteiligte – wie für pflegebedürftige – Ältere barrierefrei, niedrigschwellig und erschwinglich zugänglich sind (vgl. Kümpers und Falk 2013).

5   Intersektionale Ungleichheiten im Alter

Mit dem Begriff der Intersektionalität wird das Zusammenwirken mehrerer Merkmale sozialer Ungleichheiten beschrieben. Da das Alter selbst in vielen Untersuchungen als Ungleichheitskategorie gilt und in diesem Beitrag das Alter(n) als Merkmal sozialer Ungleichheit ins Verhältnis zu anderen Ausgrenzungsfaktoren gesetzt wird, sollen diese Überkreuzungen – die Intersections – hier genauer erläutert werden. Auf diese Weise können unterschiedliche und möglicherweise eingeschränkte Chancen sozialer Teilhabe in verschiedenen vulnerablen Lebenslagen im Alter identifiziert werden.

5.1 Geschlechterverhältnisse, Lebenslagen und Teilhabe im Alter

Im Vergleich zu Männern sind die Lebenslagen von älteren Frauen nach wie vor von geringeren Bildungschancen und einem niedrigeren sozialen Status bei schlechteren eigenen Gesundheitschancen gekennzeichnet. Aufgrund der höheren Lebenserwartung von Frauen und der noch immer typischen Altersstruktur von Paaren leben insbesondere hochaltrige Frauen häufig allein. Sie sind auf ein gut funktionierendes soziales Netzwerk angewiesen. Wird dieses im Alter brüchig haben sie ein hohes Risiko, im Pflegefall nicht mehr in der eigenen Wohnung bleiben zu können. Alte Frauen tragen somit ein doppeltes Risiko für Einschränkungen der Lebensqualität: Die sozialen Gefährdungen des (hohen) Alters treffen zusammen mit geschlechtsspezifischen sozialen Gefährdungen (Backes 2005). Daher sind Lebenslagen alter Frauen sehr viel häufiger prekär als die alter Männer. Dies zeigt sich sowohl in Bezug auf materielle Sicherung, Autonomie und soziale Vernetzung, aber auch hinsichtlich der Chancen für eine gute Gesundheit, Pflege und Versorgung (vgl. Bäcker 1994, S. 17ff.; Kohli und Künemund 2000). Ältere Frauen sind also häufig hinsichtlich mehrerer Dimensionen von Ausgrenzung gedroht und betroffen. Männer sind „im Alter vergleichsweise seltener und weniger stark von sozialen Problemen betroffen: Sie sind materiell besser gesichert und entsprechend besser versorgt, gehen eher außerhäuslichen Beschäftigungen und Engagementformen nach, die ihren Vorstellungen entsprechen, werden im Pflegefall häufiger zu Hause von der eigenen Partnerin gepflegt und bleiben seltener allein zurück" (Backes 2005, S. 35). Die Kategorie Geschlecht erklärt also einen wesentlichen Anteil der Ungleichheit von Lebenslagen und spezifisch von sozialer Teilhabe im Alter und muss deshalb angemessen in Strategien für eine gerechte Alter(n)spolitik abgebildet werden.

Backes (2005, S. 33) verwies auf die langjährige Geschlechtsblindheit der sozialwissenschaftlichen Gerontologie, denn „relevante Alter(n)sprobleme bei Frauen [wurden, die Verfasserinnen] lange Zeit nahezu ausgeschlossen, oder sie blieben verdeckt." Wie oben bereits erörtert, stand die „männliche Vergesellschaftung und deren mit dem Alter(n) einhergehende Veränderungen, insbesondere mit dem Eintritt in den sogenannten Ruhestand" (ebenda, S. 32) auch bei der Frage nach gesellschaftlichem Engagement im Alter im Mittelpunkt. Für Frauen wurde von einer „fortbestehenden ‚typisch weiblichen‘ Vergesellschaftung" (ebenda, S. 33) ausgegangen, die (unbezahlte) reproduktive Tätigkeiten und informelle Bereiche, wie Sorge-Arbeit (für Kinder, Enkelkinder und Alte) und Hausarbeit fokussiert. Diese Tätigkeiten blieben ihnen als „der für sie typische und relevante Aufgabenbereich bis ins Alter erhalten" (ebenda, S. 33). Der enorme gesellschaftliche und ökonomische Wert dieser reproduktiven Leistungen wird allerdings wenig gewürdigt. Vielmehr werden die (später) pflegebedürftigen (weiblichen) Alten als gesellschaftliche Belastung etikettiert. Vor diesem Hintergrund müssen die Geschlechterverhältnisse im Lebensverlauf und ihre Auswirkungen auf die Lebenslagen von Männern und Frauen bis ins Alter insgesamt in den Blick genommen werden (ebenda, S. 32).

5.2   Lebenslagen und Teilhabechancen älterer Zugewanderter

Nach den Daten des Mikrozensus von 2010 leben in Deutschland etwa 1,5 Millionen
Menschen mit Migrationsgeschichte, die 65 Jahre und älter sind. Befunde zur Einkommenssituation, Bildungs- und Berufsqualifikation sowie insbesondere zur Alterssicherung
beruhen auf je unterschiedlichen Konzepten von Migration und Zuwanderung und verweisen mal auf den Migrationshintergrund, an anderer Stelle auf den Ausländerstatus. Ältere
Menschen mit Migrationsgeschichte stellen eine heterogene Bevölkerungsgruppe dar: Sie
unterscheiden sich nach dem Herkunftsland, der ethnischen Zugehörigkeit, der Sprache
und dem Aufenthaltsstatus und -dauer (Gastarbeiter und Gastarbeiterinnen der ersten
und inzwischen auch der zweiten Generation, Geflüchtete, Aus- und Spätaussiedlerinnen
und Aus- und Spätaussiedler). Sie haben entsprechend unterschiedliche Teilhabechancen.
    Die Daten der Ausländerstichprobe[3] des Deutschen Alterssurveys erhellen die soziale
Lage älterer Ausländerinnen und Ausländer, die aber nur einen Teil der Älteren mit Migrationsgeschichte ausmachen: Demnach ist ihr Einkommen durchschnittlich niedriger als
das der gleichaltrigen Deutschen (Baykara-Krumme und Hoff 2006). Diese Entwicklung
zeichnet sich bereits in den letzten zehn bis fünfzehn Jahren ihres Erwerbslebens deutlich
ab. Frick et al. (2009, S. 132f.) stellen fest, dass ältere Personen mit Migrationshintergrund
aufgrund der engen Kopplung der Alterssicherung an das Erwerbssystem niedrigere Ren-
teneinkommen aufweisen und überdurchschnittlich von Altersarmut betroffen sind. So
sind die sogenannten Gastarbeiter und Gastarbeiterinnen der ersten Generation häufig
deutlich später in das für die GRV relevante Berufsleben eingetreten; ihre Beschäftigungs-
situationen gelten häufiger als prekär. Besonders in der letzten Phase des erwerbsfähigen
Alter ist ihre Erwerbsquote deutlich geringer als die der autochthonen Bevölkerung: Nach
dem Mikrozensus 2010 sind Migrantinnen und Migranten in der Altersgruppe der 55- bis
64-Jährigen zu 15,1 Prozent erwerbslos – gegenüber 6,9 Prozent der Gleichaltrigen ohne
Migrationshintergrund (vgl. Schimany et al. 2012, S. 146). Effekte des wirtschaftlichen
Strukturwandels in der industriellen Massenproduktion, der Schwerindustrie oder dem
Bergbau führten zum Abbau der oft von den Gastarbeitern und Gastarbeiterinnen der ersten
Generation verrichteten Tätigkeiten mit geringer beruflicher Qualifikation, und bedeuten
in der letzten Phase des Erwerbsalters Einkommenseinbußen durch Transferleistungen.
Schimany et al. (2012, S. 147) weisen darauf hin, dass für die hohe Erwerbslosenquote

---

3   Zufallsstichprobe der in Privathaushalten lebenden nichtdeutschen Bevölkerung der Geburts-
     jahrgänge 1917 bis 1962 in den gleichen Gemeinden der Welle 1 des Deutschen Alterssurveys
     (n=586). Im Abschlussbericht zu den Ergebnissen der zweiten Welle wird auch die selektive
     Erhebungsproblematik angesprochen. Zum einen kam es durch die Erhebung durch Telefon-
     interviews zu Selektionen entlang der unterschiedlichen Kompetenz der zu Befragenden, auf
     Deutsch ein solches Telefoninterview zu führen. Zum anderen war „das Erhebungsinstrument
     primär auf die Bedürfnisse der deutschen Bevölkerung zugeschnitten" (Krumme und Hoff
     2004, S. 491). Ähnlich räumt auch der Freiwilligensurvey von 2009 ein, das Engagement von
     Migrantinnen und Migranten „durch das methodische Design nur ausschnittweise" abgebildet
     zu haben (Gensicke und Geiss 2010, S. 23).

insbesondere älterer männlicher Migranten auch gesundheitliche Einschränkungen durch die meist schwere körperliche Arbeit und fehlende Aufstiegsmöglichkeiten (Frick et al. 2009, S. 31) zum früheren Ausscheiden aus dem Erwerbsleben führen.

Frauen und Männer mit Migrationsgeschichte haben im Durchschnitt geringere (anerkannte) formale Bildungs- und Berufsqualifikationen. Fast die Hälfte der älteren erwerbslosen Migrantinnen (48,8 Prozent) zwischen 55 und 64 Jahren weisen ein niedriges Qualifikationsniveau auf, sowie 40,6 Prozent der männlichen erwerbslosen älteren Migranten (gegenüber nur 12,4 Prozent der nicht migrierten männlichen Erwerbslosen dieser Altersgruppe). Allerdings scheint auch eine formal hohe Qualifikation ältere Migranten nicht vor Erwerbslosigkeit am Ende der erwerbsfähigen Lebensphase zu schützen: 17,4 Prozent der erwerbslosen älteren Migranten verfügen über eine hohe Qualifikation – bei den älteren Erwerbslosen ohne Migrationshintergrund nur etwa jeder zehnte (10,2 Prozent) (Schimany et al. 2012, S. 148).

Entsprechend ist auch die Wohnsituation älterer Migrantinnen und Migranten häufig prekär: Daten des Sozio-ökonomischen Panels (SOEP) belegen, dass diese häufiger als ältere Menschen ohne Migrationserfahrung in Mietwohnungen leben (59 Prozent), in vergleichsweise (um etwa 10 qm) kleineren Wohnungen (ebenda, S. 176) und sich diese mit durchschnittlich mehr Personen teilen. Auch über alle nach Herkunft und Status differenzierte Gruppen älterer Migrantinnen und Migranten hinweg kommen Frick et al. (2009, S. 65f.) zu dem Ergebnis, dass ältere Zuwandererinnen und Zuwanderer in ihrer Wohnsituation benachteiligt sind.

Die schlechteren objektiven Lebensbedingungen im Vergleich zu älteren Deutschen schlagen sich auch in einem insgesamt niedrigeren subjektiven Wohlbefinden nieder (vgl. Krumme und Hoff 2004). Verschiedene Studien kommen übereinstimmend zu dem Ergebnis, dass ihre „Lebensumstände (…) aufgrund ihrer Migrationsbiografie und der diskriminierenden Lebensumstände in der Ankunftsgesellschaft (…) von geringerer Lebensqualität gekennzeichnet sind" (Krumme und Hoff 2004, S. 459; siehe auch Özcan und Seifert 2006, S. 39). Anhand der sozialen Netzwerke älterer Migrantinnen und Migranten lässt sich identifizieren, welche Teilhabechancen sie wahrnehmen können und wie sie das Leben vor Ort mitgestalten. Ältere Migrantinnen und Migranten sind häufig in relativ umfangreiche soziale Netzwerke der Alltagsorganisation eingebunden (Olbermann 2003; May 2014). Solche Netzwerke setzen sich nicht nur aus Geselligkeitskontakten innerhalb der eigenen ethnischen Gemeinschaft zusammen (vgl. Olbermann 2003, S. 243). May (2014) unterscheidet zwischen Netzwerkformen, die sich

1. auf gemeinsame, für sich und für andere sinnvolle Aktivitäten beziehen,
2. konkrete Sorgearbeit umfassen oder
3. das Zusammenleben im Wohnquartier im Fokus haben.

Die verschiedenen Vernetzungsformen älterer Migrantinnen und Migranten bieten somit unterschiedliche Anknüpfungspunkte für kommunale alternspolitische Strategien, die auf soziale Teilhabe angesichts gesellschaftlicher Diversität ausgerichtet sind (vgl. May und

Alisch 2013). Insbesondere die auf die Nachbarschaft bzw. das Wohnquartier ausgerichteten Formen der Vernetzung können als Ausdruck von Teilhabe an der Gestaltung der
sozialräumlichen Strukturen verstanden werden. Gleichzeitig ist zu beachten, dass diese
Netzwerke ohne Zugang zu räumlichen (z. B. Werkstätten, Begegnungsräume) und informationellen (Beratungsangebote, Wissen über Zugänge zu öffentlichen Dienstleistungen
wie bspw. Leistungen der Pflegeversicherung) Ressourcen an ihre Grenzen stoßen, die
individuelle und gruppenbezogene Ausgrenzungserfahrungen und deren Mechanismen
widerspiegeln.

5.3   Mit Behinderung alt werden

Der folgende Absatz beschäftigt sich mit den Lebenslagen älterer Menschen, die mit Beeinträchtigungen bzw. Behinderungen bereits über lange Zeit bzw. ihr ganzes Leben leben.
        Ihre Lebenslagen sind durch spezifische gesundheitliche Risiken (als Auswirkung ihrer
Beeinträchtigungen bzw. als Nebenwirkungen medizinischer Behandlungen) und Armutsrisiken (als Folge eingeschränkter Erwerbschancen) gekennzeichnet. Dazu gehören auch
Zugangsbarrieren im Gesundheitssystem, das kaum spezifische Versorgungsangebote für
sie vorhält. Zusätzlich entstehen beim Übergang in den Ruhestand massive Veränderungen in ihren sozialen Netzwerken und ihrer Wohnsituation. Vor allem das Ausscheiden
aus geschützten Arbeitsplätzen (in Werkstätten für behinderte Menschen, WfbM) stellt
eine Herausforderung für Inklusionsbemühungen besonders von Menschen mit geistigen
Beeinträchtigungen dar. Gerade für diese Gruppe älter werdender Menschen sind mit
dem Arbeitsplatz wesentlich ihre sozialen Alltagskontakte sowie die Unterstützung ihrer
Tagesstruktur und ihrer täglichen Versorgung verbunden (vgl. Schäper et al. 2012).
        Nach Renteneintritt erhält ein Teil der WfbM-Beschäftigten eine Erwerbsminderungsrente in Höhe von 80 Prozent der Rente eines durchschnittlichen Arbeitnehmers bzw.
Arbeitnehmerin (§ 162 SGB VI). Der Zahlbetrag liegt dadurch oberhalb der Grundsicherung und damit über der offiziellen Armutsgrenze. Eine größere Zahl von Menschen mit
anerkannten Beeinträchtigungen erhält allerdings reguläre Altersrenten, „entweder weil sie
nicht als schwerbehindert anerkannt sind, oder weil sie die für den Bezug von Altersrente
für Schwerbehinderte gültige Voraussetzung von mindestens 35 Versicherungsjahren nicht
erfüllen" (BMAS 2013b). Diese Personen sind daher besonders von Altersarmut bedroht
(ebenda, S. 154). Insgesamt erhalten 56 Prozent aller Schwerbehinderten eine Regelaltersrente von weniger als 500,- Euro im Monat, weitere 27 Prozent müssen mit einem Betrag
zwischen 500,- bis unter 1.000,- Euro monatlich auskommen (ebenda, S. 155).
        Menschen mit Beeinträchtigungen sind auch in weiteren Bereichen sozialer Teilhabe
gefährdet; Männer wie Frauen haben häufiger als nicht beeinträchtigte Menschen keine
Partnerschaft und keine eigene Familie (vgl. Berlin-Institut 2009), und sind im Alter mit
größerer Wahrscheinlichkeit allein (vgl. Pfaff et al. 2012).
        Darüber hinaus stellt die Wohnsituation häufig ein Problem dar: Ambulante oder gruppenbezogene Betreuungsformen sind auf Ältere häufig noch nicht eingestellt und ihre Mög

lichkeiten reichen bei zunehmender Hilfsbedürftigkeit häufig nicht mehr aus. Gleichzeitig sind Einrichtungen der stationären Altenpflege meist nicht auf die besonderen Bedarfe von Menschen mit (lebenslangen) Beeinträchtigungen vorbereitet (vgl. Berlin-Institut 2009).

5.4   Gleichgeschlechtige Liebe als Ausgrenzungsfaktor im Alter

Gegenwärtig ältere Generationen von Lesben und Schwulen lassen sich in Anlehnung an die Altersbegriffe von Pohlmann (2001) in drei Gruppen unterscheiden: Erstens ist dies die Gruppe der Lesben und Schwulen im reifen Erwachsenenalter (etwa ab 50 bis 55 Jahren). Diese Generation wurde mit der einsetzenden Liberalisierung der gesellschaftlichen und politischen Verhältnisse der sogenannten 68er-Bewegungen sozialisiert. Zweitens gibt es die Generation im dritten Lebensalter (ab 60 bis 65 Jahren). In dieser Gruppe sind diejenigen zu finden, die sich die gesellschaftliche Akzeptanz erkämpft haben. Sie haben die sozialen Bewegungen der 1960er Jahre und damit die maßgeblichen Veränderungen der Entkriminalisierung von Homosexualität und der Emanzipation homosexueller Menschen miterlebt oder aktiv gestaltet. Lesben und Schwule im dritten Lebensalter sind die mittelfristigen Nutzerinnen und Nutzer der Altenhilfe und -pflege. Sie sind die erste Generation, innerhalb derer viele ihre sexuelle Orientierung weitgehend offen lebten und die Anforderungen an eine lebensweltakzeptierende soziale Teilhabe im Alter stellt. Drittens gibt es eine Generation von Lesben und Schwulen im vierten Lebensalter. Diese Menschen konnten, falls überhaupt, nur unter widrigen Bedingungen zu einer gleichgeschlechtlichen sexuellen Identität finden. Diese drei Gruppen sind keinesfalls als jeweils homogene Gruppe zu sehen, da eine Einteilung in Geburtskohorten den individuellen soziohistorischen Entwicklungen nicht gerecht werden kann (vgl. Gerlach und Schupp 2014). Vielmehr handelt es sich um Identitätskohorten, die in unterschiedliche gesellschaftliche Homosexualitätsdiskurse hineingeboren und von diesen geprägt wurden (Rosenfeld 1999, S. 138).

Materielle Lebenslagen von älteren Schwulen und Lesben divergieren ähnlich wie die in der Gesamtbevölkerung. Allerdings scheinen ältere Lesben vor dem Hintergrund genderbasierter und spezifischer Benachteiligung (insbesondere bis in die 1970er Jahre) bezüglich der Höhe ihrer Renten, resultierend aus ungleichen Löhnen, analog zu heterosexuellen alleinstehenden Frauen benachteiligt und vermutlich besonders häufig von Armut betroffen (Radvan 2000, S. 55f.; Plötz 2006, S. 111f.). Bei älteren Schwulen besteht ein zusätzliches Armutsrisiko (zusätzlich zu allgemeiner Diskriminierung) durch langjährige HIV-Infektionen, die nicht selten zu früher Erwerbsunfähigkeit und daraus resultierenden geringen Altersbezügen auch bei Männern mit (über)durchschnittlicher (Aus-)Bildung führen (vgl. Gerlach und Schupp 2014).

6   Handlungserfordernisse

In diesem Beitrag konnte gezeigt werden, dass der Zusammenhang von sozialer Ausgrenzung und Alter(n) umfassend zu diskutieren und mit dem Hinweis auf die erwartete oder befürchtete Altersarmut nicht ausreichend bearbeitet ist. Insbesondere durch die wachsende Diversität in der Bevölkerungsgruppe der Älteren und die sich überschneidenden Wirkungen von Benachteiligungen und Ausgrenzungsrisiken aufgrund mehrerer Merkmale sozialer Ungleichheit sind politische bzw. gesellschaftliche Handlungsoptionen zur Verhinderung von sozialer Ausgrenzung und zur Förderung sozialer Teilhabe im Alter kaum auf ein Politikfeld zu begrenzen. Analysen zu den Zusammenhängen von sozialer Ungleichheit, Alter und Gesundheit, Ungleichheit und Teilhabechancen, Migrationshintergrund, Alter und Ausgrenzung sowie Sozialraum, Pflegebedürftigkeit und Ungleichheit verweisen darauf, dass erstens auf allen politischen Ebenen – des Bundes, der Länder sowie der Kommunen – entsprechende Handlungsansätze zur Verhinderung sozialer Ausgrenzung ansetzen müssen. Deutlich wird zweitens, dass es hier nicht um Altenpolitik geht, sondern vielmehr in den Logiken der Arbeitsmarktpolitik, Rentenpolitik bzw. der sozialen Sicherungssysteme anzusetzen ist, um Armut und Ausgrenzungsrisiken im Alter gar nicht erst entstehen zu lassen. Eine Ausrichtung der Wohn- und Wohnungspolitik an den Bedarfen unterschiedlicher gesellschaftlicher Gruppen und ihrer Ressourcen muss eine oft einseitige Ausrichtung an baulichen Investitionen und Investoren bzw. Investorinnen korrigieren, um lebenswerte und generationen- und diversitätsfreundliche Wohnquartiere zu schaffen bzw. zu erhalten. Die Möglichkeiten der Kommunen, Strukturen der Pflege- und Gesundheitsversorgung wohnortnah und integriert zu gestalten, sollten angemessen erweitert werden. Im Sinne einer sozialraumbezogenen Handlungsstrategie sind informelle Netzwerke zu stärken und zu unterstützen. Das beinhaltet auch, dafür räumliche, professionelle und finanzielle Ressourcen vorzuhalten, insbesondere in benachteiligten städtischen und ländlichen Quartieren und Gemeinden.

Literatur

Alisch, M. und M. May. 2013. Selbstorganisation und Selbsthilfe älterer Migranten. *APuZ – Aus Politik und Zeitgeschichte. Beilage zur Wochenzeitung Das Parlament.* 63 (4-5): 40-45.
Bäcker, G. 1984. Die Lebenssituation älterer Frauen vor dem Hintergrund der Bevölkerungsentwicklung sowie der Alters-und Familienstruktur. *Frauenforschung* 2: 17-22.
Bäcker, G. 2011. Altersarmut – ein Zukunftsproblem. *Informationsdienst Altersfragen* 38 (2): 3-10.
Bäcker, G. und J. Schmitz. 2013. Altersarmut und Rentenversicherung: Diagnosen, Trends, Reformoptionen und Wirkungen. In *Altern im sozialen Wandel: Rückkehr der Altersarmut?*, Hrsg. C. Vogel und A. Motel-Klingebiel, 25-53. Wiesbaden: Springer VS.
Backes, G. 2005. Alter(n) und Geschlecht: ein Thema mit Zukunft. *Aus Politik und Zeitgeschichte* 49-50: 31-38.

Backes, G.M. und J. Höltge. 2008. Überlegungen zur Bedeutung ehrenamtlichen Engagements im Alter. In *Produktives Altern und informelle Arbeit in modernen Gesellschaften. Theoretische Perspektiven und empirische Befunde*, Hrsg. M. Erlinghagen und K. Hank, 277-299. Wiesbaden: VS Verlag für Sozialwissenschaften.

Beauftragte der Bundesregierung für Migration Flüchtlinge und Integration. 2013. *„Soziale Teilhabe". Handlungsempfehlungen des Beirats der Integrationsbeauftragten.* Berlin.

Becker, I. 2012. Finanzielle Mindestsicherung und Bedürftigkeit im Alter. *Zeitschrift für Sozialreform* 58 (2): 123-148.

BMVBS (Bundesministerium für Verkehr, Bau und Stadtentwicklung), Hrsg. 2011. *Wohnen im Alter. Marktprozesse und wohnungspolitischer Handlungsbedarf. Ein Projekt des Forschungsprogramms „Allgemeine Ressortforschung" des BMVBS, betreut vom Bundesinstitut für Bau-, Stadt- und Raumforschung (BBSR) im Bundesamt für Bauwesen und Raumordnung (BBR).* Forschungen Heft 147: Berlin.

Bukov, A., I. Maas und T. Lampert. 2002. Social participation in very old age: cross-sectional and longitudinal findings from BASE. *Journal of Gerontology: Psychological Sciences* 57B (6): 510-517.

Bundesministerium für Arbeit und Soziales. 2013. *Teilhabebericht der Bundesregierung über die Lebenslagen von Menschen mit Beeinträchtigungen. Teilhabe – Beeinträchtigung – Behinderung.* Bonn.

Bundesregierung. 2012. *Alterssicherung und Altersarmut von Frauen in Deutschland. Antwort der Bundesregierung auf die Große Anfrage der Abgeordneten Yvonne Ploetz, Matthias W. Birkwald, Diana Golze, weiterer Abgeordneter und der Fraktion DIE LINKE.* Berlin: Deutscher Bundestag

Deckl, S. 2013. Einkommen, Armut und Lebensbedingungen in Deutschland und der Europäischen Union. Ergebnisse aus Leben in Europa /EU-SILC 2011. In *Wirtschaft und Statistik*, März 2013, 212-227: Statistisches Bundesamt.

Denninger, T., S. van Dyk, S. Lessenich und A. Richter. 2014. Die Neuverhandlung des Alters in der Aktivgesellschaft. In *Leben im Ruhestand. Zur Neuverhandlung des Alters in der Aktivgesellschaft*, Hrsg. T. Denninger, S. van Dyk, S. Lessenich und A. Richter, 9-24. Bielefeld: transcript Verlag.

Deutscher Bundestag. 2016. *Siebter Bericht zur Lage der älteren Generation in der Bundesrepublik Deutschland. Sorge und Mitverantwortung in der Kommune – Aufbau und Sicherung zukunftsfähiger Gemeinschaften und Stellungnahme der Bundesregierung.* Drucksache 18/10210.

Dickens, A. P., S. H. Richards, C. J. Greaves und J. L. Campbell. 2011. Interventions targeting social isolation in older people: a systematic review. *BMC Public Health* 11 (647): 1-22.

Dragano, N. und J. Siegrist. 2009. Die Lebenslaufperspektive gesundheitlicher Ungleichheit: Konzepte und Forschungsergebnisse. In *Gesundheitliche Ungleichheit*, Hrsg. M. Richter und K. Hurrelmann, 181-194. Wiesbaden: VS Verlag für Sozialwissenschaften.

DVfR. 2012. *Diskussionspapier Teilhabeforschung.* Heidelberg und Hamburg: Deutsche Vereinigung für Rehabilitation, Deutsche Gesellschaft für Rehabilitationswissenschaften,.

Faik, J. und T. Köhler-Rama. 2013. Anstieg der Altersarmut? Anmerkungen zu einem Gutachten des wissenschaftlichen Beirats beim Bundeswirtschaftsministerium. *Wirtschaftsdienst* 3: 159-163.

Falk, K. 2012. Selbstbestimmung bei Pflegebedarf im Alter – wie geht das? Kommunale Handlungsspielräume zur Versorgungsgestaltung. In *Autonomie trotz Armut und Pflegebedarf? Altern unter Bedingungen von Marginalisierung*, Hrsg. S. Kümpers und J. Heusinger, 39-75. Bern: Huber.

Findlay, R. A. 2003. Interventions to reduce social isolation amongst older people: where is the evidence? *Ageing & Society* 23 (05): 647-658.

Frick, J., M. Grabka, O. Groh-Samberg, F. Hertel und I. Tucci. 2009. *Alterssicherung von Personen mit Migrationshintergrund. Forschungsstudie im Auftrag des BMAS. Projektgruppe „Soziale Sicherheit und Migration".* Bonn: Bundesministerium für Arbeit und Soziales.

Gensicke, T. und S. Geiss. 2010. Weniger Engagement bei Jugendlichen, mehr bei den Älteren: Ergebnisse der Freiwilligensurveys 1999, 2004 und 2009. *Informationsdienst Soziale Indikatoren* (44): 11-14.

Gerlach, H. und M. Schupp. 2016. *Lebenslagen, Partizipation und gesundheitlich-/pflegerische Versorgung älterer Lesben und Schwuler in Deutschland: Expertise zum Siebten Altenbericht der Bundesregierung.* Berlin: Deutsches Zentrum für Altersfragen.

Geyer, J. 2011. Riester-Rente: Rezept gegen Altersarmut? *DIW Wochenbericht* (45): 16-21.

Geyer, J. 2014. *Zukünftige Altersarmut. DIW Roundup. Politik im Fokus.* Vol. 25. Berlin: Deutsches Institut für Wirtschaftsforschung.

Geyer, J. 2015. Grundsicherungsbezug und Armutsrisikoquote als Indikatoren von Altersarmut. In *DIW Roundup: Politik im Fokus,* No. 62. Berlin: Deutsches Institut für Wirtschaftsforschung.

Geyer, J. und V. Steiner. 2010. Künftige Altersrenten in Deutschland: Relative Stabilität im Westen, starker Rückgang im Osten. *Wochenbericht des DIW Berlin* (11): 1-11.

Goebel, J. und M. M. Grabka. 2011. Zur Entwicklung der Altersarmut in Deutschland. *DIW Wochenbericht* 25: 3-16.

Grabka, M. M. und A. Rasner. 2013. Fortschreibung von Lebensläufen bei Alterssicherungsanalysen – Herausforderungen und Probleme. In *Altern im sozialen Wandel: Rückkehr der Altersarmut?,* Hrsg. C. Vogel und A. Motel-Klingebiel, 387-406. Wiesbaden: Springer VS.

Hagen, C. und R. K. Himmelreicher. 2014. Erwerbsminderungsrente in Deutschland – Ein unterschätztes Risiko (?). *Vierteljahrshefte zur Wirtschaftsforschung* 83 (2): 115-138.

Hank, K. und M. Erlinghagen. 2009. Dynamics of Volunteering in Older Europeans. *The Gerontologist* 50 (2): 170-178. doi: 10.1093/geront/gnp122.

Hank, K., M. Erlinghagen und A. Lemke. 2006. Ehrenamtliches Engagement in Europa: Eine vergleichende Untersuchung am Beispiel von Senioren. *Sozialer Fortschritt* (1): 6-11.

Heusinger, J. 2012. „Wenn ick wat nich will, will ick nich!" Milieuspezifische Ressourcen und Restriktionen für einen selbstbestimmten Alltag trotz Pflegebedarf. In *Autonomie trotz Armut und Pflegebedarf? Altern unter Bedingungen von Marginalisierung,* Hrsg. S. Kümpers und J. Heusinger, 77-105. Bern: Huber.

Heusinger, J. und M. Klünder. 2005. *„Ich lass' mir nicht die Butter vom Brot nehmen!" Aushandlungsprozesse in häuslichen Pflegearrangements.* Frankfurt a. M.: Mabuse.

Hillebrecht, M. 2012. *Aszendentenunterhalt: eine Kritik der normativen Grundlagen.* Vol. 51. Berlin: BWV Verlag.

Holt-Lunstad, J., T. B. Smith und J. B. Layton. 2010. Social Relationships and Mortality Risk: A Meta-analytic Review. *PLoS Medicine* 7 (7): e1000316.

Kohli, M., H. Künemund, A. Motel und M. Szydlik. 2000. Soziale Ungleichheit. In *Die zweite Lebenshälfte – Gesellschaftliche Lage und Partizipation im Spiegel des Alters-Survey,* Hrsg. M. Kohli und H. Künemund, 318-336. Opladen: Leske + Budrich.

Köhncke, Y. und Berlin-Institut für Bevölkerung und Entwicklung, Hrsg. 2009. *Alt und behindert: wie sich der demografische Wandel auf das Leben von Menschen mit Behinderung auswirkt.* Berlin.

Kroll, L. E. und T. Lampert. 2007. Sozialkapital und Gesundheit in Deutschland. *Gesundheitswesen* 69: 120-127.

Krumme, H. und A. Hoff. 2004. Die Lebenssituation älterer Ausländerinnen und Ausländer in Deutschland. *Sozialer Wandel und individuelle Entwicklung in der zweiten Lebenshälfte. Ergebnisse der zweiten Welle des Alterssurveys* – 455-500. Berlin: Deutsches Zentrum für Altersfragen.

Kümpers, S. 2012. Partizipation hilfebedürftiger und benachteiligter Älterer – die Perspektive der ‚Grundbefähigungen' nach Martha Nussbaum. In *Handbuch Partizipation und Gesundheit,* Hrsg. R. Rosenbrock und S. Hartung, 197-211. Bern: Huber.

Kümpers, S. und K. Falk. 2013. Zur Bedeutung des Sozialraums für Gesundheitschancen und autonome Lebensgestaltung sozial benachteiligter Älterer: Befunde aus Berlin und Brandenburg. In *Altern im sozialen Wandel: Rückkehr der Altersarmut?,* Hrsg. C. Vogel und A. Motel-Klingebiel, 81-97. Wiesbaden: Springer VS.

Kurz, A. und G. Wilz. 2011. Die Belastung pflegender Angehöriger bei Demenz. Entstehungbedingungen und Interventionsmöglichkeiten. *Der Nervenarzt* 82 (3): 336-342.

Lampert, T. und L. E. Kroll. 2014. Soziale Unterschiede in der Mortalität und Lebenserwartung. *GBE kompakt 5(2)*. Berlin: Robert Koch-Institut.

Levasseur, M., L. Richard, L. Gauvin und É. Raymond. 2010. Inventory and analysis of definitions of social participation found in the aging literature: Proposed taxonomy of social activities. *Social Science & Medicine* 71 (12): 2141-2149.

May, M. 2014. Netzwerkbildungen älterer Zugewanderter. In *Älter werden im Quartier: Soziale Nachhaltigkeit durch Selbstorganisation und Teilhabe*, Hrsg. M. Alisch, 137-152. Kassel: University Press.

May, M. und M. Alisch. 2013a. *AMIQUS – Unter Freunden. Ältere Migrantinnen und Migranten in der Stadt*. Opladen, Toronto: Barbara Budrich.

May, M. und M. Alisch. 2013b. „Organisations- und Partizipationsformen älterer Zugewanderter." http://www.sozialraum.de/organisations-und-partizipationsformen-aelterer-zugewanderter.php. Zugegriffen: 08.10.2014.

Möller, A., A. Osterfeld und A. Büscher. 2013. Soziale Ungleichheit in der ambulanten Pflege. *Zeitschrift für Gerontologie und Geriatrie* 46 (4): 312-316. doi: 10.1007/s00391-013-0500-1.

Naegele, G. und C. Rohleder. 2001. Bürgerschaftliches Engagement und Freiwilligenarbeit im Alter. *Theorie und Praxis der Sozialen Arbeit* (11): 415-421.

Nussbaum, M. C. 2003. Frauen und Arbeit – Der Fähigkeitenansatz. *Zeitschrift für Wirtschafts- und Unternehmensethik* 4 (1): 8-31.

Olbermann, E. 2003. *Soziale Netzwerke, Alter und Migration: Theoretische und empirische Explorationen zur sozialen Unterstützung älterer Migranten, Dissertation am Fachbereich 14 der Universität Dortmund*. Dortmund.

Özcan, V. und W. Seifert. 2006. Lebenslage älterer Migrantinnen und Migranten in Deutschland. In *Lebenssituation und Gesundheit älterer Migranten in Deutschland. Expertisen zum Fünften Altenbericht der Bundesregierung. Bd. 6*, Hrsg. D.Z.f. Altersfragen. Münster: Lit Verlag.

Petrich, D. 2011. Einsamkeit im Alter. Notwendigkeit und (ungenutzte) Möglichkeiten Sozialer Arbeit mit allein lebenden alten Menschen in unserer Gesellschaft. *Jenaer Schriften zur Sozialwissenschaft* 4 (6): 1-67.

Pfaff, H. 2012. Lebenslagen der behinderten Menschen. Ergebnisse des Mikrozensus 2009. *Wirtschaft und Statistik* (3): 232.

Pohlmann, S. 2001. Dauerhafte Integration und Partizipation älterer Menschen. In *Das Altern der Gesellschaft als globale Herausforderung – Deutsche Impulse*, Hrsg. S. Pohlmann, 212-224. Stuttgart: Kohlhammer.

Radvan, H. 2000. „Lesben im Alter-Lebenswege und Visionen". Unveröffentlichte Diplomarbeit ASH Berlin.

Rosenfeld, D. 1999. Identity work among lesbian and gay elderly. *Journal of Aging Studies* 13 (2): 121-144.

Rösler-Schidlack, B., H. Stummer und H. Ostermann. 2011. Health-related quality of life of family caregivers—Evidence from Hesse. *Journal of Public Health* 19 (3): 269-280.

Schäper, S. und S. Graumann. 2012. Alter(n) als wertvolle Lebensphase erleben. Herausforderungen und Chancen für Menschen mit geistiger Behinderung. *Zeitschrift für Gerontologie und Geriatrie* 45: 630-636.

Scharf, T., C. Phillipson und A.E. Smith. 2005. *Multiple exclusion and quality of life amongst excluded older people in disadvantaged neighbourhoods*. London: Office of the Deputy Prime Minister.

Schimany, P., S. Rühl und M. Kohls. 2013. Ältere Migrantinnen und Migranten. Entwicklungen, Lebenslagen, Perspektiven. Paderborn: Forschungsbericht.

Schnur, Olaf. 2014. Quartiersforschung im Überblick: Konzepte, Definitionen und aktuelle Perspektiven. In *Quartiersforschung. Zwischen Theorie und Praxis*, Hrsg. O. Schnur, 21-56, 2. Aufl. Wiesbaden: Springer VS.

Schräpler, J.-P., W. Seifert, H. Mann und A. Langness. 2015. Altersarmut in Deutschland – regionale Verteilung und Erklärungsansätze. In *Analysen und Konzepte aus dem Programm „LebensWerte Kommune"*. Gütersloh: Bertelsmann Stiftung.

Schröck, R. 1998. Forschung in der Krankenpflege: Methodologische Probleme. *Pflege* (1): 84-93.

Schröder-Butterfill, E. und R. Marianti. 2006. A framework for understanding old-age vulnerabilities. *Ageing & Society* 26: 9-35.

Seils, E. 2013. Armut im Alter – aktuelle Daten und Entwicklungen. *WSI Mitteilungen* (5): 360-368.

Simonson, J., N. Kelle, L. R. Gordo, M. M. Grabka, A. Rasner und C. Westermeier. 2012. Ostdeutsche Männer um 50 müssen mit geringeren Renten rechnen. *DIW Wochenbericht* (23): 3-13.

Statistisches Bundesamt. (2016). Altersarmut: Frauen besonders von Grundsicherung im Alter betroffen. https://www.destatis.de/DE/ZahlenFakten/ImFokus/Soziales/GrundsicherungAlter.html. Zugegriffen: 01.04.2017

Theobald, H. 2006. Pflegeressourcen, soziale Ausgrenzung und Ungleichheit: Ein europäischer Vergleich. *Zeitschrift für Frauenforschung und Geschlechterstudien* 24 (2+3): 102-116.

TNS Infratest Sozialforschung. 2005. *Freiwilliges Engagement in Deutschland 1999-2004*. München: Bundesministerium für Familie, Senioren, Frauen und Jugend.

Vonneilich, N., K.-H. Jöckel, R. Erbel, J. Klein, N. Dragano, J. Siegrist und O. von Dem Knesebeck. 2012. The mediating effect of social relationships on the association between socioeconomic status and subjective health–results from the Heinz Nixdorf Recall cohort study. *BMC public health* 12 (1): 285.

Wahrendorf, M. und J. Siegrist. 2008. Soziale Produktivität und Wohlbefinden im höheren Lebensalter. In *Produktives Altern und informelle Arbeit in modernen Gesellschaften. Theoretische Perspektiven und empirische Befunde*, Hrsg. M. Erlinghagen und K. Hank, 51-74. Wiesbaden: VS Verlag für Sozialwissenschaften.

Weyers, S., N. Dragano, S. Mobus, E.-M. Beck, A. Stang, S. Mohlenkamp, K. Jockel, R. Erbel und J. Siegrist. 2008. Low socio-economic position is associated with poor social networks and social support: results from the Heinz Nixdorf Recall Study. *International Journal for Equity in Health* 7 (1): 13.

WHO und DIMDI. 2005. *ICF – Internationale Klassifikation der Funktionsfähigkeit, Behinderung und Gesundheit*. Genf: World Health Organisation, Deutsches Institut für Medizinische Dokumentation und Information.

Zwischen selbstbestimmter sozialer Teilhabe, fürsorglicher Ausgrenzung und Bevormundung

Ausgewählte Lebenslagen von Menschen, die wir behindert nennen

Eckhard Rohrmann

Zusammenfassung

Der vorliegende Beitrag wird nach einer kurzen Einführung in die grundsätzliche Bedeutung der UN-BRK und einem Überblick über die Entwicklung des Behindertenverständnisses in nationalen und internationalen Behindertenpolitiken die Lebenslagen und Lebensbedingungen Behinderter in Deutschland im Lichte der Vorgaben der UN-BRK untersuchen, wobei insbesondere die Wohn- und Lebenssituation der Betroffenen einschließlich der sozialpolitischen und betreuungsrechtlichen Rahmenbedingungen, die diese prägen, in den Blick genommen werden sollen.

Schlagworte

Ausgrenzung; Behinderung; Bevormundung; Selbstbestimmung; Teilhabe

Vorbemerkung

Es existiert kein allgemein anerkannter Begriff von Behinderung als Erscheinungsform menschlichen Daseins. Nicht einmal innerhalb einschlägiger Fachdisziplinen ist es gelungen, sich auf ein für das jeweilige Fach verbindliches Behinderungsverständnis zu einigen. Derjenigen Disziplin, die unter Bezeichnungen wie Heil-, Sonder-, oder Behindertenpädagogik gelegentlich auch als Integrations- oder Rehabilitations- und neuerdings als Inklusionspädagogik firmiert, ist es nicht einmal gelungen, eine einheitliche Fachbezeichnung zu finden. Deswegen wird hier darauf verzichtet, eine Übersicht über die in der einschlägigen Literatur vorfindlichen Behinderungsdefinitionen zu präsentieren, sondern der Fokus auf Entwicklungen, Kontinuitäten und Diskontinuitäten desjenigen Behinderungsverständnisses gerichtet, welches jeweils nationalen und internationalen Behinderten-, Sozial- und Bildungspolitiken zugrunde liegt, denn dieses prägt vor allem die Praxis im Umgang mit Menschen, die wir behindert nennen, und damit in entscheidendem Maße auch die Lebensbedingungen der Betroffenen. Dabei wird zu zeigen sein, dass nationale und internationale Behindertenpolitik seit mittlerweile mehreren Jahrzehnten bestimmt wird von einem zunehmend an den Menschenrechten orientierten und auf soziale Teilhabe und Selbstbestimmung gerichteten Behinderungsverständnis. Vorläufiger Höhepunkt dieser Entwicklung war die Verabschiedung der Konvention über die Rechte von Menschen mit Behinderungen durch die Generalversammlung der Vereinten Nationen, kurz: UN-Behindertenrechtskonvention (UN-BRK) am 13. Dezember 2006, die nach der Ratifizierung durch die Bundesrepublik seit März 2009 auch in Deutschland geltendes Recht ist. Allerdings wird diese Entwicklung namentlich aber nicht nur in Deutschland konterkariert vor allem durch Beharrlichkeiten in der nach wie vor sozial ausgrenzenden und paternalistisch-fürsorglich ausgerichteten Sozialpolitik.

1   Die UN-Behindertenrechtskonvention

Bei der UN-BRK handelt es sich keineswegs um eine Art „Sondermenschenrechtsabkommen" für Behinderte, als welche das Übereinkommen in der öffentlichen Diskussion zuweilen missverstanden wird, sondern, wie alle anderen Menschenrechtsabkommen der Vereinten Nationen auch (Zivilpakt, Sozialpakt, Anti-Rassismus-Konvention, Frauenrechtskonvention, Anti-Folterkonvention, Kinderrechtskonvention, Wanderarbeiterkonvention sowie die Konvention gegen Verschwindenlassen) um Konkretisierungen der am 10. Dezember 1948 von der UN-Vollversammlung verabschiedeten Allgemeinen Erklärung der Menschenrechte.

Die Umsetzung und Einhaltung all dieser internationalen Abkommen und so auch der UN-BRK wird durch ein internationales, aus unabhängigen Expertinnen und Experten bestehendes und dem jeweiligen Abkommen zugeordnetes Fachkomitee, im Falle der UN-BRK durch das *Committee on the Rights of Persons with Disabilities (CRPD)* überwacht[1] (Artikel 34 UN-BRK). Alle Staaten, die dieses Abkommen ratifiziert haben, verpflichten sich, erstmalig zwei Jahre nach Inkrafttreten des Abkommens im jeweiligen Mitgliedsstaat und dann alle vier Jahre einen Staatenbericht über die Umsetzung und Implementierung der Konvention vorzulegen (Artikel 35, Abs. 1 und 2 UN-BRK).

Der erste Staatenbericht für die Bundesrepublik zur UN-BRK wurde am 3. August 2011 vom Bundeskabinett verabschiedet, anschließend veröffentlicht und dem Komitee über den UN-Generalsekretär zugeleitet. Nach der Vorlage der Staatenberichte haben Nichtregierungsorganisationen (NGO) Gelegenheit, zu den Berichten Stellung zu nehmen und Schatten- bzw. Parallelberichte vorzulegen. Auf der Grundlage aller vorliegenden Berichte unternimmt das Komitee in öffentlicher Sitzung eine Überprüfung des jeweiligen Staatenberichtes. Diese erfolgte im Falle des deutschen Berichtes zur UN-BRK am 26. und 27. März 2015. Zum Abschluss des Verfahrens veröffentlicht das Komitee sog. Abschließende

---

1   Dazu veröffentlicht das Komitee erforderlichenfalls auch sog. General Comments mit Präzisierungen oder konkretisierenden Auslegungen einzelner Bestimmungen.

Bemerkungen (*Concluding Observations*, CO) in denen es zu den Staatenberichten und zur Umsetzung der Konvention Stellung nimmt. Die CO zum ersten Staatenbericht der Bundesrepublik Deutschland zur UN-BRK hat das Komitee am 17. April 2015 vorgelegt[2]. Sie umfassen insgesamt elf Seiten. Sechs Zeilen des Dokuments benennen positive Aspekte, während auf zehn Seiten z. T. scharfe Kritiken an der bisherigen Umsetzung der Konvention in Deutschland geäußert und Empfehlungen zur Überwindung der identifizierten Missstände formuliert werden. Mit einigen dieser Kritiken und Empfehlungen werden wir uns im vierten Kapitel dieses Beitrages näher auseinandersetzen.

2 Vom lebensunwerten Leben zum gleichberechtigten Bürger – Zum Wandel des Behinderungsverständnisses in nationaler und internationaler Behindertenpolitik

Bis in die zweite Hälfte des 20. Jahrhunderts galt Behinderung als quasi naturwüchsig-schicksalhafter und unabänderlicher biologisch-medizinischer Tatbestand, der dazu, wenn nicht durch ein offenkundiges schädigendes Ereignis wie Unfall oder Krankheit erworben, meist für erblich gehalten wurde. In sozialer Hinsicht galten die Betroffenen als „invalid"[3]. Die Praxis im Umgang mit ihnen bestand in der Verwahrung in meist großen abgelegenen Anstalten, wie sie in Deutschland vor allem in der zweiten Hälfte des 19. Jahrhunderts entstanden sind.[4] Um die Wende zum 20. Jahrhundert wurden aus den Reihen aller einschlägigen Wissenschaften immer energischer vor allem eugenische Maßnahmen bis hin zur Vernichtung sog. „lebensunwerten Lebens" (Binding und Hoche 1920) gefordert und in den USA und vielen europäischen Ländern vor allem durch entsprechende Sterilisationsgesetze umgesetzt.[5] In Deutschland kam es bekanntlich neben Zwangssterilisierungen seit 1939 auch zur planmäßigen, industriemäßig und durchweg unter medizinischer Leitung durchgeführten Ermordung Behinderter, der bis zur Befreiung durch die Alliierten 1945 weit mehr als 100.000 Betroffene zum Opfer gefallen sind.

In der zweiten Hälfte des 20. Jahrhunderts setzte sich dann allgemein die vereinzelt durchaus auch schon früher geäußerte Erkenntnis durch, dass Behinderte bildungs- und förderungsfähig sind und zur sozialen Brauchbarkeit erzogen, d. h. zur Übernahme einer

---

2   Alle Dokumente zur UN-BRK und ihrer Umsetzung in Deutschland finden sich unter: http://www.institut-fuer-menschenrechte.de/menschenrechtsinstrumente/vereinte-nationen/menschenrechtsabkommen/behindertenrechtskonvention-crpd/ Zugegriffen: 21. März 2017.

3   Der lateinische Begriff bedeutet wörtlich übersetzt: wertlos und war lange auch so gemeint.

4   Das war im zeithistorischen Kontext durchaus ein Fortschritt gegenüber der bis dahin weithin üblichen Praxis, die Betroffenen mehr oder weniger sich selbst zu überlassen, was für viele oft mit nur geringen Überlebenschancen verbunden war.

5   In den USA waren solche Gesetze noch in den 1960er Jahre in Kraft, in Schweden wurde das entsprechende Gesetz 1975 aufgehoben.

Erwerbsarbeit zur wenigstens teilweisen Bestreitung des eigenen Lebensunterhaltes qualifiziert werden können. Es setzte sich das Verständnis von *Behinderung als speziellem Bildungs- und Rehabilitationstatbestand* durch. Dieser Einstellungswandel im Verständnis von Behinderung führte auch in der Sozial- und Behindertenpolitik zu neuen Konzepten

1. *weg von der bloßen Verwahrung* in meist großen und abgelegenen Anstalten und
2. *hin zu ihrer Bildung, Förderung und Rehabilitation*, allerdings weiterhin separiert in speziellen Institutionen.

Die bis dahin stark von Medizinern dominierte Heilpädagogik emanzipierte sich als Sonderpädagogik von der Medizin zu einer erziehungswissenschaftlichen Fachrichtung. Mit dem Selbstverständnis einer besonderen Pädagogik für besondere Menschen, die nur in speziellen, auf ihre Besonderheiten ausgerichteten Einrichtungen lernen, leben und arbeiten können, etablierte sie sich zugleich als akademische Disziplin und pädagogische Profession. In den 1970er und 1980er Jahren kam es im Zuge der allgemeinen Bildungsexpansion auch zu erheblichen Ausweitungen des Sonderschulwesens. Zudem entstanden neue Einrichtungen und Einrichtungstypen der beruflichen Rehabilitation. 1974 trat in Deutschland das Schwerbehindertengesetz mit dem erklärten Ziel der beruflichen Eingliederung Behinderter in Kraft. Der hier zum Ausdruck kommende Einstellungswandel im gesellschaftlichen und behindertenpolitischen Behinderungsverständnis fand international seinen Niederschlag in der International Classification of Impairments, Disabilities and Handicaps (ICIDH, die 1980 von der Weltgesundheitsorganisation (WHO) vorgelegt wurde und differenzierte zwischen

1. *Impairment* (Schädigung) auf der biologischen,
2. *Disability* (Leistungsminderung) auf der individuellen und
3. *Handicap* (Behinderung) auf der sozialen Ebene.

Allerdings wurde Behinderung immer noch weitgehend kausal auf Schädigung und/oder Leistungsminderung zurückgeführt.

In den 1960er Jahren schlossen sich in zahlreichen Ländern Behinderte zusammen, die erkannt hatten, dass ihre Einschränkungen nicht primär Folge ihrer Schädigungen, sondern behindernder gesellschaftlicher Bedingungen sind. Nach dem Vorbild der Bürgerrechtsbewegung der Farbigen und der Studierendenbewegung kämpften sie für Gleichstellung, soziale Teilhabe und gegen paternalistische Entmündigungen und pädagogische Sonderbehandlung durch Experten der unterschiedlichsten Disziplinen und Professionen. In den USA entstand die Independend-Living-Bewegung, die sich schnell international ausweitete. Auch in Deutschland entstanden in zahlreichen Städten Behinderteninitiativen, die, bei unterschiedlicher inhaltlicher und programmatischer Ausrichtung, gegen die Aussonderung Behinderter aus regulären Lebens-, Lern-, Wohn- und Arbeitszusammenhängen kämpften. Neben und zunehmend an die Stelle regelverletzender Protestaktionen traten mehr und mehr konstruktive Politikformen, z. B. die Schaffung von Alternativen zu den Einrichtungen des überkommenen Behindertenhilfesystems. Auch die Beteiligung an der behindertenpolitischen Debatte erfolgte zunehmend unter Einhaltung der herrschenden parlamentarischen Spielregeln. Aus einer außerparlamentarischen Opposition gegen die überkommene Behindertenpolitik wurde eine parlamentarische Opposition, für die sich in Deutschland die Partei der GRÜNEN zunehmend als geeignete organisatorische Basis erwies, nachdem diese dauerhaft in immer mehr Landtage und 1983 auch in den Deutschen Bundestag einziehen konnte. Zu ähnlichen Entwicklungen kam es auch in anderen Ländern.

Auch international gelang es vielen Aktivisten der Behindertenbewegung an wichtigen Stellen Einfluss auf die behindertenpolitische Diskussion zu nehmen. 1980 kam es zum Zusammenschluss eines weltweiten Netzwerks ‚Disabled Peoples' International' (DPI), welches mittlerweile als NGO mit konsultativem Status von den Vereinten Nationen anerkannt ist und seither auch innerhalb der WHO die behindertenpolitische Debatte mitbestimmt. Nicht zuletzt aufgrund des maßgeblichen Einflusses von DPI[6] wurde 1999 die ICIDH durch die International Classification of Impairments, Activities and Participation (ICIDH-2) abgelöst, welche 2001 Eingang fand in die bis heute gültige International Classification of Functioning, Disability and Health (ICF). Hier wird die Defizitorientierung der ICIDH zwar nicht völlig überwunden, doch überwiegt eine vor allem an Ressourcen und sozialen Bedingungen orientierte Betrachtungsweise,[7] die zwischen Impairment, Activity und Participation unterscheidet und das Augenmerk insbesondere auf die persönlichen Fähigkeiten und die soziale Teilhabe eines Menschen richtet. Außerdem werden bis dahin unberücksichtigt gebliebene Kontextfaktoren als Aktivitäten und Teilhabe beeinträchtigende Faktoren explizit und mit hohem Stellenwert in diese Klassifikation mit einbezogen. Ausdrücklich wird betont,

„(…) dass die ICF keine Klassifikation von Menschen ist. Sie ist eine Klassifikation der Gesundheitscharakteristiken von Menschen im Kontext ihrer individuellen Lebenssituation und den Einflüssen der Umwelt. Die Interaktion zwischen Gesundheitscharakteristiken und Kontextfaktoren resultiert in Behinderungen. Deshalb dürfen Personen nicht auf ihre Schädigungen, Beeinträchtigungen der Aktivität oder Beeinträchtigungen der Partizipation (Teilhabe) reduziert oder nur mittels dieser beschrieben werden. Zum Beispiel verwendet die Klassifikation statt ‚geistig behinderte Person' die Umschreibung ‚Person mit einem Problem im Lernen'. Die ICF sichert dies, indem sie Bezüge zu einer Person mit Begriffen für Krankheiten oder Behinderungen vermeidet und durchgängig eine neutrale oder positive und konkrete Sprache verwendet." (WHO 2005, S. 171)[8]

---

6   Ausdrücklich wird in der ICF anerkannt: „Von Anfang an hat der Revisionsprozess der ICF vom Beitrag seitens Menschen mit Behinderungen und Organisationen von Menschen mit Behinderungen profitiert. Vor allem Disabled Peoples' International hat ihre Zeit und Energie für den Prozess der Revision zur Verfügung gestellt, und die ICF spiegelt heute diesen wichtigen Beitrag wider." (WHO 2005, S. 171)

7   Es wird davon ausgegangen, „(…) dass Behinderung ebenso eine Folge von Barrieren in der Umwelt als von Krankheiten oder Schädigungen ist." (ebenda, S. 172)

8   Damit allerdings steht die ICF im diametralen Widerspruch zu einer anderen Klassifikation der WHO, der International *Classification of Deseases (ICD 10)*, die nach wie vor z. B. Oligophrenien oder heute Intelligenzminderungen unter den Schlüsselnummern F70 bis F78 entsprechend der kraepelin'schen Krankheitslehre als ontologische Kategorien klassifiziert und sogar quantifiziert.

Erklärtes Ziel der ICF ist, „(...), dass Menschen mit Behinderungen durch die Klassifikation und die Beurteilung ermächtigt statt ihrer Rechte beraubt und diskriminiert werden."
(ebenda, S. 172) Dieses Verständnis prägt auch die UN-Behindertenrechtskonvention
(UN-BRK). Dort heißt es in Artikel 1:

> „Zu den Menschen mit Behinderungen zählen Menschen, die langfristige körperliche,
> seelische, geistige oder Sinnesbeeinträchtigungen haben, die in Wechselwirkung mit ver-
> schiedenen Barrieren ihre volle und wirksame Teilhabe gleichberechtigt mit anderen an der
> Gesellschaft behindern können."

Dieses neue Behinderungsverständnis, das Behinderung zumindest auch als gesellschaft-
lich-strukturell bedingten Ausgrenzungs- und Diskriminierungstatbestand und nicht
primär als unabänderliches biologisches Einzelschicksal oder unmittelbare Schädigungs-
folge betrachtet, fand auch – mit unterschiedlichen Konsequenzen und Geschwindigkeiten
– Eingang in die nationalen Behindertenpolitiken vieler Länder, die das Ziel verfolgen,
Bedingungen zu identifizieren und zu überwinden, die Behinderte sozial ausgrenzen und
die Gleichstellung zwischen behinderten und nichtbehinderten Bürgern herzustellen. In
den USA trat 1992 der „Americans with Disabilities Act" in Kraft, ein Gesetz, welches nicht
nur offene, sondern auch strukturelle Behindertendiskriminierung in allen gesellschaftlichen Bereichen des öffentlichen, privaten und wirtschaftlichen Lebens verbietet. Auch
in Deutschland ist seit Anfang der 1990er Jahre relativ unabhängig von aktuellen Parla-
mentsmehrheiten und Regierungskonstellationen in der Behindertenpolitik zu beobachten,
dass sich in wichtigen Bereichen der nationalen und internationalen Behindertenpolitik,
angestoßen vor allem durch die Aktivitäten der politischen Behindertenbewegung, ein
neuerlicher grundlegender Wandel vollzogen hat –

1. weg von den herkömmlichen Konzepten paternalistischer, meist lebenslanger und nicht
   selten infantilisierender Fürsorge, Förderung und Erziehung von Behinderten als besondere Menschen, welche außerhalb regulärer Lebenszusammenhänge in speziellen
   Sondereinrichtungen pädagogisch sonderbehandelt[9] werden müssen und
2. hin zu emanzipatorischen, selbst-bemächtigenden Ansätzen, die die Schaffung geeigneter
   Rahmenbedingungen nahelegen, unter denen sich Menschen, die wir behindert nennen,

---

9   Der Begriff hat im Zuge der massenhaften Vernichtung von Behinderten, Juden und anderen
    Menschen in der NS-Zeit die Bedeutung von Ermorden durch Giftgas erhalten. Heil- und
    Sonderpädagogen bezeichneten ihre Praxis allerdings schon wesentlich länger als Sonderbe-
    handlung. So berichtete z. B. der damalige Hilfsschulpädagoge Arno Fuchs, der sich als Berliner
    Magistratsschulrat seit der Wende zum 20. Jahrhundert maßgeblich für den Ausbau des Berliner
    Sonderschulwesens mit reichsweitem Modellcharakter eingesetzt hatte, in einer Abhandlung
    über das Berliner Sonderschulwesen: „Die Sonderbehandlung der Schwachsinnigen begann in
    Berlin mit der Eröffnung der Idiotenanstalt Dalldorf (heutigen Heilstättenschule in Wittenau)
    im Jahre 1881" (Fuchs 1927, S. 48).

innerhalb regulärer Lebenszusammenhänge als eigenständige Subjekte selbstbestimmt entscheiden und entfalten und ihrer eigenen Normalität entsprechend leben können.

Vorläufiger Höhepunkt dieser Entwicklung war, wie eingangs erwähnt, die Ratifizierung der UN-BRK. Dabei ist zu betonen, dass dieser Wandel weder auf plötzliche Einsicht der Verantwortlichen in der Behindertenpolitik, noch allein auf die Aktivitäten der Behindertenbewegung zurückzuführen ist. Sowohl diese Bewegung, als auch die von ihr initiierten Entwicklungen waren und sind selbstverständlich eingebettet in gesellschaftliche Prozesse, die sie beeinflussen und von denen sie ihrerseits geprägt werden, und die natürlich auch Einfluss auf die politische Meinungsbildung einschlägiger Entscheidungsträger nehmen. Ohne die fortschreitende Individualisierung von Lebensläufen, der Pluralisierung selbstbestimmter Lebensentwürfe und dem Risiko, daran zu scheitern, den Anschluss zu verpassen und ins soziale Abseits zu geraten, hätte sich die Forderung nach selbstbestimmtem Leben behinderter Menschen vermutlich nur schwer artikulieren und etablieren können. Das bedeutet, dass mit der Orientierung der Behindertenpolitik auf Emanzipation und Selbstbestimmung alle Chancen, die nicht gering zu schätzen sind, aber auch alle Risiken der so genannten „Risikogesellschaft" (Beck 2015) zunehmend auch die Lebensbedingungen und die Lebenslagen von Menschen, die wir als behindert bezeichnen, prägen.

3   Paternalistische Fürsorge, soziale Ausgrenzung und Bevormundung – Über Beharrlichkeiten in der Sozialpolitik sowie im Betreuungsrecht und die Konsequenzen für die Lebensbedingungen von Behinderten

Letzteres gilt besonders für diejenigen Behinderten, die bei der Bewältigung ihres Alltages auf sozialstaatliche Unterstützungsleistungen angewiesen sind. Die durchaus richtungsweisenden Entwicklungen in der Behindertenpolitik finden nämlich bislang noch kaum Entsprechungen in der Sozialpolitik sowie im deutschen Betreuungsrecht, sondern sie werden dort geradezu konterkariert. Im Bereich der Sozialpolitik lässt sich dies auf drei Ebenen festmachen:

1. an dem der herrschenden Sozialpolitik nach wie vor zugrundeliegende *Behinderungsverständnis*, weiterhin
2. an der ausgeprägten *muralen Dominanz* des bundesdeutschen Sozialwesens und schließlich
3. an dem mittlerweile seit Jahrzehnten fortschreitenden *Sozialabbau*, der Behinderung in wachsendem Maße zu einem Armutsrisiko werden lässt.

Verschärft wird die Diskrepanz zwischen der Ausrichtung der Behindertenpolitik auf der einen und der Sozialpolitik auf der anderen Seite zudem durch das deutsche Betreuungsrecht, welches entgegen der seinerzeitigen Intention, die entrechtenden Instrumente der Entmündigung und Vormundschaft durch auf Schutz und Unterstützung ausgerichtete Betreuung zu ersetzen, nach wie vor von entmündigenden Strukturen geprägt ist. Die Folge dessen sowie der angesprochenen Entwicklungen in der Sozialpolitik ist, dass viele Behinderte unter Bedingungen leben müssen, die teils in mehrfacher Hinsicht in einem eklatanten Widerspruch zu den auch in Deutschland rechtsverbindlichen Vorgaben der UN-BRK stehen. Dies soll im Folgenden anhand eines Vergleiches ausgewählter in der UN-BRK festgeschriebenen Rechte mit den tatsächlichen Lebenslagen von Behinderten aufgezeigt werden.

3.1   Zum Behinderungsverständnis in der Sozialpolitik

Zwar hat auch im sozialpolitischen Behinderungsverständnis der Aspekt der erschwerten sozialen Teilhabe Eingang gefunden, doch wird diese nach wie vor relativ unmittelbar auf medizinisch-biologische Ursachen zurückgeführt. Das schon angesprochene Behindertenhilferecht, auf dass sich auch das Sozialhilferecht (Paragraph 53, Abs. 1 SGB XII) und das Arbeitsförderungsrecht (Paragraph 19, Abs. 1 SGB III) bezieht, macht Behinderung nach wie vor an einer körperlichen, geistigen oder seelischen Regelwidrigkeit fest und definiert Menschen als behindert, „(…) wenn ihre körperliche Funktion, geistige Fähigkeit oder seelische Gesundheit mit hoher Wahrscheinlichkeit länger als sechs Monate von dem für das Lebensalter typischen Zustand abweichen und daher ihre Teilhabe am Leben in der Gesellschaft beeinträchtigt ist." (Paragraph 2, Abs. 1 SGB IX, Hervorhebung d. Verf.). Gegenüber der vorherigen Behinderungsdefinition im Paragraph 2 des früheren Schwerbehindertengesetzes, die allein auf die Regelwidrigkeit abhob, wird im SGB IX zusätzlich die Beeinträchtigung der sozialen Teilhabe genannt, diese allerdings monokausal auf körperliche, geistige oder seelische Funktionsstörungen zurückgeführt. Die Feststellung einer so verstandenen Behinderung erfolgt daher auch nach wie vor aufgrund ausschließlich medizinischer Diagnostik auf der Grundlage der Anlage zu Paragraph 2 der Versorgungsmedizin-Verordnung vom 10. Dezember 2008 „Versorgungsmedizinische Grundsätze". Hierbei handelt es sich um einen Katalog von medizinisch verstandenen Schädigungen, denen jeweils ein bestimmter Zahlenwert zugewiesen wird, z. B. (Versorgungsmedizinische Grundsätze, S. 93):

> „Verlust eines Armes im Unterarm mit einer Stumpflänge bis 7 cm 60, Verlust der ganzen Hand 50".

Mittels dieses Katalogs wird das Vorliegen einer Behinderung nämlich nicht nur festgestellt, sondern zugleich auch quantifiziert. Bis 1986 erfolgte die Quantifizierung analog zum sozialen Entschädigungsrecht, für das der Katalog zunächst erstellt worden ist, in Prozentpunkten als Minderung der Erwerbsfähigkeit (MdE). Seit 1986 erfolgt die Quantifizierung durch die Maßeinheit Grad der Behinderung (GdB), welcher allerdings durch ein unverändertes gutachterliches Verfahren und mittels der im Grundsatz ebenfalls unveränderten MdE-Tabellen des Entschädigungsrechtes ermittelt wird. Der GdB kann deswegen nur maximal 100 betragen, auch wenn die Summe der für einzelne Funktionseinschränkungen anzuerkennenden Behinderungsgrade diesen Wert übersteigt. Der Übergang von der Maßeinheit MdE, die im Entschädigungsrecht bis heute fort gilt, zu GdB ist also eine schlichte Umbenennung gewesen ohne inhaltliche Konsequenzen. Nach wie vor wird Behinderung hier als primär biologische Kategorie an körperlich begründeten Funktionseinschränkungen festgemacht. Ein Perspektivenwechsel scheint auf den ersten Blick demnächst mit dem neuen Bundesteilhabegesetz (BTHG) zu erfolgen, das im Dezember 2016 verabschiedet wurde und ab 2018 das SGB IX in der bisherigen Fassung schrittweise ablösen soll. Hier soll der Paragraph 2, Abs. 1, Satz 1 künftig lauten:

> „Menschen mit Behinderungen sind Menschen, die körperliche, seelische, geistige oder Sinnesbeeinträchtigungen haben, die sie in Wechselwirkung mit einstellungs- und umweltbedingten Barrieren an der gleichberechtigten Teilhabe an der Gesellschaft mit hoher Wahrscheinlichkeit länger als sechs Monate hindern können".

Faktisch bleibt es aber auch dann nach wie vor bei dem monokausal medizinischen Behinderungsverständnis, denn im Paragraph 2, Abs. 1, Satz 2 wird klargestellt:

> „Eine Beeinträchtigung nach Satz 1 liegt vor, wenn der Körper- und Gesundheitszustand von dem für das Lebensalter typischen Zustand abweicht"

– und nur dann. Es gibt keinerlei Hinweise, dass sich an dem Verfahren der Feststellung und der Quantifizierung von Behinderung etwas verändern wird.

3.2 Der Vorrang ambulanter Hilfen und die Beharrlichkeit muraler Dominanz

Auf einer anderen Ebene hingegen scheint seit Anfang der 1980er Jahre ein sozialpolitischer Wandel eingetreten zu sein. Immer wieder wird nämlich seither der Vorrang ambulanter vor stationären Hilfen proklamiert, 1984 sogar auf Antrag der damaligen Bundesregierung im Rahmen des 2. Haushaltsbegleitgesetzes mit dem Paragraphen 3a als explizite Rechtsnorm in das Bundessozialhilfegesetz aufgenommen, freilich nur als programmatische Sollvorschrift, nicht als subjektiv einklagbarer Rechtsanspruch. Die damalige regierungsamtliche Begründung: „Ambulante Hilfen sind oft sachgerechter, menschenwürdiger und zudem kostengünstiger" (BT-Drucksache 10/335, Anlage 2 zu Nr. 22).[10] Doch der Schein trügt.

---

10 Als allerdings bekannt wurde, dass ambulante Hilfen zwar immer noch sachgerechter und menschenwürdiger, jedoch, wenn als professionelle Dienstleistung und nicht als ehrenamtliche Almosen erbracht, nicht immer kostengünstiger sind, wurde die Vorschrift auf Antrag derselben Bundesregierung wieder geändert. Seither gilt der Grundsatz „ambulant vor stationär" ausdrück-

Zwar war der Bundesregierung schon lange bekannt, dass „(…) die Zahl der Heimunterbringungen (…) nach verbreiteter Einschätzung zunehmend gesenkt werden (könnte).
Von vielen Behinderten – auch schwerstbehinderten Menschen – selbst wird der Ausbau
individueller Wohnformen gefordert; dieser Prozess setzt den Ausbau ambulanter Dienste voraus, die die Betroffenen weitgehend beteiligen und deren persönliche und soziale
Kompetenz stärken." (Bundesregierung 1994, S. 68, 1998, S. 85) So steht es wortgleich in
ihrem dritten und vierten Behindertenbericht der Bundesregierung. Trotzdem werden
die Voraussetzungen, die dafür erforderlich sind, nicht annähernd in dem erforderlichen
Maße geschaffen.

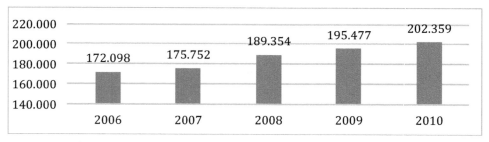

Abb. 1   Empfängerinnen und Empfänger von Eingliederungshilfe für Behinderte in stationären
Einrichtungen

Quelle: Bundesregierung 2013, S. 174

Im Gegenteil: Statt neue ambulante Dienste und behindertengerechte Wohnungen zu
schaffen, werden immer mehr Heime gebaut mit der Konsequenz, dass, wie die Abbildung
1 zeigt, die Anzahl der Heimunterbringungen nicht nur nicht sinkt, sondern kontinuierlich steigt. Jedes Jahr erreicht die Anzahl der Empfängerinnen und Empfänger von
Eingliederungshilfe für Behinderte, die in Heimen leben, neue Rekordhöchststände. Sie
stieg ausweislich des ersten Teilhabeberichtes[11] der Bundesregierung von 2013 zwischen
2006 und 2010 kontinuierlich um 16 Prozent von 172.098 auf 202.359.

Im zweiten Teilhabebericht wurde in der Statistik des institutionalisierten Wohnens
unterschieden zwischen einerseits stationären Einrichtungen und andererseits dem ambulant betreuten Wohnen (abW).

---

lich nicht mehr, „(…) wenn (…) eine ambulante Hilfe mit unverhältnismäßigen Mehrkosten
verbunden ist". Explizit hat der Gesetzgeber damit Menschenwürde unter Kostenvorbehalt
gestellt und diese Regelung so auch in das seit 2005 geltende Sozialhilferecht übernommen
(Paragraph 13 SGB XII).

11   Seit 2013 erscheinen die Berichte, die früher als Behindertenberichte bezeichnet wurden, als
Teilhabeberichte.

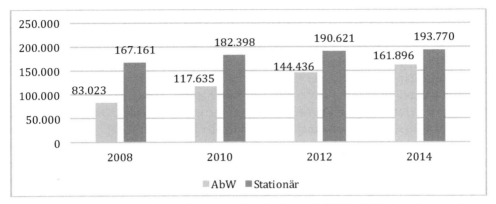

Abb. 2 Empfängerinnen und Empfänger von Eingliederungshilfe für Behinderte im ambulant betreuten Wohnen und in stationären Einrichtungen

Quelle: Bundesregierung 2016, S. 255

Auch hier zeigt sich ein kontinuierlicher Anstieg des stationären Bereichs, aber ebenso auch des ambulant betreuten Wohnens (abW). Dabei muss allerdings differenziert werden, denn unter der Bezeichnung abW firmieren sowohl Angebote, bei denen Behinderte in ihrer eigenen Wohnung, die sie selbst angemietet haben, Unterstützung erhalten, als auch Wohneinheiten, die institutionell zu einer stationären Einrichtung gehören, quasi dezentrale Heimplätze sind. Im ersten Fall sind die Betroffenen Mieter ihrer Wohnung, für sie gilt das Mietrecht und z. B. auch das Grundrecht auf Unverletzlichkeit der Wohnung nach Artikel 13 GG, im zweiten Fall bleiben die Betroffenen Heimbewohner und fallen unter das Heimgesetz. Die Zahlen für das Jahr 2010 sind in beiden Statistiken erfasst, allerdings wird für Anzahl der 2010 stationär untergebrachten Behinderten 2016 eine niedrigere Zahl angegeben als 2013. Das lässt vermuten, dass die Differenz zwischen den beiden Angaben von 19.961 Betroffenen der Anzahl solcher dezentralen Heimplätze entspricht, die 2013 noch dem stationären Bereich zugerechnet wurden, was eigentlich auch 2016 hätte erfolgen müssen.

Die ungebrochene Dominanz der stationären Unterbringung in der Behindertenhilfe verstößt schließlich auch gegen den Artikel 19 der UN-BRK. Dort heißt es:

„Die Vertragsstaaten dieses Übereinkommens anerkennen das gleiche Recht aller Menschen mit Behinderungen, mit gleichen Wahlmöglichkeiten wie andere Menschen in der Gemeinschaft zu leben, und treffen wirksame und geeignete Maßnahmen, um behinderten Menschen den vollen Genuss dieses Rechts und ihre volle Teilhabe und Teilnahme an der Gemeinschaft zu erleichtern, indem sie insbesondere dafür sorgen, dass

a. behinderte Menschen gleichberechtigt die Möglichkeit haben, ihren Wohnsitz zu wählen und zu entscheiden, wo und mit wem sie leben, und nicht verpflichtet sind, in besonderen Wohnformen zu leben;

b. behinderte Menschen Zugang zu einer Reihe von häuslichen, institutionellen und anderen gemeindenahen Unterstützungsdiensten haben, einschließlich der persönlichen Assistenz, die zur Unterstützung des Lebens in und der Teilhabe an der Gemeinschaft sowie zur Verhütung von Isolation und Absonderung von der Gemeinschaft notwendig ist."

Die Realisierung der hier formulierten Ziele ist durchaus möglich. Weder in quantitativer noch in qualitativer Hinsicht gibt es Bedarfe, die nicht prinzipiell auch in einer selbst gewählten Wohnform gedeckt werden können. Kein Mensch muss gegen seinen Willen aus fachlich zu rechtfertigenden Gründen stationär untergebracht werden. Das zeigt nicht nur die Arbeit der seit mittlerweile knapp 40 Jahren leider bislang nur in sehr wenigen Städten existierenden ambulanten Assistenzdienste in Deutschland, sondern auch das Beispiel Schweden. Dort wurden seit Ende der 1960er Jahre konsequent gemeindenahe Infrastrukturen für Behinderte geschaffen. 1994 trat außerdem ein einkommens- und vermögensunabhängiges Assistenzgesetz in Kraft, welches Behinderten die Unterstützung gewährt, die sie benötigen[12]. Die Philosophie dieser, im Gegensatz zu Deutschland auch die Sozialpolitik einbeziehenden Behindertenpolitik charakterisiert der ehemalige Leiter des Büros für Behindertenfragen im schwedischen Reichsamt für Gesundheit und Wohlfahrt, Karl Grunewald (2003, S. 88f.):

> Die Anstalten stellen heute einen letzten Rest an kollektiven und vergangenen Ideologien dar, welche der Gesellschaft die Macht und das Recht gaben, gewisse Menschen auszusortieren und deren Freiheit, Einfluss und Lebensbedingungen zu begrenzen. Es hat sich erwiesen, dass keine Person mit Beeinträchtigung in einer Anstalt wohnen muss, wie groß die ursprüngliche Schädigung auch immer sein mag. (…) Menschenrechte sind nur dann menschlich, wenn sie für alle gelten" (ebenda, S. 88).

Den Erfolg dieser Politik offenbart ein Blick auf die schwedische Heimstatistik (Abbildung 3). Seit Ende 2000 ist die stationäre Unterbringung in Schweden gesetzlich verboten.

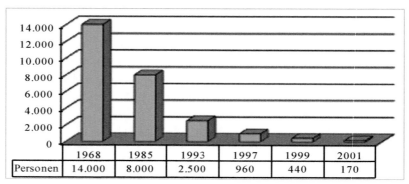

Abb. 3   In Heimen lebende Behinderte in Schweden

Quelle: Schwedisches Institut 2001, S. 2

---

12 Es gibt hier allerdings eine durchaus gravierende und letztlich rein fiskalisch begründete Einschränkung: In den Genuss dieser Leistungen kommen nur Behinderte, deren Assistenzbedarf vor dem 65. Lebensjahr eingetreten ist.

Wenn demgegenüber in Deutschland die Zahl der Heimeinweisungen von Jahr zu Jahr steigt statt sinkt, liegt das allein daran, dass den Betroffenen in den meisten Gemeinwesen eine entsprechende Infrastruktur, die sie für ein Leben in einer selbst gewählten Wohnform benötigen, systematisch vorenthalten wird. Damit aber ist diese Form von struktureller Gewalt die eigentliche Behinderung, die diese Menschen behindert, an sozialen Zusammenhängen gleichberechtigt uneingeschränkt teilzuhaben und selbst bestimmt zu leben. Zynisch ist es, wenn diese den Betroffenen angetane Behinderung dann auch noch, wie es nicht selten geschieht, mit der Schwere einer ihnen vermeintlich anhaftenden Behinderung fachlich legitimiert wird. Auch das Committee on the Rights of Persons with Disabilities zeigt sich in seinen Concluding Observations

> „besorgt über den hohen Grad der Institutionalisierung und den Mangel an alternativen Wohnformen beziehungsweise einer geeigneten Infrastruktur, durch den für Menschen mit Behinderungen zusätzliche finanzielle Barrieren entstehen. Er ist ferner besorgt darüber, dass das Recht, mit angemessenem Lebensstandard in der Gemeinschaft zu leben, insoweit beeinträchtigt ist, als der Zugang zu Leistungen und Unterstützungsdiensten einer Bedürftigkeitsprüfung unterliegt und nicht alle behinderungsbedingten Aufwendungen abgedeckt werden" (CRDP 2015 Nr. 41).

Zu dem seit Jahrzehnten nicht nur in der Behindertenhilfe zu beobachtenden kontinuierlichen Anstieg stationärer Unterbringungen kommt, dass immer mehr Menschen unter gesetzliche Betreuung gestellt werden. In den Jahren zwischen 1992 und 2014 ist nämlich ausweislich der Betreuungsstatistik des Bundesjustizministeriums die Anzahl der gesetzlichen Betreuungen von 435.931 auf 1.306.589 Fälle gestiegen. Soweit, was in Deutschland, allerdings auch in vielen anderen Ländern möglich ist, die Bestellung eines gesetzlichen Betreuers oder einer Betreuerin nicht mit Zustimmung, sondern gegen den erklärten Willen der Betroffenen erfolgt, verstößt sie klar gegen Artikel 12 der UN-BRK:

> „Die Vertragsstaaten bekräftigen, dass Menschen mit Behinderungen das Recht haben, überall als Rechtssubjekt anerkannt zu werden" (Abs. 1). Sie „anerkennen, dass Menschen mit Behinderungen in allen Lebensbereichen gleichberechtigt mit anderen Rechts- und Handlungsfähigkeit genießen" (Abs. 2) und stellen sicher, dass „der Wille und die Präferenzen der betreffenden Person geachtet werden" (Abs. 4).

Artikel 12 der UN-BRK ist eine auch bereits in Artikel 16 des UN-Zivilpaktes vorgenommene Konkretisierung des Artikels 6 der Allgemeinen Erklärung der Menschenrechte der UN:

> „Jeder hat das Recht, überall als rechtsfähig anerkannt zu werden".

Im Mai 2014 veröffentlichte das Committee on the Rights of Persons with Disabilities bereits ein General Comment (GC) zu diesem Artikel 12 in dem klargestellt wird,

„dass das menschenrechtsbasierte Modell von Behinderung den Wechsel *vom Paradigma der ersetzenden Entscheidungsfindung[13] zum Modell der unterstützten Entscheidungsfindung[14]* impliziert" (CRPD 2014 I, Nr. 3, Hervorhebung d. Verf.), während in der Praxis vieler Länder bislang „Menschen mit Behinderungen in vielen Bereichen in diskriminierender Weise das Recht auf rechtliche Handlungsfähigkeit verwehrt (wird), und zwar durch das System der ersetzenden Entscheidungsfindung" (CRDP 2014 I, Nr. 7).

Ausdrücklich weist das Komitee darauf hin,

„dass ‚Geistesgestörtheit' und andere diskriminierende Bezeichnungen *kein legitimer Grund für die Versagung der rechtlichen Handlungsfähigkeit* (rechtliche Rolle und Rechtsstellung im Verfahren) sind. Nach Artikel 12 sind wahrgenommene oder tatsächliche Defizite in der geistigen Fähigkeit keine Rechtfertigung für die Versagung der rechtlichen Handlungsfähigkeit" (CRPD 2014 II, Nr. 13). Für das Komitee ist das verbreitete „Konzept geistige Fähigkeit (…) höchst umstritten. Entgegen den üblichen Darstellungen *handelt es sich hier nicht um ein objektives, wissenschaftliches und naturgegebenes Phänomen.* Geistige Fähigkeit hängt vom sozialen und politischen Kontext ab" (CRPD 2014 II, Nr. 14, Hervorhebungen ER). Das Komitee hat „in der Mehrzahl der Berichte der Vertragsstaaten, die der Ausschuss bisher untersucht hat", festgestellt, dass in unzulässiger Weise „die Begriffe geistige und rechtliche Fähigkeit verschmolzen (werden), sodass Personen, deren Fähigkeiten, Entscheidungen zu treffen, zumeist aufgrund einer kognitiven oder psychosozialen Behinderung vermeintlich beeinträchtigt sind, die Rechtsfähigkeit, eine bestimmte Entscheidung zu treffen, in der Folge entzogen wird. (…) Bei all diesen Ansätzen wird die Behinderung eines Menschen und/oder seine Entscheidungsfähigkeit als legitime Basis genommen, die rechtliche Handlungsfähigkeit zu versagen und ihren Status als Rechtssubjekt zu verringern. *Artikel 12 lässt eine solche diskriminierende Versagung der rechtlichen Handlungsfähigkeit nicht zu, sondern verlangt vielmehr Unterstützung bei ihrer Ausübung*" (CRDP 2014 II, Nr. 15, Hervorhebung d. Verf.).

Von Ausnahmen im Sinne einer ultima ratio ist hier und auch an keiner anderen Stelle je die Rede. Zwar wurden mit dem 1992 in Kraft getretenen Betreuungsrecht die noch aus dem Kaiserreich stammenden und vor allem auf den Entzug elementarer Bürgerrechte ausgerichteten Entmündigungen und Vormundschaften für Volljährige ersetzt durch das einheitliche Rechtsinstitut der Betreuung, das, wie schon eingangs erwähnt, eigentlich primär auf den Schutz der Betroffenen statt auf deren Entrechtung abzielen sollte. In der Praxis jedoch wurde diese Intention nur unzureichend umgesetzt. Auch seit der Reform können Betreuerinnen oder Betreuer gegen den Willen der Betroffenen bestellt werden. Mindestens in diesen Fällen entspricht die Betreuerbestellung einer faktischen Entmündigung, und die Betreuungsverhältnisse haben mit ihren ersetzenden Entscheidungsfindungen den gleichen bevormundenden Charakter wie zuvor die überkommenen Vormundschaften.

Daran hat auch das zweite Betreuungsrechtsänderungsgesetz von 2004 nichts Grundlegendes geändert. Durch dieses wurde auf Initiative des Bundesrates im Paragraph 1896 BGB ein Abs. 1a mit folgendem Wortlaut einzufügen:

---

13 Im englischen Original: substitute decision-making.
14 Im englischen Original: supported decision-making.

„Gegen den freien Willen des Volljährigen darf ein Betreuer nicht bestellt werden".

Auf den ersten Blick könnte man meinen, dass damit der vom Committee on the Rights of Persons with Disabilities geforderte Wechsel vom Paradigma der ersetzenden zum Modell der unterstützten Entscheidungsfindung schon damals eingelöst worden sei. Ein Blick in die Begründung für den Entwurf dieser Gesetzesänderung macht jedoch deutlich, dass dies keineswegs der Fall ist. Dort wird nämlich spitzfindig unterschieden zwischen dem sog. freien Willen und dem natürlichen Willen und nur, wer über einen freien und nicht nur natürlichen Willen verfügt, sollte sich künftig der zwangsweisen Bestellung einer Betreuung erwehren können. Wann aber ist ein Wille frei und wann nur natürlich? Die Begründung für das zweite Betreuungsrechtsänderungsgesetz nennt als „die beiden entscheidenden Kriterien" für das Vorliegen eines freien Willens

„die Einsichtsfähigkeit des Betroffenen und dessen Fähigkeit, nach dieser Einsicht zu handeln. Fehlt es an einem dieser beiden Elemente, liegt kein freier, sondern ein natürlicher Wille vor" (Bundestags-Drucksache 15/2494, S. 28),

– und gegen diesen nur natürlichen Willen kann auch weiterhin eine Betreuung angeordnet werden. Mit dieser Einschränkung blieb es aber faktisch bei der bisherigen und vom Komitee als mit der UN-BRK sowie mit den Allgemeinen Menschenrechten unvereinbaren Rechtslage, die nach wie vor ersetzende Entscheidungsfindungen zulässt.

Dazu kommt: Zu Recht weist, wie schon erwähnt, das Komitee in seinem General Comment darauf hin, dass geistige Fähigkeit ein soziales Konstrukt ist und „vom sozialen und politischen Kontext" (CRPD 2014 II, Nr. 14) abhängt. Dies gilt in gleichem Maße auch für die dichotome Vorstellung vom freien Willen auf der einen und dem unfreien, nur natürlichen Willen auf der anderen Seite. Jeder menschliche Wille äußert sich stets unter bestimmten kulturhistorischen, sozialen, infrastrukturellen, institutionellen, psychischen, biologischen und anderen Bedingungen, welche sich teilweise sogar wechselseitig bedingen und auf jede subjektive Willensentscheidung mehr oder weniger Einfluss nehmen. Die Freiheitsgrade jeglicher Willensentscheidungen variieren damit innerhalb eines Kontinuums, das sich ausspannt zwischen den Extremen *absolut freier Wille* und *absolut unfreier Wille*, wobei beide Extreme lediglich theoretische Konstrukte sind, da Menschen als bio-psycho-soziale Wesen tendenziell einerseits immer unter spezifischen Bedingungen handeln, von denen sie bestimmt werden, dabei andererseits immer auch handelnde Subjekte ihres Lebens sind, und zwar solange sie leben. Damit konkretisiert sich die oben aufgeworfene Frage, wann ein Wille frei ist. Eine sinnvolle Antwort auf diese Frage kann letztlich nur darauf hinauslaufen, innerhalb des skizzierten Kontinuums irgendeine Maßeinheit, wie auch immer die gemessen wird[15], festzulegen, von der an ein geäußerter Wille als frei oder als nicht mehr frei, sondern nur noch natürlich angesehen wird und bei der Bestellung einer Betreuerin oder eines Betreuers

---

15 Dabei ist grundsätzlich infrage zu stellen, ob und gegebenenfalls wie eine solche Messung mit einem validen Ergebnis überhaupt möglich ist.

missachtet werden darf. Eine solche Differenzierung bleibt letztlich willkürlich und zementiert weiterhin die Möglichkeit für vom Komitee als menschenrechtswidrig bezeichnete ersetzenden Entscheidungsfindungen, wie das Komitee in seinen Abschließenden Bemerkungen zum ersten Staatenbericht der Bundesrepublik Deutschland zur UN-BRK feststellt. Es beklagt

> „die Unvereinbarkeit des im deutschen Bürgerlichen Gesetzbuch (BGB) festgelegten und geregelten Instruments der rechtlichen Betreuung mit dem Übereinkommen" und empfiehlt, *„alle Formen der ersetzten Entscheidung abzuschaffen*[16] und ein System der unterstützten Entscheidung an ihre Stelle treten zu lassen" (CRPD 2015, Nr. 25, Hervorhebung d. Verf.).

Dazu kommt: Sind Betroffene erst einmal gegen ihren erklärten, aber als nicht frei klassifizierten Willen auf dem Wege einer ersetzenden Entscheidung einer gesetzlichen Betreuung unterworfen worden, sind weitere ersetzende und sogar mit Freiheitsentziehung verbundene Entscheidungen z. B. auf der Grundlage des Paragraph 1906, Abs. 2[17] und 4[18] BGB[19] möglich

> solange sie zum Wohl des Betreuten erforderlich (…) (sind, d. Verf.), weil auf Grund einer psychischen Krankheit oder geistigen oder seelischen Behinderung des Betreuten die Gefahr besteht, dass er sich selbst tötet oder erheblichen gesundheitlichen Schaden zufügt (…)." (Paragraph 1906, Abs. 1 BGB)

Was dem „Wohl des Betreuten" entspricht und was nicht, bzw. genauer: was andere dafür halten[20], wird auch in diesen Fällen in der Regel ersetzend und nicht unterstützend entschieden, was einen weiteren Verstoß gegen Artikel 12 der UN-BRK darstellt, wie das

---

16 Gemeint sind wirklich alle Formen, ohne jede Ausnahme.

17 „Die (stationäre, d. Verf.) Unterbringung ist nur mit Genehmigung des Vormundschaftsgerichts zulässig."

18 Richterliche Genehmigung ist auch erforderlich, „(…) wenn dem Betreuten, der sich in einer Anstalt, einem Heim oder einer sonstigen Einrichtung aufhält, ohne untergebracht zu sein, durch mechanische Vorrichtungen, Medikamente oder auf andere Weise über einen längeren Zeitraum oder regelmäßig die Freiheit entzogen werden soll".

19 Von der hier dokumentierten Entwicklung waren nicht nur Personen in Behinderteneinrichtungen betroffen, sondern auch z. B. in Einrichtungen der Altenhilfe, die allerdings auch durch derartige Einschränkungen z. T. massiv bei der Entfaltung ihrer Persönlichkeit behindert werden und in diesem Sinne durchaus ebenfalls als Behinderte bezeichnet werden können.

20 Es sei nicht bestritten, dass Menschen manchmal Entscheidungen treffen, die Angehörigen und damit konfrontierten Fachleuten unsinnig und hinsichtlich der antizipierten Konsequenzen nicht verantwortbar erscheinen. Solche Probleme müssen verantwortlich bewältigt werden. Entsprechende Bewältigungsstrategien müssen, aber sie können auch nur, im jeweiligen Einzelfall gefunden werden. Die Möglichkeit zur pauschalen Entrechtung der Betroffenen durch die zwangsweise Zuordnung eines Betreuers und Zwangsunterbringung erscheint jedoch nicht als adäquate Lösung. Sie birgt im Gegenteil das Risiko, dass adäquate Lösungen gerade nicht gesucht und folglich auch nicht gefunden, sondern die Probleme lediglich geregelt und das bedeutet in vielen Fällen: sozial unsichtbar gemacht werden.

Committee on the Rights of Persons with Disabilities in seinem General Comment un-
missverständlich klarstellt:

> „Alle Formen der Unterstützung bei der Ausübung der rechtlichen Handlungsfähigkeit
> (einschließlich intensiverer Formen der Unterstützung) *müssen auf dem Willen und den*
> *Präferenzen der betroffenen Person beruhen und nicht auf dem, was für ihr objektives Wohl*
> *erachtet wird"* (CRPD 2014, Nr. 29b; Hervorhebung d. Verf.),

– von wem auch immer. Wie viele Menschen in den letzten Jahren von freiheitsentziehenden
betroffen waren, zeigt die folgende Abbildung 4.

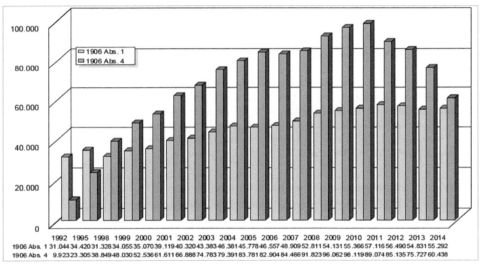

Abb. 4   Genehmigungen freiheitsentziehender Maßnahmen nach Paragraph 1906,
         Abs. 2 und 4 BGB

Quelle: Deinert 2015, S. 29

Diese Praxis verstößt nicht nur gegen Artikel 12 der UN-BRK, sondern außerdem auch
gegen Artikel 14. Der lautet:

> „Die Vertragsstaaten gewährleisten,
> a. dass Menschen mit Behinderungen gleichberechtigt mit anderen das Recht auf Freiheit
>   und Sicherheit ihrer Person genießen;
> b. dass Menschen mit Behinderungen gleichberechtigt mit anderen die Freiheit nicht rechts-
>   widrig oder willkürlich entzogen wird … und *dass das Vorliegen einer Behinderung in*
>   *keinem Fall eine Freiheitsentziehung rechtfertigt"* (Hervorhebung d. Verf.).

Wie zu erwarten war, hat sich das Komitee in seinen Concluding Observations auch hier hinsichtlich der Praxis in Deutschland besorgt gezeigt

> „über die verbreitete Praxis der Zwangsunterbringung von Menschen mit psychosozialen Behinderungen in Einrichtungen, den mangelnden Schutz ihrer Privatsphäre und den Mangel an verfügbaren Daten über ihre Situation" (CRPD 2015, Nr. 29).

Nur am Rande sei erwähnt, dass solche Zwangsunterbringungen nicht nur auf der Grundlage des BGB möglich sind, sondern ebenso nach den Psychisch-Kranken-Gesetzen (PsychKG) oder vergleichbaren Gesetzen der Bundesländer, die damit ebenfalls gegen den Artikel 14 der UN-BRK verstoßen.

An dieser Stelle erscheint es angezeigt, den Blick auch auf die Stellungnahme des Komitees zur Lage in Deutschland im Hinblick auf den Artikel 15 der UN-BRK (Freiheit von Folter oder grausamer, unmenschlicher oder erniedrigender Behandlung oder Strafe) zu richten. Hier zeigt sich das Komitee

> „tief besorgt darüber, dass der Vertragsstaat (die Bundesrepublik Deutschland, d. Verf.) die Verwendung körperlicher und chemischer Freiheitseinschränkungen, die Absonderung und andere schädliche Praktiken nicht als Folterhandlungen anerkennt. Er ist fernerhin besorgt über die Verwendung körperlicher und chemischer Freiheitseinschränkungen, insbesondere bei Personen mit psychosozialen Behinderungen in Einrichtungen und älteren Menschen in Pflegeheimen" (CRPD 2015, Nr. 33).

Wir können zusammenfassend festhalten: In den Augen des Committee on the Rights of Persons with Disabilities werden in Deutschland Menschen gegen ihren Willen durch ersetzende Entscheidungen von Gerichten

- gegen ihren Willen unter Betreuung, das bedeutet in diesen Fällen unter faktische Vormundschaft ihrer Betreuerinnen und Betreuer gestellt und damit entrechtet,
- auf Grund einer vermeintlichen psychischen Krankheit oder geistigen oder seelischen Behinderung freiheitsentziehenden Maßnahmen unterworfen und dabei teilweise
- Praktiken ausgesetzt, die als Folter zu charakterisieren sind[21].

Vor dem Hintergrund dieses Befundes empfiehlt das Komitee – und zwar ausdrücklich in dieser Reihenfolge –

> „dem Vertragsstaat (der Bundesrepublik Deutschland, d. Verf.)
> a.   im Hinblick auf den General Comment Nr. 1 (CRPD 2014) des Ausschusses *alle*[22] Formen der ersetzten Entscheidung abzuschaffen und ein System der unterstützten Entscheidung an ihre Stelle treten zu lassen;

---

21 Dies betraf, wie Abbildung 4 zeigt, 2014 lt. Statistik 60.438 Menschen, wobei hier von einer hohen Dunkelziffer auszugehen ist.

22 Von Ausnahmen ist hier nicht die Rede.

b. professionelle Qualitätsnormen *für Mechanismen der unterstützten Entscheidung*[23] zu entwickeln;

c. in enger Zusammenarbeit mit Menschen mit Behinderungen auf Bundes-, Länder- und Kommunalebene für alle Akteure, einschließlich öffentliche Bedienstete, Richter, Sozialarbeiter, Fachkräfte im Gesundheits- und Sozialbereich, und für die umfassendere Gemeinschaft Schulungen zu Artikel 12 des Übereinkommens bereitzustellen, *die dem General Comment Nr. 1 entsprechen*" (CRPD 2015, Nr. 26, Hervorhebungen d. Verf.).

Es empfiehlt der Bundesrepublik Deutschland darüber hinaus

„alle unmittelbar notwendigen gesetzgeberischen, administrativen und gerichtlichen Maßnahmen zu ergreifen, um Zwangsunterbringung durch Rechtsänderungen *zu verbieten*, und mit den Übereinkommens-Artikeln 14, 19 und 22[24] übereinstimmende alternative Maßnahmen zu fördern" (CRPD 2015, Nr. 30, 30a) sowie „die Verwendung körperlicher und chemischer Freiheitseinschränkungen in der Altenpflege und in Einrichtungen für Menschen mit Behinderungen *zu verbieten*" (ebenda, Nr. 34b; Hervorhebungen d. Verf.).

Ausdrücklich empfiehlt das Komitee in beiden Fällen ein striktes Verbot und nicht etwa bloß die Vermeidung, Reduzierung oder dergleichen Unverbindliches. Zudem wird die Bundesrepublik aufgefordert, eine Entschädigung der bisherigen Opfer dieser als Folter charakterisierten Praktiken in Erwägung zu ziehen (ebenda, Nr. 34c).

4 Fazit: Behinderung als doppeltes Armutsrisiko

Menschen, die unter gesetzlicher Betreuung stehen und in stationären Einrichtungen untergebracht sind, sind – insbesondere, wenn dies gegen ihren Willen geschieht – in weit geringerem Maße Subjekte ihres Alltages, als Menschen, die in einer eigenen Wohnung leben. Sie können ihn in der Regel kaum selbst strukturieren und seinen Ablauf bestimmen, sondern sie sind, je nach Offenheitsgrad der jeweiligen Einrichtung, in unterschiedlichem Maße Objekte einer meist explizierten Heimordnung, die den Tagesablauf mehr oder weniger umfassend fremdbestimmt. Elementare Grundrechte, z. B. das Recht auf Unverletzlichkeit der Wohnung, gelten für Heimbewohnerinnen und Heimbewohner nicht, ein Heim ist keine Wohnung. Ohnehin genossen 1995 nur 41 Prozent der Insassen von Behinderteneinrichtungen in den alten und etwa 22 Prozent in den neuen Bundesländern den Luxus eines Ein-Bett-Zimmers (Bundesregierung 1998, S. 88).[25]

Zur Befriedigung individueller Bedürfnisse haben Menschen in Heimen meist nur ein geringes Taschengeld, über das sie zudem oft genug nicht einmal frei verfügen können. Die

---

23 Und nur für diese.

24 Schutz der Privatsphäre.

25 Die später erschienenen Behindertenberichte machen dazu keine Angaben mehr.

strukturellen Merkmale stationärer Behinderteneinrichtungen entsprechen ihrer Tendenz nach immer noch denen, die schon Goffman (1972, S. 15ff.) als typisch herausstellt für sog. „totale Institutionen", welche von ganz spezifischen, durchweg negativen Auswirkungen für die Persönlichkeitsentfaltung ihrer Insassen geprägt sind. Sie unterbinden bzw. entwerten z. B. Handlungen, „(…) die in der bürgerlichen Gesellschaft die Funktion haben, dem Handelnden und seiner Umgebung zu bestätigen, daß er seine Welt einigermaßen unter Kontrolle hat – daß er ein Mensch mit der Selbstbestimmung, Autonomie und der Handlungsfreiheit eines ‚Erwachsenen' ist" (ebenda, S. 49).

Dazu kommt: Das Leben vieler dieser Menschen ist geschichtslos geworden, geprägt nur noch durch die immer wiederkehrende Stereotypie des Heimalltages. Für eine Reihe von Interviewpartnerinnen und -partnern, die im Rahmen einer Untersuchung an der Universität Marburg über Fehlplatzierungen jüngerer Behinderter in Altenheimen befragt wurden, war allein schon die Erfahrung, dass es noch Menschen gibt, die an ihnen, ihrem Alltag und an ihrer Lebensgeschichte ein Interesse haben, oft mehr als erstaunlich. Sie selbst hatten das Interesse daran längst verloren (vgl. Drolshagen und Rohrmann 2003).

Neben der muralen Exklusion sind insbesondere Menschen, die in Deutschland auf Pflege und Unterstützung angewiesen sind[26], zusätzlich von Vernachlässigung und Misshandlung bedroht und betroffen, was auch schon das UN-Komitee für wirtschaftliche, soziale und kulturelle Rechte in seinen Concluding Observations zu den letzten beiden Staatenberichten der Bundesrepublik deutlich kritisiert hat. Am 24. September 2001 bringt es „seine große Besorgnis über inhumane Bedingungen in Pflegeheimen aufgrund struktureller Mängel im Pflegebereich, wie dies vom Medizinischen Dienst der Krankenkassen (MDS) bestätigt worden ist (…)" (CESCR 2001, Nr. C24), zum Ausdruck und „(…) drängt die Bundesrepublik, dringende Maßnahmen zu ergreifen, um die Situation der Patienten in Pflegeheimen zu verbessern (…)" (ebenda, Nr. E42). Zehn Jahre später äußert das Komitee in seiner Stellungnahme zu dem mit dreijähriger Verspätung 2009 vorgelegten fünften Staatenbericht erneut seine „große Sorge darüber, dass der Mitgliedsstaat (die Bundesrepublik (d. Verf.) keine hinlänglichen Maßnahmen getroffen hat, um die Situation älterer Menschen in Pflegeheimen zu verbessern, die, wie berichtet, unter unmenschlichen Bedingungen leben und weiterhin bedingt durch den Mangel an qualifiziertem Personal sowie inadäquater Festlegungen von Pflegestandards unsachgemäß behandelt werden" (CESCR 2011: Nr. C27). Erneut drängte es die Bundesrepublik, „unverzüglich Maßnahmen zu ergreifen, um die Situation älterer Menschen in Pflegeheimen zu verbessern" (ebenda). Die Vorlage des nächsten, sechsten Staatenberichtes wäre am 30. Juni 2016 fällig gewesen, er wurde mit gut siebenmonatiger Verspätung Mitte Februar 2017 vorgelegt. Man darf gespannt sein, ob die Ausführungen der Bundesregierung (2017, S. 63ff.) über die Umsetzung dieser Empfehlungen das Komitee dieses Mal mehr überzeugen, als beim letzten Mal.

Solange es jedenfalls nicht auch in der Sozialpolitik einen grundlegenden Wandel gibt, werden die eingangs skizzierten richtungweisenden Entwicklungen in der Behinderten-

---

26 Das betrifft nicht nur behinderte, sondern ebenso und vor allem auch alte Menschen, die damit ebenso zu den Menschen mit Behinderungen im Sinne des Art. 1 BRK zu rechnen sind.

politik weitgehend wirkungslos bleiben, genauer: Sie werden eine sich schon seit Jahren vollziehende soziale Spaltung zulasten derjenigen Behinderten verschärfen, die bei der Bewältigung ihres Alltages auf soziale Unterstützungsleistungen wie Pflege, Begleitung oder Assistenz angewiesen sind. Einer existenziell gut abgesicherten Minderheit von Behinderten, die sich entsprechende Dienstleistungen weitgehend privat erschließen können, steht dabei die Mehrheit derjenigen gegenüber, die auf das Behindertenhilfesystem mit seinen überwiegend paternalistischen und sozial ausgrenzenden Institutionen verwiesen sind und mit den seit Jahren sinkenden Mindeststandards einschlägiger Sicherungssysteme vorliebnehmen müssen. Behinderung im Allgemeinen und Pflegebedürftigkeit im Besonderen stellen in diesem Sinne trotz Pflegeversicherung ein ernsthaftes Armutsrisiko dar und zwar in doppelter Hinsicht:

1. Zum einen als *Risiko für Arme* dann, wenn sie auf sozialstaatliche Hilfe angewiesen sind, auf die jeweils gesellschaftlich durchgesetzten infrastrukturellen Mindeststandard verwiesen zu sein, was, wie gezeigt, mit massiven Behinderungen im Hinblick auf eine selbst bestimmte Lebensführung und soziale Teilhabe verbunden ist,
2. zum anderen als *Risiko in Armut zu geraten*, nämlich insbesondere durch stationäre Unterbringung infolge von Behinderung und Pflegebedürftigkeit nicht nur sozial ausgegrenzt, sondern aufgrund der monetären Obergrenzen der sozialen Pflegeversicherung, die deutlich unterhalb der Kosten für die Deckung derjenigen Bedarfe liegen, die nachgewiesen werden müssen, um jeweils in einen der fünf definierten Pflegegrade eingestuft zu werden, zusätzlich zu Armen degradiert zu werden, die nur noch ein Taschengeld zur freien Verfügung erhalten.

Literatur

Beck, Ulrich. 2015. *Risikogesellschaft. Auf dem Weg in eine andere Moderne.* Frankfurt a. M.: Suhrkamp.
Binding, Karl und A. Hoche. 1920. *Die Freigabe der Vernichtung lebensunwerten Lebens. Ihr Maß und ihre Form.* Leipzig: Meiner.
Bundesregierung. 1994, 1998. *Behinderung und Rehabilitation.* Berichte der Bundesregierung über die Lage der Behinderten und die Entwicklung der Rehabilitation. Bonn.
Bundesregierung. 2004. *Bericht der Bundesregierung über die Lage behinderter Menschen und die Entwicklung ihrer Teilhabe.* Bonn.
Bundesregierung. 2006. *Erster Bericht des Bundesministeriums für Familie, Senioren, Frauen und Jugend über die Situation der Heime und die Betreuung der Bewohnerinnen und Bewohner.* Bonn, nur im Internet verfügbar unter: http://www.wernerschell.de/Medizin-Infos/Pflege/Heimbericht15082006.pdf, Zugegriffen: 21. März 2017.
Bundesregierung. 2009. Behindertenbericht 2009. *Bericht der Bundesregierung über die Lage von Menschen mit Behinderungen für die 16. Legislaturperiode,* Bonn. Nur im Internet verfügbar unter: http://www.bmas.de/SharedDocs/Downloads/DE/PDF-Publikationen/a125-behindertenbericht .pdf?__blob=publicationFile&v=2 , Zugegriffen: 21. März 2017.

Bundesregierung. 2013. *Teilhabebericht der Bundesregierung über die Lebenslagen von Menschen mit Beeinträchtigungen*. Nur im Internet verfügbar unter: https://www.bmas.de/SharedDocs/ Down loads/DE/PDF-Publikationen/a125-13-teilhabebericht.pdf?__blob=publicationFile Zugegriffen: 21. März 2017.

Bundesregierung. 2016. *Teilhabebericht der Bundesregierung über die Lebenslagen von Menschen mit Beeinträchtigungen 2016*. Nur im Internet verfügbar unter: http://www.bmas.de/SharedDocs/ Downloads/DE/PDF-Pressemitteilungen/2017/zweiter-teilhabebericht.pdf?__blob=publication File&v=4, Zugegriffen: 21. März 2017.

Bundesregierung. 2017. *Sechster Staatenbericht der Bundesrepublik Deutschland nach Artikel 16 und 17 des Internationalen Paktes über wirtschaftliche, soziale und kulturelle Rechte 2016*. Im Internet verfügbar unter: http://www.institut-fuer-menschenrechte.de/fileadmin/user_upload/ PDF-Dateien/Pakte_ Konventionen/ICESCR/icescr_state_report_germany_6_2016_de.pdf , Zugegriffen: 21. März 2017.

Deinert, Horst. 2015. *Betreuungszahlen 2013–2014*. Amtliche Erhebungen des Bundesamtes für Justiz, der Sozialministerien der Bundesländer, der überörtlichen Betreuungsbehörden, der Bundesnotarkammer sowie des Statistischen Bundesamtes. Ausgewertet und grafisch aufbereitet von Horst Deinert (Stand 1.12.2015). URL: http://www.bundesanzeiger-verlag.de/fileadmin/BT-Prax/ downloads/Statistik_Betreuungs zahlen/Grafische_Darstellungen_der_Betreuungszahlen_2014. pdf , Zugegriffen: 21. März 2017

Drolshagen, Markus und E. Rohrmann. 2003. Fehlplatzierungen jüngerer Behinderter in der stationären Altenhilfe aus der Sicht der Betroffenen. *Zeitschrift für Heilpädagogik*. 54. Jg.: 461-468.

Fuchs, Arno. 1927. *Das Sonderschulwesen in Berlin*. Berlin: Comeniusverlag.

Grunewald, Karl. 2003. Schließt die Anstalten für Menschen mit Lernschwierigkeiten. Alle können in der offenen Gesellschaft leben. *Inforum* 2/2003: 88-96.

Goffman, Erving. 1972. *Asyle*, Frankfurt a. M.

Rohrmann, Eckhard. 2011. *Mythen und Realitäten des Anders-Seins. Soziale Konstruktionen seit der frühen Neuzeit*. Wiesbaden: VS Verlag für Sozialwissenschaften.

CESCR. 2001. *Concluding Observations of the Committee on Economic, Social and Cultural Rights*: Germany, E/C.12/1/Add.68, Genf 24.09.2001.

CESCR. 2011. *Concluding Observations of the Committee on Economic, Social and Cultural Rights*: Germany, E/C.12/DEU/CO/5, Genf 20.05.2011.

CRDP. 2014. *Committee on the Rights of Persons with Disabilities: General comment No. 1. Article 12: Equal recognition before the law*, Genf 19. May 2014.

CRDP. 2015. *Committee on the Rights of Persons with Disabilities: Concluding observations on the initial report of Germany*, Genf 17. April 2015.

Klee, Ernst. 2010. „*Euthanasie*" *im Dritten Reich*. Frankfurt a. M.: Fischer.

Versorgungsmedizinische Grundsätze. 2008. *Anlage zu Paragraph 2 der Versorgungsmedizin-Verordnung vom 10. Dezember 2008 „Versorgungsmedizinische Grundsätze"*. Anlageband zum Bundesgesetzblatt Teil I Nr. 57 vom 15. Dezember 2008. Bonn: Hausdruckerei BMAS.

WHO (World Health Organization). 2005. *Internationale Klassifikation der Funktionsfähigkeit, Behinderung und Gesundheit (IFC)*, Stand Oktober 2005, Hrsg. vom Deutschen Institut für Medizinische Dokumentation und Information (DIMDI) WHO-Kooperationszentrum für das System Internationaler Klassifikationen, Genf.

V
Strategien zur Überwindung
von Armut und sozialer Ausgrenzung:
Individuell, sozial und politisch

Prekäre Lebenslagen und Krisen
Strategien zur individuellen Bewältigung

Hans-Jürgen Balz

Zusammenfassung

In der Erforschung prekärer Lebenslagen und Krisen sind Fragen der Entwicklungs-, Sozial- und der Klinischen Psychologie berührt. Der psychischen Verarbeitung von belastenden Lebensereignissen widmet sich insbesondere die Stress- und Copingforschung. Bei der Erklärung der Unterschiede im Erleben und Verhalten der betroffenen Personen finden sich zwei Richtungen: Ansätze, die den Focus auf Aspekte der individuellen Situationseinschätzung (appraisal) richten, stehen Ansätzen gegenüber, die den Einfluss der vorhandenen Ressourcen für das Verständnis der psychischen Entwicklung betonen.

Mit dem transaktionalen Stressmodell von *Richard S. Lazarus* liegt ein theoretisches Konzept vor, das die Einschätzung des Ereignisses und die Beurteilung der Erfolgsaussichten von Bewältigungshandlungen als Grundlage der Unterschiede im Erleben und Verhalten in Belastungssituationen ansieht. Als ein Gegenentwurf versteht sich die Theorie des Ressourcenerhalts („Conversation of Ressources Theory") von *Stevan E. Hobfoll*, die gestützt auf die besondere Bedeutung der Ressourcen im Hilfeprozess, von einem universellen Bedürfnis nach Ressourcenmehrung ausgeht.[1]

Ein innovativer Beitrag geht von der Resilienzforschung aus. Hier wird gefragt, welche personalen und sozialen Aspekte in der Biographie gegenüber ökonomischen Entbehrungen und psycho-sozialen Belastungen schützen. Unter diesem Label werden Studien konzipiert und vorliegende Untersuchungen reinterpretiert, die Menschen (insbesondere Kinder und Jugendliche) untersuchen, welche trotz prekärer Lebensumstände eine normale/ gesunde Entwicklung nehmen. Aus den bei diesen Menschen (erfolgreiche Bewältiger) gefundenen persönlichen Merkmalen und sozialen Umfeldfaktoren lassen sich Hinweise für die Gestaltung von Präventions- und Interventionsprogrammen ableiten.[2]

Die Existenz einer tragfähigen Beziehung zu einem Erwachsenen erwies sich in Studien als wichtiger Schutzfaktor. Insofern kommt der pädagogischen Situation (z. B.

---

1 Einen Überblick zur Stress-Coping-Forschung geben Rice (2005) und Fink (2009).
2 Zur weiteren Lektüre im Thema Resilienz werden Opp und Fingerle (2008) sowie Welter-Enderlin und Hildenbrand (2016) empfohlen.

in Jugendhilfeeinrichtungen, Kindertagesstätten und Schulen) und der Stärkung des sozialen Netzwerkes der Kinder und Jugendlichen in prekären Lebenslagen eine besondere Bedeutung zu.

Da gleiche Bedingungen zu unterschiedlichen Entwicklungsergebnissen (Multifinalität) und unterschiedliche Bedingungen zu gleichen Verhaltensproblemen führen können (Equifinalität), braucht es jedoch eine differenzierte Wirkanalyse protektiver Prozesse.

Schlagworte

Coping; Resilienz; Stress; Ressource; Kritische Lebensereignisse; Bewältigungshandeln

1   Einleitung

Den Begriff Armut sucht man vergeblich in psychologischen Wörterbüchern. Zur Beschreibung von Mangelsituationen wird in der Psychologie der Begriff Deprivation gebraucht. Dabei handelt es sich um den Entzug von Umweltreizen bzw. -einflüssen, die für die Aufrechterhaltung der psychischen Gesundheit, die physische und psychische Entwicklung, die personale und soziale Identität notwendig sind. Als grundlegend erwiesen sich die Bedürfnisse nach sensorischer und kognitiver Stimulation, emotionaler Zuwendung und sozialer Teilhabe. So hat die Bindungsforschung als Zweig der Entwicklungspsychologie den Nachweis geführt, dass eine enge und liebevolle Beziehung Voraussetzung für die psychische und physische Gesundheit der heranwachsenden Kinder ist (s. Ahnert 2014).

In der Sozialpsychologie lässt sich die Erforschung psycho-sozialer Auswirkungen von Erwerbslosigkeit ansiedeln. Studien zur Erwerbslosigkeit belegen, dass finanzielle Probleme wichtige Einflussfaktoren für die Gesundheit und die psychische Befindlichkeit der Betroffenen sind (s. Hollederer und Brand 2006; Paul und Moser 2009). Bereits die legendäre *Marienthal-Studie* zeigte jedoch, dass es unterschiedliche Formen der Reaktion auf und den Umgang mit der Situation der Erwerbslosigkeit gibt (vgl. Jahoda et al. 1933). Die Autoren bildeten zur Charakterisierung des Umgangs der Familien mit der Erwerbslosigkeitssituation vier Haltungstypen: die Ungebrochenen, die Resignierten, die Apathischen und die Verzweifelten. Neben der aktuellen Lebenslage werden die Unterschiede in den Haltungstypen mit den individuellen Kompetenzen, Werten, Lebenszielen und der sozialen Eingebundenheit erklärt. Damit kann diese Studie als Vorläufer der modernen Coping- und Resilienzforschung gelten.

In der Klinischen Psychologie stellen sich Fragen danach, welche Strategien die (psychisch erkrankten) Klienten bzw. die Therapeuten nutzen (können), um psychische Gesundheit zu fördern. Die empirischen Studien zur Wirksamkeit von Beratung und Therapie heben die Bedeutung der Ressourcenaktivierung der Klienten hervor (vgl. Grawe 1995). Sie belegen, dass Ressourcen als einer von 4 Wirkfaktoren des Hilfeprozesses (neben der

Problemaktualisierung, der Motivationsklärung und Problembewältigung) den Erfolg im Therapieprozess bedingen. Ressourcenaktivierung meint das Anknüpfen an Fähigkeiten, Wissen, Motivation und weiteren für den Problemlösungsprozess nutzbaren Besonderheiten der Klienten. Es gilt, beim Klienten das Bewusstsein für diese zur Problemlösung hilfreichen Ressourcen zu fördern.

2   Die Entstehung der Stress- und Krisenforschung

Der Stress-Begriff wurde von dem Physiologen *Walter Cannon* (1914) eingeführt. In Tierexperimenten wies Cannon einen übereinstimmenden Verlauf körperlicher Reaktionen auf stressauslösende Situationen nach. Als Begründer der modernen *Stressforschung* wird der amerikanische Physiologe *Hans Selye* (1946, 1981) angesehen. Sein biologisches Stresskonzept geht von den im Stimulus liegenden Anforderungen aus. „Stress ist die unspezifische Reaktion des Organismus auf jede Anforderung." (Selye 1981, S. 170) Die innerpsychischen Prozesse der Reizwahrnehmung und -verarbeitung sind in diesem Modell nicht von besonderer Relevanz für die Stressfolgen. Selye entwickelt das Modell des *Generellen Adaptationssyndroms* (vgl. Selye 1981), einem universellen Reaktionsmuster auf stressauslösende Ereignisse. Es besteht aus drei Phasen:

1. *Alarmphase*: Aktivierung des autonomen Nervensystems,
2. *Resistenz- oder Widerstandsphase*: Nerval ausgelöste körperliche Leistungsbereitschaft, Versuch der Anpassung durch Aktivierung von Bewältigungsstrategien,
3. *Erschöpfungsphase*: Physiologische Reserven sind verbraucht, Organschädigung z. B. im Herz-Kreislauf-System.

Die Bedeutung hormoneller Prozesse bei der Steuerung der körperlichen Stressreaktionen wurde vielfach belegt. Die Hypothese, wonach die Stressreaktion vorrangig von Ereignismerkmalen und nicht von der persönlichen Wahrnehmung bzw. Einschätzung abhängt, hat heute jedoch keinen Bestand mehr.

Neuere Arbeiten zu den biologischen Grundlagen im Stressprozess untersuchen die Phänomenologie der Stressreaktion (Aufmerksamkeits-/Aktivierungsprozesse vs. Hemmung vegetativer Körperfunktionen), die Koordination der hormonellen Prozesse (insbesondere Adrenalin- und Cortisolfreisetzung) und der Pathophysiologie der Stressreaktion beispielsweise bei chronischen und traumatischen Belastungen (Fink 2009).

Terminologisch wichtig ist die Unterscheidung zwischen Stressoren, als auslösende äußere Stimuli, der Stressreaktion der Person, als physiologische und psychische Reaktionen, sowie dem Bewältigungsverhalten als Versuch der Person einen physischen bzw. psychischen Zielzustand zu erreichen. In diesem Sinne stellt das einfachste Modell ein Reiz-Reaktions-Schema dar. Forschungskonzepte lassen sich danach unterscheiden, ob sie Stress als eine Umweltbedingung (stimulusorientiert), als ein Reaktionsmuster des Organismus (reaktionsorientiert) oder als Interaktion zwischen Umwelt und Person konzeptualisiert.

Der Begriff der Krise ist stärker als der Stressbegriff in der Soziologie und Gesellschaftspolitik verankert. So lässt sich als ein früher Vertreter der Soziologe *William Thomas* nennen. Für Thomas (1909) sind Krisen eine Herausforderung, Bedrohung bzw. Belastung, die zu neuen persönlichen und sozialen Entwicklungen beitragen. Der Autor unterscheidet bereits zwischen in der Person anzusiedelnden und extern verursachten Krisen und betont die entwicklungsförderlichen Anteile von Krisen (zu soziologischen Krisenkonzepten s. Schulze 2011).

Die psychologische *Krisenforschung* hatte eine erste Blütezeit in den 1950er und 1960er Jahren. Die entwicklungspsychologische Theorie von *Erik Erikson* (1950, 1968) beschreibt Krisen als natürlichen Bestandteil der Persönlichkeitsentwicklung, deren Bewältigung die persönliche Weiterentwicklung erst ermöglicht (z. B. durch die Schaffung von Urvertrauen). Sein Modell umfasst acht biographische Entwicklungsstufen, die sich aus der Interaktion von Reifungsprozessen und kulturellen Anforderungsmustern ergeben. Erikson widmet sich damit der „normalen" Entwicklung über den Lebenslauf, wobei sein besonderes Interesse der Identitätsentwicklung gilt.

Gerald Caplan – amerikanischer Sozialpsychiater – sieht demgegenüber Krisen als die Störung eines „(…) inneren Kräftegleichgewichts einer Person (…)" (vgl. Caplan 1955, S. 2). Ausgangspunkt seines auf Homöostase (Gleichgewicht) ausgerichteten Modells ist ein Problem der Person, das diese nicht lösen kann (Missverhältnis zwischen Anforderung und Bewältigungsmöglichkeiten). In der Krise findet sich ein Hin- und Herschwanken auf der emotionalen und der Handlungsebene (zwischen Resignation, Hoffnung, Planung und Bewältigungsversuchen). Ergebnis der Krise kann eine positive persönliche Entwicklung, Stagnation oder eine Fehlentwicklung sein. Caplan nimmt mit seinem Gleichgewichtsmodell bereits Annahmen des in den 1980er Jahren ausformulierten und auch heute noch über die Psychologie hinaus einflussreichen transaktionalen Stressmodells von Lazarus und Mitarbeitern voraus.

3   Psychologische Stress- und Krisentheorien

Eine einheitliche Taxonomie von Stress- bzw. von Krisenereignissen liegt nicht vor. Übereinstimmend handelt es sich bei Stress- und Krisenereignissen um Anforderungen, die die persönlichen Möglichkeiten der Person herausfordern (Lazarus 2005). Diese Störung des physischen, psychologischen und/oder sozialen Funktionierens stellt das Person-Umwelt-Gleichgewicht in Frage.

Dabei lassen sich physische und soziale Stressoren, sowie Stressoren, die sich aufgrund von Übergängen in neue Lebensphasen (z. B. Erwerbslosigkeit, Elternschaft, Pensionierung) ergeben, unterscheiden. Physische Stressoren sind beispielsweise das Zufügen von Verletzungen, Entzug von Nahrung und Lärm. Soziale Stressoren sind Ereignisse bzw.

Handlungen anderer, durch die die Erfüllung fundamentaler sozialer Bedürfnisse vorenthalten bzw. verhindert wird. Dazu zählen u. a. soziale Diskriminierung und Isolation. Stressoren im Kontext von Übergängen in neue Lebensphasen treten insbesondere dann auf, wenn die Person unvorbereitet auf die Anforderungen der neuen Lebensphase trifft bzw. nicht über die für die neue Lebensphase notwendigen Ressourcen (z. B. Schulwissen, Fachkompetenzen) verfügt. In der Literatur werden davon Alltagswidrigkeiten (*daily hassles*) abgegrenzt. Dies sind alltägliche unerwünschte, und störende Ereignisse, z. B. Zeitnot, umfangreiche familiäre Verpflichtungen (z. B. durch die Pflege von Angehörigen) und Konflikten im Wohnumfeld (z. B. aufgrund nächtlichen Lärms).

Stressoren können zeitlich begrenzt oder chronisch (d. h. lang andauernd) auftreten. Da die personellen, sozialen und ökonomischen Ressourcen in Gefahr sind, sich bei chronischen Verläufen zu erschöpfen, kommt der zeitlichen Dauer der Stressoren bei der Wahl von Bewältigungsstrategien und der Prognose des Bewältigungserlebens eine entscheidende Bedeutung zu.

Krisen sind fundamentale Einschnitte in der persönlichen Biographie (z. B. Scheidung, Tod eines nahen Angehörigen), die die Handlungsorganisation und das emotionale Erleben destabilisieren (Filipp und Aymanns 2009). In diesem Sinne sind die meisten Krisenereignisse kumulative Stressoren, aber nicht jeder Stressor stellt auch ein Krisenereignis dar. So lassen sich beispielsweise Krisen in Familien als eine Anhäufung von Stressoren beschreiben, die die Familie zur Reorganisation zwingen.

Als Forschungszweig etablierte sich Ende der 1960er Jahre der *Life-Event-Ansatz*. Wie das eingangs beschriebene Modell von Selye handelt es sich dabei um einen reizorientierten Ansatz, in dem es darum ging, belastende Umweltereignisse zu identifizieren. Mit der von Holmes und Rahe (1967) entwickelten *Social Readjustment Rating Scale* stand eine standardisierte Methode zur Untersuchung kritischer Lebensereignisse zur Verfügung. Die Annahme, dass einschneidende Lebensereignisse auf dem Hintergrund der geforderten Anpassungsleistungen übereinstimmende pathologische Wirkungen haben, wurde in neueren Arbeiten zu Gunsten der differenzierten Analyse einzelner Belastungselemente (z. B. Kontrollierbarkeit des Ereignisses, Bedrohungsgrad, Erwünschtheit) aufgegeben.

Eine wichtige Unterscheidung besteht zwischen *normativen* und *nichtnormativen* Krisen. Normative Krisen stellen lebenszyklisch erwartbare Übergänge (z. B. der Eintritt in die Schule, die Kinder verlassen das Elternhaus) dar. Im Gegensatz zu nichtnormativen Krisen (z. B. ein Verkehrsunfall) besteht bei normativen Krisen die Möglichkeit, sich darauf vorzubereiten, entsprechende Kompetenzen zu erwerben bzw. zur Krisenbewältigung notwendige Ressourcen zu sammeln. Auch ist das zeitliche Eintreffen normativer Krisen in der Regel vorherzusagen. Es bestehen hierfür zumeist gesellschaftliche Routinen und Rituale, die die soziale Einbindung im Verlauf der Krise aufrechterhalten und stabilisieren.[3]

---

3   Vom Begriff der Krise sind Traumata – Ereignisse extremer Gefahr, die außerhalb 'normaler' menschlicher Erfahrungen liegen – abzugrenzen (z. B. Kriegserlebnisse, Unfälle, Naturkatastrophen).

Ging es bisher um die zeitlich voraus laufenden Stressoren, so sind bei den Stressreaktionen der Person zwischen physiologischen und psychischen Reaktionen zu unterscheiden.

Zu *physiologische* Reaktionen gehören die Erhöhung der Herz- und Atemfrequenz, des Blutdrucks, die Anspannung der Muskulatur, Erweiterung der Pupillen, Freisetzung von zusätzlichem Zucker in der Leber und Ausschüttung von Endorphinen und ACTH, Reduktion der Verdauungs- und Fortpflanzungsfunktionen, Verengung der Blutgefäße an der Körperoberfläche[4].

Psychische Reaktionen sind insbesondere Angst, Ärger und Aggression, Apathie und Depression, Hilflosigkeit und kognitive Beeinträchtigungen: Konzentrationsmangel, Beeinträchtigung der Informationsverarbeitung und der Gedächtnisleistung (s. Fink 2009).

In der psychologischen Stressforschung lassen sich zwei Hauptrichtungen unterscheiden: Ansätze, die den Focus auf Aspekte der Einschätzung (*appraisal*) legen und Ansätze, die den Einfluss der Ressourcen für das Verständnis der psychischen Prozesse betonen. Der im Folgenden darzustellende Ansatz von Lazarus stellt die Einschätzungsprozesse in den Mittelpunkt der Erklärung von Stressreaktionen. Daran anschließend werden ressourcenorientierte Konzepte vorgestellt.

3.1 Das Transaktionale Stresskonzept

Der von *Richard S. Lazarus* geprägte Ansatz will die Unterschiede in der Wahrnehmung von und der Reaktionen auf Stressereignisse erklären. Die transaktionale Sicht sieht Stress in der Person-Umwelt-Beziehung begründet. Stress entsteht, wenn ein Individuum Anforderungen als seine Handlungsmöglichkeiten und Ressourcen übersteigend empfindet. Mit dem Begriff Transaktion (im Unterschied zu Interaktion) betont Lazarus die wechselseitige Einflussnahme von Person und Umwelt aufeinander und sieht diese Personen-Umwelt-Beziehung auch als grundlegende Analyseeinheit für die Stressforschung.

Bereits in den 1950er Jahren war Lazarus mit Forschungen zum Zusammenhang von Stress und Arbeitsleistung (damals bei Mitarbeitern des Militärs) beschäftigt. Er fand in der Beschreibung der Erfahrungen von Flugzeugbesatzungen im zweiten Weltkrieg die besondere Bedeutung der Situationsbewertung und baute auf dieser Annahme sein allgemeines Stressmodell auf (vgl. Lazarus 1999, 2005, S. 232f.). Den Grundgedanken der Theorie fasst Schwarzer (1997, S. 155) zusammen: „Objektive Bedingungen liegen den kognitiven Einschätzungen zugrunde, aber entscheidend bleibt, wie das Subjekt die Dinge sieht; nicht die tatsächlichen Gefahren der Umwelt und nicht die tatsächlichen Eigenschaften einer Person machen die Stresserfahrung aus, sondern vielleicht die persönlich verzerrte Sichtweise."

Das *transaktionale Stressmodell* unterscheidet zwei Bewertungen (s. Abbildung 1): die Ereigniseinschätzung (*primary appraisal*) und die Ressourcenbewertung (*secondary appraisal*). Die Ereigniseinschätzung richtet sich auf die Beurteilung der subjektiven

---

4   Diese physiologischen Veränderungen werden unter Bezug auf evolutionstheoretische Konzepte als Kampf-Flucht-Reaktion bezeichnet.

Bedeutsamkeit des Ereignisses für die Person. Im Modell wird unterschieden zwischen irrelevant, angenehm-positiv und stressrelevant. Die Ereigniseinschätzung trifft die Person in Abhängigkeit von den eigenen Erwartungen, Werten und Handlungszielen.

Die wichtigsten Bewertungsvarianten der Ereigniseinschätzung sind Herausforderung, Bedrohung, Schaden bzw. Verlust (vgl. Lazarus und Lanier 1978). Herausforderung und Bedrohung beziehen sich antizipatorisch auf die Zukunft und Schaden bzw. Verlust rückblickend auf die Vergangenheit. Neben der Kognition (Einschätzung von Erfolg vs. Misserfolg) ergeben sich affektive Unterschiede (positives oder negatives Gefühl) und Auswirkungen auf motivationale Prozesse (Aufsuchen oder Vermeiden der Situation).

Bei der Ressourcenbewertung (*secondary appraisal*) handelt es sich um einen komplexen Prozess. Hier werden die zur Verfügung stehenden Bewältigungsmöglichkeiten und die Erfolgsaussichten der Handlungsalternativen von der Person eingeschätzt. Dabei lassen sich intrapersonelle Bewältigungsmöglichkeiten (z. B. durch eigene Kompetenzen) und extrapersonelle Bewältigungsmöglichkeiten (z. B. soziale Unterstützung) unterscheiden. Grundsätzlich werden die zur Verfügung stehenden Ressourcen auf ihre Bedeutung für die erfolgreiche Bewältigung geprüft.

Bei Lazarus und Lanier (1978) findet sich – im Sinne einer Feedbackschleife – ein Neubewertungsprozess (*reappraisal*). Diese nach der ersten und zweiten Bewertung anzutreffende Einschätzung stellt eine Wiederholung der genannten Bewertungen dar (z. B. aufgrund neuer Informationen). Darin drückt sich ein Verständnis der Bewältigung als rekursiver Prozess aus.

Der transaktionale Ansatz hat über den Bereich der Stressforschung hinaus viele Forschungsprojekte inspiriert bzw. beeinflusst. Seine empirische Überprüfbarkeit sieht Wendt (1995) jedoch kritisch, da die Beziehung der zahlreichen Variablen in der Theorie von Lazarus nur teilweise erklärt ist. Eine Modellprüfung findet sich bei Jerusalem und Kleine (1993) und Schwarzer und Jerusalem (1994). In einer schriftlichen Befragung einer Stichprobe von 235 Personen wird der Prozess der Übersiedlung von Ost- nach Westdeutschland untersucht. Gefragt wurde zu drei Messzeitpunkten nach der Verarbeitung der mit der Übersiedlung verbundenen Belastungen und den mittel- und langfristigen Anpassungsschwierigkeiten. Zentrale Modellannahmen konnten bestätigt werden. So wird beispielsweise die Stresseinschätzung am besten durch die wahrgenommenen persönlichen Ressourcen vorhergesagt. Im Kontrast zu der Bedeutung des transaktionalen Stressmodells ist die Basis der empirischen Überprüfung insgesamt jedoch vergleichsweise schmal.

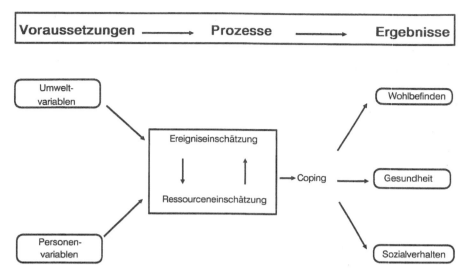

Abb. 1   Das transaktionale Stressmodell
Quelle: Schwarzer 1993, S. 16

In der Kritik an dem Modell von Lazarus geht Schwarzer (1993) noch weiter und sieht eine mangelnde empirische Überprüfbarkeit der Theorie. Danach handele es sich beim transaktionalen Modell eher um ein heuristisches Konzept, das die Gesamtzusammenhänge in den Blick nimmt. Ausgangspunkt dafür ist die Sichtweise des Einzelnen auf die Umweltereignisse und seine Einschätzung bzw. Bewertung.

Die Konzeption des transaktionalen Stressmodells ist in der Kritik – neben Fragen der empirischen Prüfbarkeit – aufgrund seiner individualistischen Sichtweise auf den Entstehungs- und Bewältigungsprozess. Auf die Bedeutung sozialer Aspekte der Einschätzung und Bewältigung von Stressoren verweisen ressourcenorientierte Konzepte (vgl. Petzold 1997; Hobfoll 1998) und Familienstress-Theorien (vgl. Bodenmann 2015; Schneewind 2010). Beginnen möchte ich auch hier mit einem kurzen historischen Rückblick.

3.2   Ressourcentheoretische Ansätze

Arbeiten zur Bedeutung von Ressourcen finden sich bereits in den 1970er Jahren bei Foa und Foa (1974, 1976). Die Autoren beschreiben die Bedeutung von Ressourcen für die interpersonelle Interaktion und soziale Austauschprozesse. Unter Bezug auf die Austauschtheorie von Homans (1961) stellt eine ausgeglichene Balance zwischen Geben und Nehmen von Ressourcen eine Voraussetzung für subjektives Wohlbefinden und die Zufriedenheit in interpersonellen Beziehungen dar. Foa und Foa (1976) differenzieren sechs Gruppen von Ressourcen: Dienstleistungen, Geld, Güter, Zuneigung/Liebe, Information und Status. Diese lassen sich in Ressourcenklassen auf den Dimensionen *Partikularität* vs. *Universalität* und *Konkretheit* vs. *Symbolismus* einordnen. Eine universelle Ressource ist Geld, eine partikuläre Zuneigung/Liebe. Eine konkrete Ressource sind Dienstleistungen, eine symbolische Ressource ist der Status.

Je konkreter beispielsweise eine Ressource (z. B. Liebe) ist, umso weniger lässt sie sich durch andere Ressourcen (z. B. Geld) ersetzen. Auch belegen Foa und Foa (1976) in experimentellen Studien, dass die Unzufriedenheit mit dem Ressourcentausch steigt, je diskrepanter die getauschten Ressourcen sind. Die Erwartung von Ressourcenverlust wird angstvoll erlebt und der Verlust wertvoller Ressourcen ruft Aggression und Frustration hervor.

Die Funktionalität von Ressourcen für den Fortbestand des Systems (im Sinne einer Ziel-Mittel-Relation) betont Petzold (1997, S. 451f.): „Als Ressourcen werden alle Mittel gesehen, durch die Systeme sich lebens- und funktionsfähig erhalten (operating), Probleme bewältigen (coping), ihre Kontexte gestalten (creating) und sich selbst Kontextbezug entwickeln können (developing)." Der Autor betont das Erfordernis, seinen Lebenskontext (z. B. Wohn-, Lern- und Arbeitsumfeld) zu gestalten und hinsichtlich zukünftiger Anforderungen weiterzuentwickeln. Als Ressourcen lassen sich unterscheiden:

- Personale Ressourcen: Gesundheit, Vitalität, Intelligenz, Motivation, Bildung u. a.
- Soziale Ressourcen: Familie, Freunde, Beziehungen, Kollegen u. a.
- Materielle Ressourcen: Geld, PKW, Haus- und Grundstücksbesitz u. a.
- Professionelle Ressourcen: berufliche Position, Fachwissen, Berufserfahrung u. a.

Aus der Kritik am transaktionalen Stresskonzept entwickelte *Stevan E. Hobfoll* (1988, 1998) die Theorie des Ressourcenerhalts (*„Conversation of Ressources Theory"*). Der Autor betont darin – neben der individuellen Wahrnehmung von Stressoren – die Bedeutung sozialer Prozesse und Umweltbedingungen für die Wahl, die Umsetzung, die Bewertung von Bewältigungsverhalten und Belastungserleben.

„Psychologischer Distress ist demnach definiert als eine Reaktion auf die Umwelt, in der (1) der Verlust von Ressourcen droht, (2) der tatsächliche Verlust von Ressourcen eintritt oder (3) der adäquate Zugewinn von Ressourcen nach einer Ressourceninvestition versagt bleibt." (Hobfoll und Buchwald 2004, S. 13) Hobfoll nimmt mit den Begriffen Distress und Eustress die terminologische Unterscheidung von Selye (1978) auf. Dieser hatte mit Distress die unangenehmen, belastenden Formen bezeichnet und diese von positiv erlebten Anspannungszuständen (Eustress) unterschieden. Hobfoll geht in seiner Theorie davon aus, dass Menschen danach streben, die eigenen Ressourcen – Objekte, Bedingungen, Persönlichkeitseigenschaften und Energien, die geeignet sind, um Überleben zu sichern, oder indirekt dazu beitragen – zu schützen und danach streben, neue Ressourcen aufzubauen (s. Abbildung 2). In der Kosten-Nutzen-Abwägung haben Ressourcenverluste damit größere Auswirkungen als Ressourcengewinne, da sie dem fundamentalen Bedürfnis nach Ressourcenmehrung entgegenwirken. Sie bilden die Basis der Entstehung von Stress. In diesem Punkt widerspricht Hobfoll auch der in der *Stress-Coping-Forschung* weit verbreiteten Annahme der Homöostase als Regulationsprinzip von Stress. Besonders für zukünftige biographische Entwicklungsprozesse einer Person ist ein Ressourcenvorrat bedeutsam, die Homöostase richtet sich stärker auf die Aufrechterhaltung der allgemeinen psychischen und physischen Funktionen im Sinne des Erhalts eines „Status-Quo" in der Gegenwart.

Aus einem Ressourcenverlust (z. B. in Folge von Erwerbslosigkeit) ergeben sich Nachteile und die Gefahr für weitere Ressourcenverluste. „Es entsteht ein Zyklus, bei dem das System mit jedem Verlust anfälliger und verletzlicher wird und das Individuum im Zuge dieser Verlustspirale daran hindert, anstehende stressreiche Probleme zu bewältigen." (Hobfoll und Buchwald 2004, S. 15)

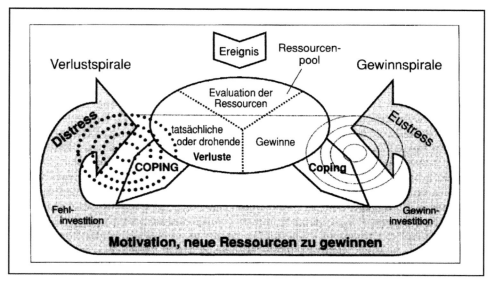

Abb. 2   Distress- und Eustress als Folge von Ressourcengewinn bzw. -verlustspiralen
Quelle: Hobfoll und Buchwald 2004, S. 15

Ressourcenverlustspiralen finden sich gehäuft in prekären Lebenslagen. Sie resultieren aus einer allgemeinen Ressourcenknappheit dieser Lebenslage und einem Effekt wechselseitiger negativer Verstärkung von ökonomischen Faktoren, Bildungsbenachteiligung und gesundheitlichen Risiken, wie dies beispielsweise häufig bei sogenannten Vermittlungshemmnissen von Personen auf dem Arbeitsmarkt zu finden ist.

In der AWO-ISS-Studie, zu Folgen der familiären Armut für die Kinder, werden in Fallanalysen unterschiedliche elterliche Strategien im Umgang mit der Armut analysiert (vgl. Hock et al. 2000, S. 139ff.). Die Autoren systematisieren den Umgang der Eltern mit der materiellen Armut und das Erziehungsverhalten in fünf (Problem-)Typen. Einigen Familien gelang es trotz der eingeschränkten ökonomischen Ressourcen, ihren Kindern eine stabile Beziehung und ein intaktes soziales Umfeld zu bieten (Typ 1: „Wohlergehen des Kindes trotz eingeschränkter materieller Ressourcen"). Demgegenüber stehen Familien mit vielschichtigen Problemen. Hier finden sich neben materieller Armut eine resignierte bis apathische Haltung der eigenen Lage gegenüber. Es fehlt den Eltern der Glaube daran, die eigene Lebenssituation gestalten zu können. Auch für die eigenen Kinder wird keine Zukunftsperspektive gesehen. Es finden sich bei den Kindern daneben gesundheitliche Probleme, Schwierigkeiten beim Spracherwerb und ein Mangel an emotionaler Zuwendung (Typ 5: „Armut als multiple Deprivation"). Die Untersuchung umfasst nur eine kleine Stichprobe, sodass Generalisierungen nicht möglich sind. Dennoch verweist sie auf die Spannbreite von Bewältigungsstrategien (zu Auswirkungen und Bewältigungsstrategien bei Armut s. auch Chassé et al. 2010).

4   Bewältigungsverhalten

Bewältigungs- bzw. *Coping*-Strategien können sich auf die Änderung der Situation bzw. des eigenen Verhaltens richten oder darauf mit den eigenen Emotionen (z. B. Angst, Traurigkeit) umgehen, die als Folge auf den Stressor auftreten. Zur Systematisierung von Bewältigungsverhalten liegen vielfältige Taxonomien vor (Schulz 2005). Eine wichtige qualitativen Systematisierung von problembezogenen und emotionsregulierenden Coping-Strategien geht auf Lazarus und Lanier (1978) zurück. Als effektive Bewältigungsstrategien benennen Lazarus und Folkman (1984):

- die Informationssuche
- die direkte Aktion
- die Aktionshemmung
- die intrapsychische Bewältigung zur Regulation von Emotionen
- die Suche nach sozialer Unterstützung

1. *Informationssuche* umschreibt das Herausfiltern jener Merkmale eines Stressors, deren Kenntnis bei der Wahl einer wirksamen Bewältigungsstrategie helfen. Daneben werden Informationen zur Rechtfertigung des eigenen Verhaltens und zur Linderung negativer Emotionen gesammelt.
2. Die *direkte Aktion* dient zur Kontrolle der stressvollen Situation. Dies können Handlungen sein, die die Situation verändern (z. B. Lernanstrengungen, Flucht, Kampf). Auf die eigene Person bezogen wird dabei versucht, das subjektive Erleben zu beeinflussen (z. B. durch die Einnahme von Drogen).
3. *Aktionshemmung* beschreibt die Unterdrückung von Handlungsimpulsen, die der Situation nicht gerecht würden, sozial unerwünscht wären bzw. die Situation verschlimmern würden (beispielsweise aggressive Impulse in Konflikten mit Vorgesetzten).
4. *Intrapsychische Bewältigung* umfasst den großen Bereich von Abwehrmechanismen wie Projektion, Reaktionsbildung, Rationalisierung und Verleugnung.

5. *Soziale Unterstützung* ist insbesondere durch die Qualität der Beziehungen und die Eigenschaften der unterstützenden Personen sowie die Fähigkeit der Unterstützung suchenden Person zur Aktivierung anderer charakterisiert.

Die Unterscheidung in effektive und uneffektive Bewältigungsstrategien findet sich auch in Trainings – beispielsweise im „Anti-Stress-Training für Kinder" von Hampel und Petermann (2003). Die Bewertung muss jedoch jeweils situations- und kontextabhängig vorgenommen werden. Verhalten wird neben der innerpsychischen Regulationsfunktion (z. B. sich gegen Andere zu behaupten) auch im jeweiligen sozialen Kontext bewertet und ggf. sanktioniert (z. B. aggressives Verhalten in der Schule). In einer Situation kann ausgeprägtes Selbstbewusstsein ein Schutzfaktor gegen Herabsetzung und Ausgrenzung sein, in einer anderen Situation behindert dies eine selbstkritische und reflektierte Analyse des eigenen Verhaltens (vgl. Bender und Lösel 2008).

Unter Bezug auf die Theorie des Ressourcenerhalts formulierte Hobfoll ein *multitaxales Copingmodell*. Empirische Grundlagen dafür bot die Strategic Approach to Coping Scale. Mit dem *multitaxalen Stressbewältigungsinventar* (SBI) liegt eine deutsche Adaptation des Fragebogens vor (vgl. Schwarzer et al. 2004). Mit diesem Instrument soll die frühere Dichotomie von problem- und emotionsorientiertem Coping überwunden werden und unter Bezug auf Forschungen zur sozialen Unterstützung (*social support*) und zur Selbstwirksamkeit (s. Bandura 1997) die soziale Dimension im Coping-Verhalten erfasst werden. In Faktorenanalysen zur Struktur des Bewältigungsverhaltens ließen sich drei Metadimensionen nachweisen (Hobfoll und Buchwald 2004, S. 22f.). Neben dem aktiv-prosozialen Coping (z. B. Suche nach sozialer Unterstützung, vorsichtiges rücksichtsvolles Handeln), dem aktiv-antisozialen Coping (z. B. aggressives Verhalten, Ignorieren anderer Menschen) ist dies das aktiv-passive Coping (z. B. Problemlösungshandeln unabhängig von sozialer Interaktion, selbständige Aufgabenerledigung).

Bei der Erforschung personaler Faktoren von berufsbedingtem Stress wurde das Konzept der *Hardiness* (Widerstandskraft/Unempfindlichkeit) entwickelt (vgl. Kobasa 1979)[5]. Dieser setzt sich zusammen aus dem Glauben an die Wichtigkeit und den Zweck dessen, was man ist und was man beispielsweise beruflich tut (*commitment*) und einer ausgeprägten Kontrollüberzeugung, d. h. in dem Glauben zu handeln, dass man die Ereignisse selbst beeinflussen kann. Diese Personen sehen Veränderungen eher als Herausforderung und Chance dafür, sich persönlich weiter zu entwickeln, und sind in der Lage, berufliche und private Probleme im Voraus zu erwarten und vorbeugend zu handeln.

Kobasa et al. (1982) untersuchten Führungskräfte eines Kommunikationsunternehmens hinsichtlich ihrer Stressbelastung und dem Ausmaß an Krankheitssymptomen. Im längsschnittlichen Verlauf über fünf Jahren erwiesen sich die Hardiness-Komponenten (s. o.) als gute Prädiktoren zur Vorhersage von Krankheitssymptomen. Weitere Studien belegen, dass Personen mit stärker ausgeprägter Hardiness sich durch ein effektiveres

---

5   Zu Fragen der Verhaltens- und Verhältnisprävention bei beruflichem Stress s. Semmer und Zapf (2004).

Stressmanagement, weniger Symptome von Burn-out und höhere Arbeitszufriedenheit im Vergleich zu Personen mit niedrigeren Hardiness-Werten auszeichnen (vgl. Florian et al. 1995).

5   Resilienz

5.1   Zum Begriff der Resilienz

In der Arbeit mit Kindern und Jugendlichen (z. B. in der Jugendhilfe) läßt sich beobachten, dass es einigen trotz belastender Lebensbedingungen gelingt, davon unbeschadet eine normale persönliche Entwicklung zu nehmen. Dieses Phänomen wird in der *Resilienzforschung* untersucht. Der Begriff geht auf das englische Wort „resilience" gleich Strapazierfähigkeit, Elastizität, Spannkraft zurück und beschreibt „(…) eine psychische Widerstandsfähigkeit von Kindern gegenüber biologischen, psychischen und psychosozialen Entwicklungsrisiken." (Wustmann 2005, S. 192) Dieses Vermögen ist bei jeder Person situationsspezifisch und über die Entwicklungsspanne unterschiedlich ausgeprägt.

Die in anderen Kontexten gebrauchten Begriffe Invulnerabilität bzw. Vulnerabilität (Unverwundbarkeit bzw. Verwundbarkeit) legen eine Generalisierbarkeit der Kompetenz zur Bewältigung im Sinne einer zeit- und situationsübergreifenden Persönlichkeitseigenschaft nahe. Resilienz als ein dynamischer Prozess bedeutet, „(…) dass man gegen ungünstige Bedingungen erfolgreich angeht, sich durch sie hindurchkämpft, aus den Widrigkeiten lernt und darüber hinaus versucht, diese Erfahrungen in das Gewebe seines Lebens als Individuum und in der Gemeinschaft zu integrieren." (Walsh 2016, S. 43f.) Ausgangspunkt der Forschung sind drei Phänomene:

1. das Bewältigen von altersspezifischen Entwicklungsaufgaben trotz hohem Risiko-Status (z. B. wirtschaftliche Notlage der Familie, psychischer Erkrankung oder Drogenabhängigkeit der Eltern).
2. das Erhalten der Kompetenz der Kinder und Jugendlichen trotz kritischer Lebensereignisse (z. B. Zerrüttung der Ehe der Eltern, Verlust eines Geschwisters).
3. die schnelle Erholung bzw. Bewältigung von traumatischen Ereignissen (z. B. von Naturkatastrophen, Gewalterfahrungen) (vgl. Werner 2016).

Die Resilienzforschung untersucht die Frage nach der Bewältigung von bzw. dem Schutz vor belastenden Lebensereignissen deskriptiv, d. h. es wird bei den „erfolgreichen Bewältigern" danach gesucht, in welchen Persönlichkeitsmerkmalen, Verhaltensbereichen und wie sich ihre soziale Situation von anderen Gleichaltrigen unterscheidet. Dabei gilt die Suche Ressourcen, die in der Person und der Situation liegen. Auch wird der Frage nachgegangen, wie diese Ressourcen von den Personen konkret genutzt werden (Reich et al. 2010).

5.2   Untersuchung der Resilienz

Die Studie von Werner und Smith (2001) gilt als Pionierarbeit der Resilienzforschung. In ihr wurden 698 Kinder eines kompletten Geburtsjahrganges der Hawaianischen Insel Kanai (Geburtsjahrgang 1955) über 40 Jahre in ihrer Entwicklung untersucht. Bei knapp 30 Prozent (N = 210) der Untersuchungsgruppe fanden sich belastende Stressoren bzw. Krisen (in Armut aufgewachsen, familiäre Konflikte, Scheidung, drohende Psychopathologie der Eltern u. a.). Ein Drittel dieser Kinder, die in den ersten beiden Lebensjahren vier oder mehr dieser Risikofaktoren ausgesetzt waren, zeigten keine Verhaltensauffälligkeiten und Lernprobleme und hatte mit 40 Jahren einen Arbeitsplatz, waren nicht mit dem Gesetz in Konflikt geraten und nahmen keine Sozialleistungen in Anspruch. Auch waren die Scheidungsrate, die Sterblichkeit und das Ausmaß chronischer Erkrankungen bei diesen Personen signifikant niedriger als bei den ebenfalls unter belastenden Lebensumständen aufwachsenden Gleichaltrigen. Die resilienten Kinder und Jugendlichen wiesen drei Bündel von Schutzfaktoren auf:

1. *Schutzfaktoren des Individuums*
   Bereits als Kinder wurden die Personen als aktiv, aufgeschlossen, freundlich und gesellig beschrieben. Im weiteren Leben zeichneten sich diese Kinder durch eine höhere sprachliche, motorische und praktische Problemlösekompetenz aus. Im Jugendalter war ihre Überzeugung von der eigenen Wirksamkeit stärker ausgeprägt und die eigenen schulischen und beruflichen Erwartungen realistischer.
2. *Schutzfaktoren in der Familie*
   Resiliente Kinder und Jugendliche hatten zu einer emotional stabilen, kompetenten Person in der Familie (z. B. Großeltern, Tante, Onkel) eine enge Bindung aufgebaut.
3. *Schutzfaktoren im sozialen Umfeld*
   Häufig wirkten ein Lieblingslehrer oder fürsorgliche Nachbarn, Jugendleiter oder Pfarrer als emotionaler Unterstützer oder Ratgeber. Resiliente Jugendliche holten sich aktiver als andere bei Älteren bzw. Gleichaltrigen Hilfe.

Darüber hinaus gab es auch bei den gefährdeten Männern und Frauen im dritten und vierten Lebensjahrzehnt Chancen zu dauerhaft positiven Veränderungen. Dazu tragen u. a. berufliche Qualifizierungsmaßnahmen, die Teilnahme an Bildungsmaßnahmen, der Militärdienst der Männer, die Ehe mit einem stabilen Partner bzw. einer Partnerin und das Engagement in einer Glaubens- oder Kirchengemeinde bei (vgl. Werner 2016, S. 31 ff.). Aus der Analyse weiterer angloamerikanischer und europäischer Studien fasst Wustmann übereinstimmende Resilienzfaktoren zusammen (siehe Tabelle 1).

Risiko- und Schutzfaktoren können jedoch ein „Doppelgesicht" aufweisen (Bender und Lösel 2008, S. 64), d. h., dass beispielsweise ein befriedigendes soziales Netzwerk und die Unterstützung durch Freunde bei Jugendlichen (in Studien zumeist als Schutzfaktoren nachgewiesen) auch zu gegenteiligen Effekten führen können. So geht von der Gleichaltrigengruppe sozialer Druck aus, sich an gemeinsamen Aktivitäten zu beteiligen. Diese schließen

Tab. 1   Ressourcen resilienter Kinder

Personale und soziale Ressourcen	
Personale Ressourcen	*Kindbezogene Faktoren* • Positive Temperamentseigenschaften, die soziale Unterstützung und Aufmerksamkeit bei den Betreuungspersonen hervorrufen (flexibel, aktiv, offen) • Erstgeborenes Kind • Weibliches Geschlecht (in der Kindheit) *Resilienzfaktoren* • Problemlösefähigkeiten • Selbstwirksamkeitsüberzeugungen • Positives Selbstkonzept/Hohes Selbstwertgefühl • Fähigkeit zur Selbstregulation • Internale Kontrollüberzeugung/Realistischer Attribuierungsstil • Hohe Sozialkompetenz: Empathie/ Kooperations- und Kontaktfähigkeit/ Soziale Perspektivenübernahme/ Verantwortungsübernahme • Aktives und flexibles Bewältigungsverhalten (z. B. die Fähigkeit, soziale Unterstützung zu mobilisieren, Entspannungsfähigkeiten) • Sicheres Bindungsverhalten (Explorationslust) • Optimistische, zuversichtliche Lebenseinstellung (Kohärenzgefühl) • Talente, Interessen, Hobbys
Soziale Ressourcen	*Innerhalb der Familie* • Mindestens eine stabile Bezugsperson, die Vertrauen und Autonomie fördert • Emotional positives, unterstützendes und strukturierendes Erziehungsverhalten (autoritativer Erziehungsstil) • Zusammenhalt (Kohäsion), Stabilität und konstruktive Kommunikation in der Familie • Enge Geschwisterbindungen • Unterstützendes familiäres Netzwerk (Verwandtschaft, Freunde, Nachbarn) • Hoher sozioökonomischer Status *In den Bildungsinstitutionen* • Klare, transparente, konsistente Regeln und Strukturen • Wertschätzendes Klima (Wärme, Respekt und Akzeptanz gegenüber dem Kind) • Hoher, aber angemessener Leistungsstandard • Positive Verstärkung der Leistungen und Anstrengungsbereitschaft des Kindes • Positive Peerkontakte/Positive Freundschaftsbeziehungen • Förderung der Basiskompetenzen (Resilienzfaktoren) • Zusammenarbeit mit dem Elternhaus und anderen sozialen Institutionen *Im weiteren sozialen Umfeld* • Kompetente und fürsorgliche Erwachsene außerhalb der Familie, die Vertrauen und Zusammengehörigkeitssinn fördern und als positive Rollenmodelle dienen (z. B. Großeltern, Nachbarn, Freunde, Erzieherinnen, Lehrer) • Ressourcen auf kommunaler Ebene (z. B. Angebote der Familienbildung, Gemeindearbeit) • Vorhandensein prosozialer Rollenmodelle, Normen und Werte in der Gesellschaft (gesellschaftlicher Stellenwert von Kindern/Erziehung/Familie)

Quelle: Wustmann 2005, S. 196

möglicherweise dissoziales Verhalten ein (z. B. Kleinkriminalität, Drogenkonsum). Bender und Lösel (2008) diskutieren dieses Phänomen der *Multifinalität* (gleiche Bedingungen führen zu unterschiedlichen Entwicklungsergebnissen) auch für das Geschlecht und die bisher noch wenig untersuchten resilienzrelevanten biologischen Faktoren. Darüber hinaus zeigen sie auf, dass unterschiedliche Bedingungen zu gleichen Verhaltensproblemen führen können (*Equifinalität*). Insofern braucht es weitere Studien, die neben protektive Bedingungen, die zur Resilienz führenden Prozesse differenziert analysieren.

Ein methodisches Problem der Resilienzforschung liegt in der Heterogenität der Kriterien für resilientes Verhalten. Als Kriterien finden sich in Studien beispielsweise die Abwesenheit von psychischen Störungen, die Bewältigung altersspezifischer Entwicklungsaufgaben und das Herausbilden von relevanten Kompetenzen. Zum Zwecke besserer Vergleichbarkeit erscheint hier eine Systematisierung notwendig.

5.3   Der Beitrag der Resilienzforschung

Die Resilienzforschung nimmt – ähnlich wie der Ressourcenansatz von Hobfoll – Forschungsfragen auf, die weg von einer Orientierung auf Probleme und Defizite, hin zu Fragen nach der Meisterung von Entwicklungsaufgaben durch Kinder und Jugendliche führen.[6] Die Resilienzforschung sieht Kinder und Jugendliche als aktive Gestalter ihrer Biographie. Diese Sichtweise hat sich seit Piaget – der Kinder als kleine Forscher beschrieb – auch im Menschenbild der Entwicklungspsychologie durchgesetzt. Darin liegt eine optimistische Sicht auf die Gestaltbarkeit von Lebensbedingungen durch die in ihnen lebenden Personen.

Die empirischen Ergebnisse der Resilienzforschung belegen die enge Wechselwirkung zwischen individuellem Verhalten (z. B. in Belastungssituationen) und den unterstützenden und fördernden Bezugspersonen innerhalb und außerhalb der Familie. Eine Chance liegt darin, dass in der microprozessualen Analyse die Erkenntnisse des transaktionalen Stressmodells genutzt und mit dem stärker am sozialen Kontext der Person orientierten Resilienzkonzept verbunden werden.

Ergebnisse der Resilienzforschung lassen sich im Kontext von Prävention nutzbar machen. So können diese in die Ausgestaltung von Trainings- und Bildungsmaßnahmen einfließen. Im Sinne primärer Prävention hilft die Stärkung der Widerstandskräfte der Person und die Herstellung protektiver Umfeldbedingungen das Auftreten von Störungen zu verhindern (Fröhlich-Gildhoff und Rönnau-Böse 2014).

Gabriel (2005) weist auf die Gefahr einer Missinterpretation des Resilienzkonzeptes hin, wenn die Resilienz im Sinne einer Anlage bzw. eines Persönlichkeitsmerkmals gesehen wird. „Resilienz ist ohne unterstützende Interaktionen im Sozialen nicht denkbar. Umso entscheidender ist es deshalb, der impliziten Gefahr vorzubeugen, gesellschaftliche Probleme in ein je individuelles Defizit an Charakter, Moral, Erziehung, Bildung oder aber Resilienz

---

6   In gleiche Richtung geht das Denken in systemischen Konzepten beispielsweise in der Sozialarbeitswissenschaft (vgl. Ritscher 2014).

umzudefinieren." (Gabriel 2005, S. 213) In diesem Sinne spricht sich Fingerle (2011, S. 127ff.) für den Begriff *Bewältigungskapital* aus, da sich Resilienz erst in der Nutzung personaler und sozialer Ressourcen für die Erfüllung/Umsetzung von Entwicklungsaufgaben und die Bewältigung von Krisen beweist.

5.4 Konsequenzen für die Gestaltung professioneller Unterstützung

Die Resilienzforschung bietet empirisch fundierte Hinweise zur Gestaltung von Unterstützungsprozessen. Grundsätzlich können Interventionen auf zwei Ebenen angesiedelt werden:

1. Reduzierung der Belastungs- bzw. Risikofaktoren (risiko-zentriert)
2. Stärkung der Resilienzfaktoren im Person-Umwelt-Kontext (ressourcen-zentriert).

Differenziert man dies weiter auf, so geht es darum:

1. die Auftretenswahrscheinlichkeit von Belastungs- und Risikofaktoren zu verringern,
2. die Ressourcen im sozialen Umfeld der Kinder und Jugendlichen zu stärken,
3. die Möglichkeit für stabile soziale Bindungen zu schaffen bzw. zu fördern und
4. die Kompetenzen der Kinder und Jugendlichen zu entwickeln (vgl. Wustmann 2004, S. 122).

Neben risiko- und ressourcenzentrierten Präventions- und Interventionsmaßnahmen lassen sich prozesszentrierte Strategien benennen. Diese richten sich auf eine Schaffung bzw. Stützung protektiver Systeme auf der Ebene von sozialen Bindungen, der Bewältigungsstrategien und der Selbstregulation. Die Bedeutung der Schaffung von Strukturen, die die soziale Teilhabe fördern, findet sich beispielsweise auch in der Debatte um die schulische Inklusion von Kindern mit Behinderung und wird methodisch im Index für Inklusion umgesetzt (s. Balz et al. 2012).

Wustmann (2004, S. 125ff.) stellt Präventionsprogramme vor, die auf der individuellen und auf der Elternebene ansetzen. Auf der individuellen Ebene geht es dabei beispielsweise um die Förderung sozialer und der Problemlösekompetenzen, der Förderung der Selbstwirksamkeitseinschätzung und der körperlichen Gesundheitsressourcen. Auf der Elternebene geht es um die Stärkung der sozialen, kommunikativen und der Erziehungskompetenzen. Beispielsweise wäre dies die Anleitung der Eltern zu einer auf ihr Kind zugeschnittenen einfühlsamen Beziehungsgestaltung. In diesem Sinne ließe sich beispielsweise der methodische Rahmen von Video-Home-Trainings nutzen, um unter dem Blick auf relevante Resilienzfaktoren eine entwicklungsfördernde Eltern-Kind-Beziehung zu entwickeln.

Die Resilienzforschung ist dabei in der Lage, empirische Argumente für die Ausgestaltung bestehender und neu zu entwickelnder Präventionsprogramme zu liefern. Zu den Zielgrößen geben die Schutzfaktoren Hinweise, über den Weg – das *Wie* dorthin – besteht noch vergleichsweise wenig differenzierteres Wissen (Fingerle 2011). Durch die

Microanalyse resilienzrelevanter Prozesse in empirischen Studien und der Evaluation von Trainingsprogrammen würden diese einen eigenen Beitrag zur Theoriebildung in der Resilienzforschung liefern (s. auch Fröhlich-Gildhoff und Rönnau-Böse 2014).

Die Ergebnisse der Resilienzforschung werten auch die klassischen Bildungsinstitutionen auf. Dies gilt insbesondere für eine vertrauensvolle, verlässliche und unterstützende „Beziehungsarbeit" der Pädagogen. Darüber hinaus bekommen Kindertagesstätten und Schulen für Kinder in prekären Lebenslagen eine Bedeutung als Erfahrungs- und Schutzraum (vgl. Opp und Figerle 2008). Es gilt die Erkenntnisse der Resilienzforschung beispielsweise für die Praxis der Ganztagsschule und in der Jugendarbeit zu nutzen.

Literatur

Ahnert, Liselotte, Hrsg. 2014. *Frühe Bindung. Entstehung und Entwicklung*, 3. Aufl. München: Reinhardt.

Balz, Hans-Jürgen, B. Benz und C.-Kuhlmann, Hrsg. 2012. *Soziale Inklusion*. Wiesbaden: Springer VS.

Bandura, Albert. 1997. *Self-efficacy: The exercise of control*. New York: Freeman.

Bender, Doris und F. Lösel. 2008. Von generellen Schutzfaktoren zu spezifischen protektiven Prozessen: Konzeptuelle Grundlagen und Ergebnisse der Resilienzforschung. In *Was Kinder stärkt. Erziehung zwischen Risiko und Resilienz*, Hrsg. G. Opp und M. Fingerle, 57-78, 3. Aufl. München: Reinhardt/UTB.

Bodenmann, Guy. 2015. *Bevor der Stress uns scheidet. Resilienz in der Partnerschaft*. Göttingen: Hogrefe.

Cannon, Walter B. 1914. The emergency function of the adrenal medulla in pain an the major emotions, *American Journal of Psychology*, 39: 106-124.

Caplan, Gerald. 1955. *Emotional problems of early childhood*. New York: Basic Books.

Chassé, Karl A., M. Zander und K. Rasch. 2010. *Meine Familie ist arm. Wie Kinder im Grundschulalter Armut erleben und bewältigen*, 4. Aufl. Wiesbaden: VS Verlag für Sozialwissenschaften.

Erikson, Erik H. 1950. *Childhood and society*. New York: Norton.

Erikson, Erik H. 1968. *Identity, youth, and crisis*. New York: Norton.

Filipp, Sigrun-Heide und P. Aymanns. 2009. *Kritische Lebensereignisse und Lebenskrisen*. Stuttgart: Kohlhammer.

Fingerle, Michael. 2011. Die Verwundbarkeit des Resilienzkonzepts – und sein Nutzen. *Sonderpädagogische Förderung heute*, 56: 122-135.

Fink, Georg. 2009. *Stress consequences. Mental, neuropsychological and socioeconomic*. Amsterdam: Elsevier.

Florian, Victor, M. Mikulincer und O. Taubman. 1995. Does hardiness contribute to mental health during the stressful real-life situation? *Journal of Personality and Social Psychology*, 68 (4): 687-695.

Foa, Uriel G. und E. B. Foa. 1974. *Societal structures of the mind*. Springfield: Thomas.

Foa, Uriel G. und E. B. Foa. 1976. *Ressource theory of social exchange*. In *Contemporary topics in social psychology*, Hrsg. J. W. Thibaut, J. T. Spence, R. Carson und J. W. Brehm, 99-131. Morristown USA: General Learning Press.

Fröhlich-Gildhoff, Klaus und M. Rönnau-Böse. 2014. *Resilienz*, 3. aktual. Aufl. München: Reinhardt/UTB.

Gabriel, Thomas. 2005. Resilienz – Kritik und Perspektiven. *Zeitschrift für Pädagogik*, 51 (2): 207-217.

Grawe, Klaus. 1995. Grundriss einer Allgemeinen Psychotherapie. *Psychotherapeut*, 40: 215-244.

Hampel, Petra und F. Petermann. 2003. *Anti-Streß-Training für Kinder.* 2. Aufl. Weinheim: Beltz.

Hobfoll, Stevan E. 1988. *The ecology of stress.* Washington: Hemisphere.

Hobfoll, Stevan E. 1998. *Stress, culture, and community.* New York: Plenum Press.

Hobfoll, Stevan E. und P. Buchwald. 2004. Die Theorie der Ressourcenerhaltung und das multitaxiale Copingmodell – eine innovative Stresstheorie. In *Stress gemeinsam bewältigen. Ressourcenmanagement und multiaxiales Coping,* Hrsg. P. Buchwald, C. Schwarzer und S. E. Hobfoll, 11-26. Göttingen, Bern, Toronto, Seattle: Hogrefe Verlag für Psychologie.

Hock, Beate, G. Holz und W. Wüstendörfer. 2000. *Folgen familiärer Armut im frühen Kindesalter – Eine Annäherung anhand von Fallbeispielen.* Berichte und Materialien aus Wissenschaft und Praxis. Frankfurt a. M.: Eigenverlag.

Hollederer, Alfons und H. Brand, Hrsg. 2006. *Arbeitslosigkeit, Gesundheit und Krankheit.* Bern: Huber.

Homans, George C. 1961. *Social Behavior.* New York: Wiley.

Holmes, Thomas und R. Rahe. 1967. The social readjustment rating scale. *Journal of Psychosomatic Research,* 11: 213-218.

Jahoda, Maria, P. Lazarsfeld und H. Zeisel. 1933. *Die Arbeitslosen von Marienthal,* 4. Aufl. 1982. Frankfurt a. M., Leipzig: Hizel.

Jerusalem, Matthias und D. Kleine. 1993. *Bewältigungsprozesse in einer kritischen Lebenssituation.* In *Arbeitsbericht der 38. Tagung der DGfP in Trier 1992,* Hrsg. L. Montarda, 229-235. Göttingen: Hogrefe.

Kobasa, Suzanne C. 1979. Stressful life events, personality, and health. An inquiry into hardiness. *Journal of Personality and Social Psychology,* 37 1: 1-11.

Kobasa, Suzanne C., S. Maddi und St. Kahn. 1982. Hardiness and health. Prospective study. *Journal of Personality and Social Psychology,* 42: 168-177.

Lazarus, Richard S. 1999. *Stress and emotion. A new synthesis.* New York: Wiley.

Lazarus, Richard S. 2005. *Stress, Bewältigung und Emotionen: Entwicklung eines Modells.* In *Stress und Coping. Lehrbuch für Pflegepraxis und -wissenschaft,* Hrsg. V. H. Rice, 231-263. Bern: Huber.

Lazarus, Richard S. und S. Folkman. 1984. *Stress, appraisal, and coping.* Göttingen: Hogrefe.

Lazarus, Richard S. und R. Launier. 1978. *Stress-related transactions between person and environment,* In *Perspectives in interactional psychology,* Hrsg. L. A. Pervin und M. Lewis, 287-327. New York: Plenum.

Montarda, Leo, Hrsg. 1993. *Arbeitsbericht der 38. Tagung der DGfP in Trier 1992.* Göttingen: Hogrefe

Nitsch, Jürgen R., Hrsg. 1981. *Stress – Theorien, Untersuchungen, Maßnahmen.* Bern: Huber.

Opp, Günther und M. Fingerle, Hrsg. 2008. *Was Kinder stärkt. Erziehung zwischen Risiko und Resilienz,* 3. Aufl. München: Reinhardt/UTB.

Paul, Karsten und K. Moser. 2009. Unemployment Impairs Mental Health. Meta-Analyses. *Journal of Vocational Behavior,* 74: 264-282.

Pervin, Lawrence A. und M. Lewis, Hrsg. 1978. *Perspectives in interactional psychology.* New York: Plenum.

Petzold, Hilarion G. 1997. Das Ressourcenkonzept in der sozialinterventiven Praxeologie und Systemberatung. *Integrative Therapie,* 4: 435-471.

Reich, John W., A. J. Zautra und J. St. Hall. 2010. *Handbook of adult resilience.* New York: Guilford Press.

Rice, Virginia Hill, Hrsg. 2005. *Stress und Coping. Lehrbuch für Pflegepraxis und -wissenschaft.* Bern: Huber.

Ritscher, Wolf. 2014. *Systemische Modelle in der Sozialen Arbeit,* 4. Aufl. Heidelberg: Carl Auer.

Schneewind, Klaus A. 2010. *Familienpsychologie,* 3. Aufl. Stuttgart: Kohlhammer.

Schneider, Wolfgang und U. Lindenberger, Hrsg. 2012. *Entwicklungspsychologie,* 7. Aufl. Weinheim: Beltz.

Schuler, Heinz, Hrsg. 2004. *Organisationspsychologie – Gruppe und Organisation*. Enzyklopädie der Psychologie. Themenbereich D, Serie III, Bd. 4. Göttingen: Hogrefe.
Schulz, Peter. 2005. Stress- und Copingtheorien. In *Gesundheitspsychologie. Enzyklopädie der Psychologie*, Hrsg. R. Schwarzer, 219-235, 3. Aufl. Göttingen: Hogrefe.
Schulze, Gerhard. 2011. *Krisen. Das Alarmdilemma*. Frankfurt a.M.: Fischer.
Schwarzer, Ralf, Hrsg. 1997. *Gesundheitspsychologie. Enzyklopädie der Psychologie*, 2. Aufl. Göttingen: Hogrefe.
Schwarzer, Ralf, Hrsg. 2005. *Gesundheitspsychologie. Enzyklopädie der Psychologie*, 3. Aufl., Göttingen: Hogrefe.
Schwarzer, Ralf. 1993. *Stress, Angst und Handlungsregulation*. Stuttgart: Kohlhammer.
Schwarzer, Ralf und M. Jerusalem. 1994. *Gesellschaftlicher Umbruch als kritisches Lebensereignis*. Weinheim: Beltz.
Schwarzer, Christine, D. Starke und P. Buchwald. 2004. Die Diagnose multitaxialer Stressbewältigung mit dem Multitaxalen Stressbewältigungsinventar SBI. In *Stress gemeinsam bewältigen. Ressourcenmanagement und multiaxiales Coping*, Hrsg. P. Buchwald, C. Schwarzer und S. E. Hobfoll, 60-73. Göttingen, Bern, Toronto, Seattle: Hogrefe Verlag für Psychologie.
Selye, Hans. 1946. The general adaptations syndrome and the diseases of adaptation, *Journal of Endocrinology*, 6: 117-130.
Selye, Hans. 1981. Geschichte und Grundzüge des Streßkonzepts. In *Stress – Theorien, Untersuchungen, Maßnahmen*, Hrsg. J. R. Nitsch, 161-187. Bern: Huber.
Semmer, Norbert und D. Zapf. 2004. Gesundheitsbezogene Interventionen in Organisationen. In *Organisationspsychologie – Gruppe und Organisation*. Enzyklopädie der Psychologie. Themenbereich D, Serie III, Bd. 4, Hrsg. H. Schuler, 773-843. Göttingen: Hogrefe.
Thibaut John W., J. T. Spence, R. Carson und J. W. Brehm, Hrsg. 1976. *Contemporary topics in social psychology*. Morristown USA: General Learning Press.
Thomas, William I. 1909. *Source book for social origins*. Boston: Badger.
Walsh Froma. 2016. Ein Modell familialer Resilienz und seine klinische Bedeutung. In *Resilienz – Gedeihen trotz widriger Umstände*, 5. Aufl., Hrsg. R. Welter-Enderlin und B. Hildenbrand, 43-79. Heidelberg: Carl Auer.
Wendt, Almuth. 1995. *Diagnostik von Bewältigungsverhalten*. Landau: Empirische Pädagogik.
Welter-Enderlin, Rosmarie und B. Hildenbrand, Hrsg. 2016. *Resilienz – Gedeihen trotz widriger Umstände*, 5. Aufl., Heidelberg: Carl Auer.
Werner, Emmy E. 2016. Wenn Menschen trotz widriger Umstände gedeihen – und was man daraus lernen kann. In *Resilienz – Gedeihen trotz widriger Umstände*, 5. Aufl., Hrsg. R. Welter-Enderlin und B. Hildenbrand, 28-42. Heidelberg: Carl Auer.
Werner, Emmy E. und R. S. Smith. 2001. *Journeys from childhood to midlife: Risk, resilience, and recovery*. New York: Cornell Univ. Press.
Wustmann, Corina. 2004. *Resilienz. Widerstandsfähigkeit von Kindern in Tageseinrichtungen fördern*. Weinheim: Beltz.
Wustmann, Corina. 2005. Die Blickrichtung der neueren Resilienzforschung. Wie Kinder Lebensbelastungen bewältigen. *Zeitschrift für Pädagogik*, 51 (2): 192-206.

Bewegung und Körperlichkeit als Risiko und Chance

Michael Wendler

Zusammenfassung

Bewegungshandeln wird als Verwirklichungsmöglichkeit der kindlichen Persönlichkeit angesehen. Handeln schließt immer die körperliche Bewegung mit ein. Im Bewegungshandeln lernt das Kind seinen Körper kennen, mit ihm umzugehen, ihn einzusetzen und auf die Umwelt einzuwirken. Die Orientierung am eigenen Körper ist die Basis jeder Orientierung in Raum und Zeit (Sozialraum, Zahlenraum, Schriftraum), zugleich ist der Körper Spiegel psychischen Erlebens; über seinen Körper erlebt das Kind seine Befindlichkeit und bringt seine Gefühle und Bedürfnisse zum Ausdruck. In diesem Prozess will das Kind wissen, wer und was es ist und wer und was es werden will. Das Selbstkonzept wird dabei zum Schlüsselbegriff, vor allem deshalb, weil das Körperkonzept ein wichtiges Teilkonzept des Selbstkonzepts darstellt.

Bewegung und Körperlichkeit stellen somit ein geeignetes Medium dar, um die eigene Individualität herzustellen. Als personale Ressource begünstigen z. B. ein hoher Selbstwert, eine Kontrollüberzeugung und Optimismus einen konstruktiven und erfolgreichen Umgang mit Belastungen und Konflikten, so dass negative Auswirkungen auf die Gesundheit und das Wohlbefinden sowie auf die Entwicklung ausbleiben können (Lampert und Schenk 2004, S. 68). Für die Identitätsbildung in der Jugendphase gilt dieses in besonderem Maße. Gerade für Jugendliche wird der Körper zu einer verlässlichen Kapitalressource: Körperinszenierungen werden dazu genutzt, soziale Anerkennung und Achtung bei Gleichaltrigen oder Erwachsenen zu erlangen (Fischer 2009, S. 99). Bildungshintergrund der Eltern, die reale Lebenslage und die konkreten Lebensbedingungen haben noch immer einen stark modifizierenden Einfluss darauf, welche Chancen der (Bewegungs-) Entwicklung und (Bewegungs-) Bildung Kindern in ihrer Umwelt zur Verfügung stehen.

Schlagworte

Entwicklungsaufgaben; Selbstkonzept; Identitätsentwicklung; Gesundheitsbildung; Körpererfahrungen; Verkörpertes Lernen

1   Ausgangslage

Laut der inzwischen fast überall anzutreffenden „Studie zur Gesundheit von Kindern und
Jugendlichen in Deutschland" (KiGGS) des Robert Koch-Instituts (2013) ist der Großteil
der 0-17jährigen bei sehr guter und guter Gesundheit (RKI 2014, S. 9). Der Umfang der
Studie kann in vielfacher Hinsicht durchaus als einmalig bezeichnet werden. In einem
Zeitraum von drei Jahren (Mai 2003 bis Mai 2006) wurden in einer ersten Basiserhebung
fast 18.000 Kinder und Jugendliche im Alter von 0 bis 17 Jahren in 167 Städten und Ge-
meinden medizinisch untersucht und zum Teil unter Einbeziehung der Eltern befragt. Die
erste Fortsetzungsstudie namens KiGGS-Welle 1 begann 2009 und endete im Jahr 2012.
In dieser Welle wurden die Daten hauptsächlich mittels telefonischer Befragungen erhoben. Eine weitere Untersuchungsstudie startete 2014 und endet 2017. Auf der Basis dieser
Datenlage weisen Mädchen (54,8 Prozent) und Jungen (52,9 Prozent) einen sehr guten
Gesundheitszustand auf und einen guten mit 39 Prozent bei Mädchen und 41,1 Prozent
bei Jungen (ebda.). Dass die Gesundheitsentwicklung in allen Bundesländern überwiegend gut vorangekommen ist, wird insbesondere den Interventionen der Krankenkassen
durch qualitätsgesicherte Programme sowie den zahlreichen normative Regelungen der
Landesbildungspläne zum Ausbau von Gesundheitsförderung in Kitas zugeschrieben und
als Beleg für die Steuerungsfähigkeit und Handlungskompetenz von Staat und Gesellschaft
angesehen, um Gesundheitsförderung zu verankern und zu stärken (Geene et al. 2015, S. 63).
    Obwohl das subjektive Allgemeinempfinden sich als feste Messgröße für Gesundheit
etabliert hat, sollte beim derzeitigen Stand der Auswertungen und Diskussionen jedoch nicht
vergessen werden, dass es sich im Rahmen der vorgestellten Ergebnisse um die Auswertungen des breit angelegten Kernsurveys handelt, in dem nur die wichtigsten Indikatoren
als Eckwerte erhoben worden sind. Differenzierte Analysen und detaillierte Auswertungen
sind jedoch den ergänzenden Modulstudien vorbehalten und so liegen vor allem aus dem
Modul zur psychischen Gesundheit (BELLA-Studie) repräsentative Zusammenhänge vor.
In diesem Modul wurde die Auftretenshäufigkeit psychischer Auffälligkeiten an einer repräsentativen Unterstichprobe im Umfang von 2.863 Familien mit Kindern im Alter von
7-17 Jahren untersucht mit dem Ergebnis, dass bei rund 22 Prozent der befragten Kinder
und Jugendlichen Hinweise auf psychische Auffälligkeiten vorliegen (Hölling et al. 2014,
S. 818; Hillebrandt et al. 2011).
    Neben den spezifischen psychischen Auffälligkeiten (z. B. Ängste bei 10,0 Prozent,
Störungen des Sozialverhaltens bei 7,6 Prozent und Depressionen bei 5,4 Prozent der
Kinder und Jugendlichen) werden hier Zusammenhänge zum Kernsurvey hergestellt,
die das Ausmaß der sozial bedingten Ungleichheiten stärker fokussieren. Als „Factsheet"
zur Kindergesundheit sind die Chancen auf ein gesundes Aufwachsen ungleich verteilt
und so haben 15 Prozent bis 20 Prozent aufgrund von Armut und Armutserfahrungen
deutlich schlechtere Gesundheitschancen (Kooperationsverbund Gesundheitliche Chancengleichheit 2013, S. 1). Diese Gruppe lebt in schwierigeren sozialen Bedingungen, ist
stärkeren gesundheitlichen Risikofaktoren (z. B. umweltbezogenen Belastungen) ausgesetzt
und verfügt über geringere Bewältigungsstrukturen (BMG 2010; RKI & BgZA 2008). Die

(keineswegs überraschende) Erkenntnis der Studie ist die Bestätigung, dass Kinder aus sozial benachteiligten Familien in durchweg allen Bereichen (mit Ausnahme von Allergien) von Gesundheit und Lebensqualität schlechtere Ergebnisse aufweisen. Ob bei Rauchen, Drogenmissbrauch, Übergewicht, Essstörungen, Verhaltensauffälligkeiten oder Unfällen u. a. liegen die Risikofaktoren sozial benachteiligter Kinder und Jugendlicher teilweise dreifach höher. Darüber hinaus ist nachgewiesen, dass je länger Kinder in Armut leben, desto negativer sind die Folgen für ihre Entwicklung und ihre Bildungschancen (Tobhoeven et al. 2016, S. 23).

In ihrer Entwicklung weisen Kinder in Armutslagen bereits im Kindergarten häufiger Auffälligkeiten in den Bereichen Sprach-, Spiel- und Arbeitsverhalten sowie den emotionalen und sozialen Kompetenzen auf.[1] Diese Auffälligkeiten können sich über die gesamte Schulzeit verfestigen und sich in verschiedenen schulischen Bereichen (mangelnde Leistungsfähigkeit, Schulvermeidung, Schulverweigerung, Schulabsentismus u. a.) äußern (ebd., S. 24). Häufig überschneiden sich innerseelische Konflikte mit bedrohlichen Situationen in der Schule wie etwa Beschämung, Verletzung, Strafe oder Mobbing (Hopf 2016, S. 17). In dieser Verkettung misslingt oft die Heranführung an symbolische Ordnungen und Zeichensysteme (Sprache und Schrift) sowie die Ausbildung einer eigenen Identität als Voraussetzung kultureller Teilhabe (Berkemeyer et al. 2014, S. 12). Mit geringerer Wahrscheinlichkeit erwerben diese Schüler die nötigen Lebenskompetenzen und einen guten Bildungsabschluss und damit schwinden die Chancen auf eine gute Lebensperspektive (Lampert et al. 2010, S. 24f). Auf der individuellen Ebene können Ausgrenzungserfahrungen, schulische Probleme oder Konflikte innerhalb der Familie zu einem verminderten Selbstbild, negativen Lebenserwartungen und riskanten und abweichenden Verhaltensmustern führen.

In einem beunruhigenden Maß ist eine Zunahme von Selbstschädigungstendenzen zu verzeichnen: 25 Prozent der Schülerinnen und Schüler der 9. Klasse haben sich schon einmal vorsätzlich selbst verletzt, davon setzen 4 Prozent selbstverletzendes Verhalten regelmäßig als Problembewältigung um (Trunk 2016, S. 4). In einer Studie von Brunner (2005) gaben 14 Prozent aller Vierzehnjährigen an, sich bis zu viermal selbst verletzt zu haben (Kaulen 2011, S. 1).

„Meinen Körper habe ich, er ist immer da, er kann mich nicht verlassen. Wenn das Blut warm und rot über meine Haut rinnt und ich den Kontakt spüre, dann bin ich wieder in mir drin, dann spüre ich, dass ich lebendig bin" (Jugendliche zit. in: Trunk 2016, S. 7).

---

1   Aktuelle Befunde über Entwicklungsabweichungen zum Zeitpunkt der Schuleingangsuntersuchung liegen für das Schuljahr 2014/2015 aus Sachsen vor: danach weisen im Bereich der Sprache und des Sprechens 34,2 Prozent, Körperkoordination 20,9 Prozent, Visuomotorik und visuelle Wahrnehmung 38,6 Prozent, Herabsetzung der Sehschärfe 22,8 Prozent, emotional-psychosozialer Verhaltensauffälligkeit 11,6 Prozent und des ausreichenden Zahlenvorwissens 21,4 Prozent u. a. der untersuchten Kinder einen Befund auf (Sächsisches Staatsministerium für Soziales und Verbraucherschutz 2015).

Besonders die bei Mädchen und jungen Frauen überproportional auftauchende Selbst-
verletzung (z. B. in die eigene Haut ritzen) steht nach Rohr für eine Entwicklung, die den
inneren Konflikt (Auflösung und Zerstörung von Körper- und Identitätserfahrung) auf
die Haut bannt und Körperwunden als Erinnerungsspuren braucht, weil die innere Leere,
die Empfindungslosigkeit und Dissoziation des Körpers nur im Schmerz zu überwinden
ist (Rohr 2004, S. 10). In dieser besonderen Form des autoaggressiven Verhaltens drücken
sich Wünsche nach Aufmerksamkeit, Zuwendung, Versorgung und Kontakt aus. Die
davon betroffenen jungen Frauen haben einerseits zu ihrem Körper ein sehr distanziertes
Verhältnis, andererseits sind sie in ihrem Handeln sehr stark körperbetont. Was zunächst
als Widerspruch erscheint, ist nach Teuber ein konsequentes Verhalten, weil der Körper
ihnen fremd geworden ist, wird er immer wieder ins Zentrum gerückt, und weil sie sich
ihres Körpers unsicher sind, agieren sie viel über ihn aus (Teuber 2004, S. 129, 135).

Auch im Bildungsbereich zeigen Forschungsbefunde eine zunehmende Unsicherheit
mit der eigenen Körperlichkeit und dem damit verbundenen Selbstkonzept, denn nicht
selten gründen sich eine geringe Lern- und Leistungsmotivation, schlechte Schulleistungen
und wenig Selbstvertrauen – wie sie Kinder mit besonderen Förderbedarf oft zeigen – auf
negativen Vorstellungen der Kinder über die eigene Leistungsfähigkeit und die eigene
Person. Besonders gilt dies für Kinder mit einem speziellen kulturellen Hintergrund und
in sozialen Brennpunkten (Eggert et al. 2003, S. 9). Bewegung und körperbezogene Entwicklungsanreize sind in diesen Kontexten anstelle einer intensiv ausgelasteten Unterhal-
tungselektronik wenig anerkannt, unabhängig von der Erkenntnis, dass Bewegung, Spiel
und Sport für Kinder angemessene Formen sind, sich mit der personalen und materialen
Umwelt auseinander zu setzen, auf diese einzuwirken, sich auszudrücken, die Welt zu
begreifen und für sich jeweils neu zu gestalten.

2   Die Bedeutung von Bewegung und Körperlichkeit für die Entwicklung des Kindes

Jeder Mensch hat von Geburt an einen natürlichen Bewegungsdrang, den er ausleben muss.
Dafür braucht er erstens Platz und Raum, zweitens Anreize und Anstöße und drittens
auch den sanften Druck der Notwendigkeit – beispielsweise durch den Schulweg, den er
gefahrlos bewältigen kann und den ihm kein Auto abnimmt. Wem in seiner Kindheit all
dies vorenthalten wird, dem verkümmert der angeborene Drang, sich zu bewegen.

> „Wer nicht rückwärts laufen kann, hat es auch schwerer, um die Ecke zu denken. Wer es nicht
> schafft, auf einem Bein zu hüpfen, dessen Gedanken hüpfen auch nicht so leicht. Wer sich
> nicht mit Lust bewegt, neigt auch beim Denken zu Behäbigkeit" (Vesper 2007, S. 8).

Denkprozesse entstehen nicht unabhängig von sensomotorischen Funktionen, von der
Sprache, der Wahrnehmung und der Vorstellungskraft. Konkret handelt es sich vielmehr

um ein unteilbares System dynamischer Wechselbeziehungen, dessen Faktoren sich nur theoretisch voneinander isolieren lassen. So liegt der Ausgangspunkt der Entwicklung intellektueller Fähigkeiten nicht etwa nur in einem Anstoß von außen in Form von Bildungsprogrammen, sondern vielmehr in den konkreten Handlungen, in denen ein Kind begreifend seiner physikalischen und sozialen Umwelt begegnet und sie auf bereits vorhandene (Denk-)Schemata bezieht. In diesen Lernprozessen erobern sich Kinder ihre Erkenntnisse über die vielfältigen Gegebenheiten schrittweise über den eigenen Körper.

Die Rolle der *Motorik* wird aus motologischer Perspektive nicht nur als Grundlage der Handlungsfähigkeiten des Menschen gesehen, sondern gleichermaßen als Voraussetzung zum Kompetenzaufbau einer aktiven Auseinandersetzung mit sich selbst, der sozialen und der dinglichen Umwelt. In diesem Prozess ist zunächst die Körperlichkeit des Kindes als Zentrum der Persönlichkeit Dreh- und Angelpunkt seiner Existenz, denn Handeln, verstanden als Realisierungsform des Menschen, schließt immer die körperliche Bewegung mit ein. In der Handlung drückt sich die ganze Person aus, der biologische Organismus und die psychische Persönlichkeit und somit das Selbst. Als zielgerichteter, erwartungsgesteuerter und willentlicher Teil menschlichen Verhaltens vollziehen sich kognitive, motorische, affektive und biologisch-organische Prozesse in einer Einheit. Motorik ist elementarer Bestandteil der Handlung, indem Bewegungen organisiert werden, um bestimmte Absichten und Ziele zu erreichen (Eisenburger et al. 1996, S. 208ff.). Im Bewegungshandeln lernt das Kind seinen Körper kennen und erlebt, dass es mit seinem Körper eins ist. So wird die Körperlichkeit zur Basis der Orientierung in der Welt. Bewegungserfahrungen in der frühen und mittleren Kindheit sind als Bewegungserlebnisse von der individuellen Persönlichkeit nicht zu trennen. Zugleich ist der Körper Spiegel psychischen Erlebens; über seinen Körper erlebt das Kind seine Befindlichkeiten und bringt seine Gefühle und Bedürfnisse zum Ausdruck (Fischer 1996, S. 27).

Bewegung wird daher als fester Bestandteil des menschlichen Lebens gesehen und in den Dienst der Persönlichkeitsentwicklung gestellt. Um dieses komplementäre Wechselspiel theoretisch zu untermauern, macht sich die Motologie Erkenntnisse der Handlungstheorien bzw. der Hahndungspsychologie, der Phänomenologie und des Entwicklungsgeschehens des Menschen zunutze. Aus der Handlungspsychologie ist begründet und nachgewiesen, dass Bewegung Teil jeder Handlung ist; und da jeder Mensch träumt, denkt und handelt, ist Bewegung im Sinne von Motorik ein Hauptbestandteil in jedem Leben. Damit wird die bewusst und absichtlich gesteuerte Bewegung zur Handlung und zum Gegenstand der Betrachtung (Eisenburger et al. 1996, S. 211).

Vor allem in der Kindheit bilden Bewegungshandlungen die Basis, um sich die Welt räumlich-dinglich und in ihren personellen Bezügen zu erschließen (Fischer 1996, S. 27), so dass der kognitive und kommunikative Kompetenzerwerb auf der subjektbezogenen Erlebnis- und Erfahrungswelt des Individuums basiert und zunächst an Bewegungshandlungen und damit an den eigenen Körper gebunden ist. Körper- und Bewegungserfahrungen sind somit Bindeglieder zwischen Kind und Umwelt, zwischen Außen- und Innenwelt. Dabei spielen die Eltern, die Geschwister und Freunde, die Großeltern und Pädagogen und andere Mitmenschen eine unübersehbare Rolle. Sie sind Vorbild und *Spielpartner* wenn auch sie sich gerne und vielseitig bewegen – indem sie Kindern unterschiedliche Erfahrungsräume bereitstellen und Bewegungsangebote machen. Die dort gemachten positiven Erlebnisse und Erfahrungen unterstützen die Ausbildung personaler und sozialer Ressourcen, was oftmals in einem stabilen Wohlbefinden in Gesundheit und Bildung zum Ausdruck kommt (Lampert und Schenk 2004, S. 68). Körperbezogene Eigenaktivitäten des Kindes müssen daher als Scharnierstelle (vor-)schulischer Bildungsprozesse und Entwicklungsdeterminanten betrachtet werden.

3   Bewegung und Körperlichkeit als Grundkategorien menschlichen Seins

Als Grundkategorie vermittelt Bewegung soziale und körperliche Erfahrungen:

> „Über seinen Körper erlebt das Kind seine Fähigkeiten, aber auch seine Grenzen; es lernt sie zu akzeptieren oder sie durch Üben zu erweitern. Seine zunehmende Geschicklichkeit, Kraft und Schnelligkeit erweitern seinen Bewegungsraum und damit seine Handlungsmöglichkeiten" Zimmer 2002, S. 76).

Die Förderung der (psycho-)motorischen Entwicklung ist ein wesentlicher Beitrag zur Entwicklung der Gesamtpersönlichkeit. Bewegung ist für Kinder bis zum Eintritt in die Schule *das* zentrale Medium für ihre Entwicklung. Sie nutzen dieses Medium um:

1. *den eigenen Körper, sich selbst kennen zu lernen*: Kinder lernen sich über Bewegung kennen. Sie erfahren ihre Grenzen, ihre Möglichkeiten. Sie erfahren, dass sie über ihr Handeln Dinge verändern können und wirksam sind. Sie lernen, ihre Persönlichkeit einzuschätzen,
2. *mit anderen etwas zu tun, sich mit ihnen zu verständigen*: Über Bewegung kommunizieren Kinder untereinander, sie machen soziale Erfahrungen, lernen andere Kinder kennen, lernen miteinander zu interagieren, Konflikte selbständig zu lösen und Absprachen zu treffen,
3. *etwas selbständig zu schaffen und zu produzieren*: Kinder sind mit ihrem Körper produktiv, sie schaffen Neues, entwickeln neue Ideen,
4. *sich auszudrücken, etwas zu empfinden*: Durch Bewegung drückt sich das Kind mit seinem Körper aus (inspiriert z. B. durch Musik). Die Einheit von Psyche und Motorik ist besonders bei kleinen Kindern besonders deutlich zu sehen,
5. *Gegenstände und Geräte auszuprobieren und mit ihnen experimentieren*: Durch Bewegung setzt sich das Kind mit seiner Umwelt auseinander, erfährt durch sein Handeln Ursache und Wirkung, gewinnt Kenntnisse, die für seinen Umgang mit der Umwelt von Bedeutung sind: z. B. Gleichgewicht,
6. sich mit anderen zu vergleichen und mit ihnen zu messen:

Im kindlichen Spiel entwickelt das Kind diese sozialen Fähigkeiten: Im Miteinander mit Personen seiner Umwelt bauen sich die für zukünftige Herausforderungen notwendigen sozialen Fähigkeiten und Verhaltensweisen (Lebenskompetenzen) auf. Im Spiel werden Rollen übernommen, Regeln aufgestellt, eingehalten und variiert. Im Wetteifer lernen Kinder Leistungsunterschiede wahrzunehmen und zu tolerieren. In einer Zeitepoche, in der Kindern oft Gewalt als das Mittel der Auseinandersetzung in den Medien vorgelebt wird, ist der Erwerb sozialer Kompetenzen besonders notwendig. In der psychomotorischen Förderung lernen Kinder sich auszudrücken und zu kommunizieren, so dass sich auch wesentliche Fähigkeiten im Rahmen einer notwendigen Konfliktbewältigung entwickeln können. Das Bewusstsein eigener Leistungen, Stärken und Schwächen stärkt bei entsprechender Begleitung der Eltern und/ oder bewegungsorientierter Fachkräfte das Selbstbewusstsein im positiven Sinne.

3.1 Entwicklung durch die Bewältigung von Entwicklungsaufgaben

Indem der heranwachsende Mensch sich selbst zur Aufgabe wird, beginnt seine Entwicklung. Diese beinhalten Aufgaben, deren Bewältigung/Nichtbewältigung die weitere der Persönlichkeit beeinflusst. Sie wird somit Resultat vergangener Ereignisse und nimmt das zukünftige Geschehen vorweg. Das Konzept der Entwicklungsaufgaben geht auf Havighursts „development tasks" (1974) zurück und kann als Orientierungs- und Ordnungssystem der vielfältigen Entwicklungsanforderungen in den einzelnen Lebensperioden dienen. Die Grundannahme dieses theorieübergreifenden Konstruktes ist es, das sowohl die sich entwickelnden Subjekte als auch die jeweiligen Lebenskontexte zur Entstehung und Lösung von Herausforderungen, Problemen und Krisen beitragen.

> „Eine Entwicklungsaufgabe ist eine Aufgabe, die sich in einer bestimmten Lebensperiode des Individuums stellt. Ihre erfolgreiche Bewältigung führt zu Glück und Erfolg, während Versagen das Individuum unglücklich macht, auf Ablehnung durch die Gesellschaft stößt und zu Schwierigkeiten bei der Bewältigung späterer Aufgaben führt" (Havighurst 1982 zit. in: Oerter und Montada 2002, S. 121).

Havighurst unterscheidet drei Quellen von Entwicklungsaufgaben:

1. biologische Veränderungen innerhalb des Organismus,
2. von der Gesellschaft gestellte Aufgaben,
3. Werte, Strebensziele und Zukunftserwartungen des Individuum (Rauh 2002, S. 8f.).

Die Vorwegnahme zukünftiger Ereignisse, auch solcher in ferner Zukunft, ist ein entscheidender Motor menschlicher Entwicklung. Für die Bewältigung der Entwicklungsaufgaben sind individuelle Potentiale, individuelle Ressourcen und Gelegenheiten von Bedeutung. Soziale Partner spielen als Resilienzfaktor bei der Bewältigung eine wichtige Funktion.

Zunächst übernehmen sie die Zielsetzungen (zumeist der Eltern) und sorgen für deren Erreichung. Später spielen andere Vermittlungspersonen eine Rolle, bis schließlich die Entwicklungsziele durch die Jugendlichen selbst formuliert werden.

Das Konzept von Havighurst ist von mehreren Autoren (Dreher und Dreher 2001; Oerter und Montada 2002; Baake 1999 u. a.) an die veränderten gesellschaftlichen Gegebenheiten angepasst worden. Die Entwicklungsaufgabe wird inzwischen als zentraler Begriff einer ökologischen Entwicklungspsychologie betrachtet und lässt eine Systematisierung in zwei Richtungen zu, die als Orientierung für die Förderpraxis Bedeutung haben können (vgl. Fischer 2009, S. 178): Zum einen lassen sich Entwicklungsaufgaben nach inhaltlichen Bereichen einteilen wie

- Gesundheit und körperliches Wohlbefinden,
- Lebenszeit als Entwicklungsbereich,
- Familie,
- soziales und politisches Leben,
- Schule, Beruf und Freizeit,
- Persönlichkeitsentwicklung u. a. (Fischer 2009, S. 178).

Zum anderen lassen sich Entwicklungsaufgaben nach ihrem zeitlichen Umfang systematisieren. So stehen Aufbau von motorischen Funktionen, sensorischer Intelligenz, Sprachfähigkeit, Selbstbild sowie die emotionale Bindung (*„Ich bin, was man mir gibt."*) in der frühen Kindheit im Vordergrund der Auseinandersetzung des Individuums. Bewegungshandeln hat dabei Initiatorenfunktion und ist zugleich Teil der Entwicklungsdimensionen.

Die Herausforderungen der mittleren Kindheit bauen teilweise darauf auf und können sich durch den ganzen Lebenslauf hindurch ziehen (z. B. der Identifikationsbildungsprozess) oder auf einen bestimmten Lebensabschnitt (z. B. der Übergang von Kindergarten zur Schule) Bezug nehmen. Das Individuum selbst ist die aktivierende Kraft für die Gestaltung seiner Entwicklung durch die Anwendung von treffenden Strategien und der kompetenten Unterstützung durch Sozialpartner, die das Individuum in seiner Persönlichkeit stärken. In der mittleren und späten Kindheit wechselt die Modalität von einer stärkeren Bedürfnisbefriedigung hin zu einer zunehmenden Reflexion (*„Ich bin, was ich will, und ich bin, was ich mir zu werden vorstellen kann."*). In dieser Lebenspanne wird das Individuum mit folgenden Entwicklungsaufgaben konfrontiert:

- Erlernen körperlicher Geschicklichkeit, die für gewöhnliche Spiele notwendig sind,
- Aufbau einer positiven Einstellung zu sich als einem wachsenden Organismus,
- Lernen, mit Altersgenossen zurecht zu kommen,
- Erlernen eines angemessenen männlichen und weiblichen sozialen Rollenverhaltens,
- Entwicklung grundlegender Fertigkeiten im Lesen, Schreiben und Rechnen,
- Entwicklung von Konzepten und Denkschemata, die für das Alltagsleben notwendig sind,
- Entwicklung von Gewissen, Moral und einer Werteskala,
- Erreichen persönlicher Unabhängigkeit,

- Entwicklung von Einstellungen gegenüber sozialen Gruppen und Institutionen (Oerter und Montada 2002, S. 30ff.).

Die Unzufriedenheit vieler Jugendlicher mit ihrem Status hat ihren Grund nach Baake (1999, S. 168f.) häufig darin, dass die Einschätzung des eigenen Entwicklungsstandes und der damit verbundenen gesellschaftlich formulierten Entwicklungsaufgaben nicht in Übereinstimmung zu bringen sind. In dieser Lebensspanne lassen sich die Entwicklungsaufgaben stichpunktartig auf folgenden Ebenen fassen:

- Aufbau eines Freundeskreises (Clique mit tieferen Beziehungen zu Altersgenossen),
- Akzeptieren der eigenen körperlichen Erscheinung (biologische Veränderungen des eigenen Körpers annehmen),
- Identifikation mit der männlichen und weiblichen Geschlechterrolle (Aneignung bzw. Reflexion des von einer Frau bzw. einem Mann in unserer Gesellschaft erwarteten Verhaltens),
- Intimität (intime Beziehungen zum Freund/zur Freundin aufnehmen),
- Ablösung vom Elternhaus (*emotionale* Unabhängigkeit gegenüber den Eltern),
- Berufsvorstellung (Vorbereitung auf den beruflichen Werdegang),
- Partner/Familie (Entwicklung einer Vorstellung über Partnerschaft und zukünftige Familie)
- Selbstbild/Selbstbewusstsein (Wissen, wer man ist und was man will),
- Werte (ein ethisches System und Werte entwickeln),
- Zukunft (Perspektive entwickeln) (Dreher und Dreher 1985 in: Fischer 2009, S. 185).

Im Vergleich wird deutlich, dass im mittleren Kindesalter Aufgaben der sozialen Kooperation, des Selbstbewusstseins (Fleiß, Tüchtigkeit), der Erwerb der Kulturtechniken (Lesen, Rechnen, Schreiben etc.) und die Fähigkeit, Rollen einzunehmen und Regeln zu verstehen im Zentrum der Entwicklungsanforderungen stehen. Im späten Kindes- und Jugendalter werden die Identität in der Geschlechterrolle, die Entwicklung beruflicher Vorstellungen und auch die Handlungsfähigkeit und das Können in verschiedenen Sportbereichen (*etwas Richtiges machen*) an Bedeutung (Fischer 2009, S. 182). Für die Entwicklungspartner ergibt sich die Fragestellung, welche Voraussetzungen und situative Arrangements notwendig sind, um eine (selbstgestellte) Aufgabe zu bewältigen (ebda.). In der psychomotorischen Förderpraxis für Kinder kommen häufiger erkenntnisstrukturierende Aufgabenstellungen zum Tragen, während in der Jugendphase beziehungsstrukturierende und sozialintegrative Thematiken (z. B. Nähe und Distanz, Macht und Ohnmacht, Entscheidungs- und Konfliktfähigkeit, Aggressivität und Zurückgezogenheit u. a.) vorherrschen.

Zusammenfassend vereint das Konstrukt der Entwicklungsaufgabe individuelle Leistungsfähigkeit, soziokulturelle Entwicklungsformen, individuelle Zielsetzung in einzelnen Lebensbereichen und Abschnitten und aktive Gestaltung der eigenen Entwicklung. Die Entwicklungsaufgabe verbindet Individuum und Umwelt, indem sie gesellschaftliche Anforderungen mit individueller Leistungsfähigkeit und persönlichem Erleben in Beziehung setzt. Besonders bedeutsam ist das Erleben und Verarbeiten des erfahrenen Handlungsgeschehens mit seinen sozial-affektiven Bedeutungsinhalten, auf das hinsichtlich der Identitätsentwicklung näher eingegangen werden muss.

4   Die Bedeutung des Selbstkonzepts

In der Entwicklung des Menschen allgemein und in der Entwicklungsspanne der Kindheit im Besonderen ist die zentrale Thematik nach Fischer (2009, S. 88) die Suche nach der eigenen Identität. Das Kind will wissen, wer und was es ist und wer und was es werden will.

> „In diesem Sinne ist Identität das Ergebnis eines Prozesses der Selbstidentifizierung anhand des Wissens und der Erfahrungen über sich selbst, d. h. das Kind (Subjekt) macht sich selbst (sein Selbst) zum Gegenstand (Objekt) seiner Bewusstseinsprozesse" (Neubauer 1993 in Fischer 2009, S. 82).

Motorische Entwicklungsanreize leisten hier einen wesentlichen Beitrag zur Entwicklung der Gesamtpersönlichkeit und zur Konstruktion der Identität einer Person aus dem sich entwickelnden *Selbstkonzept* einen nicht unerheblichen Beitrag. Es verdichtet sich aus jedem Gefühl einer geglückten Auseinandersetzung mit den Umweltanforderungen und trägt damit zur Entstehung eines Bewusstseins eines Selbst bei, das unverwechselbar in verschiedenen sozialen Beziehungen des Individuums zu seinem Lebenskontext über die Zeit hinweg ist.

> „Persönlicher (non-verbaler) Ausdruck, Gestik, Mimik, Körpersprache und Persistenz der Kooperationsstile (nicht Inhalte) gehören dazu. Grundlage ist ein stabiles Selbstkonzept. Das Selbstkonzept liefert die Bausteine der Identität." (Eggert et al. 2003, S. 11)

Die Bedeutung des eigenen Körper- und Bewegungskonzeptes mag daran deutlich werden, dass die von Bewegungsmangel betroffenen Kinder nicht folgern: „Meine Beine sind langsam!" sondern „Ich bin langsam!"

Als eine zusammengefasste und etwas vereinfachte Definition des Selbstkonzeptes lässt sich Wissen über die eigene Person charakterisieren. Jeder Mensch entwickelt im Laufe seines Lebens eine Vorstellung davon, wer er ist, aber auch, wer er sein möchte bzw. sein will (Selbstbild). Die Erfahrungen der Diskrepanz zwischen dem erwarteten und gewünschten Selbst machen deutlich, dass das Selbst auch durch eine affektive Haltung zu einem selbst gekennzeichnet ist, dem Selbstwert. Die Erfahrungen, die ein Mensch in der Auseinandersetzung mit sich selbst und seiner sozialen Umwelt macht, nehmen Einfluss auf den Verlauf der Persönlichkeitsentwicklung und wirken sich auf das Verhalten, das psychische Befinden sowie das soziale Miteinander aus. Das Selbstkonzept ein lebenslanger Prozess und wird als ein relativ stabiles Konzept beschrieben, welches nicht ohne weiteres zu ändern ist.

> „Im Selbstkonzept finden wir sowohl die Summe individueller Einstellungen, Wertehaltungen, Handlungsziele, als auch das individuelle Abbild der gemachten Erfahrungen im Umgang mit der Umwelt" (Eggert et al. 2003, S. 15).

Um z. B. früh gemachte Erfahrungen aus der Kindheit, die zu einer geringen Selbstwerteinschätzung geführt haben, im Erwachsenenalter zu revidieren, bedarf es laut Eppstein einer großen Anzahl von „emotional bedeutsamen Erfahrungen" (Eggert et al. 2003, S. 12f.).

Es gibt eine wechselseitige Beziehung zwischen Selbstkonzept und Handlung: Das eigene Selbstkonzept beeinflusst die Handlung, während das Individuum in Handlungssituationen auch etwas über sich selbst erfahren kann.

> „In jeder Situation, in der wir handeln, bringen wir gleichsam das Konzept von uns selbst mit. Wir bringen Annahmen und Erwartungen über unsere Qualitäten, Fähigkeiten, Wünsche und Fehler mit. Und entsprechend diesem Konzept verhalten wir uns" (Tausch und Tausch 1991, zit. in: Eggertet al. 2003, S. 20).

Auch *Carl R. Rogers* betont, dass die Interaktion für die Bildung des Selbstkonzepts überaus wichtig ist. Wenn sich das Individuum über sich selbst bewusst geworden ist, strebt es nach der Anerkennung und positiven Beachtung der Umwelt, und wenn das Individuum positive Beachtung erlebt, wird dieses dann zur erlernten Selbstbeachtung und ist so nicht mehr länger von der Interaktion mit anderen abhängig. Diese wird nun in das Selbstkonzept aufgenommen, und es bildet sich somit ein positives Selbstkonzept aus. *„Es setzt voraus, dass ein Kind erlebt hat, von anderen akzeptiert und geschätzt zu werden"* (ders. 1991, zit. in: Eggert et al. 2003, S. 20). Nach Rogers ist ein positives Selbstkonzept für die psychische Gesundheit und somit auch für die Lebensqualität notwendig.

4.1 Die Elemente des Selbstkonzepts

Eggert teilt das Selbstkonzept in folgende fünf Elemente ein: Selbsteinschätzung, Körperkonzept, Fähigkeitskonzept, Selbstbewertung und Selbstbild und verdeutlicht, dass diese Komponenten eng miteinander vernetzt und verknüpft sind. Die nachfolgend in Abbildung 1 beschriebenen Elemente des Selbstkonzepts sind kaum voneinander zu trennen und in einem lebendigen System eng miteinander verknüpft.

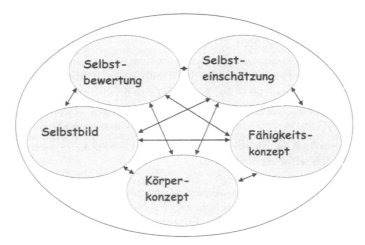

Abb. 1   Die Elemente des Selbstbildes
Quelle: Eggert et al. 2003, S. 29

4.1.1   Die Selbsteinschätzung

Die Selbsteinschätzung ist ein wichtiger Teil des Selbstkonzepts, sie verdeutlicht, wie hoch
ein Mensch sich und seine Fähigkeiten einschätzt. Sie ist der Teil im Selbstkonzept, welches
am besten untersucht ist. Außerdem wird sie aus verschiedenen Komponenten zusammengesetzt wie dem Selbstvertrauen, dem Selbstwertgefühl und der Selbstwertschätzung und
wird von ihnen maßgeblich beeinflusst. Wenn es um die aktuelle Einschätzung individueller
Kompetenzen nach der Bewältigung einer Handlung geht, wird dieses Selbstwertgefühl
genannt. Von Selbstvertrauen wird geredet, wenn es sich um eine übersituative individuelle
Fähigkeit bei einer neuen Herausforderung handelt. Zu letzt meint die Selbstwertschätzung
eine generelle Einschätzung der individuellen Fähigkeiten.

Die Selbsteinschätzung wird im Wesentlichen von der Umwelt geprägt und hängt mit
der Erfolgs- und Misserfolgsmotivierung zusammen, während diese verantwortlich für
die Auswahl der Lebensaufgaben und ihre Bewältigung ist. Sie beinhaltet das Gefühl, etwas leisten zu können und erfolgreich zu sein, sozial kompetent zu sein und sie bestimmt
die physische Attraktivität. Wobei ein physisch attraktiver Mensch es leichter hat, sich
akzeptiert zu fühlen und dadurch auch sozial kompetenter zu sein. Eine durchgehend
negative Selbsteinschätzung führt zu einer negativen Erfolgserwartung und wird von
Seligmann „erlernte Hilflosigkeit" genannt (Eggert et al. 2003, S. 30). Diese Hilflosigkeit
entsteht, wenn man das Gefühl hat, die Lage nicht selbst verbessern zu können, gleich-
gültig, was man auch tut. Die Aktivität der Person nimmt ab, neue Erfahrungen bleiben
weitgehend aus und es vermehren sich Frustration und Untätigkeit, die sich längerfristig
zu Depressionen und psychosomatischen Symptomen entwickeln können. Die individuelle

Selbsteinschätzung steht demnach in enger Korrespondenz zum Körperkonzept und dem Fähigkeitskonzept einer Person.

4.1.2 Das Körperkonzept

Das Körperkonzept kann als die Grundlage für die Entwicklung des Selbst und des Selbstkonzeptes angesehen werden, „(...) *da der Körper der Ausgangspunkt für jegliche Erfahrungen (affektiv wie kognitiv, bewusst wie unbewusst) ist.*" (Eggert et al. 2003; S. 32) Einfluss auf das Körperkonzept haben zwei verschiedene Funktionsbereiche, aus denen das Körperkonzept zusammengesetzt ist, und zwar das Körperschema (Kognition) und das Körpergefühl (Emotion). Das Körperschema setzt sich zusammen aus dem Körperwissen, der Körperausdehnung, dem Körper in Raum und Zeit sowie aus der Körperorientierung. Körperwissen kennzeichnet, wie das Wort schon sagt, das Wissen vom eigenen Körper, dessen Bau und Funktionen. Die Körperausdehnung hingegen beschreibt die Einschätzung der Grenzen des Körpers auf rein kognitiver Ebene. Der Körper in Raum und Zeit beschreibt nach Eggert „*den Umgang des Menschen mit räumlichen und zeitlichen Strukturen*" (Eggert et al. 2003, S. 33). Die Körperorientierung ist die Kopplung von den Erfahrungen am Körper mit anderen Faktoren, Erfahrungen und Informationen.

Das Körpergefühl orientiert sich im Gegensatz zu dem Körperschema an emotionalen Inhalten und befasst sich mit dem Körperausdruck, dem Körperbewusstsein, der Körpereinstellung und der Körperausgrenzung. Die Körpereinstellung zeigt, wie der Mensch zu seinem Körper steht, der Körperausdruck zeigt hingegen, was der Mensch mit seinem Körper ausdrückt bzw. ausdrücken möchte und wie dies von anderen verstanden wird. Wenn ein Mensch sich mit seinem Körper bewusst auseinandersetzt, ihn erlebt und wahrnimmt, nennt man das Körperbewusstsein, während Körperausgrenzung die Fähigkeit beinhaltet seinen Körper als eigen und unabhängig von der Umwelt betrachten zu können.

Die individuellen Erfahrungen des eigenen Körpers in unterschiedlichen Kontexten spielen für die Entwicklung des Selbstkonzepts eine wichtige Rolle. Dieses kann durch sportliche Aktivitäten noch gesteigert werden, allerdings bedarf es bestimmter Voraussetzungen: das Training sollte die motorischen Fähigkeiten verbessern und es sollte auch eine subjektive Verbesserung der Leistungsfähigkeit wahrgenommen werden (Eggert et al. 2003, S. 35).

Voraussetzung für die Wahrnehmung des eigenen Körpers ist die Bereitschaft sich auf sinnliche Situationen einzulassen, während die mit dem eigenen Körper gemachten Erfahrungen wiederum die Bereitschaft beeinflussen, mit der Umwelt in Kontakt zu treten und sich neuen Herausforderungen zu stellen. Erst durch sinnliche Aufgeschlossenheit kann ein Individuum wahrnehmen, was in seinem Körper und im Kontakt seines Körpers mit der Umwelt geschieht. Körpererfahrungen sind daher eng gebunden an die Sensibilität für das, was in Bewegungshandlungen geschieht, und setzen somit auch die Bewusstmachung von taktil-kinästhetischen, visuellen und akustischen Sinneswahrnehmungen voraus (Zimmer und Cicurs 1993, S. 66). Das bewusste und unbewusste Verarbeiten von körperbezogenen Empfindungen, Vorstellungen und Gefühlen ist für die positive Einstellung zum eigenen

Körper von besonderer Bedeutung. Über ihn verfügen zu können und bestimmte Handlungsziele zu erreichen, ist eine unabdingbare Voraussetzung für Zufriedenheit und ein positives Selbstbild.

4.1.3 Das Fähigkeitskonzept

Als Fähigkeitskonzept beschreibt Eggert den Bereich, der sich auf die Selbstwahrnehmung, die Bewertung und die Gefühle zu den eigenen Leistungen und Fähigkeiten bezieht.

> „Die Frage nach der Wahrnehmung eigener Fähigkeiten (ob und wie wahrgenommen wird) ist bedeutend bei der Erstellung eines individuellen Bildes von seinen eigenen Fähigkeiten" (Eggert et al. 2003, S. 36).

Neben dem eigenen Wissen und der Reflexion vermittelt die Kenntnis der eigenen Fähigkeiten auf den verschiedenen Entwicklungsebenen etwas über die individuelle Lerngeschichte des Menschen und seinen bisherigen Erfahrungen.

Als letztes gibt nur noch die Bewertung der eigenen Fähigkeiten Auskunft über die individuellen Einschätzungen und Wertungen der persönlichen Kompetenzen eines Menschen. Auch die Einschätzung der eigenen kognitiven und emotionalen Begabung spielt eine große Rolle, wie leicht einem das fällt, hängt natürlich von der Selbsteinschätzung ab. Aus den drei Komponenten (Selbsteinschätzung, Körperkonzept und Fähigkeitskonzept) entwickeln sich dann individuell das Selbstbild und die Selbstbewertung.

4.1.4 Selbstbild und Selbstbewertung

Das Selbstbild bezeichnet, wie ein Mensch seine eigenen Handlungen *objektiv* im Sinne von selbstreflexiv einschätzt, während die Selbstbewertung eher die emotionale Bewertung der eigenen Handlungen und der Gefühle meint.

Es können drei weitere Komponenten des Selbstkonzepts ausgemacht werden, wenn eine gewisse Reflexionsfähigkeit vorhanden ist, diese wären: das Idealselbst, das Realselbst und das Soziale Selbst. Unter *Idealselbst* versteht man die Vorstellung, wie man gerne sein möchte. Es beinhaltet sowohl das realistische Bild wie auch das unrealistisches Wunschbild von sich selber. Das *Realselbst* kann als realistische Betrachtung des eigenen Erscheinungsbildes und als das Wissen um die erreichte eigene soziale Identität (gemeint ist: Etikettierungen, Staatsangehörigkeit, soziale Schicht) gesehen werden. Weiterhin beinhaltet es die Hervorhebung von Personen oder Gegenständen für das Leben (Ausdehnung des Selbst) sowie auch psychische Dispositionen (Einstellungen, Werte, Gewohnheiten) (Eggert et al. 2003, S. 38). Das *Soziale Selbst* beinhaltet die Sichtweise von sich selbst in Bezug zu anderen und wie sich der Mensch gegenüber anderen darstellt und verhält. Wichtig sind dabei auch die Einschätzungen, wie andere Personen einen selbst sehen, und die Fremdeinschätzung, diese bezieht sich auf die Wirkung auf andere und auch auf die Wertschätzung, die durch andere Personen kommt. Wobei *„die wahrgenommene Fremdeinschätzung einen sehr viel höheren Einfluss auf das Selbstkonzept nimmt, als die direkte Fremdeinschätzung selbst."*

(Krupitschka 1990, zit. in: Eggertet al. 2003, S. 39) Hierbei sind aber auch die emotionalen Begebenheiten zwischen Individuen wichtig, konkret: Wie nah fühlt man sich einer Person.

5   Entwicklung und Veränderung des Selbstkonzepts

Das Selbstkonzept entwickelt sich das ganze Leben lang, von daher gibt es kein *vollendetes* oder *fertiges* Selbstkonzept. Es gehört zum lebenslangen Kampf, sich immer wieder ein Gefühl von Selbstwert zu schaffen, das einem die Zugehörigkeit zu einer Gesellschaft sichert, *„zu deren hohen Werten Kompetenz und Wohlverhalten gehört"* (Covington 2001, zit. in: Eggert/et al. 2003, S. 41).

Das Selbstkonzept wird also extrem von der Verhaltensweise und der Beurteilung der Umwelt geprägt, meistens sind es emotional wichtige Personen (Freunde, Familie oder Lehrer) die einen großen Einfluss auf die Entwicklung und die Veränderung des Selbstkonzepts haben. Da das Selbstkonzept schon in den frühen Lebensjahren beginnt, sich auszubilden, ist es für ein Kind ganz wichtig, die Erfahrungen zu machen, dass es den Geschehnissen nicht immer nur hilflos ausgeliefert ist, sondern sein Schicksal selber beeinflussen kann. Wichtig für das Vertrauen in die eigenen Fähigkeiten sind die Erfahrungen auf der unmittelbaren Handlungsebene und ob es sich dort selbst- oder fremdbestimmt erlebt (Zimmer 2010, S. 72). Es ist dabei wichtig, dass ein Kind sich selbst in seinen Stärken und Schwächen akzeptieren kann, und um dieses positiv zu beeinflussen, müssen positive Erlebnisse geschaffen werden. Die Erlebnisse sollten zu einem nicht zufallsbedingten positiven Ergebnis führen.

> „Veränderungen des Selbstkonzepts treten nur dann ein, wenn der Erfolg einer Tätigkeit als selbst bewirkt erlebt wird und nicht als zufallsbedingt oder von äußeren Einflüssen gesteuert wahrgenommen wird. Daher ist eine wesentliche Vorbedingung für die Entwicklung eines positiven Selbstwertgefühls das Bereitstellen von Situationen, in denen das Kind selbst aktiv werden kann" (Zimmer 2010, S. 75).

Das Kind braucht die Gelegenheit, selbsttätig aktiv zu werden, und es sollte die Möglichkeit erkennen, selber Dinge zu verändern und etwas bewirken zu können. Diese *Selbstwirksamkeit* sollte zu einem Bedürfnis auch des (sozial-)behinderten Kindes werden, um es von dem Gefühl, der Umwelt ausgeliefert zu sein, zu befreien. Außerdem ist es wichtig, dem Kind eine positivere Deutung von negativen Erfahrungen zu ermöglichen, damit es in den nächsten ähnlichen Situationen besser damit umgehen kann. Des Weiteren sollte das Anspruchsniveau an sich selber und an die Umwelt erhöht werden, um so die Formulierung von eigenen Zielen zu ermöglichen. Das Selbstkonzept, ob eher negativ oder positiv ausgeprägt, entsteht nicht in einem *luftleeren* Raum, sondern in einer ständigen emotionalen Auseinandersetzung zwischen Individuum und Umwelt im Lebenskontext (Eggert und Bertrand 2002, S. 11).

5.1 Zur Wahl der Bewegungs- und Sportthematiken für Kinder und Jugendliche

Schon 1989 hat Bauer den Begriff der Körper- und Bewegungskarriere geprägt, der als Handlungsgeschichte im Lebenslauf verstanden wird, in der die Person ihren Körper und ihre Bewegung in der Auseinandersetzung mit verschiedenen Umweltkontexten entwickelt (Bauer 1989, S. 58). Mit Blick auf das entwicklungspsychologische Konzept der Entwicklungsaufgaben wird deutlich, dass die weit reichenden körperlichen und motorischen Veränderungen in der Pubezens bzw. Pubertät zu einer Problematisierung der Körperverhältnisse führen können. Was bisher körperlich unproblematisch war und weitgehend selbstverständlich zur Verfügung stand, bedarf nun einer genauen Auseinandersetzung und Annahme (z. B. Körperproportionen). Hinzu kommt die generelle soziale Ausrichtung an einer Peer-Group, so dass sich die weitere Entwicklung der Bewegungs- und Sportaktivitäten in dieser Altersspanne nicht wie in der Kindheit eine unumgängliche „Arbeitstätigkeit" darstellt. Zu denken ist etwa auf der einen Seite an den Jugendlichen, der sich nach dem obligatorischen Schulsport völlig von den Bewegungsaktivitäten abwendet und seine motorischen Fähigkeiten nur noch im Zusammenhang mit den alltäglichen Lebensnotwendigkeiten gebraucht, im Unterschied zu dem vielseitig interessierten Allround-Sportler oder dem hochspezialisierten Leistungssportler auf der anderen Seite (Bauer 1989, S. 279). Bei beiden Extrempositionen besteht die Gefahr, die personale, soziale, kommunikative, expressive und impressive Funktion der Bewegung unzureichend für die Entfaltung ihrer Persönlichkeit zu nutzen (Zimmer 2004, S. 19).

In unserer heutigen Gesellschaft sehen sich Individuen häufig nur durch ihre Leistung bewertet, so dass mit diesem impliziten Erwartungsdruck die Angst vor dem Misserfolg zunehmend größer werden kann. Kinder und Jugendliche mit Förderbedarf haben allzu oft ein sehr geringes Fähigkeitskonzept (vgl. 4.3.1) und erwarten häufig eine soziale Abwertung im Sinne der o. g. Fremdbewertung. Anstatt einer einseitigen Orientierung des Sich-Bewegens und Sporttreibens auf Wettkampf, auf genormte, vorgegebene Bewegungstechniken und Prinzipien der Überbietung sollten bewusst Formen der Vermittlung gewählt werden, die das Finden eigener Wege, das Problemlösen, das Miteinander, die Auseinandersetzung mit Objekten, dem Partner und der Gruppe unterstützen.

Innerhalb von Angeboten wie Akrobatik, Tanz und Theater, Gleichgewichtskünste oder Zirkusprojekte geht es nicht um die Hinführung zu bestimmten Formen des Sports, sondern vielmehr um das Erleben von Spaß, Bewegungsfreude, den selbstbestimmten und verantwortlichen Umgang mit dem eigenen Körper und darüber hinaus auch um die Achtung der anderen. Als Good-Practice-Beispiel schafft das Konzept des Ringens, Rangelns und Raufens von Beutels und Anders (2008) adäquate (Frei-)Räume für kindliches und jugendliches Gruppenverhalten, in denen Bewegungsdrang, Vertrauen zu sich selbst und anderen, Kooperation und Aggressionserprobung in spielerischer Art angeboten werden kann. Neben der inhaltlichen Ausrichtung des Bewegungskonzepts kommt es aber auf die Art der Vermittlung an, sie entscheidet darüber, ob das Bewegungsangebot oder die Sportart zu einer Herausforderung wird, bei dem ihr Interesse und ihre Neugier geweckt und ihre Aktivität angesprochen werden.

„Nicht im ständigen Erfinden neuer Sportarten und Bewegungsformen liegt die Lösung, sondern in der Art und Weise, wie Kinder und Jugendliche ihnen begegnen, wie sie sie als Herausforderungen akzeptieren, wie sie sich selbst in ihnen wahrnehmen (Zimmer 1998, S. 31).

Die Aufgaben des Selbstkonzepts sind die Zuordnung von neuen Informationen und Erfahrungen, es verhindert somit den Verlust von Kontrolle und gibt dem Individuum ein Gefühl von Sicherheit und Konsistenz. Außerdem ermöglicht das Selbstkonzept dem Individuum eine optimale Lust-Unlust-Balance und steuert die Motivation eines Menschen, indem es Einfluss auf sein Handeln und Verhalten – schon im frühen Kindesalter – nimmt. Das *Körperkonzept* eines Menschen erhält zeitlebens seine spezifische Bedeutung als Träger des Aneignungsprozesses, in dem das Individuum (das Subjekt) Daten aus der Umwelt in seine subjektive Erlebniswelt transferiert. In diesen Prozessen steht der Körper immer – physisch wie psychisch – an der Nahtstelle zwischen Person und Außenwelt (Fischer 2009, S. 87).

6   Bewegung und Körper Medien der Gesundheitserziehung

Nach der Definition der WHO (1948 in: Bahr und Krus 2013, S. 79) wird Gesundheit als ein Zustand des völligen körperlichen, seelischen und sozialen Wohlbefindens und nicht das Freisein von Krankheit und Gebrechen beschrieben. Eine Erweiterung des eher statischen Gesundheitsbegriffs der WHO nimmt Hurrelmann (2005, S. 2) vor, der Gesundheit als ein Stadium des Gleichgewichts von Risiko- und Schutzfaktoren bezeichnet, das dann eintritt, wenn einem Menschen eine Bewältigung sowohl der inneren (körperlichen und psychischen) als auch äußeren (sozialen und materialen Anforderungen gelingt (Bahr und Krus 2013, S. 79). Die Forschungsergebnisse über Risiko- und Schutzfaktoren in der kindlichen Entwicklung und darüber hinaus machen deutlich, dass Entwicklung nicht nur das Ergebnis eines Wechselspiels zwischen endogenen und exogenen Faktoren gesehen werden kann, sondern als ein Prozess, in dem die produktive Verarbeitung der Realität, die Eigenständigkeit und die Eigentätigkeit des Individuums eine bedeutende Rolle spielen (Zimmer 2006, S. 309). In diesen Handlungssituationen entwickelt das Kind eine Problemfähigkeit und interne Kontrollattributionen als Voraussetzung für die positive Verarbeitung von Selbstwirksamkeitserfahrungen (Krus 2006, S. 357). Auf der personalen Ebene sind diese als wesentliche Resilienzfaktoren identifiziert und weisen mit der Herausbildung eines positiven Selbstkonzeptes eine hohe innere Konsistenz auf (Fischer 2016, S. 73).

Die dargestellte, erweiterte Auffassung von Gesundheit geht auf das Konzept der Salutogenese von Antonowski (1987) zurück, der sich in seinen Forschungsarbeiten auf die Kernfrage konzentrierte: "Was hält Menschen trotz ihrem Stress und ihrer Belastungen, die sie täglich erleben, gesund? Als Ergebnis ist heute anerkannt, dass die Fähigkeit des Menschen zum Ausbalancieren von Belastungen in erster Linie davon abhängt, ob er über ausreichende Widerstandfähigkeit verfügt und wie stark das sogenannte Kohärenzgefühl beim Menschen ausgeprägt ist. Nach dem Ansatz der Salutogenese wird unter dem Kohärenzgefühl die Überzeugung der Sinnhaftigkeit des eigenen Lebens und Tuns verstanden, indem es

> „eine globale Orientierung ausdrückt, in welchem Ausmaß man ein durchdringendes, andauerndes und dennoch dynamisches Gefühl des Vertrauens hat, dass die Stimuli, die sich im Verlauf des Lebens aus der inneren und äußeren Umgebung ergeben, strukturiert, vorhersehbar und erklärbar sind und einem die Ressourcen zur Verfügung stehen, um den Anforderungen, die diese Stimuli stellen, zu begegnen und zugleich diese Anforderungen Herausforderungen sind, die Anstrengungen und Engagement lohnen" (Antonowsky 1997, 36zit. in: Bahr und Krus 2013, S. 83).

Das Vertrauen in die eigene Person und die Überzeugung der Sinnhaftigkeit im eigenen Leben und Tun sind als generalisierte Widerstandsressourcen für die Gesunderhaltung des Menschen bedeutend und senken als Gegengewicht zu den Stressoren (Risikofaktoren) die Wahrscheinlichkeit für die Herausbildung von Krankheiten.

Die Fokussierung der Wahrnehmung und die Konzentration auf den eigenen Körper sind zentrale Elemente der Entspannung, die den Wechsel zwischen Anspannung (aktive Phase) und Entspannung (ruhige Phasen) und die daraus resultierenden positiven Wirkungen von situativem Wohlbefinden, Stressabbau und Auseinandersetzung mit Körperreaktionen, beinhalten. Für die Bewältigung der sich aus Zeit- und Leistungsdruck ergebenden psychischen Belastungen sind die Fokussierung auf den eigenen Körper und die eigene Entspannungsfähigkeit lebenslang eine wichtige Grundvoraussetzung für Gesundheit (Bahr und Krus 2013, S. 82).

7   Lernen über Bewegungshandlungen mit dem Körper als erkenntnisstrukturierende Perspektive

Innerhalb der aktuellen Bildungsdebatte um Vorschul- und Grundschulpädagogik erkennt Fischer (2016, S. 71ff.) zwei grundlegende Zuständigkeitsbereiche von Bewegung: Zum einen sei Bewegung wichtig, um die Handlungserfahrungen zu differenzieren, die die allgemeine Planungsfähigkeit zur Bewältigung von Lernprozessen bedingen. Zum anderen liegt die Bedeutung der Bewegung in der Transferleistung für den Erwerb schulischen Wissens und Könnens, etwa in den Kulturtechniken oder naturwissenschaftlicher Grundlagen. „Naturwissenschaftliche Erkenntnis ergibt sich entwicklungslogisch nun einmal aus dem Explorations- und Spielverhalten des Kindes und braucht eine (bewegungs-)praktische Basis" (Fischer 2016, S. 72). Im Sinne der Phänomenologie und philosophischen Anthropologie geht es also nicht um die vom menschlichen Wesen entkleidete mechanische Seite der Bewegung, sondern um die Bedeutung von Bewegung als sinnerschließendes Handeln (Hildebrandt-Stratmann und Laging 2013, S. 58).

In diesem Kontext bestätigen die Neurowissenschaften heute Prinzipien, die in motologischen/psychomotorischen Kontexten schon lange einen Erkenntniswert besaßen

(Fischer 2016, S. 68). Der Zusammenhang zwischen Bewegung und Lernen, bei dem das Erfahren und Erkennen der Welt über einen direkten körperlichen Umgang mit den Dingen geschieht, ist mit Funktionskreis von v. Üexküll 1973 und dem Gestaltkreis von v. Weizsäcker (1986) lange vorweg genommen (Fuchs 2012, S. 18). Die dort inhärente Verknüpfung von Wahrnehmung und Bewegung sowie Denken und Sprechen entsteht aus dem immer während Dialog mit der Welt und führt zur Erkenntnistätigkeit des Kindes.

Weiterführende Impulse kommen vor allem aus der neueren Hirnforschung und insbesondere aus der Neurodidaktik, die von einer dynamischen Einheit zwischen Körper, Gehirn und Geist ausgeht (Arnold 2009, S. 194). Eine Studie des Max-Plank-Instituts für Kognitions- und Neurowissenschaften in Leipzig bestätigte, dass Gesten das Lernen von (fremder) Sprache erleichtern kann, weil Bewegungen im Gehirn ein komplexes Netzwerk aktivieren, das, im Gegensatz zum audiovisuellen Lernen, Wörter tiefer im Gedächtnis verankert (Macedonia 2013, S. 35). Besonders hilfreich für das Behalten sind Körperbewegungen, die den Wortinhalt abbilden (z. B. Zähne putzen) (ebda.). Abbildung 2 verdeutlicht, dass neben den für Sprache zuständigen Hirnbereichen auch Neurone in motorischen Kortexarealen sowie im Kleinhirn im Falle gleichzeitiger Bewegungsausführung *feuern*. Darüber hinaus zeigt sich eine vermehrte Aktivität im Parietalkortex, der Reize verschiedener Sinnesmodalitäten mit einander verknüpft (Macedonia 2013, S. 34). Das bedeutet, dass auch der hintere Teil des Scheitellappens, welchem als Basis sensorisch-kognitiver Funktionen die *multisensorische Integration* obliegt, im Fall von körper- und bewegungsbegleitendem Lernen sehr viel stärker an der Bildung von Wahrnehmungsinhalten, Vorstellungsräumen und Erinnerungen beteiligt ist.

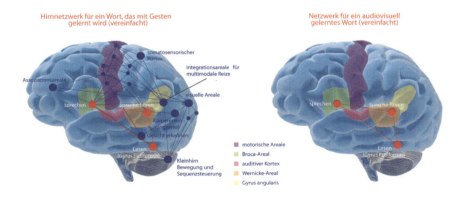

Abb. 2 Vergleich zwischen bewegungsunterstütztem und audiovisuellem Lernen von Wörtern und deren Bildung von Netzwerken im Gehirn (vgl. Meganin Buske-Grafik)

Auch Ionescu und Glava (2015) konnten in einer aktuellen Studie mit vier- und fünfjährigen Kindern aufzeigen, dass sie mehr neue Wörter lernen, wenn Pädagoginnen und Pädagogen sie neben dem Hören zusätzlich visuell, taktil und motorisch am Lerngeschehen
beteiligen. Das spricht einerseits für die Rolle, die die sensorisch-motorischen Systeme für
das Sprachenlernen haben, anderseits haben Laut- und Gestenkommunikationen und das
Zuordnen sprachlicher Symbole für Lernprozesse gleichsam eine hohe Bedeutung. Arbeiten
des Psycholinguisten Mc Neill (in: Wachsmuth 2006) konnten eindrucksvoll aufzeigen,
dass Kinder schon mit 16 Monaten über ein Wort-Gestenrepertoire verfügen, bevor sie sich
artikulieren können. Zunächst als *vorsprachliche* Zeigegesten von Kleinkindern (da, Wau-
wau, haben) halten sich Gesten lebenslang, um Abstraktes und Metaphorisches mit Armen
und Händen zu verkörpern (Wachsmuth 2006, S. 43f.). Goldin-Meadow (2001) versteht
das Gestikulieren als Teil kognitiver Tätigkeit: Es trägt zur Bewältigung der kognitiven
Arbeit bei, die ansonsten allein intern von statten gehen müsste. Die Hände begleiten und
unterstützen kognitive Tätigkeiten permanent (zit. in: Fingerhut et al. 2013, S. 18) und so
wächst zunehmend die Überzeugung, dass sensomotorische *begleitende Verkörperungen*,
wie z. B. Rechnen mit den Fingern kein Anzeichen für eine Minderbegabung sind, sondern
eine Schlüsselfunktion zur Durchdringung und zum Verstehen komplexer Sachverhalte
einnehmen wie z. B. mathematische Rechenoperationen zu verstehen (Bohler 2016, S. 3). In
ihrem kürzlich erschienenen Forschungsbericht gehen Bohler und Mitarbeiterinnen sowie
Mitarbeiter davon aus, dass der mathematische Zahlenstrahl als inneres Bild abgelegt ist
und dass sich Schüler aufgrund ihrer Erfahrungen mit ihrer eigenen Umwelt (links – rechts;
nah – fern; mehr – weniger etc.) (inner-)räumlich daran orientieren (ebda.).

Der Körper ist dabei Mittel und Medium, über das Menschen verfügen müssen und
können (Abraham und Müller 2010, S. 23) und über dieses Medium können sie wahrnehmen, erleben, erkennen und handeln. Gleichsam ist der Körper der Ort, von dem wir als
Person, Subjekt oder Ich ausgehen und in Kontakt mit der Welt treten. Der Körper repräsentiert im menschlichen Dasein die physische Existenz im Hier und Jetzt sowie in Raum
und Zeit und ist gekennzeichnet durch die ihm eigene Dualität: er grenzt den Menschen
einerseits von der Umwelt ab, auf der anderen Seite macht er aber auch den Zugang zu und
die Verantwortung in der physischen und sozialen Welt aus (Moser 2016, S. 16).

8   Bewegung und Körperlichkeit: Entwicklungschance oder -risiko?

Bewegungsaktivitäten setzen im Kindesalter wesentliche Entwicklungsreize, fördern
das individuelle Entwicklungswachstum und schaffen gute Ausgangsbedingungen für
Bildungs- und Gesundheitsprozesse. Bewegungshandeln unterstützt die physiologische
Funktion des Herz-Kreislaufsystem sowie das Atmungszentrum, wirkt sich förderlich
auf die geistige Entwicklung („Toben macht schlau!" (Zimmer 2004), die sensomotorische
Wahrnehmung und die Befindlichkeit (Resilienz) aus. Bewegungsaktivitäten ermöglichen

soziale Erfahrungen und fördern ein positives Körperbewusstsein, eine Stärkung der Ich-Identität, der Selbstverantwortung und Selbstkompetenz (BMFSFJ 2005, S. 158). Im Zuge der Formulierung der nationalen Gesundheitsziele bilden Bewegungsaktivitäten neben Lebenskompetenz, Ernährung und Verbesserung der Rahmenbedingungen eine wesentliche Voraussetzung nicht nur im Hinblick auf die physische Gesundheit, sondern ebenso bezüglich der psychosozialen Gesundheit und des Gesundheitsverhaltens, einschließlich der Bewältigung altersspezifischer Entwicklungsaufgaben und der Ausbildung sozialer Kompetenzen (BMFSFJ 2013, S. 20).

Bewegung ist nicht nur ein zentraler Faktor der Persönlichkeitsentwicklung. Vielmehr geht Bewegungsmangel einher mit der Auftretenswahrscheinlichkeit von motorischen Defiziten, Übergewicht, Haltungsschäden, psychosozialen Störungen und Verhaltensauffälligkeiten sowie eines verminderten Selbstwertgefühls (BMFSFJ 2013, S. 20f.). Daraus entsteht oft ein Teufelskreis, der dazu führt, dass bei älteren Kindern erhebliche Defizite im Persönlichkeitsbereich auftreten, die sich im Erwachsenenalter verstärkt zeigen. Wer als Kind lernt, sich gerne und viel zu bewegen und dies für sich selbst als gewinnbringend ansehen kann, wird dies mit großer Wahrscheinlichkeit auch im Erwachsenenalter tun und so wesentlich zur Gesundheiterhaltung seines Körpers beitragen. Bewegung macht – über die kognitiven Funktionen hinaus – schlau!

9 Ausblick

Im Fokus zukünftiger Forschung sollte verstärkt die Fragestellung stehen, wie die Zielgruppe (sozial-)benachteiligter Kinder von gängigen Förderangeboten erreicht und die Zirkularität (Mangel an körperlichen und psychomotorischen Aktivitäten von Kindern und deren Eltern und die gravierenden negativen Auswirkungen auf die Entwicklung dieser Kinder im Bildungs- und Gesundheitsbereichen) durchbrochen werden kann. Die schwer herzustellende Elternbeteiligung stellt nach wie vor ein generelles Problem in der Arbeit in sozial-benachteiligten Stadtteilen und Regionen dar. Hier müssen systemorientierte Förderansätze und Netzwerke im Sozialraum verstärkt erarbeitet werden, um eine kontinuierliche Teilnahme dieser Kinder zu gewährleisten (Wendler und Huster 2015).

Literatur

Abraham, Anke und B. Müller. 2010. *Körperhandeln und Körpererleben – Einführung in ein brisantes Feld*. Bielefeld: transcript.

Arnold, Magret. 2009. Brain-based Learning an Teaching. In *Neurodidaktik*, Hrsg. Ulrich Hermann, 182-195. Weinheim: Beltz.

Baake, Dieter. 1999. *Die 0-5Jährigen und die 5-12Jährigen*. Weinheim: Beltz.

Bahr, Stephanie und A. Krus. 2013. Bewegung als Medium der Gesundheitserziehung. In *Bewegung in der frühen Kindheit*, Hrsg. A. Krus und C. Jasmund, 79-84. Mönchengladbach: Verlag Hochschule Niederrhein.

Berkemeyer, N., W. Bos, V. Manitus, B. Hermstein, M. Bönitz und I. Semper. 2014. *Chancenspiegel 2014*. https://www.bertelsmann-stiftung.de/fileadmin/files/.../LP_978-3-86793-644-6_1.pdf. Zugegriffen: 3.März 2017.

Beutels, Wolfgang und W. Anders. 2008. *Wo rohe Kräfte sinnvoll walten: Handbuch zum Ringen, Rangeln und Raufen in Pädagogik und Therapie*. Dortmund: modernes lernen.

Bauer, Jürgen 1989. *Körper- und Bewegungskarrieren*. Schorndorf: Hofmann.

Bohler, J. 2016. Seeing as understanding. Importance of visual Mathematics for our Brain and Learning. *https://www.youcubed.org/seeing-understanding-importance-visual-mathematics-brain-learning*, Zugegriffen 27. November 2016.

BMFSFJ, Bundesministerium für Familie, Senioren, Frauen und Jugend. 2005. *Kinder und Jugendbericht*, Berlin: Publikationsversand der Bundesregierung.

BMFSFJ, Bundesministerium für Familie, Senioren, Frauen und Jugend. 2013. *Kinder und Jugendbericht*, Berlin: Publikationsversand der Bundesregierung.

BMG, Bundesministerium für Gesundheit. 2010. *Nationales Gesundheitsziel. Gesund Aufwachsen, Lebenskompetenz, Bewegung, Ernährung*. www. Kindersicherheit.de/pdf/2010/Nationales_Gesundheits ziel.pdf. Zugegriffen: 3. März 2017.

Eggert, Dietrich und L. Bertrand. 2002. *RZI – Raum-Zeit-Inventar*. Dortmund: Borgmann.

Eggert, D., C. Reichenbach und S. Bode. 2003. *Das Selbstkonzeptinventar (SKI) für Kinder im Vorschul- und Grundschulalter*. Dortmund: Borgmann.

Eisenburger, M., R. Haas und M. Wendler. 1996. Neuere konzeptionelle Entwicklungen in der Motologie in Marburg. In *Perspektiven der Motologie*, Hrsg. S. Amft und J. Seewald, 208-225. Schorndorf: Hofmann.

Fingerhut, J., R. Hufendiek und M. Wild. 2013. *Philosophie der Verkörperung*. Berlin: Suhrkamp.

Fischer, Klaus. 1996. *Entwicklungstheoretische Perspektiven der Motologie des Kindesalters*. Schorndorf: Hofmann.

Fischer, Klaus. 2009. *Einführung in die Psychomotorik*. München: Reinhardt.

Fischer, Klaus. 2016. Lernen als Erkundungsaktivität im Kindesalter. In *Effizientes Lernen durch Bewegung*, Hrsg. O. Weiß, J. Voglsinger, N. Stuppacher, 65-84. Münster, New York: Waxmann.

Fuchs, Thomas. 2012. Die verkörperte Psyche: ein Paradigma für Psychiatrie und Psychotherapie. In *Körper und Entwicklung in der Psychotherapie*, Hrsg. S. Sulz und T. Bronisch, 15-28. München: CIP-Medien.

Geene, R., T. Kliche und S. Borkowski. 2015. Gesund Aufwachsen: Lebenskompetenz, Bewegung, Ernährung im Setting Kita. http//: Gesundheitsziele.de//cms/medien/1239/setting-kita_online-links.pdf. Zugegriffen: 3. März 2017.

Hildebrandt-Stratmann, Rainer. und R. Laging. 2013. *Körper, Bewegung und Schule*. Bd. 1 und 2. Immenhausen: Prolog.

Hillebrandt, D., F. Klasen und U. Ravens-Sieberer. 2011. Studie zur Gesundheit von Kindern und Jugendlichen in Deutschland (KiGGS Welle 1). Modulstudie BELLA: Längsschnittliche Erfassung der psychischen Gesundheit und des Wohlbefindens. *Epidemiologisches Bulletin*, 49: 451-445.

Hölling, H., R. Schlack, F. Petermann, U. Ravens-Siberer und E. Mauz. 2014. Psychische Auffälligkeiten und psychosoziale Beeinträchtigungen bei Kindern und Jugendlichen im Alter von 3 bis
17 Jahren in Deutschland – Prävalenz und zeitliche Trends zu 2 Erhabungszeitpunkten (2003
-2006 und 2009–2012). *Bundesgesundheitsblatt*, 57: 807-819.

Hopf, H. 2016. Schulphobie und Trennungsangst: Wenn die Schule zum gefährlichen Ort wird.
Ärzteblatt 16, 17. https://www.aerzteblatt.de/archiv/173519/Schulphobie-und-Trennungsangst-
Wenn-die-Schule-zum-gefaehrlichen-Ort-wird. Zugegriffen: 22. Februar 2017.

Hurrelmann, Klaus. 2005. *Gesundheitssituation von Kindern und Jugendlichen*. ajs Informationen
I, Gesund aufwachsen. Aktion Jugendschutz – Landesarbeitsstelle Baden Württemberg. *http://
www.ajs-bw.de/media/files/ajs-info/ausgaben_altbis05/Artiekel_Hurrelmann.pdf*. Zugegriffen:
3. März 2017.

Ionescu, T. und A. Glava. 2015. *Embodied Learning: Connecting Psychology, Education, and the
World*. Zft. Studia UBB Psychologia/Paedogogia, 2: 5-17.

Kaulen, Hildegard. 2011. Schaut her, ich ritze mich. *www.faz.net/aktuell/wissen(medizin-ernaerung/
selbstverletztendes Verhalten -11553227.html*.. Zugegriffen: 22. Februar 2017.

Kooperationsverbund Gesundheitliche Chancengleichheit. 2013. Kindergesundheit. Gesundheit
sozial benachteiligter Kinder und Jugendlicher. http://www.gesundheitliche-chancengleichheit.
de/gesundheits foerderung-bei-kindern-und-jugendlichen/hintergruende-daten-materialien/
ursachen-auswirkungen-handlu ngsansaetze/. Zugriffen 19. Februar 2017.

Krus, Astrid. 2006. Psychomotorische Entwicklungsförderung zur Stärkung der kindlichen Resilienz. In *Bewegung in Bildung und Gesundheit*, Hrsg. K. Fischer, E. Knab und M. Behrens,
355-360. Lemgo: akl-verlag.

Lampert, Thomas und L. Schenk. 2004. Gesundheitliche Konsequenzen des Aufwachsens in Armut und sozialer Benachteiligung. In *Soziale Benachteiligung und Gesundheit bei Kindern und
Jugendlichen*, Hrsg. M. Jungbauer-Gans und P. Kriwy, 57-84, Wiesbaden: Springer.

Lampert, Thomas. 2010. Gesundheitliche Ungleichheit: Welche Bedeutung kommt dem sozialen
Status für die Gesundheit von Jugendlichen zu? In *Jugend und Gesundheit. Ein Forschungsüber-
blick*, Hrsg. H. Hackauf und H. Ohlbrecht, 44 - 65. Juventa Verlag, Weinheim/München.

Macedonia, M. 2013. Mit Händen und Füssen. *Gehirn und Geist*, 1: 32-36.

Moser, Thomas. 2016. Körper und Lernen. In *Effizientes Lernen durch Bewegung*, Hrsg. O. Weiß, J.
Voglsinger und N. Stuppacher, 15-40. Münster, New York: Waxmann.

Oerter, Rolf und L. Montada. 2002. *Entwicklungspsychologie*. Weinheim: Beltz.

Rauh, Helgrad. 2002. Frühe Kindheit. In *Entwicklungspsychologie*, Hrsg. R. Oerter und L. Montada,
167-248. Weinheim: Beltz.

RKI, Robert-Koch-Institut. 2014. Die Gesundheit von Kindern und Jugendlichen. www.kiggs-studie.
de/ fileadmin/KiGGS.../KiGGS1_Zusammenfassung_20140623.pdf. Zugegriffen 23.Februar 2017.

RKI, Robert-Koch-Institut & BZgA. 2008. Erkennen – Bewerten – Handeln: Zur Gesundheit von
Kindern und Jugendlichen in Deutschland.   www.kiggs.de/experten/downloads/dokumente/
KiGGS-SVRProzent ProzentbEProzent5D.pdf. Zugegriffen 20.Februar 2017.

Rohr, Elisabeth. 2004. *Körper und Identität*. Königstein: Helmer Verlag.

Sächsiches Staatsministerium für Soziales und Verbraucherschutz. 2015. Befunde der Schulaufnah-
meuntersuchungen in Sachsen im Schuljahr 2014/15. Https://www.statistik.sachsen.de/GBE/ t3/
tabellen/tabellen/3_57.htm. Zugegriffen 23.Februar 2017.

Teuber, Karin. 2004. Hautritzen als Überlebenshandlung. Selbstverletzendes Verhalten von Mädchen und Jungen. In *Körper und Identität,* Hrsg. E. Rohr, 128-143. Königstein: Helmer Verlag.

Tobhoeven, Silke, C. Wenzig und T. Lietzmann. 2016. *Kinder in Armutslagen. Konzepte, aktuelle
Zahlen und Forschungsstand*. Gütersloh: Verlag Bertelsmann Stiftung.

Trunk, Janine. 2016. Selbstverletztendes Verhalten im Jugendalter. www.akjs-sh.de/wp.../2016/01/
Ppt-Präsentation-Selbstverletzung_07-06-2016_Trunk.pdf. Zugegriffen: 3.März 2017.

Vesper, Michael. 2007. Kinder brauchen Sport: Tollen macht schlau. *Die Welt vom 23 (02).*

Wendler, Michael und E.-U. Huster, Hrsg. 2015. *Der Körper als Ressource der Sozialen Arbeit.* Wiesbaden: Springer VS.

Wachsmuth, I. 2006. Der Körper spricht mit. *Gehirn & Geist,* 4: 40-49.

Zimmer, Renate und H. Cicurs. 1993. *Psychomotorik. Neue Ansätze im Sportförderunterricht und Sonderturnen.* Schorndorf: Hofmann.

Zimmer, Renate. 1998. Die Kinder stark machen! Zur Bedeutung von Bewegung, Spiel und Sport für die Entwicklung von Kindern und Jugendlichen. In *Kinder- und Jugendarbeit im Sport,* Hrsg. Renate Zimmer: 11-32. Freiburg: Herder.

Zimmer, Renate. 2002. *Handbuch der Bewegungserziehung.* Freiburg: Herder.

Zimmer, Renate. 2004. *Toben macht schlau! Bewegung statt Verkopfung.* Freiburg: Herder.

Zimmer, Renate. 2006. Bedeutung der Bewegung für Salutogenese und Resilienz. In *Bewegung in Bildung und Gesundheit,* Hrsg. K. Fischer, E. Knab und M. Behrens, 308-312. Lemgo: akl-verlag.

Zimmer, Renate. 2010. *Handbuch der Psychomotorik.* Freiburg: Herder.

Kinderarmut und familienbezogene soziale Dienstleistungen

Gerda Holz

Zusammenfassung

In den 1990er Jahren wurde angesichts des deutlichen Anstiegs der Armutsbetroffenheit von Kindern der Begriff der „Infantilisierung der Armut" (Hauser 1997, S. 76) geprägt. Heute, nach fast drei Dekaden, kann nur noch die Verstetigung des Phänomens *Kinderarmut* konstatiert werden: Junge Menschen sind weiterhin die am häufigsten von Armut betroffene Altersgruppe. Über dieselbe Zeitspanne lässt sich in der deutschen Armutsforschung ein Prozess von der weitestgehenden Ausblendung der kind- und jugendspezifischen Problemlagen über die Erarbeitung eines kindgerechteren Armutsverständnisses und der stetigen Zunahme von empirischen Analysen bis hin zur Entwicklung kindbezogener Präventionsansätze nachverfolgen. Heute ist unbestritten, dass Armut bei Kindern und Jugendlichen ein eigenes Gewicht zukommt, welches von gesellschaftlichen und institutionellen Rahmenbedingungen wesentlich geprägt wird, von den Verteilungsstrukturen innerhalb der Familien sowie den individuellen Potenzialen der Eltern.

Mittlerweile kann auf verschiedene Studien und umfangreiches Datenmaterial zurückgegriffen werden, in dem sowohl umfassende Erklärungsansätze und Handlungstheorien als auch vertiefende empirische Analysen zu Teilaspekten dargelegt sind. Diese Erkenntnislage ermöglicht im Grunde vielfältige und vor allem zielgerichtete Ansätze zur politischen und pädagogischen Gegensteuerung in Form eines breit angelegten Verständnisses einer kindbezogenen Armutsprävention.

Dazu existiert in Deutschland ein ausdifferenziertes System aus Geld-, Sach- und Dienstleistungen für (arme) Familien und Kinder. Aus Sicht der kinderzentrierten Armutsforschung ist vor allem von Interesse, was in diesem System unter familiären Armutsbedingungen bei den Kindern tatsächlich an Hilfen und Unterstützung ankommt. Es zeigt sich, dass das System der materiellen Grundsicherung/-versorgung sowie die Instrumente einer kind- bzw. familienbezogenen Armutsprävention besser miteinander verknüpft und aufeinander abgestimmt werden müssen. Es zeigt sich weiter, dass es sowohl um den Ausbau der sozialen Infrastruktur für Kinder und Jugendliche als auch der Qualitätsentwicklung verbunden mit einer Neuausrichtung der Kinder-, Jugend- und Familienhilfe geht.

Zwei Zeitdimensionen bedürfen der Beachtung: Zum einen benötigen die betroffenen Familien Hilfen mit Blick auf die Vergangenheit. Diese müssen geeignet sein, eingetretene Benachteiligungen abzubauen. Zum anderen sind Hilfen mit Blick auf die Zukunft vonnöten, um präventiv das Entstehen erneuter oder verfestigter Ausgrenzung zu vermeiden. Hierbei bedarf es eines integrativen Ansatzes, in dem die Leistungen zusammen gedacht und nicht etwa aus haushaltpolitischen oder anderen Interessensgründen gegeneinander ausgespielt werden dürfen.

Schlagworte

Kinderarmut; Präventionsketten/Präventionsnetzwerk; (Kinder)Grundsicherung; kind- bzw. familienbezogene Armutsprävention; Kinder-, Jugend- und Familienhilfe

1   Armut bei Kindern als Thema der Forschung

Heute beschäftigen sich hauptsächlich zwei wissenschaftliche Fachdisziplinen mit Fragen zur Lebenssituation und zum Wohlergehen von armen Kindern und Jugendlichen. So liegt der Fokus der soziologischen Forschungsansätze stärker auf den äußeren Lebensbedingungen der jungen Menschen, die differenziert erfasst werden und sich nicht auf den rein materiellen Aspekt beschränken (vgl. Bertram 2013; Armuts- und Reichtumsberichte des BMAS, zuletzt 2016, des MAIS NRW, zuletzt 2016, oder des MASFFS Baden-Württemberg, zuletzt 2015). Die 1997 vom Bundesverband der Arbeiterwohlfahrt initiierte und bis heute weitergeführte Studie Lebenslagen und Zukunftschancen von (armen) Kindern (Kurzbezeichnung AWO-ISS-Studien) gilt als wegbereitend für die kindzentrierte Armutsforschung. Sie liefert das theoretische Grundgerüst zur Definition von Armut bei jungen Menschen, zur Erfassung der Folgen von Armut für die kindliche Entwicklung sowie des Zugangs und der Teilhabe der Minderjährigen an den gesellschaftlichen Ressourcen. Die Untersuchung ist zudem die bisher einzige Langzeitstudie im deutschsprachigen Raum zu Armut ab der frühen Kindheit (vgl. Hock et al. 2000; Holz et al. 2006; Laubstein et al. 2012; Holz et al. 2012).

Der Fokus von psychologischen und gesundheitswissenschaftlichen Studien liegt auf personenbezogenen Aspekten und Indikatoren. Hier geht es vor allem um das kindliche Wohlergehen. Konzepte wie die Salutogenese, die Resilienz und die Selbstwirksamkeit stellen das Selbstkonzept, das Selbstwertgefühl sowie die individuellen Kompetenzen und Fähigkeiten der jungen Menschen in den Mittelpunkt (vgl. Richter 2000; Chassé et al. 2003; Zander 2011). Oftmals werden die Jungen und Mädchen selbst befragt. Zum Teil wird aber

Wissen über sie aus der Sicht von Eltern, Lehrerinnen und Lehrer, Erzieherinnen und Erzieher usw. gesammelt (vgl. Bertram 2006; LBS zuletzt 2016; World Vision 2007, 2010).

Durch die internationale Forschung über ‚Well-being and the good life from children' verbunden mit der Diskussion der UN-Kinderrechte (vgl. UNICEF 2013) befördert, etabliert sich hierzulande im Kontext der Wohlbefindensthematik ein weiterer Forschungsansatz der Kindheitsforschung: das Konzept des Well-Beings, das auf den Ansatz des Capability Approach[1] zurückgeht. Das Erkenntnisinteresse von ‚Child Well-Being' richtet sich auf die institutionellen und materiellen Bedingungen, die junge Menschen dazu befähigen, sich zu entfalten und ein Leben zu führen, dass sie mit guten Gründen wertschätzen können. Ihr Wohlbefinden lässt sich anhand unterschiedlicher Dimensionen – objektive Daten und subjektive Wahrnehmung – untersuchen. Innerhalb dessen erforscht werden die Verwirklichungschancen von Kindern – auch armutsbetroffenen – im komplexen Zusammenspiel von individuellen Eigenschaften sowie von Infrastrukturen, Ressourcen, Berechtigungen und Befähigungen (vgl. World Vision 2013).

Einen Gesamtüberblick zum Forschungsstand über Kinderarmut in Deutschland gibt die erste Metaanalyse zu vorliegenden empirischen Studien. Danach liefern bisher rund 60 Erhebungen das Basiswissen zum Thema (vgl. Laubstein et al. 2016, S. 10).

2   Was meint Armut bei Kindern?

In den AWO-ISS-Studien werden seit 1997 die kindspezifischen Armutsursachen und Armutsfolgen untersucht.[2] Um das Kindergesicht der Armut erkennen und ermitteln zu können, sind folgende Grundbedingungen eines kindgerecht(er)en Armutsbegriffes herausgearbeitet worden:

1. Die Definition muss vom Kind ausgehen (*kindzentrierte Sichtweise*). Zu berücksichtigen sind die Lebenssituation der untersuchten Altersgruppe und die jeweils anstehenden Entwicklungen, aber auch die subjektive Wahrnehmung der Kinder.
2. Gleichzeitig muss der *familiäre Zusammenhang*, die Gesamtsituation des Haushaltes, berücksichtigt werden. Noch viel weniger als Erwachsene leben Jugendliche und vor allem Kinder als Monaden, d. h. als in sich geschlossene und nicht mehr auflösbare

---

1   Die Capabilities-Forschung fokussiert weniger auf die Frage der Verfügbarkeit über ungleich vorhandene Ressourcen als vielmehr auf die Aussicht zu einem guten Leben, das sich einer Person trotz ungleich vorhandener Ressourcen eröffnen könnte. Damit kommt dem subjektiven Faktor herausragende Bedeutung zu.

2   In den so genannten Übergangspassagen des Schulsystems (d. h. zum Ende der Vorschulzeit, der Grundschulzeit und der Sekundarstufe I) wurden die jeweils aktuelle Lebenssituation, der bisherige Lebensverlauf und die Zukunftschancen von armen im Vergleich zu nicht-armen Kindern erforscht. Die Grundgesamtheit bilden rund 900 im Jahre 1993 geborene Jungen und Mädchen.

Einheit. Vielmehr ist ihre Lebenssituation in vielen Bereichen von der Lebenslage der Eltern direkt abhängig.

3. Eine Armutsdefinition für Kinder und Jugendliche ist notwendigerweise *mehrdimensional*. Eine rein auf das (Familien)Einkommen bezogene Armutsdefinition geht an der Lebenswelt der Kinder vorbei. Die einbezogenen Dimensionen müssen geeignet sein, etwas über die Entwicklung und Teilhabechancen der betroffenen Kinder auszusagen.

4. Gleichfalls darf Armut von Kindern nicht als Sammelbegriff für deren benachteiligende Lebenslagen verwendet werden. Nur wenn eine *materielle Mangellage* der Familie – nach definierter Armutsgrenze – vorliegt, sollte von Armut gesprochen werden (vgl. AWO-ISS-Studien, zuletzt: Laubstein et al. 2012).

Zur Bewertung der Entwicklungsbedingungen bzw. -möglichkeiten armer Kinder im oben verstandenen Sinn – vor allem im Vergleich zu ökonomisch besser gestellten Kindern – sind folgende *Lebenslagedimensionen* zu berücksichtigen:

(1)	Materielle Situation des Haushaltes *(familiäre Armut)*	
(2-5)	Dimensionen der Lebenslage des Kindes	
(2)	**Materielle** Versorgung des Kindes	Grundversorgung (z. B. Wohnen, Nahrung, Kleidung)
(3)	„Versorgung" im **kulturellen** Bereich	Bildung (z. B. Arbeits-, Spiel- und Sprachverhalten)
(4)	Situation im **sozialen** Bereich	Soziale Integration (z. B. Kontakte, soziale Kompetenzen)
(5)	Psychische und physische Lage	Gesundheit (z. B. Gesundheitszustand, körperliche Entwicklung)

Für die Abgrenzung armer Kinder bedeutet das: Von ihnen wird immer und nur dann gesprochen, wenn *familiäre Armut* vorliegt, das heißt, wenn das Einkommen der Familie des Kindes unterhalb der EU-Armutsrisikogrenze liegt. Mädchen und Jungen, bei denen zwar Einschränkungen bzw. eine Unterversorgung in den oben genannten Lebenslagedimensionen (2–5) festzustellen sind, bei denen jedoch keine familiäre Armut vorliegt, sind zwar als benachteiligt zu bezeichnen, nicht jedoch als arm.

Um einen umfassenden Blick auf die kindliche Lebenssituation zu erhalten, lassen sich die genannten vier Dimensionen in einem *Lebenslageindex* zusammenführen. Dieser umfasst drei Lebenslagetypen: *Wohlergehen*, *Benachteiligung* und *multiple Deprivation*.

Von *Wohlergehen* wird dann gesprochen, wenn in Bezug auf die zentralen (Lebenslage) Dimensionen aktuell keine ‚Auffälligkeiten' festzustellen sind, das Kindeswohl also gewährleistet ist.

Eine *Benachteiligung* liegt dann vor, wenn in einigen wenigen Bereichen aktuell ‚Auffälligkeiten' festzustellen sind. Das betroffene Kind kann in Bezug auf seine weitere Entwicklung als eingeschränkt beziehungsweise benachteiligt betrachtet werden.

Von *multipler Deprivation* schließlich ist dann die Rede, wenn das Kind in mehreren zentralen Lebens- und Entwicklungsbereichen ‚auffällig' ist. Das Kind entbehrt in mehreren wichtigen Bereichen der notwendigen Ressourcen, die eine positive Entwicklung wahrscheinlich machen.

Alarmierend sind die empirischen Daten der AWO-ISS-Studien zu den Armutsfolgen. Bereits im Vorschulalter sind eindeutige Unterversorgungen und Fehlentwicklungen erkennbar, so weisen rund 40 Prozent der armen, aber nur rund 15 Prozent der nicht-armen Kinder Mängel in der Grundversorgung (Wohnung, Kleidung, Ernährung) auf. Bis zum Ende der Grundschulzeit wächst der Anteil bei den armen Kindern auf über 52 Prozent an, dagegen sinkt er bei den nicht-armen Kindern ebenso stark. Im Alter von 16/17 Jahren schließlich liegt der Anteil bei den armen Jugendlichen bei 57 Prozent und bei den nicht-armen bei 19 Prozent. Gleichwohl können junge Menschen trotz Armut im Wohlergehen und nicht-arme Minderjährige multipel depriviert sein: Im Vorschulalter zählen rund 24 Prozent der armen und rund 46 Prozent der nicht-armen Kinder zum Lebenslagetyp *Wohlergehen*. Am Ende der Sekundarstufe I sind es noch 19 Prozent der armen und 39 Prozent der nicht-armen Jugendlichen. Arme und Nicht-Arme erleben insgesamt einen vollkommen unterschiedlichen und immer weiter auseinandergehenden Entwicklungsverlauf, wobei für erstere der Fahrstuhl eher nach unten und für letztere eher nach oben geht. Je früher und je länger ein Kind Armutserfahrungen macht, desto gravierender sind die Folgen für seine Lebenssituation heute und seine Zukunftschancen morgen.

Dieser Prozess zeigt sich besonders deutlich und zugleich brisant in den *Bildungskarrieren*: Arme Mädchen und Jungen besuchen im Vergleich zu nicht-armen Kindern seltener und später eine Kindertagesstätte, sie werden öfter verfrüht oder verspätet eingeschult, sie wiederholen bereits in der Grundschule häufiger eine Klasse, sie erhalten schlechtere Durchschnittsnoten auch bei gleicher Leistung, sie wechseln häufiger auf eine Förderschule und seltener auf ein Gymnasium. Ihr weiterer Weg durch die Sekundarstufe I verläuft auch nicht gradlinig, sondern ist erneut durch vermehrte Klassenwiederholung und/oder Schulwechsel geprägt. Während rund 55 Prozent der nicht-armen 16-/17-Jährigen bereits in die Sekundarstufe II oder in eine Berufsausbildung gewechselt haben, befindet sich die größte Gruppe unter den armen Gleichaltrigen (33 Prozent) noch immer in der

Sekundarstufe I (vgl. Laubstein et al. 2012, S. 106). Im 1. Armuts- und Reichtumsbericht des Landes Baden-Württemberg wird durch Verknüpfung von Daten zur

- Qualifikation der Eltern,
- ihrer Armutsgefährdung und
- dem Besuch der Schulart durch ihre Kinder (hier: Sekundarstufe I)

der chancenzuweisende Einfluss von Geld dargelegt. Die Erkenntnis ist, dass bei gleichem Qualifikationsniveau der Eltern (mittleres Niveau = Realschulabschluss) armutsbetroffene Kinder weitaus öfter auf eine Hauptschule gehen als nicht-arme: 2012 besuchen 27 Prozent der armen Kinder eine Hauptschule und 17 Prozent ein Gymnasium. Bei den nicht-armen Kindern war die Verteilung genau umgekehrt: 27 Prozent Gymnasium und knapp 13 Prozent Hauptschule (vgl. MASFFS 2015, S. 429).

Der Bildungsbericht 2016 kommt zu dem Schluss: „Herkunftsbedingte Disparitäten in der Bildungsbeteiligung im frühkindlichen Bereich setzen sich im Schulalter, in der Berufsausbildung und im lebenslangen Lernen fort" (vgl. Autorengruppe Bildungsbericht 2016, S. 216). Kurz gefasst, die lebenslangen Folgen und Gefahren für das Individuum, aber genauso für die Gesellschaft, gerade dann, wenn deren Ressourcen explizit auf personen-gebundenem Wissen und Knowhow basieren, sind gravierend. Umso entscheidender ist es, soziale Gegensteuerungen vorzunehmen. Wie kann das geschehen? Genau an dieser Stelle ist der Blick auf den Bereich der familienbezogenen sozialen Dienstleistungen und im Weiteren auf solche mit Präventionsanspruch zu richten, um Stärken, aber auch Schwächen auszuloten sowie um Orientierungen für eine Weiterentwicklung der gesellschaftlichen Maßnahmen aufzuzeigen.

3   Was heißt familienbezogene soziale Dienstleistungen?

Der Begriff ist der Ökonomie entlehnt, wobei *Dienstleistung* als eine Leistung definiert wird, die nicht in einem materiellen Produkt aufgeht, sondern darin besteht, dass Informationen, Hilfen usw. an Personen und Organisationen weitergegeben werden. Es wird in *produkt- und unternehmensbezogene* (als Teil eines Fertigungsprozesses) sowie *personenbezogene Dienstleistungen* (als Teil eines auf eine Person ausgerichteten Prozesses) differenziert. Sie ist im Gegensatz zu einer Sachleistung nicht lagerbar und grundlegendes Merkmal ist das *Uno-actu-Prinzip*, das bedeutet, Erzeugung und Verbrauch erfolgen in einem Akt (z. B. Beratungsgespräch über Rechtsansprüche nach Sozialgesetzbuch (SGB)). Entsprechend müssen Dienstleistende sowie Bezugsberechtigte bei der Leistungserbringung zusammen-wirken. Unter *sozialer Dienstleistung* wird eine der drei Leistungsarten des Sozial-leistungsrechts gemäß Paragraph 11 SGB I (Geld-, Sach- und Dienstleistung) verstanden. Neben den materiellen Zuwendungen in Form von Geld- und/oder Sachleistungen sind alle Formen der persönlichen Betreuung und Hilfe sowie der erzieherischen Hilfen soziale

Dienstleistungen, die auf die Verwirklichung der sozialen Rechte der anspruchberechtigten Person ausgerichtet sind. *Familienbezogene soziale Dienstleistungen* schließlich zielen auf die Familie als Lebensform oder Haushaltstyp ab, wobei Familie in ihren Funktionen (z. B. Reproduktion, Sozialisation, Haushaltsproduktion, Pflege) zu sichern und die spezifischen Bedarfe der einzelnen Mitglieder (Kinder, Jugendliche, Erwachsene) zu befriedigen sind. Wird im Weiteren von sozialen Dienstleistungen gesprochen, so sind immer auch die familienbezogenen mit eingeschlossen.

Soziale Dienstleistungen sind per se öffentliche Aufgaben und durch den Staat und die Kommunen zu gewährleisten. Sie sind Teil der *Daseinsvorsorge* und damit grundlegend für den Aufbau sowie die Gestaltung der sozialen Infrastruktur für jede Bürgerin und jeden Bürger durch Bund, Land und Kommune. Dieses Verständnis wird auf europäischer Ebene verstärkt und ist in der EU-Grundrechtecharta (Art. 34 u. 36) entsprechend formuliert.

3.1   Welchen Zweck verfolgen soziale Dienstleistungen?

Sie dienen der Bewältigung von kurz-, mittel- und langfristigen Problemlagen (mit besonderem Fokus auf Gesundheit, Behinderung und Bedürftigkeit) in der Gegenwart oder in der Vergangenheit und sollen zugleich zukunftsorientiert angelegt sein. Adressaten und Adressatinnen sind Individuen, Gruppen und/oder Gemeinwesen mit spezifischen Bedarfen oder Anforderungen. Das birgt in sich einen Doppelauftrag: Soziale Dienstleistungen sollen nicht nur reaktiv, sondern ebenso präventiv ausgerichtet sein. Ihre Wirkung richtet sich nicht nur auf die Minderung von Armut(sfolgen), sondern auch auf deren Vermeidung. Daraus ergeben sich Unterscheidungen in den einzelfallbezogenen Handlungsformen:

1. Reine oder vorwiegend *kommunikative Handlungsformen* (d. h. Information, Beratung und Hilfeplanung).
2. *Gegenstandsbezogene Tätigkeiten* (d. h. Leistungsgewährung über eine Hilfebedürftigkeitsprüfung für eine Geldleistung und ihre Zahlbarkeit).
3. *Praktische Hilfeleistungen* (d. h. Bereitstellung von Dienstleistungen und Ressourcen, um Probleme zu lösen). Das können sein: Internetzugang anbieten, Arbeitsvermittlung und Vermittlung in Maßnahmen oder Anleitung und Begleitung, um den Umgang mit problemlösenden Ressourcen oder die Interaktion mit anderen Beteiligten zu gestalten.
4. *Fallmanagement* als Vernetzung von fall- und feldbezogenen Aktivitäten, um fallübergreifend Ressourcen Dritter für den Adressaten zu erschließen.

Weiterhin werden soziale Dienstleistungen von Fachkräften unterschiedlicher Professionen und Fachdisziplinen (z. B. Soziale Arbeit, (Sozial-)Pädagogik, therapeutischer Bereich und Verwaltung) erbracht und stehen im Zentrum der Sozialen Arbeit und deren Handlungsfelder. Sie werden vor allem über *Soziale Dienste* organisiert sowie durch öffentliche, freie und private Träger je nach Aufgabenstellung innerhalb des Sektors der Sozialhilfe, Kinder- und Jugendhilfe, des Gesundheits- und Bildungswesens und/oder des Arbeitsmarktes gewährleistet. Mit Blick auf die Bedarfe von Armutsbetroffenen ist automatisch eine interdisziplinäre und aufeinander abgestimmte Kooperation vonnöten, die zunehmend als Dienstleistung auf der Basis von Netzwerken verstanden wird (vgl. Holz 2010; Schubert 2011; Reis 2011; Fischer und Kosellek 2013; MFKJKS 2015).

Soziale Dienstleistungen als Ausdruck sozialer Rechte bilden schlussendlich die Folie für die soziale Infrastruktur auf Bundes-, Landes- und kommunaler Ebene. Die Garantie sozialer Rechte setzt voraus, dass die entsprechenden Angebote, Dienste und Einrichtungen flächendeckend angeboten werden. Jede Bürgerin und jeder Bürger kann nur dann seine/ihre Rechte realisieren, wenn es das Angebot überall und zu erschwinglichen Preisen gibt. Dazu bedarf es öffentlicher Rahmensetzungen – struktureller Regelungen –, denn bei einem allein an den Gesetzen des Marktes orientierten Angebot besteht u. a. die Gefahr der Konzentration. Eine Folge wäre, dass in Ballungszentren Angebote optimal vorhanden sind und in dünn besiedelten Regionen Kapazitäten fehlen. Bundesdeutsche Realität ist ein flächendeckendes, sich in Ballungsräumen aber eher konzentrierendes Angebot.

3.2   Soziale Dienstleistungen und Armut – Was ist bedeutsam?

Vorhaltung sowie Ausgestaltung sozialer Dienstleistungen im Kontext der Armutsproblematik zeichnen sich auf individueller und gesellschaftlicher Ebene stets durch einen hohen Problemdruck aus und das aus zwei Gründen: Auf Seiten der Betroffenen besteht eine existenzielle Notlage mit komplexem Hilfebedarf und damit massiven Rechten auf Unterstützung durch Staat und Gesellschaft, nämlich auf eine rasche und wirkungsvolle Hilfe im Einzelfall. Auf Seiten des Staates besteht ein hoher Umsetzungs- und Legitimationsdruck, soziale Inklusion zu befördern und sozialen Ungleichheiten innerhalb der Gesellschaft zu bearbeiten. Dabei sind sozialstaatliche Regelungen ebenso wie eine entsprechende soziale Infrastruktur zu gestalten, um effizient und nachhaltig soziale Rechte aller Bürgerinnen und Bürger zu gewährleisten. Die Umsetzung wird durch bestehende Normen und Wertvorstellungen, aber auch die Notwendigkeit zur Begrenzung möglicher gesellschaftsgefährdender sozialer Konflikte beeinflusst (vgl. AWO/ISS 2015).

Erforderlich ist eine Palette unterschiedlicher Angebote in einer Vielzahl von Handlungsfeldern. Zur Erinnerung: Armut als Lebenslage ist ein mehrdimensionales Geschehen und kann nicht durch einzelne, ressortbezogene und professionsspezifische Aktivitäten bewältigt bzw. vermindert werden. Im Fokus stehen:

1. *Arbeitsmarktnahe soziale Dienstleistungen*, um die Integration in den Arbeitsmarkt zu befördern, Möglichkeiten der Erwerbstätigkeit zu gestalten und damit die finanzielle Notsituation zu beseitigen.
2. *Sicherungsleistungen*, um Rechtsansprüche etwa in Form von Transferansprüchen umsetzen zu helfen oder Zugang zu Angeboten und Institutionen zu eröffnen.
3. *Kompensatorische Leistungen*, um allgemeine Verwirklichungs- und Teilhabechancen zu sichern.

4. *Fürsorgerische und erzieherische Leistungen*, um individuelle Kompetenzen zu befördern, öffentliche Fürsorge zu sichern, aber auch soziale Integration zu ermöglichen.

Die Angebote und Maßnahmen müssen bedarfsorientierte und Lebenszusammenhänge erfassende Hilfen ermöglichen. Bezogen auf die Bewältigung und Vermeidung von Armutslagen bedeutet das, dass sie

1. auf mehrdimensionalen Betrachtungs- und Handlungskonzepten basieren und zu deren Umsetzung beitragen;
2. materielle und immaterielle Bedarfe gleichermaßen aufgreifen;
3. lebensbiographische Bezüge beachten und Lebensperspektiven (wieder)herstellen helfen;
4. lebensweltliche und damit sozialräumliche Gegebenheiten berücksichtigen;
5. querschnitts- und vernetzungsorientiert und damit ressort-, institutionen- und professionsübergreifend angelegt sind;
6. Teilhabe- und Partizipationsrechte des Einzelnen und von Gruppe sichern.

Mit Blick auf Familien müssen sie die Bedürfnisse und Bedarfe verschiedener Gruppen aufnehmen und jeweils spezifische Unterstützungsmaßnahmen enthalten, nämlich erwachsenen- und kindbezogen sowie gender- oder auch ethniespezifisch sein.

Ein breiter wissenschaftlicher Diskurs über Armut und familienbezogene soziale Dienstleistungen findet sich bisher nicht. Das Interesse galt mehr der Familienthematik ganz allgemein oder mit besonderen Blick auf demografische Aspekte, auf Kosten- und Wirkungsfragen (vgl. FFP/ZRW 2013; BMSFSJ 2016a) oder auf die Vereinbarkeit von Familie und Beruf. Weiterhin finden sich Querverbindungen zu einzelnen Arbeitsfeldern, wie der Ausgestaltung der Dienstleistungen im Rahmen der Arbeitsmarktreformen (vgl. Kolbe und Reis 2005) und zu fachlichen Diskursen in einzelnen Ressorts, wie der Organisation von Hilfen für Alleinerziehende (vgl. Reis et al. 2010) oder von Versorgungsarrangements zur Sorge und Pflege im Alter (vgl. Blinkert 2011, 2015; Hobert et al. 2013; BMFSFJ 2016, Kap. 7). Eine Gesamtübersicht über die sozialen Dienstleistungen für (arme) Kinder und deren Familien ist erst noch zu schaffen und braucht eine systematische Aufbereitung, so dass im Folgenden verschiedene Forschungsstränge vorgestellt und ausgewählte Erkenntnisse skizziert werden.

4 Soziale Dienstleistungen für (arme) Kinder und deren Familien

4.1 Soziale Dienstleistungen – grundlegende Betrachtungsperspektiven

Zentrale Hinweise liefern bisher drei unterschiedliche Forschungsansätze:

Sozialräumlich ausgerichtete Analysen

Ihr Fokus liegt auf dem Versorgungsspektrum, der Versorgungsdichte und der Nutzungs-
häufigkeit verschiedener Bedarfsgruppen je nach Wohnort. Diese Arbeiten behandeln meist
kommunale oder regionale Gegebenheiten und sind Teil einer seit langem entwickelten
Gesundheits- und/oder Sozialberichterstattung[3] sowie der sich seit einigen Jahren etablie-
renden Bildungsberichterstattung.[4] Gemeinsam sind ihnen vor allem drei Erkenntnisse:
Benachteiligte Gruppen nutzen weniger und seltener Angebote. Die soziale Infrastruktur
von Kommunen ist sozialräumlich ungleichgewichtig ausgeprägt, wobei der Bedarf nach
und das Angebot an Dienstleistungen nicht deckungsgleich sind. Schließlich ist das Spektrum an Dienstleistungen je nach (sozialem) Quartier höchst unterschiedlich und nicht
selten mit einer Unterversorgung in belasteten Gegenden verbunden.

Haushaltsbezogene Analysen

Sie nehmen den Dienstleistungsbedarf armer Familien als Gesamtes in den Blick. Grundlegend sind die Arbeiten von Meier/Preuße/Sunnes (2003)[5] und Walper (2005). Erstere
erforschten Armutshaushalte in Gießen und konnten anhand von zwölf Lebenslagenindikatoren eine haushaltsbezogene Armutstypologie generieren. Sie unterscheiden vier
Typen von Armutshaushalten und beschreiben darin die jeweils spezifischen Lebens- und
Bedarfslagen, erfassen die zum Einsatz kommenden Hilfen sowie die eingebundenen
Dienstleister. So konnte ein plastisches Bild von der Komplexität und der Heterogenität
des Geschehens in Familien, aber auch die Über- bzw. Unterversorgung mit sozialen
Angeboten aufgezeichnet werden. Zwei der vier Typen werden kurz skizziert. Sie wurden

---

3   Z. B. Sozialberichterstattung des ZEFIR der Ruhr-Universität Bochum (vgl. http://www.ruhr-
     uni-bochum.de/zefir/sb/index.html.), Gesundheitsberichterstattung des Landesinstituts für
     Gesundheit und Arbeit NRW (vgl. http://www.zefir.ruhr-uni-bochum.de/index.html.de) sowie
     die Übersicht des MAIS NRW zur Sozialberichterstattung in Deutschland (vgl. http://www.
     sozialberichte.nrw.de/).

4   Z. B. der Autorengruppe Bildungsberichterstattung (vgl. http://www.bildungsbericht.de/de/na-
     tionaler-bildungsbericht) oder die Sozialberichte zur Bildungsbeteiligung der Landeshauptstadt
     Wiesbaden (vgl. http://www.wiesbaden.de/wiesbaden/gesellschaft/sozialplanung/sozialplanung/
     jugendhilfeplanung.php).

5   Bird/Hübner entwickelten 2010 Kategorien zur Armutserfahrung unter Bezugnahme auf die
     Arbeiten von Meier/Preuße/Sunnus (2003), der AWO-ISS-Studie (Holz et al. 2006) und vor allem
     der Sinus-Milieu-Studie (Merkle/Wipppermann 2008) mit dem Ziel, Unterstützungsangebote
     für Familie passgenauer konzipieren und erbringen zu können (vgl. Bird/Hübner 2013).

ausgewählt, weil sie die Hauptarmutsrisikogruppen abbilden, die wiederrum aufgrund der Dauer bzw. des Ausmaßes an existenzieller Notlage ganz besonders auf ein umfassendes und wirkungsvolles Leistungsangebot angewiesen sind:

a. Die verwalteten Armen: Dieser Typ ist durch das soziale Phänomen einer generationenübergreifenden Armut charakterisiert. Die Betroffenen verfügen über vielfältige und langjährige Routinen im Umgang mit den Ämtern und Behörden, die für verfestigte Armutslagen zuständig sind. Ohne institutionelles Netzwerk gelingt diesem Typ kaum mehr eine Alltagsbewältigung, so dass der Allgemeine Sozialdienst oder die sozialpädagogische und haushaltsbezogene Familienhilfe sowohl die Grundversorgung mit absichern, als auch einen permanenten Beitrag leisten müssen, um die Eltern-Kind-Beziehung zu stabilisieren. Als Eltern sind die Erwachsenen weder mental noch alltagspraktisch in der Lage, ihren Kindern allgemeine Lebenskompetenzen, wie Bindungs- und Konfliktfähigkeit, emotionale Stabilität oder auch Bildung, zu vermitteln.

Was brauchen Eltern und Kinder dieses Haushaltstyps? Erste Priorität hat die Gewährleistung der Unversehrtheit und Gesundheit der Kinder. Es geht häufig auch um lebensrettende Maßnahmen und Kindeswohlsicherung. Es geht um Krisenintervention, um Langzeitbetreuung und um Information, Beratung und Begleitung von Eltern. Bei den Kindern geht es um präventive Maßnahmen der Frühförderung oder auch eine verlässliche Begleitung und Unterstützung in der Kindertagesstätten- und Schulzeit bis hin zu einem erfolgreichen Ausbildungsabschluss (vgl. Meier-Gräwe 2006, S. 15).

b. Die erschöpften Einzelkämpferinnen und Einzelkämpfer: Dieser Typ umfasst Alleinerziehende und Paare mit Kindern. Er zeichnet sich durch eine überproportionale Arbeitsbelastung im Familien- und Berufsalltag aus, ohne jedoch ein Einkommen oberhalb der Armutsgrenze zu erzielen (d. h. Erwerbstätige mit Niedrigeinkommen aufgrund geringer Erwerbszeit oder Niedrigeinkommen bzw. Working-poor-Eltern mit einer Vollzeitbeschäftigung). Neben der Arbeitsbelastung führen gesundheitliche Probleme und deren Folgen, häufig verbunden mit der persönlichen Erfahrung von offizieller Seite allein gelassen zu werden, zu Erschöpfungszuständen. Armutslagen treten in der Regel als Folge eines kritischen Lebensereignisses (Trennung/Scheidung), aber auch nach der Geburt eines Kindes auf. Erfahrungen in der Bewältigung der Armutsproblematik sind in den Familien häufig ebenso wenig vorhanden wie die Kenntnis und der Umgang mit den bestehenden sozialen Angeboten.

Was brauchen Eltern und Kinder dieses Haushaltstyps? Auffällig ist hier das Fehlen institutioneller Hilfen, die auf die Bedarfe der Eltern wie Kinder abgestimmt sind. Wenn zum Beispiel die Familien dieses Typs trotz elterlicher Erwerbstätigkeit ergänzendes Arbeitslosengeld II bzw. andere Sozialleistungen beantragen, dann erfordert das einen deutlich höheren Verwaltungsaufwand, da jeder Antrag einer erneuten Anspruchsprüfung unterzogen wird. Die soziale Dienstleistung der Verwaltung oder Organisation dient dabei eher der

Bearbeitung des Antrages auf Geldleistungen als tatsächlicher Beratung zur Lebens- und Alltagsbewältigung oder zu Erziehungsfragen usw. Eltern dieses Typs brauchen gezielte Hilfearrangements, um ihre Ausbildung zu beenden oder ihre Erwerbstätigkeit fortsetzen zu können. Dazu gehören nicht zuletzt verlässliche, qualitativ hochwertige und bezahlbare Bildungs- und Betreuungsangebote für ihre Kinder. Dazu gehört genauso die sensible Begleitung und professionelle Unterstützung zur sozialen Integration in die spezifischen Lebenswelten (Clique, Verein, Nachbarschaften) (vgl. Meier-Gräwe 2006, S. 16).

Die knapp gefasste Darstellung beider Typen weist auf das Erfordernis eines Bündels von unterschiedlichen Hilfen (Geld-, Sach- und personengebundene Angebote) hin und zwar in Bezug auf Erwerbstätigkeit, Finanzhilfen, Beratung für Eltern, Förderung für Kinder usw. Es sind weiterhin die beiden – schon an früherer Stelle skizzierten – Zeitperspektiven zu vereinen: Zum einen Hilfen mit Blick auf die Vergangenheit des Einzelnen/der Familie und damit als Reaktion auf eingetretene Ereignisse und Prozesse, zum anderen Angebote mit Blick in die Zukunft und damit als Prävention, um Chancen zu erhalten oder erst zu eröffnen sowie Problemverfestigungen zu verhindern.

Erkennbar sind weiterhin die Anforderungen an die Leistungsorganisation: Grundlegend sind Kooperation, Koordination und die Verfolgung gemeinsamer Zielvorstellungen. Die Typenbeschreibung beleuchtet aber auch, wie wenig all das dem sozialen Dienstleistungssystem zu gelingen scheint. Es fehlen eine Sensibilisierung für Armuts- und soziale Ungleichheitsfragen sowie das Wissen um ursächliche Zusammenhänge. Es sind mehr fachliche Kompetenzen zur Wahrnehmung von und im Umgang mit Armutsfolgen bei Kindern und Erwachsenen notwendig. Es sind umfassende pädagogische Konzepte sowie vernetztes Handeln in vernetzten Strukturen unabdingbare Voraussetzung. Zudem müssen ausreichende Angebote ortsnah vorhanden und zeitnah nutzbar sein. Diese und ähnliche Folgerungen finden sich auch erneut in neueren Veröffentlichungen (vgl. Lutz 2011; Laubstein 2014; Andresen und Galic 2015).

Kindbezogene Analysen

Sie stellen das arme Kind ins Zentrum. Erkenntnisleitend sind die AWO-ISS-Studien mit ihrem Ansatz des Vergleichs der Lebenssituation von armen und nicht-armen Kindern/ Eltern sowie des Vergleiches von kindspezifischen Lebenslagetypen. Die daran festgemachte Betrachtung verschiedener Bewältigungs- und Nutzungsaspekte liefert wichtige Erkenntnisse sowohl über die Existenz und Wirkung so genannter *Schutzfaktoren* als auch Ansatzpunkte zur Stärkung der *Resilienz* und des Aufwachsens im Wohlergehen armer Kinder. Dazu zählen neben personalen und innerfamiliären vor allem auch außerfamiliäre Faktoren wie soziale Netzwerke, die Nutzung Sozialer Dienste sowie der frühzeitige Besuch einer Kindertagesstätte und ein gelingender Bildungsverlauf.

Neben der Bekämpfung der familiären Armut (d. h. finanzielle Sicherungs-, Qualifizierungs- oder Arbeitsmarktleistungen für die Eltern) ist die Stärkung der Familie als primärer Sozialisationsort zentraler Faktor, um kindspezifische Armutsfolgen zu vermeiden bzw. zu vermindern. Wachsen Kinder trotz des größten *Entwicklungsrisikos Armut* im Wohlergehen auf, dann wird dies durch ein intensives und möglichst konfliktarmes Familienleben, viele gemeinsame Familienaktivitäten, einen kindzentrierten Familienalltag oder auch eine stabile Eltern-Kind-Beziehung bedingt. Weiterhin zeichnen sich diese Kinder dadurch aus, dass sie ein anderes – vor allem aktiv problemlösendes – Bewältigungshandeln entwickeln und anwenden, wobei Eltern und soziales Umfeld prägende Vorbilder sind. Entsprechende Untersuchungen belegen: Arme Kinder mit vielen Familienaktivitäten sind nur halb so oft multipel depriviert wie arme Kinder mit einem geringen Ausmaß an gemeinsamen Unternehmungen. Fehlen finanzielle Möglichkeiten und gemeinsame Aktivitäten in der Familie, dann ist ein Aufwachsen des Kindes im Wohlergehen fast ausgeschlossen. Deutlich wird ebenfalls, welche und wie viele Anstrengungen Eltern unternehmen, um armutsbedingten Belastungen ihrer Kinder durch ein hohes Maß an gemeinsamen Aktivitäten, verstärkte Zuwendung und Förderung oder eigenen Verzicht entgegenzuwirken. Dies gelingt trotz alledem in armen Familien nicht immer. Auch nehmen elterliche Ressourcen und Kompensationen in Folge der komplexen Belastungen rapide ab. Als Folge wird die Lebenslage der Kinder zunehmend schlechter. Weiterhin deutet eine Reihe von Unterschieden bei der Erziehung von armen und nicht-armen Kindern darauf hin, dass die mit der jeweiligen Lebenssituation verbundenen täglichen Herausforderungen häufiger zu einer Überforderung armer Eltern in der Erziehung und so zu negativen Entwicklungsbedingungen für die betroffenen Mädchen und Jungen führen.

Sind kind- und eltern-/familienbezogene soziale Dienstleistungen entsprechend zugänglich und umfassend nutzbar? Die Antwort der AWO-ISS-Studien lautet eindeutig: Nein! Die Befragung der 16-/17-Jährigen am Ende der Sekundarstufe I, (2009/10) belegt, dass sich an der schon 2003/04 erfassten Nutzungsproblematik auch 2009/10 nur wenig verändert hat. Jugendbezogene Dienste[6] werden von armen Familien eher geringer genutzt als von nicht-armen (55 vs. 59 Prozent). Wohl ist eine steigende Inanspruchnahme durch Jugendliche und Eltern bei steigendem Belastungsgrad erkennbar. Als problematisch einzuordnen ist, dass die am stärksten belastete Gruppe – arm, multipel depriviert – insgesamt weniger erreicht wird und sogar häufiger keine Hilfen nutzt als die Gruppe der nicht-armen, multipel deprivierten Jugendlichen (keine Hilfen: 21 vs. 7 Prozent). Bei den eltern- und familienbezogenen Diensten findet sich dagegen ein anderes Bild. Sie werden 2009/10 von armen Familien mit einem 16-/17-Jährigen deutlich mehr nachgefragt (arm: 63 vs. nicht arm: 48 Prozent), allerdings stark konzentriert auf die Beratung des Jobcenters und die Nutzung beruflicher Eingliederungsmaßnahmen. Danach folgen Angebote gemäß SGB VIII – Beratung des Jugendamtes mit Fokus auf Hilfen zur Erziehung. Erziehungsberatung oder Familienbildung fallen dagegen weit zurück (vgl. Laubstein et al. 2012, S. 217-222).

Insgesamt zeigt sich, dass Angebote für Jungen und Mädchen, wenn überhaupt, mehr an der Bewältigung des schulischen Alltags als an einer grundlegenden Verbesserung der

---

6   Als jugendbezogene Dienste wurden bestimmt: Nachhilfe, Schulsozialarbeit, Vertrauenslehrer, Tagesgruppe, Wohngruppe. Elternbezogene Dienste sind Migrationsberatung, Paarberatung, Suchtberatung, Jobcenter, Schuldnerberatung, Wiedereingliederungsmaßnahmen. Familienbezogene Dienste sind Familienbildung, Erziehungsberatung, Jugendamtsberatung, Familienhilfe.

Situation ausgerichtet sind. Konkrete soziale Hilfen im Einzelfall sind schwer zu bekommen, haben kürzere Laufzeiten und werden oft weniger intensiv gestaltet. Im Jugendalter festigt sich insbesondere für die hoch belasteten Gruppen die Erfahrung nicht gelingender HzE-Maßnahmen sowie die Fortsetzung der familiären Armutskarriere als eigene Lebensperspektive (vgl. Mögling el al. 2015; Lutz 2015). Die Wege der jungen Menschen trennen sich immer mehr. Angebote für Eltern konzentrieren sich vor allem auf die Förderung der Erziehungs- und Haushaltskompetenzen, dabei reichen ihre Unterstützungsbedarfe weit darüber hinaus. Erhebungen zum Handeln von Familien im SGB-II-Bezug (so genannte Hartz-IV-Familien) belegen deren komplexe Wünsche. Sie reichen von dem Wunsch nach Unterstützung im Umgang mit Ämtern und Behörden (wichtigster Wunsch), nach Hilfe bei schulischen Problem der Kinder und bei Erziehungsfragen (zweit- und drittwichtigster Wunsch) über den Wunsch nach Hilfen bei gesundheitlichen Probleme, bei Schulden, bei der Kinder- und Schulbetreuung bis hin zum Wunsch nach Hilfe im Umgang mit Geld, bei Ernährungsfragen und bei Partnerproblemen (vgl. Wüstendörfer 2008; DW 2011; Laubstein 2014; Andresen und Galic 2015).

Kindertagesstätten und Schulen bemühen sich zunehmend, die vorhandenen Defizite vorrangig bei den Kindern und zunehmend auch bei den Familien aufzufangen, können in der Regel jedoch weder auf geeignete Unterstützungsstrukturen, ausreichende finanzielle Rahmenbedingungen, noch auf ein entsprechendes Normensystem zurückgreifen, um den Bedarf der Familien selbst oder mit Kooperationspartnern zu decken. Neben dem Mehrfachbedarf sind es meist Barrieren auf den Zugangswegen zu den Dienstleistungen, ganz besonders dann, wenn soziale Merkmale wie Migrationshintergrund und/oder Bildungsferne noch hinzukommen.

Woran liegt das, am Verhalten der Betroffenen oder an der Darbietung des Angebotes, also an den strukturellen Gegebenheiten? Eine eindeutige Antwort ist schwer. Offenkundig aber werden potenzielle Anknüpfungspunkte zur Armutsprävention von den Fachkräften in den Diensten und den Strukturverantwortlichen aller Ebenen noch viel zu wenig gesehen und entsprechend unzureichend vermittelt. Es fehlt vielerorts an vernetzten Hilfeangeboten, die professions-, träger- und ressortübergreifend vor Ort vorgehalten werden. Das Dienstleistungsangebot für arme Gruppen ist weder bedarfs- noch passgenau, auch wenn mittlerweile kommunale und Landeskonzepte vorliegen, um mittels integrierter Gesamtstrategien zur Armutsprävention grundlegende Veränderungen zu erreichen (vgl. Holz 2011, 2014; MFKJKS 2015; Bertelsmann Stiftung 2016). Gefordert sind – allem voran – die Kinder- und Jugendhilfe, aber auch andere Bereiche wie der Arbeitsmarkt, die Familienförderung, das Bildungswesen, der Gesundheitsbereich usw. Gefordert sind eine quantitative und qualitative Weiterentwicklung.

4.2   Die Kinder- und Jugendhilfe als soziale Dienstleistung ‚erzieherische Hilfen'

Eine besondere Verantwortung hat die Kinder- und Jugendhilfe als zentrales Handlungsfeld für die Belange von Minderjährigen. Heute besteht fachlicher Konsens darüber, dass das Aufwachsen von Kindern private *und* öffentliche Verantwortung ist. Staat und Gesellschaft sind auf dem Weg, diesen Konsens in die erforderlichen rechtlichen und infrastrukturellen Maßnahmen zu übertragen. Das Kinder- und Jugendhilfegesetz (SGB VIII) steht dabei im Mittelpunkt, denn es schreibt als öffentlichen Auftrag fest, das Recht der jungen Menschen auf Erziehung zu sichern sowie Benachteiligungen zu vermeiden und abzubauen. Armut ist eine der grundlegendsten Ursachen sozialer Benachteiligung. Der öffentliche Auftrag zur Armutsbekämpfung ist folglich eindeutig.

Paragraf 1 Absatz 3 SGB VIII Kinder- und Jugendhilfe:
a. Die Jugendhilfe soll zur Verwirklichung des Rechts nach Absatz 1, insbesondere
b. junge Menschen in ihrer individuellen und sozialen Entwicklung fördern und dazu beitragen, Benachteiligungen zu vermeiden oder abzubauen,
c. Eltern und andere Erziehungsberechtigte bei der Erziehung beraten und unterstützen,
d. Kinder und Jugendliche vor Gefahren für ihr Wohl schützen,
e. dazu beitragen, positive Lebensbedingungen für junge Menschen und ihre Familien sowie eine kinder- und familienfreundliche Umwelt zu erhalten oder zu schaffen.

Die sozialen Dienstleistungen gemäß SGB VIII sind familienbezogen und richten sich sowohl an Eltern/Erziehungsberechtigte als auch an die Minderjährigen selbst. Die Leistungen konkretisieren sich vor allem in den *erzieherischen Hilfen* (HzE) gemäß Paragraf 27 SGB XII. Sie reichen von der Erziehungsberatung als Einzelfallhilfe über die Gruppenarbeit, bis hin zu den ambulanten Hilfen, von der sozialpädagogischen Familienhilfe bis zum Betreuten Wohnen. Es umfasst das Angebot der Erziehung, Bildung und Betreuung in Kindertagesstätten ebenso wie die Tagespflege bis hin zur vollstationären Heimunterbringung. Eltern haben zudem einen Anspruch auf Familienbildung, aber auch Familienhilfen, um in ihren erzieherischen Aufgaben unterstützt zu werden. Armutsspezifisch ist die Anforderung, Benachteiligungen – also auch Armutsfolgen – aufzufangen oder zu vermeiden.

So hat sich im Laufe der Jahrzehnte ein breites Dienstleistungsangebot als Pflichtaufgabe einer jeden Kommune und als gewichtiger Teil kommunaler sozialer Infrastruktur etabliert. Wie bedeutsam das ist, verdeutlichen einige wenige Zahlen:

1. Im Jahr 2015 wurden nach Angaben des Statistischen Bundesamtes (2017) insgesamt 40,7 Milliarden Euro für Kinder- und Jugendhilfe ausgegeben. Nach Abzug der Einnahmen, u. a. aus Gebühren und Teilnahmebeiträgen, umfasst die Nettosumme gut

37,7 Milliarden Euro. Für das Teilgebiet *Hilfen zur Erziehung* wendeten die öffentlichen Träger, primär die Kommunen, insgesamt 10,2 Milliarden Euro auf.

2. Zum 1. März 2016 nutzten bundesweit 710.558 Kinder unter drei Jahren das Angebot der *Kindertagesbetreuung/Kindertagespflege*. Die Betreuungsquote ist zwischen 2006 und 2016 von 13,6 auf 32,7 Prozent gestiegen. Im März 2016 nutzten 2.333.326 Kinder im Alter von drei Jahren bis zum Schuleintritt ein Angebot in Kindertageseinrichtungen/-tagespflege. Die Betreuungsquote stieg zwischen 2006 und 2016 von 87,6 auf 94 Prozent. Genauso erfolgt ein Ausbau in der Ganztagsbetreuung, z. B. in den Grundschulen. Trotzdem zeigen sich nach wie vor in allen Bereichen ein höherer Bedarf sowie gravierende regionale Unterschiede, was weiter auf unterschiedliche politische Prioritätensetzungen hinweist (vgl. BMFSFJ 2017):
Mit Blick auf die Gruppe der armen Kinder lässt sich nachzeichnen, dass diese allgemein und regional erheblich unterdurchschnittlich versorgt ist. Zwei Beispiele: In Mühlheim an der Ruhr[7] nutzen rund 31 Prozent der unter dreijährigen Kinder aus Familien mit Sozialgeldbezug, aber rund 47 Prozent der Gleichaltrigen aus Familien ohne Sozialgeldbezug ein altersentsprechendes öffentliches Betreuungsangebot (vgl. Groos/ Jehles 2015, S. 26-33). In Frankfurt am Main waren 2012 rund 15 Prozent der unter Dreijährigen aus armutsgefährdeten, aber 59 Prozent der Gleichaltrigen aus wohlhabenden Familien (vgl. Stadt Frankfurt am Main 2014, S. 44) in der Kindertagesbetreuung. Einkommensarme und/oder sozial benachteiligte Gruppen werden mit höheren strukturellen Zugangsschwellen konfrontiert. Exemplarisch lässt sich das anhand der so genannten Aufnahmekriterien für den Kita-Besuch durch Länder und Kommunen erkennen: Seit Jahren findet sich fast allerorts die Bestimmung, Kinder erwerbstätiger Eltern gegenüber Kindern nicht-erwerbstätiger Eltern vorrangig Zugang zu einem Kita-Platz zu gewähren – sicherlich nicht der einzige Beleg für bestehende Ungleichheit hinsichtlich sozialer Rechte benachteiligter Bevölkerungsgruppen. Getragen wird dies u. a. durch eine ungleiche öffentliche Versorgung mit sozialen Gütern, durch ungleiche rechtliche Zugänge sowie materielle wie immaterielle Nutzungsbarrieren, z. B. Beiträge, Statuts- und Milieubezüge. Das gilt ganz besonders für solche Dienstleistungen, die eher präventive Wirkungen erzielen sollen und dem Anspruch der Ressourcen- und Kompetenzentwicklung folgen.

3. Einen weiteren Bereich stellen die *familienersetzenden erzieherischen Hilfen*, also die Vollzeitpflege, die Heimerziehung und das Betreute Wohnen, dar. Ein in der Praxis seit längerem diskutierter Zusammenhang – Armutslagen und deren Bedarf an Hilfen zur Erziehung – ist heute empirisch durch die amtliche Kinder- und Jugendhilfestatistik belegt. 58 Prozent der Familien, die 2014 eine erzieherische Hilfe (ohne Erziehungsberatung) erhalten haben, ist auf Transferleistungen angewiesen. Bei der Erziehungsberatung ist lediglich jede fünfte Familie davon betroffen. Differenziert nach den einzelnen Hilfearten variiert die ausgewiesene Quote zwischen 41 Prozent (Intensive

---

7   Datenbasis sind die Schuleingangsuntersuchungen von 2009/10 bis 2012/13.

sozialpädagogische Einzelbetreuung), 61 Prozent (Sozialpädagogische Familienhilfe) und 75 Prozent (Vollzeitpflege) (vgl. Fendrich et al. 2016). Über die Jahre hinweg ist eine Verschiebung hin zu den erzieherischen Hilfen innerhalb der Ursprungsfamilie (also ambulante Hilfen) festzustellen. Hier spielt neben pädagogischen Konzepten zur Stärkung familienorientierter Hilfe-Settings die Finanzierungsfrage eine mindestens ebenso große Rolle. Vor allem Heimunterbringungskosten drohen manchen kommunalen Haushalt zu sprengen und können im Gegensatz zu anderen – meist als freiwillig bezeichneten – SGB-VIII-Leistungen nicht verweigert werden. Bei Betrachtung der Statistiken fällt wiederum auf, dass auch hier regionale Unterschiede mit einem deutlichen Nord-Süd-Gefälle bestehen (vgl. AKJ-Kom[Dat]-Statistik). Landesspezifische Auswertungen der HzE-Maßnahmen nach sozialer Lage der Kinder bzw. deren Familien – z. B. für Rheinland-Pfalz, Nordrhein-Westfalen, Baden-Württemberg – belegen: Der Anteil an armen Kindern, die Hilfen zur Erziehung in Anspruch nehmen, steigt mit dem Grad der staatlichen Intervention als Reaktion auf Kindeswohlgefährdungen bzw. elterliche Erziehungs- und Versorgungsprobleme.

Was bedeuten die vorangestellten Ausführungen für die Armutsgruppe? Welche positiven wie negativen Aspekte lassen sich aufzeigen?

Stärken des SGB VIII sind der Rechtsanspruch auf öffentliche Unterstützung sowie die bundesweit geltenden Zugangsrechte und Möglichkeiten. Die Kinder- und Jugendhilfe steht als soziale Dienstleistung für (arme) Mädchen und Jungen sowie deren Familien offen. Vor allem Minderjährige aus belasteten Familien können aufgefangen werden. In der tatsächlichen Realisierung dieser Ansprüche ist aber davon auszugehen, dass das genuine Spannungsfeld einer jeden sozialen Dienstleistung zwischen Hilfe und Kontrolle je nach sozialer Lage der Adressatin bzw. des Adressaten in anderer Form zum Tragen kommt. Drei Schwachstellen sind zu nennen:

1. Das SGB-VIII-System wirkt *reaktiv*: Armut ist hier ein Merkmal der sozialen Selektion mit dem Ergebnis, dass präventive Hilfen quantitativ und qualitativ unzureichend nutzbar sind, reaktive Kontrollen hingegen überdurchschnittlich zum Einsatz kommen. Gerade die Diskussion um den Anstieg der Heimunterbringungen – quasi als Endpunkt des Leistungsspektrums – ab Ende der 1990er Jahre sowie das zunehmend bessere Wissen über soziale Nutzergruppen – vor allem Kinder aus armen sowie so genannten Multiproblemfamilien erleben Abstiegskarrieren – verweisen darauf, dass Konzepte, Ressourcen und Angebote den Präventionsgedanken noch kaum verwirklichen.
2. Der Fokus des SGB-VIII-Systems wird langsam hin zu den so genannten *Frühen Hilfen*, d. h. ab Schwangerschaft bzw. Geburt eines Kindes, verlagert. Gleichwohl sind die Angebote für die älteren Altersgruppen unter den Minderjährigen nach wie vor das Hauptengagementfeld, was bedeutet, es geht weiterhin vor allem um Krisenintervention.
3. Es ist eine *armutsspezifische Differenzierung* sowohl der Infrastruktur als auch innerhalb der Angebote dringend erforderlich. Erkennbar wird dies auf der Fachkräfte- und der Planungsebene. Nicht nur, dass Kommunen/Kreise selten über eine qualifizierte integ-

rierte Sozialplanung (innerhalb deren z. B. Kinder- und Jugendhilfe, Kindergarten- und Schulentwicklungsplanung, Gesundheits- und Sozialberichterstattung zusammengeführt sind, wobei die Jugendhilfeplanung am häufigsten realisiert wird) verfügen (vgl. Simon 1997, Kreft/Mielenz 2017), sondern genauso fehlt es flächendeckend an Handlungsstrategien zur kindbezogenen Armutsprävention. Gleichwohl finden sich neben Kommunen zunehmend auch Länder, die diesen Handlungsansatz ausdrücklich verfolgen. Interessant ist ebenso die Entwicklung, dass sich nicht-staatliche Institutionen unter Nutzung von Stiftungsförderungen des Themas *Aufbau kommunaler Präventionsstrategien für Kinder und Jugendliche* annehmen und so kommunales Präventionshandeln befördern[8]. Ziele sind hier z. B. Förderung sozialer Inklusion, Sicherung des Aufwachsens im Wohlergehen oder Gestaltung gesunder Lebenswelten. Prägend ist ein inklusives Grundverständnis, d. h., armutsbetroffene und/oder sozial benachteiligte junge Menschen sind nur *eine* – aber zumeist die wesentliche – Zielgruppe unter anderen. Zwei Strukturformen einer kindbezogenen Armutsprävention stehen im Mittelpunkt: die *Präventionskette* und das *Präventionsnetzwerk* (vgl. Richter-Kornweitz und Utermark 2013; LVR 2017).

4.3   Soziale Dienstleistungen für (arme) Kinder im Gesundheits- und Bildungswesen

Weitere Felder sozialer Dienstleistungen bilden das Gesundheits- und das Bildungswesen. Beide sind für die Gruppe armer Kinder und die Sicherung ihres Aufwachsens im Wohlergehen existenziell. Geht es beim einen um die Sicherung der Gesundheit, so geht es beim anderen um die Chancen der (Selbst)Bildung, Wissensaneignung und emotionalen Entwicklung.

Zu den Stärken des *Gesundheitswesens* gehört mit Blick auf Dienstleistungen für (arme) Kinder die Existenz eines fundierten theoretischen, konzeptionellen und empirischen Wissens über den Zusammenhang von sozialer und gesundheitlicher Ungleichheit (vgl. Mielck 2005). Davon profitiert auch der Diskurs über Armutspräventionsansätze in der Sozialen Arbeit. Das so gewonnene Knowhow wird mittlerweile in vielfältige Präventi-

---

8   Z. B. LVR-Landesjugendamt Rheinland mit dem Programm „Teilhabe ermöglichen – Kommunale Netzwerke gegen Kinderarmut" (vgl. http://www.lvr.de/de/nav_main/jugend_2/jugendmter/koordinationsstellekinderarmut/teilhabe_er-moeglichen/koordinationsstellekinderarmut_4.jsp) oder Landesvereinigung Gesundheit Niedersachsen mit dem Programm „Präventionsketten in Niedersachsen: Gesund aufwachsen für alle Kinder!" (http://www.gesundheit-nds.de/index.php/arbeitsschwerpunkte-lvg/soziale-lage-und-gesundheit/583-praeventionsketten-in-niedersachsen), jeweils mit Förderung durch die Auridis-Stiftung. Weitere Beispiele liefern die Bertelsmann-Stiftung mit diversen Programm (https://www.bertelsmann-stiftung.de/de/suchergebnisseite/?tx_rsmsearch_pi1%5BsearchQuery%5D%5Bquery String %5D=kinderarmut) oder auch die Stiftung Polytechnische Gesellschaft Frankfurt am Main mit ihren bundesweit umsetzbaren Bildungsprojekten (https://www.sptg.de/projekte/unsere-themen/bildung/).

onsaktivitäten[9] übertragen. Im Fokus stehen zunehmend einkommensarme und/oder sozial benachteiligte junge Menschen. Diskutiert werden Nutzung und Zugangsbarrieren ebenso wie zielgruppenspezifische Ausrichtungen. Weiterentwicklungen zeigen sich sowohl hinsichtlich der Ausgestaltung der Angebote und Instrumente als auch in der Diskussion um die Wirkung der Maßnahmen. Vor allem zwei Schwächen sind im Hinblick auf sozial benachteiligte Gruppen bedeutsam:

1. Im Gesundheitswesens insgesamt spielt der präventive Sektor – also Gesundheitsförderung und Prävention – im Vergleich zum kurativen Sektor eine untergeordnete Rolle, sowohl quantitativ als auch qualitativ. Dies belegen schon allein die Geschäftsdaten der Kranken- und Rentenversicherungsträger mit Angaben zur Verwendung der Finanzmittel. Erst 2015 konnte nach jahrelangen Diskussionen und zögerlichem Gesetzgebungsprozess mit massiven Gegeninterventionen wichtiger Gesundheitsakteure das *Präventionsgesetz* in Kraft treten (vgl. http://www.gesundheitbb.de/Aktuelles-zum-Praeventionsgesetz.1691.0. html). Aktuell steht der Auf- und Ausbau der Umsetzungsstrukturen von der Bundes- bis zur kommunalen Ebene an, gleichzeitig aber ist eine Beschwerde beim Bundesverfassungsgericht seitens der Krankenkassen gegen das Gesetz anhängig. Ein wichtiges Ziel des Präventionsgesetzes ist es, verstärkt so genannten vulnerablen Bevölkerungsgruppen (dazu werden u. a. Menschen mit Migrationshintergrund, mit Handicaps, mit geringem Einkommen gezählt) gesundheitsfördernde Dienstleistungen zukommen zu lassen. Dies soll nicht mehr so sehr durch individuelle Einzelmaßnahmen, die auf Änderung von Verhalten abzielen (z. B. Kurse für Bewegung oder zur gesunden Ernährung), sondern durch Ausbau von Settingangeboten, die zu Änderungen in den Lebensverhältnissen/-welten beitragen, geschehen. Solche Settings sind beispielsweise die Kita, die Schule, der Betrieb oder auch – ganz neu aufgenommen – die Kommune. Spätestens dann geht es um soziale Dienstleistungen als Teil der kommunalen Infrastruktur und um die Nahtstellen zu den anderen Bereichen kommunaler Daseinsvorsorge (vgl. https://www.gesund heitliche-chancengleichheit.de/doku-mente-praeventionsgesetz/).
2. Der Bereich des öffentlichen Gesundheitswesens befindet sich seit längerem in einem Neuorientierungsprozess, bei dem es zumeist um Einsparpotenziale und weniger um Entwicklung zukunftsorientierter Aufgabengestaltung geht. Davon betroffen sind gerade Präventionsbereiche für das frühe Kindesalter. Ebenso ist die Kindergesundheitsberichterstattung der Kommunen ein Randgebiet, so dass eine datengestützte, bedarfsnahe Ausgestaltung der Dienstleistungen, der Gesundheitsdienste und der Infrastruktur kaum gelingen kann. All das trotz der Brisanz des Themas, die die KIGGS-Studie (Welle 2007 und Welle 2014) des Robert Koch-Instituts in unmissverständlicher Form nachweist: Der Zusammenhang von sozialer Lage und Gesundheitszustand von Minderjährigen nimmt eher zu als ab, nachzulesen mit Blick auf Adipositas, psychische Belastungen, Suchtmittelgenuss, Gesundheitsverhalten usw.

---

9   Beispielhaft dazu der Leitbegriff der Gesundheitsförderung „Integrierte Handlungsansätze/ Präventionsketten", vgl. Richter-Kornweitz et al. 2016.

Gleichzeitig aber erfolgt seit 2012 eine andere Strukturentwicklung familienbezogener Dienstleistungen mit Herausbildung eines spezifischen Handlungsfeldes in Kooperation von Gesundheitswesen und Jugendhilfe. Gemeint ist der sich bundesweit vollziehende Auf- und Ausbau eines ausdrücklich präventiv und ressortübergreifend angelegten Dienstleistungssektors der Frühen Hilfen.[10] Frühe Hilfen sind passgenaue Unterstützungen für Eltern und Kinder ab der Schwangerschaft und in den ersten drei Lebensjahren des Kindes. Sie nutzen die Angebote und Maßnahmen aus dem Gesundheitswesen, der Kinder- und Jugendhilfe, der Schwangerschaftsberatung sowie der Frühförderung und entwickeln sie weiter. Dies geschieht in multiprofessionellen und hilfesystemübergreifenden Netzwerken Früher Hilfen. Die Leistungen werden den Eltern zumeist durch Fachpersonal angeboten, insbesondere beim Vorliegen von Belastungen. Hier dienen spezifische Koordinierungsstellen als zentrale Vermittlungs- und Kontaktinstitutionen. Diese haben einerseits einen Überblick über bereits vorhandene Dienstleistungen vor Ort und schaffen andererseits gezielt weitere Unterstützungsangebote der Frühen Hilfen, welche dann in die bestehenden Hilfesysteme integriert werden. Eines der bekanntesten aufsuchenden Angebote ist die häusliche Begleitung der Familienhebammen. Differenzierte Nutzungs- und Strukturdaten liegen erst in Ansätzen vor (vgl. Eickhorst et al. 2016). Auswertungen mit Blick auf die Nutzung durch armutsbetroffene Familien stehen noch aus.

Das Schulsystem als Hauptfeld des *Bildungswesens* wird hierzulande wie kein anderes durch den Zusammenhang von sozialer Herkunft und Bildungschancen geprägt. Zwar impliziert die allgemeine Schulpflicht ein flächendeckendes Angebot sowie einen Zugang für alle Gruppen, faktisch jedoch erfolgt eine soziale Selektion. Gleichwohl steht die Schule nicht allein im Fokus. Genauso geht es hier um die Frage der Einbindung in das kommunale Geschehen im Allgemeinen und die Verknüpfung von Schul- und Jugendhilfebelangen im Besonderen.

Mit Blick auf arme Kinder zählt sicherlich die soziale Dienstleistung *Schulsozialarbeit* oder *Schulsozialpädagogik* mit eigenem Konzept und spezifischen Angeboten – von der Elternarbeit über Gruppenangebote bis hin zu integrativer Begleitung als Einzelhilfe – im Rahmen der Kinder- und Jugendhilfe zu den wichtigsten Angeboten.[11] Gleichwohl ist dieses Feld lange Zeit wenig beachtet und ressourcenmässig gering ausgestattet worden (vgl. Speck und Olk 2010). Vier Schwächen sind zu nennen:

---

10 Die Grundlage bilden das Gesetz zur Stärkung eines aktiven Schutzes von Kindern und Jugendlichen (Bundeskinderschutzgesetz – BKiSchG) und das Gesetz zur Kooperation und Information im Kinderschutz (KKG).

11 In Deutschland gibt es seit Anfang der 1970er Jahre Schulsozialarbeitsprojekte. In den 1990er und 2000er Jahren hat das allgemeine Interesse spürbar zugenommen. In den 1990er Jahre wurde die Schulsozialarbeit vor allem in Ostdeutschland und nachfolgend in den 2000er Jahren in Westdeutschland ausgebaut. Spätestens seit Mitte der 2000er Jahre hat sich das Arbeitsfeld Schulsozialarbeit im Rahmen von Landesprogrammen zu einem anerkannten Bestandteil der Bildungs- und Sozialpolitik in Deutschland entwickelt. Schulsozialarbeit gibt es nunmehr in allen Bundesländern jedoch mit unterschiedlichen Konzepten, Trägern und Fördermittelgebern.

1. Zuvorderst die in der strukturellen und konzeptionellen Ausgestaltung des Schulsystems angelegte Selektion nach sozialer Herkunft. Arme Kinder sind die Verlierer, nicht-arme Kinder die Gewinner wie alle vergleichenden Bildungsstudien einhellig belegen.
2. Weiterhin fehlen für den Schulunterricht spezifische Konzepte, eine entsprechende Methodik und Didaktik zur gezielten Integration von benachteiligten Kindern.
3. Es fehlt an Qualifizierungskonzepten für die Fachkräfte, um Armutsfolgen bei Kindern wahrzunehmen, richtig einzuordnen und mit spezifischem Handeln richtig darauf zu regieren.
4. Schließlich stellt sich erneut die Frage nach der Prävention ab dem frühestmöglichen Zeitpunkt. So fällt auf, dass auch in jüngerer Vergangenheit immer noch Schulsozialarbeit am ehestens ab Sekundarstufe I, in Ganztags- und Gesamtschulen sowie in besonders sozial belasteten Schulen, also in sozialen Brennpunkten, zu finden ist bzw. ausgebaut wird. Angebote in Kindertagesstätten und Grundschulen besitzen Seltenheitswert und stehen meist noch im Zusammenhang mit zeitlich befristeten und räumlich begrenzten Modellprojekten. Umgekehrt aber ist die Gruppe der Kinder unter zehn Jahren am stärksten von Armutsrisiken betroffen und das in der Altersphase mit dem größten Entwicklungs- und damit Präventionspotenzial. Zukunftsweisend könnten hier Bestrebungen wie die der Stadt Bochum sein, wo seit 2015 Sozialarbeiter und Sozialarbeiterinnen des Jugendamtes in den Kitas eingesetzt werden. Als Teil eines neuen Präventionskonzeptes der Stadt sollen sie an den Schnittstellen zwischen Jugendamt, Kita, Eltern, Beratungsstellen, Ämtern und Kinderärzte bzw. Kinderärztinnen aktiv werden, Kontakte herstellen, bei Behördengängen unterstützen oder selbst beraten (vgl. MIGAZIN o.J.). Oder in Monheim am Rhein: Hier wurde ein Konzept der Schulsozialarbeit/-psychologie regelhaft in allen Schulen – einschließlich den Grundschulen – etabliert (vgl. Monheim am Rhein 2015).

4.4 Soziale Dienstleistungen zur Absicherung der materiellen Grundversorgung

Als letztes Handlungsfeld – aber das eigentlich grundlegende – sozialer Dienstleistungen bei Armut ist die materielle Grundversorgung zu betrachten. Dabei müssen kind- und erwachsenenspezifische Belange jeweils einzeln und in ihrem Zusammenhang gesehen werden. Relevant für die konkrete Lebenslage eines Mädchens oder Jungen ist es, was bei ihr oder ihm (unter Armutsbedingungen) an Ressourcen und Leistungen wirklich ankommt. Da Kinder stets Teil einer Familie/Bedarfsgemeinschaft sind, hängt ihre Versorgung sowohl von der verfügbaren Finanzsumme als auch vom Handeln und der innerfamiliären Ressourcenverteilungen durch die Erwachsenen, sprich Eltern ab. Die am Anfang genannten Zahlen über kindspezifische Mängel in der Grundversorgung lassen die Brisanz erkennen.

Zwei Gesetzesbereiche sind dafür herauszuheben: Der soziale Sicherungsbereich hat im Rahmen der Arbeitsmarkt- und Sozialreformen (Hartz I bis IV) ab Beginn des Jahrtausends die wohl grundlegendsten Umbrüche erfahren, wobei die Anforderungen von *Fordern und*

Fördern und von *Kontrolle und Autonomie* sich zu Lasten der Adressatinnen und Adressaten der Dienstleistung verschoben haben. Auch führten die Reformen zu einer Verringerung des sozialen Sicherungsniveaus und zu einer Zunahme armutsbetroffener Menschen.

Bezogen auf die Kinder erfolgte eine eindeutige Verschlechterung der sozialen Absicherung nach SGB II *Grundsicherung für Arbeitsuchende* bzw. SGB XII *Sozialhilfe* im Vergleich zum vorherigen BSHG *Bundessozialhilfegesetz*. Erst nach einem Urteil des Bundesverfassungsgerichtes im Jahr 2010 und der darauf ab dem 1. Januar 2011 geltenden Neureglungen verbunden mit der Einführung des Bildungs- und Teilhabepakets (BuT) verbesserten sich die Ansprüche. In Bezug auf Dienstleistungen für arme Kinder und Jugendliche lässt sich folgendes festhalten: Stärke dieses Handlungsfeldes ist die Gewährleistung des Rechts auf existenzielle Absicherung einer jeden Familie bzw. eines jeden Kindes. Zugang besteht bundesweit und wurde im Rahmen der Sozialreformen strukturell verändert mit dem Ergebnis, dass es langsam aber stetig zu einer stärkeren Nutzung des BuT kommt. 2013 hatten 3,1 Millionen Kinder, Jugendliche und junge Erwachsene grundsätzlich Anspruch auf die BuT-Leistungen, dreiviertel von ihnen bezogen Leistungen nach dem SGB II, ein Fünftel Wohngeld. Die Evaluation ergab, dass zwischen 2011 und 2014 ungefähr 80 Prozent der Leistungsberechtigten mindestens eine Leistungsart beantragt und rund 74 Prozent BuT-Leistungen tatsächlich genutzt haben. Dabei steigt die tatsächliche Nutzung mit dem Alter der Kinder (vgl. SOFI/IAB 2016, S. 8).

Zwei Hauptschwächen bestehen, die komplex wirken: Zwar haben unter 15-Jährige heute wieder einen eigenständigen Sicherungsanspruch, ergänzt durch die kindspezifischen Zusatzleistungen des BuT, und doch impliziert das nach langen bundespolitischen Diskussionen gewählte Umsetzungsverfahren eher Zugangsbarrieren als umgekehrt (vgl. u. a. EFD 2011). Zudem entspricht die Leistungsausgestaltung nach wie vor allenfalls ausreichend dem kindspezifischen Entwicklungsbedarf (vgl. Tophoven et al. 2015; Becker 2016a, 2016b, Mayert 2016). Die öffentliche Diskussion darum besteht fort und die politische Forderung, beispielsweise nach einer eigenständigen Kindergrundsicherung oder einem Kinderteilhabegesetz, werden anhaltend und lauter formuliert.

5   Soziale Gegensteuerung durch kindbezogene Armutsprävention

Armut ist ein gesellschaftliches Problem, dessen Ursachen sich zunächst auf struktureller (Verhältnis)Ebene und erst dann auf individueller (Verhaltens)Ebene begründen. Entsprechend müssen Handlungsansätze zur Vermeidung respektive Verminderung der Folgen von Armut und Benachteiligung im Allgemeinen und bei Kindern im Besonderen beide Ebenen in den Blick nehmen. Notwendig ist die Umsetzung einer systematischen und umfassenden Armutsprävention. Diese – als gesellschaftliche Verpflichtung und als staatlicher Auftrag verstanden – beinhaltet das Aktivwerden in unterschiedlichen Handlungsfeldern und vereint in sich politische, soziale, pädagogische und planerische Elemente.

Sie umfasst Maßnahmen der Gegensteuerung auf beiden zuvor genannten Ebenen in Form der Bereitstellung entsprechender sozialer Ressourcen und Förderung integrativer Prozesse. Soziale Gegensteuerung kann durch Stärkung des Individuums, d. h. Förderung seiner Resilienz (vgl. Richter-Kornweitz 2010; Zander 2011), oder durch Veränderung von Lebensbedingungen, d. h. Förderung struktureller Rahmenbedingungen zur Begrenzung des Problems (vgl. Holz 2010; Richter-Kornweitz et al. 2016) erfolgen. Akteure sind sowohl die einzelne Fachkraft in ihren jeweiligen Arbeitszusammenhängen der Institutionen und Organisationen, als auch die politisch Verantwortlichen auf kommunaler, Landes-, Bundes- und EU-Ebene. Kindbezogene Armutsprävention schließlich stellt einen theoretischen und praktischen Handlungsansatz dar, der aus der Kindperspektive heraus positive Lebens- und Entwicklungsbedingungen heute und morgen bietet.

Elemente einer strukturellen kindbezogenen Armutsprävention

Die gesellschaftliche Rahmengestaltung mit dem Ziel der Inklusion aller Bevölkerungsgruppen steht im Vordergrund, um soziale Benachteiligung einzelner Gruppen möglichst von vornherein zu vermeiden (vgl. Chassé et al. 2003; Holz 2010). Orientiert am gesundheitswissenschaftlichen Verständnis umfasst Prävention sowohl die Vermeidung oder Bekämpfung von Auffälligkeiten (z. B. Krankheiten) als auch die Förderung von Kompetenzen (z. B. Erhalt der Gesundheit). Sie beinhaltet immer verhaltens- und verhältnisorientierte Gestaltungsansätze in den drei relevanten Präventionsbereichen (Primär-, Sekundär-, Tertiärprävention) (vgl. Zander 2009, S. 128-129). Dieses Verständnis mit den Erkenntnissen der kindbezogenen Armutsforschung sowie vorliegenden Modellerfahrungen der Sozialen Arbeit verknüpft, führt zu einem Handlungsansatz der kindbezogenen (Armuts) Prävention, der folgende Elemente einbezieht:

1. Er umfasst gesellschaftliche Bedingungen und damit strukturelle Gegebenheiten ebenso wie die konkrete kindliche Lebenssituation. Aktionsfeld politischer Entscheidungen ist die Primärprävention (d. h. Vermeidung von Armut, Ungleichheit, Ausgrenzung).
2. Er hat zum Ziel, familiäre Armut und deren defizitäre Folgen für das Kind zu vermeiden, die kindliche Entwicklung im Sinne eines Aufwachsens im Wohlergehen zu fördern und dem Kind ein höchstmögliches Maß an Zukunftschancen zu eröffnen.
3. Er beginnt mit der Schwangerschaft der Frau oder spätestens ab der Geburt des Kindes und nimmt die Lebens- und Sozialisationsbedingungen allgemein und speziell vor Ort in den Blick.
4. Er vermeidet bzw. verhindert – sekundärpräventiv – die mit der Armut einhergehende Gefährdung von Heranwachsenden in allen vier Lebenslagedimensionen (Grundversorgung, Gesundheit, Soziales, Kultur). Dabei geht es um die Förderung von Kompetenzen und Ressourcen der Kinder.
5. Er wird durch politische Entscheidungen mit gestaltet, durch die Infrastruktur vor Ort bestimmt und durch die Arbeit von Fachkräften in Einrichtungen und Projekten

gesichert. Daneben kommt dem Engagement von Einzelnen im sozialen Netzwerk der Kinder große Bedeutung zu.

Wichtig ist, beide Komplexe (Förderung der Resilienz und strukturelle Prävention) bedingen einander und sind zwei Seiten einer Medaille. Es gilt nicht ein „Entweder-oder", sondern ein „Sowohl-als-auch".

Strukturformen einer strukturellen kindbezogenen Armutsprävention

In der konkreten Umsetzung dieser Anforderung kann zwischenzeitlich auf praktische Erfahrungen in der Entwicklung integrierter Gesamtansätze zur kindbezogenen Armutsprävention zurückgegriffen werden. Damit liegen auch Erkenntnisse über die Weiterentwicklung eines integrierten Förder- und Hilfeangebotes für junge Menschen in einer Kommune vor. Die Präventionskette steht für eine Neuorientierung und Neustrukturierung der Hilfesysteme mit der Absicht, vor allem sozial benachteiligten und einkommensschwachen Gruppen positive Lebens- und Teilhabebedingungen zu eröffnen. Sie wird durch alle zur Erreichung des jeweiligen Präventionsziels verantwortlichen öffentlichen und gesellschaftlichen Akteuren gebildet. Sie dient dazu, voneinander getrennt erbrachte Leistungen und Angebote aufeinander abzustimmen und zu koordinieren. Ziel ist es, eine durchgängige und lückenlose Förderung und Unterstützung zu gestalten, bei denen die einzelnen Angebote sinnvoll miteinander verknüpft werden – unabhängig davon, wer sie erbringt. Dies kann nur gelingen, wenn alle Organisationen einen gemeinsamen und übergreifenden Handlungsansatz verfolgen und ihn dann im konkreten Leistungsprozess umsetzen. Eine kind-/jugendbezogene (Armuts)Präventionskette ist biografisch angelegt und darauf ausgerichtet, Kindern und Jugendlichen eine fördernde Begleitung von der Geburt bis zum erfolgreichen Berufseinstieg – je nach Bedarf und zu jedem möglichen Zeitpunkt – zuzusichern. Entscheidend ist zusätzlich zum elterlichen Engagement eine passgenaue und verlässliche Begleitung (vgl. Holz 2010; Richter-Kornweitz und Utermark 2013; Richter-Kornweitz et al. 2016).

Die unterschiedlichen Lebenslagen von Menschen und die ausdifferenzierten Angebote und Formen sozialen Engagements machen Netzwerkorganisationen sinnvoll. Verbindliche Netzwerke führen Vielfalt zusammen, bündeln und nutzen die sich so ergebenden Möglichkeiten für praxisnahe und bedarfsgerechte Aktivitäten. *Netzwerke* können als formelle oder informelle Akteursbeziehungen mit unterschiedlichen wechselseitigen Interessen verstanden werden, die sich auf ein gemeinsames Problem (eine Aufgabe) fokussieren. Sie streben ein *Kollektivgut* an. Sie agieren unter Beibehaltung der Autonomie der Akteure und ihre grundlegende Handlungslogik ist Verhandlung. In Netzwerken arbeiten alle Akteure zusammen – jenseits traditioneller Trennungen zwischen Berufsgruppen und Funktionen, Ämtern, Institutionen, Organisationen usw. (vgl. Schubert 2010). *Präventionsnetzwerke* sind Produktionsnetzwerke (vgl. Reis et al. 2010) mit gemeinsamen Produkten. Sie sind präventionsorientiert, indem sie z. B. die frühe Förderung von benachteiligten Kindern ab Geburt und in den ersten Lebensjahren sichern oder Bildungsteilhabe als Basis des

Schulerfolgs von Kindern mit Migrationshintergrund oder den gelingenden Wechsel von der Schule in die Berufsausbildung für einen jungen Menschen mit mehrfachem Klassen-/Schulwechsel eröffnen.

In der Praxis zeigt sich häufig, dass je nach kommunalen Gegebenheiten an ganz unterschiedlichen Punkten mit der Netzwerkarbeit begonnen wird. Mal liegt im Rahmen der Sozial-, Jugend- oder Gesundheitsberichterstattung bereits eine Netzwerkanalyse vor, mal haben Verbände ein Leitbild zur Armutsprävention erarbeitet oder ein anderes Mal war der Startpunkt eine Fachveranstaltung, auf der Kommune und Träger vereinbarten, ein kommunales Präventionskonzept zu entwickeln. Nicht der Einstieg in einen solchen Zyklus ist das Entscheidende, sondern der danach initiierte Umsetzungsprozess, der dann systematisch zu einem Zyklus zusammengefügt wird (vgl. LVR 2017).

Diese kurze Beschreibung eines präventionsorientierten Hilfesystems macht deutlich, dass langsam zwar aber dennoch sichtbar eine systematische Neuausrichtung der Angebote und Hilfen für junge Menschen auf kommunaler (z. B. Monheim am Rhein, Dormagen, Nürnberg, Braunschweig, Weimar, Tübingen, Essen) und Landesebene eingeleitet ist. Es geht um eine verlässliche soziale Infrastruktur für Familien, d. h. für Kinder/Jugendliche und deren Eltern, insbesondere armutsbetroffene. Auf letzterer Ebene bilden das mehrjährige Handlungskonzept „Gegen Armut und soziale Ausgrenzung" NRW und die darauf basierenden Landesinitiative „NRW hält zusammen … für ein Leben ohne Armut und Ausgrenzung" sowie das explizit auf junge Menschen ausgerichteten Programm „Kein Kind zurucklassen! Kommunen in NRW beugen vor (KeKiz)" zukunftsweisende Referenzpunkte (vgl. MAIS NRW 2014, 2016; MFKJKS 2015). Ebenso lassen sich Bestrebungen seitens der Länder Thüringen, Brandenburg, Berlin, Hamburg, Rheinland-Pfalz oder auch Baden-Württemberg nennen, unterschiedlich in ihrer Entstehung, Tiefe und ihrem Umfang. Eine Präventionsstrategie des Bundes zur kindbezogenen Armutsprävention durch gesetzliche Regelungen für eine in sich wirkenden Infrastruktur sowie entsprechende Geld-, Dienst- und Sachleistungen steht dagegen weiter aus. Gleichwohl gilt für Deutschland: Ein Anfang ist gemacht, aber es bleibt dennoch viel zu tun.

Literatur[12]

AWO/ISS = Arbeiterwohlfahrt Bundesverband/Institut für Sozialarbeit und Sozialpädagogik e. V., Hrsg. 2015. *Inklusive Gesellschaft*. Baden-Baden.
Andresen, Sabine und D. Galic. 2015. *Kinder. Armut. Familie. Alltagsbewältigung und Wege zu wirksamer Unterstützung*. Gütersloh: Bertelsmann. http://www.bertelsmann-stiftung.de/fileadmin/files/BSt/ Publikationen/imported/leseprobe/LP_978-3-86793-657-6_1.pdf.

---

12 Alle Internetlinks in diesem Literaturverzeichnis wurden am 8. März 2017 geprüft.

Autorengruppe Bildungsberichterstattung. 2016. Bildung in Deutschland 2016. Bielefeld: W. Bertelsmann Verlag. http://www.bildungsbericht.de/de/bildungsberichte-seit-2006/bildungsbericht-2016/
pdf-bildungs bericht-2016/bildungsbericht-2016.

Becker, Irene. 2016a. Familienarmut und Entwicklungspotenziale von Kindern. In *Kinderreport
2016. Rechte von Kindern in Deutschland,* Hrsg. Deutsches Kinderhilfswerk, 16-18. Berlin.

Becker, Irene. 2016b. Vor und nach der Hartz-IV-Reform. Wie sich Einkommen und Ausgaben der
Betroffenen verändert haben. *Soziale Sicherheit.* Jg. 65. Heft 3: 111-119.

Bertelsmann Stiftung, Hrsg. 2016. *Kein Kind zurücklassen – Kommunen in NRW beugen vor. Die
Wirkungsweise kommunaler Prävention: Zusammenfassender Ergebnisbericht der wissenschaft-
lichen Begleitforschung.* Gütersloh. http://kein-kind-zuruecklassen.de/fileadmin/ user_upload/
Berichte/Bericht_der_begleitenden_Forschung_Kein_Kind_zuruecklassen_2016.pdf

Bertram, Hans. 2006. Zur Lage der Kinder in Deutschland: Politik für Kinder als Zukunftsgestal-
tung. *Innocenti Working Paper No.* 2006-02, Florenz.

Bertram, Hans, Hrsg. 2013. *Reiche, kluge, glückliche Kinder? – Der UNICEF-Bericht zur Lage der
Kinder in Deutschland.* Weinheim, Basel.

Bird, Kate und W. Hübner. 2010. *Familien in benachteiligten und von Armut bedrohten oder betroffenen Lebenslagen als Adressaten von Elternbildung und Elternarbeit – Expertise im Auftrag des
AWO-Bundesverbandes e. V. Schriftenreihe Theorie und Praxis 2010.* Berlin. http://www.bird-
und-huebner.de/AWO%20EXPERTISE%20FAMILIE%20+%20ARMUT.pdf.

Bird, Kate und W. Hübner. 2013. Handbuch der Eltern- und Familienbildung mit Familien in benachteiligten Lebenslagen. Leverkusen: B. Budrich.

Blinkert, Baldo. 2011. Begleitforschung zur Einführung eines Persönlichen Pflegebudgets mit
integriertem Case Management. In *Das Pflegebudget,* Hrsg. Gesetzliche Krankenversicherung
(GKV)-Spitzenverband, 45-84.

Blinkert, Baldo. 2015. *Versorgung pflegebedürftiger Haushaltsmitglieder. Expertise im Auftrag der
Siebten Altenberichtskommission der Bundesregierung.* Freiburg.

BMAS = Bundesministerium für Arbeit und Sozialordnung. *2016. Entwurf: Lebenslagen in Deutschland. Der Fünfte Armuts- und Reichtumsbericht der Bundesregierung.* Berlin.

BMFSFJ = Bundesministerium für Familie, Senioren, Frauen und Jugend, Hrsg. 2016. *Siebter
Bericht zur Lage der älteren Generation in der Bundesrepublik Deutschland: Sorge und Mitverantwortung in der Kommune – Aufbau und Sicherung zukunftsfähiger Gemeinschaften.* Berlin.
https://www.siebter-altenbericht.de/index.php?eID=tx_nawsecuredl&u=0&g=0&t=14878478
08&hash=c786b2bea4a522e0ec992f1b1fc2491ae79f3bc0&file=fileadmin/altenbericht/pdf/Der_
Siebte_Altenbericht.pdf.

BMFSFJ = Bundesministerium für Familie, Senioren, Frauen und Jugend, Hrsg. 2017. *Kindertagesbetreuung Kompakt. Ausbaustand und Bedarf 2016.* Berlin. https://www.bmfsfj.de/blob/113848/
bf9083e0e9ad752e9b4996381233b7fa/kindertagesbetreuung-kompakt-ausbaustand-und-be-
darf-2016-ausgabe-2-data.pdf

Chassé, Karl August, M. Zander und K. Rasch. 2003. Meine Familie ist arm: Wie Kinder im Grundschulalter Armut erleben und bewältigen. Opladen. Leske und Budrich.

DW = Diakonischen Werk der Ev.-luth. Landeskirche in Braunschweig e. V. in Zusammenarbeit
mit der Stiftung Braunschweigischer Kulturbesitz, Hrsg. 2011. *Wirksame Wege für Famili-
en mit geringem Einkommen im Braunschweiger Land gestalten.* Braunschweig. http://www.
diakonie-braunschweig.de/opencms/export/sites/DiakonischesWerk/_system/Organisation/
DW-Geschaeftsstelle/Dateien/2011-04-19_Wirksame_Wege_-_Broschxre.pdf.

EFD = Erwerbslosen Forum Deutschland. 2011. *Das Bildungspaket der Hartz IV-„Reform" ist ein
völliges Desaster.* Bonn. http://www.elo-forum.net/topstory/2011040615327.html.

Eickhorst, Andreas, A. Schreier, C. Brand, K. Lang, C. Liel, I. Renner, A. Neumann und A. Sann. 2016.
Inanspruchnahme von Angeboten der Frühen Hilfen und darüber hinaus durch psychosozial

belastete Eltern. In *Bundesgesundheitsblatt Nr.10/2016 – Schwerpunktheft Frühe Hilfen*, S. 1-10. http://www.fruehehilfen.de/fileadmin/user_upload/ fruehehil fen.de/pdf/Bundesgesundheits-blatt_10_2016_Eickhorst_et_al_InanspruchnahmeFrueheHilfen.pdf.

FFP/ZEW = Forschungszentrum familienbewusste Personalpolitik/Zentrum für europäische Wirtschaftsforschung. 2013. *Evaluation zentraler ehe- und familienbezogener Leistungen in Deutschland. Endbericht. Gutachten für die Prognos AG. Endbericht.* Mannheim.

Fischer, Jörg und T. Kosellek, Hrsg. 2013. Netzwerke und Soziale Arbeit. Weinheim, Base: Beltz, Juventa.

Fendrich, Sandra, J. Pothmann, A. Tabel. 2016. *Monitor Hilfen zur Erziehung 2016*. Dortmund. http://akjstat.tu-dortmund.de/fileadmin/Startseite/Monitor_Hilfen_zur_Erziehung_2016.pdf.

Groos, Thomas und N. Jehles. 2015. *Der Einfluss von Armut auf die Entwicklung von Kindern Ergebnisse der Schuleingangsuntersuchung. Arbeitspapiere wissenschaftliche Begleitforschung „Kein Kind zurücklassen!" Werkstattbericht.* Gütersloh: Bertelsmann. http://www.bertelsmann-stiftung.de/fileadmin//files/BSt/Publikationen/GrauePublikationen/03_Werkstattbericht_Einfluss_von_Armut_final_Aufl.3_mU.pdf.

Hauser, Richard. 1997. Vergleichende Analyse der Einkommensverteilung und der Einkommensarmut in den alten und neuen Bundesländern 1990 bis 1995. In *Einkommensverteilung und Armut. Deutschland auf dem Weg zur Vierfünftel-Gesellschaft?*, Hrsg. I. Becker und R. Hauser, 63-82. Frankfurt a. M.: Campus.

Holz, Gerda. 2010. Kindbezogene Armutsprävention als struktureller Präventionsansatz. In *Kinderarmut und ihre Folgen. Wie kann Prävention gelingen?*, Hrsg. G. Holz und A. Richter-Kornwitz, 109-126. München, Basel: Ernst Reinhardt.

Holz, Gerda. 2011. *Ansätze kommunaler Armutsprävention – Erkenntnisse aus der AWO-ISS-Studie „Kinderarmut".* Frankfurt a. M. http://www.jugendsozialarbeit.de/media/raw/VORTRAG_GERDA_HOLZ_ARMUTSPRAeVENTION.pdf.

Holz, Gerda. 2014. Kindbezogene Armutsprävention auf kommunaler Ebene – Ein Anfang ist gemacht. In. *Kinderarmut in der Erwerbsgesellschaft. Armutsprävention in Wissenschaft, Politik und Praxis*, Hrsg. G. Hopfengärtner, 47-64. Nürnberg. https://www.nuernberg.de/imperia/md/sozialamt/dokumente/dokumentation_der_dritten_armutskonferenz_2013.pdf.

Holz, Gerda, Laubstein, Claudia und Sthamer, Evelyn. 2012. Lebenslagen und Zukunftschancen von (armen) Kindern und Jugendlichen in Deutschland 15 Jahre AWO-ISS-Studie. Frankfurt a. M.: AWO. http://www.iss-ffm.de/m_106.

Holz, Gerda, A. Richter, W. Wüstendörfer und D. Giering. 2006. Zukunftschancen von Kindern!? Wirkung von Armut bis zum Ende der Grundschulzeit, Frankfurt a. M.: ISS.

KIGGS im Robert Koch-Institut. 2014. *Studie zur Gesundheit von Kindern und Jugendlichen in Deutschland – Welle 1, Schwerpunktheft des Bundesgesundheitsblattes 7/2014.* Heidelberg. http://link.springer.com/journal/103/57/7/page/1.

Kolbe, Christian und C. Reis. 2005. *Vom case management zum „Fallmanagement". Zur Praxis des case managements in der Sozialhilfe und der kommunalen Beschäftigungsförderung am Vorabend von Hartz IV.* Frankfurt a. M.: Fachhochschulverlag.

Kreft, Dieter und I. Mielenz. 2017. Jugendhilfeplanung. In *Wörterbuch der Sozialen Arbeit*, 8., überarb. Aufl, Hrsg. D. Kreft und I. Mielenz, 468-473. Weinheim, München: Beltz Juventa.

Laubstein, Claudia. 2014. *Expertise zu „Lebenslagen und Potentialen armer Familien in Berlin".* Frankfurt a. M. http://www.familienbeirat-berlin.de/fileadmin/Publikationen/ISS-Expertise_Berliner_Familien.pdf.

Laubstein, Claudia, G. Holz, E. Sthamer und J. Dittmann. 2012. *Von alleine wächst sich nichts aus. Lebenslagen von (armen) Kindern und Jugendlichen und gesellschaftliches Handeln bis zum Ende der Sekundarstufe I.* Abschlussbericht der 4. Phase der der Langzeitstudie im Auftrag des Bundesverbandes der Arbeiterwohlfahrt. Frankfurt a. M.

Laubstein, Claudia, G. Holz und N. Seddig. 2016. *Armutsfolgen für Kinder und Jugendliche. Erkenntnisse aus empirischen Studien in Deutschland*. Gütersloh: Bertelsmann. https://www.bertelsmann-stiftung.de/fileadmin/files/BSt/Publikationen/GrauePublikationen/Studie_WB_Armutsfolgen_fuer_Kinder_und_Jugendliche_2016.pdf

LSB-Kinderbarometer Deutschland. 2016. *Stimmungen, Meinungen, Trends von Kindern aus 7 Bundesländern: Ein Projekt des Dachverbandes der Landesbausparkassen „LBS-Initiative Junge Familie" in Zusammenarbeit mit dem Deutschen Kinderschutzbund (DKSB)*. Münster. https://www.lbs.de/unternehmen/u/kinderbarometer/index.jsp.

Lutz, Ronald, Hrsg. 2012. *Erschöpfte Familien*. Wiesbaden: VS Verlag für Sozialwissenschaften.

Lutz, Ronald. 2015. Erschöpfte Jugendliche. Auf dem Weg in die nächste Generation armer Menschen. In *Jugend im Blick: gesellschaftliche Konstruktionen und pädagogische Zugänge*, Hrsg. J. Fischer und L. Ronald, 181-198. Weinheim, Basel: Beltz Juventa.

LVR = Landschaftsverband Rheinland, Landesjugendamt (Hrsg.) (2017): *Präventionsnetzwerke und Präventionsketten erfolgreich koordinieren. Eine Arbeitshilfe aus dem LVR-Programm „Teilhabe ermöglichen – Kommunale Netzwerke gegen Kinderarmut" im Rheinland*. Köln. LVR. http://www.lvr.de/media/wwwlvrde/jugend/jugendmter/koordinationsstellekinderarmut/dokumente_80/LVR-Arbeitshilfe_Kinderarmut_2017_ONLINE.pdf.

MAIS = Ministerium für Arbeit, Integration und Soziales des Landes Nordrhein-Westfalen, Hrsg. 2014. *NRW hält zusammen. Handlungskonzept gegen Armut und soziale Ausgrenzung*. Düsseldorf. http://www.nrw-haelt-zusammen.nrw.de/fileadmin/pdf/dokumente/NRWhaeltzusammen. pdf.

MAIS = Ministerium für Arbeit, Integration und Soziales des Landes Nordrhein-Westfalen, Hrsg. 2016. *NRW hält zusammen. 2. Bericht der Landesinitiative für ein Leben ohne Armut und Ausgrenzung*. Düsseldorf. https://www.mais.nrw/sites/default/files/asset/document/mais-2ter_16-09-22_web.pdf.

Mayert, Andreas. 2016. *Schulbedarfskosten in Niedersachsen*. Hannover. https://www.si-ekd.de/download/Schulbedarfskosten_in_Niedersachsen.pdf.

MASFFS = Ministerium für Arbeit und Sozialordnung, Familie, Frauen und Senioren Baden-Württemberg, Hrsg. 2015. *Erster Armuts- und Reichtumsbericht Baden-Württemberg 2015*. Stuttgart. https://sozialministerium.baden-wuerttemberg.de/fileadmin/redaktion/m-sm/intern/ downloads/Anhang_PM/Armuts_und_Reichtumsbericht_25_11_2015.pdf.

Meier, Uta, H. Preuße und E. M. Sunnus. 2003. *Steckbriefe von Armut. Haushalte in prekären Lebenslagen*. Wiesbaden: VS Verlag für Sozialwissenschaften.

Meier-Gräwe, Uta. 2006. Was brauchen Eltern in benachteiligenden Lebenslagen. In G. Holz (Hrsg.) *Armut bei Kindern, KiTa spezial Sonderausgabe 4/2006*, S. 14-18. Kronach: Wolters Kluwer Deutschland.

Merkle, Tanja und C. Wippermann. 2008. *Eltern unter Druck. Selbstverständnisse, Befindlichkeiten und Bedürfnisse von Eltern in verschiedenen Lebenswelten*, Hrsg. von C. Henry-Hutmacher und M. Borchard. Stuttgart: Lucius.

MFKJKS = Ministerium für Familie, Kinder, Jugend, Kultur und Sport des Landes Nordrhein-Westfalen, Hrsg. 2015. *Positionspapier Integrierte Gesamtkonzepte kommunaler Prävention*. Düsseldorf. http://www.lvr.de/media/wwwlvrde/jugend/service/rundschreiben/dokumente_96/jugendaemter_1/koordinationsstelle_kinderarmut/FirstSpirit_1455178250614Positionspapier_Integrierte-Gesamt konzepte-Pravention_Versand.pdf.

Mielck, Andreas. 2005. *Soziale Ungleichheit und Gesundheit. Einführung in die aktuelle Diskussion*. Bern, Göttingen: Huber.

MiGAZIN. o.J. Kita-*Sozialarbeiter. Ungleichheit schon in der Kita bekämpfen*. http://www.migazin.de/2016/08/09/kita-sozialarbeiter-ungleichheit-schon-in-der-kita-bekaempfen.

Mögling, Tanja, F. Tillmann und B. Reisig. 2015. *Entkoppelt vom System. Jugendliche am Übergang ins junge Erwachsenenalter und Herausforderungen für die Jugendhilfestrukturen*. Düsseldorf: Vodafone Stiftung Deutschland GmbH.

Reis, Claus. 2011. Netzwerke für Alleinerziehende. Mehr Chancen für den Wiedereinstieg. In *Wer kooperiert, gewinnt! Netzwerke für Alleinerziehende aufbauen und gestalten. Dokumentation der Fachtagung am 4. Februar 2011*; Hrsg. Rheinisch-Bergischer Kreis. Bergisch-Gladbach. http://www.zfbt.de/netzwerk-w/dokumente/wer-kooperiert-gewinnt-dokumentation-fachtagung 04022011.pdf.

Reis, Claus, S. Geideck, T. Hobusch, C. Kolbe und L. Wende. 2010. *Produktionsnetzwerke und Dienstleistungsketten. Neue Ansätze nachhaltiger Unterstützungsstrukturen für Alleinerziehende.* Berlin. http://www.alleinerziehende-bmas.de/tl_files/nwhfa_downloads/publikation en/Produktionsnetzwerke%20und%20Dienstleistungsketten_Reis_BMFSFJ_2010.pdf.

Richter-Kornweitz, Antje. 2010. Resilienz und Armutsprävention. G. Holz und A. Richter-Kornweitz (Hrsg.): *Kinderarmut und die Folgen. Wie kann Prävention gelingen?* München: Ernst Reinhardt Verlag.

München, Ernst Reinhardt Verlag Richter-Kornweitz, Antje und K. Utermark. 2013. *Werkbuch Präventionskette. Herausforderungen und Chancen beim Aufbau von Präventionsketten in Kommunen.* Hannover. http://www.gesund heit-nds.de/CMS/images/stories/PDFs/Werkbuch-Praeventionskette_Doppelseite.pdf.

Richter-Kornweitz, Antje, G. Holz und H. Kilian. 2016. Präventionskette/Integrierte Handlungsstrategie. In *Leitbegriffe der Gesundheitsförderung, Glossar zu Konzepten, Strategien und Methoden, Ergänzungsband 2016*, Bundeszentrale für gesundheitliche Aufklärung-BZgA (Hrsg.), 227-233. Köln: Grafling Verlag für Gesundheitsförderung. https://www.leitbegriffe.bzga.de/alphabetisches-verzeichnis/praeventionskette-integrierte-kommunale-gesundheitsstrategie.

Schubert, Herbert. 2011. Neue Arrangements der Wohlfahrtsproduktion – am Beispiel der Organisation von Netzwerken früher Förderung. In *Wohlfahrtsarrangements – Neue Wege in der Sozialwirtschaft*, Hrsg. W. R. Wendt, 53-86. Baden Baden: Nomos.

Simon, Tobias, Hrsg. 1997. *Jugendhilfeplanung. Ergebnisse einer bundesweiten Untersuchung.* Hohengehren: Schneider Verlag.

Speck, Karsten und T. Olk, Hrsg. 2010. Forschung zur Schulsozialarbeit. Stand und Perspektiven. Weinheim, Basel: Juventa.

Stadt Frankfurt – Dezernat Soziales, Senioren, Jugend und Recht, Hrsg. 2014. *Frankfurter Sozialbericht Teil X: Familien in Frankfurt am Main. Lebenswirklichkeit und Unterstützungsbedarfe.* Frankfurt a. M. https://www.frankfurt.de/sixcms/media.php/738/Frank furter%20Sozialbericht_Teil%20X_2014.pdf.

Stadt Monheim am Rhein. 2015. *Städtisches Gesamtkonzept zur Entwicklungsförderung junger Menschen durch Schulsozialarbeit und Schulpsychologie in Monheim am Rhein.* Monheim am Rhein. https://www.monheim.de/fileadmin/user_upload/Media/Dokumente/Kinder_Familie/Schulen/Schulsozialarbeit_und_Schulpsychologie/Gesamtkonzept_Schulsozialarbeit_und_Schulpsychologie.pdf.

Statistisches Bundesamt. 2017. *Statistiken der Kinder- und Jugendhilfe. Ausgaben und Einnahmen 2015.* Wiesbaden. https://www.destatis.de/DE/Publikationen/Thematisch/Soziales/KinderJugend hilfe/AusgabenEinnahmenJugendhilfe5225501157004.pdf?__blob=publicationFile.

Tophoven, Silke, C. Wenzig und T. Lietzmann. 2015. *Kinder- und Familienarmut: Lebensumstände von Kindern in der Grundsicherung. Institut für Arbeitsmarkt- und Berufsforschung.* Gütersloh: Bertelsmann. http://www.bertelsmann-stiftung.de/fileadmin/files/BSt/Publikation en/ Graue-Publikationen/Studie_WB_Kinder-_und_Familienarmut_2015.pdf.

Walper, Sabine. 2005. Tragen Veränderungen in den finanziellen Belastungen von Familien zu Veränderungen in der Befindlichkeit von Kindern und Jugendlichen bei? *Zeitschrift für Pädagogik*, 2/2005, 170-191.

World Vision Deutschland, Hrsg. 2007. *Kinder in Deutschland 2007. 1. World Vision Kinderstudie.* Frankfurt a. M.

World Vision Deutschland, Hrsg. 2010. *Kinder in Deutschland 2010. 2. World Vision Kinderstudie.* Frankfurt a. M.

World Vision Deutschland, Hrsg. 2013. *Kinder in Deutschland 2013. 3. World Vision Kinderstudie.* Frankfurt a. M.

Wüstendörfer, Werner. 2008. „Dass man immer nein sagen muss". Eine Befragung der Eltern von Grundschulkindern mit Nürnberg-Pass, Nürnberg. https://www.nuernberg.de/imperia/md/sozialreferat/dokumente/befragung_nuernberg_pass.pdf. Zugiff, 06.09.17.

Zander, Margherita. 2009. *Armes Kind – starkes Kind? Die Chancen der Resilienz.* Wiesbaden: VS Verlag für Sozialwissenschaften.

Zander, Margherita, Hrsg. 2011. *Handbuch Resilienzförderung.* Wiesbaden: VS Verlag für Sozialwissenschaften.

Kommunale Armutsverwaltung – zwischen gesetzlichem Auftrag und kommunalem Gestaltungswillen

Monika Burmester

Zusammenfassung

Die Kommunen tragen im deutschen Sicherungssystem traditionell große Verantwortung bei der Bewältigung von Armut. Bis vor einigen Jahren war das Kernelement
kommunaler Fürsorgepolitik die Sozialhilfe, die Kommunen als örtliche Träger zu
leisten hatten und nach wie vor haben. Seit 2005 sind die Kreise und kreisfreien Städte
in die Leistungsgewährung für die nach SGB II anspruchsberechtigten Personen eingebunden. Mit der Einwanderungswelle im Jahr 2015 insbesondere durch Flüchtlinge
aus Krisengebieten sind neue Herausforderungen für Kommunen entstanden, und die
Zuwanderung hat – wenngleich regional unterschiedlich stark – auch Defizite in der
Wohnungsversorgung, ein wesentlicher Baustein kommunaler Verantwortung zur
Vermeidung von Armutslagen, deutlich werden lassen.

Die örtliche Ebene hat Gestaltungsmöglichkeiten in Bezug auf den Umgang mit
armen Menschen und das Angebot an sozialer und anderer Infrastruktur. Dies begünstigt regionale Heterogenität in den Bedingungen, denen sich von Armut Betroffene
gegenüber sehen. Die Gestaltungsmöglichkeiten von Kommunen haben allerdings
Grenzen. Eine Grenze ist durch die bundesgesetzlichen Vorgaben, die auf Gleichheit
bzw. Gleichbehandlung zielen, gezogen. Eine weitere Grenze für kommunale Handlungsoptionen stellen die Finanzmittel dar. Die finanziellen Restriktionen sind in einzelnen
Gemeinden so erheblich, dass sich sozialpolitisches Handeln auf die Gewährung von
Pflichtleistungen beschränkt.

Das Wohlfahrtsarrangement hat sich in den letzten Jahren deutlich verändert. Die
Erbringung sozialer Dienstleistungen wird verstärkt unter ökonomischen Aspekten
betrachtet. Dies tangiert einerseits den Umgang mit der armen Bevölkerung, betrifft aber
auch die Beziehung zu freien Trägern, die in vielen Bereichen als Dienstleister auftreten.
Die Ökonomisierung der Verwaltung und der Leistungserbringung wirkt sich zudem
auf das Selbstverständnis der öffentlichen Verwaltung aus und auf die Erfolgskriterien,
die an das eigene Handeln angelegt werden. Eng damit verbunden sind die Abkehr vom
Dienstleistungs- und die Orientierung am Konzept des aktivierenden Staates. Aktivierung soll durch dezentrale, ambulante und i. d. R. sozialräumliche Versorgungsstruk-

turen realisiert werden, wobei die Einbeziehung nicht-professioneller Unterstützung an Bedeutung gewinnt. Dies ist mit einem Umbau kommunaler Versorgungsstrukturen verbunden, was es zugleich notwendig macht, die Steuerungslogik zu verändern.

Schlagworte

Selbstverwaltung; Konnexitätsprinzip; Durchführungsverantwortung; Governance; Wirkungsorientierung

1   Verschränkung der staatlichen und kommunalen Handlungsebenen

Die historischen Wurzeln der heutigen Grundsicherungsleistungen, auf die von Armut betroffene Menschen Anspruch haben, liegen im Engagement der Kirchen und einer „religiös motivierten Mildtätigkeit" (Sachße und Tennstedt 1998, S. 29) von Privatpersonen. Wenngleich bürgerschaftliches Engagement seit einigen Jahren wieder eine zunehmende Rolle in der Bewältigung von Armut spielt, was in der Tafelbewegung und in jüngerer Vergangenheit insbesondere in der Flüchtlingsarbeit deutlich wird, so liegt dennoch die grundsätzliche Verantwortung für die Sicherung gesellschaftlicher Teilhabe – auf welchem Niveau und in welcher Form auch immer – beim Staat. Als Träger der Sozialhilfe, dem letzten Sicherungssystem, hat der Gesetzgeber die Kreise und kreisfreien Städte bestimmt. Für die Grundsicherung für Arbeitssuchende sind die Kreise und kreisfreien Städte ebenfalls zuständig, in den meisten Kommunen gemeinsam mit der Bundesagentur für Arbeit. Welche Behörde die Leistungen des Asylbewerberleistungsgesetzes durchführt, ist auf Länderebene festgelegt. In der Regel sind auch hier Kreise und kreisfreie Städte eingebunden.
     Die Ausgestaltung des Sozialstaates ist zu großen Teilen in den Sozialgesetzen geregelt. Hinzu kommen weitere Gesetze für bestimmte Lebenslagendimensionen wie z. B. das Wohngeldgesetz oder das Unterhaltsvorschussgesetz. Auch das Asylbewerberleistungsgesetz ist in diesem Zusammenhang zu nennen, obwohl es formal dem Ausländerrecht und nicht dem Sozialrecht zugerechnet wird (vgl. Grell 2011, S. 162). Die Gesetzgebungskompetenz liegt bei Bund und Ländern, die nach der Konstruktion des Grundgesetzes den Staat repräsentieren. „Die Gemeinden und Gemeindeverbände gelten in diesem Zwei-Ebenen-Modell als integraler Teil der Länder" (Bieker 2006, S. 3) und unterliegen deren Weisungs- und Aufsichtsrecht.

Umsetzung von Bundes- und Landesgesetzen: Weisungsaufgaben und Selbstverwaltung

Mit den Sozialgesetzen (SGB) werden bundesweit geltende Normen und Standards gesetzt. Es ist Aufgabe der Kommunen, im Rahmen ihrer Zuständigkeit diese Normen und Standards umzusetzen und auszugestalten. Die verschiedenen Leistungsgesetze bilden den wesentlichen Bezugspunkt für kommunales Verwaltungshandeln. In den Gesetzen ist festgelegt, wer als unterstützungswürdig gilt und welche Arten von Leistungen zu gewähren sind. Bei Einkommensarmut, was Vermögensarmut einschließt, spielen Transferleistungen der sozialen Mindestsicherungssysteme eine zentrale Rolle. Für solche Grundsicherungsleistungen gibt es unterschiedliche Hilfesysteme, die verschiedenen Personengruppen offen stehen. Von den in Frage kommenden Leistungsträgern wird geprüft, ob die Voraussetzungen für einen Anspruch auf Grundsicherung im Einzelfall erfüllt sind. Die Höhe der Leistungsansprüche kann in Abhängigkeit vom zugrunde liegenden Rechtsanspruch (Hilfesystem) variieren. Auch die gesetzlich normierten Ansprüche an Leistungsberechtigte (Mitwirkung) unterscheiden sich in Abhängigkeit von der rechtlichen Grundlage. Die amtliche Sozialberichterstattung weist für Ende 2015 insgesamt 8 Mio. Menschen aus, die Einkommen (Regelleistung) aus einem Mindestsicherungssystem bezogen haben (vgl. Statistisches Bundesamt 2016a). Der weitaus größte Teil von ihnen (5,8 Mio.) erhielt Leistungen nach dem SGB II, 1,2 Mio. Menschen bezogen Sozialhilfe (insbesondere Grundsicherung im Alter und bei Erwerbsminderung) und knapp 1 Mio. Menschen erhielten Regelleistungen nach dem Asylbewerberleistungsgesetz.

Die seit 2005 existierende Grundsicherung für Arbeitssuchende bezieht sich auf hilfebedürftige Erwerbsfähige im Alter von 15 Jahren bis zur Rentenaltersgrenze und ihre Haushaltsangehörigen (genauer: Bedarfsgemeinschaften). Die kreisfreien Städte und Kreise sind neben der Bundesagentur für Arbeit Träger von SGB II Leistungen (§ 6 SGB II), sofern sie nicht als Optionskommunen (zugelassene kommunale Träger nach § 6a SGB II) die Gesamtzuständigkeit für das SGB II haben. Von den Transferleistungen haben die kreisfreien Städte und Kreise die Kosten für Unterkunft und Heizung zu übernehmen sowie ggf. Einmalleistungen nach § 24 SGB II. Zudem stellen sie die soziale Infrastruktur zur Verfügung, die als flankierende Eingliederungsleistung zum Abbau von Vermittlungshemmnissen sinnvoll erscheint (kommunale Eingliederungsleistungen nach § 16a SGB II). Seit 2011 gehören außerdem die „Leistungen für Bildung und Teilhabe" (§ 28 SGB II), die als Sachleistungen gewährt werden, in das Aufgabenportfolio der Kreise und kreisfreien Städte. An dieser Aufzählung wird deutlich, dass sich kommunale Zuständigkeit für die einkommensarme Bevölkerung nicht in Transferleistungen erschöpft. Im Gegenteil geht es zu einem erheblichen Teil um soziale Dienstleistungen und um relevante Teile der kommunalen Infrastruktur, zu der auch die Wohnungsversorgung zählt.

Die Sozialhilfe, das frühere Bundessozialhilfegesetz (BSHG) und heutige SGB XII, ist das letzte Sicherungsnetz. Es ist nachrangig (§ 2 SGB XII) und greift entsprechend nur, wenn Selbsthilfe, Unterhaltsansprüche und andere soziale Systeme keine Leistungen in existenzsichernder Höhe bereitstellen. Das trifft für eine große Anzahl von erwerbsgeminderten Menschen sowie Personen zu, die die Rentenaltersgrenze überschritten haben. Ende 2015 bezogen gut 1 Mio. Menschen Grundsicherung im Alter und bei Erwerbsminderung, von denen ungefähr die Hälfte (51,6 Prozent) im Rentenalter war. Laufende Hilfe zum Lebensunterhalt (außerhalb von Einrichtungen) erhielten ca. 137.000 Menschen (vgl. Statistisches Bundesamt 2016a, S. 1).

Neben dem SGB II und dem SGB XII existiert als weiteres Mindestsicherungssystem das Asylbewerberleistungsgesetz (AsylbLG), das Leistungen insbesondere für Migrantinnen und Migranten vorsieht, über deren Asylantrag noch nicht entschieden wurde. Aufgrund des starken Zuzugs von Geflüchteten im Jahr 2015 hatte sich die Anzahl der Personen, die Leistungen nach dem AsylbLG bezogen haben, im Jahr 2015 gegenüber 2014 auf knapp 1 Mio. Menschen mehr als verdoppelt.

Außer den Empfängerinnen und Empfängern von Regelleistungen aus einem der genannten Grundsicherungssystemen gibt es eine unbekannte Zahl von Menschen, die unterhalb der gesetzlichen Armutsgrenzen leben, weil sie entweder keine Mindestsicherungsleistungen in Anspruch nehmen (verdeckte Armut) oder weil sie keinen Anspruch geltend machen können.

Die Rolle der Kommunen ist in den jeweils relevanten Gesetzen oder Verordnungen geregelt. Grundsätzlich haben sie bundes- und landesgesetzliche Vorgaben umzusetzen. Dabei sind sie aber bei weitem nicht nur Verwalter oder Vollstrecker. Vergleichsweise großen Handlungsspielraum hat der Gesetzgeber den Kommunen z. B. im SGB II bei der Definition der „Angemessenheit" von Unterkunftskosten zugestanden (vgl. zu den Konsequenzen Berlit 2008). Auch in Bezug auf das Angebot sozialer Dienstleistungen sind die Gestaltungsmöglichkeiten von Kommunen breit gefächert. Sie entscheiden „über Mengen und Qualitätsstandards sozialer Leistungen, die pluralistische Gestaltung der Trägerlandschaft und das Angebot an sozialen Diensten und Einrichtungen" (Backhaus-Maul 1999, S. 691).

Die Gestaltungsmöglichkeiten der Kommunen leiten sich aus der grundgesetzlich garantierten kommunalen Selbstverwaltung ab. Im Rahmen der kommunalen Selbstverwaltung definieren sie Aufgaben eigenständig und handeln damit selbst sozialpolitisch. Wie groß der Gestaltungsspielraum ist, hängt u. a. von der Art der Aufgaben ab. Nach dem Grad (zunehmender) lokaler Autonomie lassen sich unterscheiden (vgl. Bossong 2010. S. 41f.; Grohs 2010, S. 34ff.; Grohs und Reiter 2014, S. 9):

- *Weisungsaufgaben* bzw. Auftragsangelegenheiten: Pflichtaufgaben, die Kommunen als untere Verwaltungsinstanz im Auftrag bzw. auf Weisung des Staates ausführen (auf Grundlage von Art. 83ff. GG). Hierzu zählt z. B. die Auszahlung von Wohngeld. Im Bereich des Asylrechts ist „der Vollzug des Aufenthaltsrechts" eine „vom Land delegierte Pflichtaufgabe der Kommunen" neben der Gewährung sozialer Leistungen, von Leistungen der Gesundheitsversorgung und häufig auch der Unterbringung (vgl. Schammann und Kühn 2016, S. 7).
- Weisungsfreie bzw. *pflichtige Selbstverwaltungsaufgaben*: Pflichtaufgaben, die durch Bundes- und Landesrecht vorgeschrieben sind und die Kommunen nach Art. 28 Abs. 2 GG eigenverantwortlich durchführen. Der Staat (vertreten durch den Regierungspräsidenten) hat die Rechtsaufsicht, die sicherstellen soll, dass die Aufgaben nach Recht und Gesetz durchgeführt werden. Wie die Aufgaben erfüllt werden, entscheiden die Kommunen. Zu diesen Aufgaben zählt z. B. die Sozialhilfe. Für Asylsuchende sind das bspw. Jugendhilfeleistungen. Sie müssen gewährt werden, wenn die Anspruchsvoraussetzungen erfüllt werden. In welcher Form dies geschieht, entscheiden die Kommunen

aber selber. Kommunen können darüber entscheiden, ob sie „spezielle Angebote für Asylsuchende" schaffen oder ob „bestehende Einrichtungen für Flüchtlinge geöffnet" werden (Schammann und Kühn 2016, S. 8).

- *Freiwillige Leistungen* bzw. freiwillige Selbstverwaltungsaufgaben: Über diese Leistungen und die Art ihrer Erbringung entscheidet die Gemeindevertretung nach eigenem Ermessen; die Gemeinden haben ein „Aufgabenfindungsrecht" (Scherf 2010, S. 374). Grundlage ist wiederum Art. 28 Abs. 2 GG. Zu den freiwilligen Leistungen zählen u. a. Jugendfreizeitstätten oder Seniorentreffs. Im Bereich der Flüchtlings- und/oder Migrationsarbeit fällt z. B. das Angebot von Deutschkursen oder Beratungsangeboten „auch für Asylsuchende mit unklarer Bleibeperspektive" (Schammann und Kühn 2016, S. 8) darunter.

Der Autonomieverlust beim Übergang von Selbstverwaltungsaufgaben zu Weisungsaufgaben ist insbesondere darin begründet, dass bei Weisungsaufgaben die Fachaufsicht greift. Wie eng die Fachaufsicht gefasst wird, bestimmt den Grad des kommunalen Autonomieverlustes. In der Begründung zum Hessischen OFFENSIV-Gesetz (HLT Drs 18/3725) bspw. wird der Standpunkt vertreten, dass die durch § 48b SGB II notwendig gewordene Fachaufsicht gegenüber Optionskommunen nur als „Ultima Ratio zur Anwendung kommen kann" (ebd. S. 2). Formal handele es sich zwar um Weisungsaufgaben, faktisch aber blieben „den zugelassenen kommunalen Trägern schon deshalb die erforderlichen weiten Spielräume, weil die im SGB II gesetzlich normierten Ziele nur sehr allgemeine Vorgaben (…) enthalten" (ebd.). Dennoch ist nicht zu verkennen, dass der Handlungsspielraum der Optionskommunen im SGB II durch die Reform des SGB II im Jahr 2011 eingeschränkt wurde. Seither müssen optierende Kommunen mit dem jeweiligen Land Zielvereinbarungen treffen (§ 48b SGB II). Die Zielvereinbarungen lassen sich durchaus so interpretieren, „dass die Freiheiten der Optionskommunen bei der Ausgestaltung ihrer strategischen Arbeitsmarktpolitik eingeengt worden sind" (Samartzis 2011, S. 14).

Fiskalpolitische Abhängigkeiten und Handlungsspielräume

Der Grad der lokalen Autonomie steht in gewisser Beziehung zur Herkunft der finanziellen Mittel der Kommunen. Bei Weisungsaufgaben obliegt die Finanzierung dem Bund und/oder den Ländern. Die Finanzierung der pflichtigen Selbstverwaltungsaufgaben erfolgt primär aus Haushaltsmitteln der Kommunen, wobei ihnen vom Grundsatz her eine finanzielle Kompensation zugestanden wird, z. B. in Form eines höheren Anteils am Steueraufkommen. Solch ein Kompensationsanspruch lässt sich aus dem im Grundgesetz in Art. 104a verankerten *Konnexitätsprinzip* ableiten, das „die Verknüpfung der Aufgaben- und Ausgabenkompetenz und damit die Übereinstimmung der politischen Entscheidungs- und Kostenträger staatlicher Leistungen" (Scherf 2003, S. 5) beinhaltet. In dem Grundgesetzartikel finden sich allerdings lediglich Aussagen zum Verhältnis von Bund und Ländern. Die Kommunen sind in dem Artikel nicht explizit genannt. Das Verhältnis der einzelnen Bundesländer zu ihren Kommunen ist in den jeweiligen Landesverfassungen geregelt. In den letzten Jahren wurde das Konnexitätsprinzip in allen Verfassungen der Bundesländer verankert. Damit gilt zumindest in der Theorie der Grundsatz: Wer gesetzlich Ausgaben beschließt, gleich für welche staatliche bzw. kommunale Ebene, muss auch für die Kosten aufkommen!

Im Unterschied zu den pflichtigen Aufgaben sind die freiwilligen Leistungen vollständig von den Kommunen zu finanzieren. Da es für die freiwilligen Aufgaben keine gesetzliche Verpflichtung gibt, stehen sie zur Disposition, wenn Haushaltsprobleme entstehen. Der in den letzten Jahren enger gewordene finanzielle Rahmen vieler Kommunen wirkt sich allerdings nicht mehr nur auf Einschränkungen bei freiwilligen Leistungen aus. Auch die Erfüllung von Pflichtaufgaben stellt sich als Herausforderung für besonders finanzschwache Kommunen dar. Entsprechend entwickeln sie sozialpolitisch fragwürdige Strategien, die fiskalpolitisch motiviert sind.

Eine Variante der fiskalpolitischen Entlastung ist die „Verschiebung" Hilfebedürftiger in andere Versorgungssysteme, um eigene Kosten zu senken. Diese Praxis war in der Zeit vor der Zusammenlegung von Arbeitslosenhilfe und Sozialhilfe für Erwerbsfähige, also bis Ende 2004, relativ verbreitet. Wurden damals bspw. Bezieher von Sozialhilfe (BSHG) im Rahmen der *Hilfe zur Arbeit* für mindestens zwölf Monate sozialversicherungspflichtig beschäftigt, dann begründete diese Beschäftigung Ansprüche an die Arbeitslosenversicherung. Dadurch wechselten die Maßnahmeteilnehmer anschließend in den Zuständigkeitsbereich der Arbeitslosenversicherung, dem Arbeitsförderungsgesetz (AFG) bzw. dem heutigen SGB III (vgl. Kaps 2009, S. 197). Seit Einführung der Grundsicherung für Arbeitsuchende (SGB II) besteht diese Option nicht mehr. Ausgehend von den fiskalpolitischen Interessen der Kommunen könnten sie „versuchen, (noch) nicht erwerbsfähige Hilfesuchende so zu aktivieren, dass sie aus der Zuständigkeit des SGB XII in die des SGB II fallen" (ebd., S. 201). Aber auch die umgekehrte Richtung ist denkbar. So identifizierte Engelmohr (2011, S. 375) seit Einführung des SGB II eine gewisse Tendenz der „Verschiebung" aus dem SGB II in das SGB XII, und zwar für Menschen „in komplexen sozialen Problemlagen", bei denen psychiatrische Erkrankungen diagnostiziert werden.

Fiskalische Entlastungen können Kommunen grundsätzlich auch dadurch erreichen, dass sie bei pflichtigen Leistungen bestehende Ermessensspielräume zu ihren Gunsten ausnutzen. Das setzt Ermessensspielräume voraus und den Willen sie zu nutzen. Solche Spielräume hat der Gesetzgeber den Kreisen und Kreisfreien Städten bei der Bestimmung der Kosten der Unterkunft eingeräumt, die Kommunen im Rahmen des SGB II weitgehend zu tragen haben. Die Höhe der zu übernehmenden Kosten der Unterkunft muss „angemessen" sein. Dieser vage Begriff der Angemessenheit eröffnete den Kommunen Handlungsspielraum, den sie sehr unterschiedlich nutzten. Seit Einführung des SGB II wurde die Angemessenheit der Wohnkosten in vielen Einzelfällen vor Gerichten geklärt (Berlit 2008, S. 37; Sell 2010, S. 5f.; Berlit 2014, S. 243). Der kommunale Handlungsspielraum, den der Gesetzgeber eröffnet, wurde in diesem Bereich letztendlich von der Rechtsprechung eingegrenzt. So hat das Bundessozialgericht (BSG) in verschiedenen Urteilen Anforderungen dafür formuliert, wie angemessene Wohnkosten zu ermitteln sind. Unter Berücksichtigung dieser Kriterien waren (und sind) die Kommunen aufgefordert, ein „schlüssiges Konzept" für die Ermittlung der angemessenen Wohnkosten zu erarbeiten (vgl. BMVBS 2013). Basis des „schlüssigen Konzeptes" ist die Ermittlung der angemessenen Wohnkosten nach der Produkttheorie, d.h. als Produkt „aus einer Normwohnfläche mit der Referenzmiete" (Malottki 2014, S. 99) für eine Wohnung mit einfachem Standard, wobei sich in der Umsetzung insbesondere die Ermittlung der Referenzmiete als problematisch erwiesen hat.

Das grundsätzliche Dilemma der kommunalen Finanzverfassung

Zur Wahrnehmung ihrer Selbstverwaltungsaufgaben benötigen die Kommunen finanzielle Mittel, über deren Einsatz sie im Rahmen ihrer Selbstverwaltung eigenständig entscheiden können. Diese „finanzielle Eigenverantwortung" (Art. 28 Abs. 2 GG) wird als kommunale Finanzhoheit gefasst und üblicherweise auf die „eigenverantwortliche Einnahmen- und Ausgabenwirtschaft" reduziert. Dass eine für die Aufgabenwahrnehmung notwendige finanzielle (Mindest-)Ausstattung zur Finanzhoheit zählt, ist dabei nicht grundsätzlich anerkannt (vgl. Lange 2015). Es geht also primär um die Bewirtschaftung von Mitteln, auf deren Höhe die Gemeinden nur sehr begrenzt Einfluss nehmen können. Die wichtigste Quelle selbst generierter Einnahmen sind die Gewerbesteuern. Auf sie entfielen 2015 immerhin 41 Prozent der gesamten Steuereinnahmen der Gemeinden (vgl. Statistisches Bundesamt 2016b, Tabelle 2.2.1). Allerdings ist diese für die Gesamtheit der Gemeinden wichtige Steuer von der Konjunktur abhängig, so dass die Steuereinnahmen in wirtschaftlichen Krisenzeiten, wenn die Ausgaben für Sozialleistungen üblicherweise ansteigen, eher schwach ausfallen. Das Gewerbesteueraufkommen „induziert [daher] eine prozyklische Ausgabengestaltung" (Halsch et al. 2013, S. 26). Für die andere von den Kommunen erhobene Steuer in nennenswerter Höhe, die Grundsteuer, gilt eine vergleichbare Konjunkturabhängigkeit nicht. Sie hat allerdings nur einen Anteil von ca. 14 % an den gesamten kommunalen Steuereinnahmen (vgl. Statistisches Bundesamt 2016b, Tabelle 2.2.1), die ihrerseits noch nicht einmal 40 Prozent der Gesamteinnahmen der Gemeinden ausmachen (vgl. Anton und Holler 2016, S. 5).

Damit die Kommunen die von ihnen erwarteten Aufgaben durchführen können, werden sie am Aufkommen bestimmter Steuern beteiligt. Entsprechende Regelungen sind im Grundgesetz (GG) festgelegt, und sie sichern den Kommunen eine „Ertragshoheit" (Lange 2015, S. 6). Die Beteiligung gilt für die Einkommensteuer (Art. 106 Abs. 5 GG) sowie die Umsatzsteuer (Art. 106 Abs. 5a GG). Diese Gelder werden nach festgelegten Schlüsseln über die Länder an die Gemeinden weitergeleitet. Zudem haben Gemeinden nach Art. 106 Abs. 7 GG Anspruch auf einen Teil des Länderanteils an dem Gesamtaufkommen der Gemeinschaftssteuern. Die Höhe dieses Anteils ist durch Landesrecht zu bestimmen. Hier geht es um Verteilungsfragen, und es ist nahe liegend, dass es dabei immer wieder zu Interessenkonflikten kommt, die gelegentlich auch von Gerichten geklärt werden. „Angesichts der geringen finanziellen Handlungsspielräume wird die Angemessenheit der vom Land gewährten Finanzausgleichsmittel immer wieder von kommunaler Seite in Frage gestellt" (Goerl et al. 2013, S. 18).

Das grundsätzliche Finanzierungsdilemma der Kommunen rührt einerseits daher, dass sie in ihren Möglichkeiten der Einnahmengenerierung stark eingeschränkt sind. Andererseits gibt es immer wieder Hinweise auf Defizite in der Umsetzung des Konnexitätsprinzips. „Bund und Länder neigen dazu, neue Aufgaben zu schaffen oder bei bestehenden Aufgaben die Standards zu verbessern und deren Umsetzung auf die Kommunen zu übertragen, ohne für die Deckung der damit entstehenden Kosten zu sorgen" (Musil 2016, S. 48). Um Gemeinden die notwendigen finanziellen Mittel zur Durchführung ihrer Aufgaben bereit zu stellen, haben sich die Länder in eigenen Verordnungen (z. B. Konnexitätsausführungsgesetz NRW) dazu verpflichtet, die durch Landesgesetze den Kommunen entstehenden Kosten zu kompensieren. Ob das immer in angemessenen Umfang und zielgenau geschieht, sei dahingestellt. Lücken werden von den kommunalen Spitzenverbänden insbesondere bei vom Bund veranlassten höheren kommunalen Ausgaben identifiziert. In solchen Fällen erlassen die Länder nicht immer neue Verordnungen zur Durchführung, an die sie sich gebunden fühlen. Das kann dann zu Forderungen der kommunalen Spitzenverbände führen, mit der sie ihre Skepsis bezüglich der Einhaltung des Konnexitätsprinzips seitens der Länder zum Ausdruck bringen. Mit Bezug auf die Integrationspauschale von jährlich 2 Mrd. Euro, die der Bund den Gemeinden für die Integration von Asylsuchenden für 2016 bis 2018 zu Verfügung stellt, fordert der Deutsche Städte- und Gemeindebund (DStGB) „die Bundesländer auf, die vom Bund bereitgestellten 2 Milliarden Euro ungekürzt an die Städte und Gemeinden weiterzuleiten" (DStGB 2017, S. 12). Offenbar sehen die kommunalen Spitzenverbände das Risiko, dass Teile der Finanzmittel, welche die Länder über einen höheren Umsatzsteueranteil erhalten, in den Länderhaushalten verbleiben.

Eng mit der Problematik des kommunalen Finanzausgleichs verbunden ist die fehlende direkte Beteiligung der Kommunen an den politischen Entscheidungsprozessen. „Die Bundesländer, die ihre Gemeinden vertreten sollen, verfolgen oftmals eigene Ziele und verhalten sich nicht immer als Anwalt kommunaler Interessen" (Scherf 2010, S. 386). Die fehlende Beteiligung an sozialpolitischen Entscheidungen kann sich infolge unzureichender Finanzierung der getroffenen Entscheidungen negativ auf deren Umsetzung auswirken. Ob die Finanzierung unzureichend ist oder ob die Kommunen lediglich unwirtschaftlich mit den vorhandenen Mitteln umgehen, ist ein grundsätzlicher Streitpunkt, der theoretisch nicht geklärt werden kann. Wie der Aspekt der Wirtschaftlichkeit in der Leistungserbringung mit dem der Angemessenheit bzw. Qualität der Sach- und Dienstleistungen verknüpft werden kann, muss – so die ökonomische Lesart – über Anreize gelöst werden. Kommunen müssen Anreize erhalten, auch die Kosten der von ihnen zu erbringenden Leistungen zu berücksichtigen. Überlegungen dieser Art wurden u. a. im Zusammenhang mit der Bundesbeteiligung an den Kosten der Unterkunft im Rahmen des SGB II angestellt. Die grundsätzliche Frage lautete: Nach welchen Kriterien sollte der Bund die Höhe seiner Beteiligung ermitteln, um den Kommunen nicht den Anreiz zu nehmen, sich um günstigen Wohnraum in ihrem Zuständigkeitsgebiet zu bemühen?

Sozialausgaben als Belastung oder Zukunftsinvestition?

Von dem anhaltenden wirtschaftlichen Aufschwung haben auch die Gemeinden profitiert. Doch die höheren Einnahmen haben nicht flächendeckend zur Entspannung in den Kommunen geführt. In der Selbsteinschätzung der Gemeinden zeigt sich ein differenziertes Bild. Insbesondere Kommunen, die sich ohnehin bereits in einer angespannten Lage befinden, beurteilen ihre Aussichten eher negativ (vgl. Schneider und Grabow 2015, S. 31f.). Insgesamt wird eine zunehmende Disparität zwischen den Gemeinden diagnostiziert (vgl. Arnold et al. 2015, S. 64ff.). „Hintergrund der problematischen Finanzsituation ist" nach Auffassung des Deutschen Städtetags „die bundesweite Entwicklung der Kommunalhaushalte von Investitionshaushalten zu Sozialhaushalten" (http://www.staedtetag.de/dst/inter/ schwerpunkte/057866/index.html. Zugegriffen 27.02.2017). Anders ausgedrückt: Die (pflichtigen) Sozialausgaben grenzen den Handlungsspielraum der Kommunen so stark ein, dass sie eigentlich notwendige Investitionen nicht tätigen können. Eine Notlage besonders finanzschwacher Kommunen hat auch der Bund identifiziert, der 2015 ein Sondervermögen „Kommunalinvestitionsförderungsfonds" in Höhe von 3,5 Mrd. Euro aufgelegt hat, das den Ländern zur Förderung von Investitionen in eben solchen Kommunen zur Verfügung gestellt wird.

Das Argument zu hoher Sozialausgaben verweist auf eine unerwünschte Verschiebung in der Ausgabenstruktur der Kommunen. In der Tat sind die kommunalen Sozialausgaben, die sowohl Einkommenstransfers als auch soziale Dienstleistungen enthalten, in den letzten Jahren stetig gestiegen. Im Jahr 2015 lagen sie bei 58 Mrd. Euro, was einem Anteil von knapp 25 Prozent an den Gesamtausgaben von 236 Mrd. Euro entspricht (Deutsche Bundesbank 2016, S. 17f.). In der Diskussion über die Kommunalfinanzen ist ein Kritikpunkt, dass diesen Ausgaben, die als konsumtiv klassifiziert werden, aufgrund zu geringer finanzieller Ressourcen keine vergleichbar hohen Investitionen gegenüberstehen. Höhere Investitionsausgaben seien, so eine verbreitete Argumentation, aber notwendig, denn öffentlichen Investitionen bzw. investiven Ausgaben wird ein „positiver Einfluss auf zukünftige Wachstumsperspektiven zugesprochen" (Lenk et al. 2016, S. 4). Wirtschaftswachstum führt in der Zukunft zu (höheren Steuer-)Einnahmen, aus denen dann wiederum anfallende konsumtive Ausgaben finanziert werden können. Auf Grundlage dieser Vorstellung, wird bereits seit Jahren darüber diskutiert, welche öffentlichen Ausgaben investiven Charakter haben. Dabei geht es auch um die Frage, ob Sozialleistungen ausschließlich konsumtiv sind.

Durch eine Mitteilung der Europäischen Kommission aus dem Jahr 2013 hat das Thema Sozialinvestitionen an Aufmerksamkeit gewonnen (vgl. Europäische Kommission 2013). Investiven Charakter haben insbesondere solche Ausgaben, die das Humankapital erhöhen. Es handelt sich also um Bildungsausgaben und um Ausgaben für soziale Dienstleistungen, die einen positiven Einfluss auf das Humankapital haben können. Die Europäische Kommission beabsichtigt mit ihrer Initiative eine Veränderung in der Struktur der Sozialausgaben: „Präventive Sozialinvestitionen sollen dadurch im Vergleich zu den korrigierenden Sozialleistungen hervorgehoben werden" (Lenk et al. 2016, S. 53). Entsprechende Sozialausgaben sollen „als zukunftsorientierte Ausgaben Beachtung finden" (ebd.), was

ihnen – nach diesem Verständnis – Investitionscharakter gibt. Faktisch hat sich diese
Perspektive aber noch nicht auf breiter Front durchgesetzt. In Bezug auf Sozialausgaben
für die arme Bevölkerung ist nach dem Nutzen oder den Folgen solcher Umdeutungen zu
fragen, die sich auch in sozialpolitischen Umsteuerungen spiegeln dürfte.

2 Durchführungsverantwortung der Kommunen: Management des Sozialen

Kommunale Sozialverwaltung nimmt Leistungs- und Durchführungsaufgaben wahr.
Als Leistungsbehörde prüft sie die Leistungsberechtigung von Antragstellern, führt Hil-
feplanverfahren durch und stellt Leistungsbescheide aus. Die im SGB XII und ebenso im
SGB II wichtigen sozialen Dienstleistungen werden entsprechend dem Subsidiaritätsprinzip sehr häufig durch freie Träger erbracht. Der öffentlichen Sozialverwaltung verbleibt
eine „subsidiäre Durchführungspflicht" (Bossong 2010, S. 67). Sie hat Angebote bereit zu
stellen, wenn freie Träger keine ausreichenden oder entsprechenden Dienste anbieten. Die
Durchführungsverantwortung der Sozialverwaltung besteht entsprechend darin, das Leistungsangebot durch externe und/oder eigene Dienste sicherzustellen. Wird der politische
Steuerungsprozess kommunaler Sozialverwaltung betont, dann lässt sich ein Votum für
den „Rückzug kommunaler Sozialverwaltung aus der konkreten Leistungserbringung und
die Übertragung öffentlicher Aufgaben auf geeignete freigemeinnützige Träger" (Backhaus-Maul 1999, S. 701) begründen. Die Kommune beschränkt sich nach dieser Vorstellung
darauf, politische Zielsetzungen zu formulieren und die dafür notwendigen Maßnahmen zu
definieren. Die sozialen Dienstleistungen selbst werden von freien Trägern erbracht. Dass
die Leistungen im benötigten Umfang und in der gewünschten Qualität zur Verfügung
stehen, ist über Leistungsverträge und geeignete Controllinginstrumente sicherzustellen.

Effizientere Verwaltung durch Managementkonzepte

Die Vorstellung von Management – im Unterschied zur Verwaltung – hat mit dem „Neuen
Steuerungsmodell" (NSM), das Anfang der 1990er Jahre unter Federführung der Kommunalen Gemeinschaftsstelle für Verwaltungsmanagement (KGSt) für Deutschland entwickelt
wurde, in den Kommunalverwaltungen Einzug gehalten. Das Neue Steuerungsmodell,
das auf der internationalen Debatte um New Public Management (NPM) beruht, der
Managementphilosophie von öffentlichen Organisationen, ist in erster Linie ein Beitrag
zur „Binnenmodernisierung der Kommunalverwaltung" (Bogumil et al. 2011, S. 173).
Als Reformkonzept zielte es darauf, die Verwaltung durch Dezentralisierung, finanzielle
Anreize und stärkere Outputorientierung effizienter zu machen. Die Auseinandersetzung
um New Public Management und die durchgeführten Strukturveränderungen im Zuge
der Implementierung des Neuen Steuerungsmodells haben die „Organisationskultur und
Einstellungswelt in der Kommunalverwaltung" (Bogumil und Jann 2009, S. 249) nachhaltig
beeinflusst. Nach diesem Konzept soll sich die öffentliche Verwaltung als ein Unternehmen

begreifen, das Dienstleistungen (Produkte) anbietet und die Bürger als Kunden wahr-nimmt. Diese Vorstellung basiert auf einer kritischen Bewertung bis dahin praktizierter Verwaltungsverfahren, die als ineffizient angesehen wurden. Der bürokratischen Steuerung wurden für den gewerblichen Bereich entwickelte Managementkonzepte als Ultima Ratio für die Öffentliche Verwaltung gegenübergestellt.

Große Bedeutung für die erhoffte Effizienzsteigerung der öffentlichen Verwaltung wurde und wird dem *Kontraktmanagement* zugeschrieben, das als Steuerungs-, Planungs- und Controllinginstrument zu charakterisieren ist. Zur Umsetzung der angestrebten Produkt- oder Outputorientierung sollen nach diesem Konzept Vereinbarungen „über zu erbringende Leistungen, die dafür zur Verfügung gestellten Mittel und die Art der Berichterstattung über Ergebnisse sowie Konsequenzen eventueller Abweichungen" (ebd., S. 344) mit den-jenigen getroffen werden, die an der Erstellung des Produktes beteiligt sind. Das können andere Abteilungen, Mitarbeitende oder auch freie Träger sein.

Von seiner Grundausrichtung her entspricht das Kontraktmanagement dem aus der betriebswirtschaftlichen Managementliteratur bekannten *Managements by Objectives*, dem Führen durch Zielvereinbarungen. Leitungskraft (bzw. Auftraggeber) und Mitarbeiter (bzw. Auftragnehmer) stehen dabei in einer Prinzipal-Agenten-Beziehung. Kontraktma-nagement macht dezentrale Ressourcenverantwortung notwendig, damit Auftragnehmer eigenständig agieren können. Es erfordert gleichzeitig die Einbindung der Auftragnehmer in die strategische Planung, damit sich das gewünschte eigenverantwortliche Handeln möglichst optimal an den strategischen Zielen ausrichten kann. Nach dem Ideal des Neu-en Steuerungsmodells soll das Kontraktmanagement auch in dem Verhältnis von Politik und Verwaltung gelten. „Die Verwaltung als Auftragnehmer (Agent) sollte langfristige Zielvorstellungen von den gewählten Ratsmitgliedern (Principal) an die Hand bekommen, die einzelnen Fachbereiche der Verwaltung dann allein für die Umsetzung verantwortlich sein" (Naßmacher 2011, S. 9). Der Politik wird also die Aufgabe zugeschrieben, die Ziele zu bestimmen, die Aufgabendurchführung aber der Verwaltung zu überlassen (Bogumil et al. 2011, S. 173). Die Politik soll sich konzeptionell auf die Festlegung normativer und strategischer Ziele beschränken und sich aus der Umsetzung, der operativen Ebene, heraushalten. Wenngleich der Anspruch faktisch nicht realisiert wurde, weil sich die Kommunalpolitik „weiterhin nicht auf die Zieldefinition („was")" konzentriert, sondern „ihr Haupttätigkeitsfeld in der Detailintervention („wie")" (ebd.) sieht, so findet sich diese Vorstellung nach wie vor in den idealtypischen Darstellungen von Managementebenen in Kommunen (u. a. Reichwein et al. 2011, S. 42).

Die hohen Erwartungen an die Effizienz der Verwaltung durch das Neue Steuerungs-modell haben sich letztendlich nicht erfüllt. Wesentliche Elemente wie die Budgetierung (dezentrale Ressourcenverantwortung) und differenzierte Produkthaushalte wurden nicht umgesetzt oder in Teilen wieder rückgängig gemacht (Bogumil et al. 2011, S.173). Dennoch ist der Glaube an die Leistungsfähigkeit von Managementkonzepten in der öffentlichen Verwaltung ungebrochen. Allerdings firmiert die Suche nach neuen Lösungen nicht mehr primär unter dem Begriff „Management" und „Dienstleistungsunternehmen Kommunal-verwaltung" (Reichwein et al. 2011, S. 59). Seit Mitte der 90er Jahre gibt es „ein neues verwaltungspolitisches Leitbild unter der Überschrift „aktivierender Staat" (…), dessen Begründung nun nicht mehr „Management" sondern „Governance" lautet" (Jann und Wegrich 2010, S. 181). Unter dem Stichwort „Governance" wird versucht, das Managementkonzept um neue Aspekte zu erweitern bzw. weiter zu entwickeln (Reichwein et al. 2011, S. 59), es also keineswegs grundsätzlich zu negieren. Nach wie vor geht es um effiziente Steuerung. Aber dieser Anspruch wird mit Bezug auf das Konzept des aktivierenden oder Gewährleistungsstaates jetzt mit einem kritischen Bezug auf staatliche Leistungsfähigkeit verbunden. Weil der Staat nach dieser Vorstellung nicht alle Probleme lösen kann, stößt eine noch so wirtschaftlich orientierte Verwaltung notwendigerweise an ihre Grenzen. „Nicht allein der Staat ist für die Lösung gesellschaftlicher Probleme zuständig, sondern diese sollen, wo immer möglich, an die Zivil- oder Bürgergesellschaft zurückgegeben werden oder zumindest gemeinsam mit privaten und gesellschaftlichen Akteuren bearbeitet werden" (Jann und Wegrich 2010, S. 181). Damit wird der Vorstellung der Kommune als Dienstleistungsunternehmen eine Absage erteilt und zwar mit der Begründung, „dass soziale Probleme auch durch eine noch so effiziente Verwaltung nicht grundlegend zu lösen sind" (Bogumil und Jann 2009, S. 50). Aus dieser Diagnose wird der Schluss gezogen, dass sich die Verwaltung zurücknimmt und Akteure der Zivilgesellschaft in die Wohlfahrtsproduktion einzubeziehen sind. Garantierte Versorgung und Unterstützung durch professionelle Fachkräfte der Sozialen Arbeit wird teilweise ersetzt durch soziale Netzwerke, die sich Bedürftige möglichst selbst schaffen sollten. Als kommunalpolitisches Leitbild wird die Bürgerkommune propagiert, die als Weiterentwicklung des Konzepts „Dienstleistungsunternehmen Kommunalverwaltung" gilt. „Hiernach fungiert die Kommune zunehmend in Netzwerken, ist ein Akteur unter vielen; der Bürger ist Mitgestalter und -planer und beispielsweise über **bürgerschaftliches Engagement** als Koproduzent aktiv und unmittelbar an kommunaler Aufgabenerledigung beteiligt" (Reichwein et al. 2011, S. 59, H.i.O.).

Von der Prozess- zur Ergebnisqualität

Ungeachtet dieser Entwicklungen hat das Führen durch Zielvereinbarungen nach wie vor einen großen Stellenwert in kommunalem Handeln. Dem oben skizzierten ersten Schritt der strategischen Zielvereinbarung – vom kommunalen Parlament hin zur Verwaltung – folgt die Ableitung operativer Ziele. Mit freien Trägern werden, sofern sie in die Leistungserbringung eingebunden werden, Leistungsvereinbarungen geschlossen, und anzustrebende Ziele werden als Bestandteil des Leistungsprozesses mit Ratsuchenden, Klienten oder Kunden festgelegt. Bei dieser Zielhierarchie, die auf einer Top-Down-Vorstellung basiert, handelt es sich um Prinzipal-Agenten-Beziehungen. Zwar kann die übergeordnete (beauftragende) Ebene (der Prinzipal) Vorgaben machen, die durchführende Ebene (der Agent) muss aber über Freiheitsgrade verfügen. Das ist eine Bedingung, um Effizienzvorteile erzielen zu können. Die handelnden Akteure müssen selber darüber entscheiden dürfen, wie sie die vereinbarten Ziele erreichen wollen, weil sie das als Experten am besten beurteilen können. Hierin liegt einerseits die Bedingung für eine wirtschaftliche Leistungserbringung, andererseits aber auch das Risiko einer Ausnutzung der konzeptionell notwendigen Freiräume durch die Agenten.

Um die Freiräume der freien Träger als Anbieter sozialer Dienstleistungen einzuschränken, werden Leistungsvereinbarungen i. d. R. an Qualitätsvereinbarungen gekoppelt. Die Qualitätsvereinbarungen sollen garantieren, dass die Einrichtungen gewisse Mindeststandards an Qualität in der Leistungserbringung sicherstellen. Dies ist notwendige Konsequenz der Ökonomisierung der Leistungserbringung. Mehr Wettbewerb (u. a. durch Marktöffnung) sollte unter modifizierten Finanzierungsbedingungen (prospektive Pflegesätze) Produktivitätspotenziale erschließen und entsprechend Kosten senken. Damit der Wunsch nach Kostensenkung nicht gänzlich zulasten der Qualität und damit der Güte der Leistung geht – Finis Siegler (2009, S. 181ff.) weist auf den trade-off zwischen Wirtschaftlichkeit und Qualität hin – werden Leistungsvereinbarungen durch Qualitätsvereinbarungen ergänzt. Entsprechende Bestimmungen finden sich in den verschiedenen Sozialgesetzbüchern, in denen ebenfalls die Qualitätssicherung im Fokus steht und weniger die Qualitätsentwicklung (Grunwald 2013, S. 819).

Für die Praxis sozialwirtschaftlicher Organisationen ist ein Verständnis von Qualitätsmanagement relevant, das sich „auf die Steuerung der fachlichen und administrativen Prozesse im Hinblick auf die „Güte" der Leistung" (Merchel 2013, S. 15) bezieht. Hierfür wurden in den letzten Jahren in vielen Einrichtungen Qualitätshandbücher geschrieben und ihre Inhalte umgesetzt. Etliche Einrichtungen lassen sich in regelmäßigen Abständen von externen Auditoren ihre Qualität bescheinigen. Solche Zertifikate sollen Nachfragern von Dienstleistungen, deren Qualität schwer erfassbar ist (vgl. Maleri und Frietzsche 2008, S. 248), eine gewisse Sicherheit vermitteln. Die seit Jahren im Sozial- und Gesundheitswesen implementierten und praktizierten Verfahren der Qualitätssicherung und des Qualitätsmanagements fokussieren auf Struktur- und Prozessqualität. Gewisse Mindestausstattungen bspw. in Bezug auf die Qualifikation von Fachkräften und gute, weil fachlich begründete, Prozesse galten lange Zeit als Indikatoren für gute Ergebnisse. Der Nachweis der so gemessenen Qualität war nicht immer einfach und hat unter ökonomischen Gesichtspunkten auch die eine oder andere Ineffizienz vermuten lassen (Beispiel: Pflegedokumentation).

Eine Kritik am bisherigen Qualitätsmanagement richtet sich zunehmend auf die Outputsteuerung, die durch eine Wirkungssteuerung oder eine Wirkungsorientierung ersetzt werden soll. Wirkungsorientierte Steuerung gilt u. a. als Hoffnungsträger für die Konsolidierung kommunaler Haushalte (vgl. Friedrich-Ebert-Stiftung 2013). Während die fachlichen Diskurse das Wirkungsthema wesentlich als Beitrag zum Professionsdiskurs sehen, wird Wirkung in dem Verwaltungsdiskurs unter dem Finanzierungsaspekt betrachtet. Die Orientierung auf Ergebnisqualität im Sinne von Wirkung (outcome) resultiert aus der Unzufriedenheit mit den fiskalischen Konsequenzen der outputorientierten Steuerung (vgl. Halfar und Schellberg 2013). Es soll nicht mehr nur darum gehen, Leistungen inhaltlich zu beschreiben und die erbrachte Leistung dann auch zu vergüten. Vielmehr wird ein neuer Maßstab an die Leistungen angelegt: Eine gute wird von einer weniger guten Leistung unterschieden. Nicht eindeutig ist bei dieser Aussage allerdings das Kriterium für eine gute oder bessere Leistung.

Mit der Fokussierung auf Ergebnisqualität wird eine Umsteuerung im gesamten System sozialer Dienstleistungsproduktion notwendig. Die Ergebnisse der Leistungserbringung sind nicht nur als bloßer Output zu verstehen, sondern im Sinne von outcome, also als („problemlösende") Wirkung (Merchel 2013, S. 50). Wirkungen als Ergebnis sozialer Dienstleistungsproduktion sind ausgesprochen schwer zu fassen. So bezeichnet Polutta (2013, S. 1107) bspw. das Erreichen von Hilfeplanzielen oder von Schulabschlüssen als pragmatische Wirkungsdefinition, das er von einem sozialpädagogischen Wirkungsverständnis abgrenzt. In der Praxis sowohl des Qualitätsmanagements als auch für wirkungsorientierte Finanzierungsformen ist die Festlegung solcher pragmatischer Wirkungsziele unerlässlich. Auf das Erreichen vorab definierter Wirkungsziele müssen alle Prozesse in der Organisation ausgerichtet werden. Bislang gültige Qualitätsstandards – wie bspw. bestimmte (formale) Qualifikationen des Personals – verlieren damit an Bedeutung. Entsprechende Vorgaben sind nicht nur nicht mehr zwingend, sondern u.U. sogar kontraproduktiv, insbesondere dann, wenn das Wirkungsziel darin besteht, längerfristige Einsparungen von Sozialausgaben zu generieren. Mit der Fokussierung auf Ergebnisqualität werden sich die Vorstellungen über Qualität (und damit auch über Fachlichkeit in der Sozialen Arbeit) fundamental verändern. Die Aussage „Erfolgskontrolle ersetzt Prozesskontrolle" (Shaw 2016) versteht sich als Kritik an einer auf fachlich definierten Prozessen orientierten Sozialen Arbeit. Wirkungsorientierung meint in diesem Verständnis, dass „eine Erfolgskontrolle verbindlich vereinbart wird, die dann die Prozesskontrolle *ersetzt* – statt sie nur zu *ergänzen*" (ebd.).

Fallsteuerung über Zielvereinbarungen

Dass soziale Dienstleistungen Wirkungen bei der Zielgruppe hervorrufen sollen, ist nahe liegend. Der Nachweis, ob und inwieweit vorab festgelegte Ziele erreicht werden, ist dabei nicht immer einfach zu führen. Im Fachdiskurs wird durchaus auch die Frage aufgeworfen, ob die a priori Festlegung von Zielen sozialpädagogischer Interventionen für den Hilfeprozess überhaupt angemessen ist (vgl. Polutta 2017). Ungeachtet dieser grundsätzlichen Kritik sind Zielvereinbarungen in der Behindertenhilfe, in der Jugendhilfe und auch im SGB II längst Standard in Hilfeprozessen. Als Managementinstrument sollen Zielvereinbarungen zu höheren (Eigen-)Leistungen motivieren. Weil ausschließlich Ziele vereinbart werden, obliegt es den Ausführenden, wie sie diese Ziele erreichen. Dies ist aus der Managementperspektive das motivierende und entsprechend leistungsfördernde Element.

Mit dem SGB II *Grundsicherung für Arbeitsuchende* wurden Zielvereinbarungen (in Form der Eingliederungsvereinbarung) mit erwerbsfähigen Grundsicherungsbeziehern eingeführt. Diese Maßnahme zielte darauf, die Effizienz der Arbeitsverwaltung im Umgang mit Leistungsberechtigten zu erhöhen. Mitarbeiter der Arbeitsverwaltung sollten sich ebenso wie andere Verwaltungsmitarbeiter als Dienstleister betrachten, die eine Serviceleistung für ihre Kunden erbringen, dabei aber – und das ist der Unterschied zu Verkäufer-Kunden-Beziehungen – den gesetzlichen Auftrag erfüllen. Der Bezug auf die Leistungsberechtigten entspricht also faktisch keineswegs einer Kundenbeziehung. Die so genannte Kundenorientierung soll vielmehr dazu beitragen, dass die personenbezogenen

Dienstleistungen besser geeignet sind, Leistungsbezug zu überwinden oder im ungünstigen Fall Bedarfe nicht zu erhöhen (Outputorientierung). Dazu ist es zweckmäßig, eigene Wünsche z. B. der Arbeitssuchenden stärker in der Fallbearbeitung zu berücksichtigen.

Dass Eingliederungsvereinbarungen im SGB II nicht immer die skizzierte Funktion haben, wird von unterschiedlicher Seite kritisch angemerkt. Das Institut für Arbeitsmarkt- und Berufsforschung bspw. diagnostiziert in einer Stellungnahme zu Sanktionen im SGB II (vgl. Hofmann u. a. 2011) Mängel in der Fallbearbeitung, die zu problematischen Eingliederungsvereinbarungen führen. So bauten die einzelnen Arbeitsschritte in der Fallbearbeitung nicht immer angemessen aufeinander auf. Am Anfang stehe das so genannte Profiling, in dem die relevanten beruflichen und persönlichen Merkmale der Arbeitssuchenden, ihre beruflichen Kompetenzen und Eignungen festgestellt werden. Die Eingliederungsvereinbarungen, die mit Arbeitssuchenden zu treffen seien, müssen auf dieses Profiling Bezug nehmen. In der Praxis scheint dies aber häufig nicht der Fall zu sein. Beim Zustandekommen von Eingliederungsvereinbarungen gibt es die „Tendenz, dass das Profiling nicht mit einer Phase der gemeinsamen Zielbestimmung verknüpft wird" (ebd., S. 8). Die Folge: In den Eingliederungsvereinbarungen werden einseitig Verpflichtungen der Arbeitssuchenden festgelegt. Solche „Fehler" können Grund für Sanktionen sein und/ oder für eine schlechte Zielerreichung. Sanktionen treffen ausschließlich die Arbeitssuchenden; eine unbefriedigende Zielerreichung trifft auch die Verwaltung, die keine gute Performance nachweisen kann.

Eingliederungsvereinbarungen sollen sich, sofern das im Einzelfall sinnvoll erscheint, auch auf soziale Dienstleistungen beziehen (§ 16a SGB II). Solche kommunalen Eingliederungsleistungen werden häufig von freien Trägern angeboten, deren fachliche Ausrichtung i. d. R. nicht auf Erwerbsintegration fokussiert. Die Mitarbeiter der für die Umsetzung des SGB II zuständigen Arbeits- oder Kommunalverwaltung treten als Fallmanager auf, die auch Zugänge zu eben solchen sozialen Dienstleistungsangeboten ermöglichen. Weil die Einbindung von Anbietern sozialer Dienstleistungen in den Leistungsprozess zum Erfolgskriterium werden kann, müssen tragfähige Netzwerkstrukturen geschaffen werden, die es den Fallmanagern ermöglichen, auf die externen Ressourcen zugreifen zu können. Die Anreize der Netzwerkpartner für die Zusammenarbeit sind im Kontext des SGB II i. d. R. finanzieller Art. Das gilt nicht für alle Bereiche des Sozial- und Gesundheitswesens, in denen Fall- oder Case-Management als Methode praktiziert wird. So werden im Rahmen von Integrationsvereinbarungen, die Migrationsberatungsstellen für erwachsene Zugewanderte (MBE) mit einigen Ratsuchenden abschließen, zwar ebenfalls Leistungen anderer Institutionen benötigt, für die Zugänge zu diesen anderen Leistungserbringern werden aber keine finanziellen Ressourcen zur Verfügung gestellt. Vielmehr können die Zugänge „nur durch intensive Aushandlungen zwischen den Akteuren der Integrationsarbeit im Rahmen von Netzwerkarbeit geschaffen werden" (Reis 2013, S. 15). Netzwerkarbeit ist in diesem Arbeitsfeld entsprechend wichtig, (vgl. BAMF 2013) und hierfür werden den Fachkräften auch Zeitressourcen zugestanden. Fachkräften der Sozialen Arbeit ist solch ein Arbeiten in vernetzten Strukturen vertraut. Gleichwohl kann es die Fallsteuerung erschweren, wenn keine klar definierten und vertraglich vereinbarten Beziehungen zwischen den Netzwerkpartnern existieren. Im Fall der MBE kommt als Erschwernis hinzu, dass diese Beratungsstellen im Auftrag einer Bundesbehörde, des Bundesamtes für Migration und Flüchtlinge, tätig sind, die Netzwerkpartner aber i. d. R. von der Kommune ihren Auftrag erhalten haben (vgl. zu diesem grundsätzlichen Problem in der Migrationsarbeit Schammann und Kühn 2016).

3   Integrierte Planung als Erfordernis der Verantwortungsteilung

Der Aufbau tragfähiger Netzwerke auf kommunaler Ebene ist ein wichtiges Thema in den Kommunen. Dabei handelt es sich einerseits um professionelle Netzwerke, in denen Anbieter sozialer Dienstleistungen zusammenarbeiten sollen, um – im Sinne des Case-Managements – die Fallbearbeitung zu optimieren. Andererseits geht es aber auch darum, Netzwerke zu organisieren, in die auch nicht-professionelle Akteure eingebunden sind. Diese Art von Netzwerkarbeit spielt in der Sozialen Arbeit traditionell eine Rolle (häufig auch in der Einzelfallarbeit), sie hat durch das Aktivierungsparadigma und insbesondere durch die Rolle, die dem Sozialraum zugewiesen wird, an Bedeutung gewonnen. Eine Bedingung für erfolgreiches Netzwerkmanagement im Sozialbereich ist, „dass die *professionellen Netze anschlussfähig* sind *an die zivilgesellschaftlichen Sekundär- und Primärnetzwerke* im Sozialraum" (Schubert 2013, S. 275, H.i.O.). Hierin unterscheidet sich Netzwerkmanagement im Sozialbereich von dem in erwerbswirtschaftlichen Organisationen und macht ein spezifisches und sehr viel anspruchsvolleres Netzwerkmanagement notwendig. Tragfähige Netzwerke zu entwickeln, die geeignet sind, auch jenseits ausschließlich professioneller Strukturen Versorgungen sicherzustellen und soziale Sicherheit zu geben, ist das Ideal des Gewährleistungsstaates. Unter Steuerungs- und Planungsgesichtspunkten besteht die Herausforderung darin, unterschiedliche Systeme mit je eigener Logik einzubinden: „Die politische Steuerung der Erbringung sozialer Dienstleistungen erfolgt immer stärker in Verhandlungsnetzwerken, in denen sich die Steuerungslogiken von Staat, Markt und Assoziationen mischen" (Grunwald und Roß 2014, S. 19).

Es gibt kaum ein Arbeitsfeld, in dem das Thema Vernetzung keine Rolle spielt. Mit der Priorisierung ambulanter Versorgungsstrukturen und sozialräumlicher Konzepte und dem damit verbundenen Fokus auf natürliche Netzwerke hat das Thema einen weiteren „Hype" bekommen und die Aufmerksamkeit auf Bereiche gelegt, die längere Zeit ein Schattendasein führten. Wegen des zunehmenden Anteils älterer Menschen an der Bevölkerung gewinnt die kommunale *Alten- und Seniorenpolitik* an Bedeutung. In der Altenhilfe und -pflege wird bereits seit längerer Zeit über veränderte Versorgungsstrukturen diskutiert. Stationäre Unterbringung soll durch die Stärkung ambulanter Versorgung und die Entwicklung neuer Wohnformen möglichst lange hinausgezögert, wenn nicht sogar gänzlich vermieden werden. Konzepte dazu existieren und erscheinen unter Kosten-Nutzen-Gesichtspunkt (Social Return on Investment) durchaus attraktiv (vgl. SONG 2009). In den letzten Jahren hat es eine Reihe von Gesetzesänderungen gegeben, um Rahmenbedingungen zu schaffen, die ältere Menschen darin unterstützen sollen, möglichst lange in der eigenen Häuslichkeit zu verbleiben. In Bezug auf arme ältere Menschen ist allerdings fraglich, inwieweit diese Konzepte geeignet sind, ihnen die benötigte Unterstützung zukommen zu lassen, denn die neuen Konzepte kommunaler Alten- und Seniorenpolitik sind stark auf jüngere Ältere der Mittel- und Oberschichten fokussiert, die über die notwendigen Ressourcen verfügen, um ihr Leben eigenständig gestalten zu können (vgl. Backes und Amrhein 2011, S. 248).

Ein anderer Bereich, in dem ambulante Versorgungsstrukturen seit einiger Zeit intensiv diskutiert werden, ist die *Behindertenhilfe*. Auch hier wird dem Gemeinwesen eine wichtige Rolle in der Versorgung zugeschrieben. Die Debatte um „community care" hat durch die UN Behindertenrechtskonvention Impulse bekommen. Hierdurch erhält eine Politik, die in der Ambulantisierung Kostenvorteile sieht, aus fachlicher Sicht Unterstützung für ihr Vorgehen. Die Kommunen scheinen sich im Bereich der Behindertenhilfe vornehmlich für deren Finanzierung zu interessieren. Mit dem geplanten Bundesteilhabegesetz werden die Kreise und kreisfreien Städte zwar aus der finanziellen Verantwortung für die Behindertenhilfe entlassen, die Zuständigkeit für ein inklusionsförderliches Gemeinwesen verbleibt allerdings bei ihnen. Wie solch ein Gemeinwesen aussehen kann und soll, ist auf kommunaler Ebene zu klären.

Eine weitere Personengruppe, für deren Integration in das Gemeinwesen sich Kommunen gefordert sehen, sind seit dem starken Zustrom im Jahr 2015 die Flüchtlinge. Die Integration von Flüchtlingen ist eine große Herausforderung, die auf verschiedenen Ebenen ansetzen muss und neben der Wohnungsversorgung die Kinderbetreuung, die Ausbildung sowie soziale Leistungen umfasst (vgl. DStT 2016, S. 11). Für die Umsetzung von Integration sind nach Einschätzung des Deutschen Städtetages „unterschiedlichste Fachbereiche (…) und die Zivilgesellschaft" (DStT 2016, S. 13) einzubinden. Integration ist aus Sicht der kommunalen Spitzenverbände keine Aufgabe, die nur von der Verwaltung gelöst werden kann. Vielmehr sei die „Kooperation aller Akteure und der Stadtgesellschaft" (ebd.) notwendig. Mit dem Bezug auf die Stadtgesellschaft wird die Verantwortung für gelingende Integration ein Stück weit an diejenigen übertragen, die als Nachbarn, Eltern von Kindergarten- oder Schulkindern usw. mit Flüchtlingen in Kontakt kommen. Sie sollen die Integrationsleistung mitschultern, für die die Öffentliche Hand nicht immer die notwendigen Ressourcen (z. B. Anzahl und Qualifizierung von Lehrerinnen und Lehrern für Integrationsaufgaben) zur Verfügung stellt.

Die Mitverantwortung der Bevölkerung für gelingende Integration oder Inklusion ist wesentlicher Bestandteil sozialräumlicher Ansätze. Der Deutsche Verein für öffentliche und private Fürsorge hat Ende 2011 Eckpunkte für einen „inklusiven Sozialraum" (Deutscher Verein 2011) veröffentlicht, im Frühjahr 2012 darauf aufbauende „Empfehlungen zur örtlichen Teilhabeplanung für ein inklusives Gemeinwesen" (Deutscher Verein 2012). Grundlage dieser Papiere ist ein Inklusionsverständnis, das sich auf alle Menschen bezieht. Ein inklusiver Sozialraum ist „als ein barrierefreies Lebensumfeld" bestimmt, „das alle Menschen mit und ohne Behinderungen, alte und junge Menschen, Menschen mit oder ohne Migrationshintergrund selbst bestimmt gemeinsam nutzen und mitgestalten können" (Deutscher Verein 2012, S. 1f.). Die Betrachtung einzelner Zielgruppen wie oben exemplarisch angeführt, verbietet sich nach diesem Verständnis eigentlich. In der Praxis ist solch eine Grenzüberschreitung allerdings wenig verbreitet. Obwohl sich viele Planungsprozesse auf Sozialräume beziehen, werden doch häufig bestimmte Personengruppen fokussiert (z. B. Frewer-Graumann et al. 2016 für die Altenhilfe). Dies lässt sich allerdings auch gut mit spezifischen Hilfebedarfen begründen. Wenn es um die „Gestaltung von Bildungsbedingungen für junge Menschen" geht oder um „die Begegnung der Jugendarbeitslosigkeit im Zuge arbeitspolitischer Veränderungen durch lokale Netzwerke der Bildung und Ausbildung" (Maykus 2017, S. 30), dann sind in die Lösung solcher Probleme andere Akteure einzubinden als für die Gestaltung inklusiver Quartiere, die ein Altern im gewohnten Umfeld auch für Pflegebedürftige ermöglichen.

Teilhabeplanung für ein inklusives Gemeinwesen, auch als inklusive Planung bezeichnet (vgl. Böhmer 2015, S. 120ff.) oder als integrierte Sozialplanung (vgl. Maykus 2017), ist ambitioniert. Traditionelle Fachplanungen für bestimmte Zielgruppen oder durch bestimmte Ressorts sind in eine solche Teilhabeplanung zu integrieren. Der Deutsche Verein nennt „die Bau- und Verkehrsplanung, die Schulentwicklungs- und Jugendhilfeplanung, die Stadt-, Kreis- und Gemeindeentwicklungsplanung, die Pflege-, Altenhilfe- und Sozialplanung der Kommunen" (Deutscher Verein 2012, S. 4), also auch Bereiche, die im Kontext von Sozialplanung häufig nicht mitgedacht werden. Gleichwohl liegt auf der Hand, dass auch und gerade der kommunalen Bauplanung für die Bewältigung der anstehenden Herausforderungen eine große Bedeutung zukommt. Dabei geht es nicht nur um altengerechten und barrierefreien Wohnraum, sondern auch um bezahlbare Wohnungen für einkommensarme Bevölkerungsteile.

Die Zusammenarbeit verschiedener kommunaler Ressorts in einem gemeinsamen Planungsprozess ist nur ein Teil der zu leistenden Vernetzungsarbeit. Darüber hinaus sind weitere Stakeholder einzubinden, zu denen neben den sozialen Dienstleistern in freier Trägerschaft, evtl. Selbsthilfegruppen, Bürgerinitiativen oder in anderer Form freiwillig Engagierte zählen und selbstverständlich die eigentliche Zielgruppe. Die Verständigung mit solchen Akteuren, die z. T. divergierende Interessen haben (vgl. Böhmer 2015, S. 123ff.), über gemeinsam zu verfolgende Ziele, ist organisatorisch aufwendig. Die Effizienz solcher Verfahren entscheidet sich daran, inwieweit es gelingt, einen Konsens herzustellen. Partizipation wird in dieser Deutung zum Mittel für Effizienzsteigerungen.

4   Geteilte Verantwortung – Ein Lösungsweg für Kommunen?

In dem für die Kommunalverwaltung angemessen erscheinenden netzwerkorientierten Governance-Konzept, häufig als local oder regional governance bezeichnet, werden Konflikte durch Verhandlungen gelöst (vgl. Kolhoff 2010. S. 217f.). Wichtige Grundlage ist Vertrauen in die Netzwerkpartner, die sich dem gleichen Ziel verpflichtet fühlen. Das mag zunächst an korporatistische Strukturen erinnern, die wegen ihrer Ineffizienz in die Kritik geraten waren. Allerdings trügt dieser erste Eindruck, denn die neuen Arrangements der

„mixed" Wohlfahrtsproduktion, basieren wesentlich auf dem Einbezug aller möglichen Akteure in die Wohlfahrtsproduktion, zu denen auch die Wirtschaft zählt. Was in beteiligungsorientierten Modellen der Sozialplanung, die schon seit langem insbesondere in der Jugendhilfe diskutiert werden (vgl. Stork 2010), als Ermöglichung von Teilhabe an einem kommunal verantworteten und gesteuerten Prozess erscheint, wird im Kontext von local governance zur Mitwirkungspflicht, weil die Verantwortung auf alle Stakeholder übergeht. Die Kommune teilt sich die Verantwortung für eine gelingende Wohlfahrtsproduktion mit anderen Akteuren, zu denen neben den Anbietern sozialer Dienstleistungen auch zivilgesellschaftliche Akteure zählen und die Betroffenen selbst (vgl. Tabatt-Hirschfeldt 2011, S. 54). Für die Betroffenen hat das zur Konsequenz, dass sie „zunächst selber ihr Zurechtkommen in familiären und persönlichen care arrangements zu organisieren" (Wendt 2010, S. 33) haben.

Die Betonung der Eigenverantwortung von Hilfebedürftigen ist das Credo des aktivierenden Sozialstaatmodells. Sie hat die Perspektive auf die Betroffenen verändert, denn aus Opfern (der Verhältnisse, des Arbeitsmarktes usw.) werden durch diese Sichtweise Täter aufgrund von Unterlassung (zu wenig Eigeninitiative usw.). Erwartet wird von ihnen, dass sie ihr Schicksal selbst in die Hand nehmen und alles nur Mögliche tun, um ihre Lage zu verändern. Der aktivierende Sozialstaat kann als „erziehende Agentur" (Bosančić 2016, S. 7) betrachtet werden, die Hilfebedürftige im Extremfall durch die Androhung des Entzugs existenzsichernder Unterstützung zu dem erwünschten Verhalten veranlasst. Wenngleich dieser Mechanismus im SGB II am stärksten ausgeprägt ist, so finden sich ähnliche Forderungen nach Sanktionen bei unzureichenden Eigenleistungen von Hilfebedürftigen auch in anderen Bereichen (z. B. Spracherwerb durch Flüchtlinge). Auf einer grundsätzlichen Ebene – ohne die Verknüpfung mit existenzsichernden Leistungen – besteht der Anspruch an (Selbst-) Aktivierung in nahezu allen Bereichen. Hilfebedürftige sollen selbstbestimmt Entscheidungen treffen (dürfen), sich Hilfesettings gestalten, dafür notwendige individuelle Netzwerke entwickeln usw. Die Kommune stellt dafür ggf. Beratung oder andere rahmende Infrastruktur zur Verfügung.

Die Überwindung der Vorstellung der Kommunalverwaltung als Dienstleistungsunternehmen durch das kommunalpolitische Leitbild der Bürgerkommune unterstreicht einerseits die Bedeutung von Bürgerbeteiligung für effiziente Kommunalpolitik und betont andererseits die Relevanz bürgerschaftlichen Engagements. „Im Kern geht es bei dem Reformmodell Bürgerkommune darum, aufbauend auf dem Leitbild der kundenorientierten Verwaltung, das freiwillige Engagement zu fördern und die Bürger stärker an kommunalen Planungsprozessen zu beteiligen" (Bogumil und Holtkamp 2007, S. 2). Die Ermöglichung und Förderung von bürgerschaftlichem Engagement und die damit verbundene Erwartung an dessen Leistungsfähigkeit gewinnt auch auf kommunaler Ebene an Bedeutung. Soziales Engagement betätigt sich traditionell in den verschiedenen Einrichtungen des Sozial- und Gesundheitswesens sowie in Bildungseinrichtungen. Mit der Stärkung ambulanter Versorgungsstrukturen und der zunehmenden Fokussierung auf die Leistungen von Sozialräumen sind neue Bereiche hinzugekommen und neue Formen von Engagement. Bürgerschaftlich Engagierte und/oder Nachbarn sollen soziale Integration im Wohngebiet gewährleisten bis hin zur Versorgung von Menschen mit Unterstützungsbedarf. So erhoffen sich Kostenträger oftmals von Projekten zum Quartiersmanagement, die als Projekte eben keine Regelleistung darstellen, dass über sie selbsttragende Strukturen, die auf freiwilligem Engagement basieren, etabliert werden (vgl. zu einem Projekt zu Nachbarschaftstreffs Sprinkart 2014).

Kommunale Sozialpolitik bewegt sich in dem Spannungsfeld von gesetzlichem Auftrag, finanziellen Ressourcen und allgemeinen kommunalpolitischen Zielsetzungen. Die kommunale Selbstverwaltung eröffnet den Kommunen in ihrer Sozialpolitik gewisse Gestaltungsmöglichkeiten, die unterschiedlich genutzt werden (vgl. Grohs und Reiter 2014). Ob Kommunen ihren sozialpolitischen Fokus auf Armutsvermeidung, auf Integration, auf die Verhinderung von räumlicher Segregation usw. legen oder ob sie andere sozialpolitische Prioritäten setzen, bleibt ihnen überlassen. Die Hoffnung, dass sich Integrationsprobleme in Kommunen dadurch lösen, dass Verantwortungen auf die Betroffenen oder die Zivilgesellschaft übertragen werden, dürfte eher unerfüllt bleiben.

Literatur

Anton, Stefan und B. Holler. 2016. Gemeindefinanzbericht 2016. Integration fair finanzieren – gute Ansätze weiterverfolgen. In *Integration fair finanzieren – gute Ansätze weiterverfolgen*, Hrsg. Deutscher Städtetag, 15-46. Berlin, Köln.

Arnold, F., F. Boettcher, R. Freier, R. Geißler und B. Holler. 2015. *Kommunaler Finanzreport 2015*, Hrsg. Bertelsmann Stiftung. Gütersloh.

Backes, Gertrud M. und L. Amrhein. 2011. Kommunale Alten- und Seniorenpolitik. In *Handbuch kommunale Sozialpolitik*, Hrsg. H.-J. Dahme und N. Wohlfahrt, 243-253. Wiesbaden: VS Verlag für Sozialwissenschaften.

Backhaus-Maul, Holger. 1999. Kommunale Sozialpolitik. Sozialstaatliche Garantien und die Angelegenheiten der örtlichen Gemeinschaft. In *Kommunalpolitik. Politisches Handeln in den Gemeinden*, Hrsg. Wollmann, H. und R. Roth, 689-702. 2. Aufl. Wiesbaden: VS Verlag für Sozialwissenschaften.

BAMF [Bundesamt für Migration und Flüchtlinge], Hrsg. 2013. *Handlungsempfehlungen der Migrationsberatung für erwachsene Zuwanderer (MBE) und der Jugendmigrationsdienste (JMD) für die gemeinsame Arbeit mit Familien*. Nürnberg.

Berlit, U. 2008. Die Neuregelung der Kosten für die Unterkunft: Erfahrungen und Auswirkungen. *Archiv für Wissenschaft und Praxis der sozialen Arbeit* 1: 30-44.

Berlit, U. 2011. Die besondere Rechtsstellung der unter 25-Jährigen im SGB II (Teil 1). *info also* 2: 59-68.

Berlit, U. 2014. Aktuelle Entwicklungen in der Rechtsprechung zu den Kosten der Unterkunft (Teil 1). *info also* 6: 243-258.

Bieker, Rudolf. 2006. *Kommunale Sozialverwaltung. Grundriss für das Studium der angewandten Sozialwissenschaften*. München, Wien: De Gruyter Oldenbourg.

Bogumil, J., F. Ebinger und L. Holtkamp. 2011. Vom Versuch, das Neue Steuerungsmodell verpflichtend einzuführen. Wirkungen des Neuen Kommunalen Finanzmanagements in NRW. *Verwaltung & Management* 17 (4): 171-180.

Bogumil, J. und L. Holtkamp. 2007. Die Bürgerkommune. Das Konzept in Theorie und Praxis. *Neues Verwaltungsmanagement* 02: 1-29.

Bogumil, Jörg und W. Jann. 2009. *Verwaltung und Verwaltungswissenschaft in Deutschland. Einführung in die Verwaltungswissenschaft.* 2. Aufl. Wiesbaden: VS Verlag für Sozialwissenschaften.

Bosančić, Saša. 2016. *Ungleichheit bekämpfen! Wo der deutsche Wohlfahrtsstaat jetzt investieren muss,* Hrsg. Friedrich-Ebert-Stiftung. Bonn (Gute Gesellschaft – Soziale Demokratie #2017plus). Bonn. http://library.fes.de/pdf-files/wiso/13031.pdf. Zugegriffen: 15.03.2017.

Bossong, Horst. 2010. *Sozialverwaltung. Ein Grundkurs für soziale Berufe,* 2. Aufl. Weinheim, München: Beltz Juventa.

BMVBS [Bundesministerium für Verkehr, Bau und Stadtentwicklung], Hrsg. 2013. *Arbeitshilfe zur Bestimmung der angemessenen Aufwendungen der Unterkunft im Rahmen kommunaler Satzungen.* Berlin.

Böhmer, Anselm. 2015. *Konzepte der Sozialplanung. Grundwissen für die Soziale Arbeit.* Wiesbaden: Springer VS.

Deutsche Bundesbank. 2016. Gemeindefinanzen. Entwicklung und ausgewählt Aspekte. *Monatsbericht der Deutschen Bundesbank* 10: 13-36.

Deutscher Verein [für öffentliche und private Fürsorge]. 2011. Eckpunkte des Deutschen Vereins für einen inklusiven Sozialraum. https://www.deutscher-verein.de/de/empfehlungen-stellungnahmen -2011-eckpunkte-des-deutschen-vereins-fuer-einen-inklusiven-sozialraum-sb1sb-1543,287,1000. html. Zugegriffen: 22.02.2017.

Deutscher Verein [für öffentliche und private Fürsorge]. 2012. Empfehlungen zur örtlichen Teilhabeplanung für ein inklusives Gemeinwesen. https://www.deutscher-verein.de/de/ empfehlungen-stellungnahmen-2012-empfehlungen-zur-oertlichen-teilhabeplanung-fuer-ein-inklusives-gemeinwesen-1-1528,293,1000.html. Zugegriffen: 22.02.2017.

DStGB [Deutscher Städte- und Gemeindebund] Hrsg. 2017. *Wir schaffen das! Kommunen gestalten Integration. Rahmenbedingungen verbessern, Überforderungen vermeiden.* Berlin.

DStT [Deutscher Städtetag], Hrsg. 2016. *Flüchtlinge vor Ort in die Gesellschaft integrieren. Anforderungen für Kommunen und Lösungsansätze.* Unter Mitarbeit von S. Anton, R. Bartella, U. Bastians, L. Decker, T. Kiel, G. Kort-Weiher et al. Berlin, Köln (Beiträge zur Stadtpolitik). http://www.staedtetag.de/imperia/md/content/dst/veroeffentlichungen/gemeindefinanzbericht/ gfb_2016_schlaglichter.pdf. Zugegriffen: 22.02.2017.

Engelmohr, W. 2011. Beschäftigungs- und teilhabeorientiertes Fallmanagement im SGB XII: ein Konzept des Landkreises Kassel. *NDV* 8, S. 373-378.

Europäische Kommission. 2013. Mitteilung der Kommission an das Europäische Parlament, den Rat, den Europäischen Wirtschafts- und Sozialausschuss und den Ausschuss der Regionen. *Sozialinvestitionen für Wachstum und sozialen Zusammenhalt – einschließlich Durchführung des Europäischen Sozialfonds 2014-2020.* Mitteilungen COM(2013) 83 final. Brüssel.

Finis Siegler, Beate. 2009. *Ökonomik sozialer Arbeit.* 2.Aufl. Freiburg, Br.: Lambertus.

Frewer-Graumann, S., B. Rodekohr, F. Dieckmann, C. Rohleder und S. Schäper. 2016. *Inklusive Sozialplanung für Menschen mit und ohne Behinderung im Alter. Regionalbericht Münster-Hiltrup.* Forschungsprojekt SoPHiA. Unter Mitarbeit von M. Walbröl, J. Fleckenstein und A. Thimm. Münster.

Friedrich-Ebert-Stiftung, Hrsg. 2013. *Wirkungsorientierte Steuerung. Haushaltskonsolidierung durch innovative und präventive Sozialpolitik.* Unter Mitarbeit von T. Kähler und M. Trömmer. Bonn.

Grell, Britta. 2011. Kommunale Fürsorgepolitik. In *Handbuch kommunale Sozialpolitik,* Hrsg. H.-J. Dahme und N. Wohlfahrt, 162-174. Wiesbaden: VS Verlag für Sozialwissenschaften.

Goerl, Caroline, A. Rauch und M. Thöne. 2013. *Weiterentwicklung des kommunalen Finanzausgleichs in Nordrhein-Westfalen.* Gutachten im Auftrage des Ministeriums für Inneres und Kommunales des Landes Nordrhein-Westfalen. Unter Mitarbeit von C. Scheid. Köln.

Grohs, Stephan. 2010. *Modernisierung kommunaler Sozialpolitik. Anpassungsstrategien im Wohlfahrtskorporatismus.* Wiesbaden: VS Verlag für Sozialwissenschaften.

Grohs, Stephan und R. Reiter. 2014. *Kommunale Sozialpolitik. Handlungsoptionen bei engen Spiel-räumen.* Expertise, Hrsg. Friedrich-Ebert-Stiftung. Bonn (Wiso Diskurs). http://library.fes.de/pdf-files/wiso/11017.pdf. Zugegriffen: 23.02.2017.

Grunwald, Klaus. 2013. Qualitätsmanagement. In *Lexikon der Sozialwirtschaft,* Hrsg. K. Grunwald, G. Horcher und B. Maelicke, 818-823. 2. Aufl. Baden-Baden: Nomos.

Grunwald, Klaus und P.-S. Roß. 2014. „Governance Sozialer Arbeit". Versuch einer theoriebasierten Handlungsorientierung für die Sozialwirtschaft. In *Öffentliche und Soziale Steuerung – Public Management und Sozialmanagement im Diskurs,* Hrsg. A. Tabatt-Hirschfeldt, 17-64. Baden-Baden: Nomos.

Halfar, B. und K. Schellberg. 2013. Das Verhältnis von Leistungserbringern und Leistungsträgern. Finanzierung bei leeren Kassen. *ARCHIV für Wissenschaft und Praxis der sozialen Arbeit* 44 (2): 18-30.

Halsch, Volker, U. Stähler und M. Weiß. 2013. *Für zukunftsfähige Kommunalfinanzen,* Hrsg. Friedrich-Ebert-Stiftung. Berlin (Managerkreis der Friedrich-Ebert-Stiftung). http://library.fes.de/pdf-files/managerkreis/10397-20131211.pdf. Zugegriffen: 22.02.2017.

Hofmann, Barbara, S. Koch, P. Kupka, A. Rauch, F. Schreyer, M. Stops, J. Wolff und F. Zahradnik. 2011. *Wirkung und Nutzen von Sanktionen in der Grundsicherung. Zur Stärkung der Rechte der Arbeitslosen.* IAB-Stellungnahme 5. Nürnberg.

Jann, W. und K. Wegrich. 2010. Governance und Verwaltungspolitik. Leitbilder und Reformkonzepte. In *Governance – Regieren in komplexen Regelsystemen. Eine Einführung,* Hrsg. A. Benz und N. Dose, 175-200. 2. Aufl. Wiesbaden: VS Verlag für Sozialwissenschaften.

Kaps, Petra. 2009. Die Rolle der Kommunen in der Arbeitsmarkt- und Beschäftigungspolitik. In *Arbeitsmarktpolitik in der sozialen Marktwirtschaft. Vom Arbeitsförderungsgesetz zum Sozial-gesetzbuch II und III,* Hrsg. S. Bothfeld, W. Sesselmeier und C. Bogedan, 191-204. Wiesbaden: VS Verlag für Sozialwissenschaften.

Kolhoff, L. 2010. Innovationen durchsetzen. Das Konzept der Regional-Governance in der Sozialen Arbeit. *Blätter der Wohlfahrtspflege* 6: 217-220.

Lange, Klaus. 2015. *Verfassungsrechtliche Grundlagen der Finanzierung der Kommunen in Nord-rhein-Westfalen.* Gutachten im Auftrag des Städtetages Nordrhein-Westfalen, des Landkreista-ges Nordrhein-Westfalen und des Städte- und Gemeindebundes Nordrhein-Westfalen. Köln, Düsseldorf.

Lenk, Thomas, M. Hesse, M. Kilian, O. Rottmann und T. Starke. 2016. *Zukunftswirksame Ausgaben der öffentlichen Hand. Eine infrastrukturbezogene Erweiterung des öffentlichen Investitionsbegriffs.* Studie des Kompetenzzentrums Öffentliche Wirtschaft, Infrastruktur und Daseinsvorsorge e. V. an der Universität Leipzig im Auftrag der Bertelsmann Stiftung. Langfassung. Leipzig.

Maleri, Rudolf und U. Frietzsche. 2008. *Grundlagen der Dienstleistungsproduktion.* 5. Aufl. Berlin, Heidelberg: Springer.

Malottki, C. v. 2014. Schlüssiges Konzept und Statistik. Zur Rechtsprechung des Bundessozialgerichts und des Bayerischen Landessozialgerichts zum „schlüssigen Konzept" für die Landeshauptstadt München. *info also* 3: 99-105.

Maykus, S. 2017. Inklusion und Kommune. Sozialplanung als (fach-)politischer Prozess. *ARCHIV für Wissenschaft und Praxis der sozialen Arbeit* (1): 30-39.

Merchel, Joachim. 2013. *Qualitätsmanagement in der Sozialen Arbeit. Eine Einführung.* 4. Aufl. Weinheim, München: Beltz Juventa

Musil, Jennifer. 2016. Ausblick auf aktuelle Entscheidungen zur Konnexität. In *Integration fair finanzieren – gute Ansätze weiterverfolgen,* Hrsg. Deutscher Städtetag, 48-50 . Berlin, Köln.

Naßmacher, H. 2011. Kommunalpolitik in Deutschland. *APuZ* 7-8: 6-12.

Polutta, Andreas. 2017. Sozialer Wirkungskredit im Kontext wirkungsorientierter Steuerungsin-strumente. Professionsbezogene Perspektiven zu aktuellen Entwicklungen in der Jugendhilfe.

In *Privates Kapital für soziale Dienste? Wirkungsorientiertes Investment und seine Folgen für die Soziale Arbeit,* Hrsg. M. Burmester, E. Dowling und N. Wohlfahrt. Baltmannsweiler: Schneider Hohengehren. Zur Veröffentlichung vorgesehen.

Polutta, Andreas. 2013. Wirkung. In *Lexikon der Sozialwirtschaft,* Hrsg. K. Grunwald, G. Horcher und B. Maelicke, 1107-1108. 2. Aufl. Baden-Baden: Nomos.

Reichwein, Alfred, A. Berg, D. Glasen, A. Junker, J. Rottler-Nourbakhsch und S. Vogel. 2011. *Moderne Sozialplanung. Ein Handbuch für Kommunen.* Unter Mitarbeit von M. Trauth-Koschnick, Hrsg. Ministerium für Arbeit, Integration und Soziales des Landes NRW (mais). Düsseldorf.

Reis, Claus. 2013. *Integrationsvereinbarungen einsetzen. Handlungsleitfaden zur praktischen Umsetzung vor Ort für Kommunen,* Hrsg. Beauftragte der Bundesregierung für Migration, Flüchtlinge und Integration. Berlin.

Sachße, Christoph und F. Tennstedt. 1998. *Geschichte der Armenfürsorge in Deutschland. Bd. 1: Vom Spätmittelalter bis zum 1. Weltkrieg,* 2. Aufl. Stuttgart: Kohlhammer.

Samartzis, G.. 2011. Der neue sozialadministrative Rahmen für Optionskommunen bei der Organisation ihrer SGB-II-Jobcenter. *Sozialrecht aktuell* 1: 12-15.

Schammann, Hannes und B. Kühn. 2016. *Kommunale Flüchtlingspolitik in Deutschland,* Hrsg. Friedrich-Ebert-Stiftung. Bonn (Gute Gesellschaft – Soziale Demokratie #2017plus). http://library.fes.de/pdf-files/wiso/12763.pdf. Zugegriffen: 15.03.2017.

Scherf, Wolfgang. 2010. Die kommunalen Finanzen in Deutschland. In *Kommunalpolitik in den deutschen Ländern. Eine Einführung,* Hrsg. A. Kost und H.-G. Wehling, 367-388, 2. Aufl. Wiesbaden: VS Verlag für Sozialwissenschaften.

Scherf, Wolfgang. 2003. *Sachgerechte Verteilung staatlicher Finanzzuweisungen.* Justus-Liebig-Universität Gießen: Finanzwissenschaftliche Arbeitspapiere Nr. 66. http://geb.uni-giessen.de/geb/volltexte/2003/1220/pdf/ScherfWolfgang-2003-66.pdf. Zugegriffen: 15.03.2017.

Schneider, Stefan und B. Grabow. 2015. *KfW Kommunalpanel 2015,* Hrsg. KfW Bankengruppe. Frankfurt.

Schubert, Herbert. 2013. Netzwerkmanagement in der Sozialen Arbeit. In *Netzwerke und soziale Arbeit. Theorien, Methoden, Anwendungen,* Hrsg. J. Fischer und T. Kosselek, 267-286. Weinheim, München: Beltz Juventa.

Sell, Stefan. 2010. *Die Verfahrensflut durch „Hartz IV" als Menetekel für die Sozialgerichtsbarkeit oder: Von dem Dilemma eines nichteinlösbaren Lösungsversprechens durch das Sozialrecht und dem Anspruch des Einzelnen auf Rechtsprechung.* Remagener Beiträge zur aktuellen Sozialpolitik 07.

Shaw, Stefan. 2016. Eine schwere Geburt – Lehren aus dem ersten deutschen Social Impact Bond in Deutschland. http://www.benckiser-stiftung.org/de/blog/a-difficult-birth-lessons-from-the-first-social-impact-bond-in-germany. Zugegriffen 12.03.2017

SONG [Netzwerk Soziales neu gestalten], Hrsg. 2009. *Zukunft Quartier – Lebensräume zum Älterwerden. Bd. 3 Soziale Wirkung und „Social Return".* Gütersloh: Verlag Bertelsmann-Stiftung.

Sprinkart, Peter. 2014. *Wirkungsanalyse Quartierbezogene Bewohnerarbeit. Nachbarschaftstreffs.* Studienteil 2, Hrsg. Landeshauptstadt München Sozialreferat. München.

Statistisches Bundesamt. 2016a. *8,0 Millionen Empfängerinnen und Empfänger von sozialer Mindestsicherung am Jahresende 2015.* Pressemitteilung vom 28. November 2016 – 419/16. Wiesbaden. https://www.destatis.de/DE/PresseService/Presse/Pressemitteilungen/2016/11/PD16_419_228.html. Zugegriffen: 25.02.2017

Statistisches Bundesamt. 2016b. *Finanzen und Steuern. Steuerhaushalt.* Fachserie 14, Reihe 4. Wiesbaden.

Stork, Remi. 2010. Beteiligungsprozesse in der Jugendhilfeplanung. In *Handbuch Jugendhilfeplanung. Grundlagen, Anforderungen und Perspektiven,* Hrsg. S. Maykus und R. Schone, 221-240. 3. Aufl. Wiesbaden: VS Verlag für Sozialwissenschaften.

Tabatt-Hirschfeldt, A. 2011. Die Kommune als Koordinator lokaler Arrangements. Von der örtlichen Steuerung gemischter Wohlfahrtsproduktion. *Blätter der Wohlfahrtspflege* 2: 54-56.

Wendt, Wolf Rainer. 2010. Arrangements der Wohlfahrtsproduktion in der sozialwirtschaftlichen Bewerkstelligung von Versorgung. In *Wohlfahrtsarrangements. Neue Wege in der Sozialwirtschaft*, Hrsg. Wolf Rainer Wendt, 11-52. Baden-Baden: Nomos.

Entkommunalisierung der Arbeitsmarktpolitik?
Gestaltungsspielräume von Ländern und Kommunen bei der Integration in Arbeit

Kay Bourcarde

Zusammenfassung

Aufgrund der früheren Zuständigkeit der Kommunen für arbeitslose Sozialhilfeempfängerinnen und -empfänger und der ab den 1980er Jahren steigenden Arbeitslosigkeit setzte eine Entwicklung ein, die unter dem Schlagwort der *Kommunalisierung der Arbeitsmarktpolitik* zusammengefasst wird. Insbesondere über den umfassenden Einsatz von sogenannten *Hilfen zur Arbeit* (i. d. R. gemäß dem damaligen Bundessozialhilfegesetzes, BSHG) wurden auf lokaler Ebene zahlreiche, teils innovative Ansätze entwickelt und die Kommunen so neben dem Hauptakteur – der damaligen Bundesanstalt für Arbeit – zu einem wichtigen arbeitsmarktpolitischen Mitspieler. Infolge der Zusammenlegung von Sozial- und Arbeitslosenhilfe zur Grundsicherung für Arbeitssuchende (SGB II) haben diese gewachsenen Strukturen eine grundsätzliche Neuausrichtung erfahren und sich die Handlungsspielräume der Kommunen deutlich reduziert: In den gemeinsamen Einrichtungen dominiert die Bundesagentur für Arbeit (BA), die auch aufgrund ihres Zielindikatorensystems die möglichst rasche Integration von tendenziell ohnehin dem Arbeitsmarkt näher stehenden Zielgruppen in den Vordergrund stellt. Die Bedeutung von öffentlich geförderter Beschäftigung ist massiv zurückgegangen. Aufgrund der immer stärker zentralistisch ausgerichteten Geschäftspolitik der BA kam es darüber hinaus vielfach zu einem Verlust an lokalem Steuerungs- und Erfahrungswissen. Eine Ausnahme bilden die *Optionskommunen*, die sogar in größerem Umfang als zuvor Umsetzungsverantwortung bei der Integration von Langzeitarbeitslosen tragen. Handlungsspielräume haben die Kommunen außerdem im Zusammenhang mit – oftmals ESF-geförderten – Landesprogrammen. Dabei beeinflusst der Europäische Sozialfonds (ESF) die Arbeitsmarktpolitik der Länder, erschließen sich diesen mit dem ESF doch in erheblichem Umfang zusätzliche finanzielle Ressourcen. Die Einflussnahme der EU-Kommission ist dabei allerdings weniger inhaltlicher Art, sondern besteht vor allem mit Blick auf bestimmte formale Vorgaben wie dem *Kohärenzprinzip*, durch das Parallelstrukturen insbesondere zu den Aktivitäten des Bundes vermieden werden sollen. Weitere Bedeutung kommt den Kommunen schließlich auch im Rahmen der Jugendberufshilfe sowie bei der Integration von Flüchtlingen in Arbeit zu. Der Beitrag kommt zu dem Ergebnis, dass die deutsche Arbeitsmarktpolitik heute auch im Zusammenspiel der drei Ebenen Bund, Länder und Kommunen über keine ausreichenden (integrierten) Konzepte verfügt, um dem Phänomen einer sich verfestigenden Langzeitarbeitslosigkeit zu begegnen.

Schlagworte

kommunale Arbeitsmarktpolitik; Optionskommunen; Langzeitarbeitslosigkeit; europäische Beschäftigungspolitik; Zielsteuerungssystem der BA

1   Einleitung

Der Hauptakteur in der deutschen Arbeitsmarktpolitik ist die Bundesagentur für Arbeit (BA), deren gesetzlicher Auftrag sich insbesondere aus dem Zweiten und Dritten Buch des Sozialgesetzbuches (SGB) ergibt. Zwar besitzt sie schon seit den 1990er Jahren kein Vermittlungsmonopol mehr: Jeder Arbeitssuchende darf auch einen privaten Arbeitsvermittler einschalten (Waltermann 2016, Rdn. 448). Dennoch weist ihr das SGB die zentrale Rolle in der deutschen Arbeitsmarktpolitik zu, was sich bereits in ihrem Haushaltsvolumen eindrucksvoll widerspiegelt: Rund drei Viertel aller staatlichen Ausgaben für aktive Arbeitsmarktpolitik in Deutschland erfolgt über die BA (Schmid und Hedrich 2008, S. 197). Im Jahr 2016 standen für Leistungen zur Eingliederung in Arbeit bzw. für die aktive Arbeitsförderung im SGB II rund 2,9 Mrd. Euro (Bundesagentur für Arbeit 2017a, S. 3) und im SGB III rund 9,6 Mrd. Euro zur Verfügung (Bundesagentur für Arbeit 2017b).

Neben dem Bund bzw. der Bundesagentur haben auch die Bundesländer eigenständige Arbeitsmarktprogramme entwickelt und sind hier – da es sich für sie um eine freiwillige Aufgabe handelt – anders als die BA frei von gesetzlichen Vorgaben. Typischerweise stoßen sie dabei in Lücken der BA-Förderung und berücksichtigen idealerweise zugleich die Besonderheiten des Arbeitsmarktes in ihren verschiedenen Regionen (Malik 2008, S. 1). Vorangetrieben wird dies durch eine sich zunehmend in der Sozialpolitik engagierenden Europäischen Union (EU), die über ihre Strukturfonds – allen voran den Europäischen Sozialfonds (ESF) – entsprechende Fördermittel zur Verfügung stellt.

Als dritte Ebene sind schließlich auch die Kommunen arbeitsmarktpolitisch aktiv. Teils unterstützt von den jeweiligen Ländern haben diese in den vergangenen Jahrzehnten vielfältige lokale Ansätze entwickelt und umgesetzt.

Der Beitrag geht der Frage nach, welche Handlungsspielräume die Länder und insbesondere die Kommunen heute noch haben, um eigenständige arbeitsmarktpolitische Ansätze zu verfolgen und welche Konsequenzen dies für die Bemühungen um die Bekämpfung der Langzeitarbeitslosigkeit hat. Die Kommunen haben dabei über hauptsächlich zwei Wege die Möglichkeit, arbeitsmarktpolitisch aktiv zu sein, nämlich zum einen aufgrund ihrer Zuständigkeiten im Rahmen des SGB II, zum anderen im Zusammenspiel mit der Arbeitsmarktpolitik der Bundesländer.

2   Kommunale Arbeitsmarktpolitik vom BSHG zum SGB II

2.1   Die Kommunalisierung der Arbeitsmarktpolitik

Das Engagement der Kommunen in der Arbeitsmarktpolitik erklärt sich daraus, dass diese bis 2005 für die Sozialhilfe und damit für die soziale Absicherung eines ab Anfang der 1980er Jahre rapide wachsenden Teils der (Langzeit-)Arbeitslosen zuständig waren (Bäcker 2010, S. 541). Die Zahl der arbeitslos gemeldeten Sozialhilfebezieherinnen und -bezieher (konkret: der „Bezieherinnen und Bezieher laufender Hilfe zum Lebensunterhalt") stieg bis 2004 auf 930.000 an (Kaps 2012, S. 262). Damit einher ging ein sowohl in sozialpolitischer wie auch fiskalischer Hinsicht steigender Druck auf die Kommunen, eigene Strukturen, Maßnahmen und lokale Kooperationen zur Arbeitsmarktintegration zu schaffen. Grundlage dieser *Kommunalisierung der Arbeitsmarktpolitik* war das Bundessozialhilfegesetz (BSHG), das es den Kommunen erlaubte für die Betroffenen in ihrem jeweiligen territorialen Zuständigkeitsbereich *Hilfen zur Arbeit* umzusetzen. Der Schwerpunkt lag dabei auf dem umfassenden Einsatz von so genannten *Arbeitsgelegenheiten* (AGHs) (Wycislo 2015, S. 164ff.), die das BSHG in zwei Varianten vorsah:

Die *Entgeltvariante* begründete ein normales Arbeitsverhältnis und richtete sich an Personen, bei denen eine Arbeitsmarktintegration möglich erschien (insbesondere an Jugendliche und junge Erwachsene). Diese erhielten anstelle der Hilfen zum Lebensunterhalt einen Lohn in üblicher Höhe. Für Erwerbslose mit besonderen Vermittlungshemmnissen hingegen wurde auf die *Mehraufwandsvariante* zurückgegriffen. Bei dieser wurden die bisherigen Hilfen zum Lebensunterhalt weitergezahlt, jedoch um eine geringfügige Mehraufwandsentschädigung aufgestockt.[1] Im Vordergrund stand dabei die Aufnahme irgendeiner Beschäftigung, nicht zwingend die Verbesserung der Chancen auf Eingliederung. Daneben waren nach dem BSHG unter anderem *Lohnkosten-* und *Eingliederungszuschüsse* sowie befristet die *Förderung von regulären sozialversicherungspflichtigen Beschäftigungen* möglich (Wycislo 2015, S. 164ff.).[2] Lehnten Sozialhilfeempfängerinnen bzw. -empfänger eine zumutbare Tätigkeit ab, konnten ihnen Leistungen gekürzt werden.[3] Die Zumutbarkeitskriterien sind dabei seit Anfang der 1980er Jahre schrittweise verschärft worden (Kaps 2006, S. 53f.). Ihren Höchstwert erreichten die eingesetzten Instrumente im Jahr 2000, in dem bundesweit mehr als 142.000 Sozialhilfeempfängerinnen und -empfänger im Rahmen der Hilfen zur Arbeit beschäftigt wurden (Kaps 2012, S. 265). Neben den Regelangeboten

---

1   § 19 Abs. 2 BSHG.

2   §§ 18-20 BSHG.

3   § 25 BSHG.

des BSHG hat der Bund zeitweise Sonderprogramme wie etwa *JUMP Plus*[4] aufgelegt, deren Umsetzung in kommunaler Verantwortung lag (Kaps 2006, S. 54ff.).

Die Hilfen zur Arbeit bildeten die Grundlage für *kommunale Beschäftigungsgesellschaften*, durch die ein *Zweiter Arbeitsmarkt* geschaffen wurde. Das Konzept des Zweiten Arbeitsmarkts basierte auf der Anfang der 1980er Jahre herangereiften Erkenntnis, dass für die Gruppe der Langzeitarbeitslosen nur wenige passende Maßnahmen existierten und falls doch, diese nicht erfolgsversprechend sein konnten, da aufgrund ihrer kurzen Laufzeit bei dieser schwierigen Zielgruppe eine direkte Integration in den Arbeitsmarkt unrealistisch war. Ausgehend von zunächst den Großstädten wurden so auf kommunaler Ebene staatlich subventionierte Beschäftigungsangebote für Langzeitarbeitslose, gesundheitlich Beeinträchtigte, Jugendliche ohne Berufsabschluss und andere eingeschränkt Leistungsfähige geschaffen (Trube 1997, S. 131f.).

Die Hilfen zur Arbeit waren politisch umstritten, da ihnen eine zu große Nähe und damit Konkurrenz zu regulären Beschäftigungen nachgesagt wurde. Damit verbunden war die Befürchtung, sie könnten selbst Auslöser für Arbeitsplatzabbau sein. Da die Kommunen bei ihren arbeitsmarktpolitischen Maßnahmen teils sehr unterschiedliche Wege gingen, wurden diese gleichwohl als „Innovationskern moderner aktivierender Sozialpolitik" bezeichnet (Berlit et al. 1999, S. 9). Wie innovativ die jeweils lokal verfolgten Arbeitsmarktstrategien allerdings tatsächlich waren, hing freilich stark von den vor Ort handelnden Akteuren ab. Kaps weist daher darauf hin, dass „die regionalen Unterschiede in der Innovationsfähigkeit (…) immens" waren. Dementsprechend stark divergierten auch die Vermittlungsquoten (Kaps 2012, S. 265f.).[5]

Zudem standen die kommunalen Maßnahmen zur Arbeitsmarktintegration in einem systemimmanenten Zielkonflikt. Einerseits sollten sie den Langzeitarbeitslosen eine nachhaltige Rückkehr in Arbeit und Gesellschaft ermöglichen, andererseits aber – insbesondere ab dem Ende der 1990er Jahre – die zunehmend klammen kommunalen Haushalte entlasten (Trube 1997, S. 131ff.). Die schnelle Arbeitsmarktintegration war daher nicht zwingend auch eine nachhaltige. Ein Kritikpunkt war insbesondere der mögliche Drehtüreffekt von der Sozialhilfe in die Arbeitslosenversicherung: Aus rein fiskalischer Sicht profitierten die Kommunen bereits dann, wenn vormals arbeitslose Sozialhilfeempfängerinnen bzw. Sozialhilfeempfänger für wenigstens ein Jahr sozialversicherungspflichtig beschäftigt werden konnten. Bei erneuter Arbeitslosigkeit landeten diese Personen dann (wieder) in der Zuständigkeit der Bundesanstalt für Arbeit. Nach dem Auslaufen des Arbeitslosengeldes erhielten sie fortan *Arbeitslosenhilfe* und belasteten damit nicht erneut den kommunalen

---

4 Mit dem Programm soll jungen Arbeitslosen unter 25 Jahren der Einstieg in Beschäftigung und Qualifizierung ermöglicht werden.

5 Seibel (1992) geht darüber hinaus und sieht bei (kommunal) angesiedelten Dritte-Sektor-Organisationen einen „funktionalen Dilettantismus". Gerade der Umstand, dass die Träger anders als die staatlichen Akteure vielfach keine marktgerechten Angebote machen, „unbürokratisches Mißmanagement" betreiben und so eine Nische besetzten, habe überhaupt erst zu ihrem Erfolg geführt.

Haushalt. Dieser fiskalpolitische Anreiz bestand zwar bis zu den Hartz-IV-Reformen tatsächlich, betraf aber offenbar nur eine vergleichsweise kleine Gruppe (Kaps 2012, S. 266).

2.2 Richtungsänderung mit den Hartz-IV-Reformen

Mit den Hartz-IV-Reformen haben sich die Rahmenbedingungen für die kommunale Arbeitsmarktpolitik grundlegend verändert. 2005 wurde das *Vierte Gesetz für moderne Dienstleistungen am Arbeitsmarkt* verabschiedet, das die vom Bund finanzierte Arbeitslosenhilfe und die von den Kommunen getragene Sozialhilfe in weiten Teilen zur neuen *Grundsicherung für Arbeitssuchende* (ALG II) zusammengeführt hat.[6] Damit einher ging eine neue Aufgabenverteilung: Der Bund zahlt von nun an die Grundsicherung für alle erwerbsfähigen Hilfebedürftigen, die Kommunen nur noch die Sozialhilfe für jene, die – insbesondere mangels Erwerbsfähigkeit – keinen Anspruch auf ALG II haben. Für die Kosten der Unterkunft treten ebenfalls die Kommunen ein, der Bund erstattet diese jedoch anteilig. Zugleich hat der neue § 16 Abs. 1 SGB II die meisten Instrumente des SGB III zur aktiven Arbeitsförderung für den Rechtskreis des SGB II geöffnet.

Mit der Zusammenlegung von Arbeitslosen- und Sozialhilfe ging auch der Auftrag einher auf kommunaler Ebene eine sogenannten *Arbeitsgemeinschaft* – kurz: ARGE – zu gründen. In den ARGEn war es fortan die Aufgabe der örtlichen Arbeitsagentur sich um die Eingliederung in den Arbeitsmarkt für alle SGB II-Bezieherinnen und -bezieher zu kümmern. Die Kommunen hingegen waren außer für die Kosten der Unterkunft und die Übernahme einmaliger Bedarfe nur für bestimmte weitere soziale Dienste wie die Kinderbetreuung oder die Schuldner- und Suchtberatung zuständig. Die ARGEn insgesamt betreuten aufgrund der Zusammenlegung von Sozial- und Arbeitslosenhilfe damit zwar eine weitaus größere Personenzahl als früher allein die Kommunen unter dem BSHG, deren Einfluss auf die Arbeitsmarktpolitik ist aber dennoch deutlich geschrumpft. Sie haben

> „(...) deutlich an Handlungsspielraum in der Arbeitsmarktpolitik verloren. Sie sind nun in der Arbeitsgemeinschaft an die Arbeitsverwaltung, den operativen Vorgaben der Geschäftspolitik der Bundesagentur für Arbeit und insbesondere an die – im Vergleich zum BSHG – detaillierten Anweisungen des Arbeitsförderungsrechts gebunden." (Bäcker 2010, S. 541)

Im Jahr 2007 hat das Bundesverfassungsgericht die ARGEn als nicht vom Grundgesetz gedeckte Mischverwaltung für verfassungswidrig erklärt.[7] 2010 halfen Bundestag und Bundesrat dem durch eine Grundgesetzänderung ab. Die *Jobcenter* waren geboren. In den gemeinsamen Einrichtungen hielt man an der Zusammenarbeit von Arbeitsagenturen und Kommunen fest. Auch an den grundsätzlich verringerten Einflussmöglichkeiten der Kommunen innerhalb dieser Konstruktion änderte sich damit nichts.

---

6   Vgl. BGBl. I, 2004, S. 2902.

7   BVerfGE 119, 331.

Eine Ausnahme bilden die *Optionskommunen*: Das Modell der Optionskommune oder des *zugelassenen kommunalen Trägers* (zkT) war im Zuge der Hartz-IV-Gesetzgebung zunächst als Experimentierklausel eingeführt worden. Mit ihr sollten bis längstens 2010 alternative Modelle zur Eingliederung von Arbeitssuchenden erprobt werden. Dabei war die Zahl der Optionskommunen auf bundesweit 69 beschränkt. Nach der Grundgesetzänderung und der damit verbundenen Neuregelung wurde diese Grenze auf 110 erhöht. Gleichzeitig wurde ein System von Zielvereinbarungen geschaffen, durch das die Eingliederungserfolge der gemeinsamen Einrichtungen und der Optionskommunen transparent und vergleichbar werden sollten (Buestrich 2011, S. 145). Da die zkTs umfassend für die Arbeitsmarktintegration im Rahmen des SGB II zuständig sind und damit „(…) für eine gestiegene Anzahl Betroffener und in größerem Umfang als zuvor die sozial- und gesellschaftspolitische Umsetzungsverantwortung für die Grundsicherung für langzeitarbeitslose Arbeitsuchende" tragen, haben die optierenden Kommunen im direkten Vergleich zum BSHG-Regime sogar an Handlungsspielräumen hinzugewonnen (Kaps 2006, S. 186f.).

2.3   Heutige Einflussmöglichkeiten der Kommunen

Wirkliche Einflussmöglichkeiten auf die lokale arbeitsmarktpolitische Schwerpunktsetzung haben die Kommunen im Rahmen des SGB II heute somit nur noch als Optionskommune. In den gemeinsamen Einrichtungen hingegen dominiert die BA und ihre Geschäftspolitik (Buestrich 2011, S. 146). Insgesamt ist damit eine eigenständige kommunale Arbeitsmarktpolitik in mehrerlei Hinsicht zusehends schwieriger geworden.

Erstens wurden im Zuge der Instrumentenreform 2009 einige Möglichkeiten der Kommunen eingeschränkt, flexible, am individuellen Bedarf ausgerichtete sozial-integrative Leistungen einzusetzen. So hatte der § 16 Abs. 2 SGB II a.F. es erlaubt „weitere Leistungen" zu erbringen. Insbesondere die Optionskommunen haben diesen erweiterten Gestaltungsspielraum genutzt (Buestrich 2011, S. 153f.). Mit der Neufassung des § 16 SGB II verschwand dieser Spielraum weitgehend, an seine Stelle sind stärker die standardisierten Maßnahmen getreten, die die BA über ihre regionalen Einkaufszentren ausschreibt und bei denen regelmäßig der günstigste Anbieter zum Zuge kommt. Der neue § 16f SGB II sieht nun zwar eine „freie Förderung" vor, deren Umfang ist jedoch gemessen an den Eingliederungsmitteln insgesamt beschränkt worden. Zudem setzt er ein komplexes Einkaufs- bzw. Vergabeverfahren voraus. Da die Jobcenter hierfür nicht die entsprechenden personellen Ressourcen und oftmals auch nicht die notwendigen Kenntnisse im Zuwendungsrecht haben, scheuen sie tendenziell die Vergabe solcher Maßnahmen.[8]

Zweitens hat in der Praxis die langfristig immer stärker zentralistisch ausgerichtete Geschäftspolitik der Bundesagentur vielfach zu einem Verlust an lokalem Steuerungs- und Erfahrungswissen geführt. So waren die einzelnen Arbeitsämter von Geschäftsstellenlei-

---

8   Dabei ist auch zu berücksichtigen, dass die SGB II-Regelleistungen durch Angebote im Rahmen des § 16f weder aufgestockt noch umgangen werden dürfen.

tungen geführt worden, die vor Ort meist gut vernetzt waren. Sie pflegten oftmals enge Kontakte zu den Unternehmen in der Region, kannten deren Arbeitskräftebedarfe und hatten auch einen relativ guten Überblick über die Bewerberinnen- bzw. Bewerberlage. Auch mit der Lokalpolitik standen sie im Austausch. Vereinfacht ausgedrückt: Man kannte sich. Mit dem Übergang zu größeren Verwaltungseinheiten und der Ersetzung der einzelnen Nebengeschäftsstellenleitungen durch eine geringere Zahl an Hauptgeschäftsstellenleitungen ging dieses implizite Wissen über die lokalen Gegebenheiten verloren. Zugleich hatte der Übergang von der bewerber- zur arbeitgeberorientierten Betreuung, die auch Ausdruck findet in der Einführung des neuen „Arbeitgeberservice", zur Folge, dass die Bedeutung persönlicher Kontakte insgesamt zurückgegangen ist.

Drittens ist die Förderung kommunaler Beschäftigungsgesellschaften mit der Abschaffung der Hilfen zur Arbeit zu einer freiwilligen Aufgabe geworden. Insbesondere in hochverschuldeten Kommunen, die nicht als Optionskommune zugelassen und weitgehend auf die Erfüllung ihrer Pflichtaufgaben beschränkt sind, droht die Streichung dieser Einrichtungen. Insgesamt ist der Umfang der öffentlich geförderten Beschäftigung in Deutschland deutlich kleiner geworden: Allein zwischen 2010 und 2015 hat sie sich die Zahl der Neuzugänge um beinahe 70 Prozent reduziert, bei der Gründungsförderung sogar um fast 80 Prozent (Beste et al. 2017, S. 11f.). Damit sind ausgerechnet solche Instrumente zur Bekämpfung von Langzeitarbeitslosigkeit zurückgefahren worden, deren Effektivität durch Evaluationsstudien eindeutig belegt worden ist (vgl. dazu etwa Hohmeyer und Wolff 2010).

3 Regionale und kommunale Arbeitsmarktpolitik über die Bundesländer

3.1 Handlungsspielräume durch den ESF

Über den ESF verteilt die EU-Kommission schon seit 1957 Fördermittel an die Mitgliedstaaten. Während die ESF-Förderung in Deutschland aber über lange Zeit hinweg kein eigenes Profil hatte, sondern lediglich zur Kofinanzierung von BA-Maßnahmen eingesetzt wurde (Malik 2008, S. 2f.), ist der ESF seit der 1997 vereinbarten Europäischen Beschäftigungsstrategie (EBS) zunehmend in den Dienst von beschäftigungspolitischen Zielsetzungen der EU gestellt worden. Dabei kommt die so genannte Offene Methode der Koordinierung (OMK) zum Einsatz. Diese zielt auf eine stärkere Zusammenarbeit der Mitgliedstaaten auch in solchen Politikfeldern, für die die EU keine oder eine nur sehr eingeschränkte Zuständigkeiten besitzt, so etwa für die Sozial- und Beschäftigungspolitik. Eine Angleichung der einzelstaatlichen Politiken erfolgt hier nicht durch harte EU-Rechtsetzung mittels Richtlinien oder Verordnungen, sondern auf weichem Weg, nämlich durch die umfassende Anwendung von Methoden des gegenseitigen voneinander Lernens (Boeckh et al. 2017, S. 109, 252; Pfeiffer und Salewski 2006, S. 194f.).

Für einen Zeitraum von jeweils sieben Jahren definiert die Kommission bestimmte strategische Ziele, die mit dem ESF verfolgt werden sollen. Die aktuell 8. Förderperiode umfasst die Jahre 2014 bis 2020 und orientiert sich an der Europa-2020-Strategie. Aufgrund des im Vergleich zu den anderen Mitgliedstaaten relativ stark gestiegenen Wohlstands in Deutschland stehen allerdings rund 20 Prozent weniger Fördermittel zur Verfügung als noch in der vorausgegangenen Förderperiode. Insgesamt entfallen so auf Deutschland knapp 7,5 Mrd. Euro (Europäische Kommission 2017), davon gut ein Drittel auf den Bund, der Rest auf die Bundesländer (Hemmann 2015). Basierend auf der Programmatik der EU entwickeln der Bund und jedes Bundesland für die Laufzeit einer Förderperiode jeweils eigene Strategien und Prioritätensetzungen. Ausgehend von diesen so genannten *Operationellen Programmen* (OPs) werden dann wiederum einzelne ESF-Maßnahmen konzipiert.

Obwohl somit die beschäftigungspolitischen Kompetenzen grundsätzlich bei den Mitgliedstaaten verblieben sind, beeinflusst die EU über den ESF die nationalen Arbeitsmarktpolitiken. Die Kommission verfolgt dabei in der laufenden Förderperiode als thematisches Ziel unter anderem eine nachhaltige und hochwertige Beschäftigung, die Förderung sozialer Inklusion sowie die Bekämpfung von Armut. Daran müssen sich die OPs des Bundes bzw. der Bundesländer orientieren. Da die Kommission bestrebt ist, den ESF sichtbarer zu machen, sollen die Mittel in der neuen Förderperiode zugleich konzentrierter eingesetzt werden. Daher müssen sich Bund und Länder in ihren OPs für maximal fünf inhaltliche Schwerpunkte (so genannte *Investitionsprioritäten*) entscheiden und zudem mindestens 20 Prozent der Mittel zur Bekämpfung von Armut einsetzen (Europäische Kommission 2013, S. 476). Gleichwohl verbleibt ihnen ein breiter inhaltlicher Spielraum eigene Prioritäten und Ziele zu setzen.

Insbesondere den Bundesländern, die über keine entsprechende Steuerautonomie verfügen und deren finanzielle Handlungsspielräume aufgrund der sogenannten *Schuldenbremse* zusehends kleiner werden, erschließen sich mit dem ESF in erheblichem Umfang zusätzliche finanzielle Ressourcen zur Gestaltung einer eigenständigen Arbeitsmarktpolitik. Die Länder steigen mit ihren ESF-Maßnahmen dabei unter anderem in die Lücke ein, die sich aus der veränderten Grundausrichtung im Zuge der Hartz IV-Gesetzgebung ergeben hat: Anders als im SGB III, in dem die *Beschäftigungsfähigkeit* hergestellt werden soll, zielen die Maßnahmen des SGB II auf die *Erwerbsfähigkeit* ab. Während das SGB III also vorrangig in *sozialversicherungspflichtige Arbeit* vermitteln möchte, geht es im SGB II lediglich darum irgendeine entlohnte Tätigkeit aufzunehmen (Bäcker 2010, S. 541). Damit einher geht tendenziell eine auf den schnellen Vermittlungserfolg fokussierte Ausrichtung der Maßnahmen, dementsprechend ist auch das an betriebswirtschaftlichen Maßstäben orientierte Zielsteuerungssystem der BA ausgestaltet (Brülle et al. 2016). Dies führt zu dem bekannten *Creaming-Effekt*, bei dem sich die Bemühungen verstärkt auf die dem Arbeitsmarkt ohnehin näher stehenden Zielgruppen konzentrieren, während besonders arbeitsmarktferne Personen – in der früheren BA-Terminologie auch als „Betreuungskunden" bezeichnet (Yankova 2010) – geringe Chancen haben, von bestimmten Unterstützungsangeboten zu profitieren. So wird von allen erwerbsfähigen Langzeitleistungsberechtigten, die dem Arbeitsmarkt zur Verfügung stehen,[9] derzeit nur jeder Sechste überhaupt in einer arbeitsmarktpolitischen Maßnahmen gefördert.[10]

Damit bildet die ESF-Programmatik einen Kontrast zu dem an der schnellen Integration in irgendeine Art von Beschäftigung ausgerichteten SGB II-Regime. Dies schlägt sich auch auf der Ebene der eingesetzten Indikatoren-Sets nieder: Zwar hat die Kommission ihre Anforderungen an die Erfolgsmessung in der aktuellen Förderperiode noch einmal erhöht und müssen daher auch ESF-Maßnahmen ihren Erfolg an klar definierten Output- und Outcome-Indikatoren messen. Gleichwohl sind diese Indikatoren nicht zwingend an ‚harten‘ Merkmalen (wie etwa dem direkten Übergang in Beschäftigung) auszurichten wie dies bei den Zielvorgaben der Bundesagentur bzw. Jobcenter der Fall ist. Vielmehr begnügt sich der ESF auch mit Indikatoren, die auf eine Annäherung an den Arbeitsmarkt hinweisen.[11] Damit erlaubt es der ESF den Ländern und den Kommunen auch das Ziel der Armutsbekämpfung stärker in den Mittelpunkt zu stellen als es der Bundesagentur möglich wäre.

Viele Bundesländer haben daher Instrumente bzw. Förderansätze entwickelt, die auf Personen abzielen, bei denen – etwa aufgrund multipler Vermittlungshemmnisse – keine schnellen Integrationserfolge zu erwarten sind (Bundeszentrale für politische Bildung 2014). Diese Förderansätze wiederum ermöglichen es den arbeitsmarktpolitischen Trägern im Land sich an ESF-Aufrufen zu beteiligen und Projekte zu beantragen, die oftmals auch einen kommunalen Bezug haben können. Die Gemengelage bei der Finanzierung ist dabei als sehr heterogen zu bezeichnen: Da aus dem ESF maximal 50 Prozent der gesamten Kosten eines Projektes kommen dürfen, bedarf es stets einer nationalen Kofinanzierung. Dies sind in vielen Fällen zwar Landesmittel, genauso aber können sich die Arbeitsagenturen, die Jobcenter, freie Träger oder die Kommunen selbst an der Projektförderung beteiligen. Auch Konstellationen mit mehr als nur zwei Geldgebern sind möglich, ebenso eine *passive Kofinanzierung*, bei der sich ein Partner nur über die Zurverfügungstellung von Räumen oder eigenem Personal einbringt.

Soweit sich Kommunen über eine aktive oder passive Kofinanzierung an ESF-Projekten beteiligen, haben sie in unterschiedlichem Ausmaß die Möglichkeit, die jeweilige arbeitsmarktpolitische Projektkonzeption bzw. -umsetzung zu beeinflussen. Teils verfolgen die Projekte jedoch ohnehin einen Netzwerkgedanken und beziehen (regionale) Arbeitsmarktakteure mit ein, so dass auch dann Kommunen gewisse Einflussmöglichkeiten haben, wenn sie sich nicht selbst finanziell beteiligen. Wie weit diese Einflussmöglichkeiten in der Praxis reichen, lässt sich aufgrund der Vielzahl und Vielfalt der bundesweit über den ESF geförderten Projekte allerdings nicht systematisch überblicken bzw. darstellen.

---

9   Hier gerechnet als die arbeitslosen erwerbsfähigen Leistungsberechtigten (ELB) zuzüglich der als nicht erwerbslos gerechneten ELB in einer arbeitsmarktpolitischen Maßnahme.

10 Bundesagentur für Arbeit 2017c; eigene Berechnungen.

11 Dabei legen die Mitgliedstaaten bzw. Länder entweder die in der VO (EU) 1304/2013 bestimmten Indikatoren zugrunde oder handeln mit der Kommission eigene, OP-spezifische Indikatoren aus.

3.2   Vielfalt aber kein Durcheinander

Teils wird aufgrund dieser Projektvielfalt kritisiert, dass es ein nicht abgestimmtes Nebeneinander verschiedener Arbeitsmarktpolitiken gäbe, in denen sich insbesondere der
Bund und die Länder als Konkurrenten betrachteten (Buestrich 2011, S. 147) und sich –
im ungünstigsten Fall – sogar gegenseitig bestimmte Zielgruppen streitig machten. Diese
Einschätzung bedarf jedoch einer differenzierten Betrachtung. So ist eine gewisse Vielfalt
in der regionalen Arbeitsmarktpolitik nicht von vorneherein negativ zu beurteilen. Nicht
umsonst ist in diesem Zusammenhang von „Laboratorien" die Rede, die Politikinnovationen ermöglichen und im Erfolgsfall „horizontal und vertikal diffundieren können"
(Blancke 2004, S. 12, 189). Ein gewisser Vorbild- und Lerneffekt sind daher unbestreitbar:

> „Insgesamt, so lässt sich dennoch festhalten, wird in den Ländern einiges Interessantes be-
> werkstelligt: Es wird experimentiert, initiiert und koordiniert und viele Länder erweisen sich
> dabei als durchaus innovativ und flexibel. Insofern besitzen die Länder, neben ihrer Bedeutung
> bei der Ergänzung bestehender Aktivitäten des Bundes und der BA, auch eine Bedeutung
> als „Experimentierfelder" und können wichtige Impulse in der Arbeitsmarktpolitik geben,
> die von anderen Ebenen in diesem Maße nicht ausgehen." (Blancke und Schmid 2000, S. 26)

Erfahrungsgemäß fällt es den Bundesländern tatsächlich wesentlich leichter schnell neue
Ansätze zu konzipieren bzw. zu implementieren. Dies hängt nicht zuletzt damit zusammen, dass diese infolge des rein exekutiven Charakters ihrer Aktivitäten im Rahmen der
Leistungsverwaltung vergleichsweise große Freiheiten bei der Mittelverwendung haben
ohne dabei gesetzgeberisch tätig werden zu müssen (Blancke 2004, S. 188f.). Hinzu kommt,
dass die Länder – gezwungenermaßen – über weniger kleinteilige Organisationsstruk-
turen verfügen und damit der interne Abstimmungsbedarf geringer ausfällt. Die damit
verbundene Flexibilität wird insbesondere erkennbar, wenn sich unerwartet neue arbeitsmarktpolitische Herausforderungen wie zuletzt im Zuge des im Jahr 2015 einsetzenden
Flüchtlingsstroms stellen. In einzelnen Bundesländern wurden hier teils sehr kurzfristig
neue Förderansätze konzipiert, um möglichst rasch eine Heranführung der Flüchtlinge
an den Arbeitsmarkt zu ermöglichen (Aumüller 2016). Konzepte, sie sich als erfolgreich
herausgestellt haben, konnten so im Erfolgsfall teils von anderen Ländern, teils vom Bund
bzw. der BA in ähnlicher Form übernommen werden.

Während ein gewisses Nebeneinander bzw. das Erproben verschiedener Ansätze zwischen den Bundesländern also durchaus von Vorteil sein können, würde dies für parallele
Angebote auf demselben Gebiet – also bei nicht abgestimmten, konkurrierenden Angeboten
von Bund und Land – nicht gelten. Es kann aber davon ausgegangen werden, dass Parallelstrukturen größeren Ausmaßes eher selten auftreten. Grund dafür ist das Regelwerk des
ESF: Erklärtes Ziel der Europäischen Kommission ist es, *zusätzliche* Programme anzustoßen,
weshalb auch eine Vollförderung ausgeschlossen ist. Der ESF legt seinen Mitgliedstaaten
in diesem Zusammenhang umfassende Regularien auf, über deren Einhaltung mehrere
Prüfinstanzen penibel wachen und die im Falle eines Verstoßes zu empfindlich hohen

Rückzahlungen führen können. Als zwei der wichtigsten Vorgaben können das Erfordernis der sogenannten *Additionalität* sowie die Bedingung der *Kohärenz* gelten.

Damit ist zum einen gemeint, dass die Länder mit ihren ESF-Mitteln keine öffentlichen Strukturausgaben ersetzen dürfen und es insbesondere keinen gesetzlichen Auftrag gibt, die Projekte also *additional* sind. Zum anderen dürfen Bund und Länder ihre ESF-Mittel nicht parallel für gleichartige Programme einsetzen. Vielmehr bedarf es einer Abstimmung, wo der Bund und wo die Länder aktiv werden – die operationellen Programme müssen insoweit zueinander *kohärent* sein.

Insbesondere mit Blick auf die immer enger werdenden finanziellen Spielräume der Länder infolge der Schuldenbremse wird ein erheblicher Teil ihrer jeweiligen arbeitsmarktpolitischen Mittel zur Kofinanzierung von ESF-Projekten verwendet. Für darüber hinausgehende, vom ESF unabhängige Projekte stehen meist nur noch begrenzt originäre Landesmittel zur Verfügung (Bundeszentrale für politische Bildung 2014). Dies aber hat zur Folge, dass die ESF-Regularien mittlerweile für erhebliche Teile der Arbeitsmarktpolitik der Länder Gültigkeit haben. Diese sind somit dazu gezwungen, im Rahmen ihrer – im Grundsatz nach wie vor eigenständigen – Arbeitsmarktpolitik darauf zu achten, Doppelförderungen und Parallelstrukturen zu vermeiden.

Auch wenn somit die föderalistische Struktur arbeitsmarktpolitische Innovationen begünstigt und dabei gleichzeitig aufgrund des umfassenden Einsatzes von ESF-Mitteln ein Regulativ besteht, das einem sinnlosen Nebeneinander von Instrumenten entgegenwirkt, ist die Bestandsaufnahme nicht frei von negativen Aspekten. So findet sich beim Kohärenzerfordernis ein strukturelles Ungleichgewicht zwischen Bund und Bundesländern. Beide Seiten schließen zwar zwecks Abgrenzung ihrer ESF-Programme so genannte Partnerschaftsvereinbarungen ab, doch die Bundesländer sind stark auf das Wohlwollen und die Selbstdisziplin des Bundes angewiesen. In dem Moment, in dem dieser seine ESF-Ansätze einseitig verändert oder aber auch nicht abgestimmte neue gesetzliche (Regel-) Leistungen definiert, die sich mit denen der Länder überschneiden, sind diese gezwungen, ihre Förderansätze – oder unter Umständen sogar ihr gesamtes Operationelles Programm – anzupassen. Da also erstens die spezifischen Nischen der Bundesländer in ihrem Bestand nicht zuverlässig gesichert sind und zudem zweitens die fiskalischen Spielräume der Länder enger werden (teils gepaart mit dem Bestreben, neue öffentlichkeitswirksame, jedoch nicht flächendeckend verfügbare Modellprojekte zu implementieren), tendiert dieses arbeitsmarktpolitische Bund-Länder-Konglomerat zu einer gewissen Sprunghaftigkeit.

Und schließlich wird einer der Gründe, weshalb die Länder so flexibel eigene Ansätze entwickeln können – nämlich das fehlende Erfordernis einer legislativen Fundierung ihrer Aktivitäten – in demokratietheoretischer Hinsicht als nicht ganz unkritisch beurteilt: „Nicht die Länderparlamente gestalten diese Politik, sondern die Politikformulierung findet in der außerparlamentarischen Sphäre statt, in den Bürokratien und durch Beamte, die hiermit Handlungsspielraum gewinnen." (Blancke 2004, S. 189)

4   Weitere Einflussmöglichkeiten der Länder und Kommunen

4.1   Jugendarbeitsmarktpolitik

Auch nach der Hartz-IV-Reform ist die Jugendberufshilfe als Teil der Jugendhilfe gemäß dem SGB VIII (Kinder- und Jugendhilfe) in kommunaler Zuständigkeit verblieben. Mit ihren Angeboten für benachteiligte junge Menschen zur Berufsorientierung und -vorbereitung, Qualifizierung, Ausbildung oder Ausbildungsbegleitung weist sie naturgemäß einen engen Arbeitsmarktbezug auf. Darüber hinaus haben die Länder auch im Rahmen ihrer Bildungshoheit umfassenden Zugriff auf die Entwicklung und Förderung der jungen Menschen. Länder und Kommunen könnten damit deren Berufsperspektiven von der frühen Kindheit bis ins junge Erwachsenenalter hinein durchgängig beeinflussen. Insoweit gibt es keine andere ähnlich große Zielgruppe, auf die Länder und Kommunen schon allein aufgrund ihrer gesetzlichen Zuständigkeiten derart große arbeitsmarktrelevante Einflussmöglichkeiten haben.

Dennoch stehen auch hier unterschiedliche Rechtsgrundlagen und institutionelle Zuständigkeiten einer nahtlos ineinandergreifenden Unterstützungskette entgegen. An dieser Stelle setzen Bestrebungen zu einer Stärkung der rechtskreisübergreifenden Zusammenarbeit an: Bereits seit 1993 konnten Arbeits- und Sozialämter sowie bei Bedarf die Träger der Jugendhilfe stärker kooperieren, um durch eine entsprechende Abstimmung Sozialhilfeempfängerinnen und -empfänger effektiver in Arbeit zu bringen.[12] Dieser Kooperationsgedanke ist im Laufe der Zeit ausgebaut worden.[13] Gerade im Jugendbereich stellt sich das Nebeneinander von Zuständigkeiten allerdings als besonders problematisch dar. So können für junge Erwerbslose parallel der SGB II- und SGB III-Träger und zugleich die Kommunen im Rahmen des SGB VIII zuständig sein. Um diesen Parallelstrukturen zumindest auf praktischer Ebene entgegenzuwirken, wurde bereits im Jahr 2008 in Mainz die bundesweit erste *Jugendberufsagentur* gegründet. Dabei handelt es sich um ein Konzept, bei dem es zwar bei der getrennten Zuständigkeit bleibt, alle drei Rechtsträger jedoch unter einem Dach vereint sind, um im Sinne eines *One-Stop-Government* Hilfe aus einer Hand anzubieten (Jugendberufsagentur Mainz 2017). Als weiterer Schritt ist so wie in Hamburg auch bereits eine engere Anbindung der Schulen vorgesehen, mit dem Ziel ein Übergabemanagement insbesondere zwischen Schulsozialarbeit und Jugendberufsagentur zu etablieren (Jugendberufsagentur Hamburg 2017).

Obgleich die Fortschritte hier ermutigend sind, fallen diese geringer aus, als es die offizielle Übersicht des Bundesministeriums für Arbeit und Soziales (BMAS) bzw. der BA zum Entwicklungsstand der Jugendberufsagenturen in Deutschland vermuten lässt. So zählte das BMAS bereits Mitte 2015 insgesamt 218 „Arbeitsbündnisse Jugend und Beruf".

---

12 BGBl. Teil I, 1993, S. 944.

13 Vgl. hierzu etwa das „Gesetz zur Verbesserung der Zusammenarbeit von Arbeitsämtern und Trägern der Sozialhilfe" (BGBl. Teil I, 2000, S. 1591) oder das Modellprojekt MoZArT (Franz 2003, S. 269).

Darunter fallen jedoch auch Kooperationsmodelle, die eher auf eine lose Zusammenarbeit hinauslaufen als auf eine echte Betreuung der Jugendlichen aus einer Hand. Tatsächlich unter einem Dach arbeiteten zum selben Zeitpunkt bundesweit lediglich 27 Bündnisse zusammen (Bundesministerium für Arbeit und Soziales 2016).

4.2 Arbeitsmarktintegration von Flüchtlingen

Ausgehend von der Zuständigkeit der Kommunen für die Unterbringung und Versorgung von Flüchtlingen, haben diese im Zuge der sogenannten Flüchtlingskrise ebenfalls einen Bedeutungszuwachs erfahren. Angesichts der unerwartet großen Zahl an einreisenden Asylbewerberinnen und -bewerbern im Jahr 2015 konnte es anfangs nur darum gehen, die grundsätzlichen Bedürfnisse hinsichtlich Unterkunft, Verpflegung und medizinischer Versorgung zu decken. Der Bund war vollauf mit dieser Aufgabe sowie mit der Etablierung von geordneten Verfahren zur Abwicklung der großen Zahl an Asylanträgen beschäftigt und dabei teils offenkundig auch überfordert. Rasch ist allerdings deutlich geworden, dass eine Integration der Geflüchteten in die Gesellschaft nur dann mit Aussicht auf Erfolg angegangen werden kann, wenn diese eine Perspektive auf Ausbildung und Arbeit bekämen.

Da hier der Bund bzw. die Bundesagentur in den ersten Monaten im Rahmen ihrer gesetzlichen Möglichkeiten nur begrenzt Hilfe leisten konnten, waren es einzelne Länder und vor allem auch die Kommunen, die teils kurzfristig eigene, regionale Angebote auf den Weg gebracht haben. Dazu gehörten beispielsweise erste Orientierungsprojekte in den Erstaufnahmeeinrichtungen sowie später in den Kommunen, um den Geflüchteten die ihnen fremden Spielregeln eines deutschen Arbeitsmarktes sowie der deutschen Arbeitsverwaltung näher zu bringen. Ebenso wichtig war eine frühzeitige Erfassung der individuellen Kompetenzen, auf die bei der späteren Beratung durch die Bundesagentur zurückgegriffen werden konnte. Ein Kernproblem war zudem den Asylbewerberinnen und -bewerbern zunächst einmal überhaupt den Weg zu den Angeboten der Bundesagentur für Arbeit zu eröffnen. So wie bei der Bewältigung des Flüchtlingsstroms insgesamt spielten und spielen bei der Heranführung an den Arbeitsmarkt zudem lokale Initiativen und ehrenamtliches Engagement eine wichtige Rolle.

5 Ausblick

Der deutsche Arbeitsmarkt ist weiterhin gespalten: Auf der einen Seite können viele Arbeitsplätze nicht besetzt werden: Im ersten Quartal 2017 meldete das Institut für Arbeitsmarkt- und Berufsforschung (IAB) mit über einer Million offenen Stellen einen neuen

Höchststand (Institut für Arbeitsmarkt- und Berufsforschung 2017).[14] Auf der anderen
Seite ist der Abbau der Langzeitarbeitsarbeitslosigkeit in den vergangenen Jahren nicht
mehr vorangekommen und bleibt eine große Gruppe arbeitsloser Menschen dauerhaft
ausgeschlossen (Beste et al. 2017, S. 5). Eine Lösung ist bisher nicht in Sicht: Die allgemeinen Regelinstrumente des SGB II, die weitgehend auf den direkten Übergang in Arbeit
abzielen, sind bei dieser Personengruppe wenig erfolgsversprechend. Erschwerend kommt
hinzu, dass viele Fachkräfte in den Jobcentern von den multiplen Problemlagen überfordert
zu sein scheinen und keine qualitativ hochwertige Beratung bieten können (Beste et al.
2017, S. 8). Damit besteht die Gefahr fortgesetzter Frustration und in der Folge eines noch
weiteren Rückzugs vom Arbeitsmarkt.

Notwendig wäre der Aufbau von *Integrationsketten* zur systematischen Verkopplung
von speziell auf die Bedarfe von Langzeitarbeitslosen ausgerichteten Maßnahmen, die
nicht auf einen schnellen Vermittlungserfolg abzielen, sondern die Betroffenen schrittweise
näher an den Arbeitsmarkt heranführen. Solche Angebote, die sinnvollerweise auf den
Haushaltskontext der (langzeit-)arbeitslosen Menschen – also die ganze Bedarfsgemeinschaft – ausgerichtet sein sollten und damit die rechtskreisübergreifende Zusammenarbeit
intensiv unterstützen würden, fehlen jedoch weithin. Stattdessen ist eine entgegengesetzte
Entwicklung erkennbar: „In den vergangenen Jahren kam es zu einer massiven Reduktion
der Zugänge in viele, als erfolgreich evaluierte, arbeitsmarktpolitische Fördermaßnahmen." (Beste et al. 2017, S. 9f.). In diese Lücke springen teils die Länder mit ihren – oftmals
ESF-geförderten – Landesprogrammen und weicheren Erfolgskriterien. Allerdings kann
angesichts der begrenzten finanziellen Mittel der Länder einerseits und der notwendigerweise hohen Betreuungsintensität andererseits nicht davon ausgegangen werden, dass auf
diese Weise Teilnehmendenplätze in ausreichender Zahl zur Verfügung stehen. Dies ist
insbesondere dann nicht der Fall, wenn derartige Ansätze nur modellhaft erprobt und daher
nicht flächendeckend angeboten werden. Letztlich muss es die Länder auch überfordern,
wenn sie sich als Lückenbüßer einer Hauptaufgabe der Arbeitsmarktpolitik annehmen, der
das eigentlich zuständige Regelsystem auch aufgrund seiner gegensätzlich ausgerichteten
Zielvorgaben nur ungenügend nachkommt.

Insbesondere Menschen, für die es keinen realistischen Weg (zurück) auf den ersten
Arbeitsmarkt gibt, könnte zudem ein *sozialer Arbeitsmarkt* die Perspektive auf soziale
Teilhabe eröffnen. Die Kommunen aber haben hier infolge der grundsätzlichen Richtungs-
änderungen durch die Hartz-IV-Gesetzgebung sowie weiteren Reformen nur noch geringe
Spielräume. Insgesamt sind entsprechende Angebote, wie gezeigt, massiv rückläufig und
fehlt es trotz vereinzelter Modellprojekte (Bundesministerium für Arbeit und Soziales 2014
und 2015) an einer angemessenen Finanzierung eines sozialen Arbeitsmarkts.

Somit ist zum jetzigen Zeitpunkt unklar, mit welchen Instrumenten und wie im
Zusammenspiel der verschiedenen Ebenen der deutschen „Mehrebenenarbeitsmarktpo-

---

14 Die Daten weichen von den offiziellen BA-Zahlen ab (im Frühjahr 2017: ca. 700.000 offene
    Stellen), da sich das IAB nicht auf die bei der BA gemeldeten Stellenangebote bezieht, sondern
    seine Zahlen durch repräsentative Befragungen erhebt.

litik" (Schmid und Hedrich 2008, S. 200) die Herausforderung einer sich verfestigenden Langzeitarbeitslosigkeit angegangen werden soll. Dies ist auch deshalb bedenklich, weil die Frage, welche Perspektive denjenigen Menschen geboten werden kann, die aufgrund unpassender Qualifikationen oder anderer Vermittlungshemmnisse nur schwer den Übergang in den regulären Arbeitsmarkt schaffen, mit Blick auf die steigenden Anforderungen einer digitalisierten Arbeitswelt – Stichwort: *Arbeit 4.0* – weiter an Bedeutung gewinnen wird. Gleichzeitig ist mit der großen Zahl an zumeist jüngeren Flüchtlingen eine neue arbeitsmarktpolitische Zielgruppe hinzugekommen, die zumeist – wenn auch aus gänzlich anderen Gründen – einen ebenfalls langen Weg in Ausbildung und Arbeit vor sich hat. Auch für diese ist das Regelinstrumentarium unzureichend und fehlt es an einer bedarfsgerechten, flächendeckend verfügbaren Unterstützung, die idealerweise nicht getrennt von den Angeboten für einheimische Langzeitarbeitslose erfolgen sollte.

Immerhin zeichnet sich mit dem im Frühjahr 2017 erfolgten Wechsel an der Spitze der Bundesagentur für Arbeit eine grundsätzliche andere Herangehensweise im Umgang mit den arbeitsmarktfernen Personengruppen ab: Die Steuerungs- und Managementmethoden des langjährigen BA-Chefs *Frank-Jürgen Weise* hatten zu einer Konzentration der Vermittlungsbemühungen auf die dem Arbeitsmarkt ohnehin schon näher stehenden ‚Kunden' geführt. Der neue Vorstandsvorsitzende *Detlef Scheele* hingegen hat angekündigt, seine Aufmerksamkeit verstärkt auf die Integration von Langzeitarbeitslosen richten zu wollen und dazu auch verstärkt auf öffentlich geförderte Beschäftigung zu setzen (Frankfurter Allgemeine Zeitung v. 10.04.2017).

Literatur

Alemann, Ulrich von und C. Münch. 2006. *Europafähigkeit der Kommunen. Die lokale Ebene in der Europäischen Union*. Wiesbaden: VS Verlag für Sozialwissenschaften.

Aumüller, Jutta. 2016. *Arbeitsmarktintegration von Flüchtlingen: bestehende Praxisansätze und weiterführende Empfehlungen,* Hrsg. Bertelsmann Stiftung, Gütersloh. http://www.bertelsmann-stiftung.de/de/ publikationen/publikation/did/arbeitsmarktintegration-von-fluechtlingen-bestehende-praxisan saetze-und-weiterfuehrende-empfehlungen-1/. Zugegriffen: 19. Mai 2017.

Bäcker, Gerhard. 2010. *Sozialpolitik und soziale Lage in Deutschland*. Wiesbaden: VS Verlag für Sozialwissenschaften.

Berlit, Uwe, P. Fuchs und M. Schulze-Böing. 1999. Thesen zu einem fachpolitischen Leitbild der Hilfe zur Arbeit. In *Hilfe zur Arbeit und kommunale Beschäftigungspolitik. Zwischenbilanz und Perspektiven; Dokumentation einer Fachtagung des Deutschen Vereins*, Hrsg. Petra Fuchs, 9-13. Frankfurt a. M.: Dt. Verein für Öffentliche und Private Fürsorge.

Beste, Jonas, K. Bruckmeier, I. Klingert, P. Kupka, T. Lietzmann und A. Moczall. 2017. *Verringerung der Langzeitarbeitslosigkeit. IAB-Stellungnahme 2*.

Blancke, Susanne. 2004. *Politikinnovationen im Schatten des Bundes. Policy-Innovationen und -Diffusionen im Föderalismus und die Arbeitsmarktpolitik der Bundesländer*. Wiesbaden: VS Verlag für Sozialwissenschaften.

Blancke, Susanne und J. Schmid. 2000. *Die Bundesländer in der aktiven Arbeitsmarktpolitik*, WIP *Occassional Papers* 12.

Boeckh, Jürgen, E.-U. Huster, B. Benz und J. D. Schütte. 2017. *Sozialpolitik in Deutschland. Eine systematische Einführung*. Wiesbaden: Springer VS.

Bothfeld, Silke, W. Sesselmeier und C. Bogedan. 2012. *Arbeitsmarktpolitik in der sozialen Marktwirtschaft. Vom Arbeitsförderungsgesetz zum Sozialgesetzbuch II und III*. Wiesbaden: Springer VS.

Brülle, Heiner, R. Krätschmer-Hahn, C. Reis und B. Siebenhaar. 2016. Zielsteuerung im SGB II. Kritik und Alternativen. *WISO direkt* 13. 9/2016.

Buestrich, Michael. 2011. Kommunale Arbeitsmarktpolitik: Zwischen lokaler Autonomie und zentralistischer Steuerung. In *Handbuch Kommunale Sozialpolitik*, Hrsg. H.-J. Dahme und N. Wohlfahrt, 143-161. Wiesbaden: VS Verlag für Sozialwissenschaften.

Bundesagentur für Arbeit. 2017a. Finanzentwicklung in der Grundsicherung – Haushaltsjahr 2016. https://www3.arbeitsagentur.de/web/wcm/idc/groups/public/documents/webdatei/mdaw/mtk3/~edisp/egov-content494422.pdf?_ba.sid=EGOV-CONTENT494428. Zugegriffen: 19. Mai 2017.

Bundesagentur für Arbeit. 2017b. Haushaltsplan der BA 2016. https://www3.arbeitsagentur.de/web/ wcm/idc/groups/public/documents/webdatei/mdaw/mjay/~edisp/egov-content504932.pdf?_ba.sid =EGOV-CONTENT504935. Zugegriffen: 19. Mai 2017.

Bundesagentur für Arbeit. 2017c. *Langzeitleistungsbezieher – Strukturen (Monatszahlen). Januar 2017.* https://statistik.arbeitsagentur.de/Navigation/Statistik/Statistik-nach-Themen/Grundsicherung-fuer-Arbeitsuchende-SGBII/Dauern-Langzeitleistungsbezug-Verbleib-Integrationen/Dauern-Langzeitleistungsbezug-Verbleib-Integrationen-Nav.html. Zugegriffen: 19. Mai 2017.

Bundesministerium für Arbeit und Soziales. 2014. Förderrichtlinie zum ESF-Bundesprogramm zur Eingliederung langzeitarbeitsloser Leistungsberechtigter nach dem Zweiten Buch Sozialgesetzbuch (SGB II) auf dem allgemeinen Arbeitsmarkt. www.esf.de/portal/SharedDocs/ PDFs/DE/ Richtlinien/fr-lza.pdf?__blob=publicationFile&v=1. Zugegriffen: 20. Mai 2017.

Bundesministerium für Arbeit und Soziales. 2015. Bekanntmachung Förderrichtlinie für das Bundesprogramm „Soziale Teilhabe am Arbeitsmarkt". http://www.bmas.de/SharedDocs/Downloads/DE/Thema-Arbeitsmarkt/foerderrichtlinie-soziale-teilhabe-arbeitsmarkt.pdf?__blob=publicationFile. Zugegriffen: 20. Mai 2017.

Bundesministerium für Arbeit und Soziales. 2016. Erfolgsmerkmale guter Jugendberufsagenturen. http://www.bmas.de/DE/Presse/Pressemitteilungen/2016/jugendberufsagenturen.html. Zugegriffen: 20. Mai 2017.

Bundeszentrale für politische Bildung. 2014. Aktive Arbeitsmarktpolitik der Bundesländer. http://www.bpb.de/politik/innenpolitik/arbeitsmarktpolitik/55124/bundeslaender?p=all. Zugegriffen: 20. Mai 2017.

Dahme, Heinz-Jürgen, N. Wohlfahrt, F. Schindler und V. Metzger. 2011. *Handbuch Kommunale Sozialpolitik*. Wiesbaden: VS Verlag für Sozialwissenschaften.

Europäische Kommission. Der ESF in Europa. http://ec.europa.eu/esf/main.jsp?catId=443&langId=en. Zugegriffen: 5. Mai 2017.

Europäische Kommission. 2013. *Verordnung (EU) Nr. 1304/2013 des Europäischen Parlaments und des Rates vom 17. Dezember 2013 über den Europäischen Sozialfonds und zur Aufhebung der Verordnung (EG) Nr. 1081/2006 des Rates*.

Franz, Wolfgang. 2003. *Arbeitsmarktökonomik*. Berlin.

Fuchs, Petra, Hrsg. 1999. *Hilfe zur Arbeit und kommunale Beschäftigungspolitik. Zwischenbilanz und Perspektiven; Dokumentation einer Fachtagung des Deutschen Vereins*. Bd. 37. Frankfurt a. M.: Dt. Verein für Öffentliche und Private Fürsorge.

Hemmann, Arnold. 2015. Wie funktioniert der ESF? https://www.esf.de. Zugegriffen: 5. Mai 2017.

Hildebrandt, Achim und F. Wolf, Hrsg. 2008. *Die Politik der Bundesländer. Staatstätigkeit im Vergleich*. Wiesbaden: VS Verlag für Sozialwissenschaften.

Hohmeyer, Katrin und J. Wolff. 2010. *Direct job creation revisited. Is it effective for welfare recipients and does it matter whether participants receive a wage? IAB-Discussion Paper 21.*

Institut für Arbeitsmarkt- und Berufsforschung (IAB). 2017. Zahl der offenen Stellen erreicht neuen Höchststand. http://www.iab.de/de/informationsservice/presse/presseinformationen/os1701. aspx. Zugegriffen: 20. Mai 2017.

Jugendberufsagentur Hamburg 2017. https://hibb.hamburg.de/beratung-service/jugendberufs agentur-hamburg/. Zugegriffen: 5. Mai 2017.

Jugendberufsagentur Mainz 2017, http://www.jugendberufsagentur-mainz.de/. Zugegriffen: 5. Mai 2017.

Kaps, Petra. 2006. *Arbeitsmarktintegration oder Haushaltskonsolidierung? Interessen, Zielkonflikte und Ergebnisse kommunaler Beschäftigungspolitik.* Wiesbaden: VS Verlag für Sozialwissenschaften.

Kaps, Petra. 2012. Die Rolle der Kommunen in der Arbeitsmarkt- und Beschäftigungspolitik. In *Arbeitsmarktpolitik in der sozialen Marktwirtschaft. Vom Arbeitsförderungsgesetz zum Sozialgesetzbuch II und III,* Hrsg. S. Bothfeld, W. Sesselmeier und C. Bogedan, 260-275. Wiesbaden: Springer VS.

Malik, Cornna. 2008. *Die Arbeitsmarktpolitik der Bundesländer nach den „Hartz-Reformen".* Berlin: Wissenschaftszentrum Berlin für Sozialforschung gGmbH.

Pfeiffer, Harald und A. Salewski. 2006. Die Europäische Beschäftigungsstrategie und ihre lokale Dimension. In *Europafähigkeit der Kommunen. Die lokale Ebene in der Europäischen Union,* Hrsg. Ulrich von Alemann und C. Münch, 194-209. Wiesbaden: VS Verlag für Sozialwissenschaften.

Schele, Detlef. 2017. Geförderte Jobs: Scheele macht sich für Langzeitarbeitslose stark, Frankfurter Allgemeine Zeitung v. 10.04.2017. http://www.faz.net/aktuell/beruf-chance/arbeitswelt/detlef-scheele-macht-sich-fuer-lang zeitarbeitslose-stark-14965565.html. Zugegriffen: 20. Mai 2017.

Schmid, Josef und H. Hedrich. 2008. Arbeitslosigkeit und Arbeitsmarktpolitik in den Bundesländern: Differenzierungen und Differenzen. In *Die Politik der Bundesländer. Staatstätigkeit im Vergleich,* Hrsg. A. Hildebrandt und F. Wolf, 193-211. Wiesbaden: VS Verlag für Sozialwissenschaften.

Seibel, Wolfgang. 1992. *Funktionaler Dilettantismus. Erfolgreich scheiternde Organisationen im „Dritten Sektor" zwischen Markt und Staat.* Baden-Baden: Nomos-Verl.-Ges.

Trube, Achim. 1997. *Zur Theorie und Empirie des Zweiten Arbeitsmarktes. Exemplarische Erörterungen und praktische Versuche zur sozioökonomischen Bewertung lokaler Beschäftigungsförderung.* Münster: LIT-Verlag.

Waltermann, Raimund. 2016. *Sozialrecht.* Heidelberg: CF Müller.

Wycislo, Robert. 2015. *Öffentlich geförderte Beschäftigung als Instrument der aktiven Arbeitsmarktpolitik in den Bundesländern.* Berlin: Lit.

Yankova, Katerina. 2010. *Der Selektionsprozess in Maßnahmen der aktiven Arbeitsmarktpolitik. Eine explorative Untersuchung für die deutsche Arbeitsvermittlung. IAB-Discussion Paper 11.*

Armutspolitik der Europäischen Union

Benjamin Benz

Zusammenfassung

Die Kompetenzen für Beschlüsse über Art und Umfang armuts- und verteilungswirksamer Sozialpolitik (etwa über Sozialhilfe- und Sozialversicherungssysteme; Kinder- und Wohngeldleistungen; soziale Sach- und Dienstleistungen, wie Notunterkünfte, Betreuungs- und Beratungsangebote) liegen in der Europäischen Union (EU) faktisch ausschließlich bei den Mitgliedstaaten bzw. deren Regionen und Kommunen. Doch auch auf europäischer Ebene gibt es Ansätze einer Politik gegen Armut und soziale Ausgrenzung, die bis in die 1970er Jahre zurück reichen, sowie wissenschaftliche und politische Kontroversen über deren Potentiale und Grenzen. Die Schaffung eines gemeinsamen Binnenmarktes für Waren, Dienstleistungen, Arbeitskräfte und Kapital, die Vergemeinschaftung der Währungspolitik und die damit zusammenhängende Koordinierung der Wirtschafts- und Haushaltspolitiken der beteiligten Mitgliedstaaten bei gleichzeitiger Beibehaltung der nationalen fiskal- und sozialpolitischen Kompetenzen haben in einem solchermaßen integrierten wirtschaftlichen, politischen und sozialen Raum wachsenden Einfluss auf die Verteilungsstrukturen und Armutspolitiken in den Mitgliedstaaten. Die Ausgestaltung eines gemeinsamen Raumes und einer politischen Ebene zwischen Nationalstaat und globaler internationaler Ebene führt seit Gründung der Europäischen Wirtschaftsgemeinschaft (1958) zu Debatten darüber, diese Ebene verstärkt auch für armuts- und verteilungspolitische Probleme einerseits verantwortlich zu machen, hier andererseits aber auch Problemlösungskompetenzen zu verorten. Dabei hat die EU-Armutspolitik mit Widerständen zu kämpfen, sich an entgegenstehenden Interessen und Strukturen zu reiben, auf Bedenken und Befürchtungen einzugehen, Rückschläge hinzunehmen und auf Durchbrüche noch hinzuarbeiten. Um dies zu verdeutlichen, werden zunächst einige armutsrelevante Parameter zwischen den EU-Mitgliedstaaten verglichen. Sie bilden zusammen mit dominierenden sozialpolitischen Wertorientierungen den Hintergrund, vor dem sich ,die' Brüsseler Politik in diesem Feld bewegt und ohne den sie in ihren Eigenheiten der Wahl der Mittel und Wege ihrer Politik nicht verständlich wird. In einem weiteren Schritt wird auf die Geschichte und Gestalt der EU-Armutspolitik im Kontext des vor allem wirtschaftlich forcierten europäischen

Integrationsprozesses eingegangen. Danach lassen sich schließlich Herausforderungen und Perspektiven der Armutspolitik der EU skizzieren.

europäische Sozialstaaten; Wohlfahrtsstaatsvergleich; Offene Methode der Koordinierung; EU-Armutspolitik; Armut in Europa; Binnenmarkt; Lissabon-/EU 2020-Strategie

1   Armut im Raum der Europäischen Union

Im Vergleich zu anderen Weltregionen gehören die west- und mitteleuropäischen Staaten nicht nur zusammen mit nordamerikanischen und südostasiatischen Ländern zu den reichsten Wirtschaftsregionen, sie zeigen auch eine im Vergleich sowohl zu den USA, als auch etwa den ungleich ärmeren lateinamerikanischen Staaten und Russland eine insgesamt moderate Ungleichverteilung der Einkommen. So lässt sich durchaus von einem Europäischen Sozialmodell sprechen, das sich deutlich von durch massenhafte Armut und/oder soziale Polarisierung geprägten Lebenslagen in manch anderen Teilen der Welt abgrenzt. Die Wirtschaftskraft, soziale Ungleichheiten und die Verbreitung von Einkommensarmut variieren dabei allerdings in und zwischen den EU-Mitgliedstaaten erheblich. So waren (bei ähnlicher nationaler Wirtschaftskraft) Armut und Einkommensungleichheit in Skandinavien lange Zeit eher gering verbreitet, auf den britischen Inseln hingegen stärker ausgeprägt. Schweden und Irland sind inzwischen aber auch Beispiele für eine Konvergenz der Armutswerte hin zum EU-europäischen Durchschnitt, während Niveau und Entwicklung in anderen Mitgliedstaaten disparat bleiben. Vereinfachende Ost-/West- oder Nord-/Süd-Zuspitzungen der Verbreitung relativer Einkommensarmut in EU-Europa tragen jedenfalls nicht (länger).

Tab. 1   Armutsquoten in den Mitgliedstaaten der EU 1995-2009 (Personen mit Einkommen unter 60 Prozent des je nationalen Median-Äquivalenzeinkommens, modifizierte OECD-Skala)

	1995	2000	2005	2010	2015
Europäische Union					
EU27	:	:	17*	17	17
Mitteleuropa					
Tschechische Rep. (2001 statt 2000)	:	8	|10	9	10
Slowakei	:	:	13	12	12
Slowenien	:	11	|12	13	14
Ungarn	:	11	|14	12	15
Polen	:	16	|21	18	18

	1995	2000	2005	2010	2015
Skandinavien					
Finnland (1996 statt 1995)	8	11	|12	13	12
Dänemark (2001 statt 2000)	10	10	|12	13	12
Schweden (1997, 2001 statt 1995, 2000)	8	9	|10	13	15
Westeuropa					
Niederlande	11	11	|11	10	12
Österreich	13	12	|13	15	14
Frankreich	15	16	|13	13	14
Luxemburg	12	12	|14	15	15
Belgien	16	13	|15	15	15
Deutschland	15	10	|12	16	17
Britische Inseln					
Irland	19	20	|20	15	16
Vereinigtes Königreich	20	|19	|19	17	17
Südwesteuropa					
Malta	:	15	|14	16	16
Italien	20	18	|19	19	20
Portugal	23	21	|19	18	20
Spanien	19	18	|20	21	22
Südosteuropa					
Zypern	:	:	16	16	16
Griechenland	22	20	|20	20	21
Bulgarien (2006 statt 2005)	:	14	|18	21	22
Rumänien (2007 statt 2005)	:	17	|25	22	25
Baltikum					
Litauen	:	17	|21	21	22
Estland	:	18	|18	16	22
Lettland	:	16	|19	21	23

: nicht verfügbar. * Schätzung. | Reihenunterbrechung.

Quelle: jeweils auf volle Prozentwerte gerundet, für 1995 und 2000 Eurostat http://epp.eurostat.ec. europa.eu (Zugegriffen: 25. Juni 2011), für 2005 bis 2015 Eurostat http://ec.europa.eu/eurostat/tgm/ table.do?tab=table&init=1&plugin=1&language=de&pcode=tps00184 (Zugegriffen: 7. März 2017)

Bereits seit dem Ersten Armutsprogramm des EU-Vorläufers Europäischen Gemeinschaft (EG) wird für die Messung von Einkommensarmut auf die relative Armutsgrenze (definiert bei der Hälfte[1] des nach Haushaltsgröße gewichteten jeweiligen nationalen Durchschnittseinkommens) abgestellt, da angenommen wird, dass sie (annäherungsweise) den Anteil der Bevölkerung erfasst, der als vom durchschnittlichen Lebensstandard einer

---

1   Zunächst gemessen als 50 Prozent des arithmetischen Mittels, inzwischen jedoch meist als 60 Prozent des Medians.

Gesellschaft ausgeschlossen betrachtet werden kann. Hiernach lebten im letzten Jahrzehnt (2005-2015) in den skandinavischen Ländern 10-15 Prozent der Bevölkerung in Armut, in Deutschland und seinen westeuropäischen Nachbarländern zwischen 10 und 17 Prozent, auf den britischen Inseln und in den wirtschaftlich etwas schwächeren südwesteuropäischen Staaten 14 bis 22 Prozent. Die in den Jahren 2004 und 2007 der EU beigetretenen mittel- und osteuropäischen Staaten haben sich seit dem politischen und wirtschaftlichen Umbruch um das Jahr 1989 herum von ehemals eher skandinavischen Werten in der Verbreitung von Einkommensarmut in Richtung einer noch größeren Streuung entwickelt, freilich von einem deutlich niedrigeren absoluten Niveau wirtschaftlichen Wohlstands aus, insbesondere – aber nicht erst – seit dem Wirtschaftskrafteinbruch zu Beginn der Transformationsphase. Spezifisch für diese Länder ist ferner der Hintergrund besonders egalitärerer Einkommensverteilung in realsozialistischer Zeit. Im letzten Jahrzehnt sind die Werte in den baltischen Staaten (16-23 Prozent) und den südosteuropäischen Ländern (16-25 Prozent) nun meist sehr hoch, während unter den heterogenen mitteleuropäischen Staaten (9-21 Prozent) die Tschechische Republik nun schon seit Jahren besonders niedrige Werte aufweist, Polen hingegen deutlich höhere. EU-weit betrachtet erweist sich die Armutsquote seit vielen Jahren als relativ konstant.

Eine Zusammenschau von Wirtschaftskraft und -wachstum, Sozialschutzausgaben sowie Beschäftigungs-, Ungleichheits- und Armutsquoten in den EU-Mitgliedstaaten zeigt dabei, dass ökonomische Leistungsfähigkeit allein nicht mit einer Reduktion von Armut und Ungleichheit einhergeht, hierzu braucht es auch eine aktive und Ungleichheiten reduzierende Beschäftigungs- und Sozialpolitik. Ein ausgebauter Sozialstaat und niedrige Armutsquoten korrelieren in der Regel.

Einkommen aus abhängiger Beschäftigung, innerfamiliäre Transfers sowie der Leistungsbezug aus Mitteln des sozialen Sicherungssystems im Falle fehlenden oder unzureichenden Arbeits-/Haushaltseinkommens stellen für die weit überwiegende Mehrheit der EU-Bürgerinnen und -Bürger die wesentlichen Quellen des Lebensunterhaltes dar. Der Stand der Arbeitslosigkeit in den Mitgliedstaaten ist damit ein bedeutender Erklärungsfaktor, sowohl für die Verbreitung der Armut, als auch für die Entwicklung der Ausgaben in den sozialen Sicherungssystemen. Dabei hat sie sich bei starken nationalen Schwankungen zu einem EU-weiten Dauerproblem entwickelt. Allerdings zeigt sich hier in zweierlei Hinsicht, dass Arbeit Armut nicht allein determiniert. So gingen etwa in Estland, den Niederlanden, Polen, Rumänien und Schweden mit einer Arbeitslosenquote von jeweils ca. 7 Prozent Ende 2015 signifikant unterschiedliche Armutsquoten einher (siehe obige Tabelle). Auch die in den meisten EU-Staaten bestehenden Mindestlohnregelungen können allein die Verbreitung von Armut nicht verhindern. Sie können allerdings als wichtiges Element zur Armutsprävention gelten, welches auch nicht in Widerspruch zu hohen Beschäftigungsraten steht (vgl. Schulten et al. 2006).

Zusammenfassend zeigt sich, dass es jenseits eines Europäischen Sozialmodells mehrere verschiedene und typisierbare Sozialordnungen und Entwicklungspfade in den Mitgliedstaaten der EU gibt, die unterschiedlich stark mit einer Verbreitung oder erfolgreichen Bekämpfung von Armut in Verbindung zu bringen sind. So verbinden im mittel- und langfristigen Vergleich die skandinavischen Staaten eine hohe Wirtschaftskraft mit hohen Sozialschutzausgaben sowie niedrigen Armuts- und Ungleichheitsraten, während in den angelsächsischen Mitgliedstaaten eine ähnlich hohe Wirtschaftskraft mit niedrigeren Sozialschutzaufwendungen sowie höheren Werten bei Armut und Ungleichheit einhergehen. Vergleicht man Deutschland (ebenfalls hohe Wirtschaftskraft, hohe Sozialschutzausgaben, mittlere Verbreitung von Armut) mit diesen Pfaden, so wird deutlich, dass in jedem Land auch nationale Besonderheiten zu berücksichtigen sind (z. B. Herstellung der Deutschen Einheit) und neben dem Aufwand für den Sozialschutz auch die jeweilige Verwendung betrachtet werden muss (etwa als Aufwendungen für status- und/oder mindestsichernde Lohnersatzleistungen, soziale Dienstleistungen etc.).

Armutspolitisch besondere Bedeutung kommt hier den Mindestsicherungsleistungen und ihrer Verknüpfung mit vorgelagerten, lebensstandardsichernden Sozialversicherungen zu. Die Leistungssysteme der Mindestsicherung (insbesondere Sozialhilfe) wurden seit Beginn der Industrialisierung (und werden z. T. erst noch) als Schutz gegen zumindest völlige Armut entwickelt und seit dem letzten Drittel des 20. Jahrhundert zunehmend in Gestalt eines (auch der Höhe nach) garantierten individuellen Rechtsanspruches ausgestaltet. Dieser Prozess lässt sich über Europa hinaus vor allem, aber nicht nur in westlichen Industrieländern betrachten (vgl. Leisering et al. 2006). Seit Mitte der 1970er Jahre kumulieren bzw. bedingen sich in den meisten Mitgliedstaaten strukturelle Arbeitslosigkeit, geringer werdende Wachstumsraten, steigende soziale Risiken (bspw. nachlassende Familiensolidarität, Alterung der Gesellschaft, wachsende Anforderungen an räumliche und berufliche Mobilität) und in unterschiedlichem Maße ein Abbau sozialversicherungsrechtlicher Leistungen und Aufbau sozialhilferechtlicher Leistungen. Im Gefolge dieser Prozesse kam es zu z. T. beträchtlichen Steigerungen bei den Empfängerzahlen in den Mindestsicherungssystemen (vgl. Benz 2004). Vor allem in den südwesteuropäischen Mitgliedstaaten kann dies zumindest zum Teil auf die Schaffung bzw. den Ausbau von Mindesteinkommenssystemen zurückgeführt werden. Länder übergreifend deuten diese Entwicklungen jedoch auch auf eine signifikante Erosion der Sicherungsinstanzen Erwerbsarbeit, familiäre Solidarität und Sozialversicherung hin, in deren Folge Einkommensarmut zunimmt und sich verfestigt. Rigider werdende Anspruchsvoraussetzungen und mangelhafte Leistungsanpassungen an Inflation und Lebensstandard tragen dazu bei, dass in den meisten EU-Ländern heute auch Sozialhilfeleistungen nicht (mehr) effektiv vor Einkommensarmut schützen (European Commission 2010, S. 9 und 57; Frazer und Marlier 2016, S. 41; Neumann 2016, S. 297).

2 National dominierende sozialpolitische Leitbilder

Mit Theorieansätzen der vergleichenden Wohlfahrtsstaatsforschung lassen sich die national unterschiedlichen bzw. gleichläufigen armuts- und verteilungspolitischen Problemlagen und Trends verschiedenen Triebkräften und Veränderungsresistenzen zuordnen. So werden etwa mehr oder weniger stabile Präferenzen der Wählerschaft oder wird der Grad an internationaler ökonomischer und politischer Verflechtung eines Landes zur Erklärung sozialstaatlicher Entwicklung fokussiert. Andere Ansätze betonen die Bedeutung institutioneller Regelungen (Föderalismus, Korporatismus, Bedeutung von Vetospielern – etwa Verfassungsaussagen und -gerichten) oder sozioökonomischer Determinanten, wie die Wirtschaftskraft, demografische Merkmale oder die Arbeitslosenquote (siehe zu den einzelnen Ansätzen: Schmidt et al. 2007). Schließlich wird etwa auch die Erklärungskraft der Wechselwirkungen von konfessionellen Orientierungen und armenhilfepolitischer Entwicklung in den Blick genommen (vgl. Kahl 2009).

Obwohl empirisch derzeit gehörig herausgefordert (siehe die oben referierte Konvergenz der Armutsquoten Deutschlands, des Vereinigten Königreichs und Schwedens), soll im Folgenden dennoch die Theorieoption der Analyse von *Wohlfahrtsregimen* im Zentrum stehen. Denn erstens hat sie den Stellenwert und die Funktion verschiedener Armutspolitiken in sozialstaatlichen bzw. wohlfahrtspolitischen Gesamtzusammenhängen historisch und systematisch besonders gut herausgearbeitet. Zweitens trägt sie Wesentliches zum Verständnis auch aktueller Kämpfe (in ihnen wirksamer Strukturen, Intentionen und Machtressourcen) um sozialstaatliche bzw. armuts- und wohlfahrtspolitische Alternativen bei.

Hierzu werden im Folgenden zunächst Sozialstaatsphilosophien, verstanden als in den EU-Mitgliedstaaten (und weiterer Politikarenen) dominierende bzw. konkurrierende sozialpolitische Werthaltungen und Leitbilder destilliert. Denn bei der Definition sozialpolitischer Bedarfe, der Bestimmung der staatlichen Interventionsschwelle sowie der quantitativen und qualitativen Ausgestaltung sozialer Transfer- und Dienstleistungen sind Werturteile unvermeidlich. Die Feststellung sozialpolitischer Bedarfe und der für ihre Befriedigung zuständigen Instanz (Individuum, Familie, Gesellschaft, Markt, Staat) kann nicht wissenschaftlich neutral erfolgen. „Diese Werturteile sind in sozialpolitischen Werthaltungen begründet, die nur offengelegt, aber nicht bewiesen werden können." (Hauser 1994, S. 24) Dieser Umstand setzt auch jedem (EU-europäischen) Versuch Grenzen, durch den bloßen Vergleich der nationalstaatlichen Sozialsysteme, der für sie benötigten Finanzmittel, der durch sie wesentlich mitbestimmten Armutsquoten oder anderer Parameter quasi unpolitisch beste Lösungen zu identifizieren und zur Nachahmung zu empfehlen. Zwar sind die dominierenden Werthaltungen in den Mitgliedstaaten (mehr oder weniger) dynamischen Änderungen in den Interessengefügen unterworfen und findet ein Lernen am Beispiel anderer durchaus statt. Die vergleichende Wohlfahrtsstaatsforschung verdeutlicht jedoch auch normative und systembedingte Pfadabhängigkeiten der einzelstaatlichen Reformen, die einer schnellen, konfliktarmen und weitgehenden Annäherung (Konvergenz, Harmonisierung) oder Vereinheitlichung der nationalen Sozialpolitiken entgegenstehen.

Die bis heute prominenteste Klassifizierung identifiziert dabei für westliche Industrieländer drei Sozialstaatsmodelle bzw. Wohlfahrtsregime (vgl. Esping-Andersen 1990; Benz 2016). In ihnen verwirklichen sich *konservative* (korporative), *liberale* bzw. *sozialdemokratische* (solidarische) Orientierungen, die, auch wenn sie jeweils keine geschlossenen Gedankengebäude darstellen, durch spezifische sozial- und wirtschaftspolitische Werthaltungen und Prioritäten geprägt sind. Neben dem Grad der Universalität des Systems sozialer Sicherheit betrachtet *Gøsta Esping-Andersen* das Maß der Umverteilung von Einkommen sowie Charakteristika des Arbeitsmarktes. Entscheidend sei die Ausprägung des Zusammenhanges zwischen sozialstaatlicher Umverteilungs- und Beschäftigungspolitik sowie der politischen Stärke der organisierten Arbeiterbewegung. Seine Matrix bildet die sogenannte (De-)Kommodifizierung, als Grad des Schutzes der Bürger gegen Marktkräfte und Einkommensausfälle. Definiert werden drei Wohlfahrtsstaatstypen: *sozialdemokratisch* (Bsp. Schweden, Norwegen), *korporativ* (Bsp. Deutschland, Österreich, Frankreich, Italien) sowie *liberal* (Bsp. Vereinigte Staaten von Amerika, Schweiz, Vereinigtes Königreich). In Weiterführung dieses Ansatzes haben unterschiedliche Autoren weitere Typen wie den *rudimentären* (Leibfried 1990) oder *residualen* (Lessenich 1994) Wohlfahrtsstaat beschrieben, damit vor allem auf die Besonderheiten der süd- und inzwischen auch mittelosteuropäischen Sicherungssysteme abstellend. Bis heute haben diese Ergänzungen „nicht zu einer stabilen Klassifikation von Staaten innerhalb einer allgemein anerkannten Klassifikation geführt." (Kaufmann 2003, S. 23) Gleichwohl lohnt ein Blick auf grundlegende sozialpolitische Orientierungen, die den Hintergrund für die Armutspolitik auf europäischer Ebene bilden. Um Missverständnissen einer unbedarften Übersetzung von Regimeorientierungen in nationale Parteienlandschaften vorzubeugen, hat bereits Esping-Andersen vom „korporativen" (statt konservativen) Regime gesprochen; dies soll hier auch für das bei ihm als „sozialdemokratisch" (nachfolgend aber *solidarisch*) benannte Regime gelten. Die Gefahr besteht natürlich auch beim liberalen Regime.

2.1   Armutspolitik im korporativen Statusstaat

Die Legitimität und der Schutz tradierter hierarchischer sozialer Gemeinschaften und Ordnungen (Familie, Stände, Volk) stehen im Zentrum konservativer sozialstaatlicher Orientierung. In der Frage der sekundären Verteilung (also über Steuern und Sozialabgaben) des gesellschaftlichen Reichtums zur Vorbeugung oder Bekämpfung von Einkommensarmut setzt diese Sozialstaatskonzeption erklärtermaßen nicht auf Umverteilung zwischen sozialen Schichten der Gesellschaft (intersoziale Umverteilung). Vielmehr betont sie die Unterhaltspflicht Familienangehöriger (interpersonale Umverteilung), die Vorsorgepflicht der abhängig Beschäftigten in Sozialkassen (intertemporale Umverteilung) und zwar in äquivalenter Ausgestaltung der Beitrags-Leistungs-Beziehung (die Höhe der gezahlten Beiträge bestimmt die Höhe der Transferleistung). Im Mittelpunkt steht die Fortschreibung des Status und Lebensstandards außerhalb der Arbeitswelt. Wenn die sekundäre Einkommensverteilung dabei zu Leistungen unterhalb des Existenzminimums führt, werden diese mittels Fürsorgeleistungen (z. B. Sozialhilfe) aufgestockt. Im korporativen Regime ist eine Fortschreibung der Statushierarchie im Erwerbsleben in die parastaatliche soziale Sicherung angelegt, die überdies in nach Berufsgruppen getrennten Sicherungssystemen (für die Beamtenschaft, Angestellte, Arbeiter und Arbeiterinnen, die Bauernschaft, z. T. auch für Selbständige) verwirklicht wird. Als Bezugspunkt dient diesem Typus die Normalfamilie mit einem i. d. R. männlichen, verheirateten, dauerhaft abhängig beschäftigten Vollerwerbsernährer mindestens mittleren Einkommens, der durch den solchermaßen ausgebauten Sozialstaat gegen die Hauptrisiken der Verarmung (durch Alter, Krankheit, Unfall, Invalidität, Arbeitsplatzverlust) in hohem Maße geschützt wird. Ausgrenzungsrisiken trägt die zunehmende Zahl an Personen mit gebrochenen oder einkommensschwachen Erwerbs- und Beziehungsbiografien. Ihre Leistungsansprüche bei Eintritt eines der versicherten Armutsrisiken reichen häufig aufgrund fehlender Beitragszahlungen oder ihrer niedrigen Höhe nicht aus, um Existenz sichernd zu sein. Ist die Beitrags-Leistungs-Logik nicht durch beitragsunabhängige Elemente (zum Beispiel Mindestrenten) gebrochen, werden die Betroffenen zu Klientinnen und Klienten der Fürsorge. Bezogen auf die Aufwendungen für den Sozialschutz, die Armutsquote und das Maß sozialer Ungleichheit nehmen die an diesem Modell orientierten Staaten (s. insbesondere die in Tab. 1. unter Westeuropa subsummierten Länder) meist eine Mittelposition ein.

2.2   Armutspolitik im liberalen Sockelstaat

Während der korporative Entwurf eines Wohlfahrtsregimes den Sozialstaat von ,der Mitte' der Gesellschaft und ,der Normal(erwerbs)biografie' aus denkt, setzt das liberale Leitbild an den sozialen Rändern der Gesellschaft an. Leitbild des eng mit der Aufklärung verbundenen Liberalismus ist das vernunftbegabte, freie Individuum. Geschichtlich betrachtet wollte sich das (Besitz-)Bürgertum von den Schranken durch Adel, Kirche und Zunft befreien. Alle das Individuum und seine Entfaltungsmöglichkeiten tangierenden Schranken und Rahmen sollten sich vernunftgemäß legitimieren oder fallen, nachvollziehbar und einklagbar sein. Liberalem Denken ist eine grundsätzliche Skepsis gegenüber kollektiven Setzungen eigen, geht es ihm doch um ein Maximum individueller Freiheit. Doch der Freiheitsbegriff und der dem Liberalismus ebenso eigene Gleichheitsbegriff (Gleichheit aller Bürger vor dem Recht) sind vielschichtig ambivalent. Allen Bürgern das Schlafen unter Brücken zu verbieten, ist offenkundig zynisch. Wird man dem Gleichheitsbegriff jenseits von materiellen (etwa Einkommens-) und immateriellen (etwa Bildungs-)Ressourcen und damit ohne den Aspekt der Chancengleichheit gerecht? Die Menschen beginnen nicht mit gleichen Startbedingungen ihr Leben. Die liberale Sozialstaatskonzeption (auch: angelsächsisches Modell genannt) begegnet diesem Spannungsverhältnis von gewünschter größtmöglicher Freiheit vor Eingriffen Dritter (nicht zuletzt in privates Eigentum) und der offenkundigen Negierung von Freiheit durch Armut, mit der Formulierung von Mindestbedingungen, die jedem Bürger und jeder Bürgerin zum Leben als (soziales) Bürgerrecht zumindest befristet zu gewährleisten sind. So besteht in manchen US-Bundesstaaten Anspruch auf maximal fünf Jahre Sozialhilfebezug im Lebensverlauf. Im sog. britischen Beveridge-Modell werden Mindestgarantien weitergehend in einer universalistischen (die Wohnbevölkerung umfassenden und nicht nach Sicherungsbereichen getrennten) Sozialversicherung mit einheitlich niedrigen Beiträgen und Leistungen konkretisiert, die ggf. durch einen Rechtsanspruch auf Sozialhilfe – vor allem aber individuelle Vorsorge -- ergänzt werden. Unterschiedlich weit gehend handelt es sich hier also um ein Wohlfahrtsregime, in dem der Sozialpolitik keine aktiv gestaltende, sondern eine gegenüber den Instanzen Individuum,

Familie und Markt strikt nachrangige Funktion zukommt. Die Länder (vor allem der englischsprachigen Welt), die sich stark oder ausschließlich an dieser liberalen Definition der Pflichten und Grenzen des Sozialstaates orientieren, weisen durch die Verbindung dieses Sicherungsmodells mit einem jenseits von Mindestlöhnen nur schwach regulierten Arbeitsmarkt ein vergleichsweise hohes Maß an sozialer Ungleichheit und eine hohe Bedeutung bedarfsgeprüfter Mindestsicherungsleistungen auf. Ihre Armutsquoten ähneln lange Zeit denen südwesteuropäischer EU-Mitgliedstaaten – inzwischen (weil in Irland und dem Vereinigten Königreich signifikant gesunken) aber auch der Quote Deutschlands, wo Liberalisierungspolitiken bei der Arbeitslosen- und Alterssicherung sowie im Gesundheitswesen zu deutlichen Armutseffekten geführt haben.

2.3   Armutspolitik im solidarischen Vollbeschäftigungsstaat

Kern klassisch sozialdemokratischer Wirtschaftspolitik ist die zwar grundsätzliche Beibehaltung der kapitalistischen Wirtschaftsweise, die allerdings zu demokratisieren und politisch zu gestalten sei, da sie nicht im Sinne einer „unsichtbaren Hand" (Adam Smith) krisenlos durch die Verfolgung von Eigeninteressen zwangsläufig auch den Interessen aller genüge. Vielmehr sind Eingriffe des Staates – auch in die Verteilung der Früchte des Wirtschaftens – notwendig. Während die klassische Nationalökonomie und neoliberale Konzepte dem Staat das Recht und die Fähigkeit absprechen, aktiv eine dauerhaft erfolgreiche Vollbeschäftigungspolitik zu betreiben, hält der Keynesianismus eben dies für machbar und erforderlich. In Ergänzung bzw. Abgrenzung zu den zentralen Vokabeln des Liberalismus (Freiheit) und Konservatismus (Gemeinschaft in hierarchischer Ordnung) stellt der demokratische Sozialismus die Gleichheit als Wert in den Mittelpunkt seiner Orientierung. Der faktischen Ungleichheit der Bürgerinnen und Bürger (insbesondere aufgrund ihrer Leistungsfähigkeit, ihres Besitzes, ihrer Benachteiligungen und Vorteile aufgrund ihrer sozialen Herkunft und ihrer in der Lebensbiographie wechselnden Lebenslagen) wird der Anspruch der Gleichheit entgegen gesetzt, der sich in soziale Ungleichheit nivellierenden materiellen und immateriellen Teilhaberechten über den Sozialstaat und das Beschäftigungssystem konkretisiert. Dabei bleibt die Bestimmung des vertretbaren bzw. zu fordernden Maßes an intersozialer Umverteilung kontrovers. Von solidarischen Wertorientierungen geprägte Sozialstaaten kennzeichnen Bemühungen um eine aktive, die Einkommensungleichheit nivellierende Vollbeschäftigungspolitik zur Integration ihrer Wohnbevölkerung mittels Erwerbsarbeit. Dabei setzt dieses (auch skandinavisches Modell genannte) Regime neben der marktvermittelten Arbeitskräftenachfrage in hohem Maße auch auf öffentliche Beschäftigung, nicht zuletzt im sozialen Dienstleistungsbereich. Ein hohes Maß an öffentlicher Sicherstellung von Bildung, Erziehung, Betreuung, Beratung und Pflege soll insbesondere Frauen den Zugang zum Arbeitsmarkt erleichtern und gleichzeitig die Arbeitskräftenachfrage erhöhen. Das solidarische Regime ist somit gekennzeichnet durch:

- eine vergleichsweise hohe Beschäftigungsquote,
- geringe Inanspruchnahme der Fürsorgesysteme und niedrige Armutsquoten aufgrund der in ihren Leistungen Lebensstandard sichernden *und* gesockelten sowie die gesamte Wohnbevölkerung umfassenden Sozialversicherung (*Universalismus*), die auch atypische Lebens- und Erwerbsbiographien armutsfest absichert,
- einen ausgeprägten Grad sekundärer Umverteilung aufgrund hoher Sozialleistungs- und Steuerquoten.

Die stark an diesem Regime orientierten skandinavischen Sozialstaaten weisen traditionell besonders niedrige (im letzten Jahrzehnt in Schweden allerdings signifikant steigende) Armutsraten und geringe soziale Ungleichheiten auf.

2.4   Armutspolitik im mediterranen familialen Staat

Dieses (wiederum konzeptionell zugespitzte) Modell, dem insbesondere Spanien, Griechenland und Portugal zugeordnet werden können, charakterisiert eine nach wie vor insgesamt lückenhafte Mischung von Systemelementen der drei erst genannten. Der Sicherungsinstanz Familie kommt ein, im Vergleich zu den obigen Regimen, besonders hoher Stellenwert zu, der allerdings auch in diesen Ländern im Zuge gesellschaftlicher Modernisierung erodiert. In Staaten dieses (auch residual genannten) Modells kumulieren mittlere Wirtschaftskraft, verbreitete prekäre Beschäftigung und Schattenwirtschaft, hohe Arbeitslosigkeit und fehlender bzw. lückenhafter Sozialschutz zu einem vergleichsweise hohen Armutsrisiko. Dabei finden sich durchaus gegenläufige Anzeichen einer Angleichung der Sozialschutzsysteme an den Durchschnitt der EU. So ist die Einführung eines Mindestsicherungssystems zwar in Griechenland noch immer nicht in Sicht, jedoch wurden solche Systeme in Spanien (regional) und Portugal (zentral) in den 1990er Jahre etabliert und in Italien (selektiv kommunal) zumindest versuchsweise eingeführt (Benz 2004; Frazer und Marlier 2016).

2.5   Ein fünfter armutspolitischer Weg in Mittel- und Osteuropa?

Mit den mittel- und osteuropäischen Ländern traten der EU in den Jahren 2004 und 2007 Sozialstaaten bei, deren jüngere ökonomische, politische und soziale Geschichte sich nicht umstandslos in die bisherigen Sozialstaatstypologien und Traditionslinien einordnen lassen. Allerdings konnten diese Staaten in unterschiedlichem Maße durchaus an länger zurückliegende, westlich geprägte, bürgerlich-kapitalistische und sozialpolitische Traditionslinien anknüpfen. So wenig sich die sozialen Lagen und sozialpolitischen Traditionen Westeuropas auf einen Nenner bringen lassen, so wenig hilfreich erscheint es, den mittel-/osteuropäischen Raum monolithisch begreifen zu wollen. Das Verbindende liegt zunächst in der gemeinsamen realsozialistischen Wirtschafts- und Sozialordnung der Nachkriegszeit bis zu ihrer Transformation seit den späten 1980er Jahren. Entgegen ihres ideologischen Anspruchs blieb die Abwesenheit von Armut und Unterversorgung Theorie. Gleichwohl waren die transformationsbedingten Erscheinungsformen von Armut, wie sie sich nach 1989 herausbildeten, ein neues Phänomen. Gleichzeitig ließen sich die betrieblich gebundenen sozialen Sicherungsleistungen ebenso wenig erhalten wie die armutspolitisch bedeutsame Regulierung und Subventionierung der Preise für Güter des täglichen Bedarfs. So sind mittlerweile in allen mittel-, südosteuropäischen und baltischen EU-Staaten Sozialversicherungssysteme und in den meisten Staaten auch Mindestsicherungssysteme geschaffen worden, auch wenn bis heute diskretionäre Hilfen (nach Haushaltslage, nach Ermessen usw.) z. T. noch weit verbreitet und insbesondere in Bulgarien und Rumänien zur bloßen Existenzsicherung nicht ausreichende Anspruchsberechtigungen und Leistungsniveaus zu beachten sind. Die geschaffenen sozialen Sicherungssysteme orientieren sich heute in unterschiedlichem Maße an den Strukturprinzipien, wie sie sich bereits in der vergleichenden Wohlfahrtsstaatsforschung für Westeuropa finden lassen. Auch nach Wirtschaftskraft, Sozialsystem und Armutsraten betrachtet, finden sich im Vergleich der mittel- und südosteuropäischen sowie baltischen Staaten inzwischen eher markante Unterschiede zwischen ihnen und Subgruppen, denn sie insgesamt einende Gemeinsamkeiten. Die in der Beitrittsphase zur EU als *mittel-osteuropäisch* zusammengefassten Länder weisen heute mit der Tschechischen Republik und Rumänien die beiden EU-Staaten mit der niedrigsten bzw. höchsten Armutsquote auf (s. Tabelle 1). Insofern besteht hier weniger eine gemeinsame Pfadabhängigkeit bei der Entwicklung des Sozialschutzes, die sich aus der realsozialistischen Vergangenheit heraus erklären ließe. Die Charakteristika der Sozialstaaten ergeben sich in diesen Ländern vielmehr aus politischen Entscheidungen nach ,dem Fall des Eisernen Vorhanges', welchen sozialpolitischen Regimetyp die weitere Entwicklung durchsetzen sollte.

3   Armutspolitik im europäischen Integrationsprozess

Die sozialen Lagen sowie die Prägekraft sozialpolitischer Werturteile und Prioritäten in den Mitgliedstaaten bilden den Hintergrund für die Armuts- und Sozialpolitik der EU. Im Zuge von Armutsmigration innerhalb Europas und nach Europa werden auch direkte Interdependenzen zwischen den Armutslagen in einzelnen EU-Staaten sowie Nachbarregionen der EU immer deutlicher. Sie prägen deren national und auf europäischer Ebene deren armutspolitische Ziele, Initiativen und Maßnahmen mit. So betrifft zum Beispiel die soziale Ausgrenzung von und fehlende soziale Sicherheit für Sinti und Roma in Rumänien direkt die soziale Lage und Sozialpolitik etwa von Städten und Gemeinden im Ruhrgebiet, die Ziele entsprechender Zuwanderung werden. Motiv für den geplanten Austritt des Vereinigten Königreichs aus der EU war nicht zuletzt die Frage der Freizügigkeit von Arbeitnehmerinnen und Arbeitnehmern innerhalb der EU. Die soziale Dimension, das Soziale Europa, der Europäische Sozialraum – mit diesen Begriffen wird dabei versucht die Brüsseler sozialpolitische Arena zu umreißen, einer politischen Ebene sui generis, die nicht Staat ist, aber auch nicht internationales System souveräner Staaten wie die Vereinten Nationen.

Diese Eigentümlichkeiten spiegeln sich in den Gegenständen und Instrumenten, der Art und dem Maß an Armutspolitik der EU. Bereits bei den Verhandlungen in den 1950er Jahren zur Europäischen Wirtschaftsgemeinschaft (EWG) bestand kein Konsens über die Möglichkeit und Notwendigkeit einer Konvergenz oder Vereinheitlichung armutspolitisch bedeutender Elemente der Sozialpolitik der Mitgliedstaaten. Erforderte die schrittweise Schaffung eines Binnenmarktes eine sozialpolitische Rahmung, wenn sie über die Verwirklichung der in den Verträgen als Grundnormen der EWG verankerten innergemeinschaftlichen vier Freiheiten geschieht: die Freizügigkeit des Kapital-, Waren- und Dienstleistungsverkehrs sowie die Freizügigkeit der Arbeitnehmer? Die französische Position, nach der eine Harmonisierung der Sozialsysteme für einen gemeinsamen Markt notwendig sei, konnte sich damals nicht durchsetzen. Eine Konvergenz der sozialen Bedingungen werde vielmehr Folge (nicht Voraussetzung) des Binnenmarktes sein, so die Mehrheitsmeinung (vgl. Kowalsky 1999, S. 62). Beide Seiten dürften Recht behalten haben. Der schrittweise verwirklichte Binnenmarkt hat sicher Anteil daran, dass Europa nach dem 2. Weltkrieg wieder zu einer der wohlhabendsten Weltregionen geworden ist und er funktionierte dabei bislang auch weitgehend ohne sozialpolitische Harmonisierung. Allerdings hat der Integrationsprozess offenbar einen länderübergreifenden Druck zur Senkung von Arbeitgeberbeiträgen zu den Sozialsystemen (Benz 2004, S. 138f.) und zu Steuersenkungen für Unternehmen (Europäische Kommission 2015, S. 4) erzeugt; vor Armut schützende sozialstaatliche Arrangements geraten unter Wettbewerbsdruck.

Die drei wichtigsten und ältesten Themenbereiche der EU-Sozialpolitik (Absicherung der Freizügigkeit der Arbeitnehmerinnen und Arbeitnehmer, deren Arbeits- und Gesundheitsschutz sowie die Gleichstellung der Geschlechter) leisten zwar wichtige Beiträge zur Bekämpfung von Armut und sozialer Ausgrenzung, eine explizite Armutspolitik wurde auf EU-Ebene aber erst seit den 1970er Jahren entwickelt. Bis heute gewähren die Mitgliedstaaten der EU in den armutspolitisch bedeutenden Kernbereichen der Sozialpolitik kaum Kompetenzen. Hierzu zählen die allgemeinen Systeme der Sozialversicherung (Krankheit, Invalidität, Alter, Unfall, Pflege), die Versorgungs- (Kinder-, Erziehungs-, Wohngeld etc.) und Fürsorgesysteme (Sozialhilfe). Hier wirken faktisch nur das Diskriminierungsverbot und die Zusammenrechenbarkeit von Ansprüchen der Wanderarbeitnehmerschaft. Zwar sah bereits das Sozialprotokoll der 14 Mitgliedstaaten (ohne das Vereinigte Königreich) zum Maastrichter Vertrag aus dem Jahr 1992 die Möglichkeit vor, auf Unionsebene einstimmig Mindestvorschriften auch für die Systeme der sozialen Sicherheit zu verabschieden. Von dieser Möglichkeit ist aber auch nach der (damit für alle damals 15 Mitgliedstaaten verbindlichen) Übernahme dieser Regelung in den Amsterdamer EG-Vertrag (1997) bis heute kein Gebrauch gemacht worden.

Wie etwa bei den Themen Beschäftigung und Bildung wird hier in unterschiedlichem Ausmaß vielmehr mit Mitteln *weicher* Steuerung (gemeint ist die Vereinbarung von Empfehlungen, Zielen, Leitlinien, Indikatoren, Benchmarks, Berichten, gegenseitiger Information, Studien und Identifikation bewährter Verfahren – best practice – sowie innovativer Ansätze) im Rahmen der *Offenen Methode der Koordination* versucht, den gegenseitigen Austausch von Informationen und die Zusammenarbeit der Mitgliedstaaten zu stimulieren.

Damit werden faktisch armuts- und umverteilungsbezogen besonders bedeutende Teile der Sozialpolitik nach wie vor für eine Regelung allein auf mitgliedstaatlicher Ebene reserviert, obwohl vom ökonomisch dominierten europäischen Integrationsprozess (insbesondere der Wirtschafts- und Währungsunion) ein problematischer Druck in Richtung einer sozialpolitischen Dumping-Konkurrenz ausgeht (Boeckh et al. 2017, S. 402ff.). Verständlich wird diese Kompetenzordnung – und werden jüngste Initiativen für ein (auch sozialpolitisches) Europa unterschiedlicher Integrationstiefe und Geschwindigkeiten (variable Geometrie, bekannt bereits vom Schengen- und Euro-Raum) – erst mit Blick auf die gewachsenen nationalen Sozialstaaten und die in ihnen unterschiedlich mächtigen sozialstaatlichen Wert- und Ordnungsvorstellungen.

4   Handlungsfelder EU-europäischer Armutspolitik

Die ersten armutspolitischen Aktivitäten auf EU-Ebene wurden vor vierzig Jahren mit der Initiative (nicht zuletzt des damaligen Bundeskanzlers Willy Brandt) zum Ersten Sozialpolitischen Aktionsprogramm der Gemeinschaft für 1974-1976 angebahnt, dem ersten größeren sozialpolitischen Vorstoß auf (damals noch) EG-Ebene. Mit ihm wurde für die Jahre 1975-1980 Armut I als Programm von Modellvorhaben und Modellstudien zur Bekämpfung der Armut aufgelegt, Armut II folgte für die Jahre 1985–1989, Armut III für 1989–1994. Armut IV (1994–1999) wurde schließlich mit Hinweis auf fehlende vertragliche Grundlagen von Deutschland und dem Vereinigten Königreich per Klage vor dem Europäischen Gerichtshof erfolgreich verhindert. Armut I, II und III beinhalteten Modellvorhaben und Studien, in denen in Expertisen und Aktionsforschungsvorhaben Ausmaß, Ursache, Entwicklung und Überwindungsmöglichkeiten von Armut und Ausgrenzung wissenschaftlich untersucht bzw. in Praxisprojekten konkret verhindert, überwunden oder gelindert wurde. Drei zentrale Prinzipien: (1) multidimensionale Definition von Armut und Ausgrenzung, (2) die Akzentuierung von Partizipation/Betroffenenbeteiligung sowie (3) die Partnerschaft aller Akteure und wichtige Pfeiler für ein gemeinsames Verständnis europäischer Armutspolitik (Entwicklung von Armutsindikatoren, transnationale Vernetzung von Wissenschaftlerinnen und Wissenschaftlern sowie von Nichtregierungsorganisationen), haben hier ihren Ursprung.

Ein zentraler Gewinn dieser Programme ist ihr Beitrag zur definitorischen wie empirischen Erfassung von Armutsphänomenen. Der Abschlussbericht von Armut I beruft sich dabei auf die im Jahr 1975 durch den Rat der nationalen Sozialminister beschlossenen Begriffsbestimmung von Armut. Diese umfasste:

> „Verarmte Personen: Einzelne oder Familien, deren Einkommen so niedrig sind, daß sie unter der Mindestgrenze dessen leben, was in dem Mitgliedstaat, in dem sie leben, als annehmbarer Lebensstandard erachtet wird. Einkommen: Güter, Barleistungen, zusätzliche Dienste aus öffentlichen und privaten Quellen." (zit. nach Kommission 1981, S. 16)

Hier finden sich bereits Anklänge an drei Marksteine der Armutsdefinition im Kontext der europäischen Armutsdebatten, die sich letztlich durch alle späteren Nuancierungen ziehen. So lässt sich Armut nur vor dem Hintergrund des jeweils allgemeinen Lebensstandards der Gesellschaft eines jeden Mitgliedstaates bestimmen. Sie ist multidimensional, bezogen auf Ressourcen und Ausgrenzungsfaktoren. Drittens lässt sie sich weder rein subjektiv noch rein objektiv bestimmen, sondern wird als Ausschluss von einem Lebensstandard definiert, der als „annehmbarer (…) erachtet wird" (ebenda). Im Abschlussbericht zu Armut II wird die Multidimensionalität der Armut noch deutlicher hervorgehoben:

> „Eine objektive, vollständige Definition von Armut bezieht sich auf individuelle oder familiäre Verhältnisse, die durch Mängel und Unzulänglichkeiten auf verschiedenen Gebieten gekennzeichnet sind: unzureichendes Einkommen, vor allem aber vielfältige Schwächen und Lücken in nichtfinanziellen Bereichen, wie Bildung, Arbeitsfähigkeit, Gesundheit, Wohnung, gesellschaftliche Integration: Armut hat zahlreiche Dimensionen, die sich bei jedem einzelnen Betroffenen unterschiedlich kombinieren. (…) Ungenügendes Einkommen ist nur einer unter den Aspekten der Armut. Allerdings ist es der gemeinsame Nenner der verschiedenen Armutssituationen und kann deshalb einen brauchbaren Indikator für die Ausbreitung der Armut darstellen." (Kommission 1991, S. 4)

Eine wissenschaftlich wie politisch allgemein anerkannte „objektive, vollständige Definition" (ebenda) wurde allerdings auch mit Abschluss von Armut II nicht gefunden. Die Erweiterung des Armutsbegriffes in Richtung Multidimensionalität scheint einerseits völlig sachgerecht, geht es doch auch etwa um soziale Isolation (Kontaktarmut) und Ausgrenzung von politischer Teilhabe (geringe Wahlbeteiligung und fehlende politische Repräsentation), als mögliche Folgen materieller Armut. Andererseits scheint diese Ausweitung des Armutsbegriffs im politischen Raum auch deshalb strategisch hoch willkommen, eröffnet sie doch die Möglichkeit, durch den Einbezug unterschiedlicher Themenfelder, den europäischen Daumen nicht zwangsläufig in nationale verteilungs- und armutspolitische Wunden legen zu müssen. Auch erlaubt sie, den politisch wenig attraktiven Begriff der Armut durch ungleich unbestimmtere wie soziale Ausgrenzung oder soziale Inklusion und Teilhabe zu ersetzen. In diesem Sprachgebrauch wird ein Bericht der EU-Kommission über die Armut in den Mitgliedstaaten der EU so nicht nur formal zum Gemeinsamen Bericht über die soziale Eingliederung. Politisch scheint dies zumindest hilfreich, vielleicht sogar Voraussetzung dafür, dass im Jahr 2001 „zum ersten Mal, die Europäische Union ein politisches Dokument über Armut und soziale Ausgrenzung billigt." (Europäische Kommission 2002, S. 7)

4.1   Information

Systematisch betrachtet, betonten die Armutsprogramme vor allem den Aspekt der Gewinnung und Verbreitung von Informationen zur Definition und Empirie der Armut, zu bewährten Verfahren und innovativen Maßnahmen. Dieses Anliegen kann als erstes von vier Handlungsfeldern EU-europäischer Armutspolitik bezeichnet werden (Benz

2004). Die Informationsbeschaffung über Programme und Konsultationen dient der europäischen Ebene strategisch zur Identifikation und Diskussion der Bedeutung von und Herausforderungen an lokale, regionale, nationale und nicht zuletzt EU-europäische Politiken. Information hat damit immer auch bereits politische Funktionen; sie bereitet die Grundlagen für die drei weiteren (potenziellen) Handlungsfelder EU-europäischer Armutspolitik: Recht, Geld und Zielvereinbarung.

4.2   Recht

Anders als in den Bereichen Wanderarbeitnehmerinnen und Wanderarbeitnehmer sowie Gleichstellung der Geschlechter scheiterten erste Versuche, bereits in den Gründungsverträgen politische Kompetenzen für eine sozialleistungsrechtliche (Rahmen-)Rechtsetzung auf Gemeinschaftsebene aufzunehmen, die im Zusammenspiel zwischen der Kommission und (der Mehrheit) der Nationalregierungen über Mindeststandards Schritte in Richtung einer Harmonisierung von lohn- oder sozialpolitischen Standards gegen Armut und Ausgrenzung ermöglicht hätten. Bereits seit den Verhandlungen über die Einheitliche Europäische Akte im Jahr 1986, mit der die Schaffung des Gemeinsamen Binnenmarktes bis zum Jahr 1992 eingeleitet wurde, stellten sich aber wieder verstärkt Fragen nach der sozialen Dimension des Integrationsprozesses. Die Bereitschaft und Bemühungen einzelner Nationalregierungen und Kommissionsdienststellen sowie das Interesse von Gewerkschaften und sozialen Nichtregierungsorganisationen, weitere wirtschaftliche Integrationsschritte mit sozialpolitischen Mindeststandards zu verbinden, stiegen nochmals angesichts der Vereinbarung zur Wirtschafts- und Währungsunion im Maastrichter Vertrag (1992) und des hierzu geschlossenen Stabilitäts- und Wachstumspaktes (1997). Schließlich werden derzeit angesichts der oben beschriebenen innereuropäischen Armutsmigration sowie harter lohn- und sozialpolitischer Kürzungsforderungen an Euro-Krisen-Länder soziale EU-weite soziale Mindeststandards erneut ins Spiel gebracht. Durchsetzungsfähig erscheinen sie, betrachtet man die Sozialpolitik einzelner Nationalregierungen, allenfalls in oben angesprochener Variante eines Europas der unterschiedlichen Geschwindigkeiten.

Im Bereich der Steuerpolitik finden sich inzwischen bereits etliche EU-weit geltende Beispiele für rechtliche Normierungen durch europäische Mindeststandards (Mehrwertsteuer, Mineralölsteuer, Biersteuer etc.), die einer Dumpingkonkurrenz zwischen den Mitgliedstaaten Grenzen setzen sollen. Anders sieht dies jedoch nach wie vor beim sozialen Leistungsrecht aus. Und selbst einem sozialpolitischen Kerneuropa stehen angesichts der in einer Vielzahl der nationalen Regierungen und Kommissionsdienststellen dominanten wirtschaftsliberalen Diagnosen für wirtschafts-, arbeitsmarkt- und sozialpolitische Probleme (mangelnde Anpassungsfähigkeit der armen und arbeitslosen Bevölkerung, Förderung von Inaktivität und Verringerung internationaler Wettbewerbsfähigkeit durch hohe Sozialschutzniveaus) und daran anknüpfender Handlungsstrategien (Umbau eines ‚versorgenden‘ zu einem ‚aktivierenden‘ Sozialstaat, Stärkung der Eigenverantwortung etc.) starke Interessen entgegen. Diese plädieren dafür, Rechtsinstrumente vor allem in der armuts- und umverteilungswirksamen, leistungsrechtlichen Sozialpolitik (faktisch) weiterhin ausschließlich nationaler Politik vorzubehalten und damit den Druck in Richtung einer Sozialpolitik unter Wettbewerbsstaaten strategisch zu nutzen und zu erhalten. Trotz zahlreicher Vorstöße ist das Handlungsfeld des Rechts in der europäischen Armutspolitik bis dato daher denkbar schwach entwickelt.

So bedeutet die seit Inkrafttreten des Amsterdamer Vertrages (1999) bestehende grundsätzliche Möglichkeit, gemäß Artikel 137 EG-Vertrag (heute: Art. 153 des Vertrags über die Arbeitsweise der EU – AEUV) im Rat der nationalen Fachminister EU-weite Beschlüsse zu Mindestvorschriften auch für den Bereich der Systeme der sozialen Sicherheit zu fassen, einen enormen Fortschritt. Allerdings sind aufgrund der Einstimmigkeitsregelung solche Beschlüsse angesichts der wechselnd bis beständig ablehnenden Haltung einzelner Nationalregierungen vorerst weiter zumindest unwahrscheinlich. Auch wenn die Verträge von Nizza (2000) und Lissabon (2009) in Bezug auf die rechtliche Kompetenzausstattung der EU hier keine Verbesserung gebracht haben, bestehen weitere potentielle Anknüpfungspunkte für eine armutspolitische primär- und sekundärrechtliche Rahmenrechtsetzung auf EU-Ebene. So proklamiert die in Nizza (2000) feierlich verkündete (und mit Artikel 6 des heute geltenden EU-Vertrages rechtsverbindliche) *Charta der Grundrechte* in Artikel 34 Absatz 3:

> „Um die soziale Ausgrenzung und die Armut zu bekämpfen, anerkennt und achtet die Union das Recht auf eine soziale Unterstützung und eine Unterstützung für die Wohnung, die allen, die nicht über ausreichende Mittel verfügen, ein menschenwürdiges Dasein sicherstellen sollen, nach Maßgabe des Unionsrechts und der einzelstaatlichen Rechtsvorschriften und Gepflogenheiten."

Wie schwach diese beim ersten Lesen vielleicht als Garantie erscheinende Aussage bleibt, zeigt sich etwa wiederum am Beispiel von Armut betroffener Bürgerinnen und Bürger in Rumänien und Griechenland. Denn hier gibt es bislang kein wirksames Mindestsicherungsrecht, das die EU anerkennen und achten könnte, und sie verfügt hier bislang auch über kein einschlägiges Unionsrecht.

Zwar verabschiedete der Rat der nationalen Sozialminister bereits im Jahr 1992 eine *Empfehlung über gemeinsame Kriterien für ausreichende Zuwendungen und Leistungen im Rahmen der Systeme der sozialen Sicherung* (Empfehlung 92/441/EWG vom 24. Juni 1992), in der den Mitgliedstaaten detailreich durchaus ambitionierte Ausgestaltungsmerkmale für das nationale Mindestsicherungsrecht nahe gelegt wurden (Garantie eines zeitlich unbefristeten Leistungsanspruchs, regelmäßige Anpassung der Leistungshöhe, Recht auf Einspruchsmöglichkeiten und Information über Leistungsansprüche etc.). Allerdings ist diese Empfehlung (und sind nachfolgende, etwa die Empfehlung 2008/867/EG *Aktive Eingliederung der aus dem Arbeitsmarkt ausgegrenzten Personen*) bislang nicht in eine rechtsverbindliche Form (Richtlinie oder Verordnung) überführt worden.

4.3   Geld

Geld, oder im weiteren Sinne, materielle Unterstützung, stellt das dritte systematische Handlungsfeld einer EU-Armutspolitik dar, das jedoch – wie die Rechtsinstrumente – bislang nur von geringer faktischer Bedeutung ist. Zu nennen sind hier punktuelle Maßnahmen, wie die Förderung lokaler oder regionaler Praxisprojekte im Rahmen von Armut I – III und über den Europäischen Sozialfonds sowie direkte Nahrungsmittelnothilfen oder Beihilfen aus dem Europäischen Fonds für die Anpassung an die Globalisierung an durch Handelsliberalisierung arbeitslos werdende Arbeitnehmerinnen und Arbeitnehmer. Ferner wurden im Rahmen der europäischen Armutsprogramme und der Förderlinie Progress z. T. und werden aktuell über das Programm für Beschäftigung und soziale Innovation (EaSI 2014-2020) u. a. Mikrofinanzinstrumente, Forschungsprojekte, Maßnahmen des Informationsaustauschs und europäische Netzwerkbildung zum Thema Armut und soziale Ausgrenzung gefördert.

Bislang fehlen jedoch unterstützende Finanzmittel, die die Schaffung oder Verbesserung Armut bekämpfender sozialpolitischer Leistungsrechte in den Mitgliedstaaten systematisch unterstützen können. Diese Option spielt etwa bei Überlegungen eine Rolle, die auf einen europaweiten Rechtsanspruch auf Mindesteinkommenssysteme oder Mindeststandards im armutspolitischen Sozialleistungsrecht zielen, da finanzielle Hilfen eine politische Verständigung über solche Garantien erleichtern können. Auch wenn es solche weitergehenden materiellen Elemente in der europäischen Armutspolitik bislang nicht gibt, so sind sie doch in anderen Politikfeldern bereits wirksam geworden. So wurden zur Mehrheitsfähigkeit europäischer Erweiterungs- und Vertiefungsvorhaben Struktur- und Kohäsionsfonds geschaffen und ausgebaut. In der Agrarpolitik erfüllen europäische Finanzhilfen eine wichtige Steuerungs- und Sicherungsfunktion. Instrumente einer Kofinanzierung sozialen Leistungsrechts spielen in Debatten um die Förderung progressiver Konvergenz in politischen Mehrebenensystemen (nicht nur) in der Armutspolitik seit jeher eine gewichtige Rolle (vgl. Hauser 1987; Graser 2001).

4.4   Zielvereinbarung

Mit Armut I-III wurden erste Voraussetzungen für die Entwicklung des vierten Handlungsfeldes geschaffen, der Vereinbarung von Zielen. Hinter der Förderung von fachpolitischen Netzwerken, der Stützung schwacher Akteure (insbesondere über die institutionelle Förderung von Betroffeneninitiativen und des European Anti Poverty Network – EAPN) sowie der Veranstaltung von Konsultationen mit nicht zentralstaatlichen Akteuren steht einerseits die Erkenntnis, dass die Armutspolitik ein bereits national besetztes Feld ist. Die Kommunen, Regionen, Kirchen, Gewerkschaften, Betroffeneninitiativen und Wohlfahrtsorganisationen müssen mit in den Blick genommen werden, will die EU nicht Politik und Austausch an zentralen Akteuren vorbei betreiben und damit ineffektiv agieren. Andererseits spielen hier Eigeninteressen politischer Akteure eine Rolle, die die Kommission angesichts der Macht der Nationalregierungen nach Ansprech- und Koalitionspartnern neben dem

Europäischen Parlament und jenseits der Zentralstaaten suchen lassen. Die politischen Zielvereinbarungen selbst sind jedoch letztlich wieder zwischen den Nationalregierungen und der Europäischen Kommission zu vereinbaren.

Während die drei erst genannten Handlungsfelder das klassische Handlungsrepertoire der EU in der Armutspolitik umschreiben, ist die Formulierung von expliziten armutspolitischen Zielen jüngeren Datums. Sie geht konzeptionell auf die europäische Beschäftigungsstrategie (seit dem Jahr 1997) und Beschlüsse des Europäischen Rates von Lissabon (März 2000) zurück. Im Bereich der Politik gegen Armut und soziale Ausgrenzung soll demnach eine *Offene Methode der Koordinierung* durch fünf Elemente für einen größeren sozialen Zusammenhalt in der EU sorgen:

1. durch die Vereinbarung von *gemeinsamen Zielen* (etwa: Förderung der Erwerbsbeteiligung und des Zugangs aller zu Ressourcen, Rechten, Gütern und Dienstleistungen),
2. durch die Vereinbarung *gemeinsamer Indikatoren* zur Messung von Fortschritten und zur Identifizierung von bewährten Verfahren und innovativen Ansätzen (etwa: Armutsgrenze, nach Dauer, Geschlecht, Alter, Erwerbsstatus, Haushaltstyp, Besitz von Wohneigentum; Langzeitarbeitslosigkeit; Lebenserwartung),
3. durch die Erstellung mehrjähriger *Nationaler Aktionspläne* (zunächst gesondert für die die Bereiche a) Armut/soziale Inklusion, b) Alterssicherung sowie c) Gesundheit und Pflege, dann fusioniert für den Gesamtbereich sozialer Sicherheit und sozialer Inklusion), die inzwischen im nationalen und europäischen Berichtswesen zum jährlichen Zyklus der wirtschafts-, finanz- und beschäftigungspolitischen Steuerung der EU (Europäisches Semester) aufgegangen sind (s. zuletzt BMWi 2016);
4. durch die Erarbeitung eines *Gemeinsamen Berichtes zur sozialen Eingliederung* (später dann zum Sozialschutz und zur sozialen Inklusion insgesamt; s. o.) durch die Europäische Kommission, der die Nationalen Aktionspläne zusammenfassend und nach Mitgliedstaaten gegliedert analysiert und bewertet; auch dieser Zweig ist inzwischen in das Europäische Semester eingeflossen (siehe zuletzt European Commission 2016);
5. durch ein *mehrjähriges EU-Programm* (zuletzt 2007-3013, 2014-2020), das die Zusammenarbeit unter den Mitgliedstaaten fördert, durch Informationsaustausch (etwa über Peer Reviews) und Analysen der Merkmale, Prozesse, Ursachen und Tendenzen von Armut und sozialer Ausgrenzung sowie durch Stärkung der Netzwerkarbeit von Interessengruppen auf EU-Ebene.

Dieses armutspolitische Design wird also im Rahmen der sog. EU-2020-Strategie, die an die Lissabon-Strategie für die Dekade 2010-2020 anknüpft, im Prinzip fortgeführt, dabei – mit weniger Aufwand, weniger umfangreich und eigenständig sichtbar – in die wirtschafts-, finanz- und beschäftigungspolitische Koordinierung integriert. Im Bereich von Armut und sozialer Ausgrenzung soll gemäß der Ziele der EU-2020-Stategie bis zum Jahr 2020 unter den ca. 500 Millionen EU-Bürgerinnen und Bürgern eine Reduktion der Anzahl der Personen, die von Armut oder sozialer Ausgrenzung betroffen sind, um 20 Millionen erreicht werden (2009 = 114 Millionen). Hierzu werden nicht nur im Sinne relativer Armutsdefinition

Personen unterhalb der Armuts(risiko)grenze gezählt, sondern zweitens in Anknüpfung an absolute Armutsdefinitionen auch Personen, die sich einen bestimmten Minimalstandard an Gütern und Diensten nicht leisten können (etwa ihre Miete und angemessene Heizung der Wohnung nicht zahlen oder keinen einwöchigen Urlaub im Jahr an einem anderen Ort machen können). Denn Personen mit diesen Mangellagen werden in Ländern mit sehr niedrigem Durchschnittseinkommen (in der EU insbesondere Bulgarien und Rumänien) nicht bereits durch die relative Armutsgrenze verlässlich erfasst. Drittens werden in dem neuen Indikator auch Personen in Haushalten mit niedriger Erwerbstätigkeit (arbeitslose oder gering beschäftigte Bürger) mitgezählt, so dass eine Reduktion dieser Quote nicht gleichbedeutend mit einer Armutsreduktion sein muss (working poor).

Tab. 2 Relative Einkommensarmut und materielle Deprivation im Vergleich
(für 2014 in Prozent der Bevölkerung, gerundet)

	Armuts (risiko) quote		Schwere materielle Deprivation	
	2007	2013	2007	2013
Europäische Union				
EU 28	:	17	:	10
Mitteleuropa				
Tschechische Republik	10	9	7	7
Slowakei (2008 statt 2007)	11	13	12	10
Slowenien (2008 statt 2007)	12	15	7	7
Ungarn	12	14	20	27
Polen	17	17	22	12
Kroatien	:	20	:	15
Skandinavien				
Finnland	13	12	4	3
Dänemark	12	12	3	4
Schweden	11	15	2	1
Westeuropa				
Niederlande	10	10	2	3
Österreich	12	14	3	4
Frankreich	13	14	5	5
Luxemburg	14	16	1	2
Belgien	15	15	6	5
Deutschland	15	16	5	5
Britische Inseln				
Irland	17	14	5	10
Verein. Königreich (2008 statt 2007)	19	16	4	8
Südwesteuropa				
Malta	15	16	4	10
Italien	20	19	7	12
Portugal	18	19	10	11
Spanien	20	20	4	6

	Armuts (risiko) quote		Schwere materielle Deprivation	
	2007	2013	2007	2013
Südosteuropa				
Zypern	16	15	13	16
Griechenland	20	23	12	20
Bulgarien	22	21	58	43
Rumänien	25	22	37	29
Baltikum				
Litauen	19	21	17	16
Estland	19	19	6	8
Lettland	21	19	24	24

: = keine Angaben

Quelle: European Commission 2015, S. 460f.

Deutlich wird beim Einbezug des Kriteriums materieller Deprivation in die armutspolitischen Ziele und Berichterstattung der EU etwa, dass Schweden zwar inzwischen in viel größerem Maße als noch zu Zeiten seines EU-Beitritts 1995 mit relativer Einkommensarmut konfrontiert ist, gleichwohl nach wie vor die EU-weit niedrigsten Werte materieller Deprivation aufweist (vgl. Tabelle 1 und 2). Diese sind in Skandinavien und Westeuropa (und interessanterweise auch Spanien) insgesamt niedrig, während sie sich zwischen 2007 und 2013 auf den britischen Inseln umgekehrt zum Trend des dortigen Rückgangs relativer Einkommensarmut verdoppelt haben. Ungarn (stark steigend) sowie Bulgarien und Rumänien (in beiden stark sinkend) schließlich verdeutlichen, dass mittels des Indexes materieller Deprivation gemessene Armutsphänomene sich in machen EU-Ländern auch viel häufiger finden, als es die Quote relativer Einkommensarmut vermuten ließe.

Ob die genannten Instrumente und Veränderungen der Offenen Koordinierung bereits hinreichende Veränderungen im Kräftespiel des politischen Geschäfts der Mitgliedstaaten zugunsten der Armutspolitik bewirken können, darf nach den Erfahrungen mit der Lissabon-Strategie bezweifelt werden. Unionsweit wurde hier lediglich eine Stagnation, nicht aber wie beabsichtigt signifikante Reduktion der Verbreitung von Armut erreicht. Armutspolitisch problematische nationale Politiken und Rückwirkungen der Wirtschafts- und Währungsunion auf die nationale Lohn-, Steuer- und Sozialpolitik können sie bestenfalls verdeutlichen, damit aber immerhin weitergehende Maßnahmen in den Handlungsfeldern Recht und Geld vorbereiten helfen. Sie können perspektivisch die Voraussetzungen für Konsense befördern, die etwa für die unionsweite Anerkennung des Grundrechtes auf ein Mindesteinkommen zur Sicherung eines menschenwürdigen Lebens sowie für sekundärrechtliche Mindeststandards im Sozialrecht nötig sind. Einen wichtigen Beitrag hat die Methode in der Armutspolitik sicher zum politischen Agenda Setting auf Unionsebene geleistet. Mit ihr und dem Einbezug armutspolitischer Themen in die Zyklen der Europäischen Semester bleibt Armut zumindest Thema auf dem europäischen Parkett, auch wenn der Fokus hier seit der Halbzeitevaluierung der Lissabon-Strategie 2005 zunehmend weniger auf sozialer Kohäsion, sondern noch stärker auf den Prioritäten Wirtschaftswachstum und Beschäftigungsförderung liegt. Gleichwohl bietet die EU-2020-Strategie sozialen Nichtregierungsorganisationen, den kommunalen und regionalen politischen Ebenen, der Scientific Community und der Fachöffentlichkeit wichtige Argumentationshilfen und Informationen. Sie können die Ziele, Indikatoren, Berichte und Studien in ihren nationalen Kontexten nutzen (Marlier und Natali 2010; Frazer et al. 2010).

Für einige wichtige Akteure berührt die Offene Methode jedoch bereits Schmerzgrenzen und provoziert Abwehrreaktionen. So trugen etwa die Regierungen Italiens und des Vereinigten Königreiches beim ersten Gemeinsamen Bericht zur sozialen Eingliederung 2002 zwar *Leistungsindikatoren* mit, die die soziale Lage beschreiben sollen (Armutsquote, Zahl der Schulabbrüche, etc.). Gegenüber *Politikindikatoren*, die Aufschluss über politische Anstrengungen geben (z. B. Ausgaben für Sozialhilfe, Zahl der unterstützten Wohnungslosen), hatten sie jedoch „ausdrücklich festgelegt", dass sie „unberücksichtigt bleiben" (Europäische Kommission 2002, S. 90). Bis heute sind hierzu detaillierte (nach Ländern und Sozialleistungssystemen spezifizierte) europäische Daten (insbesondere brauchbare Zeitreihen) teils schwer, teil nicht verfügbar.

5 Herausforderungen und Perspektiven

Es findet im Prozess der europäischen Integration und Globalisierung kein Wettbewerb um eine objektiv beste sondern um eine mit Marktliberalisierung kompatible Lohn-, Steuer- und Sozialpolitik statt. Diese Politik ist ohne Gegengewicht in Form sozialer Bürgerrechte mit Risiken verstärkter Armut und sozialer Ausgrenzung verbunden. Zweitens findet der Wettbewerb in einem national unterschiedlich strukturierten sozialpolitischen „dynamischen Mehrebenensystem" (Jachtenfuchs und Kohler-Koch 1996) statt, in dem Eigeninteressen der Kommission, der Nationalregierungen, der Regionen, Kommunen und schließlich wirtschaftlicher und sozialer Interessengruppen zum Tragen kommen. Befürchtungen um einen europäischen ‚Superstaat' (durch die Hintertür) und solche um eine „hilfreichen Beistand" (Nell-Breuning 1976) entbehrende dezentrale Sozialpolitik faktisch nicht mehr souveräner und handlungsmächtiger Wettbewerbsstaaten (vgl. Leibfried 1996, 455ff.) widerstreiten. Die Suche nach Perspektiven, um Armut und soziale Ausgrenzung in Europa auch mittels einer Politik auf europäischer Ebene wirksam zu bekämpfen, ist daher dringend geboten und zwischen den Polen einer kalten europäischen Integration durch (faktische) Nicht-Sozialpolitik und der (weder wünschenswerten noch realistischen) generellen Supranationalisierung der Armuts- und Sozialpolitik in einer intelligenten Kombination der vier armutspolitischen Handlungsfelder politisch konfliktträchtig zu suchen.

Seit Ende der 1990er Jahre wurde mit der weichen Steuerung und dem armutspolitischen Agenda Setting mittels der Offenen Methode der Koordination bereits ein zweiter qualitativer Sprung in diese Richtung erreicht, nachdem wenige Jahre zuvor der erste, die Durchführung von Armutsprogrammen, gestoppt und legislative Maßnahmen (einklagbare

Grundrechtsbestimmungen und Mindeststandards) bis heute nicht erreicht wurden. Die
Offene Koordinierungsmethode kann in einem armutspolitischen Policy-Mix hilfreich
sowie möglicherweise sogar eine notwendige Voraussetzung für weitergehende Schritte in
Richtung europäischer sozialer Mindeststandards sein. So wie sie und ihr Umfeld sich bislang
darstellen, scheint ihre armutspolitische Effektivität jedoch – zumal kurz und mittelfristig
– fraglich. Entscheidend wird sein, ob und wie die Offene Methode weiterentwickelt und
ergänzt wird. Wird dies nicht weiter energisch gefordert, bleiben ihre Fortentwicklung und
Ergänzung aus oder wird sie allein entlang derzeit dominanter neoliberaler Problemsichten
und Reformvorschläge vollzogen, könnte sich die Offene Methode gar für die Fortführung
und Forcierung einer kalten, die soziale Dimension des europäischen Einigungsprozesses
ausblendenden Strategie europäischer Integration dienlich erweisen. Diese nimmt einen
mangelnden Auf- und Ausbau bzw. Abbau der Sozialstaatlichkeit in den Mitgliedstaaten
mindestens billigend in Kauf.

Doch bereits sie offenbart über die Generierung empirischen Materials politischen
Handlungsdruck und Handlungsmöglichkeiten und provoziert Fragen zur heutigen und
künftigen Qualität (Armutslücke, Dimensionen materieller und immaterieller Entbehrungen usw.) und Quantität (Verbreitung relativer Einkommensarmut und materieller
Deprivation dies- und jenseits von Erwerbstätigkeit, vor und nach Sozialleistungen usw.)
von Armut in Europäischen Union und ihren Mitgliedstaaten. Bereits die angesprochenen
Leistungsindikatoren werfen gewichtige Fragen zu dem/zu den tradierten und künftigen
europäischen Sozialmodell(en) auf: siehe die in Tabelle 1 deutlich werdenden national
disparaten Armutsentwicklungen in den letzten zwanzig Jahren sowie das Verharren der
Armutsquote in der EU insgesamt auf hohem Niveau seit (mindestens) einer Dekade. In
seiner ganzen Dramatik zeigt sich der Handlungsdruck jedoch letztlich (wie sozialpolitisch eigentlich immer) konkret vor Ort, etwa in der Lebenslage und den Perspektiven der
rumänischen Roma-Familie und ihrer Nachbarn in Hermannstadt (Sibiu, Rumänien) und
Hagen. Die vernachlässigende rumänische (s. Tabelle 1 und 2), die ausgrenzende deutsche
(s. die Einführung einer 5-Jahresfrist zum Mindestsicherungszugang für EU-Ausländer seit
2017 und die Diskussion um Kindergeldkürzungen für EU-Ausländer) sowie die weitgehend
bloß empfehlende Armutspolitik der Europäischen Union (s. o.) werden ihnen und den
begrenzten Handlungsmöglichkeiten kommunaler Armutspolitik derzeit nicht gerecht.

Literatur

Benz, Benjamin. 2016. Wohlfahrtsstaatlichkeit und Soziale Arbeit in machtressourcentheoretischer
    Perspektive. In *Macht in der Sozialen Arbeit*, Hrsg. B. Kraus und W. Krieger, 231-262. Lage: Jacobs.

Benz, Benjamin. 2004. *Nationale Mindestsicherungssysteme und europäische Integration. Von der Wahrnehmung der Armut und sozialen Ausgrenzung zur Offenen Methode der Koordination.* Wiesbaden: VS Verlag für Sozialwissenschaften.

BMWi – Bundesministerium für Wirtschaft und Energie. 2016. *Nationales Reformprogramm 2016.* Berlin.

Esping-Andersen, Gøsta. 1990. *The Three Worlds of Welfare Capitalism.* Cambridge: Polity.

Europäische Kommission, Generaldirektion Beschäftigung und Soziales. 2002. *Gemeinsamer Bericht über die soziale Eingliederung.* Brüssel und Luxemburg.

European Commission, Directorate General for Employment, Social Affairs and Equal Opportunities. 2010. *Joint Report on Social Protection and Social Inclusion 2010.* Brussels.

European Commission. 2015. *Employment and Social Developments in Europe 2015.* Brussels.

European Commission. 2016. *European Semester Thematic Factsheet: Social Inclusion.* Brussels, https://ec.europa.eu/info/sites/info/files/european-semester_thematic-factsheet_social_inclusion_en.pdf. Zugegriffen: 10. März 2017.

Frazer, Hugh und Eric Marlier. 2016. *Minimum Income Schemes in Europe. A study of national policies 2015*, Hrsg. European Commission, Directorate-General for Employment, Social Affairs and Inclusion. Brussels.

Frazer, Hugh, Eric Marlier und Ides Nicaise. 2010. *A social inclusion roadmap for Europe 2020.* Antwerp and Apeldoorn: Garant.

Graser, Alexander. 2001. *Dezentrale Wohlfahrtsstaatlichkeit im föderalen Binnenmarkt? Eine verfassungs- und sozialrechtliche Untersuchung am Beispiel der Vereinigten Staaten von Amerika.* Zugl. Diss. Univ. München. Berlin: Duncker & Humblot.

Hauser, Richard. 1987. *Möglichkeiten und Probleme der Sicherung eines Mindesteinkommens in den Mitgliedstaaten der Europäischen Gemeinschaft*, Hrsg. J.W. Goethe-Universität Frankfurt und Universität Mannheim, Sonderforschungsbereich 3: Mikroanalytische Grundlagen der Gesellschaftspolitik, Arbeitspapier Nr. 246. Frankfurt a. M.

Hauser, Richard. 1994. Perspektiven und Zukunftsaufgaben des Sozialstaates. In *Zukunft des Sozialstaates. Leitideen und Perspektiven für eine Sozialpolitik der Zukunft*, Hrsg. Ministerium für Arbeit, Gesundheit und Soziales des Landes Nordrhein-Westfalen, 23-64. Düsseldorf.

Jachtenfuchs, Markus und Beate Kohler-Koch, Hrsg. 1996. *Europäische Integration.* Opladen: Leske + Budrich.

Kahl, Sigrun. 2009. Religious Doctrines and Poor Relief: A Different Causal Pathway. In *Religion, Class Coalitions, and Welfare States*, Hrsg. Kees van Kersbergen und Philip Manow, 267-295. New York: Cambridge University Press.

Kaufmann, Franz-Xaver. 2003. *Varianten des Wohlfahrtsstaats. Der deutsche Sozialstaat im internationalen Vergleich.* Frankfurt a. M.: Suhrkamp.

Kommission der Europäischen Gemeinschaften. 1981. *Schlußbericht von der Kommission an den Rat über das Erste Programm von Modellvorhaben und Modellstudien zur Bekämpfung der Armut.* KOM(81) 769 endg. vom 15. Dezember 1981. Brüssel.

Kommission der Europäischen Gemeinschaften. 1991. *Schlußbericht des Zweiten Europäischen Programms zur Bekämpfung der Armut 1985–1989.* KOM(91) 29 endg. vom 13. Februar 1991. Brüssel und Luxemburg.

Kowalsky, Wolfgang. 1999. *Europäische Sozialpolitik. Ausgangsbedingungen, Antriebskräfte und Entwicklungspotentiale.* Opladen: Leske + Budrich.

Leibfried, Stephan. 1990. Sozialstaat Europa? Integrationsperspektiven europäischer Armutsregimes. In *Nachrichtendienst des Vereins für öffentliche und private Fürsorge.* 70. Jg.: 245-278.

Leibfried, Stephan. 1996. Wohlfahrtsstaatliche Perspektiven der Europäischen Union. Auf dem Weg zu positiver Souveränitätsverflechtung In *Europäische Integration*, Hrsg. Markus Jachtenfuchs und Beate Kohler-Koch, 455-477. Opladen: Leske + Budrich.

Leisering, Lutz, P. Buhr und U. Traiser-Diop. 2006. *Soziale Grundsicherung in der Weltgesellschaft. Monetäre Mindestsicherungssysteme in den Ländern des Südens und es Nordens*. Bielefeld: Transkript.

Lessenich, Stephan. 1994. „Three Worlds of Welfare Capitalism" – oder vier? Strukturwandel arbeits- und sozialpolitischer Regulierungsmuster in Spanien. In *Politische Vierteljahrsschrift*, Heft 2/ 1994: 224-244.

Marlier, Eric und D. Natali, Hrsg. mit Rudi Van Dam. 2010. *Europe 2020. Towards a more Social EU?* Brüssel: Peter Lang.

Nell-Breuning, Oswald von. 1976. *Das Subsidiaritätsprinzip*. In *Theorie und Praxis der sozialen Arbeit*, Heft 1/1976: 6-17.

Neumann, Frieder. 2016. *Soziale Mindestsicherung in Europa. Leistungsprofile im Vergleich*. Berlin: LIT Verlag.

Schmidt, Manfred G., T. Ostheim, N. A. Siegel und R. Zohlnhöfer, Hrsg. 2007. *Der Wohlfahrtsstaat. Eine Einführung in den historischen und internationalen Vergleich*. Wiesbaden: VS Verlag für Sozialwissenschaften.

Schulten, Thomas, R. Bispinck und C. Schäfer, Hrsg. 2006. *Mindestlöhne in Europa*. Hamburg: VSA.

Politische Repräsentation schwacher sozialer Interessen durch Initiativen, Wohlfahrtsverbände und Parteien

Germo Zimmermann und Jürgen Boeckh

Zusammenfassung

Armut und soziale Ausgrenzung manifestieren sich vordergründig im Ausschluss vom Arbeitsmarkt, im Bildungs- und Gesundheitssystem oder im sozio-kulturellen Bereich. Sie bedeuten aber immer auch Ausschluss aus dem politischen System, denn die Interessen der Klienteninnen und Klienten Sozialer Arbeit werden dort nur selten angemessen wahrgenommen oder berücksichtigt. Als sog. *schwache soziale Interessen* muss ihnen immer wieder neu Gehör verschafft werden. Das kann durch Initiativen von Betroffenen, sozialanwaltschaftliche Interessenvertretung oder durch die Repräsentation in Parteien geschehen, bedarf aber immer der Unterstützung und Mobilisierung. Ausgehend von der Privatwohltätigkeit Einzelner und erst rudimentär bestehender staatlicher Intervention im sozialen Bereich lieferten die Vorläufer heutiger Interessen- und Wohlfahrtsverbände im 19. Jahrhundert Beiträge zur Lösung der *sozialen Frage* bzw. der *Arbeiterfrage*. Durch rechtliche Absicherung und Anerkennung seitens des Staates entfaltete sich in der Weimarer Republik ein pluralistisches Verbändesystem, das im Anschluss an den Zweiten Weltkrieg in (West-)Deutschland wieder aufgebaut wurde und bis heute prägend für das deutsche Verbändewesen ist. Parallel dazu entwickelte sich die supranationale Ebene der Europäischen Union, die fortan Einfluss auf die nationalstaatlichen politischen Prozesse nimmt.

Schlagworte

(Europäische) Interessenvertretung; schwache Interessen; Wohlfahrtsverbände; politische Repräsentation; Mehrebenensystem; Lobbyarbeit; Soziale Arbeit

1   Schwache Interessen bedürften artikulationsstarker Hilfe

Im politischen Willens- und Entscheidungsbildungsprozess sind demokratische Systeme auf die Kenntnis und Einbindung der Interessen möglichst aller Gesellschaftsmitglieder angewiesen. Zur Artikulation und mit dem Zweck der Vertretung gemeinsamer Interessen haben sich dazu in Deutschland Interessenverbände entwickelt, die als intermediäre, vermittelnde Organisationen ebenso selbstverständlich zu unserer Gesellschaft und unserem politischen Leben gehören, wie Parteien, Parlamente und Regierungen. Mit Blick auf die politische Repräsentation schwacher Interessen wird diese Selbstverständlichkeit allerdings brüchig, denn diese „werden im politischen System weder angemessen wahrgenommen noch berücksichtigt" (Rieger 2012, S. 194). Die Gründe dafür sind mannigfaltig:

Zum ersten erfahren traditionelle Mitgliederorganisationen wie Caritas, Diakonisches Werk oder Arbeiterwohlfahrt (AWO) seit Jahren einen Mitgliederschwund. Dies hat zur Folge, dass sich in Großorganisationen wie den Wohlfahrtsverbänden die Mitgliederstruktur tendenziell überaltert (vgl. Zimmer und Paulsen 2010, S. 44). Zugleich schwächt sich damit die Legitimationsbasis, als Sprachrohr schwacher sozialer Interessen aufzutreten. Ebenso speist sich das Erfahrungswissen der Wohlfahrtsverbände immer weniger aus den Lebensumständen der eigenen Mitglieder und immer stärker aus den eigenen sozialen Diensten. So wird in der Tendenz mehr über als mit den Zielgruppen gesprochen.

Damit verengt sich, zweitens, die Wahrnehmung aber auch auf die Interessenvertretung in den eigenen Geschäftsfeldern. Dieser Effekt verstärkt sich ferner dadurch, dass die tradierten Träger der freien Wohlfahrtspflege nach wie vor selbst inmitten eines in den 1980er Jahren begonnenen, tiefgreifenden Strukturwandels bzw. einer Neuordnung (Stichwort: Wettbewerbsteuerung in der Sozialwirtschaft, New Public Management, aktiver Sozialstaat) befinden und sich immer mehr in soziale Dienstleistungskonzerne wandeln. Dieses führt tendenziell zu einer Verlagerung der Aktivitäten auf den ökonomischen Betrieb, die politische Interessenvertretung als nicht öffentlich refinanzierbare Leistung tritt eher in den Hintergrund bzw. verschiebt sich immer stärker auf die vorrangige Sicherung eigener Trägerinteressen zur Stärkung der eigenen Wettbewerbsposition (*Lobby-* versus *Anwaltsfunktion*).

Zum dritten gilt, dass die Interessen der Klientel Sozialer Arbeit „gesellschaftlich nicht anerkannt sind", wie Rieger feststellt, denn diese „unterliegen der Stigmatisierung und Diskriminierung. Dies wird durch ein Hilfesystem verstärkt, das Individualisierungstendenzen fördert. Maßgeschneiderte Hilfen einer aktivierenden Sozialarbeit erhärten in der Öffentlichkeit die Auffassung, dass die Betroffenen an ihrer Lage selbst schuld seien" (Rieger 2012, S. 195).

Viertens zeigt sich, dass politische Repräsentation dort am schwächsten ausgeprägt ist wo die materielle Ausgrenzung am stärksten ist. So lässt sich etwa anhand der Verbindung von Wahlergebnissen und Wahlbeteiligung und unter Berücksichtigung der Armutsverteilung zeigen, dass sich eine (politische) Desillusionierung dort am deutlichsten zeigt, wo Armut und soziale Ausgrenzung am stärksten auftreten (vgl. Vehrkamp 2015).

Fünftens hat sich im Zuge der sozialen und ökonomischen Europäisierung eine bedeutende Ebene im supranationalen politischen Mehrebenensystem entwickelt, die veränderte politische Entscheidungsmuster mit sich bringt. Damit steht die Vertretung schwacher sozialer Interessen vor dem Problem, dass die relevanten Entscheidungsträger sich noch weiter vom lokalen Bezug entfernen.

Last but not least kommt hinzu, dass keine Repräsentation ohne gleichzeitige Verhinderung derselben denkbar erscheint. Jede noch so niedrigschwellige, beteiligungsoffene Teilhabeform schafft Gruppen von Menschen, die aus inhaltlichen und/oder formalen Gründen nicht Teil werden wollen oder können (vgl. Boeckh 2007, S. 6ff.).

Das wirft die Frage auf, wie die Vertretung schwacher Interessen unter diesen Herausforderungen zukünftig gelingen kann, denn „so offensichtlich es ist, dass sich die Bedingungen der politischen Repräsentation der ‚schwächeren‘ Interessen in neuerer Zeit verbessert haben, so wenig ist umgekehrt zu bestreiten, dass im Verbandsgefüge nach wie vor deutliche Asymmetrien in Bezug auf Artikulations-, Organisations-, Mobilisierungs- und Durchsetzungsfähigkeit der verschiedenen Interessen bestehen." (Willems und von Winter 2000, S. 11) Insofern zeigt sich, dass die Vertretung schwacher sozialer Interessen notwendigerweise artikulationsstarke Stellvertreterorganisationen bzw. sozialanwaltschaftliches Handeln – etwa seitens professioneller Sozialer Arbeit – bedarf. Der vorliegende Beitrag führt zunächst in die Begriffe und Zuordnungen der schwachen sozialen Interessen ein, bevor anhand der historischen Entwicklung der Interessenvertretung in Deutschland die Entstehung und der Ausbau des Verbändewesens komprimiert dargestellt werden. Sodann wird die Vertretung schwacher Interessen im Mehrebenensystem der Europäischen Union dargestellt, zugleich kritisch untersucht, ob und wie schwache Interessen dabei missachtet werden.

2   Schwache soziale Interessen: Begriffe und Zuordnungen

2.1   Träger „schwacher sozialer Interessen"

Im sozial- bzw. politikwissenschaftlichen Diskurs herrscht kein Konsens über die inhaltliche Bestimmung des Begriffes der „schwachen Interessen".[1] In der Literatur bildet sich gleichwohl ein mehrdimensionaler, komplexer Interessenbegriff heraus, der zwischen

1. einer *individuellen*, selbst-bezogenen und das Eigeninteresse verfolgenden Dimension,
2. einer *materiellen*, auf Nutzenmehrung fokussierten Dimension
3. und einer *ideellen* Dimension, die nicht-selbstbezogene Interessen im Blick hat,

---

[1]   Eine umfassende Diskussion um den Interessenbegriff, als auch der Frage nach organisierten Interessen liefern Sebaldt und Straßner 2004, S. 17ff. sowie Willems und von Winter 2007b, S. 17ff.

unterscheidet (vgl. von Alemann 1987, S. 27ff.). „Schwache soziale Interessen", lassen sich dabei verstehen als

> „eine relative Benachteiligung in der politischen Interessenkonkurrenz, die aus einer Minder-ausstattung mit den für Artikulations-, Organisations-, Mobilisierungs- und Durchsetzungs-fähigkeit notwendigen sozialen Eigenschaften resultiert. (…) Defizite auf mindestens einer der drei Ebenen (sind, die Verf.) als Kriterium für die Schwäche eines Interesses anzusehen." (Willems und von Winter 2000, S. 14)[2]

Wenn im Folgenden von schwachen sozialen Interessen gesprochen wird, meint dieses keine Abwertung der entsprechenden Interessenlagen. Schwache soziale Interessen bringen also keine wie auch immer geartete Minderwertigkeit zum Ausdruck sondern beziehen sich allein auf die Begrenzung, diesen Interessen im gesellschaftlichen und politischen Diskurs Gehör zu verschaffen. Die mangelnde Ressourcenausstattung, die schwache Leistungsfähigkeit und Kompetenz, sowie der verminderte Zugang zu politischer Ein-flussnahme lenken den Blick dabei auf die benachteiligten Gruppen unserer Gesellschaft als Hauptträger vertretungsschwacher Interessen. Nullmeier (2000, S. 94) bricht den Interessenbegriff auf soziale Gruppen und deren gesellschaftliche Funktion herunter: Träger schwacher sozialer Interessen zeichnen sich seines Erachtens dadurch aus, dass sie nicht durch „den Status von Konsumenten-, Produzenten- oder Erwerbsinteressen im ökonomischen System definiert sind. (Vielmehr, die Verf.) ist an Interessen von Sozial-staatsklientelen wie Rentnern, Ruheständlern, Pensionären, Arbeitslosen, Armen und Sozialhilfeempfängern, aber auch an Menschenrechtsgruppen und Dritte-Welt-Initiativen zu denken (die Verf.)." Mit dieser Trennung in gesellschaftliche Leistungsträger und Leis-tungsempfänger werden Dimensionen der politischen Vertretung angesprochen, die sich auf ein multidimensionales Armutsverständnis übertragen lassen (Lebenslageansatz). Die in der Armutsforschung als benachteiligt markierten Personengruppen sind damit in der Regel identisch mit den Trägern schwacher sozialer Interessen (vgl. Rieger 2012, S. 193f.). Wo im Sinne der Durchsetzung politischer (Teilhabe-)Interessen eine starke Repräsenta-tions- und Organisationsfähigkeit von Nöten wäre, ist mithin die schwächste politische Repräsentation zu verorten (vgl. Schäfer et al. 2013). Denn in unterprivilegierten Milieus bzw. sozialen Schichten fehlen sowohl die Ressourcen der Selbstvertretung innerhalb der großen Politik als auch der Zugang zur politischen Repräsentation in der kleinen Politik. Sie sind daher maßgeblich auf advokatorische Interessenvertretung bzw. die Befähigung zur Selbsthilfe angewiesen (Vester 2009, S. 43-45). Insofern ist hier der Bedarf an vermit-telnden, Interessen aggregierenden Institutionen besonders groß, die gegenwärtig durch neue Formen der Governance im Sinne von mehr Bürgerbeteiligung und mehr Einfluss von Markt und Zivilgesellschaft an Bedeutung gewinnen.

---

2   Ähnlich auch Linden und Thaa 2009, S. 1 und Clement et al. 2010, S. 7.

2.2   Ansätze zur Vertretung schwacher sozialer Interessen

Die Vertretung schwacher sozialer Interessen kann entweder über die *Selbstorganisation* als Betroffenenorganisation (z. B. Arbeitsloseninitiativen) oder durch *sozialanwaltschaftliche Stellvertreter* (z. B. Kirche, Wohlfahrtsverbände) erfolgen. Darüber hinaus können schwache Interessen durch *parlamentarisch-parteipolitische Repräsentation* (Parteien) vertreten werden (vgl. Linden und Thaa 2009, S. 13). In Abgrenzung zu anderen begrifflichen Alternativen politischer Interessenvertretung wie pressure groups, Lobby und Public Interest Groups[3] bilden sozialanwaltschaftlich- wie selbstorganisierte Interessenverbände/-gruppen einen

> „freiwillige(n, die Verf.) oder durch verschiedene Formen des Zwanges erfolgte(n, die Verf.) Zusammenschluß von natürlichen oder juristischen Personen, der zu einem Mindestmaß verfasst ist, um Interessen der Mitglieder entweder selbst zu verwirklichen oder durch Mitwirkung an oder Einwirkung auf Gemeinschaftsentscheidungen durchzusetzen, ohne selbst die Übernahme politischer Verantwortung (gleichviel auf welcher Ebene) anzustreben." (Sahner 1993, S. 26)

In diesem Sinne agieren Interessenverbände als intermediäre Organisationen zwischen den verschiedenen Teilsystemen unserer Gesellschaft und erbringen für jeden Sektor (Wirtschaft, Staat, Gesellschaft) spezifische Leistungen. Das multifunktionale[4] Spektrum der Interessenverbände/-gruppen umfasst (vgl. Zimmer und Speth 2009, S. 271):

- *Interessenvermittlung:* Die Vertretung und Vermittlung von Interessen gegenüber dem politischen System

---

3   Der Begriff *pressure group* stammt aus dem Amerikanischen und bezeichnet organisierte Interessengruppen, die zur Durchsetzung ihrer Ziele auf politische Entscheidungsträger und die öffentliche Meinung Druck (Einfluss = *pressure*) ausüben wollen. Unter dem englischen Begriff *Lobby* versteht man ursprünglich die Wandelhalle im Parlament, in der Außenstehende mit Abgeordneten (des britischen Unterhauses) verhandeln konnten. Vertreter von Interessengruppen (Lobbyisten) versuchen auf diesem informellen Weg die Mandatsträger zu beinflussen (vgl. Zimmermann und Boeckh 2012). *Public Interest Groups* und *Advocacy Groups* adressieren primär latente Gruppen und setzen sich häuptsächlich für allgemeine Interessen, wie Umweltschutz, Frieden, sauberes Wasser etc. ein. Neuerdings werden teilweise die angelsächsischen Begriffe der *Non-governmental-Organization (NGO)* (gemeinnützige Organisationen, die nicht zum Sektor Markt gehören) und *Non-political-Organization (NPO)* (Fokus auf Nichtzugehörigkeit zum Teilsystem Staat) verwendet (vgl. Zimmer und Speth 2009, S. 268). Die Bezeichnung *organisiertes Interesse* wird im Deutschen synonym zum Begriff Interessenverband verwendet (vgl. von Alemann 1987, S. 31).
4   Die Multifunktionalität der Interessenverbände bleibt nicht auf diese drei Funktionen beschränkt: Sebaldt und Straßner (2004, S. 59-71) nennen darüber hinaus die Interessenaggregation und -selektion, welche der Interessenvermittlung vorausgehen sowie die sozioökonomische Selbstregulierung und als „Metafunktion" die (politische) Legitimation. Zum Funktionswandel der Interessenverbände siehe Willems und von Winter (2007b, S. 24f.).

- *Sozialintegration und Partizipation:* Die Integrationsleistung und die affirmative Bündelung von Werten gegenüber dem sozial-kulturellen System
- *Dienstleistungserbringung:* Die Dienstleistungsproduktion als Austauschprozess mit dem ökonomischen System

Das breite Spektrum der damit verbundenen Handlungsfelder und Tätigkeitsbereiche von Interessenverbänden und -gruppen hat dazu geführt, dass innerhalb der Verbändeforschung Typologien entwickelt wurden, die eine Charakterisierung der jeweiligen Organisation ermöglichen sollen. Es lassen sich mindestens fünf Sektoren differenzieren (vgl. von Alemann 1987, S. 71):

1. Wirtschaft und Arbeit (z. B. Unternehmerverbände, Gewerkschaften)
2. Soziales und Gesundheit (z. B. Wohlfahrtsverbände, Sozialverbände)
3. Freizeit und Erholung (z. B. Sportvereine und -verbände)
4. Kultur, Bildung, Wissenschaft, Religion, Weltanschauung (z. B. Kirchen)
5. Menschenrechte und Umwelt (z. B. Amnesty International, Greenpeace)

Betroffenenselbstorganisationen können sich vorrangig auf ein Problemfeld konzentrieren und entwickeln dabei in der Regel eine große Nähe zu dem zugrundeliegenden sozialen Problem. Allerdings stehen sie immer in der Gefahr einer eher verengten, klientelistischen Problemwahrnehmung und politischen Artikulation. Großinstitutionen wie z. B. die Wohlfahrtsverbände, die sich „unabhängig von den Betroffenen bilden und von diesen weder kontrolliert noch beeinflusst werden können" (Willems und von Winter 2000, S. 10), bilden dagegen unterschiedliche gesellschaftliche Interessenslagen ab und weisen damit strukturell interne Interessengegensätze auf. So sind sie nicht nur unterschiedlichen Zielgruppen gegenüber sozialanwaltschaftlich verantwortlich, sondern als Dienstleistungserbringer auch Auftragnehmer der öffentlichen Hand. Hierdurch können Interessenskonflikte entstehen, die sie im Rahmen ihres sozialanwaltschaftlichen Handelns kritisieren müssten.

3   Die historische Entwicklung organisierter Interessenvertretung

Die Entwicklung der politischen Repräsentation schwacher Interessen beschreibt einen Emanzipationsprozess, dessen Ursprung in engem Zusammenhang mit jenen großen sozialen Bewegungen des 19. Jahrhunderts steht, die Gewerkschaften, Wohlfahrts- und Sozialverbände hervorgebracht haben. Zwar lassen sich erste Formen von organisierten Interessen bereits in der vorindustriellen Gesellschaft des Mittelalters mit seinen Zwangskorporationen – den Zünften, Ständen und Gilden, denen man durch Geburt, Stand oder Beruf und nicht etwa durch freiwilligen Zusammenschluss angehörte – finden (vgl. von Alemann 1987, S. 145), jedoch fehlte es diesen Organisationen noch an dem für heutige Interessenverbände fundamentalen Element der Mittlerfunktion zwischen Staat und Gesellschaft. Denn erst mit der französischen Revolution von 1789, die an Stelle der mittelalterlichen Ständeordnung nun auch konstitutionell die Trennung von Staat und Gesellschaft setzt, entsteht ein öffentlicher Raum.. Folglich können diese Korporationen auch erst mit Beginn dieser Übergangsphase die sozialen Interessen ihrer Träger gegenüber dem Staat artikulieren. Erst mit der Herausbildung der bürgerlichen Gesellschaft und dem ihr eigenen Parlamentarismus als Form der politischen Interessenvermittlung entsteht also sowohl Raum als auch Notwendigkeit für die intermediären vermittelnden Organisationen und Institutionen.

In Deutschland wurde dieser Wandel erst zu Beginn des 19. Jahrhunderts mit dem Aufkommen der Gewerbefreiheit vollzogen, die v. a. durch die napoleonischen Verwaltungsmaßnahmen und die Stein-Hardenberg'schen Reformen in Preußen (ab 1807) ermöglicht wurde. Die Gründung erster Vereine zur Vertretung wirtschaftlicher Interessen (1819: Deutscher Handels- und Gewerbeverein, 1825: Börsenverein des deutschen Buchhandels) legten den Grundstein dafür, dass sich auch in den Handwerksberufen eine Tendenz zur Verselbstständigung der Interessenvertretung durchsetzte. Freilich mangelte es diesen Vereinen noch an einem feingliedrigen bürokratischen Aufbau und dem arbeitsteiligen Apparat heutiger Verbände (vgl. Sebaldt und Straßner 2007, S. 73f.). Dabei förderte die Regierung jene Verbände, die „ihrer Ansicht nach dem öffentlichen Interesse dienten, duldete Vereinigungen, die unpolitische Ziele verfolgten, und ging gegen Organisationen vor, die sich unabhängig vom Staat oder gegen ihn zusammenschlossen." (Ullmann 1988, S. 58) Gleichwohl entstehen in dieser Zeit in einem „Wechselspiel von Kontinuität und Diskontinuität, von Neugründungen, Reorganisation und Traditionsbezügen" (Kleinfeld 2007, S. 51) mit den Gewerkschaften, den Wohlfahrts- und Sozialverbänden jene Organisationen, die trotz aller Schwierigkeiten in der Mitgliederbindung bis heute in der politischen wie gesellschaftlichen Auseinandersetzung maßgeblich schwache Interessen vertreten.

3.1 Entstehung organisierter Interessen ab Mitte des 19. Jahrhunderts bis ins Kaiserreich (1848-1918)

Mit dem Übergang von der spätfeudalen Agrar- zur kapitalistischen Industriegesellschaft veränderten sich die Arbeits- und Lebensbedingungen so drastisch, dass die Lösung der *Sozialen Frage* zum Kernthema von Gesellschaft und Staat avancierte (*Pauperismus*). Hervorgegangen und getragen aus bürgerschaftlichem Engagement gründen sich vor dem Hintergrund rudimentärer Sozialstaatlichkeit die Vorläuferinstitutionen der heutigen Verbände. Erste Organisationsgründungen aus christlichen Motiven entstanden dabei bereits im Jahr 1849. Auf Drängen des evangelischen Pastors *Johann Hinrich Wichern* (1808-1881) mit seiner berühmten Stegreifrede auf dem Kirchentag in Wittenberg (1848) kam es zur Gründung des Centralausschusses für die Innere Mission der deutschen evangelischen Kirche, dem Vorläufer des Diakonischen Werkes der EKD (vgl. Zimmermann 2014, S. 7f.). Im gleichen Jahr gründete der katholische Priester *Adolph Kolping* (1813-1865) in Köln einen Verein katholischer Handwerksgesellen zur sozialen Unterstützung, Bildung und religiösen Lehre der aus dem Arbeitermilieu stammenden Jugendlichen. Infolge der Entstehung weiterer katholischer Hilfsanstalten formierte sich 1897 unter Prälat *Lorenz Werthmann* (1858-1921) der zunächst von der Katholischen Kirche unabhängige Deutsche Caritasverband (vgl. Boeckh et al. 2017, S. 23f.). Im jüdischen Glauben verwurzelt war es *Bertha Pappenheim* (1859-1936), die als Frauenrechtlerin und Leiterin des Jüdischen Frauenbundes 1917 die Gründung der bis heute bestehenden Zentralwohlfahrtsstelle der Juden in Deutschland anregte (vgl. Schmid und Mansour 2007, S. 249f.). In diese Phase fällt ebenfalls die Gründung des Deutschen Vereins für Armenpflege und Wohltätigkeit (DV) (1880), der es sich zur Aufgabe gemacht hat, ein Forum für die öffentlichen und privaten Träger der Wohlfahrtspflege, für Akteure aus Wissenschaft und Politik bereitzustellen, zunächst um eine Zersplitterung der Armenpflege in den deutschen Landesgrenzen zu verhindern.

Die konjunkturellen Krisen des Frühkapitalismus förderten die Entstehung der Arbeiterbewegung, die sich für die Lösung der Arbeiterfrage stark machte. Die 1869 durch die Gewerbeordnung im Norddeutschen Bund erreichte Koalitionsfreiheit wurde 1872 für das Kaiserreich anerkannt, so dass der politisch-parlamentarische (Parteien) bzw. sozial-verbandliche (Gewerkschaften) Arm der Arbeiterbewegung an Bedeutung gewinnen konnte. Damit greifen die (privaten) sozialen Bewegungen auf das politische System über, was mit der Einführung der Sozialversicherung (Kaiserliche Botschaft, 1881) zu einer sozialstaatlichen Absicherung der zentralen Lebensrisiken führt. Zwar versucht Reichskanzler *Otto von Bismarck* (1815-1898) mit den am 21. Oktober 1878 verabschiedeten *Sozialistengesetzen* zunächst mittels staatlicher Repressionspolitik die „Vereine, welche durch sozialdemokratische, sozialistische und kommunistische Bestrebungen den Umsturz der bestehenden Staats- oder Gesellschaftsordnung bezwecken, (…) zu verbieten." (Reichsministerium der Justiz 1878, S. 351, §1) Letztlich scheitert er damit jedoch an den gesellschaftlichen Bedingungen. So können sich nach der Aufhebung der Sozialistengesetze im Jahr 1890 die Gewerkschaften und Parteien der Arbeiterbewegung als intermediäre Organisationen weiter etablieren. Für die politische Interessenvertretung der Arbeiterbewegung wird die Beteiligung an Wahlen, vor allem auf kommunaler Ebene, und für die Gewerkschaften die Mitarbeit in den Gremien der Sozialversicherung zum Hauptaktionsfeld ihrer Interessenvertretung. Hinzu kommt, dass das 1896 erlassene *Bürgerliche Gesetzbuch* (BGB) die Gründung von freiwilligen Organisationen fördert und damit insbesondere der gewerkschaftlichen Bewegung einen ersten rechtlichen Rahmen gab (vgl. von Alemann 1987, S. 147f.).

3.2 Phase der Entfaltung in der Weimarer Republik (1918-1933)

Nachdem es im Zuge des Ersten Weltkrieges (1914-1918) durch die Umstellung auf die Kriegswirtschaft zu einer Zäsur der Entwicklung des Verbändewesens in Deutschland kam, erfuhren die organisierten Interessenvertretungen in der Weimarer Republik erstmals eine umfassende rechtliche Absicherung. Durch die Artikel 123 (Versammlungsfreiheit) und 124 (Vereinsfreiheit) der Weimarer Reichsverfassung wurden die Bildung von Interessenverbänden in der ersten deutschen Republik zu einem verfassungsrechtlich verankerten Bestandteil des gesellschaftlichen Lebens und der politischen Ordnung (vgl. Sebaldt und Straßner 2004, S. 79). Ebenso erlaubte Artikel 159 (Koalitionsfreiheit) ausdrücklich die Gründung von Gewerkschaften und Wirtschaftsverbänden (vgl. Zimmer und Speth 2009, S. 298), so dass die Verbände in der Weimarer Republik Anfang der 1920er Jahre einen Höchststand ihrer Mitgliederzahlen erreichten. Gleichzeitig differenzierten sich die Träger-strukturen organisierter schwacher Interessen weiter aus: Nachdem bereits drei der heutigen sechs Spitzenverbände der Freien Wohlfahrtspflege bis 1917 entstanden waren, gründete *Marie Juchacz* (1879–1956) die Arbeiterwohlfahrt (AWO) 1919 als Hauptausschuss für die Arbeiterwohlfahrt der Sozialdemokratischen Partei Deutschlands. Zwei Jahre später, 1921, wurde das Deutsche Rote Kreuz als Dachorganisation gegründet. Bereits 1863 hatte der evangelische Theologe *Christoph Ulrich Hahn* (1805–1881) mit dem Württembergischen Sanitätsverein die erste nationale Rotkreuz-Gesellschaft als Vorläufer des DRK ins Leben gerufen. Als letzter Spitzenverband wurde 1924 durch *Leopold Langstein* (1876–1933) die Vereinigung der freien privaten gemeinnützigen Wohlfahrtseinrichtungen Deutschlands e. V. gegründet, deren Vorläuferverband sich bereits 1892 formierte. Heute agiert der Verband unter dem Namen der Paritätische Wohlfahrtsverband (vgl. Schmid und Mansour 2007, S. 251ff.). Diese sechs sogenannten Spitzenverbände der Freien Wohlfahrtspflege schlossen sich bereits 1925 zur Deutschen Liga der Freien Wohlfahrtsverbände zusammen, aus der nach dem Zweiten Weltkrieg die Bundesarbeitsgemeinschaft der Freien Wohlfahrtspflege (BAGFW, s. u.) hervorging. Durch das Reichsjugendwohlfahrtsgesetz von 1922 bzw. 1924 und die Reichsfürsorgepflichtverordnung (1924) wurde zudem das Subsidiaritätsprinzip gesetzlich verankert und damit konstitutionell für das Verhältnis von Staat und interme-diären Organisationen; ebenso wurde der Vorrang frei-gemeinnütziger Anbieter vor den öffentlichen Trägern eingeräumt (vgl. Kleinfeld 2007, S. 64). Damit ist die duale Struktur der heutigen Wohlfahrtsverbände als Träger sozialer Dienste einerseits und sozialanwalt-schaftlichem Interessenverband andererseits in dieser historischen Phase angelegt.

3.3   Gleichschaltung im Dritten Reich (1933-1945)

Diese Entwicklungen zu einem Verbändepluralismus erfuhr mit der Gleichschaltung und Ausschließlichkeit der nationalsozialistischen Verbände im Dritten Reich ein jähes Ende. Bereits 1933 wurden die Gewerkschaften und Arbeitnehmerorganisationen aufgelöst bzw. in die Deutsche Arbeiterfront (DAF) umgewandelt, industrielle Unternehmerverbände im Reichsstand der deutschen Industrie (RDI) zusammengeschlossen sowie die Jugendverbän-de in der Hitler-Jugend (HJ) einer staatlichen Kontrolle unterworfen. Ausschließlichkeit, Zwangsmitgliedschaft und ein hierarchischer Aufbau (Führerprinzip) kennzeichnete die NS-Verbände als Massenphänomen (vgl. Ullmann 1988, S. 163ff.).

Die Nationalsozialistische Volkswohlfahrt (NSV) wurde gegründet und konnte durch das Verbot der Arbeiterwohlfahrt schnell an Einfluss gewinnen. Die beiden konfessionellen Verbände – evangelische Diakonie (*Innere Mission*) auf der einen Seite und katholischer

Caritasverband auf der anderen – konnten durch Anpassung und Kooperation mit der NSV der Gefahr einer Vereinnahmung durch DAF und HJ zunächst entgehen und wurden mit dem DRK und der NSV als Spitzenverbände der freien Wohlfahrtspflege anerkannt. Zunehmend wurden jedoch der Einfluss und die Selbstständigkeit auf die Mitarbeit verschiedener Organisationsebenen der NSV reduziert. Die finanzielle Unterstützung der konfessionellen Wohlfahrtspflege konnte durch staatliche Bestimmungen und die Verdrängung vom öffentlichen Spendenmarkt gemindert werden, so dass die Privilegierung der NSV weiter ausgebaut wurde (vgl. Sachße und Tennstedt 1992, S. 134ff. und S. 273ff.).

3.4 Wiederaufbau, Neugründung und Ausdifferenzierung der Verbände nach dem Zweiten Weltkrieg (1945-1989)

Nach dem Ende des Nationalsozialismus entstanden die Verbände in Deutschland in zwei Phasen: In den Jahren 1945-1949 vor der Gründung der Bundesrepublik Deutschland wurde nach den Prinzipien der Demokratisierung (freiwillige Mitgliedschaft) und Dezentralisierung Verbände erst lokal, dann territorial gebunden an die Besatzungszonen der Alliierten und später diese Zonen auch übergreifend etabliert. Nach der Staatsgründung 1949 konnte in Westdeutschland ein ausdifferenziertes Verbändesystem auf Grundlage einer pluralistischen Demokratie entstehen. So wird der Deutsche Gewerkschaftsbund (DGB) 1949 als Dachorganisation von sechzehn Einzelgewerkschaften in Deutschland gegründet. Ziel des DGB ist, die Teilhabemöglichkeiten insbesondere der in den Einzelgewerkschaften organisierten Beschäftigten in Politik und Wirtschaft zu stärken (vgl. Hassel 2007, S. 190f.).

Nach Kriegsende konstituieren sich auch die Wohlfahrtsverbände als Träger der Freien Wohlfahrtspflege neu. Zudem differenziert sich die Vertretung schwacher sozialer Interessen weiter aus. Es gründen sich unterschiedliche Sozialverbände, Betroffenenselbstorganisationen und Fachverbände, die es sich zur Aufgabe gemacht haben, Strukturen zur Bewältigung von sozialen Problem zu schaffen und gleichzeitig ihre sozialpolitischen Anliegen nach außen zu vertreten. 1948 kam es zur Gründung des Bundes der Kriegs- und Zivilbeschädigten, Sozialrentner und Hinterbliebenen-Verbände Deutschlands (BDK), der sich seit 1950 Verband der Kriegsbeschädigten, Kriegshinterbliebenen und Sozialrentner Deutschlands (VdK) nennt und heute u. a. im Paritätischen Wohlfahrtsverband organisiert ist. Gefördert durch die Studentenbewegung, politisch engagierte Sozialarbeiterinnen und Sozialarbeiter und karitative Organisationen kommt es Ende der 1970er zu Zusammenschlüssen von Betroffenen, etwa von Sozialhilfeempfängern und -empfängerinnen, Arbeitslosen und älteren Menschen. Zudem entstehen teilweise auch autonome Gruppen von Betroffenen, die angesichts von Ressourcenmangel häufig der Unterstützung beim Aufbau und Erhalt ihrer Strukturen bedürfen. Diese Zusammenschlüsse außerhalb des Erwerbsystems bilden einen eigenen Sektor im Verbändespektrum und sind durch Heterogenität in Bezug auf den sozialen Status ihrer Mitglieder, den Institutionalisierungsgrad und die Handlungsfähigkeit im politischen System gekennzeichnet (vgl. von Winter 2007, S. 352ff.). Als Institutionen vereinigen sie sich wiederum häufig in Landes- und Bundesarbeitsgemeinschaften, um insbesondere ihr politisches Gewicht zu stärken.

Im Einflussbereich der sowjetischen Besatzungsmacht wurden ab 1948 Massenorganisationen mit Monopolcharakter und Anerkennung der führenden Rolle der Sozialistischen Einheitspartei Deutschlands (SED) etabliert. Im Freien Deutschen Gewerkschaftsbund (FDGB) vereinigten sich ab 1945 fünfzehn Einzelgewerkschaften der Deutschen Demokratischen Republik (DDR). Im selben Jahr wird die *Volkssolidarität* als Träger der Wohlfahrtspflege mit dem Ziel gegründet, Not und Elend der Nachkriegszeit zu mildern. Im Ergebnis waren zwar 95 Prozent der DDR-Bevölkerung Mitglied in einer der 90 Organisationen, gleichwohl bildete sich im zentralistischen politischen System der DDR kein echtes pluralistisches Verbändesystem heraus (vgl. Kleinfeld 2007, S. 75ff.).

3.5 Organisierte Interessen nach der Wiedervereinigung

Die Wiedervereinigung im Jahr 1989 hat vor allem für das ostdeutsche Verbändesystem gravierende Folgen gehabt. So haben sich die Massenorganisationen der DDR zum Teil selbst aufgelöst bzw. sind deren Mitgliedsorganisationen den westdeutschen Verbänden beigetreten (z. B. Integration der 15 Einzelgewerkschaften des ostdeutschen FDGB in den westdeutschen DGB). Daneben kam es auch zu Fusionen (z. B. bei den beiden großen Kirchen) bzw. zur Re-Konstitution von DDR-Verbänden (hier vor allem die Volkssolidarität Bundesverband e. V., vgl. Sebaldt 2007, S. 489ff.). Im Wesentlichen wurde aber die Verbandsstruktur Westdeutschlands auf die ostdeutschen Bundesländer übertragen, so dass hier die freie Wohlfahrtspflege der zentrale Träger für die Vertretung schwacher sozialer Interessen ist. Am Beispiel der Wohlfahrtsverbände ergibt sich dabei folgendes Organisationsmuster: Zunächst sind die Wohlfahrtsverbände auf (subnationaler) Ebene der Kommunen in Vereinen und Einrichtungen verfasst, die sich (je nach Verband) in Kreis- und Bezirksverbänden vereinen. Auf Landesebene sind es die Dachorganisationen, die einen Zusammenschluss der Verbände darstellen. Die Bundesebene vereint die Landesverbände zum Gesamtverband des jeweiligen Trägers. Durch Kooperation arbeiten die sechs Spitzenverbände der freien Wohlfahrtspflege auf Landesebene in Landesarbeitsgemeinschaften (LAG) zusammen, die sich auf Bundesebene in der Bundesarbeitsgemeinschaft der Freien Wohlfahrtspflege (BAGFW) organisieren.[5]

---

5 Die Betroffenenorgansiationen bzw. die nicht in den Wohlfahrtsverbänden repräsentierten Institutionen/ Organisationen weisen ähnliche organisatorische Strukturen auf. So haben sich etwa in der Bundesarbeitsgemeinschaft Wohnungslosenhilfe (gegr. 1954) die sozialen Institutionen/Träger als Arbeitsgemeinschaft zusammen geschlossen, die im privaten und öffentlichen Bereich Träger von sozialen Diensten und Einrichtungen für wohnungslose Personen sind (vgl. http://www.bagw.de/).

4   Interessenvertretung im europäischen Mehrebenensystem

Mit der zunehmenden europäischen und globalen Verflechtung (Europäisierung/Globalisierung) hat die Europäische Union in den letzten Jahrzehnten kontinuierlich an Bedeutung gewonnen. Die ökonomischen und sozialen Rahmenbedingungen bestimmen sich zunehmend durch die europäische Politikebene. Die Bedeutung der Nationalstaaten für die Entstehung und Bearbeitung sozialer Probleme nimmt demzufolge in der Tendenz ab, während die der transnationalen Sozialräume parallel dazu zunimmt.

Beginnend mit den europäischen Armutsprogrammen (Armut I: 1975-1980, Armut II: 1985-1989, Armut III: 1989-1994) und der darauf folgenden Lissabon-Strategie (2000-2010) bzw. aktuell EU 2020-Strategie (2011-2020) hat die Europäische Kommission immer wieder versucht, ihre Moderatorenrolle in der Sozialpolitik auszufüllen und dabei auch den schwachen sozialen Interessen eine Stimme zu verleihen (vgl. EAPN 2005, S. 9ff.) Auch wenn es aufgrund der fehlenden Kompetenzen in den EU-Verträgen keine konkreten Gesetzesvorhaben der EU für den Bereich der Sozialpolitik bzw. der entsprechenden politischen Interessenvertretung gibt, hat die Politik der weichen Steuerung (Steuerung über gemeinsame Ziele, Indikatoren und Berichterstattung) wichtige Fortschritte bei Thematisierung von Armut und sozialer Ausgrenzung sowie der Artikulation schwacher sozialer Interessen zur Folge. Hierzu zählen:

- die Schaffung eines europaweiten unabhängigen Berichtswesens und die Gründung europäischer Observatorien,
- die verbesserte Zusammenarbeit von nationalen Sozialadministrationen auf zentraler, regionaler und lokaler Ebene sowie die Vernetzung der wissenschaftlichen Fachöffentlichkeit und
- die Entwicklung eines gemeinsamen Verständnisses von Armut und sozialer Ausgrenzung und die Herausbildung einer innereuropäischen Sichtweise anstelle zuvor national begrenzter Wahrnehmungen (Multidimensionalität sozialer Prozesse).

4.1   Institutionelle Interessenvertretung nationaler Akteure auf EU-Ebene

Auf europäischer Ebene agieren die nationalen Verbände durch eigenständige Repräsentanzen in Form von Dienststellen bzw. die Vertretung der BAGFW mit einem eigenen Büro in Brüssel. Zudem sind sie in Netzwerken wie Caritas Europa (Netzwerk der katholischen Caritas-Verbände), Eurodiaconia (Netzwerk der diakonischen Werke), SOLIDAR (Netzwerk der Arbeiterbewegung verpflichteten Verbände) bzw. dem Zusammenschluss von Nicht-Regierungsorganisationen aus dem armutspolitischen Spektrum im EAPN (European Anti Poverty Network) organisiert (vgl. Zimmermann und Huster 2014, S. 84f.). Der überwiegende Teil der Organisationen Sozialer Arbeit organisiert sich auf europäischer Ebene in der transnationalen Social Platform, die 1993 mit dem Ziel eine inklusive Gesellschaft zu errichten, initiiert wurde (vgl. Boeckh et al. 2011, S. 171f.; Zimmermann 2014 und die eigene Darstellung in Abb. 1).

Caritas und Diakonie im europäischen Mehrebenensystem

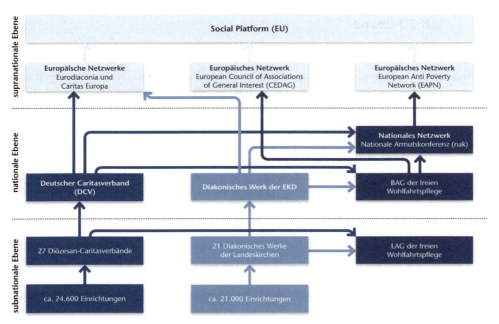

Abb. 1   Struktur der Freien Wohlfahrtspflege im Mehrebenensystem der EU am Beispiel von Caritas und Diakonie (vereinfacht)

Quelle: eigene Darstellung basierend auf Zimmermann und Boeckh 2012, S. 691

Zugleich bleibt das Handlungsinstrumentarium der Interessenvertretung auch innerhalb der Europäischen Union weitgehend national und hier in der aller ersten Linie lokal gebunden (vgl. Boeckh et al. 2011, S. 373ff.). So schätzen zwar die Träger organisierter Interessenvertretung nicht nur in Deutschland europäische Fragestellungen als zunehmend relevant für ihre Arbeit ein, gleichzeitig gestaltet sich „die ‚Übersetzung' europäischer Themen über die verschiedenen Verbandsstufen und Organisationseinheiten hinweg als schwierig" (Hamburger 2008, S. 268). So sind es vor allem die auf Bundesebene agierenden Spitzenverbände, die aktiv europäische Vernetzung betreiben. Gleichwohl ist die freie Wohlfahrtspflege insgesamt noch viel zu wenig in europäische Netzwerke eingebunden. Als Herausforderung für das verbandliche Handeln im 21. Jahrhundert erweist sich für die Interessenorganisationen damit v. a. die Anpassung an die unterschiedlichen Politikebenen des europäischen Mehrebenensystems bei gleichzeitiger Stärkung der internen Kommunikation im föderalen Aufbau der Verbände und der Möglichkeit der Partizipation im Rahmen von Multi-Level-Governance. Diese neuen politischen Steuerungsformen zielen auf mehr Bürgerbeteiligung, so dass Zivilgesellschaft und Markt neben der politischen Steuerung weiter an Bedeutung gewinnen (vgl. Clement et al. 2010; Zimmer und Speth 2009, S. 304).

4.2   EAPN als eigenständige institutionelle Interessenvertretung auf EU-Ebene

Nicht nur die nationalen Verbände bestimmen die Interessenvertretung auf EU-Ebene. Im Kontext der Armutsprogramme wurde auch der Aufbau europäischer Netzwerke unterstützt. Eine der wichtigsten Nichtregierungsorganisationen auf europäischer Ebene ist dabei das im Jahr 1990 gegründete *European Anti-Poverty Network* (EAPN). Es besteht zurzeit aus 25 nationalen Netzwerken (in Deutschland: Nationale Armutskonferenz) und über 20 institutionellen Mitgliedern. EAPN versteht sich als eine sogenannte *Umbrella*-Organisation, in der die unterschiedlichen nationalen Mitglieder versuchen, ihren Anliegen politisches Gewicht zu verleihen. EAPN betreibt keine unmittelbare Projektarbeit zur Bekämpfung der unterschiedlichen Formen von Armut und sozialer Ausgrenzung, sondern versteht sich als politische Interessenvertretung. Es konzentriert sich in seinen Task Forces (TF) genannten Arbeitsgruppen vor allem auf sieben Themenfelder. Im Wesentlichen geht es darum, Fragen von Armut und sozialer Ausgrenzung auf der politischen Agenda innerhalb der EU bzw. der Mitgliedstaaten zu halten. Dabei setzt sich EAPN mit der Arbeitsmarktpolitik ebenso auseinander, wie mit Fragen der sozialen Dienste oder der Verbesserung des zivilen Dialogs. Darüber hinaus unterstützt EAPN seine Mitglieder mit einer Datenbank über Fördermöglichkeiten für soziale Projekte. Finanziert wird das Netzwerk zu etwa 80 Prozent von der EU Kommission, die restlichen Anteile stammen aus Mitgliedsbeiträgen, Spenden und sonstigen Quellen.[6]

Einerseits von den Zuwendungen der EU existenziell abhängig, soll der Zusammenschluss andererseits das organisatorische Rückgrat für die (unabhängige) Einmischung in den politischen Prozess bilden. Insofern bleibt das Verhältnis hier ambivalent. Allerdings bewegt sich EAPN in einem ähnlichen Spannungsverhältnis wie die meisten Träger sozialer Dienstleistungen, die in der Regel von öffentlichen Zuwendungen abhängen und in ihrer Arbeit sehr wohl auf ihre Unabhängigkeit bzw. kritische Distanz verweisen (können). Neben EAPN existieren noch eine Reihe weiterer politischer Interessenvertretungen auf europäischer Ebene. Migration/Fremdenfeindlichkeit, Obdachlosigkeit, die Entwicklung der sozialen Dienste sind nur einige Themenfelder, die dabei der Bearbeitung unterzogen werden. Auf der Ebene der Mitgliedstaaten kooperiert EAPN mit den sogenannten Armutskonferenzen. So hat sich die Nationale Armutskonferenz in Deutschland z. B. im Jahr 1991 als Zusammenschluss der Spitzenverbände der Freien Wohlfahrtspflege, bundesweit tätiger Fachverbände und Selbsthilfeorganisationen und des Deutschen Gewerkschaftsbundes (DGB) gegründet. Das Aufgabenspektrum definiert sich ebenfalls vor allem in der

---

6   vgl. http://www.eapn.eu/who-we-are/the-way-we-are-funded/ (zugegriffen: 21.04.2017)

Politikberatung und der sozialanwaltschaftlichen Interessenvertretung zur Bekämpfung von sozialer Ausgrenzung.[7]

4.3 Stärkung der Interessenvertretung durch mehr Betroffenenbeteiligung

Neben dem Aufbau von europäischen wie nationalen Netzwerken/Institutionen war und ist ein weiteres zentrales Ziel der europäischen Armutsprogramme die Einbeziehung aller relevanten Akteure in den politischen Prozess. Gerade im politischen Mehrebenensystem Deutschlands ist ein derartiger systematischer Ansatz für die Wahrnehmung schwacher sozialer Interessen interessant und findet über die neuen Governance-Ansätze Einzug in die lokale Politik (vgl. Rieger, 2012). Im Ergebnis ist somit auch eine zunehmende Sensibilisierung der nationalen Politikebenen im Bereich der Betroffenenbeteiligung zu verzeichnen. So hat die Bundesregierung nicht zuletzt auch aufgrund ihrer Berichtspflichten im Rahmen der Lissabon-Strategie und der damit eingeführten Offenen Methode der Koordinierung (OMK) das Themenfeld politische und gesellschaftliche Partizipation in den seit 1998 regelmäßig erstellten Armuts- und Reichtumsberichten aufgenommen (vgl. Bundesministerium für Arbeit und Soziales 2017). Zugleich wurde versucht, den Prozess der Berichterstellung stärker beteiligungsoffen zu gestalten. Hierzu wurde nicht nur ein wissenschaftlicher Beraterkreis gegründet, sondern auch der Austausch mit den Sozialverbänden, Gewerkschaften und Betroffenenvertretungen gestärkt. Auf Länderebene hat z. B. der Armuts- und Reichtumsbericht des Landes Rheinland-Pfalz einen eigenen Berichtsteil erhalten, indem – vermittelt über die Zuarbeit der Freien Wohlfahrtspflege – konkretes Erleben von sozialer Ausgrenzung beschrieben wird (vgl. Ministerium für Arbeit, Soziales, Gesundheit, Familie und Frauen des Landes Rheinland-Pfalz 2010). Der 2. Hessische Sozialbericht hat sich diesem Verfahren angeschlossen (2017). Hier werden erste Schritte gegangen, um aus Sicht der von Armut betroffenen Menschen offene Fragen zur politischen und sozialen Teilhabe in die öffentliche Debatte zu tragen. Gleiches gilt für Hirtenbriefe und Denkschriften von Kirche und Diakonie. Auch hat die Erarbeitung der Nationalen Aktionspläne gegen Armut und soziale Ausgrenzung (NAPincl) bzw. die Strategieberichte Sozialschutz und Soziale Integration in der Anfangsphase zu einer stärkeren Zusammenarbeit von Bund, Ländern und Sozialverbänden, Gewerkschaften und Wohlfahrtsverbänden geführt. Allerdings haben sich am Beispiel der europäischen Initiative auch schnell die Grenzen der Betroffenenbeteiligung im (amtlichen) Berichtswesen gezeigt. Denn insgesamt ist festzustellen, „dass weiterhin eine umfassende Einbeziehung der Sozialpartner und der Zivilgesellschaft (fehlt, die Verf.). (…) Nach wie vor stellt daher ein strukturierter und transparenter Gesprächsprozess zwischen den Akteuren auf Bundes-, Landes- und kommunaler Ebene, einschließlich der Sozialpartner und der Verbände der

---

7 vgl. https://www.nationale-armutskonferenz.de (zugegriffen 21.04.2017); der aktuelle 5. Bericht Lebenslagen in Deutschland findet sich unter: http://tinyurl.com/m75ewon.

Zivilgesellschaft ein bis heute nur teilweise umgesetztes Ziel dar. (…) Zudem konnte eine breite Einbeziehung von relevanten Akteuren bisher nur ansatzweise realisiert werden." (Hanesch 2010, S. 186f.).

5   Interessenvertretung als Folge verwehrter Repräsentation

Die gegenwärtigen Ansätze und Formen der politischen Repräsentation schwacher sozialer Interessen in Beroffenenselbstorganisationen, der sozialanwaltschaftlichen Interessensvertretungen und der parlamentarisch-parteipolitischen Repräsentation kommen vielfach an ihre Grenzen. Dabei ist im Blick auf die Selbstorganisation zwar die größtmögliche Nähe zum Sozialarbeitsklientel gegeben, gleichwohl lässt sich festhalten, dass in der *großen* Politik die Durchsetzungskraft der selbstorganisierten Interessen nahezu nicht zum Tragen kommt. Aber auch in der *kleinen* Politk vor Ort mangelt es den schwachen Interessen „in den politischen Organen und Entscheidungsgremien der Kommunen an Selbstrepräsentanz. Weder nutzen sie ausreichend die repräsentativ-demokratischen Möglichkeiten, über Wahlen Einfluss zu nehmen, noch sind sie hinlänglich zur ,Selbstvertretung' durch Selbstorganisation oder direktdemokratische Partizipation fähig" (Rieger 2012, S. 197). Der Ressourcenmangel in ökonomischer, kultureller und sozialer Perspektive fördert den Abbau des Selbstwertgefühls und lässt langfristig die Motivation, sich aktiv in die Gesellschaft einbringen zu wollen, erodieren. Dass hierbei selbst solche Unterstützungsprozesse der Sozialen Arbeit, wie etwa die Stadtteil- oder Gemeinwesenarbeit, an ihre Grenzen kommen, zeigt Chantal Munch in ihren Studien zum Engagement sozial Benachteiligter auf (2003, 2007). Denn wenngleich die Ressourcenausstattung gering sein mag, so ist doch der Wunsch, sich engagieren zu wollen und sich als selbstwirksam zu erleben, vorhanden. Vielmehr sind es die feinen Unterschiede, die – bzw. in der Kommunikation und der Art und Weise, wie ressourcenstarke Engagierte arbeiten – schnell homogene Gruppen der Engagierten entstehen lassen. Auf diese Weise ziehen sich diejenigen, die ausgegrenzt werden zurück und bleiben den Angeboten und Aktivitäten fern. „Insofern produziert bürgerschaftliches Engagement gesellschaftliche Hierarchien und gesellschaftlichen Ausschluss" (Munsch 2007, S. 125). Diese Erfahrung des ausgeschlossen Seins und die damit verbundene Marginalisierung der eigenen Interessen „führt zu Skepsis, Politikverdrossenheit und Rückzug ins Private. Fortschreitende Wahlenthaltung, fehlendes Demokratievertrauen oder politische Apathie sind die Folge" (Rieger 2012, S. 193).

Hier zeigt sich ein ernstzunehmendes Problem der politischen Repräsentation von schwachen Interessen. Denn auch die Wohlfahrtsverbände und Interessenverbände, die sich vormals verstärkt für die Themen der Klientel Sozialer Arbeit stark gemacht haben, sind aufgrund der Ökonomisierung der Sozialen Arbeit herausgefordert, zwischen eigenen ökonomischen Interessen als Dienstleistungserbringer und den schwachen Interessen ihrer Klientel zu vermitteln. Neben diesen politischen Rahmensetzungen zieht auch der gesellschaftliche Strukturwandel bzw. Modernisierungsprozess Anpassungsbedarfe bei den Trägern schwacher sozialer Interessen einerseits und eine Pluralisierung von gesell-schaftlichen Beteiligungsformen andererseits nach sich. So sorgt der *ökonomische Wandel* dafür, dass sich die Arbeitsgesellschaft immer stärker ausdifferenziert. Der Zugang zur Wissens- und Informationsgesellschaft eröffnet dabei einerseits neue Teilhabechancen für die (neue) Bildungselite, grenzt aber gerade niedrig qualifizierte Menschen, die vor wenigen Jahrzehnten noch in der (Schwer-)Industrie eine berufliche Perspektive hatten, zunehmend dauerhaft aus. Daneben verändern sich die fachlichen und ökonomischen Rahmenbedin-gungen bei der Bereitstellung sozialer Dienstleistungen der Verbände. Dies hat immer auch unmittelbare Rückwirkung auf die Vertretung schwacher sozialer Interessen. Denn die Refinanzierungsbedingungen der Sozialen Dienste (Stichwort: Budgetierung) engen den Spielraum für sozialanwaltschaftliches Handeln immer weiter ein:

> „In diesem Zusammenhang erscheint die mögliche Schwächung advokatorischer Interes-senvertretung im Zuge der Ökonomisierung Sozialer Arbeit prekär. Zweifellos hatten die von den Wohlfahrtsverbänden gehüteten Wohlfahrtskartelle des lokalen Korporatismus negative Auswirkungen (…), aber sie garantierten auch die Rolle der Wohlfahrtsverbände als Fürsprecher schwacher Interessen. Advokatorische Interessenvertretung gerät unter den Bedingungen der Ökonomisierung aus zwei Richtungen unter Druck. Im Außenverhältnis wächst die Konkurrenz zwischen den Verbänden als soziale Dienstleistungsunternehmen und erschwert so gemeinsame verbandübergreifende Positionen. Im Inneren öffnet sich eine Kluft zwischen Lobbyinteressen großer Einrichtungen und anwaltschaftlichem Anspruch." (Rieger 2012, S. 198)

Ergänzend zu diesen Tendenzen führt der soziale und kulturelle Wandel, also die demo-grafische Entwicklung, die Urbanisierung sowie ethnische Fragmentierung als auch die Auflösung traditioneller Großmilieus (Katholisches Milieu, Arbeitermilieus usw.) gerade bei den kirchlichen Verbänden und Arbeitnehmerverbänden bzw. Gewerkschaften zu einer nachlassenden Bindungskraft (vgl. Sebaldt und Straßner 2004, S. 277-291). Hinzu kommt, dass die Stärkung von zivilgesellschaftlichen Strukturen und bürgerschaftlichem Engage-ment in den letzten Jahren politisch stark gefördert wurde. So wurde bürgerschaftliches Engagement zur „unverzichtbare(n) Bedingung für den Zusammenhalt der Gesellschaft" erklärt (Enquete-Kommission Zukunft des Bürgerschaftlichen Engagements 2002, S. 7). Diese politische Schwerpunktsetzung greift offensichtliche Veränderungen im Partizi-pationsverhalten der Bevölkerung der letzten Jahrzehnte auf: Traditionelle (politische) Interessensträger werden in Frage gestellt und die sogenannte participatory revolution als Wunsch der Bürgerinnen und Bürger zur aktiven Teilnahme am politischen Geschehen durch bürgerschaftliches Engagement auch in den Interessenverbänden tritt in den Vorder-grund. Parallel zur Emanzipation der ehrenamtlich Engagierten hat sich in den vergangenen Jahrzehnten ein Werte- und Motivationswandel vollzogen: Das sogenannte Neue Ehren-amt ist gekennzeichnet durch das freiwillige Engagement für andere, nunmehr aber auch unter dem Gesichtspunkt etwas für sich selbst zu tun. Die Verwirklichung individueller Interessen und die Entfaltung eigener Kompetenzen und Fähigkeiten stehen verstärkt im Vordergrund. Dieser Zweckbezug, bzw. das damit einhergehende Kosten-Nutzen-Kalkül

Freiwilliger charakterisiert neben dem Projekt orientierten Engagement die neue Form des Ehrenamtes (vgl. Sebaldt und Straßner 2004, S. 287-304f.). Stellvertretend für diese – eher jüngeren Beteiligungsformen – steht das 2002 gegründete Bundesnetzwerk Bürgerschaftliches Engagement (BBE), das inzwischen rund 250 Mitgliedorganisationen mit mehreren Millionen Mitgliedern zählt (vgl. www.b-b-e.de, vgl. Klein et al. 2004). Hier erwachsen den tradierten Interessenvertretern nicht nur Bündnispartner sondern auch Konkurrenten.

Diese modernen politischen Ansätze für mehr Bürgerbeteiligung verkennen jedoch, dass für die Beteiligung an den politischen Formen der Zivilgesellschaft ähnliche Voraussetzungen gelten, wie für die sozialen. Deutlich macht dies die Studie *Entbehrliche der Bürgergesellschaft* von Klatt und Walter (2011, S. 30f.): „Die unteren Schichten haben in der Diskursöffentlichkeit stets den Kürzeren gezogen, verfügen so nicht über Erfolgserlebnisse in den aktiven Partizipationsarenen und erscheinen schon deshalb vielfach beteiligungsblockiert Die Fähigkeit zur Partizipation ist schließlich gebunden an besondere Ressourcen: Sprachgewandtheit, Kompetenz, Selbstbewusstsein, Information. Partizipation prämiert den privilegierten Zugang zu Bildungsgütern." Insofern bleibt die Integrationskraft der institutionalisierten Zivilgesellschaft gering.

Ebenso gelingt es den politischen Parteien gegenwärtig nicht – zumindest nicht in gleicher Weise wie in der Vergangenheit –, als Repräsentant von schwachen Interessen aktiv zu werden und mit den Stimmen ihrer ehemaligen Wählerklientel deren Interessen adäquat in den Mittelpunkt zu rücken. Dies führt dazu, „dass Wahlen umso stärker sozial verzerrt sind, je niedriger die Wahlbeteiligung ist, da sich unter den Nichtwählern überproportional Menschen mit niedriger formaler Bildung und geringem Einkommen befinden. Bei einer niedrigen Wahlbeteiligung wählen vorwiegend sozial Bessergestellte, während jene zu Hause bleiben, die mangels individueller Ressourcen auf kollektives Handeln angewiesen sind, um ihre Lebensumstände zu ändern." (Schäfer 2009, S. 3) Wo demokratische Einmischung dringlich wäre, führen der Rückzug ins Private und die anhaltende Skepsis insgesamt zu einer Politikverdrossenheit und einer Expansion der Wahlenthaltung. Das Vertrauen in die Politik und z. T. auch die Demokratie ist erschüttert. So kommt die Studie *Prekäre Wahlen* der *Bertelsmann-Stiftung* für die Bundestagswahlen 2013 zu einem eindeutigen Ergebnis:

> „Die soziale Lage eines Stadtviertels oder Stimmbezirks bestimmt die Höhe der Wahlbeteiligung: Je prekärer die soziale Situation, d. h. je höher der Anteil von Haushalten aus den sozial prekären Milieus, je höher die Arbeitslosigkeit, je schlechter die Wohnverhältnisse und je geringer der formale Bildungsstand und die durchschnittliche Kaufkraft der Haushalte in einem Stadtviertel oder Stimmbezirk, umso geringer ist die Wahlbeteiligung." (Schäfer et al. 2013, S. 10)

Hierin liegt die Gefahr einer doppelten Marginalisierung der Betroffenen. Denn „lernen Politiker, dass bestimmte Gruppen ohnehin nicht wählen, richten sie ihr Augenmerk auf wahlrelevante Milieus. Durch die soziale Ungleichheit der Nichtwahl wird die politische Kommunikation zwischen Wählern und Volksvertretern zulasten der sozial Schwachen verzerrt." (Schäfer 2009, S. 3) Zur sozialen Benachteiligung und Selbstisolierung tritt so noch die Missachtung durch die Vertreterinnen und Vertreter des parlamentarischen Systems.

Unklar ist zur Zeit, in wie weit sich innerhalb der Zivilgesellschaft aus diesen Milieus neue soziale Bewegungen dauerhaft formieren, die zu einer *emanzipativ* verstandenen Aufwertung schwacher sozialer Interessen führen. Klar ist aber, dass es bei dieser eher stillen Resignation nicht bleibt. Denn es lässt sich ebenso beobachten, dass insbesondere solche Strömungen und Parteien Zulauf erhalten, die sich als selbsternannte Protestparteien bzw. Gegenbewegungen aktiv gegen das sogenannte politische Establishment stellen. Es stellt sich die Frage, was diese sozialen Bewegungen und Parteien im Kern ausmacht, die aus den doppelt marginalisierten gesellschaftlichen Gruppen soziale bzw. politische Legitimation ziehen. Dass sich diese Menschen eben jenen Vertreterinnen und Vertretern des politischen Systems wieder vertrauensvoll zu wenden sollen, die sie als Ursache ihrer Ausgrenzung verstehen, ist doch mehr als unwahrscheinlich. Und nur weil sich Personen(-gruppen) nicht mehr im etablierten politischen Spektrum bewegen, werden sie ja nicht per se unpolitisch – das Gegenteil ist der Fall. Und so können die erfolgreichen Mobilisierungs- und Unterwanderungsstrategien der sog. *Neuen Rechten* auch nur bedingt überraschen (vgl. Süddeutsche Zeitung 2017, S. 12f.). Dieses hat im Übrigen bereits Wirkungen auf Wahlergebnisse wie ein Blick auf die kürzlich zurückliegenden Landtagswahlen zeigt. So konnte die rechtspopulistische Partei *Alternative für Deutschland* (AfD) ausgehend von der Bundestagswahl 2013 (4,7 Prozent) und der Europawahl 2014 (7,1 Prozent) auf Länderebene Stück für Stück an Zuspruch gewinnen. Erfolge wurden überwiegend in den ostdeutschen Bundesländern mit hoher Armutsgefährdungsquote erzielt (24,5 Prozent in Sachsen-Anhalt, 20,8 Prozent in Mecklenburg-Vorpommern). Allerdings greift es im Fall der AfD zu kurz, das Wählerpotenzial allein mit den Armutsquoten zu korrelieren, um sie als eine Unterschichtenpartei erklären zu können. Eine Studie des Deutschen Instituts für Wirtschaftsforschung (DIW) zeigt, dass sich das Profil der AfD-Wählerinnen und Wähler in den drei Jahren nach ihrer Gründung deutlich verändert hat. Gegenwärtig findet die Partei ihre „AnhängerInnen mehr und mehr unter NichtwählerInnen und im Lager rechtsextremer Parteien sowie unter BürgerInnen, die angaben, unzufrieden mit der Demokratie zu sein, und solchen, die erklärten, sich vor Zuwanderung zu fürchten." (Kroh und Fetz 2016, S. 711) Das bedeutet aber nichts anderes, als dass sich Menschen über Schicht- bzw. Milieugrenzen hinweg nicht dauerhaft (politisch) exkludieren (lassen). Sie finden in den politischen Prozess zurück und zwar auch und gerade in Parteien und Bewegungen, die der politischen Grundordnung zumindest skeptisch gegenüber stehen.

6   Entwicklungstendenzen sozialer Interessenvertretung

Es stellt sich die Frage, wie unter diesen Entwicklungstendenzen die politische Repräsentation schwacher sozialer Interessen zukünftig auszugestalten ist, damit die Interessen derer, die in unserer Gesellschaft marginalisiert sind, auch gehört werden. Bezogen auf die Vertretung schwacher sozialer Interessen zeichnen sich dabei durchaus widersprüchliche Trends ab. So müsste angesichts zunehmender sozialer Polarisierungen der Bedarf an sozialanwaltschaftlichem Handeln bzw. der Betroffenenbeteiligung zunehmen. Die Analyse der gesellschaftlichen Transformationsprozesse verdeutlicht jedoch, dass gerade „hierarchisch gesteuerte Großorganisationen, die – eingebettet in geschlossene soziale Milieus – über eine vergleichsweise homogene Mitgliedschaft verfügen (…) auch in Europa und in Deutschland ihren Monopolanspruch auf Interessenvertretung verloren (haben, die Verf.).“ (Zimmer und Speth 2009, S. 302f.)

Inwieweit die „participatory revolution“, die eher eine von Mittelschichten getragene politische Bewegung ist, auch benachteiligte Personengruppen im Blick hält, bleibt abzuwarten. Der Grad der Emanzipation schwacher sozialer Interessen ist in den zivilgesellschaftlichen Ansätzen vor allem vom immanenten Sozialstaatsverständnis abhängig. Soll staatliche Regelung zugunsten gesellschaftlicher Selbstregulation verschoben werden, muss gleichzeitig auch klar sein, welche Instanzen für den Ausgleich zwischen unterschiedlich durchsetzungsstarken zivilgesellschaftlichen Strukturen sorgen können. Denn auch in der Zivilgesellschaft geht es letztlich um die Lösung von materiellen Verteilungskonflikten. Insofern benötigt die Reprivatisierung politischer Entscheidungsprozesse Korrekturinstanzen, wenn unterschiedlich durchsetzungsstarke zivilgesellschaftliche Akteure in der politischen Arena aufeinander treffen. Damit bleiben die Interessen der Klientel Sozialer Arbeit darauf angewiesen, dass sich vertretungsstarke und artikulationsmächtige Stellvertreterorganisationen für ihre Belange einsetzen.

Rieger (2012) eröffnet drei relevante Entwicklungstendenzen der Vertretung schwacher Interessen, die für die Zukunft entscheidend sind: So ist einerseits Soziale Arbeit gefordert, Formen der Selbstorganisation und Selbstvertretung von Betroffenen durch Empowerment zu fördern. Andererseits sollte sich Soziale Arbeit ihres politischen Mandats bewusst werden und in der Politik (v. a. in der Kommunalpolitik) dafür einsetzen, dass in der Ausgestaltung der „Bürgerkommune“ (ebenda, S. 201) darauf zu achten ist, eine Balance zwischen Verwaltung/Politik und direktdemokratischen Verfahren zu halten. Und als drittes fordert er ein, dass Soziale Arbeit ihren Auftrag zur advokatorischen Interessenvertretung weiterhin wahrnehmen muss. Zusammenfassend resümiert er für die Kommunalpolitik: „Die Bürgerkommune braucht aktive, politische wie sozialarbeiterische Gestaltung/Hilfe, wenn Partizipationsversprechen und Marktöffnung nicht neuen Ausschluss produzieren und Fürsorgeinteressen angemessen zur Sprache kommen, gehört und berücksichtigt werden sollen.“ (ebenda)

Insofern wird es vom Miteinander verbandlicher Interessenvertretung und bürgerschaftlichem Engagement abhängen, inwieweit die Ausdifferenzierung der Interessenverbände in einem weiten Spektrum von Bewegungen, Initiativen und Organisationen mit ihren je eigenen Vertretungs-, Mobilisierungs- und Lobbyingstrategien den Grad der politischen Repräsentation schwacher sozialer Interessen erhöhen kann. Dabei besteht ein wechselseitiges Abhängigkeitsverhältnis: Die tradierten Verbände und Interessenorganisationen brauchen frischen Wind in ihren Strukturen. Sie unterliegen der permanenten Gefahr, sich von den Bedürfnislagen von Menschen mit schwachen sozialen Interessen zu entfernen. Bürgerschaftliches Engagement in Initiativen, Projekten und neuen Formen der Interessenorganisation bietet hier die Chance auf Rückkopplung an die Basis. Die Akteure der Zivilgesellschaft hingegen brauchen, wenn sie sich im politischen Prozess nicht fragmentieren lassen wollen, starke Partner zur Interessenvertretung. Die Gestaltungsaufgabe besteht also nicht darin, zivilgesellschaftliche Strukturen gegen das tradierte Verbändewesen auszuspielen, sondern nach Kooperationsmöglichkeiten zu suchen, die die jeweiligen sozialanwaltschaftlichen Defizite ausgleichen können. Dabei ist aus Sicht schwacher sozialer Interessenträger immer auch zu fragen, inwieweit Beteiligungsmöglichkeiten lediglich suggeriert werden, hinter denen aber keine tatsächlich politische Einflussnahme steht. Willems und von Winter (2000, S. 20) haben bereits vor mehr als zehn Jahren formuliert, dass „schwache Interessen vermutlich den größten Einfluss entfalten (können, die Verf.), wenn es ihnen gelänge, Verbände und andere Organisationsformen hervorzubringen, die zugleich an basisnahe Initiativen rückgekoppelt sind." Ein Anspruch, der sich bis heute nur in Teilen eingelöst hat. Bei der Fokussierung auf Fragen der Beteiligung schwacher sozialer Interessen ist aber auch zu beachten, dass zumindest der in der aktuellen (eher rechtskonservativen) Protestbewegungen zum Ausdruck kommende politische Wille sich tendenziell gegen eine offene, plurale und die Rechte aller ihrer Mitglieder schützenden Sozialordnung richtet. Das Problem der politischen Beteiligung geht also tiefer. „Der Staatsbürgerstatus" – so *Jürgen Habermas* (1998, S. 809) – „muss einen Gebrauchswert haben und sich in einer Münze sozialer, ökologischer und kultureller Rechte auszahlen." Es ist dieser sich nicht einlösende *Gebrauchswert*, der es für viele Menschen lohnend erscheinen lässt, sich gegen die aktuelle Sozialordnung und ihre materiellen wie immateriellen Verteilungsergebnisse zu stellen. Hier zeigt sich eine sozialstaatliche Legitimationskrise, die weit über offene Fragen der Beteiligung benachteiligter Bürgerinnen und Bürger in Verbänden und zivilgesellschaftlichen Strukturen hinaus geht und sehr viel grundsätzlicher in einer Diskussion über die Bedingungen „gelingenden Lebens" (*Martha C. Nussbaum*) für alle Mitglieder eines Sozialraumes ansetzen muss.

Literatur

von Alemann, Ulrich von. 1987. *Organisierte Interessen in der Bundesrepublik*. Opladen: Leske+ Budrich.

Boeckh, Jürgen. 2007. Partizipation – Was ist das eigentlich? In *Sozialpolitische Bilanz 2007, Partizipation Beteiligung von Menschen mit Armutserfahrungen*, Hrsg. Nationale Armutskonferenz, 6-10. Frankfurt a. M.

Boeckh, Jürgen, E.-U. Huster und B. Benz. 2011. *Sozialpolitik in Deutschland. Eine systematische Einführung*. 3., grundlegend überarb. und erw. Aufl. Wiesbaden: VS Verlag für Sozialwissenschaften.

Boeckh, Jürgen, E.-U. Huster, B. Benz und J. D. Schütte. 2017. *Sozialpolitik in Deutschland. Eine systematische Einführung*. 4., grundlegend überarb.und erw.e Aufl. Wiesbaden: SpringerVS.

Bundesministerium für Arbeit und Soziales, Hrsg. 2017. *Lebenslagen in Deutschland. Der 5. Armuts- und Reichtumsbericht der Bundesregierung*. Berlin: Bundesanzeiger Verlag.

Clement, Ute, J. Nowak, C. Scherrer und S. Ruß, Hrsg. 2010. *Public Governance und schwache Interessen*. Wiesbaden: VS Verlag für Sozialwissenschaften.

Enquete-Kommission „Zukunft des Bürgerschaftlichen Engagements", Hrsg. 2002. *Bürgerschaftliches Engagement: auf dem Weg in eine zukunftsfähige Bürgergesellschaft*. Opladen: Leske+Budrich.

European Anti Poverty Network, Hrsg. 2005. *Ansichten von AkteurInnen im Kampf gegen Armut und soziale Ausgrenzung zur künftigen Entwicklung der EU*. Brüssel.

Habermas, Jürgen. 1998. Die postnationale Konstellation und die Zukunft der Demokratie. *Blätter für deutsche und internationale Politik*, Heft 7/1998: 809-817.

Hamburger, Franz. 2008. Transnationalität als Forschungskonzept in der Sozialpädagogik. In *Soziale Arbeit und Transnationalität. Herausforderungen eines spannungsreichen Bezugs*, Hrsg. H. G. Homfeldt, W. Schröer, und C. Schweppe, 259-278. Weinheim: Juventa-Verlag.

Hanesch, Walter. 2010. Armutsbekämpfung in Deutschland und die Rolle der Europäischen Union. In *Soziale Politik – Soziale Lage – Soziale Arbeit*, Hrsg. B. Benz, J. Boeckh und H. Mogge-Grotjahn, 169-191. Wiesbaden: VS Verlag für Sozialwissenschaften.

Hassel, Anke. 2007. Gewerkschaften. In *Interessenverbände in Deutschland. Lehrbuch*, Hrsg. U. Willems und T. von Wacker, 173-196. Wiesbaden: VS Verlag für Sozialwissenschaften.

Klatt, Johanna und F. Walter. 2011. *Entbehrliche der Bürgergesellschaft*. Bielefeld. Transcript.

Klein, Ansgar, K. Kern, B. Geißel und M. Berger, Hrsg. 2004. *Zivilgesellschaft und Sozialkapital. Herausforderungen politischer und sozialer Integration*. Wiesbaden: VS Verlag für Sozialwissenschaften.

Kleinfeld, Ralf. 2007. Die historische Entwicklung der Interessenverbände in Deutschland. In *Interessenverbände in Deutschland. Lehrbuch*, Hrsg. U. Willems und T. von Winter, 51-83. Wiesbaden: VS Verlag für Sozialwissenschaften.

Kroh, Martin und K. Fetz. 2016. Das Profil der AfD-AnhängerInnen hat sich seit Gründung der Partei deutlich verändert. *DIW Wochenbericht* 34, 2016: 711-719.

Linden, Markus und W. Thaa, Hrsg. 2009. *Die politische Repräsentation von Fremden und Armen*. Baden-Baden: Nomos Verlagsgesellschaft.

Marshall, Thomas H. 1992. *Bürgerrechte und soziale Klassen. Zur Soziologie des Wohlfahrtsstaates*. Frankfurt a. M., New York: Campus Verlag.

Ministerium für Arbeit, Soziales, Gesundheit, Familie und Frauen des Landes Rheinland-Pfalz, Hrsg. 2010. *Armut und Reichtum in Rheinland-Pfalz. Armuts- und Reichtumsbericht der Landesregierung 2009/2010*. Mainz.

Munsch, Chantal, Hrsg. 2003. *Sozial Benachteiligte engagieren sich doch*. Weinheim: Juventa.

Munsch, Chantal. 2007. Bürgerschaftliches Engagement und soziale Ausgrenzung. In *Repolitisierung Sozialer Arbeit*, Hrsg. M. Lallinger, 121-132. Stuttgart: Akad. der Diözese Rottenburg-Stuttgart.

Nullmeier, Frank. 2000. Argumentationsmacht und Rechtfertigungsfähigkeit schwacher Interessen. In *Politische Repräsentation schwacher Interessen*, Hrsg. U. Willems und T. von Winter, 93-109. Opladen: Leske+Budrich.

Reichsministerium der Justiz. 1878. Gesetz gegen die gemeingefährlichen Bestrebungen der Sozialdemokratie. In *Reichs-Gesetzblatt No. 34*: (Nr. 1271), 351-358. Berlin.

Rieger, Günter. 2012. Schwache Interessen in Governanceprozessen. In *Diversität und Soziale Ungleichheit*, Hrsg. H. Effinger, S. Borrmann, S. Gahleitner, M. Köttig, B. Kraus und S. Stövesand, 193-203. Opladen: B. Budrich.

Sachße, Christoph und F. Tennstedt. 1992. Der Wohlfahrtsstaat im Nationalsozialismus. Buchreihe *Geschichte der Armenfürsorge in Deutschland. Bd. 3*, Hrsg. C. Sachße und F. Tennstedt. Stuttgart: Verlag W. Kohlhammer.

Sahner, Heinz. 1993. Vereine und Verbände in der modernen Gesellschaft. In *Vereine in Deutschland. Vom Geheimbund zur freien gesellschaftlichen Organisation*, Hrsg. H. Best, 11-118. Bonn: Informationszentrum Sozialwissenschaften.

Schäfer, A. 2009. *Alles halb so schlimm? Warum eine sinkende Wahlbeteiligung der Demokratie schadet,* MPIfG Jahrbuch 2009-2010, 33-38. Köln, hier zitiert nach: https://www.mpg.de/446963/forschungsSchwerpunkt.pdf. Zugegriffen: 17.4.2017.

Schäfer, Armin, R. Vehrkamp und J. F. Gagné. 2013. *Milieus und soziale Selektivität der Wahlbeteiligung bei der Bundestagswahl 2013.* Gütersloh: Bertelsmann.

Schmid, Josef und J. Mansour. 2007. Wohlfahrtsverbände. Interesse und Dienstleistung. In *Interessenverbände in Deutschland. Lehrbuch,* Hrsg. U. Willems und T. von Winter, 244-270. Wiesbaden: VS Verlag für Sozialwissenschaften.

Sebaldt, Martin und A. Straßner. 2004. *Verbände in der Bundesrepublik Deutschland. Eine Einführung. Lehrbuch.* Wiesbaden: VS Verlag für Sozialwissenschaften.

Sebaldt, Martin. 2007. Verbände im Transformationsprozess Ostdeutschlands. In *Interessenverbände in Deutschland. Lehrbuch,* Hrsg. U. Willems und T. von Winter, 490-510. Wiesbaden: VS Verlag für Sozialwissenschaften.

Süddeutsche Zeitung. 2017. Netzwerke der Rechten, 12-13. Ausgabe vom 25. März 2017.

Ullmann, Hans-Peter. 1988. Interessenverbände in Deutschland. Buchreihe *Neue historische Bibliothek, Bd 283.,* Hrsg. F. Nagler Frankfurt a.M.: Suhrkamp.

Vehrkamp, Robert. 2015. *Politische Ungleichheit – neue Schätzungen zeigen die soziale Spaltung der Wahlbeteiligung. Einwurf Zukunft der Demokratie 2/2005.* Gütersloh.

Vester, Michael. 2009. Soziale Milieus und die Schieflagen politischer Repräsentation. In *Die politische Repräsentation von Fremden und Armen,* Hrsg. M. Linden und W. Thaa, 21-59. Baden-Baden: Nomos Verlagsgesellschaft.

Willems, Ulrich und T. von Winter, Hrsg. 2000. *Politische Repräsentation schwacher Interessen.* Opladen: Leske+Budrich.

Willems, Ulrich und T. von Winter, Hrsg. 2007a. *Interessenverbände in Deutschland. Lehrbuch.* Wiesbaden: VS Verlag für Sozialwissenschaften.

Willems, Ulrich und T. von Winter. 2007b. Interessenverbände als intermediäre Organisationen. Zum Wandel ihrer Strukturen, Funktionen, Strategien und Effekte in einer veränderten Umwelt. In *Interessenverbände in Deutschland. Lehrbuch,* Hrsg. U. Willems und T. von Winter, 13-50. Wiesbaden: VS Verlag für Sozialwissenschaften.

von Winter, Thomas. 2007. Sozialverbände. In *Interessenverbände in Deutschland. Lehrbuch,* Hrsg. U. Willems und T. von Winter, 342-366. Wiesbaden: VS Verlag für Sozialwissenschaften.

Zimmer, Annette und F. Paulsen. 2010. Verbände als Dienstleister. In *Handbuch Verbandskommunikation,* Hrsg. O. Hoffjann und R. Stahl, 39-55. Wiesbaden: VS Verlag für Sozialwissenschaften.

Zimmer, Annette und R. Speth. 2009. Verbändeforschung. In *Politische Soziologie. Ein Studienbuch,* Hrsg. V. Kaina und A. Römmele, 267-309. Wiesbaden: VS Verlag für Sozialwissenschaften.

Zimmermann, G. 2014. Transnational social welfare associations and religion: the protestant social advocacy network "Eurodiaconia" in Europe. *Transnational Social Review* 4, S. 6-29

Zimmermann, G. und J. Boeckh. 2012. Politische Repräsentation schwacher sozialer Interessen. In *Handbuch Armut und Soziale Ausgrenzung,* Hrsg. E.-U. Huster, J. Boeckh und H. Mogge-Grotjahn, 680-698. Wiesbaden: Springer VS.

Zimmermann, G. und E.-U. Huster. 2014. Wohlfahrtsverbände und Kirchen als Vertreter schwacher sozialer Interessen – national und auf europäischer Ebene. In *Politik sozialer Arbeit,* Hrsg. B. Benz, G. Rieger, W. Schönig, und M. Többe-Schukalla, 73-89. Weinheim und Basel: BELTZ-Juventa.

Bürgerschaftliches Engagement und Teilhabe

Ralf Vandamme

Zusammenfassung

Armenfürsorge ist wesentlich aus dem kommunalen Ehrenamt entstanden. Soziale Arbeit und ihre Handlungsfelder sind immer wieder durch ehrenamtliche (bürgerschaftliche) Initiativen weiterentwickelt und oft erst nachträglich professionalisiert worden. Ehrenamt, bürgerschaftliches Engagement und Soziale Arbeit haben also eine gemeinsame Geschichte. Gleichzeitig gibt es eine reflexartige Abwehr der Sozialen Arbeit gegenüber dem bürgerschaftlichen Engagement, begründet in der Befürchtung, das Engagement der ‚Laien' würde die fachlichen Standards unterspülen und die ohnehin schon geringe Entlohnung unterbieten. Das Verhältnis von Sozialer Arbeit und Engagement ist spannungsreich, aber unauflösbar; in nahezu allen Handlungsfeldern Sozialer Arbeit sind Freiwillige engagiert. Sie sind heute selbstverständlicher Teil des Welfare-Mix, den Soziale Arbeit managen muss. Insbesondere plötzliche Handlungszwänge wie die notwendige Versorgung von Geflüchteten seit dem Sommer 2015 führen den professionellen Strukturen ihre Grenzen vor Augen und sind ohne die spontane Unterstützung durch Freiwillige nicht zu meistern.

Schlagworte

Bürgerschaftliches Engagement; Welfare-Mix; Soziales Kapital; Gemeinwesen(arbeit); Ehrenamtlichkeit

1   Einleitung

Die Entstehung der kommunalen Armenfürsorge und später der Sozialverwaltung ist ohne das Ehrenamt nicht denkbar; es gibt stattdessen eine historische, enge Verbindung von Ehrenamt und Armutsbekämpfung. Selbstverständlich hat sich dieses Ehrenamt seit seinem Entstehen im Rahmen der preußischen Städteordnung von 1808 ebenso gewandelt wie die Gesellschaft sich wandelte, die es hervorgebracht hat. Doch auch heute noch hat das Ehrenamt bzw. das bürgerschaftliche Engagement (bE) einen starken Einfluss auf professionelle Fürsorge (Kooperation und Innovation) ebenso wie auf die Wahrnehmung und Bearbeitung von sozialen Problemlagen. Nachfolgend sollen diese Verknüpfungen zwischen Armut/sozialer Ausgrenzung und Ehrenamt/bE nachgezeichnet werden. Dabei sollen Traditionslinien, Begriffsbestimmungen und deren Veränderungen ebenso wie aktuelle Entwicklungen betrachtet werden.

2   Traditionslinien

Die preußische Städteordnung von 1808 ordnete Bürgerrechte und -pflichten neu. Bürgerrechte konnte nur erhalten, wer bereit und in der Lage war, ein Mindestmaß an Steuern zu entrichten und kommunale Aufgaben zu erledigen, was im Rahmen eines unbesoldeten Ehrenamtes geschah. Viele Einwohner, denen formal das Bürgerrecht zustand, verzichteten vor diesem Hintergrund auf Ehre, Amt und Mitbestimmung, weil sie entweder die erforderliche Zeit nicht aufbringen konnten oder ihnen das notwendige Einkommen fehlte. Dies betraf insbesondere auch Lehrer, Ärzte und Apotheker. Bei seiner Einführung war das Ehrenamt also dadurch gekennzeichnet, dass es den sozialen Status einer kleinen Schicht von Bürgern abbildete und durchaus auch nach unten absicherte, da der Aufstieg in das Bürgertum schwierig war.

Der Blick in die Geschichte offenbart gemeinsame Prinzipien, aber auch erhebliche Unterschiede zum heutigen Verständnis von Ehrenamt: gemeinsam ist beiden, dass Mitbestimmung und Mitgestaltungsmöglichkeiten tragende Motive für das eigene Tun sind. Anders als bei seiner Entstehung wird Ehrenamt heute jedoch nicht mehr als Instrument sozialer Distinktion betrachtet, sondern inklusiv: möglichst alle Bevölkerungsgruppen sollen daran teilhaben.

Die Entwicklungsgeschichte des Ehrenamtes beginnt in einer Zeit, in der kommunale Verwaltung ebenso wie Armenfürsorge nur in Ansätzen bestanden. Mit der Industrialisierung und dem rasanten Wachstum der Fabriken sowie dem ebenso schnellen, aber häufig ungeordneten, behelfsmäßigen Wachstum der Arbeitersiedlungen ballte sich soziale Not in zuvor nicht gekanntem Ausmaß auf engstem Raum. Städte wie Elberfeld (heute Stadtteil von Wuppertal) begannen um 1850, Armenfürsorge systematisch zu organisieren — selbstverständlich als ehrenamtliche Aufgabe ihrer Bürger und der nur wenigen Bürgerinnen.[1] Jeder Bürger konnte in das Amt des städtischen Armenpflegers gewählt werden und musste dieses Amt annehmen. „Mit dem Elberfelder System begann eine

---

1   Frauen konnten prinzipiell durchaus das Bürgerrecht erlangen; wie viele von ihnen in den verschiedenen deutschen Städten dieses Recht tatsächlich wahrnahmen, ist noch wenig erforscht.

Tradition ehrenamtlicher Armenpflege, die die Organisation städtischer Armenfürsorge in Deutschland auf Jahrzehnte hinaus bestimmte." (Sachße 2002, S. 25)

Ehrenamt steht so am Beginn von Verwaltung und fachlicher Professionalisierung. Recht bald schon geriet die ehrenamtliche Armenfürsorge jedoch unter Druck. Nicht nur in Elberfeld, sondern gleichermaßen in Hamburg oder in Frankfurt am Main, wo ähnliche Systeme aufgebaut wurden, war die Versorgung und Kontrolle der Armen durch Einzelpersonen neben der eigentlichen Berufstätigkeit nicht zu leisten. Gerade weil die ehrenamtlichen Bürger bald schon überlastet waren, mussten bezahlte Kräfte angestellt, instruiert und beaufsichtigt werden, womit gleichermaßen fachliche Professionalisierung und Aufbau von Verwaltung vorangetrieben wurden.

2.1 Begriffsbestimmung

Der Begriff ‚Ehrenamt' hat sich erhalten, seine Bedeutung nicht. Sie veränderte sich mit dem Wandel der politischen Systeme und Gesellschaften; durch die Unterdrückung der kommunalen Selbstverwaltung in der nationalsozialistischen Diktatur, durch seine Instrumentalisierung in der DDR, durch den Rückzug des Ehrenamtes in das Vereinsleben, das als ‚unpolitisch' deklariert wurde, als quasi-privater Raum; aber auch durch das gesellschaftliche Engagement der Neuen sozialen Bewegungen der 1970er und 1980er Jahre in der BRD, aus dem unter anderem die Selbsthilfegruppenbewegung hervorgegangen war.

Erst in den 1990er Jahren, kurz nach der deutsch-deutschen Wiedervereinigung also, wurde der Versuch unternommen, Ehrenamt als Gesamtkonzept neu zu denken. Anlass war die Entdeckung der Engagementförderung als staatliches Handlungsfeld. Kulminationspunkt war das Internationale Jahr der Freiwilligen 2001, welches von einer Enquete-Kommission des Deutschen Bundestages vorbereitet wurde und für das zahlreiche wissenschaftliche Studien und Expertisen angefertigt wurden, die zugleich einen neuen Gesellschaftsentwurf skizzierten. In diesem Entwurf sollte das Ehrenamt, welches sich aus der politischen Öffentlichkeit zurückgezogen hatte, ergänzt werden durch das bürgerschaftliche Engagement, verstanden als Tätigkeit, die 1. freiwillig, 2. nicht auf materiellen Gewinn gerichtet, 3. gemeinwohlorientiert, 4. öffentlich bzw. im öffentlichen Raum stattfindend sowie 5. in der Regel gemeinschaftlich/kooperativ ausgeübt wird. (vgl. Enquete-Kommission 2002, S. 86).

Der Begriff Bürgerschaftliches Engagement (als Eigenname) war von Anfang an umstritten. Insbesondere sein emanzipatorischer Anspruch kollidierte mit der Wirklichkeit in vielen (nicht nur) sozialen Einrichtungen, wo ‚freiwillige Helfer' das professionelle Personal entlasten, aber keineswegs durch neue Mitbestimmungsforderungen Reibungsverluste produzieren sollten. Erst allmählich wurde entdeckt, dass mit dem Engagement auch neue Qualitäten generiert werden konnten. Zunächst aber wurde versucht, mit dem Begriff freiwilliges Engagement Modernisierungsbereitschaft anzudeuten, ohne zu hohe Ansprüche zu wecken. Übrigens operierte auch schon der erste, 1999 vom Bundesfamilienministerium (BMFSFJ) herausgegebene Freiwilligensurvey mit dem Begriff des ‚freiwilligen

Engagements', was dadurch definiert war, dass im Rahmen einer öffentlichen Aktivität Verantwortung übernommen wurde. Der Survey bevorzugte also einen rein technischen Begriff, der von jedem weltverbessernden Pathos befreit war.

Inzwischen hat sich die Engagementforschung stark ausdifferenziert und zunehmend das Engagement im familiären Umfeld und in der Nachbarschaft als wichtige Grundlage für sozialen Frieden und demokratische Beteiligung ausgemacht. Anlass hierfür war die Beobachtung, dass bestimmte Gruppen, denen man kein Desinteresse an bürgerschaftlichem Engagement nachsagen wollte, in diesen Feldern besonders aktiv waren. Dies betraf beispielsweise Menschen mit Migrationshintergrund und Menschen in der ehemaligen DDR. Inzwischen hat sich für Solidaritätsnetzwerke im persönlichen Umfeld der Begriff „informelles Engagement" durchgesetzt. (vgl. BMFSFJ 2017, S. 74)

Ab Ende der 2000er Jahre verlor die staatliche Engagementförderung allmählich ihren innovativen Glanz und Anspruch. Hinzu kam und kommt eine zunehmende Monetarisierung (Geldzahlungen unterschiedlicher Art) des Engagements. Bürgerschaftliches Engagement, verstanden als unbestechliches Zeit-Geschenk, existiert neben mannigfachen bezahlten Formen, die von kleinen Taschengeldern bis zu Vergütungen oberhalb des Mindestlohns reichen. Die zum Teil scharf geführte Kontroverse um die Frage, ob bezahltes Engagement diesen Namen noch verdiene, konnte nicht verbindlich entschieden und geregelt werden. Inzwischen scheinen sich im Alltag Pragmatismus und der Verzicht auf Pathos durchzusetzen, ausgedrückt etwa durch die (meist nur männlichen) Bezeichnungen Ehrenamtler, freiwillige Helfer oder Abholer (bei den Tafeln). Manchen, denen dies, insbesondere vor dem Hintergrund des überwältigenden Engagements für Geflüchtete, zu technisch ist, sprechen im Gegensatz dazu inzwischen (wieder) von „Zivilengagement" (Daphi 2016, S. 35ff.)

Angesichts der Vielfalt des Engagements und der an das Engagement gestellten Ansprüche ist es nicht möglich, einen allumfassenden und widerspruchsfreien Begriff zu finden. Aus dieser Not heraus soll im Folgenden der Begriff bürgerschaftliches Engagement in der Definition der Enquete-Kommission weiterhin verwendet werden — bis sich ein besserer Vorschlag durchgesetzt haben mag.

2.2   Zivilgesellschaft

Zivilengagement knüpft an die Idee an, dass es in einer Demokratie zwischen Staat, Markt und Privatheit einen Bereich bürgerschaftlicher Selbstorganisation geben muss, der anderen Funktionslogiken als jenen der drei genannten Sektoren gehorcht: Einen Bereich, der nicht privat, also öffentlich ist; nicht Markt, also nicht auf Erwerb oder Gewinnmaximierung ausgerichtet; nicht staatlich, also von bürgerschaftlichem Eigensinn geprägt. Diesen Bereich bildet die Zivilgesellschaft. Bürgerschaftliches Engagement und seine Förderung setzen eine funktionierende Zivilgesellschaft voraus. Das Gegenmodell, also die Einschränkung oder gar Abwesenheit von Zivilgesellschaft, findet sich in autokratischen Regimen, die Selbstorganisation unterdrücken, weil sie diese mit Regimekritik gleichsetzen.

Das Modell einer demokratischen Zivilgesellschaft zwischen Markt, Staat und Privatem wird insbesondere in zweierlei Hinsicht kritisiert: zum einen lebt es nach Ansicht mancher Autoren von der impliziten Annahme, dass das dort praktizierte Engagement unmittelbar dem Gemeinwohl diene (vgl. Ministerium für Arbeit BW, S. 14), dass Engagement eben kein „unziviles" sein dürfe. (vgl. Roth 2004, S. 41ff.) Dann ist Zivilgesellschaft aber keine rein deskriptive Kategorie, sondern nur in Verbindung mit dem Bekenntnis zur freiheitlich-demokratischen Grundordnung (FDGO) gültig, also normativ aufgeladen.

Das zweite Problem besteht darin, dass die Grenzen zwischen Zivilgesellschaft und den angrenzenden drei Bereichen häufig brüchig sind: Wo Geld fließt, verschwimmt die Grenze zum ‚Markt'; bei informellem Engagement verschwimmt die Grenze zum Privaten; wenn explizit staatliche Aufgaben übernommen werden, wie z. B. bei Bedürftigkeitsprüfungen in Tafelläden, verschwimmt die Grenze zum Staat.

Man mag die Unschärfe der Definition bedauern; andererseits ist es gerade ein konstitutives Merkmal zivilgesellschaftlicher Akteure, dass sie schnell auf gesellschaftliche Veränderungen reagieren und dabei Grenzen ausprobieren, dehnen und überschreiten. Zuletzt hat dies die Welle der Hilfsbereitschaft gezeigt, die spontan entstanden war, um die 2015 nach Deutschland Geflüchteten zu versorgen und sie bei den ersten Schritten der Integration zu begleiten. Im Herbst 2015 waren die bestehenden Routinen und Strukturen schnell überlastet, wurden spontan neue Organisationen gegründet, teilweise mehrfach unverbunden nebeneinander. Freiwillige standen buchstäblich im Stau, weil deren Koordination versagte. Der Unterschied zwischen Professionalität und Improvisation wurde häufig unkenntlich. Die zivilgesellschaftlichen Akteure produzierten karitatives Chaos, bis neue Routinen und Strukturen entstanden und so die Grenzen zwischen Zivilgesellschaft, Staat, Markt und Privatheit wieder nachgezogen werden konnten.

2.3   Staatliche Förderung der Zivilgesellschaft?

In Deutschland gibt es eine lange Tradition der Unterstützung zivilgesellschaftlicher Akteure durch den Staat, die heute fortgesetzt wird durch eine Förderung durch Bund, Länder und Kommunen. Zu den Unterstützungsinstrumenten des Bundes und der Länder zählen steuerliche Begünstigungen, direkte finanzielle Förderung im Rahmen von Modellprojekten, Begleitforschung, flankierende Öffentlichkeitsarbeit, Unterstützung von Erfahrungsaustausch sowie Mitbestimmungsmöglichkeiten im Rahmen diverser Gremien, Nationaler Aktionsforen oder durch Politikberatung. Ein Hindernis staatlicher Förderung ist das Kooperationsverbot zwischen dem Bund und den Kommunen, welches eine Einmischung in lokale Politikgestaltung verhindern soll. Gleichwohl sind auf kommunaler Ebene zahlreiche Infrastruktureinrichtungen zur Förderung des bürgerschaftlichen Engagements durch staatliche Unterstützung ermöglicht worden, wie Freiwilligenagenturen, Seniorenbüros, Selbsthilfekontaktstellen oder Kommunale Anlaufstellen für Engagement und Bürgerbeteiligung.

Gemessen an dem Ziel, Menschen für Engagement zu gewinnen, Anerkennungskultur zu stärken und die Begleitung und Verabschiedung von Freiwilligen zu verbessern (Freiwilligenmanagement), ist die Engagementförderung eine Erfolgsgeschichte. Problematisch an staatlicher Engagementförderung ist hingegen der Interessensausgleich zwischen traditionellen Verbänden und neuen Akteuren.

Darüber hinaus sind einzelne Maßnahmen kritisch zu beleuchten, wie etwa die Einführung und der Ausbau der Übungsleiterpauschale[2], die den rechtlichen Rahmen für den Aufbau eines gigantischen Zuverdienstsektors durch die Monetarisierung des Ehrenamtes ermöglicht hat, wovon neben den Sportvereinen insbesondere die Wohlfahrtsverbände profitieren. Gerade die Wohlfahrtsverbände haben diese Praxis und das damit verbundene Problem der Schein-Ehrenamtlichkeit ausführlich diskutiert. (vgl. Caritas 2014)

Neben der Kritik im Detail gibt es auch eine grundsätzliche Kritik an staatlicher Förderung zivilgesellschaftlicher Akteure. So plädierte beispielsweise *André Habisch* in einem Sondervotum im Rahmen des Enquete-Berichtes (Enquete-Kommission 2002, S. 729ff.) dezidiert für staatliche Zurückhaltung gegenüber zivilgesellschaftlichen Initiativen und Selbstorganisationen. Er begründete dies mit Beispielen zur Bekämpfung von Armut in Entwicklungs- und Schwellenländern. Im Kern der Argumentation stehen die Arbeiten der US-amerikanischen Ökonomin *Elinor Ostrom* und deren Begriff von Sozialkapital, der sich wesentlich von dem in der Engagementförderung gängigen Begriff von Robert D. Putnam (s. u.) unterscheidet. Der Ansatz Ostroms basiert auf den Untersuchungen zu *collective action* und *sozialer Ökonomie*. Kollektives Handeln unterliegt stets der Gefahr, dass kurzsichtiger Egoismus oder Trittbrettfahrertum Gemeinschaftsgüter ausbeuten, weshalb nur Gemeinschaften überlebensfähig sind, die verbindliche Regeln aufstellen und diese auch durchzusetzen wissen. Die Beobachtung Ostroms ist, dass beispielsweise in Indien Gemeinschaften, die selbst die Einhaltung von Regeln überwachen, deutlich effektiver sind als solche, die auf staatliche Intervention zur Einhaltung von Regeln vertrauen. Vollkommen selbstverwaltete Genossenschaften erwirken auf diese Weise ein hohes ‚Sozialkapital‘, eigentlich eine hohe soziale Kontrolle, die zu einer pünktlichen Rückzahlung von Kleinkrediten führt.

Auch in Deutschland sollte sich daher nach Ansicht von Habisch und in Einklang mit der Empfehlung Ostroms die Rolle des Staates darauf beschränken, Hilfestellung zur Entwicklung und Durchsetzung dieser Regeln zu geben, also „engagementbereiten Bürgern als ‚Sozialkapitalinvestoren‘ zunächst geeignete Sets von Selbstorganisationsregeln anzubieten – ähnlich dem Gesellschaftsrecht, das potenziellen Unternehmern die Rechtsformen der GmbH, KG, GbR oder AG anbietet." (ebenda, S. 737) Diese Argumentation für den Rückzug des Staates aus der Förderung der Zivilgesellschaft und des Bürgerschaftlichen Engagements überzeugte die Enquete-Kommission nicht. Engagementförderung in Deutschland richtet

---

2 Die sogenannte Übungsleiterpauschale gestattet seit ihrer letzten Novellierung im Jahr 2013 Einzelpersonen einen steuerfreien jährlichen Verdienst von bis zu 2400 Euro in gemeinnützigen Einrichtungen.

sich auch am wenigsten auf die Gründung von Genossenschaften zur Armutsbekämpfung, sondern nutzt stattdessen Instrumente, wie sie zu Beginn des Kapitels beschrieben wurden.

3 Zwei theoretische Leitbilder des Bürgerschaftlichen Engagements: Soziales Kapital und Welfare-Mix

3.1 Soziales Kapital

Argumente für eine Förderung des bürgerschaftlichen Engagements durch den Staat bieten unter anderem die Analysen und Thesen Robert D. Putnams. Fasziniert von der unterschiedlichen Wirtschaftskraft Nord- und Süditaliens untersuchte er die gesellschaftlichen Rahmenbedingungen beider Regionen. Seine Feststellung war, dass die Beziehungsnetzwerke in Norditalien vielfältiger und zugleich Außenstehenden gegenüber offener sind als im Süden. Sie ermöglichen eine Kultur des Vertrauens, die unter anderem ursächlich ist für die unterschiedliche Prosperität. Putnam definierte diese Netzwerke als „Soziales Kapital"– in Analogie zu Finanzkapital (wirtschaftliche Macht), Humankapital (persönliche Kompetenzen) oder kulturellem Kapital (Bildung, kulturelle Kompetenzen, Habitus).

Messbar sei Soziales Kapital unter anderem an der Zahl der Mitglieder in Assoziationen, wobei es für die Frage nach dem Sozialen Kapital zunächst keinen Unterschied macht, ob es sich dabei um Gewerkschaften, politische Parteien oder Gesangsvereine handelt. Aber auch Fragen wie „Wie viele Nachbarn kennen Sie mit Vornamen?" oder „Wie oft im Jahr haben Sie Besuch von Freunden?" geben Aufschluss über die Dichte und Tragfähigkeit persönlicher Netzwerke.

Nicht alle Beziehungsnetzwerke erweitern die persönlichen Möglichkeiten. Die gerade im Süden Italiens wirksamen sprichwörtlichen mafiösen Strukturen behindern die wirtschaftliche (und zivilgesellschaftliche Entwicklung) eher, als dass sie diese befördern. Putnam führte daher die Begriffe „brückenbildendes" (bridging) und „zusammenschmiedendes" (bonding) Soziales Kapital ein, wobei brückenbildendes Soziales Kapital grundlegend für eine offene, dynamische Gesellschaft zu sein scheint. Auf der anderen Seite können auch bindende Beziehungsnetzwerke für den Einzelnen existentiell sein. „Wenn man krank ist, stellen die Personen, die einem etwas zu essen bringen, wahrscheinlich zusammenschmiedendes Soziales Kapital dar." (ebenda, S. 260) Die jeweiligen Formen Sozialen Kapitals sind daher differenziert zu bewerten.

Putnam analysiert sehr plastisch den Wert persönlicher Netzwerke. Arbeitsplätze erhält man eher durch Beziehungen als durch Leistung. Die Verbrechensrate in Quartieren, in denen die Nachbarn sich beim Vornamen kennen, ist geringer als in anonymen Vierteln. Die Steuermoral ist besser, wenn sich die Menschen untereinander verbunden fühlen. Und es gibt „gute Beweise dafür, dass die physische Gesundheit erheblich von der sozialen Verbundenheit beeinflusst wird. (…) Bei ansonsten konstanten Risikofaktoren – Blutwerte, Alter, Raucher, Nichtraucher – halbiert sich mit dem Beitritt zu einer Gruppe die Gefahr, innerhalb der nächsten zwölf Monate zu sterben; mit dem Beitritt zu zwei Gruppen sinkt sie auf ein Viertel." (2001, S. 269)

Diese euphorische Deutung des Sozialen Kapitals mag im Einzelfall die Bedeutung sozialer Netzwerke überschätzen, grundsätzlich aber legt sie zu Recht nahe, den Aufbau von Beziehungsnetzwerken systematisch als Mittel zur Verbesserung von Lebenslagen zu nutzen.

Während vor allem die Bundespolitik, aber auch zahlreiche kommunale Akteure in der Unterstützung des Bürgerschaftlichen Engagements vom Sozialen Kapital doppelt fasziniert waren, weil es zum einen durch den Ausbau von Beziehungsnetzwerken leicht herstellbares persönliches Kapital verspricht – bei gleichzeitigem Mehrwert für das Gemeinwesen – verzweifelt die Wissenschaft an der unscharfen Definition und an der Frage, welche Netzwerke denn nachweislich welche Wirkungen hätten. So könne ein „direkter Zusammenhang zwischen Netzwerkbildung, insbesondere der Mitgliedschaft in freiwilligen Assoziationen, und dem sozialen Vertrauen empirisch nicht nachgewiesen werden." Stattdessen gelte „eher der umgekehrte Zusammenhang, d. h. ein hohes Niveau des sozialen Vertrauens hat in der Regel positive Auswirkungen auf die Bereitschaft, sich in freiwilligen Vereinigungen zu engagieren." (Kern 2004, S. 125) Während Putnam formuliert: „People who join are people who trust." könne ebensogut gelten: „People who trust are people who join." (ebenda) Wie dem auch sei, für die Analyse von Ausgrenzungsmechanismen ist entscheidend: Wer sich nicht engagiert, wer wenig soziales Vertrauen besitzt und sich nicht in zivilgesellschaftliche Vereinigungen einbringt, hat weniger Chancen, seine psychische und physische Gesundheit ebenso wie seine persönlichen und ökonomischen Möglichkeiten auszubauen und seine politischen Interessen durchzusetzen. Dem könnte Engagementförderung entgegenwirken.

3.2   Welfare-Mix

Welfare-Mix bzw. Wohlfahrtsmix oder auch Wohlfahrtspluralismus bezeichnet die Kombination staatlicher, marktwirtschaftlicher, privater und zivilgesellschaftlicher Hilfeleistungen. Dieser Mix bzw. die Frage, wer im Zusammenwirken der genannten Sektoren welche Aufgaben übernehmen sollte und wer die erbrachten Leistungen zu finanzieren habe, war seit den 1990er Jahren heftig umstritten — zu der Zeit also, als die Debatte um die staatliche Förderung des bürgerschaftlichen Engagements entstand und die Enquete-Kommission zur Zukunft des Bürgerschaftlichen Engagements ihren Bericht vorlegte, der gleichsam ein Grundsatzprogramm der Engagementförderung sein sollte (vgl. Enquete-Kommission 2002).

Zunächst einmal ist festzustellen, dass „die individuelle Wohlfahrt der Bürgerinnen und Bürger nie allein von staatlichen Beiträgen, sondern immer auch von den Leistungen des Marktes, des Dritten Sektors und nicht zuletzt der privaten Haushalte abhängig ist." (ebenda, S. 495) Wohlfahrts-Mix ist demnach keine neue Erfindung, sondern Normalität. In den 1990er Jahren aber wurde der Appell, mehr bürgerschaftliches Engagement in diesem Welfare-Mix zuzulassen, gleichzeitig mit dem Rückzug des Staates und der Öffnung sozialer Dienste für mehr marktwirtschaftliche organisierte Hilfe diskutiert. Daher lag der Verdacht nahe, dass jene, die für mehr bürgerschaftliches Engagement plädierten, in Wirklichkeit damit den Rückzug des Staates camouflieren und das Engagement als Lückenbüßer einsetzen wollten.

Dieses Lückenbüßer-Theorem wird insbesondere von *Claudia Pinl* konsequent verfolgt. Sie sieht eine direkte Linie vom damaligen Bundeskanzler *Helmut Kohl*, der 1982 „mehr Selbsthilfe und Nächstenhilfe der Bürger füreinander" (zitiert nach Pinl 2015) einforderte, über das 1999 veröffentlichte sogenannte *Schröder-Blair-Papier*, in dem die Autoren „neue Wege zur sozialen Gerechtigkeit" skizzierten (ebenda), aber im Grunde den Rückzug des Staates legitimieren wollten, bis hin zum oben genannten Bericht der Enquete-Kommission aus dem Jahr 2002. Daraus zitiert Pinl:

> „Unter dem Stichwort einer neuen Verantwortungsteilung wird in der Bürgergesellschaft mehr bürgerschaftliche Verantwortung von den Bürgerinnen und Bürgern erwartet – ohne dass dies vom Staat erzwungen wird. Die Idee der Bürgergesellschaft rechnet vielmehr mit einer freiwilligen Verantwortungsübernahme. (…) Formen der Selbstverpflichtung werden umso notwendiger, je stärker sich der Staat von geltenden Regelungsansprüchen zurückzieht und Aufgaben, die nicht staatlich geregelt werden müssen, bürgerschaftlichen Akteuren überantwortet. Deregulierung, Ermöglichung, Subsidiarität und der Abbau bürokratischer Strukturen als Elemente bürgergesellschaftlicher Reformen brauchen zu ihrem Gelingen ein Gegenstück: die innere Haltung der Bürgerinnen und Bürger, für die Gemeinschaft aus einer freiwillig übernommenen Verantwortung etwas zu tun." (Enquete-Kommission 2002, S. 77)

Die obenstehende Passage erscheint allerdings in einem anderen Licht, wenn auch die auf Seite 505 des Berichtes geäußerte Kritik am „aktivierenden Staat" wiedergegeben wird. Darin wendet sich die Kommission „etwa gegen eine Vorstellung vom ‚aktivierenden Staat'", der zufolge „eine als überwiegend passiv vorgestellte Gesellschaft durch den Staat erst aktiviert werden müsse. Ebenso wird die Vorstellung nicht geteilt, wonach sich ein überwiegend als ‚freiheitsberaubend' eingeschätzter Staat möglichst weit zurücknehmen solle, um eine sich selbst genügsame Gesellschaft aktiver Bürgerinnen und Bürger zur Entfaltung kommen zu lassen." (ebenda, S. 505f.) Pinl stellt die von ihr ausgewählte Passage jedoch vereinfachend in eine Tradition mit einem politischen Kurswechsel in westlichen Ländern seit den 1980er Jahren. So kommt sie zu einer klassischen linken Position, die die Rechte der Arbeitnehmerinnen und Arbeitnehmer zu vertreten sucht, ohne sich mit der Frage aufzuhalten, ob bürgerschaftliches Engagement und Erwerbsarbeit nicht grundsätzlich unterschiedlichen Handlungslogiken folgen. Daher moniert sie auch, dass für das Ehrenamt der Mindestlohn nicht gilt — ohne sich darüber Rechenschaft abzulegen, dass Mindestlohn für Engagement ein Widerspruch in sich ist, da ein entlohntes Engagement in Wirklichkeit eine Erwerbstätigkeit wäre.

Pinl steht stellvertretend für eine linke Kritik am Rückzug des Staates aus sozialer Verantwortung, die dort überzogen ist, wo sie die Freiwilligkeit des Engagements nicht reflektiert und wo sie die besondere Qualität übersieht, die durch und nur durch Engagement entsteht. Berechtigt erscheint ihre Kritik hingegen dort, wo sie Missbrauch anprangert: „Die wichtige Ressource Engagement wird jedoch missbraucht, wenn sie – institutionalisiert

und auf Dauer berechnet – dazu dient, die Löcher in den Etats der öffentlichen Daseinsvorsorge zu stopfen und Mängel lediglich zu verwalten, statt sie zu beheben." (Pinl 2015)

Die entscheidende Frage ist, wie ‚der' Staat Menschen dauerhaft gegen ihren Willen zu
freiwilligem Engagement missbrauchen kann, wie aus einer freiwilligen Selbstverpflichtung
Missbrauch werden kann. Hier ist weiteres Nachdenken erforderlich. Eine Ursache dafür,
dass bürgerschaftliches Engagement zu einer kalkulierbaren Ressource des Sozialstaates
werden kann, ist sicherlich das Zahlen von Taschengeld oder ähnlich deklarierten Baga-
tellbeträgen, durch die das Besondere des Engagements verwischt wird und ein Abhängigkeitsverhältnis entsteht. Die Monetarisierung des Engagements (Zunahme von Geldflüssen
im Engagement) ist daher lange in der Kritik. (vgl. BMFSFJ 2017, S. 222ff., zze 2009)

Welche Qualität aber kann nur dann entstehen, wenn eine Leistung nicht im Kontext
der Erwerbsarbeit erbracht wird? In Pflegeheimen ist inzwischen allgemein anerkannt,
dass Engagierte andere Beziehungsqualitäten herstellen können als Professionelle dies aus
ihrer Funktion heraus tun sollten. Engagement erlaubt mehr Nähe und das Entwickeln von
alltagspraktischen Tätigkeiten, wie etwa das gegenseitige Erzählen oder das gemeinsame
Einkaufen, die unmöglich professionell zu erbringen wären. Die spontane Hilfewelle zur
Integration der 2015 nach Deutschland Geflüchteten brachte ebenfalls zahlreiche Begeg-
nungsangebote hervor, die oft aus Sprachkursen entstanden, aber weit über das Lernen der
Sprache hinaus gingen. Freiwillige gaben Orientierung im fremden Alltag (halfen etwa
einen Schulranzen für den Schulanfang zu kaufen) und setzten eine Gründungswelle von
Fahrradwerkstätten in Gang, in denen, häufig gemeinsam mit den Geflüchteten, Fahrräder
instand gesetzt und verteilt wurden. Darüber hinaus sind gerade für geflüchtete Frauen
Wochenendkurse entstanden, in denen sie das Fahrradfahren lernen konnten, was in ihrer
Heimat häufig undenkbar war und nun einen unerwarteten Schritt hin zu mehr Mobilität
und damit Emanzipation bedeutete. Auch hier entstand eine eigene Qualität durch die
Nähe und durch das Geschenk: Die Freiwilligen, die ihre Zeit schenken, vermitteln den
Ankommenden ein greifbares Bild von geteilter Verantwortung für das Gemeinwohl,
wie es viele aus ihren Herkunftsländern nicht kennen, wo selbstorganisierte Aktivitäten
gefährlich sind, weil sie als Regimekritik interpretiert werden. Durch das bürgerschaftliche
Engagement werden Ankommende also nicht nur versorgt, sondern persönlich und damit
gleichsam stellvertretend für die und von der Gesellschaft aufgenommen.

Freiwilligenmanagement ist das Aufspüren von Qualitäten, die spezifisch durch bürgerschaftliches Engagement entstehen. Ein wichtiger Erfolgsfaktor dafür ist, dass die
Grenze zwischen hauptamtlicher, bezahlter Tätigkeit und freiwilligem, bürgerschaftlichem Engagement deutlich zu erkennen ist und kommuniziert wird. Diejenigen, die in
den Gründungsjahren der Engagementförderung für den Welfare-Mix argumentierten,
wollten dieser Qualität Raum geben.

Welfare-Mix ist also ein sensibles Gleichgewicht in der Herstellung von Wohlfahrt
durch staatliche, marktwirtschaftliche, private und zivilgesellschaftliche Akteure. Dieses
Gleichgewicht ist immer gefährdet, daher sensibel zu beobachten und auszutarieren. Dabei
haben alle Akteure Verantwortung für sein Funktionieren. Dem stimmt wohl auch Pinl
zu, wenn sie schreibt: „Bürgerschaftliches Engagement, die tätige Anteilnahme an dem,

was um uns herum geschieht, im Quartier, in der Stadt, im Land, auch jenseits von Wahlen und Abstimmungen, ist in einer Demokratie unverzichtbar." (2015)

4   Bürgerschaftliches Engagement konfrontiert mit Ausgrenzung

Bürgerschaftliches Engagement lebt von der Möglichkeit, durch eigenes Zutun persönliche Lebensumstände zu verbessern und Lebensqualität zu erhöhen. Dies kann grundsätzlich in drei Settings geschehen: Durch Engagement *für* bestimmte Menschen oder Gruppen (Hilfe), durch Engagement *mit* diesen (Begleitung, Patenschaft) oder durch eigenständiges bzw. angeleitetes Engagement der betroffenen Menschen selbst (Selbstorganisation oder Selbsthilfe).

Ein Handlungsfeld, in dem diese drei Dimensionen exemplarisch beobachtet werden können — und das zudem aus bürgerschaftlicher Initiative entstanden ist — sind die inzwischen deutschlandweit verbreiteten Tafeln und tafelähnlichen Organisationen. Deren Grundidee ist eine doppelte: Nahrungsmittel, die kurz vor dem Verfallsdatum stehen, aber noch brauchbar sind, Menschen zukommen zu lassen, die sich diese sonst schwer oder gar nicht leisten könnten. So wird Menschen geholfen und werden Ressourcen geschont. Damit dies funktioniert, sind zahlreiche Helfer unterwegs, die in Supermärkten Lebensmittel sammeln, sortieren und zu den Ausgabestellen bringen. Die Märkte, die die Lebensmittel spenden, profitieren von geringeren Entsorgungsgebühren und dem Imagegewinn. Und die Kunden erhalten die Waren kostenlos oder für einen kleinen, symbolischen Betrag, wie zum Beispiel einem Euro pro Einkauf.

Zu den ersten, die die Tafeln wissenschaftlich beleuchtet haben, gehört Stephan Selke, der sie zunächst als Kunde kennenlernte und anschließend in seinem Buch „Fast ganz unten" 2008 ausführlich beschrieb. Das Interessante an den Tafeln aber ist eine ganze Kette an Provokationen im Gewande eines unaufgeregten Pragmatismus, deren wesentlichen Widersprüche Stephan Lorenz (2009) pointiert zusammenfasste: Dies beginnt mit der Vorgehensweise der Tafeln bei ihrer Einführung im Jahr 1993: Privatinitiativen setzen – unabhängig von großen Wohlfahrtsverbänden und ohne gesetzliche Vorgaben, ohne das Dogma der Subsidiarität zu beachten und unter Verzicht auf die daraus abzuleitenden Finanzierungsforderungen — in erheblichem Umfang (deutschlandweit) erfolgreich eine Idee um, und dies gemeinsam und partnerschaftlich mit global operierenden Großunternehmen, deren Philosophie und Sprache sie kopieren; Mercedes sponsorte zahlreiche Kühlwagen, McKinsey beriet werbewirksam pro bono. Tafelgründungen wurden wie Unternehmensgründungen inszeniert, der Name als Marke geschützt. Nachahmer müssen sich eigene Namen geben oder mit rechtlichen Schritten rechnen.

Eine weitere Provokation bestand bzw. besteht in dem Tätigkeitsfeld: Armenspeisung in einem der reichsten Länder der Erde. Und nicht zuletzt: Die Konfrontation der Sozialen Arbeit, der Profession, mit erfolgreichen Laien, die sich wenig um professionelle Standards, Philosophien und Methoden kümmerten, und schon gleich gar nicht um Fragen des

Empowerments oder der Einzelfallberatung der Klienten und Klientinnen. Im Gegenteil: Der Erfolg der Tafeln fußte mit darauf, dass sie sich von solchen Fragen nicht aufhalten ließen sondern die Betroffenen entthematisierten, indem sie diese — in ihrer Sprache – als anonyme Kunden aus der Organisation ausblendeten.

Auf der anderen Seite, jenseits der Provokation, pflegten die Tafeln das harmonische Bild vieler Gewinner, win-win-win, welches von den Medien bereitwillig aufgegriffen wurde, denn auch sie waren Gewinner – der Story. Unternehmen profitierten von dem Imagegewinn, der durch ein Engagement für die Tafeln entsteht und auch der Sozialstaat witterte Entlastungspotentiale: Hartz-IV-Empfängern und Empfängerinnen wurden Leistungen gekürzt mit dem Hinweis, dass sie sich doch im Tafelladen billig versorgen könnten. Eine Rechtsauslegung, die inzwischen jedoch aufgegeben werden musste (ebenda, S. 117).

Bei der Aufzählung fällt auf, wer bei den Gewinnern fehlt – die Kunden. Im Chor der Tafelfreunde haben sie keine Stimme. Diese Stigmatisierung wird durch die meisten Tafeln noch durch eine Bedürftigkeitsprüfung manifestiert und quasi amtlich bestätigt. Lorenz schlägt hier vor, anstelle der Prüfungen das persönliche Gespräch zu setzen – doch es herrscht meist eine tiefe Kluft zwischen den bei den Tafeln Engagierten und den Nutzerinnen und Nutzern. Nicht zuletzt deshalb, weil dieser ‚Sicherheitsgraben‘ in Wirklichkeit sehr schmal ist, weil viele der Engagierten jederzeit in die umgekehrte Position wechseln könnten oder diese schon aus eigener Anschauung kannten (vgl. ebenda).

Diese Spannung kennzeichnet die Tafeln und bildet sich auch in der Namensgebung ab. Denn worauf verweist der Name Tafel? Ist damit wirklich ein dem Wortsinn nach reich gedecktes Gastmahl gemeint? Die Tafeln reizen zum Nachdenken – insbesondere auch die Nachahmer. Längst gibt es Versuche, das beschränkte Tätigkeitsfeld zu erweitern. Kochkurse für Eltern oder über die Distribution von Lebensmitteln hinaus deren Anbau zu wagen. An der Schnittstelle von Ökologie und Solidarität wartet ein kreatives Potential. Doch solche Experimente können nur gelingen, wenn sie mit einem Prinzip der Tafeln brechen, wenn sie die Nutzerinnen und Nutzer der Tafeln direkt ansprechen und aus der Anonymität herausbegleiten. Hier ist der partnerschaftliche Schulterschluss mit der Sozialen Arbeit erforderlich.

Die Geflüchteten von 2015 haben die Arbeit der Tafeln — zumindest vorübergehend — stark verändert. Folgende Phänomene waren zu beobachten: Durch die hohe Zahl der Geflüchteten stieg auch die Zahl der Nutzenden, so dass die routinemäßig anfallenden Nahrungsmittel nicht mehr ausreichten. Viele Tafelläden mussten ihre Lebensmittelausgabe rationieren. Dies konnte dazu führen, dass ‚Stammkundschaft‘ beispielsweise nicht mehr an drei Ausgabetagen versorgt wurde, sondern nur noch an zweien. Der dritte Tag wurde hingegen für die Geflüchteten reserviert. Diese Trennung der Ausgabetage wurde damit begründet, dass so die aufkommende Neiddebatte (ich bekomme weniger, weil die Geflüchteten mir meinen Anteil nehmen) nicht in offene Aggression gegenüber den neu Hinzugekommenen umschlagen würde.

Vor diesem Hintergrund verstärkten die Tafelläden ihre Akquise. Die Tafeln kamen zwangsläufig in ein Dilemma: Einerseits wäre ein größeres Angebot an Nahrung wünschenswert, andererseits wäre es absurd zu fordern, dass mehr Nahrungsmittelüberschuss produziert werden müsse, damit die Tafeln mehr zum Verteilen hätten. Die Tafeln stießen so zwangsläufig an die Grenzen ihres Wachstums und ihrer Hilfemöglichkeiten.

Ein weiteres Phänomen, welches nicht ursächlich mit der Flucht aus Krisengebieten zusammenhing, ist die einsetzende (physische) Erschöpfung der Gründergeneration, der das Manövrieren der schweren Lebensmittelkisten aufgrund ihres hohen Durchschnittsalters zunehmend schwerer fällt. Viele Tafelläden konnten dieser Problematik die Spitze nehmen, indem sie sich auf eine neue Ressource besannen: Geflüchtete halfen freiwillig insbesondere den Abholern und Abholerinnen der Tafeln und entspannten so die Situation. Es ist jedoch anzunehmen, dass die Erschöpfungsproblematik damit nicht dauerhaft gelöst ist.

Ein drittes Phänomen war die Instrumentalisierung des knappen Angebotes an Nahrungsmitteln für politische Agitation. So bemühte sich die NPD, eine Neid- und Gerechtigkeitsdebatte zwischen deutschen Nutzern und Geflüchteten anzufachen.

> „Leidtragende sind vor allem unsere Rentner. Sie gehen leer aus oder trauen sich gar nicht mehr an die Tafel. Bereits seit 2013 berichten uns vorwiegend ältere Mitbürger, man werde im Gedränge an der Tafel angerempelt. Mit allen Mitteln sollen gerade die jungen Ausländer und Asylbewerber nach vorne drängen und sich Einlass zur Tafel verschaffen. Menschen mit gebrechlichen Knochen gehen dieses Risiko lieber nicht mehr ein. Mütter, die darauf angewiesen sind ihr Kind zum Einkauf mit zu nehmen auch nicht." (NPD, 2017)

Die bei den Tafeln zu beobachtende Entwicklung ist, abgesehen von der Instrumentalisierung durch politische Parteien, ein typischer Prozess eines auf Dauer angelegten bürgerschaftlichen Engagements: Nach der Euphorie des Aufbaus setzt früher oder später die Routine ein. Routine ist wenig aufregend und erschwert so das Gewinnen neuer Freiwilliger. Stattdessen befördert sie zwei konträre Formen der Professionalisierung, nämlich formeller und informeller. Formelle Professionalisierung wird durch tarifvertraglich abgesicherte Arbeitsverhältnisse gerahmt, informelle entsteht durch Taschengelder oder ähnliche Bagatellzahlungen, die als monetäre Anreize eingesetzt werden. Engagierte und Beschäftigte, Organisationen und auch der Staat haben sich immer wieder mit der Frage zu beschäftigen, welche Qualität durch bürgerschaftliches Engagement entsteht, durch formelle, professionelle Tätigkeit oder durch informelle – und sie müssen entsprechende Entscheidungen treffen und Steuerungsimpulse setzen. Der unregulierte Ausbau eines informellen Beschäftigungssektors hingegen demotiviert Freiwillige wie Hauptamtliche gleichermaßen.

Engagement von Menschen mit niedrigem sozio-ökonomischem Status

Der letzte Freiwilligensurvey (2016 erschienen, basierend auf 2014 erhobenen Daten) bestätigt erneut, dass sich Bildungsniveau und Einkommen positiv auf die individuelle Engagementbereitschaft auswirken. (BMFSFJ 2016, S. 429ff.) Während sich Menschen, die ihre Einkommenssituation als sehr gut beschreiben, zu 50 Prozent engagieren, sinkt dieser Wert bei jenen, die ihr Einkommen als eher schlecht bewerten, auf 37,9 Prozent und bei jenen, die es als sehr schlecht bewerten, auf 26,9 Prozent. Diese Beobachtung trifft auf

Frauen noch stärker zu als auf Männer; und auf Ältere stärker als auf Jüngere. (ebenda, S.445) Es engagieren sich also vor allem jene, die sozioökonomisch integriert sind oder zumindest die Hoffnung haben, diese Integration vollziehen zu können.

Diese Annahme wird durch den Zusammenhang von Engagement und Bildung gestützt. Schülerinnen und Schüler engagieren sich zu rund 54 Prozent, obwohl nicht davon ausgegangen werden kann, dass sie in der Regel zu den Besserverdienenden gehören. Menschen mit Haupt- oder Realschulabschluss und beruflicher Ausbildung engagieren sich zu 36 Prozent, Menschen mit FH/-Universitätsabschluss jedoch zu 54 Prozent. (ebenda, S. 439)

Engagement und Bildung sind positiv korreliert. Engagementförderung und Bildungsförderung können sich also gegenseitig positiv verstärken und Benachteiligung abbauen helfen. Martin Schenkel, ehemals Leiter des Sekretariats der Enquete-Kommission zur Zukunft des Bürgerschaftlichen Engagements, beschreibt bürgerschaftliches Engagement als informellen Lernort sui generis: „Bürgerschaftliches Engagement erzeugt: personale Kompetenz; sozial-kommunikative Kompetenz; aktivitäts- und umsetzungsorientierte Kompetenz; fachlich-methodische Kompetenz, interkulturelle Kompetenz und demokratische Kompetenz." (2007, S. 111) vor diesem Hintergrund wurden auch Freiwilligendienste wurden als Möglichkeit der Kompetenzerweiterung diskutiert. (ebenda, S. 118) und als ‚Lerndienste' deklariert.

Es ist erklärtes Ziel von Engagementförderung, insbesondere für Zielgruppen, die von Ausgrenzung betroffen sind, den persönlichen Kompetenzgewinn durch ein Engagement zu stärken und die Zugangsschwellen zu senken. Aber auch das Gegenteil ist wahr: Wer die beschriebenen Kompetenzen bereits hat, findet leichter Zugang zum Engagement und erweitert seine bestehenden Fähigkeiten.

Entbehrliche?

Für ihre 2011 erschienene Studie „Entbehrliche der Bürgergesellschaft?" hatten Johanna Klatt und Franz Walter mit ihrem Team Menschen hinsichtlich ihres Engagements befragt, die aufgrund ihres Einkommens, ihres Bildungsstands und ihres Wohnortes als partiell oder vielfach von der Mehrheitsgesellschaft exkludiert gelten konnten (ebenda, S. 49). Klatt und Walter spürten Ansätzen nach, wie die Befragten für bürgerschaftliches Engagement gewonnen werden könnten. Sie betonen, dass gerade die Befragten ein starkes Bedürfnis danach haben, aus dem Leistungsdruck des Alltags auszubrechen und daher durchaus für eine sinnstiftende Tätigkeit zu gewinnen sein sollten.

Allerdings stehen dem zahlreiche Hemmnisse entgegen. So sind exkludierte Personen in der Regel weniger mobil, auf den Nahbereich im Quartier oder im Wohnblock fokussiert ebenso wie auf peer-groups und Familie, was insbesondere für Menschen mit Migrationshintergrund gilt. Auf der anderen Seite stecken in diesen Merkmalen auch Potenziale. Klatt und Walter empfehlen beispielsweise, mit Engagementförderung gezielt im Nahbereich anzusetzen, also in Nachbarschaft und Quartier; Eltern für Engagements zu gewinnen, bei denen es um das Wohl der eigenen Kinder geht; Schlüsselpersonen zu gewinnen und zu qualifizieren (Stadtteilmütter), deren Meinung etwas gilt, die andere motivieren können und als Vorbild wirken (vgl. ebenda, S. 199, S. 208).

Arm, so lautet eine alte Formel, ist man nicht nur, wenn man nichts hat, sondern wenn man nichts schenken kann. Wer dazu beiträgt, dass exkludierte Menschen ihre Zeit schenken können, lindert nicht alle Folgen von Armut. Aber immerhin die, nicht dazuzugehören.

Literatur

Böhnisch, Lothar und W. Schröer. 2004. *Bürgergesellschaft und Sozialpolitik. Aus Politik und Zeitgeschichte*, B14/2004.

Bundesministerium für Familie, Senioren, Frauen und Jugend. 2016. *Freiwilliges Engagement in Deutschland. Der Deutsche Freiwilligensurvey 2014.*

Caritas. 2014. Übungsleiterfreibetrag. Schreiben des Deutschen Caritasverbandes an die Diözesan-Caritasverbände und caritativen Fachverbände in der Bundesrepublik Deutschland. www http://www.schiering.org/arhilfen/gfb/140227-rsdcv-gfb-uebleiterpauschale.pdf. Zugegriffen: 31.5. 2017.

Daphi, Priska. 2016. *Engagement für Flüchtlinge. Aus Politik und Zeitgeschichte*, 14-15/2016.

Enquete-Kommission „Zukunft des Bürgerschaftlichen Engagements" des Deutschen Bundestages. 2002. *Bericht „Bürgerschaftliches Engagement: auf dem Weg in eine zukunftsfähige Gesellschaft".* Opladen.

Evers, Adalbert. 2015. Das Konzept des Wohlfahrtsmix, oder: Bürgerschaftliches Engagement als Koproduktion. In *Jahrbuch Engagementpolitik 2015*, Hrsg. S. Klein, R. Sprengel und J. Neuling, 21-27. Schwalbach/Taunus: Wochenschau Verlag.

Freiwilligensurvey. 2006. *Freiwilliges Engagement in Deutschland 1999-2004*, Hrsg. vom BMFSFJ, Berlin.

Geißel, Brigitte, K. Kern, A. Klein und M. Berger, Hrsg. 2004. *Zivilgesellschaft und Sozialkapital – Herausforderungen politischer und sozialer Integration*. Wiesbaden: VS Verlag für Sozialwissenschaften.

Hessisches Sozialministerium, LandesEhrenamtsagentur Hessen, Hrsg. 2007. *„Ohne Moos nix los?" Wieviel Bezahlung verträgt das Ehrenamt?* Tagungsdokumentation. Wiesbaden.

Kern, Kristine. 2004. Sozialkapital, Netzwerke und Demokratie. In *Zivilgesellschaft und Sozialkapital – Herausforderungen politischer und sozialer Integration,* Hrsg. B. Geißel, K. Kern, A. Klein und M. Berger. Wiesbaden: VS Verlag für Sozialwissenschaften.

Klatt, Johanna und F. Walter. 2011. *Entbehrliche der Bürgergesellschaft? Sozial Benachteiligte und Engagement.* Bielefeld: transcript.

Lange, Dietrich und K. Fritz, Hrsg. 2002. *Soziale Fragen, soziale Antworten. Die Verantwortung der Sozialen Arbeit für die Gestaltung des Sozialen.* Neuwied: Luchterhand.

Lorenz, Stephan. 2009. *Nachhaltige Wohlstandsgewinne? Der Boom der Tafeldeutungen. Forschungsjournal Neue soziale Bewegungen*, 3/2009. Stuttgart.

Ministerium für Arbeit und Sozialordnung, Familie, Frauen und Senioren Baden-Württemberg. 2014. *Engagementstrategie Baden-Württemberg — Lebensräume zu Engagement-Räumen entwickeln.* Stuttgart.

NPD. 2017. „Nikolausaktion, um auf die Probleme der Sinsheimer Tafel hinzuweisen": www.npd-rhein-neckar.de?p=5457 Zugegriffen: 31.5.2017.

Pinl, Claudia. 2015. Ehrenamt statt Sozialstaat? Kritik der Engagementpolitik. *Aus Politik und Zeit-geschichte* 14-15/2015 http://www.bpb.de/apuz/203553/ehrenamt-statt-sozialstaat-kritik-der-en-gagementpolitik, Zugegriffen: 11.5.2017.

Putnam, Robert D. 1993. *Making Democracy Work. Civic Traditions in Modern Italy.* Chichester: Princeton University Press.

Putnam, Robert D. 2001a. Soziales Kapital in der Bundesrepublik Deutschland und in den USA. In *Enquete-Kommission Zukunft des Bürgerschaftlichen Engagements, Bürgerschaftliches Engagement und Zivilgesellschaft, Bd. 1.* Wiesbaden: Springer-Verlag. https://link.springer.com/chapter/10.1007/978-3-322-93263-1_18. Zugegriffen: 9.9.2017.

Putnam, Robert D., Hrsg. 2001b. *Gesellschaft und Gemeinsinn. Sozialkapital im internationalen Vergleich.* Gütersloh: Bertelsmann.

Roth, Roland. 2004. Die dunklen Seiten der Zivilgesellschaft. Grenzen einer zivilgesellschaftlichen Fundierung von Demokratie. In *Zivilgesellschaft und Sozialkapital – Herausforderungen politi-scher und sozialer Integration,* Hrsg. B. Geißel, K. Kern, A. Klein und M. Berger. Wiesbaden: VS Verlag für Sozialwissenschaften.

Sachße, Christoph. 2002. Traditionslinien bürgerschaftlichen Engagements. In *Enquete-Kommission „Zukunft des Bürgerschaftlichen Engagements" des Deutschen Bundestages: Bürgerschaftliches Engagement und Zivilgesellsch*aft. Wiesbaden: Springer-Verlag. https://link.springer.com/chapter/10.1007%2F978-3-322-93263-1_3. Zugegriffen: 9.9.2017.

Schenkel, Martin. 2007. *Engagement macht kompetent. Zivilgesellschaft und informelle Bildung. Forschungsjournal Neue Soziale Bewegungen,* 2/2007.

Zentrum für zivilgesellschaftliche Entwicklung (zze). 2009. *Untersuchung zur Monetarisierung von Ehrenamt und Bürgerschaftlichem Engagement in Baden-Württemberg.*

Armut und Öffentlichkeit

Richard Stang

Zusammenfassung

Gesellschaftliche und ökonomische Veränderungsprozesse haben in den letzten zehn Jahren sowohl im globalen Kontext als auch bezogen auf die deutsche Situation das Thema der gesellschaftlichen Spaltung zunehmend auf die politische Agenda gebracht. Trotzdem ist das Verhältnis von Armut und Öffentlichkeit nach wie vor gekennzeichnet durch eine doppelte Marginalisierung.

Auf der einen Seite spielt das Thema bei den meisten Medien nur eine untergeordnete Rolle – es sein denn, es gibt Meldungen mit Sensationscharakter –, auf der anderen Seite sind sozial Benachteiligte sowohl aus finanziellen Gründen als auch teilweise aus Kompetenzgründen kaum in der Lage, die Medien produktiv für ihre Interessen zu nutzen. Doch scheinen sich hier Veränderungen abzuzeichnen, so findet sich das Thema immer häufiger in Polit-Talkshows. Betrachtet man die Darstellung von Armut in der Öffentlichkeit unter einer historischen Perspektive wird deutlich, wie stark die Thematisierung von der jeweiligen ökonomischen und gesellschaftlichen Situation abhängt.

Zwischen Tabuisierung und Dramatisierung bewegt sich dabei die Bandbreite, wobei in der Tendenz festzustellen ist, dass das Thema sehr oft aus der Öffentlichkeit verdrängt wird. Insgesamt zeigt sich in den öffentlichen Diskursen eher ein Trend zur Stigmatisierung als zum Empowerment. Die Medien, die heute den öffentlichen Diskurs nachhaltig bestimmen, haben einen großen Anteil daran, welche Themen gesetzt werden.

Das Thema *Armut* ist dabei eher selten unter einer reflektierten Perspektive auf der Agenda. Gleichzeitig ist die Mediennutzung meistens abhängig von der sozialen Situation der Nutzer/-innen. Gerade neueste Informations- und Kommunikationstechnologien sind für sozial Benachteiligte aus finanziellen Gründen kaum erschwinglich, so dass oft nur rein rezeptiv zu nutzende Medien wie das Fernsehen in deren Medienausstattung zu finden sind. Medien wie z. B. das Internet werden vor allem von jüngeren, berufstätigen gut gebildeten Menschen genutzt. Dadurch verbreitet sich die Wissenskluft immer weiter. Sozial Benachteiligte werden in immer stärkerem Maße auch unter der Informations- und Kommunikationsperspektive benachteiligt.

Diesem Trend entgegenzuwirken, wäre eine wichtige Voraussetzung dafür, die Fähigkeit zur Selbstbestimmung und Autonomie der sozial benachteiligten Gruppen zu fördern. Dieser Aspekt von Armut bleibt wie viele andere im öffentlichen Diskurs weitgehend unberücksichtigt. Vor dem Hintergrund der Entwicklung der Medienstruktur bedarf es deshalb in Zukunft noch intensiverer Öffentlichkeitsarbeit bezogen auf die Darstellung der Armutssituation und den Herausforderungen, die sich daraus für eine Gesellschaft ergeben.

Schlagworte

Armut; Kommunikation; Medien; Mediennutzung; Öffentlichkeit

1 Grundlagen

Wenn man sich dem Verhältnis von Armut und Öffentlichkeit zuwendet, wird schnell deutlich, dass dessen Beschreibung abhängig vom ökonomischen und sozialen Entwicklungsstand einer Gesellschaft und damit abhängig vom jeweiligen zeitgeschichtlichen Kontext ist. Sowohl die Beschreibung der sozialen Problemlage *Armut* hat sich historisch immer wieder verändert, als auch die Struktur von Öffentlichkeit. Während Armut als soziale Problemlage historisch sehr früh in der Menschheitsgeschichte zu verorten ist, ist das, was wir heute unter Öffentlichkeit verstehen, eine historisch junge gesellschaftliche ‚Einrichtung'. Von Öffentlichkeit als eigenständigem gesellschaftlichem Bereich kann erst mit der Entwicklung eines ökonomisch emanzipierten Bürgertums im 17. und 18. Jahrhundert gesprochen werden (vgl. Hillmann 2007, S. 638f.). Auch wenn die Erfindung der Drucktechniken im 15. Jahrhundert bereits die Verbreitung von Informationen und dadurch öffentliche Kommunikation über das direkte Lebensumfeld hinaus ermöglichte, dauerte es doch, da das Lesen als Kulturtechnik noch nicht weit verbreitet war, bis diese Art der Kommunikation politische Bedeutung erlangte.

Die Etablierung einer bürgerlichen Öffentlichkeit, deren Medium die öffentliche Diskussion war, fand im 18. Jahrhundert u. a. in Salons, Kaffeehäusern, Vereinen, Lesegesellschaften und Zeitschriften statt. Der emanzipative Charakter dieser Entwicklung fand ihren Ausdruck in den Ideen von der Gleichberechtigung der am Diskurs Teilnehmenden und von der Macht des Arguments. Ab Mitte des 19. Jahrhunderts wird diese diskursive Form von Öffentlichkeit durch die Industrialisierung und die zunehmende Etablierung von Presse und Massenmedien, die verstärkt unter anderem unter ökonomischer Perspektive von Partikularinteressen beeinflusst wurden, einem Strukturwandel unterzogen (vgl. Habermas 1962). Öffentlichkeit wird zu einem politisch, ökonomisch und gesellschaftlich umkämpften Terrain. Während Öffentlichkeit im Nationalsozialismus der Propagandamaschinerie unterworfen und diktatorisch gleichgeschaltet wurde, wird sie in der Nachkriegszeit – vor allem in den 1960er/1970er Jahren – kritisch reflektiert (vgl. z. B. Negt und Kluge 1972). Die kritische Auseinandersetzung mit der medial geprägten Öffentlichkeit führte zur Entwicklung von Strukturen von *Gegenöffentlichkeit*, deren Schwerpunkt auf der öffentlichen Diskussion sozialer und politischer Probleme lag.

Die Öffnung des Fernsehmarktes für private Anbieter, die zunehmende Pressekonzentration und der sich verschärfende publizistische Wettbewerb führten ab Mitte der 1980er Jahre dazu, dass die moderne Öffentlichkeit vor allem Medienöffentlichkeit ist. Technische Entwicklungen wie die Einführung des Internets verändern somit auch die Struktur von Öffentlichkeit. So etablieren sich z. B. im Kontext von Web 2.0, das unter anderem durch individuelle Medienproduktion und -distribution gekennzeichnet ist, neue Formen einer zunehmend stärker segmentierten Öffentlichkeit. Es entsteht eine neue Form von Öffentlichkeit wie es sich u. a. im Zusammenhang mit Wikileaks (Veröffentlichung geheimer Dokumente) und den Plagiatsportalen (Aufdeckung von Plagiatsfällen) gezeigt hat. Die Kehrseite der Medaille zeigt die Diskussion über Fake-News, die deutlich macht, wie Öffentlichkeit bewusst getäuscht werden kann.

Gleichzeitig erhält das Private eine immer größere öffentliche Aufmerksamkeit, in dem Facebook, Twitter, Instagram usw. Einzug in die politische Berichterstattung erhalten und als Quellen genutzt werden. Öffentlichkeit wird so immer vielschichtiger und um das Gut 'Aufmerksamkeit', um Themen überhaupt in der Öffentlichkeit zu positionieren, wird in Zukunft noch intensiver gerungen werden.

Presse, Hörfunk, Fernsehen und Internet sind heute die weitgehend industrialisierten Kommunikatoren, die die Diskurse in der Öffentlichkeit prägen und in weiten Teilen bestimmen. Bei den Medien steht neben der Informationsvermittlung die Unterhaltung im Mittelpunkt, wobei gerade auch die Auseinandersetzung mit sozialen und politischen Themen unter der Perspektive des *Infotainments* in der Tendenz verstärkt boulevardisiert wird. Das hat Auswirkungen auf die den medialen Umgang mit sozialen Problemlagen wie Armut und damit auch auf das Bild von Armut in der Öffentlichkeit.

Dieses Bild von Armut war historisch gesehen nie ein einheitliches. Abhängig von gesellschaftlichen und politischen Strukturen waren die Wahrnehmung von Armut und die öffentliche Aufmerksamkeit gegenüber dieser sozialen Problemlage sehr unterschiedlich. Wobei selbst der Begriff *Armut* immer wieder sehr kontrovers diskutiert wurde (vgl. Hradil 2010, S. 3 f.). Die gesellschaftliche Sensibilität gegenüber Armut und die Auseinandersetzung damit in der Öffentlichkeit ist „durch Konjunkturen gekennzeichnet und spiegelt den jeweiligen Stand historischen der ökonomischen und sozialen Lebensbedingungen der Bevölkerung wider" (Hanesch 2001, S. 82). Dies zeigt sich, wenn man die gesellschaftlichen Bilder von Armut im Laufe der Geschichte betrachtet.

2   Armutsbilder

Mit dem Entstehen von Öffentlichkeit als gesellschaftlicher Diskurskontext im 18. Jahrhundert rücken auch soziale Themen in den Fokus. So entstehen Mitte des 19. Jahrhunderts auf der einen Seite politische Parteien, auf der anderen Seite Vereine, wie z. B. der 1872 gegründete *Verein für Socialpolitik*, der die Problematik der ungleichen Verteilung von Vermögen und Eigentum als Gefahr für die freiheitliche Entwicklung der Gesellschaft öffentlich thematisierte. Dass soziale Problemlagen zu politischem Sprengstoff werden könnten, hatte auch *Otto von Bismarck* (1815–1898) erkannt und mit der Entwicklung eines Sozialversicherungssystems (Kaiserliche Botschaft von 1881) versucht, das kritische Potenzial vor allem in der sozial an den gesellschaftlichen Rand gedrängten Arbeiterschaft zu befrieden. Diese politischen Interventionen dienten auch dazu, der durch die Industrialisierung und durch ökonomische Krisen verstärkten Armut in der Bevölkerung öffentlichkeitswirksam etwas entgegenzusetzen.

Ende des 19. Jahrhunderts führte der Ausbau der Industrie zu immensen Wanderungsbewegungen in Richtung der industriellen Zentren. Die Urbanisierung hatte allerdings zur Folge, dass diejenigen, die nicht an der Entwicklung teilhaben konnten, zunehmend verarmten. Der Begriff *Lumpenproletariat* (Marx und Engels) verweist auf eine Ausgrenzung sozialer Randgruppen selbst bei den damals fortschrittlichen Gruppen. Die starke Abgrenzung der Arbeiterschaft gegenüber den sozial Ausgegrenzten machte allerdings gleichzeitig auch deutlich, wie schmal der Grat war, aus Arbeit in die Armut abzuleiten.

Die zunehmende Inflation und die sozialen Auseinandersetzung sowie der erste Weltkrieg führten Anfang des 20. Jahrhunderts zu tief greifenden sozialen Erschütterungen, die in erhöhter Arbeitslosigkeit, Hungersnöten und Armut ihren Ausdruck fanden. Armut war in der Öffentlichkeit präsent und prägte das Bild, vor allem der Städte. Im Gegensatz dazu war Mitte der 1920er Jahre (*Goldene Zwanziger*) der öffentliche Diskurs geprägt von einer dynamischen Entwicklung vor allem in Kunst, Kultur und Wissenschaft, so dass das Thema *Armut* in der Öffentlichkeit in den Hintergrund rückte, obwohl z. B. die Arbeitslosigkeit kaum gesenkt werden konnte (vgl. Kistler 1992, S. 205).

Mit der Weltwirtschaftskrise 1929 dramatisierte sich die soziale und ökonomische Situation breiter Bevölkerungsschichten, und das Thema *Armut* war schlagartig wieder auf der Agenda des öffentlichen Diskurses. Die Deflationspolitik von Reichskanzler *Heinrich Brüning* (1885–1970) führte zu einer weiteren Destabilisierung, so dass der Nationalsozialisten mit ihrer Ankündigung der wirtschaftlichen Konsolidierung und Arbeitsbeschaffung der politische Durchbruch gelang. Mit der Machtergreifung waren auch soziale Problemlagen als Themen des öffentlichen Diskurses verschwunden, da sie nicht in das Bild der Nationalsozialisten von Deutschland passten, das sie mit ihrer Propagandamaschinerie zeichnen wollten. Erst mit dem Ende der nationalsozialistischen Herrschaft wurden die sozialen Problemlagen, die sich durch den Zweiten Weltkrieg noch verstärkt hatten, wieder in den Medien thematisiert und rückten damit wieder in den öffentlichen Diskurs. Im öffentlichen Bewusstsein waren sie durch die alltägliche Präsenz längst.

Betrachtet man die Armutsbilder, die sich in Westdeutschland nach dem Krieg entwickelt haben, wird deutlich, wie stark dieses Bild Wandlungen unterworfen war. Unmittelbar nach dem Krieg waren Armut und wirtschaftliche Not ein Massenphänomen. Der öffentliche Diskurs war in Deutschland geprägt von der Beschäftigung mit den Folgen des Krieges und dem Wiederaufbau. Armut wurde als gesellschaftliches Problem wahrgenommen und nicht wie später als individuelles. In den 1950er Jahren wurde das Thema zunehmend individualisiert, d.h. dass die von Armut Betroffenen zunehmend für ihre Situation selbst verantwortlich gemacht wurden. Im Zuge des Wirtschaftsaufschwungs in den 1960er Jahren verstärkte sich diese Perspektive noch, und das Thema verschwand aus der Agenda des öffentlichen Diskurses, da Armut im Allgemeinen als überwunden galt. Wenn überhaupt, war die soziale Lage der Armen Thema journalistischer Reportagen, wie z.B. im Spiegel-Report über „Elend im Wunderland" von Peter Brügger 1961 (vgl. Leibfried und Leisering 1995, S. 217). Alte Menschen und Obdachlose wurden in dieser Zeit als benachteiligte Gruppen entdeckt und die Berichterstattung konzentrierte sich auf so genannte *Randgruppen*. Wenn überhaupt rückte die absolute Armut in den Blick während die für entwickelte Industrieländer typische relative Armut kaum thematisiert wurde (vgl. Butterwegge 2015, S. 39).

Die Politisierung der Gesellschaft – unter anderem im Kontext der Studentenbewegung – führte Ende der 1960er Jahre zu einer Sensibilisierung bezüglich sozialer Problemlagen. Doch bezog sich die Diskussion über soziale Benachteiligungen nicht nur auf Deutschland, sondern es geriet zunehmend die Armut der so genannten *Dritten Welt* in den Blick. Während in den 1970er Jahren zum einen der Fokus der öffentlichen Auseinandersetzung mit dem Thema Armut auf der ökonomischen und politischen Ausbeutung von Entwicklungsländern lag, wurden zum anderen Randgruppen bzw. *sozial benachteiligte Gruppen* zum Thema der Medien. Autoren wie Jürgen Roth und Ernst Klee sensibilisierten mit ihren Beiträgen zur Lebenssituation von Häftlingen, Psychiatriepatienten, Behinderten, Gastarbeitern oder Obdachlose zumindest einen Teil der Öffentlichkeit für soziale Problemlagen (vgl. ebenda, S. 220).

Mitte der 1970er fand das Thema Armut eine größere öffentliche Beachtung durch *Heiner Geißlers* politische Positionierung in der Schrift „Neue Soziale Frage" (1975), die sich vor allem der Alten, Frauen und Kinderreichen annahm (vgl. Hanesch 2001, S. 82f.). Materielle Armut und Probleme der Armutsmessung rückten wieder in den Blick – zumindest in der Fachöffentlichkeit.

Als Anfang der 1980er Jahre eine systematische Untersuchung der Armutssituation in Deutschland mit der einsetzenden Sozialberichterstattung begann, wurde die Öffentlichkeit für das Thema erneut sensibilisiert. Es kam zu einer Wiederentdeckung des Themas in der Breite der Öffentlichkeit. Allerdings wurde Armut zunächst sehr stark unter der ökonomischen Perspektive betrachtet. Die Veröffentlichung „Die neue Armut" des Rheinischen Journalistenbüros (vgl. Balsen et al. 1984) beleuchtete die Hintergründe von Armut, zeigte den Zusammenhang von Arbeitslosigkeit und Armut und regte damit die öffentliche Diskussion an. Die Themen Sozialhilfe und Arbeitslosigkeit rückten dabei immer mehr in den Fokus, allerdings von den Medien nicht selten verbunden mit einer

Stigmatisierung der Betroffenen. Die individuelle Verantwortung für Armut kam stärker in den Blick als die Verantwortung der gesellschaftlichen Rahmenbedingungen. Allerdings war der Diskurs in der Öffentlichkeit breiter und langlebiger, als dies in den 1970er Jahren der Fall war (vgl. Leibfried und Leisering 1995, S. 232).

Demgegenüber hat sich in der DDR vor dem Hintergrund der Ideologie des Sozialismus, in dem es Armutsphänomene durch offizielle Setzung nicht geben durfte, kein vergleichbarer Prozess ergeben. Untersuchungen über Armut und Lebensstandard wurden dort zwar durchgeführt, aber die Ergebnisse nicht veröffentlicht (vgl. Manz 1992). In den Medien spielte das Thema nur eine Rolle, wenn es um Armut in der Bundesrepublik Deutschland oder in den Entwicklungsländern als Folge des Kapitalismus ging.

Auch nach der Wiedervereinigung blieb das Thema in der medialen Wahrnehmung zunächst im Hintergrund, um dann in den 1990er Jahren in West- und Ostdeutschland auf der Agenda der Öffentlichkeit zu erscheinen. Einen Beitrag dazu lieferte auch die Intensivierung sozialwissenschaftlicher Forschung auf diesem Gebiet. Durch die Sozialberichterstattung wurden regelmäßig öffentlichkeitswirksame Bezugspunkte für die Diskussion vorgelegt. Die Arbeitslosigkeit, die Beschäftigungsprobleme in den neuen Bundesländern, die so genannte *Hartz-IV-Gesetzgebung*, der demographische Wandel, Fragen der Inklusion usw. kennzeichnen den öffentlichen Diskurs über soziale Problemlagen seit Ende der 1990er Jahre. Mit dem Europäischen Jahr zur Bekämpfung von Armut und sozialer Ausgrenzung sollte 2010 das Thema noch stärker in die Öffentlichkeit gebracht werden.

Die politische Debatte Mitte der 2010er über die gesellschaftliche Spaltung nicht nur im Zusammenhang mit der Migrationsthematik, sondern auch im Hinblick auf die zunehmende Ungleichverteilung von Vermögen in Deutschland und auch weltweit sensibilisierte für die Thematik. So wurde die Oxfam Studie 2017, in der aufgezeigt wurde, dass die reichsten ein Prozent der Weltbevölkerung so viel besitzen wie die restlichen 99 Prozent (Oxfam 2017), in den Medien intensiv rezipiert. Der Armutsbericht des Deutschen Paritätischen Gesamtverbands zeigte 2016 auf, dass das Armutsrisiko in Deutschland steigt, was dann von den Medien thematisiert wurde (DPG 2016) Auch die Diskussion um die soziale Nachjustierung der so genannten *Agenda 2010* rückt das Thema Armut in den Blick öffentlicher Diskussionen.

3   Armut als Thema in den Medien

Die Diskurse über soziale Problemlagen sind immer Teil der Öffentlichkeit gewesen, wobei gerade beim Thema *Armut* festzustellen ist, dass es nur selten im Mittelpunkt des gesellschaftlichen und sozialwissenschaftlichen Interesses stand. Für Hanesch gibt es hierfür unterschiedliche Gründe:

> „Die lange Zeit zu beobachtende ‚Dethematisierung von Armut' in den Sozialwissenschaften und die vergleichsweise späte Herausbildung einer Armutsforschung in der Bundesrepublik

ist nicht zuletzt Resultat eines geringen gesellschaftlichen und politischen Interesses an der Armut. Während über Jahrzehnte hinweg von einer ‚Tabuisierung der Armut' in Politik und Öffentlichkeit der Bundesrepublik gesprochen werden konnte, ist das Armutsproblem in den 90er Jahren immer stärker ins Blickfeld von Wissenschaft und Politik gerückt." (Hanesch 2001, S. 86)

Es gibt immer wieder Phasen, in denen das Thema Armut in den Fokus rückt, gleichwohl sind es immer wieder singuläre Ereignisse wie die *Unterschichten-bzw. Prekariatsdebatte* Ende 2006, die die Diskussion über Armut in der Öffentlichkeit prägen. Hierbei lassen sich auch exemplarisch der Einfluss und die Bedeutung der Medien zeigen. Ein Ausgangspunkt der Unterschichtdebatte war ein Artikel in der Zeitung Bild am Sonntag (BamS), der im Oktober 2006 erschien. Mit Bezug auf ein Interview mit dem SPD-Vorsitzenden *Kurt Beck*, das eine Woche zuvor in der Sonntagsausgabe der Frankfurter Allgemeinen Zeitung vom 8. Oktober 2006 erschienen war, titelte die BamS: „6 Millionen Deutsche gehören zur neuen Unterschicht". Dies war der Anfang für ein Medienevent, der die Unterschichtdebatte zu einer der wichtigsten und medial bedeutendsten Nachricht im Spätherbst 2006 werden ließ. Die Detailergebnisse der Studie der Friedrich-Ebert-Stiftung „Gesellschaft im Reformprozess", lieferten die empirische Basis dazu (FES o. J.).

Mitte Dezember 2006 erfolgte die Dynamisierung der Medienkampagne als wieder Kurt Beck auf dem Mainzer Weihnachtmarkt einem lange arbeitslosen Mann auf dessen Kritik an der Hartz-Gesetzgebung erwiderte: „Wenn Sie sich waschen und rasieren, dann haben Sie in drei Wochen einen Job!" (vgl. Kessler et al. 2007, S. 8). Die medial dokumentierte Szene diente als Aufhänger für eine wochenlange Berichterstattung über den arbeitslosen Mann. Dessen Suche nach einer Arbeitsstelle wurde zum Medienereignis vor allem der Boulevardpresse und des Privatfernsehens. Dass der Arbeitslose dann schließlich medienwirksam eine Stelle im Fernsehbereich, bei einem Musikfernsehsender erhielt, ist Teil einer Medienkampagne, die sich vor allem durch die Personalisierung auszeichnete.

Diese Personalisierung und Instrumentalisierung von sozialen Problemlagen hat in den letzten Jahren in der Medienberichterstattung zugenommen. Immer wieder werden Einzelfälle herausgestellt. Dies führt zu einer verstärkten Stigmatisierung der betroffenen Bevölkerungsgruppen und schränkt die Möglichkeiten eines sachlichen öffentlichen Diskurses ein. Die Problematik der Individualisierung sozialer Problemlagen hat Karl August Chassé beschrieben:

„Im Unterschied zur wissenschaftlichen Diskussion ist der gesellschaftliche und politische Diskurs von der Moralisierung sozialer Ungleichheit bestimmt, die inzwischen auch in das Alltagsbewusstsein einzogen ist. Wesentliche Grundlage dieses Diskurses ist die Idee der Eigenverantwortung, die in einer fundamentalistischen Weise dazu genutzt wird, keine sozialen Umstände gelten zu lassen, sich sowohl gegen die Exkludierten wie gegen die prekär Beschäftigten richtet und zugleich versucht, die von Abstieg und Deklassierung bedrohten Gruppen der Bevölkerung (und das ist fast die Mehrheit) durch neue Ausgrenzungslinien nach unten hegemonial zu integrieren." (Chassé 2007, S. 17)

Ein weiteres Problem in diesem Zusammenhang ist, dass die öffentliche Aufmerksamkeit meist nur von kurzer Dauer ist und die tatsächliche gesellschaftliche Tragweite von Armut in den Hintergrund tritt. Diese Entwicklung ist symptomatisch für den öffentlichen Diskurs über Armut, der sich zwischen Dramatisierung und Tabuisierung abspielt. Dies erweist sich als besonders problematisch, weil die öffentliche Auseinandersetzung mit Armut, die inzwischen vor allem im Kontext medialer Diskurse verortet ist, dazu beitragen könnte, für dieses gesellschaftliche Problem zu sensibilisieren und Bewältigungsstrategien entwickeln zu helfen.

Wie bereits gezeigt wird das Bild von Armut im Zeitalter einer zunehmenden Medialisierung des Alltags in nicht unerheblichem Maße von den Medien geprägt. Deshalb gilt es, hierauf ein besonderes Augenmerk zu richten, wenn man sich mit dem Verhältnis von Öffentlichkeit und Armut beschäftigt. In diesem Zusammenhang ist allerdings festzustellen, dass dieses Verhältnis bislang nur sehr unzureichend wissenschaftlich untersucht wurde. Während Armutsforschung als Gegenstand der Sozialwissenschaften in den letzten Jahren an Bedeutung gewonnen hat, haben sich die Kommunikations- und Medienwissenschaften mit dem Bild von Armut in den Medien bislang kaum beschäftigt bzw. nur mit sehr eng umrissenen Ausschnitten, wie z. B. die Darstellung der Dritten Welt in den Medien (vgl. Fröhlich 2005).

Eine Ausnahme bildet hier die Studie „Zum Umgang der Medien mit Armut und sozialer Ausgrenzung" von Maja Malik (vgl. 2010a). Hier wird anhand der Analyse von 17 Tagesmedien über einen Zeitraum von 14 Tagen im November 2009 aufgezeigt, dass das Thema *Armut* in den letzten Jahren in den Medien an Bedeutung gewonnen hat. Wobei sie darauf hinweist: „Allerdings ist ihre Reichweite in der Öffentlichkeit auf das Publikum derjenigen Medien beschränkt, die durch ihre redaktionellen Strukturen eine kontinuierliche Berichterstattung über Armutsthemen ermöglichen." (Malik 2010b, S. 45) Eine erweiterte Perspektive ist von besonderer Relevanz, da für den öffentlichen Diskurs entscheidend ist, wie in den Medien (Presse, Rundfunk, Internet usw.) über Armut berichtet wird, sowohl bezogen auf fiktionale Formate wie Spielfilme als auch bezogen auf nicht-fiktionale Formate wie Magazine, Nachrichten, Dokumentationen, Themenschwerpunkte in Zeitungen und Zeitschriften.

Im Bereich der fiktionalen Formate wie Spiel- und Fernsehspielen gab es immer wieder Phasen, in denen sich Produktionen sozialen Problemlagen zuwandten. Zu nennen sind hier unter anderem:

1. der italienische Neorealismus in den 1940er/1950er Jahren mit Filmen wie „Bitterer Reis" (*Guiseppe de Santis*, Italien 1949) oder „Fahrraddiebe" (*Vittorio de Sica*, Italien 1948) oder später Filme wie „Accatone" (*Pier Paolo Pasolini*, Italien 1961),
2. der Neue Deutsche Film der 1960er/1970er Jahre mit Regisseuren wie *Alexander Kluge* und *Rainer Werner Fassbinder*,
3. das britische Kino mit Regisseuren wie *Mike Leigh* und *Ken Loach*, für die die Auseinandersetzung mit sozialen Problemlagen im Zentrum ihrer Arbeit steht, wie zum Beispiel im Film „Ich, Daniel Blake" (*Ken Loach*, GB 2016), der vielfältige Filmpreise erhalten hat.

Doch viele dieser Produktionen fanden bzw. finden nicht die Resonanz beim Massen-publikum, auch wenn es immer wieder Phasen gab, in denen die Sensibilität gegenüber sozialen Problemlagen etwas größer war. Insgesamt wurde der Filmmarkt über weite Strecken vom amerikanischen Mainstreamkino bestimmt, in dem – wenn überhaupt – soziale Problemlagen nur als Folie für Erfolgsgeschichten der Art vom ‚Tellerwäscher zum Millionär' dienten. Auch das Kino der 1950er/1960er Jahre in Deutschland war geprägt von ‚Heile Welt'-Filmen wie den Heimatfilmen, die von den sozialen Problemlagen ablenken helfen sollten.

In den nicht-fiktionalen Formaten wie bei Dokumentarfilmen, Fernsehdokumentationen, Fernsehmagazinen, Talkshows, Zeitungen und Zeitschriften usw. findet das Thema *Armut* mehr Berücksichtigung, wobei sich auch hier zeigt, dass die Präsenz des Themas immer wieder von besonderen Ereignissen abhängig ist: so z. B. die Veröffentlichung von Armuts- bzw. Sozialberichten – sei es von amtlicher Seite oder von Seite der Gewerkschaften oder freier Wohlfahrtsverbände – sowie von Studien zu sozialen Problemlagen oder spektakuläre Fälle von Verelendung, besonders wenn Kinder davon betroffen sind. Dann scheint das Thema im von den Medien inszenierten öffentlichen Diskurs meistens für einen begrenzten Zeitraum auf, um dann wieder recht schnell zu verschwinden. Oder es wird genutzt, um auf dem schmalen Grat zwischen Zurschaustellung und Hilfeleistung Zuschauerquoten zu generieren: So bringt der Sender RTL im Jahr 2017 eine neues Reality-Format auf den Markt, das sich Doku-Experiment „The Great British Benefits Handout" des britischen Senders Channel 5 orientiert: „Zahltag – Ein Koffer voller Chancen". Im Rahmen dieses Formats soll Sozialhilfeempfängern die Chance gegeben werden, sich mit einem Koffer voller Bargeld aus der so genannten *Armutsfalle* zu befreien.

Luger hat bezogen auf die Auseinandersetzung mit dem Thema Dritte Welt in der Öffentlichkeit zentrale Aspekte des Umgangs mit sozialen Themen herausgearbeitet, die auch für das Thema *Armut* kennzeichnend sind (vgl. im Folgenden: Luger 1998). Medien bestimmen die Themen des öffentlichen Diskurses, da sie die Vermittlungsinstanzen sind, durch die unser Bild von Gesellschaft und Welt geprägt wird. Nur durch die Medienbe-richterstattung wird ein Thema zum öffentlichen Thema. Bezogen auf soziale Problemlagen entsteht allerdings ein „Marginalitätszirkel" (Luger 1998, S. 16), d. h. weder für die Medien noch für die Bevölkerung ist ein Thema so interessant, dass es in den Fokus des öffentli-chen Diskurses gestellt wird. Es gibt höchstens kritische Teilöffentlichkeiten, die sich der Thematik zuwenden, die aber keinen Einfluss auf die Medien haben.

Diese Marginalität wird medial konstruiert, in dem Weltbilder kultiviert werden, die auf einem Selektions- und Konstruktionsprozess beruhen und die Realitätskonstruktion der Medienrezipienten mitgestalten (vgl. Luhmann 1996). Die Berichterstattung zu sozialen Problemlagen wie Armut wird auf Standarderzählungen reduziert, wie z. B. Ausnutzung sozialer Sicherungssysteme, fehlende Eigenverantwortung, Begleiterscheinungen von Armut wie Sucht, Krankheiten usw. Die Gründe für diese Marginalisierung sind vielschichtig. Zum einen ist sicher festzustellen, dass Armut in der Tendenz nicht öffentlich wird, da sich die von Armut Betroffenen eher zurückziehen und wenn sie in der Öffentlichkeit z. B. als Obdachlose in Erscheinung treten, sie zunehmend systematisch aus den öffentlichen

Verkehrs- und Kommunikationsräumen verdrängt werden. Zum anderen gibt es bei einem Großteil der Bevölkerung kein Interesse daran, dass ihnen das Thema zu nah kommt.

Doch nicht nur die Thematisierung in den Medien selbst und damit in der Öffentlichkeit ist ein Problem, sondern auch die Mediennutzung stellt unter der sozialen Perspektive betrachtet ein Problem dar.

4   Mediennutzung unter sozialer Perspektive

Die Mediennutzung ist in der heutigen Mediengesellschaft das zentrale Portal zu Information und Wissen sowie in zunehmendem Masse zu Kommunikation. Durch die *Kowledge-gap-Forschung* ist bekannt, dass gerade sozial benachteiligte Schichten zunehmend vom Problem der so genannten *Wissenskluft* betroffen sind. Bezogen auf die Medien bedeutet das, dass sie sich neueste Medien- und Kommunikationstechniken aus finanziellen Gründen oft viel später anschaffen können als das im Durchschnitt der Bevölkerung der Fall ist und die Kompetenz im Umgang mit den neuen Techniken – wenn überhaupt – deutlich später erwerben als Mitglieder besser gestellter Schichten (vgl. Fröhlich 2005). Damit verbunden ist gleichzeitig ein spezifisches Nutzungsverhalten, das in der Tendenz stärker an Unterhaltung denn an Information orientiert ist.

Betrachtet man sich die Struktur der Mediennutzung, wird deutlich, dass die sozialen Dimensionen wichtige Einflussfaktoren sind. Dies hat die Mediennutzungsforschung im Bezug auf Lebensstile herausgearbeitet. An dieser Stelle sind vor allem die Untersuchungen der ARD-Medienforschung zu nennen, die bereits 1997 die MedienNutzerTypologie eingeführt und 2007 mit der MedienNutzerTypologie MNT 2.0 (vgl. Oehmichen 2007) und 2015 mit der MNT 2015 (vgl. Hartmann und Schlomann 2015) weitergeführt hat. Die zehn MNT-2015-Typen sind: „Spaßorientierte", „Zielstrebige", „Moderne Etablierte", „Engagierte", „Familienorientierte", „Hochkulturorientierte", „Häusliche", „Eskapisten", „Traditionelle" und „Zurückgezogene". Sozial und ökonomisch Benachteiligte sind vor allem unter den „Häuslichen" und „Zurückgezogenen" zu finden. Dass sich die Faktoren wie Alter, Bildung und Erwerbsstatus auf den Lebensstil auswirken, zeigen auch andere Untersuchungen (vgl. z. B. Risel 2006).

Wenn man diese Faktoren in den Blick nimmt, die unter anderem für soziale Problemlagen wie Armut nicht unerheblich sind, fällt auf, dass mit zunehmendem Alter, geringerer Bildung und fehlender Berufstätigkeit (Rente, Arbeitslosigkeit usw.) die Fernsehnutzungsdauer zunimmt und weit über dem Durchschnitt liegt. Betrachtet man die Internetnutzung sind diese Faktoren noch deutlicher ausschlaggebend. Über Jahre bilden die Personen mit einem Alter von über 60 Jahren oder mit Volksschul-/Hauptschulabschluss oder ohne Berufstätigkeit die Gruppen, in denen der Anteil der Personen ohne Onlinenutzung im Verhältnis zu den anderen Personengruppen hoch ist, wobei hier in den letzten Jahren eine langsame Angleichung, allerdings noch deutliche Unterschiede festzustellen sind (vgl. Koch und Frees 2016).

Es mag viele Gründe für dieses Mediennutzungsverhalten geben, allerdings ist davon auszugehen, dass gerade die sozial Benachteiligten zu den Personengruppen gehören, die von der *Digitalen Spaltung* in der Gesellschaft besonders betroffen sind. Die zeigt die Abhängigkeit der Internetnutzung von Bildungsabschluss und Einkommen (Initiative D21 2016, S. 58f.). In welchem Maße besonders Kinder davon betroffen sind, hat Ingrid Paus-Hasebrink in der Studie zu „Mediensozialisation sozial benachteiligter Heranwachsender" gezeigt (Paus-Hasebrink 2013).

Allerdings ist nicht nur der fehlende Zugang zu Informationsmöglichkeiten von Relevanz, sondern damit ist auch ein erschwerter Zugang zu modernen Kommunikationsmöglichkeiten verbunden, die eine bessere Partizipation am öffentlichen Diskurs ermöglichen könnten, wie dies das Internet zumindest als Option eröffnet.

5   Öffentlichkeitsarbeit als strategisches Instrument

Der Tendenz zur Marginalisierung des Themas Armut, die in den Medien und der Öffentlichkeit festzustellen ist, kann – wenn überhaupt – nur mit einer Strategie der verstärkten Öffentlichkeitsarbeit durchbrochen werden (vgl. Sartorius 2005). Dass dies nicht von Einzelnen realisiert werden kann, liegt auf der Hand. Viele Akteure wie Selbsthilfegruppen, Verbände, Kirchen, Initiativen, Bürgergruppen usw. haben in den letzten Jahren verstärkt versucht, ihre Positionen und Einschätzungen zu veröffentlichen und damit die Möglichkeit zu schaffen, den öffentlichen Diskurs mitzugestalten. Mit Internetplattformen, wie z. B. *www.armut.de*, oder mit Initiativen und Zusammenschlüssen, wie z. B. der *Nationalen Armutskonferenz* (NAK), soll die Öffentlichkeit für soziale Problemlagen sensibilisiert werden. Doch erreichen diese Aktivitäten oft nur Teilöffentlichkeiten.

Dies gilt auch für Medien, die von Menschen in sozialer Not erstellt und verkauft werden, wie z. B. Straßenzeitungen oder Straßenmagazine, deren Auflage nur eine sehr begrenzte, lokale Öffentlichkeit erreicht. Die Effekte dieser Medien liegen auf zwei Ebenen: Auf der einen Seite dienen sie als Sprachrohr für diejenigen, die in sozialen Problemlagen stecken, auf der anderen Seite verdienen die Betroffenen direkt aus dem Verkauf Geld und erwirtschaften so ein – oft allerdings geringes – Einkommen. Die Straßenzeitungen blicken auf eine längere Geschichte zurück. Bereits 1927 wurde die Zeitschrift der Vagabunden gegründet. Seither sind in ganz Deutschland Straßenzeitungen entstanden.

Initiativen wie *Stiftung Digitale Chancen* haben die digitale Spaltung im Blick und bemühen sich, den Zugang zum Internet für alle Bevölkerungsschichten zu fördern. In lokalen Kontexten gibt es vielfältige Initiativen, die sich zur Aufgabe gemacht haben, kostenlosen Internetzugang zu ermöglichen. Doch fehlt es bislang an einer bundesweiten Initiative, den kostenlosen Zugang sozial benachteiligter Menschen zu den neuen Informations- und Kommunikationstechniken in der Breite zu ermöglichen. Teilweise haben Bibliotheken damit begonnen kostenlose Internetzugänge zur Verfügung zu stellen.

Die Bedeutung von Öffentlichkeitsarbeit für die Positionierung des Themas Armut im öffentlichen Diskurs dürfte in Zukunft noch zunehmen, wenn man sich die Mediensituation in Deutschland betrachtet. Die wirtschaftliche Situation hat in den letzten Jahren sowohl bei den Printmedien als auch bei den elektronischen Medien dazu geführt, dass das Personal für die redaktionelle Arbeit systematisch reduziert worden ist. Dies hat zur Folge, dass bei zunehmendem Informationsangebot die Zeit für Recherche und die Bewertung von Informationen in den Redaktionen abnimmt. Viele Redaktionen sind inzwischen teilweise dazu übergegangen, Pressemitteilungen ohne zusätzliche Recherche zu übernehmen. Gleichzeitig werden unter der Perspektive der Aufmerksamkeit, Sensationsberichterstattung und Boulevardmeldungen zunehmend in den Vordergrund gerückt (vgl. Wittstock 2005). Personalisierung, Fokussierung auf prominente Akteure und die Verkürzung der Diskussion über soziale Problemlagen auf wenige Pro- und Contra-Argumente gilt es mit einer fundierten Öffentlichkeitsarbeit zu durchbrechen. Gelegentlich gelingt dies, in den meisten Fällen bleibt der Erfolg aus, bzw. ist sehr gering.

6   Perspektiven

Ein zentrales Problem bei der Analyse des Verhältnisses von Armut und Öffentlichkeit ist die bislang fehlende wissenschaftliche Durchdringung dieses Komplexes. Die Kommunikations- und Medienwissenschaften haben sich diesem Thema bislang nur unzureichend gewidmet, mit Ausnahme der Studie von Malik (2010a). Vor allem auch Aspekte des Empowerments und der Partizipation durch Medien und Kommunikation sind seit Mitte der 1980er-Jahre kaum in den Blick genommen worden, bezogen auf die Armutsproblematik in der Dritten Welt hat sich hier seit Ende der 1990er-Jahre zumindest etwas verbessert (vgl. Fröhlich 2005, S. 189). Im Kontext der Dritte-Welt-Problematik gibt es – vor allem in der US-amerikanischen Kommunikationswissenschaft entwickelt – das Forschungsgebiet *Developmental Communication*, das sich unter anderem damit beschäftigt, wie Medientechnologien in der Entwicklungshilfe eingesetzt werden können, um Bildungs- und Aufklärungskampagnen zu unterstützen, Analphabetismus zu überwinden usw. (vgl. ebd., S. 186). Ein Forschungsgebiet, das sich mit der Frage nach dem Verhältnis von sozialer Benachteiligung und Kommunikation auseinandersetzt, fehlt bislang in der deutschen Forschungslandschaft.

Die Kommunikations- und Medienforschung könnte sich unter verschiedenen Perspektiven mit dem Verhältnis von Armut und Öffentlichkeit beschäftigen. Zu nennen wären hier:

1. eine noch stärker im Hinblick auf soziale Problemlagen ausgerichtete *Mediennutzungs- und Publikumsforschung*,
2. eine auf das Bild von Armut in den Medien fokussierte *Medieninhaltsforschung*,
3. eine an den Mediennutzungsstrukturen orientierte *Medienwirkungsforschung* und

4. eine Forschung, die die *Kommunikationsstrukturen* in Bezug auf das Verhältnis von Armut und Öffentlichkeit untersucht.

Öffentlichkeitswirksame Diskurse wie Gewalt und Medien, die oft unter der Perspektive des direkten Medieneinflusses auf das menschliche Verhalten geführt werden, überlagern derzeit den kritischen Diskurs über die Frage, in welchem Maße sozialökonomische und sozialstrukturelle Faktoren soziales Verhalten prägen. Die Rolle der Medien als Institutionen, die die Agenden des öffentlichen Diskurses bestimmen, ist in diesem Kommunikationskartell nicht zu unterschätzen. Dies vor allem auch deshalb, weil das kritische Hinterfragen dieser Situation zwangsläufig das Hinterfragen der Medien und der Medienstruktur zur Folge hätte.

Es wird in Zukunft vor allem darum gehen, sinnvolle Konzepte der Öffentlichkeitsarbeit zur Thematisierung sozialer Problemlagen sowie der Medienpädagogik im Hinblick auf die Rezeption und Verarbeitung der Vielfalt an Informationen (und Fake-News) zu entwickeln. So schwierig sich das Verhältnis von Armut und Öffentlichkeit im Laufe der Zeit dargestellt hat, bieten neue Formen der Kommunikation via Internet mit seinen Optionen der sozialen Kommunikation mögliche Perspektiven, die medienkonjunkturelle Abhängigkeit der Präsenz des Themas *Armut* in der Öffentlichkeit zu durchbrechen. In dem Maße, in dem öffentliche Diskurse im Internet stattfinden, in dem Maße erhöhen sich auch die Chancen, sich konstruktiv an diesen Diskursen zu beteiligen. Hierzu sind allerdings wiederum entsprechenden Kenntnisse und Kompetenzen von Nöten (Medienpädagogik). Die große Öffentlichkeit wird darüber allerdings mittelfristig noch nicht zu erreichen sein. Welches Potenzial zum bürgerschaftlichen Dialog in den digitalen Informations- und Kommunikationstechniken liegt, zeigt sich immer mehr. Damit sich grundsätzlich etwas ändert, wird die Verbesserung des Zugangs sozial benachteiligter Menschen zu Information und Kommunikation eines der größten Projekte für die Zukunft sein.

Dass die Armutsthematik inzwischen ihren Niederschlag in vielfältigen wissenschaftlichen Diskursen findet, liefert zumindest einen Hinweis dafür, dass das Thema in der Zukunft größere öffentliche Resonanz erhalten könnte (vgl. Altrock und Kunze 2017; Butterwege 2016; Kaelble 2017; Lepenies 2017; Meißner 2017)

Literatur

Altrock, Uwe und R. Kunze, Hrsg. 2017. *Stadterneuerung und Armut. Jahrbuch Stadterneuerung*. Wiesbaden: Springer VS.

Balsen, Werner, H. Nakielski, K. Rössel und R. Winkel. 1984. *Die neue Armut*. Köln: Bund.

Bauer, Rudolph, Hrsg. 1992. *Lexikon des Sozial- und Gesundheitswesens. A-F*. München, Wien: Oldenbourg.

Butterwegge, Christoph. 2015. Sozialstaatsentwicklung, Armut und Soziale Arbeit. *Sozial Extra* 2: 38-41.

Butterwegge, Christoph. 2016. *Armut*. Köln: PappyRosa.

Chassé, Karl August. 2007. Unterschicht, prekäre Lebenslagen, Exklusion. Versuch einer Dechiffrierung der Unterschichtsdebatte. In *Erziehung zur Armut? Soziale Arbeit und die ,neue Unterschicht'*, Hrsg. F. Kessl, C. Reutlinger und H. Ziegler, 17-37. Wiesbaden: VS Verlag für Sozialwissenschaften.

DPG – Der Paritätische Gesamtverband, Hrsg. 2016. Zeit zu Handeln. Bericht zur Armutsentwicklung in Deutschland. http://www.der-paritaetische.de/index.php?eID=tx_nawsecuredl&u=0&g=0&t=14 88908500&hash=2a2f77e7ac64d12b094c1ff4e5ddcf482fb2b2df&file=fileadmin/dokumente/2016_armutsbericht/ab2016_komplett_web.pdf. Zugegriffen: 27.02.2017.

FES – Friedrich-Ebert-Stiftung. o.J. Gesellschaft im Reformprozess. http://www.fes.de/aktuell/documents/061017_Gesellschaft_im_Reformprozess_komplett.pdf. Zugegriffen: 27.02.2017.

Fröhlich, Romy. 2005. Erkenntnisinteresse „Empowering" und „Marginalisierung". Potentiale der Kommunikationswissenschaft als Wissenschaft (auch) als „Option für die Armen". In *Optionen für die Armen. Die Entmarginalisierung des Armutsbegriffs in den Wissenschaften*, Hrsg. C. Sedmak, 175-194. Freiburg, Basel, Wien: Herder.

Habermas, Jürgen. 1962. *Strukturwandel der Öffentlichkeit*. Neuwied, Berlin: Luchterhand.

Hagenah, Jörg und H. Meulemann, Hrsg. 2006. *Sozialer Wandel und Mediennutzung in der Bundesrepublik Deutschland*. Berlin: Lit.

Hanesch, Walter. 2001. Armut und Armutspolitik. In *Handbuch Sozialarbeit Sozialpädagogik*, 2. völlig überarb. Aufl., Hrsg. H.-U. Otto, 81-90. Neuwied, Kriftel: Luchterhand.

Hartmann, P. H. und A. Schlomann. 2015. MNT 2015. Weiterentwicklung der MedienNutzerTypologie. *Media Perspektiven* 11: 497-504.

Hillmann, Karl Heinz. 2007. *Wörterbuch der Soziologie*, 5. vollständig überarb. und erw. Aufl. Stuttgart: Kröner.

Hradil, Stefan. 2010. Der deutsche Armutsdiskurs. *Aus Politik und Zeitgeschichte* 51/52: 3-8.

Initiative D21. 2016. D 21-Digital-Index. http://initiatived21.de/app/uploads/2017/01/studie-d21-digital-index-2016.pdf. Zugegriffen: 27.02.2017.

Kaelble, Hartmut. 2017. *Mehr Reichtum, mehr Armut. Soziale Ungleichheit in Europa vom 20. Jahrhundert bis zur Gegenwart*. Frankfurt a.M.: Campus.

Kessl, F., C. Reutlinger und H. Ziegler. 2007. Erziehung zur Armut? Soziale Arbeit und die ,neue Unterschicht'. Eine Einführung. In *Erziehung zur Armut? Soziale Arbeit und die ,neue Unterschicht'*, Hrsg. F. Kessl, C. Reutlinger und H. Ziegler, 7-15. Wiesbaden: VS Verlag für Sozialwissenschaften.

Kistler, Ernst. 1992. Armut. In *Lexikon des Sozial- und Gesundheitswesens. A-F*, Hrsg. Rudolph Bauer, 203-205. München, Wien: Oldenbourg.

Koch, W. und B. Frees. 2016. Dynamische Entwicklung bei mobiler Internetnutzung sowie Audios und Videos. *Media Perspektiven* 9: 418-437.

Lepenies, Philipp. 2017. *Armut. Ursachen, Formen, Auswege*. München: C. H. Beck

Leibfried, S., L. Leisering, P. Buhr, M. Ludwig, E. Mädje, T. Olk, W. Voges und M. Zwick. 1995. *Zeit der Armut. Lebensläufe im Sozialstaat*. Frankfurt a.M.: Suhrkamp.

Luger, K. 1998. Das Bild der Dritten Welt in Österreichs Öffentlichkeit. *Medien Impulse* 26: 15-19.

Luhmann, Niklas. 1996. *Die Realität der Massenmedien*. 2. erw. Aufl. Wiesbaden: VS Verlag für Sozialwissenschaften.

Malik, Maja. 2010a. Zum Umgang der Medien mit Armut und sozialer Ausgrenzung. https://www.uni-muenster.de/imperia/md/content/kowi/personen/armut_in_den_medien_bmas_abschlussbericht.pdf. Zugegriffen: 27.02.2017.

Malik, M. 2010b. Armut in den Medien. *Aus Politik und Zeitgeschichte* 51/52: 40-45.

Manz, Günter. 1992. *Armut in der „DDR"-Bevölkerung. Lebensstandard und Konsumptionsniveau vor und nach der Wende*. Augsburg: Maro.

Meißner, Annekatrin. 2017. *Kooperative Bildungsverantwortung als Weg aus der Armut*. Wiesbaden: Springer VS.

Negt, Oskar und A. Kluge. 1972. *Öffentlichkeit und Erfahrung*. Frankfurt a. M.: Suhrkamp.

Oehmichen, E. 2007. Die neue MedienNutzerTypologie MNT 2.0. *Media Perspektiven* 5: 226-234.

Otto, H.-U. und H. Thiersch, Hrsg. 2001. *Handbuch Sozialarbeit Sozialpädagogik*, 2. völlig überarb. Aufl. Neuwied, Kriftel: Luchterhand.

Oxfam International. 2017. An Economy for the 99 %, https://www.oxfam.de/system/files/sperrfrist_20170116-0101_economy-99-percent_report.pdf. Zugegriffen: 27.02.2017.

Paus-Hasebrink, Ingrid. 2013. Zum Umgang mit Medien in sozial benachteiligten Familien. Eine Langzeitstudie zur Mediensozialisation von Heranwachsenden. In *Armut und Wissen. Reproduktion und Linderung von Armut in Schule und Wissenschaft*, Hrsg. H. P. Gaisbauer, E. Kapferer, A. Koch und C. Sedmak, 247-269. Wiesbaden: Springer VS.

Risel, Maren. 2006. Westdeutsche Lebensstile Ende des 20. Jahrhunderts. Eine empirische Untersuchung zum Zusammenhang von Sozialstruktur und Lebensstil. In *Sozialer Wandel und Mediennutzung in der Bundesrepublik Deutschland*, 205-229. Berlin: Lit.

Sartorius, W. 2005. Öffentlichkeitsarbeit und Armut. *Sozial Extra* 2/3: 19-23.

Sedmak, Clemens, Hrsg. 2005. *Optionen für die Armen. Die Entmarginalisierung des Armutsbegriffs in den Wissenschaften*. Freiburg, Basel, Wien: Herder.

Wittstock, U. 2005. Das Schweigen der Lämmer? Soziale Arbeit, Medien und Öffentlichkeit. *Sozial Extra* 2/3: 24-27.

Veränderungswissen Sozialer Berufe im komplementären Dreieck von Bildung, Gesundheit und Armutsrisiken

Thomas Eppenstein

Zusammenfassung

Soziale Praxis als verändernde Praxis, die innerhalb sich verändernder sozialer Verhältnisse operiert, bedarf einer Systematisierung ihres Verständnisses von ‚Veränderung'. Da Wissen *um* Veränderung und Wissensformen *zur* Veränderung in sozialen Berufen der Moderne leitend sind, stellen sich Fragen zu ihrer jeweiligen Justierung und normativen Ausrichtung. Der Beitrag untersucht Optionen und unterscheidbare Ebenen für eine interdisziplinär und menschenrechtlich orientierte Konzeptentwicklung. Änderungswissen und Änderungspraktiken werden als theoriegeleitetes Handlungswissen sozialer Berufe zur Überwindung von Armut in Korrelationen zu Gesundheitsrisiken und Bildungsproblemen in den Blick genommen.

Schlagworte

Veränderungswissen; Bildung; Soziale Berufe; Armuts-Reichtums-Gefälle; Digitalisierte Veränderung

Einleitung

Veränderndes soziales Handeln hat sich – so die Prämisse der folgenden Überlegungen – sowohl auf Bewältigungsstrategien derer zu beziehen, die von Armuts- oder Krankheitsrisiken bzw. Bildungsdefiziten betroffen sind, als auch auf die je unterschiedlichen Praxen und Selbstverständnisse entsprechender Berufe und Institutionen. Hinzu kommen die sich verändernden Kontexte, in denen beide operieren. Im Spektrum der Sozialen Arbeit, der Gesundheitsberufe und des Bildungssektors in der Bundesrepublik eröffnet der kritische, dreifach integrierende Blick auf jeweils relationale Ungleichheiten zwischen Armut und Reichtum, Gesundheit und Krankheit bzw. gelingende oder misslingende Bildungsprozesse

Einsichten in unterscheidbare Praxen und Selbstverständnisse im Kontext fortwährender Veränderungen sozialer Berufe zwischen Markt, sozialer Bestimmung und jeweiligem Professionsverständnis.

Im Folgenden werden entsprechende Dimensionen von „Änderungswissen" ausgelotet (1). Es folgt eine analytische Reflexion alter und neuer Herausforderungen an Soziale Berufe im Kontext von Internationalisierung sozialer Fragen einerseits und der Revitalisierung von Identitätskonstruktionen unter völkisch-nationalistischen Vorzeichen andererseits (2). Perspektivisch werden abschließend Ansätze einer an Menschenrechtsbildung orientierten Implementierung von Änderungswissen in der Hochschulausbildung avisiert (3).

1 Dimensionen von Änderungswissen

1.1 Änderungswissen als Sammelname

Die folgenden Überlegungen zu „Änderungswissen" setzten sich in kritischer Absicht von normativen Aufforderungen zum Wandel jedweder weltanschaulichen oder religiös konnotierten Couleur ab und folgen auch nicht der Spur neoliberaler Change-Management-Techniken. Sie beanspruchen vielmehr eine zunächst deskriptive Rekonstruktion unterschiedlicher Ebenen von Veränderung, verzichten in Hinblick auf die Handlungspraxis sozialer Berufe jedoch keineswegs auf eine normativ tragfähige Perspektive.

Ein solches Anliegen steht vor dem Problem, dass eine einheitliche, umfassende Theorie von ‚Veränderung' weder vorliegt noch kaum sinnvoll als ‚Ganze' transdisziplinär formuliert werden kann. Da menschliche Individuen ebenso wie Gesellschaften konstitutiv auf Veränderung angelegt sind, erscheint dies ohne innere Differenzierung und disziplinäre Einschränkungen uferlos. Relevant für eine Gestaltung des Sozialen aber ist die differentielle Betrachtung unterscheidbarer Ebenen, wie sie im Folgenden vorgeschlagen wird.

Änderungswissen kann demnach als *Sammelbegriff* für unterschiedliche Dimensionen des Wissens in Hinblick auf ‚Veränderung' – hier im Modus von Armutsbekämpfung – gelten:

1. die *Analyse und Rekapitulation von Wissensbeständen* über Veränderungen, z. B. von Armutsentwicklungen, sozialpolitischen Veränderungen oder globalen Entwicklungen;
2. das *Wissen um diskursive Prozesse* ist unabdingbar, da Wissensbestände nicht einfach als „wahre" Deskriptionen abrufbar vorliegen, sondern immer erhoben werden in Hinblick auf eine zuvor getroffene Festlegung auf Relevanzen von dem, was in Hinblick auf welchen Kontext sich wie verändert hat. Damit sind hier die jeweiligen gesellschaftlichen Aushandlungsprozesse gemeint, die letztlich mitentscheiden, welche

Wissensbestände in welcher Hinsicht deskriptiv erfasst werden und welche Relevanz ihnen zugesprochen wird.[1]

3. das *Wissen um verändernde Praxis*, also Praxisformen, die Veränderungen beanspruchen bzw. nach sich ziehen; gefragt wird nach Strategien und Handlungsformen, ihren Wirkungen und möglicherweise nicht-intendierten Nebenwirkungen.

4. das *Wissen im Vollzug verändernder Praxis* als eine Wissensform, die sich über kritische Einmischung generiert und die sich von einem Standpunkt der Beteiligung aus versteht.

5. schließlich *veränderndes Wissen* – hier im Kontext von Handlungsmaximen und Funktionsbestimmungen sozialer Berufe in den Modi von Sozialer Arbeit, Bildungsarbeit und in den Bereichen gesundheitlicher Versorgung. Dieses Wissen stellt eine Verbindung zwischen den genannten Wissensformen her und impliziert, dass verändernde Praxis zum einen ohne entsprechende Wissensbestände bewusstlos bleibt, zum anderen solche Wissensbereiche sinnlos erscheinen, denen keinerlei verändernde Potentiale zugesprochen werden können.

Als Sammelname bewegt sich der hier ins Zentrum gesetzte Begriff von Änderungswissen freilich in unsicherem Gelände, wenn Kriterien wissenschaftlicher Präzision angelegt werden. Den Veränderungen der jüngeren Vergangenheit, etwa der Destabilisierung des Finanzwesens, den Entwicklungen und Folgen des sogenannten Arabischen Frühlings oder dem Bedeutungszuwachs netztechnologisch basierter Kommunikation und Information scheint gemeinsam, dass sie in vielerlei Hinsicht zum Zeitpunkt ihres Auftretens tatsächlich neu und nur bedingt vorhersehbar waren. Sie können zwar beobachtet und unterschiedlich kommentiert werden, bleiben aber letztlich hinsichtlich ihrer künftigen Entwicklung noch unverstanden. Dies legt nahe, eine weitere Wissensdimension zu ergänzen, die jeweils die unterschiedlichen Interpretationsversuche und differierende normative Wertungen solcher realer Veränderungen zu erfassen sucht. Es geht also um

6. solche Veränderungen, die einem *Bereich des ,Noch-Nicht-Wissens'* zuzuordnen sind, weil die jeweils bereits verfügbaren, also alten Interpretationsschemata das jeweils Neue nur bedingt zu erklären vermögen. Aus der Reflexion der oben skizzierten jüngeren Veränderungen lässt sich lernen, dass aus Noch-nicht-Wissen oder Schon-gleich-gewusst-Haben sich ein Veränderungsprozess gegenüber den *Einschätzungen* zum jeweils als Neu (und damit verändert) Apostrophierten einstellt: ,Habe ich mich verändert und nehme die Sachlage anders wahr – oder ist es die Sache selbst, die sich verändert hat?'. Im inzwischen populär gewordenen Begriff des „Postfaktischen" ist bereits angelegt, welch subjektiv schmerzhafte Zumutung damit verbunden zu sein scheint, lieb gewonnene Erklärungsmuster zu revidieren, wenn diese zur Ideologie verkommen.

Damit ist eine weitere Dimension von Veränderungswissen angesprochen, nämlich

---

1   Als Beispiel steht hierfür die Veränderung von einer Erforschung der Armut zu deren komplementären und relationalen Erweiterung um eine Reichtumsforschung.

7. *Veränderungen der Disposition* und subjektiven Sichtweise derer, die Veränderungen wahrnehmen, beobachten, beforschen bzw. betreiben.[2]

Schließlich lässt sich am Beispiel der noch (2015-2017) aktuellen gesellschaftlichen Debattenlage um Fluchtmigrationen nach Europa und Deutschland ablesen, dass die Einordnung solcher realgeschichtlicher Vorkommnisse, Entwicklungen und Veränderungen in öffentlichen wie fachinternen Debatten Aushandlungsprozesse um Gewicht und Bedeutung nach sich ziehen und sichtbar machen. So gilt die sogenannte ‚Flüchtlingskrise' den einen als Ausweis bereits vormals bekannter und absehbarer Fluchtdynamiken in einer gewissen Kontinuität, für andere handelt es sich um ein überraschendes Ereignis, eine Art singulären Einschlag, dem eine tiefgreifende und umfassende gesellschaftliche Veränderungswirkung vorhergesagt und zugeschrieben wird (Vgl. Almstadt 2017). Damit erweist sich

8. Veränderungswissen als Wissen um Prozesse und Ergebnisse gesellschaftlich und diskursiv ausgefochtener *Definitions- und Interpretationsansprüche* von als Veränderung wahrgenommenen Ereignissen.

Es gibt eine weitere methodologische Problemanzeige: „Änderungswissen", sei es in Bezug auf die Änderung gegenwärtiger Armutsverhältnisse in reichen Ländern oder in Bezug auf andere soziale Probleme, bezieht sich notwendigerweise auf Zukunft. Damit gerät es in die Spannungsverhältnisse von Sein und Sollen, von Analyse und Entwurf, von Konservatismus oder Utopie, von nüchterner Erkenntnis und Vision oder von distanzierter Neutralität und Parteilichkeit (vgl. Galuske 2002, S. 24). Ferner generieren komplexere Wissensbestände nicht zugleich erweiterte Handlungskompetenz. Auf Armut reagierende und gegen Armut zielende Interventionen differieren anhand jeweiliger Armutsdefinitionen, in Hinblick auf unterschiedlichste beteiligte Akteure, professionelle und disziplinäre Zugänge, Zuständigkeiten und Arbeitsfelder. Sie differieren in Bezug auf historische Bezüge und zugrundeliegende Konzepte, Interpretationsmuster und Theorien.

Schließlich befinden sich die professionsinternen und interdisziplinären Auseinandersetzungen um Armut, Bildung und soziale Gerechtigkeit im Fluss und sind daher nur bedingt als feststellbares Wissen zu fixieren. Einige Aspekte werden in Bezug auf Armut als änderungsrelevante Kategorie im Folgenden vertieft.

---

2   Zur Illustration: Heranwachsende Kinder wissen beim Größerwerden nicht von vorneherein, ob ein Gegenstand, etwa ein Schrank, nun kleiner geworden ist oder ob sie gewachsen sind. Erwachsene fragen sich manchmal, ob die Welt in irgend einer Hinsicht „besser" oder „schlimmer" geworden ist oder ob sich lediglich Ihre Empfindsamkeit für die gefühlten Veränderungen geändert hat. Im ersten Fall liegt die Lösung im Metermaß, an dem das Kind entdecken und nachvollziehen kann, was sich verändert hat: Seine eigene Körpergröße und damit seine subjektive Sicht auf die Welt, hier der Schrank; im zweiten Fall versagen objektivierende Maßstäbe meistens gegenüber der gefühlten Empirie. Das Wissenschaft frei von solchen Verzerrungen sein könne, hat bereits die kritische Theorie zu widerlegen versucht.

1.2   Historizität von Änderungswissen

Verständnisse von Armut sind historisch kontingent und damit auch Vorstellungen des Umgangs mit ihren jeweiligen Formen und Bestimmungen. Dass Armut nicht schicksalhaft, sondern durch menschliches Wirken und Handeln veränderbar sei, wurde spätestens seit der Aufklärung zum übergeordneten Konsens und ist seither aufs engste mit einem Primat menschlicher Arbeit und ihrer gesellschaftlichen und individuellen Organisation verknüpft. Die Geschichte der Armutsbekämpfung wird gleichsam zur Geschichte unterschiedlichster Disziplinierungsstrategien. Zu erinnern ist, dass bereits mit der Entstehung neuzeitlicher Sozialer Arbeit die Verbindung von Bildung, Erziehung und Optionen guten Lebens aus verelendenden Armutslagen heraus von Beginn an ein zentrales Motiv darstellte (vgl. Brumlik 2005, S. 243-245).

Vor gut einem Jahrzehnt diagnostizierte Kessl (2005) ein „Come-back" der Armenerziehungslehre von *Johann Heinrich Pestalozzi* (1746-1827) und problematisierte damit eine gleichsam ahistorische Pädagogisierung, denn Pestalozzis Forderung einer Armenerziehung, „(…) die die Armen dazu bringt, sich nach den Ressourcen zu bequemen, welche ihnen offen stehen (…)", entspreche einer Programmatik „(…) 12 Jahre vor der Französischen Revolution, ein gutes Jahrhundert vor der Bismarckschen Sozialgesetzgebung (…) und fast 200 Jahre vor der Verabschiedung des Bundessozialhilfegesetzes" (Kessl 2005, S. 41).

Es scheint, als sei die Gewöhnung an Armutslagen und Armutsrisiken inzwischen zu einem verfestigten gesellschaftlichen Konsens geronnen, solange davon nur Andere, nicht man selbst betroffen ist (vgl. Huster 2016). Die Ethnisierung sozialer Risiken und die Revitalisierung nationalistischer Ideologien zielt auf Veränderung, die politisch reaktionäre, psychologisch regressive und strukturell totalitäre Züge trägt.

Vorstellungen eines wissenschaftlichen Marxismus von der unhintergehbaren Gesetzmäßigkeit einer durch Klassenkämpfe fortgeschriebenen Geschichte, die gleichsam Armuts- und Verelendungsverhältnisse obsolet werden lassen, haben sich aus heutiger Sicht empirisch wie geschichtsphilosophisch ebenfalls als unzureichend erwiesen. Ohnehin scheint dieser Traditionsbestand entgegen seiner Prämisse, es ginge weniger darum, die Welt zu interpretieren, denn sie zu verändern, als Quelle für verändernde Praxis in theoretischer Hinsicht karg, denn Marx selbst hatte bewusst auf die Ausformulierung einer Revolutionstheorie verzichtet. Ob aus der ihm folgenden Realgeschichte unter diesem Paradigma gleichwohl Lehren für die hier interessierende Fragestellung gewonnen werden können und wie diese zu formulieren wären, bleibt der historischen und politischen Debatte vorbehalten. Freilich ist dem Marxismus bei aller Kritik zu verdanken, den Zusammenhang von menschlicher Arbeit und Vergesellschaftung verdeutlicht zu haben. Vor diesem Hintergrund ist nachvollziehbar und in Hinblick auf verändernde Praxis geboten, dass sich aktuelle Einlassungen mit Fragen der Veränderung klassischer Arbeitsgesellschaften befassen. Diagnosen zur „postfordistischen flexiblen Arbeitsgesellschaft" zeitigen ein risikogesellschaftliches Szenario „(…) einer sozial gespaltenen und zerklüfteten Gesellschaft mit ausgeprägten sozialen Verwerfungen (…)" (vgl. Galuske 2002, S. 175), in der die sozialintegrativen Funktionen von Arbeit und damit bisher geglaubte Sicherheiten schwinden

(vgl. Böhnisch 1994, S. 47). Ging es dem wissenschaftlichen Marxismus noch um eine
Veränderung gesellschaftlicher Verhältnisse, die aus dem Reich der Notwendigkeit ins
Reich der Freiheit führen sollte, verleitet die sozialwissenschaftliche Analyse gegenwärtiger
risikogesellschaftlicher Entwicklungen und ihre sozialpädagogische Rezeption (v. a. in der
bewältigungsorientierten Fassung ausgehend von Böhnisch, Thiersch et al.) zur Annahme,
es gehe um eine Transformation aus dem Reich einer zuvor marktwirtschaftlich regulierten
liberalen „Freiheit" in ein Reich deregulierter neoliberaler „Freisetzung": Bisher noch sicher
erscheinende Perspektiven der „Erreichbarkeit" von Lebensentwürfen werden unter den
Bedingungen flexibler Arbeitsgesellschaften und einer „neuen Generation von Risiken"
mit ihren „Zonen der Verwundbarkeit" oder der Entkoppelung (vgl. Castel 2005) fraglich.

Mit der forcierten Durchsetzung digitaler Technologien schließlich kündigen sich Veränderungen und damit Risiken eines neuen Typs an, die mit den vertrauten Mustern von
Armut und Reichtum, Bildungsgefälle, gesellschaftlich unterschiedlich verteilten Krank-
heits- oder Sterberisiken im Modus industrieller und postindustrieller Produktionsweisen
allein nicht mehr hinreichend erfasst werden können. Das bereits als ‚Digitale Revolution
4.0' apostrophierte Zeitalter vom ‚Internet der Dinge' wird voraussehbar nicht nur eine
Veränderung in der Landschaft von Alltag, Berufen und Arbeitsplätzen mit sich bringen;
darin gleicht es vorangegangenen technologischen Entwicklungsschüben: Auffassungen
von Veränderung in linearen Prozessen und damit verbunden eine gewisse Berechenbarkeit
anhand kausaler Wirkungszusammenhänge werden zugunsten einer *nicht-linearen Logik*
folgenden digital gesteuerten *situativen Passung* ersetzt. Es ändert sich nicht nur wieder
einmal Grundlegendes im Vollzug technologischer Entwicklungen, wie das bereits oft
in der Menschheitsgeschichte zu beobachten war, sondern die *Veränderung selbst ist* als
Begriff und Theorem *nicht mehr dieselbe*, für die man sie bislang gehalten hat; sie wird in
Mitleidenschaft gezogen. Es gibt demnach *nicht nur Veränderungen durch Digitalisierung,
sondern* eine *digitalisierte Veränderung*!

Die digitale Struktur zeichnet sich u. a. dadurch aus, dass sie einerseits nahezu unendliche
Möglichkeitsräume jenseits linearer Engführungen verspricht und auch einlöst, andererseits
dort, wo man sich ihrer Logik zu entziehen sucht, veränderungsresistent bleibt, denn nur
formatgerechte Eingaben können durch die jeweils vorgegebene Software bearbeitet werden.
Die Steigerung von Möglichkeitsdimensionen fordert eine komplementäre, jedoch stets
nachhinkende Anstrengung von Sicherungen nicht nur durch firewalls und Virenscan-
ner, sondern auch in der weiterhin analogen Welt sozialer Bezüge und Beziehungen auf
den Ebenen von Zugehörigkeiten, Anerkennung und Alltagsbewältigung. Trotz dieses
grundlegenden Wandels des Wandels wird allenthalben auch bei der Verbreitung digitaler
Technologien und ihrer Rechtfertigung am linearen Modell von ‚Innovation' und ‚Fortschritt' festgehalten. Konzepte linearer Entwicklung indes haben inzwischen ihr Potenzial
als verheißungsvolle Perspektive auf Zukunft in weiten Bereichen eingebüßt. Gesteigerte
Wissensbestände um globale Zusammenhänge von Reichtums- und Verarmungsprozessen,
um Umweltverantwortungslosigkeit und Dehumanisierung auch auf der Grundlage sich
modernisierender Gesellschaften haben dazu geführt, dass ‚Innovation' als Wert an sich

an Legitimation verliert, wenn sie nicht auch soziale Menschenrechte und nachhaltiges Wirtschaften einschließt.

1.3   Kontroversen und Konvergenzen

Fachliche Kontroversen um Ursachen und Folgen von Armut und die daraus ableitbaren Änderungsstrategien drehen sich seit jeher um die Frage, ob in erster Linie bei den armuts-bedingenden Strukturen oder bei den von Armut betroffenen Personen anzusetzen sei.

Während etwa Nolte von der Unerreichbarkeit der „neuen Unterschichten " spricht, deren Lebensstil sich vor der ökonomischen Basis materieller Notlagen entkoppelt habe (vgl. Nolte 2004), argumentieren Vertreter der Armutsforschung für eine „Politik der Armutsbekämpfung" statt einer „Bekämpfung der Armen" (vgl. Hanesch 2011, S. 69; vgl. auch Butterwegge 2016). Die Kontroverse um eher verhaltens-zuschreibende oder eher struktur-orientierte Gewichtungen geht auf unterschiedliche Begriffshorizonte im ang-loamerikanischen Raum („underclass")und im französischsprachigen Raum („exclusion social") zurück. Kronauer rekonstruiert Ursprung und Entwicklung der unterschiedli-chen Begriffe in Frankreich und den USA und zeigt, dass letztlich zwei unterscheidbare Differenzgattungen zugrunde liegen: Ein Typus unterscheidet nach einer Logik „interner Ungleichheit", z. B. Arbeitgeber und Arbeitnehmer, Städter und Landbewohner oder Jun-ge und Alte, also durch wechselseitige Abhängigkeiten bzw. ungleiche Machtverteilung charakterisierte Abhängigkeitsverhältnisse. Ein anderer Typus (Exklusion) unterscheidet „Gegensatzpaare, die nicht einer Logik der Abhängigkeit, sondern der Trennung unterlie-gen: Haben oder Nicht-Haben, Dazu-Gehören oder Nicht-Dazugehören" (Kronauer 2010, S. 40). Während in der französischen Theorietradition die republikanische Vorstellung von sozialer Kohäsion für die Autonomie einer Person einen Schutz durch die Gesellschaft, also wechselseitige Abhängigkeitsverhältnisse voraussetzt, betont die angelsächsische am „citizenship" orientierte Position den Verzicht auf staatlichen Schutz (Ebd., S. 231). Diese Spannung bleibt nicht folgenlos für Konzepte von Individualität, Gleichheit und Freiheit: In Amerika sei der Begriff der Persönlichkeit eine Institution, während in Frankreich die Berufung auf die Persönlichkeit als Entinstitutionalisierung wahrgenommen werde, konstatiert der französische Soziologe Alain Eherenberg in einer Studie zum „erschöpften Selbst" (vgl. Ehrenberg 2011). Als gemeinsame ‚Schnittmenge' der Begriffe „Exclusion" und „Underclass"kann nach Kronauer so auch das Ineinandergreifen einer marginalen Position am Arbeitsmarkt, dem Verlust sozialer Einbindung und einem gesellschaftlichen Ausschluss gesehen werden, der sich dadurch zeigt, dass jemand „nicht mehr am Leben der Gesellschaft entsprechend den in ihr allgemein anerkannten Maßstäben teilnehmen" kann (Kronauer 2010, S. 71).

Zu bedenken ist also zum einen die komplexe Struktur von Armutsphänomenen, die je unterschiedliche Handlungsstrategien auf den Plan ruft. Zum anderen sind gegenwärtige Armutsphänomene auch als Resultate vorangegangener Änderungspraktiken zu sehen. Bereits die frühneuzeitlichen Ideen etwa Francis Bacons stützten sich auf die Hoffnung, dass sich künftig durch auf naturwissenschaftliche Erkenntnisse bauende Veränderungen menschliches Elend und materielle Not vermeiden oder verringern ließe. Die als „Armut", „Benachteiligung", „Gefährdung" oder schlicht „Ausschluss" oder „Exklusion" apostrophierten Kosten bisheriger Modernisierungsprozesse relativieren freilich deren Fortschritte bei der Überwindung zuvor als Schicksal in Kauf genommener Armutslagen. Die vergleichbaren Ursprünge neuzeitlicher Sozialer Arbeit, neuzeitlicher Bildung und neuzeitlicher Gesundheitskonzepte liegen in der Ablösung von moralisch bzw. religiös geforderter Mildtätigkeit oder allein privilegierten Schichten zugänglicher Bildung und gesundheitlicher Versorgung durch politisch verbürgte Ansprüche an das demokratische Gemeinwesen in Strukturen moderner Sozialstaatlichkeit. Wenn immer wieder von deren Krise die Rede ist – sozialstaatliche Gewährleistungen bewegen sich meist selbst nah am Armutsrisiko – gilt es zu erinnern, dass aktuelle Armutsphänomene kaum mit Rückgriffen auf vormoderne Deutungs- und Handlungsoptionen zu bewältigen sind. Hierzu gehört unter anderem die Erkenntnis, dass gesundheitliche und bildungsbedingte Defizite zwar mit Armutslagen korrelieren, bestehende Konvergenzen und Verweisungszusammenhänge jedoch nicht als Kausalketten zirkulär kurz geschlossen werden dürfen.

Heute gehören zu einer „komplexer gewordenen" Armut (vgl. Otto 2006, S. 3) neben einer komplexen Binnendifferenzierung des Armutsbegriffs in z. B. „bekämpfte Armut", „verdeckte Armut" (Hanesch 2001, S. 81) „absolute Armut", „relative Armut", "strenge Armut" oder Unterscheidungen von materiellem oder immateriellem Ressourcenmangel (vgl. Ansen 2000, S. 49) Phänomene auf der Ebene regionaler, nationaler und globaler Kontexte und Strukturen: ‚Abgehängte' Regionen' neben ‚gated Communities' im sozialen Nahraum; Krisen multilateraler und transnationaler Strukturen, ‚Failed States', ‚forced migration' (Fluchtdynamiken) und an einer Wiederkehr eigener Größe orientierte Nationen, durch einen neuen Nationalismus gefährdete Demokratien, ethnisch codierte Identitätspolitiken und ein Rassismus der Reichen auf globaler Ebene. Die hier angesprochenen Disparitäten und gesellschaftlichen Verwerfungen können als Ausdruck und Ursachenherde für Armutsentwicklungen gleichermaßen gesehen werden und sie bergen gefährliche Potenziale auch militarisierter Eskalation. Eine Bekämpfung der Armut allein wird sie nicht beseitigen können, doch wird eine Soziale Arbeit und Bildungsarbeit gegen derartige Tendenzen sozialer Exklusion relevant als friedenserhaltende bzw. friedensstiftende Maßnahme (peace-keeping function).

2   Herausforderungen an Soziale Berufe und die Soziale Arbeit

Als ‚Soziale Berufe' werden hier Berufsfelder in den gesellschaftlichen Bereichen der Bildung, der Sozialen Arbeit und der Gesundheit als Handlungs- und Funktionsbereiche verstanden, die sich in der Regel durch hervorgehobene Verantwortung gegenüber der tatsächlichen oder potenziellen Vulnerabilität ihrer Adressatinnen und Adressaten auszeichnen. Daher folgen sie ethischen Prinzipien und fordern eine kritische, reflexive Haltung der beruflichen Akteure sowie eine möglichst weitgehende Unabhängigkeit von anderen als den berufsbezogenen Instanzen. Sie zeichnen sich weiterhin durch hohe Anforderungen an multiperspektivische Kasuistik und interdisziplinäre Verortung hinsichtlich einschlägiger humanwissenschaftlicher Theorien und empirischer Befunde aus.

Für die hier fokussierte Frage nach Änderungspotentialen durch Handlungsoptionen Sozialer Berufe bleibt die Engführung (Kap. 1.3.) auf entweder allein Strukturen berücksichtigende oder allein personenbezogene Merkmale unbefriedigend. Sie blockiert erforderliches Änderungswissen auf der Seite derer, die als Berufsrolleninhaberinnen und -inhaber möglicherweise selbst nicht immer frei von prekären Arbeitsverhältnissen, sozialen Abstiegsängsten und Armutsfallen sind, sich indes zunächst als Akteure gegenüber anderen abheben, seien es die von Armut ‚Betroffenen' oder Verantwortliche aus Wirtschaft, Verwaltung oder Politik.

Für die Soziale Arbeit bzw. die Sozialpädagogik ist der Grundkonflikt der Mehrfachmandatierung unter anderem im Theorem der „Bewältigung" bearbeitet worden. Danach sind fünf Interventions- und Arbeitsprinzipien leitend: Erstens gilt die gleichzeitige Orientierung an strukturellen Bewältigungsproblemen und personalem Handeln. Zweitens ist die jeweilige biografische Bedeutung von Interventionen zu berücksichtigen, etwa unter dem Gesichtspunkt, ob Interventionen in das biografische Selbstbild von Betroffenen integrierbar sind. Das dritte Grundprinzip weiß um die mögliche stigmatisierende Wirkung von Interventionen, wenn diese eine quasi eigene Biografie durch z. B. Aktenkonstruktionen etablieren (analog hierzu wären Zeugnisse und Bildungsabschlüsse für den Bildungsverlauf und Datenerfassungen zu Gesundheits- und Krankheitsbefunden von Patientinnen und Patienten anzuführen). Es fordert daher Reflexivität über die jeweilige kulturelle Gebundenheit der Interventionsformen seitens der Professionellen. Viertens wird Klarheit über den immer auch interaktiven Charakter helfender oder pädagogischer Eingriffe und damit die Bedeutung der Persönlichkeit der Intervenierenden gefordert, und schließlich fünftens der Empowerment-Ansatz als empathische und risikobereite „Möglichkeit zur Entstigmatisierung" stark gemacht (vgl. Böhnisch 2001, S. 287-288).

2.1   Disziplinäre Differenzierung und notwendige interdisziplinäre Vernetzung

Der Umstand, dass gerade die Veränderung von Arbeitsweisen, Arbeitsorganisation und Arbeitsverteilungen in ihrer Verbindung zur Sicherung von Existenzen und Lebensentwürfen je neue Ursachen für „neue Armuten " erzeugen, zeigt, dass der Maßstab „Veränderung" allein kein Gütesiegel in normativer Hinsicht im Sinne einer Überwindung von Armutsverhältnissen abgibt. Konzepte verändernder Praxis zirkulieren im Spannungsfeld zwischen Alltag, medialisierter Öffentlichkeit und den wissenschaftlichen Disziplinen, z. B. der akademischen Sozialpädagogik bzw. Sozialen Arbeit, den Sozialwissenschaften, den Gesundheitswissenschaften, der Politikwissenschaft, der Psychologie und der Erziehungswissenschaft. Dabei wird die Frage, wer hier wen oder was zu ändern hätte, uneinheitlich beantwortet. Wirksam sind dabei neben Interessenlagen und Alltagsdeutungen jeweils professionsspezifische, historische und auch wissenschaftstheoretische Differenzen und Einflüsse ebenso wie unterscheidbare Prämissen zur Problembestimmung, etwa ob Armut als Krise von „Entwicklung" oder als durchaus funktionale Voraussetzung für „Entwicklung" verstanden wird.

Ungleichheit zwischen Armut und Reichtum gerät demnach zum Motor für Veränderung in doppelter – freilich entgegen gesetzter – Richtung: Einmal wird Armut zum Ausgangspunkt ihrer Überwindung, ein andermal zur Voraussetzung für gegebenen Reichtum. Interventionsstrategien gegenüber von Armut und Armutsrisiken Betroffenen entwickeln sich parallel zu zum Teil marktförmigen Hilfeangeboten einerseits, die freilich gerade für jene unerreichbar werden, die aus dem Sozialmarkt ausgegrenzt bleiben, und Bildungsstrategien andererseits. Letztere setzen moderierend auf Selbstbildungsprozesse, ohne die dafür nötigen kognitiven, sozialen und emotionalen Voraussetzungen bei den zu Bildenden selbst immer erzeugen zu wollen oder zu können.

Analog zum Armuts-Reichtums-Gefälle zeichnen sich Interventionsformen quer durch die Bereiche von Gesundheit, Bildung und Sozialer Sicherung ab, die überspitzt auf folgende Formel gebracht werden können: Disziplinierend und strafend für die (vernachlässigten und vernachlässigenden) Armen, moderierend und marktförmig für die (bildungs- und gesundheitsbewusst) Reichen (vgl. Eppenstein 2010).

Die inzwischen innerhalb zahlreicher Disziplinen von der Luhmann'schen Systemtheorie affizierte Rede von Exklusion oder Inklusion spiegelt sich in einer auf Veränderung rekurrierenden Praxis Sozialer Arbeit in deren Funktionsbestimmungen- als „Inklusionsvermittlung", als „Exklusionsvermeidung" oder auch als „Exklusionsverwaltung". (vgl. Bommes und Scherr 1996). Young differenziert hierbei drei grundlegend unterschiedliche Deutungsmuster sozialer Exklusion (vgl. Young 2005, S. 8):

- Exklusion durch Selbstausschluss und wohlfahrtsstaatliche Abhängigkeit
- Exklusion aufgrund verschwindender Arbeit im Sinne eines Systemfehlers
- Exklusion als aktive gesellschaftliche Aussonderung durch Abbau von Arbeitsplätzen, Stigmatisierung von Arbeitslosen und rassistische Selektionsmechanismen

Die jeweiligen Deutungen, denen wiederum differierende theoretische Annahmen zugrunde liegen, führen zu jeweils vollkommen unterschiedlichen, ja konträr zueinander verlaufenden Strategien zur Veränderung: Während die erste Analyse die Infragestellung vorhandener Sicherungssysteme und gleichzeitige Einflussnahme auf die Lebensführung motivationslos gewordener Betroffener nahe legt, zielt die zweite auf systemimmanente Bereinigungen zur Arbeitsbeschaffung. Die dritte Analyseperspektive wiederum zielt vor allem auf die Ächtung oder Überwindung aussondernder und stigmatisierender Praktiken.

Die bestehende ausdifferenzierte Landschaft institutionell, beruflich und professionsintern gebundener Handlungsstrategien erweist sich als Hemmnis verändernder Praxis, solange eine interdisziplinäre Auseinandersetzung und praktische Verzahnung ausbleibt. Einer politisch blinden Sozialpädagogik kann „Pädagogisierung" vorgehalten werden, einer an den psychosozialen Folgen von Armutsprozessen ansetzenden Psychologie „Psychologisie-rung" und medizinisch indizierten Programmen und Interventionen die „Pathologisierung" sozialer Probleme. Dasselbe gilt aber auch für eine möglicherweise politisch aufgeklärte Positionsbestimmung, der die lebensweltlichen Sinnbezüge in den Modi von Bildung und Erziehung, von gesellschaftlicher Anerkennung und gesundheitlicher Verfassung nichts als Folgen einer ursächlich ungerechten oder falschen Politik sind, denen daher ein bestenfalls marginaler zweitrangiger Stellenwert zukommt.

Armutserfahrungen und Armutsprozesse zeichnen sich indes als „mehrdimensionale Prozesse" mit unterschiedlichen Ausdrucksformen und Wirkungen selbst bei gleichen Vo-raussetzungen aus (vgl. Otto 2006, S. 5). Folgerichtig scheint Konsens darüber zu bestehen, dass verändernde Praxis – und das meint Handlungsstrategien, die über bloße Verwaltung, Kontrolle oder Linderung von Armutsphänomenen hinausreichen – integriert, vernetzt und interdisziplinär angelegt sein muss.

2.2 Soziale Arbeit zwischen Krisenbewältigung und Normalbedingung moderner Gesellschaften

Wieweit Konzepte und Formen Sozialer Arbeit lediglich auf die Ausdifferenzierung von Armutsformen reagieren, oder ob ihnen ein veränderndes Potential zugewiesen werden darf, hängt davon ab, wie Inklusions- und Exklusionsprozesse nicht nur beschrieben, sondern gleichsam durch eigene Praxis vollzogen werden: Vertreter und Vertreterinnen Sozialer Berufe intervenieren nicht allein gegenüber ihren ausgewiesenen Adressatinnen und Adressaten, sondern sie neigen durch Labeling ‚ihrer' jeweiligen Zielgruppe dazu, diese ein weiteres Mal als ‚Problemgruppe' diskursiv zu erzeugen und ihr einen Status als „Arme", „unzureichend Gebildete" oder „Kranke" zuzuschreiben. Armuts-, Bildungs-, und Gesundheitskonzepte Sozialer Berufe agieren somit von Vornherein in einem Dilemma: Artikulieren sie sich problemorientiert, tragen sie unter Umständen zur Verfestigung eben jener Problemlagen bei, die es zu verändern gilt; bleiben indes Armutslagen verschwiegen, hilft es den hiervon Betroffenen erst recht nicht weiter.

Beispielhafte Indikatoren für eine inzwischen etablierte Wiederkehr unmittelbar armutsbedingter Problemlagen sind Interventionen Sozialer Arbeit, die sich den Folgen *absoluter Armut* stellen: Arbeit mit Blick auf armutsbedingte Fluchtmigration und mit Irregulären Migrantinnen und Migranten, von Erfrierungstod bedrohten Wohnungslosen, risikobehafteten Existenzen von Straßenkindern, Initiativen von Obdachlosenzeitschriften, „Tafeln" (Mahlzeitennotdiensten) oder Kleiderkammern. Damit stellt sich für helfende Berufe aktuell die Aufgabe, zu bestimmen und zu begründen, warum Menschen, die arm sind, anstelle Geld entsprechende Dienste brauchen, und wie ihre jeweilige Praxis dazu beiträgt, dass die Autonomie derer, denen jeweilige Hilfehandlungen gelten, durch Hand-lungsmöglichkeiten tatsächlich erweitert und nicht bevormundend, kontrollierend oder expertokratisch verwaltet werden. Ein Rückfall in Fürsorgepraxen früherer Armutspolitik scheint indes eher gegeben, wenn sich soziale Dienste der Aufgabe entziehen, Armut und

Exklusionsprozesse ins Zentrum ihrer Aufgabenbestimmung zu stellen: „Verzichtet Soziale Arbeit (…) auf systematische Armutsorientierung, fällt sie zurück in Fürsorge." (Otto 2006, S. 7). Eine theoretische Basis hierfür liegt in der Erkenntnis, dass Soziale Dienste komplementär zu Einkommensstrategien Veränderungspotential beanspruchen dürfen, denn „(…) so wie auf der einen Seite materielle Defizite nicht-materielle Auswirkungen haben, so kann mit sozialen Diensten auf materielle Lebensbedingungen und ihre Wirkungen eingewirkt werden" (Otto 2006, S. 5 mit Bezug auf Kaufmann 1982). Freilich finden Professionelle Sozialer Berufe, vornehmlich der Sozialen Arbeit, Umstände und soziale Verhältnisse vor, für deren strukturelle Ursachen sie nicht verantwortlich und für deren Beseitigung sie selten zuständig sind.

Soziale Arbeit, Bildungs- und Gesundheitseinrichtungen reagieren auf die neuen Diskrepanzen zwischen Lebensführungswünschen und Lebensführungszwängen, zwischen Intentionalität und Konditionalität, zwischen Flexibilitätswünschen und Flexibilisierungszwängen, zwischen Wohlfahrts- und Befähigungsstaat in durchaus unterschiedlicher Weise: Zuweilen mit „hilflosen" Programmen, zuweilen affirmativ gegenüber dem skizzierten Paradigmenwechsel oder aber kritisch distanziert. Soweit Soziale Dienste weitgehend selbst in Marktmechanismen verhaftet sind, folgen sie – wenn sie sich verändern – wohl eher den Veränderungen des Marktes, denn den ethischen, weltanschaulichen oder religiösen Vorgaben ihrer Träger, wenn diese zur Marktlogik in Widerspruch geraten.

Mit der Wahrnehmung „neuer Armut" bzw. relationaler Armut im Vollzug größer werdender Diskrepanzen zwischen Armut und Reichtum haben sich auch Funktions-, Aufgaben- und Zielbestimmungen Sozialer Arbeit, der Gesundheitsberufe und Bildungsinstitutionen verschoben. Die bislang als „doppeltes Mandat" ausgewiesene Spannung zwischen Klientelbezug und Ordnungsinteressen baut sich in verschiedenen Facetten „helfender" bzw. pädagogischer oder auch medizinischer Berufe unter einer Trias von Helfen, Ordnen und Strafen neu auf, wobei ein Wissen darum weitgehend fehlt, ob entsprechende Praktiken tatsächlich Änderungen im Modus gelingenden Lebens bewirken oder doch eher Kontroll-, Selektions- und Steuerungsbedürfnissen folgen. Für die Soziale Arbeit bedeutet die Wiederkehr von Kleiderkammern oder Armenküchen freilich auch eine Abkehr von einer Änderungsstrategie, die seit Kriegsende von einer Notstandssozialpädagogik zu einer Normalisierung im Sinne eines Spektrums von Hilfeformen führte, die potenziell allen Bürgerinnen und Bürgern zugute kommen sollten. Die hier angesprochene „neue Armutslage" verweist Soziale Arbeit somit einerseits auf Funktionsbestimmungen, die sie schon immer inne hatte. Die Bearbeitung von Armutsfolgen und Armutsvoraussetzungen erfolgt in Abhängigkeit und Ergänzung von politischen administrativen oder durch Leistungsgewährungen geregelten Maßnahmen in Bereichen der Bildung und Erziehung, der präventiven oder kurativen Interventions- und Handlungsmöglichkeiten. Zugleich aber will sie jenseits dieser Logik unter Gesichtspunkten der Stärkung von Ressourcen beim Einzelnen, für Gruppen oder im Kontext sozialer Strukturen und Netzwerke agieren. Die so genannte „neue Armut" birgt aber über dieses bekannte Spannungsfeld hinaus weitere Herausforderungen, da von ihr durchaus auch leistungsstarke, kompetente, gebildete und in der Regel zur Erwerbsarbeit motivierte Menschen betroffen sein können.

Soziale Arbeit und Sozialpädagogik werden nicht allein als Instrumente begriffen, die auf Notlagen reagieren, sondern gelten als Normalbedingung moderner Gesellschaften, die deren Risiken und Krisenanfälligkeiten als Bewältigungsinstrument auszubalancieren sucht. Diese unter dem Begriff der Normalisierung innerhalb der sozialen Arbeit verhandelte gesellschaftliche Funktion droht nun eine Rückabwicklung zur instrumentellen ‚Krisenfeuerwehr‘, wenn Leistung allein solange noch nichts zählt, wie sie sich nicht auch am Markt behaupten kann. In der „(über)fordernden Moderne" (Eppenstein 2012, S. 237) sind verwertbare Ergebnisse von Leistungen gefragt; der Prozess der Leistungserbringung allein ist kaum mehr belohnungsrelevant (vgl. Sommer 2006, S. 63) Die bisher als zentrale Legitimationsbasis bestehende Norm von Leistungsgerechtigkeit steht damit tendenziell zur Disposition und zwingt die Soziale Arbeit zur Neubestimmung ihrer eigenen Struktur, ihrer Funktionsbestimmung und ihrer zentralen Tätigkeitsfelder. Die bisherige Praxis, zwischen Bedarfs- und Leistungsprinzipien kontext-, personen- oder problembezogen zu balancieren, gerät ins Wanken, wenn Leistungsfähigkeit und Leistungsbereitschaft je schon vorausgesetzt werden. Denn damit können nicht nur jegliche Bedarfsansprüche ohne erbrachte Leistung zurückgewiesen werden, sondern auch erbrachte Leistung fruchtet nur dann, wenn sie im Verwertungskreislauf inkludiert bleibt. Wenn das Einüben von Solidaritätsfähigkeit (Klafki) durch ein Kompetenzverständnis ersetzt werden soll, das – wie etwa von Clemens vorgeschlagen – die Fähigkeit zur „Selbstinklusion" (Vgl. Clemens 2014, S. 77) fordert, gerät die Begründungspflicht normativer Implikationen Sozialer Berufe aus dem Blick.

2.3   Strategische Differenzmuster

Konzepte sozialer Berufe, die auf Veränderungen von Armutsverhältnissen zielen haben sich auf differente Strategien zu beziehen, die grundsätzlich unterschieden werden müssen. Der Glaube an eine Selbstregulation sozialer Belange durch Märkte hat Armutsrisiken nicht verringert. Neben der Bühne marktradikaler Ideologien werden indes diverse Konzepte sichtbar, von denen hier folgende skizziert werden:

1. *Change Management als repressive Mobilisierung*: Eine häufig in Konzepten des Change-Mangements unterstellte Triebfeder für die Bereitschaft, sich auf Veränderungen einzulassen, beruht auf der Annahme menschlichen Phlegmas unter Bedingungen von Erträglichkeit. Erst vor dem Hintergrund von Einsicht in Veränderungsbedarf, verbunden mit der Perspektive auf persönliche Verbesserungen, seien Menschen zu Change-Prozessen bereit. So werden hier „Treiber", „Bereitwillig Passive", „Verweigerer" und „Missmutig Abwartende" als „Kategorien Handelnder bei Veränderungsprozessen" typologisiert (vgl. Kraus et al. 2006, S. 46). Das Problem: Die Führung von Change-Management-Prozessen liegt kaum in der Hand von Armen, auch wenn deren Lage durchaus unerträglich werden kann. Optionen zur Veränderung ergeben sich daraus noch nicht.

2. *Pragmatisch utilitaristische Argumentationen* bemühen weder Armuts-Reichtums-Gefälle als Skandal noch die Mobilisierung von Betroffenen und erwägen Aspekte von Nützlichkeit und Verträglichkeiten, z. B. den Kaufkraftverlust bei zunehmender Armut oder den Nutzen gesellschaftlicher Befriedung.

3. Im Typus des *„Sozialunternehmers"* wird eine dritte Perspektive beschrieben, die Transformationskräfte auf das Engagement von Menschen zurückführt, die an einer Umsetzung ihre Ideen und Visionen zur Lösung wichtiger Probleme arbeiten. Dem „Social entrepreneur" wird eine Veränderung der Leistungsfähigkeit einer Gesellschaft zugestanden, indem er – meist im Kontext von NGO's (Non Governmental Organisations/Nichtregierungsorganisationen) – „neue Wege zur Bekämpfung sozialer Missstände (beschreitet) und neue Modelle entwickelt, um Wohlstand zu schaffen, soziales Wohlbefinden zu fördern und Umweltschäden zu beseitigen." (Bornstein 2009, S. 20).

4. Als *regressive Hierarchisierung* bezeichne ich die Revitalisierung nationalistischer, rassistischer, meist auch sexistischer Zuschreibungen gegenüber Anderen. Eine Instrumentalisierung von sozialen Abstiegsängsten zeigt sich in den mit dem Begriff „Populismus" nur unscharf beschriebenen Phänomenen einer gesellschaftlichen Praxis, die durch „Rassialisierung", „Ethnisierung" oder „Kulturalisierung" als Kennzeichnung sozialer Ungleichheiten, sowie deren Hierarchisierung und Rechtfertigung eigener Überlegenheitsansprüche gekennzeichnet ist.

5. *Skandalisierung* des Armuts- Reichtumsgefälles setzt die Unterstellung eines normativen Konsensus voraus, gegen den das Skandalon verstößt. Änderungen ergeben sich entweder, indem der Anstoß zum Skandalon beseitigt wird – hier eine zu groß empfundene Diskrepanz zwischen unverschuldeter Armut und ungerechtfertigtem Reichtum –, oder der Skandal wird neutralisiert, indem die zugrundeliegenden Normen angepasst werden. Zwei relevante Formen der Skandalisierung von Armut sind zu unterscheiden und stehen in Widerspruch zueinander: Einmal „Armut" als Ausweis vermeintlich mehr oder weniger selbstverschuldeter Gründe derjenigen, die in Armut geraten sind. Diese Form der Skandalisierung beginnt mit der Entwicklung moderner Arbeitsgesellschaften und zieht vielfach beschriebene Strategien der Selbst- und Fremddisziplinierung nach sich. In fast reziproker Weise wird der Reichtum Einzelner – besser: für illegitim befundene Bereicherungspraktiken – skandalisiert. In beiden Versionen findet eine Individualisierung statt, die letztlich in mehr oder weniger hilflose sozialmoralische Appelle mündet. Wird dagegen die als überwindbar eingeordnete Armut als Skandalon einer nicht akzeptablen Diskrepanz zwischen Armut und Reichtum verortet, tritt eine Politik der Lebensführung in den Hintergrund. Diese Form operiert nicht mit einem „Selber-Schuld", sondern rekurriert auf strukturelle Bedingungen, auf Zusammenhänge zwischen Reichtum und Armut, woraus in der Regel Verpflichtungen *zwischen* Reichen und Armen abgeleitet und bestehende Strukturen nach Gerechtigkeitsmaßstäben kritisch hinterfragt werden.

Während die eine Form der Skandalisierung primär Änderungen einzelner Personen bzw. ihrer Lebensführung fordert, zielt die andere auf strukturelle, gesellschaftliche bzw. politische

Veränderungen. Helfende, heilende und auch bildende bzw. erziehende Berufe nun richten sich in ihren ganz unterschiedlichen ausdifferenzierten Formen und in unterschiedlicher Gewichtung auf Beides: Ihr Handeln bezieht sich auf konkrete Menschen und auf Kontexte bzw. Strukturen. Personenbezogene- und situationsbezogene Interventionsformen bzw. adressatenorientierte Handlungsformen und organisierende, feldstrukturierende Praxen lassen sich indes nicht stets additiv vereinen, sondern stehen gleichsam gegeneinander, wenn der oben beschriebene Dissens über den je vorliegenden Skandal nicht aufgelöst wird.

Antworten der Sozialen Arbeit liegen hier in der Adaption von Empowerment-Ansätzen und in programmatischen Ausrichtungen im Feld von Sozialplanung und gemeinwesenorientierten Arbeitsformen gemäß einer von Marianne Meinhold begründeten Perspektive, der zu Folge Soziale Arbeit vor allem Situationen, nicht Personen behandele (Meinhold 1982, S. 165). In dem Maße jedoch, in dem Armutsrisiken heute generalisiert erscheinen, gerät der auf die Kommunitarismusdebatte aufbauende Empowermentgedanke in eine Krise, denn was potentiell jeden treffen kann wird aus einer Bindung an bestimmbare „Betroffenengruppen" gelöst. Armut erscheint im Kontext strukturell langfristiger Arbeitslosigkeit und risikogesellschaftlicher Verschärfungen als ein neues quasi-natürliches und generalisiertes Lebensrisiko, dessen Eintreten eher als Schicksalhaft denn als Folge skandalisierbarer Gerechtigkeitslücken politisierbar erscheinen. Im Modus von Chancengerechtigkeit sind Chancen auf misslingende Entwicklungen eingeschlossen: Verfehlte Schulabschlüsse, beschädigte Gesundheit oder eben – oft im Zusammenhang damit – Ausschluss und Armut.

Armutsphänomene amalgamieren in der Alltagspraxis von Lebenswelten in den Modi von Einkommenssituation, Anerkennungs- bzw. Inklusions- oder Exklusionsverhältnissen, Gesundheit und Bildung, wobei auf der Seite Sozialer Dienste allerdings noch eine Zersplitterung vorherrscht, die nicht allein durch organisatorische Maßnahmen zu beheben sein dürfte: Diese Dienste unterscheiden sich – auch historisch – zuweilen fundamental in ihren zentralen Handlungs- und Interventionslogiken, die weder einfach additiv zu einem Paket von Maßnahmen verbunden werden können noch ineinander überführbar sind. Zeichnet sich der medizinisch-gesundheitliche Komplex vorwiegend durch evidenzbasierte Maßnahmen therapeutischer „Behandlung" aus, bauen Bildungsinstitutionen und erzieherische Praxen auf Koproduktion, Instruktion oder auch Selektion, während Soziale Arbeit idealtypisch „zwischen" oder „am Rande" derartiger Handlungsformen multiperspektivisch (vgl. Müller 2009) Lösungen avisiert, an deren Gestaltung ihre Adressaten jeweils maßgeblich zu beteiligen sind. Soziale Arbeit erschließt dabei gleichermaßen lebensweltliche Zusammenhänge, strukturelle Gegebenheiten wie subjektbezogene Bewältigungsmuster. Anstelle einer in Schule oder Gesundheitswesen verbreiteten Feststellungsdiagnostik kennzeichnet Soziale Arbeit eine verstehensdiagnostische prozessuale Praxis, wobei der Beginn jeder sozialpädagogischen Intervention durch einen Klärungsprozess zwischen Professionellen und Klienten gekennzeichnet sein sollte, in der vorliegende differente Sichten eines vorliegenden Problems überhaupt erst wechselseitig einsichtig gemacht werden.

Der in den 1970er Jahren im Kontext „neuer Sozialer Bewegungen" populäre Angelpunkt für Kritik und auf Veränderungen drängende Skandalisierung konnte sich noch auf ein Versprechen ‚sozialer Marktwirtschaft' berufen, schichtenspezifische Ungerechtigkeiten zumindest teilweise zu kompensieren, wo eine Überwindung undenkbar schien. Heute scheint dieser Angelpunkt im Modus einer Differenz von „Verlierern oder Gewinnern", von „Noch-Benötigten" und „Überflüssigen", von „Dazugehörigen" und „Abgehängten" verloren gegangen zu sein. Denn wie immer die Bezeichnungen und Beschreibungen entsprechender Exklusionen gewählt werden, bringt die Durchgängigkeit risikogesellschaftlicher Phänomene und Armutsprobleme bis in bislang stabil gemutmaßte Institutionen hinein die bisher verfügbaren Adressaten jeder auf Veränderung drängenden Kritik gleichsam zum Verschwinden. In diesem vermeintlichen Vakuum freilich liegt ein Einfallstor für rechtspopulistische Propagandisten, die die Schuldigen, bei den am stärksten Betroffenen wie Nichtsesshaften, Migrantinnen und Migranten oder Menschen mit Behinderungen ausfindig machen. Daneben lassen sie – oft in Anknüpfung an alte antisemitische Figuren – unter dem Modewort „Globalisierung" Weltverschwörungstheorien wieder aufleben oder artikulieren sich vermeintlich kritisch generalisierend gegen „das Establishment". *Verändernde Praxis* hat sich demnach auch als *politische Aufklärung* gegenüber derartigen Gefährdungen populistischer Vereinnahmung zu behaupten. Die strategische Option der ‚Skandalisierung' hat ihren normativen Kompass verloren und scheint von sich selbst aufheizenden Erregungskaskaden – erkennbar in der unscharfen semantischen Figur des „Wutbürgers" – getragen und ersetzt zu werden.

3   Perspektiven für Hochschulbildung, Weiterbildung und berufliches Handeln

Perspektivisch werden abschließend Ansätze einer an Menschenrechtsbildung orientierten Implementierung von Änderungswissen in der Hochschulbildung avisiert. Der Umstand, dass sich Armutsrisiken verfestigt haben, Bildungschancen für soziale Schwache weiterhin erschwert sind und gesundheitliche Risiken mit gesellschaftlicher Desintegration korrelieren, erfordert nicht zuletzt Veränderungen der betroffenen Institutionen im Bildungs- und Gesundheitsbereich, der dort tätigen Berufe und der hierfür bislang weitgehend getrennt und isoliert voneinander vollzogenen Ausbildungen.

3.1   Normative Orientierungen

Wenn die Skandalisierung von Armutslagen in eine Skandalisierung umschlägt, die Schutz vor eigener Verarmung beansprucht, indem andere Arme ausgegrenzt werden, weicht der Anspruch auf sozialen Zusammenhang einer sozialen Kälte. Diese geht meist weniger von den Armen selbst als von einer von Abstiegsängsten geplagten bürgerlichen Mitte aus. Sie bedarf analytischer Bestimmungen, nach welchen Maßstäben und mit welchen Begründungen Veränderungen von wem gegenüber wem oder was einzufordern sind (Vgl. Huster 2016, S. 105). Niemand vermag zu sagen, wie viel Diskrepanz eine Gesellschaft aushält, ab wann demokratische Strukturen gefährdet sind, oder in welchem Umfang Armut und Armutsrisiken gar als funktional für eine prosperierende Wirtschaft gewertet werden. Daher ist eine präzise Bestimmung von Armutsgrenzen bzw. eine bestimmte vorab normativ bestimmbare Relation zwischen vorhandener Armut und Reichtum kaum einheitlich und kontextunabhängig festlegbar. Hier bietet sich die Option an, Armuts-Reichtums-Probleme nicht allein im Modus von Besitz und Eigentum und deren möglicher oder unmöglicher Umverteilung oder gar Abschaffung zu verorten, sondern – wie Martha Nussbaum im Zusammenhang ihres Engagements in der Entwicklungszusammenarbeit vorgeschlagen hat – „Eigentumsrechte in ein instrumentelles Verhältnis zu anderen menschlichen Fähigkeiten" zu setzen, also Eigentum als Mittel für „gutes Leben" von den Zielen zu unterscheiden, die hierfür erfüllt sein müssen (vgl. Nussbaum 1999, S. 202). Nussbaum zählt hierzu menschliche Grundfähigkeiten, wie die „Fähigkeit, ein menschliches Leben von normaler Länge zu leben (…)" (Ebd., S. 200), „(…) unnötigen Schmerz zu vermeiden, seine Sinne und seine Phantasie zu gebrauchen, zu denken und zu urteilen (…), die Fähigkeit, Beziehungen zu Dingen und Menschen außerhalb unserer selbst einzugehen (…), Fähigkeiten der Anteilnahme, des Verstehens und Verständnisses gegenüber anderen, mit und für jene zu leben, die Fähigkeit, zu lachen, zu spielen, sich an erholsamen Tätigkeiten zu erfreuen, (…) und andere." (Ebd., S. 201). Bedeutsam in unserem Zusammenhang ist die Fähigkeit, überhaupt erst eigene Vorstellungen zu einer gelingenden Lebensführung und Lebensplanung anstellen zu können, also über wählbare Alternativen zu verfügen, für den eigenen Lebensunterhalt sorgen und politisch partizipieren zu können. Um die hier skizzierten Fähigkeiten zu ermöglichen, bedarf es entsprechender Ausstattungen, die über die Schwelle bloßen Überleben-Könnens hinausgehen. Die Gestaltung guten Lebens selbst obliegt jedoch nicht dem Staat, sondern der Rationalität jedes Bürgers.

Für Änderungswissen im Rahmen der Möglichkeiten Sozialer Berufe scheint dieser Maßstab geeignet zu sein, jenseits von affirmativer Systemtreue und fruchtlosem oppositionellen Gestus Funktionsbestimmungen der eigenen professionellen Orientierung vorzunehmen. Im Sinne dieses Maßstabes wäre jeweils zu prüfen, ob die Voraussetzungen zur Gestaltung eines guten Lebens hinreichen in Verbindung mit einer grundsätzlichen Aushandelbarkeit von Eigentumsverhältnissen, die als Mittel zu eben diesen Zwecken guten Lebens verpflichtend bleiben (Vgl. Otto/Ziegler 2014). Hilfen zur Ausgestaltung jeweiliger Konzepte guten Lebens unter den vorausgesetzten Prämissen kommen als zweite relevante Handlungsebene hinzu. Zentraler Ort und Bezugspunkt sollte der real zu bewältigende Alltag von Menschen in Armutslagen sein, in dem Erfordernisse existenzsichernder Haushaltung, Bildung und Gesundheit zusammentreffen (vgl. auch: Böhnisch, Schröer und Thiersch 2005, S. 193).

Mit dieser Ausrichtung sind normative Orientierungen für soziale Berufe möglich, ohne dabei die je subjektiven Gelingensbilder ihrer Adressatinnen und Adressaten zu hintergehen. Normative Orientierung als Orientierung auf das wünschenswert Nötige bedarf jedoch des komplementären Verweises auf Rechte, wenn Moralisierung vermieden werden soll. Das Recht, Rechte zu haben wird im hier relevanten Bereich Sozialer Rechte im Rahmen der Menschenrechtsdebatten kontrovers verhandelt. Die Kontroversen betreffen das Spannungsverhältnis zwischen Freiheitsrechten, Bedürfnissen und Verteilungsgerechtigkeit (vgl. Eppenstein 2016, S. 160). Nur unter Achtung der universellen Normen der Menschenrechte wird das Risiko verringert, dass sich die Soziale Arbeit auf Hilfekonzepte festlegt, die ihre Angebote nur denjenigen zugesteht, die als ‚Hilfswürdige' der eigenen nationalen Gruppe zugehören, mithin nicht fremd sein dürfen. „Menschenrechtsbildung gehört somit auch zur Selbstbildung von Sozialarbeiterinnen und Sozialarbeitern in einem universellen Horizont globalen Lernens" (Eppenstein 2016, S. 173). Der Zusammenhang von Freiheitsrechten und Gleichheitsrechten impliziert auch eine emanzipatorische Perspektive, darauf hat Heiner Bielefeldt hingewiesen (vgl. Bielefeldt 2015/2007, S. 31), wobei unter ‚Emanzipation' die jeweilige Befreiung aus Zwängen und Gewaltverhältnissen zu verstehen ist, die nicht länger legitimierbar sind. Mit dem vorliegenden Kanon der Menschenrechte sind diese noch nicht gewährleistet, Menschenrechte müssen hingegen immer wieder verteidigt und erneut eingeklagt werden. Armutslagen können Ausdruck und Folge einer Krise der Menschenrechte sein, gleichermaßen soll die Menschenrechtsorientierung aus der Krise führen. Damit ist eine an Menschenrechten orientierte professionelle Konzeptentwicklung sozialer Berufe vor die Aufgabe gestellt, eigene menschenrechtswürdige Praxis und Menschenrechtsbildung zu verknüpfen.

3.2   Bildungsoptionen

Wie können Elemente des hier skizzierten Änderungswissens im Sinne einer gestärkten menschenrechtlichen Handlungskompetenz gelehrt und an Hochschulen oder in der akademischen Weiterbildung für soziale Berufe angeeignet werden?

In einer Untersuchung einschlägiger Studien schulischer Bemühungen um Menschenrechtsbildung kommt Lothar Krappmann zu dem Schluss, dass zwar „menschenrechtsrelevante Themen in vielen Schulen aufgegriffen werden (…). Aber es finden sich keine Anzeichen, dass systematisch fächerübergreifende, Haltung und Engagement fördernde Bildungsansätze verfolgt werden" (Krappmann 2016, S. 145f.). Hochschulbildung kann daher selten auf Wirkungen eines proaktiven Bildungsverständnisses aufbauen, das sich nicht allein auf Fachunterricht über Menschenrechte beschränkt. Auch in der Hochschule selbst geht es zuvorderst um erfolgreiche Abschlüsse einschlägiger Module und auf institutioneller Ebene um Rangplatzierungen im nationalen oder internationalen Vergleich. Nötig erscheint hingegen die Etablierung einer Lernkultur, die die hohen Anforderungen an soziale, ethische, kognitive und kritisch-hermeneutische Kompetenzen in sozialen Berufen nicht nur vertritt, was leicht zu Überforderungen bei Studierenden wie Lehrenden führen kann, sondern sie fehlerfreundlich als zu bewältigende Aufgabe erst ermöglicht.

Akteure sozialer Berufe, namentlich Sozialer Arbeit agieren im Spannungsfeld zwischen rechtlichen Rahmungen, gesellschaftlichen Strukturen und den je subjektiv lebensweltlich verorteten Dispositionen ihrer Adressatinnen und Adressaten. Bereits Alice Salomon erkannte, dass materielle Hilfe ohne Bildung in Hinblick auf eine nachhaltige Veränderung ähnlich wirkungslos bleibt, wie Bildung ohne materielle Grundlage. Hinzu kommt, dass eine mit Armutslagen verknüpfte Menschenrechtsbildung folgendes zu berücksichtigen hat: „Prinzipien der Menschenrechte können nicht nur durch staatliches oder institutionelles Handeln hintergangen oder gebrochen werden, sie müssen immer wieder auch gegen tief sitzende Widerstände in der Gesellschaft durchgesetzt werden, z. B. wie im Fall des Diskriminierungsverbots" (Eppenstein 2016, S. 171) So dürfte eine menschenrechtlich ausgerichtete soziale Praxis sozialer Berufe immer dann Bildungschancen enthalten, wenn Prinzipien demokratischer Erziehung und Beteiligung innerhalb ihrer Handlungsfelder umgesetzt werden und wenn Hilfeprozesse unter Wahrung der Würde und Integrität von Adressatinnen und Adressaten stattfinden. Hier kann das Prinzip der *transformatorischen Erziehung* greifen, wonach eigene Haltungen und Handlungsbereitschaften aus selbst gemachten positiven Erfahrungen erwachsen. Es sind gerade die Krisen, die Menschen mit den ihnen verfügbaren Mitteln allein nicht mehr bewältigen können, die nicht nur professionelle Helferinnen und Helfer auf den Plan rufen, sondern die als Anstoß oder Auslöser für Selbstbildungsprozesse taugen (vgl. Koller 2012). Ferner scheint eine Menschenrechtserziehung implizit gegeben, wenn Akteure sozialer Berufe Gruppen, Selbsthilfeorganisationen oder soziale Bewegungen in der Tradition des Empowerment initiieren oder unterstützten, die um die Wahrung ihrer Menschenrechte einen Kampf führen, die sie verletzt oder vernachlässigt sehen.

Lehr-Lernforschungsprojekte beziehen sich auf Problem- und Handlungsfelder sozialer Berufe, wobei nur ein Teil der Aufgabenbereiche relevant in Hinblick auf Armutslagen und die Klärung von Menschenrechtsaspekten ist. Zu nennen sind etwa Handlungsbereiche im Kontext von Flucht und Asyl, von international vernetzter Sozialer Arbeit etwa in Kontexten der Entwicklungszusammenarbeit oder im Rahmen von Katastrophenhilfen, auch Menschenhandel etc., im Rahmen von Kinderrechts- und Behindertenrechtskonvention, Diskriminierungsverbot, Gewalt gegen Frauen, würdigem Umgang mit Alter, Krankheit usw.

3.3   Impulse

Konzepte Sozialer Berufe haben auf der Ebene von Handlungswissen als einem veränderbaren Wissen, das Veränderungen bewirkt, zunächst die Aufgabe, Armutsbekämpfung als „ressortübergreifende Querschnittsaufgabe" zu verstehen (vgl. Klinger und König 2006, S. 204), wobei ein integrativer und interdisziplinärer Forschungsansatz neues Wissen zur Problembewältigung beizusteuern hätte (vgl. Kuhn und Rieckmann 2006, S. 14). Als Kriterien für „Best-Practice" in diesem Sinne wären anzulegen:

1. Eine gelungene Verknüpfung bzw. „Grenzüberschreitung" jeweiliger fachlicher Zuständigkeiten, die den Verweisungszusammenhang von Gesundheitspolitik, Sozialpolitik und Bildungspolitik realisiert;
2. Eine ethische Legitimierbarkeit im Sinne einer partizipativen, genderreflexiven und kultursensibel orientierten Strategie;

3. Eine die Ressourcen und Lebensperspektiven betroffener Bevölkerungsgruppen und Individuen nachhaltig herstellende, stärkende oder verbessernde Praxis im Modus gelingenden Lebens.

Die Realitäten zunehmender relationaler Armutsphänomene in der BRD bei gleichlaufender marktförmiger Ausrichtung einschlägiger Institutionen in den Bereichen von Bildung, Gesundheit und Sozialwesen zwingt zur Beantwortung der Frage, wie einer Verfestigung von Armutsprozessen gerade dort verändernd entgegengewirkt werden kann, wo Menschen aus den entsprechenden Märkten herauszufallen drohen oder schon lange nicht mehr in ihnen partizipieren können – Im Sozialmarkt allgemein, den Bildungs- und Gesundheits-märkten im Besonderen. Hinzu tritt die Beobachtung, dass nicht allein Marktzugänge für Armutsrisiken entscheidend sind, sondern das Gift ideologischer Änderungsversprechen Wirkung entfaltet: Der aggressiv gewordene Rechtspopulismus verspricht Alternativen im Rückgriff auf nationalistische Identitätsmuster und ethnisch-kulturelle Codierung als gesellschaftlich wirksame Praxis der Unterscheidung, Hierarchisierung und Abwehr von Minderheiten. Ideologien, die Ansprüche für die je eigene Gruppe zu rechtfertigen meinen, auch fundamentalistische Strömungen und Bewegungen, die als Reaktion auf Modernisierungsfolgen entstanden sind, werden allein durch verbesserte Regelungen von Bedarfsausgleich nicht geschwächt, denn sie bündeln und kanalisieren auch Affekte, die sich aus einer Mischung von Abstiegsängsten, Anerkennungsdefiziten, Machtphantasien, und Überlegenheitsansprüchen ergeben können. Häufig ziehen solche Ideologien verarmte Schichten in ihren Bann, zumal wenn deren Anhänger vormals in anerkannten Berufen tätig und ökonomisch abgesichert schienen und heute als ‚Überflüssige' dastehen. Maß-gebliche Akteure kommen jedoch aus allen Schichten der Gesellschaft, vor allem aus einer verunsicherten Mittelschicht, die nach oben schielt und dabei nach unten tritt.

Im Rücken einer allein auf die vermeintlich regulierende Kraft von Märkten setzenden Ideologie scheinen Ideologien alten Typs zu gedeihen, was Akteure sozialer Berufe implizit auffordert, zugunsten Schwächerer, Diskriminierter, Ausgegrenzter oder auch Verfolgter Position zu beziehen.

In Abwandlung des aus der Kritischen Theorie bekannten Satzes, wonach eine pessimis-tische Theorie den optimistischen Praktiker ja nicht ausschließe, kann eine auf Armuts-folgen und Armutsursachen gerichtete Ausbildung helfender und bildender Berufe heute vielleicht eher der Prämisse folgen, dass angesichts allenthalben pessimistisch stimmender Praxis ein theoretischer Optimismus nicht ausgeschlossen werden muss. Änderungs-wissen und entsprechende praktische Schritte von Professionellen in helfenden Berufen können sinnvoll nur als theoriebewusstes Handlungswissen entwickelt und verfügbar gemacht werden. Dies beinhaltet die reflexive und kritische Durchdringung vorhandener Alltagstheorien wie disziplin- und berufsgruppenübergreifende Konzeptentwicklungen. Solche Konzepte können trotz wissenschaftstheoretisch bedenkenswerter Einwände und Kritikpunkte an der auf Kurt Lewin zurückgehenden Aktionsforschung der 1970er Jahre (vgl. zusammenfassend Burghardt 1998, S. 91-118) mit Blick auf deren Fortschreibung in den 1990er Jahren (vgl. Moser 1995) als handlungsforschungsnahe Ansätze ausgerichtet werden. Die grundlegenden Postulate entsprechender Forschungsansätze betreffen die Problemauswahl, die anhand konkreter gesellschaftlicher Bedürfnisse und weniger aus Kontexten wissenschaftlicher Erkenntnisziele heraus getroffen wird. Sie betreffen das Ziel praktisch verändernder Eingriffe, über die Erkenntnisse erst prozessual zu generieren sind. Soziale Situationen werden in ganzheitlicher Komplexität betrachtet und schließen teilnehmende Interaktionen und Distanzverletzungen der Forschenden nicht aus, erhalten indes den Subjektstatus der Befragten oder Beobachteten und der von Armut Betroffenen aufrecht (vgl. Klüver und Krüger 1972, S. 76-77). Bei der Klärung und Entwicklung von Bewältigungsmustern der Randständigkeitserfahrungen im Modus der Lebenswelt, die mit Thiersch als Ort und Schnittstelle gesehen werden kann, an der objektive strukturelle Gegebenheiten subjektiv bearbeitet werden, entspricht handelndes Forschen einem *ständigen Suchprozess* mit je neu zu entwerfenden Entwürfen und ihnen folgenden korrektiven Veränderungen (vgl. Thiersch 1998).

Entsprechende Methodologien zeichnen sich durch praxisgebundene Auseinandersetzung aus, lassen sich auf experimentelle Lebenswelt- und Lebenswirklichkeit bezogene Veränderungen ein und gewinnen ihre Hypothesen und Erkenntnisse induktiv aus Veränderungsprozessen, die von Armut betroffene Menschen partizipativ einbeziehen. Als reflexive Praxis wären Praxisreflexion, Selbstreflexivität und Theoriereflexionen gleichermaßen gefordert und müssten bereits in der Hochschulausbildung geschult und eingeübt werden. Entsprechende Studiengänge, die Fragen sozialer, gesundheitlicher und bildungsbezogener Inklusion bzw. Exklusion integriert und mehrperspektivisch angehen, sind weiterhin selten. Die beteiligten diversen disziplinären Milieus zusammen zu führen und die oben aufgeführten Disparitäten zu bewältigen ist zu einem Desiderat zur Veränderung in Ausbildung und Praxis geworden (vgl. z. B. den Master-Studiengang „Soziale Inklusion, Bildung und Gesundheit" an der Evangelischen Hochschule Rheinland-Westfalen-Lippe in Bochum). Forschungsdesiderate ergeben sich entlang der Armuts- und Reichtumsberichte in Hinblick auf Theorien mittlerer Reichweite zu Handlungsstrategien und Programmen zur Armutsbekämpfung. Dabei gilt es, komplexe Armutsphänomene differenziert wahr zu nehmen und auch zeitliche Dimensionen wie Armutskarrieren, Armutsbiografien und Phasenverläufe von Armut (vgl. Hanesch 2001, S 82-83) zu berücksichtigen. Auch eine auf nationale oder europäische Politiken zur Armutsbekämpfung beschränkte Perspektive wird sich den weltweiten Zusammenhängen von Armuts- und Reichtumsentwicklungen nicht entziehen können und bedarf – zumal auf den Gebieten forschenden Lehrens – international vergleichender Fundierung. Schließlich besteht Bedarf hinsichtlich der Integration und möglicher Anschlussfähigkeiten regionaler Forschungen, etwa den interkulturellen bzw. migrationsgesellschaftlichen Aspekten von Problemen sozialer Exklusion.

In Lehrveranstaltungen bzw. Modulen zu Armut und Armutsbekämpfung beschränken sich Perspektiven Sozialer Arbeit häufig stark auf die Analyse von Armutsphänomenen und Armutsfolgen, auf Zusammenhänge mit Sozialpolitik, auf lebenslagenbezogene Wirkungen oder auf Probleme von Kinderarmut. Die auf Seite der institutionellen Praxis vorherrschende Segmentierung zwischen gesundheits- und bildungsbezogenen Diensten und Angeboten Sozialer Arbeit findet ihre Entsprechung weitgehend in den einschlägigen

Ausbildungsgängen. Eine interdisziplinär ausgerichtete Ausbildung, die aus den jeweils einfließenden disziplinären Bereichen der Politikwissenschaft, der Sozialwissenschaften und Psychologie, Sozialmedizin oder Gesundheitswissenschaft und der Erziehungswissenschaft sowohl analytisches, empirisches Wissen wie eine hermeneutisch kritische Urteilsfähigkeit bei Studierenden Sozialer Berufe fördert und dieses in veränderndes Handlungswissen transformiert, steht weiterhin auf der Agenda. Im Dauerstreit um ihre disziplinäre Verortung kann für die Soziale Arbeit Änderungswissen als Impulsgeber für Handlungswissen, Reflexionswissen und historisches Wissen im Rahmen einer Menschenrechtsbildung gelten. Erziehungswissenschaftliches Wissen trägt dabei zur Konzeptionierung von Bildungsprozessen bei und ermöglicht die Rekonstruktion jeweiliger Bewältigungsmuster und eine rekonstruktive Sozialpädagogische Diagnostik; Sozialwissenschaftliches Wissen ermöglicht die Analyse, Deskription und hermeneutische Erschließung gesellschaftlicher Verhältnisse, Armutsformen und Kontexte sowie sozialer Dynamiken. Sozialarbeitswissenschaftliches Wissen schließlich dient der professionsinternen Vergewisserung der historischen Genese helfender Berufe und begründet normative Grundlagen und Perspektiven.

Literatur

Almstadt, Esther. 2017. Flüchtlinge in den Printmedien. In *Flüchtlinge. Multiperspektivische Zugänge*, Hrsg. C. Ghaderi und T. Eppenstein, 185-201. Wiesbaden: Springer VS.
Ansen, Harald. 2000. Armut. In *Lexikon der Sozialpädagogik und der Sozialarbeit*, 4. Aufl., Hrsg. F. Stimmer, 49-53. München, Wien: Oldenbourg Wissenschaftsverlag.
Bielefeldt, Heiner. 2015/2007. *Menschenrechte in der Einwanderungsgesellschaft*. Bielefeld: Transcript.
Böhnisch, Lothar. 1994. *Gespaltene Normalität. Lebensbewältigung und Sozialpädagogik an den Grenzen der Wohlfahrtsgesellschaft*. Weinheim, München: Juventa.
Böhnisch, Lothar. 2001. *Sozialpädagogik der Lebensalter*. Weinheim, München: Juventa.
Böhnisch, Lothar, W. Schröer und H. Thiersch. 2005. *Sozialpädagogisches Denken. Wege zu einer Neubestimmung*. Weinheim, München: Juventa.
Bommes, Michael und A. Scherr. 1996. Soziale Arbeit als Hilfe zur Exklusionsvermeidung, Inklusionsvermittlung und/oder Exklusionsverwaltung. In *Sozialarbeitswissenschaft – Kontroversen und Perspektiven*, Hrsg. R. Merten, 93-119. Neuwied, Kriftel, Berlin: Luchterhand.
Bornstein, David. 2009. *Die Welt verändern. Social Entrepreneurs und die Kraft neuer Ideen*. 3. Aufl. Stuttgart: Klett-Cotta.
Brumlik, Micha. 2005. Sozialpädagogik und das gute Leben – zur unvermeidlichen Wiederaufnahme eines überwunden geglaubten Problems. *np* 3/2005: 243-245.
Burghardt, Thomas. 1998. Aktionsforschung – Wo liegt die theoretische Bedeutung für die Veränderung sozialer Praxis. In *Theorie und Forschung in der Sozialen Arbeit*, Hrsg. N. Huppertz, 91-118. Neuwied, Kriftel: Luchterhand.
Butterwegge, Christoph. 2016. *Armut*. Köln: PapyRossa.
Castel, Robert. 1995/2005 i.dt. Übers.. *Die Stärkung des Sozialen. Leben im neuen Wohlfahrtsstaat*. Hamburg: Hamburger Ed.
Clemens, Iris. 2014. *Erziehungswissenschaft als Kulturwissenschaft*. Weinheim, Basel: Beltz Juventa.

Ehrenberg, Alain. 2011. *Das Unbehagen in der Gesellschaft*. Berlin: Suhrkamp.

Eppenstein, Thomas. 2010. Zum Funktionswandel Sozialer Arbeit: Zwischen Modernitätsbewälti-gung, Marktlogik und Disziplinierung. In *Soziale Politik-Soziale Lage – Soziale Arbeit*, Hrsg. B. Benz, J. Boeckh, H. Mogge-Grotjahn, 386-399. Wiesbaden: VS Verlag für Sozialwissenschaften.

Eppenstein, Thomas. 2012. Am Rand der Erschöpfung? Familie und Soziale Arbeit in der fordern-den Moderne. In *Erschöpfte Familien,* Hrsg. R. Lutz, S. 237-252. Wiesbaden: VS Verlag für Sozialwissenschaften.

Eppenstein, Thomas. 2016. Zur sozialen Seite der Menschenrechte und zur menschenrechtlichen Seite der Sozialen Arbeit. Menschenrechtspädagogik in Kontexten Sozialer Arbeit. In *Bildung und Menschenrechte. Interdisziplinäre Beiträge zur Menschenrechtsbildung*, Hrsg. S. Weyers und N. Köbel, 157-176. Wiesbaden: Springer VS.

Galuske, Michael. 2002. *Flexible Sozialpädagogik*. Weinheim, München: Juventa

Haag, Fritz, H. Krüger, W. Schwärzel und J. Wildt, Hrsg. 1972. *Aktionsforschung. Forschungsstra-tegien, Forschungsfelder und Forschungspläne*. München: Juventa.

Hanesch, Walter. 2011. *Armut und Armutspolitik*. In *Handbuch Soziale Arbeit*, Hrsg. H.-U. Otto und H. Thiersch, 57-70. München/Basel: Ernst Reinhardt Verlag.

Huppertz, Norbert, Hrsg. 1998. *Theorie und Forschung in der Sozialen Arbeit*. Neuwied, Kriftel: Luchterhand.

Huster, Ernst-Ulrich. 2016. *Soziale Kälte. Rückkehr zum Wolfsrudel?* Stuttgart: Alfred Kröner Verlag.

Kaufmann, Franz-Xaver, A. Herlth, K. R. Strohmeier und W. Wirth. 1982. *Verteilungswirkungen sozialer Dienste. Das Beispiel Kindergarten*. Frankfurt a. M., New York: Campus Verlag

Kessl, Fabian. 2005. Das wahre Elend? *Widersprüche*, Heft 98: 29-42. Dezember, Bielefeld.

Kronauer, Martin. 2010. *Exklusion. Die Gefährdung des Sozialen im hoch entwickelten Kapitalismus*, 2. akt.und erw. Aufl., Frankfurt a. M.: Campus Verlag.

Klinger, Nadja und J. König. 2006 *Einfach abgehängt. Ein wahrer Bericht über die neue Armut in Deutschland*. Berlin: Rowohlt.

Klüver, Jürgen und H. Krüger. 1972 Aktionsforschung und soziologische Theorien. In *Aktionsfor-schung. Forschungsstrategien, Forschungsfelder und Forschungspläne*, Hrsg. F. Haag, H. Krüger, W. Schwärzel und J. Wildt, 79-99. München: Juventa.

Koller, Hans-Christoph. 2012. *Bildung anders denken. Einführung in die Theorie transformatorischer Bildungsprozesse*. Stuttgart: Kohlhammer.

Krappmann, Lothar. 2016. Menschenrechtliche Handlungsbefähigung – eine völkerrechtliche Bildungspflicht der Schule. In In *Bildung und Menschenrechte. Interdisziplinäre Beiträge zur Menschenrechtsbildung*, Hrsg. S. Weyers und N. Köbel, 137-155. Wiesbaden: Springer VS.

Kraus, Georg, C. Becker-Kolle und T. Fischer. 2006. *Handbuch Change-Management*, 2. Aufl. Berlin: Cornelsen.

Kuhn, Katina und M. Rieckmann, Hrsg. 2006. *Wi(e)der die Armut?*, Frankfurt a. M.: VAS.

Lutz, Ronald, Hrsg. 2012. *Erschöpfte Familien*. Wiesbaden: VS Verlag für Sozialwissenschaften.

Meinhold, Marianne. 1982. Wir behandeln Situationen – nicht Personen. Über Möglichkeiten, situationsgebundene Verfahren anzuwenden am Beispiel des Familienzentrums Melbourne. In *Handlungskompetenz in der Sozialarbeit/Sozialpädagogik, Bd. I: Interventionsmuster und Pra-xisanalysen*, Hrsg. S. Müller, H.-U. Otto, H. Peter und H. Sünker, 165-183.Bielefeld: AJZ Verlag.

Merten, Roland, Hrsg. 1996. *Sozialarbeitswissenschaft – Kontroversen und Perspektiven*. Neuwied, Kriftel, Berlin: Luchterhand.

Moser, Heinz. 1995. *Grundlagen der Praxisforschung*. Freiburg i.B.: Lambertus.

Müller, Burkhard. 2009. *Sozialpädagogisches Können. Ein Lehrbuch zur multiperspektivischen Fallarbeit*, Vollständig neu überarb. Aufl. Freiburg i.B.: Lambertus.

Müller, Siegfried, H.-U. Otto, H. Peter und H. Sünker, Hrsg. 1982. *Handlungskompetenz in der So-zialarbeit/Sozialpädagogik, Bd. I: Interventionsmuster und Praxisanalysen*. Bielefeld: AJZ Verlag.

Nolte, Paul. 2004. *Generation Reform. Jenseits der blockierten Republik*. München: Beck.

Nussbaum, Martha C. 1999. *Gerechtigkeit oder Das gute Leben*, i.dt. Ü. Frankfurt a. M.: Suhrkamp.

Otto, Hans-Uwe und H. Ziegler, Hrsg. 2014. *Critical social policy and the capability approach*. Opladen, Berlin, Toronto: Budrich.

Otto, Ulrich. 2006. Sozialpädagogisierte Armutspolitik – auf Armut verengte Soziale Arbeit?. *neue praxis* 1/2006. 3-8.

Rauschenbach, Thomas und W. Thole, Hrsg. 1998. *Sozialpädagogische Forschung. Gegenstand und Funktion, Bereiche und Methoden*. Weinheim, München: Juventa.

Sommer, Irene. 2006. *Leistung, die nichts zählt*. Institut für Sozialforschung, Johann-Wolfgang Goethe Universität Frankfurt am Main, Tagungsbeitrag 12.-16. Okt. 2006. International Bielefeld Social WorkSociety Conference. Bielefeld.

Stimmer, Franz, Hrsg. 2000. *Lexikon der Sozialpädagogik und der Sozialarbeit*, 4. Aufl. München, Wien: Oldenbourg Wissenschaftsverlag.

Thiersch, Hans. 1998. Lebensweltorientierte Soziale Arbeit und Forschung. In *Sozialpädagogische Forschung. Gegenstand und Funktion, Bereiche und Methoden*, Hrsg. T. Rauschenbach und W. Thole, 81-96. Weinheim, München: Juventa.

Weyers, Stefan, N. Köbel, Hrsg. 2016. *Bildung und Menschenrechte. Interdisziplinäre Beiträge zur Menschenrechtsbildung*. Wiesbaden: Springer VS.

Young, Jock. 2005. Soziale Exklusion. *Widersprüche* H.98/12/2005: 7-11.

Zander, Margherita. 2005. *Kindliche Bewältigungsstrategien von Armut im Grundschulalter – ein Forschungsbericht*. In *Kinderarmut*, Hrsg. M. Zander, 110-141. Wiesbaden: VS Verlag für Sozialwissenschaften.

Zander, Margherita, Hrsg. 2005. *Kinderarmut*. Wiesbaden: VS Verlag für Sozialwissenschaften.

Über die Autorinnen und Autoren

Monika Alisch, Prof. Dr. phil. habil., Studium der Soziologie, Volkswirtschaft, Psychologie und Geographie an der Universität Hamburg; Professorin für sozialraumorientierte Soziale Arbeit, Gemeinwesenarbeit und Sozialplanung an der Hochschule Fulda, Fachbereich Sozialwesen. Sprecherin des wissenschaftlichen Zentrums „CeSSt – Centre of Research for Society and Sustainability" der Hochschule Fulda, von 2012 bis 2015 Mitglied der 7. Altenberichtskommission der Bundesregierung. Mitglied der Zentrumsleitung des Hessischen Promotionszentrums Soziale Arbeit. Forschungsgebiete: Stadt- und Regionalsoziologie, Sozialraumentwicklung und -organisation, Partizipation, Soziale Nachhaltigkeit, Migration und alternde Gesellschaft, Methoden partizipativer Forschung.

Hans-Jürgen Balz, Prof. Dr. phil., Studium der Psychologie und Soziologie an der Universität Bielefeld; lehrt Psychologie an der Evangelischen Hochschule Rheinland-Westfalen-Lippe in Bochum; Schwerpunkte: Beratung und Diagnostik; Systemischer Supervisor und Coach (SG), Familientherapeut und Organisationsberater; Publikationen zur Arbeits- und Organisationspsychologie, sozialen Inklusion, Teamarbeit und zur Beratungspsychologie.

Gerhard Bäcker, Prof. Dr. rer. pol., Senior Fellow am Institut Arbeit und Qualifikation der Universität Duisburg-Essen. Schwerpunkte: Probleme und Perspektiven von Sozialstaat und Sozialpolitik, Armut und Ausgrenzung, Alterssicherung und Arbeitsmarktpolitik. Zahlreiche Buchveröffentlichungen sowie Beiträge in Zeitschriften und Sammelbänden; verantwortlich für das Internet-Portal www.sozialpolitik-aktuell.de.

Benjamin Benz, Prof. Dr. rer. soc., Studium der Sozialarbeit in Bochum und der Politikwissenschaft in Gießen, lehrt Politikwissenschaft/Sozialpolitik an der Evangelischen Hochschule Rheinland-Westfalen-Lippe in Bochum. Schwerpunkte in Publikationen, Forschung und Lehre: politikwissenschaftliche Grundlagen, Sozialpolitik/Soziale Sicherung, Armut/soziale Ausgrenzung, politische Interessenvertretung/Politik Sozialer Arbeit, internationale Sozialpolitik und Soziale Arbeit/Europäische Integration.

Norman Best, M.A. promoviert als Politikwissenschaftler an der Justus-Liebig-Universität Gießen. Seine Arbeitsschwerpunkte sind Governance, Sozialpolitik und Armutsforschung.

Jürgen Boeckh, Prof. Dr. rer. soc., Dipl.-Sozialarbeiter (FH), lehrt Sozialpolitik an der Ostfalia Hochschule für angewandte Wissenschaften, Fakultät Soziale Arbeit in Wolfenbüttel. Zahlreiche Projekte und Publikationen zur nationalen und europäischen Sozial- und Verteilungspolitik sowie zur Evaluation sozialer Dienste. U.a. zusammen mit Ernst-Ulrich Huster und Benjamin Benz: „Sozialpolitik in Deutschland. Eine systematische Einführung", 4. Auflage 2017; von 2001-2010 Mitglied im deutschen Expertenteam der Europäischen Kommission zur Umsetzung der Lissabon Strategie gegen soziale Ausgrenzung.

Kay Bourcarde, Dr. rer. soc., Politikwissenschaftler (MA) ist Leiter des Referats für Beschäftigungspolitik, Fachkräftesicherung, Jugendarbeitsmarktpolitik und Arbeitsmigration im Ministerium für Soziales, Arbeit, Gesundheit und Demografie Rheinland-Pfalz. Vorsitzender der Gesellschaft für Wachstumsstudien e. V. Veröffentlichungen zur Sozialpolitik, insbesondere zu Sozialer Sicherung, Altersabsicherung und Beschäftigungspolitik. Von 2007-2010 Mitglied im deutschen Expertenteam der Europäischen Kommission zur Umsetzung der Lissabon Strategie gegen soziale Ausgrenzung.

Monika Burmester, Prof. Dr. rer. pol., Dipl.-Volkswirtin; lehrt Ökonomie des Sozial- und Gesundheitswesens an der Evangelischen Hochschule Rheinland-Westfalen-Lippe in Bochum. Publikationen zur Sozialberichterstattung und Sozialplanung, zum freiwilligen Engagement, zum Social Entrepreneurship und zum Impact Investing.

Dieter Eißel, Prof. Dr. phil., Hochschullehrer i.R. für Politikwissenschaft an der Justus-Liebig-Universität Gießen. Publikationen insbesondere zu Wirtschaftspolitik, Kommunal- und Regionalpolitik. U.a. zusammen mit Berthold Dietz und Dirk Naumann (Hrsg.) „Handbuch der kommunalen Sozialpolitik", Opladen 1999.

Thomas Eppenstein, Prof. Dr. phil., lehrt Pädagogik und Erziehungswissenschaften sowie Theorien Sozialer Arbeit an der Evangelischen Hochschule Rheinland-Westfalen-Lippe in Bochum. Publikationen und Weiterbildungen u. a. zum Zusammenhang von Armutsrisiken und Migration, interkulturelle pädagogische Kompetenz, differenzsensible Soziale Arbeit und Konzeptentwicklung zur Entwicklung sozialer Dienste.

Richard Hauser, Dr. oec. publ., ist emeritierter Professor für Volkswirtschaftslehre, insbesondere Verteilungs- und Sozialpolitik, am Fachbereich Wirtschaftswissenschaften der Goethe-Universität Frankfurt am Main. Er erstellte 1981 zusammen mit Helga Cremer-Schäfer und Udo Nouverné den ersten deutschen Armutsbericht für die EG-Kommission und wirkte an dem zusammenfassenden ersten Armutsbericht der EG mit. Ebenso war er maßgeblich an drei Armuts- und Reichtumsberichten der Bundesregierung (2001, 2005, 2008) beteiligt. Neben den im Literaturverzeichnis genannten jüngeren Veröffentlichungen verfasste er zusammen mit Irene Becker eine Studie „Soziale Gerechtigkeit – ein magisches Viereck. Zieldimensionen, Politikanalysen und empirische Befunde, Berlin 2009, und einen Beitrag „Zukunft des Sozialstaats" im Handbuch des Sozialrechts, 5. Aufl. Baden-Baden 2018. Insgesamt hat er sich mit mehr als 100 Aufsätzen und Büchern an der Diskussion über Sozialpolitik und Einkommens- und Vermögensverteilung beteiligt.

Fritz Haverkamp, Prof. Dr. med., Dipl.-Psych., lehrt Soziale Medizin mit Schwerpunkt Entwicklungsrehabilitation mit Schwerpunkt Neuro- und Sozialpädiatrie sowie inkludierender Gesundheitsförderung an der Evangelischen Hochschule Rheinland-Westfalen-Lippe in Bochum und an der Rheinischen Friedrich Wilhelm-Universität Bonn. Publizierte Studien und Übersichtsarbeiten zum neurokognitiven und psychosozialen Outcome sowie zur biopsychosozialen Compliance chronischer Erkrankungen und zu ethischen Behandlungsdilemmata in der Pädiatrie.

Katharina Heinrich, Sozialarbeiterin (M.A.), arbeitet beim Kommunalen Sozialen Dienst der Stadt Mülheim an der Ruhr und war während ihres Masterstudiums an der Universität Duisburg-Essen als wissenschaftliche Hilfskraft am Lehrstuhl für quantitative Forschungsmethoden im Rahmen des EU-Projektes EXCEPT (Social Exclusion of Youth in Europe: Cumulative Disadvantage, Coping Strategies, Effective Policies and Transfer) beschäftigt.

Knut Hinrichs, Prof. Dr. jur., lehrt Rechtswissenschaft an der Hochschule für angewandte Wissenschaften Hamburg, Department Soziale Arbeit. Publikationen zum Kinder- und Jugendhilferecht, Familienrecht und Sozialrecht.

Gerda Holz, Dipl.-Politikwissenschaftlerin, Sozialarbeiterin grad., Institut für Sozialarbeit und Sozialpädagogik e.V., Frankfurt am Main, Arbeitsschwerpunkte „Armut und soziale Ausgrenzung" sowie „Soziale Infrastrukturentwicklung". Leitung seit 1997 der AWO-ISS-Langzeitstudien zu „Kinderarmut", wissenschaftliche Leitung des seit 2002 entwickelten kommunalen (Armuts)Präventionsansatzes „Mo.Ki – Monheim für Kinder", langjährig in Forschung sowie der Beratung von öffentlichen und frei-gemeinnützigen Akteuren der Sozialen Arbeit tätig. Autorin zahlreicher Fachpublikationen, zuletzt „Armutsfolgen für Kinder und Jugendlichen. Erkenntnisse aus empirischen Studien in Deutschland" und „Subjektive Wahrnehmung von Armut und sozialer Ausgrenzung betroffener Menschen" sowie Mitherausgeberin von „Kinderarmut und ihre Folgen. Wie kann Prävention gelingen?"

Rainer Homann, Prof. Dr. phil., lehrt den Bereich Kultur-Ästhetik-Medien mit dem Schwerpunkt Theater an der Hochschule für angewandte Wissenschaften Hamburg; Regisseur.

Ernst-Ulrich Huster, Dr. phil., Professor für Politikwissenschaft an der Evangelischen Hochschule Rheinland-Westfalen-Lippe in Bochum und Privatdozent an der Justus-Liebig-Universität Gießen. Von 1995–2003 Rektor der EvH RWL in Bochum. Seit 2013 Vorsitzender des Kuratoriums der Evangelischen Hochschule Darmstadt. Publikationen zur Sozial- und Verteilungspolitik, politischen Soziologie und Sozialethik. U.a. zusammen mit Jürgen Boeckh und Benjamin Benz: „Sozialpolitik in Deutschland. Eine systematische Einführung", 4. Auflage 2016; von 2001 bis 2010 zusammen mit Benjamin Benz, Jürgen Boeckh, Kay Bourcarde und Johannes Schütte deutscher Experte für die Europäische Kommission im Rahmen der Lissabon Strategie gegen soziale Ausgrenzung.

Traugott Jähnichen, Prof. Dr. theol., lehrt christliche Gesellschaftslehre an der Evangelisch-Theologischen Fakultät der Ruhr-Universität Bochum. Publikationen zur evangelischen Sozial- und Wirtschaftsethik, zur Geschichte des sozialen Protestantismus sowie zur Diakonik und kirchlichen Zeitgeschichte, u.a. Mitherausgeber des Evangelischen Soziallexikons, der ZEE und des Jahrbuchs Sozialer Protestantismus. Mitglied der Sozialkammer der EKD sowie des Theologischen und des Ökumenen-Ausschusses und der Kichenleitungs der EKvW.

Lutz C. Kaiser, Prof. Dr. rer. soc., lehrt Sozialökonomie und Public Marketing an der FH für öffentliche Verwaltung NRW, Campus Köln; daneben: Research Fellow am Institut zur Zukunft der Arbeit (IZA Bonn). Arbeits- und Forschungsschwerpunkte: Europäische, nationale und kommunale Sozialpolitik, Migrations- und Integrationspolitik, Human- und Sozialkapital, Vereinbarkeit von Familie und Beruf, Arbeitszufriedenheit, Public Marketing. Publikationen u.a. zu „Soziale Sicherung im Umbruch. Transdisziplinäre Ansätze für die sozialen Herausforderungen unserer Zeit" (2017, Hrsg. mit Matthias Peistrup), „Besser früher fördern als (zu) spät quotieren – Gleichstellung und geschlechtsspezifische Karriereeinschätzungen im Öffentlichen Dienst" (2016), „The Gender-Career Estimation Gap" (2016), „Geschlechtsspezifische Karriereeinschätzung in der öffentlichen Verwaltung" (2015), „Determinanten der Arbeitszufriedenheit im öffentlichen Dienst" (2013), „Differential Inclusion in Germany's Conservative Welfare State: Policy Legacies and Structural Constraints" (2011, mit Regine Paul), „Integration in Arbeit durch Fordern und Fördern als Chance für soziale Teilhabe?" (2010).

Carola Kuhlmann, Prof. Dr. phil., lehrt Erziehungswissenschaft an der Evangelischen Hochschule Rheinland-Westfalen-Lippe in Bochum, Publikationen zur Geschichte der Sozialen Arbeit, Erziehungshilfen sowie zu Genderfragen. U.a.: „Geschichte Sozialer Arbeit" (2007); „Alice Salomon", (2007); zus. mit Hans-Jürgen Balz und Benjamin Benz (Hrsg.) „Soziale

Inklusion" (2012) und zusammen mit Hans-Jürgen Balz und Hildegard Mogge-Grotjahn „Soziale Inklusion: Theorien, Methoden und Kontroversen" (2017).

Susanne Kümpers, Prof. Dr., lehrt qualitative Gesundheitsforschung, soziale Ungleichheit und Public-Health-Strategien an der Hochschule Fulda. Forschungsschwerpunkte: Alter, soziale Ungleichheit und Gesundheit; qualitative und partizipative Präventions- und Versorgungsforschung sowie Bedeutung des Sozialraums im Hinblick auf ältere Menschen. Mitglied der 7. Altenberichtskommission der Bundesregierung (2012–2015). Publikationen bspw. zu Ungleichheit und Diversität im Alter und zu teilhabeunterstützender Sozialraumentwicklung.

Thomas Kunz, Prof. Dr. phil., Dipl. Politologe, lehrt sozialwissenschaftliche Grundlagen am Fachbereich 4, Soziale Arbeit und Gesundheit, der Frankfurt University of Applied Sciences am Main, Mitglied im Beirat der Fachzeitschrift „Migration und Soziale Arbeit", Publikationen zu Sozialer Arbeit in der Migrationsgesellschaft, Konstruktion und Analyse gesellschaftlicher Fremdheitsbilder, Integrationspolitik und -steuerung, Sicherheitsdiskurs, u. a.: zusammen mit B. Bretländer und M. Köttig (Hrsg.): „Vielfalt und Differenz in der Sozialen Arbeit. Perspektiven auf Inklusion", Stuttgart 2015.

Hildegard Mogge-Grotjahn, Prof. Dr. rer. soc., lehrte Soziologie an der Evangelischen Hochschule Rheinland-Westfalen-Lippe in Bochum. 1999 bis 2003 und 2007 bis 2011 Prorektorin der EvH. Publikationen u. a. zur Geschlechterforschung, Migrationssoziologie, Inklusion und Exklusion, Soziologie sozialer Arbeit; Veröffentlichung von Lehrbüchern „Soziologie. Eine Einführung für Soziale Berufe", 4. Aufl. 2011; „Gender, Sex und Gender Studies", 2004; Soziale Inklusion: Theorien, Methoden und Kontroversen (zusammen mit Hans-Jürgen Balz und Carola Kuhlmann, 2017).

Jennifer Neubauer, Dr. phil., arbeitet in der Sozialagentur der Stadt Mülheim an der Ruhr. Aufgabenbereiche: Leitung, Steuerung, Planung und Controlling.

Eckhard Rohrmann, Prof. Dr. paed., lehrt Sozial- und Rehabilitationspädagogik an der Philipps-Universität Marburg. Publikationen zu Armut und sozialer Ungleichheit, sozialer Selbsthilfe, Lebenslagen und Lebensbedingungen von Menschen, die wir behindert nennen, Inklusion und Exklusion sowie zu sozialen Konstruktionen von Anders-Sein, u. a.: „Mythen und Realitäten des Anders-Seins. Gesellschaftliche Konstruktionen seit der frühen Neuzeit", 2. Auflage Juni 2011, „Aus der Geschichte lernen, Zukunft zu gestalten – Inklusive Bildung und Erziehung in Vergangenheit, Gegenwart und Zukunft, Dezember 2013.

Gerhard K. Schäfer, Prof. Dr. theol. habil., lehrt Gemeindepädagogik und Diakoniewissenschaft an der Evangelischen Hochschule Rheinland-Westfalen-Lippe in Bochum. 2007-2017 Rektor der Evangelische Hochschule Rheinland-Westfalen-Lippe. Publikationen zu den theologischen Grundlagen, zur Geschichte und zu Praxisfeldern der Diakonie. U.a. Mit-Herausgeber „Menschenrecht Inklusion", Göttingen 2017, „Geschichte der Diakonie in Quellen", Neukirchen-Vluyn 2016, und „Geflüchtete in Deutschland", Göttingen 2016.

Johannes D. Schütte, Prof. Dr., Dipl. Sozialarbeiter/Sozialpädagoge (FH), ist Leiter des Studienganges Soziale Arbeit im Gesundheitswesen/Altenhilfe an der Dualen Hochschule Baden-Württemberg in Villingen-Schwenningen. Titel der Dissertationsschrift: „Armut wird ‚sozial vererbt'. Status Quo und Reformbedarf der Inklusionsförderung in der Bundesrepublik Deutschland." 2013 veröffentlicht beim Springer VS Verlag. Weitere Publikationen zu den Themen: Soziale Inklusion, Gesundheitsförderung, Kinderarmut und kommunale Präventionsketten; u.a. zusammen mit Benjamin Benz, Jürgen Boeckh und Ernst-Ulrich Huster: Sozialpolitik in Deutschland – Eine systematische Einführung.

Richard Stang, Prof. Dr. phil., lehrt Medienwissenschaft an der Hochschule der Medien in Stuttgart und leitet das Learning Research Center sowie das Institut für angewandte Kindermedienforschung (IfaK). Lehraufträge an den Universitäten Bonn, Magdeburg und Marburg sowie an der Hochschule für Philosophie München. Bis 2006 war er wissenschaftlicher Mitarbeiter beim Deutschen Institut für Erwachsenenbildung (DIE) in Bonn. Publikationen zu Lernwelten, Erwachsenenbildung, Organisationsforschung, kulturellen Bildung und Medienpädagogik; u.a. „Lernwelten im Wandel", Berlin/Boston 2016. Kontakt: stang@hdm-stuttgart.de.

Christian Steuerwald, Dr. phil., derzeit wissenschaftlicher Mitarbeiter an der Fakultät für Soziologie der Universität Bielefeld am Arbeitsbereich Theorie sowie am Arbeitsbereich Sozialstruktur des sozialwissenschaftlichen Institutes der Carl von Ossietzky Universität Oldenburg. Arbeitsschwerpunkte: Theoretische Soziologie, vergleichende Sozialstrukturanalyse und Soziologie sozialer Ungleichheiten, Soziologie der Körper und Anthropologische Soziologie, Soziologie der Künste, Organsiationssoziologie.

Wolfgang Strengmann-Kuhn, Dr. rer. pol., Bundestagsabgeordneter, Promotion und Habilitation an der Goethe-Universität Frankfurt. Im SoSe 2007 und WS 2007/08 Lehrstuhlvertreter der Professur für Labor Economics an der Goethe-Universität Frankfurt. Publikationen insbesondere zu Einkommens- und Armutsanalysen sowie Reformen der sozialen Sicherung. Weitere Informationen: http://www.strengmann-kuhn.de.

Ralf Vandamme, Prof. Dr. phil., lehrt politische Partizipation und Administration an der Hochschule Mannheim. Von 1999 bis 2011 Fachberater für Bürgerschaftliches Engagement beim Städtetag Baden-Württemberg. Aufbau des StädteNetzWerks Bürgerschaftliches Engagement in Baden-Württemberg. Bundesweite Vortrags- und Seminartätigkeit zum Thema.

Michael Wendler, Prof. Dr. phil., ist Diplom Motologe und lehrt an der Evangelischen Hochschule Rheinland-Westfalen-Lippe in Bochum Bewegungspädagogik/Psychomotorik. Seine Arbeitsschwerpunkte sind Diagnostik und bewegungs- und körperorientierte Entwicklungs- und Bildungsförderung in Kindheit und Jugend sowie Gesundheitsbildung.

Tanja Witting, Prof. Dr. phil., lehrt Medienpädagogik an der Ostfalia Hochschule für angewandte Wissenschaften, Fakultät Soziale Arbeit in Wolfenbüttel. Zahlreiche Projekte und Publikationen zur Mediensozialisation von Kindern und Jugendlichen; insbesondere zur Nutzung digitaler Spiele, zur Medienabhängigkeit, zu genderspezifischen Medienaneignungsaspekten und zur Medienkompetenzförderung. Jugendschutzsachverständige bei der Unterhaltungssoftware Selbstkontrolle (USK) und Gutachterin bei der Freiwilligen Selbstkontrolle Fernsehen e. V. (fsf).

Germo Zimmermann, Prof. Dr. rer. soc., ist Diplom-Sozialarbeiter/Sozialpädagoge (FH) und Diplom-Religionspädagoge (FH) und lehrt an der CVJM-Hochschule in Kassel Soziale Arbeit mit dem Schwerpunkt Jugendarbeit. Dort hat er ebenfalls die wissenschaftliche Leitung des Instituts für Erlebnispädagogik der CVJM-Hochschule inne.

Printed by Printforce, the Netherlands